법, 입법 그리고 자유

자유주의의 정의원칙과 정치경제학의 새로운 시각

CFE 자유기업원

자유주의시리즈 73

법, 입법 그리고 자유
자유주의의 정의원칙과 정치경제학의 새로운 시각

2018년 11월 20일 초판 1쇄 인쇄
2023년 3월 10일 초판 3쇄 발행

저자_ 프리드리히 A. 하이에크
역자_ 민경국 · 서병훈 · 박종운
발행자_ 최승노
디자인_ 인그루출판인쇄협동조합
발행처_ 자유기업원
주소_ (07236) 서울시 영등포구 국회대로62길 9 산림비전센터 7층
전화_ 02-3774-5000

ISBN 978-89-8429-165-2 93320
정가_ 25,000원

자유주의시리즈 73

법, 입법 그리고 자유

CFE 자유기업원

차 례

 제1부   규칙과 질서

제2부 사회적 정의의 환상

제3부　자유사회의 정치질서

한글판 합본 발간에 즈음하여

역사를 만드는 것은 사람들의 생각과 행동이다. 생각과 행동을 결정하는 것은 이념이다. 이념이 없으면 세상이 보이지 않는다. 이념은 생각의 틀이요 세상을 보고 해석하는 도구다. 역사가 이념에 의해서 결정적인 영향을 받는 이유다. 이념은 세상을 변동시키는 힘이다. 이념이 중요하다는 말이다.

"사실상 세상은 이것(이념; 필자) 이외의 그 어떤 것에 의해서도 지배되지 않는다. 권좌에 앉아 있는 심지어 미친 사람도 그의 미친 생각과 이념을 수년 전의 어떤 학문적인 엉터리 삼류학자로부터 얻은 것이다. 기득이익이 사회변화에 영향을 미친다는 말은 과장된 것이다. 선과 악에 대해서 위험한 것은 이념이지 기득권이 아니다." 이는 케인스가 한 말이다.

그 말은 "어느 시대나 인류에게 주어진 교훈이지만 언제나 무시되었던 바, 사변적 철학은 겉보기에는 삶의 실제 및 당장의 이해와는 아주 동떨어진 것 같지만 그것이야말로 사실상 가장 큰 영향을 미치고 있다"는 존 스튜어트 밀의 말과 상통한다. 비록 그 두 사람은 사회주의자였지만 이념과 철학의 역할에 관한, 그리고 하이에크도 전적으로 동의한 그들의 관점에서 본다면, 중요한 것은 우리가 문명화된 발전의 역사 속에서 살 수 있으려면 올바른 이념이 필요하다는 점이다. 분열과 미움의 이념을, 인간들을 신분상 차별하는 편파적인 사상을 가지고는 또는 국가목적을 위해서 인간들을 수단으로 만드는 이념에 의해서는 자유 번영과 평화의 역사를 가질 수 없다. 그런 사상은 빈곤과 억압, 노예, 극심한 사회갈등만을 초래할 뿐이다.

따라서 중요한 것은 모든 인간들에게 자유와 풍요를 누리면서 평화로운 공존을 가능하게 하는 이념이 어떤 것인가의 문제다. 그 이념이 자유주의라고 목소리를 높이면서 등장한 위대한 인물이 1974년 노벨경제학상 수상자 하이에크(Friedrich A. von Hayek; 1899~1992)다. 영국의 유명한 『이코노미스트(The Economist)』지(誌)가 일컬었듯이 그는 "20세기 가장 위대한 자유의 대변인"이었고 세상을 떠났지만 그의 이념은 살아있다.

70세가 넘어서 썼던 불후의 명작, 『법, 입법 그리고 자유』는 다음과 같이 세 권으로 분리하여 출판된 것을 합본한 것이다.

제1권 〈규칙과 질서〉 (1973) 민경국 · 박종운 역
제2권 〈사회적 정의의 환상〉 (1976) 민경국 역(1996)
제3권 〈자유인의 정치질서〉 (1979) 서병훈 역(1996)

『법, 입법 그리고 자유』는 고전적 자유주의를 오늘날의 문제의식에 맞게 재정립하여 자유사회의 기본원리를 총체적으로 정리한 책이다. 이 책의 핵심 주제는 인류가 평화롭게 번영을 누리면서 공존할 수 있는 유일한 길은 자유, 자생적 질서, 법의 지배 그리고 제한적 민주주의를 특징으로 하는 자유주의라는 것이다.

하이에크의 사상의 기둥은 세 가지다: (1) 인간이성의 구조적인 무지, (2) 자생적 질서, (3) 규칙에 의해 조종되는 인간행동. 하이에크에게 인간이 이타적이냐 이기적이냐가 중요한 것은 아니다. 그에게 중심된 것은 인간이 자신의 외부환경에 대하여 얼마나 알고 있느냐의 문제다. 정치가든 철학자든 장사꾼이든 누구든 구조적으로 무지하다는 것이 하이에크의 인간관이다.

이런 전제에 비추어서 사회주의 계획경제와 다양한 간섭주의 이념들을 비판하는 것이 『법, 입법 그리고 자유』의 핵심 내용 가운데 하나다. 그가 보여주려고 했던 것은 그 같은 이념들은 정부가 수백만 수천만 명의 인구를 가진, 범세계적으로 확대된 거대한 사회를 조종 · 통제하여 이상사회를 구성(설계)할 수 있는 지적능력을 가지고 있다는 구성주의적 합리주의의 미

신에서 비롯된 것이라는 점이다. 그런 미신은 데카르트, 홉스, 루소 등 프랑스 계몽주의 전통이다. 그럼에도 정부가 확장된 사회를 계획하고 규제할 경우, 문제의 해결은 고사하고 빈곤의 심화, 대량실업, 양극화, 저성장 그리고 끝내는 인류를 '노예의 길'로 안내할 뿐이라고 비판했다.

그렇기 때문에 정부는 계획과 규제를 포기하고 개인들에게 마음껏 활동할 자유를 허용해야 한다고 주장한다. 그러나 좌파진영은 자유사회가 약자에 대한 착취와 억압의 체제요, 빈곤, 실업 위기 등 경제문제를 해결하기는 고사하고 이를 강화하는 체제라고 비판한다. 사적 소유와 사적 자율을 대폭 억제해야 할 경우만이 질서가 유지될 수 있다는 것이다. 이런 인식은 사회주의가 붕괴되고 마르크스주의가 지적으로 해체된 이후에도 사라지기는 고사하고 더욱 더 강화되고 있다. 계획과 규제가 줄어들지 않고 있다는 것이 그 증거다.

한국사회가 급격히 좌경화되고 있다. 노동시장에 대한 정부의 규제, 교육부분의 규제, 복지와 의료부분, 연금부문에 대한 규제, 환경에 대한 정부규제도 줄어들 줄 모르고 있다. 주택·부동산부문에 대한 정부의 계획과 규제, 기업규제, 노동규제도 급증했다.

그러나 하이에크가 자신의 저서에서 보여주고자 했던 것은 사회는 국가의 계획과 규제가 없이도 '스스로 창출되는 복잡한 질서' 또는 자생적 질서라는 것이다(제1부). 빈곤, 고용, 성장 그리고 양극화 등과 같은 경제문제를 스스로 해결하는 질서다. 주목할 것은 분업이 범세계적으로 확대되는 스스로 조직되는 복잡계와 같은 자생적 질서가 가능한 것은 예의범절, 직업윤리, 재산·인격존중, 약속이행 등 수많은 행동규칙들을 지키기 때문이라는 것이다. 따라서 하이에크는 국가가 할 일은 자유와 재산의 보호를 통해서 거대한 사회의 자생적 질서를 확립하는 일이라고 목소리를 높인다.

자유사회의 자생적 질서를 붕괴시키는 것은 법에 대한 잘못된 인식, 법의 지배원칙에 대한 오해 때문이라는 이유에서 하이에크는 그런 오해를 밝혀내고 자유사회의 기반이 되는 자유의 법철학을 새로이 개발하고 있다. 그는 자유주의와 양립하는 정의의 개념을 개발하면서 이른바 '사회적 정의'(또는 분배적 정의)의 허구성을 비판하고 있다(제2부).

하이에크는 여기에서 멈추지 않는다. 그는 자유사회와 양립할 수 있는 정치질서, 민주주의 정치제도를 논의하고 있다. 그는 원래 자유를 보장하기 위한 삼권분립이 자유를 보장하는 것이 아니라 오히려 자유를 유린하고 사회주의의 길로 가고 있다고 진단하면서 그 원인을 법에 대한 잘못된 인식과 그리고 제한 없는 민주정부의 결함에서 찾고 있는 것도 흥미롭다(제3부). 민주정부의 자의적 행위를 억제하고 자유를 보장하는 권력분립을 실현할 이상적인 헌법 모델도 우리의 주목을 끌기에 충분하다.

이와 같이 하이에크의 사회철학의 요체는 사회질서와 정치질서 그리고 법질서의 상호관계, 말하자면 '질서의 상호의존성'의 규명이라고 불러도 무방하다. 상호의존성의 맥락에서 시장과 법, 윤리, 국가를 논의해야 한다는 것이 그의 통찰이다. 그의 자유사상은 경제학을 넘어서 심리학, 법철학, 윤리학, 인류학, 역사철학, 과학철학 등 학제를 융합한 이유다. 물리학만 또는 화학만을 연구해도 훌륭한 물리학자나 화학자가 될 수 있는 데 반하여 경제학만을 해서는 훌륭한 경제학자가 될 수 없다는 것이 하이에크의 생각이었다.

하이에크의 사회철학은 존 로크, 프레데릭 바스티아, 로버트 노직 등이 전제하는 자연권으로부터, 이마뉴엘 칸트, 빌헬름 홈볼트, 루트비히 미제스 등의 이성으로부터 도출하는 자유주의가 아니라 데이비드 흄, 애덤 스미스 등 스코틀랜드 계몽주의 전통에 따른 '진화론적 자유주의'다. 자생적 질서, 자유의 법과 정의, 법치주의, 자유와 양립하는 민주주의, 그리고 권력분립 등이 어떻게 생성·발전되어 왔는가를, 그들이 역사적 흐름 속에서 어떻게 어떤 이유로 훼손되었는가를, 그리고 그 같은 제도적 가치를 확립·유지하려면 어떻게 우리가 해야 할 것인가를 알려면 스코틀랜드 계몽주의의 하이에크 사상에 주목해야 한다.

한국사회가 급진적으로 좌경화되어가고 있다. 엘리트주의적 계획사상, 국가에 의존하는 시민들의 태도가 서로 어우러져 시민들이 자유를 상실하고 국가의 노예가 되어 가고 있다. 노예의 길을 차단하는 것이 자유주의의 시급한 과제다. 『법, 입법 그리고 자유』의 통합된 완역본을 출간한 것은 이런 절박함 때문이다.

민경국 교수가 박종운 선생과 함께 제1부를 새로이 완역했다. 이미 번역된 제2부(민경국 역)와 제3부(서병훈 역)를 민경국 교수가 재검토를 거쳤다. 하이에크의 심오하고 원대한 사상을 한글로 번역하는 것이 쉽지 않았다. 매끄럽지 못하고 잘못된 그리고 난해한 번역이 있을 것이다. 앞으로 제2차 또는 제3차 개정판이 나오기를 기대한다. 아무쪼록 이 번역판이 한국사회에서 자유와 번영을 위한 훌륭한 길잡이가 되기를 바란다.

책임 감수자 민경국

합본 서문

거의 20년 전 시작할 때 원래 의도대로 드디어 이 저서가 발간하게 되었다. 이 기간 중에 초교가 완성되었을 때 내 건강이 약해져서 내가 완성할수 있을지에 매우 의심스러워서 세 권으로 분리된 것 중 완전히 완성된 부분을 1973년에 발간하게 되었다. 그러나 다행히도 내 건강이 좋지 않았던것은 일시적인 것이었다. 1년 뒤에 내 건강이 회복되었을 때 여러 상황변동으로 거의 완성된 상태라고 생각했던 초교의 그 다음 부분들을 필히 상당부분 수정을 가하지 않으면 안 된다는 것을 발견했다. 내가 1976년에 발간된 제2권 서문에서 밝혔듯이 그 주된 이유는 〈사회적 정의의 환상〉이라는부제를 가진 제2권의 주요부분이 마음에 들지 않았기 때문이다. 이에 대한설명은 여기에서 반복하는 것이 좋을 듯하다:

> 나는 애초에 그 주제를 위해 막대한 지면을 할애하여, '사회적 정의'라는이름으로 요구되는 모든 것의 밑에 깔려 있는 생각이(어느 누구도 이를 원칙이라고 부를 수 없다) 일반적으로 적용될 수 없는 것이기 때문에, 정의가 될 수없다는 것을 방대한 사례들을 이용하여 보여주려고 했다.
> 그때 내가 설명하려고 고심했던 요지는 인간들은 결코 '사회적 정의'가 요구하는 바에 대하여 합의할 수 없으리라는 점, 그리고 정의가 요구하는 바에 따라 보수를 결정하려는 모든 노력은 시장을 기능하지 못하게 할 것이라는 점이었다. 그러나 내가 지금 확신하게 된 것은 '사회적 정의'라는 구호를 습관적으로 이용하는 사람들은 자신들이 이 구호를 가지고 무엇을말하려고 하는지를 스스로도 알지 못하고 있으며, 또한 그들은 이유를 대지 않고도 정당화할 수 있다는 생각으로 저 구호를 이용하고 있다는 사실

이다.

전에 '사회적 정의'라는 개념을 비판하려고 했을 때, 나는 언제나 허공을 때리는 것 같은 느낌을 받았다. 이러한 경우에 흔히 사람들이 우선적으로 하듯이, 나도 결국 있는 힘을 다하여 '사회적 정의'라는 이상을 뒷받침하는 좋은 사례를 구성하려고 노력했다. 그때 내가 인식했던 요지는 오로지 황제가 벌거숭이였다는 것, 즉 '사회적 정의'라는 표현은 전혀 내용도 없고 의미도 없다는 사실뿐이었다. 한스 크리스찬 안데르센의 벌거숭이 임금님 이야기에 등장하는 소년처럼, 나는 '아무것도 볼 수가 없었다. 보이는 것이 없기 때문이다.' 내가 사회적 정의라는 개념에 어떤 분명한 의미를 부여하려고 노력하면 노력할수록, 그것은 점점 더 와해되어 버렸다. 특정한 사례들에서 우리가 부인할 수 없이 흔히 경험하는 직관적인 분노감은 정의의 개념이 요구하는 것과 같은 어떤 일반적인 규칙에 의해서는 정당화될 수 없다는 것을 알게 되었다. 그러나 많은 사람이 준(準)종교적 신념으로서 구현하고 있는, 그리고 보편적으로 사용하고 있는 어느 한 표현이 어떠한 내용도 담고 있지 않다는 사실, 그리고 이 표현이 다만 우리가 어떤 특정한 그룹이 제기하는 요구에 동의해야 한다는 것을 마음속에 심어주는 데 기여할 뿐이라는 사실, 이런 사실을 설명하는 것은 어느 한 개념이 옳지 못하다는 것을 보여주는 것보다도 훨씬 더 어려운 일이다.

이러한 정황 속에서 나는 '사회적 정의'를 달성하려는 특정한 노력들은 실패할 것이라는 사실을 보여주는 데 만족할 수 없었고, 오히려 나는 그 구호가 전혀 아무것도 의미하는 것이 없다는 것, 그리고 이 구호를 이용하는 것은 경솔한 짓이거나 속임수라는 것을 설명해야 했다. 우리는 사회에서 흔히 가장 훌륭하다고 인정받는 남녀들이 매우 강력하게 주장하고 있는 어떤 미신에 대하여, 그리고 거의 우리 시대의 새로운 종교가 되다시피 했고(그리고 과거의 종교의 성직자들까지도 그들의 도피처로 삼은), 심지어 선량한 인간이냐 아니냐를 구분하기 위해 적용되는 인정된 기준이 되어버린 신념에 대하여 반론을 제기한다는 것이 유쾌한 일은 아니다. 그러나 그러한 신념을 현재 보편적으로 믿고 있다고 해서, 그 신념의 대상이 마법이나 현자의 돌(비금속을 귀금속으로 바꾸는 힘이 있다고 믿었던 영묘한 돌. 중세의 연금술사들이 이 돌을 찾아내려고 애썼다; 역자주)에 대한 믿음보다도 더 많이 현실성을 가지고 있다는 것을 입증하는 것은 아니다. 마찬가지로 개인적 행위의 속성이라고 이해되었던(그리고 오늘날에는 '사회적 정의'와 동일하게 취급되는) 분배적 정의의 관념이 오랜 역사를 가지고 있다고 해서, 이 오랜 역사가 이 관념이 시장과정으로부터 생겨나는 입장들과 어떤 관련성을 가지고 있다는 것을 증명하는 것은 아니다. 나의 동료들이 내용이 텅 빈 주술을 사용할 경우, 그들이 수치심을 갖지 않을 수 없도록 만들 수만 있다면, 이것이 내가 정말로 이들에게 앞으로 제공할 수 있는 최대의 서비스라고 믿는다. 최소한 이 동료들을, 그리고 오늘날 정교한 감정들을 자유로운 문명의 모든 가치들의 파괴를 위한 수단으로 만들고 있는 저 악몽으로부터 해방시키기 위한 노력(그리고 존중하는 도덕적 감정을 견고하게 가지고 있는 많은 사람을 불쾌하게 만들거라는 위험성을 무릅쓰고라도 이렇게 하려는 것)을 나의 의무로 여기고 있다.

위와 같은 내력의 결과, 이 책의 핵심부분에서 현재 기록한 내용은 6~7년 전에 모든 골자의 집필을 완료했던 나머지 부분과, 어떤 관점에서 볼 때는, 약간 다른 성격을 가지고 있다. 한편으로는 내가 적극적으로 보여줄 수 있었던 것은 아무것도 없으나, 나의 과제는 '사회적 정의'라는 용어를 사용하는 사람들에게 증명할 책임을 정면으로 전가시키는 것이었다.

다른 한편 이 부분의 초고를 준비할 때 딱 맞는 도서관에 갈 수 있었는데, 다시 쓰려고 할 때는 쉽게 이들에 접근할 수 없었다. 따라서 나는 그 장章에서 내가 논의한 토픽에 관한 좀 더 최근의 문헌들을 이 책의 나머지 부분에서 시도했던 것만큼 그렇게 체계적으로 고려할 수가 없었다.

나는 최근의 어느 한 주요 작품에 대하여 나의 입장을 정당화해야겠다는 느낌을 갖고 있었다. 이것이 이 책의 완성을 지연시킨 또 하나의 이유였다. 그러나 숙고를 거듭한 끝에 존 롤즈의 『정의론』에 관하여 언급하는 것은 나의 직접적인 목적을 추구하는 데 도움이 되지 않는다는 결론을 얻었다. 우리(롤즈와 나) 사이의 차이는 본질적인 것이라기보다는 형식적인인 것처럼 보였기 때문이다.

독자들의 첫인상은 다를 수 있을는지 모르겠지만, 내가 나중에 이 책에서 (제9장 마지막 쪽) 인용한 롤즈의 언명은 나에게 본질적인 것으로 보이고, 이 점에서 우리는 일치하는 것 같다. 그 인용문맥과 관련된 주석에서 내가 보여주었듯이, 롤즈는 이 중심문제에서 광범위하게 오해받고 있는 것처럼 보인다.

여러 가지 벌어진 일들을 제2권의 서문에서와 마찬가지로 알리기 위해서, 드디어 1979년에 발간된 제3권의 서문에서 썼던 것을 반복하는 것이 좋을 듯하다:

1969년 말 뜻밖의 건강 문제 때문에 부득이 집필을 중단해야 했을 때, 나는 이미 끝부분의 두 장을 제외하고는 책을 거의 다 완성한 상태였다. 그때 나는 책을 마무리할 수 있을 것 같지 않다는 생각이 들어, 당초 한 권으로 출판하려 했던 예정을 바꾸어 이미 더 손볼 필요가 없었던 첫 3분의 1 부분을 따로 떼어 제1권으로 출판하였다. 그 후 내가 다시 본격적으로 집필할 수 있는 상황이 되었을 때, 제2권의 서문에서도 밝혔듯이, 이미 출판된 제1권에서 최소한 한 장 정도는 완전히 다시 쓸 필요가 있다는 것을 발견했다.

내가 처음 작업을 중단하기 직전의 초고 중에서 맨 마지막 장에 해당되는 부분(제18장)만은 아직 미완성인 상태로 남아 있었다. 비록 나의 원래 생각이 크게 달라진 것은 아니지만, 집필이 중단된 기간을 포함해서 오랜 시간이 지나면서 나의 관점이 발전적인 변화를 보인 부분도 없지 않았다. 이제 이 저술이 내가 체계적으로 논구할 수 있는 거의 마지막 기회처럼 생각되기 때문에, 최소한 나의 생각이 어떤 방향으로 바뀌어왔는가 하는 점 정도도 밝히지 않은 채 작업을 끝내기에는 마음이 썩 편하지 못했다. 이 생각을 실행에 옮기다 보니 당초보다 결론 부분의 주장들이 한결 나아졌을 뿐만 아니라(나의 희망사항이기도 하다), 이 기간을 통틀어 나를 지배했던 도덕적, 정치적 관점의 큰 줄거리를 보다 명료하게 드러내줄 후기도 첨가하게 되었다. 그리고 제16장을 앞에서 논의했던 내용을 요약, 정리하는 부분으로 묶었다.

이 작업이 늦어진 데는 다른 이유도 있었다. 제2권을 출판할 무렵, 나는 롤 즈의 『정의론』에 대해 충분히 언급하지 않은 채 출판해야만 하는가 하는 점을 놓고 고민한 적이 있었다. 그런데 이번에도 내가 이 책에서 다루는 문제와 연관해서 매우 중요한 저서 두 권, 즉 노직의 『아나키, 국가, 그리고 유토피아』와 오크셧의 『인간행위론』이 출현하였다. 내가 조금만 더 젊었더라면 이들의 주장에 대해 나의 입장을 충분히 밝혀보고 싶은 마음이 었다. 그러나 틀리든 맞든, 이 두 사람의 생각을 결론 부분에서 자세히 논 의하려 했다가는 책을 도저히 끝내지 못할 것만 같았다. 그래서 비록 나는 이 책을 거의 다 쓰고 난 상태에서 그들의 저서를 만나게 되었기 때문에 어쩔 수 없다 치더라도, 적어도 나보다 젊은 독자들은 이 두 사람의 주장이 무엇인지 알지 않고서는 내가 다루고자 하는 문제들을 충분히 이해할 수 없으리라는 점을 강조하는 것이 나의 의무라고 생각한다.

이 작업을 하느라고 오랜 시간이 걸리다 보니 그 세월 동안 내가 써온 용어들 중 일부를 수정할 필요가 생겼다. 사이버네틱스 분야와 또 이것과 관련된 정보 및 체계이론이 눈부시게 발전한 탓에 내가 습관적으로 사용해오던 말들을 바꿔 써야 요즘 독자들이 이해하기가 편할 것이라고 생각했다. 이를테면 나는 아직도 가끔 '자생적 질서'라는 말을 쓰곤 하지만, 따져보면 '스스로 생성되는 질서' 또는 '자기조직적 구조'라는 표현이 더 정확한 것 같아 이런 말들을 더 자주 쓰게 되었다. 비슷한 맥락에서 내가 '질서'보다도 요즘의 일반적인 추세에 따라 '체계'라는 어휘를 더 선호하게 되는 경우가 종종 있다. 그리고 때때로 '지식'이라는 표현보다는 '정보'라고 쓰는 쪽이 훨씬 타당해 보이기도 한다. '지식'이 일반적으로 이론적 지식을 뜻하는 데 비해 '정보'는 특정한 사실을 지칭하기 때문이다. '구성주의자(constructivist)'라는 말은 그 어원인 '건설적(constructive)'이라는 형용사 때문에 일부 사람들에게는 여전히 긍정적인 의미로 인식된다. 그러나 (러시아에 기원을 둔) 그 용어의 부정적 의미를 분명히 드러내기 위해서 나는 어감이 나쁜 구성주의적(constructivistic)이라는 말을 사용하는 것이 좋다고 여겼다. 그리고 내가 쓴 말이기는 하지만 cosmos, taxis, nomos, thesis, catallaxy, demarchy 등의 표현을 계속 사용할 용기는 없다. 이런 말을 사용하지 않음으로써 내 생각이 정확하게 전달되지 않을 수도 있겠지만 나는 사람들의 지적 능력을 믿는다.

독자들에게 다시 밝히는 바이지만, 내가 자유시민들이 모여 사는 사회의 기본원리를 총체적으로 규명하기 위해 이 책을 쓴 것은 아니다. 그것보다는 내가 고전적 자유주의를 오늘날의 문제의식에 맞게 재정립하기 위해 『자유헌정론』을 쓰고 난 뒤 발견하게 된 부족한 점을 메워야겠다고 생각한 것이 이 책의 직접적인 저술동기이다. 이런 까닭에 이 책은 앞의 것보다 훨씬 덜 체계적일 뿐 아니라 더 어렵고, 또 개인적인 생각을 많이 담고 있다. 그 대신 내가 바라는 바이지만, 아마 좀 더 독창적 성격을 띠고 있다는 평가를 받을지도 모르겠다. 그러나 어쨌든 이 책은 앞 책을 보완한 것이지 대체하는 것은 분명히 아니다. 이 분야를 전공하지 않은 일반 독자들은 세세한 문제를 깊이 다룬 이 책을 읽기 전에 『자유헌정론』을 먼저 읽기를 권한다. 이러한 배경을 가진 책이기는 하나, 이 책에서 나는 요즘 사람들이 흔히 구닥다리 사상으로 치부하는 고전적 자유주의가 오늘날 널리 유행되는 그 어떤 주장보다도 훨씬 소중한 내용을 많이 담고 있다는 점을 강조하려 했다.

이 책을 읽다 보면 독자들은 내가 지금까지 가장 앞서 발전한 나라라고 여겨져 오던 국가들의 정치체제가 겪고 있는 파행에 대해 크게 염려한다는 점을 눈치 채게 될 것이다. 이런 국가들이 점차 전체주의적 성향을 띠게 된 것이 '민주적' 정부라고 하는 말의 개념에 대한 오해에서 비롯된 불가피한 현상이라고 하는 믿음이 날로 확산되는 것을 목격하면서(왜 이렇게 되었는가 하는 점을 이 책에서 설명할 것이다) 그 해결책을 찾아야겠다는 생각이 들었다. 이 자리에서 나는 다시 한 번 분명히 밝혀둔다. 민주주의는 사람들이 지금까지 고안한 정치체제 중에서 유일하게 평화적으로, 그리고 효과적으로 변화를 일으키게 할 수 있는 방법이다. 따라서 정부의 '목표'에 경도되어 민주주의적인 '방법'이 지닌 장점을 간과하려 드는 시각에 대해 경각심을 높여야만 한다고 본다. 그럼에도 불구하고 우리는 정치지도자들이 어떤 노력을 하든지 간에 점차 헤어 나오기 힘든 수렁 속으로 빠져들어가고 있다는 점을 인정하지 않을 수가 없다.

이 시점에서는 이 책이 제시하고 있는 대안들, 즉 민주적인 정부의 기본 조직을 변경시키려 드는 제안들이 대부분의 독자들에게는 매우 비현실적인 것으로 보일 것이다. 그러나 나는 비록 실험적 성격이 강한 이론적 도상설계에 머물고 있기는 하나, 멀지 않은 장래에 현재의 제도들이 어쩔 수 없이 붕괴상태에 이르렀을 때 그 위기에서 우리를 구출해줄 수 있는 것이 바로 이런 구상들이라는 점을 확신한다. 내가 제시하는 대안들은 민주주의의 참된 가치를 보존하게 해주는 한편, 대부분의 사람들이 민주주의를 유지하기 위해서는 부작용을 감수해야 한다는 생각에서 그냥 지나치려 하는 문제점들을 제거하는 데 도움이 된다. 그리고 최근의 다른 저술(『화폐의 탈국유화』)에서도 밝혔지만, 나는 민주정부가 전체주의적 성향을 띠게 되는 악몽에서 벗어나자면 정부가 독점적으로 통화를 공급할 수 있는 권한을 갖지 말아야 한다는 점도 주장했다. 근대에 들어 인류가 실험했던 자유가 실패할 수밖에 없다면, 그 실패의 원인은 자유가 비현실적인 이상에 불과해서가 아니라 우리가 그 자유를 잘못 사용했기 때문이다. 이 책을 통해 일부 독자들만이라도 이 사실을 납득할 수 있게 된다면 나는 만족할 것이다.

이 책이 부분적으로 일관성을 결여하고 있고, 또 건강상의 이유로 15년이라는 긴 작업시간이 흘러가는 동안 이미 다른 데로 출판했던 내용을 다시 수록한 것도 있음을 독자들이 이해해주기 바란다. 나는 이런 문제점들을 잘 알고 있다. 그러나 내 나이 여든에 그런 것들을 다 고쳐 쓰자면 결코 끝을 맺지 못하고 말 것이다.

제3권을 발간하기 전에 내가 추가했던 후기는 내 생각이 제한된 활동기간에도 대중강연에서 전체 입장에 관한 나의 일반적 견해를 기술하기 전에 내가 알고 있던 보다 나도 모르게 더 계속해서 발전되었다는 점을 보여준다. 현재의 텍스트의 결론부분에서 말했듯이 후기에서 내가 말했던 것은 하나의 후기라기보다는 새로운 시작이다. 이 후기는 내가 지금 초교를 완성한 새로운 책의 윤곽이 되었다는 것을 지금 얘기할 수 있어서 기쁘다.

내가 여기에서 반복해서 몇 가지 공지할 것이 있다, 10년 전 시카고대학의 맥클런 교수가 내가 설명한 것들을 과거에 그랬듯이 이번에도 내가 할 수 있는 것보다 더 읽기 편하도록 하는 데 수고를 아끼지 않았다. 나는 이런 호의적인 노력에 깊은 고마움을 표한다, 그가 교정을 보았던 원고는 앞부분에서도 그 후 더 변동되었지만 아직도 이 책에 있는 결함이 있다면 그것은 그의 책임이 아니다. 나는 새로 런던대학 쉔필드 교수의 신세를 많이 졌다. 그는 친절하게도 이 책 마지막 원고의 문장을 고치는 것은 물론 중요한 내용상의 오류까지도 지적해주었다. 그리고 큐빗 부인은 타자를 치면서 글을 다듬어주었다. 마지막으로 이 책 3권 전체의 용어색인을 정리해준 크로포드 부인에게도 감사를 전하고 싶다.

서문

문제에 대한 해법은 오직 하나만 있는 것으로 보인다: 서구 문명이 피할 수 없는 불리한 조건을 받아들일 만큼 충분히 단순하면서도 심오하고, 겸허하면서도 숭고하지만 인간정신에는 한계가 있다는 점을 인류의 엘리트들이 의식하는 것이다.

G. Ferrero[1]*

몽테스키외와 미국 헌법의 틀을 만든 사람들이 영국에서 성장했던 그리고 국가권력을 제한하는 헌법주의 개념을 명료하게 표현했을 때[2] 그들은 언제나 자유주의적 헌법주의가 따랐던 모습을 생생하게 그렸다. 그들이 주로 지향했던 것은 개인적 자유에 제도적 안전판을 제공하는 것이었고, 신봉했던 장치는 권력분립이었다. 우리가 입법, 사법 그리고 행정 사이의 권력 분립이라고 알고 있는 형태로는 그것이 달성하려고 했던 것을 아직 달성하지 못했다. 정부는 어디에서나 그들이 부정하려고 했던 권력들을 헌법적 수단들을 통하여 획득해왔다. 결국 개인적 자유를 헌법들에 의하여 획득하려는 첫 번째 시도는 명백하게 실패했다.

헌법주의는 권력이 제한된 정부를 의미한다.[3] 그러나 헌법주의의 전통적 해석은 그 이념을 어떤 특정 문제에 대한 다수의 의지가 전혀 제한받지 않는 정부 형태를 의미하는 민주주의의 개념과 화해할 수 있게 만들었다.[4] 그결과, 헌법이란 현대적인 정부개념에서는 전혀 자리를 잡지 못한 구시대 유물이라고 이미 심각하게 암시되어 왔다.[5] 실제로 전지전능한 정부를 가능케 만드는 헌법이 무슨 기능에 봉사하겠는가? 정부들의 목적이 무엇이건 그들이 그것을 원활하고 효과적으로 작동하게는 것만이 헌법의 기능인가?

이런 상황에서, 만일 자유헌법주의의 창설자들이 목표들을 추구하면서 그 사이에 우리가 획득했던 모든 경험까지도 그들이 다 이용할 수 있다고 가정하고 그들에게 당신들 같으면 오늘날에는 무엇을 어떻게 할 것인가를 묻는 것은 중요해 보인다. 모든 지혜를 가진 그들이라고 해도 알 수 없었을 200여 년간의 역사에서 우리가 배워야 했던 것은 많다. 내게는 그들이 추구했던 목표들은 언제나 타당한 것으로 보이지만 그러나 그들의 수단들은 부적합한 것으로 드러났기 때문에 새로운 제도적 발명이 필요하다고 본다.

다른 책에서 나는 자유헌법주의의 전통적 이론을 새로이 설명했는데, 어느 정도는 명확히 하는 데 성공했기를 희망하고 있다.[6] 그러나 내가 그 저서를 완성한 뒤에서야 나는 왜 그 이상(理想)이 거대한 정치운동을 하고 있는 이상주의자들의 지지를 받지 못했는가를 알게 되었고 그것들과 화해할 수 없다고 판명된 우리 시대의 지배적 믿음들이 무엇인가를 이해하게 되었다. 지금 나에게는 그것이 이렇게 전개된 이유가 주로 다음과 같이 보인다: 사적인 이해관계로부터 독립된 정의에 대한 믿음을 상실한 것; 결과적으로, 정의롭지 못한 행동을 막기 위해서 뿐만 아니라 특정한 사람들이나 그룹들을 위한 특정한 결과들을 달성하기 위해서 강제의 권한을 부여할 입법을 사용한 것; 그리고 동일한 대의제 국회에서 정의로운 행동규칙을 언어로 표현하는 과제와 지시하는 정부의 과제를 융합시킨 것이다.

내가 이전의 주제와 똑같은 일반적 주제에 관한 또 한 권의 책을 쓰게 된 동기는 자유인들의 사회를 보존하는 것이 세 가지의 근본적 통찰에 달려 있다는 인식 때문이다. 그 통찰은 제대로 설명되지 않았다. 이 책의 주요한 세 부분은 거기에 바쳐졌다. 이들 중 첫 번째는 스스로 생성되는 혹은 자생적인 질서와 조직은 별개의 것이고, 그것들을 구별하는 것은 그것들에 퍼져있는 두 가지 다른 종류의 규칙들 혹은 법들과 관련되어 있다는 점이다.

둘째로 오늘날 일반적으로 '사회정의' 혹은 분배정의라고 간주되고 있는 것이 이 종류의 질서 중 두 번째인 조직 내에서만 의미를 가진다는 것이다. 그러나 그것은 애덤 스미스가 '거대한 사회'라고 불렀고, 칼 포퍼가 '열린 사회'라고 불렀던 자생적 질서에서는 의미가 없는 것이고 전적으로 그것과 양립할 수 없는 것이다. 세 번째는 동일한 대의제 기구가 정의로운 행동규칙도 정하고 동시에 정부도 통제하는 자유민주주의 제도의 지배적 모델은 자유 사회의 자생적 질서를 조직된 이해관계들의 연합에 봉사하는 전체주의 체제로 점진적으로 반드시 변형시킨다는 점이다.

내가 보여주기를 희망하듯이 그런 전환은 민주주의의 필연적 결과가 아니라, 특정한 형태의 제한받지 않는 정부의 효과일 뿐이다. 민주주의는 제한받지 않는 정부와 동일시되고 있다. 만일 내가 옳다면, 서방 세계에 지금 널리 퍼져 있는, 그리고 많은 사람이 민주주의에서 유일하게 가능한 형태라고 잘못 생각하고 있기 때문에 자신들이 옹호해야 한다고 느끼고 있는, 특정한 형태의 대의제 정부는 그것이 봉사하려고 했던 이상들로부터 벗어나려는 내재적 경향이 있는 것으로 보인다. 이런 유형의 민주주의를 수용했기 때문에 우리가 가장 확실한 안전판으로 여겨졌던 개인적 자유라는 그 이상으로부터 멀어져왔다는 점, 그리고 이제 아무도 원치 않는 체제를 향해 표류하고 있다는 점은 거의 부인하기 힘들다.

그러나 여러 가지 적지 않은 징후로 보아 제한받지 않는 민주주의가 추락하는 중이다. 갑작스럽게 붕괴하지 않더라도 뒤뚱거리며 몰락하고 있다. 조직된 이해관계들의 확립된 연합들 및 그들이 고용한 전문가들이 민주적인 국회의 수중에서 의사결정권을 빼앗아서, 그들 자신이 그 결정권을 맡음으로써 제기되어 왔던 많은 예상들이 적중하게 되었다는 점이 이미 분명해지고 있다. 실제로 우리는 이미 대의제 기구들의 기능이 '동의를 동원하는' 것으로 되었다는 것,[7] 즉, 그들이 대표하는 사람들의 의견을 표현하는 것이 아니고, 그것을 조작하는 것이라는 말을 들었다. 사람들은 자신들이 새로운 기득권세력의 이해관계에 의해 좌우되어 있다는 것을 조만간 발견할 것이다. 그뿐 아니라 배급국가의 필연적 결과로 성장한 준(準) 정부 기구라는 정치적 기구는 사회로 하여금 현재의 생활수준을 올리는 것은 고사하고 변화하는 세계에서 그 수준을 유지하는 데 필요한 적응조차 하지 못하도록 막음으로써, 곤경을 창출하고 있다는 것도 조만간 알게 될 것이다. 아마도 사람들은 자신들이 창출했던 제도들이 자신들을 난관으로 이끌어가고 있다는 점을 받아들이기까지 시간이 얼마 걸리지 않는다. 그러나 지금 탈출구를 생각하기 시작하는 것이 아마 그리 빠르지도 않다. 그리고 이것이 지금 일반적으로 받아들여지고 있는 신념들을 얼마간 철저하게 수정할 것을 요구할 것이라는 확신이 있어서, 나는 여기서 과감하게 약간의 제도적 발명들을 내놓았다.

내가 현재 이 책에서 시도하는 일을 『자유헌정론(The Constitution of Liberty)』 출판 때 진행했어야 했다는 것을 알았더라면, 나는 그 책에 그 제목을 붙이는 것을 유보했을 것이다. 그 당시 나는 '헌법'이란 용어를 더 광범한 의미로, 즉 사람의 적응 상태를 서술하기 위해서 사용했다. 어떤 헌법제도가 개인적 자유의 보존에 가장 유익한가에 관한 문제를 법적인 의미로 내가 전념한 것은 오직 현재의 이 책에서뿐이다. 독자들로서는 거의 알아차리지 못할 단서에 불과한 것을 제외한다면,[8] 나는 이전 책에서는 현존하는 정부 유형들이 자유를 보존하길 원한다면 준수해야 할 원칙들을 진술하는 데에 국한시켰다. 현재 널리 퍼져있는 제도들로는 이것이 불가능하다는 경계심이 증대되었다. 그것으로 인해 나는 처음에는 매력적인 사상처럼 보이지만, 그러나 실천 불가능한 사상일 것으로만 보이는 것에 더욱 더 집중하였다. 그러자 유토피아가 낯설지 않게 되었고, 그것이 나에게는 자유 헌법주의의 창설자들이 해결하지 못했던 문제에 대한 유일한 해법으로 보였다.

그러나 이 책 3부에서야 겨우 이러한 헌법적 구상의 문제로 들어갔다. 기존에 확립된 칭찬받고 있는 전통으로부터 아예 급격하게 결별해야 한다는 주장을 제시하기 위해서는 통상적인 믿음을 비판적으로 재검토하는 것뿐만 아니라, 우리가 여전히 겉으로만 입에 발린 찬사를 보내고 있는 기본 개념들의 실제 의미를 재검토하는 것도 필요하다. 사실상, 나는 내가 떠맡았던 일을 수행하기 위해서는 몽테스키외가 18세기에 했던 것 못지않은 일을 20세기에 해야 한다는 것을 알게 되었다. 이 일을 하는 도중에 한두 번은 내가 설정했던 목적에 가까이 갈 수 없는 내 능력에 절망했었다고 말한다면 독자는 내 말을 믿을 것이다. 나는 여기서 몽테스키외가 어떤 단순한 학자도 필적하기를 희망할 수 없는 위대한 천재적 문필가였다는 사실을 말하는 게 아니다. 오히려 내가 말하는 것은 몽테스키외에게 그 같은 연구가 다루어야 할 영역이 아직 여러 전문 분야들로 나누어지지 않았지만, 그 이후에는 어떤 사람이건 가장 중요한 관련 저작들조차 완벽하게 알기가 불가능해졌다는 사정에서 생겨난 결과, 즉 순전히 지적인 어려움이다. 하지만 비록 적합한 사회질서라는 문제가 오늘날 경제학, 법학, 정치학, 사회학 그리고 윤리학이라는 다른 시각에서 연구되기도 하지만, 그 문제는 오직 전체적으로 접근했을 때만 성공적일 수 있다는 것이다. 이것이 의미하는 바는, 오늘날 그런 일을 떠맡는 사람이라면 누구나 자신이 다루어야만 하는 모든 분야에서 직업적 능력이 있다고 주장할 수 없거나 혹은 제기되는 모든 문제들에 대해 이용 가능한 전문화된 문헌들을 잘 알고 있을 수도 없다는 것이다.

전문분야로의 구분이 초래하는 유해한 효과가 경제학과 법학이라는 가장 오래된 두 과목들에서보다 더 분명하게 드러나는 곳도 없다. 우리가 자유 헌법주의의 기본 개념들을 빌려온 18세기 사상가들, 즉 몽테스키외 못지않게 데이비드 흄과 애덤 스미스도 그들 일부가 '입법 과학'이라고 불렀던 것에, 혹은 광범한 의미에서의 정책 원리에 여전히 관심을 가지고 있었다. 이 책의 주요 주제 중 하나는 다음과 같다. 법률가가 연구하고 있는 정의로운 행동규칙들이 법률가가 대체로 무시하고 있는 성격을 가진 종류의 질서에 봉사하고 있다는 점, 그리고 그 다음으로 경제학자도 자신이 연구하는 질서가 의존하고 있는 행동규칙의 성격에 대해 유사하게 무시를 하고 있긴 하지만, 주로 경제학자가 이 질서를 연구하고 있다는 점이다.

그러나 한때는 공통된 탐구 부문이었던 것을 몇몇 전문분야로 분리함으로써 생겨나는 가장 심각한 결과는 때때로 '사회철학'이라고 불리는 모호한 주제를 미개척지로 방치했다는 점이다. 그 전문과목들 내에서의 주요쟁점들 가운데 일부는 사실상 전문과목들 중에서 어느 것 하나에 고유하지도 않은, 따라서 체계적으로 검토되지도 않는 문제들, 또 이런 이유에서 '철학적'이라고 여겨지는 것들에 관한 차이들에 달려있다. 이는 흔히 암묵적으로 합리적 정당화를 요구할 수도 없거나 그럴 능력도 없는 것으로 추정되는 입장을 취할 변명거리로 봉사하기도 한다. 하지만 사실에 대한 해석들뿐만 아니라 정치적인 입장들까지도 전체적으로 좌우되고 있는 그런 중요한 쟁점들은 사실과 논리의 근거 위에서 대답할 수 있고 대답하여야만 한다. 그것들이 널리, 그러나 잘못 받아들인 신념들이 명확히 과학적으로 다룰 수 있는 문제들에게 그릇된 대답을 전제하는 철학적 전통의 영향 때문이라는 의미에서 '철학적'이다.

이 책의 첫 장에서 나는 널리 받아들여지고 있는 어떤 과학적 견해들뿐만 아니라 정치적 견해들도 사회제도들의 형성에 대한 특정한 개념에 의존하고 있다는 점을 보여주려고 한다. 그 개념은 모든 사회제도들이 용의주도한 설계의 산물이고 또 산물이어야 한다는 것을 가정하고 있다. 나는 이것을 '구성주의적 합리주의(constructivist rationalism)'라고 부를 것이다. 이러한 지적 전통은 사실적 결론에서나 규범적 결론에서 모두 잘못된 것임을 보여줄 수 있다. 왜냐하면 현존 제도들이 모두 설계의 산물도 아니고, 이용가능한 지식의 활용을 크게 제한하지 않으면서 동시에 사회질서가 전체적으로 설계에 좌우되도록 하는 것은 불가능하기 때문이다. 그런 틀린 견해는 인간정신을 사회제도들이 생겨났던 것과 동일한 진화 과정의 산물이라기보다는 자연과 사회라는 우주의 바깥에 있는 실체라고 보는 똑같이 그릇

된 개념과 밀접하게 연결되어 있다

　사실상 내가 도달했던 확신은 우리 시대의 일부 과학적인 차이들만이 아니라 가장 중요한 정치적 (혹은 '이데올로기적') 차이들도 궁극적으로는 두 사상 학파들 사이에 있는 일정한 기본적 철학적 차이들에 있다는 것이고, 그 중 하나가 틀린 것임을 알 수 있다는 것이다. 그것들은 둘 다 공통적으로 합리주의라고 일컬어지고 있다. 그러나 나는 그것들을 한편으로는 진화적 (혹은 카를 포퍼가 부른 대로 하자면, '비판적 합리주의, 그리고 다른 한편으로 오류투성이인 구성주의적) (포퍼의 '순진한') 합리주의라고 구별해야만 할 것이다. 만일 구성주의적 합리주의가 사실 면에서 그릇된 가정들에 근거하고 있음을 알 수 있다면, 과학적인 사상학파들만이 아니라 정치적인 사상 학파들 전체도 또한 오류투성이임이 입증될 것이다.

　이론적 분야에서 구성주의적 합리주의는 특별히 법실증주의이고 그리고 이와 연결되어 있으면서 그 오류와 생사를 같이 한 무제한적인 '주권자' 권력의 필요성에 대한 믿음이다. 마찬가지로 공리주의, 최소한 공리주의의 특수주의적 변종[9] 혹은 '행동공리주의' 변종도 똑같이 구성주의다. 또한 나는 '사회학'이라고 불리는 것의 적지 않은 부분이 자신의 목적을 '인류의 미래를 창조하는 것'이라고 할 때, 혹은 한 저자가 썼듯이, '사회주의가 사회학의 논리적이고 불가피한 산물'[10]이라고 주장할 때, 그것은 구성주의의 친자(親子)라는 점을 우려하고 있다. 사회주의는 모든 전체주의 학설들 중에서 단지 가장 고상하고 가장 영향력 있는 것일 뿐인데, 그것은 정말로 구성주의에 속한다. 그들이 근거를 두고 있는 가치들 때문에 그릇된 것이 아니라 거대한 사회와 문명을 가능하게 만들었던 힘들에 대해 잘못된 생각 때문에 그릇된 것이다. 사회주의자들과 비 사회주의자들 사이에 있는 차이들이 궁극적으로 과학적으로 해결할 수 있는 지적인 현안들에 달려있는 것이지, 상이한 가치판단들에 달려있는 것이 아님을 입증하는 것, 그것은 내가 보기에 이 책에서 추구하고 있는 일련의 사색 중 가장 중요한 결과물의 하나다.

또한 내가 보기에는 사실에 대한 똑같은 오류 때문에 오랫동안 정치적 조직의 가장 중요한 문제, 즉 대중의 의지 위에 또 다른 '의지'를 두지 않고서 어떻게 대중의 의지를 제한할 수 있는가의 문제를 해결할 수 없는 것으로 보이게 만들었던 것 같다. 거대한 사회의 기본 질서가 전적으로 설계에 의존할 수는 없다는 점을, 따라서 특정한 예견가능한 결과들을 지향할 수 없다는 점을 우리가 인식하는 순간 우리가 알게 되는 것은, 모든 권위의 정당화로서 일반 의견이 승인했던 일반 원칙들에 헌신할 필요성은 그 당시의 대다수의 의지를 포함하여 모든 권위의 특정한 의지도 효과적으로 제한하기 위해서라는 점이다.

내 주요 관심사인 이런 이슈들에 대한 사상은 데이비드 흄이나 임마누엘 칸트 이래 거의 진전되지 못한 것으로 보인다. 그리고 여러 가지 측면에서 그들이 간과했던 사항이 우리 분석이 다시 시작해야 할 지점이다. 가치의 지위를 모든 합리적 구성을 위한 독립적이면서 지침이 되는 조건이라는 명확한 인식에 더 가까이 다가갔던 사람들은 그들이었다. 내가 여기에서 궁극적으로 관심을 가지고 있는 것은, 비록 내가 그것의 작은 부분 밖에는 다룰 수 없다고 하더라도 과학적 오류에 의한 가치들의 파괴다. 이는 점점 더 내게 우리 시대의 커다란 비극으로 보인다. 그것이 비극인 이유는 과학적 오류가 몰아내려는 가치들이야말로 이들에 등을 돌리는 과학적 노력 그 자체를 포함하여 우리의 문명 모두에 없어서는 안 될 기반이기 때문이다. 구성주의는 자신이 설명할 수 없는 가치들을 주석가들이 당연하게 여기는 사실들에 필요한 조건들로 보기보다는 자의적인 인간의 의사결정들, 혹은 의지의 행동들, 혹은 단순한 정서들에 의해 결정되는 것이라고 표현하는 경향이 있는데, 이는 과학적으로 입증될 수 없는 가치 체계에 근거를 두고 있는 문명의 토대 그리고 과학 그 자체의 토대를 흔드는 데 크게 기여했다.

제1부

규칙과 질서

민경국 · 박종운 역

지적인 존재들이라면 자신이 만든 법들을 가지고 있겠지만, 마찬가지로 자신이 결코 만들지 못했던 법도 또한 가지고 있을 것이다.

(Montesquieu, 『법의 정신(De l'Esprit des lois)』, I, p.i)

제1장
이성과 진화
Reason and Evolution

누구에 의해서, 그리고 무슨 맥락에서 자유로운 국가들을 형성시킨 진정한 법이 인식되게 되었는가, 그리고 어떻게 그 발견이, 즉 발전, 진화 그리고 연속성이라는 이름으로 다른 과학에 새롭고 더 깊은 방법을 부여해왔던 것들과 밀접하게 관련되어 있는 그 발견이 안정성 및 변화 사이에 있었던 오래된 문제를 풀고, 사고의 진보에서 전통이 권위를 가지게끔 결정하였는가, 이 둘을 서로 연결시키는 것

Lord Acton*[1]

구성과 진화

인간 활동들의 유형을 바라보는 데는 두 가지 방식이 있다. 그 유형에 대한 설명에 관해서나, 그것을 의도적으로 변경시킬 가능성에 관해서나 두 가지가 아주 다른 결론으로 이어진다. 그 중 하나는 명백하게 잘못된 개념들에 근거한 것이다. 그렇지만 그 개념들은 인간의 허영심을 만족시켜서 엄청난 영향력을 얻었고, 심지어 그들이 허구에 근거하고 있다는 점도 알지만 무해하다고 믿고 있는 사람들에 의해서조차 항상 사용되고 있다. 다른 하나는 추상적으로 말하면 기본적 주장에 의문을 품는 사람들이 거의 없다고 하더라도 몇몇 측면에서는 너무나 환영받지 못하는 결론으로 이어

진 나머지 그것을 쫓아서 끝까지 가려고 하는 사람들이 거의 없다.

첫 번째 것은 우리들의 꿈을 실현할 수 있는 무제한적 힘을 느끼게 하지만 두 번째는 우리가 의도적으로 이루려는 것에는 한계가 있다는 통찰로, 그리고 우리의 현재 희망들 중 어떤 것은 환상이라는 인식으로 이어진다. 그러나 첫 번째 견해에 의해 스스로 현혹되도록 내버려둘 때 나타난 결과는 항상 인간이 자신이 이룰 수 있는 것의 범위를 실제로 제한해왔다는 것이었다. 왜냐하면 인간으로 하여금 자신의 힘을 충분하게 사용할 수 있게 할 가능성에 한계가 있다는 인식이 항상 있었기 때문이다.[2]

첫 번째 견해는 인간의 제도가 인간의 목적에 맞게 의도적으로 설계되기만 했다면, 그것은 인간의 목적들에 봉사할 것이라고 주장한다. 흔히 한 제도가 존재한다는 사실은 그것이 그 목적을 위해 창조되었음을 입증하는 것이라고 주장하기도 한다. 그래서 항상 우리는 사회와 제도를 다시 설계해야 하고 그럼으로써 우리 행동들이 우리가 알고 있는 목적들에 의해 전반적으로 인도되도록 해야 한다고 주장한다. 하지만 그 밑에 잠재되어 있는 믿음, 즉 우리가 모든 자애로운 제도들을 가지게 된 것은 설계 덕이고, 그러한 설계만이 그 제도들을 우리 목적에 유용하게끔 만들었고, 만들 수 있다고 하는 믿음은 대체로 그릇된 것이다.

이러한 견해는 본래 깊게 박혀 있는 원시적 사고의 성향에 뿌리를 박고 있다. 그 사고는 현상들 속에서 발견되는 모든 규칙성을 생각하는 정신이 설계한 결과로 의인화하여 해석한다. 그러나 인간이 이러한 순진한 개념으로부터 스스로를 해방시키는 길을 잘 가고 있을 바로 그 무렵에 의인화가 인간의 정신을 잘못된 편견으로부터 해방시킬 목적과 밀접하게 연결되어 왔던, 그리고 이성의 시대에 지배적 개념이 되었던 막강한 철학의 지원을 받아 다시 부활했다.

고대 이래 서서히 그리고 점진적으로 진전되어 왔지만, 그러나 당분간 더 매력적이었던 구성주의적 견해에 의해 거의 완전하게 압도당했던 다른 견해가 있다. 그 견해는, 개인적 행동의 유효성을 크게 증대시켰던 사회의 질서정연함은 오로지 이를 위해 발명되거나 설계되었던 제도와 관행들의 덕택만이 아니라. 그것은 주로 처음에는 '성장'이라고 서술되었지만 나중에는 '진화'라고 서술된 과정에 기인했던 것이다. 진화라는 과정은 처음에는 다른 이유로 혹은 순전히 우연에 의해 채택되었던 관행들이 이 속에서 생겨난 그룹이 다른 그룹을 압도할 수 있게 했기 때문에 보존되는 과정이다. 이 견해가 18세기에 처음으로 체계적으로 발전한 이래, 그것은 원시적 사고의 의인화주의에 대항해서 투쟁하여야 했을 뿐 아니라, 더 나아가서는 새로운 합리주의 철학이 그런 순진한 견해들에게 제공했던 지원에 맞서서도 투쟁해야 했다. 정말로 진화적 견해의 명시적 형성으로 이어졌던 것은 이 철학이 제공했던 그런 도전 때문이었다.[3]

데카르트적 합리주의의 교리

우리가 구성주의적 합리주의라고 부르게 될 것의 기본적 이념들을 가장 완전하게 표현한 위대한 사상가는 르네 데카르트다. 그러나 그가 사회적 그리고 도덕적 논거들을 위한 결론들을 그들로부터 끌어내기를 피했던 반면,[4] 그 논거들을 다듬었던 인물은 그보다 약간 나이가 더 많은 (그러나 훨씬 더 길게 살았던) 동시대인이었던 토마스 홉스였다. 비록 데카르트의 직접적인 관심은 명제들이 진실인가 여부에 대한 기준을 수립하는 일이었지만, 그 기준은 불가피하게 그의 추종자들에 의해 행동이 적합한가와 정당한가를 판단하는 데도 적용되었다. 그는 '철저한 의심' 때문에 '뚜렷하고' 명백한, 따라서 의심의 여지가 없이 분명한 전제들로부터 논리적으로 도출될 수 없는 것은 어떤 것이건 진실한 것으로 받아들이지 않았는데, 그런 의심 때문에 삼단논법으로 정당화될 수 없는 행동규칙들은 전부 타당성이 없다고 했다. 비록 데카르트 자신은 그러한 행동규칙들을 전지(全知)적 신이 설계했다고 둘러댐으로써 그 결과들을 회피할 수 있었지만, 그의 추종자들 중에서 그것을 더 이상 적합한 설명으로 보지 않았던 사람들은 단지 전통에 근거하고 있을 뿐 합리적 근거들로 충분히 정당화될 수 없는 것을 받아들이는 것을 비합리적 미신이라고 보았다. 그의 기준에 따라 진실로 입증될 수 없는 것이라면 모두 '단순한 의견'이라고 기각해버리는 것이 그가 시작했던 운동의 지배적 성격으로 되었다.

데카르트에게 이성은 명백한 전제들로부터 논리적으로 연역한 것으로 정의된다. 그렇기 때문에, 합리적 행동도 역시 전적으로 알려진 그리고 입증될 수 있는 진리에 의해서 결정된 행동을 의미하게 되었다. 이로부터 결론, 즉 오직 이런 의미에서 진실인 것만이 성공적인 행동으로 이어질 수 있고, 따라서 인간의 성취에 도움을 준 모든 것은 그렇게 생각하게 된 그의 추론의 산물이라는 결론으로 나가는 것은 거의 불가피한 단계다. 이런 식으로 설계되지 않은 제도들 및 실천들로부터 편익을 보게 된 경우, 그것은 오직 우연에 의해서일 뿐이다. 그같이 데카르트적 구성주의의 독특한 태도가 되었다. 이 사상적 태도는 일반적으로 전통, 관습, 그리고 역사를 경멸한다. 오직 인간의 이성만이 인간으로 하여금 사회를 새롭게 구축하도록 할 수 있다.[5]

그렇지만 '합리주의적' 접근은 결국 이전에 있었던 의인화적 사고방식으로의 퇴화를 의미했다. 그것은 모든 문화적 제도들의 기원을 발명 혹은 설계로 돌리는 새로운 경향을 만들어냈다. 도덕들, 종교 그리고 법, 언어 및 글쓰기, 화폐 및 시장은 누군가에 의하여 의도적으로 구축되어왔던 것으로 여겨졌다. 혹은 최소한 완성된 것이 있다면 그것은 그러한 설계 덕으로 돌려졌다. 역사에 대한 이러한 의도주의적 혹은 실용주의적[6] 설명이 완전하게 표현된 것은 사회가 사회 계약에 의해 형성되었다는 생각이다. 첫 번째는 홉스에게서, 그 다음에는 여러 가지 점에서 데카르트의 직계 추종자인[7] 루소에게서 완전하게 표현되었다. 비록 그들의 이론이 항상 실제 일어났던 것에 대한 역사적 설명을 의미하는 것은 아니라고 해도, 그것은 항상 현존하는 제도들이 합리적인 것이라고 승인되어야 할지 여부를 결정하는 지침을 제공하려는 의도가 있었다.

오늘날 '목적의식적으로' 혹은 '의도적으로' 이루어진 모든 것에 대한 선호가 널리 퍼져 있는 것은 이러한 철학적 개념 덕이다. 이로부터 '불합리적' 혹은 '비합리적' 과 같은 용어들이 오늘날 가지고 있는 경멸적인 의미를 도출했던 것이다. 이 때문에 전통적인 제도, 기존에 확립된 제도들 및 관습들에 우호적인 초기 추론들은 그 개념들에 반하는 추론이 되었다. 그리고 '의견'은 '단순한' 의견에 불과한 것이라고 생각했다. 그 의견은 이성에 의해서 입증될 수 없거나 결정될 수 없는 것이다. 따라서 결정을 하기 위한 타당한 근거로 받아들여져서는 안 되는 것이다.

그러나 인간이 자신의 환경을 정복해왔던 것이 주로 명확한 전제들로부터 논리적으로 연역해낼 능력을 통해서였다는 믿음의 밑바탕에 있는 기본적 가정은 실제로는 그릇된 것이다. 그리고 인간이 자신의 행동들을 그렇게 정당화될 수 있는 것에 한정시키는 시도는 어느 것이라도 그가 이용할 수 있으며, 그리고 성공에 이르는 가장 효과적인 수단들 중 많은 것을 그에게서 빼앗아 버릴 것이다. 우리의 행동들이 효과가 있는 것은 그들이 오로지 혹은 주로 우리가 말로 진술할 수 있는, 따라서 삼단논법의 명백한 전제들을 구성할 수 있는 지식의 덕이라고 하지만, 그것은 간단히 말해서 진실이 아니다. 많은 사회제도는 우리가 의식적인 목적을 성공적으로 추구하기 위한 불가결한 조건인데, 그들은 사실상 어떤 목적을 고려하여 발명되지도 않고 준수되지도 않았던 관습, 습관들 혹은 관행들의 결과다. 우리는 우리 자신을 성공으로 인도할 수 있고 우리 행동들이 목표를 달성할 좋은 기회를 가질 수 있는 사회에 살고 있다. 그것은 우리 동료들이 알려진 목표들 혹은 수단과 목적 사이의 알려진 연관성에 의해서 지배되기 때문만이 아니라, 우리가 흔히 그 목적이나 기원에 대해 잘 알지 못하는, 그리고 우리가 흔히 그 존재에 대해서 잘 알아차리지 못하는 규칙들에 의해서 제한되기 때문에 그런 것이다.

인간은 목적을 추구하는 동물인 만큼이나 규칙을 따르는 동물이기도 하다.[8] 그리고 그는 왜 자신이 준수하고 있는 규칙들을 준수해야 하는지를 알기 때문이 아니라, 혹은 이 모든 규칙들을 말로 진술할 수 있기 때문이 아니라, 그의 사고와 행동이 그가 살고 있는 사회에서 선택과정에 의해 진화해왔던, 그럼으로써 여러 세대의 경험의 산물이기도 하는 규칙들에 의해서 지배되고 있기 때문이다.

사실에 관한 지식의 영원한 한계

구성주의적 접근법은 잘못된 결론들로 이어진다. 사람의 행동들이 그가 알고 있는 특정한 사실들과 그리고 그가 알지도 못하고 알 수도 없는 수 많은 다른 사실에도 모두 적용되기 때문에 사람의 행동들이 단지 원시 시대에서만이 아니라 아마도 문명사회에서는 대체로 훨씬 더 성공적이다. 그를 둘러싸고 있는 전반적 환경들에 대한 이런 적응이 가능한 것은 그가 설계하지도 않았고, 비록 행동에서 존중한다고 하더라도 명확하게 알지도 못하는 행동규칙들을 지키기 때문이다. 이것을 달리 표현하면, 우리를 둘러싼 환경에 대한 우리의 적응은 오직 인과관계에 대한 통찰 때문만이 아니라 우리의 행동들이 우리가 살고 있는 종류의 세계에 적응된, 즉 우리가 알지 못하지만 그러나 여전히 우리의 성공적인 행동유형을 결정하는 규칙들에 의해 지배받고 있기 때문이다.

데카르트적 의미에서 완전한 합리적 행동은 연관된 사실들 모두에 대한 완전한 지식을 요구한다. 설계자나 공학자가 만일 의도된 결과들을 생산하기 위해 물질적 대상들을 조직하려고 한다면 그는 그것들을 통제하고 조작하기 위해 모든 자료와 충분한 힘을 필요로 한다. 그러나 사회에서 행동의 성공은 어떤 사람이 알 수 있을 사실 이상의 더 많은 특정 사실들에 달려있다. 결국 우리의 전체 문명은 데카르트적인 의미에서 진실인지를 알 수 없는 수많은 것들을 믿는다는 점에 의존하고 있고, 또 의존할 수밖에 없다.

이 책 전체에 걸쳐서 독자들에게 항상 명심하라고 우리가 요구하는 것은 인간 사회의 개별 구성원들 모두의 행동을 결정하는 특정한 사실들 대부분에 대해 누구나 필연적이고 치유할 수 없을 정도로 무지하다는 사실이다. 이 점은 처음에는 말할 필요도 없이 명백하고, 다툼의 여지가 없으며, 증명할 필요도 거의 없는 사실로 보일 수 있다. 그러나 무지하다는 사실을 항상 강조하지 않았던 결과, 그런 사실을 너무나 쉽게 잊혔다. 그 주된 이유는 그것이 우리가 사회의 과정들을 설명하고 그들에 지적으로 영향을 미치려는 시도를 훨씬 더 어렵게 만들었던, 그리고 우리가 그것들에 대해 말할 수 있고 행할 수 있는 것에 엄격한 제한을 하는 불편한 사실이기 때문이다. 그래서 우리가 완전한 설명 혹은 통제에 필요한 모든 것을 알고 있다는 가정에서 혹은 가장 근사치로서 시작하고 싶은 커다란 유혹이 존재한다. 이러한 잠정적 가정은 결론에는 큰 영향을 미치지 않고도 나중에 빼도 되는 하찮은 것으로 취급되는 경우가 많다. 그러나 거대한 사회질서 속으로 들어오는 특수한 것들의 대부분에 대해 필연적으로 무지하다는 것이 모든 사회질서가 갖는 중심적인 문제의 원천이다. 또 그릇된 가정에 의해 그 문제가 잠정적으로 제쳐 두었지만, 그 그릇된 가정은 대개 명시적으로 폐기되지 않았고 편의적으로 잊혔을 뿐이다. 그러면서 마치 그 무지가 중요하지 않은 것인 양 주장이 계속된다.

그러나 사회의 과정을 결정하는 특수한 사실들의 대부분에 대해서 우리가 치유 불가능할 정도로 잘 모르고 있다는 사실이야말로 왜 사회제도들이 실제로 그런 형태를 띠게 되었는가의 이유다. 외부 관찰자나 사회구성원 누구나가 특수한 사실들을 모두 알고 있는 그런 사회에 대해 말하는 것은 지금까지 존재해왔던 것과는 전혀 다른 것에 대해, 즉 우리가 우리 사회에서 발견하는 것의 대부분이 존재하지도 않을, 존재할 수도 없을, 그리고 비록 존재했다고 해도 우리가 상상할 수 없는 속성을 가지고 있을 사회에 대하여 말하는 것이다.

나는 이전 책에서[9] 약간 길게 우리가 구체적 사실들에 대해서 필연적으로 무지하다는 것이 얼마나 중요한지에 대해서 논하였다. 여기서는 전체적 설명을 하는 서두에서 그것을 주로 서술함으로써, 그것이 핵심적 중요성을 가지고 있다는 점을 강조할 것이다. 그러나 몇 가지 점에서는 다시 진술하거나 다듬을 필요가 있을 것 같다. 우선, 내가 모든 사람의 치유 불가능한 무지라고 말하고 있는 것은 누군가에게 알려져 있거나 혹은 알려지게 될, 그럼으로써 전체 사회 구조에 영향을 끼칠 특수한 사실들에 대한 무지다. 인간 활동들의 이러한 구조는 항상 그 전체가 누구에게도 알려지지 않은 수백만 가지의 사실들에 스스로 적응하고, 적응을 통해서 기능하기도 한다. 이러한 과정의 중요성은 너무나 명백하며, 경제 분야에서 처음 강조되었다. 이미 말했듯이 '사회주의가 아닌 사회에서의 경제생활은 개별 회사들 및 가계들 사이의 수백만의 관계들 혹은 흐름들로 이루어져 있다. 우리는 그것들에 대해 어떤 정리들(theorems)을 세울 수는 있지만, 결코 모두를 관찰할 수는 없다.'[10] 경제 영역에서 우리의 구조적 무지의 중요성에 대한, 그리고 우리가 이런 장애물을 극복하기 위해서 배워왔던 방법들에 대한 통찰은 사실상 이 책에서 더 넓은 분야에 체계적으로 적용하려는 사상들의 출발점이다.[11] 우리의 주요한 주제들 중 하나는 우리의 행동을 지배하는 행동규칙들의 대부분과 그리고 이 규칙성에서 생겨난 제도들의 대부분이 누구도 사회질서 속에 들어오는 특수한 모든 사실들을 의식적으로 설명하는 것이 불가능하다는 점에 대한 적응이라는 것이다. 우리는 특히 정의를 실현할 가능성은 사실에 관한 우리의 지식의 필연적 한계에 달려있고 따라서 정의의 성격에 대한 통찰은 습관적으로 전지전능의 가정 위에서 주장하는 모든 구성주의자들에게는 부정되고 있다는 점을 보게 될 것이다.

여기에서 강조될 수밖에 없는 이러한 기본적 사실의 또 다른 결과는 다음과 같다. 즉, 오직 원시 사회의 소규모 그룹에서만이 구성원들 간의 협력은 어떤 순간에서든 특수한 상황들을 거의 동일하게 알고 있다는 사정에 주로 의존한다는 점이다. 일부의 현명한 사람들은 즉각적으로 감지된 환경들을 해석하거나, 혹은 다른 사람들에게 알려져 있지 않은 먼 장소에서 일어난 일들을 기억할 때 더 나을 수 있다. 그러나 개인들이 그들의 일상생활에서 마주치는 구체적 사실들은 모두에게 아주 비슷할 것이고, 그들이 알고 있는 사건들과 그들이 지향하는 목적들이 다소간 동일하기 때문에 함께 행동할 것이다.

수백만의 사람들이 상호작용하고 우리가 알고 있는 대로 문명이 발전해왔던 거대한,[12] 혹은 열린사회에서는 상황이 전혀 다르다. 경제학은 그러한 상황이 포함하고 있는 '노동분업'을 오랫동안 강조해왔다. 그러나 그 학문은 지식의 분산, 다시 말하면 사회 구성원 각각이 모두 사람의 지식 중 아주 작은 부분만 가질 수밖에 없다는 것, 따라서 사회의 기능이 의존하고 있는 대부분의 사실들에 무지하다는 것에 대해서는 강조를 훨씬 덜 해왔다. 그러나 모든 발전된 문명의 특징적 모습을 구성하는 것은 누군가가 가질 수 있는 것보다 훨씬 더 많은 지식, 따라서 각자가 결정요인들 대부분에 대해서는 모르지만 일관성이 있는 구조 안에서 움직인다는 사실의 활용이다.

사실상 문명화된 사회에서는 개인이 획득할 수 있는 지식이 더 크다기보다는, 그가 다른 사람들이 가진 지식으로부터 받는 편익의 크기가 더 큰데, 그 편익은 단순히 가장 절박한 물리적 필요들의 충족보다 무한히 더 광범위한 목적을 추구할 수 있게 하는 능력의 원인이다. 사실상 '문명화된' 개인이라도 아주 무지할 수 있고, 많은 야만인보다도 더 무지할 수 있지만, 그가 살고 있는 문명으로부터 크게 편익을 누리고 있다.

이런 점에서 구성주의적 합리주의자들의 특징적 오류는 그들이 자신들의 주장을 (단번에 전체를 두루두루 볼 수 있다는 것을 의미하는: 역자) 종관적 망상(synoptic delusion)이라고 불려왔던 것에, 즉 어느 하나의 정신에게 모든 관련 사실들이 알려져 있다는, 그리고 이런 특정한 것들에 대한 지식으로부터 바람직스러운 사회질서를 건설할 수 있다는 허구에 기초를 두는 경향이 있다는 것이다. 때로는 그 망상은 '동시에 생각하는 기예의 발전, 즉 연관된 현상들 여러 개를 동시에 다룰 능력, 그리고 하나의 그림에 이 현상들의 질적 속성 및 양적 속성 모두를 그려내는 능력'[13]의 발전을 꿈꿀 때와 같이 의도적으로 계획된 사회에 열광하는 사람들에 의해 감동적인 소박한 문구로 표현되기도 한다. 그들은 이 꿈이 사회질서의 이해 및 계획 노력이 반드시 발생시킬 중심적인 문제, 즉 사회질서 속으로 들어오는 모든 데이터들을 조사 가능한 전체로 규합할 수 없는 무능력의 문제를 해결된 것으로 보고 가정에서 배제하고 있다는 점을 전혀 알아차리지 못하고 있는 듯이 보인다. 그러나 그 계획들이 '너무나 질서정연하고, 너무나 가시적이며, 너무나 이해하기 쉽다'[14]는 이유로 그러한 접근의 결과로서 생겨나는 계획들의 아름다움에 현혹된 모든 사람들은 종관적 망상의 희생물로 되었다. 그들은 이 계획들이 외관상 명쾌하게 보이는 것이 계획가가 스스로도 모르는 사실들 모두를 무시하고 있다는 점 때문이라는 것도 잊고 있다.

사실에 관한 지식과 과학

현대인이 자신이 가진 지식의 구조적 한계가 사회 전체의 합리적 구성가능성에 영원한 장벽이라는 점을 선뜻 받아들이기를 꺼려하는 주된 이유는 그가 과학의 힘에 무한한 확신을 가지고 있기 때문이다. 우리는 과학적 지식의 급속한 진보에 대해서 너무나 많은 이야기를 듣고 있기에, 지식에 대한 모든 단순한 제약들이 곧 사라질 수밖에 없다고 느낄 정도다. 그렇지만 이러한 확신은 과학의 과제 및 힘에 대한 잘못된 관념에 근거를 두고 있다. 그 관념은 과학이 특정한 사실들을 확인하는 방법이라는 믿음, 그리고 그 기법들의 진보가 우리로 하여금 우리가 원하는 대로 모든 특정한 사실들을 확인하고 조작할 수 있게 해줄 것이라는 잘못된 믿음이다.

어떤 의미에서는 우리 문명이 무지의 정복에 달려있다는 말은 물론 상투적인 말일 것이다. 하지만 우리가 그 말에 친숙하다는 것은 그 안에서 무엇이 가장 중요한 점인지를 감추는 경향이 있다. 그 점은 문명 자체가 우리 모두가 우리가 가지고 있지 않은 지식에서 편익을 뽑아내고 있다는 사실에 달려있다는 점이다. 그리고 문명이 개인의 지식 크기에 대한 그 한계를 극복하도록 돕는 방법의 하나는, 더 많은 지식을 획득함으로써가 아니라, 개인들 사이에 널리 분산되어 있고 그들이 보유하고 있는 지식을 활용함으로써 무지를 정복하는 것이다. 우리가 관심을 가지고 있는 지식의 한계는 따라서 과학이 극복할 수 있는 한계가 아니다. 널리 받아들여지고 있는 믿음과는 달리, 과학은 특정한 사실들에 대한 지식으로 이루어져 있지 않다. 그리고 아주 복합적인 현상들의 경우에 과학의 힘이 제한되는 것은, 과학 이론이 우리에게 특수한 사건들이 일어날지 예견할 힘을 준다고 해도 우리가 알아야 할 특정한 사실들을 모두 확인하는 것이 실무적으로 불가능하다는 점에 의해서다. 상대적으로 간단한 물리적 세계의 현상들에 대한 연구에서는 결정적인 관계들에 대해 특정한 경우에 쉽게 확인될 수 있는 몇몇 변수들의 기능이라고 진술할 수 있음이 입증되어왔다. 그리고 그 결과 그와 관련된 과목들의 놀랄만한 발전이 가능해졌다. 그 연구는 곧 보다 복합적인 현상들에서도 그러리라는 환상을 창출했다. 그러나 과학도, 알려져 있는 어떤 기법도[15] 어떤 정신이건, 따라서 의도적으로 명령된 어떠한 행동이건, 우리로 하여금 다음과 같은 점을 극복할 수 있게 해주지 못했다. 대체로 어떤 사람들에게 알려져 있지만, 그러나 어느 특정한 사람에게도 전체로서 알려져 있지 않은 모든 특수한 사실들을 고려할 수 없다는 점이다.

실제로 특정 사건들을 설명하고 예측하려는 노력에서, 상대적으로 간단한 현상들의 경우에는 (혹은 최소한 상대적으로 간단한 '폐쇄 체제'를 거의 고립시킬 수 있을 경우에는) 그 노력이 성공적이었지만, 복잡한 현상들에 과학의 이론들을 적용하게 되었을 경우에는, 과학도 사실에 관한 무지라는 똑같은 장벽에 봉착했다. 과학은 몇몇 분야에서 일부 현상들의 전반적 성격에 대해 많은 통찰력을 주는 중요한 이론들을 발전시켰지만, 결코 특정한 사건들에 대한 예측도, 충분한 설명도 만들어내지는 못했다. 간단히 말해서 그 이유는 우리가 이 이론들에 따라 그러한 구체적 결론들에 도달하기 위해 알아야 할 특수한 사실들 모두를 결코 알 수 없기 때문이다. 이것의 가장 좋은 예는 생물학적 유기체들의 진화에 대한 다윈주의적 (혹은 신다윈주의적) 이론이다. 만일 출현한 특정한 형태의 자연 선택에 작용했던 과거의 모든 특정한 사실들을 확인하는 것이 가능하다면, 그것은 현존하는 유기체들의 구조에 대한 완전한 설명을 제시해줄 것이다. 이와 비슷하게, 만일 얼마간의 미래 기간 동안에 그것들에 작용할 특정한 사실들 모두를 확인할 수 있다면, 우리는 미래의 발전도 예측할 수 있게 될 것이다. 그러나 물론 우리는 이 중 어느 것도 할 수 없다. 그 이유는 과학은 그러한 위업을 수행하기 위해 가져야 할 특정한 사실들 모두를 확인할 수단을 가지고 있지 못하기 때문이다.

과학의 목적 및 힘에 관해 지금 언급하는 것이 유용할 또 다른 잘못된 개념이 있다. 이것은 과학이 전적으로 존재하는 것에 관련된 것이지, 존재할 수 있는 것에 관련된 것이 아니라는 믿음이다. 그러나 과학의 가치는 대체로 일부 사실들이 지금 상태와 다르다면 무슨 일이 일어나게 될지를 우리에게 이야기해주는 데 있다. 이론 과학의 진술들은 '만약 …… 이라면, 그 경우에는 ……'이라는 진술의 형태를 가지고 있다. 그리고 그것들은 주로 '만약'이라는 조건 절에 우리가 집어넣을 조건들이 실제 존재하는 것과 다르다면 어떻게 될 것인가에 주로 관심을 가지고 있다.

아마도 이러한 잘못된 관념이 그 어떤 곳에서보다 정치에서만큼 중요한 곳도 없을 것이다. 정치학에서는 그것이 실제 중요한 문제들을 심각하게 고려하는 데 장애물이 되고 있는 듯이 보인다. 여기서는 모든 과학의 주된 가치는 우리에게 만일 조건들이 몇 가지 점에서 지금 상태와 다르다면 그 결과들이 어떻게 될 것인가를 이야기해주는 것임에도, 과학이 단지 관찰된 사실들을 수집하는 것이라고 보는 잘못된 사상은 조사연구를 현 상태의 확인에만 국한시키는 것으로 이어졌다.

많은 사회과학자들이 사회 체제의 일부로서 현존하는 것의 연구에만 자신들을 국한시키고 있다는 사실은 그 결과물들을 더 현실적인 것으로 만들지 못한다. 오히려 그것들을 대체로 미래에 관한 대부분의 의사결정들과 무관한 것으로 만들고 있다. 결실을 낼 수 있는 사회과학이 되려면, 그것은 대체로 현존하지 않는 것을 연구하는 것, 즉 만일 변경 가능한 조건들 일부가 달라진다면 존재하게 될 가능한 세계라는 가상 모델들의 구축을 연구하는 것이어야 한다. 우리는 주로 만일 일부 조건들이 이전에 그렇지 않았던 것으로 된다면 어떤 효과가 있을 것인가를 우리에게 이야기하는 과학 이론을 필요로 한다. 모든 과학적 지식은 특정 사실들에 대한 지식이 아니다. 그것은 그것들을 논박하려는 체계적 시도들을 여태까지 견뎌냈던 가설들에 대한 지식이다.

정신과 사회의 공진화: 규칙의 역할

구성주의적 합리주의의 오류는 데카르트의 이원론, 즉 독립적으로 존재하는 정신이라는 실체 개념과 밀접하게 연결되어 있다. 정신은 자연이라는 우주 외부에 있으며, 태초부터 그런 정신을 부여받은 사람이 자신이 살고 있는 사회와 문화 제도들을 설계할 수 있게 했다는 것이다. 사실상 정신은 인간이 살고 있는 자연적, 사회적 환경에 대한 적응이라는 것과 그리고 그 정신은 사회의 구조를 결정하는 제도들과의 끊임없는 상호작용 속에서 발전되어 왔다는 것은 물론이다. 정신은 사회적 환경의 산물이다. 정신은 그 환경 속에서 자라나긴 했지만 그것을 만들지는 않았던 만큼 이 제도들에 영향을 미처 그 제도들을 변경했던 것이다. 그 정신이란 사람 자신이 살고 있는 그룹의 생존 기회를 증진시켰던 습관들 및 관행들을 개발했고 동시에 그들을 획득해왔던 것의 결과이기도 하다. 사회 속에서의 삶을 가능케 했던 제도들을 설계할 정도로 이미 충분히 발전된 정신이라는 개념은 우리가 인간의 진화에 대해서 알고 있는 모든 것과는 정반대다.

인간이 태어났던 문화적 유산이 널리 퍼졌던 일련의 관행들 및 행동규칙들의 복합체로 이루어져 있음에도 널리 퍼진 이유는 인간 그룹을 성공하도록 만들었기 때문이지 그것들이 사람들이 바라는 효과를 발생시켰다는 점을 알았기 때문에 채택된 것은 아니다. 인간은 생각하기 전에 행동했던 것이다. 그는 행동하기 전에는 이해하지 못했다. 우리가 이해라고 부르는 것은 결국 그가 생존할 수 있도록 도와주는 유형의 행동을 가지고 자신의 환경에 반응하는 능력일 뿐이다. 이런 사실은 행동주의나 실용주의에도 약간이나마 내포된 진실이다. 그렇지만 그 학설들은 무엇인가를 결정하는 관계들을 지나치게 단순화했던 나머지 그 관계들의 진가를 아는 데 도움을 주기보다는 장애물이 되었다.

동물들 못지않게 인간들 사이에서도 벌어지고 있는 '경험으로부터의 배움과정'은 우선적으로 추론의 과정이 아니라, 관행들의 준수, 확산, 전달 그리고 발전의 과정이었다. 그 관행들이 성공적이었기 때문에 그들이 확산된 것이었다. -흔히 그 관행들이 행동하는 개인에게 어떤 혜택이 있으리라는 인식을 주었기 때문이 아니라, 그가 속한 그룹의 생존 기회를 증대시켰기 때문이다.[16] 이러한 발전의 결과는 우선 말로 표현된 지식이 아니라, 규칙들이라는 용어로 서술할 수는 있다고 하더라도 말로 표현할 수 있는 지식은 아니고, 실천에서 존중할 수밖에 없는 지식이다. 정신은 규칙들을 만든다기보다는 행동규칙들로, 다시 말하면 정신이 만들지는 않았지만 개인들의 행동들을 지배하게 된 규칙들의 복합으로 구성되어 있는데, 그 규칙들이 지배하게 된 이유는 이들에 따른 행동들이 경합했던 사람들보다, 개인들 및 그룹들의 행동들보다 더 성공적이었음이 입증되었기 때문이다[17]

처음에는 특정한 결과들을 성취하기 위하여 우리가 준수해야 할 실천들과 우리가 결과와는 관계없이 지킬 의무가 있는 실천들 사이에 아무런 구분이 없다. 한 가지 확립된 일처리 방식이 있을 뿐이다. 그리고 인과관계에 대한 지식과 적절한 혹은 허용되는 행동형태에 대한 지식이 구분되는 것은 아니다. 세계에 대한 지식은 우리가 특정한 종류의 환경에서 해야 할 것과 하지 말아야 할 것에 대한 지식이다. 위험을 피하기 위해서는 특정한 결과를 달성하기 위해 우리가 해야만 할 일을 아는 것만큼이나 우리가 결코 하지 말아야 할 것을 아는 것이 중요하다.

따라서 그런 행동규칙들은 알려진 목적의 달성을 위한 조건으로 인정하여 발전했던 것이 아니라 그것들을 실천했던 그룹들이 더 성공적이었고, 다른 그룹들을 대체했기 때문에 진화하였다. 그 규칙들은 인간이 살았던 종류의 환경에서 실천하면 더 큰 규모의 그룹들 혹은 개인들이 살아남는 것을 보장하는 것이었다. 인간에게는 부분적으로만 알려진 세계에서 어떻게 성공적으로 행동할 수 있는가의 문제는 그에게 잘 봉사하지만 데카르트적 의미에서 진실인지는 알지도 못했고 알 수도 없는 규칙들을 지킴으로써 해결되었다.

따라서 인간의 행위를 지배하고 그것을 지혜롭게 만드는 규칙들에는 앞으로 내내 우리가 강조해야 할 두 가지 속성이 있다. 왜냐하면 구성주의적 접근법은 그러한 규칙들의 준수가 합리적일 수 있다는 점을 암묵적으로 부인하고 있기 때문이다. 물론 발전된 사회에서도 오직 일부 규칙들만이 그런 종류의 것이다. 우리가 강조하고자 하는 것은 단지 발전된 사회조차도 부분적으로 그러한 규칙들 때문에 질서가 형성된다는 사실일 뿐이다.

대부분의 행동규칙들이 본래 소유했던 이들 속성 중 첫 번째는 행동하는 사람에게 언어로 표현된 ('말로 표현된' 혹은 명시적인) 형태로 알지도 못하면서 행동으로 준수된 것이다. 그들은 명시적으로 서술될 수 있는 행동의 규칙성으로 구현되나, 행동의 이러한 규칙성은 행동하는 사람들이 그 규칙들을 말로 진술할 수 있는 것의 결과가 아니다. 두 번째는 그러한 규칙들이 준수하게 되었다는 점인데, 그 이유는 사실상 그 규칙들을 실천하는 그룹들이 더욱 강하게 되었지만, 그 그룹들이 그 효과를 알고서 준수했기 때문이 아니었다. 비록 그러한 규칙들을 지킴으로써 일정한 결과들이 생겨났기 때문에 그 규칙들이 일반적으로 받아들여지게 되었지만, 그것들은 그런 결과들을 가져오도록 하겠다는 의도 때문에 준수된 것은 아니었다 - 행동하는 사람은 알 필요도 없는 결과들.

본보기들을 세우는 사람들 또는 그것들에게서 배우는 사람들은 스스로 엄격히 지키는 규칙들의 존재를 의식적으로 알지 못한다고 하더라도 어떻게 해서 사람들이 서로에게서 그러한 흔히 고도로 추상적인 행동규칙들을 본보기들을 통해, 그리고 모방을 통해 (혹은 '유추'를 통해) 배울 수 있었는가 하는 어려운 문제를 우리는 여기서 고찰해볼 수는 없다. 이것은 어린이들의 언어 학습에서 우리에게 아주 익숙한 문제다. 어린이들은 그 이전에는 들어보지 못했던 아주 복잡한 표현들을 정확하게 만들어낼 수 있다.[18] 그러나 그것은 예의범절, 도덕과 법과 같은 분야들에서 그리고 우리가 따르는 방법은 알지만 말로는 진술할 수 없는 규칙들에 의해서 인도되는 대부분의 재주에서도 일어난다.

중요한 것은 주어진 문화 속에서 자라나는 모든 사람들은 자기 스스로에서 규칙들을 발견할 것이고, 그들 자신이 그 규칙들에 따라서 행동하고 있음을 발견할 수 있다는, 그리고 다른 사람의 행동들이 다양한 규칙들에 순응하고 있는지 아니면 그렇지 않은지를 비슷하게 알아차릴 수 있다는 점이다. 그렇다고 해서 물론 그런 사실이나 그 규칙들이 '인간 본성'의 영구적 혹은 불변적인 부분이라는 증거라거나 혹은 그들이 선천적인 것이라는 증거도 물론 아니다. 특히 그 규칙들이 말로 명료하게 표현되지 않는, 그래서 논의되지도 않고 의식적으로 검토되지도 않는 한, 그들은 상당한 정도로 불변적일 것 같은 문화적 유산의 일부라는 증거일 뿐이다.

'자연적인'과 '인위적인'의 그릇된 이분법

우리가 관심을 가지고 있는 문제들에 대한 논의는 고대 그리스인들이 도입했던 오도된 구분을 보편적으로 받아들임으로써 오랫동안 방해받아왔다. 그리고 그것의 혼동 효과로부터 우리가 아직 전체적으로 자유롭지 못한 것으로 인해 오랫동안 방해받아왔다. 이것은 현대 용어로 '자연적' 현상들과 '인위적' 현상들의 구분이다. 기원전 5세기 소피스트들이 도입했던 것으로 보이는 본래의 그리스 용어는 '자연에 의한'은 *physei*이고 이와 대비되는 '관습에 의한'은 *nomō*이거나 또는 대체로 '의도적 결정에 의한'은 *thesei*다.[19] 이 구분 중 두 번째 부분을 표현하기 위하여 약간 다른 의미를 가진 두 용어들을 사용하는 것이 그 이후 논쟁을 불러왔던 혼동을 보여주고 있다. 의도했던 구분은 아마도 인간 행동과 독립적으로 존재했던 대상과 인간행동의 결과였던 대상 사이의 구분이거나, 혹은 인간계획과 독립적으로 생겨났던 대상과 인간계획의 결과로서 생겨났던 대상 사이의 구분일 것이다. 이 두 가지 의미를 구별하지 못함으로써, 어느 한 저자는 주어진 현상에 대해 그것이 인간 행동의 결과이기 때문에 인위적인 것이라고 주장할 수 있고, 다른 어느 한 저자는 같은 현상들에 대해 그것이 명백하게 인간의 설계의 결과가 아니기 때문에 자연적이라고 주장할 수 있는 상황에 처했다. 18세기가 되어서야 비로소 버나드 맨더빌과 데이비드 흄과 같은 사상가들이 두 가지 정의에 의존하는 것을 고수하게 되면 두 범주들 중 하나 혹은 다른 하나에 빠지게 될 것이고, 따라서 나중에 애덤 퍼거슨이 '인간행동의 결과이기는 하지만 인간의 설계의 결과가 아닌 것'[20]이라고 서술했던 제3부류의 현상에 귀속해야 할 범주의 현상들이 존재하고 있음을 명확하게 했다. 이 현상들을 설명하기 위해서 별개의 이론을 필요로 했고 사회과학 이론의 대상을 제공했다.

그러나 2000여 년 이상이나 고대 그리스인들이 소개했던 구분이 거의 도전받지 않은 채로 사람들의 사고를 지배해왔기에, 그것은 개념들 및 언어에 깊숙이 스며들어왔다. 기원후 100년대에 라틴 문법학자인 아울루스 겔리우스가 그리스 말인 *physei*와 *thesei*를 자연적인 것(*naturalis*)과 설정된 것(*positivus*)이라고 하였다. 그 이후 대부분의 유럽 언어들이 두 종류의 법을 설명하기 위해 그 용어를 사용하였다.[21]

이후 중세 스콜라학파가 이 문제를 논의할 때 전도유망한 하나의 발전이 일어났다. 이는 '인간행동의 결과이기는 하지만 인간 설계의 결과는 아닌' 중간 범주의 현상들에 대한 인식에 가까이 간 것이었다. 12세기에 일부 저자들은 인간의 발명이나 의도적 창조의 결과가 아닌 모든 것을 *naturalis* 속에 포함하기 시작했다.[22] 그러던 중 많은 사회 현상들이 이 범주에 속한다는 것을 점차 인식하게 되었다. 사실상 스콜라학파의 마지막 학파였던

16세기 스페인 예수회 수사의 사회 문제들에 대한 토론에서, naturalis는 인간의 의지에 의해 의도적으로 형성되지 않은 그러한 사회적 현상들을 가리키는 기술적 용어가 되었다. 예수회사람들 가운데 하나인 루이스 몰리나의 저작에서, 예컨대 '자연 가격'이 자연적이라고 부르는 이유는 '그것이 법령이나 포고령과 상관없이 사물 그 자체로부터 나온 것이지만, 흔히 심지어 변덕과 즐거움의 결과에서까지 인간들의 정서, 서로 다른 용도에 대한 인간들의 평가와 같이 그것을 변경시키는 수많은 주위 사정들에 달려있기'[23] 때문이라고 설명하였다. 실제로 이 선조들은 '인류의 무지 그리고 오류가능성에 대한 인상이 강력한 상태에서' 생각했고, '행동했고,'[24] 또 예컨대 상품이 정의로운 가격으로 팔릴 수 있었을 엄밀한 '수학적 가격'은 신만 알고 있다고 주장했다. 그 이유는 그 가격이 어떤 사람도 알 수 없었을 더 많은 상황에 달려있기 때문이었다. 따라서 '정의로운 가격'의 결정은 시장에 맡겨두어야만 한다고 주장했다.[25]

그렇지만 이러한 진화적 접근의 시작은 16세기와 17세기에 구성주의적 합리주의가 부상함으로써 물밑으로 가라앉았다. 그 결과 '이성'과 '자연법'이라는 용어의 의미들도 모두 완전히 바뀌었다. 선과 악을, 즉 기존에 확립된 규칙들에 따르는 것과 따르지 않는 것[26]을 구별하는 정신의 능력을 포함하고 있던 '이성'이란 말은 명확한 전제로부터의 연역에 의해 그런 규칙들을 만들 수 있는 능력을 의미하게 되었다. 자연법이란 개념은 그럼으로써 '이성의 법' 개념으로, 따라서 원래 그것이 의미했던 바와는 거의 정반대로 변하였다. 그로티우스와 그 후계자들[27]의 이러한 새로운 합리주의적 자연법은 정말로 모든 법이 이성에 의해서 만들어졌고 최소한 이성에 의해서 충분히 정당화될 수 있다는 개념을 실증주의적인 자신의 적대자들과 공유했다. 다른 점은 오직 법이 선험적 전제들로부터 논리적으로 도출될 수 있다고 가정했다는 것뿐이었다. 그에 반해 실증주의는 법을 바람직한 인간적 목적들을 달성하는 데 어떤 효과를 가지는가 하는 경험적 지식에 근거하여 의도적으로 구성된 것으로 보았다.

진화적 접근법의 부상

이 문제들에 대해 데카르트주의자들이 의인화의 사고로 빠져든 뒤, 새로운 출발이 버나드 맨더빌과 데이비드 흄에 의해 이루어졌다. 그들은 아마도 자연법보다는 특히 매튜 헤일이 설명했던 대로 영국의 보통법 전통에 의해서 더 많이 영감을 받았다.[28] 인간 행동들의 의식적 목적과는 관련이 없이 이들의 규칙적 유형들이 형성되는 과정은 체계적 사회 이론의 발전이 필요하다는 문제를 제기되었던 것으로 보인다. 이러한 필요는 18세기 후반에 경제학 영역에서 애덤 스미스와 애덤 퍼거슨이 이끄는 스코틀랜드 도덕 철학자들에 의해서 충족되었다. 정치이론을 위해서 이끌어낸 결론들은 위대한 선각자인 에드먼드 버크에게서 장엄하게 정식화되었다. 그러나 우리가 버크의 저작에서 체계적 이론을 찾아보기 힘들다. 영국에서 벤담 류의 공리주의 형태로 구성주의가 침입하여 진화사상의 발전은 새로운 후퇴를 겪기도 했지만,[29] 그것은 유럽 대륙에서 언어학 및 법학의 '역사학파'로 인해 새로운 활력을 얻었다.[30] 스코틀랜드 철학자들로부터 시작한 이후에 사회현상들에 대한 진화적 접근법의 체계적 발전은 주로 독일에서 빌헬름 훔볼트와 사비니를 통해 이루어졌다. 우리는 여기서 언어학에서의 진화적 접근법의 발전을 고찰할 수는 없다. 그렇지만 오랫동안 그것은 일관된 이론을 달성한 경제학 외부에서는 유일한 영역이었고, 로마 시대 이후 법 이론은 문법학자들로부터 빌려온 개념들에 의해서 풍성해진 정도가 실제보다도 더 잘 이해될 자격이 있다.[31] 사회과학에서 진화적 접근법이 영국 전통에 다시 들어온 것은 사비니의 추종자인 헨리 메인을 통해서였다.[32] 그리고

1883년 오스트리아 학파 경제학의 창시자인 카를 멩거는 사회과학 방법론에 대한 대대적인 조사연구에서, 제도들의 자생적 형성의 문제 그리고 그들의 발생론적 성격의 문제가 모든 사회과학에서 가지는 중심적 지위를 유럽 대륙에서 가장 완전하게 다시 개진하였다. 최근에는 그 전통이 문화인류학에 의해서 가장 알차게 발전되었는데, 적어도 그 주도적 인물들은 이 유래를 충분히 알고 있었다.[33]

진화개념이 우리 논의 전체에 걸쳐서 핵심적인 역할을 할 것이기 때문에, 최근에 사회 연구자들로 하여금 그것을 사용하길 꺼려하게 만들었던 약간의 오해를 해소하는 것이 중요하다. 첫째는 진화개념은 사회과학이 생물학에서 빌려왔던 개념이라고 하는 잘못된 믿음이다. 사실은 그 반대다. 비록 찰스 다윈이 사회과학에서 대체로 가르쳐왔던 개념을 생물학에 성공적으로 적용할 수 있었던 것이라고 해도, 이 사실이 진화개념이 발생했던 분야에서 그것을 덜 중요한 것으로 만들지는 못한다. 언어와 도덕, 법과 화폐와 같은 사회적 구성물들의 논의에서, 18세기 진화 및 질서의 자생적 형성이라는 쌍둥이 개념이 마침내 명확하게 형성되었고, 그리고 그것들이 다윈과 그의 동시대인들이 생물학적 진화에 적용할 수 있도록 지적 도구들을 제공했었다. 18세기 도덕 철학자들 그리고 역사주의 법학자들 및 언어학자들은 19세기 언어 이론가들 일부가 정말로 스스로에 대해서 서술했듯이, 다윈 이전의 다윈주의자들이라고 서술할 만하다.[34]

진화사상을 배우기 위해 다윈을 필요로 했던 19세기 어느 한 사회이론가는 유능하지 못했다. 불행하게도 일부 사람들이 그랬는데, 그들은 그 이후 사회과학자들이 진화개념을 불신하게 만드는 데 책임이 있는 견해들을 '사회적 다윈주의'라는 이름으로 생산해냈다. 물론 사회제도들의 형성으로 이어지는 문화의 전달에서 선택과정이 작동하는 방식과 그리고 타고난 생물학적 특성의 선별과 생리학적 상속에 의한 전달에서 작동하는 방식 사이에 중요한 차이가 있다. '사회적 다윈주의'의 오류는 그것이 제도 및 관행들의 선택보다는 개체의 선택에 초점을 맞추고 있고, 개인들의 문화적으로 전달된 역량보다는 타고난 역량의 선택에 집중하고 있다. 그러나 비록 다윈주의적 이론의 틀이 후자에만 적용하는 데 제한되었고, 그것을 문자 그대로 사용함으로써 심각한 왜곡이 발생했다고 하더라도, 진화의 기본 개념은 두 분야 모두에서 여전히 같다.

사회진화론을 불신하게 만들었던 또 다른 중요한 오해는 진화 이론이 '진화 법칙'으로 이루어져 있다는 믿음이다. 이것은 기껏해야 '법칙'이란 단어의 특수한 의미에서만 타당하다. 그리고 흔히 생각되어지듯이 진화가 반드시 통과해야 할, 그리고 외삽법(과거에서 현재까지 시계열 데이터의 경향선을 미래로 연장시켜서 미래를 예측하는 방법: 역자주)에 의해서 미래의 진화 과정을 예측하게 할 특정 단계들 혹은 국면들의 필연적 연속을 말하는 것이라는 의미에서는 확실히 진실이 아니다. 진화 이론 그 자체는 과정을 설명할 때 대단히 많은, 너무나 많아서 우리가 그 전체를 알 수 없는, 따라서 미래에 대한 예측으로 이어지지 못하는 특정한 사실들에 달려있는 것의 결과라는 점 이상을 제시하지 못한다. 우리는 결과적으로 우리를 '원리에 대한 설명' 혹은 그 과정이 따라가게 될 추상적 유형에 대한 예측에만 국한시켜야 한다.[35]

관찰에서 도출되는 듯한, 전반적 진화 같은 가짜 법칙들은 과정을 설명하는 정의로운 진화 이론과는 사실상 전혀 상관이 없다. 그것들은 콩트, 헤겔과 마르크스의 다른 역사주의의 전적으로 상이한 개념들에서, 그리고 그들의 전체론적 접근법에서 도출하고 그들은 진화가 일정한 예정된 경로를 따라간다는 순전히 신화적인 필연성을 주장한다. 비록 '진화'란 개념의 본래 의미가 맹아에 이미 포함되어 있는 잠재적인 것들이 '펼쳐지는 것'과 같다는 점은 받아들일 수 있지만, 생물학적 사회학적 진화 이론이 서로 다른 복잡한 구조의 출현을 설명하는 과정은 그러한 특정 단계의 연속을 의미하지는 않는다. 따라서 진화개념이 의미하는 바가 유기체나 사회제도의 발전이 그것을 통과할 미리 예정된 '단계들' 혹은 '국면들'의 필연적 연속이라고 보는 사람들은 거기에는 어떠한 과학적 증빙도 없기 때문에, 그래서 그러한 진화 개념을 거부하는 것이 마땅하다.

우리가 이 지점에서 간단하게 언급할 것은 행동규칙들이 세워지는 것에 대한 설명으로서만이 아니라 규범적인 윤리학의 근거로서도 진화개념을 사용하려는 빈번한 시도들은 정당한 진화 이론에 전혀 근거하고 있지 않고 오히려 그런 시도들은 정당성이 없는 '진화 법칙'으로서 관찰된 경향들을 미래로 연장하여 예측하는 외삽법에 속할 뿐이라는 점이다. 여기서 이 말을 할 필요가 있는 것은, 진화 이론 그 자체를 확실히 이해하고 있는 뛰어난 생물학자들이 그런 주장을 하고 싶어 하기 때문이다.[36] 그렇지만 여기서 우리의 관심사는 오직, 한때 진화개념을 불신했던 인류학, 윤리학, 그리고 법학과 같은 과목들에서 진화개념을 남용하는 것은 진화이론의 본성을 오해하는 데 근거하고 있음을. 그리고 그것이 정확한 의미를 갖게 된다면, 사회 이론이 다루어야 할 복잡한 그리고 자생적으로 형성된 구조들은 진화 과정의 결과로서만 이해될 수 있다는 점이 여전히 진실임을 보여주는 것이다. 그래서 '그 발생론적 요소는 과학이론이라는 사상과는 불가분의 것'임을 여기서 보여주는 것이 우리의 관심사다.[37]

현재의 사상에서도 끈질기게 남아있는 구성주의

구성주의적 오류가 지난 3백여 년간 가장 독립적이고 용기 있었던 사상가들의 태도를 어느 정도로 결정했는가를 완전히 평가하기는 어렵다. 종교가 전통적인 도덕과 법규칙들의 타당성의 원천과 근거에 관한 종교적 설명의 거부는 그 규칙들을 합리적으로 정당화될 수 없는 한 그들 그 자체의 거부로 이어졌다. 그 시대의 많은 유명한 사상가들이 명성을 얻은 것은 그들이 그런 거부로 인간의 정신을 '자유롭게' 만드는 데 성공한 덕분이었다. 우리는 여기서 거의 임의로 몇몇 특징적 사례들만 집어내어 예를 들 수 있다.[38]

가장 잘 알려진 사람들 중의 하나는 물론 볼테르다. 우리가 주로 관심을 기울이는 문제에 대한 그의 견해는 다음과 같은 훈계에서 나타난다: '만일 당신이 좋은 법들을 원하신다면, 우선 당신이 가지고 있는 것을 태워 없애버리시오. 그 다음에 새로운 것을 만드세요.'[39] 더 심하게 영향을 끼친 인물은 루소다. 그에 대해서는 다음과 같은 말이 잘 이야기해주고 있다.[40]

> 살아있는 사람의 의지에 따른 법외에는 어떤 법도 없다 - 이 말은 그리스도교의 관점을 포함한 많은 관점에서 볼 때, 그의 가장 크게 이단적인 것이다. 그것은 또한 정치이론에서 그가 가장 지지받는 점이기도 하다. ······ 그가 했던 것은, 정말로 혁명적인 것인데, 많은 사람들의 자신들이 살고 있는 사회의 정의(正義)에 대한 신념을 붕괴시킨 것이다.

그리고 그는 '사회'가 정의로우려면 마치 사회가 생각하는 존재처럼 되어야 한다고 요구함으로써 그렇게 했다.

그 정당화가 충분히 입증되지 않은, 혹은 '명확하게 되지 않은, 그리고 모든 개인 각자에게 입증되지 않은'[41] 행동규칙들은 구속력이 있다고 인정하지 않는 것이 19세기 내내 항상 반복되는 주제였다. 두 사례들이 그 태도를 잘 보여주고 있다. 19세기 초에 우리는 알렉산더 헤르첸이 다음과 같이 말하는 것을 보았다: '당신은 한 권의 규칙들을 원한다. 반면에 내가 생각하기에는 일정한 나이가 되어 그 책을 사용해야 하는 것은 수치다. [그 이유는] 진정 자유로운 사람이라면 자신만의 도덕을 창조하여야 하기 때문이다.'[42] 그리고 뛰어난 당대의 실증주의 철학자가 너무나 똑같은 방식으로 주장하기를, '이성의 힘은 그것이 우리의 상상을 지시하는 규칙들에서 찾을 것이 아니라, 경험과 전통을 통해서 형성된 규칙이라면 어떤 종류의 것

이든 그것으로부터 우리를 자유롭게 만들 능력에서 찾아야 한다'고 했다.[43]

이런 정신의 상태를 우리 시대의 대표적 사상가가 가장 잘 서술해놓은 것으로는 케인스가 〈나의 초기 믿음들〉이라는 제목으로 한 설명이 있다.[44] 그가 지금부터 35년 전, 즉 1938년에 스무 살 시절에 대해 이야기하면서, 자신과 자신의 친구들에게 다음과 같이 말했다:

> 우리는 일반적 규칙들을 준수하기 위해서 우리에게 내려졌던 개인적 의무를 완전히 거부했다. 우리는 모든 각각의 개별 사례를 그 나름에 따라, 지혜, 경험 그리고 그것을 성공적으로 수행할 자제력에 근거해서 판단할 권리가 있다고 주장했다. 이것은 폭력적이었고 공격적이었던 우리의 신념 중 가장 중요한 부분이었다. 외부 세계에게는 그것이 우리가 가진 매우 노골적이고 위험한 성격이었다. 우리는 관습적인 도덕, 관행, 전통적 지혜를 완전히 거부했다. 말하자면 우리는 엄격한 의미에서 무도덕주의자들이었다. …… 우리는 순응하거나 준수해야 할 도덕적 의무, 내적 구속력을 전혀 인정하지 않았다. 하늘 앞에 대고 우리는 우리 자신의 경우에는 우리 자신의 판단이 있어야 한다고 주장했다.

여기에 그가 덧붙이기를, '나에 관한한 바꾸기에는 너무나 늦었다. 나는 무도덕주의자이고, 항상 그렇게 남아있을 것이다.'

1차 세계대전 이전에 자라났던 사람에게 분명한 것은 이것이 블룸스버리 그룹(Bloomsbury Group)에게만 독특했던 태도가 아니고, 그 당시 아주 능동적이고 독립적이었던 영혼을 가진 많은 사람이 공유하고 있던 아주 널리 퍼진 태도였다는 점이다.

우리의 의인화된 언어

이런 잘못된 구성주의적 혹은 의도주의적 해석이 사회현상들에 대한 우리의 사고방법에 얼마나 깊숙이 스며들어 있었는가하는 것은, 우리가 사회현상들을 가리킬 때 사용할 수밖에 없는 많은 용어의 의미를 생각하면 자명하다. 사실상 우리가 이 책 내내 주장해야만 할 오류들 대부분은 우리 언어 속에 너무나 깊게 자리 잡고 있어서, 기존에 확립된 용어들을 사용하다 보면 부주의한 사람들은 거의 필연적으로 잘못된 결론들로 이어진다. 우리가 사용해야 할 언어는 수천 년에 걸쳐 발전되어왔다. 그 때 사람은 질서를 설계의 산물로만 생각할 수밖에 없었다. 그리고 그가 현상들 속에서 발견했던 질서가 무엇이건, 그것을 개인적으로 설계한 사람의 행동 증거로 간주했다. 결국 그러한 질서정연한 구조물들 혹은 그 기능을 서술하기 위해 우리가 사용할 수 있는 용어들 모두는 실제로 개인 행위자가 그것들을 창출해왔다는 암시로 가득 찼다. 이 때문에 그 용어들은 반드시 그릇된 결론들로 이어졌다.

이것은 모든 과학적 용어에서도 어느 정도는 진실이다. 생물학이나 사회이론 못지않게 물리과학도 의인화에서 비롯된 용어를 사용하여야 했다. 그러나 '힘' 혹은 '관성' 혹은 어느 한 물체에 대한 다른 물체에 '작용'을 말하는 물리학자는 이 용어들을 오도되지 않고 일반적으로 이해되는 기술적 의미로 사용한다. 그러나 사회를 일단 '행동하는' 것이라고 말하기 시작하면 아주 잘못된 연상들을 생각해낸다.

우리는 이러한 성향을 일반적으로 '의인화'라고 할 것이다. 물론 이 용어는 전체적으로 정확한 것은 아니다. 더 정확하게 말하면, 우리는 훨씬 더 원시적인 태도와 약간 더 교묘한 해석을 구별하여야 한다. 원시적인 태도는 사회와 같은 실체들에 정신을 가지고 있는 것인 양 함으로써 그것들을 사람처럼 보는 태도인데, 그것은 의인화 혹은 물활론이라고 서술하는 것이 적절하다. 그리고 교묘한 해석은 그 질서와 기능을 어떤 독특한 기관의 설계로 돌리는 것인데, 이것은 의도주의, 인위주의[45]라고, 혹은 여기서 우리가 서술하듯이 구성주의라고 말하는 것이 더 나은 해석이다. 그렇지만 이 두 성향들은 많건 적건 암암리에 서로 겹치고 있다. 그래서 우리 목적상 더 상세한 구분을 하지 않고 '의인화'라는 말을 일반적으로 사용할 것이다.

우리가 관심을 가지고 있는 자생적 질서에 대한 논의에 이용 가능한 어휘 전체가 실천적인 면에서 그런 오도된 의미를 함축하고 있는 이상, 우리가 엄격하게 의인화 아닌 의미에서 어떤 용어를 사용할 것인가 그리고 의도 혹은 설계를 의미하고자 한다면 어떤 용어를 사용할 것인가를 결정할 때, 우리는 어느 정도는 자의적일 수밖에 없다. 그렇지만 명확성을 유지하기 위해서 많은 단어에 관해 우리는 의도적 구성만의 결과인가 아니면 자생적 형성만의 결과인가에 대하여 그 단어들을 사용하는 것이 중요하다. 그러나 두 가지 결과 모두에 대하여 사용해서는 안 된다. 그렇지만 때로는 '질서'라는 용어의 경우에서처럼, 자생적 질서와 '조직' 혹은 '제도' 등 모두를 포함하는 중립적 의미로 그것을 사용하는 것도 필요할 것이다. 앞으로 우리가 설계의 결과로만 사용할 후자의 두 용어는 설계를 암시하지 않는 용어들을 발견하는 것만큼 항상 설계를 의미하는 용어들을 찾는 것이 어렵다는 사실을 보여준다. 생물학자들은 일반적으로 설계를 의미하지 않아도 주저 없이 '조직'에 대해 이야기할 것이다. 그러나 유기체가 조직을 가졌을 뿐 아니라 조직이었다고, 혹은 그것이 조직되어왔다고 일반적으로 이야기할 때는 기묘하게 들릴 것이다. '조직'이라는 용어가 현대 정치사상의 발전에서 해왔던 역할 그리고 현대 '조직 이론'이 그 용어에 붙인 의미는 현재의 맥락에서는 그 의미를 설계의 결과로만 한정하는 것이 정당한 것처럼 보인다.

만들어진 질서, 그리고 그 구성요소들의 행동들이 규칙적이었던 결과로 스스로 형성된 질서 사이의 구별은 다음 장(章)의 주된 소재일 것이기 때문에, 우리가 여기에서 더 살펴볼 필요는 없다. 2부에서는 우리가 '사회적'이란 작은 단어가 거의 변함없이 혼동을 일으키는 성격에 대해 약간 길게 생각해볼 것이다. 그것이 특별하게 탄력적인 성격을 가지고 있기 때문에, 그것이 사용되는 거의 모든 문장에서 혼동을 일으키고 있다.

우리는 또한 사회가 '행동한다'와 같은, 혹은 사회가 사람을 '다룬다,' 사람에게 '보상한다,' 혹은 '보답한다'와 같은, 혹은 사회가 대상이나 서비스들을 '가치 있게 여긴다,' 혹은 '소유한다,' 혹은 '통제한다'와 같은, 혹은 무엇인가에 '책임을 진다,' 혹은 '죄가 있다'와 같은, 혹은 사회가 '의지' 혹은 '목적'을 가지고 있거나, '정의로울' 수 있거나 '불의일' 수 있다와 같은, 혹은 경제가 자원들을 '분배한다'거나 '할당한다'와 같은 그러한 통상적인 관념들, 이 모든 것은 비록 그러한 함축 없이 사용되었을 수는 있으나 사용자로 하여금 정당하지 못한 결론들에 이르게 할 수 있는 단어들에 대한 잘못된 의도주의적 혹은 구성주의적 해석을 시사하고 있다는 점도 보여줄 것이다. 우리는 그러한 혼동이 아주 영향력 있는 사상 학파의 기본 개념들에 뿌리를 두고 있다는 점을 보여줄 것이다. 이 학파는 모든 규칙들 혹은 법률들이 누군가에 의해서 발명되었거나 명시적으로 동의했음에 틀림없다는 믿음에 전체적으로 굴복했다. 모든 정의로운 행동규칙들은 누군가에 의해서 의도적으로 만들었다고 잘못 가정할 때만, 법을 만드는 모든 권력은 자의적일 수밖에 없다는 것과 같은, 혹은 모든 법을 이끌어낼 권력의 궁극적인 '주권자적' 원천이 항상 존재하고 있을 수밖에 없다는 것과 같은 궤변(詭辯)이 그럴듯한 것으로 된다. 정치이론의 오랜 수수께끼들 다수, 그리고 정치제도들의 진화에 심대하게 영향을 끼쳤던 개념들 다수는 이러한 혼동의 산물이다. 이것은 누구보다도 의인화 개념들로부터 완전히 탈출했다고 자랑하고 있는 법이론의 전통, 즉 법실증주의에서 특히 진실이다. 왜냐하면 법실증주의를 검토해보면 이는 우리가 구성주의적 오류라고 불러왔던 것에 전적으로 근거하고 있기 때문이다. 실제로 법실증주의는 인간이 자신의 문화와 제도들 모두를 '만들었다'는 표현을 문자 그대로 취함으로써, 모든 법률은 누군가의 의지의 산물이라는 허구가 된 합리주의적 구성주의의 주요한 파생물들 중 하나다.

애매모호함 때문에 사회 이론에, 그리고 특히 일부 법실증주의 이론들에 유사한 혼동을 일으켰던, 그래서 여기서 간단하게 언급해야 할 또 하나의 용어는 '기능'이라는 용어다. 이는 생물학적 유기체들과 그리고 자생적 사회질서에서 우리가 비슷하게 발견하는 스스로를 유지하는 구조들에 대한 논의를 할 때 거의 없어서는 안 될 용어다. 그와 같은 기능은 자신이 하는 행동이 무슨 목적에 봉사하는가를 아는 행동부분 없이도 수행될 수 있다. 그러나 실증주의적 전통의 특징인 '의인화'는 기묘한 왜곡으로 이어졌다. 즉 제도가 기능에 봉사한다는 사실의 발견으로부터, 그 기능을 수행하는 사람들이 또 다른 인간 의지에 의해서 그렇게 하도록 지휘 받아야 한다는 결론이 도출되었다. 그래서 사유재산 제도가 자생적 사회질서 유지에 필요한 기능에 봉사한다고 하는 진정한 통찰은, 이 목적을 위해서는 어떤 권위가 지휘하는 힘이 필요하다는 믿음으로 이어졌다. 이는 실증주의적 영감을 받아 도출된 일부 나라들의 헌법에서 노골적으로 표현된 의견이다.

이성과 추상

우리가 구성주의라고 서술해왔던 데카르트적 전통의 국면들은 흔히 간단히 합리주의라고 언급되고 있다. 그리고 이것은 오해를 일으키기 쉽다. 예를 들어 초기 비평가들, 특히 버나드 맨더빌과 데이비드 흄을 '반 합리주의자'라고 말하는 것이 습관이 되었고[46] 이들 '반합리주의자'은 합리주자라는 이름을 특별히 요구했던 사람들보다 이성의 가장 효과적인 이용에 관심을 덜 가졌다는 인상을 주어왔다. 그렇지만 사실은 소위 반합리주의자들은 이성을 가능한 한 효과적이게 만들기 위해서는 의식적인 이성의 힘이 가진 한계와 우리가 잘 알지 못하는 과정으로부터 받는 도움에 대한 통찰이 필요하다고 주장한다는 점이다. 바로 이런 통찰이 구성주의적 합리주의에는 없다. 그래서 만일 이성을 가능한 한 효과적이게 만들려는 희망이 합리주의가 의미하는 것이라면, 나 자신도 합리주의자인 것이다. 그렇지만 만일 그 용어가 의식적 이성이 모든 특정 행동을 결정하여야 한다는 것을 의미한다면, 나는 합리주의자가 아니다. 그러한 이성은 내가 보기에는 아주 비이성적이다. 확실히 이성의 임무 중 하나는 이성의 통제력을 얼마나 멀리까지 확장할 것인지, 혹은 이성이 전적으로 통제할 수 없는 다른 힘들에 얼마나 많이 의존할 것인지를 결정하는 것이다. 따라서 이 맥락에서는 '합리주의'와 '반합리주의'를 구별하기보다는 구성주의와 진화주의를, 혹은 칼 포퍼의 용어로는 순박한 합리주의와 비판적 합리주의를 구별하는 것이 더 나을 것이다.

　'합리주의'라는 용어의 불확실한 의미와 연결된 것이 '합리주의'가 '추상'이라는 특성에 대해 가지는 태도에 관하여 일반적으로 받아들여지고 있는 의견들이다. 합리주의라는 이름은 흔히 추상에 대한 부적절한 탐닉을 서술하는 데 사용되고 있다. 그렇지만 구성주의적 합리주의의 특징적 속성은 오히려 그것이 추상에 만족하지 않고 있다는 점이고, 추상 개념들이 우리 정신이 충분히 통달할 수 없는 구체적인 것의 복잡성에 대처하는 수단임을 인식하지 못하고 있다는 점이다. 다른 한편으로 진화적 합리주의는 추상에 대해, 정신이 충분하게 파악할 수 없는 실체를 정신으로 하여금 다루게 할 수 있게 하는 수단, 정신에게 없어서는 안 될 수단이라고 인식하고 있다. 이것은 구성주의적 견해에서 '추상성'은 목적의식적인 사고나 개념들에 국한된 속성으로 여겨지고 있지만, 실제로는 추상성은 목적의식적인 사고로 나타나기 전이나 혹은 언어로 표현되기 오래 전에 이미 행동을 결정하는 모든 과정이 갖고 있는 특성이라는 사실과 관련되어 있다. 상황의 유형이 개인에게 어느 한 특정한 반응패턴으로 기울어진 성향(性向, disposition)이 생기게 할 때마다 '추상한다'고 서술되는 기본 관계가 존재한다. 중추 신경계 특유의 역량은 엄밀하게 말해서 특정 자극들이 직접적으로 특정 반응들을 일으키지 않는다는 사실에 있다. 그러나 그 역량은 일련의 행동집합 쪽을 지향하는 일정한 의향을 생기게 하기 위해 자극들을 일정하게 분류 및 재구성하도록 만든다는 사실에 있다. 그리고 수많은 그러한 의향들의 중첩만이 그 결과로 나타나게 될 특정 행동을 지정한다는 사실에 있다. 내가 다른 곳에서 그렇게 불렀듯이,[47] 이러한 '추상성의 우위'는 이 책 내내 그렇다고 가정될 것이다.

따라서 추상성은 여기서도 다소간 (의식적이건 무의식적이건) 모든 정신적 과정들이 가지고 있는 속성으로서만이 아니라 사람에게 불완전하게 알려져 있는 세계에서 성공적으로 행동할 인간 능력의 기초라고 말할 것이다. 추상성은 그의 주변 환경의 특정 사실들 가운데 대부분을 그가 모른다는 사실에 대한 적응이다. 우리 행동을 지배하는 규칙들에 대해서 우리가 강조하는 주요 목적은 모든 정신적 과정들의 추상적 성격이 중심적 중요성을 가지고 있다는 점을 이야기하고자 하는 것이다.

그렇게 생각하면, 추상은 정신이 현실의 인지로부터 논리적 과정에 의해서 생산하는 무엇이 아니다. 그것은 오히려 정신이 작동하는 범주의 속성인 것이다. 즉 추상은 정신의 산물이 아니라 정신을 구성하는 그 무엇이다. 우리는 특정 상황의 모든 사실들을 완전히 고려하여 행동하지도 않고 그렇게 행동할 수도 없다. 그것은 항상 관련성 있는 것으로서 일부의 국면만을 추려내어 행동한다. 우리가 행동하는 것은 의식적인 선택 혹은 의도적인 선별에 의해서가 아니라 우리가 의도적으로 통제하지 못하는 메커니즘에 의해서다.

아마 이제는 다음과 같은 것들이 분명해졌을 것이다. 우리가 우리 행동의 많은 부분이 비합리적 성격을 가지고 있다고 항상 강조하는 것은 이런 방식의 행동을 경시하거나 비판하기 위한 뜻이 아니고, 정반대로 왜 그것이 성공적인가 하는 이유들 가운데 하나를 드러내기 위한 것, 그리고 우리가 하고 있는 것을 왜 하는가를 완전히 이해하려고 해야 한다는 것을 말해주는 것이 아니라, 이런 것이 불가능함을 지적하려는 것, 그리고 우리가 많은 경험을 가지고 있기 때문이 아니라, 우리가 모르고서도 경험이 우리를 인도하는 사고의 틀 안에 구현되어 있기 때문에 우리는 그렇게나 많은 경험을 사용할 수 있다는 것이다.

　우리가 취하고 있는 입장에 대해 있을 수 있고 우리가 막기 위해서 노력해야 할 두 가지 오해가 있다. 하나는 우리가 알지 못하고 있는 규칙이 인도하는 행동이 흔히 '본능적' 혹은 '직관적'이라는 말로 표현되고 있다는 사실에서 도출된다. 그 두 가지 모두 그리고 특히 '직관적'인 것은 특정한 것 그리고 상대적으로 구체적인 것에 대한 인지를 지칭하고 있다는 점만 제외하면, 이 말들은 그리 큰 해로움은 없다. 반면 우리가 여기서 관심을 가지고 있는 것은 취해졌던 행동들이 가지고 있는 아주 일반적이거나 혹은 추상적 속성을 결정하는 능력이다. 흔히 사용되고 있듯이, '직관적'이라는 용어는 우리가 행동할 때 따르고 있는 추상적 규칙들이 가지지 못한 속성을 암시하고 있으며, 이런 이유에서 그 용어를 피하는 것이 더 낫다.

　우리 입장에 대해 있을 수 있는 다른 오해는 우리가 우리 행동을 지배하는 많은 규칙이 목적의식적이지 않은 성격을 가지고 있다고 강조하는 것은 정신분석학이나 '심층 심리학'에 깔려있는 무의식적인 정신 혹은 잠재의식적 정신이라는 개념과 연관되어 있다는 느낌을 준다는 것이다. 그러나 비록 두 견해들이 어느 정도는 같은 현상들의 설명을 지향할 수는 있지만, 그것들은 사실상 전적으로 다른 것이다. 우리는 전체적으로 무의식적 정신이라는 개념을 사용하지 않을 것이다. 사실상 그것은 공인되지 않은 것이거나 그릇된 것이라고 여겨지고 있다. 그것은 무의식적이라는 점에서만 의식적인 정신과 다르나, 다른 모든 점에서는 의식적인 정신과 동일한 합리적인 목표 추구 방식으로 작동한다. 그러한 신비로운 실체를 가정함으로써 얻어질 것은 아무 것도 없다. 혹은 우리가 정신이라고 부르는 복잡한 질서를 함께 만들어내는 다양한 성향들이나 규칙들에, 그 결과로 나온 질서가 갖는 속성을 부여함으로써 얻어질 것은 아무 것도 없다. 정신분석은 이런 점에서 데카르트의 이원론의 '기계 속의 유령(ghost in the machine)'[48]을 지배하기 위해서 또 다른 유령을 창출했던 것뿐이다.

왜 구성주의적 합리주의의 극단적 형태들이 한결같이 이성에 대한 반란으로 이어지는가?

서론 부분의 결론에서, 이 책의 전체 영역을 넘어서지만 그러나 직접적인 관심사들을 이해하는 데 상당히 중요한 현상들에 대해 약간의 관찰이 이루어졌다. 우리는 목적의식적 이성을 적용하는 데 어떤 제약이 있다는 것을 알지 못하는 구성주의적 합리주의가 역사적으로 거듭거듭 이성에 대한 반란에 생명을 불어넣어주고 있다는 사실을 언급하였다. 실제로 이성의 힘에 대한 과도한 평가가 환상 깨기 과정을 거쳐서 추상적 이성에 의해 행동이 인도되는 것을 저항하는 폭력적 반동으로 그리고 특정 의지의 힘을 극찬하는 태도로 이어지는 전개 양상은 조금도 역설적인 것이 아니라 거의 불가피한 것이다.

구성주의적 합리주의자들로 하여금 규칙적으로 의지를 숭배하게 하는 환상은 이성이 추상의 영역을 초월할 수 있고, 혼자서 특정 행동들이 바람직한가 여부를 결정할 수 있다는 믿음이다. 하지만 오로지 합리적이지 않은 특정한 자극들과의 결합 속에서만이 이성이 무엇을 할 것인가를 결정할 수 있고, 이성의 기능은 본질적으로 감정을 제약하는 요소로서 행동하는 것이며, 다른 요소들에 의해서 압박을 받는 행동으로 하여금 방향타를 잡아주는 것이다. 이성만이 우리가 무엇을 해야 하는가를 말해줄 수 있다는 환상, 따라서 이성적인 사람들 모두가 조직 구성원으로서의 공통 목적을 추구하기 위한 노력에 동참할 수 있어야 한다는 환상은 우리가 그것을 실천에 옮기려고 시도할 때 곧바로 깨진다. 그러나 전체 사회를 합리적으로 통제하는 하나의 엔진으로 바꾸기 위해서 우리의 이성을 사용하려는 욕망은 끈질기게 존속하고, 이를 실현시키기 위해서 공동의 목적이 이성에 의해서 정당화될 수 없는, 그리고 특정 의지들의 결정에 불과한 모든 것에 강제로 부과된다.

이렇게 불러도 좋다면, 합리주의자의 이성에 대한 반란은 보통 사고의 추상성을 반대하는 방향으로 향했다. 그것은 모든 사고가 다양한 정도로 추상적일 수밖에 없다는 것을, 따라서 그것만으로는 특정 행동들을 완전히 결정할 수 없다는 점을 인정하지 않으려고 한다. 이성은 단지 단련일 뿐이고, 성공적 행동의 가능성의 한계에 대한 통찰일 뿐이다. 이 통찰이 흔히 우리에게 무엇을 하지 말아야 하는가만 말해줄 뿐이다. 이러한 훈육이 필요한 것은 엄밀하게 말해서 우리의 지력이 복잡한 현실을 파악할 수 없기 때문이다. 비록 추상성의 사용이 우리가 지적으로 통달할 수 있는 현상들의 영역을 넓혀준다고 하더라도 그것은 우리가 우리 행동의 효과를 예견할 수 있는 정도를 제한하고 따라서 우리가 세상을 우리가 좋아하는 대로 만들 수 있는 정도를 특정한 일반적 특징에 한정한다. 자유주의는 이런 이유에서 사회의 전반적 질서에 대한 의도적 통제를, 자생적 질서의 세부 진행에 대해서는 우리가 예견할 수 없지만, 그것의 형성에 필요한 그런 일반적 규칙의 집행에 한정한다.

아마도 자유주의와 추상적 사고의 제한된 힘에 대한 통찰 사이의 연계성을 가장 현대 비합리주의와 전체주의의 원조이며 극단적 합리주의자였던 헤겔보다 더 명확하게 보았던 사람은 없을 것이다. 그가 '추상성에 밀착된 이념은 항상 구체성에 의해서 지배되고 이에 맞서 싸우다가 무너지는 자유주의'라고 썼을 때,[49] 우리가 임의의 기간 동안에 이성의 엄격한 단련에 굴복할 만큼 충분히 성숙하지 않았고, 우리는 우리 감정들에게 이성의 제약을 끊임없이 없애버릴 것을 허용한다는 사실을 옳게 기술하고 있다.

따라서 추상에 대한 신뢰는 우리의 이성이 가진 힘에 대한 과대평가의 결과가 아니고 오히려 우리의 이성의 제한된 힘에 대한 통찰의 결과다. 추상적 규칙들에 복종하는 것을 반대하는 반란으로 이끌었던 것은 이성의 힘에 대한 과대평가다. 구성주의적 합리주의는 이성의 단련에 대한 요구를 거부한다. 왜냐하면 구성주의적 합리주의는 이성이 특정한 것들 모두에 직접 통달할 수 있다고 스스로를 속이기 때문이다. 이로써 합리주의는 추상성보다 구체성을, 일반적인 것보다 특수적인 것을 선호하게 되었다. 왜냐하면 그렇게 해야 그 지지자들이 이성에 의해 진정으로 통제할 수 있는 범위를 얼마나 많이 제한하는지를 깨닫지 못할 것이기 때문이다. 이성의 오만은 추상성이 없이도 잘 해낼 수 있다고 믿는, 그리고 구체적인 것에 충분히 통달할 수 있다고 믿는, 따라서 사회의 진행과정에도 실증적으로 통달할 수 있다고 믿는 사람들에게서 드러난다. 사회를 개인의 상상에 따라 개조하려는 욕망은 토마스 홉스 이래 합리주의 정치이론을 지배해왔다. 그런 욕망 때문에 오직 개인들만이 혹은 의도적으로 창출된 조직들만이 가질 수 있는 속성을 거대한 사회의 속성으로 돌리고 싶어 했다. 그런 욕망은 합리적일 뿐만 아니라 모든 것을 합리적이도록 만들려는 노력으로까지 이어진다. 비록 우리가 살고 싶은 사회라는 의미에서 사회를 좋게 만들려고 노력해야 한다는 것은 당연하지만, 사회가 도덕적으로 행동한다는 의미에서 그것을 좋게 만들 수는 없다. 우리가 의도하지 않았던 것을 제거하는 것 -이는 문화라고 부르는 모든 것을 제거한다는 의미와 같은데- 을 논외로 한다면, 진정으로 사회적인 모든 것이 개인의 행동의 의도하지 않았던 결과들인데 이것들에게 목적의식적인 행위라는 기준을 적용한다는 것은 말이 안 된다.

거대한 사회 그리고 그것을 가능하게 만들어왔던 문명은 인간이 추상적 사고를 교류할 능력이 성장한 산물이다. 우리가 모든 사람이 공통적으로 가지고 있는 것이 그들의 이성이라고 말할 때 우리는 그들이 추상적 사고를 할 능력을 공통적으로 가지고 있다는 것을 의미한다. 사람이 대체로 자신을 인도하는 추상적 원칙을 명시적으로 알지 못한 채 이 능력을 사용하고 있다는 점, 그리고 그가 그렇게 인도되는 이유도 모두 이해하지는 못하고 있다는 점은 인간이 의식하고 있는 이성의 힘에 대한 바로 그 과대평가 때문에 그가 이성을 강하게 만들었던 것, 즉 이성의 추상적 성격을 경멸하는 상황을 불러들였다. 추상적 이성에 적대적인 수많은 철학학파들 – 감정, 특수성, 그리고 본능적인 것을 격찬하는, 그래서 기꺼이 인종, 민족, 그리고 계급과 같은 감정을 지지할 준비가 되어 있는 구체적인 것의 철학, '인생' 철학 그리고 '존재'의 철학들 – 을 배출했던 것은 추상성이 우리의 이성이 모든 특수한 것들에 통달하려고 할 경우 이성이 갈 수 있는 정도보다 더 멀리 가도록 이성을 돕는다는 점을 인식하지 못했기 때문이다.

따라서 구성주의적 합리주의는 모든 것을 합리적 통제에 예속시키려는 노력에서, 구체적인 것을 선호하고 그리고 추상적 규칙들의 기강에 복종하길 거부하면서, 비합리주의와 손을 잡게 되었다. 설계는 결국은 비합리적일 수밖에 없는, 그리고 합의가 애초부터 이미 존재하지 않는다면 어떠한 합리적 주장으로도 합의를 이끌어 낼 수 없는 특수한 목적들에 봉사할 때만 가능하다.

제2장
코스모스와 탁시스
Cosmos and Taxis

어느 한 체제에 매몰된 사람은 …… 손으로 장기판 위의 서로 다른 말들을 배치하는 것처럼 쉽게, 자신이 거대한 사회의 다른 구성원들을 배치할 수 있으리라고 생각하는 것처럼 보인다. 그는 장기판 위의 말들이 손이 그들을 옮기는 것을 제외하고는 다른 어떤 동작 원리를 가지고 있지 않다는 것을 생각하지 못한다. 그러나 인간 사회라는 거대한 장기판에서는 모든 각각의 말들이 자기 자신만의 동작 원리를 가지고 있어서, 입법이 그 말에 부과하기로 선택한 것과는 전혀 다르다. 만일 그러한 두 원리들이 일치하여 작동하고, 또 같은 방향으로 행동한다면, 인간 사회의 게임은 쉽게 그리고 조화롭게 갈 것이며, 행복하고도 성공적이게 될 것 같다. 만일 그것들이 반대 방향으로 혹은 서로 다른 방향으로 간다면, 그 게임은 비참하게 될 것이고, 인간 사회는 언제나 극도의 무질서 상태가 될 수밖에 없다.

Adam Smith[*1]

질서의 개념

이 책의 논의의 중심 개념은 질서다. 특히 우리가 잠정적으로 '만들어진' 질서와 '성장된' 질서라고 부를 두 종류의 질서를 구별하는 것이다. 질서는 모든 복잡한 현상에 대한 논의에서 없어서는 안 될 개념인데, 그것은 대체로 더 단순한 현상들의 분석에서 법칙(law) 개념이 하는 역할을 복잡한 현상들 속에서도 수행하고 있다.[2] 비록 때때로 '체제,' '구조' 혹은 '유형'이 대신 쓰일 수는 있지만, 우리가 그것을 서술할 수 있으려면 '질서'보다 더 적합한 개념도 없다. 물론 '질서'라는 용어는 사회과학에서 오랜 역사를 가지고 있다.[3] 그러나 최근에는 그것은 일반적으로 사용을 기피하고 있는데, 그이유는 대체로 그 의미가 애매모호하기 때문이고, 그것이 흔히 권위주의적견해들과 연관되고 있기 때문이다. 그렇지만 우리는 그것 없이는 지낼 수없기에, 우리가 그것을 사용하는 일반적 의미를 예리하게 정의함으로써, 그리고 그러한 질서가 생겨날 수 있는 두 가지 서로 다른 길들 사이를 명확하게 구별함으로써 오해를 막아야 할 것이다.

우리는 앞으로 '질서'라는 말을 다양한 종류의 구성요소들의 다수가 서로 연관되어 있기에, 우리가 전체 속에서 공간적으로 혹은 시간적으로 그일부와 아주 친숙하게 되면 이로부터 배워서 우리가 그 나머지에 관한 정확한 기대나 혹은 정확하게 들어 맞출 수 있는 좋은 기회를 가질 것이라는최소한의 기대를 형성할 수 있는 상황[4]이라고 서술할 것이다. 모든 사회가이런 의미에서 질서를 가지고 있다는 점, 그리고 그러한 질서는 흔히 의도적으로 창출되지 않고서 존재하리라는 점은 분명하다. 저명한 사회인류학자가 말했듯이, '사회생활에 어떤 질서, 일관성 그리고 지속성이 있다는 점은 명백하다. 만일 그게 없다면 우리 중 누구도 우리 일을 해나갈 수 없게될 것이고 우리의 가장 기초적인 욕구조차도 만족시키지 못할 것이다.'[5]

우리는 사회구성원으로서, 우리가 필요로 하는 것들의 대부분을 만족시키기 위해 다른 사람들과의 다양한 형태의 협력에 의존하여 살고 있다. 그러면서 우리가 지향하는 바의 추구가 효과적으로 이루어지도록 하기 위하여, 우리의 계획들이 근거하고 있는 다른 사람들의 행동에 관한 기대가 다른 사람들이 실제로 하는 것과 상호 조응하는가에 명백히 의존하고 있다. 서로 다른 개인들의 행동을 결정하는 이러한 의도들 및 기대들의 일치가질서가 사회생활에서 스스로를 드러내는 모습이다. 그리고 우리의 직접적 관심사는 그러한 질서가 어떻게 발생하는가 하는 질문일 것이다. 의인화사고 습관이 거의 불가피하게 우리를 어디로 끌고 가는가에 대한 첫 번째대답은 그것이 어느 하나의 생각하는 정신의 설계에 기인한 것일 수밖에 없다는 것이다.[6] 그리고 질서가 일반적으로 누군가에 의한 의도적 배열인 것으로 해석되어왔기 때문에, 그 개념은 자유의 친구들 대부분에게는 인기가 없었으며, 주로 권위주의자들에 의해 애호되었다. 이러한 해석에 따르면, 사회질서는 최고권자의 의지가 그리고 궁극적으로는 어떤 단일한 최고당국의 의지가 각 개인들이 수행해야 할 것을 결정하는 전체 사회의 명령과 복종 관계, 혹은 위계적 구조에 근거해야만 한다.

그렇지만 질서 개념에 대한 이러한 권위주의적 의미 함축은 전적으로 질서가 체제 바깥에 있는 힘들에 의해서(혹은 '외생적으로')만 창출될 수 있다고하는 믿음에서 도출된 것이다. 그것은 일반적 시장 이론이 설명하고자 애쓰는 것처럼 내부로부터[7] (혹은 '내생적으로') 설정된 균형에는 적용되지 않는다. 이런 종류의 자생적 질서는 여러 가지 점에서 만들어진 질서의 속성들과는 다른 속성들을 가지고 있다.

질서의 두 원천들

물론 비록 생물학이 우리가 유기체라고 부르는 특별한 종류의 자생적 질서를 애초부터 다루었다고 하더라도 그런 질서에 관한 연구는 오랫동안 경제 이론 특유의 과제였었다. 오직 최근에서야 물리과학 내에서도 인공두뇌학(cybernetics)이라는 이름 아래, 스스로 조직하는 체계 혹은 스스로 생성되는 체제라고 불리는 것과 관련되어 있는 특별한 과목이 생겨났다.[8]

이런 종류의 질서를 어느 한 집합의 구성요소들을 현재의 자리에 넣고 그 움직임을 지휘하는 누군가가 만들었던 질서와 구별하는 것은 사회의 진행과정들에 대한 이해에서뿐만 아니라 모든 사회정책에서도 빠트릴 수 없다. 각각의 질서를 서술하는 데 이용 가능한 용어들은 여러 가지가 있다. 우리가 이미 외생적 질서 혹은 배열이라고 언급해왔던 만들어진 질서는 다시 말해서 설계라고, 즉 인위적 질서라고 혹은 특별히 관리되는 사회질서를 다루어야 하는 곳에서라면 조직이라고 서술될 수 있다. 다른 한편으로 우리가 스스로 생성된 질서 혹은 내생적 질서라고 언급했던 성장된 질서는 영어에서는 아주 편리하게도 자생적 질서라고 서술된다. 고전 시대의 그리스인들은 아주 다행스럽게도 두 종류의 질서에 대해 구별되는 단일한 단어들을 가지고 있었다. 즉 예컨대 전투 질서와 같이 만들어진 질서에는 탁시스(*taxis*)라는 단어를,[9] 성장된 질서에 대해서는 본래 '국가 혹은 공동체에서의 올바른 질서'를 의미하는 코스모스(*kosmos*)라는 단어를[10] 가지고 있었다. 우리는 때때로 두 종류의 질서를 서술하는데 이 그리스 단어들을 서술적 용어로 이용할 것이다.

사회 이론은 많은 사람의 행동의 산물로서의 질서정연한 구조가 있다는 발견과 함께 시작되었다고 - 그리고 오직 그 발견 때문에 연구대상을 가지게 되었다고-, 그러나 그것이 인간 설계의 결과가 아니라고 말하는 것은 전혀 과장이 아닐 것이다. 일부 분야에서는 이것은 지금 보편적으로 받아들여지고 있다. 비록 사람들이 언어와 도덕조차 옛날 어떤 천재들에 의해 '발명되어' 왔다고 믿었던 때도 있었다고 하더라도, 이제 모든 사람들은 그것들이 아무도 그 결과들을 예견하거나 설계하지 않았던 진화 과정의 산물임을 알아차리고 있다. 그러나 여전히 많은 사람이 다른 분야들에서는 많은 인간의 상호작용패턴이 아무도 의도적으로 만든 일이 없는 질서를 보여준다는 주장을 의심스럽게 대하고 있다. 특히 경제학 영역에서는 비평가들이 여전히 애덤 스미스의 '보이지 않는 손'이란 표현에 이해할 수 없는 냉소를 퍼붓고 있다. 그는 자신이 살았던 시대의 바로 그 언어로 어떻게 인간이

'전혀 자신의 의도의 일부분이 아니었던 목적을 증진시키게' 되었는가를 서술하였다.[11] 만일 성난 개혁가들이 질서가 완전히 없다고 빗대어 말하면서 경제 문제의 혼란을 여전히 불평한다면, 그 이유는 부분적으로 그들이 의도적으로 만들어지지 않은 질서를 생각해낼 수 없기 때문이기도 하고, 또 부분적으로는 그들에게 질서란 우리가 보게 되겠지만 자생적 질서가 할 수 없는 구체적 목적들을 겨냥한 어떤 것을 의미하기 때문이다.

우리는 시장질서 그리고 우리가 거기로부터 끌어내는 혜택의 성격을 특징짓는 기대와 계획의 일치가 어떻게 만들어졌는지를 나중에(2부 10장을 보라) 검토할 것이다. 당분간 우리는 인간이 만들지 않은 질서가 존재한다는 사실에만, 그리고 왜 이것이 더 흔쾌히 인정되지 못했는지의 이유에만 관심이 있다. 그 주요한 이유는 시장의 질서와 같은 질서들은 우리 감각에 스스로를 드러내지 않는 것이고 우리 지력에 의해서만 추적되어야 하는 것이기 때문이다. 우리는 의미 있는 행동들의 이러한 질서를 눈으로 볼 수 없거나 그게 아니라면 직관적으로 감지할 수 없으며, 구성요소들 사이에 존재하는 관계들을 추적함으로써 그것을 정신적으로 재구성할 수만 있을 뿐이다. 우리는 그것이 추상적 질서이지 구체적 질서가 아니라고 말함으로써 이것이 가진 특징을 서술할 것이다.

자생적 질서의 두드러진 속성들

습관적으로 우리가 질서를 만들어진 질서 혹은 탁시스와 동일시함으로써 사실상 결과적으로 우리가 의도적 배열이 규칙적으로 소유하고 있는 특정한 속성들을, 그리고 이들 중 일부와 관련해서는 필연적으로 소유하고 있는 속성들을 모든 질서에 귀속하려는 경향을 우리는 갖게 되었다. 그러한 질서들은 상대적으로 간단하거나 최소한 필연적으로 만드는 사람이 여전히 검토할 수 있을 보통 정도의 복잡성에 국한될 수밖에 없다. 그들은 살펴보기만 하면 그 존재가 직관적으로 감지될 수 있다고 바로 앞에서 언급한 의미에서 보통은 구체적이다. 그리고 최종적으로, 그들이 의도적으로 만들어진 것이라면, 그들은 변함없이 만든 사람의 목적에 봉사한다(혹은 한때는 봉사했다). 이런 특성들 중 어느 하나도 반드시 자생적 질서 혹은 코스모스에 속하는 것이 아니다. 그것의 복잡성의 정도는 인간이 지배할 수 있는 것에 국한되지 않는다. 그것의 존재는 우리 감각에 스스로를 드러낼 필요는 없고, 우리가 정신적으로만 재구성할 수 있는, 순전히 추상적인 관계들에 근거한 것일 수 있다. 비록 우리가 그것의 존재를 아는 것이 아주 다양하고 상이한 목적들의 성공적인 추구를 위해서 극히 중요할지라도 그것은 만들어진 것이 아니기 때문에 특정한 목적을 가지고 있다고 정당하게 말할 수도 없다.

자생적 질서들이 반드시 복잡한 것은 아니다. 그러나 의도적인 인간의 배열과는 다르게 그들은 어떤 정도의 복잡성이든 그것을 달성할 수 있다. 우리의 주요 주장들 중의 하나는 어떤 두뇌라고 해도 확인할 수 있거나 조작할 수 있는 것보다 더 특수한 사실들을 포괄하는 아주 복잡한 질서들은 자생적 질서의 형성을 유도하는 힘을 통해서만 생겨날 수 있다는 것이다.

자생적 질서는 우리가 추상적이라고 불러왔던 것일 필요는 없으나 그것은 오직 추상적 특성들에 의해서만 정의되는 구성요소들 사이의 추상적 관계들의 체제로 이루어져 있다. 그리고 이런 이유에서 그것은 그 특성을 설명하는 이론에 근거하지 않고는 직관적으로 인지할 수도 그리고 인식할 수도 없다. 그러한 질서들이 추상적 성격을 가지고 있다는 의미는 그들이 구성하는 모든 특수한 구성요소들과 그리고 심지어는 그런 구성요소들의 수효가 변한다고 해도 그것들이 유지될 수 있다는 사실에 달려 있다. 추상적 질서를 유지하는 데 필요한 모든 것은 특정한 관계 구조가 유지된다는 점,

혹은 특정한 종류의 (그러나 숫자 면에서는 변동 가능한) 구성요소들이 특정한 방식으로 계속해서 관계를 맺고 있다는 점이다.

그렇지만 매우 중요한 것은 자생적 질서가 목적 개념에 대해 갖는 관계다. 그러한 질서는 외부 행위자에 의해서 창출되어온 것이 아니기 때문에, 비록 그 존재가 그러한 질서 내에서 움직이는 개인들에 아주 도움이 될 수 있다고 해도, 그와 같은 질서는 목적도 가질 수 없다. 그러나 '목적'이 물론 그 질서의 유지나 혹은 회복을 확립하는 경향이 있다는 것 이상을 의미하지 않을 경우라면 이런 의미에서 그 질서가 그 구성요소들의 합목적적 행동에 달려있다고 말해도 좋다. 생물학자들이 그렇게 불러왔듯이, 일종의 '목적론적 축약'과 같은 의미에서, '합목적적'이란 말을 사용하는 것은, 우리가 구성요소들 편에서 그 목적을 알고 있다는 것을 의미하는 것이 아니고 그리고 단순히 구성요소들이 그 질서의 유지에 도움이 되는 행동의 규칙성들을 습득했다는 것을 의미하는 것이라면 반대할 이유가 없다.-습득하게 된 이유는 아마도 특정한 방식으로 행동했던 사람들은 그렇게 하지 않았던 사람들에 비해 더 나은 생존 기회를 가지게 되었을 것이기 때문이다. 그렇지만 일반적으로 말해서 이 맥락에서는 '목적'이라는 용어를 피하고 그 대신에 '기능'이라고 이야기하는 것이 더 좋다.

자연에서의 자생적 질서들

우리가 자연에서 보는 몇몇 자생적 질서의 성격을 간단하게 생각해보는 것도 도움이 될 것이다. 왜냐하면 여기에는 그 질서의 특징적 속성들 몇 가지가 아주 분명하게 드러나 있기 때문이다. 물리적 세계에서는 질서들의 형성을 가능하게 하는 알려져 있는 힘들을 이용하기만 해도, 그리고 각각의 구성요소를 의도적으로 적합한 위치에 배치하지 않는다고 해도 우리가 창출할 수 있는 복잡한 질서들의 사례가 많이 있다. 우리가 결정체의 격자를 형성하거나 혹은 유기 화합물을 만드는 벤졸 고리에 기반한 체계를 형성할 수 있도록 개별 원자들을 배치한다고 해도 우리는 어떤 결정체나 혹은 복잡한 유기 화합물을 결코 만들어낼 수 없다. 그러나 우리는 그런 방식으로는 그것들이 스스로를 배열하게 하는 조건을 창출해낼 수 있다.

이런 사례들에서 결정체 혹은 화합물의 일반적 성격만이 아니라 그들 속에 있는 구성 요소 하나하나의 특정 위치까지 결정하는 것은 무엇인가? 중요한 것은 구성요소들의 행동의 규칙성은 이로부터 귀결된 질서의 일반적 성격을 결정한다는 점이지, 그 특수한 모습의 모든 세세한 것까지 결정하지는 않는다는 점이다. 그로부터 귀결된 추상적 질서가 스스로를 드러낼 특수한 방식은, 구성요소들의 행동을 지배하는 규칙들 이외에도 그것들이 차지했던 애초 위치에도 달려있다. 그리고 그것들 각자가 그런 질서의 형성 과정 중에 서로 반응할 직접적 환경의 특수한 주변 사정들에도 달려있다. 달리 말하자면, 질서는 항상 어느 누구에게도 그 전체로서 알려져 있지 않은 수많은 특수한 사실들에 대한 적응이다.

우리가 명심해야 할 것은, 구성요소들 모두가 동일한 규칙을 준수하고, 그들의 상이한 행동들은 몇몇 개체들이 상대적으로 서로에 대해 차지하고 있는 상이한 위치에 의해서만 결정된다면 규칙적 패턴이 스스로 형성될 것이라는 점이다. 그 뿐만 아니라 화학적 화합물의 경우에서 그러하듯이, 부분적으로 상이한 규칙들에 따라 행동하는 상이한 종류의 구성요소들이 있는 경우에도 규칙적 패턴이 스스로 형성된다. 어떤 경우든, 우리는 스스로 형성되는 질서의 일반적 성격만 예측할 수 있을 뿐이지, 어떤 특정한 구성요소가 다른 어떤 구성요소에 대해 상대적으로 점하고 있는 특정 위치를 예측할 수는 없다.

물리학에서의 또 다른 예는 몇 가지 점에서 훨씬 더 도움이 될 것이다.

종이 위에 있는 쇳가루는 종이 아래에 있는 자석의 자력선들에 따라 스스로 배열되어진다고 잘 알고 있는 학교 실험에서, 우리는 서로를 끌어당기는 쇳가루에 의해서 형성될 연쇄들의 전반적 모양을 예측할 수 있다. 그러나 우리는 이 연쇄들이 자장을 결정하는 수많은 곡선의 집단 중에서 어떤 곡선을 따라 스스로 자리를 차지할지를 예측할 수는 없다. 이는 각각의 쇳가루의 위치, 방향, 무게, 거칠기나 평활성에 좌우되고, 종이 표면의 불규칙성에도 좌우된다. 그래서 자석에서 나오는 힘들과 각각의 쇳가루로부터 나오는 힘들은 일반적 유형 중에서 독특한 경우들을 낳는 환경과 상호작용할 것이다. 그것의 일반적 성격은 알려진 법칙들에 의해서 결정될 것이다. 그러나 그것의 구체적 모습은 우리가 충분히 확인할 수 없는 특정 환경들에 달려있을 것이다.

사회에서 자생적 질서에의 의존은 우리의 통제력을 확장시키기도 하고 제한시키기도 한다

　자생적 질서는 개별요소들 중 일부에만 직접 영향을 미치는, 그리고 그 전모가 누구에게나 알려질 필요는 없는 주변 환경에 그들이 스스로 적응하는 과정에서 비롯된 것이다. 그렇기 때문에 그 질서는 너무나 복잡해서 어떠한 정신도 그 전부를 파악할 수 없는 주위 환경들로까지 확장할 수 있다. 결과적으로 그 개념이 각별히 중요한 경우는 기계적인 현상들로부터 정신과 사회처럼 우리가 삶의 영역에서 만나는 '고도로 조직된' 혹은 본질적으로 복잡한 현상들로 우리의 관심을 돌릴 때다. 여기서 우리는 오로지 자생적으로 질서 잡는 힘들에 의해서 산출되기 때문에 나타났거나 나타날 수 있는 정도의 복잡성을 가진 '성장된' 구조들을 다루어야 한다. 결국 그 구조들은 우리가 이들을 설명하려고 노력할 때뿐만 아니라 그 성격에 영향을 미치려고 시도할 때 우리에게 특유한 어려움을 준다. 기껏해야 우리가 알 수는 있는 것은 그 구조를 구성하는 다양한 종류의 요소들이 준수하는 규칙들뿐이다. 안다고 해도 개별 요소들 전부는 아니고 개별요소가 제각기 차지한 위치에서 직면한 특수한 환경들 전부는 결코 알 수 없다. 그래서 우리 지식은 스스로 형성되는 질서가 갖는 일반적 성격에만 한정될 것이다. 인간 사회에서처럼 우리가 최소한 행동규칙들 중 어떤 것들을 변경시킬 수 있는 위치에 있는 곳에서조차도, 우리는 일반적 성격에만 영향을 미칠 수 있을 뿐이지, 질서의 세부 사항에는 영향을 미칠 수 없을 것이다.

이것이 의미하는 바는 다음과 같다. 즉 비록 우리가 자생적으로 질서잡는 힘들을 사용하여 지적으로 결코 지배할 수 없거나 의도적으로 배열할 수 없을 정도의 복잡성(즉 그런 정도의 조건들의 숫자, 다종다양성이 있는 구성요소들)을 가진 질서가 형성되도록 유도할 수 있다고 해도, 그러한 질서의 세부사항을 지배할 힘은 우리가 배열해서 만들어내는 질서를 상세하게 지배할 힘보다 적다는 것이다. 자생적 질서들의 경우, 우리는 이들을 형성하는 요소들 중에서 어떤 것들을 결정함으로써 그들의 추상적 모습을 결정할 수 있지만, 특수적인 것들은 우리가 알지 못할 환경들에 맡겨야 한다. 그래서 자생적으로 질서잡는 힘에 의존함으로써 우리가 형성하도록 권유할 수 있는 질서의 범위를 확장할 수 있다. 그 이유는 엄격하게 말해서 그 질서의 특수한 모습은 우리에게 알려질 수 있는 것보다 훨씬 더 많은 환경들에 의존할 것이기 때문이다. 그리고 사회질서의 경우, 자생적 질서에서는 모든 분산된 사회구성원들이 제각기 가지고 있는 지식이 단일정신에 집중되지도 않거나 혹은 그 정신이 수행하는 의도적인 조정 및 적응 과정에 좌우될 필요도 없이, 그 지식이 활용될 수 있기 때문에 자생적 질서의 범위가 확장될 수 있다.

결과적으로 확장된 질서 그리고 더 복잡한 질서에 대한 통제력의 정도는 만들어진 질서 혹은 탁시스에 대해서 행할 수 있는 통제력보다 훨씬 적을 것이다. 확장된 질서에는 우리가 전혀 통제할 수 없는 국면도 있고 적어도 자생적 질서를 산출하는 힘에 개입하지 않고서는-그러한 한 그 힘을 방해하지 않고서는- 변경시킬 수 없는 국면들도 있을 것이다. 개별 구성요소들의 특정한 위치에 관해 혹은 특정한 개인들 사이나 그룹들 사이의 관계와 관련해서 우리가 가질 수 있는 희망이 어떤 것이건 전반적 질서를 뒤집어엎지 않고서는 충족될 수 없다. 이런 점에서 우리는 구체적 배열 혹은 탁시스를 지배할 종류의 힘을 가지고 있지만 추상적 국면들만 알고 그 국면에만 영향을 미칠 수 있는 자생적 질서를 지배할 힘은 없다.

　질서란 정도 문제일 수 있다는 두 가지 서로 다른 관점이 있다는 점을 여기에서 기억하는 것이 중요하다. 일단의 대상 혹은 사건들이 얼마나 잘 질서정연한가 하는 것은 구성요소들의 속성들(혹은 요소들 사이의 관계들) 중 얼마나 많이 우리가 예측할 줄 아는가에 달려있다. 서로 다른 질서들은 이런 관점에서 다음과 같은 두 가지 방식 중 한 가지나 두 가지 방식에서 서로 다를 수 있다. 즉 질서정연함은 구성요소들 간의 아주 소수의 관계들에 관한 것이거나, 아니면 대단히 많은 관계에 관한 것이다. 두 번째로 그렇게 정의될 규칙성은 모든 경우에 혹은 거의 모든 경우에 확인될 것이라는 의미에서, 혹은 대다수의 경우에서 압도적이어서 우리가 일정한 정도의 확률로 그 출현을 예측하는 것이 가능하다는 의미에서 모두 큰 것일 수 있다. 첫 번째 경우에 우리는 오직 구조의 특징들 중 소수만을 예측할 수 있지만, 그것도 대단히 큰 확신을 가지고 그렇게 할 수 있다. 그러한 질서는 제한적이지만 여전히 완벽할 수 있다. 두 번째 경우 우리는 훨씬 더 많이 예측할 수 있지만, 꽤 괜찮은 상당한 정도의 확실성으로만 그렇게 할 수 있다. 어느 한 질서의 존재에 관한 지식은 그 질서의 이 두 가지 점 중 어느 하나에 혹은 둘 다에 국한된 것이라 하더라도 유용할 것이다. 그리고 스스로 질서잡는 힘에 의존하는 것은 선호할만 하거나 심지어는 없어서는 안 된다. 비록 체제가 향하고 있는 질서에 사실상 다소 불완전하게 접근할 수 있는 것이라고 하더라도 말이다. 특히 시장질서는 기대된 관계들이 우세할 가능성을 일정 정도 규칙적으로 보장할 것이다. 그래도 그것이야말로 분산된 지식에 의존하는 많은 활동이 단일 질서로 효과적으로 통합될 수 있는 유일한 길이다.

자생적 질서는 일정한 행동규칙들을 준수하는 구성요소들로부터 생겨난 것이다

우리는 이미 자생적 질서의 형성은 이를 구성하는 요소들이 자신들의 가장 가까운 상황에 반응할 때 특정한 규칙들을 준수하는 결과임을 밝혔다. 이 규칙들의 성격은 여전히 더 완전하게 설명할 필요가 있다. 그 이유는 부분적으로 '규칙'이란 단어가 약간의 잘못된 생각을 암시하기 쉽기 때문이고 또 부분적으로는 자생적 질서를 결정하는 규칙들이 조직 혹은 탁시스를 규제하는 데 필요한 또 다른 종류의 규칙들과 중요한 점에서 다르기 때문이다.

첫째로, 우리가 물리학으로부터 받은 자생적 질서의 사례들이 의미 있는 이유는 그러한 자생적 질서들의 구성요소들의 행동을 지배하는 규칙들이 이 요소들에게 '알려진' 것일 필요가 없다는 점을 명확하게 보여주기 때문이다. 구성요소들이 실제로 그러한 규칙들이 서술될 수 있는 방식으로 행동한다는 것으로 충분하다. 따라서 이 맥락에서 우리가 사용하는 규칙들이란 개념은, 그러한 규칙들이 언어로 명시화된 ('언어화된') 형태로 존재한다는 것을 의미하는 것이 아니라, 오직 개체들의 행동이 실제로 준수하고 있는 규칙들을 발견하는 것이 가능하다는 것만 의미한다. 이것을 강조하기 위하여 우리는 때때로 규칙들보다는 '규칙성'에 대해 이야기할 것이다. 그러나 물론 규칙성이 의미하는 것은 단순히 그 구성요소들이 규칙들에 따라 움직인다는 것뿐이다.

이런 의미에서 규칙들이 그것들을 준수하는 사람들에게 명시적으로 알려지지 않았어도 존재하여 작동한다는 사실은 사람들의 행동을 지배하는 많은 규칙에도, 따라서 자생적 사회질서를 결정하는 많은 규칙에도 또한 적용된다. 사람은 자신의 행동들을 인도하는 모든 규칙들을 말로 진술할 수 있다는 의미에서 확실하게 알지는 못한다. 최소한 동물 사회에 지나지는 않는 원시적인 인간사회에서는 삶의 구조가 사실상 준수되는 것으로만 나타나는 행동규칙들에 의해 결정된다. 오직 개인들의 지력이 의미 있는 정도로 서로 차이나기 시작할 때만 소통될 수 있고 명시적으로 가르칠 수 있는 형태로, 일탈행동을 교정할 수 있고 적합한 행동이 무엇인가에 대한 의견 차이를 판정해줄 수 있는 형태로 이 규칙들을 표현할 필요가 있게 될 것이다. 비록 사람이 그가 준수했던 법이 없이는 결코 생존하지 못했겠지만, 그는 자신이 그것들을 명료하게 표현할 수 있다는 의미에서 '알고 있던' 법들이 없었어도 수십만 년간 생존해왔음은 물론이다.

그렇지만 이 맥락에서 더 중요한 것은 구성요소들의 행동에서의 규칙성 모두가 전반적 질서를 보장하는 것은 아니라는 점이다. 개체의 행동을 지배하는 어떤 규칙들은 분명히 전반적인 질서의 형성을 전적으로 불가능하게 만든다. 우리의 문제는 어떤 종류의 행동규칙들이 사회질서를 만들 것인가, 그리고 특정한 규칙들은 어떤 종류의 질서를 만들 것인가이다.

질서를 만들어내지 못할 구성요소들의 행동규칙들에 대한 고전적인 사례는 물리과학에서 온다: 그것은 열역학 제2법칙 혹은 엔트로피의 법칙이다. 그에 따르면 가스 분자들이 일정 속도로 직진하는 경향은 '완벽한 무질서'라는 용어 그대로의 상태를 낳는다. 이와 비슷하게 사회에서는 완벽하게 규칙적인 개인들의 어떤 행동만이 무질서를 만들어낼 수 있음이 분명하다. 만일 어떤 개인이 자신과 마주치는 사람은 누구든 살해한다거나, 혹은 다른 사람을 보자마자 도망치는 것이 규칙이라면 그 결과는 명확하게 개인의 활동들이 다른 사람과의 융합에 근거하고 있는 질서가 완전히 불가능하다.

그래서 오직 자연선택 과정에 의해서 개인들로 하여금 사회생활이 가능하도록 만드는 방식으로 행동하도록 이끄는 규칙들이 진화되어왔을 경우에만 사회가 존재할 수 있다. 이런 목적을 위해 자연선택은 서로 다른 유형의 사회들 사이로서 작동하리라는 것, 즉 자연선택은 그들 각각의 질서들의 속성에 의해서 인도되지만 그러나 이 질서를 지탱하는 속성들은 개인들의 속성이라는 것, 즉 전체로서 그룹의 행동 질서가 근거하고 있는 특정한 행동규칙들을 준수하려는 개인들의 성향이라는 것을 기억해야 한다.

이것을 달리 표현해보자: 어느 한 사회질서에서 각 개인들이 반응하게 될 특수한 환경들은 그에게 알려져 있는 것들일 것이다. 그러나 특수한 환경들에 대한 개인적 반응들이 전반적 질서로 귀결되는 경우는 오직 개인들이 질서를 만들어낼 것들과 같은 규칙들을 준수할 때일 뿐이다. 그 행동에서의 유사성이 아주 제한된 경우에도 그들 모두가 준수하는 규칙들이 질서를 만들어낼 그런 것이라면 충분할 수 있다. 항상 그러한 질서는 사회의 모든 구성원들에게는 알려져 있지만, 어느 한 사람에게 전체로서 알려져 있지 않은 수많은 환경에 대한 적응을 구성할 것이다. 이것은 서로 다른 사람들이 비슷한 주위 환경 속에서 엄밀하게 말해서 같은 것을 한다는 것을 의미할 필요는 없다. 그러나 단지 그러한 전반적 질서의 형성을 위해서는 몇몇 국면에서 모든 개인들이 명확한 규칙들을 따르는 것이 필요하다는 것, 혹은 그들의 행동이 일정 범위로 제한되어 있다는 것만 의미할 뿐이다. 달리 말하자면, 개인들이 자신의 주변 사건들에 반응하는 것은 명확한 전반적 질서로 귀결될 것을 보증하기 위하여 일정한 추상적 국면에서만은 비슷해야 할 필요가 있다.

그래서 사회정책에서만큼이나 사회이론에서도 중심적인 중요성을 가진 문제는 개개인들의 개별행동이 전체 질서를 가져오기 위해서는 그 규칙들이 어떤 속성을 소유해야 하는가이다. 그 같은 어떤 규칙들을 사람들이 지키는 이유는 환경이 그들의 정신 속에 그려지는 방식이 비슷하기 때문이다. 다른 어떤 규칙들의 경우, 이들은 공통의 문화적 전통의 일부일 것이기 때문에, 개인들은 자발적으로 따를 것이다. 그러나 여전히 또 다른 규칙들도 있다. 비록 그 규칙들을 무시하는 것이 각자의 이해관계에 맞는다 하더라도, 그들의 행동의 성공을 좌우할 전반적 질서는 이 규칙들을 일반적으로 준수할 때만 가능하기 때문에 그들이 준수되도록 해야 한다.

교환에 기초를 둔 현대 사회에서는, 개별 행동에서 주요한 규칙성들 중 하나가 대부분의 개인들이 소득을 벌기 위해서 일하는 처지에 있는 상황의 유사성에서 비롯된다. 이는 그들이 정상적이라면 자신들의 노력으로부터 적은 수익을 거두기보다는 더 큰 수익을 거두는 것을 선호한다는 것, 그리고 흔히 만일 수익이 개선될 전망이 있다면 특정 방향으로 자신들의 노력을 증대시킨다는 것을 의미한다. 이는 특정한 종류의 질서를 그러한 사회에 각인하기에 최소한 충분한 빈도로 준수하는 규칙이다. 그러나 대부분의 사람들이 이 규칙을 따른다는 사실은 그 결과로서 형성되는 질서의 성격을 여전히 미정 상태로 남겨둘 것이고, 그 사실만으로는 그 질서에게 편익을 주는 성격을 확실히 주기에는 충분하지 않을 것이다. 그로부터 비롯되는 질서가 편의를 주는 것이 되려면 사람들은 묵계적인 규칙들도, 다시 말하면 그들의 욕망에서 그리고 인과관계에 대한 통찰에서 따르기만 하면 되는 규칙들이 아니라 규범적인 규칙들, 즉 그들에게 무엇을 해야 하고 무엇을 하지 말아야 되는지를 말해주는 규칙들도 준수해야만 한다.

우리는 나중에 사람들이 사실상 준수하는 다양한 종류의 규칙들과 그것으로부터 비롯된 행동 질서 사이의 엄밀한 관계를 더 충분하게 고려해야 할 것이다. 그때 우리의 주요한 관심 대상은 우리가 규칙들을 의도적으로 변경시킬 수 있기 때문에 우리가 그들로부터 귀결된 질서에 영향을 끼칠 수 있는 주요한 도구, 즉 법규칙이다. 이때 우리의 관심사는 다음을 분명하게 해야 할 것이다. 즉 자생적 질서가 근거하고 있는 규칙들이 자생적 기원일 수도 있지만, 항상 그런 경우일 필요는 없다는 점이다. 비록 개인들이 의도적으로 만들어졌던 것이 아니라 자생적으로 생겨났던 규칙들을 따르기 때문에 질서가 본래 자생적으로 형성되었지만, 사람들은 점진적으로 그 규칙들을 개선하는 것도 배우게 된다. 자생적 질서의 형성이 전적으로 의도적으로 만들어졌던 규칙들에 달려있다는 생각도 최소한 가능할 수 있다. 따라서 의도적으로 만들어진 규칙들로부터 귀결된 질서의 자생적 성격은, 그것이 근거하고 있는 자생적 기원의 규칙들과는 구분되어야 한다. 그리고 여전히 자생적이라고 기술되어야 할 질서가 전적으로 의도적 설계의 결과물인 규칙들에 근거하고 있다고 보는 것도 가능하다. 우리가 잘 알고 있는 종류의 사회에서는 물론 사람들이 사실상 준수하고 있는 일부 규칙들, 즉 일부 (그러나 이 경우에도 결코 전부는 아니다)의 법규칙들은 의도적 설계의 산물일 것이다. 그렇지만 대부분의 도덕 및 관습 규칙들은 자생적으로 성장한 것이다.

만들어진 규칙들에 근거하고 있는 질서조차 성격상 자생적일 수 있다는 점은 그 질서의 특수한 모습이 항상 이 규칙들의 설계자가 알지 못했고 알 수 없었던 많은 상황에 항상 달려있다는 사실에 의해서 입증된다. 질서의 특수한 내용은 규칙들을 준수하고 이들을 자신에게만 알려진 사실에 적용하는 개인들에게만 알려진 구체적 상황들에 달려있을 것이다. 그리고 질서를 결정하는 것은 규칙들 그리고 특정한 사실들이라는 두 가지에 관한 지식을 통해서일 것이다.

자생적 사회질서는 개인들과 조직들로 이루어져 있다

   어떤 인간 그룹이든 가장 작은 규모보다는 큰 그룹에서는 사람들의 협력
은 자생적 질서는 물론이고 의도적 조직 모두에 항상 의존하고 있을 것이
다. 여러 제한된 과제를 위해서는 조직이 효과적인 조정의 강력한 방법이
라는 점에는 의문의 여지가 없다. 왜냐하면 조직은 우리로 하여금 그로보
터 생겨나는 질서를 우리의 희망에 더욱 더 충분히 적응시킬 수 있도록 해
주는 반면에 고려해야 할 상황의 복잡성 때문에 자생적 질서에 공헌하는
힘들에 의존해야만 하는 곳에서는, 이 질서의 특수한 내용을 만들어 낼 우
리의 힘은 필연적으로 제한되어 있기 때문이다.

   그렇지만 복잡성이 어떤 정도든 복잡한 모든 사회에는 두 가지 종류의
질서가 존재하고 있다고 해서 우리가 좋아하기만 하면 어떤 방식이든 그것
들을 조합할 수 있다는 것이 아니다. 우리가 실제로 모든 자유 사회에서 발
견한 것은, 비록 인간 그룹들이 어떤 특정 목적들의 달성을 위해 조직에 가
담하더라도, 개인들의 활동들뿐만 아니라 모든 개별 조직들의 활동들을 조
정하는 일은 자생적 질서에 기여하는 힘들이 수행한다. 가족, 농장, 공장,
회사, 법인, 다양한 협회들, 그리고 정부를 포함한 모든 공공기관들은 차례
대로 더 포괄적인 자생적 질서에 통합되는 조직들이다. 이 자생적인 전반
적 질서를 위해 '사회'라는 용어를 준비해 놓는 것이 좋다. 그래야 우리가
사회를 이 안에 존재할 모든 조직된 소그룹들은 물론 무리, 부족, 씨족과
같이 그 구성원들이 최소한 어떤 점에서는 공동의 목표를 위해 중앙의 지
휘하에서 행동하는 소규모의 그리고 다소간 고립되어 있는 그룹들과 구별
할 수 있다. 어떤 사례에서는 동일 그룹이 대부분의 일상생활을 할 때에는
명령을 필요로 하지 않고 전통적 규칙들을 준수함으로써 유지되는 자생적
질서로서 작동하며, 사냥, 이주, 전투할 때에는 우두머리의 지휘의지 아래

에서 조직으로서 행동할 것이다.

우리가 사회라고 부르는 자생적 질서는 조직이 항상 갖는 것과 같은 확연한 경계선을 필요로 하지 않는다. 흔히 더 느슨하게 연결되어 있지만 더 포괄적인 질서에서는 중심적 위치를 차지하는 더 긴밀하게 관련된 개인들로 구성된 하나의 중핵 혹은 몇몇 중핵들이 있을 것이다. 거대 사회 안에 있는 그러한 특수한 사회들이 공간적 근접성의 결과로서, 혹은 구성원들 사이에 더 긴밀한 관계들을 산출하는 어떤 또 다른 특수한 상황의 결과로서 생겨날 수 있다. 이런 종류의 상이한 부분 사회들은 흔히 중첩되어 있을 것이다. 각각의 모든 개인들은 거대 사회의 구성원이면서 동시에 수많은 다른 자생적인 하위 질서들 혹은 부분 사회들의 구성원일 수 있고, 그뿐 아니라 포괄적인 거대 사회 속에 존재하는 다양한 조직들의 구성원일 수 있다.

거대한 사회 안에 존재하는 조직들 중에서 규칙적으로 아주 특별한 위치를 차지하는 조직은 우리가 정부라고 부르는 것이다. 우리가 사회라고 부르는 자생적 질서의 형성에 필요한 최소한의 규칙들을 집행하기 위한 조직적 장치가 없다고 해도 이들이 준수된다면, 자생적 질서는 정부 없이도 존재할 수 있다고 생각할 수 있지만, 대부분의 상황에서는 그 규칙들의 준수를 확실하게 하기 위하여 우리가 정부라고 부르는 조직이 없어서는 안 된다.

정부의 이런 특수한 기능은 공장 영선반(班)의 기능과 약간 비슷하다. 그 목적은 시민들이 소비하는 어떤 특수한 서비스들이나 생산물들을 생산하는 것이 아니다. 오히려 그러한 재화들과 서비스들의 생산을 규제할 메커니즘이 작업질서에서 유지되는지를 보는 것이다. 통상적으로 사용되고 있는 이런 기계장치의 목적은 부품을 작동시키는 사람들에 의해서, 그리고 최종적으로는 그 생산물들을 사는 사람들에 의해서 결정될 것이다.

그렇지만 개인들이 자신들만의 목적을 위해서 사용할 구조의 작동을 질서 있게 유지할 책임을 지는 동일한 조직은 그 질서가 의존하는 규칙들을 강제하는 임무 이외에도 자생적 질서가 보통 적절하게 생산해낼 수 없는 다른 서비스들을 제공할 것으로 기대되기도 한다. 정부의 서로 구별되는 두 기능들은 보통 명확하게 분리되지 않는다. 하지만 우리가 나중에 보게 되듯이, 정부가 행동규칙들을 집행하는 강제기능과 단지 마음대로 처분할 자원들을 관리할 서비스 기능, 이 두 기능을 구별하는 것은 근본적으로 중요하다. 두 번째의 서비스 기능에서 정부는 여러 조직들 가운데 하나의 조직이고, 그것은 다른 조직들처럼 자생적인 전체 질서의 부분인 반면에 첫 번째의 강제기능에 정부는 그 전체 질서의 유지를 위한 핵심적 조건을 제공한다.

영어에서 이들 두 유형의 질서를 '사회'와 '정부' 간의 구별을 통해 논하는 것은 가능하고 오랫동안 유용했었다. 한 나라에 관한 한, 이 문제들을 논의할 때 형이상학으로 들리는 용어인 '국가'를 들여올 필요는 없다. '정부'라는 말이 더 적합하고 정확한데도 주로 대륙의 사상, 특히 헤겔의 사상에 영향을 받아서 지난 수백 년간 (대문자 'S'를 써가는 것을 선호하면서) '국가'라는 말을 쓰는 일은 널리 받아들여졌다. 그렇지만 행동하거나 정책을 추구하는 것은 항상 정부라는 조직이다. '정부'라는 말로도 충분한 곳에서 '국가'라는 말을 끌고 다니는 것은 명확성에도 도움이 되지 않는다. '국가'가 조직이고 '사회'가 자생적 질서라는 것을 가리키기 위해서, '정부' 대신 '국가'를 '사회'와 대비시킬 때면, 그것은 특히 엇나가게 된다.

자생적 질서의 규칙들과 조직의 규칙들

우리의 주요한 주장들 중의 하나는, 비록 자생적 질서와 조직이 항상 공존하겠지만, 이들 두 질서의 원리들을 어떤 방식으로든 우리가 좋아하는 대로 혼합시키는 것은 여전히 불가능하다는 것이다. 만일 이것이 더 일반적으로 이해되지 못하고 있다면, 그것은 두 종류의 질서 모두를 결정할 때 우리가 규칙들에 의존해야 한다는 사실, 그리고 두 가지 서로 다른 종류의 질서가 요구하는 종류의 규칙들 사이에 있는 중요한 차이들을 전반적으로 인식하지 못하고 있다는 사실 때문이다.

어느 정도는 모든 조직은 제 각각 반드시 규칙들에 의존해야만 하며, 특수한 명령에만 의존하는 것도 아니다. 여기서 그 이유는 자생적 질서가 오직 규칙들에만 근거할 필요가 있게 만드는 것과 같다. 즉 개인의 행동들이 특수한 명령들보다는 규칙들에 의해서 인도됨으로써, 누구도 전체적으로 가지고 있지 못한 지식을 사용하는 것도 가능하다. 구성원들이 조직가의 단순한 도구가 아닌 경우의 각각의 모든 조직은, 구성원이 각자 수행하는 기능, 이루어야 할 목적들, 그리고 구사해야 할 방법들의 일정한 일반적 측면들만 명령으로 결정할 것이다. 그리고 세세한 부분은 개인들이 각각의 지식과 기술에 근거하여 결정하도록 남겨둘 것이다.

조직은 여기서 복잡한 인간 활동에 질서를 부여하려는 어떤 시도든 그 시도가 마주칠 문제에 봉착한다. 즉 조직가는 자신이 가지고 있지 못한 지식을 협력할 개인들이 사용하길 바랄 수밖에 없다는 문제에 봉착한다. 극도로 단순한 종류의 조직이 아닌 어떤 조직에서건, 모든 활동들의 세부사항 모두가 하나의 정신에 의해 지배되는 일은 생각할 수 없다. 확실히 복잡한 사회에서 진행되는 모든 활동들을 의도적으로 배치하는 일에 성공한 사람은 아직 없었다. 만일 누군가가 그런 사회를 충분히 조직하는 일에 성공한 적이 있다면, 그 사회는 더 이상 많은 정신을 사용하지 않을 것이고, 아예 하나의 정신에만 의존할 것이다. 그 사회는 확실히 아주 복잡하지는 않을 것이고 지극히 원시적일 것이다. 그래서 곧 그의 지식과 의지가 각각의 모든 것을 결정하는 정신이 될 것이다. 그러한 질서의 설계로 들어갈 수 있는 사실들은 이 정신이 알고 있는 것들, 그리고 이 정신이 소화하고 있는 것들뿐일 것이다. 그리고 오직 그 사람만이 행동을 결정할 수 있고 그래서 경험도 그만이 얻을 수 있기 때문에, 정신이 성장할 수 있는 유일한 과정이 될 수 있는 여러 정신들의 상호작용과 같은 것은 전혀 없을 것이다.

조직 안에서 행동을 지배할 규칙들의 특징은 그들이 할당된 임무의 수행을 위한 규칙들이어야 한다는 것이다. 이런 규칙들이 전제하는 것은 고정된 구조 안에 있는 각 개인의 위치가 명령에 의해서 결정된다는 것, 그리고 각 개인이 반드시 준수해야 하는 규칙들은 그가 부여받은 위치와 명령하는 당국이 그에게 지시했던 특정 목적들에 달려있다는 점이다. 그래서 그 규칙들은 정부의 지명된 간부나 대행자의 행동의 세부사항만 규제할 뿐이다.

따라서 조직규칙들은 반드시 명령들에 보완적이어서, 명령들이 남겨놓은 간극을 메운다. 그러한 규칙들은 조직의 서로 다른 구성원들에게 자신들에게 맡겨진 서로 다른 역할들에 따라 서로 다를 것이다. 그 규칙들은 명령이 결정했던 목적들에 비추어 해석되어야 할 것이다. 기능의 할당 없이는 그리고 특정 명령들이 추구하는 목적의 결정 없이는, 추상적인 규칙만으로는 각 개인이 자신이 무엇을 해야 하는지를 말하기에 불충분할 것이다.

이와 대조적으로 자생적 질서를 지배하는 규칙들은 목적과는 독립적이어야 하고, 반드시 모든 구성원들에게는 아니라 하더라도 최소한 개별적으로 이름이 거론되지는 않은 구성원 집단들 전체에게 동일해야 할 것이다. 우리가 보게 되겠지만, 그것들은 알려지지 않은 그리고 불특정한 다수의 사람 및 사례에 적용되어야 할 것이다. 그 규칙들은 개인들 각자의 지식과 목표에 비추어 이들에 의해 적용되어야 할 것이고 그 적용은 그들이 알 필요도 없는 어떤 공동목적과 독립적이다.

우리가 채택했던 용어로 보면 이것이 의미하는 바는, 자생적 질서가 근거하고 있는 일반적 법규칙들은 특수한 혹은 구체적 내용은 어느 누구도 알고 있지 않거나 예상되지 못한 추상적 질서를 지향한다는 것이다. 반면에 조직을 지배하는 명령들뿐 아니라 규칙들은 조직에서 명령을 발동할 위치에 있는 사람들이 지향하는 특정한 결과들에 봉사한다. 그 질서가 지향하는 것이 복잡할수록, 전체를 관리하는 사람들에 알려져 있지 않은 상황에 의해서 결정되어야 하는 별개 행동들의 부분이 그만큼 더 커질 것이고 통제는 특정 명령들보다는 규칙에 그만큼 더 의존하게 될 것이다. 실제로, 가장 복잡한 유형의 조직에서는 특수한 기능들과 일반적 목적을 할당하는 일을 훨씬 넘어서는 것은 최고 당국의 명령에 의해서 결정되지 않는다. 반면 이 기능들의 수행은 오직 규칙들에 의해서만 규제되지만 이 규칙들은 최소한 어느 정도는 특정한 개인들에게 할당된 기능에 고유한 것들이다. 오직 우리가 가장 큰 종류의 조직인 정부로부터, 다시 말하면 제한된 그리고 결의가 굳은 일련의 목적들, 즉 전체 사회의 전반적 질서에 헌신해야 하는 조직으로서 정부로부터 빠져나올 때만이 우리는 오로지 규칙들에만 근거하고 또 성격상 전적으로 자생적인 질서를 발견하게 된다.

현대 사회의 구조가 이것이 현재 소유한 정도의 복잡성을, 의도적 조직이 달성할 수 있었을 것을 훨씬 넘어섰던 정도의 복잡성을 획득한 것은 그것이 조직에 의존했기 때문이 아니라 자생적 질서로서 성장했었기 때문이다. 물론 이런 복잡한 질서의 성장을 가능하게 한 규칙들은 사실상 애초부터 그런 결과를 기대하고 설계된 것이 아니었다. 그러나 적합한 규칙들을 채택하게 된 사람들은 흔히 나중에는 다른 사람들에게 전파되었던 복잡한 문명을 발전시켰다. 현대사회는 너무나 복잡하게 되었기 때문에, 우리가 이 사회를 의도적으로 계획해야 한다고 주장하는 것은 따라서 역설적인 것이고 이런 사정들을 완전히 오해한 결과다. 사실은 오히려 우리가 구성원들에게 지시하는 방법을 통해서가 아니라 자생적 질서의 형성에 도움이 되는 규칙들을 집행하고 개선함으로써 간접적으로, 그러한 복잡성을 가진 질서를 유지할 수 있다는 것이다.

우리는 앞으로 보게 될 것이지만 자생적 질서를 조직으로 대체하는 것 그리고 동시에 모든 구성원들의 분산된 지식을 될 수 있는 대로 많이 활용하는 것만이 아니라 직접적인 명령으로 이 질서에 간섭하여 이를 개선하거나 교정하는 것도 불가능하다. 자생적 질서와 조직의 그 같은 결합을 채택하는 것은 결코 합리적일 수 없다. 보조적 규칙들에 의해 조직을 결정하는 명령들을 보완하고, 자생적 질서의 구성요소로서 조직을 이용하는 것이 현명할 수 있다. 그렇지만, 행동들이 일반적 행동규칙들에 의해서 인도되는 곳에서는 그 같은 활동들과 관련하여 고립된 보조적 명령들로 자생적 질서를 지배하는 규칙들을 보완하려고 하는 것은 결코 유익할 리 없다. 이것이 시장질서에 대한 '간섭'을 반대하는 주장의 요지다. 자생적 질서의 구성원들로 하여금 특정한 행동들을 하도록 요구하는 고립된 명령들이 그 질서를 결코 개선할 수 없고 붕괴시킬 수밖에 없는 이유는 지시하는 당국에게는 알려져 있지 않지만 따로 따로 행동하는 사람들에게만 알려진 정보에 의해서 결정되고, 또 그들에게만 알려진 목적들에 의해서 인도되는 상호의존적인 행동 체제의 일부에게 적용되는 것이기 때문이다. 자생적 질서는 요소 하나하나가 자신에게 미치는 모든 다양한 요인들을 조정하는 데에서, 그리고 그 요소의 다양한 행동들을 서로에게 맞춤으로써 생겨난다. 그런 맞춤과정은 만일 행동들 중에서 어떤 행동들을 대행자가 당사자와는 상이한 지식에 근거하여 그리고 상이한 목적을 위해서 결정한다면 파괴될 것이다.

그래서 '간섭'에 반대하는 일반적 주장에 해당되는 것은 비록 우리가 자생적 질서가 의존하고 있는 일반적 규칙들을 수정함으로써 자생적 질서를 개선하려고 노력할 수 있고 그리고 다양한 조직들의 노력에 의해서 그 결과를 보완할 수 있다고 하더라도, 우리는 구성원들에게서 자신들의 목적을 위해 자신들의 지식을 사용할 가능성을 박탈하는 특수 명령들에 의해서는 그 결과들을 개선할 수 없다는 점이다.

우리는 이 책 전체에 걸쳐 어떻게 두 종류의 규칙들이 전적으로 상이한 두 개의 법 개념들의 모델을 제공해왔는가 그리고 어떻게 이것이 '법(law)'이라는 동일한 단어를 사용하는 저자들이 사실상 서로 다른 대상들을 말하게 되었는가를 생각할 것이다. 이는 법과 자유는 불가분의 것이라고 주장하는 사람들[12] 그리고 법과 자유가 서로 화해할 수 없는 것이라고 믿는 사람들을 역사를 통해서 서로 대비하면 아주 명백히 드러난다. 우리는 고대 그리스인들과 키케로(Cicero)로부터,[13] 중세 시대를 거쳐,[14] 존 로크, 데이비드 흄, 임마누엘 칸트와 같은 고전적 자유주의자들,[15] 그리고 스코틀랜드의 도덕철학자들과 더 내려와서 법과 자유가 서로 떨어져 존재할 수 없다고 주장했던 19세기와 20세기 미국의 다양한 정치가들[16]에 이르기까지 이어지는 하나의 거대한 전통을 보고 있다. 반면 토마스 홉스, 제레미 벤담[17] 그리고 많은 프랑스 사상가들[18]과 현대의 법실증주의자들에게는 법은 필연적으로 자유에 대한 잠식을 의미하였다. 위대한 사상가들의 긴 계보 사이에 있었던 이런 명백한 갈등은 그들이 상반된 결론에 도달했다는 것을 의미하지는 않는다. 이는 단지 그들이 '법'이라는 단어를 서로 다른 의미로 사용하였다는 것을 의미할 뿐이다.

'유기체'라는 용어와 '조직'이라는 용어

이 장에서 검토된 그 용어들의 구분이 과거에도 아주 통상적으로 논의되어왔는데, 약간의 논평들을 그 용어들에 덧붙여야 할 것이다. 19세기 초 이래 '유기체'라는 용어와 '조직'이라는 용어가 두 유형의 질서를 대비시키기 위해서 자주 사용되어왔다. 우리는 앞의 용어를 피하고 뒤 용어를 채택하는 것이 도움이 된다고 보기 때문에 그것들의 역사에 대해 약간 논평하는 것이 적절할 것이다.

유기체 유추는 자생적 사회질서를 서술하기 위하여 고대 이래로 사용되어 왔다. 유기체는 모든 사람이 잘 알고 있던 유일한 종류의 자생적 질서였기 때문이다. 유기체는 사실상 일종의 자생적 질서다. 또 그 자체도 다른 자생적 질서의 많은 특징들을 보여주고 있다. 따라서 그것들로부터 '성장', '적응' 그리고 '기능'과 같은 용어들을 빌려오려는 유혹이 있었다. 그렇지만 유기체들은 자생적 질서라고 해서 모두에게 결코 속한다고 볼 수 없는 속성들도 있어서, 그들은 아주 특별한 종류의 자생적 질서다. 결국 그 유추는 곧 도움이 되기보다는 더 엇나가게 된다.[19]

유기체를 자생적 사회질서로부터 구별 짓는 주요한 특성은 최소한 유기체가 성숙되는 그것에는 대부분의 개별 구성요소들이 처음부터 마지막까지 고정된 자리를 차지하고 있다는 점이다. 대체로 그들도 다소간 고정된 수효의 구성요소들로 이루어진 항구적 체제다. 비록 일부가 동일한 새로운 구성요소들로 대체될 수 있기는 하지만, 공간에서 감각기관에 의해 인지될 수 있는 질서를 보유하는 항구적 체제다. 그것들은 결국 우리가 사용해왔던 용어로 표현한다면 자생적 사회질서보다 더 구체적인 종류의 질서들이다. 이 사회질서는 비록 구성요소들의 전체 숫자가 변화하고 개별 구성요소들이 자신들의 자리를 바꾼다고 해도 유지될 수 있는 질서들이다. 유기체들의 질서가 갖는 상대적으로 구체적인 성격은 그들의 두드러진 전체로서의 존재는 감각 기관에 의해 직관적으로 감지될 수 있다는 사실에서 스스로 밝혀진다. 반면 사회 구조의 추상적인 자생적 질서는 정신에 의해서만 재구축될 수 있다.

사회를 유기체로 해석하는 것은 거의 변함없이 위계적이고 권위주의적 관점을 지지하는 데 사용되어왔다. 더 일반적인 개념인 자생적 질서는 그런 관점을 전혀 지지하지 않는다. 사실상 메네니우스 아그리파가 로마 평민들의 첫 번째 봉기에 즈음하여 특정 그룹의 특권들을 정당화하기 위해 유기체 은유를 사용한 이래, 그것은 비슷한 목적을 위해서 헤아릴 수 없이 사용했을 것임에 틀림없다. 특별한 '기능'에 따라 특수한 요소들에게 할당된 고정된 위치라는 생각과, 그리고 사회의 자생적 구조가 가진 추상적 성격과 비교할 때 생물 구조의 구체적인 불변성은 사회 이론을 위한 유기체관의 가치를 사실상 매우 의심스럽게 만들었다. 그것은 만들어진 질서 혹은 탁시스로 해석되었을 때 '질서'라는 용어 그 자체보다도 훨씬 더 많이 남용되어왔다. 그리고 그것은 위계적 질서, '신분등급'의 필요성, 명령과 복종 관계, 혹은 특정 개인들의 기존 지위 유지를 옹호하거나 방어하기 위해 자주 사용되었다. 이런 이유에서 유기체는 정당하게도 의심을 받았다.

다른 한편, '조직'이라는 용어는 19세기 우리가 논해왔던 특징을 표현하기 위해 '유기체'에 비해 더 빈번하게 사용되어왔다.[20] 그것은 우리가 만들어진 질서 혹은 탁시스를 서술하기 위해 사용하려고 하는 것인데, 비교적 최근에 생긴 것이다. 그것은 프랑스 혁명 시기에 일반적으로 사용되기 시작한 것으로 보인다. 그와 관련하여 칸트가 한때 관찰하기를 '최근에 거대한 국민을 거대한 국가 속으로 재구성하면서, 조직이라는 단어가 통치기관들의 설립에, 심지어는 전체 국가의 설립에 자주 그리고 전적으로 사용되어왔다.'[21] 그 단어는 나폴레옹 시기의 정신의 특징이 되었다.[22] 그것은 현대 사회주의의 주요 창시자들, 생시몽주의자들, 꽁트의 '사회 재구성'을 위한 계획들에 중심 개념으로 되었다.[23] '사회주의'란 용어가 일반적으로 사용되기 전까지는 '전체로서 사회를 조직하는 것'이 사실상 우리가 지금 사회주의라고 서술하고 있는 것을 가리키는 방식으로 받아들여졌다.[24] 특히 19세기 초기 프랑스 사고에서 그것이 얼마나 중심적 역할을 했는가는 1849년에 '현대 과학의 마지막 단어이자 그것의 대담한 그러나 정당한 야망으로서 인류의 과학적 조직'이라는 이상을 말할 수 있었던 청년 르낭이 명확하게 보여준다.[25]

영어에서는 그 단어가 1790년경에 '특정 목적을 위한 체계적 배치'[26]를 가리키는 기술적 용어로 일반적으로 사용하게 된 것으로 보인다. 그러나 특히 열정을 가지고 그것을 채택했던 것은 독일인들이었다. 그들에게 그것은 곧, 그들 자신이 다른 사람들보다 우월하다고 믿고 있는 특이한 능력을 표현하는 것으로 보였다. 이것은 1차 세계대전 동안에 전선(戰線)을 오가며 두 민족들 중 누가 조직이라는 비결의 소유권에 더 강한 청구권을 가지고 있는지에 대해 약간 희극적인 문필 논쟁을 수행했던 프랑스와 독일 학자들 사이의 기묘한 경쟁으로 이어졌다.[27]

여기서 그 용어를 만들어진 질서 혹은 탁시스에 국한할 때, 우리는 사회학에서 그리고 특히 '조직 이론'으로 알려진 것에서 일반적으로 사용되고 있는 것으로 보이는 것을 따른다.[28] 이런 의미에서 조직이라는 이념은 인간 지성의 위력을 발견한 데 따른, 그리고 특별히 구성주의적 합리주의가 가진 일반적 태도에서 나온 자연적 결과다. 그것은 오랫동안 인간의 목적에 도움이 되는 질서는 의도적으로 성취될 수 있는 유일한 절차로 보였다. 그리고 실제로 조직이념은 어떤 알려진 그리고 예견할 수 있는 결과들을 달성하기 위한 지혜롭고 강력한 방법이었다. 그러나 그것의 발전이 구성주의의 위대한 성취의 하나인 만큼 그 한계를 무시하는 것은 그것의 가장 심각한 결함의 하나이기도 하다. 그것이 간과한 것은 바로 조직을 관리할 수 있는 정신의 성장과 조직이 기능하는 포괄적인 질서의 성장은 예견할 수 없는 것에 대한 적응에 달려있다는 것, 그리고 개별적인 정신들의 능력을 초월할 유일한 가능성은 자생적 질서들을 창출하는 초개인적인 '스스로 조직하는' 힘들에 달려있다는 점이다.

제3장
원칙과 편의
Principles and Expediency

> 자주 근본 원칙으로 되돌아가는 것은 자유의 축복을 유지하는 데 절대적으로 필수적이다.
>
> North Carolina의 헌법*[1]

개인의 목적과 집단주의적 편익들

이 책의 주제는 모든 사람들이 보편적으로 적용되는 정의로운 행동규칙에 의해서만 제한을 받으면서 자신들의 목적을 위해 지식을 이용하도록 허용되는 자유의 조건은 그들의 목적 달성을 위한 최선의 조건을 산출할 것 같다는 점, 그리고 국민 다수의 권위를 비롯하여 모든 권위가 강제력을 행사할 때 공동체가 스스로 정한 일반원칙에 의해서 제한될 경우에만이 그같은 체제가 달성되고 유지될 수 있다는 점이다. 개인적 자유가 존재했던 곳에는 어디든, 그것은 헌법적 문서들에 충분하게 표명된 적은 없었던 원칙들에 대한 광범위한 존중의 산물이었다. 자유가 오랜 기간 유지되어왔던 것은 그 원칙들이 모호하고 희미하게나마 인지되어 의견을 지배해왔기 때문이다. 서구 세계의 여러 나라들이 정부가 급진적인 침해에 대항해서 개인적 자유를 보호하려고 했던 제도들이 그러한 전통이 널리 퍼지지 못한

102 법, 입법 그리고 자유

나라들에 이식되었을 때는, 항상 적합하지 않았던 것으로 드러났다. 그리고 그 제도들은 서구인들 사이에서조차 옛날의 생각들 - 즉 그들이 현재의 지위에 도달했던 자유의 시대를 가능하게 했던 생각들 - 을 몰아내려고 하는 새로운 욕망의 효과를 막아내는 충분한 보호를 제공하지 못했다.

나는 여기서 '자유'라는 용어를 더 충분하게 정의하는 일을 하지 않을 것이다. 우리가 개인적 자유를 왜 그렇게 중시하는가의 문제를 더 이상 다루지 않을 것이다. 그 시도는 다른 책에서 했다.[2] 그러나 내가 왜 자유의 조건이라고, 즉 각자가 자신의 목적을 위해서 자신의 지식을 사용할 수 있는 상태라고 반복적으로 서술하는 짧은 공식을, 애덤 스미스의 '모든 사람 각자가 자신이 정의의 법을 위배하지 않는 한 자기 방식대로 자신의 이익을 완전히 자유롭게 추구하도록 두어야 한다'[3]는 고전적 문구보다 선호하는지에 대해서는 몇 마디 말하는 것이 좋겠다. 내가 선호하는 이유는 스미스의 공식이 그럴 의도가 없었음에도 불필요하고 불행하게도 개인적 자유를 자기중심주의나 이기주의와 연결되는 것으로 암시하고 있기 때문이다. 그렇지만 자기 자신의 목적을 추구할 자유는 적어도 가장 이기적인 사람들에게만큼이나 완전히 이타적인 사람에게도 중요한 것이다. 미덕을 행하고자 하는 이타주의는 확실히 누군가가 다른 사람의 의지에 따라야 하는 것을 전제하고 있지는 않다. 그러나 '이타주의자'가 중요하다고 보는 목적에 다른 사람을 봉사하도록 만들어야 한다는 바람 측면에서는 다분히 가식적인 이타주의도 스스로 드러나리라는 것은 맞다.

우리가 여기서 한 사람의 노력이 다른 사람들에게 편익을 주는 효과란 그가 일관된 계획에 따라 다수의 협동적 노력의 일부로서 행동할 때만 그에게 가시화되는 경우가 많다는 엄연한 사실로, 그리고 고립된 개인에게는 자신에게 깊이 관련된 악을 많이 행하기도 어려울 것이라는 부인할 수 없는 사실로 되돌아갈 필요는 없다. 그러나 그러한 목적을 위해서 그가 조직에 가담하거나 (혹은 조직을 창출하거나) 하는 것은 물론 그의 자유의 일부다. 이타주의자의 어떤 목적들은 집단행동에 의해서만 성취될 것이라고 해도, 순전히 이기적 목적도 흔히 집단행동을 통해서 달성될 것이다. 이타주의와 집단적 행동, 혹은 자기중심주의와 개인적 행동 사이의 필연적 연관은 없다.

자유는 원칙을 따름으로써만 유지될 수 있고, 편의를 따르면 파괴된다

　문명의 편익은 의도적으로 조정되는 노력에서 사용될 수 있는 것보다 더 많은 지식의 사용에 달려있다는 통찰로부터 얻을 수 있는 바는 그 자체 바람직해보이는 특정한 구성요소들을 단순히 규합해서 바람직한 사회를 건설하는 것은 우리의 능력 밖이라는 것이다. 각각의 조치들이 일관된 원칙들에 의해서 인도되는 것이 아니라면, 비록 편익을 주는 개선 모두가 사소한 것일지라도, 그 결과는 개인의 자유의 억압이다.

　그 이유는 비록 일반적으로 이해되고 있지는 않지만 아주 간단하다. 자유의 가치는 그것이 예견되지 않고 예측할 수 없는 행동들에 제공할 기회들에 달려있기 때문에, 우리는 특정한 자유를 제약할 때 우리가 무엇을 잃게 될지를 거의 알지 못할 것이다. 어떤 제약이든, 일반적 규칙들의 집행 이외의 어떤 다른 강제든 이것은 예견 가능한 특정 결과의 달성을 지향할 것이다. 그러나 그것에 의해 방해되는 것이 무엇인지는 보통은 알려지지 않을 것이다. 시장 질서에 대한 어떤 간섭이라도 그것이 가지는 직접적 효과는 대부분의 경우에 가까운 시일 안에 나타나고 명확하게 볼 수 있는 것이다. 반면 더 간접적이고 더 많은 시일이 지나 나타날 효과들은 대부분 미지의 상태일 것이고, 따라서 무시될 것이다.[4] 우리는 그러한 간섭으로 특정한 결과들을 달성함으로써 지불할 비용 모두를 결코 알지 못할 것이다.

그래서 우리가 각각의 현안들을 오로지 이들 각각이 주는 장점에 따라서 결정할 때, 우리는 항상 중앙 지시의 이점을 과대평가하기 마련이다. 우리의 선택은 확실하게 알려진 눈에 보이는 이득이냐 아니면 단지 알려지지 않은 누군가가 취할 알려지지 않은 유익한 행동을 막을 가능성이냐의 선택처럼 보인다. 만일 자유냐 강압이냐의 선택을 편의의 문제로 취급한다면,[5] 언제나 자유는 희생되고 말 것이다. 사람들에게 스스로 선택하도록 하도록 허용할 때 가져올 결과가 무엇인가를 거의 알기 힘들기 때문에, 예견 가능한 특정 결과들에 따라서만 결정하게 되면 반드시 자유의 누진적 파괴로 이어질 것이다. 우리가 자유를 제약할 경우 우리가 당하는 특정 손실이 어떤지를 모르고 있다는 점을 근거로 해서 정당화할 자유의 제약들은 대단히 많을 것이다.

19세기 주도적인 자유사상가들은 자유는 특정 이익 때문에 희생되어서는 안 된다는 최고의 원칙으로 취급될 때만, 자유가 유지될 수 있다는 점을 충분히 이해하고 있었다. 그들 중 한 사람은 심지어 자유주의를 '원칙들의 체제(the system of principles)'라고 서술하기도 했다.[6] 이같은 점은 '정치학에서 보이는 것과 보이지 않는 것,'[7] 그리고 '옹호자의 의도와는 반대로 사회주의로 이어진 실용주의[8]에 관한 그 사상가들의 경고의 핵심 내용이다.

그렇지만 이 모든 경고들은 바람에 헛수고였고, 지난 100여 년간 실용적으로 나아가기 위해 원칙들이 급진적으로 폐기되었고 실용적으로 나가겠다는 결정이 증대되었던 것은[9] 사회 경제 정책에서 가장 중요한 혁신들 중 하나였다. 심지어 우리 운명을 더 크게 정복하기 위해 모든 원칙들 혹은 '주의들(isms)'을 포기하는 것은 지금 우리 시대의 새로운 지혜라고 선언했다. 어떤 독단적인 믿음에 구속되지 않고서 과제의 해결에 가장 적합한 '사회 기법들(social techniques)'을 적용하는 것이 합리적이고 과학적인 시대에 걸맞는 유일한 방식으로 보였다.[10] 일단의 원칙으로 구성된 '이데올로기'는 이 단어에 현대적 경멸의 의미를 부여했던 나폴레옹 I세나 카를 마르크스와 같이 독재자를 갈망했던 사람들에게 항상 그랬던 것만큼 전반적으로 인기가 없었다.

내가 실수한 것이 아니라면, '이데올로기' 혹은 모든 일반원칙들 혹은 '주의들(isms)'에 대한 이런 유행성 경멸은 각성된 사회주의자들의 특징적 태도였다. 그들은 자신들의 독자적인 이데올로기의 내재적 모순에 의해서 이를 폐기하지 않으면 안 될 압박을 받았기 때문에 모든 이데올로기들은 반드시 틀린 것이라고, 그리고 합리적이기 위해서는 이데올로기를 갖지 않은 채로 지내야 한다고 결론을 내렸다. 그러나 사회주의자들은 가능하다고 여겼지만 사실 불가능한 것은 특정한 바람직한 목적을 위해서 그 유용성이 입증될 수 없는 모든 보편적 가치를 거부하고, 유일하게 의식적으로 수용하는 명시적인 특정한 목적들에 의해서만 인도되게(혹은 막스 베버가 목적합리성이라고 부르는 것에 의해서만 인도되도록) 하는 것이다. 흔히 인정하듯이 이데올로기는 '입증될' (혹은 진실이라고 보여줄) 수 없는 것이라 할지라도, 그것을 보편적으로 수용하는 것이 우리가 애써서 달성할 대부분의 특정한 일들을 위해서 없어서는 안 될 조건이라고 해도 좋을 것이다.

현대의 자칭 '현실주의자들'은 만일 자생적 질서에 아무렇게나 간섭하기 시작한다면 실천적으로 멈출 수가 없다는, 따라서 대안 체제들 사이에서의 선택이 필연적이라는 경고를 구태의연하다고 경멸할 뿐이다. 그들은 개별적인 특정한 바람직한 결과를 위해 과학이 그들에게 그것을 달성하는 가장 적합한 수단이라고 보여준 것을 선택함으로써 실험적으로, 따라서 '과학적으로' 진행하면 점진적으로 바람직한 질서에 맞추어나가는데 성공하리라는 생각을 즐겨 한다.

이런 종류의 절차에 대한 경고가 전에 필자가 낸 책들 중 하나가 그랬듯이, 자주 오해받았기 때문에, 그것들의 의도에 대해 몇 마디 더 하는 것이 적절할 듯하다. 내가 『노예의 길』[11]에서 주장하고자 했던 것은 내가 자유로운 사회의 원칙이라고 간주했던 것으로부터 아무리 미미하게라도 우리가 벗어나게 되면 언제나 우리가 가는 길이 필연적으로 모두 전체주의 체제로의 길일 것이라고 주장한 것이 아니었다. 그것은 오히려 우리가 속담에서 '만일 당신이 당신의 원칙을 고치지 않으면 당신은 악마에게로 갈 겁니다'라고 말할 때의 표현이었다. 이것은 우리가 일단 접어들기 시작하면 멈추게 하는 데에 우리가 아무런 힘도 가지지 못한 필연적 과정을 서술하는 것으로 흔히 이해되어왔다는 것은 정책 결정에 원칙의 중요성이 얼마나 이해되지 못하고 있는가를, 그리고 특히 추가적 행동을 필연적이게 만들 원칙의 수용을 우리의 정치적 행위를 통해서 의도하지 않게 야기했다는 근본적 사실이 얼마나 완전히 무시되고 있는가를 보여주는 징표다.

스스로 자신들의 견해가 현대적이라고 자부하는 현대의 비현실적인 '현실주의자들'이 간과하고 있는 것은 그들이 대부분의 서방 세계가 지난 두세 세대들에 걸쳐 해왔던 것, 그리고 정치의 현재 상황에 책임이 있는 것을 옹호하고 있다는 것이다. 원칙의 자유주의 시대의 종말은 80여 년 전에 제본스(W. S. Jevons)가 경제 사회 정책에서 '우리는 어떤 깨질 수 없는 규칙을 세울 수 없고 사례 하나하나를 개별적으로 특수한 상황에 따라 상세히 취급해야 한다.'[12]고 선언한 시점으로 거슬러 올라가야 마땅할 것이다. 10여 년이 지나자 이미 허버트 스펜서가 '직접 편의'에 의해서 결정되는 행동에 대한 제한을 의미하거나 혹은 '추상적 원칙들'에 의존하는 모든 학설에 대해서 비웃음만을 보여주었던 '지배적인 정치학파'에 관해서 말할 수 있었다.[13]

지금 정치학을 그렇게나 오랫동안 지배해왔던 이 '현실주의적' 견해는 그 옹호자들이 바랐던 결과들을 거의 산출하지 못했다. 우리 운명을 더 크게 지배하는 대신에 우리는 사실상 점점 더 자주 우리가 의도적으로 선택하지 않았던 경로에 고착되어 있고 비록 의도하지는 않았지만 우리가 했던 일의 결과인 추가적 행동의 '불가피한 필연성'에 직면한다.

정책의 '필연성'들은 일반적으로 이전 시기에
이루어졌던 조치들의 결과다

특정한 정치적 조치들이 불가피하다고 흔히 제기되는 주장은 기묘한 두 국면이 있다. 이 논거를 이용했던 사람들이 예찬한 발전과 관련하여, 그 주장은 기꺼이 받아들여져서 행동의 정당화에 사용되고 있다. 그러나 그 발전들이 바람직스럽지 않은 방향으로 접어들게 되면, 이것은 우리가 통제할 수 있는 범위를 벗어난 사정들의 효과가 아니라 우리가 이전에 했던 결정들의 필연적 결과라는 주장은 비웃음을 받으며 거부된다. 우리 사회가 갖기를 바라는 특징들이 무엇이든 이들의 조합을 고르고 선택하는 것, 혹은 그것들을 생명력이 있는 전체로 짜 맞추는 것이 자유롭지 못하다는 생각, 즉 우리가 가장 좋아하는 특정한 부분들이 무엇이건 이들을 골라서 모자이크처럼 바람직한 사회질서를 만들어 낼 수 없다는, 좋은 의도로 이루어진 많은 조치들이 일련의 예견할 수 없는 그리고 바람직스럽지 않은 결과들을 가질 수 있다는 생각은 현대인에게는 참을 수 없는 것으로 보인다. 현대인은 자신이 만들었던 것을 자신이 원하는 바에 따라 임의로 변경할 수도 있다고, 또한 그와 반대로 그는 자신이 변경할 수 있는 것은 처음에 그가 만들었을 것임에 틀림없다고 배웠다. 그는 아직 이러한 순진한 믿음이 우리가 앞에서 논의했던 '만들어진'이란 단어의 다의성에서 도출된 것임을 배우지 못했다.

물론 사실상 특정한 조치들을 불가피한 것으로 보이게 만들 주요 상황은 보통 우리의 과거 행동들의 결과이고 그리고 또 우리가 현재 견지하고 있는 의견들의 결과다. 정책 '필요성들'의 대부분은 우리 스스로가 창출해낸 것이다. 나는 이제 나이를 먹을 만큼 먹어서 적어도 한 번 이상은 들었던 말이 있는데, 나보다 나이 많은 사람에게서는 내가 예견했던 특정한 정책

결과가 결코 일어나지 않을 것이라는 말을, 그리고 나중에 그런 일이 일어났을 때 나이 어린 사람들로부터 그런 결과는 불가피한 것이고 사실상 행해졌던 것과는 전혀 별개의 것이라는 말을 들었다.

우리가 좋아하는 요소들을 짜 맞춘다고 해서 일관된 전체가 달성될 수 없는 이유는 자생적 질서 내에 있는 어떤 특정한 배치의 적합성 여부는 그 나머지에 달려 있기 때문이고 우리가 그 질서 안에서 시도하는 어떤 특정한 변화가 다른 상황에서는 어떻게 작동할 것인지를 우리에게 거의 말해 주지 못하기 때문이다. 실험이 우리에게 말해 줄 수 있는 유일한 것은 어떤 혁신이 주어진 틀에 맞을지 맞지 않을지에 관한 것이다. 그러나 우리가 행동을 안내하는 원칙을 따르지 않고 무작위 실험에 의해서 개별적 문제들에 대한 특정한 해법들을 가지고는 일관된 질서를 만들어 낼 수 있다고 희망하는 것은 환상이다. 경험은 우리에게 체제 전체로서 서로 다른 사회 경제 체제의 효과에 대해 많은 것을 가르쳐준다. 그러나 현대 사회의 복잡한 질서는 전체로서 설계된 것일 수도 없고, 한 부분 한 부분을 나머지 부분들에 대한 고려 없이 따로 따로 분리하여 설계된 것일 수도 없고 오로지 진화과정 전체에 걸쳐 일정한 원칙들을 일관되게 고수함으로써 이루어진 것이다.

그렇다고 해서 이러한 원칙들이 반드시 언어로 표현된 규칙들의 형태를 취할 필요가 있다는 말은 아니다. 원칙들은 추론되지 않은 편견, 즉 특정한 일들이 그저 '이루어지지 않았다'는 일반적 느낌 그 이상이 아닌 것으로 보일 때에 더 효과적으로 행동지침으로서 작동한다. 반면 그 원칙들이 말로 표현하게 되는 순간에 그들이 정확한 것인지, 타당한 것인지에 대해 마음 속으로 검토하기 시작한다. 18세기에 일반 원칙들에 대한 생각을 거의 하지 않았던 영국 사람들은 바로 그런 이유 때문에 그들을 발견하고 채택하려고 대단히 애썼던 프랑스 사람들보다 훨씬 더 굳건하게 어떤 종류의 정치적 행동들이 허용될 수 있는가에 대한 강한 의견들에 의해 인도되었다는 것은 아마도 진실일 것이다. '직관적으로' 준수했던 원칙들을 말로 옮기는 데 별로 성공적이지 못했던 결과, 일단 본능적인 확신을 상실하면, 이전에 암묵적으로 알려져 왔던 것에 대한 정확한 진술을 찾는 것 외에는 원칙들의 행동지침을 다시 확보할 길은 없다.

그래서 17세기와 18세기에 영국 사람들은 원칙들을 별로 말하지 않고 '그럭저럭 헤쳐 나가는' 재주와 '타협의 소질'을 통해서 실행 가능한 체제를 세우는 데 성공했지만, 반면 프랑스인들은 명료한 가정 및 명확한 정식화에 대해 관심을 가졌기에 결코 그렇게 하지 못했다는 인상은 잘못된 것일 수 있다. 진실은 그렇지 않다. 영국 사람들은 원칙들을 덜 언급했지만, 그들은 그만큼 더 원칙들에 따라서 행동했는데 반하여 프랑스에서는 기본 원칙들에 대한 사색 그 자체 때문에 사람들이 일련의 원리들을 굳건하게 고수하지 못했던 것으로 보인다.

우리 행동의 단지 가능성만 있는 결과들에 대해서보다 예측할 수 있는 것에 더 큰 중요성을 부여하는 것이 가지는 위험

자유로운 체제를 유지하기는 너무나 어렵다. 바로 그 이유는 이렇다. 즉 일반적 규칙들과 상충된다는 강력한 이유에서 그리고 특수한 상황에서 규칙을 준수하지 않을 때 생기는 비용이 얼마인가를 빈번히 알지도 못하면서 특수한 결과를 확보하기 위해 필요한 듯이 보이는 조치들은 지속적으로 거부해야 하기 때문이다. 따라서 자유를 성공적으로 방어하려면 독단적일 수밖에 없고, 또한 알려진 유익한 효과들과 나란히 자유의 침해로부터 어떤 특정한 해로운 결과가 뒤따른다는 것을 보여줄 수 없는 경우라 할지라도 편의에 양보해서는 안 된다. 특수한 상황에 적용하는 데 어떤 정당성도 필요로 하지 않는 일반 원칙으로 받아들여질 때만 자유는 힘을 갖는다. 그래서 고전적 자유주의는 너무나 교조적이라고 비난하는 것은 오해다. 그 자유주의의 결함은 그것이 원칙을 너무 완고하게 집착한다는 것이 아니라 오히려 그것이 명확한 행동지침을 제공할 만큼 충분히 명확한 원칙이 없다는 것, 그리고 그것이 정부의 전통적 기능들을 단순히 받아들이기만 하고 새로운 모든 것에 반대하기만 하는 것처럼 보인다는 것이다. 일관성은 명확한 원칙들을 수용할 때만 가능하다. 그러나 19세기 자유주의자들이 이용했던 자유 개념은 여러 측면에서 너무나 모호해서 명확한 행동지침을 제공하지 못했다.

만일 뚜렷한 원칙들에 대한 강력한 믿음이 퍼져 있지 않다면 사람들은 자유의 제한을 인식된 악을 치유하기 위한 가장 간단하고 직접적인 수단이라고 보고 그런 제한을 막지 않을 것이다. 원칙에 대한 믿음의 상실 그리고 편의에 대한 선호는 부분적으로는 우리가 더 이상 합리적으로 방어할 수 있는 어떤 원칙도 가지고 있지 못하다는 사실의 결과다. 한때 받아들여졌던 경험칙들만으로는 자유로운 체제에서 무엇이 허용될 수 있는 것이고 무엇이 허용될 수 없는 것인지를 결정하기에 적합하지 않다. 우리는 '자유체제'라는 표현을 지칭할 일반적으로 이해되고 있는 이름조차 더 이상 가지고 있지 못하다. 확실히 '자본주의'도 '자유방임'도 그것을 적절하게 서술하지 못한다. 그리고 두 용어는 자유체제를 방어하는 사람들보다는 적들에게 더 인기가 있다는 것도 이해할 만하다. '자본주의'는 기껏해야 특정한 역사적 시기에서 부분적으로 실현된 것만을 지칭하는 데에나 적절한 이름일 뿐이지만 그것은 틀렸다. 왜냐하면 그것은 주로 자본가들에게만 편익을 주는 체제를 시사하고 있기 때문이다. 오히려 그것은 사실상 경영자들이 견뎌내기 어려운, 그래서 탈출하려고 애쓰는 규율들을 기업들에게 부과하는 체제다. '자유방임'은 엉성한 규칙일 뿐이다. 그것은 사실상 정부 권력의 남용에 대한 저항을 표현하는 것일 뿐이고, 무엇이 정부의 고유 기능인지에 대해서 판단할 수 있는 근거를 결코 제시해주지 못한다. 개인의 자유 영역을 정의하지 않은 채 거의 아무 것도 말하지 않는 '자유 기업' 혹은 '시장경제'라는 용어들도 마찬가지다. '법 아래에서의 자유'라는 표현도 한 때는 다른 어떤 것보다 더 나은 본질적 요지를 전달하는 것 같았지만, '자유'와 '법' 모두 더 이상 명확한 의미를 갖지 못하고 있기 때문에 거의 의미가 없어졌다. 그리고 과거에는 널리 그리고 정확하게 이해되었던 유일한 용어, '자유주의'도 '의도하지는 않았지만, 최고의 찬사로서 그 이상(理想)에 적대적인 사람들이 빼앗아 갔다'[14]

문외한인 독자들은 우리가 그 용어들이 표현하고 있는 이상으로부터 이미 얼마나 많이 이동했는지를 아마 잘 모를 것이다. 법학자 혹은 정치학자들이라면 내가 지지하는 사상은 광범위하게 사라졌던, 그리고 결코 충분히 실현되지 못했던 이상이라는 것을 언젠가 알 것이지만, 그러나 사람들 대다수는 그 이상과 비슷한 어떤 것이 여전히 공적인 사안들을 지배하고 있다고 믿고 있다는 것은 진실이다. 우리가 우리의 정치적 행동들을 조종하는 일반 원칙들을 재고해야 할 이유는 우리가 대부분의 사람들이 깨닫고 있는 것보다 이상으로부터 훨씬 더 멀어졌기 때문이고, 그런 발전이 곧 저지되지 않는 한, 독자적 역동성에 의해서 사회가 자유로운 사회에서 전체주의 사회로 전환될 것이기 때문이다. 우리가 지금과 같이 여전히 자유로운 상태에 있는 이유는 특정한 전통적인 그러나 급속히 사라지고 있는 편견들이 우리가 이미 시도했던 변화의 내재적 논리들이 점차 확장되는 영역을 차지하려는 과정을 지연시켰기 때문이다. 의견의 현재 상태에서 전체주의의 궁극적 승리란 사실상 이미 지적 영역에서 전통주의적 저항을 압도한 사상들의 최종적 승리에 지나지 않는다.

겉만 그럴싸한 현실주의와 유토피아를 생각할 용기의 필요성

정책적 조치에 관해서 볼 때, 복잡한 자생적 질서들의 경우 우리가 그들이 기능하는 일반 원리들을 정하는 것 이상을 할 수 없다는, 혹은 환경에서 발생하는 사건이 어떤 특수한 변화를 야기하는가를 예견할 수 없다는 방법론적 통찰은 광범위한 귀결을 내포하고 있다. 그것이 의미하는 바는 어떤 변화를 통해서 외적 환경의 변화에 필요한 적응이 이루어지는가를 예측할 수 없고 또 흐트러진 균형이 어떤 방식으로 회복될 것인가를 생각조차 할 수 없다는 점이다. 질서 전체가 해체되지 않으려면 자생적 질서의 메커니즘이 어떻게든 해결되어야 할 우리가 알고 있는 것과 같은 문제들을 어떻게 해결하는가에 관하여 알지 못하면 흔히 공황과 같은 파국을 낳고 교란된 균형의 회복을 위한 정부 행동을 요구한다.

심지어 전반적 질서의 자생적인 성격을 부분적으로 알고 있어도, 흔히 의도적 통제를 요구한다. 무역수지의 균형, 혹은 어떤 상품이든 공급과 수요의 일치가 교란이 있은 후에 스스로 자생적으로 조정되어도 사람들은 이런 일이 어떻게 일어났는지를 스스로 거의 묻지 않는다. 그러나 일단 그들이 그러한 항구적인 재조정의 필요성을 알게 되면, 그들은 누군가가 의도적으로 재조정을 산출할 책임을 떠맡아야 한다고 느낀다. 경제학자는 자생적 질서에 대한 그의 체계적인 생각을 기반으로 하여 우리가 자생적 힘들에 간섭하지 않는 한, 필요한 새로운 균형이 어떻게든 스스로 회복될 것이라는 확신에 찬 주장에 의해서만 그러한 염려에 맞설 수 있다. 그러나 그는 보통 이런 일이 어떻게 일어날지를 엄밀하게 예측할 수 없다. 그렇기 때문에 그의 주장들은 설득력이 없었다.

하지만 자생적 힘들이 교란된 균형을 어떻게 회복할 것인가를 예견할 수 있을 때에는 상황이 훨씬 더 악화될 것이다. 예측하지 못하는 사건들에 대한 적응의 필요성이 항상 의미하는 것은 누군가가 피해를 입게 된다거나 누군가의 기대가 수포로 돌아가거나 그의 노력이 좌절된다는 점이다. 이것은 의도적인 조종을 통해 필요한 적응이 이루어지도록 해야 한다는 요구로 이어진다. 이는 사실상 누가 손해를 입어야 할지를 당국이 결정한다는 의미이다. 이것이 초래하는 효과는 흔히 필요한 적응들이 예측될 때는 언제나 그들이 방해받게 되리라는 것이다.

과학이 정책의 지침을 제공할 수 있는 유용한 지혜는 자생적 질서의 일반적 성격에 관한 이해로 이루어져 있지 과학이 가질 수도 없고 가지지도 못한 구체적 상황의 특수한 것들에 관한 지식으로 구성되어 있지는 않다. 우리의 정치적 과제를 해결하는 과학이 무슨 기여를 해야만 하는가에 대한 진정한 평가는 19세기에는 일반적이었지만 그 후 애매하게 되었는데, 그 이유는 과학적 방법의 성격에 대한 현재 유행하고 있는 잘못된 생각에서 비롯된 경향 때문이었다. 그 잘못된 생각은 과학이 특수한 관찰된 사실들의 집적이라는 믿음인데, 과학 일반에 관한 한, 그 믿음은 물론 틀린 것이지만, 우리가 복잡한 자생적 질서의 일부를 다루어야 하는 곳에서는 이중으로 틀렸다. 그러한 질서의 어느 부분에서든 모든 사건들은 상호의존적이고, 이런 종류의 추상적 질서는 개별적 속성들에 의해 확인될 수 있는 반복적인 구체적 부분들이 없는 이상 관찰을 통해서 규칙성을 발견하려고 노력하는 것은 반드시 헛수고일 수밖에 없다. 이 영역에서 과학적 지위를 주장할 수 있는 유일한 이론은 전체로서의 질서에 관한 이론이다. 그리고 그러한 이론은 (물론, 비록 그것이 사실들에 의해서 검증된다고 하더라도) 관찰에 의해서 귀납적으로 얻어질 수 있는 것은 결코 아니고, 오로지 관찰할 수 있는 구성요소들로 구성된 정신적 모형을 통해서만 성취될 수 있다.

특정한 사실들만을 경험적으로 관찰할 수 있기 때문에 그것들에 대한 연구에 집중하는, 그리고 그 옹호자들이 스스로 '추상적 사변(思辨)'이라고 부르는 것에 의해서만 획득될 수 있는 것과 같은 전체적인 질서 개념에 의해서 인도되는 것이 아니라고 자랑하는 근시안적 과학관은 우리가 바람직한 질서를 만들어갈 힘을 결코 증대시키지 못하고 오히려 성공적인 행동을 위한 모든 효과적인 안내를 사실상 모두 우리에게서 박탈해버린다. 전체 질서의 성격이라는 행동의 주도개념이 전혀 없어도 된다고 믿음으로써 스스로를 속이는, 그리고 특정한 결과들을 달성하기 위한 특정한 '기법들'을 검토하는 데만 스스로를 국한시키는, 겉만 그럴싸한 '현실주의'는 실제로는 전혀 현실적이지 못하다. 특히 이러한 태도가 흔히 그러하듯이, 의견이라는 주어진 정치적 분위기 속에서 '실천가능성'을 고려함으로써 특정한 조치들을 권고할만하다는 판단으로 이어질 때, 그것은 흔히 우리를 막다른 골목으로 몰고 가는 경향이 있다. 그러한 것은 연속적인 조치들의 궁극적 결과들임에 틀림없다. 이 모든 조치들은 그 옹호자들이 동시에 존재한다고 암묵적으로 가정하고 있는 전체 질서를 파괴하는 경향이 있다.

전체 질서의 주도 모형이 어느 정도는 항상 유토피아일 것이라는 점은 부인할 수 없다. 그것은 현존하는 상황으로는 가까이 가기엔 너무나 멀고, 많은 사람이 전적으로 실천 가능하지 않다고 여긴다. 하지만 자생적 질서가 기능하기 위한 효과적인 틀과 같은 그 어떤 것이 달성되려면, 동일한 원리들을 일관되게 적용함으로써 실현될 수 있는 내적으로 일관된 이상을 항상 지속적으로 내세워야 한다. 애덤 스미스는 '교역의 자유가 영국에서 전적으로 회복될 것이라고 기대하는 것은 영국에 하나의 대양이나 유토피아가 세워질 것이라고 기대하는 것만큼이나 어리석은 것'[15]이라고 생각했다. 하지만 교역의 자유는 70년 후 그의 저작의 결실로 광범위하게 달성되었다.

이데올로기처럼 유토피아도 오늘날 나쁜 말이다. 대부분의 유토피아는 그 목적이 사회를 과격하게 재설계하는 것이라는 것, 그 실현을 불가능하게 만드는 내적 모순으로부터 시달리고 있다는 것은 맞다. 그러나 전체적으로 성취될 수 없는 이상사회의 모습 혹은 지향할 질서 전체의 주도이념은 어쨌거나 합리적 정책을 위해서라면 없어서는 안 될 전제조건일 뿐만 아니라 실제의 정책 문제들의 해결에 과학이 할 수 있는 주요한 기여이기도 하다.

정치적 진화에서 법률가의 역할

현대 사회에서 의도적 변화의 주요 도구는 입법이다. 그러나 우리가 미리 입법 행위하나 하나를 아무리 조심스럽게 고려한다고 해도, 우리는 법체계 전체를 완전히 재설계한다든지 혹은 일관된 디자인에 따라 옷감 전체에서 법체계를 재구성하는데 자유롭지 못하다, 입법은 필연적으로 연속적 과정일 수밖에 없다. 그 과정 속에서 모든 단계는 우리가 다음에 무엇을 할 수 있고 무엇을 해야 하는지를 지금까지는 예견할 수 없는 결과들을 낳는다. 법체계의 부분들은 포괄적이고 총체적인 조망에 의거해서 상호간 적응하는 것이라기보다는, 특정한 문제들에 대한 일반 원칙들을 연속적으로 적용하여 상호간 점진적으로 적용하는 것이다. 그 원칙들은 흔히 명시적으로도 알려져 있지 않은, 단지 취해진 특정 조치들 속에서 암묵적으로 알려져 있을 뿐이다. 거대한 사회의 모든 특정 활동들을 일관된 계획에 따라서 의도적으로 배치하는 것이 가능하다고 상상하는 사람들에게는, 법체계와 같은 전체 체계의 일부에 대해서조차 그것이 가능하다는 것이 입증되지 않았다는 점은 사실상 맑은 정신으로 되돌아봐야 할 문제다. 널리 퍼져 있는 개념들이 처음부터 아무도 바라거나 예견하지 못했지만 당연히 불가피하게 보이는 조치들을 산출하면서 어떻게 연속적인 변화를 야기하는가를 법의 변화과정보다 더 명료하게 보여주는 사실들도 별로 없다. 그런 변화과정에서 각 단계마다 이전의 판결들에 의해 정해진 (혹은 그 속에 함축되어 있는) 원칙들을 그때는 예견하지 못했던 사정들에 적용되었을 때 생겨난 문제들에 의해서 결정된다. 아무도 전체로서 의도하지 않았던 변화를 낳는 '법의 내적 역동성'에 관해서 특별히 신비로운 것은 전혀 없다.

이 과정에서 개별 법률가는 반드시 의식적인 창안자라기보다는 의도하지 않은 도구, 다시 말하면 그가 보지 못하는 전체로서 사건들의 어느 한 연쇄 속에 있는 연결고리다. 그가 판사로서 행동하건 성문법의 기초자로서 행동하건, 우리가 그의 결정들을 맞추어야 할 일반 개념들의 틀은 그에게 주어져 있고 그의 임무는 법의 이러한 일반 원칙들을 적용하는 것이지 그들을 의심하는 것이 아니다. 그가 아무리 자신의 결정들이 가진 장래의 함의에 관해 관심을 가지고 있다고 해도, 그는 자신에게 주어진 다른 모든 인정된 법 원칙들의 맥락에서만 그 결정들을 판단할 수 있다. 물론 이는 당연한 것이다. 그 법률가가 법시스템 전체를 일관되게 만들기 위해 노력하는 것은 법적 사고의 본질이고 정당한 판결의 본질이다.

법률가의 직업적 성향이 보수적이라는 말이 종종 거론된다.[16] 특정한 조건 속에서, 즉 어떤 기본적인 법 원칙들이 오랜 기간에 걸쳐 수용되었을 때, 그 법 원칙들이 실제로 법시스템 전체를, 그 일반적 정신은 물론이고 모든 개별 규칙과 법시스템 내에서의 적용을 지배한다. 그럴 때에는 법시스템은 대단한 내재적 안정성을 가지게 될 것이다. 법체계의 나머지 부분과 맞지 않는 규칙을 해석하거나 적용하여야 할 때, 모든 법률가는 그 규칙이 다른 것들과 일치하도록 만들기 위해서 그것을 알맞게 바꾸려고 노력한다. 그래서 전체로서의 법률 전문직은 때때로 사실상 입법자의 의도도 무효로 만들 수 있는데, 이는 법에 대한 불손함에서가 아니라 그와는 반대로 법률전문가들의 기법 때문에 그들은 여전히 우세한 부분의 법을 선호할 수밖에 없고 생소한 요소를 전체와 조화되도록 만들기 위해서 그것을 변형하여 우세한 부분의 법에 맞추기 때문이다.

그렇지만 최근 들어 현행 법과 조화되지 않는 일반적인 법철학이 우세하게 되자, 상황이 완전히 달라졌다. 같은 법률가들이 동일한 습관과 기법을 통해서, 그리고 알지 못하는 사이에 이제는 혁명적인 힘이 되었다. 동일한 습관과 기법이 이전에 법을 보존하는 데 효과적이었던 만큼 이제는 아주 세세한 부분까지 법을 변형시키는 데에 효과적이다. 처음의 상황에서는 움직임이 없도록 하는 데 기여하는 동일한 힘이 두 번째 조건에서는 어떤 사람이 예견하거나 바랐던 지점을 훨씬 넘어서 법 전체를 변형시킬 때까지 변화를 가속화시키는 경향이 있었다. 이 과정이 새로운 균형으로 이어질지, 혹은 우리가 여전히 주로 이해하는 단어 그대로의 의미에서 법 전체를 해체시키는 것으로 이어질지는 새로운 철학의 성격이 무엇인가에 달려있다.

우리는 내적인 힘들에 의해서 법이 전환되는 시기에 살고 있으며, 만일 현재 그 과정을 인도하는 원칙들이 그 논리적 결론들에 이르기까지 작동하도록 한다면, 우리가 개인의 자유를 주로 보호하는 것이라고 알고 있는 법은 사라질 수밖에 없을 것이다. 이미 여러 영역들에서 법률가들은 그들이 만들지 않은 일반적 개념의 도구로서, 정의의 원칙들의 도구가 아니라 개인이 지배자들의 목적에 봉사하게 만들어진 장치들의 도구가 되었다. 만약 법의 기능에 관한 새로운 개념이 일관되게 적용된다면 개인적 행동의 규칙체계 전체가 조직의 규칙체계로 변형될 정도로 이미 법적 사고는 그런 개념에 의해서 지배되고 있다.

이러한 발전들은 정말로 많은 직업적 법률가들의 염려를 사고 있다. 그들의 주된 관심은 여전히 '법률가의 법'이라고 서술되었던 것, 즉 한때 법(the law)이라고 간주되었던 정의로운 행동규칙에 관한 것이다. 그러나 우리가 서술해왔던 과정 속에서 법철학 지도자들은 사법(私法)을 실천하는 사람들에서 공법(公法)을 실천하는 사람들로 이동하였다. 그 결과 오늘날 사법을 포함한 모든 법의 발전을 지배하는 철학적 선입관은 거의 전적으로 공법이거나 정부의 조직 규칙들에 주된 관심을 가진 사람들에 의해서 만들어지고 있다.

법의 현대적 발전은 대체로
그릇된 경제학에 의해서 인도되었다

　그렇지만 이런 사태에 이르게 된 데에 대하여 경제학자들보다 법률가들을 더 비난하는 것은 정당하지 못하다. 실무 법률가가 자신이 배웠던 그리고 일관되게 적용하는 것이 자신의 의무인 법의 일반 원칙들을 정당하게 적용한다면 그는 정말로 최선을 다해서 자신의 임무를 수행한 것이다. 오로지 법이론, 일반원칙들의 작성에서 그리고 이들을 다듬고 정밀화하는 데에서만이 활력 있는 행동질서와 일반원칙들의 관계와 관련된 기본적 문제가 생겨난다. 그도 그럴 것이 만일 여러 원칙들 중에서 어떤 합리적 선택을 해야 한다면 이 질서를 그 같이 형성하고, 다듬고, 이해하는 것이 절대적으로 중요하기 때문이다. 그렇지만 지난 2~3세대 동안에 이 질서의 성격에 대한 이해보다는 오해가 법철학을 지배했다.

　그 다음 차례는 경제학자들인데, 적어도 법철학자들이기도 했던 데이비드 흄과 애덤 스미스에게는 법규칙체계의 존재가 그들의 주장에 암묵적으로 전제되어 있었지만, 이후의 경제학자들은 그 체계의 중요성을 더 이상 인식하지 못했다. 그들은 대단히 유용할 수 있는 형태로 자생적 질서의 결정에 대한 설명을 법이론가들에게 제시하지 못했다. 그러나 그들은 아마도 알지 못하는 사이에 법률가들이 했던 것만큼 전체 사회질서를 변형시키는 데 큰 기여를 했던 것 같다.

　우리가 법의 성격이 지난 백여 년간 겪어왔던 커다란 변화들에 대해 법률가들이 규칙적으로 제공했던 이유를 검토해보면 그것은 분명해진다. 영국, 미국의 법학 문헌들에서건, 프랑스, 독일 법률 문헌들에서건, 어디에서나 우리는 이 변화들의 이유로서 경제적 필연성이 언급되고 있음을 알게 된다. 법률가들이 그러한 법의 변형을 설명하는 이유를 경제학자가 읽는다면, 이는 그에게 약간 서글픈 경험이다: 그는 선배들의 모든 죄악들의 업보를 자신이 받게 됨을 알게 된다. 법의 현대적 발전에 대한 설명들을 보면 특정한 변화들을 절박하게 필요했다는 것을 말해주는 '불가역적인 강력한 힘들' 그리고 '피할 수 없는 경향들'을 언급하는 것들로 가득 차 있다. '현대의 모든 민주주의들'이 이런 혹은 저런 일을 하고 있다는 사실은 그러한 변화의 지혜 혹은 필연성의 증거로 예시되고 있다.

이러한 설명들은 언제나 과거의 자유방임 시기에 대해 이야기하면서, 마치 시장이 더욱 더 유익하게 기능하도록 만들기 위해서 혹은 그 결과들을 보완하기 위해서 법적 틀을 개선하려는 노력을 전혀 기울이지 않았던 시기가 있었던 것처럼 말한다. 거의 예외 없이 그들은 자신들의 주장을 자유 기업이 육체노동자들에게 불리하게 작동하였고, '초기 자본주의' 혹은 '자유주의'가 노동자 집단의 물적인 생활수준을 하락시켜왔다는 '합의된 우화(fable convenue)'에 기초하고 있다. 비록 전적으로 옳지 않지만,[17] 그 전설은 우리 시대의 민속의 일부다. 물론 진실은 자유로운 시장의 성장 결과, 육체노동자가 받았던 보상이 이전 역사의 어느 시기에도 알려지지 않을 정도로 지난 150여 년간 증가를 경험했다는 것이다. 법철학에 대한 당대의 대부분의 저작들도 소위 경쟁이 자기 파멸적인 경향을 가지고 있다는, 혹은 현대 세계의 복잡성이 증대됨으로써 '계획화'가 더욱 더 필요하게 되었다는 철지난 상투적인 문구들로 가득 차있다. 다시 말하면 그런 문구들은 30~40년 전 '계획화'에 대한 고조된 열정에서 도출된 것들이다. 그때에는 계획화의 필요성이 널리 받아들여지긴 했지만 그것이 가진 전체주의적 의미는 아직 명확하게 이해되지 않았던 시기였다.

정말로 의문인 것은 이것 혹은 저것을 하는 것이 '필연적이었다'거나 아니면 특정한 상황들 때문에 '일정한 조치들을 불가피하게 취하지 않으면 안 되었다' 등 젊은 법률가들에 대한 선배들의 가르침이 확산되는 것과 똑같이 지난 백여 년간 아주 그릇된 경제학도 다른 어떤 수단에 의해서 퍼져

온 것이 아닌가 하는 점이다. 입법부가 무엇인가를 결정했다는 사실 그 자체를 그 결정이 지혜롭다는 것을 보여주는 증거라고 간주하는 것이 법률가의 사고습관이 거의 다 되어버린 듯하다, 그렇지만 이것이 의미하는 바는 그의 노력들이 자신을 안내해주었던 판례들의 지혜나 어리석음에 따라 유익한 것으로 되거나 해로운 것으로 된다는 점이고, 그가 과거의 지혜나 실수도 똑같이 영구화하기 쉽다는 점이다. 만일 그가 관찰 가능한 발전 경향 그 자체를 구속력이 있는 것으로 받아들인다면, 그는 새로운 질서의 의식적인 창조자가 되기 쉬운 것만큼 그가 이해하지 못하는 변화들이 스스로 작동하도록 하는 도구에 불과한 것이 되기도 쉽다. 그런 조건에서는 법학 내에서보다는 다른 곳에서 어떤 발전이 바람직한가를 판단하기 위한 기준을 찾는 것이 필요하다.

그렇다고 해서 경제학이 혼자서 입법을 인도하여야 할 원칙들을 제공한다고 말하는 것은 아니다. 비록 경제학적 개념들이 불가피하게 행사할 영향력을 고려한다고 해도, 우리는 그러한 영향력이 좋은 경제학에서 오기를 바라는 것이지 경제발전에 관한 축적된 신화나 우화 - 이런 것들이 오늘날 법적 사고를 지배하는 듯이 보이는데 - 에서 나오기를 바라는 것이 아니다. 우리의 주장은 오히려 법의 발전을 인도하는 원칙과 및 선입견들이 불가피하게 부분적으로는 법의 바깥에서 온다는 것이고, 그들이 유익할 수 있으려면 어떻게 거대 사회에서 사람들의 다양한 활동들이 혼란이 없이 효과적으로 조정될 수 있는가에 관한 진정한 생각에 기초하고 있어야 한다는 점이다.

사회진화에서 법률가의 역할과 그의 행동들이 결정되는 방식은 근본적으로 중요한 다음과 같은 진실을 가장 잘 보여주는 사례다: 즉 우리가 원하건 원하지 않건 그 진화를 결정하는 중요한 요인들은 항상 아주 추상적인 것이고, 흔히 무엇이 옳고 적절한지에 대해 무의식적으로 지니고 있는 아이디어들이지, 특수한 목적들이나 구체적 희망이 아니다. 그것은 인간들이 의식적으로 지향하는 것이라기보다는 무엇을 행할 것인가 뿐만이 아니라 또한 누구든 그것을 할 힘을 갖고 있는지의 여부도 결정하는 허용될 수 있는 방법들에 관한 사람들의 의견이다. 이것은 사회적 현안들에 대해 공부했던 위대한 연구자들에 의해서 계속 반복되어왔던 메시지이지만 항상 무시되어왔다. 즉 '비록 사람들이 이해관계에 의해서 훨씬 더 많이 지배되기는 하지만, 이해관계 그 자체조차도, 그리고 모든 인간사조차도 전적으로 의견(opinion)에 의해서 지배된다.'[18]

경멸적으로 이념이라고 부르는 것이 의식적으로 이념에 헌신하는 사람보다도 이념으로부터 자유롭다고 믿는 사람들에게 더 큰 지배력을 행사한다는 주장만큼 대부분의 사람들이 의심하며 거부하고 지배적인 정치사상 학파에 의해서 그렇게 불신당하는 주장도 많지 않다. 하지만 사회제도들을 분명하게 결정하는 것은 즉각적 결과들과 관련된 좋은 또는 나쁜 의도들이 아니라, 특정한 개별 문제를 결정하는 틀의 의미가 있는 사전의견이라는 사실보다 더 강하게 사회제도의 진화에 관한 연구자에게 각인되어 영향을 끼쳤던 것도 드물다.

추상적 이념들이 힘이 있는 이유는 그들이 이론으로서 마음 속에 의식적으로 지닌 것이 아니고, 대부분의 사람들에게서 암묵적 전제로서 역할을 하는 자명한 진리로 취급되고 있다는 바로 그 사실 때문이다. 이념들의 이러한 지배적인 힘이 거의 인정받지 못하고 있는 대체적인 이유는 위대한 정신들이 자신들의 특정한 개념들을 뒷 세대들에게 각인시킬 힘을 가지고 있다는 것을 암시하면서 흔히 주장되는 과도하게 단순화된 방식 때문이다. 그러나 사람은 이념들을 의식하지 않고서도 어떤 이념들이 지배할 것인가는 우리가 개략적으로, 심지어 돌이켜보고 재구성하기가 어려운 느리고 매우 복잡한 과정을 거쳐서 결정되는 것은 물론이다.

현재의 의사결정이 일반 대중이 알지도 못하고 새로운 개념을 처음으로 만들어냈던 사람들도 그 결과가 무엇일지를 예측할 수도 없이 변두리 전문

분야에서 오래전 일어났던 것에 의해서 결정된다는 것을 받아들여야 한다면 이는 확실히 굴욕적인 일이다. 나중에 특정한 의사결정에 영향을 미친 것은 새로운 사실의 발견이 아니라 일반 철학적인 컨셉이었다고 한다면 그런 결정을 받아들이는 것도 그렇다. '보통사람'만이 아니라 특정 분야의 전문가들도 이러한 의견들을 아무런 성찰 없이 받아들이고 있다. 일반적으로 그것들이 '현대적'이라는 이유에서다.

이 세상에서 가장 해로운 행위자들 다수의 원천은 흔히 사악한 사람들이 아니라 고상한 정신을 가진 이상주의자들이고, 특히 전체주의적인 야만주의의 초석을 깐 사람들은 존경할만하고 좋은 의도를 가진 학자들이었지만 이들은 야만주의가 자신들이 만들어 낸 후손이라는 것을 결코 인정하지 않았다는 것을 인식할 필요가 있다.[19] 사실은 특히 법 분야에서 특정한 지도적인 철학적 예비개념들이 좋은 의도를 가진 이론가들, 심지어 자유로운 나라들에서조차 오늘날까지 매우 존경받고 있는 학자들이 전체주의 질서의 기본 개념 모두를 이미 만들어내는 상황을 창출했다는 점이다. 사실상 파시스트나 민족 사회주의자들 못지않게, 공산주의자들도 자신들의 학설에 도달하기 위해서 법 이론가들의 세대가 제공했던 개념들을 사용하고 있을 뿐이다.

그렇지만 여기서 우리의 관심을 끄는 것은 과거라기보다는 현재다. 서방 세계에서 전체주의 정권이 붕괴했음에도 불구하고, 그들의 기본 이념들은 이론적 영역에서 여전히 세력을 확보하고 있다. 그래서 법적 체계를 전체주의적인 체계로 완벽하게 전환하기 위해 지금 필요한 모든 것은 추상적인 영역을 이미 지배하는 이념들을 실천에 옮기는 일이다.

이러한 상황을 독일에서보다 더 명확하게 볼 수 있는 곳은 없다. 독일은 전체주의적인 정권을 만들어내었던 철학적 개념들을 나머지 세계에 널리 보급하고 있을 뿐 아니라, 추상적 영역에서 배양되어왔던 이러한 개념들의 산물에 굴복하는 첫 번째 나라가 되었다. 평균적인 독일인이라면 경험상 아마도 전체주의의 인식가능한 현상에 의식적으로 기대는 일을 마음속으로부터 철저하게 지워버렸다고 하더라도 기본적 철학 개념들은 추상적 영역으로 퇴각했을 뿐이다. 그것은 지금 근엄하고 매우 존경받는 학자들의 정신 속에 잠복해 있지만, 시대가 외면하지 않으면 다시 발전을 통제할 준비를 갖추고 있다.

사회질서의 본성에 대한 철학적 개념들이 법의 발전에 어떻게 영향을 미치는가를 카를 슈미트의 이론보다 더 잘 보여주거나 더 분명하게 서술한 예는 사실상 없을 것이다. 그는 히틀러가 권력을 잡기 오래 전에 엄청난 지적 정열로 모든 형태의 자유주의에 대항하여 싸웠고[20] 그런 다음 히틀러의 주된 법적 변호인이 되었으며, 여전히 독일의 법 철학자들 및 공법학자들 사이에서 큰 영향력을 행사하고 있다. 보수적 철학자들만큼이나 독일 사회주의자들이 그의 특징적인 용어법을 기꺼이 사용하고 있다. 그가 최종적으로 정식화했듯이, 그의 중심적 믿음은 자유주의적 전통의 '규범적' 사고로부터 법이 점차적으로, 입법당국들의 의지가 특정 사안들을 결정하는 '의사결정주의자(decisionist: 의사결정 내용보다 의사결정 자체를 더 중시하는 사람: 역자 주)' 국면을 거쳐서, '구체적 질서 형성'의 개념으로 발전해왔다는 것이다. 그 발전은 '노모스(nomos)의 이상을 구체적 질서와 공동체를 포함하는 체적인 법 개념으로 재해석하는 결과를 초래했다.[21] 달리 말하자면, 법은 개인들의 행동 범위를 제한함으로써 그들의 자유로운 행동에 의해 자생적 질서의 형성을 가능하게 하는 추상적인 규칙들로 구성된 것이 아니라, 개인을 구체적 목적에 봉사하도록 하는 배열 또는 조직의 도구가 된 것이다. 이것은 스스로 질서 잡는 사회의 힘과 질서 잡는 메커니즘에서 법의 역할을 더 이상 이해하지 못한 지적 발전의 불가피한 결과였다.

제**4**장
법 개념의 변화
The Changing Concept of Law

옳음이 규칙에서 도출된 것이 아니라, 옳음에서 규칙이 형성된다

Julius Paulus[*1]

법은 입법보다 더 오래된 것이다

의도적으로 법을 만드는 입법은 인간의 모든 발명품 중에서 파장이 가장 큰 것으로, 불이나 화약보다 훨씬 파장이 큰 것으로 서술되고 있는데 이는 정당하다.[2] 같은 의미에서 '발명'된 적이 없던 법 그 자체와는 달리, 입법의 발명은 인류 역사에서 상대적으로 뒤늦게 등장했다. 그것은 어떤 좋은 것을 성취하기 위하여 필요한 커다란 권력이라는 도구를 인간의 수중에 쥐어 줬지만 그것이 커다란 악을 만들지 못하도록 통제하는 방법을 사람들은 배우지 못했다. 그것은 사람에게 전적으로 새로운 가능성들을 열어주었고, 자신의 운명을 지배할 힘이라는 새로운 의미도 부여했다. 그렇지만 그 힘을 누가 가져야 하는가에 대한 논의 때문에 부적절하게도 그 힘을 어디까지 확장해도 되는가에 대한 훨씬 더 근본적인 문제가 뒤로 밀려났다 우리가 나쁜 사람들이 그 힘을 휘두를 때만 그것이 피해를 끼칠 것이라고 믿는한, 그것이 극도로 위험한 힘이 되리라는 것은 확실하다.[3]

강제된 행동규칙이라는 의미의 법이 사회와 함께 있었던 것은 의심의 여지가 없다. 오직 공동의 규칙들을 지키기 때문에 사회에서 개인들의 평화로운 존속이 가능하다.[4] 사람들이 일반적 명령들을 선포할 수 있는 능력을 가질 수 있을 정도로 언어가 발전되기 이미 오래 전에 개인이 그룹의 규칙들을 따르는 경우에만 그는 그룹의 일원으로 받아들여졌다. 그러한 규칙들은 어떤 의미에서는 알려지지 않았을 수 있고, 여전히 발견되어야 할 것일 수도 있었다. 왜냐하면 행동'할 수 있음'('어떻게' 행동해야 할지를 '아는 것')으로부터,[5] 혹은 다른 사람의 행동들이 널리 인정된 관행들과 일치하는지의 여부를 알아차릴 수 있는 능력으로부터 그러한 규칙들을 말로 표현할 수 있기까지는 아직 먼 길이 남아 있었기 때문이다. 그러나 수락된 규칙들을 발견하거나 말로 표현하는 것(혹은 그 행동규칙에 따라 행동하면 승인될 규칙들을 언어로 명료하게 표현하는 것이) 특별한 지혜를 필요로 하는 과제였다는 점은 보편적으로 인정되고 있었지만 법을 사람들이 마음대로 만들 수 있는 어떤 것이라고 생각한 사람은 아직 아무도 없었다.

우리가 여전히 자연을 지배하는 불변의 규칙들에 그리고 인간의 행위를 지배하는 규칙들에 '법(law)'이라는 단어를 사용하는 것은 우연이 아니다. 그것들은 모두 맨 처음에 인간의 의지와는 독립적으로 존재하는 어떤 것으로 여겨졌다. 비록 사물의 움직임을 마치 사람의 행동인 것처럼 여기는 모든 원시적 사고의 경향들이 사람들에게 두 유형의 법이 어떤 초자연적 존재의 창조물인 것처럼, 자주 들리긴 했지만, 그것들은 인간이 발견하려고 노력할 수는 있지만 바꿀 수는 없는 영원한 진리들로 간주되었다.

다른 한편, 현대인에게는 인간의 행동을 지배하는 모든 법이 입법의 산물이라는 믿음이 너무나 명백한 것으로 보이는 나머지, 법이 입법보다 더 오래되었다는 주장은 거의 역설처럼 들렸다. 하지만 인간이 그것을 만들 수 있고 변경할 수 있다는 생각이 떠오르기까지 법이 여러 시대에 걸쳐 존재했다는 점은 의심의 여지가 없다. 그가 만들 수 있고 변경할 수 있다고 믿었던 시기는 고전 그리스 시대 이전은 거의 아닌 것으로 보인다. 심지어는 그 때도 그런 믿음은 다시 물밑으로 가라앉았고, 중세 후기가 되어서야 다시 나타나 점차 광범하게 수용되었다.[6] 그렇지만 지금 광범하게 주장되는 형태로는, 즉 모든 법은 입법자의 자유로운 발명의 산물이고, 그럴 수 있으며, 그래야 한다는 형태로는, 그것은 우리가 앞에서 서술했던 그런 구성주의적 합리주의의 사실상 잘못된 오류의 산물이다.

우리는 나중에 모든 법을 입법자의 의지에서 도출하는 법실증주의의 전체 개념은 구성주의의 특징인 의도주의 오류의 산물, 즉 우리가 법 및 대부분의 다른 인간 제도들의 진화에 대해 알고 있는 모든 것과 화합할 수 없는, 갈등하는 제도설계 이론으로 퇴보한 것이라는 점을 보게 될 것이다.

우리가 인간 이전의 사회와 원시인 사회에 대해서 알고 있는 바는 법을 입법자의 의지로 여기는 이론들이 가정하고 있는 것과는 다른 기원 및 결정 과정을 거쳤음을 시사한다. 법실증주의 학설이 우리가 법의 역사에 대해서 알고 있는 것과 명백히 상충된다고 하더라도 법의 역사 그 자체는 너무도 뒤늦은 진화단계에서 시작하기 때문에 기원을 명확하게 할 수 없다. 만일 법적 도덕적 규칙들의 전체 체계를 인간이 자신의 지혜로 설계했다거나 혹은 설계할 수 있었을 것이라는 지적 억측의 광범위한 영향으로부터 우리가 자유로워지기를 원한다면, 우리는 사회적 생활의 원시적, 심지어는 인간 이전의 초기를 살펴보기 시작해야 할 것이다.

사회이론은 여기서 아직 어린 두 과학, 즉 동물행동학과 문화인류학에서 많이 배워야 한다. 이것들은 여러 가지 측면에서 스코틀랜드 도덕 철학자들이 18세기 초석을 놓았던 사회이론에 기초를 두고 있다. 사실상 이 초보단계에 있는 학제들은 법의 분야에서 연구가 멀리까지 진척되어 에드워드 코크, 매튜 헤일, 데이비드 흄, 그리고 에드먼드 버크, 자비니, 메인, 그리고 카터의 진화론의 가르침을 확인하면서 동시에 그 학제들은 프랜시스 베이컨, 혹은 토마스 홉스, 제레미 벤담 혹은 존 오스틴의, 또는 파울 라반트

에서 한스 켈젠에 이르는 독일 법실증주의자들의 합리주의적 구성주의와
는 전반적으로 반대되는 것이었다.

동물행동학과 문화인류학의 교훈

　비교행태연구가 법의 진화를 밝혀준 매우 중요한 조명의 핵심 내용은 다
음과 같다. 첫째로 그것은 행동규칙들이 말로 표현될 수 있기 오래 전에 개
인들은 그런 규칙들을 준수하는 (그리고 집행하는) 법을 배워왔다는 점을 분
명히 했다. 둘째로 이 규칙들이 진화되어왔던 것은 전체적으로 그들이 전
체로서 그룹의 활동들이 질서 있게 만들기 때문이다. 그 질서는 행동질서
인데, 이는 비록 개인들의 행동의 규칙성의 결과이기는 하지만 규칙성과는
명확하게 구별되어야 한다. 왜냐하면 특정한 행동규칙들을 준수하는 구성
원들의 그룹들이 널리 확산되고 지배할지 여부를 결정하는 것은 규칙들을
지켜서 형성되는 행동질서가 효율적인가 하는 것이기 때문이다.[7]
　공동의 행동규칙들에 의해 서로 통합된 그룹으로 한 백만 년 동안 살아
오면서 사람이 사람이 되었고 이성과 언어를 발전시켰다는 사실에, 그리고
이성과 언어를 최초로 사용하게 된 것 중 하나가 그 확립된 공동의 규칙들
을 가르치고 강제로 집행하는 것이었다는 사실에 비추어 볼 때, 어떻게 그
규칙들을 말로 점차 표현하게 되었는가의 문제를 다루기 전에, 사실상 단
순히 준수되었던 규칙들의 진화에 대해 먼저 생각해보는 것이 유용할 것이
다. 우리는 심지어 진화적 폭이 아주 낮은 동물들 사이에서도 아주 복잡한
행동규칙체계에 근거하고 있는 사회질서들을 발견한다. 우리의 현재 목적
으로 볼 때는, 그런 낮은 차원의 진화에서 생성되는 규칙들은 아마도 대부
분 선천적이었을 것(혹은 유전적으로 전해진 것)이며, 거의 학습되지 않았을 것

(혹은 '문화적으로' 전해진 것이 아니었을 것)이라는 점은 문제가 되지 않는다. 더 큰 척추동물들 사이에서는 학습이 그러한 규칙들을 전하는 데 중요한 역할을 하고 그래서 새로운 규칙들이 큰 그룹들 사이에서는 빠르게 퍼질 수 있고 그 규칙들이 고립된 그룹들의 경우에는 별개의 '문화적' 전통을 낳는다는 것은 잘 확립되어 있다.[8] 다른 한편으로 인간도 여전히 학습된 규칙들만이 아니라 선천적 규칙들에 의해서 인도되고 있다는 것도 거의 문제가 되지 않는다. 여기서 우리는 주로 학습된 규칙들 및 이들의 전달 방식에 관심을 기울일 것이다. 그러나 행동규칙들의 상호관계의 문제들과 그리고 그 결과로서 생겨나는 전체적인 행동질서를 생각할 때, 우리가 어떤 종류의 규칙들을 다루어야 하는지, 혹은 늘 그렇겠지만 두 종류의 규칙들이 서로 상호작용하는지의 여부는 중요하지 않다.

비교행태 연구가 보여주었던 것은 많은 동물 사회에서 선별적 진화의 과정이 행동규칙들에 의해 지배되는 고도로 의례화(儀禮化)된 형태의 행태를 낳았다는 점이다. 이는 폭력 및 다른 낭비적인 적응 방법들을 감소시키는 효과를 가지고 있고 그래서 평화의 질서를 확보했다. 이런 질서는 흔히 영토적 범위의 획정 혹은 '재산권(property)'의 획정을 기반으로 하는 질서였는데 그런 획정은 불필요한 싸움을 없애는 데 기여했을 뿐만 아니라 그것은 예를 들면 땅을 갖지 못한 남자는 짝짓기를 하거나 애를 낳아 기를 수 없게 함으로써 심지어 인구 증가의 '억압적' 혹은 '예방적' 저지를 대체하기까지 했다. 흔히 우리는 강한 수컷만이 짝을 짓는 것을 보장하는 복잡한 등급 질서를 발견한다. 어느 한 저자가 이를테면 한 가재의 정교한 재산보유체계와 이것을 유지하기 위해서 힘을 과시하는 의식(儀式)을 말할 때[9] 혹은 다른 저자가 '승리는 강자가 아니라 정당한 자, 즉 재산소유자에게 돌아간다고 말함으로써 개똥지빠귀 새들 사이의 경쟁에 대한 설명의 결론을 내릴 때,[10] 동물 사회에 관한 문헌을 공부한 사람이라면 아무도 저자들의 말을 단순히 은유적 표현이라고만 여기지 않을 것이다.

이 연구들을 통해서 점진적으로 우리에게 밝혀주는 매혹적인 세상에 대한 몇몇 사례들을 넘어서 우리는 더 이상 소개할 수 없다. 하지만[11] 이제 우리는 인간이 수많은 규칙들에 의해서 지배되는 그룹들 속에서 살면서 점진적으로 이성과 언어를 발전시키고 규칙들을 가르치고 강제하기 위하여 그들을 사용할 때 생겨나는 문제들로 우리의 관심을 돌릴 것이다. 이 단계에서는, 비록 규칙들이 '발명된' 적이 없었고, 말로 표현된 적도 없었거나 또는 어느 누군가에게 알려진 '목적'을 가진 적도 없었다고 하더라도 그들은 존재했으며, 그룹의 보전에 핵심적인 기능을 수행했고, 효과적으로 전달되었고 집행되었다는 점을 아는 것으로도 충분하다.

이 맥락에서 규칙이란 단순히 일정한 방식으로 행동하거나 행동하지 않는 성향 혹은 기질을 의미할 뿐인데 이는 우리가 관행(practice)[12] 혹은 관습이라고 부르는 것에 드러난다. 그 자체로서 규칙은 행동의 결정요소들 중의 하나가 되지만 그것이 반드시 행동 하나하나에 나타날 필요는 없으나 오로지 많은 사례를 지배할 수 있다. 행동규칙 하나하나는 항상 다른 규칙들 및 성향들과, 그리고 특정한 자극들과의 결합하거나 그들과 경쟁 속에서 작동한다. 그리고 한 규칙이 특정한 상황에서 성공적으로 관철될 것인가의 여부는 그것이 서술하는 성향의 강도 그리고 동시에 작동하는 다른 기질 혹은 자극들의 강도에 달려있을 것이다. 직접적인 충동과 마음속에 자리 잡은 규칙들 혹은 장해물들 사이에서 흔히 일어날 갈등은 동물들에 대한 관찰로도 잘 증명되고 있다.[13]

각별히 강조해야 할 것은 고등동물들이 지닌 성향들 혹은 기질들은 아주 일반적인 혹은 추상적인 성격이라는, 다시 말하면 그들은 세부적으로는 상당히 다를 수 있는 광범한 행동 부류들을 지향하고 있을 것이라는 점이다. 이런 의미에서 그 성향들 혹은 기질은 확실히 초기의 언어가 표현할 수 있는 것보다 훨씬 더 추상적이었을 것이다. 오랫동안 준수되어왔던 규칙들이 점차 언어로 분명하게 표현하는 과정을 이해하기 위해서는 추상성이란 언어의 산물이기보다는 정신이 언어를 발전시키기 오래 전에, 이미 정신이 습득했다는 것을 기억하는 것이 중요하다.[14] 따라서 행동과 사고 모두를 지배하는 그런 규칙들의 기원 및 기능의 문제는 어떻게 언어 형태로 표현하게 되었는가의 문제와는 전혀 다른 별개의 문제다. 심지어 오늘날에도 그렇게 해서 언어로 표현되었던 그리고 언어를 통해서 서로 소통될 수 있는 규칙들은 사회적 존재로서 인간의 행동들을 조종하는 규칙들 전체의 복합체 중에서 일부일 뿐이라는 점에는 의심의 여지가 거의 없다. 나는 예를 들어 '공정한 경기(fair play)'를 구성하는 모든 규칙들을 말로 분명하게 표현하는 데 성공한 사람이 있던가에 대해 의문이 든다.

관행들을 분명하게 언어로 표현하는 과정

심지어 아주 초기 질서를 유지하기 위한 부족 추장의 의도적 노력들도 주어진 규칙의 틀 안에서 이루어졌던 것으로 보아야 한다. 비록 규칙들이 이러 저러한 의미로 표현될 수 있다는 '어떠함에 관한 지식(knowledge that)'이 아니라 '어떻게에 관한 지식(knowledge how)'으로서만 존재하는 규칙들이라고 해도 말이다.

언어는 초기에는 그런 규칙들을 가르치기 위해 일찍 사용되었을 것이 확실하지만 오직 특정한 상황에서 요구되거나 금지되는 특정한 행동들을 가르치는 수단으로서만 이용되었다. 언어 자체를 습득할 때처럼 규칙들에 상응하는 특정한 행동들을 모방함으로써 규칙들에 따라 행동하는 법을 배워야 했을 것이다. 언어가 보편적 규칙을 표현하기에 충분히 발전하지 못하는 한 규칙들을 가르칠 수 있는 그 외의 다른 길은 없다. 그러나 비록 이 단계에서 규칙들이 언어로 분명하게 표현된 형태로 존재하지 않았다고 해도 그 규칙들이 실제로 사람들의 행동을 지배한다는 의미로 존재했다. 그리고 그것들을 처음으로 말로 표현하려고 시도했던 사람들은 새로운 규칙들을 발명한 것이 아니다. 그들은 자신들이 이미 친숙했던 것을 말로 표현하려고 노력했던 것이다.[15]

비록 여전히 익숙하지 않은 개념이지만, 흔히 행동을 결정할 때 정신이 충분히 고려할 수 있는 것을 전부 표현하는 데에는 언어가 충분하지 않다는 사실, 혹은 우리가 실천할 줄을 잘 알고 있는 것을 말로 소통하기 힘들다는 사실은 여러 분야에서 명확하게 정립되었다.[16] 이는 행동을 지배하는 규칙들이 흔히 언어로 표현될 수 있는 어떤 것보다 훨씬 더 일반적이고 추상적일 것이라는 사실과 밀접하게 연관되어 있다. 행위자 개인은 특정한 행동들을 모방함으로써 그러한 추상적 규칙들을 학습하는데, 이로써 그는 원칙이라고 공식화한 일이 없음에도 상황이 다른 경우에도 동일한 원칙에 따라 행동할 능력을 '유추에 의해' 획득한다.

우리의 목적을 위해서 이것이 의미하는 바는 원시 부족들에서만이 아니라 더 선진적인 공동체들에서도 우두머리 혹은 지배자가 자신의 권위를 아주 다른 두 목적들을 위해 사용한다는 것이다. 비록 그는 주어진 것으로 여기는 행동규칙들이 왜 중요한지 혹은 무엇이 그 준수 여부에 좌우되는지에 관한 생각이 희미할 뿐이라고 해도 그가 그런 행동규칙들을 가르치거나 강제하기 위하여 그 권위를 이용한다. 그리고 특정 목적의 달성을 위해 필요하다고 여기는 행동들을 위해서 명령을 내리는 데에도 그는 권위를 사용할 것이다. 개인들이 인정된 규칙들을 준수하는 한 그가 개입하지 않는 행동 범위가 항상 있기 마련이지만, 사냥, 탐험, 이주, 혹은 전쟁 같은 특정한 경우에는 자신이 명령을 통해서 개인들에게 특정 행동들을 할당한다.

권위가 행사될 수 있는 두 방식의 상이한 특성은 상대적으로 원시적인 상황 속에서조차도 첫 번째 경우에는 그 정당성이 의문시될 수 있다는 사실에서, 반면에 두 번째 경우에는 그렇지 않을 수 있다는 사실에서 드러난다. 우두머리가 특정한 행동을 요구할 권리는 이에 상응하는 규칙이 보편적으로 인정되고 있는가의 여부에 달려있는 데 반하여 공동사업의 참여자들에 대한 그의 지시들은 그의 행동계획에 의해서, 그리고 다른 사람들에게는 알려져 있지만 그에게는 반드시 그럴 필요가 없는 특수한 주변 사정들에 의해서 결정된다. 첫 번째 종류의 명령들을 정당화할 필요성 때문에 명령을 통해서 집행했어야 할 규칙들을 말로 분명하게 표현하려고 노력한다. 중재를 위해서 지도자가 필요한 분쟁이 발생하는 경우에도 규칙들을 말로 표현할 필요가 있다. 기존의 확립된 관행 혹은 관습을 구두로 표현된 규칙으로 분명하게 공식화하는 것은 그것의 존재에 관하여 동의를 획득하기 위한 것이지 새로운 규칙을 만들려는 것은 아니다. 그리고 그런 공식화 작업은 잘 알려진 관행의 부분적이고 불충분한 표현 그 이상을 달성하는 것은 드문 일이다.

이미 오랫동안 실행된 관행을 점진적으로 말로 명료하게 표현하는 과정은 느리고 복잡한 과정이었음에 틀림없다.[17] 대부분의 사람들이 관행으로 지켜온 것을 말로 표현하는 어설픈 첫 시도들은 개인들이 자신들의 행동을 결정할 때 실제로 고려하는 것만을 표현하거나 그 전부를 기술하는 데에도 성공하지 못했을 것이다. 따라서 말로 표현되지 않은 규칙들은 구두로 정식화하여 표현하는 데 성공한 것보다 많거나 적을 수 있다. 다른 한편으로 흔히 표현하는 것이 흔히 필요했던 이유는 '직관적인' 지식은 특정한 질문에 대한 명확한 대답을 줄 수 없었기 때문이었다. 그래서 언어로 표현하는 과정은, 비록 의도적이지는 않았지만 때로는 결국 새로운 규칙들을 만들어 낸다. 그러나 언어로 표현된 규칙들은 그렇지 않은 규칙들을 전부 대체하지 못하고, 오히려 아직 언어로 표현되지 않은 규칙들의 틀 안에서만 작동하거나 그 안에서만 의미를 이해할 수 있다.

이미 존재하고 있던 규칙들을 언어로 표현하는 과정은 그 같은 규칙체제의 변화를 이끌어낸다고 하라도 이런 사실이 그 규칙들을 공식화하는 사람들이 이미 존재하고 있는 규칙들을 발견하거나 표현하는 일 이상을 하지 못하고 또 그 이상을 해낼 힘을 가지고 있지도 않다는 믿음에는 거의 영향을 끼치지 못한다. 그런 규칙을 발견하고 표현할 때 오류를 범하기 쉬운 인간들은 흔히 잘못된 길로 빠지지만, 그런 과제의 수행할 때는 달리 어쩔 수 없는 일이다. 그런 과제를 수행하는 노력의 결과가 설사 이전에 존재하지 않았던 것을 창조한 것일 수 있다 하더라도, 그 과제는 새로운 것을 창출하는 것이 아니라 존재하고 있는 것을 발견하는 과제일 뿐이다.

의심의 여지없이 흔히 그렇듯이, 그런 사실은 판결을 내려야 할 사람들이 이전에 아무도 준수하지 않았던 규칙들을 공식화하려고 하는 곳에서조차 여전히 타당하다. 그 사람들은 규칙시스템에만 관심을 갖는 것이 아니다. 그들은 이 규칙들을 지킴으로써 생겨나는 행동질서에도 관심을 갖는다. 이 행동질서는 사람들이 현재 진행되고 있는 과정에서 발견되고 그 유지를 위해서는 특정한 규칙들을 필요로 한다. 모든 인정된 규칙들이 지향하는 현행 행동질서의 유지를 위해서는 기존에 인정된 규칙들이 아무런 대답도 제공하지 못하는 분쟁의 판결을 위해서 몇몇 다른 규칙들이 필요하다고 인식하는 경우가 있을 수 있다. 이런 의미에서 볼 때, 어떤 의미로든 아직 존재하지 않는 어느 한 규칙이 그럼에도 불구하고 현존하는 규칙체계 내에 '암묵적으로' 포함되어 있는 것으로 보일 수 있다. 이때 암묵적이라는 것은 어느 한 규칙은 현존하는 규칙들에서 논리적으로 도출될 수 있다는 의미가 아니라 만일 다른 규칙들이 목적을 달성하려면 추가적인 규칙이 요구된다는 의미다.

사실적 규칙과 규범적 규칙들

우리가 언어로 분명하게 표현되지 않은 규칙들을 다루어야 할 때 말로 표현된 규칙들과 관련하여 아주 분명하게 보이는 구분이라고 해도 이는 훨씬 덜 분명하고 때로는 구분하기도 불가능하기까지 하다는 것을 아는 것은 어느 정도 중요하다. 그 구분은 (인간 행동들을 포함하여) 특정한 일련의 사건들의 규칙적인 반복을 말하는 서술적 규칙들과 그러한 연속들이 '발생해야 한다'고 진술하는 규범적 규칙들 사이의 구분과 같다. 그러한 규칙들을 전적으로 무의식적으로 준수하는 단계로부터 그것들을 언어로 분명히 표현하는 단계로의 점진적 이행 중 어떤 특정 단계에서 비로소 그 구분이 의미 있게 되는가를 말하기는 힘들다. 사람이나 동물이 일정한 행동을 하지 못하도록 막지만 전적으로는 의식하지 못하는 선천적인 금지는 하나의 '규범'인가? 콘라드 로렌츠의 늑대와 관련된 사례에서 어느 한 관찰자가 '당신은 그 늑대가 목을 드러내놓고 있는 상대방 늑대의 목을 물어뜯어버리고 싶어 하지만 바로 그렇게 할 수는 없다는 점을 볼 수 있다[18]고 늑대의 태도를 기술한 것처럼 어떻게 충동과 금지가 어떻게 상충되는가를 볼 수 있을 때 그것이 규범이 되는가? 혹은 특정한 자극과 '그렇게 해서는 안 된다'고 하는 느낌 사이의 의식적인 갈등으로 이어질 때인가? 아니면 이 느낌이 ('나는 그렇게 해서는 안 돼'라고) 말로 표현되지만, 여전히 자신에게만 적용되었을 때인가? 이게 아니라면, 비록 말로 표현된 규칙은 아니지만 그 느낌이 그룹의 모든 구성원들이 공유하고 있고, 시인하지 않는다고 표현하거나 혹은 심지어 금지하여 위반했을 때 처벌하려고 할 때인가? 혹은 그것이 인정된 권위에 의해 강제되거나 언어로 표현된 형태로 규정되었을 때인가?

'규범들'을 사실들의 진술과는 다른 논의의 영역에 속하게 만드는 보통 '규범들'의 속성으로 돌리는 특수성은 오직 말로 표현된 규칙들에만 속하는 것 같다. 이런 경우에도 일단 우리가 그런 규칙들에 복종해야 하는지 여부의 문제가 제기되기만 하면 그것이 규범이 된다. 실제로 우리가 그런 규칙들에 복종하기만 하면(항상 그렇든 혹은 적어도 대부분의 경우에서 그렇든), 그리고 그 규칙들의 준수를 실제의 행동으로부터만 확인할 수만 있으면 그들은 서술적 규칙들과 다르지 않다. 그들은 행동을 결정하는 요인들 가운데 하나로서 의미가 있는데 그 요인들은 우리가 관찰하고 있는 것으로부터 작동을 추론할 수 있는 성향 혹은 금지다. 만일 그 같은 성향 혹은 금지가 언어로 표현된 규칙들의 가르침에 의해서 산출된다면 그것이 실제 행동에 미치는 효과는 여전히 사실로서 존재한다. 관찰자에게는 그룹 내에서 개인들의 행동을 인도하는 규범들은 그가 인지한, 그리고 그로 하여금 행동질서 전체를 설명할 수 있게 하는, 사건들을 결정하는 요인들 중 일부다.

그렇다고 해서 오로지 사실들의 서술만을 담고 있는 진술로부터 무엇을 해야 하는가에 관한 진술을 이끌어낼 수 있는 어떤 타당한 추론도 가능하지 않도록 우리의 언어가 만들어져 있다는 사정을 변경시키는 것은 아니다. 그러나 그로부터 얻은 결론이라고 해서 모두가 다 설득력이 있는 것은 아니다. 사실에 관한 명제로부터 적절하고 바람직하며 혹은 편리한 행동이 무엇인지에 대한 어떤 명제도, 행동해야 할지 여부에 대한 어떤 결정도 도출할 수 없다는 것 그 이상을 말해 주지 않는다. 동시에 어떤 목적이 바람직스러운 것으로 받아들이고 논의가 '만일 당신이 이것을 원한다면, 당신은 저것을 해야만 한다'는 형태를 취할 경우에만이 어느 하나가 다른 것으로부터 추정된다. 그러나 일단 목적에 대한 그 같은 가정이 전제들에 포함되면, 모든 종류의 규범적인 규칙들이 그 전제들로부터 도출될 수 있다.

원시인의 정신에는 특정한 결과가 달성될 수 있는 유일한 방식과 그것이 달성되어야 할 방식 사이에 명확한 구별이 존재하지 않는다. 인과관계에 대한 지식과 행동 규칙에 관한 지식은 여전히 구별하기 어렵다: 어떤 결과를 달성하기 위해서 행동해야 할 방식에 대한 지식만이 있다. 숫자들을 더하거나 곱하는 것을 배운 어린이에게 이를 수행하는 방식은 원하던 결과를 얻기 위한 유일한 방법이다. 어린애가 자신이 배운 것들과는 다른, 그러나 자신이 바라는 결과를 가져다줄 방법을 발견할 때 비로소 사실에 대한 지식과 그룹에서 인정된 행동규칙들 사이에 갈등이 발생할 수 있다.

우리가 보통 합목적적 행동이라고 간주하는 경우에는 행동하는 사람에게 목적이 알려져 있다고 추정하는 반면에 규범에 의해 결정되는 행동의 경우에는 그가 왜 하나의 행동방식을 자신이 바라는 결과를 달성할 수 있는 가능한 방식으로, 왜 다른 행동방식은 가능하지 않은 것으로 간주하는지의 이유가 흔히 그에게 알려져 있지 않는 한에서만 모든 합목적적 행동과 규범에 의해 인도되는 행동 사이에 차이가 존재한다. 그러나 특정한 행동이 개인이 바라는 효과를 불러오는지 혹은 그런 종류의 행동의 결과가 전체로서의 그룹이 기능하는 데 기여하는가 그렇지 않은가에 관계없이 똑같은 정도로, 어느 한 종류의 행동을 적절하다고 여기고 다른 종류의 행동을 부적절하다고 여기는 것은 무엇이 효과적인가를 선택하는 과정의 결과다. 따라서 그룹의 모든 개별 구성원들이 특정한 방식으로 특정한 일을 하는 이유는 흔히 이런 방식으로밖에는 그들이 원하는 것을 달성하기 때문이 아니라 만일 그들이 이런 식으로 행동한다면 개별행동이 성공할 좋은 전망을 보장하는 그룹의 질서가 유지되기 때문이다. 그룹이 유지될 수 있었던 이유는 그 구성원들이 그룹 전체를 다른 그룹보다 더 효과적이게 만드는 행동방식을 발전시켜왔고 전수해왔기 때문이다. 그러나 특정한 일들이 특정한 방식으로 행해지는가 하는 이유에 대해서는 그룹구성원 누구도 알 필요가 없다.

물론 주어진 인간그룹 속에 규범의 존재가 사실이라는 것은 부정된 적이 없었다. 문제시된 것은 규범들이 실제로 준수된다는 사정으로부터 그것들이 준수되어야 한다는 결론이 도출될 수 있다는 점이었다. 물론 그 결론은 오직 그룹의 계속적인 존속이 바람직스럽다는 점을 암묵적으로 가정했을 때만 가능하다. 그러나 그러한 계속적인 존속이 바람직스러운 것으로 여겨진다면, 심지어는 일정한 질서를 갖춘 실체로서 그룹의 계속적인 존속이 사실이라고 전제된다면 결과적으로 그 구성원들이 (반드시 현재 준수되고 있는 모든 규칙들일 필요는 없지만) 특정한 행동규칙들을 준수해야 할 것이다.[19]

초기의 법

왜 우리가 '미디아인과 페르시아인의 변하지 않는 것과 같은' 법을 초기의 모든 문명에서 발견하는지, 그리고 왜 초기의 모든 '입법'이 불변적으로 주어져 있다고 간주되었던 법을 기록하고 그것을 알려지게 하려는 노력이 있었는지를 오늘날 이해하기가 훨씬 쉽다. '입법자'는 법을 있을 수 있는 오염으로부터 정화시키려고, 그것을 본래대로 순수하게 회복하려고 노력했을 것이다. 그러나 그가 새로운 법을 만들 수 있다는 것은 생각할 수도 없었다. 이런 점에서 법사학자들은 우르-남무 법전[20] 및 함무라비 법전으로부터 솔론, 리쿠르구스 그리고 로마의 12동판법 저자들에 이르기까지 유명한 모든 초기의 '입법자들'이 새로운 법을 창출하려고 의도하지 않았다는 것, 단지 무엇이 법이었고 무엇이 항상 법이었었는지를 말하려고 했을 뿐이라는 것에 동의하고 있다.[21]

그러나 아무도 법을 변경할 권력이나 의도를 갖고 있지 않았다고 해도, 그리고 오직 옛 법만이 좋은 법이라고 간주되었다고 해도, 이것이 법이 계속해서 발전하지 못했다는 의미는 아니다. 그것이 의미하는 바는 단지 일어났던 변화들이 법 제정자의 의도나 설계의 결과가 아니었다는 점일 뿐이다. 지배자 자신과는 별개로 주어진 것이라고 여겨지는 법을 강제하게 될 것이라는 기대에 주로 의존하는 권력을 가진 지배자에게, 이 법은 흔히 그의 의식적인 목적들을 위한 수단이라기보다는 정부를 의도적으로 조직하려는 노력에 장애물로 보이는 경우가 더 많았을 것임에 틀림이 없었다. 지배자들에 의해서 집행되는 법 바깥에서 발전된 새로운 규칙들을 강제하였던 경우는 그들이 직접적으로 통제할 수 없었던 신민들의 활동들, 흔히 주로 외부인들과 신민들의 관계였던 반면에 지배자가 집행한 법은 말로 분명히 표현되어야 할 정도로 정확히 엄격해졌다.

따라서 자생적 질서를 산출할 수 있는 그리고 목적으로부터 독립되어 있는 행동규칙들은 지배영역을 조직 그 자체로 전환하려는 지배자의 목적과 갈등하면서 성장한다. 만민법, 상법, 그리고 항구 및 시장에서의 관행들에서 궁극적으로 열린사회를 가능하게 했던 법의 진화의 여러 단계들을 주로 찾아야 한다. 아마도 보편적 행동규칙들의 발전은 조직된 부족 공동체 안에서 시작된 것이 아니라 오히려 그런 발전은 야만인들이 돌아올 선물을 받을 것을 기대하고 자신의 부족 영토 경계에 무엇인가의 제공물을 갖다 놓으면서 최초로 침묵의 물물교환과 함께 시작되었고 이로써 새로운 관습도 생겨나기 시작했다. 어쨌든 일반적인 행동규칙들이 받아들여지게 된 것은 지배자들의 지시를 통해서가 아니라, 개인들의 기대의 기초가 되었던 관습의 발전을 통해서였다.

고대의 전통 및 중세의 전통

비록 법이 의도적인 인간 의지의 산물이라는 개념이 고대 그리스에서 처음으로 충분히 발전되긴 했지만, 실제로 정치적 실천에 미친 영향은 제한적이었다. 민주주의 절정기의 고대 아테네에 대해서 우리는 '민회가 간단한 결정으로 법을 변경하는 것이 합법적인 때가 없었다. 그러한 결정을 제안한 사람은 "불법적인 절차" 때문에 유명한 기소의 대상이 되었다. 만일 법정에서 확정되고, 그 결정이 파기되고 또한 1년 안에 기소되어도 제안자는 무거운 벌금형에 처해졌다'고 들었다.[22] 정의로운 행동의 기본규칙 즉 노모이(nomoi)의 변화는 특별하게 선출된 입법기구, 즉 노모테타에(nomothetae)가 개입한 복잡한 절차를 통해서만 가능했다. 그럼에도 불구하고 아테네의 민주주의에서 우리는 이미 '주권적' 국민의 제약 없는 의지와 법의 지배 전통 사이에서의 첫 번째 충돌을 본다.[23] 그것은 주로 민회가 법에 의해서 제약되기를 거부했기 때문에 그러했다. 아리스토텔레스가 심지어는 헌법이라고 불릴 권리조차 없다고 부인했던[24] 형태의 민주주의에 반대했던 그런 형태의 민주주의에 등을 돌렸던 주요 이유는 민회가 빈번히 법에 의해 구속되기를 거부했기 때문이다. 이 시기의 논의에서 우리는 법과 지배자의 특정 의지를 명확히 구분하려는 지속적인 노력들을 발견할 수 있다.

서구의 모든 법에 대단히 심대하게 영향을 끼쳤던 로마법도 의도적인 법 제정의 산물이 아니었다. 초기의 다른 모든 법과 마찬가지로, 그것도 '사회생활의 법과 제도들이 항상 존재하였고, 아무도 그 기원에 대해 묻지 않았던' 때에 형성되었다. '법이 인간에 의해서 창조될 수 있다는 사상은 초기 사람들의 사고에는 생소한 것이었다.'[25] '모든 법이 입법에 달려있다는 것'은 오직 '이후 더 발전된 시대의 순진한 믿음'이었을 뿐이다.[26] 실제로 유스티니아누스 대법전의 최종적 편찬의 기초였던 고전적인 로마 시민법은 거의 전적으로 법률가들에 의한 법 발견의 산물이었으며, 아주 적은 정도만 입법의 산물이었다.[27] 나중에 영국의 보통법이 발전되었던 것과 아주 유사한 과정에 의해서, 그리고 판사의 판결들보다는 주로 법학자들(법자문가들)의 의견이 결정적 역할을 수행했다는 점에서 영국의 보통법과 차이가 있는 과정에 의해서 법체계가 성장했다. 입법에 의해서가 아니라 널리 퍼진 정의의 개념들을 언어로 분명하게 표현하는 과정을 통해서 그런 법체계가 성장했던 것이다.[28] 법의 그런 발전의 끝 무렵에서 로마에서보다는 비잔틴에서 그리고 헬레니즘 사고의 영향을 받아서 그 과정의 결과들이 유스티니아누스 황제하에서 법전 형태로 편찬되었다. 그럼에도 후세에는 그 황제가 했던 일을 지배자가 창출했던 그리고 그의 '의지(will)'를 표명한 법 모형이라고 그릇되게 해석했다.

13세기 아리스토텔레스의 『정치학(Politics)』이 재발견되고 15세기 유스티니아누스의 법전이 수용되기까지 서유럽은 거의 천 년간 법이 인간의 의지와 독립적으로 주어진 어떤 것, 만들어지는 것이 아니라 발견되어야 할 어떤 것으로 간주되는, 그리고 법이 의도적으로 만들어질 수 있거나 변경될 수 있다는 생각은 거의 신성모독에 가까운 것으로 여겨지는 다른 시대를 겪었다. 많은 초기 학자들이 언급했던[29] 이런 태도는 프리츠 케른의 고전적 서술이 잘 보여주고 있다. 그의 주된 결론을 인용하는 것이 좋다:[30]

인용될 수 있는 타당한 법이 없는 사건이 생기면, 그때는 법적 자격이 있는 사람이나 판사들은 자신들이 지금 만들고 있는 것이 훌륭한 과거의 법이라는, 명시적으로 전해 내려온 것은 아니지만 암묵적으로 존재했던 것이라는 의식을 가지고 새로운 법을 만든다. 따라서 그들은 법을 창조하는 것이 아니다. 그들은 법을 '발견'하는 것이다. 우리가 일반적으로 확립된 적법한 규칙에서 특별하게 유추해낸 것으로 간주하는 어떤 특정한 법정판결도 중세의 정신에게는 결코 공동체의 입법 활동과 구별될 수 없었다. 두 사례에서 법은 숨어있는 것이지만 존재하고 있는 것을 발견하는 것이지 창조된 것이 아니다. 중세 시대에는 '법적 규칙을 처음 적용'하는 것과 같은 일은 없었다. 법은 오래된 것이다. 새로운 법이란 말은 용어상으로도 모순되는 것이다. 왜냐하면 새로운 법도 명시적으로든 암묵적으로든 옛 법으로부터 도출된 것이기 때문이다. 아니, 그것은 옛 법과 상충되기도 했지만, 그 경우에는 그것은 합법적이지 않았다. 옛 법이 진정한 법이었고, 진정한 법은 옛 법이라는 근본적인 사상은 그대로였다. 따라서 중세 사상들에 따르면, 새로운 법을 제정한다는 것은 전혀 가능하지 않다. 그리고 모든 입법 및 법적 개혁은 침해받은 좋았던 옛 법을 다시 복원하는 것이라고 여겨졌다.

13세기 이후 그리고 주로 유럽 대륙에서 서서히 그리고 점진적으로 입법을 지배자의 의도적이고 제약받지 않는 의지의 입법이라고 여기는 지적 발전의 역사는 너무나 길고 복잡해서 여기서 서술할 수가 없다. 이 과정에 대한 자세한 연구가 보여주듯이 그 과정은 나중에 민주주의의 열망을 이끌었던 개념들이 형성되었던 절대왕정의 부상(浮上)과 밀접하게 연관되어 있다.[31] 이런 발전이 전개되면서 정의로운 행동의 새로운 규칙을 제정할 수 있는 새로운 권력이 지배자들이 항상 행사하고 있던 훨씬 더 오래된 권력에 급진적으로 흡수되었다. 결국에는 정부기구를 조직하고 지시하는 두 권력이 불가분하게 혼합되어 '입법'이라는 단일 권력으로 여겨지게 되었다.

이 발전에 대한 주된 저항은 '자연법' 전통에서 왔다. 우리가 보았듯이, 후기 스페인 스콜라학파는 '자연'이란 용어에 대해 '발명되'지 않았던 것을, 혹은 의도적으로 설계되었던 적이 없었지만, 상황의 필연성에 대응하여 진화해왔던 것을 서술하기 위한 기술적인 용어로 사용하였다. 그러나 심지어는 이 전통도 17세기에 '자연법'을 '자연의 이성(natural reason)'이 설계한 것이라고 이해하기 시작하자 그 힘을 잃어버렸다.

중세의 전통을 보존하는 데 성공했고 중세적 '자유들'을 기반으로 하여 법 아래에서의 자유라는 현대적 개념을 확립했던 유일한 나라는 영국이었다. 이것이 가능했던 이유는 부분적으로는 영국이 후기 로마법을 통째로 받아들이는 것을, 그리고 이와 함께 법을 지배자가 창출한 것으로 보는 컨셉을 회피했기 때문이다. 그러나 더 큰 이유는 보통법 법률가들이 자연법 전통과 약간 비슷한 컨셉을 개발했지만 그 학파의 오도된 용어법에 기대지 않았다는 사정 때문이었다. '16세기와 17세기 초기에는 영국의 정치구조가 유럽대륙 나라들의 정치 구조와 아직 근본적으로 다르지 않았다.' 그럼에도 불구하고 영국이 '대륙의 나라들처럼 고도로 중앙집권화된 절대군주제를 발전시켰을지는 여전히 확실치 않다.'[32] 그러한 발전을 가로막았던 것은 어떤 사람의 의지의 산물로 여긴 것이 아니라 오히려 왕의 의지를 포함한 모든 권력을 막는 장벽으로 여겼던 뿌리깊이 견고하게 자리 잡은 전통이었는데 이는 에드워드 코크가 제임스 I세와 프랜시스 베이컨에 맞서 수호했던, 17세기 말 매튜 헤일이 대가답게 토마스 홉스에 반대하여 재론했던 전통이었다.[33]

따라서 영국인들 스스로 최초로 믿은 사람들 중의 하나였고, 나중에 몽테스키외가 세계에 가르쳤듯이 18세기 유럽이 그토록 칭찬했던 그들의 자유는 원래 입법부와 집행부의 권력분립의 산물이 아니라, 오히려 법정의 판결을 지배했던 법이 보통법, 즉 어느 누구의 의지와도 독립적으로 해서 존재하는 법이자 동시에 독립적인 법원에 대해서 구속력이 있고, 또 법원에 의해서 개발된 법의 산물이다. 보통법은 의회가 거의 간섭하지 않았던 법이고, 간섭했을 때도 주로 기존의 법체제 속에 있는 개별문제에 대한 의심스러운 점들을 분명히 하기 위해서일 뿐이다, 일종의 권력분립은 영국에서 자라났는데, 그것은 '입법부'가 혼자서 법을 만들었기 때문이 아니라 입법이 법을 만들지 않았기 때문이라고 우리는 말할 수도 있다. 법은 정부를 조직하고 지휘했던 권력, 즉 그릇되게도 '입법'이라고 불렸던 권력과 독립되어있는 법원에서 결정되었기 때문이다.

관습과 선례에서 생겨나는 법의 특이한 속성

법의 진화과정에 대한 이해를 통해 얻은 중요한 통찰은 그 과정에서 생성된 규칙들은 지배자에 의해서 발명되었거나 계획된 법이 가질 수는 있지만 가질 필요가 없는 속성을 이미 존재하고 있는 관행들을 말로 표현하는 과정에서 생겨나는 종류의 규칙들을 표본으로 할 경우에만 필연적으로 가진다는 점이다. 다음 장에서 우리는 그렇게 형성된 법의 모든 특성을 충분하게 서술할 수 있고, 그런 법이 '규칙' 혹은 '법의 지배,' '법 아래에서의 정부,' '권력분립'과 같은 표현들에 담겨있듯이, 정치 철학자들이 오랫동안 진정한 의미에서의 법이라고 여겨왔던 것의 기준을 제공했다는 점을 보여줄 수 있을 것이다. 여기서는 이 노모스의 특이한 속성들 중 하나만 강조하고 싶다. 다른 것들에 대해서는 나중에 논의할 것을 약속하면서 간단히 언급할 것이다. 법은 목적과 독립적 규칙들로 구성되어 있다. 그 규칙들은 타인들에 대한 개인의 행동을 지배하고, 미지수의 수많은 사례들에 적용한다, 그리고 그것은 각 개인의 보호영역을 정의함으로써, 개인들로 하여금 실행 가능한 계획을 세울 수 있게 하는 행동질서가 스스로 형성할 수 있게 한다. 이 규칙들을 추상적 행동규칙들이라고 지칭하는 것이 통상적이다. 비록 이 서술이 적합하지 않다고 해도, 우리는 당장의 목적 상 임시로 그런 서술을 채택할 것이다. 우리가 여기서 밝히려는 각별한 점은 보통법처럼 판결 과정으로부터 출현한 법은 지배자의 명령에 의해서 창출된 법은 반드시 그럴 필요는 없다는 의미에서 반드시 추상적이라는 점이다.

선례에 근거하고 있는 법이 말로 표현된 것보다 다소간 더 추상적이라는 주장은 널리, 아마도 앵글로색슨 법률가들보다 대륙 법률가들 사이에서 더 널리 받아들여지고 있는 것과는 정반대이기 때문에 더 충분한 설명이다. 핵심은 아마도 18세기 위대한 판사 맨스필드가 했던 유명한 진술이 가장 잘 표현할 수 있을 것이다. 그는 보통법이 '특수한 사례들이 아니라 일반 원칙들로 구성된 것이다. 사례들에 의해서 일반원칙들이 예시되고 설명되었다'[34]고 강조했다. 이것이 의미하는 바는 보통법 판사는 자신을 인도하는 선례들로부터 새로운 사례에 적용할 수 있는 보편적 의미를 갖는 규칙들을 도출할 수 있어야 한다는 것은 그의 테크닉의 일부라는 점이다.

보통법 판사의 주된 관심사는 거래 당사자들이 현재의 행동질서가 의존하고 있는 일반적인 관행들에 기초하여 합당하게 형성하였을 기대들이어야 한다. 이러한 의미에서 판사가 무슨 기대가 합리적이었는지를 판정할 때, 그는 사실상 당사자들의 기대를 결정할 수 있는 것과 같은 관행들(관습들 혹은 규칙들)만을, 그리고 그들에게 알려져 있다고 전제할 수 있는 것과 같은 사실들만 고려할 수 있다. 이 당사자들은 몇 가지 점에서 고유할 수밖에 없었던 상황에서 공통의 기대를 형성할 수 있었다. 그 이유는 오로지 그들이 무엇이 적절한 행동이라고 생각되는가, 그리고 무엇이 언어로 표현된 명료한 규칙의 형태로 그들에게 알려져 있을 필요는 없는가의 의미로만 그 상황을 해석하기 때문이다.

과거의 많은 유사한 상황에서 기대들을 인도했을 것으로 여겨지는 그러한 규칙들은 제한된 수의 관련된 사정들을 지칭하고, 지금 그것들을 적용했을 때 뒤따를 것으로 보이는 특정한 결과들에 상관없이 적용가능하다는 의미에서 추상적일 수밖에 없다. 판사가 사건에 대한 판결을 요청받을 때, 분쟁 당사자들은 대부분 어떤 당국에게도 알려지지 않았던 특정한 사정 속에서 이미 자신들만의 목적을 추구하기 위해서 행동했을 것이다. 그들의 행동들을 인도했던, 그리고 그들 중 한 사람이 좌절했던 기대들은 그들이 기존에 확립된 관행이라고 여겼던 것을 기초로 형성된 것이다. 재판관의 과제는 무엇이 그들의 기대를 안내했어야 하는가를 그들에게 말해주는 것이다. 누군가가 전에 그들에게 이것이 규칙이라고 말했기 때문이 아니라 이것이 그들이 알고 있어야 할 확립된 관습이기 때문이다. 여기서 판사에게 문제는 실제로 행해졌던 행동이 어떤 더 높은 차원의 관점에서 쓸모가 있는가 혹은 당국이 바라는 특정한 결과에 봉사하는가 여부일 수는 없다. 문제는 분쟁의 대상이 된 행동이 인정된 규칙들과 일치하는가 여부만이다. 그에게 관심의 대상이 될 수 있는 유일한 공공선은 개인들은 그것을 합리적으로 의존하는 규칙들의 준수다. 그가 누군가가 그 규칙들로 하여금 봉사하도록 의도했던, 그리고 그는 대체로 모를 수밖에 없는 어떤 궁극적 목적에도 관심을 가지고 있지 않다. 더구나 그는 특정한 경우에는 알려진 결과가 전체적으로 바람직스럽지 않아 보인다고 해도 그 규칙들을 적용해야 한다.[35] 이런 일을 할 때 그는 보통법 판사들이 자주 강조해왔듯이, 지배자나 '국가 이성'의 어떠한 희망에도 관심을 기울여서는 안 된다. 그의 의사 결정을 인도하는 것은 전체 사회가 특정 순간에 요구하는 것이 무엇인지에 대한 지식이 아니다. 그것은 오로지 현행 사회질서가 근거하고 있는 일반 원리들이 요구하는 것뿐이다.

보통법 재판관을 인도하는 선례에서 관련성이 있는 것과 우연적인 것을 구별하기 위해 언어로 표현된 규칙을 항상 필요로 하기 때문에 그에게 일반 원칙을 발견할, 그러나 아마도 자신의 앞에 적용 가능한 규칙들의 완벽한 목록을 가지고 판결하는 판사라면 거의 획득하기 어려운 능력이 배양되는 것처럼 보인다. 규칙의 보편화가 적용될 수 있도록 이미 마련되어 있지 않을 때, 추상적 행동규칙을 정식화할 능력을 확실하게 살아있게 할 수 있다. 말로 표현된 공식을 기계적으로 사용하는 것은 이 능력을 죽이는 경향이 있다. 보통법 판사는 자신의 선배들이 말로 분명하게 표출하기 위해서 분투해왔지만 항상 매우 불완전하게 표현되었음을 너무나 많이 의식하지 않을 수 없었다.

만일 오늘날 입법자의 명령들이 판결과정에서 나왔던 추상적 규칙들의 형태를 띤다면, 그것은 그 명령들이 그 판결들을 본떠서 만들어졌기 때문이다. 그러나 특정의 예견 가능한 결과들을 달성하기 위해 신민들의 활동을 조직할 의도를 가진 어떤 지배자가 모든 사람들의 행동들을 똑같이 통제할 의도를 지닌 보편적 규칙들을 설정함으로써 자신의 목적을 달성할 수 있다고 보기는 거의 힘들 것 같다. 보통법 재판관이 그러하듯이, 자신을 억제해서 그러한 규칙들만을 강제하기 위해서는 특수한 명령들을 발하고 의사결정에서 순간의 필요에 의해서 인도되는 데 습관이 된 사람에게서 기대될 수 없는 일정 정도의 자기 부정을 필요로 한다. 추상적 규칙들은 특정한 결과들을 달성하는 것에 관심을 가진 누군가에 의해서 발명될 것 같지는 않다. 억제되어야 할 종류의 행태가 무엇인지 정의할 필요가 있게끔 만들었던 것은 누군가에 의해서 창출된 것은 아니지만 특정한 종류의 행동에 의해서 교란되는 행동질서의 보존 필요성이었다.

왜 스스로 성장한 법이 입법에 의해 수정되어야 하는가

　행위규칙들을 언어로 명료하게 하려는 노력에서 나온 모든 법은 입법자의 명령이 반드시 가지고 있지 않은 특정한 바람직한 속성들이 필히 가지고 있다는 사실은 다른 여러 가지 면에서 그러한 법이 아주 바람직스럽지 않은 방향으로 발전할 수 없다는 점을, 그리고 이런 일이 일어났을 때 의도적 입법에 의한 교정이 유일하게 실천 가능한 탈출구가 아닐 수 있다는 점을 의미하지도 않는다. 여러 가지 이유에서 자생적인 성장 과정은 막다른 곤경에 빠져들 수 있다. 자생적 질서는 그 곤경으로부터 스스로의 힘만으로 탈출할 수 없거나 혹은 최소한 재빨리 교정하지 못할 수도 있다. 보통법의 발전은 몇 가지 점에서 일종의 일방통행로다. 그것이 한 방향으로 상당한 거리를 이미 이동해왔다면, 그것은 그 이전의 판결들의 몇 가지 의미들이 분명히 바람직스럽지 않은 것으로 보일 때 자신이 걸어왔던 길을 되돌아 갈 수 없다. 이런 식으로 진화되어왔던 법이 특정의 바람직한 속성들을 가지고 있다는 사실은 그것이 항상 좋은 법이라는 것을 입증하는 것은 아니다. 혹은 심지어는 그 규칙들 일부가 아주 나쁘지 않을 수 있음을 입증하는 것도 아니다. 따라서 그것은 우리가 아예 입법 없이 지낼 수 있다는 것을 의미하지 않는다.[36]

　여기에는 입법이 필요한 몇몇 다른 이유들도 있다. 하나는 법의 사법적 발전과정이 필시 점진적이었고 너무나 느린 나머지 법을 완전히 새로운 환경에 바람직하고 신속하게 적응하도록 하지 못했음을 입증할 수 있기 때문이다. 그렇지만 아마도 가장 중요한 것은 사법적 판결들이 이미 내려졌고,

바람직스럽지 못한 결과들을 갖거나 철저히 잘못된 결과들을 낳는 것으로 보이는 발전과정을 역전시키는 것은 어려웠을 뿐만 아니라 바람직스럽지 못하다는 것이다.

　판사가 이전의 판결들에 의해 창출된 합리적 기대를 좌절시킨다면, 그는 자신의 역할을 수행하지 못하고 있는 것이다. 비록 판사가 순전히 의심스러운 현안들을 판결함으로써 법을 발전시킬 수 있다고 해도, 그는 실제로 그 법을 변경시킬 수 없거나 혹은 규칙이 확고하게 자리 잡게 된 곳에서는 기껏해야 아주 점진적으로만 변경시킬 수 있을 뿐이다. 어느 한 상이한 규칙이 타당하다고 여겨졌을 때, 비록 그가 또 다른 규칙이 더 나을 것이고 더 정의롭다고 분명히 인식한다고 해도, 이미 이루어진 거래들에 이를 적용하는 것은 명백히 불의다. 그러한 상황에서 바람직한 것은 새로운 규칙이 강제되기 전에 알려져야 한다는 것이다. 그리고 미래에만 적용되어야 할 새로운 규칙을 공표함으로써 효과적으로 작동할 수 있다. 실제로 법의 변화가 필요한 곳에서 새로운 법을 적용하기 전에 미리 알려질 경우에만 그것이 모든 법 고유의 기능을, 즉 기대를 인도하는 기능을 적절하게 수행할 수 있다.

　특정한 규칙들을 급격하게 변화시킬 필요성은 다양한 원인들에 기인할 수 있다. 그것은 단순하게 어떤 과거 발전이 오류에 근거한 것이라는 인식 때문일 수 있고, 혹은 그것이 나중에 부당하다고 인정된 결과들을 낳았다는 인식 때문일 수도 있다. 그러나 가장 빈번한 원인은 아마도 법의 발전이 더 일반적인 정의의 요구사항들을 충족할 수 없는 것을 정의롭다고 여기도록 만든 전통적 견해를 가진 특정 계급의 구성원들 수중에 있었기 때문일 것이다. 주인과 노예, 지주와 임차농, 신용공여자와 차입자, 그리고 현대에 들어와서는 조직된 사업과 그 고객들 사이의 관계와 관련된 법과 같은 분야에서 규칙들은 대체로 당사자들 중 한쪽의 견해 그리고 그들의 특정한 이해관계들에 의해서 형성되었다.[37] 특히 그런 경우는 주어진 사례들 중 처음 두 가지에서 흔히 그렇듯이 판사들을 거의 배타적으로 공급하는 것이 관련 그룹들 중 하나였던 곳이다. 그렇다고 이런 사실은 우리가 앞으로 보게 되겠지만, 늘 주장되었던 대로 '정의는 합리적이지 못한 이상'이라는 것을, 그리고 최소한 이해관계라는 말은 특정한 목적만이 아니라, 서로 다른 규칙들이 사회의 서로 다른 구성원들에게 제공할 장기적 기회들도 의미한다고 해도, '합리적 인지의 관점에서 인간의 이해관계만, 그래서 이해관계의 갈등들만 있을 뿐이다'[38]라는 것을 의미하는 것이 아니다. 그러한 주장들에서 결과하듯이 특정 그룹에게 우호적이라고 인식되는 규칙의 편향은 다른 그룹들에게 일방적으로 유리한 규칙을 만들어 대체시킴으로써 교정될 수 있다는 것도 거의 진실이 아니다. 그러나 보다 일반적인 정의의 원칙들에 비추어 본다면 여태까지 승인된 몇몇 규칙들이 정의롭지 못하다고 인식되는 기회는 개별 규칙들만이 아니라 기존의 보통법시스템의 부문들 전체의 수정도 필요하게 만들 것이다. 이것은 현존하는 선례들에 비추어 특정한 사건들을 판결함으로써 달성될 수 있는 것을 넘어선 것이다.

입법 기관들의 기원

우리가 고려해왔던 의미에서 법을 의도적으로 변화시키는 힘을 당국에 명시적으로 부여했던 시점이 역사상 언제인가를 정할 수는 없다. 그러나 상이한 종류의 법을, 즉 정부의 조직규칙들을 만들 힘을 가진 권위가 필연적으로 존재했다. 그리고 정의로운 행동규칙을 변화시킬 필요성이 인식하게 되자, 그것을 바꿀 힘이 점차적으로 공법 제정자들에게서 생겨났다. 그러한 행동규칙들은 정부의 조직에 의해서 집행되어야 했기 때문에 그 조직을 정하는 사람들이 그 조직이 집행할 규칙도 정해야 한다는 것은 자연스러워보였다.

따라서 보편적인 정의로운 행동규칙들을 변화시킬 권력에 대한 욕구가 인식되기 오래 전에도, 정부의 규칙을 제정할 권력이라는 의미에서의 입법 권력이 존재했다. 주어진 법을 집행할 과제와 그리고 방위 및 다양한 서비스들을 조직할 임무를 가진 지배자들은 관리와 신하들에게 적용할 규칙들을 정할 필요성을 오랫동안 느꼈다. 아마 그들은 이 규칙들이 순전히 행정적인 성격의 것이었는지 아니면 정의를 집행하는 임무를 보완하는 것이었는지 여부를 구별하지 못했다. 하지만 지배자는 보편적인 정의로운 행동규칙들을 일반적으로 승인했던 것과 동일한 존중을 조직적 규칙들에 대해서도 요구하는 것이 자신에게 유익하다는 점을 발견했다.

그러나 정부조직을 위한 규칙을 제정하는 것이 오랫동안 정부수장의 '특권'이라고 여겼다면 대표기구 혹은 구성된 기구들이 그의 조치를 동의할 혹은 시인할 필요성이 자주 생겨나는데, 분명히 그 이유는 지배자 자신도 기존에 확립된 법에 의해서 구속받아야 하는 것으로 여겼기 때문이다. 정부의 목적들을 위해서 화폐 혹은 서비스의 형태로 공물을 부과할 때처럼 그가 기존에 확립된 규칙들에 의해 명확하게 규정되지 않은 형식으로 강제를 사용해야 한다면, 그는 최소한 더 강력한 신민들의 지지를 확보해야 했다. 단순히 이것 혹은 저것이 기존에 확립된 법이라는 것을 검증하거나 아니면 특정 목적에 필요하다고 생각되는 특정한 세금 부과나 조치를 인정하기 위해서 그들을 불러들인 것인지를 판별하기란 꽤 어렵다.

그래서 초기 대표 기구들을 나중에 이론가들이 사용하는 의미에서 '입법부'라고 생각하는 것은 잘못된 것이다. 그 기구들은 원래 정의로운 행동의 규칙 혹은 노모스에는 관심이 없었다. 메이트랜드(F. W. Maitland)는 다음과 같이 설명했다:[39]

우리 역사를 더 거슬러 올라가면 올라갈수록 우리는 국가의 다양한 기능들 사이의 엄격한 구획선을 그리기가 더 불가능하다. 동일한 기관이 입법의회, 정부평의회 그리고 법정이었다. …… 오랫동안 과거의 정치이론가들은 입법과 정부의 다른 기능들 사이의 구분을 주장해왔다. 물론 완벽한 정확성을 가지고 선을 긋는 것은 쉬운 일은 아니지만 그 구별은 중요하다. 그러나 실정법의 힘은 결코 법률가나 정치 철학자가 입법의 영역이라고 생각하는 것에만 국한되지 않는다는 점을 알아둘 필요가 있다. 엄청나게 많은 법규들에 대해 그는 법(leges)이라기보다는 오히려 특별법(privilegia)이라고 분류할 것이다. 그 성문법규가 일반적인 규칙을 정해놓는 것이 아니라 오로지 특정한 사례만 다루고 있기 때문이다.

의도적으로 '법들'을 만드는 것이 친숙한 일이 되었고 일상적인 일들이 되었다는 것은 정부를 조직하는 규칙과 관련되어 있다. 새로운 정부 업무 하나하나 혹은 정부 구조의 변화 하나하나는 새로운 조직규칙들을 필요로 한다. 따라서 그러한 새로운 규칙들을 정하는 것은 누군가가 기존에 확립된 정의로운 행동규칙들을 변경시키기 위해 사용해야겠다고 생각하기 훨씬 전에 받아들여졌던 절차였다. 그러나 그렇게 하고 싶은 희망이 생겼을 때, 그 임무가 다른 의미의 법을 항상 만들어왔던 기구에, 그리고 기존에 확립된 정의로운 행동규칙들이 어떤 것인가를 검증할 것을 요청받기도 했던 기구에 맡기는 것은 거의 불가피한 일이었다.

충성과 주권

입법이 유일한 법의 원천이라는 생각으로부터 현대에는 거의 자명한 것으로 받아들여졌고, 정치적 발전에 엄청난 영향력을 행사해왔던 두 가지

이념들이 도출되었다. 비록 그들이 의인화라는 초기의 잘못이 아직도 살아 있는 오류투성이 구성주의로부터 전체적으로 도출된 것이라고 해도 말이다. 그들 중 첫 번째 이념은 권력을 제한할 수 없는 최고의 입법자가 반드시 있을 것이라는 믿음이다. 왜냐하면 이것은 훨씬 더 높은 입법자를 요구할 것이고, 이렇게 해서 무한 회귀로 이어질 것이다. 또 다른 것은 최고 입법자가 정해놓았던 것이 법이고, 그의 의지를 표현한 것만이 법이라는 것이다.

최고 입법자에게 필연적으로 무제한적인 의지라는 생각은 아마도 베이컨, 홉스 그리고 오스틴 이래 처음에는 군주의 절대권력, 그리고 나중에는 민주적 의회의 절대 권력에 대한 논박할 수 없는 정당화를 위해 기능했다. 만일 법이라는 용어가 조직의 의도적이고 조정된 행동들을 인도하는 규칙들에만 국한되어 사용했더라면, 그 생각은 자명한 것으로 보였을 것이다. 그렇게 이해되자, 노모스라는 과거의 의미에서 모든 권력에 대한 방어벽이었던 법은 권력의 행사를 위한 도구가 되었다.

최고의 입법권을 효과적으로 제한할 수 있는가의 질문에 대한 법실증주의의 부정적 대답은 모든 법이 항상 입법자의 의도적인 '의지'의 산물이고 그리고 같은 종류의 또 다른 '의지'가 아니고서는 그 권력을 효과적으로 제한할 수 없다는 것이 진실일 때만 설득력이 있을 것이다. 그러나 입법자의 권위는 눈앞의 특정 사안과 관련된 의지의 행동과는 명확하게 구별되어야할 어떤 것에 항상 근거하고 있고 따라서 그 권위는 자신을 이끌어낸 원천에 의해서도 제한될 수 있다. 이 원천은 입법자는 무엇이 옳은가를 규정할 권한만을 부여받았다는 지배적인 의견이다. 이때 이 의견은 규칙의 특수한 내용이 아니라 정의로운 행동규칙이 소유해야 할 일반적 속성과 관련된 것이다. 따라서 입법자의 권력은 그가 공포하는 법이 반드시 가져야 할 특정한 특성에 관한 공통적 의견에 기인한다. 그리고 그의 의지는 그 표현이 그런 특성을 소유할 때만이 의견의 지지를 받을 수 있다. 우리는 의지와 의견의 차이를 더 충분히 다룰 것이다. 우리는 어느 한 주어진 의견을 가진 사람들이 흔히 상세히 말할 수 없는 어떤 확실한 속성들을 소유하고 있는가 아니면 소유하고 있지 않은가에 따라 특정한 의지의 행위를 시인하고 다른 행위는 부인하는 일반적인 경향을 말하기 위해서 특정 사안에 관한 의지의 행동과는 달리 '의견'이라는 용어를 사용할 것이다. 입법자는 자신의 결정이 그런 속성들을 가질 것이라는 기대를 충족시키는 한, 그 결정들의 특정 내용과 관련해서는 자유로울 것이고, 이런 의미에서의 그는 '주권자'다. 그러나 이 주권이 근거하고 있는 충성은 주권자가 그 규칙들의 일반적 성격에 관한 특정의 기대를 충족시키는가에 좌우된다. 이런 기대가 수포로 돌아가면 충성은 사라질 것이다. 모든 권력은 이런 의미에서, 데이비드 흄이 아주 명확하게 보았듯이 의견에 근거하고 있고, 의견에 의해 제한되고 있다.[40]

모든 권력은 이러한 의미에서 의견에 의존한다는 것은 다른 어떤 권위의 권력에 못지않게 절대 독재자의 권력들에도 진실이다. 독재자 자신들이 언제나 가장 잘 알고 있듯이, 아무리 강력한 독재정권이라 할지라도 의견의 지지가 철회되면 무너진다. 이것이 왜 독재자들이 그렇게나 자신의 권력 안에 있는 정보의 통제를 통해서 의견을 조작하는 데 관심을 두는가 하는 이유이다.

따라서 입법자의 권력에 대한 효과적인 제한은 조정된 행동을 할 수 있는 또 다른 조직된 권위를 필요로 하지 않는다. 그런 제한은 입법부가 공표하는 특정한 종류의 명령들만을 법으로 인정하게 하는 의견 형세에 의해 형성될 수 있다. 그러한 의견은 입법부의 의사결정의 특정 내용이 아니라 입법자가 선포하고 사람들이 지지를 할 용의가 있는 종류의 규칙들이 일반적 속성들을 가지고 있는가에만 관심을 두고 있다. 의견의 이러한 힘은 의견을 가지고 있는 사람이 협동적 행동경로를 택할 수 있는 능력에 근거하고 있는 것이 아니라, 입법자의 권력이 궁극적으로 의존하고 있는 지지를 억제하는 부정적인 힘에 의존할 뿐이다.

입법자가 일반적 규칙에만 헌신하는 한 입법자에 대해 암묵적으로 복종하지만 입법자가 특정 행동들을 명령할 때 복종을 거절하는 의견 상태가 존재한다는 데는 아무런 모순이 없다. 입법자의 특정한 의사결정이 타당한 법으로 선뜻 인정될만한지 여부는 규정된 방식으로 의사결정에 도달했는지에 전적으로 좌우될 필요는 없다. 그것은 보편적인 정의로운 행동규칙으로 되어 있는가에 의해서도 좌우된다.

그래서 궁극적인 권력이 반드시 전지전능해야 한다는 논리적 필연성은 없다. 실제로 어느 곳이든 궁극적인 권력인 것, 즉 충성을 산출하는 의견은 비록 모든 입법자들의 권력을 제한한다고 하더라도 그 의견은 제한된 권력이다. 따라서 이 궁극적 권력은 부정적 권력이지만 그러나 충성을 억제하는 권력으로서 그것은 모든 적극적 권력을 제한한다. 모든 권력이 의견에 기대는 자유로운 사회에서 이러한 궁극의 권력은 직접적으로는 아무것도 결정하지 않지만, 그러나 특정한 종류의 권력 행사만을 용인함으로써 모든 적극적 권력을 통제한다.

특정한 결정이 법일 수 있는지 여부를 결정할 수 있는 기준이 명시적으로 진술된다면 모든 조직된 권력, 특히 입법자의 권력에 대한 제약들은 물론 더 효과적이고 더 신속하게 작동할 수 있다. 그러나 사실상 입법부에 오랫동안 작동되어왔던 제약들은 말로 거의 적절하게 표현되지 못해왔다. 그렇게 하려고 하는 시도는 우리 임무 중 하나다.

제5장
노모스: 자유의 법
Nomos: The Law of Liberty

에포로스가 서술했던 크레타 헌법에 대해서는, 그것의 가장 중요한 조항들을 말하는 것만으로도 충분할 것이다. 그가 말하길, 입법자는 자유가 국가의 가장 높은 선이라는 것을 당연하게 여기는 것처럼 보인다. 또 이런 이유에서 재산은 명확하게 그것을 획득한 사람들에게 속하지만, 반면 노예상태에서는 모든 것이 지배자에게 속하고 피지배자에게 속하지 않는 것을 당연하게 여기는 것처럼 보인다.

Strabo*[1]

재판관의 기능

분쟁을 판결하기 위한 재판관들의 노력에서 생겨난 그리고 입법자들이 모방하려고 했던 모델을 오랫동안 제공했던 정의로운 행동규칙의 특징적 성격을 우리는 이제 더 충분히 설명하려고 한다. 주로 재판관이 만든 법이 최소한 오랫동안 지배했던 곳에 개인의 자유라는 이상이 사람들 사이에서 번성하여 왔던 것으로 보인다는 점을 이미 지적했다. 그 이유를 우리는 재판관이 만든 법은 필연적으로 입법자의 명령이 가지고 있을 필요는 없지만, 아마도 입법자가 재판관이 만드는 그런 법을 모방할 때만 갖는 특정한 속성을 가지게 되는 사정의 탓으로 돌렸다. 이 장에서 우리는 정치이론가들이 오랫동안 단순히 법(law)이라고 간주해왔던 것, 즉 법률가의 법, 혹은 고대 그리스인의 노모스 그리고 로마인들의 법(ius)[2] (그리고 다른 유럽어들에서 loi, Gesetz,[3] 혹은 legge와 구별되는 droit, Recht, 혹은 diritto)의 특징적 속성들을, 그리고 다음 장에서는 이와 대비하여 입법자들이 주로 관심을 가지고 있는 정부의 조직규칙의 특징적 속성들을 검토할 것이다.

우리가 재판관은 누구도 만들지 않고 그리고 명령에 따라 해야 할 행동을 하는 개인들에도 의존하지도 않는 질서의 교란을 시정하도록 요청받았다는 것을 기억한다면 그가 적용해야 하고 언어로 분명히 표현하고 개선해야 할 규칙들의 특징적 성격을 아주 잘 이해할 수 있다. 대부분의 경우 어떤 권위도 쟁점이 되는 행동이 일어났던 때에 개인들이 무엇을 했고 왜 그렇게 했는지를 알지 못하고 있다. 재판관은 이런 의미에서 자생적 질서의 한 제도다. 개인들은 동료들의 행동에 대해 적중할 좋은 기회를 가진 기대를 형성할 수 있기 때문에 그들은 자신들의 계획을 성공적으로 추구할 수 있는 현행 과정의 속성과 같은 현존하는 질서를 재판관은 항상 발견한다,

이것의 의미를 평가하기 위해서는 사회가 먼저 있고 그 다음에 사회가 스스로에게 법을 만들어 줄 수 있다는 잘못된 생각으로부터 우리가 전적으로 자유로워야 할 필요가 있다.[4] 이 잘못된 생각은 데카르트와 홉스로부터 루소와 벤담을 거쳐서 이 시대의 법실증주의에 이르기까지 법과 정부의 진정한 관계에 관하여 학자들의 눈을 멀게 만들었던 구성주의적 합리주의를 바탕에 깔고 있다. 인간그룹이 우리가 사회라고 부르는 질서정연한 관계 속에서 함께 살 수 있게 된 것은 오로지 개인들이 특정의 규칙들을 공동으로 준수한 결과일 뿐이다

따라서 만일 우리가 법이 권위로부터 도출되었다는 생각, 그럴듯하기도 하고 널리 퍼져 있는 그런 생각을 뒤집고 그 대신에 모든 권위는 법으로부터 도출된 것으로 생각한다면, 그것이 아마도 진실에 더 가까울 것이다. 그 생각은 법이 권위를 지명했다는 의미가 아니라 권위와는 독립하여 존재하

는 것으로 여겼던, 그리고 무엇이 옳은지에 관한 널리 퍼진 의견에 근거하고 있는 법을 강제하기 때문에 (그리고 그러한 한에서) 권위가 복종을 발견했다는 의미다. 따라서 법이라고 해서 전부가 다 입법의 산물일 수는 없다. 오히려 법을 제정할 권력이 몇 가지 공동의 규칙들을 인정하고 있다는 것을 전제한다. 그리고 법을 제정할 권력의 바탕에 깔려있는 규칙들은 그 권력을 제한도 한다. 어떤 그룹도 그 구성원들이 이미 어느 정도 일치된 의견들을 가지고 있지 않다면 말로 표현된 규칙들에 동의하지 않을 것이다. 그래서 그러한 의견일치는 비록 특정의 행동목적들에 대한 동의는 아니더라도 말로 표현된 정의로운 행동규칙의 명시적 합의를 선행한다. 일반적 가치에서 서로 다른 사람들도 때때로 특정한 구체적 목적들의 달성에 동의할 수 있고 그 달성을 위해서 효과적으로 협력할 수 있다. 그러나 특수한 목적에 대한 그러한 동의는 우리가 사회라고 부르는 지속적 질서를 형성하기에는 결코 충분하지 않다.

만일 우리가 공동의 정부는 아니지만 정의에 대한 공동의 개념들을 가지고 있는 인간그룹들의 조건을 살펴보면 성장한 법의 성격은 아주 명료하게 드러난다. 공동의 규칙들에 의해서 한데 엮여 있지만 이 규칙들의 집행을 위한 의도적으로 창출된 조직이 없는 그룹들은 확실히 흔하게 존재한다. 그러한 상황은 영토국가라고 말하는 곳에서는 널리 퍼져 있지 않을 수 있다. 그러나 그런 상황은 기사도 정신이나 우정의 규칙들로 연결된 사람들 혹은 상인들과 같은 그룹들 사이에서는 의심의 여지없이 흔하게 존재한다.

우리가 그룹에서 의견에 의해서 그리고 위반자들을 그룹에서 배제시킴으로써 효과적으로 집행되는 일종의 규칙들을 '법'이라고 불러야 할지 여부는 용어상의 문제이고, 따라서 그것은 편의의 문제다.[5] 현재 우리의 연구목적을 위해서 우리는 강제집행을 위해서 창출된 조직이 강제하는 규칙들에만 관심을 갖는 것이 아니라 행동에서 존중되고 있는 규칙들이라면 어떤 것이든 모두 관심을 가지고 있다. 행동질서의 형성 조건은 그 규칙들을 실제로 준수하는 것이다. 규칙들이 강제될 필요가 있는가, 혹은 어떻게 강제되는가는 2차적 관심사다. 강제 없이 규칙들의 사실상 준수는 의도적 강제보다 선행하는 것은 의심의 여지가 없다. 따라서 규칙의 생성이유와 규칙을 강제할 필요가 있게 만든 이유를 혼동해서는 안 된다. 그 이유를 구분하지 않겠다고 작심한 사람들은 규칙들이 어떤 기능에 봉사하고 있는지를 결코 충분히 이해할 수 없을 것이다. 그러나 만일 사회가 지속되려면 사회는 그 규칙들을 효과적으로 가르칠, 그리고 흔히 그들을 강제할 방법들도 (이것도 같은 것이긴 하지만) 발전시켜야 할 것이다. 하지만 규칙들이 강제될 필요가 있는가는 이들을 지키지 않은 결과 이외의 다른 사정에도 달려있다. 우리가 규칙들을 준수하는 효과에 관심을 갖는 한 이들은 개인들이 알고 있는 특정한 목적들을 달성할 유일한 방식을 기술하기 때문에 이들을 개인들이 준수하는가의 여부, 혹은 일종의 압력이나 제재에 대한 공포가 그들이 다른 식으로 행동하지 못하게 막는가의 여부에 대하여 관심을 가질 필요가 없다. 어느 행동이 터무니없는 것이어서 그 동료들이 그것을 용서하지 않으리라는 느낌도 이런 맥락에서는 우리가 발전된 법질서에서 발견하는 공식적 절차에 의한 강제만큼이나 중요한 것이다. 이 단계에서 우리에게 중요한 것은 준수되고 있는 항상 규칙 시스템을 확립하고 개선하려는 노력에서 우리가 법적 장치라고 알고 있는 것이 발전되어왔다는 사실이다.

그러한 법은 분쟁을 해결하도록 요청받았지만 재판할 행동에 대하여 명령할 권력이 없는 중재자들 또는 유사한 사람들의 노력에 의해서 언어로 점차 분명하게 표현될 수 있었다. 그들이 판결해야 할 문제는 당사자들이 누군가의 의지를 따랐던가의 여부가 아니라 그들의 행동들이 다른 당사자들이 합리적으로 형성되었던 기대들과 부응했는가의 여부다. 그 기대들이 합리적인 이유는 그룹구성원들의 일상적 행위의 기초가 되고 있는 관행들과 일치되기 때문이다. 여기서 관습들의 중요성은 그들이 사람들의 행동을 인도하는 기대들을 발생시킨다는 점이다, 따라서 구속력이 있는 것은 누구나 준수하고 있다고 여겨지는, 그리고 대부분의 활동들에 성공 조건이었던 관행이다.[6] 이 관습들이 보장하는 기대들의 충족은 인간의 의지의 결과도 아니며 그렇게 보이지도, 혹은 누군가의 소망이나 관련된 사람들의 특정한 신분에 좌우되지도, 좌우되는 것으로 보이지도 않을 것이다. 만일 공정한 재판관에게 도움을 청할 필요성이 생겨난다면, 이는 그 같은 사람은 자신 앞에 있는 사건을 언제 어디서나 일어날 수 있는 종류의 사건으로 여기고, 따라서 그가 개인적으로 알고 있지 않은 사람들 중에 유사한 처지에 있는 사람이면 누구의 기대든 모두 충족시킬 방식으로 사건을 판결하리라 기대되기 때문일 것이다.

재판관의 과제와 조직 지도자의 과제는 어떻게 다른가?

재판관이 말로 분명히 표명된 적이 없는 규칙들 그리고 아마 이전에는 그런 행동도 이루어진 적이 없었던 규칙들을 발견해야 하는 곳에서조차, 그의 임무는 특정한 결과들을 달성하기 위해서 어떤 행동이 취해져야 하는지를 결정해야 하는 조직리더의 임무와는 판이하게 다르다. 만일 조직하는 사람이 재판관의 본보기를 염두에 두지 않았다면 특정한 행동들을 위해서 인간들을 조직하는 데 익숙했던 그 어느 누구도 자신의 명령을 그룹구성원들에게 부여된 임무와는 무관하게 그들 모두에게 똑같이 적용할 수 있는 규칙의 형태로 만든다는 것을 전혀 생각하지 못했을 것이다. 따라서 명령권을 가진 어떤 권위도 재판관이 발전시켰던 의미에서 법, 즉 추상적인 표현으로 정의할 수 있는 사람은 누구에게나 적용할 수 있는 규칙으로서 법을 개발시켰을 것 같지 않다. 인간이 장래의 알 수 없는 무수한 사건들을 위한 규칙들을 의도적으로 정하는 일은 원시인들은 거의 할 수 없는 의식적 추상화의 놀라운 능력을 전제한다. 의도된 특정 결과와는 독립적인 추상적 규칙들이 지배했다는 사실은 발견되어야 할 대상이지 정신이 의도적으로 창출할 수 있는 것은 아니다. 만일 우리가 오늘날 추상적 규칙이라는 의미의 법 개념에 익숙한 나머지 우리가 의도적으로 그것을 창출할 수 있는 것이 당연한 것처럼 보인다면, 이것은 무수한 세대의 재판관들이 사람들이 행동에서 준수할 거라고 배웠던 것을 말로 표현하려는 노력의 결과다. 그들의 노력 속에서 그들은 그러한 규칙들을 표현할 수 있는 그 언어를 비로소 창출했음에 틀림없다 .

그래서 재판관의 특징적 태도는 그가 어느 한 권위가 특정 사건에서 이루어지길 원하는 것 아니라, 사적인 개인들이 정당한 이유에서 기대해도 좋은 것을 다룬다는 사정에서 나온다. 이때 '정당한'이란 말은 일반적으로 그 사회에서 그의 행동들이 근거하고 있는 종류의 기대들을 가리킨다. 규칙들의 목적은 개인들의 계획들의 상호순응 혹은 상호조정을 용이하게 하는 것이다. 계획들의 상호 순응 또는 조정이야말로 그들의 성공을 좌우한다.

평화를 유지하기 위해서 재판관을 파견하는 지배자는 자신이 창출한 질서를 유지할 의도나 혹은 자신의 명령들이 이행되었는지를 보기 위해서 통상적으로 그렇게 하는 것이 아니라 그가 결코 알 수 없는 특성을 가진 질서를 회복하기 위해서 그렇게 하는 것이다. 감독자나 검사관과는 달리 재판관은 명령들이 이행되었는지 여부 혹은 개개인들이 자신이 맡은 의무를 수행하고 있는지 여부를 확인할 필요가 없다. 비록 그가 고위의 권위(윗사람)에 의해 임명되었다고 하더라도 그의 의무는 그 윗사람의 의지를 집행하는 것이 아니고, 현존 질서를 뒤집을 수도 있는 분쟁들을 해결하는 것이다. 그는 윗사람은 전혀 모르는 특정한 사건들과 그리고 어느 한 권위의 특정한 행동지시를 전혀 모르는 사람들의 행동을 다룬다.

그래서 '(법률가의 법이라는 의미에서) 법은 애초부터 평화의 유지라는 유일한 목적'을 가지고 있다.[7] 재판관이 강제하는 규칙들이 평화를 유지하고 사람들이 일련의 노력들을 교란되지 않고 지속시킬 수 있도록 보장하는 한에서만 그 규칙들이 그를 파견했던 지배자에게 관심의 대상이 된다. 그 규칙들은 개인들에게 누군가에 의해서 무엇을 하도록 명령한 것과는 무관하며, 오로지 아무도 허용되지 않은 종류의 행동을 하지 못하도록 막는 일에만 관련이 있다. 그것들은 아무도 만들지 않았지만 그럼에도 불구하고 존재하고 있는 현행 질서의 특정한 전제들을 말한다.

판결의 목적은 기능하는 행동질서를 유지하는 것이다

재판관이 발견하고 적용하는 규칙들이 현재의 행동질서의 유지에 봉사한다는 주장이 함축하고 있는 것은 그 규칙들과 그 결과로서 생성되는 질서를 구분하는 것이 가능하다는 점이다. 이들이 서로 다르다는 사실은 개인 행위의 일부 규칙들만이 전체 질서를 만들어내고 다른 것들은 그런 질서를 불가능하게 만든다는 사실에서 나온다. 개인들의 특별한 행동들이 전체 질서를 야기하기 위해서 필요한 것은 그들이 불필요하게 서로 갈등해서는 안 될 뿐만 아니라 개인들의 행동들의 성공은 이들에 일치하는 다른 사람의 행동에 의존한다는 사실에서 볼 때 그런 일치가 실제로 일어날 최소한 좋은 기회가 존재한다는 점이다. 그러나 이러한 시각에서 볼 때 규칙들이 달성할 수 있는 모든 것은 사람들이 공동으로 그런 일치를 발견하고 또 일치시키는 것을 용이하게 만드는 것이다. 추상적인 규칙들이 실제로 이런 일이 항상 일어나는 것을 보장할 수 있는 것은 아니다.

왜 그런 규칙들이 스스로 발전하는 경향이 있는가의 이유는 더 효과적인 행동질서에 도움이 되는 규칙들을 채택하게 된 그룹들이 덜 효과적인 질서를 갖고 있는 다른 그룹들을 압도하는 경향이 있기 때문이다.[8] 널리 퍼지는 규칙들은 서로 다른 그룹들 중에서 어떤 그룹들을 다른 그룹들보다 더 강하게 만드는 관행들 혹은 관습들을 지배하는 규칙들이다. 그리고 특정한 규칙들은 독립적으로 행동하는 다른 사람들과의 관계에서 더 성공적으로 기대들을 안내함으로써 그렇지 못한 규칙들을 압도한다. 특정한 규칙들은 폐쇄된 그룹 내에서 뿐만 아니라 개인적으로 서로 알지도 못하고 우연히 만나는 사람들 사이에서도 효과적으로 질서를 창출한다는 사실에서 특정한 규칙의 우수성이 명백히 드러난다. 그래서 그것들은 명령들과는 달리 공통 목적을 추구하지 않는 사람들 사이에서조차 질서를 창출한다. 모두가 규칙을 준수하는 것은 서로에게 중요하다. 왜냐하면 자신의 목적 달성이 모든 사람들의 준수에 달려 있으나 상이한 사람들이 제각각 추구하는 목적들은 전적으로 다르기 때문이다.

개인들이 규칙들에 맞추어 행동하는 한, 그들이 그 규칙들을 의식적으로 알고 있어야 할 필요는 없다. 언어로 분명하게 규칙들의 그렇고 그런 내용에 대한 앎(know that)이 없이도 규칙들에 맞추어 행동할 줄을 아는 것(know how)으로 충분하다. 그러나 그들의 '노우-하우'는 자주 반복적으로 일어나는 상황에서만 확실한 안내를 제공하지만, 흔하지 않은 상황에서는 무슨 기대가 정당한가에 관한 직관적 확실성은 없다. 만일 평화가 유지되고 분쟁을 막으려면 이 후자의 상황에서도 기존에 확립된 규칙들을 더 많이 알 것으로 여겨지는 사람들에게 호소할 필요성이 있다. 판정을 내리도록 요청받은 사람은 흔히 의견 차이가 있는 규칙들을 언어로 표현하고 이로써 보다 선명하게 하거나 일반적으로 인정된 규칙들이 흔히 존재하지 않는 곳에서는 새로운 규칙들을 제공하는 것이 필요하다는 것을 흔히 발견한다.

그래서 규칙들을 말로 명료하게 하는 목적은 우선 특정한 사건에 그것들을 적용하는 것에 대해 동의를 얻기 위한 것이다. 오로지 관행으로서만 지금까지 존재했던 규칙들을 단지 말로 분명하게 표현하는 것과, 그리고 이전에 지키지 않았지만 일단 말로 표현하면 대부분의 사람들이 합리적인 것이라고 받아들여질 규칙들을 말로 표현하는 것을 구별하는 것은 대개 불가능하다. 그러나 어느 경우든 재판관은 자기가 좋아하는 규칙을 선언할 자유는 없다. 그가 언어로 명시하는 규칙들은 기존의 규칙들이 허용하는 행동질서를 유지하거나 개선하는 데 기여하는 방식으로 이미 인정된 규칙체계 내에 있는 명확한 틈새기를 채워야 한다.[9]

만일 우리가 재판관이 이미 확고하게 확립된 관행들을 단순히 적용하고 언어로 분명히 표현할 뿐만 아니라 기존의 확립된 관습에 의해서 요구되는 것이 무엇인가에 관하여 순수한 의문이 있는, 그리고 결과적으로 분쟁 당사자들이 성실성에서 의견이 서로 다른 상황을 고려한다면, 그러한 규칙체제가 판결에 의해서 발전되었던 과정을 이해하는 데에 많은 도움이 된다. 인정되고 있는 법에 실제로 균열이 존재하는 그러한 사건들에서 일단 선언하면 적절한 것이라고 인정되는 규칙을 발견하는 임무를 누군가에게 부여된다면 새로운 규칙이 확립될 가능성이 있다.

그래서 비록 정의로운 행동규칙과 그리고 이를 통해서 형성되는 행동질서는 무엇보다도 자생적인 성장의 산물이라고 해도, 그들이 점차적으로 완성되려면 새로운 규칙들을 정립하여 현존 체제를 개선시킬 재판관들(혹은 법전문가들)의 의도적 노력들이 필요하다. 실제로 재판관들의 그러한 노력이 없었다면, 혹은 점진적인 진화를 통해서 궁지에 빠지기까지 한 법을 구출하기 위한 또는 아예 새로운 문제들을 다루기 위한 입법자의 간헐적인 간섭이 없었다면, 우리가 알고 있는 법은 사실상 충분히 발전되지 못했을 것이다. 그럼에도 전체로서의 규칙 체제의 구조는 재판관이나 입법자의 계획 때문에 생긴 것이 아니라는 점은 여전히 진실이다. 규칙체제는 관습의 자생적인 성장과 그리고 기존 체제 내에 있는 특정한 개별규칙의 의도적 개선이 지속적으로 상호작용하는 진화과정의 산물이다. 두 요인들 중 하나는 다른 것이 기여했던 조건 내에서, 항상 구체적 내용에서는 법규칙들 이외의 다른 사정에도 좌우되는 행동질서의 형성에 도움이 되도록 작동한다, 어떤 법체제도 전체로서 기획되었던 것이 아니다. 심지어는 법전화하려는 여러 시도들도 현존하는 법체제를 체계화하는 것, 그리고 그렇게 하여 기존의 법체제를 보완하거나 불일치를 제거하는 것, 그 이상을 할 수 없었다.

그래서 판사는 흔히 하나의 해법 그 이상이 있을 수 있는 수수께끼를 풀어야만 하지만 대부분의 경우에 만족시킬 수 있는 모든 상황에 맞는 하나의 해법조차 찾기가 어렵다. 그래서 재판관의 과제는 지적인 과제다. 이는 재판관 자신의 감정이나 개인적 선호, 재판 당사자들 중 어느 한편의 곤경에 대한 동정 혹은 특정한 대상의 중요성에 대한 자신의 의견이 판결에 영향을 끼칠 수 있는 과제는 아니다. 각별히 구체적인 목적은 아니라고 하더라도 특정한 목적, 다시 말하면 일어났던 것과 같은 갈등들의 재발을 막을 규칙을 정하여 주어진 행동질서를 개선하는 목적이 재판관에게 주어져 있다. 이러한 임무를 수행하기 위해 노력할 때 그가 받아들여야 하는 주어진 규칙들의 코스모스(조화로운 질서) 내에서 항상 움직이면서 전체로서 시스템이 기여하는 목적을 통해서 정해진 한 조각을 코스모스에 짜 맞추어야 한다.

'타인 지향적 행동들' 및 기대들의 보호

법률사건이 재판관 앞에 제시되기 위해서는 분쟁이 있어야 하고 그리고 재판관들은 통상적으로 명령과 복종의 관계에 관심을 갖고 있지 않기 때문에, 오직 다른 사람들에게 영향을 미치는 개인들의 그러한 행동들만이, 혹은 전통적으로 서술되어왔듯이 타인 지향적 행동들[10]이 법규칙들의 형성을 야기했다. 지금 우리는 그러한 '타인지향적 행동들'이 어떻게 정의될 수 있는지의 어려운 문제를 검토하려고 한다. 당장 우리가 지적하고 싶은 것은 다른 사람들에게 영향을 줄 수도 없고 해를 끼칠 수도 없는 방식으로 어느 한 개인이 자신의 사각 담장 안에서 홀로 행한 것, 혹은 몇몇 사람들의 자발적 협동과 같이 타인 지향적 행동이 아닌 행동들은 재판관의 관심을 끄는 행동규칙의 주제가 될 수 없다는 점이다. 이는 중요하다. 왜냐하면 그것은 법학자들을 종종 괴롭히는 문제, 즉 완전히 일반적이고 추상적인 규칙들조차 개인적 자유에 여전히 심각하고 불필요한 제한을 가할 수 있다는 문제에 대해 해답을 제시하기 때문이다.[11] 실제로 종교적 복종을 요구하는 일반규칙들(예를 들면 일요일에는 일을 해서는 안 된다는 규칙: 역자 주)도 개인적 자유를 아주 심각하게 침해하는 것으로 느껴질 수 있을 것이다. 하지만 사실은 간단히 말해서 그러한 규칙들은 타인 지향적 행동을 제한하는 규칙들이 아니다. 혹은 우리가 정의하겠지만 그것들은 개인들의 보호 영역을 획정하는 규칙들도 아니라는 점이다. 개인들의 죄악 때문에 초자연적 힘에 의해서 전체 그룹이 처벌을 받을 수 있다고 믿지 않는 곳에서라면, 타인 지향적 행동을 제한할 때나, 따라서 분쟁을 해결할 때나, 종교적 복종을 요구하는 식의 그러한 규칙들은 생겨날 수 없다.[12]

그러나 무엇이 '타인 지향적 행동들'이며, 행동규칙들에 의해 어느 정도까지 그들 사이에 갈등을 방지할 수 있는가? 분명한 것은 법이 다른 사람들을 해칠 수 있는 모든 행동들을 금지할 수는 없다는 것이다. 아무도 행동의 모든 효과들을 예견할 수 없기 때문일 뿐만 아니라 새로운 사정으로 어떤 사람들에게 초래된 계획변동의 대부분은 다른 사람들에게는 불이익일 수도 있기 때문이다. 끊임없이 변화하는 사회에서 법을 통해서 기대들의 좌절을 보호할 경우 항상 일부사람들의 기대만 보호할 뿐이지 모든 사람들의 기대를 보호하는 것은 아니다. 그리고 타인에게 알 수 있게끔 가해지는 어떤 피해는 자생적 질서의 유지를 위해서 본질적인 것이기도 하다. 새로운 사업을 시작하면 다른 사람의 실패로 이어지리라고 기대하는 경우조차도 그 사업을 방지하지 못한다. 따라서 정의로운 행동규칙들의 과제는 사람들에게 어떤 기대는 기댈 수 있는지, 그리고 어떤 기대는 그렇게 할 수 없는

지를 말하는 것일 뿐이다.

그러한 규칙들은 법규칙들과 기대들 사이의 계속적인 상호작용 속에서 발전한다: 새로운 규칙들은 현존하는 기대들을 보호하기 위해서 정해지는 반면에 각각의 모든 새로운 규칙은 새로운 기대를 창출하려는 경향도 있다.[13] 현재 지배하고 있는 어떤 기대들은 항상 서로 갈등을 빚을 때, 재판관들은 어떤 것을 정당한 기대로 취급될 것인가를 지속적으로 결정하여야 하고 재판관들은 그렇게 함으로써 새로운 기대를 위한 기초를 제공한다. 이것은 어떤 점에서는 항상 실험적 과정이다. 왜냐하면 재판관(그리고 법률 제정자도 마찬가지로)은 자신이 정하는 규칙의 결과들 모두를 결코 예견할 수 없고, 기대들의 갈등 원천을 축소하려는 노력이 자주 실패할 것이기 때문이다. 하나의 갈등을 해결하려고 했던 새로운 규칙은 다른 관점에서는 새로운 갈등을 불러일으키기 마련이다. 왜냐하면 새로운 규칙을 확립하면 이는 법만으로는 전부로 결정하지 못하는 행동질서에 영향을 미치기 때문이다. 그러나 규칙들의 적합성 여부를 판단할 수 있는 것은 그 행동질서에 미치는 효과, 시행착오에 의해서만 발견될 수 있는 효과뿐이다.

역동적인 행동질서에서는 기대의 일부만이 보호될 수 있다

이 과정에서 발견될 점은 기대라고 해서 전부 다 일반적 규칙들에 의해서 보호될 수 없을 뿐만 아니라 일부 기대들이 체계적으로 좌절되어야만 가능한 한 많은 기대들이 충족될 기회도 크게 향상되리라는 것이다. 이것이 의미하는 바는 다른 사람들을 해칠 모든 행동들을 금지하는 것은 가능하지도 않고 바람직하지도 않으며, 오직 특정한 종류의 행동만 금지해야 한다는 것이다. 새로운 거래관계를 갖고 이로써 지금까지 거래해왔던 사람들의 확신에 찬 기대를 수포로 돌아가게 만드는 것은 충분히 정당한 것으로 여겨진다. 따라서 법이 막으려는 타인들의 피해는 모든 피해가 아니라 법이 정당하다고 말하는 기대들의 좌절이다. 오직 이런 식으로만 '타인에게 해를 끼치지 말라'라는 규칙은 자신들의 지식을 기반으로 해서 자신들의 목적을 추구하는 인간 그룹에게 의미 있는 내용의 규칙이 될 수 있다. 개개인에게 확보해줄 수 있는 것은 그가 자신의 계획을 추구하는데 아무도 간섭하지 못하게 하는 것이 아니라 특정한 수단의 이용에서만 간섭받지 않게 한다는 점이다.

끊임없이 변화하는, 그리고 결과적으로 어떤 개인들은 항상 새로운 사실들을 발견하고 우리가 그들이 이 새로운 지식을 사용하길 바라는 외적 환경 속에서 모든 기대들을 보호하는 것은 명확하게 불가능하다. 만일 새로운 사실이 개인들에게 알려질 때마다 그들이 자신들의 행동 계획들을 그런 사실들에 적응하는 것을 방해한다면, 기대들의 보호는 증가하기보다는 감소할 것이 확실하다. 사실상 다른 사람들이 새로운 지식에 비추어 끊임없이 자신들의 계획을 변경하기 때문에 우리의 많은 기대가 충족될 수 있는 것이다. 만일 특정한 다른 사람들의 행동에 관한 우리의 모든 기대들이 보호되었다면, 끊임없이 변화하는 상황에서 누군가가 우리가 기대하는 것을 우리에게 제공하는 덕택으로 가능했던 모든 조정들이 억제되었을 것이다. 따라서 어떤 기대들이 보호되어야 할 것인가는 우리가 어떻게 전체로서 기대들의 충족을 극대화할 수 있는가에 달려있다.

그러한 극대화는 개인들에게 자신들이 이전에 해왔던 것을 계속하라고 요구함으로써 성취되는 것은 결코 아니다. 사실들 중에 어떤 것들은 불가피하게 불확실한 세상에서는 다른 사람에게는 예측불가일 수밖에 없는 방식으로 우리가 알게 된 것에 우리 자신을 적응시키도록 우리에게 허용할 때만, 우리는 어느 정도의 안정성과 그리고 이에 따라 모든 사람들의 행동들에 대한 전체 결과에 대한 예측 가능성도 달성할 수 있다. 우리가 본 것으로부터 우리로 하여금 무엇을 기대할 것인가에 대한 아주 신뢰할만한 추론을 이끌어낼 수 있게 해주는 추상적인 전체 질서가 특정한 것들의 끊임없는 변화를 통해서 유지된다.

다른 사람들이 개인으로부터 기대했던 것을 개인이 계속해서 행하도록 요구받는 경우 이것이 전체 질서의 붕괴로 급속하게 이어지는 것을 보기 위해서는 그때 생겨날 결과들에 대해 잠시 생각할 필요가 있다. 만일 개인들이 그러한 지침들을 준수하려고 노력한다면, 사람들은 당장 그렇게 하는 것이 물리적으로 불가능하다는 점을 알게 될 것이다. 왜냐하면 상황이 일부가 변했기 때문이다. 그러나 그들이 기대들을 충족시키지 못해서 생겨난 효과는 다른 사람들을 비슷한 위치로 몰아넣는 등 그 효과로 영향을 받는 인적 범위가 확대된다(차제에 말하자면, 이것은 왜 완전히 계획된 체제가 붕괴되기 쉬운지의 이유 중 하나다.). 복잡한 생산체제 속에서 전반적인 결과들의 흐름을 유지하기 위해서는 그 체제 구성요소들의 행동들에 커다란 탄력성이 필요하다. 그리고 특수한 것들의 예측 불가능한 변화들을 통해서만이 전반적 결과들에 대한 높은 정도의 예측 가능성이 달성될 수 있다.

우리는 나중에 (2부 10장에서) 시장에서 일부의 기대들이 체계적으로 좌절됨으로써 전반적으로 기대들이 효과적 충족된다는 명백한 역설에 대해 더 충분하게 고려할 것이다. 이것이 '부정적 환류(negative feedback)' 원리가 작동하는 방식이다. 있을 수 있는 오해를 막기 위해서 당장 추가할 점은 질서 전체가 개별적 사실들보다도 훨씬 더 큰 규칙성을 보인다는 사실이다. 이 사실은 통계학이 다루는 것, 즉 구성요소들의 무작위적 움직임으로부터 귀결될 수 있는 확률들과는 관계없다. 왜냐하면 개별 행동들은 체계적인 상호 조정의 산물이기 때문이다.

우리의 직접적인 관심사는, 사람들이 자신들의 기대들이 충족되는 것을 보장하려고 노력하기 이전에 특정한 기대들에 기초하여 형성된 행동질서가 어느 정도 항상 사실로서 존재해왔다는 점을 보여주는 것이다. 현존 행동질서는 우선 사람들이 의존하는 팩트이고 자신들의 목적을 성공적으로 추구하기 위하여 얼마나 그것에 의존하고 있는지를 발견할 때만이 그들이 유지하려고 애쓸만한 가치다. 우리는 그것을 목적이라기보다는 가치라고 부르고 싶다. 왜냐하면 그것은 비록 아무도 의도적으로 그것을 만들어내는 것을 목표로 하지 않았다고 하더라도 모든 사람이 원하는 조건일 것이기 때문이다. 실제로 비록 모두가 자신들의 기회가 그 질서의 유지에 달려 있다는 것을 알게 되겠지만 아마 아무도 그 질서의 성격을 묘사할 수 없을 것이다. 이것이 그렇게 되는 이유는 그 질서가 어떤 특정한 관찰 가능한 사실들로 정의될 수는 없지만, 특정한 것들이 변화함으로써 유지될 추상적인 관계들의 체계로만 정의될 수 있기 때문이다. 그것은 앞에서 이야기했듯이 가시적인 혹은 감지될 수 있는 어떤 것이 아니며, 정신적으로만 구축될 수 있는 어떤 것이다.

그러나 비록 그 질서가 규칙들에 대한 준수로만 이루어져 있는 것처럼 보일 수 있지만, 그리고 규칙에 대한 준수가 질서를 보장하기 위해 필요하다는 것은 진실이지만, 우리는 또한 규칙이라고 해서 모두가 질서를 보장하지는 않는다는 것도 보아왔다. 기존에 확립된 규칙들이 주어진 상황에서 전반적 질서의 형성으로 이어질 것인지 여부는 오히려 그들의 특정한 내용에 달려있다. 부적합한 규칙들에 대한 준수는 당연히 무질서의 원인이다. 그리고 개인의 행동들을 전반적 질서로 통합하는 것을 분명히 불가능하게 하는 개인의 행동규칙들을 생각할 수 있다.

그래서 정의로운 행동규칙들이 봉사하는 '가치들'은 특수한 것이 아니라 사람들이 향상시키길 바라고 있는, 실제로 존재하는 질서의 추상적 특징들이다. 그들이 이 특징들을 고양하길 바라는 이유는 이들이 다양하고 예견할 수 없는 수많은 목적이 효과적으로 추구할 조건이라고 보고 있기 때문이다. 규칙들은 우리가 더 높은 정도로 우리 사회의 전반적 질서가 보유하기를 바라는 특정한 추상적 특징들을 확립하는 것을 목표로 한다. 우리는 먼저 현재의 행동들에 깔려있는 규칙들을 개선하여 그 질서가 널리 퍼지도록 만들려고 노력한다. 달리 말하면 이 규칙들은 어느 누구도 의도적으로 창출하지 않은, 따라서 어떤 목적도 없지만 우리의 모든 행동들의 성공적인 추구를 위한 중요성을 이해하기 시작한 후에 비로소 개선을 위해 노력할 수 있는 실제 상황의 특성이다.

물론 사실만을 담고 있는 전제들로부터 규범들이 도출될 수 없다는 것은 옳지만 그렇다고 이것은 특정한 종류의 결과들을 목표로 하는 규범을 인정하면 특정한 사실적 상황에서 다른 규범들을 인정할 수 없다는 것을 의미하는 것이 아니다. 그 이유는 간단히 말해서 다른 특정한 규범들도 준수될 경우에만이 승인된 규범들은 자신을 정당화하는 목적에 기여할 것이기 때문이다. 그래서 만일 우리가 의문 없이 주어진 규범 체제를 받아들인다면, 그리고 특정한 현실 상황에서 어떤 보완적 규칙들이 없이는 그 규범체계는 바라던 결과를 달성할 수 없다는 것을 알게 된다면, 비록 보완적 규칙들이 이미 인정된 규칙들로부터 논리적으로 도출되지 않는다고 해도, 후자는 전자를 필요로 한다. 보통 암묵적으로 그러한 다른 규칙들의 존재가 전제되기 때문에, 최소한 일부 새로운 사실들이 출현하면 특정한 새로운 규범들이 필요하게 된다고 주장하는 것은 비록 아주 정확한 것은 아니라 할지라도 전체적으로 틀린 것도 아니다.

행동규칙 체제와 현실적 행동질서의 이러한 관계가 가진 중요한 귀결은 순수 규범과학으로서, 그리고 법이 지향하는 현실 질서를 고려하지 않는 법학은 있을 수 없다는 점이다. 새로운 규범이 현존 규범체계에 적합한지의 여부는 논리학만의 문제가 아니라 보통 현실 상황에서 그 규범이 상호 간 어울리는 행동들의 질서로 이어질지 여부의 문제다. 이것은 추상적 행동규칙들이 특정한 상황과 함께 특정한 행동들을 결정한다는 사실에서 생겨난다. 새로운 규범이 현존 체제와 맞는지 여부의 검증은 그래서 순수한 사실적 문제다. 그리고 어느 한 새로운 규범이 논리적으로 이미 인정된 규범들과 전체적으로 양립한다고 해도 그 규범이 현존하는 규범들이 허용했던 다른 행동들과 충돌하는 행동들을 특정한 상황에서 허용한다면, 그 규범은 인정된 것들과 상충될 수 있다. 이것이 바로 모든 법규칙들이 명백한 전제로부터 도출되는 순수 '규범과학'으로서 법을 데카르트적으로 혹은 '기하학적'으로 다루는 것이 얼마나 잘못될 것인지의 이유다. 우리는 그렇게 다루는 것이 사법적 판결을 더 예측가능하게 만들려는 직접적인 목표에서조차 실패할 수밖에 없다는 점을 보게 될 것이다. 규범들이 사실들에서 동떨어져서 다른 규범들과 어울릴지 여부에 따라 판단될 수 없다. 왜냐하면 그것들이 허용하는 행동들이 서로 양립가능한지 여부는 사실들에 좌우되기 때문이다.

이것은 법철학의 역사 내내 항상 '사물의 본성'[14]을 언급하는 형태로 나타났던 기본적 통찰이다. 그런 언급을 우리는 자주 인용되는 홈즈(O. W. Holmes)의 진술에서, 즉 '법의 생애는 논리적이었던 것이 아니고, 경험이었다'[15]는 말에서, 혹은 '사회생활의 압박,'[16] 법이 언급하는 행동들의 '양립가능성'[17] 혹은 '조화가능성'[18]이라는 여러 표현들에서 찾아볼 수 있다.

기대들의 일치의 극대화는 보호된 영역을 획정함으로써 달성된다

행동규칙들이 기대의 확실성을 향상시키는 데 기여하는 것을 보는 것이 왜 그리 어려운가의 주요 이유는, 그것들이 특정한 구체적 상황을 결정함으로써 기여하는 것이 아니라, 그 구성원들로 하여금 그들에게 알려진 특수한 것들로부터 적중할 기회가 좋은 기대를 도출할 수 있게 하는 오직 추상적 질서만 결정함으로써 기여하기 때문이다. 이것이 팩트들(사실들)이 예측할 수 없는 방식으로 변화하고 그리고 질서가 개인들이 새로운 사실들을 알게 될 때마다 그들에 자신을 적응시킴으로써 형성되는 세상에서 달성되는 모든 것이다. 끊임없이 스스로 외적 변화들에 적응하고, 예측의 기초를 제공하는 전반적 질서에서 항구적일 수 있는 것은 추상적 관계들의 체제이지 특수한 구성요소들일 수는 없다. 이것이 의미하는 바는 모든 변화는 기대들을 좌절시킬 수밖에 없지만, 기대를 좌절시키는 바로 그 변화가 다시금 정확한 기대를 형성할 기회를 될 수 있는 대로 커지게 하는 상황을 창출한다는 것이다.

그러한 조건은 모든 기대가 아니라 일부의 기대의 보호에 의해서만 달성되는 것이 분명하다. 그리고 중심 문제는 일반적으로 기대들이 충족될 가능성을 최대화하기 위해서는 어떤 기대들이 담보되어야 하는가이다. 이는 법이 보호해야 할 '정당한' 기대들과 좌절되어도 되는 다른 기대들 사이의 구분을 의미한다. 이런 식으로 보호될 기대의 범위를 규정하고 이로써 사람들이 다른 사람들의 의도에 서로 간섭하는 행동을 줄일 수 있는 유일한 방법은 오직 특정한 개인들에게만 처분이 허용되고, 다른 모든 사람들에게는 그것에 대한 통제가 배제되도록 하는 대상물의 범위를 지정함으로써 (혹은 오히려 규칙들을 구체적 상황에 적용하여 인식가능하게 만들어줌으로써) 모든 개인들에게 허용되는 행동들의 범위를 획정해주는 것이다. 개인들 각자가 다른 사람들의 방해로부터 보호되는 행동범위는 모든 사람들에게 똑같이 적용할 수 있는 규칙들에 의해 결정될 수 있다. 규칙들이 개개인들 모두에게 똑같이 적용할 수 있으려면 그 규칙들을 통해서 어떤 특수한 대상들을 개인들 각자가 자신의 목적에 따라 사용할 수 있는가를 확인할 수 있어야 한다. 달리 말하면 언제든 각 개인의 보호된 영역의 경계선을 확인하고 그래서 내 것(meum)과 남의 것(tuum)를 구분할 수 있게 하는 규칙이 필요하다

'좋은 울타리가 좋은 이웃을 만든다'[19]는 점에 대한 이해, 즉 개인들 각자의 자유로운 행동 영역 사이에 명확한 경계선이 그어질 수 있다면 그 경우

에만 인간들은 서로 충돌하는 일 없이 자신의 목적을 추구하는 과정에서 자신의 지식을 사용할 수 있다는 점에 대한 이해는 알려진 모든 문명이 성장해왔던 기반이다. 물질적인 것들뿐만 아니라 (존 로크가 정의했듯이) 모든 개인의 '삶, 자유 그리고 자산'까지 포함하는 광의의 의미에서 재산권은 인간이 개인적 자유를 갈등을 없애고 조화시키는 문제에서 여태까지 발견한 유일한 해법이다. 법, 자유, 그리고 소유는 분할할 수 없는 삼위일체다. 개인들 각자로 하여금 어디가 자유로이 행동할 곳인지를 확인할 수 있도록 하는 규칙들을 제정함으로써 자유 영역의 경계선을 정하지 않는 보편적 행동규칙이라는 의미의 법이란 있을 수 없다.

이것은 오랫동안 자명한 것이자 증명을 필요로 하지 않는 것으로 여겨졌다. 이 장의 서두에 있는 인용문이 보여주듯이, 보편적 행동규칙은 고대 그리스인처럼 밀턴[20]과 홉스[21]로부터 몽테스키외[22]를 거쳐 벤담[23]에 이르기까지 자유주의 정치사상의 창시자 모두가 명확하게 이해했고, 아주 최근에는 메인[24]과 액튼 경[25]이 다시 강조했던 것이다. 그런 행동규칙에 비교적 최근에 도전했던 것은 사회주의라는 구성주의적 접근 그리고 재산권이 약간 후기 단계에서 '발명되었다'는, 그리고 그 이전에는 원시 공산주의라는 상태가 있었다는 틀린 사고의 영향이었다. 이러한 신화는 인류학적 조사연구에 의해서 완벽하게 부정되었다.[26] 소유의 인정은 심지어 아주 원시적인 문화의 출현보다도 먼저였다는 것과, 그리고 확실히 우리가 문명이라고 부르는 모든 것은 개인들이나 그룹들의 보호 영역 획정에 의해서 가능하게 되었던 자생적 행동질서의 기반 위에서 자라났다는 것은 이제는 의심의 여지가 없다. 그 자생적 질서는 비록 우리 시대의 사회주의적 사고방식이 이런 통찰에 대하여 이데올로기적 의구심을 고취하는데 성공했다고 하더라도 그것은 이 분야에서 우리가 획득했던 어떤 통찰만큼이나 과학적 진실임이 잘 입증되었다.

우리가 앞으로 더 나아가기 전에 법규칙들과 특수한 개인들의 소유 사이의 관계에 대한 통상적인 오해로부터 우리를 방어할 필요가 있다. 정의로운 행동규칙들의 목적은 각자에게 각자의 몫을(suum cuique tribuere) 할당하는 것이라는 고전적인 공식을 법 그 자체가 특정 개인들에게 특정한 것들을 할당한다는 의미로 흔히 해석했다. 물론 법은 이런 종류의 일도 수행하지 않는다. 단지 법은 특정한 것들이 누구에게 속하는지를 특수한 사실들로부터 확인할 수 있는 규칙을 제공할 뿐이다. 법은 특정한 물건이 속하게 될 특정한 사람이 누가 되어야 하는가의 문제를 다루는 것이 아니라 규칙들이 그어놓았던 한계 내에서 개인들의 행동을 통해서 결정되었지만 그 구체적 내용에서는 다른 많은 사정에 의해 좌우되는 경계선을 확인가능하게 한다. 흔히 그런 것처럼 그런 고전적 공식을 '분배정의'와 관련된 것처럼 또는 사물들의 상태나 분배가 어떻게 발생했는지를 고려하지 않고 정의롭거나 정의롭지 않다고 말할 수 있는 그들의 상태나 분배를 목표로 하고 있다는 식으로 해석해서도 안 된다. 법규칙들의 목표는 오로지 경계선을 그음으로써 서로 다른 개인들의 행동들이 상호 충돌하는 것을 가능한 한 많이 방지하는 것일 뿐이다. 법규칙들은 혼자서 그 결과가 서로 다른 개인들에게 무엇이 될지를 결정할 수 있는 것도 아니고, 따라서 그것에 관심을 가질 수도 없다.

그렇게 각자의 보호받는 영역을 정의함으로써 법은 자신이 규제할 '타인 지향적 행동들'이 무엇인지를 결정하고 그리고 '다른 사람들에게 해를 가하는' 행동들에 대한 보편적 금지가 결정적인 의미를 갖는다. 개인들에게 항상 변화하는 상황들에 대한 자신들의 지식을 그와 똑같이 변화하는 목적들을 위해서 사용하는 것이 허용된 사회에서 달성될 수 있는 극대의 기대 확실성은 그런 상황들 중 어떤 것은 타인들에 의해서 변경되어서는 안 되고 또 어떤 것은 그 자신도 변경해서는 안 되는지를 말해주는 규칙들에 의해서 보장된다.

어디에 그러한 경계선들을 아주 효과적으로 그어질 것인가는 최종적 대답을 찾기 어려운 문제다. 소유의 개념은 확실히 하늘에서 떨어져 마련된 것은 아니다 우리는 어디서도 소유자가 의사결정에서 우리가 원하는 모든 효과들(그리고 오로지 그 효과들만)을 고려하지 않을 수 없도록 개인적 영역의 획정에 아직 어느 곳에서도 성공하지 못했다. 개인적 영역의 획정 원칙을 개선하기 위한 노력에서 우리는 사적 소유 제도를 통해서 유지되는 현행 질서의 기초로서 봉사하는 기존에 확립된 규칙 체제 위에 세우지 않을 수 없다. 경계선 긋기는 우리가 비로소 이해하기 시작한 기능에 봉사하기 때문에, 특정한 경우에 경계선이 올바른 장소에 그어졌는지, 혹은 변화된 조건에 비추어 볼 때 기존에 확립된 규칙이 여전히 적합한지 여부를 묻는 것은 의미가 있다. 그렇지만 어디에 경계선을 그어야 하는가는 자의적으로 내려질 의사결정이 아니다. 만일 상황변동의 결과로서 새로운 문제들이 생겨난다면, 그리고 과거에 누가 특정한 권리를 가졌는가에 관한 질문이 관련이 없고 그래서 그 권리가 청구되지도 배정되지도 못하는 곳에서 예를 들어 경계획정 문제가 야기된다면 우리의 임무는 우리가 당연하다고 여기는 다른 규칙들과 똑같은 일반적 목적에 봉사하는 해법을 찾는 것이다. 비록 기존의 확립된 규칙들은 소유의 개념을 유형재산에 국한했다 하더라도, 기존 시스템의 기본 아이디어는 예를 들어 전기에너지는 그 개념 안에 포함되어야 한다고 명확히 요구할 수 있다 전자기파의 경우에서처럼 어떤 종류의 공간적 한계도 실용적인 해법을 흔히 제공할 수 없고 그래서 그러한 사물들의 통제권을 어떻게 배정할 것인가에 관한 전적으로 새로운 개념들을 찾아야 할지도 모르겠다. 이동가능한 대상물들('동산(動産)')의 경우에서처럼, 소유자가 자신의 재산을 가지고 시작한 것의 효과가 일반적으로 자신에게만 영향을 미치며 다른 아무에게도 미치지 않는 곳에서만은 소유가 그가 좋아하는 방식으로 대상물을 사용하거나 남용할 권리를 포함할 수 있다. 그러나 특정한 사용에 의해서 야기되는 편익과 손해 모두가 소유자가 관심을 두고 있는 영역에 국한되는 곳에서만, 배타적인 처분이 그 문제에 대한 충분한 대답을 제공해준다. 동산을 떠나 부동산으로 들어가면 상황은 아주 다르다. 여기서는 '이웃 효과' 같은 것 때문에 적절한 '경계선들'을 긋는 문제가 더욱 더 힘이 든다.

불의를 방지하는 것만을 목표로 한다는 점에서 정의로운 행동규칙들은 본질적으로는 소극적 성격을 띠고 있다는 것, 그리고 그들은 똑같이 소극적인 양립가능성의 검증을 전승된 법체계에 일관되게 적용하여 발전된다는 것; 그리고 이 검증의 지속적 적용에 의해 최종적으로 정의를 실현시키지 못한다고 해도, 정의에 접근할 수 있다는 희망을 가질 수 있다는 것 등, 이러한 고려들에서 생겨나는 특정한 결과들을 우리는 나중에 생각할 것이다. 그 다음에 이어서 우리는 재판관의 법이 반드시 소유할 특성들의 시각으로부터가 아니라 자유의 법이 가져야 할, 따라서 의도적으로 법을 만드는 과정에서 준수해야 할 특성들의 시각으로부터, 그런 복잡한 질문으로 되돌아와야만 한다.

재화 및 서비스의 이용 가능한 총합의 극대화라고 부르는 것은 모든 법이 용이하게 하는 기대들의 조화의 아주 바람직한 부산물일지라도 우연이라는 점을 보여주는 것도 다음 장으로 넘겨야 한다. 그때 우리는 법이 기대들이 상호간 일치되는 상황을 목표로 할 때만이 법이 우리의 물질적 부의 원인이 된 광범하고 자생적인 노동의 분업을 기초로 하는 질서를 만들어내는 데 도움을 줄 수 있었다는 것을 볼 것이다.

가치들이 사실들에 미치는 효과의 일반적인 문제

정의로운 행동규칙들의 중요성은 이 가치들을 지키면 특정의 복잡한 실제적 구조들이 형성된다는 사실에 기인한다는 점이다. 그리고 이런 의미에서 중요한 사실들은 이러한 실제적 결과들을 자각했기 때문에 지니게 된 것이 아닌 가치들의 확산 여부에 달려있다는 점을 우리가 누차 강조해왔다. 그럼에도 그런 관계가 거의 제대로 평가받지 못했기에 이 자리에서는 추가로 그 중요성에 대한 약간의 언급을 할 것이다.

자주 간과되고 있는 것은 특정한 가치들을 몸에 지니고 있다는 것에서 생겨나는 사실들은 개인의 행동들을 인도하는 가치들이 부착되어 있는 것들이 아니라 많은 개인의 행동을 포괄하는 유형, 행동하는 개인들이 알아차리지 못했을 수도 있고, 확실히 그들의 행동이 지향하는 바도 아니었던 그런 유형이다. 아무도 의도하지 않았으나 많은 다른 목적들의 성공적 추구 조건으로 인식되는 그런 스스로 형성되는 질서 혹은 유형의 보존이 그 자체 가치로서 여겨진다. 이 질서는 개인들의 행동을 결정하는 규칙들에 의해서가 아니라, 규칙들을 준수함으로써 생겨난 기대들의 조화에 의해서 형성된다. 그러나 그러한 실제적 상황을 가치로 여겨진다면, 이것이 의미하는 바는 사람들이 그 기능들을 알지 못하기 때문에 그들에게는 궁극적인 가치들로 보이게 하는 다른 가치들(행동규칙들)에 의해서 그들의 행동이 조종할 경우에만 실제적 상황, 즉 행동질서라는 가치가 성취될 수 있다는 점이다. 따라서 스스로 생겨나는 질서는 의도하지도 않고 알고 있지도 못하는 다른 가치들을 준수한 결과다.

그 결과는 지배적인 상이한 가치들이 때로는 서로 갈등을 일으킬 수도 있거나 혹은 받아들여진 가치가 또 다른 가치의 수용을 필요로 할 수도 있다는 것이다. 이는 가치들 사이의 어떤 논리적 관계 때문이 아니라 그 가치들의 목적은 아니었지만 그것이 행동에서 그들이 존중될 때 생겨나는 결과들이라는 사실 때문이다. 그래서 비록 행동하는 사람들이 어느 하나를 지킬 경우에 다른 것을 획득할 수 있다는 것을 의미하는 상호 의존성을 알아차리지 못한다고 하더라도 가치들이 만들어내는 실제적인 조건들을 통해서 상호의존적으로 된 몇 가지 상이한 가치들을 우리는 자주 발견한다. 따라서 우리가 문명이라고 여기는 것은 서로 다른 개인들의 특정한 행동 계획들이 서로에게 잘 조정되어 대부분의 경우에 그 계획들이 수행될 수 있다는 실제의 조건들에 달려있다. 그리고 이런 조건은 개인들이 사유재산을 가치로 받아들이는 경우에만 달성될 수 있다. 이런 종류의 연계성들을 이해하려면 우리가 규칙들에 의해서 정의되는 행동들의 규칙성 그리고 특정한 종류의 규칙들을 준수할 때 그 결과로서 생기는 전반적 질서를 명확히 구분할 줄 알아야 한다.

여기서 가치들이 하는 역할을 제대로 이해하지 못하도록 방해하는 것은 팩트(사실)를 표현하는 용어들인 '습관들' 혹은 '관행들'로 '가치들'을 대체하기 때문이다. 그렇지만 전반적 질서의 형성을 설명할 때 개인적 행동을 인도하는 가치 개념을 개인들의 행태에서 관찰되는 규칙성들에 대한 진술로 적절히 대체할 수는 없다. 우리가 사실상 행동을 인도하는 가치들을 관찰할만한 행동들의 목록으로 완전히 환원시킬 수 없기 때문이다. 가치에 의해서 인도되는 행동은 우리가 가치를 잘 알 때만 인식할 수 있다. 예를 들어 '다른 사람들의 소유를 존중하는 습관'은 우리가 소유의 규칙들을 알때만 관찰할 수 있다. 그리고 우리가 관찰된 행동으로부터 소유의 규칙들을 재구성할 수 있다고 해도, 그런 재구성은 항상 특정 행동을 기술하는 것 이상을 포함하고 있다.

가치와 사실들의 복잡한 관계는 개인들이 특정한 가치들을 가지고 있기 때문에 복잡한 사회 구조를 연구하는 사회과학자들에게는 잘 알려진 어려움들을 발생시킨다. 그가 연구하는 사회구조 전체를 주어진 것으로 받아들이는 한, 그는 역시 그 구조가 근거하고 있는 가치들도 계속해서 준수될 것이라고 암묵적으로 전제한다. 사회인류학자는 자신이 연구하는 사회의 구성원들에게 영향을 끼치는 것을 바라지도, 그들은 그가 말하는 바를 알아차리기를 기대하지도 않듯이 그가 자기 자신의 사회와는 다른 사회를 연구할 때 가치와 사실들의 복잡한 관계에서 생겨나는 어려움은 중요하지 않다. 그러나 주어진 사회에서 특정한 목표들에 어떻게 도달할 것인지에 관해 조언을 해달라고 요청받은 사회과학자에게는 사정이 다르다. 그러한 질서를 수정하거나 개선하려는 제안에서도 그는 그 질서의 존속을 위해서 없어서는 안 될 가치들을 받아들여야 한다. 왜냐하면 질서의 특정한 측면을 개선하려는 것과 동시에 전체 질서가 의존하고 있는 가치들을 파괴할 수단을 제안하려는 노력은 일관성이 없는 것이 분명하기 때문이다. 그는 자신의 주장에서 가치들을 담고 있는 전제들로부터 출발해야 하고 그가 역시 가치들을 담고 있는 결론들에 도달한다면, 거기에는 논리적 결함이 없다.

법의 '목적'

법이 자생적 행동질서의 형성에 봉사한다는, 혹은 그 형성을 위한 필요조건이라는 통찰은 법철학 대부분에서는 모호하게 제시되고 있어서 사회이론, 특히 경제학이 제공한 그 질서에 대한 설명이 없이는 엄밀하게 정식화하기 어려운 개념이다. 법이 어떤 종류의 실제 상황을 '목표로 하고 있다거나 혹은 어떤 행동규칙들을 일반적으로 지키기만 하면 어떤 사실의 상태(자생적 행동질서:역자주)가 출현한다는 이념은 우리가 보기에는 일찍이, 특히 법은 '사물의 본성'에 의해 정해진 것이라는 후기 스콜라학파의 법 개념에서 표현되었던 것이다. 우리가 이미 언급했듯이 법학은 '경험적' 혹은 '실험적' 과학이라는 주장의 근저에는 그런 법 개념이 깔려 있다. 그러나 아무도 예측할 수 없는 특수한 등장형태를 가진, 그리고 아무도 엄밀하게 정의할 수 없는 속성들에 의해서 결정되는 추상적 질서를 목표로 이해하는 것은 대부분의 사람들이 합리적 행동의 적합한 목표에 관해서 가지고 있는 생각과 정면으로 대립한다. 지속적인 추상적 관계들의 체계를 혹은 끊임없이 내용이 변동하는 코스모스의 질서를 보존하는 것은 사람들이 의도된 행동의 목적, 목표 혹은 종착점 개념으로 통상적으로 이해하는 것과는 일치하지 않는다.

우리가 이미 보았던 것처럼 법은 목적, 즉 특정한 예견 가능한 사건의 예상이라는 일상적인 의미에서 그 어떤 목적에 봉사하는 것이 아니라 오히려 서로 다른 개인들의 헤아릴 수 없이 수많은 서로 다른 목적들에 봉사한다. 법은 어느 누구에게도 전체적으로 알려져 있지 않은 수많은 상이한 목적들을 위한 수단을 제공할 뿐이다. 따라서 통상적인 의미의 목적이라면 법은 어떤 목적을 위한 수단도 아니고 단지 대부분의 목적들을 성공적으로 추구하기 위한 조건일 뿐이다. 아마도 대단히 다양한 인간적 목적들을 돕는 다목적 도구들 중에서 가장 위대한 것은 언어 다음으로는 법이다. 확실히 그것은 어떤 하나의 알려진 목적을 위해서 만들어진 것이 아니라 오히려 법 아래에서 움직이는 사람들로 하여금 자신들의 목적을 더욱 효과적으로 추구하도록 만들기 때문에 법이 발전해왔던 것이다.

비록 사람들이 어떤 의미로는 법규칙들이 '질서'를 유지하는 데 필요하다는 점을 보통은 충분히 잘 이해하고 있지만, 그들은 이 질서를 규칙들에 대한 복종과 동일시하는 경향이 있다. 그래서 그 규칙들은 다른 방식으로 질서에 봉사한다는, 다시 말하면 서로 다른 사람들의 행동들을 일치시키는 데 기여한다는 점을 알아차리지 못하고 있을 것이다.

법의 '목적'에 대한 상이한 두 개념들은 법철학의 역사에서 명확하게 드러난다. 이마누엘 칸트가 정의로운 행동규칙이 가진 '목적 없는' 성격을 강조한 것으로부터,[27] 목적을 법의 중심적 특징이라고 여긴 벤담에서 예링에 이르는 공리주의자들에 이르기까지 목적 개념이 모호했던 것이 항상 혼동의 근원이었다. 만일 '목적'이 구체적으로 예견할 수 있는 특정 행동의 결과들에 대해 말하는 것이라면, 벤담의 특수주의적 공리주의는 확실히 잘못된 것이다. 그러나 만일 우리가 '목적'에 구체적인 내용을 예측할 수는 없는 추상적 질서의 형성에 도움을 줄 조건의 지향을 포함한다면, 칸트가 목적을 부인하는 것은 규칙을 특별한 경우에 적용하는 한 정당하지만, 그러나 전체로서의 규칙체제에 대해서는 확실히 옳지 않다. 데이비드 흄이 전적으로 특정한 효과와 무관하게 전체로서 법시스템의 기능을 강조한 것이 그러한 혼동으로부터 이후 저자들을 보호했어야 했다. 그 중심적 통찰은 흄이 '편익은 …… 전체 틀 혹은 전체 시스템에서 …… 특정한 사건에서 법들의 적용으로부터 야기되는 어떤 특수한 결과들을 …… 고려하지 않고 …… 오직 일반규칙을 준수하는 데에서 생겨난다.'[28]는 사실 강조한 것에 전적으로 포함되어 있다

　행동질서는 이 질서의 형성에 기여하는 규칙들과는 구별되는 사실적 상황이라는 점을 명확하게 인식할 때만, 그러한 추상적 질서가 행동규칙들의 목적일 수 있다는 것을 이해할 수 있다. 따라서 이 관계를 이해하는 것은 법을 이해하기 위한 필요조건이다. 그러나 이 인과관계를 설명할 과제가 현대에는 법 연구와는 전적으로 동떨어지게 된 어느 한 과목에 맡겨졌고 법률가들은 일반적으로 경제이론 연구자들이 법을 이해하는 것만큼도 그 과제를 이해하고 있지 못했다. 경제학자들이 시장이 자생적 질서를 만들어 낸다는 점을 입증한 것은 대부분의 법률가들에게는 불신의 대상이 되거나 혹은 심지어는 신화로 여겨지고 있다. 비록 그 질서의 존재를 오늘날 사회주의자는 물론 다른 모든 사람들은 인정하고 있다고 하더라도 그러한 질서의 존재를 받아들이는 데에 대한 대부분의 구성주의적 합리주의자들의 저항으로 말미암아 직업적인 경제학자들이 아닌 대부분의 사람들은 법과 인간의 행동질서의 관계에 대한 모든 이해에 기본이 되는 통찰을 알지 못하게 되었다. 조롱꾼들이 여전히 '보이지 않는 손'이라고 비웃는 대상(시장)에 대한 그러한 통찰 없이는 사실상 정의로운 행동규칙들의 기능을 이해하기 힘들다. 법률가들은 그런 통찰을 거의 갖고 있지 못하다. 다행히 그것은 일상적인 일을 수행하는 데는 필요하지 않다. 법철학이 사법과 입법에 영향을 미치기 때문에 거기에서만이 법의 기능에 대한 그러한 이해가 없는 것

이 중요하게 되었다. 그런 기능을 이해하지 못한 결과 법을 특수한 목적을 위한 조직의 도구로 빈번히 해석하게 되었다. 그 같은 해석은 물론 한 가지 종류의 법, 즉 공법에는 충분히 타당하다. 그러나 노모스 혹은 법률가의 법에 관한 한 그런 해석은 부적절하다. 그리고 그 해석이 자유로운 사회의 자생적 질서를 급진적으로 전체주의 질서의 조직으로 전환시킨 주요한 원인들 중의 하나가 되었다.

이런 불행한 상황은 경제학과 달리 일부 법률가들에게 아주 인기가 있었던 사회학과 법의 현대적 동맹으로도 결코 치유되지 않았다. 그도 그럴 것이 동맹 때문에 법률가들이 법규칙과 전체 질서의 연관 대신에 특정한 조치들의 특수한 효과들에 관심의 초점을 맞추게 되었다. 법과 사회질서 사이의 관계들에 대한 이해를 알 수 있는 것은 서술 사회학분야가 아니라 사회의 전체 질서 이론이다. 그리고 법률가들은 과학을 전체의 사회질서에 대한 이해보다는 특정한 사실들의 확인을 의미하는 것으로 이해했기 때문에, 법과 사회과학의 협력에 대한 요구들이 반복되었다고 해도 여태까지는 많은 결실을 낳지 못했다. 서술 사회학 연구로부터 특정한 사실들 에 대한 지식을 끄집어내기란 아주 쉽지만, 정의로운 행동규칙들이 봉사하고 있는 전체 질서를 이해하기 위해서는 하루만에 습득할 수 없는 복잡계 이론에 통달하는 것이 필요하다. 대부분의 경험사회학이 그런 것처럼, 제한된 그룹들에 대한 관찰로부터 이끌어낸 귀납적 일반화로 구성된 사회과학은 법의 기능을 이해하는 데 거의 아무런 기여도 하지 못했던 것이 사실이다.

이것은 정의로운 행동규칙들이 봉사하는 사회의 전체 질서가 전적으로 경제학만의 문제라는 것을 말하는 것이 아니다. 그러나 여태까지는 오직 경제학만이 그러한 자생적인 추상적 질서를 다루는 데 적합한 이론적 기법을 발전시켜왔다. 이것은 지금에서야 비로소 시장이 아닌 다른 질서들에도 서서히 그리고 점차적으로 적용되고 있는 중이다. 시장질서는 아마도 인간 사회 전 영역으로 확장될 유일하게 포괄적인 질서이기도 하다. 어쨌든 그것이 우리가 이 책에서 충분히 고려할 수 있는 유일한 것이다.

법의 언어적 표현과 그리고 사법적 판결의 예측 가능성

따라서 재판관이 유지할 것이라고 기대되는 질서는 사물의 특정한 상태가 아니라, 행동하는 사람들이 다른 사람들의 방해로부터 보호되리라는 개인들의 기대들에 좌우되는 과정의 규칙성이다. 그는 일반적으로 사람들이 정의롭다고 여기는 것에 일치되는 방식으로 판결할 것이라고 기대되지만, 그러나 때로는 얼핏 보기에는 정의롭게 보이는 것도 정당한 기대들을 좌절시키기 때문에 정의롭지 않다고 판결해야 한다. 여기서 그는 자신의 결론들을 오로지 언어로 분명하게 표현된 전제들로부터뿐만 아니라 그가 주어진 것으로 받아들여야 하는 모든 규칙들의 원리이면서 동시에 설계하지 않은 결과인 현존 행동질서의 요구조건들에 근거한 일종의 '상황 논리'에서도 이끌어내야 한다. 재판관의 출발점은 이미 인정된 규칙들에 기초한 기대인 반면에 똑같이 성실하게 믿는 그리고 똑같이 인정된 규칙들이 의해 허용된 갈등하는 기대들 중 어떤 것이 정당한 것으로 볼 수 있는가를 그는 자주 결정해야 한다. 경험이 빈번히 보여주는 것처럼 이미 자리 잡은 규칙들이 새로운 상황에서는 기대들의 갈등으로 이어진다. 그러나 그러한 상황에서 그를 인도할 알려진 규칙들은 없다고 해도 재판관은 여전히 자신이 좋아하는 방식으로 판결할 자유가 없다. 만일 판결이 인정된 규칙들로부터 논리적으로 도출될 수 없다면, 그것은 여전히 기존의 규칙들이 기여하는 행동질서와 동일한 행동질서에 봉사한다는 의미에서 기존의 규칙 시스템과 부합되어야 한다. 분쟁 당사자들 중 한편이 자신의 기대를 형성할 때 의존하는 규칙이 비록 널리 인정되고 있고 심지어 그것을 공식화되는 경우에는 보편적 승인을 받을 수 있다고 해도, 만일 재판관이 그 규칙이 잘못된 것임을 알았다면, 이는 그 규칙이 일정한 상황에서 다른 규칙들에 기초한 기대들과 충돌한다는 것을 그 재판관이 발견했기 때문이다. '우리 모두는 이것이 정의로운 규칙이라고 생각했었다. 그러나 이제는 그것은 정의롭지 못한 것으로 입증되었다'고 하는 것은 하나의 경험을 기술하는 의미 있는 진술이다. 그 경험 속에서 특정한 규칙의 정의 또는 불의에 관한 우리의 생각이 단순히 '의견' 혹은 '느낌'의 문제가 아니라 우리가 스스로를 맡긴 기존의 행동질서 - 새로운 상황 속에서 옛 규칙들 중의 하나가 수정되거나 혹은 새로운 규칙이 추가되는 경우에만이 유지될 수 있는 질서 - 의 요구조건에 좌우된다는 것이 분명하게 되기 때문이다. 그러한 상황 속에서 소송 당사자들이 의존하고 있는 그 규칙들 중 하나 혹은 심지어는 둘 다가 수정되어야 할 이유는 그들을 적용하는 것이 특수한 사례에 어려움을 야기하거나, 혹은 또 다른 결과가 특수한 경우에 바람직스럽지 않기 때문이 아니라 규칙들이 갈등들을 방지하기에는 불충분하다는 점이 입증되었기 때문이다.

만일 재판관이 여기에서 이미 말로 분명히 표현된 규칙 시스템으로부터 논리적으로 도출될 수 있는 판결들에 국한된다면, 그는 흔히 규칙들의 전체 체제가 봉사하는 기능들에 적합한 방식으로 사건을 판결할 수 없다. 이는 많이 논의되고 있는 법의 확실성 문제, 즉 모든 법규칙들이 문서로 혹은 법전화된 형태로 정해진 체제 그리고 재판관이 성문화된 규칙들을 적용하는 데 국한되는 체제 아래에서 법의 확실성이 더 크다는 주장을 새롭게 조명하고 있다. 법 조문화의 전체 움직임은 그것이 사법적 판결의 예측 가능성을 증가시킨다는 믿음에 의해서 인도되었다. 내 자신이 보통법 세계에서 살아왔던 30여 년의 경험조차 깊이 뿌리박힌 그런 편견을 교정하기에 충분하지 않았고 오직 내가 시민법 분위기로 되돌아왔을 때만 진지하게 문제를 제기할 수 있었다. 비록 입법이 특정한 문제에서는 법의 확실성을 증대시키는 것이 분명하다고 해도, 만일 그런 편익을 인정하여 오직 성문법규로 표명된 것만이 법으로서의 힘을 갖기 위한 필요조건이라고 주장한다면 그런 편익은 삭감되는 차원을 넘어서고 있다고 확신한다. 내가 보기에 성문법에 표현되어 있는 믿음에서 재판관이 판결을 도출하도록 제한되어 있을 때보다 그가 무엇이 정의로운가에 관한 일반적으로 받아들여지고 있는 견해에 구속받고 있는 경우에, 심지어 그 견해가 법조문에 의해 뒷받침되지 않을 때조차도 사법적 판결들의 예측 가능성이 사실상 더 높다.

재판관이 명시적인 전제로부터의 논리적 추론이라는 과정에 의해서만 전적으로 자신의 판결에 도달할 수 있고 도달해야 하다는 것은 허구였고 허구임에 틀림없다, 왜냐하면 재판관은 사실상 이런 식으로 소송사건을 처리하지 않기 때문이다. 옳게 주장되고 있듯이, '재판관의 훈련된 직관은 끊임없이 그를 올바른 결과들로 이끈다. 이런 결과를 위해서 의심의 여지가 없는 사법적 근거를 제공하기가 그에게 매우 어려운 일이다'[29] 또 다른 견해는 모든 규칙들을 의도적으로 만들어진 것으로 여기는, 따라서 말로 완전히 표현될 수 있다고 여기는 구성주의적 합리주의의 특징적 산물이다. 중요하게도, 그 견해는 비로소 18세기에서 그리고 재판관의 권력을 의심의 여지없이 법이라고 말할 수 있는 것을 적용하는 것에 한정시키고자 하는 정당한 희망이 압도적이었던 형법과 관련해서[30] 등장한다. 그러나 '법'을 오직 입법자가 문서로 공표했던 규칙들만을 의미하고 말로 표명되는 즉시 일반적으로 인정되는 구속력이 있는 성격을 가진 임의의 규칙이 아니라고 한다면, 베카리아가 표명했던 사상처럼 법이 없으면 처벌도 없다는 공식은 반드시 법의 지배의 일부도 아니다. 영국의 보통법은 첫 번째 의미의 원칙을 결코 인정하지 않았지만 두 번째 의미의 그것은 항상 받아들여졌던 것은 특징적이다.[31] 여기에서 비록 결코 말로 명료하게 표현되진 않았다 하더라도 누구나 준수할 수 있다고 여겨지는 규칙이 있을 수 있다는 오랜 신념은 오늘날까지 법의 일부로서 지속적으로 존재하고 있다.

피고소인을 보호하고 무고한 사람에게 벌을 주기보다는 차라리 범죄자를 놓치도록 하는 것이 형법의 본질적인 목적이기 때문에 형사문제에서 재판관을 성문법의 적용에만 묶어두는 것이 아무리 바람직스럽다고 여긴다고 해도 재판관이 소송 당사자들 사이에서 똑같은 정의를 목표로 해야 하는 곳에서는 그렇게 묶어 둘 이유가 거의 없다.

여기서는 재판관이 전적으로 성문법으로부터 판결을 도출해야 하고, 기껏해야 명백한 틈새기만을 성문화되지 않은 원칙들에 의존하여 채워야 한다는 요구는 법의 확실성을 더 높이기보다는 낮춘다. 내가 보기에는 대부분의 경우에 사법적 판결은 대중의 의견에 충격을 주어왔고 일반적인 기대에 부응하지 못했는데, 이렇게 된 이유는 재판관이 성문법의 글자 하나하나를 고수해야 한다고 믿고 오직 법의 명시적 공식화만이 전제조건으로서 기여할 수 있는 삼단논법의 결과를 감히 회피하려 하지 않았기 때문이다. 언어로 표현된 제한된 수의 전제들로부터 논리적으로 도출하는 것은 항상 법의 '정신'보다는 '글자 하나하나'를 따른다는 것을 의미한다. 그러나 이미 언어로 분명하게 표현된 기본 원칙들의 적용으로부터 예견하지 못했던 실제상황에서 생겨나는 결과들을 예견할 수 있다는 믿음은 분명히 환상이다. 어떤 법 조항에도 간극이 없을 수는 없다는 것은 보편적으로 인정되고 있다. 이런 사실에서 도출될 수 있는 결론은 이렇다. 즉 재판관은 아직 언어로 분명하게 표현되지 않은 원칙에 의존하여 그 틈을 채워야 한다는 점뿐만 아니라 언어로 표현된 규칙들이 분명한 해답을 줄 때조차도 그들이 일반적 의미의 정의감과 갈등할 경우에는 수정이 정당하고, 언어로 표현되면 일반적인 동의를 얻을 수 있는 불문규칙을 발견한다면 그는 자신의 결론들을 자유로이 수정하여야 할 것이라는 것이다.

이런 맥락에서 보면, 자유로운 사회에서 모든 법은 반드시 '공포되어야' 하고 혹은 사전에 '공지되어야 한다'는 존 로크의 주장조차도 모든 법을 의도적으로 만들어진 것으로 보는 구성주의적 사상의 산물인 것처럼 보인다. 재판관들을 이미 언어로 표현된 규칙들의 적용에 한정하도록 하면 그들의 판결에 대한 예측 가능성이 증대되리라고 믿는 것은 오류다. 미리 공포되었던 혹은 공지되었던 것은 흔히 사람들이 말로 표현하기보다 행동으로 더 잘 존중할 수 있는 원칙들을 아주 불완전하게 정식화한 것일 뿐이다. 모든 법은 현행 질서의 긴급한 사정이 요구하는 원칙들을 표현한 것이라고 믿기보다는 입법자의 의지의 표현이라거나 그에 의해서 발명된 것이라고 믿을 때만 사전 공지가 법을 알 수 있는 불가결한 조건이다. 다른 사람들이 어떤 의미에서 이미 '알고 있는' 것을 재판관들이 법을 개선하는 노력 속에 표현되어 있지 않으면 그들의 노력을 다른 사람들은 거의 받아들이지 않는 것 같다.

재판관의 역할은 자생적 질서에 국한되어 있다

재판관들이 특정한 사건들에 대한 판결들에 의해 점차적으로 효율적인 행동질서를 만드는 데 아주 유익한 행동규칙 시스템에 접근한다는 주장이 더욱 그럴듯하게 보이는 경우는 그 접근과정이 다른 모든 지적 진화가 진행되는 것과 사실상 똑같은 종류의 과정일 뿐이라는 점을 알아차릴 때다. 다른 모든 분야들에서처럼 법 분야에서도 발전을 이룩할 수 있으려면 우리가 현존하는 사고체계 안에서 움직이고, 부분을 개선하는 과정이나 혹은 '내재적 비판(immanent criticism)'을 통해서 내적으로는 물론 규칙들이 적용되는 사실들과의 관계에서도 전체를 더욱 일관성 있게 만들려는 노력이 필요하다. 그러한 '내재적 비판'이 사고의 진화를 위한 주요 도구이고 이 과정에 대한 이해는 구성주의적인 (혹은 순박한) 합리주의와는 구별되는 진화적인 (혹은 비판적인) 합리주의의 특징적인 목적이다.

다른 말로 하면, 재판관은 아무도 설계하지 않았던 기능하는 질서에 봉사하거나 유지 및 개선을 위해 노력하는데, 그 질서는 어느 한 권위의 지식이 없이도 그리고 흔히 그의 의지에 반하여 스스로 형성된다. 그것은 또한 누군가에 의해서 의도적 조직이라고 말할 수 있는 범위를 넘어 확장되고, 개인들이 어떤 사람의 의지를 추종하는 것이 아니라 그들의 기대들이 상호 간 조정된다는 사실에 기인하여 형성되는 질서다. 재판관이 개입을 요청받는 이유는 기대들의 그러한 조화를 보장하는 규칙들이 항상 준수되지는 않거나 혹은 충분히 분명하지 못하거나 혹은 준수될 경우에도 갈등들을 예방하는 데 적합하지 않기 때문이다. 기존에 확립된 규칙들이 적합하지 않은 새로운 상황은 항상 발생하는 이상, 허용된 행동들의 범위를 적절하게 제한하여 갈등을 방지하고 행동들의 양립 가능성을 향상시킬 임무는 필연적으로 끝이 없을 것이다. 이미 기존에 확립된 규칙들의 적용을 요구할 뿐 아니라, 행동 질서의 유지에 필요한 새로운 규칙들의 작성도 필요로 한다. 재판관들이 과거의 판결들의 판결이유로부터 뽑아내는 '원칙들'을 적용함으로써 새로운 문제들에 대처하고 미완성 규칙들(이것이 바로 '원칙들'이다)이 새로운 상황에서 바라는 효과를 만들어내도록 이들을 발전시키려는 노력하는 중에 재판관들이나 관련 당사자들 어느 누구도 광범한 상황에서 기대들을 성공적으로 형성하는 데 규칙들이 개인들을 도와준다는 것을 의미한다는 사실을 넘어서 자신들의 노력으로부터 귀결되는 전반적 질서의 본성에 관해서나 또는 그 규칙들이 봉사하는 '사회의 이해관계'에 대해서나 알 필요가 없다.

따라서 재판관의 노력들은 사회가 상황에 적응해나가는 과정의 일부다. 그 과정에 의해서 자생적 질서가 성장한다. 재판관은 과거에 잘 작동해왔던 것들처럼 기대들을 서로 갈등 없이 더 조화롭게 만드는 규칙들을 지지함으로써 진화적 선별과정을 도와준다. 따라서 그는 자생적 질서의 한 기관이다. 그러나 그가 이 기능을 수행하면서도 새로운 규칙들을 창출할 때조차 그는 새로운 질서의 창조자가 아니다. 그는 현존 질서의 기능을 유지하고 개선하기 위해서 노력하는 봉사자다. 그의 노력들의 결과는 '인간 행동의 산물이지 인간 설계의 산물은 아닌' 특징적인 사례다. 그 산물은 여러 세대의 실험으로 획득한 경험이 어느 누가 가지고 있던 지식보다 더 많은 지식을 구현하고 있다.

재판관도 실수할 수 있다. 그는 현존 질서의 원칙이 요구하는 것을 발견하는 데 성공하지 못할 수도 있고, 눈앞에 있는 사건의 특정한 결과에 대한 선호로 인해 그릇된 길을 걸을 수도 있다. 그러나 이 모든 것은 그가 풀어야 할, 대부분의 경우에 오직 한 가지의 올바른 해법만 있는 문제를 가지고 있다는 사실을, 그리고 이것이 그의 '의지' 혹은 그의 정서적 반응은 어떤 역할도 없는 임무라는 사실을 변경하지 못한다. 흔히 추론보다는 오히려 그의 '직관'이 그를 올바른 해법으로 이끈다면, 이는 그 결과를 결정하는 데 중요한 요인이 합리적인 것이 아니라 정서적인 것이라는 점을 의미하는 것이 아니다. 이는 과학자의 경우와 다르지 않다. 통상적으로 과학자도 직관적으로 올바른 가설을 세우고, 이를 나중에서야 검증할 수 있다. 다른 모든 지적 과제들처럼 재판관의 과제도 제한적 숫자의 전제들로부터 논리적으로 도출하는 과제가 아니다. 그의 임무도 오직 부분적으로만 의식적이었던 과정에 의해서 도달했던 가설들을 검정하는 일이다. 그러나 무엇이 재판관으로 하여금 특정 판결을 옳다고 여기도록 했는지 모른다고 해도, 그는 그 판결에 대해 제기될 수 있는 모든 반대들로부터 이를 합리적으로 방어할 수 있는 경우에만 자신의 판결을 지켜야 한다.

그렇지만 재판관이 기능하는 행동질서를 유지하고 개선할 의무를 가지고 있다고 해도, 그 질서로부터 자신의 기준을 끌어내야 한다면 이것이 특정한 사람들의 관계들에서 현재 상황(status quo)을 유지하는 것이 그의 목적이라는 것을 의미하는 것은 아니다. 이와는 정반대로 그가 봉사하는 질서는 개별적인 것의 지속적인 변화를 통해서만이 유지될 수 있다는 것이 그 질서의 본질적 속성이다. 그리고 그 재판관은 개별적인 것들이 변화하는 동안에도 유지되어야 할 추상적 관계들만을 다룬다. 그러한 추상적 관계 시스템은 특정한 구성요소들을 지속적으로 연결 짓는 연결망이 아니라 지속적으로 변동하는 구체적 내용을 가진 연결망이다. 비록 현존하는 어느 한 위치가 올바르다는 전제를 재판관에게 자주 제공한다고 하더라도, 그의 임무는 현존하는 위치들을 유지하는 것만큼이나 변화들을 돕는 것이다. 그는 특정한 사람들의 입장이 계속해서 변화함으로써만 유지될 역동적인 질서에 관심을 가지고 있다.

그러나 비록 재판관이 특정한 현상유지를 지킬 의무가 없다고 하더라도, 그는 기존의 질서가 기초하고 있는 원칙들을 옹호할 의무는 있다. 그의 임무는 사실상 시장이 만들어내는 것과 같은 종류의 자생적이고 추상적 행동 질서 내에서만 의미를 갖는 것이다. 그래서 그는 개인의 행동규칙 통해서가 아니라 어느 한 권위의 특정한 목적에 의해서 결정되는 질서에 봉사할 수 없다는 점에서 보수적이어야만 하다. 재판관은 특정한 개인들이나 그룹들의 필요에, 혹은 '국가 이성'에 혹은 '정부의 의지'에, 혹은 행동 질서가 봉사하리라고 기대될 수 있는 어떤 특정 목적들에도 관심을 가질 수 없다. 개인적 행동들이 조직의 특수한 목적들을 위한 유용성에 의해서 판단될 수밖에 없는 조직 내에서는 재판관에게 아무런 공간이 없다. 개인의 행동을 안내하는 규칙들이 무엇이든 그들 중 어떤 규칙도 특수한 목적과 독립적이지 않은 사회주의와 같은 질서에서 그 같은 규칙들은 관련된 특수 이해관계들의 중요성에 비추어 이들의 균형을 요구하기 때문에 '사법판단에 적합할 수(justiciable)' 없다. 대체로 사회주의는 사실상 불편부당한 정의에 대한 반란이다. 정의는 개인의 행동들이 목적과 독립된 규칙들과 일치만을 고려하고 특수한 사례들에서 그것들을 적용한 효과에 대해서는 관심을 가지고 있지 않다. 그래서 사회주의 재판관이라는 말은 실제로는 용어상 모순이다. 그도 그럴 것이 그의 신조는 자생적 행동질서에 잠재해 있는 그 일반원칙들만을 적용하는 일을 막을 수밖에 없고 또 그 자신으로 하여금 개별 행동의 정의와는 무관한 것들을 고려하도록 하기 때문이다. 물론 그는 사적으로는 사회주의자일 수도 있고, 또 자신의 의사결정에서 자신의 사회주의를 배제할 수도 있다. 그러나 재판관으로서 그는 사회주의적 원칙들에 따라서 행동할 수는 없다. 우리는 나중에 볼 것이지만, 이런 상황은 그가 정의로운 행동원칙에 따라서 재판하는 대신에 '사회적 정의'라고 부른 것에 의해 인도될 수 있다는 믿음을 통해서 은폐되어 왔다 사회적 정의라는 표현은 특정한 사람들 혹은 그룹들을 위해 특정한 결과들을 목표로 하는 표현인데, 이는 엄밀하게 말해서 자생적 질서 속에서는 그 실현이 불가능하다.

사유재산권 체제에 대한 사회주의적 공격들로 인해서 재판관들의 방어를 필요로 하는 질서가 특수한 이해관계들에 봉사하는 질서라는 널리 퍼져 있는 믿음이 창출되었다. 그러나 사적 소유의 체제를 정당화하는 것은 재산소유자들의 이해관계만이 아니다. 그 체제는 재산을 가지고 있는 사람들의 이해관계만큼이나 당장에는 재산이 없는 사람들의 이해관계에도 봉사한다. 왜냐하면 현대 문명이 의존하고 있는 행동질서 전체의 발전이 소유제도에 의해서만 가능해졌기 때문이다.

재판관들이 특정한 이해관계들에 봉사하다고 생각되지 않는 현존하는, 그러나 항상 불완전한 추상적 질서에 기여한다고 상상할 때 많은 사람이 이해하기 어려움을 느끼는데 이것이 해소될 수 있는 때는 예견할 수 없는 미래의 조건하에서 개인들의 의사결정의 기초로서 봉사할 수 있고 따라서 오로지 영속적 질서를 결정하는 것은 오로지 그 질서의 추상적인 특징들뿐이라는 것을, 그리고 이런 이유에서 그 특징들만이 어떤 특정의 공동목적이 아니라 개인들 각자의 목적들의 추구를 위한 적절한 수단을 희망하는 거대사회 구성원들의 진정한 공동의 이해관계라는 것을 기억할 때다. 따라서 재판관이 법을 창출할 때 그에게 주어진 그리고 개별적인 것들끼리의 관계의 변화를 통해서 스스로 유지되고, 이 관계들 사이의 특정한 관계들(혹은 훨씬 더 높은 질서의 관계들)이 유지되는 행동질서의 추상적이고 지속적인 특징들을 개선하는 일에만 관심을 가질 수 있다. 이 맥락에서 '추상적인'과 '지속적인'이란 다소 같은 뜻이다. 왜냐하면 재판관이 가져야 할 장기적 관점에서 그는 자신이 정한 규칙들이 미래의 어떤 시기에 일어날지도 모를 미지의 다수의 사례에서 등장할 효과만을 고려할 수 있기 때문이다.

결론

우리는 법원의 판결 과정으로부터 출현하는 법에 필연적인 속성들을 설명하는 것으로 이 장의 결과들을 요약하려고 한다: 법은 타인 지향적 행동을 규제하는 규칙들, 알려져 있지 않은 다수의 미래 사건에 적용 가능한 규칙들, 그리고 각 개인(혹은 조직된 인간그룹)의 보호된 영역에 경계선을 획정하는 규칙들로 이루어져 있다. 이런 종류의 모든 규칙들은 다른 규칙들과의 상호작용에 관한 더 나은 통찰에 비추어 수정된다고 하더라도 의도에 따라 영속적이다. 그리고 법은 상호간 변형하는 규칙들의 시스템 중 부분으로서만이 타당하다. 이 규칙들은 보편적 적용을 통해서만 추상적 행동질서의 형성을 보장하는 의도된 효과를 달성하는 반면 특수한 사례에 그 규칙들의 적용은 전체로서의 규칙 체제의 목적과는 구별되는 특수 목적을 갖는다고 말할 수는 없다.

정의에 대한 소극적 검증을 체계적으로 적용하고 이 검증을 만족시키지 못하는 규칙들을 제거하고 수정함으로써 이러한 정의로운 행동규칙 시스템이 발전하는 방식에 대해서는 우리가 2부 8장에서 더 고찰해야 할 것이다. 그렇지만 우리의 다음의 과제는 정의로운 행동규칙들이 무엇을 달성할 수 없는가를, 그리고 어떤 점에서 그들이 목적들 및 조직들을 위해 필요로 하는 규칙들과 다른지를 고찰하는 것이다. 정부 조직을 위해서 입법부가 의도적으로 정하고 그리고 현존 입법부의 주요한 업무를 구성하는 후자의 종류의 규칙들은 그 본성상 재판관의 법 제정 권력을 인도하기도 하고 제한하기도 하는 고려들에 의해서 제한될 수 없다.

결국 사법적 과정에서 출현된 정의로운 행동규칙들, 즉 노모스 혹은 이 장에서 고찰했던 자유의 법, 그리고 우리가 다음 장에서 고찰할 권위에 의해 정한 조직 규칙들 사이의 차이는 전자는 사람이 만들지 않은 자생적 질서라는 조건에서 도출된 것인 반면, 후자는 특수 목적에 봉사하는 조직의 의도적 건축에 봉사한다는 사실에 있다. 전자는 그 규칙들이 이미 준수되고 있는 관행들을 단지 언어로 표현할 뿐이라는 의미에서, 혹은 인정된 규칙들에 의존하는 질서가 마찰 없이 그리고 효과적으로 기능하려면 그들의 필요한 보완으로서 인식된다는 의미에서 발견된 것이다. 만일 자생적인 행동질서의 존재가 재판관들에게 그들의 특수 과제를 정해주지 않았다면 그것들은 결코 발견되지 않았을 것이다. 따라서 그것들은 마땅히 특수한 인간 의지와 독립적으로 존재하는 어떤 것이라고 여겨지는 반면에 특정한 결과들을 지향하는 조직의 규칙들은 조직가의 설계정신이 자유롭게 발명한 발명품이다.

제6장
테시스: 입법을 통한 법
Thesis: The Law of Legislation

재판관은 스스로에게 일관성, 등가성, 예측 가능성의 기준을 강조한다. 입법자는 공평한 지분, 사회적 효용 그리고 몫의 분배를 강조한다.

Paul A. Freund*1

입법은 조직규칙들을 확립할 필요성에서 생겨난 것이다

정치이론에서 법을 만드는 것은 전통적으로 입법부의 주요한 기능으로 표현되었던 반면에 입법부의 기원 및 주요한 관심사는 우리가 앞 장에서 생각했던 좁은 의미에서의 법과는 거의 관계가 없다. 이것은 의회의 어머니에게 특히 맞는 이야기인데, 영국의 입법부는 정의로운 행동규칙들이, 즉 보통법이 다른 어떤 곳보다 더 오래 정치적 권위로부터 독립적으로 존재했던 것으로 여겨지는 나라에서 생겨났기 때문이다. 17세기에도 의회가 보통법과 일치되지 않는 법을 만들 수 있는지 여부는 여전히 의문시될 수 있었다.[2] 우리가 입법부라고 부르는 것의 주된 관심사는 항상 정부를 통제하고 규제하는 것,[3] 즉 조직-여러 가지 과제 중에서 단지 하나의 목적으로서 정의로운 행동규칙이 준수되도록 돌보는 목적을 가진 조직을 지휘하는 것이었다.

우리가 보아왔듯이, 비록 사람들이 점차 정의로운 행동규칙을 의도적으로 개선하거나 변화시키는 법을 배웠다고 해도, 그런 행동규칙들은 틀림없이 의도적으로 만든 것이 아니었다. 이와 달리 정부는 의도적으로 고안된 것이기는 하지만, 그것이 가장 단순하고 가장 원시적인 형태를 넘어서면서 오로지 지배자의 임기응변적(ad hoc) 명령에 의해서만 운영될 수는 없었다. 지배자가 평화를 유지하고 외적의 침입을 막기 위해, 그리고 점차적으로 수적으로 증가되는 다른 서비스들을 제공하기 위해 만든 조직이 시민들의 모든 사적 행동들을 포함하는 더 광범한 사회와 더욱 더 구별되기 때문에 그것은 구조, 목표 그리고 기능들을 결정하는 독자적인 각별한 규칙을 필요로 한다. 그럼에도 불구하고 정부 기구를 관장하는 이 규칙들은 자생적 사회질서의 기초를 형성하는 보편적인 정의로운 행동규칙들의 성격과는 구별되는 다른 성격을 필연적으로 갖는다. 그들은 특정한 목적들을 성취하기 위하여, 무엇인가 행해져야 한다거나 특정한 결과를 달성해야 한다거나 하는 등의 명령을 보충하기 위해서 그리고 이 목적들을 위해 정부의 여러 기관들을 만들기 위해 설계된 조직규칙들이다. 이들은 다양한 정부기관들이 추구할 다양한 목적 및 과제를 결정하는 특정한 명령들에 대해 보완적이다. 특정한 사례에 대한 그런 규칙들의 적용은 특정한 기관에 할당된 특정한 과제와 정부의 순간순간의 의도들에 달려있다. 그리고 그 조직규칙들은 상이한 기관들의 책임들 및 재량 범위를 결정하는 명령의 위계서열도 수립해야 한다.

이것은 정의로운 행동규칙들의 집행 이외에는 다른 어떤 임무도 갖지 않은 조직에게조차 타당하다. 조직이 집행하는 정의로운 행동규칙들은 주어진 것으로 여기는 조직에서조차 또 다른 수많은 규칙이 그 조직의 작동을 지배해야 한다. 절차법들 및 법원 조직을 정하는 법들은 정의로운 행동규칙들이 아니라 그런 의미에서 조직규칙들로 구성되어 있다. 비록 이 규칙들도 정의를 보장하는 목표를, 그리고 초기 발전 단계에서는 '발견'되어야만 할, 따라서 보다 더 앞선 초기 발전 단계에서는 정의의 실현을 위해서 이미 명확하게 정식화된 정의로운 행동규칙들보다 아마 더 중요했을 정의의 목표를 지향했다고 해도 정의로운 행동규칙들은 정의를 실현하기 위한 규칙과 논리적으로 구별된다.

그러나 정의를 실현하기 위해서 창출된 조직과 관련하여, 정의로운 행동을 정의하는 규칙들과 그러한 행동의 집행을 규제하는 규칙들 사이의 구별에 흔히 선을 긋기 어렵다고 하더라도 – 그리고 사실상 정의로운 행동규칙을 일정한 절차를 거쳐서 발견된 규칙들이라고 정의될 수 있다면 – 정부 기구가 점차 담당했던 다른 서비스들과 관련하여 분명한 것은 이것들은 또다른 종류의 규칙들, 즉 정부 기관들에게 맡겨진 물질적 그리고 인적 자원들에 대한 그 기관들의 권력들을 규제하지만, 그러나 사적인 시민들을 지배할 권력을 줄 필요는 없는 규칙들에 의해서 지배된다는 것이다.

심지어 절대적 지배자조차도 세부 사항들을 처리하기 위한 몇 가지 일반적 규칙들을 정하지 않고는 지배할 수 없다. 그렇지만 지배자의 권력의 정도는 통상적으로 무제한인 것은 아니고, 무엇이 자신의 권리인지에 대해 널리 퍼져있는 의견에 달려있다. 그가 집행할 임무가 있는 법은 단번에 그에게 주어진 것이라고 여기는 이상, 그는 주로 자신의 다른 권력들의 범위 및 실행과 관련해서 시민들을 대표하는 기관의 동의와 지지를 구하는 것을 필요하다고 흔히 여겼다.

따라서 심지어 노모스(nomos)는 주어진 그리고 다소간 불변인 것이라고 간주될 때조차도, 지배자는 특별 조치들을 위해 권위를 가질 필요가 있는데 그런 조치를 위해서 그는 신민들의 협력을 원한다. 그러한 조치들 중 가장 중요한 것은 세금징수였다. 의회 제도가 생겨난 것도 세금에 대한 동의를 얻을 필요에서였다.[4] 그래서 이런 목적을 위해서 소집되었던 대표기구들은 비록 인정될 정의로운 행동규칙들을 무엇인가를 입증하도록 요청받기도 했지만 그들은 좁은 의미의 법을 만드는 것보다는 애초부터 무엇보다도 정부 업무들에 우선 관심을 가졌다. 그러나 법의 강제가 정부의 우선적 임무로 여겨졌기 때문에, 정부의 활동들을 지배하는 모든 규칙들도 같은 이름으로 불리게 된 것은 자연스러운 일이었다. 이러한 경향은 아마도 조직 규칙들에도 법이 누리고 있던 것과 똑같은 존엄과 존경을 부여하길 바라는 정부의 희망에 의해서 촉진되었다.

법과 성문법규: 법의 강제와 명령의 실행

영어에서는 권위에 의해서 만들거나 '정하거나(set)' '세워놓은(posited)' 어떤 규정과 그리고 그 원천을 알지 못한 채 일반적으로 받아들여지는 것을 명확하고도 모호하지 않게 구별하는 단어가 하나도 없다. 때로 우리는 '법제정(enactment)'을 말한다. 반면 더 친숙한 용어인 '성문법규(statute)'도 많건 적건 일반적 규칙들을 포함하고 있는 법제정에 국한되어 있는 것이 보통이다.[5] 우리가 엄밀한 단일 용어를 필요로 할 때, 우리는 가끔 가다 테시스(thesis)라는 그리스 단어를 사용할 것이다. 그러한 법 '제정(set)'을 서술하기 위해서다.

모든 입법부들의 주요한 활동은 항상 정부를 지휘하는 것이었기 때문에 '의회는 법률가의 법에 대해서는 시간도 흥미도 없었다'는 것이 일반적으로 진실이었다.[6] 만일 이러한 사정이 법률가의 법이 입법부에 의해서 무시되기만 했고, 그리고 그것의 발전이 법원에 맡겨졌다면 문제가 되지 않았을 것이다. 그러나 정부 조치들에 대한 판결을 하는 도중에 우발적으로 그리고 심지어는 실수로 종종 특정한 목적들에 봉사하는 방향으로 법률가의 법이 변화되었다. 노모스가 규제하는 문제들을 건드리는 입법부의 모든 의사결정은 최소한 주어진 사건에서 그 법을 변경하거나 대체한다. 주권적 집단으로서 입법부는 어떤 법에 의해서도 구속되지 않는다. 특정한 문제들에 관해 입법부가 하는 말은 일반적 규칙과 동일한 힘을 가지며, 그것은 현존하는 그 어떤 규칙도 대체한다.

대의제 의회가 통과시킨 결의안 대다수는 물론 정의로운 행동규칙들을 정한 것이 아니라 정부의 조치를 지휘하는 것이다. 이것은 아마 항상 그랬던 것 같다.[7] 1901년에 영국의 입법에 대해서는 이런 말이 있었다: '매년 만들어지는 성문법의 9/10는 행정법이라고 불릴 수 있는 것과 관련되어 있다. 그리고 지난 4세기 동안의 일반법들의 내용을 분석해보면 비슷한 비율을 보여줄 것이다.'[8]

노모스에 적용되었을 때의 '법'과 입법에서 출현한 다른 모든 제정법에 사용되었을 때의 '법(law)' 사이의 의미 차이는 '법'이라는 말이 우리가 두 경우에 어떻게 다르게 적용되는가를 생각해보면 아주 확연이 드러난다. 행동규칙은 누군가 지시를 이행할 때처럼 '이행되는 것' 혹은 '집행되는 것'일 수 없다. 우리는 행동규칙을 지키거나 이에 복종을 강요할 수 있다. 그러나 행동규칙은 단지 허용된 행동의 범위를 제한할 뿐이며, 보통은 특정한 행동을 결정하지 않는다. 그것이 규정한 것을 수행하는 것이 아니고 모두에게 상시 의무로 남아있는 것이다. 우리가 '법을 이행한다'고 이야기할 때, '법'이라는 용어가 의미하는 것은 노모스가 아니라 누군가가 특정한 것들을 하도록 지시하는 제정법이다. 그래서 그의 '집행되'어야 할 법들을 제정한 '입법자'가 그들을 집행하는 사람들과 갖는 관계는 정의로운 행동규칙들을 규정한 '입법자'가 그것들을 준수해야 하는 사람들과 갖는 관계와 전적으로 다르다. 첫 번째 종류의 규칙들은 우리가 정부라고 부르는 조직의 구성원들에게만 구속력이 있을 뿐인 반면에 후자의 규칙들은 사회의 모든 구성원들에게도 허용된 행동범위를 제한할 것이다. 법을 적용하고 그것의 강제를 지휘하는 재판관은 행정공무원이 조치를 이행한다는 의미에서 혹은 '집행부'가 재판관의 판결을 이행해야 한다는 의미에서 그것을 '집행하는‘ 것이 아니다.

입법부가 통과시킨 제정법은 관습법의 모든 속성을 가질 수 있고 만일 그것이 의도적으로 관습법을 모방한다면 그 속성들을 갖는 것은 거의 확실하다. 그러나 그 제정법이 굳이 그렇게 할 필요는 없다. 입법을 필요로 하는 대부분의 경우에서 제정법은 그런 성격을 가질 수 없다. 이 장에서 우리는 그러한 법제정의 내용들만을, 혹은 정의로운 행동규칙들이 아닌 제정법만을 생각해볼 것이다. 법 실증주의자들이 항상 강조하듯이 사실상 성문법규로 수용될 수 있는 것에는 어떤 제한도 없다. 그러나 비록 그러한 ‘법’이 그것이 지정된 사람들에 의해 집행되어야 한다고 해도, 그것이 정의로운 행동규칙들이라는 의미에서의 법으로 되는 것은 아니다.

입법 및 권력분립 이론

‘법’이라는 단어의 모호성으로부터 귀결된 혼동은 권력 분립의 원칙에 대한 초기 논의에서도 이미 드러났다. 이 논의들에서 ‘입법’이라는 말이 언급되었을 때, 그것은 처음에는 전적으로 보편적인 정의로운 행동규칙을 정하는 것을 의미했다. 그러나 그러한 정의로운 행동규칙들은 물론 행정부에 의해서 ‘이행되는‘ 것이 아니고, 개별 소송사건들이 재판받기 위해서 법정에 왔을 때 법정이 그런 행동규칙들을 적용하는 것이다. 행정부가 이행하여야 할 것은 법정의 판결이다. 두 번째 의미에서의 법과 관련해서만, 즉 보편적인 정의로운 행동규칙을 정하는 것이 아니라 정부에게 지시하는 법제정과 관련해서만, ‘행정부’는 입법부가 결의했던 것을 이행해야 한다. 그러면 여기서 ‘이행’은 규칙을 집행하는 것이 아니고(이건 말도 안된다) ‘입법부’로부터 나온 지시를 이행하는 것이다.

'입법부'라는 용어는 역사적으로 권력 분립 이론과 밀접하게 연관되어 있고 실제로 그 이론이 처음으로 제시되었을 때와 동일한 시기에 비로소 그 용어가 유행하게 되었다. 그 이론의 원천은 당시 영국 헌법에 대한 몽테스키외의 잘못된 해석이라는, 오늘날에도 여전히 만나게 되는 믿음은 확실히 정확한 것이 아니다. 비록 영국의 실제 헌법이 그 당시 권력분립 원칙과 일치되지 않았다는 점이 옳다고 해도, 그 원칙이 영국에서 정치적 의견을 지배했고,[9] 그리고 지난 세기의 대 논쟁에서 점차 인정을 받았다는 점에는 의문의 여지가 없다. 우리의 목적상 중요한 것은 입법을 각별한 활동으로 생각했다는 것은 법이란 무엇을 의미하는가에 대한 독립적인 뜻을 전제하며, 그리고 만일 입법부가 정한 것이면 모두가 법이라고 불려야 한다면 입법이란 용어가 공허해진다는 점을 17세기의 그런 논의에서조차 분명하게 인식되었다는 것이다. 더욱 더 분명하게 표현되게 된 사상은 '법이 일반적 개념들로 표현되어야 할 뿐만 아니라, 입법부는 법제정에 국한되어야 하고, 구체적인 경우에 개입하지 말아야 한다'는 생각이 점점 더 분명하게 표현되었다.[10] 1647년에 나온 『1차 국민협정』에는 '제정되었거나 앞으로 제정될 모든 법에서 모든 사람은 똑같이 구속되어야 하고 지주, 재산, 성격, 직위, 출생, 장소 등 어떤 것도 타인들이 예속되어야 하는 통상적인 절차로부터 예외가 인정되지 않는다.'[11] 1653년의 『정부기구』에 대한 '공적 방어'에서는 권력분립은 '자유 및 좋은 정부의 위대한 비밀'이라고 표현되어 있다.[12] 비록 헌법적 정부에서 이 개념을 구체화하려는 17세기의 노력들이 성공을 거두지는 못했다고 해도 그것은 점차 수용하게 되었고, 존 로크의 견해는 명확하게 '입법 권위는 특정한 방식으로 행동해야 하고 …… [그리고] 이 권위를 행사하는 사람들은 오직 일반규칙들만을 만들어야 한다. 그들은 기존에 확립되어 공표된 법들에 의해서 지배되어야 하며, 특정한 사건들에 따라 달라져서는 안 된다'는 것이었다.[13] 이것은 18세기 영국의 의견으로 받아들여졌고, 몽테스키외는 그것으로부터 영국 헌정에 대한 설명을 이끌어냈다. 그 믿음이 흔들렸던 때는 19세기에 철학적 급진파들의 개념과 특히 전지전능한 입법부에 대한 벤담의 요구[14]가 제임스 밀로 하여금 법 아래에서의 정부라는 이상을 의회에 의해서 통제받는, 다시 말하면 의회가 동의하는 어떤 특정 행동도 취할 자유가 있는 정부라는 이상으로 교체했을 때였다.[15]

대의제 의회가 수행하는 정부 기능들

따라서 우리가 '입법부'라는 단어에 의해서 오도되지 않으려면, 우리는 그것이 애초에 대의제 정부의 기구로서 생겨났던 의회에 부여된 일종의 경칭(敬稱) 이상은 아니었다는 것을 기억해야만 한다. 현대 입법부는 정의로운 행동규칙들을 의도적으로 만드는 것도 가능하다고 여기기 이전에 존재했던 기구로부터 비롯된 것은 분명하다. 그리고 후자의 과제는 나중에서야 그와 상이한 과제들을 습관적으로 다루었던 제도들에 부여되었다. '입법부'라는 이름은 사실상 17세기 중반 이전에는 나타나지 않았다. 그것이 희미하게 감지되던 권력분립 개념의 결과로서 당시 존재하던 (파머의 훌륭한 용어를 사용하자면[16]) '헌법 기구들'에 적용되었는지 아니면 오히려 정부통제를 요구하는 기구들을 일반법 만들기에 제한하기 위한 헛된 시도에서 그랬는지는 의심스럽다. 아무리 그렇다고 해도, 그 기구들은 사실상 그렇게 제한되지 않았다. '입법부'는 주로 정부를 지휘하고 통제하는 일을 했던 대의제 의회에 붙여진 이름이었을 뿐이다.

좁은 의미에서의 법을 제정하는 것에 '입법부들'을 제한하려는 약간의 시도들이 있었다. 그렇지만 이는 실패할 수밖에 없었는데, 그 이유는 유일하게 당시 존재하는 대의제 기구들을 일반적 규칙들을 정하는 것으로 제한하면서 그들에게서 대부분의 정부 활동에 대한 통제를 박탈하려고 했기 때문이다. 나폴레옹 I세가 했다는 말은 그러한 시도에 대한 좋은 예다. 그는 다음과 같은 주장을 했다고 기록되어 있다.[17]

입법권력의 독립성에 대해서 나보다 더 크게 경의를 표할 수 있는 사람은 없다. 그러나 입법은 재정, 행정부 비판, 혹은 영국에서 의회가 하고 있는 100가지 일 중에 99가지를 의미하는 것이 아니다. 입법부는 입법을 해야 한다. 즉 법학의 과학적 원리에 따라서 훌륭한 법률을 구성해야 한다. 그러나 입법부는 자신의 독립성이 존중받기를 바란다면 집행부의 독립성도 존중해야 한다.

물론 이것이야말로 몽테스키외의 권력분립 개념에 상응하는 입법부의 기능에 대한 견해다. 그리고 그것은 나폴레옹의 법전에 잘 어울렸을지도 모른다. 왜냐하면 그것은 당시 유일하게 존재하던 국민대표들의 권력을 일반적인 정의로운 행동규칙을 정하는 일에 국한시켰을 것이고, 그들로부터 정부의 모든 권력들을 박탈했을 것이기 때문이다. 마찬가지 이유에서 그것은 헤겔[18] 그리고 더 최근에는 하스바하[19] 같은 사람들에게 감명을 주었다. 그러나 같은 이유 때문에 국민의 정부 혹은 민주적 정부를 옹호하는 모든 사람들은 이를 받아들이지 않았다. 그렇지만 동시에 또 다른 이유에서 '입법부'란 이름을 사용하는 것은 그들에게 매력적인 것으로 보였다: 즉 그 이름의 사용은 자신들로 하여금 압도적으로 정부 업무와 관련이 있는 기관들을 위해서도, 전통적 의견에 따르면 좁은 의미에서의 용어로 법 제정자에게 속했던 무제한적 혹은 '주권자적인' 권력을 요구할 수 있게 했다. 그래서 법에 의해서 제한되어야만 할 종류의 주된 활동들을 가진 정부의회들은 명령들을 간단히 '법'이라고 부르면서 원하는 것을 명령할 수 있게 되었다.

그렇지만 만일 국민의 정부 혹은 대의제 정부가 바람직했다면, 당시 존재했던 유일한 대의제 기구들도 권력분립이라는 이상이 원래의 입법부에게 부과했던 제한에 스스로 예속할 수 없었다. 그러한 제한은 정부권력들을 행사하는 대의제 기구가 자신이 만든 법 이외의 법으로부터 예외로 되어야 한다는 것을 의미할 필요가 없었다. 입법부가 순수한 정부기능을 수행할 때에는 그것은 보편적 행동규칙들에 대한 헌신의 덕택으로 최고 권위를 갖게 된 또 다른, 마찬가지로 대의제적 혹은 민주적인 기구가 제정한 일반적 법들에 의해 제한되어야 한다는 것을 의미할 수 있다. 우리는 정부의 낮은 단계에는 사실상 수많은 종류의 지역적, 지방적 대표 기구들을 가지고 있다. 그래서 그 기구들은 행동할 때 자신들이 변경시킬 수 없는 일반규칙들에 복종해야 한다. 이는 정부를 지휘하는 가장 높은 대의제 기구들에도 적용되지 못할 이유는 없다. 실제로 그렇게 해야만 법 아래에서의 정부라는 이상이 실현될 수 있다.

이 지점에서 우리의 주요 주장을 멈추고 간략하게 '정부'라는 개념의 애매모호성을 고찰하는 것이 유용하다. 비록 정부라는 용어가 질서 정연한 사회라면 어떤 사회에서도 필요하고, 또 바람직스러운 넓은 범위의 활동들을 망라하고 있다고 해도 그것은 또한 법 아래에서의 자유라는 이상에 적대적인 부수적 의미도 있다. 우리가 보아왔듯이, 구별되어야 할 두 개의 상이한 과제가 있다: 그것은 한편으로는 보편적인 정의로운 행동규칙들의 집행이고, 다른 한편으로는 대체로 시민들을 위한 다양한 서비스들을 제공하기 위해 세워진 조직의 관리다.

두 번째 그룹의 활동과 관련해서 '정부'라는 용어(그리고 더구나 '통치한다(governing)'는 동사)가 오도된 의미를 담고 있다. 법을 집행하고 다른 많은 서비스를 제공하는 조직을 지휘하는 정부의 의문의 여지없는 필요성은 정부가 서비스를 공급하기 위해서 자신에게 맡겨진 인적, 물적 자원을 관리한다는 의미에서 보통 때 사적인 시민들을 통치해야 한다는 것을 의미하는 것은 아니다. 마치 전체 사회가 정부에 의해서 관리되는 조직인 것처럼 오늘날 정부가 '나라를 운영한다고' 말하는 것이 보통이다. 하지만 실제로 정부에 의존하는 것은 헤아릴 수 없이 많은 개인과 조직이 서로에게 공급하는 서비스들의 원활한 운영을 위한 일정 조건들이다. 아무리 정부의 고유한 모든 활동들이 일시적으로 중단되었다고 해도 사회 구성원들의 자생적으로 질서 잡힌 활동들은 계속 진행될 수 있고 진행될 것이 확실하다. 물론 오늘날 수많은 나라의 정부들은 너무나 많은 핵심 서비스를 특히 교통 통신 분야에서 관리하고 있어서 만일 정부가 통제하는 서비스를 중단하면 경제생활은 곧 마비될 것이다. 그러나 이것은 이 서비스들이 정부에 의해서만 제공될 수 있기 때문에 그런 것이 아니라 정부가 그들을 공급할 독점권을 갖고 있기 때문이다.

사법과 공법

보편적인 정의로운 행동규칙들과 정부의 조직규칙들 사이의 구분은 사법과 공법의 구별과 밀접하게 연결되어 있고, 때로는 명확하게 동일한 것이다.[20] 우리가 여태까지 말해왔던 것은 입법의 법은 압도적으로 공법으로 구성되어 있다는 확인으로 요약될 수 있다. 그렇지만 사법과 공법 사이의 구분선이 정확히 어디에 그어져야 하는지에 대해서는 일반적 합의가 존재하지 않는다. 현대의 발전 경향은 점차적으로 이 구분을 애매모호하게 하는 것이다. 그 이유는 한편으로는 정부 기관들을 일반적인 정의로운 행동규칙들의 적용에서 제외시켰기 때문이고 다른 한편으로는 사적인 개인들과 조직들의 행위를 목적지향적인 특수한 규칙들, 혹은 심지어 행정기관들의 특수한 명령들이나 허가에 종속시켰기 때문이다. 지난 100여 년간 정의로운 행동규칙들과 정부 서비스의 조직을 위한 규칙들 사이의 구분이 주로 소위 '사회적' 목적을 위해서 점차적으로 소멸되어 왔다.

우리의 목적상 우리는 앞으로는 사법과 공법 사이의 구분을 정의로운 행동규칙들과 조직의 규칙들 사이의 구분과 동일시할 것이다(그렇게 할 때, 유럽 대륙의 관행과는 달리 주로 영미의 분류에 따라 형법을 공법이 아닌 사법 밑에 둘 것이다). 그렇지만 반드시 지적되어야 할 것은 '사적인 법'과 '공적인' 법이라는 친숙한 용어가 오도될 수 있다는 점이다. 그들이 사적 복지와 공적 복지라는 용어와 유사하다는 점이 그릇되게도 사법은 오직 특정 개인들의 복지에만 봉사하고, 공법만이 일반적인 복지에 봉사한다는 것을 암시하기 쉽다. 심지어 고전적 로마인의 정의조차[21] 그러한 해석에 도움을 준다. 그 정의에 따르면 사법은 개인의 효용을 겨냥하고 공법은 로마 민족의 처지를 겨냥한다고 한다. 그렇지만 오직 공법만이 공공의 복지를 지향한다는 생각은 '공공(public)'이 특히 좁은 의미로 해석될 때만, 즉 정부 조직과 관련된 것으로 이해될 때만이, 그리고 그렇기 때문에 '공공복지'란 용어를 일반적 복지와 동의어로 이해되지 않고 오직 정부 조직이 직접 관심을 갖는 특수 목표에 적용될 때만이 옳다.

공법만이 보편적 복지에 봉사하는 것이고, 사법은 오직 개인들의 이기적 이해관계들에 봉사하는 것으로 여기는 것은 진실을 완전히 뒤바꾸는 것이다: 즉 의도적으로 공동목적들을 지향하는 행동만이 공동의 필요들에 봉사한다고 믿는 것은 오류다. 사실은 오히려 정부 조직이 정의로운 행동규칙들의 집행을 통해서 제공하는 안정을 제외한다면, 사회의 자생적인 질서가 우리에게 제공하는 것이 정부 조직이 제공해줄 수 있는 특정 서비스들 대부분보다 모든 사람들에게 더 중요하고, 따라서 일반 복지에 더 중요하다는 것이다. 매우 풍요롭고 평화로운 사회를 생각할 수 있는 것은 정부가 자신을 안정이라는 과제에 국한하는 경우다. 그리고 오랜 기간 특히 중세 시대 동안에 공공의 효용(utilitas publica)이란 표현은 실제로 정의로운 행동규칙들의 집행을 통해서 보장되는 평화와 정의 그 이상의 의미가 아니었다.

진실은 정부의 조직법으로서 공법은 이 법이 적용되는 사람들로부터 의식적으로 공공의 이해관계에 봉사하기를 요구하는 반면에 사법은 개인들로 하여금 자신들 각각의 개인적 목적들을 추구하도록 허용하고, 결과적으로 일반적 이해관계에 봉사하도록 개인행동들을 제한하는 것이다.

정부의 조직법은 어떤 종류의 행위가 일반적으로 옳은지를 정의하는 규칙들이란 의미에서는 법이 아니라 그것은 특정 정부 공무원이나 기관들이 할 일을 요구하는 지시들로 구성되어 있다. 그것들은 규제들 혹은 정부의 조례라고 해야 더 적절하게 서술될 것이다. 구체적인 목적들을 위해 특정 행동들을 할 권한을 특정한 기관들에게 부여하고 그 목적을 위해서 그들에게 특정한 수단들을 배정하는 것이 정부의 조직법의 목적이다. 그러나 자유로운 사회에서는 이 수단들에 사적 시민들은 포함되지 않는다. 만일 정부 조직의 그런 규제들이 정의로운 행동규칙들과 똑같은 종류의 규칙들이라고 널리 인정된다면, 이것은 그들이 정의로운 행동규칙들을 규정할 권력도 가지고 있는 동일한 권위로부터 나왔다는 사정 때문이다. 그들은 보편적인 정의로운 행동규칙들에 붙여졌던 것과 동일한 존엄 및 존경을 요구하는 시도의 결과 '법들'이라고 불렸다. 이런 식으로 정부기관들은 특정한 목적을 달성하는 데 기여하는 특정의 명령을 위해서 사적인 시민들에게 복종을 요구할 수 있게 되었다.

특정한 서비스들을 조직할 과제는 이들을 위해서 정해질 규칙들의 성격에 관해서 자생적 질서의 기초로서 규칙들을 제정하는 과제와는 전적으로 상이한 생각을 필연적으로 산출한다. 하지만 입법의 목적에 관한 생각을 지배하게 된 것은 전자의 조직 과제에 의해서 촉진된 태도다. 의도적으로 규칙을 구성하는 것은 조직규칙과 관련되어 있는 이상 입법의 일반 원칙들에 관한 사고는 거의 전적으로 공법법률가들, 즉 법률가의 법에 흔히 별로 공감을 하지 않아서 우리가 법률가들이라고 부르기 주저하는 조직 전문가들의 수중에 떨어지기도 한다. 이들이야말로 현대에 거의 전적으로 법철학을 지배해왔고, 모든 법적 사고의 개념적 틀을 제공하며, 재판판결에 영향력을 행사하여 사법(private law)에도 심각하게 영향을 미쳤다. 법학이 (특히 유럽 대륙에서) 거의 전적으로 법을 우선적으로 공법으로 생각하고 질서를 완전히 조직으로 생각하는 공법 법률가들이 수중에 있어왔다는 사실은 주로 (사법 영역에서는 말도 안 되는) 법실증주의뿐만 아니라 그것 안에 함축되어 있는 사회주의와 전체주의적 사상체계들의 영향력 탓이기도 하다.

헌법

 헌법에 들어 있는 정부 권력의 할당 및 제한을 위한 규칙들 모두는 무엇보다도 우리가 '법'이라고 부르는 습관을 가지고 있는 규칙들에 속하지만, 정의로운 행동규칙들이 아닌 조직규칙들에 속한다. 그들은 공통적으로 특별한 존엄성이 붙여지는 혹은 다른 법보다 더 많이 존경할 '가장 높은' 종류의 법으로 여겨진다. 그러나 이를 설명할 역사적 이유들이 있지만, 그것들을 보통 표현되듯이 다른 모든 법의 원천이라고 여기기보다는 법의 유지를 보장하기 위해서 세워진 상부구조라고 여기는 것이 더 적절할 것이다.

 왜 헌법에는 특별한 존엄과 근본적 성격이 부착되어 있는가의 이유는 헌법은 공식적으로 합의되어야 했다는 바로 그 이유에서 법이 오랫동안 누려왔던 권위와 존경을 헌법에 부여하기 위한 특별한 노력을 필요하다는 것이다. 보통 헌법은 오랜 투쟁의 산물이었고, 비교적 가까운 과거에 높은 대가를 치르고 달성되었다고 알려져 있다. 그것은 오랜 투쟁을 종식시켰고, 흔히 의례를 통해서 맹세까지 받은 의식적 협정의 결과로 여겨진다. 그 협정은 원칙들로 구성되어 있는데 침해될 때에는 분파적 갈등을, 심지어는 내전까지 다시 야기한다. 헌법은 수많은 그리고 지금까지 억압되어왔던 계급에게 처음으로 완전한 시민으로서의 동등한 권리들을 시인한 문서들이기도 했다.

그렇지만 이런 사실 중의 어떤 것도 본질적으로 헌법은 법집행을 조직하기 위해 기존에 존재하는 법체제 위에 세워진 상부구조라는 사실을 변경시키지 못한다. 비록 일단 수립되면, 헌법은 다른 규칙들이 자신들의 권위를 그로부터 도출한다는 논리적 의미에서 '우선적인'[22] 것으로 보인다고 하더라도, 그것은 여전히 이미 존재하는 규칙들을 뒷받침하려고 의도된 것이었다. 그것은 법과 질서를 확립하기 위한 그리고 다른 서비스들의 공급에 필요한 장치를 마련하기 위한 도구를 창출하지만, 그것은 무엇이 법과 정의인가를 정의하지 않는다. 잘 말해진 바 있듯이, '공법은 사라지고 사법은 존속한다'[23]는 것도 역시 진실이다. 심지어 혁명 혹은 정복의 결과 정부의 전체 구조가 바뀌었을 때조차도, 대부분의 정의로운 행동규칙들, 민법과 형법 - 이 규칙들 중 일부를 바꾸려는 희망이 혁명의 주요 원인인 경우조차도 - 은 유효하다. 그런 이유는 일반적 기대들을 충족시킴으로써만이 새로운 정부가 신민들의 충성을 획득할 수 있고, 그럼으로써 '정당성'을 확보할 수 있기 때문이다.

내가 믿기에는 모든 헌법이 당연히 해야 하고 초기 헌법들이 의도했듯이 헌법이 정부의 서로 다른 기관들의 권력을 결정할 때 그것이 입법의회 자체의 권력을 제한할 때조차도, 그리고 이런 목적을 위해서 헌법은 법이 유효하기 위해서 갖추어야 할 형식적 속성들을 정의할 때, 정의로운 행동규칙의 그 같은 정의 자체는 정의로운 행동규칙이 아니다. 그것은 하트가 '승인규칙(rule of recognition)'[24]이라고 불렀던 것이고, 법정으로 하여금 특정한 규칙들이 그런 속성들을 갖는지 여부를 확인할 수 있게 한다. 그러나 그것 자체는 정의로운 행동규칙이 아니다. 승인규칙 혼자만에 의한 그러한 정의(定義)는 기존에 존재하는 법에 타당성을 부여해주지 않는다. 그것은 재판관에게 길잡이를 제공하지만, 현행 규범체계에 깔려있는 있는 개념들을 언어로 명료하게 표현하려는 모든 시도가 그렇듯이, 그것은 불충분한 것으로 판명될 수 있고, 재판관은 여전히 사용된 말들의 글자 그대로의 의미를 넘어서야 (혹은 그 의미를 제한해야) 한다.

공법에 정의로운 행동규칙들의 속성이 있음을 부인하는 것에 대한 저항이 공법의 다른 어떤 부분보다도 헌법에서 더 크다. 헌법은 정의로운 행동규칙들이라는 의미의 법이 아니라는 주장은 대부분의 법학자들에게 솔직히 불쾌하고 고려할 가치도 없는 것처럼 보이는 것 같다. 실제로 그 같은 이유 때문에 두 종류의 법을 명확히 구분하려는, 즉 지난 세기 후반부 동안에 독일에서 '실질적인' 의미에서의 법과 그리고 단지 '형식적' 의미에서의 법이라고 불렀던 것과 관련하여 구분하려는 가장 지속적이고 철저한 시도들이 있었지만 어떤 결실도 없었다. 그도 그럴 것이 그런 노력에 참가했던 저자들 중 누구도 그들이 보기에 불가피한 그러나 그들이 생각하기에 온당하지 못한 결론으로 여길 것을, 즉 어떤 이성적 구분원칙에 따른다고 해도 헌법을 단지 형식적 의미에서의 그리고 실질적 의미에서의 법으로 간주해야 한다는 결론을 수용할 수 없었기 때문이다.[25]

재정 입법

정의로운 행동규칙들과 입법의 다른 산물들 사이의 차이가 아주 명확하게 드러나는, 그리고 그 결과 그와 관련된 '정치적 법들'은 '사법적 법들'과는 상이한 것이라는 점을 일찍이 인식했던 분야는 대의제 기구에 의한 '입법'이 처음 나타난 분야, 즉 재정 분야다. 실제로 이 분야에서는 지출 권한의 부여와 서로 다른 개인들 및 그룹들 사이에서 부담이 배분되는 방식의 결정 사이에서 어렵고 중요한 구분이 있지만, 전체적으로 보면 정부예산은 특정 기관들에 특정한 일을 하도록 할 권한을 주는 어느 한 조직을 위한 행동계획인 것이지 정의로운 행동규칙이 아니라는 점은 아주 명백하다. 사실상 예산의 대부분은 지출에 관한 한 어떠한 규칙도 전혀 담고 있지 않지만,[26] 그것은 목적들과 관련된 그리고 정부에게 할당된 수단들이 사용되는 절차와 관련된 지침으로 이루어져 있다. 공법에 대해서 흔히 말하듯 '실질적 의미의 법'의 성격을 주장하려고 대단히 노력했던 지난 세기 독일 학자들까지도 여기서는 멈추어야 했고, 예산은 결코 그런 표제로 분류될 수 없다는 것을 인정해야 했다. 정부의 그러한 운영계획을 승인하는 대의제 의회는 예를 들어 권력분립 개념에서 입법부라는 표현이 이해되고 있는 의미의 입법부로서가 아니라 행정부가 이행해야 할 지침을 주는 정부의 최고기관으로서 행동하는 것이다.

그렇다고 그것이 '입법' 지침들에 의해서 통제되는 그러한 모든 행동들에서 정부는 다른 개인들이나 기관과 마찬가지로 정의로운 행동규칙들에 복종해서는 안 된다고 말하는 것도 아니고, 특히 그러한 규칙들에 의해서 정의된 사적 영역들을 존중할 필요가 없다는 뜻도 아니다. 정부에 대한 그런 지침들을 법이라고 부르고 있기 때문에, 그들이 모든 사람에게 적용되는 일반규칙들을 대신하거나 수정하고 있다는 믿음은 실제로 주요한 위험이다. 우리는 두 종류의 '법들'을 명확하게 구분하여 그런 위험으로부터 우리 자신들을 지켜야 한다. 우리가 예산의 지출 측면에서 세입 측면으로 눈을 돌리면 이것은 명확해진다. 비록 대다수가 기꺼이 감당할 자세가 되어 있는 부담을 그렇게 하길 꺼려하는 소수에게 부과해도 되는지, 혹은 주어진 전체 부담을 서로 다른 개인들 및 그룹들 사이에 어떻게 할당해야 할 것인가의 문제는 정의라는 문제를 제기한다고 하더라도 특정한 해에 조세로 징수해야 할 전체 세입에 대한 결정은 여전히 특수한 사정에 의해서 인도되어야 할 특수한 의사결정이다. 부담의 할당문제에서도 개인들의 의무는 정해진 지출의 특정 규모와 상관없이 적용될 수 있는 일반규칙들 - 실제로

지출을 결정해야 할 사람들에게 불변적인 것으로 주어진 규칙들 - 에 의해서 결정되어야 한다. 우리는 지출을 먼저 결정하고 누가 그 부담을 져야 할지의 문제는 나중에 고려하는 체제에 너무나 익숙해 있기 때문에 이것이 정의로운 행동규칙을 집행하는 데 모든 강압을 제한해야 한다는 기본 원칙과 얼마나 많이 갈등하는지를 거의 인식하지 못한다.

행정법과 경찰력

그렇지만 공법이라고 부르는 것의 대부분은 행정법으로, 다시 말하면 다양한 정부 기관들의 활동들을 정하는 규칙들로 구성되어 있다. 이 규칙들이 정부기관들이 처분할 수 있게 된 인적, 물적 자원들을 사용하는 방식을 결정하는 한, 분명히 그들은 큰 조직이라면 모두 필요로 하는 조직의 규칙들이다. 이 규칙들이 특별히 흥미로운 것은 이들이 적용되어야 할 사람들에 대한 공적 책임성 때문이다. 그러나 '행정법'이란 용어는 다른 두 의미로도 사용된다.

그것은 행정기관들이 정하고, 공무원만이 아니라 그 기관들과 거래하는 사적 시민들에게도 구속력이 있는 규제들을 서술하기 위하여 사용된다. 그러한 규제들은 정부가 시민들을 위해서 제공하는 다양한 서비스들 혹은 시설들의 사용을 결정하기 위해서 분명히 필요하지만 그것들은 흔히 이를 넘어서 사적 영역들의 범위를 정하는 일반적 규칙들을 보완한다. 후자의 경우에 그것들은 위임 입법이다. 그러한 일부 규칙들은 지방이나 지역 기구들에 결정하도록 맡기는 데는 좋은 이유가 있을 수 있다. 규칙을 창출하는 그러한 권력이 대표기구에만 위임되어야 하는지 혹은 관료지배 기구들에게도 위탁될 수 있는지 여부의 문제는 비록 중요한 것이지만 여기서 우리의 관심사가 아니다. 현재의 맥락에 다만 관련이 있는 것은 이런 일을 담당할 자격에서 '행정 입법'도 일반적인 입법부의 진정한 입법권력과 똑같은 제한을 받아야만 한다는 것이다.

더 나아가서 '행정법'이란 용어는 '개인들 및 재산을 지배하는 행정권력'을 서술하기 위해서도 사용된다. 이는 보편적인 정의로운 행동규칙으로 구성된 것이 아니라 특정한 예견 가능한 결과들을 지향하는 것이고, 따라서 반드시 차별과 재량을 포함하는 것이다. 법 아래에서의 자유 개념과 갈등이 일어나는 것은 이런 의미에서의 행정법과 연결되었을 때다. 영어권 세계의 법적 전통에서는 행정 당국들도 사적 시민들과의 관계 속에서는 일반법(보통법 혹은 성문법규)과 똑같은 규칙들 아래에 있으며, 다른 사적 시민들과 똑같이 통상적인 법정의 재판권에 복종한다는 점이 전제되어 있다. 외국 저자들이 앞서 논의했던 의미의 영국의 행정법에 대한 긴 논저들을 저술한 지[27] 20년 뒤였던 20세기 초에도 앨버트 다이시가 영국에는 그 같은 것이 없다고 주장했을 때 이는 오로지 마지막에 언급된 의미에서의 행정법, 즉 정부 기관들과 시민들 사이의 관계에 적용하는 특수한 법과 관련된 것이었다.[28]

정부가 시민들에게 제공하는 서비스들이 발전함에 따라 이 서비스들의 사용에 대한 규제 필요성도 생기는 것이 분명하다. 일반적 용도로 공급되는 도로나 다른 공공장소들에서의 행동은 개인의 자유영역들을 배정하는 것에 의해서 규제될 수 없고, 편의를 고려하여 결정하는 규칙들을 필요로 한다. 공공을 위해 제공된 제도들의 사용을 위한 그러한 규칙들이 (주로는 그 규칙들이 모든 사람들에게 동일해야 한다는 의미에서) 정의의 조건들에 예속된다고 해도, 그들은 정의를 지향하는 것이 아니다. 그러한 규칙들을 정할 때 정부는 정의로워야 하지만 그러나 그 규칙들에 복종해야 하는 사람들은 아니다. 따라서 흔히 일반규칙의 예시로 자주 인용되고 있듯이 우리에게 왼쪽 혹은 오른쪽 등으로 통행하라는 '도로의 규칙'은 실제로는 진정한 정의로운 행동규칙의 사례가 아니다.[29] 공공제도들의 사용을 위한 다른 규칙들처럼 그것도 모두에게 동일하여야 하고, 최소한 모든 사용자들에게 동일한 편익을 보장해줄 것을 지향해야 한다. 그러나 그것이 정의로운 행동을 정의하는 것은 아니다.

공공장소들 혹은 제도들의 사용에 대한 그러한 규제들이 '일반적 복지'에 봉사할 것을 의도라면 특정 그룹들에게 편익을 주는 것을 목적으로 해서는 안 된다고 하더라도 그들은 특정한 결과들을 지향하는 규칙들이다. 하지만 교통 규제들의 경우에서 분명하게 드러나듯이 그런 규칙들은 정부 기관들은 특수한 지시 명령을 내릴 권력을 허용할 것을 필요로 한다. 경찰이 공공질서를 유지하기 위해 필요한 것을 행할 권위를 부여받을 때, 본질적으로 이것은 개인이 자신의 사적 영역에서 그에게 확보된 것만큼의 많은 자유를 가질 수 없는 공공장소에서 질서있는 행동의 보장과 관련된 것이다. 여기에는 예컨대 방해받지 않는 교통흐름을 보장하기 위해 특수한 조치가 필요하다. 정부, 대개는 지방 정부가 공공이 자신의 목적을 위해서 시설들을 아주 효율적으로 사용할 수 있는 방식으로 질서있게 이들을 유지할 과제를 부여받는다.

그렇지만 '공공장소들'을 단순히 공공을 위해 정부가 제공하는 시설들뿐만이 아니라 아무리 그 시설들이 백화점들, 공장들, 극장들, 스포츠경기장 등과 같이, 심지어 상업적으로 제공된다고 해도, 대중이 모이는 장소면 어디든 이를 포함하는 것으로 해석하는 경향이 있다. 그런 장소들을 사용하는 사람들의 안전과 건강을 보장하려면 일반규칙들이 필요하다는 것은 의심의 여지가 없다. 그러나 이런 목적에서 재량을 행사할 '경찰력'이 필요한지는 분명하지 않다. 중요한 것은 법의 지배라는 기본적 이상이 여전히 존중되는 한, 예를 들면 '영국 공장 입법도 (비록 대부분 행정 규제들로 틀이 짜여 있지만) 실천적으로 아예 일반규칙들에 의존하는 것도 가능하다'[30]는 점이다.

정책 '처분들'

특수한 서비스들, 이들 가운데 최근에 경제 체제의 '기반시설'이라고 말하는 종류의 서비스들을 정부가 제공하는 것에 관심을 가지는 곳에서는, 그러한 서비스들이 흔히 특정한 효과들을 목표로 하고 있다는 사실은 어려운 문제들을 야기한다. 이런 종류의 특정한 행동들은 보통 정책 '처분들(measures)'이라고 (특히 대륙에서는 상응하는 용어들인 프랑스어 mesures와 독일어 Massnahmen으로) 서술된다. 그리고 그 문제들의 일부는 이런 표제 아래에서 생각하는 것이 편할 것이다. 법 앞의 평등은 있지만 '처분 앞의 평등'이 있을 수는 없다는 말이 요점을 잘 표현해왔다.[31] 이것이 의미하는 바는, 비록 처분들의 효과들은 이들이 제공하는 서비스들에 대해 대가를 지불할 준비가 되어 있는 사람들에 국한될 수는 없다고 하더라도, 그것들이 모든 시민들에게 똑같이 편익을 주는 것이 아니라 비교적 명확하게 식별할 수 있는 그룹에게만 편익을 줄 것이라는 의미에서 대부분의 조치들은 '목표'가 있다. 아마도 정부가 제공하는 대부분의 서비스들은 정의로운 행동규칙의 집행이 아니라 그런 종류의 것들이다. 발생하는 문제들은 그러한 서비스들을 대체로 지방 정부 혹은 수자원 위원회 등과 같이 특수 목적을 위해 창출된 특수한 국지적 정부 기관들에 맡김으로써 해결될 수 있다.

공동의 지갑에 기여했던 사람들 중 일부에게만 편익을 줄 서비스들의 비용을 그 지갑에서 지불한다는 것은 나머지 사람들이 가진 다른 요구사항들도 같은 방식으로 충족되어서 부담과 편익이 서로 개략적으로 일치될 것이라는 전제에서만 수용되었다. 대략 누구라고 확정될 수 있는 수혜자들이 갖게 될 서비스들의 조직을 논의할 때 특수한 이해관계가 규칙적으로 갈등을 빚고 타협에 의해서만 화해가 이루어진다. 이것은 대체로 예측할 수 없는 편익을 가진 추상적 질서를 지향하는 일반적 행동규칙들을 논의할 때 발생하는 것과는 완전히 다르다. 그래서 그러한 일들에 대해서 책임을 지는 권위들이 비록 민주적이거나 대의제 기구라고 할지라도, 그 권위들은 특정한 서비스들을 결정할 때 일반적 행동규칙들에 복종해야 하며, '함께 게임하면서 게임의 규칙들을 고쳐 쓸 수 있는'[32] 위치에 있어서는 안 된다는 것이 매우 중요하다.

　우리가 행정 처분에 관해서 말할 때 일반적으로 의미하고 있는 것은 특정한 인간 그룹에 유리하게 서비스들을 위한 수단을 이용하는 것을 의미한다. 학교·제도와 건강 서비스의 설립, 특정 영업이나 직업에 대한 재정적 혹은 기타의 보조 정부가 통화발행의 독점을 통해서 소유하는 수단들의 이용은 그런 의미에서 정책처분이다. 그러한 처분들과 관련하여 미지의 목적을 위해 미지의 사람들에 의해 사용될 시설들을 제공하는 것과 특정한 그룹들에게 유익할 것이라고 기대하면서 시설들을 마련하는 것 사이의 구별은 정도의 문제로서 그 두 극단적 유형 사이에는 많은 중간 지점이 있다. 만일 정부가 많은 핵심 서비스에 대한 배타적 공급자가 되면 의심의 여지없이 정부는 서비스들의 성격과 제공될 조건들을 정함으로써 시장질서의 실질적 내용에 커다란 영향력을 행사할 수 있다. 이런 이유에서, '공공 부문'의 규모는 제한되어 있고 서비스들이 특정인에게 미치는 효과가 예측될 수 있도록 정부가 여러 가지 서비스들을 조율하지 말아야 한다는 것은 중요하다. 우리는 나중에 이런 이유에서 정부가 정의로운 행동규칙의 집행이 아닌 다른 서비스들의 제공에서는 배타적 권리를 갖지 않는 것, 그래서 과거에는 아마도 시장을 통해 제공하는 것이 불가능했던 것도 시장을 통해서 마련할 가능성이 생긴다면, 다른 조직들로 하여금 동일한 종류의 서비스들을 제공하지 못하도록 막아서는 안 된다는 점이 중요하다는 것을 보게 될 것이다.

'사회적' 입법에 의한 사법의 공법으로의 변환

만일 지난 100여 년이 지나는 동안에 자유로운 사회에서 강제는 오로지 보편적인 정의로운 행동규칙들에 대한 복종을 보장하기 위해서만 허용할 수 있다는 원칙이 포기되어 왔는데, 이는 주로 '사회적' 목적들이라고 불렸던 것을 위해서였다. 그렇지만 여기에서 사용된 '사회적'이란 말은 조심스럽게 구별되어져야 할 다양한 종류의 개념들을 망라하고 있다.

우선 그것은 주로 지주, 고용주, 채권자 등과 같은 특정한 그룹들이 법의 형성에서 행사했던 더 큰 영향력 때문에 생겨났던 법적 차별의 제거를 의미한다. 그렇다고 이는 그 차별에 대한 유일한 대안은 과거에 부당하게 대우받았던 계급을 우대하는 것을 의미하지 않는다. 그리고 법이 동일한 원칙에 따라서 양측을 똑같이 취급하는 '중간적' 위치가 없다는 것도 의미하지 않는다. 이런 의미에서 동등한 대우는 특정한 상황에서 그러한 일반적 규칙들의 적용이 다른 그룹보다 한 그룹에 더 우호적인 결과들로 이어질 수 있는지의 문제와는 아무런 관계가 없다: 정의는 다양한 거래들의 결과들에는 관심이 없고, 오직 거래들 그 자체가 공정한지에만 관심을 가질 뿐이다. 정의로운 행동규칙들이라고 해도 변경시킬 수 없는 사실은, 쌍방 모두가 완전히 정의롭게 행동하는 상태에서 노동생산성이 낮으면 모든 사람들이 고용될 수 있는 임금은 아주 낮고 동시에 자본 수익률도 아주 높은 상황이, 그리고 다른 사람들이 고용을 찾는 것을 방해하는 수단을 통해서만 일부에게 더 높은 임금을 보장하는 상황이 야기되리라는 점이다.

우리가 나중에 보게 되겠지만, 이 맥락에서 정의란 눈속임, 사기 혹은 폭력이 없는 자유시장에서 결정되는 임금 혹은 가격들만을 의미한다. 그리고 이런 유일한 의미로만이 우리는 정의로운 임금 혹은 정의로운 가격들을 의미 있게 말할 수 있다 그리고 그런 의미에서 전적으로 정의로운 거래의 결과는 사실상 일방이 아주 낮은 이윤을, 다른 쪽은 아주 큰 것을 갖게 되는 일이 생겨날 수 있다. 고전적인 자유주의는 보편적으로 적용할 수 있고, 특정 그룹들에 대한 적용의 효과와는 전혀 무관하게 정의롭다고 인정될 수 있는 정의로운 행동원칙들이 있고 이들을 인식가능하다는 믿음에 근거하고 있다.

두 번째로 '사회적 입법'은 불행한 소수, 즉 약자 혹은 스스로 벌어먹고 살 수 없는 사람들에게 특히 중요한 특정의 서비스들을 정부가 공급하는 것을 지칭할 수 있다. 부유한 공동체라면 - 도덕적 근거에서든 혹은 누구에게나 영향을 미치는 우발적인 사태에 대한 보험으로서든 - 정부의 그러한 서비스 기능들을 소수에게 제공하기로 결정할 수 있다. 비록 그러한 서비스들의 공급이 세금 부과의 필요성을 증대시킨다고 하더라도 이 세금은 단일 원칙들에 따라서 갹출될 수 있다. 그리고 그렇게 동의된 공통 목표들의 비용에 기여할 의무는 일반적 행동규칙이라는 개념으로 분류될 수 있다. 그것은 결코 사적 시민을 행정의 대상물로 만들지 않을 것이다. 그는 자신의 목적들을 위해서 자신의 지식을 사용한다는 점에서 여전히 자유로울 것이며, 조직의 목적들에 봉사하여야 하지 않아도 된다.

그러나 세 번째 종류의 '사회적' 입법이 있다. 그 입법의 목적은 특정한 목적과 그리고 특정한 그룹들의 편익을 지향하도록 사적 활동을 지시하는 것이다. 목적과 독립된 정의로운 행동규칙들(혹은 사법규칙들)이 목적 의존적인 조직규칙들(혹은 공법규칙들)로 점차 변형되어가는 사태가 벌어졌는데, 이는 '사회적 정의'라는 환영(幻影)에 의해 영감을 받았던 노력들의 결과였다. '사회적 정의'의 추구는 정부로 하여금 특정 그룹들을 위한 특정 결과들을 보장할 목적으로 시민과 그의 소유를 행정의 대상물로 취급할 필요가 있게 만든다. 입법의 목적이 특정 그룹의 노동자들에게 더 높은 임금을 주거나 소규모 농부들에게 더 높은 소득을 주며, 혹은 도시 빈민들에게 더 나은 주택을 주는 것일 때는, 그것은 일반적 행동규칙들을 개선하여 달성될 수는 없다.

법의 '사회화'를 위한 그러한 노력들은 여러 세대에 걸쳐 대부분의 서구 나라들에서 이루어졌고, 동일한 규칙 하에서 모두를 평등하게 대하는 보편적 행동규칙들의 특징적 속성을 파괴할 정도로 이미 멀리 나아갔다. 지난 세기에 사회정책이란 이름으로 독일에서 시작되어 먼저 대륙과 영국에 전파되었으며, 금세기에 들어와서는 미국으로도 확산되는 등, 그러한 입법의 역사를 여기에서 설명할 수는 없다. 이 전개과정에서 특수 계급들을 위한 특수 규칙들의 창출을 불러온 획기적인 사건들은 노동조합에게 고유한 특권을 부여한 영국의 1906년 노동쟁의법,[33] 그리고 뉴딜(New Deal) 초기에 입법부에게 '사람들의 삶에 중대한 이해관계들을 지키기 위한' 무한 권력을 인정해준 미연방 대법원의 판결들이다.[34] 이 판결에서 결국 입법부가 유익하다고 여기는 목적이라면 무엇이든 이를 위한 어떤 법이라도 제정해도 된다고 말했던 것이다.

그러나 그런 발전이 더욱 더 전개되고 그 결과들을 전적으로 수용하여 명시적으로 인정한 나라는 그것이 시작된 나라였다. 독일에서는 이러한 사회적 목표들을 추구하면 공법이 사법을 점진적으로 대체한다고 널리 이해하게 되었다. 실제로 법 분야에서 사회주의적 사고의 지도자들은 개인 활동들의 조정을 목표로 하는 사법은 복종의 공법으로 급진적으로 대체된다고 하는, '모든 것을 포괄하는 공법 영역 내에서 사법은 사회적 법질서를 위하여 오로지 임시로 비워둔, 그리고 점차 줄어가는 사적 주도의 영역일 뿐'[35]이라고 하는 교리를 공공연하게 선언했다. 독일에서 그러한 발전을 대단히 용이하게 했던 것은 생생히 살아있는 근본적으로 무제한적인 권력의 전통이다. 이는 서구 세계에서는 여전히 대체로 이해하기 힘들지만, 시민은 행정의 신민이고, 행정법이 '행정국가와 그것이 자신의 활동 속에서 마주치는 신민들 사이의 관계에 고유한 법'[36]이라는 것과 같은 개념들 속에 표현된 고위층(Hoheit)과 지배(Herrschaft)라는 신비에 근거한 것이다.

정부에 의해 선점된 입법부의 정신적 편향

이 모든 것은 이 저서의 제2부에서 주된 관심이 되는 문제들을 제기한다. 정의로운 행동규칙의 제정과 정부기구의 통제의 혼동이 왜 자생적 사회질서를 조직으로 급진적으로 변형시키는 경향으로 작용했는가의 이유들을 보여주기 위해서 여기서 우리는 그런 문제들을 간단히 짚고 넘어 가려고 한다. 조직문제들에 몰두함으로써 의회의 구성원들에게 야기된 정신적 태도와 고전적 의미에서 주로 입법을 다루는 의회에 확산된 그런 태도의 차이에 관해서만 몇 가지 예비적 소견들만을 덧붙일 필요가 있다.

전자의 문제에 집착하는 의회는 점점 더 그리고 불가피하게 자신을 독립적으로 기능하는 질서를 위한 서비스들을 제공하는 기구로 뿐만 아니라, 공장이나 다른 어떤 조직을 운영하듯이 '나라를 운영하는' 기구로도 생각하는 경향이 있다. 그것은 모든 것을 배열할 권능을 가지고 있기 때문에 그것은 어떤 것에 대한 책임성도 거절할 수 없다. 제거할 수 없다고 여겨지는 특별한 불만은 전혀 없다. 그리고 의회는 모든 개별사례에서 일반적으로 그러한 불만을 물리칠 수 있다고 여기기 때문에 한꺼번에 모든 불만들도 제거할 수 있을 것으로 추정된다. 그러나 특정 개인들 혹은 그룹들의 불만 대부분은 다른 곳에서 새로운 불만들을 창출하는 조치에 의해서만 제거될 수 있다.

영국의 노련한 노동당 의원은 모든 불만의 원천들을 제거하는 것이 정치가의 의무라고 서술했다.[37] 물론 이것은 어떠한 일반적 행동규칙 시스템을 통해서도 결정할 수 없는 방식으로 특정 사안들 모두를 배열할 것을 요구한다. 그러나 불만은 반드시 정당한 불만을 의미하는 것도 아니고, 불만의 존재가 그 원천을 모든 사람들을 위해서 제거할 수 있다는 점을 입증하지도 않는다. 사실상 그것은 일반적으로 수락된 원칙에 따라 누구도 막을 수 없고 변경할 수도 없는 상황의 탓이라는 것이 확실하다. 정부의 목적은 대의 기관이 이 목적을 위해서 사용할 수단을 전혀 제한하지도 않고, 충분히 많은 수의 사람이 품고 있는 모든 특수한 소원들을 충족시키는 일이라는 이념은 다수파 내에서 협상을 통해 합의된, 그리고 실현할 '공동의 목적'이라며 모두에게 강제하는 세부적 계획에 따라서 모든 특정한 행동들이 명령되는 사회를 불러오는 것은 필연적이다.

NOTES

서문

1   * Guglielmo Ferrero, ≪권력의 원칙(*The Principles of Power*)≫ (New York, 1942), p.318. 인용된 문장은 다음과 같이 시작한다: '질서는 인류가 항상 잠재적 갈등상태에 있는, 진이 빠지는 시지프스적(Sisyphean)인 노동이다. ……'

2   18세기와 19세기에 널리 사용된 오래 존중받은 문구가 '제한된 헌법(limited constitution)'이다. 그러나 더 이른 시기의 문헌에도 때때로 '헌법을 제한(limiting constitution)'한다는 표현이 나온다.

3   K. C. Wheare, ≪현대의 헌법들(*Modern Constitutions*)≫, 수정판 (Oxford, 1960), p.202를 보라: '[헌법] 뒤에 있는 원래의 사상은 정부를 제한한다는 사상 그리고 통치하는 자들에게 법과 규칙에 순응할 것을 요구하는 사상이다.'; 또한 C. H. McIlwain, ≪헌정주의: 고대 그리고 현대(*Constitutionalism: Ancient and Modern*)≫, 수정판 (Ithaca, N.Y., 1958) p.21도 보라: '헌법이 있는 모든 정부는 정의상 제한된 정부. …… 헌정주의는 하나의 본질적인 특질을 가지고 있는데, 그것은 정부를 법적으로 제한하는 것이다. 그것은 자의적인 규칙에 반대되는 명제다. 그 반대는 독재적 정부, 자의적 정부다.'; C. J. Friedrich, ≪입헌 정부와 민주주의(*Constitutional Government and Democracy*)≫ (Boston, 1941), 특히 p.131. 여기서는 헌법을 '정부의 행동을 효과적으로 제약하는 과정'이라고 정의하고 있다.

4   Richard Wollheim, 〈민주주의 이론에서의 역설(A paradox in the theory of democracy)〉, in Peter Laslett and W. G. Runciman (eds); ≪철학, 정치학 그리고 사회(*Philosophy, Politics and Society*)≫, 두 번째 시리즈 (Oxford, 1962), p.72를 보라: '민주주의의 현대적 개념은 통치하는 주체에게 어떠한 제한도 가해지지 않는 형태의 정부를 말한다.'

5   George Burdeau,〈유물: 헌법이란 관념(Une Survivance: la notion de constitution)〉, ≪공공의 권리의 진화, Achille Mestre 교수에게 바치는 논문집 (*L' Evolution du droit public, etudes offertes a Achille Mestre*)≫ (Paris, 1956)를 보라.

6   F. A. Hayek, ≪자유헌정론(*The Constitution of Liberty*)≫ (London and Chicago, 1960)을 보라.

7   Samuel H. Beer, 〈영국의 입법 그리고 동의의 동원 문제(The British legislature and the problem of mobilizing consent)〉, Elke Frank (ed), ≪변화하는 세계의 입법자들(*Lawmakers in a Changing World*)≫ (Englewood Cliffs, N.J., 1966), 그리고 재수록은 B. Crick (ed), ≪개혁론(*Essays on Reform*)≫ (Oxford, 1967)을 보라.

8   F. A. Hayek, 앞의 책, p.207 그리고 각주 12를 보라.

9   Torgny T. Segerstedt, 〈이익사회의 변화(Wandel der Gesellschaft)〉, ≪지식의 구축(*Bild der Wissenschaft*)≫, vol.vi, May 1969, p.441

10   Enrico Ferri, ≪국제 사회학연구소 연보(*Annales de l'Institut Internationale de Sociologie*)≫, vol.1., 1895, p.166: '사회주의는 사회학의 논리적이고 불가피한 도달 지점이다.'

제1장 이성과 진화

1   *Lord Acton, ≪자유의 역사 및 기타 논문들(*The History of Freedom and Other Essays*)≫ (London, 1907), p.58. 이 도입부에서 논의하고 있는 대부분의 문제들은 그 대부분이 재수록된 F. A. Hayek, ≪철학, 정치학 그리고 경제학 연구(*Studies in Philosophy, Politics and Economics*)≫ (London and Chicago, 1967) (이하에서는 *S.P.P.E.*)에 약간 더 길게 검토되어 있다. 특히 그 책의 2-6장을 보라. 그리고 ≪브리튼 학술원 회보(*Proceedings of the British Academy*)≫, lii (London, 1967)에 수록되어 있는 맨더빌(Bernard Mandeville) 박사에 대한 내 강의(1966), 그리고 ≪The Confusion of Language in Political Theory≫[≪정치적 사고에서 언어의 혼동(The Confusion of Language in Political Thought)≫] (London, 1968)도 보라.

2   오늘날 무엇인가가 불가능하다는 주장에 냉소를 퍼붓는 것이, 그리고 과학자들이 불가능하다고 표방했었지만 나중에 가능하다고 입증된 많은 사례를 드는 것이 유행이다. 그럼에도 불구하고 과학적 지식의 진전이 모두 결국 일정한 사건들이 불가능하다는 통찰로 이루어져 있다는 점은 맞다. 수리물리학자인 휘태커(Edmund Whittaker)는 이에 대해 '불가능성 원리'라고 서술했고, 포퍼(Karl Popper)도 모든 과학적 법칙들은 본질적으로 금지로, 즉 무엇인가가 일어날 수 없다는 주장으로 이루어져 있다는 사상을 체계적으로 발전시켰다. 특히 Karl Popper, ≪과학적 발견의 논리(*The Logic of Scientific Discovery*)≫ (London, 1954)를 보라.

3   이 맥락에서 맨더빌이 수행했던 역할에 대해서는 이 장의 앞 부분 *표시 각주에서 인용했던 그에 대한 내 강의를 보라.

4   모든 도덕적 정치적 문제들에 대해 적어도 가장 널리 받아들여진 데카르트적 접근법의 의미는 Alfred Espinas, ≪데카르트와 도덕(*Descartes et la morale*)≫, 2 vols (Paris, 1925), 특히 2부 시작 부분에 명료하게 드러나 있다. 데카르트를 앞에 내세운 합리주의가 전체 프랑스 계몽주의를 지배하였다는 점에 대해서는, G. de Rugiero, ≪유럽 자유주의의 역사(*History of European Liberalism*)≫, R. G. Collingwood 영역 (London, 1927), p.21 이하를 보라:
18세기 상층과 중층 문화의 대표자들 거의 모두가 데카르트 학파에 속한다. 과학자들 …… 사회개혁가들, 그들은 비합리적으로 사용되거나 남용되고 있는 박물관으로서의 역사에 대한 비난을 끄집어내었고, 전체 사회 체제를 다시 구축하려고 노력한다. 법률가들, 그들은 자신들이 보기에 법은 약간의 보편적이고 자명한 원리들로부터 연역해낼 수 있는 체제이며, 또 그래야 한다고 본다.
또한 H. J. Laski, ≪법률 및 정치학 연구(*Studies in Law and Politics*)≫ (London and New Haven,192z), p.20도 보라:
[볼테르, 몽테스키외 등과 관련된] 합리주의가 의미하는 것은 무엇인가? 본질적으로 그것은 데카르트주의의 원리들을 인간사에 적용하려는 시도다. 견고한 상식이라는 불가피한 증거를 가정들로 삼고, 이 가정들이 의미하는 결론을 이들로부터 논리적으로 추론한다. 모든 철학자들이 보기에, 그 상식은 모든 곳에서 똑같은 결과를 낼 것이다. 페르니에서 살았던 현자[볼테르]에게 상식인 것은 북경(北京)에서도 그리고 아메리카의 숲에서도 상식일 그럴 것이다.

5   데카르트 자신은 ≪방법에 대한 논의: 과학에서 추론을 올바르게 수행하고 진리를 찾는 방법(*Discours de La Méthode*, 방법서설)≫를 썼을 때 이런 태도에 대해 (2부 앞 부분에서)

'스파르타의 위대함은 그 법률들 각각이 특히 뛰어나다는 것에 있지 않다. …… 그 위대함은 한 개인에게서 기원했던 그 법률들이 단 한 가지 목적을 향한 것이었다는 사정에 있다'고 표현했다. 1700년대에 이 사상을 독특하게 적용한 것을 보려면 G. Kuntzel, ≪호엔촐레른 왕가의 정치적 계율(*Die politischen Testamente der Hohenzollern*)≫ (Leipzig, 1920), vol.2, p.64에서 프러시아의 프리드리히 II세가 했던 표현을 보라. 프리드리히 II세는 다음과 같이 주장했다: 만일 뉴튼이 라이프니츠 및 데카르트와 힘을 합쳐서 일해야 했다면 그는 만유인력 체계를 설계할 수 없었을 것이다. 정치체제도 만일 단일한 마음이 만들어내지 않았다면, 생겨날 수도 유지될 수도 없었을 것이다.

6   '실용적'이란 말은 Carl Menger, ≪사회과학 방법론 연구(*Untersuchungen über die Methoden der Socialwissenschaften*)≫ (Leipzig, 1882), F. J. Nock 영역, ≪경제학과 사회학의 문제들(*Problems of Economics and Sociology*)≫, (Urbana, Ill., 1963)이 주로 이 맥락에서 사용했던 오래된 표현이다. 이 책은 이 문제를 초기에 가장 잘 다룬 책이다.

7   루소에 대한 데카르트의 결정적인 영향력에 대해서는 H. Michel, ≪국가 사상(*L'Idee de l'etat*)≫ (Paris, 1896), p.66 (이전 저자들에 대한 검토); A. Schatz, ≪경제적 사회적 개인주의(*L'Individualisme economique et social*)≫ (Paris, 1907), p.40 이하.; R. Derathe, ≪장 자끄 루소의 합리주의(*Le Rationalisme de Jean-Jacques Rousseau*)≫ (Paris, 1948); 그리고 R. R. Palmer, ≪민주주의 혁명의 시대(*The Age of Democratic Revolution*)≫ (Princeton, 1959, 1964), vol. I, p.114의 통찰력 있는 관찰을 보라. 루소에게는 '살아 있는 사람의 의지로 된 법을 제외하고는 어떤 법도 없다. 그리스도인의 관점도 포함하여, 여러 가지 점에서 볼 때, 그의 가장 크게 이단적인 것이다. 그것은 또한 정치 이론에서 그가 가장 지지받는 점이기도 하다.'

8   R. S. Peters, ≪동기 개념(*The Concept of Motivation*)≫ (London, 1959), p.5를 보라: 인간은 규칙을 따르는 동물이다. 그의 행동들은 목적을 지향한 것뿐만이 아니다. 그것들은 또한 사회적 기준들 그리고 인습들에도 순응한다. 그리고 인간은 계산하는 기계와 달리 규칙들 및 대상들에 관한 지식 때문에 행동한다. 예를 들어 우리는 사람들에게 정직성, 시간 엄수, 배려 그리고 비열함(meanness)과 같은 성격의 기질들(traits)을 속성으로 붙인다. 그러한 용어들은 야망, 혹은 갈구(hunger), 혹은 사회적 욕망과 같이 인간이 추구하고자 하는 종류의 목표들을 가리키는 것이 아니다. 오히려 그것들은 그의 목표들이 무엇이건 그의 행위에 가할 규제들의 유형을 가리키는 것이다.

9   F. A. Hayek, ≪자유헌정론(*The Constitution of Liberty*)≫ (London and Chicago, 1960), 특히 2장[자유로운 문명의 창조적 힘)을 보라.

10 J. A. Schumpeter, ≪경제분석의 역사(*History of Economic Analysis*)≫ (New York, 1954), p.241.

11 내 강의 〈경제학과 지식(Economics and knowledge)〉 (1936) 그리고 〈사회에서 지식의 사용(The use of knowledge in society)〉 (1945), 이 둘이 수록된 책 F. A. Hayek, ≪개인주의와 경제적 질서(*Individualism and Economic Order*)≫ (London and Chicago, 1948)를 보라.

12 우리가 Karl Popper의 '열린사회(Open Society)'라는 용어를 사용할 때와 같은 의미로 자주 사용할 '거대한 사회(Great Society)'라는 표현은, 물론, 18세기에 이미 잘 알려졌던 것이다. (예컨대 Richard Cumberland, ≪자연법칙에 대한 논고(*A Treatise on the Law of Nature*)≫ (London, 1727), ch. 8 section 9, 그뿐 아니라 Adam Smith와 Rousseau도 보라.) 현대에는 왈라스(Graham Wallas)에 의해서도 부활되었는데, 그는 자신의 책 하나의 제목으로 그것을

사용했다. (≪거대한 사회(*The Great Society*)≫ (London and New York, 1920)). 최근 미국 [존슨] 행정부가 정치적 구호로 그 ['위대한 사회(Great Society)'라는 – 옮긴이 삽입] 말을 사용했다고 해서 그 말이 적합성을 상실하지는 않을 것이다.

13 멈포드(Lewis Mumford)는 F. Mackenzie (ed), ≪계획된 사회(*Planned Society*)≫ (New York, 1937), p.vii에 있는 그의 서문에서 다음과 같이 썼다: '우리는 Patrick Geddes가 동시적으로 사고하는 기술, 즉 연관된 현상들 여러 개를 동시에 다룰 능력, 그리고 하나의 그림에 이 현상들의 질적 속성 및 양적 속성 모두를 그려내는 능력이라고 부르곤 했던 것을 더욱 발전시켜야 한다.'

14 Jane Jacobs, ≪미국 거대 도시들의 죽음과 삶(*The Death and Life of Great American Cities*)≫ (New York, 1961).

15 컴퓨터에 대한 현재의 무분별한 열풍에 대해 조언해주고 싶은 것은, 컴퓨터가 그것에 입력된 사실들을 소화시킬 힘이 아무리 크다고 한들, 우리가 이 사실들을 확인할 때 컴퓨터가 우리에게 별로 도움을 주지 못하고 있다는 점이다.

16 A. M. Carr-Saunders, ≪인구문제: 인간의 진화에 대한 연구(*The Population Problem: A Study in Human Evolution*)≫ (Oxford, 1922), p.223을 보라:

인간들 그리고 인간 그룹들은 그들의 정신적 심리적 성격들 때문에 자연선택되는 것처럼 그들이 실천하는 관습들 때문에도 자연적으로 선별된다. 가장 유리한 관습들을 실천하는 그룹들은 덜 유리한 관습들을 실천하는 인접 그룹들 사이에서의 끊임없는 투쟁에서 이점을 가질 것이다. 그룹구성원 숫자를 바람직한 숫자로 제한하는 관습들보다 더 유리한 관습들은 거의 없다. 일단 [낙태, 유아 살해, 성생활 자제의] 이 세 관습이 생겨나는 한, 어떻게 해서 그것이 자연 선택과정에 의해 그렇게 실천되게 되었고 바람직한 숫자에 가깝게 출산하게 되었는가를 이해하기란 어렵지 않다.

그 기본 사상을 아주 잘 설명한 것은 클리포드(W. K. Clifford)의 두 논문 〈도덕의 과학적 기초에 관하여(On the scientific basis of morals)〉 (1873), 그리고 〈옳고 그름: 그 구분의 과학적 근거(Right and wrong: the scientific ground of their distinction)〉 (1875)이다. 이 둘은 모두 W. K. Clifford, ≪강의록 및 논문들(*Lectures and Essays*)≫ (London, 1879), vol.2에 수록되어 있다. 특히 pp.112-21과 169-72에 여기에서 인용할 수 있을 만한, 관련성이 가장 높은 문장들이 있다.

수단을 결말(end)에 순응시키는 것은 우리가 현재 알고 있는 두 가지 방식으로 이루어질 수 있다. 하나는 자연 선택 과정에 의해, 다른 하나는 결말에 대한 상상 혹은 발상이 수단의 사용에 선행한다는 지혜의 힘으로. 두 경우 모두에서 적응의 존재는 결말의 필요성 및 효용으로 설명된다. 내가 보기에는 이 두 경우 모두에서, 그리고 이후에 알 수 있게 될 다른 어떤 경우에서도, 만일 그 순응이 결말의 필요성에 의해 설명되기만 한다면, 일반적으로 일정한 수단들을 순응시키는 결말의 의미로 목적(purpose)이란 단어를 사용하는 것이 더 편리할 것이다. 광의의 의미로 사용하기만 한다면, '최종 원인(final cause)'이란 말을 사용하는 것에도 반대가 없을 것이다. 그 경우 지혜에 의해 적응하는 특별한 경우에만 '설계'란 말을 사용할 수도 있을 것이다. 그런데 우리는 자연선택 과정이 이해되어왔기 때문에, 아마 인간들의 작용이 독립적일 경우를 제외하고는, 교양인들에게 목적이 설계를 암시하지는 않게 되었다고 말할 수 있다.[p.117]. 그 부족들은 대체로 양심상 그러한 행동들이 시민으로서의 인간의 특징을 개선하는 경향이 있고, 따라서 부족을 살아남게 만드는 경향이 있다고 보아, 이를 승인하는 경우에 살아남았다. 그러므로 비록 부족의 경험에 근거한 것이었지만, 개인의 도덕적 양심이란 순전히 직관적이었고, 양심은 어떤 추론도 제공하지 않았다

[p.119]. 옳고 그름에 대한 우리의 의식은 우리가 관찰할 수 있는 그런 질서에서 도출되었다. [p.121: 나의 강조].

17 A. M. Carr-Saunders, 앞의 책, p.302를 보라: '정신적 존재들은 [물리적인 것과는 구별되는] 전통적 환경 전체에 적응하였다. 인간은 사회 조직의 필요에 따라 자연선택되게 되었다. 전통은 규모 면에서도 전통을 흡수할 능력의 크기에 따라 커갔다.' 또한 Peter Farb, ≪인간의 문명으로의 상승(*Man's Rise to Civilization*)≫ (New York, 1968), p.13도 보라:

사회들은 다양한 생활 방식에 도달했을 때, 목적의식적인 선택을 하지 못했다. 오히려 사회들은 무의식적으로 순응을 하였다. 모든 사회들이 동일한 종류의 환경 조건을 부여받지도 않았고, 이러한 선택들이 제시되었을 때 모든 사회가 같은 단계에 도달하지도 못했다. 다양한 이유에서 일부 사회는 일정한 방식으로 조건에 순응하였고, 일부는 다른 방식으로, 그리고 또 다른 사회는 전혀 순응하지 못했다. 순응은 의식적인 선택이 아니었다. 그리고 사회를 구성하는 사람들은 자신들이 무엇을 하는지를 전혀 이해하지 못했다. 비록 외부인들의 눈에는 이상야릇한 것으로 보였을지라도, 그들은 오직 특정한 선택이 작동된다는 것만 알았다.

더 나아가 Alexander Alland, Jr, ≪진화와 인간 행태(*Evolution and Human Behavior*)≫ (New York, 1967)도 보라.

18 오토 제스퍼슨(Otto Jespersen)이 ≪언어: 그것의 본성, 발전 그리고 기원(*Language: Its Nature, Development and Origin*)≫ (London, 1922), p.130에서 현대에 들어서 처음 강조했던 결정적 관찰은, 애덤 퍼거슨(Adam Ferguson)이 이미 ≪도덕 및 정치 과학의 원리(*Principles of Moral and Political Science*)≫ (Edinburgh, 1792), vol.I, p.7에서 언급했었다: '표현의 아름다운 유추로 문법규칙들이 수립되었는데, 유추는 인간의 특성에 잘 어울리는 것이다. 어린이들은 말하기가 실제로 유추와 어긋나는 곳에서 유추를 따름으로써 유추에 의해서 자주 틀린다. 그래서 어떻게 장난감을 갖게 되었느냐는 질문을 받은 어린 소년은 아버지가 그 애에게 그걸 사줬어요(Father buyed it for him)라고 대답한다.'

19 F. Heinimann, ≪관습법과 자연(*Nomos and Physis*)≫ (Basel, 1945); John Burnet, 〈그리스 윤리학에서의 법과 본성(Law and nature in Greek ethics)〉, International Journal of Ethics, vii, 1893, 그리고 ≪초기 그리스 철학(*Early Greek Philosophy*)≫, 4판 (London, 1930), p.9; 그리고 특히 Karl R. Popper, ≪열린사회와 그 적들(*The Open Society and Its Enemies*)≫ (*London and Princeton, 1945 and later*), 특히 5장을 보라.

20 Adam Ferguson, ≪문명사회의 역사에 대한 소론(*An Essay on the History of Civil Society*)≫ (London, 1767), p.187: '민족들이 기존에 확립된 것들에 직면하고 있다. 그것들은 정말로 인간 행동의 결과일 뿐이며, 인간의 어떤 설계가 실행된 것이 아니다.' 이 저작의 최신판 (Edinburgh, 1966), p.xxiv 서문에서 던컨 포브스(Duncan Forbes)는 다음과 같이 말했다:

퍼거슨은 스미스(Adam Smith)나 밀러(John Millar)등처럼 (흄은 빼고[?]) '국가의 입법자나 창설자'를 불필요한 것으로 만들었다. '국가들의 입법자나 창설자'는 뒤르켐이 생각하기에 다른 어떤 것보다 사회 과학의 발전을 방해했던 미신이다. 그 미신은 심지어는 몽테스키외에게서도 발견되고 있다. …… 입법자 신화는 여러 가지 이유에서 1700년대에도 번성했다. 그것이 없어진 것은 아마도 스코틀랜드 계몽주의(Scottish Enlightenment)가 가장 본원적이고 과감하게 사회과학을 전복(coup)시켰기 때문이었다.

21 Sten Gagnér, ≪입법 사상사 연구(*Studien zur Ideengeschichte der Gesetzgebung*)≫ (Uppsala, 1960), pp.208과 242를 보라. 그래서 법 실증주의와 자연법 이론들 사이의 논쟁에

들어있는 전체적 혼동은 여기에서 논의된 그릇된 이분법으로 직접적으로 거슬러 올라가는 것으로 보인다.

22 같은 책, p.231. Guillaume de Conches에 대한 부분, 특히 그의 말을 보라: '그것은 약탈 등등을 하지 못하도록 인간이 만들어낸 실정법이다. 그렇지만 자연법은 인간이 만든 것이 아니다.'

23 Luis Molina, ≪정의와 권리(*De iustitia et iure*)≫ (Cologne, 1596-1600), tom. II, disp.347, no. 3: '자연이라고 말하는 것은 사물 그 자체이기 때문에 인간의 법이나 그에 수반된 포고령과는 거리가 멀다. 그것은 인간의 감정, 그리고 다양한 용도와 비교했을 때의 가치평가, 때로는 인간의 즐거움이나 변덕만을 위한 것을 포함하여 다양한, 많은 주위 사정에 달려있다(naturale dicitur, quoniam et ipsis rebus, seclusa quacumque humana lege et decreto consurgit, dependetur tamen ab multiis circumstantiis, quibus variatur, atque ab hominum affectu, ac aestimatione, comparatione diversum usum, interdum pro solo hominum beneplacito et arbitrio).' Molina에 대해서는 Wilhelm Weber, ≪자유주의 전야의 과학 윤리(*Wirtschaftsethik am Vorabend des Liberalismus*)≫ (Münster, 1959); 그리고 W. S. Joyce, 〈루이스 몰리나의 경제학(The economics of Louis Molina)〉 (1948), 미발간 박사논문, Harvard University을 보라.

24 Edmund Burke, ≪프랑스 혁명에 대한 성찰(*Reflections on the Revolution in France*)≫, in ≪저작집(*Works*)≫ (London, 1808) vol.5, p.437.

25 Johannes de Lugo, ≪정의와 권리에 대한 논의, 2부(*Disputationum de iustitia et iure tomus secundus*)≫ (Lyon, 1642), disp.26, section 4, No. 40: '따라서 우리는 수학적으로 정의로운 가격을 알 수 없다. ······ 그것은 신에게서 오는 것이다. 우리는 무엇이 결정적인지에 대해서 알고 있지 못하다(incertitudo ergo nostra circa pretium iustum Mathematicum ······ provenit ex Deo, quod non sciamus determinare)'; 또한 Joseph Hoffner, ≪1400년대와 1500년대의 과학윤리와 독점(*Wirtschaftsethik und Monopole im fünfzehnten und sechzehnten Jahrhundert*)≫ (Jena, 1941), pp.114-5도 보라.

26 John Locke가 이해했던 방식이다. 그의 ≪자연법론(*Essays on the Law of Nature*)≫ (1676), W. von Leyden 편집 (Oxford, 1954)을 보면,
나는 여기서 이성이 ······ 일련의 사고를 형성하고 증거를 연역해내는 그러한 이해(understanding)의 재능을 의미한다고 보지 않는다. 내가 생각하기에 이성은 명확한 행동 원리들을 의미한다. 그 원리들에서 모든 미덕이 그리고 적합한 도덕의 형성에 필요한 것이 솟아 나온다. ······ 이성은 자연법을 수립하거나 선언하는 것이 아니라 찾거나 발견하는 것이다. ······ 이성은 자연법을 만드는 자가 아니라 그것의 해석자인 것이다.

27 Joseph Kohler, 〈1500년대와 1600년대의 스페인 자연법 이론(Die spanische Naturrechtslehre des 16. und 17. Jahrhunderts)〉, ≪법철학 및 과학철학 논집(*Archiv fur Rechts- und Wirtschaftsphilosophie*)≫, x, 1916-1917, 특히 p.235; 그리고 특별하게 A. P.D'Entreves, ≪자연법(*Natural Law*)≫ (London, 1951), p.51 이하, 그리고 p.56에서 '우리가 어떻게 갑자기 문명 사회가 구성원들의 의지에 따른 의도적 행동의 결과라고 합목적적으로 설명하기 시작하는 학설에 직면하게 되었는지'에 대한 관찰을 보라. 또한 John C. H. Wu, 〈자연법과 우리의 판례법(Natural law and our common law)〉, Fordham Law Review, xxiii, 1954, 21-22: '현대의 사변적, 합리주의적 자연법 철학들은 스콜라 전통의 고속도로에서 일탈한 것이다. ······ 그것들은 더욱 기하학적으로 나아갔다.'

28 매튜 헤일(Matthew Hale)에 대해서는 특별히 J. G. A. Pocock, ≪고대의 헌법과 중세법(*The Ancient Constitution and the Feudal Law*)≫ (Cambridge, 1957), Ch.7을 보라.

29 J. M. Guyau, ≪이 시대 잉글랜드의 도덕(*La Morale anglaise contemporaine*)≫ (Paris, 1879), p.5에서 했던 중요한 관찰을 보라:
벤담의 제자들은 자신들의 스승을 데카르트에 비유한다. 데카르트는 '내게 물건과 움직임을 달라, 그러면 나는 세상을 만들 것'이라고 이야기했다. 그러나 데카르트는 오직 물질 세계만, 불변이고 감정이 없는 일만 이야기했다. …… 벤담의 차례가 되자 그는 '내게 인간의 정서, 기쁨과 슬픔, 고통과 즐거움을 달라. 그러면 나는 도덕적 세상을 창조할 것이다. 나는 정의만이 아니라 관용, 애국심, 박애심, 기타 순수성 및 고상함 면에서 사랑스럽거나 숭고한 모든 미덕을 만들어낼 것'이라고 했다.

30 에드먼드 버크의 하노버학파 학자들인 에른스트 브란데스(Ernst Brandes)와 로버그(A. W. Rehberg)를 통한 독일 역사학파에 대한 간접 영향에 대해서는 H. Ahrens, ≪법철학 혹은 자연법(*Die Rechtsphilosophie oder das Naturrecht*)≫, 4판 (Vienna, 1852), p.64, 프랑스어판 1판 (Paris, 1838), p.54; 그리고 더 최근의 것으로는 Gunnar Rexius, 〈역사학파의 국가론 연구(Studien zur Staatslehre der historischen Schule)〉, ≪역사 시론(*Historische Zeitschrift*)≫, cvii, 1911, Frieda Braun; ≪독일에서의 에드먼드 버크(*Edmund Burke in Deutschland*)≫ (Heidelberg, 1917); 그리고 Klaus Epstein, ≪독일 보수주의의 기원(*The Genesis of German Conservatism*)≫ (Princeton, 1966)을 보라.

31 Peter Stein, ≪법의 지배(*Regulae Iuris*)≫ (Edinburgh, 1966), ch. 3을 보라.

32 Paul Vinogradoff, ≪헨리 메인의 가르침(*The Teaching of Sir Henry Maine*)≫ (London, 1904), p.8을 보라: '그[메인(Maine)]는 사비니(Savigny)와 아이히혼(Eichhorn)을 중심으로 형성된 게르만 법철학 역사학파의 인도에 따라 법연구에 접근하였다. 증언, 계약, 소유 등에 관해서 쓴 ≪고대의 법(*Ancient Law*)≫이라는 특별한 논저는 그가 사비니와 푸흐타(Puchta)의 저작들에 긴밀하게 의존하고 있다는 데 아무런 의문도 남기지 않는다.'

33 사회인류학이 18세기 및 19세기 사회철학자 및 법철학자들로부터 파생되어 나왔다는 점에 대해서는 E. E. Evans-Pritchard, ≪사회인류학(*Social Anthropology*)≫ (London, 1951), p.23; 그리고 Max Gluckman, ≪부족 사회에서의 정치, 법 그리고 의식(*Politics, Law and Ritual in Tribal Society*)≫ (New York, 1965), p.17을 보라.

34 J. W. Burrow, ≪진화와 사회: 빅토리아 시대의 사회 이론(*Evolution and Society: A Study in Victorian Social Theory*)≫ (Cambridge, 1966); Bentley Glass (ed), ≪다윈의 선구자들(*Forerunners of Darwin*)≫ (Baltimore, 1959); M. Banton (ed), ≪다윈주의와 사회 연구(*Darwinism and the Study of Society*)≫ (London, 1961); Betty J. Meggers (워싱턴 인류학회 편집자), ≪진화와 인류학: 100주년 평가(*Evolution and Anthropology: A Centennial Appraisal*)≫ (Washington, 1959); 그리고 C. C. Gillispie, ≪창세기와 지구과학(*Genesis and Geology*)≫ (Cambridge, Mass., 1951)과 같은 최근의 연구에 덧붙여, 특히 데이비드 흄이 찰스 다윈의 할아버지, 에라스무스 다윈에 끼친 영향력에 관해서는, H. F. Osborn, ≪그리스인들로부터 다윈까지(*From the Greeks to Darwin*)≫, 2판 (New York, 1929), p.217; Bentley Glass (ed), ≪다윈의 선구자들(*Forerunners of Darwin*)≫ (Baltimore, 1959), p.251에 있는 F. C. Haber의 글; 진화 이론을 각각 별도로 발견했던 3명, 즉 찰스 다윈, 러셀 왈라스 그리고 허버트 스펜서가 사회 이론 덕에 그것을 제시했다는 사실에 대해서는, J. Arthur Thompson, 〈다윈의

선구자들(Darwin's predecessors)〉, A. C. Seward (ed) ≪다윈과 현대 과학(*Darwin and Modern Science*)≫ (Cambridge, 1909), p.19를 보라; 그리고 다윈에 관해서는 특히 E. Radl, ≪생물 이론의 역사(*Geschichte der biologischen Theorien*)≫, II (Leipzig, 1909), p.121을 보라.

또한 C. S. Peirce, 〈진화적 사랑(Evolutionary love)〉 (1893), ≪논문집(*Collected Papers*)≫에 재수록, C. Hartshorn and P.Weiss 편집 (Cambridge, Mass., 1935), vol.6, p.293을 보라: '다윈의 ≪종의 기원(*The Origin of Species*)≫은 정치 경제적 진보 견해를 동식물의 전 영역에 확장한 것일 뿐이다.' Simon N. Patten, ≪잉글랜드 사상의 발전(*The Development of English Thought*)≫ (New York, 1899), p.xxiii에 전체적인 위치가 잘 정리되어 있다: '애덤 스미스가 도덕주의자들의 마지막이고 경제학자들의 처음인 것처럼, 다윈도 경제학자들의 마지막이고 생물학자의 처음이었다.' 폴록(Frederick Pollock)이 썼던 잘 알려진 두 문단도 이를 되풀이하고 있다. 첫 번째 문단은 ≪옥스포드 강의록 및 다른 논문들(*Oxford Lectures and Other Discourses*)≫ (London, 1890), p.41 :
진화학설은 자연의 사실들에 적용된 역사적 방법과 다르지 않다. 역사학파의 방법은 인간 사회와 제도들에 적용된 진화학설과 다르지 않다. 찰스 다윈이 자연사(自然史) 철학을 만들어내었을 때(그에 못지않게 제목도 유기적 자연에 대한 지식을 여러 가지의 특수한 것들에서 연속된 전체로 변형시킨다는 사상에 기인한 것이기 때문이다.), 그는 역사적 사실에 대한 고통스런 연구를 함으로써 견고하고 합리적인 정치철학과 법철학의 토대를 놓는 위대한 책을 펴냈던 사람들과 같은 정신으로 그리고 같은 종착점을 향해 일했다. 그들의 영역들은 물론이고 자신의 영역에도 개의치 않았다. 우리가 아직 잘 알지 못하거나 충분한 존경을 표하지 않고 있는 사비니나 우리가 알고 있고 존경하고 있지만 아무리 해도 충분하게 존경하지는 못하고 있는 우리의 버크는 다윈 이전의 다윈주의자들이었다. 어떤 기준으로는, 형식주의자들의 세대에서 그의 유별나고 휘황찬란한 천재성을 실종시켜버린, 위대한 프랑스인이었던 몽테스키외(Montesquieu)에게도 같은 말을 할 수 있을 것이다.
두 번째 문단은 ≪법에 관한 논의(*Essays in the Law*)≫ (London, 1922), p.11에 있다: '≪고대법(*Ancient Law*)≫ 및 ≪종의 기원(*The Origin of Species*)≫은 실제로는 서로 다른 분야에서의 하나이고 동일한 지적 운동의 결과물이다. 우리는 그것을 진화라는 단어로 묶는다.'
다윈 이전의 다윈주의자였다는 주장은 언어학자 August Schleicher, ≪다윈 이론과 언어학(*Die Darwinsche Theorie und die Sprachwissenschaft)*)≫ (Weimar, 1867), 그리고 Max Müller, 〈다윈의 언어철학(Darwin's Philosophy of Language)〉, Fraser's Magazine, vii, 1873, 662에서 그런 말을 사용하면서 이루어졌다.

35 사회인류학에서 레슬리 화이트(Leslie A. White)의 사도들과 같은 가장 열성적인 진화주의 옹호자들 일부가, 위에서 서술했던 종류의, 그들이 '일반적'이라고 불렸던 진화와 정의로운 '특수한' 진화를 결합시킴으로써, 부활된 진화적 접근법을 한 번 더 불신하게 만들 수도 있다는 점은 정말로 두려운 일이다. 특히 M. D. Sahlins and E. R. Service, ≪진화와 문화(*Evolution and Culture*)≫ (Ann Arbor, Mich., 1960)을 보라.

36 C. H. Waddington, ≪윤리적 동물(*The Ethical Animal*)≫ (London, 1960); T. H. Huxley and Julian Huxley, ≪진화와 윤리학 1893-1943(Evolution and Ethics 1893-1943)≫ (London, 1947); J. Needham, ≪시간: 쇄신의 강(Time: The Refreshing River)≫ (London, 1943); 그리고 A. G. N. Flew, ≪진화윤리학(*Evolutionary Ethics*)≫ (London, 1967)을 보라.

37 Carl Menger, ≪경제학과 사회학의 문제들(*Problems of Economics and Sociology*)≫, Louis Schneider 편집 (Urbana, Ill., 1963), p.94.

38 이 전통의 선두에, 우리는 아마도 스피노자와 그의 ≪윤리학(*Ethics*)≫ (Everyman edition, p.187)에서 자주 인용되는 말, 즉 '그는 이성만의 명령에 따라 살고 있는 자유로운 사람'을 꼽아야 할 것이다.

39 Voltaire, ≪철학 사전(*Dictionnaire Philosophique*)≫, s.v. ⟨법(Loi)⟩, in ≪볼테르 전집(*Oeuvres completes de Voltaire*)≫, Hachette 편집, tom. xviii, p.432.

40 R. A. Palmer, ≪민주주의 혁명의 시대(*The Age of Democratic Revolution*)≫, vol.1 (Princeton, 1959), p.114.

41   Edmund Burke, ⟨자연적 사회의 옹호(A vindication of natural society)⟩, ≪전집(*Works*)≫ (London, 1808), 서문 p.7.

42 Alexander Herzen, ≪다른 나라로부터(*From the Other Shore*)≫, I. Berlin 편집 (London, 1956), pp.28 그리고 141.

43 Hans Reichenbach, ≪과학철학의 대두(*The Rise of Scientific Philosophy*)≫ (Berkeley, Calif., 1951), p.141.

44 John Maynard Keynes, ≪두 회상(*Two Memoirs*)≫ (London, 1949), p.97에서 인용.

45 J. Piaget, ≪어린 아이의 세계 개념(*The Child's Conception of the World*)≫ (London, 1929), p.359를 보라: '어린 아이는 모든 곳에서 목적을 찾는 것으로 시작한다. 그리고 그 다음에서야 사물 자체의 목적에 따라(물활론, animism), 그리고 사물을 제작자들의 목적에 따라(인공론, artificialism) 그것들을 분류한다.'

46 초기 저자들을 따라서, 내 자신도 과거에 그렇게 불렸기 때문이다. 왜 이 표현이 지금 내게 오도된 것으로 보이는가 하는 이유에 대해서는 내 강의 ⟨합리주의의 종류들(Kinds of rationalism)⟩, in *S.P.P.E.*을 보라.

47 내 논문 ⟨추상의 우위(The primacy of the abstract)⟩, A. Koestler and J. R. Smithies (eds), ≪환원주의를 넘어(*Beyond Reductionism*)≫ (London, 1969)을 보라.

48 Gilbert Ryle, ≪정신 개념(*The Concept of Mind*)≫ (London, 1949)을 보라.

49 G. W. F. Hegel, ≪역사 철학(*Philosophie der Weltgeschichte*)≫, G. Lasson 편집, 3판 (Leipzig, 1930), 그리고 ≪사회, 국가, 역사(*Gesellschaft, Staat, Geschichte*)≫, F. Bülow 편집(Leipzig, no date), p.317에 재수록된 것을 보라: '추상을 고수하는 쪽이 자유주의다. 구체성이 항상 추상을 이기며, 그것에 맞서면 추상은 어디서나 실패한다.' 이 구절은 ≪역사철학 강의(*Vorlesungen über die Philosophie der Geschichte*)≫, ≪전집(*Werke*)≫ (Berlin, 1837), vol. 9 혹은 ≪연감(*年鑑, Jubiläumsausgabe*)≫ (Stuttgart, 1928), vol.II, pp.556-557의 해당되는 장소에는 포함되어 있지 않다.

제2장 코스모스와 탁시스

1   * Adam Smith, ≪도덕감정론(*The Theory of Moral Sentiments*)≫ (London, 1759), Part 6, ch. 2, 끝에서 두 번째 문단. 이 문단이 이 책 내내 사용해야 할 기본 개념들 및 용어들 일부를 포함하고 있다. 즉 구성요소로 의도적인 편제(arrangement)를 하는 것과는 대비되는 거대한 사회(Great Society)의 자생적 질서라는 개념; 구성요소들에 내재된 규칙들(동작의 원리,

principles of motion) 그리고 입법에 의해서 그것들에 부과된 규칙들 사이의 일치(coincidence)와 반대(opposition) 간 구별; 사회적 과정을 게임(game)으로 해석하는 것. 게임에서는 만일 두 종류의 규칙들이 일치하면 원활하게 돌아가겠지만 그렇지 않고 갈등한다면 무질서(disorder)를 낳는다.

2 내 논문 〈복잡한 현상의 이론(The theory of complex phenomena)〉, F. A. Hayek, ≪철학, 정치학 그리고 경제학 연구(*Studies in Philosophy, Politics and Economics*)≫ (London and Chicago, 1967, 이하에서는 *S.P.P.E.*라고 할 것임)를 보라. 나로 하여금 인기 없는 개념인 '질서(order)'를 다시 사용하게 한 것은 사실상 처음에는 전적으로 방법론적 고려의 결과였다: F. A. Hayek, ≪과학의 반혁명(*The Counter-Revolution of Science*)≫ (Chicago, 1952), p.39도 보라: '만일 사회 현상들에 대해 그것들이 의식적으로 설계된 경우가 아닌 한 어떤 질서도 보이지 않는다고 한다면, 사실상 사회과학 이론의 여지는 없을 것이고, 흔히 주장되는 대로 심리학의 문제만 있을 것이다.' 최근 논의에서 '체제(system)'란 용어는 내가 여기서 '질서'를 사용했던 것과 같은 의미로 사용되었다. 나로서는 질서라는 말을 더 선호하는 쪽이다.

3 정치이론에서 질서 개념의 통용은 성 아우구스투스에게까지 거슬러 올라가는 것으로 보인다. 특히 그의 대화록인 ≪질서(*Ordo*)≫ J. P.Migne (ed) ≪라틴어로 된 교부(*敎父*) 강의록 전집(*Patrologiae cursus completus sec. lat.*)≫ 32/47 (Paris, 1861-1862), 그리고 독일어판 ≪Die Ordnung≫, C. J. Peel 번역, 4판 (Paderborn, 1966)을 보라.

4 L. S. Stebbing, ≪현대 논리학 입문(*A Modern Introduction to Logic*)≫ (London, 1933), p.228을 보라: '우리가 하나의 구성요소 집합이 어떤 질서를 가지고 있는지를 알게 되면, 우리는 추론의 기초를 가지는 것이다.' 또한 Immanuel Kant, ≪저작집(*Werke*)≫ (Akademie Ausgabe), ≪유고(*遺稿, Nachlass*)≫, vol.6, p.669도 보라: '질서는 규칙적인 것들의 조합이다.'

5 E. E. Evans-Pritchard, ≪사회 인류학(*Social Anthropology*)≫ (London, 1951), p.49를 보라; 또한 같은 책, p.19도 보라:
사회생활에 획일성과 규칙성이 있을 수밖에 없고, 사회가 어떤 종류의 질서를 가질 수밖에 없다는 점은 명백하다. 그게 아니라면 그 구성원들은 함께 살 수 없을 것이다. 그것은 오직 인생의 여러 상황들 속에서 사람들이 그들에게 기대된 종류의 행태를 알고 있기 때문이고, 다른 사람들로부터 어떤 종류의 행태를 기대할지를 알고 있기 때문이며, 각자가 그리고 모두가 규칙들에 복종한 채, 그리고 자신의 일을 진행시킬 수 있는 가치들의 인도하에, 자신들의 활동들을 조율하고 있기 때문이다. 그들은 예측을 하고, 사건들을 예상하고, 그리고 자신의 삶을 이웃 동료들과 조화를 이루도록 이끌 수 있는데, 그 이유는 모든 사회가 우리로 하여금 – 그 속에서 그리고 그에 발맞추어 그 구성원들이 삶을 살아가는 – 체제, 혹은 구조라고 부르게 하는 형태 혹은 유형을 가지고 있기 때문이다.

6 L. S. Stebbing, 앞의 책, p.229를 보라: '질서란 사람이 일을 하고 있는 곳에서는 너무나 분명하다(apparent)'

7 J. Ortega y Gasset, ≪미라보 혹은 정치인(*Mirabeau o el politico*)≫ (1927), ≪전집(*Obras Completas*)≫ (Madrid, 1947), vol.3, p.603을 보라: '질서는 외부에서 사회에 가하는 압력이 아니라, 내부에서 발생하는 균형을 의미한다.'

8 H. von Foerster and G. W. Zopf, Jr (eds) ≪자기 조직의 원리(*Principles of Self-Organization*)≫ (New York, 1962) 그리고 애덤 스미스(Adam Smith)가 인공두뇌학의 주요 개념들을 예견했다는 점에 대해서는, G. Hardin, ≪자연과 인간의 운명(*Nature and Man's Fate*)≫ (New York, 1961), p.54 참조; 그리고 Dorothy Emmet, ≪기능, 목적 그리고 힘(*Function,*

Purpose and Powers)≫ (London, 1958), p.90을 보라.

9   H. Kuhn, 〈생성과 퇴화의 질서(Ordnung im Werden und Zerfall)〉, H. Kuhn and F. Wiedmann (eds), ≪질서의 문제(*Das Problem der Ordnung*)≫ (독일 제6차 철학대회, Munich, 1960, 출판은 Meisenheim am Glan, 1962), 특히 p.17을 보라.

10   Werner Jaeger, ≪교육: 그리스 문화의 이상(*Paideia: The Ideals of Greek Culture*)≫, G. Highet 번역, vol.I, 2판 (New York, 1945), p.110. '도시국가의 사회생활에서부터 자연의 영역에까지 이분법(dike) 개념을 전해 준 밀레투스 출신 아낙시만드로스(Anaximander) …… 이것이 코스모스라는 철학 사상의 원조다: 왜냐하면 그 말은 본래 국가나 공동체에서의 올바른 질서(right order)를 의미하였기 때문이다.' 그리고 앞의 책, p.179를 보라: '그래서 물리학자의 조화로운 질서는 사고(思考)에서의 기묘한 후퇴에 의해서 인간사회에서의 자연질서(eunomia) 유형으로 되었다.' 또한 같은 저자의 〈법의 찬미(Praise of law)〉, P.Sayre (ed), ≪현대 법철학 해석들: 로스코 파운드(*Roscoe Pound(1870-1964)*) 기념 논문집(*Interpretations of Modern Legal Philosophies: Essays in Honor of Roscoe Pound*)≫ (New York, 1947), 특히 p.358도 보라:

그렇게 '정당화된' 세상은 사회질서로부터 가져왔던 또 다른 용어인 코스모스라고 올바르게 불릴 수 있었다. 그 말은 이오니아 철학자들의 언어로 처음 나타났다. 이런 단계를 거치고 이분법(dike)의 규칙을 전체로서의 현실로 확장함으로써 그들은 그리스식 법적 사고의 본성을 명확하게 드러내었다. 그리고 그들은 그것이 인간(being)에 대한 정의(justice)의 관계에 근거하고 있음을 보여주었다.
그리고 같은 책, p.361: '그것[국가(polis)]이 근거해 있는 법률은 단순한 포고령(decree)이 아니고 노모스(nomos)이었다. 이것은 본래 무엇이 옳고 그른지에 관해서 모든 살아있는 관습이 존중했던 것의 총합을 의미했다.' 그리고 법률에서 옛 그리스의 신념이 해체되는 기간에조차도 '노모스(nomos)와 코스모스의 본성 간의 엄격한 관계가 보편적으로 의문시된 적이 없었다'는 사실에 대해서는, 같은 책, p.365.
노모스를 코스모스보다는 탁시스에 연결시킨 아리스토텔레스에 대해서는 그의 (≪정치학(*Politics*)≫, 1287a, 18, 그리고 특히 1326a, 30을 보라: '노모스($\nu o \mu \acute{o} \varsigma$)는 탁시스 ($\tau \acute{a} \xi \eta \varsigma$)다.' 아리스토텔레스로서는, 노모스로부터 나온 질서가 '전쟁에서 엄청나게 많은 다중을 누가 지휘할 것인가 혹은 우렁찬 목소리를 낼 허파를 가지고 있지 않는 한, 누가 그 지도자로 봉사할 것인가와 같은 문제에 대해서는' 질서를 만든 사람이 조사할 수 있는 바를 넘어선 문제라는 점을 그 특성상 생각할 수조차 없었다. 그런 다중 속에서 질서를 창출하는 것은 그에게는 오직 신만이 이뤄낼 수 있는 일이었다. 다른 곳(≪니코마코스 윤리학(*Ethics*)≫, IX, x, §3)에서 그는 심지어 주장하기를, 수십만의 사람들로 이루어진 국가도, 즉 질서 있는 사회도 불가능하다고 했다.

11   Adam Smith, ≪국부론(*Wealth of Nations*)≫, E. Cannan 편집, vol.I, p.421.

12   G. Sartori, ≪민주주의 이론(*Democratic Theory*)≫ (Detroit, 1962), p.306을 보라:
2500년 간 서구 사람들은 법에서 자유를 찾아왔다. …… [하지만] 자유를 사법적으로 보호하는 것의 가치에 대한 널리 퍼진 회의주의가 정당하지 못한 것은 아니다. 이렇게 된 이유는 우리의 법 개념이 변화해왔기 때문이고, 그 결과 법이 과거에 우리에게 주었던 보호를 더 이상 줄 수 없게 되었기 때문이다.

13   Philo of Alexandria, ≪모든 훌륭한 사람은 자유롭다(*Quod omnis probus liber sit*)≫, 452, 45, Loeb edition, vol.IX, p.36을 보라: '관습법에 의해 규제받는 삶을 사는 사람은 자유롭다($\acute{o} \sigma o \iota$ $\delta \acute{\epsilon} \mu \epsilon \tau \acute{a} \nu \acute{o} \mu o \upsilon \zeta \acute{\omega} \sigma \iota \nu, \epsilon \lambda \epsilon \acute{\upsilon} \theta \epsilon \rho o \iota$).' 고대 그리스에서의 자유에 대해서는 특별히 Max

Pohlenz, ≪그리스인의 생활과 사고에서 자유라는 사상(The Idea of Freedom in Greek Life and Thought)≫ (Dordrecht, 1962)를 보라. 키케로와 로마인의 자유 개념에 대해서 전반적으로 보려면 U. von Lübtow, ≪로마의 자유의 만개 및 쇠락(Blüte und Verfall der römischen Freiheit)≫ (Berlin, 1953); Theo Mayer-Maly, 〈고대와 중세의 자유사상에 대한 법의 역사(Rechtsgeschichte der Freiheitsidee in Antike und Mittelalter)〉, ≪오스트리아 공법 저널(Österreichische Zeitschrift für öffentliches Recht)≫, N.F. VI, 1956; 그리고 G. Crifo, 〈로마에서의 자유의 몇 측면(Su alcuni aspetti della liberta in Roma)〉, ≪Filippo Serafini 법 전집(Archivio Giuridico 'Filippo Serafini')≫, sesta serie, xxiii, 1958을 보라.

14 R. W. Southern, ≪중세의 형성(The Making of the Middle Ages)≫ (New Haven, 1953), p.107 이하를 보라:

규칙에 의해서가 아니라 의지에 의해서 지배되는 것에 대한 증오는 중세 시대에 아주 뿌리 깊었다. …… 사람들이 자유를 향해 더 높게 일어설수록 법이 망라하는 행동 영역은 더 많아졌고 의지가 지배를 하는 부분은 더 적어졌다. …… 법은 자유의 적이 아니었다. 이와 정반대로 자유의 윤곽이 그어진 것은 우리 시대에 서서히 진화된 당혹스러울 정도로 다양한 법에 의해서다. …… 신분이 높은 이나 낮은 이나 마찬가지로 자신들이 그 아래에서 살 규칙들의 수를 증대시키자고 주장함으로써 자유를 추구해왔다. …… 자유가 기사(騎士), 의원(議員, burgess) 혹은 남작의 지위에 귀속됨으로써 자유의 질이 명료해졌을 때 비로소 자유가 관찰될 수 있고 분석될 수 있고 측정될 수 있었다.

자유는 법이 창출한 것이고, 법은 행동에서의 이성(reason)이다. 인간을 그 자체로서 목적으로 만든 것은 - 우리는 그렇게 말해야 할 것이다 - 이성이다. 존 왕(King John)의 군사독재건 마왕(魔王)의 군사독재건 그것은 법이 없었다는 징표다.

15 아마도 가장 강하게 강조된 것은 Adam Ferguson, ≪도덕과학 및 정치과학의 원리(Principles of Moral and Political Science)≫ (Edinburgh, 1792), vol.2, p.258 이하일 것이다:

자유(liberty 혹은 freedom)는 그 이름의 기원이 의미하는 것에서 보이듯이 모든 제약으로부터의 면제가 아니라, 오히려 그들이 고관대작이건 신민이건 자유로운 상태에 있는 모든 구성원들에 대해 모든 정당한 제약을 가장 효율적으로 적용한 것이다.

각각의 모든 사람이 인격의 자유건, 재산의 자유건, 순수한 행동의 자유건, 안전하고 침해될 수 없는 것은 오직 정당한 제약들 아래에 있을 때 만이다. …… 정당하고 효율적인 정부를 수립하는 것은 문명 사회의 모든 주변환경 중에서 자유에 가장 본질적인 것이다: 모든 사람은 그가 살고 있는 정부가 자신을 보호할 정도로 충분히 강력한 것과 비례하여 동시에 이 권력의 남용을 막기 위해서 그것이 충분하게 제약되고 제한되는 것과 비례하여, 자유롭다고 정당하게 이야기될 수 있다.

16 대니얼 웹스터(Daniel Webster)는 '자유는 법이 창출한 것이고, 이는 권리를 침해할 면허를 부여받은 것과는 본질적으로 다르다'는 진술로 찬사를 받았다. 찰스 에반스 휴스(Charles Evans Hughes)는 '자유와 법은 하나이고 분리할 수 없는 것이다'라는 말로 찬사를 받았다. 지난 세기 유럽대륙의 법학자들이 했던 많은 유사한 진술들도 있다. 예를 들어 Charles Beudant, ≪사법과 공법(Le Droit individuel et l'etat)≫ (Paris, 1891), p.5: '용어의 가장 일반적인 의미에서, 법은 자유의 과학이다.'; 그리고 어디에선가 '법은 인간의 자유의 질서다.'라고 주장했던 카를 빈딩(Karl Binding)이 있다.

17 J. Bentham, 〈시민법의 원리(Principles of the civil code)〉, ≪입법 이론(Theory of Legislation)≫, C. K. Ogden 편집 (London, 1931), p.98를 보라: '법은 자유를 희생하는 경우 외에는 만들어질 수 없다.' 또한 ≪의무론(Deontology)≫ (London and Edinburgh, 1834), vol.2,

p.59에서는:

그 파생물들과 함께 자유라는 단어보다 더 해로웠던 단어도 별로 없다. 그것이 단순한 변덕이나 독단 이상의 어떤 것을 의미한다면, 그것은 좋은 정부를 의미한다. 만일 좋은 정부가 대중의 정신에서 자유가 차지해왔던 것과 똑같은 장소를 차지할 행운을 가지게 된다면, 정치적 개선의 진보를 경멸하고 방해해왔던 범죄와 어리석음은 거의 자행되지 않을 것이다. 법이 금지하지 않는 모든 것을 할 권리라는 자유에 대한 통상적 정의는 보통의 대화나 작문에서 얼마나 부주의한 단어들이 사용되고 있는가를 보여준다. 만일 법들이 나쁜 것이라면 자유는 어떻게 되나? 그리고 법들이 좋은 것이라면 자유의 가치는 어디에 있나? 좋은 법들은 명확한 지성적인 의미를 가지고 있다. 그것들은 분명히 적합한 수단에 의해 명백하게 유용한 목적을 추구한다.

18 예를 들어, '자유의 완전한 실현은 사실상 법의 완전한 제거에 다름 아니다. …… 법과 자유는 상호 배타적이다.'라고 주장했던 Jean Salvaire, ≪권위와 자유(Autorite et liberte)≫ (Montpellier, 1932), p.65 이하를 보라.

19 Edmund Burke, 〈엘리어트에게 보내는 편지(Letter to W. Elliot)〉 (1795), ≪전집(Works)≫ (London, 1808), vol.7, p.366 :
자연적인 것과 정치적인 것 사이의 이러한 유추는 비록 그것들이 때로는 주장들을 잘 보여준다고 해도, 그것들 자신을 위해서는 어떤 주장도 보태주지 못한다. 그러나 그것들은 외양만 그럴듯한 철학이라는 미명 아래 너무나 자주 사용되어왔다. 게으름과 무기력함의 좌절에 대한 변명을 하기 위하여, 그리고 우리나라의 엄중함이 용맹한 노력들을 더 크게 요구할 때, 그 모든 용맹한 노력들의 결여에 대한 핑계를 대기 위하여 사용되어왔다.

20 유기체와 '조직'의 대비를 잘 사용한 것에 대해서는 Adolf Wagner, ≪정치경제학의 기초 I: 경제학의 기초(Grundlegung der politischen Ökonomie, I. Grundlagen der Volkswirtschaft)≫ (Leipzig, 1876), §§ 149 그리고 299를 보라.

21 Immanuel Kant, ≪판단력 비판(Kritik der Urteilskraft)≫ (Berlin, 1790), Part 2, section I, § 65n.을 보라: '그래서 대단히 많은 국민을 조직이라는 단어에 걸 맞는 하나의 국가로 새로 완전히 재구성하는 과정에서, 조직이란 단어가 흔히 통치기관 등등을 수립하는 데에 그리고 전체 국가를 수립하는 데에 아주 잘 봉사하고 있다.'

22 H. Balzac, ≪여성에 대한 또 다른 연구(Autre etude de femme)≫, ≪인간의 희극(La Comedie Humaine)≫, Pleiade edition, vol.3, p.226을 보라: '예를 들어 조직은 대체로 제국을 가리키는 단어이고, 나폴레옹도 거기에 포함된다.'

23 예컨대 생시몽(H. de Saint Simon)과 오귀스트 꽁트(Auguste Comte)가 편집한 ≪조직가(Organisateur)≫라고 불리는 잡지, 이것의 재출간 제목은 ≪생시몽과 그 추종자들의 저작들(Oeuvres de Saint Simon et d'Enfantin)≫ (Paris, 1865-78), vol.20, 특히 p.220을 보라. 여기서 그 저작의 지향점은 '1800년대 조직가의 특성을 출판하는 것'이라고 서술되었다.

24 '조직'을 공산주의자나 사회주의자의 마법의 단어로 보는 것에 대해서는 특히 Louis Blanc, ≪노동의 조직(Organisation du travail)≫ (Paris, 1839), 그리고 H. Ahrens, ≪법철학(Rechtsphilosophie)≫, 4판 (Vienna, 1852)을 보라; Francis Lieber, 〈잉글랜드의 자유와 갈리아의 자유(Anglican and Gallican liberty)〉 (1848), ≪저작선집(Miscellaneous Writings)≫ (Philadelphia, 1881), vol.2, p.385도 보라:
갈리아인의 자유가 모든 것이 조직(organization)으로부터 나오는 것을 기대하고 있다는 사실, 반면 잉글랜드의 자유가 발전으로 향하는 경향이 있다는 사실은 왜 우리가 프랑스에서 제도개선이 그렇게나 적었고 제도의 팽창을 보게 되는지의 이유를 설명해준다. 그러나 개선들을 시도할 때, 이전의 사정을 총체적으로 제거하기 위해서는 – 처음부터 – 첫 번째 기초적 원리를 다시 논의해야 한다.

25 Ernest Renan, ≪과학의 미래(*L'Avenir de la Science*)≫ (1890), ≪전집(*Oeuvres completes*)≫ (Paris, 1949), vol.3, p.757을 보라: '과학적으로 인류를 조직하는 것, 이것은 현대 과학의 마지막 단어다. 그것은 대담하긴 하지만 정당한 주장이다.'

26 ≪간략한 옥스퍼드 사전(*Shorter Oxford Dictionary*)≫, '조직(organization)' 항목, 이는 그 말이 이미 존 로크에 의해서 사용되었다는 점을 보여준다.

27 Jean Labadie (ed), ≪독일, 과연 조직의 비결을 가지고 있는가?(*L'Allemagne, a-t-elle le secret de l'organisation?*)≫ (Paris, 1916).

28 Dwight Waldo, 〈조직 이론: 거대한 문제(Organization theory: an elephantine problem)〉, ≪공공행정 재검토(*Public Administration Review*)≫, xxx, 1961, 그리고 재수록은 ≪일반 체계, 일반체계 연구회 연보(*General Systems, Yearbook of the Society for General System Research*)≫, VII 1962를 보라. 앞의 책은 조직 이론에 관한 논문들을 모아놓은 유용한 것이다.

제3장 원칙과 편의

1 *미연방 North Carolina 주 헌법. 그 사상이 도출된 것은 아마 David Hume, ≪논고(*Essays*)≫, ≪저작집(*Works*)≫ III, p.482일 것이다: '마키아벨리(Machiavelli)가 말하길, 정부는 자주 본래의 원리들로 되돌아가야만 한다.' 이 3장은 이전에 ≪자유를 향하여, 루트비히 폰 미제스 기념논집(*Toward Liberty, Essays in Honor of Ludwig von Mises*)≫ (Menlo Park, Calif., 1971), vol.1에 실렸다.

2 F. A. Hayek, ≪자유헌정론(*The Constitution of Liberty*)≫ (London and Chicago, 1960)을 보라.

3 Adam Smith, ≪국부론(*Wealth of Nations*)≫, E. Cannan 편집 (London, 1930), vol.2, p.184; 또한 John Locke, ≪정부론(*Second Treatise on Government*)≫, P.Laslett 편집 (Cambridge, 1960), section 22도 보라: '규칙이 하지 말라고 하는 곳에서, 매사에 내 자신의 의지대로 할 자유(liberty).'

4 A. V. Dicey, ≪1800년대 법과 여론 사이의 관계에 대한 강의(*Lectures on the Relation between Law and Public Opinion during the Nineteenth Century*)≫ (London, 1914), p.257을 보라:
국가간섭의 편익 효과는, 특히 입법의 형태로, 직접적이고, 즉각적이며, 이른바 가시적이다. 반면 그것의 악성 효과는 점진적이고, 간접적이며, 우리 시야 바깥에 있다. …… 그래서 인류 대부분은 적절치 못하게도 정부 간섭에 대해 거의 필연적으로 호의를 가지고 보게 된다. 이러한 자연적 편향이 역풍을 맞을 수 있는 것은 오직 주어진 사회에서 개인적 자유를, 즉 반간섭주의(laissez-faire)를 선호하는 뻔뻔함이나 선입견이 …… 존재할 때뿐이다.
비슷한 것으로는, E. Kung, ≪간섭주의(*Der Interventionismus*)≫ (Bern, 1941), p.360: '대부분의 경제정책 조치들의 바람직한 결과는 그것들의 집행 직후에 나타난다. 오래 가는 장기 효과들은 그 이후에만 나타난다.'

5 존 듀이(John Dewey)가 미국 지식인들에게 그렇게나 폭넓은 효과를 끼치며 설교해왔듯이: 예를

들어, 그의 글 〈강제력과 강압(Force and coercion)〉, ≪국제윤리학저널(*International Journal of Ethics*)≫, xvi, 1916, 특히 p.362을 보라. '강제력의 사용이 정당화될 것인가 아닌가는 …… 본질적으로 목적을 달성할 때 (경제를 포함하여) 수단이 효율적인가 하는 문제다.'

6 Benjamin Constant, 〈자의성(De l'arbitraire)〉, ≪정치학 저작집(*Oeuvres politiques*)≫, C. Louandre 편집 (Paris, 1874), pp.71-2.

7 Frederic Bastiat, ≪정치경제학에서 보이는 것과 보이지 않는 것(*Ce qu'on voit et ce qu'on ne voit pas en economie politique*)≫ (Paris, 1850), 영어 번역본은 ≪정치경제학 선집(*Selected Essays in Political Economy*)≫, G. B. de Huszar 편집 (Princeton, 1964). 이것은 그의 마지막이자 가장 빼어난 논저다.

8 Carl Menger, ≪경제학과 사회학의 문제들(*Problems of Economics and Sociology*)≫, L. Schneider 편집 (Urbana, Ill., 1963).

9 W. Y. Elliott, ≪정치학에서 실용주의의 반란(*The Pragmatic Revolt in Politics*)≫ (New York, 1928)을 보라.

10 이들 계통에 대해서는 특히 R. A. Dahl and Charles Lindblom, ≪정치학, 경제학, 그리고 복지(*Politics, Economics, and Welfare*)≫ (New York, 1953), pp.3-18, 그 예는 p.16: '"주의들(isms)"이 아닌 기법들(techniques)이 서구 세계에서 합리적 행동의 핵심이다. 사회주의와 자본주의 모두 죽었다.' 이것이야말로 엄밀하게 말해서 우리가 표류하고 있는 원인이다.

11 London and Chicago, 1944.

12 W. S. Jevons, ≪노동과 관련해서 본 국가(*The State in Relation to Labour*)≫ (London, 1882) 서문을 보라.

13 Herbert Spencer, ≪정의: 윤리학 원리의 4부(*Justice: Being Part IV of the Principles of Ethics*)≫ (London, 1891), p.44.

14 J. A. Schumpeter, ≪경제분석의 역사(*History of Economic Analysis*)≫ (New York, 1954), p.394

15 Adam Smith, 앞의 책, vol.I, p.435.

16 예를 들어, Max Weber, ≪경제와 사회 속의 법에 관하여(*On Law in Economy and Society*)≫, Max Rheinstein 편집 (Cambridge, Mass., 1954), p.298을 보라.

17 필자가 편집한 책으로, 여러 저자들이 쓴 ≪자본주의와 역사학자들(*Capitalism and the Historians*)≫(London and Chicago, 1954)에 있는 논문들을 보라.

18 David Hume, Essays, ≪전집(*Works*)≫ III, p.125, 그리고 내 책 ≪자유헌정론(*The Constitution of Liberty*)≫의 113쪽 및 7장의 주 14에 인용된 밀(J. S. Mill) 및 케인스(Lord Keynes)의 문장들과 비교해보라. 여기에 마치니(G. Mazzini)의 유사한 진술도 지금 추가할 수 있을 것이다. 내가 본 문장은 출처 없이 인용되었던 것이다: '사상들(ideas)이 세계와 그 세계에서 일어나는 사건들을 지배한다. 혁명은 사상이 이론에서 실천으로 통과한 것이다. 사람들이 무어라고 이야기하든, 물질적 이해관계들이 혁명을 야기했던 것도 아니고, 그것이 결코 혁명을 야기하지도 않을 것이다.'

19 따라서, 슘페터(J. A. Schumpeter)가 Journal of Political Economy, xiv, 1946에서 했던 ≪노예의 길(*The Road to Serfdom*)≫에 대한 비평에서 친절하게 제시해주었듯이, 비록 그 책이 '적들에게 지적 오류를 지적하는 것을 넘어서 거의 어떤 탓도 하지 않았'지만, 그것은 '잘못에 대한 관대함'이 아니었다. 그것은 무엇이 결정적인 요소들인가에 대해 내린 심오한 평결이었다.

20 카를 슈미트(Carl Schmitt)의 추종자들 중 하나인 조지 담(George Dahm)이 ≪종합 국가학 시론(Zeitschrift für die gesamte Staatswissenschaft)≫, xcv, 1935, p.181에서 슈미트의 ≪법학적 사고의 세 종류(Drei Arten des rechtswissenschaftlichen Denkens)≫ (Hamburg, 1934)를 비평할 때 썼듯이, 모든 슈미트의 저작들은 '처음부터 자유로운 헌정국가의 폭로 및 파괴, 그리고 법치국가의 극복이라는 특정한 목표를 향하고 있다.' 슈미트에 대한 가장 적절한 논평은 Johannes Huizinga, ≪놀이하는 인간(Homo Ludens)≫ (1944), 영역판 (London, 1947), p.209에 있다:

나는 친구-적의 원리(friend-foe principle)라는 슈미트의 야만적이고 딱한 망상보다 인간의 이성에서 더 슬프고도 더 깊게 추락한 것을 알지 못한다. 그의 비인간적 사고는 형식 논리적으로도 맞지 않다. 왜냐하면 중요한 것은 평화지 전쟁이 아니기 때문이다.…… 이런 친구-적이라는 딱한 관계를 초월할 때만, 인류는 존엄한 인간의 영역으로 들어갈 것이다. 슈미트의 '진지함(seriousness)'이라는 상표는 우리를 단지 야만적 수준으로 되돌아가게 할 뿐이다.

21 Carl Schmitt, 앞의 책, p.11 이하를 보라.

제4장 법 개념의 변화

1 *율리우스 파울루스(Julius Paulus), A.D.3세기의 로마 법학자. ≪요람(Digests)≫ 50.17.1에서: '올바른 것은 규칙에서 도출된 것이 아니고, 규칙이 무엇이 올바른가에 대한 우리의 지식에서 생겨난 것이다' 또한 12세기 훈고학자인 프란시스쿠스 아쿠르시우스(Franciscus Accursius)의 관찰도 보라 ≪요람(Digests)≫, 주해(註解) 1.1.1. pr. 9: '그것은 또한 정의에 의해서 올바른 것이다. 그의 재산도 마찬가지다. 그가 이전에 정의롭지 않았다면 어떻게 올바르겠는가.' 이 장에서 논의되는 문제들 전체를 복합적으로 다루고 있는 것에 대해서는 Peter Stein, ≪법의 지배(Regulae Iuris)≫ (Edinburgh, 1966), 특히 p.20을 보라: '법(lex)은 그 기원이라는 점에서 볼 때 올바른 것(ius)을 진술한 것이다.'

2 Bernhard Rehfeld, ≪법의 근원(Die Wurzeln des Rechts)≫ (Berlin, 1951), p.67:

입법이라는 현상의 출현은 …… 인류 역사에서 올바른 일을 하는 방법과 그릇된 일을 하는 방법을 발명한 것을 의미한다. 그때까지 사람들은 법이 항상 존재하지만 세워질 수는 없고 적용될 수만 있을 뿐인 어떤 것이라고 믿어왔다. 이런 관념과는 다른 입법의 발명은 아마도 – 불이나 화약의 발명보다 더 중요한 – 가장 큰 중대사였을 것이다. 무엇보다도 그것은 인간의 운명을 인간 자신의 수중에 놓았기 때문이다.

3 이 환상은 우리 시대 많은 사상가들의 특징이다. 그것은 1944년 6월 28일자로 나에게 보낸 케인스 경의 편지에서도 드러난다. R. F. Harrod, 《케인스의 일생(The Life of John Maynard Keynes)》 (London, 1951), p.436. 여기서 그는 내 책 《노예의 길(The Road to Serfdom)》에 대해 논평하면서, '위험한 행동들은 올바르게 생각하고 느끼는 공동체 안에서라면 안전하게 이루어질 수 있지만, 만일 잘못 생각하고 느끼는 사람들에 의해서 그것들이 집행된다면 그것은 지옥으로 가는 길일 것이다'라고 했다.

4 David Hume, 《논고(Treatise II)》, p.306 그러나 사람들이 정부 없이도 작고 문명화되지 못한 사회를 유지하는 것은 가능하겠지만, 정의 없이는 그리고 소유의 안정성, 동의에 의한 양도, 약속의 이행에 관한 기본적인 법 세 가지의 준수 없이는 어떤 종류의 사회도 유지할 수 없다. 그렇기 때문에 그것들은 정부에 앞서 나온 것이다.

또한 Adam Ferguson, 《도덕 및 정치 과학의 원리(Principles of Moral and Political Science)》 (Edinburgh, 1792), vol.I, p.262도 보라:

사람 쪽에서 보자면, 협동 및 묵계의 첫 번째 목적은 사회를 존재하게 하는 것이 아니다. 그가 보기에 그 자신이 이미 자연에 의해 배치되었음을 알게 된 사회를 완성하는 것이다. 그것은 지배-종속 관계를 세우는 것이 아니고, 이미 세워진 지배종속 관계의 남용을 교정하는 것이다: 그리고 인간의 정치적 재능이 작동하는 그 관계는 시인들이 묘사하듯이 음악의 매력들 혹은 철학의 가르침들에 의해서 서로 무리짓게 되는, 개인상태에서의 산개된 종속이 아니다. 오히려 그 관계는 정치적 행동이 그저 본능만으로 서로 결합되어 있는 사람들의 무리를, 부모 자식이라는 종속관계로, 또 부자와 가난한 자는 아니겠지만 귀족과 평민이라는 종속관계로, 혹은 본래 구분되었던 것은 아니겠지만 기타 우발적인 종속관계로 놓는 것이다. 사실상 이는 권력과 의존의 관계다. 그 관계에 의해 소수가 다수를 지배하는 조건이 만들어지고, 일부가 전체에 대한 지배권을 가지게 된다.

그리고 Carl Menger, 《경제학과 사회학의 문제들(Problems of Economics and Sociology)》 (Urbana, Ill., 1963), 특히 p.227도 보라:

그래서 가장 본래의 형태로서의 국법(國法)은 확실하게 공동의 복지를 확보할 것을 겨냥한 계약의 결과이거나 성찰의 결과가 아니다. 그것은 사실상 역사학파가 주장하듯이 민족에 의해서 주어진 것도 아니다. 오히려 그것은 민족의 출현보다 더 오래된 것이다. 정말로 그것은 어떤 영역 내에 사는 주민들이 민족이 되고 국가 조직을 이루게 한 가장 강력한 유대들 중 하나다.

5   Gilbert Ryle, 〈어떻게 할 것인지를 아는 것과 무엇인지를 아는 것(Knowing how and knowing that)〉, 《아리스토텔레스 학회 회보(Proceedings of the Aristotelian Society)》, 1945-6, 그리고 《정신이라는 개념(The Concept of Mind)》 (London, 1949), ch. 2를 보라; 또한 내 논문 〈규칙, 인지 그리고 명료함(Rules, perception and intelligibility)〉, 《브리튼 학술원 회보(Proceedings of the British Academy)》, xlviii, 1962. 이 글은 내 책 《철학, 정치학 그리고 경제학 연구(Studies in Philosophy, Politics and Economics)》 (London and Chicago, 1967) (*S.P.P.E.*)에 재수록됨.

6   Sten Gagner, 《입법 사상사 연구(Studien zur Ideengeschichte der Gesetzgebung)》 (Uppsala, 1960); Alan Gewirt, 《파도바의 마르실리우스, 평화의 수호자(Marsilius of Padua, Defender of Peace)》 (New York, 1951 and 1956); 그리고 T. F. T. Plucknett, 《1300년대 전반기의 성문법규와 그 해석(Statutes and their Interpretation in the First Half of the Fourteenth Century)》 (Cambridge, 1922)을 보라.

7   내 논문 〈행동규칙들의 진화에 대한 메모(Notes on the evolution of rules of conduct)〉, in *S.P.P.E.*를 보라.

8   같은 종에서 분리된 동물 그룹들 사이에 별개의 '문화적' 전통들이 발전한 경우를 가장 잘 기록하고 가장 충분하게 연구한 것은, 비교적 최근에 인간의 문명화가 확장됨으로써 단기간에 명확하게 구별될만한 문화적 형질을 가지게 된 것으로 보이는, 별개의 그룹들로 갈라진 일본 짧은 꼬리원숭이(Japanese macaque monkeys) 연구다. 이것에 대해서는 J. E. Frisch, 〈일본에서의 영장류 행태에 대한 조사연구(Research on primate behaviour in Japan)〉, American Anthropologist, lxi, 1959; F. Imanishi, 〈일본 원숭이의 사회적 행태: 짧은 꼬리원숭이를 중심으로(Social behavior in Japanese monkeys: "Macaca fuscata")〉, Psychologia, I. 1957; 그리고 S. Kawamura, 〈일본 짧은 꼬리 원숭이 사이에서의 하위 문화 확산 과정(The process of sub-cultural propagation among Japanese macaques)〉, C. H. Southwick (ed), 《영장류의 사회적 행태(Primate Social Behavior)》 (Princeton, 1963)도 보라.

9 V. C. Wynne-Edwards, 《사회적 행태와 연관시켜 보았을 때의 동물 분포(Animal Dispersion in Relation to Social Behaviour)》(Edinburgh, 1966), p.456; 또한 같은 책, p.12를 보라:

땅이 생산하는 실제 식량 대신 땅 일부 필지로 경쟁 대상을 대체하는 것은, 그렇게 해서 각 개인 혹은 가족 단위가 활용할 자원을 따로 갖는 것은, 가질 수 있는 제한 관습 중 가장 간단하고 가장 직접적인 종류의 것이다. …… 이하의 장에서는 많은 공간이 밀도를 제한하는 요소들의 끝 없는 다양성 연구에 바쳐질 것이다. …… 정당하다고 생각되는 식량 생산 영역은 굉장히 구체적이다. …… 우리는 추상적 목표들이야말로 특히 무리를 이루어 사는 종의 특징이라는 것을 알게 될 것이다.

그리고 같은 책, p.190:

인류와 관련된 한, 복합성의 정도를 제외하고는, 이 상황에서 새로운 것은 거의 없다. 모든 관습적인 행태는 내재적으로 사회적이고 도덕적 성격의 것이다. 그리고 배타적으로 인간의 속성인 것과는 달리, 우리가 보기에는 관습의 원초적 규범(code)이 인구밀도가 적정 수준을 초과하는 것을 막기 위해 진화되어왔던 것으로 보인다. 그것은 가장 낮은 척추동물 강(綱, classes)에서 기원된 것이었을 뿐 아니라 무척추동물 문(門, phyla) 사이에서도 잘 확립되었던 것으로 보인다.

10 David Lack, 《개똥지빠귀 새의 일생(The Life of the Robin)》, 개정판 (London, 1946), p.35.

11 로렌츠(Konrad Z. Lorenz) 및 틴버겐(N. Tinbergen)의 잘 알려진 저작들 외에도, I. Eibl-Eibesfeldt, 《비교 행태학의 기초 – 동물행동학(Grundlagen der vergleichenden Verhaltensforschung-Ethologie)》(Munich, 1967); 그리고 Robert Ardrey, 《텃세(The Territorial Imperative)》(New York, 1966)를 보라.

12 J. Rawls, 〈공정으로서의 정의(Justice as fairness)〉, Philosophical Review, lxvii, 195를 보라.

13 예를 들어 이 장의 뒤에 인용한 Konrad Z. Lorenz, 《솔로몬 왕의 반지(King Solomon's Ring)》(London and New York, 1952), p.188 서술을 보라.

14 내 글 〈추상의 우위(The primacy of the abstract)〉 in A. Koestler and J. R. Smithies (eds) 《환원주의를 넘어: 생명과학의 새로운 조망(Beyond Reductionism : New Perspectives in the Life Sciences)》(London, 1969)을 보라.

15 노엄 촘스키(Noam Chomsky)의 저작들, 특히 《현재 언어 이론의 현안들(Current Issues in Linguistic Theory)》(The Hague, 1966); 그리고 Kenneth L. Pike, 《언어 – 통합된 인간 행태 구조의 이론과 관련하여(Language in Relation to a Unified Theory of the Structure of Human Behaviour)》(The Hague, 1967)를 보라.

16 Michael Polanyi, 《개인적 지식(Personal Knowledge)》(London and Chicago, 1958), 특히 〈기술(Skills)〉 그리고 〈명료화(Articulation)〉에 대해 서술한 4장 및 5장, 그리고 S.P.P.E에 있는 〈규칙들, 인지, 그리고 명료함(Rules, perception and intelligibility)〉에 대해서 서술한 내 글을 보라.

17 아마도 명료하게 언어로 표현된 규칙들과 그렇지 않은 규칙들 사이의 구별은 우리에게 훨씬 더 익숙한 성문법과 불문법의 구별과 같지 않다는 점을 명확하게 적시해두어야 할 것이다. 그것은 이들 용어 그대로의 의미에서도, 혹은 제정된 법(statute law)이 때때로 보통법과 대비되어 기록된 법으로 서술되는 그런 의미에서도 그렇다. 기록되지 않은 채 구두로 전승되어온 법도 충분하게 명료한 것일 수 있기도 하고, 흔히 그렇기도 했다. 하지만 판례법의 법체제 같은 것은 아직 명료해지지 않은 규칙들을 고려하는 것도 허용하고 있다. 그 규칙들은 흔히 판사가 마땅히 현존하는 법이라고 여긴다고 표현함으로써, 처음으로 말로 진술되게 될 것이다.

18 Konrad Z. Lorenz, 앞의 책, p.188.

19 내 강의 《구성주의의 오류와 사회의 형성에 대한 정당한 비판의 기초(Die Irrtümer des Konstruktivismus und die Grundlagen legitimer Kritik gesellschaftlicher Gebilde (Munich and Salzburg, 1970), p.24 이하를 보라.

20 S. N. Kramer, 《역사는 수메르에서 시작되었다(History Begins at Sumer)》 (New York, 1952), p.52를 보라.

21 이것은 물론 이 사람들이 나중에 그 법을 만든 사람으로 간주되는 것을 반대하는 것이 아니다. 왜냐하면 그들이 그것을 법제화했기 때문이다. John Burnet, 〈그리스 윤리학에서의 법과 자연(Law and nature in Greek ethics)〉, International Journal of Ethics, vii, 1897, p.332을 보라:
그러나 알려진 법 전수자인 잘렌코스(Zalenkos)나 카론다스(Charondas), 리쿠르구스(Lykurgus)나 솔론(Solon)이 틀을 짰던 법전은 이런 식으로 사물의 영구적 질서의 일부라고 받아들여질 수는 없다. 그것은 확실하게 '만들어진' 것이고, 따라서 자연(φνδις)이란 점에서 볼 때 인위적이고 자의적인 것이다. 다른 방식으로 만들어지는 것도 혹은 그렇지 않은 것도 좋았을 것처럼 보인다. 만들어지고 있는 법들을 본 세대라면 모든 도덕도 같은 방식으로 '만들어졌'던 것인지를 묻지 않을 수 없었을 것이다.

22 A. H. M. Jones, 《아테네의 민주주의(Athenian Democracy)》 (Oxford, 1957), p.52.

23 Lord Acton, 《자유의 역사(History of Freedom)》 (London, 1907), p.12를 보라:
언젠가 민회에 모인 아테네인들은 자신들이 선택했던 일을 하지 말아야 한다는 것에 대해 정말 끔찍한 일이라고 선언했다. 현존하는 어떤 힘도 그들을 제약할 수 없었다. 그들은 어떤 의무도 자신들을 제약할 수 없다고, 그리고 그들은 자신들이 제정하지 않은 어떤 법들에 의해서 구속받지 않는다고 결의했다. 이런 식으로 아테네의 해방된 사람들은 폭군으로 되어갔다.

24 Aristotle, 《정치학(Politics)》, IV, iv, 4, 1292a, Loeb edition, p.305:
그러한 민주주의는 전혀 헌정이 아니라고 말하는 것은 이유 있는 비판으로 보인다. 법이 지배하지 않는 곳에서는 헌정이 없다. 왜냐하면 치안 판사들이 특정한 것들을 통제한다고 해도, 법이 모든 것을 지배해야 하기 때문이다. 우리는 이러한 것을 입헌 정부라고 판단하여야 한다. 만일 그때 민주주의가 실제로 헌정의 한 형태라면, 모든 것들이 민회의 결의에 의해서 관리되는 이런 종류의 조직은 그 고유의 의미에서도 민주주의가 전혀 아니다. 왜냐하면 표결은 보편적 규칙이기는 어렵기 때문이다.

25 Max Kaser, 《로마법의 역사(Romanische Rechtsgeschichte)》 (Gottingen, 1950), p.54.

26 앞의 책. 또한 Max Rheinstein, 〈정부와 법: 팽창과 동시에 일어난 문화적 스펙트럼의 과정과 변화(Process and change in the cultural spectrum coincident with expansion: government and law)〉, C. H. Kraeling and R. M. Adams (eds), 《넘볼 수 없는 도시(City Invincible)》 (Chicago, 1960), p.117도 보라:
타당한 행동규범들이 입법 방식으로 수립될 수 있다는 관념은 그리스 로마 역사의 후기 국면들 특유의 것이었다. 서구에서는 로마법의 발견 및 절대 군주제의 부상이 있기까지 그것은 휴면 상태였다. 모든 법이 주권자의 명령이라는 명제는 모든 법이 적절하게 선출된 대중의 대표들로부터 나와야 한다는 프랑스 혁명의 민주주의적 이념이 만들어낸 공준(公準)이었다. 그렇지만 그 명제는 현실을 제대로 묘사한 것이 아니다. 최소한 앵글로 색슨 판례법(Common Law) 나라들에서는 그렇다.
특히 로마에 대해서는 Theodor Mommsen, 《로마법 개요(Abriss des r□mischen Staatsrechts)》 (Leipzig, 1893), p.319를 보라: '그러나 시민들과 관련된 경우에도, 시 당국은

현존하는 법 질서에 대한 자유재량권을 전혀 가지지 못했다. 정반대로 그 법질서는 민회에 의해서 창출된 것이 아니라고, 또 민회 신념대로 하는 것도 아니라고 여겨졌다. 그것은 영원 불변의 것으로 여겨졌다.'

27 Peter Stein, 앞의 책, p.20: '로마인들은 이미 사법(私法)의 문제들에서는 입법에 의존하지 않았다.'

28 W. W. Buckland and A. D. McNair, 《로마법과 판례법(Roman Law and Common Law)》 (Cambridge, 1936)을 보라.

29 F. A. Hayek, 《자유헌정론(The Constitution of Liberty)》, (London and Chicago, 1960), p.163 그리고 각주 5와 6에서 저자가 인용했던 것에 더하여, R. Sohm, 《프랑스 국법 및 부족법(Fränkische Reichs- und Gerichtsverfassung)》 (Weimar, 1871), p.102를 보라: '민족법은 독일법이다. 민족법은 부족 관습법이다. 국가권력에는 입법 권력이 포함되지 않는다. 법 조문(條文, capitula)은 법규라기보다는, 왕권의 집행을 위한 규범일 뿐이다.'; J. E. A. Jolliffe, 《잉글랜드 정착 때부터 1485년까지 중세 잉글랜드의 헌정사(The Constitutional History of Medieval England from the English Settlement to 1485)》, 2판 (London, 1947), p.334도 보라:

13세기에 이르기까지, 전승되어 온 법의 틀 안에서 살아가고 있는 사회라는 원시적 개념은 왕에게서 입법자 자격을 박탈했다. 그것은 공동체의 결정(commune consilium)도 관습을 식별하는 것에 국한시켰고, 순회재판을 통해서 권한과 절차의 조정에 참여하는 것으로 국한시켰다. 의심의 여지없이 치명적 변화가 일어났다. 그러나 그것들은 입법의 변화로서의 실제 본성을 흐리는 방식으로 이루어졌다.

이 문장에 붙은 각주는 브랙턴(Bracton)이 더 낫게 개선되는 법(legem in melius convertire)만 허용될 수 있고, 법의 변경(legem mutare)은 허용해서는 안 된다고 지적하였다. 비슷한 결론은 F. Fichtenau, 《문서기록들을 통해서 본 고대 후기 및 중세 시대의 민회(Arenga, Spätantike und Mittelalter im Spiegel von Urkundenformeln)》 (Graz and Cologne, 1957), p.178에서도 볼 수 있다: '옛날 지배자는 법적인 관리를 포기할 수만 있었다. 사실상 법령은 그의 위에 있는 것이었으며, 새로운 법은 반드시 옛 법에서 그 논거를 찾아야만 했다.'

30 Fritz Kern, 《중세 시대의 왕권과 법(Kingship and Law in the Middle Ages)》, S. B. Chrimes 영역 (London, 1939), p.151; G. Barraclough은, Law Quarterly Review, lvi, 1940, p.76에서, 이 저작에 대해, 비록 그 결론들이 수정될 수 있고 제한될 수 있다고 해도, 확실히 도전받지 않을 만큼 뛰어난 두 논문들'이라고 서술했다.

31 특히 Sten Gagner, 앞의 책을 보라.

32 출처를 잃어버리긴 했지만, 나는 이 문장이 F. W. Maitland의 것이었다고 보고 있다.* 또한 A. V. Dicey, 《헌법(Law of the Constitution)》, 9판 (London,1939), p.370도 보라:

전적으로 법적 관점에서 사물을 보는 법률가는 한편으로는 베이컨(Bacon)이나 웬트워스(Wentworth), 다른 한편으로는 코크(Coke)나 엘리어트(Eliot) 같은 국정담당자들 사이의 논란의 실질 주제가 대륙 유형의 강력한 행정부가 잉글랜드에서 영구적으로 수립되어야 하는가 여부라고 주장하고 싶어한다.

33 W. S. Holdsworth, 《잉글랜드 법의 역사(A History of English Law)》, vol.5 (London, 1924), p.439[p.439가 아닌 p.493에 있다-옮긴이]을 보라:

이것[판례법이 최고권을 갖는다는 개념] 및 기타 중세 개념들이 현대적 형태를 부여받았던 것은 코크의 저작들에서였다. 따라서 이들 중세 개념들이 우리 현대법의 한 부분으로 되었던 것은 대체로 그의 저작들의 영향 덕분이다. 그것들이 우리 현대법의 몇몇 부분에 끼친 영향이 전체적으로 만족스럽지 않다고 하더라도, 그것들이 고문(拷問) 사용을 허용했던 형법 절차에서 잉글랜드 사람들을 구해냈다는 점, 그리고 그것들이 잉글랜드와 세계에 법의 지배라는 헌법 원칙을 보존했다는 점을 기억하도록 하자.

34 W. S. Holdsworth, ≪법의 역사에서 얻는 몇 가지 교훈들(*Some Lessons from Legal History*)≫ (London, 1928), p.18에서 인용.

35 David Hume, ≪논고들(*Essays*)≫ (London, 1875), vol.2, p.274를 보라:
재산권을 규제하는 모든 자연법들, 그뿐만 아니라 민법들은 일반적인 것이다. 그것들은 사례의 몇몇 본질적인 사정들만을 고려하지, 관련된 사람들의 성격, 상황, 그리고 맥락들을 고려하지 않는다. 아니, 어떤 특정한 사례에서도 이 법들의 결정으로부터 어떤 특정한 결과들이 나올지에 대해서는 고려하지 않는다. 그것들은 마땅한 권한(good title)이 아니라면, 비록 실수로 획득한 것이라 하더라도, 혜택을 받은 사람에게서 그가 가진 모든 것들을 주저 없이 빼앗아버린다. 이미 여분의 부를 거대하게 쌓아놓은 이기적 구두쇠에게 그것들을 주기 위해서다. 공공의 효용(public utility)이 요구하는 것은 재산권이 일반적으로 불변의 규칙들에 의해서 규제되어야 한다는 것이다. 비록 그러한 규칙들이 공공의 효용이라는 같은 목적에 가장 잘 봉사하는 것으로 채택되었다 하더라도, 그것들이 모든 특정한 곤경들을 예방한다는 것은 불가능하다. 혹은 각각의 모든 개별적 사례에서 유익한 결론이 나오도록 만드는 것도 불가능하다. 만일 전체적 계획이나 틀이 시민 사회의 지탱에 필요하다면, 그리고 그럼으로써 주된 부분에서 선(善)의 수지(收支)가 악(惡)의 수지보다 훨씬 더 좋다면, 그것으로 충분하다.

36 현대에도 법의 발전이 사법적 선례 및 학술적 해석 과정의 점진적 진행에 의존해야 한다는 주장은 Bruno Leoni, ≪자유와 법(*Liberty and the Law*)≫ (Princeton, 1961)에 의해 설득력 있게 주장된 바 있다. 그러나 비록 그의 주장이, 입법만이 법을 변경시킬 수 있거나 변경시켜야 한다고 믿고 있는, 현재 널리 퍼져있는 정통 이론에 대한 유효한 대책이라고는 하지만, 나는 그가 주로 관심을 가지고 있는 사법(私法)의 영역에서조차 우리가 입법 없이 지낼 수 있다고는 확신하지 못한다.

37 W. S. Jevons, ≪노동과 관련해서 본 국가(*The State in Relation to Labour*)≫ (London, 1882), p.33을 보라: '[650여 년간의 잉글랜드 의회의 입법으로부터] 우리가 배운 커다란 교훈은, 입법은 노동과 관련하여 거의 항상 계급 입법이었다는 점이다. 몇몇 지배 기구의 노력은 더 하층 계급을 억압하는 것이었다. 이것은 불편한 염원을 보여주기 시작했다.'

38 H. Kelsen, ≪정의란 무엇인가(*What is Justice?*)≫ (Berkeley, Calif., 1957), p.21.

39 F. W. Maitland, ≪잉글랜드 헌법의 역사(*Constitutional History of England*)≫ (Cambridge, 1908), p.105, 382.

40 David Hume, 앞의 책, vol.l., p.125를 보라: '비록 사람들이 이해관계에 의해서 많이 지배되기는 하지만, 이해관계 그 자체도, 그리고 모든 인간사도, 전적으로 의견에 의해서 지배된다.'

제5장 노모스: 자유의 법

1 *Strabo, ≪지리학(*Geography*)≫, 10,4,16, in the Loeb edition by H. L. Jones vol.5, p.145. 스트라보(Strabo)는 우리가 살고 있는 시기 초반에 살았지만, 그가 인용했던, 그리고 저작들 중 일부만이 보존되어있는 키메의 에포로스(Ephorus of Kyme)는 B.C. 약 400–330년 경에 살았다.

2   예를 들어 A.D. 300년대의 문법학자 세르비우스(Servius)가 한 말을 보라 (P.Stein, ≪법의
     지배(*Regulae Juris*)≫, (Edinburgh, 1966), p.109에 인용됨): '법(ius)은 일반적인 것이지만,
     법령(lex)은 특별한 것이다. 법(ius)은 성문화되지 않은 것이지만, 법령들(leges, lex의 복수)은
     성문화된 것이다.' 약간 정당하게도 (Carl Schmitt. ≪헌법론(*Verfassungsrechtliche*
     Aufsätze)≫ (Berlin, 1958), p.427에 수록된, Alvaro d'Ors는, ≪전쟁, 그리고 평화에 관하여(*De*
     la Guerra, de la Paz)≫ (Madrid, 1954), p.160에서) 그것은 키케로(Cicero)가 그리스 용어
     노모스(nomos)를 법(ius) 대신 법령(lex)이란 용어로 번역했던 것이 커다란 불행이었음을 시사한다.
     키케로가 법령(lex)이란 용어를 사용했던 것에 대해서는 특히 ≪원리(*De legibus*)≫, II, v-vi, Loeb
     edition by C. W. Keyes (London, 1929), pp.384-386을 보라: '정당한 법령(lex)과 정당하지
     않은 법령은 구별되어야 한다. …… 이제부터 우리는 정당한 법령 이외의 다른 어떤 것도 법이라고
     생각해서도 안 되고 심지어는 그렇게 불러서도 안 된다.'

3   H. Triepel이 ≪카알을 위한 베를린 법과대학 교수진들의 헌정논문집(*Festgabe der Berliner*
     juristischen Fakultät für W. Kahl)≫ (Tübingen, 1923), p.93에서 썼던, 자주 인용되는 진술을
     보라: '신성한 것은 법령(Gesetz)이 아니다. 신성한 것은 오로지 법(Recht)이다. 그리고 법이 법령
     위에 있다.'

4   이 책의 4장 각주 3에 인용된 데이비드 흄(David Hume), 애덤 퍼거슨(Adam Ferguson) 그리고
     카를 멩거(Carl Menger)의 글들을 보라.

5   H. L. A. Hart, ≪법의 개념(*The Concept of Law*)≫ (Oxford, 1961)을 보라.

6   James Coolidge Carter, ≪법, 그 기원, 성장 그리고 기능(*Law, Its Origin, Growth and*
     Function)≫ (New York and London, 1907), p.59를 보라: '민사적 성격의 것이든 형사적 성격의
     것이든, 한 사람의 다른 사람에 대한 모든 불평은 무엇인가가 불만 제기자의 어떻게 되어야 하는가에
     대한 기대에 반하여 이루어졌다는 사실에서 일어난다.' 또한 같은 책. p.331도 보라:
     애초에 인간의 행동을 지배하는 거대한 일반규칙은, 즉 인간행동이 공정한 기대들에 순응해야
     한다는 것은, 여전히 과학적 규칙이다. 이 규칙에 순응하는 모든 행동형태들은 서로 일관되며,
     인정된 관습으로 된다. 그것과 일치되지 않는 모든 것은 나쁜 관행들로 낙인찍힌다. 따라서 관습의
     총체는 조화로운 체제로 되는 경향이 있다.
     마땅히 알려져야 하는데 그만큼 잘 알려져 있지 않은 이 중요한 저작에 대해서는 M. J. Gronson,
     〈제임스 쿨리지 카터의 사법 진화주의(The juridical evolutionism of James Coolidge Carter)〉,
     University of Toronto Law Journal, 1953을 보라.

7   Roscoe Pound, ≪법철학(*Jurisprudence*)≫, vol.1 (New York, 1959), p.371.

8   우리가 자주 '다른 그룹들을 압도하는 그룹'에 대해서 이야기할 때, 다음이 강조되어야 할 것
     같다. 즉 이것은 반드시 무력 충돌에서의 승리를 의미하는 것이 아니라는 것이다. 혹은 심지어는
     그런 그룹의 구성원들이 다른 그룹의 개별 구성원들 자리를 대신 차지한다는 것을 의미하는 것도
     아니다. 오히려 훨씬 더 그럴듯한 것은 다음과 같은 것이다. 한 그룹의 성공은 다른 그룹구성원들을
     매혹시킬 것이다. 그래서 첫 번째 그룹에 통합되도록 할 것이다. 때로는 성공적인 그룹이 주어진
     사회에서 귀족이 될 것이고, 그 결과 나머지가 전자의 행위를 모범으로 해서 그들의 행위를 따라
     배우기도 할 것이다. 그러나 이 모든 경우에 더 성공적인 그룹구성원들은 자신들의 성공이 어떤 특성
     덕분이었는지에 대해서 잘 모르고 있는 경우가 흔할 것이다. 또 무엇이 그에 의존하고 있는지를 알고
     있어서 그 특성을 계발하는 일이 있지도 않을 것이다.

9   초기의 많은 자연법 이론가들은 법규칙과 그것이 봉사하고 있는 행동 질서의 이러한 관계에 대한

통찰에 가까이 왔다. Roscoe Pound, ≪법 역사의 해석(*Interpretations of Legal History*)≫ (New York, 1923), p.5를 보라 사실상 자연법 이론 하에 일하고 있는 법학자 혹은 교재집필자 혹은 판사 혹은 입법자는 모든 상황들을 계량하고, 그것들에게 그때 그 곳의 사회적 질서에 대한 이상적 그림을 참조하도록 함으로써 그리고 그 사회적 질서라는 말로 표현된 법의 지향점들이라는 개념을 참조하도록 함으로써, 모든 어려움들을 풀려고 하였다. …… 따라서 사회적 질서라는 이상은 궁극적 실체로 받아들여졌다. 법 제도들과 규칙들 그리고 학설들은 그 실체에 대한 성찰이고 고백일 뿐이었다.

그렇지만 중세의 사회질서 개념은 여전히 대체로 서로 다른 개인들 혹은 집단들(classes)의 특정한 지위라는 개념이었다. 그리고 후기 스페인 스콜라 학파의 일부만이 모두에게 통일적인 법에 기초한 추상적 질서 개념에 접근했다.

10 후기 스페인 스콜라학파가 이 용어를 사용한 것에 대해서는 C. von Kaltenborn, ≪흐로티우스의 선구자(*Die Vorläufer des Hugo Grotius*)≫ (Leipzig, 1848), p.146을 보라. 그렇지만 타인을 향한 행동에 국한된 정의의 개념은 최소한 아리스토텔레스에게까지 거슬러 올라간다. Aristotle, ≪니코마코스 윤리학(*Nicomachean Ethics*)≫, V, i, 15-20, Loeb edition, pp.256-259.

11 이것은 ≪자유헌정론(*The Constitution of Liberty*)≫ (London and Chicago, 1960)에서 내가 그 주제를 다루었던 방식에 대한 정당한 반대다. 나는 지금의 이 진술에 Lord Robbins (Economica, February, 1961), J. C. Rees (Philosophy, 38, 1963) 그리고 R. Hamowy (The New Individualist Review, 1(1), 1961)와 같이, 이 흠결을 지적했던 비평가들이 만족해하길 바란다.

12 물론 이것은 임마누엘 칸트(Immanuel Kant)의 (그리고 허버트 스펜서(Herbert Spencer)의) 법에 의해 자유를 제한하는 데 대한 유일하게 정당한 근거인 '타인의 동등한 자유(equal liberty of others)' 정식에도 함축되어 있다. 그 주제 전체에 대해서는 John Rawls, ≪정의론(*A Theory of Justice*)≫ (Oxford, 1972)를 보라.

13 P.A. Freund, 〈사회적 정의와 법(Social justice and the law)〉, R. B. Brandt (ed), ≪사회적 정의(*Social Justice*)≫ (New York, 1962), p.96을 보라: '합리적인 기대들은 법의 생산물이라기보다 더 일반적으로는 그 근거다.'

14 Heinrich Dernburg, ≪법률학(*Pandekten*)≫, 2판 (Berlin, 1888), p.85: '많이 발전되었건 적게 발전되었건 생활조건은 그 자체로 질서를 가지고 있다. 사물에 내재된 이 질서는 사물의 본성이라고 일컬어진다. 그것이 실체적 규범이 되지 못했거나 불완전하거나 불명료할 때라면 그것은 법학자의 사색에 맡겨져야만 한다.'

15 O. W. Holmes, Jr, ≪판례법(*The Common Law*)≫ (New York, 1963), p.7을 보라:
법의 생애는 논리적이지 않았으며 경험이었다. 인간이 지배받아야 할 규칙들을 결정할 때, 공인되었건 무의식적으로 받아들여졌건, 그 시대에 필요하다고 느껴졌던 것들, 널리 퍼져 있는 도덕적 정치적 이론들, 공공정책을 하는 기관들, 심지어 판사들이 그들의 동료들과 공유했던 편견들이 삼단논법에 의한 연역 이상으로 상당한 역할을 하였다. 법은 여러 세기에 걸친 민족의 발전 이야기를 구현한 것이다. 그래서 그것이 마치 수학책에 있는 공리 및 따름 정리만을 담고 있는 것처럼 다루어질 수는 없다.
Roscoe Pound, ≪법과 도덕(*Law and Morals*)≫ (Chapel Hill, N.C., 1926), p.97도 보라: '법의 문제는 의식적인 자유 의지를 가진 존재들이 서로 방해하지 못하게 하는 것이다. 그래서 그것은 당사자들에게 각자가 다른 모든 사람들의 자유와 일치되는 방식으로 자신의 자유를 행사하라고 명한다. 그 이유는 다른 모든 사람들도 그 자체로 똑같이 목적으로 여겨져야 하기 때문이다.'

16 Paul Van der Eycken, ≪실증주의적 법 해석(Méthode positive de l'nterprétation juridique)≫ (Brussels and Paris, 1907), p.401 :
이전에는 법이 입법자의 의식적인 의지의 산물로 여겨졌다. 오늘날 우리는 입법자에게서 자연과 같은 힘을 본다. 그러나 만일 우리가 법에 자연적이라는 칭호를 붙일 수 있다면, 그것은 이미 말했듯이 외형상으로 '자연법(droit naturel)'으로 표현했던 것과는 전혀 다른 의미에서다. 자연법은 자연이 이성의 구성 요소 그 자체로 우리에게 각인시켜두었던 일정한 원리들을 의미한다. 법전의 다수 조문들은 그 원리들을 적용한 것일 뿐이다. 동일한 표현은 법이 사실상 사물들 간의 관계들의 결과라는 것을 의미한다. 이 관계들 그 자체처럼, 자연법은 끊임없이 작동한다. …… 입법자는 하나의 단편적 지식(conscience)일 뿐인 법밖에 가지고 있지 못하다. 그는 그 법을 자신이 포고(布告)하는 법규로 변환한다. 언제 이것의 의미가 확정되며, 어디서 그것을 살펴볼 필요가 있는가? 그것은 명백히 그 원천, 즉 사회생활이 필요로 하는 곳에서다. 법의 의미를 발견할 가능성이 가장 강한 곳은 그곳이다. 마찬가지로 그것이 법의 간극을 메우는 문제일 때 그것은 논리적 연역의 문제가 아니다. 그것은 해법을 요구할 필요성의 문제다.

17 C. Perelman and L. Olbrechts-Tyteca, ≪새로운 수사학 – 논증에 대해 다루다(La Nouvelle Rhétorique – traité de l'argumentation)≫ (Paris, 1958), vol.I, pp.264–70, 특히 §46: ≪모순과 양립가능성(Contradiction et Incompatibilité)≫ 그리고 §47: ≪양립불가능성을 회피하는 방법(Procedes permettant d'éviter un incompatibilité)≫. 이 속에서 의미 있는 문구 일부만 여기에 인용하고자 한다. p.263:
양립가능성은 사물의 본성이나 인간의 의사결정에 의해 좌우된다. (p.264.) 양립불가능성은 일부 도덕적 법적 규칙들, 법적 종교적 문구들과 같은 특정한 상황에 적용되었을 때 나온다. 두 명제들 사이의 모순(contradiction)은 형식주의, 혹은 적어도 단일한 관념 체제를 전제하고 있지만, 양립불가능성(incompatibilité)은, 이것들이 자연법칙에 의해 이루어진 것인지, 특정한 사건들에 의해서 혹은 인간의 의사결정에 의해서 이루어진 것인지와 같은, 우발적인 사정들에 따른 상대적인 것을 항상 전제하고 있다.
비슷한 것으로 Charles P.Curtis, 〈더 나은 법 해석 이론(A better theory of legal interpretation)〉, Vanderbilt Law Review, iii, 1949, p.423도 보라: '가장 중요한 기준은 그저 나머지 모든 법과 일치하는가이다. 이 계약 혹은 저 의지는 우리 전체 법에서는 아주 작은 부분이다. 마치 이 법규 혹은 저 법규가 더 커다랗기는 하지만 일부분인 것과 같다. 그리고 비록 정의(Justice)가 더 큰 지향점을 가지고 있는 것이긴 하지만, 법이 희망을 걸고 있는 미덕은 일관성(consistency)이다.'

18 Jürgen von Kempski, 〈정의 개념에 관한 소고(Bemerkungen zum Begriff der Gerechtigkeit)〉, ≪일반론 연구(Studium Generale)≫, xii, 1959, 그리고 같은 저자의 ≪법과 정치(Recht und Politik)≫ (Stuttgart, 1965), p.51에 재수록된 것을 보라: '우리가 말하고 싶은 것은, 사법(私法)이 행동들 사이의 양립가능성 원칙에 근거하고 있다는 점이다.'; 그리고 같은 저자의 ≪법 구조이론의 기초(Grundlagen zu einer Strukturtheorie des Rechts)≫, in ≪마인쯔 과학과 문학 아카데미의 도덕과학 및 사회과학류 논고들(Abhandlungen der Geistes – und Sozialwissenschaftlichen Klasse der Akademie der Wissenschaften und Literatur in Mainz)≫, 1961, NO.2, p.90: '우리는 행동들이 서로 양립가능하려면 어떤 구조적 요건들이 그 행동들과 대응되어야 하는지를 묻는다. 달리 말하자면 우리는 행동하는 사람들이 서로 충돌하지 않는 세상을 염두에 두고 있다.'

19 Robert Frost의 시 〈담장을 고치며(Mending wall)〉에서.

20 John Milton, ≪왕과 고관들의 신분보장(*The Tenure of Kings and Magistrates*)≫, in ≪저작집(*Works*)≫, R. Fletcher 편집 (London, 1838), p.27: '그들 자신들이 물려받았던 가장으로서, 신께서 그들에게 주었던, 토지에서 처분하고 절약할 자유 모두의 뿌리에 있는 힘'

21 Thomas Hobbes, ≪리바이어던(*The Leviathan*)≫ (London, 1651), p.91.

22 Montesquieu, ≪법의 정신(*The Spirit of the Laws*)≫, XVI, chapter 15.

23 J. Bentham, ≪입법 이론(*The Theory of Legislation*)≫, C. K. Ogden 편집 (London, 1931), p.113: '재산권과 법은 함께 태어났고 함께 죽을 수밖에 없다.'

24 Sir Henry Maine, ≪촌락공동체들(*Village Communities*)≫ (London, 188o), p.230: '재산권들에 대해 공격하면서, 동시에 자신이 문명을 가치 있게 본다는 말을 할 자유를 누릴 수 있는 사람은 없다. 이 둘의 역사는 얽히지 않을 수 없다.'

25 Lord Acton, ≪자유의 역사(*The History of Freedom*)≫ (London, 1907), p.297: '사유재산 제도를 혐오하는 사람은 자유의 첫 번째 요소를 가지고 있지 않은 것이다.'

26 A. I. Hallowell, 〈사회제도로서의 재산권의 본성과 기능(*Nature and function of property as a social institution*)〉, Journal of Legal and Political Sociology, i, 1943, p.134를 보라: 일부 종류의 재산권이 사실상 보편적일 뿐 아니라 기본적인 경제적 과정과 관련하여 개인들의 역할을 구조화하는 데 기본적 요소라는 우리의 주장에서 볼 때, 18세기 사상가들이, 비록 그들의 추론이 우리의 추론과 다르다 할지라도, 재산권의 근본적 중요성을 알아챘다는 점은 중요하다. 또한 H. I. Hogbin, ≪폴리네시아의 법과 질서(*Law and Order in Polynesia*)≫ (London, 1934), p.77 이하, 그리고 이 책에 대한 말리노프스키(B. Malinowski)의 서문(p.xli), 그분만 아니라 말리노스키의 ≪자유와 문명(Freedom and Civilization)≫ (London, 1944), p.132–3도 보라.

27 특히 Immanuel Kant, 《윤리 형이상학(*Metaphysik der Sitten*)》, 《전집(*Werke*)》 (Akademie Ausgabe) vol.6, pp.382 및 396; 그리고 Mary J. Gregor, 《자유의 법들(*Laws of Freedom*)》 (Oxford, 1963)을 보라.

28 David Hume, 《도덕 원리에 대한 탐구(*Enquiry Concerning the Principles of Morals*)》, 《논고들(Essays)》 (London, 1875), vol.2, p.273.

29 Roscoe Pound, 〈사법적 판결 이론(*The theory of judicial decision*)〉, Harvard Law Review, ix, 1936, p.52.

30 이 관점에 대한 가장 영향력 있는 진술은 아마도 C. Beccaria, 《범죄와 형벌에 관하여(*On Crimes and Punishment*)》 (1764), H. Paolucci 영역 (New York, 1963), p.15일 것이다: '판사는 완벽한 삼단논법을 완성할 것을 요구받는다. 거기서 주된 전제는 일반 법이어야 하고, 소 전제는 법에 따르거나 따르지 않은 행동이어야 한다. 그리고 결론은 석방 혹은 처벌이어야 할 것이다.'

31 Sir Alfred Denning, 《법 아래에서의 자유(*Freedom under the Law*)》 (London, 1949)를 보라.

제6장 제정법: 입법을 통한 법

1   * Paul A. Freund, 〈사회적 정의와 법(Social justice and the law)〉, R. Brandt (ed), ≪사회적 정의(*Social Justice*)》 (Englewood Cliffs, N.J., 1962), p.94, 그리고 저자의 논문집 ≪법과 정의에 대하여(*On Law and Justice*)》 (Cambridge, Mass., 1968), p.83. 이것을 J. W. Hurst, ≪미국사에서 법과 사회적 과정(*Law and Social Process in U.S. History*)》 (Ann Arbor, Mich., 1960), p.5와 비교해보라: '많은 모순적 수사에도 불구하고, 주요하게 작동하는 우리의 철학은 항상

삶의 조건에 긍정적으로 영향을 끼치게끔 자원을 할당하기 위하여 법을 사용하는 것이었다. 여기서 우리는 그렇게 함으로써 성취되어야 할 유용한 어떤 것을 본다. …… 법은 인간을 만족시키기에는 희소한 자원들 사이에서 선택을 하고 집행하기 위해 조직하는 것을 의미해었다.'

이 장의 제목에 사용된 그리스 용어 제정법(*thesis*)(이는 독일 용어 *Satzung*에 대응된다)에 대해서는 John Burnet, 〈그리스 윤리학에서 법과 본성(*Law and nature in Greek Ethics*)〉, *International Journal of Ethics*, vii, 1897, p.332를 보라. 여기서 그는 노모스(*nomos*)가 본래 '사용'을 의미하는 것과 대조적으로 제정법(thesis)은 '법을 제정하는 것이나 그렇게 주어진 법을 채택하는 것 중의 하나를 의미할 수 있으며, 그래서 그것은 본래의 입법자 이론의 맹아만이 아니라 사회 계약(Social Contract)으로 알려진 이론의 맹아도 담고 있다'는 것을 보여주고 있다.

2 에드워드 코크(Edward Coke)의 〈본햄 박사 사건(*Dr. Bonham's case*)〉, 8 Rep.118a (1610)에 있는 유명한 진술을 보라: '우리 책들에 나오듯이, 많은 사건에서 판례법이 의회의 입법을 통제할 것이다. 그리고 때로는 아예 무효라고도 선포할 것이다: 의회의 입법이 통상적인 올바름과 이성에 반할 때, 혹은 불쾌한 것일 때, 혹은 수행 불가능한 것일 때는 판례법이 그것을 통제할 것이고, 그러한 법이 무효임을 선포할 것이다.' 이 사건이 가진 의미를 논의한 것에 대해서는 C. H. McIlwain, 《최고재판소로서의 귀족의회(*The High Court of Parliament*)》 (New Haven, 1910); T. F. T. Plucknett, 〈본햄 사건과 사법적 고찰(Bonham's case and judicial review)〉', *Harvard Law Review*, xl, 1926-7; 그리고 S. E. Thorne, 〈본햄 사건(Bonham's case)〉, *Law Quarterly Review*, liv, 1938을 보라. 심지어 한참 지난 1766년에도 윌리엄 피트(William Pitt)는 여전히 민회(House of Commons, 하원)에서 다음과 같이 주장할 수 있었다. '의회가 할 수 없는 많은 일이 있다. 의회는 스스로를 집행부로 만들 수 없고, 왕의 휘하에 있는 사무소들을 처분할 수 없다. 의회는 어떤 사람의 재산권을 빼앗을 수 없으며, 심지어는 공유지 사유화 운동(enclosures)의 경우에서처럼 소농(小農)의 말을 듣지 않은 채 비천한 소농(小農)의 재산권을 빼앗는 일도 할 수 없다.' 《잉글랜드 의회사(*Parliamentary History of England*)》 (London, 1813), vol.6, col. 195)

3 J. C. Carter, 《법: 그 기원, 성장, 그리고 기능(*Law: Its Origin, Growth, and Function*)》 (New York and London, 1907, p.115를 보라: '입법부가 처음 출현했을 때 그 영역과 공법의 영역은거의 같은 것이었다. 사법의 영역은 거의 건드리지 않았다.'

4 Courtenay Ilbert, 《입법의 방법과 형식(*Legislative Methods and Forms*)》 (Oxford, 1901), p.208을 보라: '잉글랜드의 입법부는 본래 입법을 위해서 구성된 것이 아니라, 재정적 목적들을 위해서 구성된 것이다. 그것의 최우선 기능은 법을 만드는 것이 아니라 보급을 승인하는 것이었다.'

5 J. C. Gray, 《법의 성격과 원천(*Nature and Sources of Law*)》, second edition (New York, 192I), p.161을 보라: '법규는 일반규칙이다. 시(市)가 100달러를 티모시 코건(Timothy Coggan)에게 지불해야 한다고 했을 때 입법부의 그 결의는 법규가 아니다.'

6 Courtenay Ilbert, 앞의 책, p.213.

7 J. C. Carter, 앞의 책, p.116을 보라:
우리는 수많은 성문법규 책들에서 비록 법의 형태를 띠고 있지만 고유의 의미에서는 법이 아닌 것들이 엄청나게 많은 양이라는 것을 발견한다. 이것들은 국가의 공공사업의 유지를 위한, 그리고 보호시설, 병원, 학교, 기타 엄청나게 다양한 비슷한 것들의 건축을 위한 조항들을 만든 것들이다. 이는 국가가 관여한 사업과 관련하여 국가의 행동들을 기록한 것일 뿐이다. 국가는 엄청난 양의 사업을 수행하는 거대한 공공 법인이다. 그리고 이것을 위해 명문화된 조항들은, 비록 법의 형태를 띠었지만, 회의록이나 통상적인 법인체가 자신들의 행동을 기록한 것과 본질적으로 다르지 않다. …… 입법이 된 전체가 공법에 국한되어 있다는 것은 실체적 진실이다. 사법(私法)에 대한 그것의 작용은 멀리 떨어진 것이고 간접적인 것이며, 성문화되지 않은 관습법을 더 쉽게 그리고 확실하게 강제되도록 만드는 것만 지향하고 있다는 점은 실체적 진실이다.

Walter Bagehot, ≪잉글랜드 헌법(*The English Constitution*)≫ (1967), World's Classics edition (Oxford, 1928), p.10도 보라: '이름으로 볼 때는, 법을 만들 수 있도록 선택된 입법부가 자신의 주요한 일이 사실상 행정부를 만들고 행정부를 유지하는 것임을 알 수 있다.' 그리고 같은 책, p.119:

사실상 엄청난 양의 입법은, 법학 고유의 언어로 말하자면, 전혀 입법이 아니다. 법은 많은 사건들에 적용가능한 일반 명령이다. 법전에 그리고 진절머리가 나는 의회 위원회들에 꽉 들어차 있는 '특별법들(special acts)'은 한 가지 경우에만 적용될 수 있는 것들이다. 그것들은 규칙에 따라서 철도가 만들어져야 한다는 규칙들을 정한 것이 아니다. 이런 저런 장소에 그렇고 그런 철도를 만들어야 한다는 것을 법령화한 것이다. 그리고 그것들은 그 외의 다른 어떤 거래와도 아무런 관계가 없다.

8   Courtenay Ilbert, 앞의 책, p.6. 같은 책, p.209 이하도 보라:

법학 서적 저자들이 법에 대해서 쓸 때, 그리고 직업적 법률가들이 법에 대해서 이야기할 때, 그들이 주로 생각하고 있는 종류의 법은 유스티니아누스 법전의 ≪제도(Institutes)≫에서 발견되는 것이거나 나폴레옹 법전에서 혹은 독일 제국의 새 시민법전에서 발견되는 것이다. 즉 계약 및 불법행위에, 재산권에, 가족 관계와 상속에 관계되는 법적 규칙들이다. 그 외에는 형법전에서 발견되는 범죄에 대한 법에 관계되는 법적 규칙들이다. 그것들은 또한 벤담 류의 용어를 사용하면, 법정이 실체적 법규칙들을 관리하도록 하는 절차법, 혹은 '소송절차' 법도 포함하고 있다. 이 부문의 법은 사람들이 '법률가들의' 법이라고 부를 수 있는 것이다.

9   M. J. C. Vile, ≪헌법주의와 권력 분립(*Constitutionalism and the Separation of Powers*)≫ (Oxford, 1967); 그리고 W. B. Gwyn, ≪권력 분립의 의미(*The Meaning of the Separation of Powers*)≫, Tulane Studies in Political Science, IX (New Orleans, 1965)을 보라. 그원은 권력분립 사상이 세 가지 서로 다른 고려에서 영감을 받았음을 보여주었다. 그것들에 대해 그는 법의 지배(rule of law), 책임성(accountability), 그리고 효율성(efficiency) 주장이라는 명칭을 붙였다. 법의 지배 주장은 입법부가 모든 사적인 개인들에게도 그리고 정부에게도 똑같이 구속력 있는 정당한 행동규칙들만을 통과시킬 수 있음을 요구할 것이다. 책임성 주장은 사실상 정부에서 일하는 소수의 사람들을 반드시 대의제 의회에 책임을 지도록 만들 것을 지향하고 있다. 반면 효율성 주장은 의회가 효율적으로 정부를 운용할 수 없기 때문에 정부에 대한 대표단의 행동 권력을 요구한다. 의회는 두 번째, 세 번째 논거에서 정부에 대해 관심을 가지기도 하겠지만, 오직 감독 및 통제 능력 안에서만 그러하다는 것은 명백하다.

10   M. J. C. Vile, 앞의 책, p.44.

11   ≪1647년 10월 28일 1차 국민협정(*The First Agreement of the People of 28 October 1647*)≫, S. R. Gardiner, ≪1642-1649년의 거대 내전의 역사(*History of the Great Civil War, 1642-1649*)≫, 신판 (London, 1898), vol.3, p.392

12   [Marchamont Needham?], A True Case of the Common Wealth [정확하게는 Marchamont Nedham, ≪크롬웰의 잉글랜드 공화국 경우의 진정한 상태(*A True State of the Case of the Commonwealth*)≫] (London, 1654). 이것은 M. J. C. Vile, 앞의 책, p.10[1998년에 Liberty

Fund에서 나온 2판에는 p.3]에 인용되어 있다. 바일(Vile)의 책에서는 네드햄(Marchamont Nedham)이 1653년에 공표된 정부기구(*Instrument of Government*)를 '공식적으로 옹호'했다고 서술되어 있다.

13 M. J. C. Vile, 앞의 책, p.63: '입법 당국은 그 자체로 그 자신의 고유 기능의 행사에 국한된다. 존 로크(John Locke)의 견해는 입법 당국이 특정한 방식으로 행동하는 것이었다. …… 이 권위를 행사하는 사람들은 일반적 규칙들만을 만들어야 한다. 그들은 기존에 확립되어 공포된 법에 의해 지배되어야 하고, 특정한 경우들에서 변동되어서는 안 된다.' 또한 같은 책, pp.214 그리고 217을 보라.

14 J. Bentham, ≪헌법전(*Constitutional Code*)≫, in ≪저작집(*Works*)≫, IX, p.119: 왜 입법에 전권을 주어야 하는가? …… 그것은 최고 헌정의 의지를 더 유효하게 할 수 있기 때문이고, 국가 구성원들의 이해관계와 안전보장을 더 잘 진전시킬 수 있기 때문이다. …… 그것이 배제하는 관행은 현재와 같은 헌법 안에서는 상상할 수 있는 모든 형태로 악을 잉태하고 있기 때문이다. 어떤 제한도 일반 행복 원리와는 모순된다.

15 이 맥락에서 제임스 밀(James Mill)의 역할에 대해서는 M. J. C. Vile, 앞의 책, p.217을 보라.

16 Robert A. Palmer, ≪민주주의 혁명의 시대(*The Age of Democratic Revolution*)≫, vol I, (Princeton, 1959).

17 이 문장은 J. Seeley, ≪정치과학 입문(*Introduction to Political Science*)≫ (London, 1896), p.216에서 인용된 것이다. 그러나 나는 출간된 나폴레옹 서신에서 이것을 찾아볼 수 없었다.

18 G. W. F. Hegel, ≪세계역사철학(*Philosophie der Weltgeschichte*)≫ (≪사회, 국가, 역사(*Gesellschaft, Staat, Geschichte*)≫, F. Bulow 편집, (Leipzig, 1931), p.321)에 축약되어 재수록: 프랑스 1차 헌법은 절대적인 법 원리를 담고 있다. 그것은 왕정체제의 헌법이었다. 국가의 수뇌부에는 군주가 있고, 그에게 그의 신료들이 임명된다. 다른 한편 입법부는 법을 만들어야 한다. 그러나 이 헌법은 즉시 내적으로 모순된다. 왜냐하면 행정부의 전체 권력이 입법부에게 이전되었기 때문이다: 예산, 전쟁과 평화, 무장력 징병권이 입법부에 왔다. 그러나 예산은 정의상 법이 아니다. 왜냐하면 그것은 매년 반복되기 때문이다. 그리고 그것이 행사하여야 할 폭력은 정부 권력이기 때문이다. …… 그래서 정부는 영국에서처럼 의회의 내각에게 이전되었다.

19 W. Hasbach, ≪현대 민주주의(*Die moderne Demokratie*)≫ (Jena, 1912), pp.17 그리고 167.

20 J. C. Carter, 앞의 책, p.234를 보라: '그렇게 만들어진, 특수한 것들이 이루어져야 한다고 요구하는, 입법 명령들은 정부 기구의 일부다. 그러나 그것을 서로에게 관련된 사람들의 일상적 행위를 지배하는 규칙들에 연결시키는 그런 것과는 전혀 다른 일부다. 그것은 사법과는 구별지어서, 적절하게도 공법(public law)이라고 기술된다.' 또한 J. Walter Jones, ≪법 이론에 대한 역사적 소개(*Historical Introduction to the Theory of Law*)≫ (Oxford, 1956), p.146도 보라: 예를 들어 국가의 본질이 최고 무력을 보유하는 것이라는 견해도 있다. 공법은 국가와의 연계 덕분에 힘이라는 특성이 너무나 강하게 표시된 나머지, 질서 혹은 규칙성이라는 특징은 아예 가려져 있는 것처럼 보인다. 질서 혹은 규칙성이라는 특징은 법률가가 대부분 관심을 가지고 있는 규칙들에 그렇게 선언되어 있다. 그 결과 공법과 사법의 차이는 정도 차이라기보다는 종류 차이 – 무력과 규칙 사이의 차이 – 로 되었다. 공법은 법이기를 중지한 것이다. 혹은 최소한 사법과 같은 의미에서의 법이기를 중지한 것이다.
그 대극(對極)에서는 무엇보다도 공법이라는 독립 과학에 몰두했던 법률가들이 있다. 그들은 그 당시에는 너무나 늦은 나머지 사법으로 서로 뭉쳐져 있는 규칙들이 법이라는 이름을 부여받는 것을 거부할 수 없다고 인정해야 했다. 그러나 공법의 형성처럼 규칙들을 힘과 결합시키는 것이 사법과 비교해보았을 때 그 규칙들이 열등하다는 증거로 간주하지 않았다. 그렇게 하기는커녕 그들은 그 안에서 오히려 내재적 우월함의 징표를 보았다. …… 따라서 구별은 복종과 협력의 관계 사이에 있는 것으로 되었다.

조직의 규칙을 이루는 것으로서의 헌법과 행동규칙으로서의 사법 사이의 명확한 구별은 W. Burkhardt, ≪법학 입문(*Einführung in die Rechtswissenschaft*)≫, 2판 (Zurich, 1948), 특히 p.137에서 그어졌다:

[공법과 사법의 비교가 지향하는 두 개의 비교 중] 첫 번째는 법적 규범이 근본적으로 다양하다는 데 근거를 두고 있다: 내용적 혹은 행동규범들은 동료 권리자들에게 그들이 무엇을 하고 무엇을 해야 할지를 규정하며, 형식적 혹은 조직적 규범은 누구를 통해서 그리고 어떤 과정을 거쳐서 이들 행동규칙들이 정해지고, 적용되며, 그리고 (강제로) 집행되는지를 규정한다. 첫 번째 것은 행동규범이라고 불릴 수 있고, 두 번째 것은 절차적 규범 혹은 (넓은 의미에서) 헌법적 규범이라고 불릴 수 있다. 첫 번째 것은 또한 내용적인 것이라고 불리기도 하고, 두 번째 것은 형식적인 규범이라고 불리기도 한다. …… 첫 번째 것은 법의 내용, 법적으로 요구되는 행위를 제시하고, 두 번째 것은 그것의 타당성을 결정한다.

부르크하르트(Burkhardt)의 구별은 주로 다른 스위스 법률가들에 의해서 받아들여진 것으로 보인다. 특히 Hans Nawiaski, ≪법 개념 체계로서의 일반 법학(*Allgemeine Rechtslehre als System der rechtlichen Grundbegriffe*)≫ (Zürich, 1948), p.265, 그리고 C. Du Pasquier, ≪법의 일반이론 및 철학 개론(*Introduction a la theorie generale et la philosophie du droit*)≫, 3판 (Neuchatel, 1948), p.49을 보라.

그렇지만 H. L. A. Hart, ≪법 개념(*The Concept of Law*)≫ (Oxford, 1961), p.78도 보라:

한 유형의 규칙들 아래에서는 인간은 자신들이 원하든 원하지 않든 일정한 행동들을 하거나 삼갈 필요가 있다. 그것은 기본적이고 기초적인 유형이라고 여겨져도 좋다. 다른 유형의 규칙들은 어떤 의미에서는 의존적인 것이거나 첫 번째 것의 부차적인 것이다. 왜냐하면 그것들은 인간이 어떤 것들을 하거나 말함으로써 기초적 유형의 새로운 규칙들을 도입하게 하거나, 옛 규칙들을 폐기 또는 수정하도록 하거나, 혹은 다양한 방식으로 그것들의 발생을 결정하도록 하거나 그것들의 작용을 통제하도록 하기 때문이다.

Lon L. Fuller, ≪법 도덕(*The Morality of Law*)≫ (New Haven, 1964), p.63도 보라: '오늘날 법을 행동규칙들로서가 아니라 권력의 위계나 명령으로서 보는 경향이 강하다.' 그리고 같은 책 p.169도 보라. 여기에서 그는 '시민에게 향해 지시된 보통의 의미에서의 행동규칙인 법과 정부의 행동을 일반적으로 혼동하는 것'에 대해 이야기하고 있다.

21 Ulpian, ≪요약(*Digests*)≫ 1,1,1,2는 사법에 대해서 개인의 이익을 고려하는 법(*ius quod ad singulorum utilitatem spectat*)이라고, 그리고 공법에 대해서는 로마의 처지를 고려하는 법(*ius quod ad statum rei Romanae spectat*)이라고 정의했다.

22 Ernest Barker, ≪사회 정치이론의 원리(Principles of Social and Political Theory)≫ (Oxford, 1951), p.9를 보라: '그 중의 일부는 우선적인 법 혹은 헌법적인 법이고, 일부는 2차적인 혹은 평범한 법이다.'

23 J. E. M. Portalis, ≪시민법 초안에 대한 예비 논의(*Discours preliminaire du premier projet de code civil*)≫ (1801), ≪시민법 회의(*Conference du Code Civil*)≫ (Paris, 1805), vol.I, p.xiv를

보라: '경험이 보여주는 것은 사람들이 법들보다 지배를 더 쉽게 바꾼다는 것이다.'; 또한 H. Huber, ≪법, 국가, 그리고 사회(*Recht, Staat und Gesellschaft*)≫ (Bern, 1954), p.5도 보라: '국법은 갔고, 사법은 남아 있다.' 그렇지만 불행하게도 알레그지 드 토크빌(Alexis de Tocqueville)이 오래전에 지적했듯이, 헌법은 갔고 행정법만 남아있다는 것도 진실이다.

24 H. L. A. Hart, 앞의 책

25 이런 점에서 독일 문헌에서 특징적이고 가장 영향력 있는 것은 A. Haenel, ≪독일 국법 연구 II. 형식적 실질적 의미에서의 법(*Studien zum deutschen Staatsrecht, II. Das Gesetz im formellen und materiellen Sinn*)≫ (Leipzig, 1888), pp.225-226에서 했던, ≪실질적 의미에서의 법 개념 그리고 형식적 의미에서의 법 개념(*Der Begriff des Gesetzes im materiellen und formellen Sinn*)≫ (Berlin, 1886), p.63에 있는 셀리그만(E. Seligmann)의 법규(*Rechtssatz*) 정의(定義)에 대한 비판이다. 대체로 이것이 헌법의 근본적인 규칙들을 배제했을 것이라는 근거에서, '추상적인 것이고, 예측할 수 없는 많은 누락이 있다.' 정말로 그렇다. 미국 헌법의 아버지들은 아마도 자신들이 만든 것이 판례법에서 구현된 정의로운 행동규칙들보다 우월하게 되는 것을 의도했다는 이야기를 듣는다면 깜짝 놀랄 것이다.

26 특히 Johannes Heckel, 〈독일제국 재정법들의 성립 및 법적 의미(*Einrichtung und rechtliche Bedeutung des Reichshaushaltgesetzes*)〉, ≪독일법 입문서(*Handbuch des deutschen Staatsrechtes*)≫ (Tübingen, 1932), vol.2, p.390을 보라.

27 A. V. Dicey, ≪19세기 잉글랜드에서의 법과 의견 간 관계에 대한 강의(*Lectures on the Relation between Law and Public Opinion in England during the Nineteenth Century*)≫ (London, 1903).

28 Rudolf Gneist, ≪현재의 잉글랜드 행정법(*Das englische Verwaltungsrecht der Gegenwart*)≫ (Berlin, 1883).

29 특히 Walter Lippmann, ≪좋은 사회의 원칙에 대한 탐구(*An Inquiry into the Principles of a Good Society*)≫ (Boston, 1937).

30 E. Freund, ≪사람들 및 재산에 대한 행정 권력(*Administrative Powers over Persons and Property*)≫ (Chicago, 1928), p.98을 보라.

31 Carl Schmitt, 〈적법성과 정당성(*Legalität und Legitimität*)〉 (1932), ≪헌법론(*Verfassungsrechtliche Aufsätze*)≫ (Berlin, 1958), p.16에 재수록.

32 Hans J. Morgenthau, ≪미국 정치의 목적(*The Purpose of American Politics*)≫ (New York, 1960), p.281: '우리 시대에 여전히 심판 노릇을 한다는 점을 별개로 하면, 국가는 또한 가장 강력한 선수로도 되었다. 국가는 그 결과물을 확실히 하기 위하여 자신이 따를 게임 규칙을 고쳐 쓰는 선수다.'

33 Paul Vinogradoff, ≪관습과 권리(*Custom and Right*)≫ (Oslo, 1925), p.10을 보라: 1906년 노동쟁의법(Trade Disputes Act)은 노동조합에 대해 그 구성원의 불법행위를 근거로 기소되는 것을 면제해주었다. 이 면제는 대리인 법(law of agency)과 명백하게 일치하지 않는 것이고, 1883년 위임 명령(Statutory Orders)에 따라 그 간부들이 회사를 대표하는 법과도 명백하게 일치하지 않는 것이다. 법에 이러한 부정합 상태가 생긴 이유를 발견할 수 있는 것은 노동조합에 그 고용주들과의 투쟁에서 유리한 지위를 보장하기 위한 입법 결정 안에서다.
F. A. Hayek, ≪자유헌정론(*The Constitution of Liberty*)≫ (London and Chicago, 1960), p.504, 각주 3에 인용된 다이시(A. V. Dicey), 슘페터(J. A. Schumpeter) 그리고 맥더모트

경(Lord MacDermott)의 논평들도 보라.*

34   주택건축대부조합 대 블레이스델(*Home Building and Loan Ass. v. Blaisdell*), 290 U.S. 398, 434, 444, 1934. 이에 따르면 국가는 '국민들의 중요한 이해관계들을 보장할 권위'를 갖는다. 그리고 이 목적을 위해서 '그것들의 근본적 이해관계들을 보호하기 위한 국가들의 능력을 질식시키기 위한 도구로서 그것을 사용함으로써 [계약] 조항을 왜곡시키는 것을' 막을 권위도 갖는다.

35   Gustav Radbruch, 〈개인적인 법에서 사회적인 법으로(*Vom individualistischen Recht zum sozialen Recht*)〉 (1930), ≪법에서의 인간(*Der Mensch im Recht*)≫ (Göttingen, 1957), p.40에 재수록:
      만일 국가가 작은 보호 기구일 뿐이라면, 공법은 개인주의적 법 질서를 위해서 사법 및 사유재산권 둘레를 도는 것이다. 이와 반대로 사법은 사회적 법 질서를 위해서는 잠시 뒷전으로 물러나 있고, 모든 포괄적 공법 안에서 사적인 주도 공간도 더 줄어든다.

36   Otto Mayer, ≪독일 행정법(*Deutsehes Verwaltungsrecht*)≫, vol. I. 2판 (Munich and Leipzig, 1924), p.14: '행정법은 행정 국가와 그로 인해 그것과 만나는 주민 사이의 관계에 고유한 법이다.'

37   C. A. R. Crosland, ≪사회주의의 미래(*The Future of Socialism*)≫ (London, 1956), p.205.

제2부

사회적 정의의 환상

민경국 역

자유사회에서 국가는 사람들의 관심사를 관리하는 것이 아니다. 국가가 관리하는 것은 일
거리를 수행하는 사람들끼리의 정의다.

(Walter Lippmann, 『좋은 사회의 원칙에 관한 연구』 (Boston, 1937), p. 267)

제7장
일반적 복리와 특수한 목적
General Welfare and Particular Purposes

사적이든 공적이든 어떤 특수한 이익의 관점에 의해…… 인간들의 행동을 결정하도록 한다면, 그들은 혼란에 빠지게 될 것이고, 또한 모든 정부는 상당히 무력해지리라는 것은 분명하다. 사람들마다 가지고 있는 사적인 관심은 서로 다르다. 공공이익 그 자체가 설사 하나만 있다고 할지라도, 그것은 심각한 불화의 근원이다. 왜냐하면 이와 관련된 개개인들의 생각이 서로 다르기 때문이다…… 우리가 사회복지를 고려하여 이에 따라 특정한 소유물을 특정한 사람들에게 할당하는 경우에도 우리의 목적이 좌절되는 것을 보게 될 것이고, 또한 그러한 규칙에 의해 예방하고자 하는 혼란이 오히려 지속되는 것을 보게 될 것이다. 따라서 우리는 일반적인 규칙에 따라 행동해야 하고, 재산의 안정과 관련된 자연법을 변형하여 일반적인 이익을 지향해야 한다.

데이비드 흄*[1]

자유로운 사회에서 일반적 선은 원칙적으로 알려져 있지 않은 개별적인 목적을 추구하는 것을 용이하게 하는 데 있다

일반적 복리나 공공이익을 위해서 필요한 경우에만 개인에 대한 강제가 허용된다는 것은 자유주의 전통에서 강조되고 있는 원칙들 중 하나이다. 이와 같이 국가권력의 정당한 대상은 일반적 혹은 공공적 성격을 가지고 있어야 한다는 것을[2] 강조하는 것은 국가권력이 특수한 이익을 위해 사용되는 것을 막기 위한 것이라는 점은 분명하다. 지금까지 이 개념을 다양하게 표현하여 이용해왔는데 그 표현들이 애매모호했기 때문에 거의 모든 이익을 일반적 이익(공공이익)이라고 말할 수 있게 되었고, 또한 대다수의 인간을 이들에게 전혀 관심이 없는 목적을 위해 봉사하도록 강제할 수 있게 되었던 것이다. 공공이익 또는 공공복리라는 개념은 결국 현재에도 정확한 의미를 부여하기가 가장 어려운 개념이 되어버렸다. 그렇기 때문에 그 개념의 거의 모든 내용은 지배그룹의 이익을 의미하는 내용으로 채워지게 되었다.[3]

이렇게 된 주요 원인은 확실히 다음과 같은 것이었다. 즉 공공이익이란 어떤 의미에서 보면 모든 개개인들의 이익을 합한 것이어야 한다고 아주 자연스럽게 가정했고,[4] 또한 이 모든 사적 이익을 합하는 문제는 해결할 수 없는 것처럼 보였기 때문이다. 그러나 사실은 이렇다. 즉 개개인들이 자유롭게 자신들의 독자적인 목적을 위해 자신들의 독자적인 지식을 이용할 수 있는 거대한 사회에서는 정부가 지향해야 할 공공이익이란 서로 다른 개개인들의 특수한 욕구충족의 합이 될 수는 없다는 점이다. 그 이유는 간단하다. 즉 이 욕구충족과 이 욕구충족을 결정하는 모든 상황들을 정부나 그 밖의 어느 누구도 알 수 없기 때문이다. 현대의 복지사회에서마저도 대중의 대부분의 일상적인 욕구들, 그리고 가장 중요한 일상적인 것들마저도 정부가 상세히 알지도 못하고, 그리고 알 수도 없는 다양한 사회적 과정들의 결과이기 때문이다. 따라서 정부를 필요로 하는 공공재화들 중에서 가장 중요한 것은 어떤 특수한 욕구들을 직접 충족시키는 것이 아니라 개개인들과 소규모의 그룹들이 각기 자신들의 욕구를 충족하기 위한 유익한 기회들을 찾을 수 있는 조건들을 확립하는 것이다.

공적으로 배려할 일차적인 것은 알려져 있는 특수한 욕구가 아니라 자생적 질서를 유지하기 위한 조건을 마련하는 일이다. 이 자생적 질서야말로 국가 관리들이 전혀 알 수 없는 방식대로 개개인들로 하여금 자신들의 욕구를 충족시킬 수 있게 하는 질서이다. 바로 이런 자생적 질서의 조건을 마련하는 것이 정부가 해야 할 가장 중요한 과제라는 것은 대부분의 역사를 통하여 잘 알려진 사실이다. 자유라는 현대적 이상의 기초가 되는 생각들을 표명했던 고대의 철학자들, 예컨대 스토아학자들 및 키케로 등에게 있어서 공공이익과 정의란 동일한 것이었다. 중세 시대에도 공공의 효용(utilitas publica)에 빈번히 호소했는데, 이 경우에도 그 개념이 일반적으로 의미했던 것은 단적으로 평화와 정의의 유지였지 다른 어떤 것도 아니었다. 제임스 해링튼 같은 17세기 철학자들에게마저도 "공공이익이란 …… 모든 편파성과 사적 이익을 배제시킨 일반적인 법과 정의 이외에는 다른 어떤 것도 아니었다." 그렇기 때문에 그것은 "법의 지배였지 인간의 지배가 아니었다."[5]

이 단계에서 우리가 관심을 갖는 문제는 오로지 한 가지이다. 즉 그것은 공공복리에 봉사하는 행동규칙들이 알려진 특수한 결과들의 어떤 총합을 달성할 수 있느냐, 아니면 모든 인간들이 자신들의 목적을 추구할 때 이들 모두의 기회를 개선시킬 수 있는 조건들을 창출하는 데 있느냐 하는 문제다. 상이한 개개인들이 추구하는 개별적인 특수한 목적들은 대부분 규칙을 정하고 이를 집행하는 사람들에게는 틀림없이 알려져 있지 않다는 사실을 무시한다고 하더라도, 개개인들 각자의 사적 욕구가 충족되어야 한다는 것은 일반적 이익의 일부도 아닌 것이다. 거대한 사회질서는 다양한 노력들 중에 어떤 노력들, 즉 애당초부터 시도해서는 안 되었을 노력들을 뜻하지 않게 지속적으로 좌절시키지만,

그러한 질서는 이런 실패를 통해서만이 개개인들이 겁을 먹고 그런 노력을 하지 않게 된다는 사실에 기인하고, 또한 이 사실을 기반으로 해야 한다.

그런데 일반적인 이익을 위해서라면 사회구조가 상황변화에 적응해야하고, 이 적응을 위해서는 그것이 변동해야 하는데, 어떤 사람들은 이 변동

을 허용하지 않으려고 한다. 그러나 인간들 각자가 자신에게 알려진 사실들이 자신의 목적에 적합한지를 테스트하는 과정에서 잘못된 것을 포기하는 것은 보다 더 보편적으로 알려진 성공적인 수단들을 채택하는 것만큼이나 중요하다. 또한 인간들이 적절한 일련의 규칙들을 선택할 경우, 그들은 선택될 규칙들을 놓고, 이들이 각기 미치는 긍정적인 효과와 부정적인 효과를 예측하여 순효과를 계산하고, 가장 큰 긍정적인 순효과를 보장하는 규칙들을 선택하는 식으로 선택절차를 밟지 않는다.

일단의 규칙들의 채택이 특정한 개인들에게 미치게 될 대부분의 효과는 예측할 수 없다. 우리가 유일하게 비교형량할 수 있는 것은 특정한 사람들의 이해관계가 아니라 이해관계의 종류들이다. 이러한 비교형량을 위해서 이해관계들을 상이한 중요도를 갖고 있는 상이한 종류로 분류할 때, 직접적으로 영향을 받은 사람들의 이해관계의 중요성에 따라 분류하는 것이 아니라 특정 종류의 이해관계를 성공적으로 추구할 경우 이러한 추구가 전체 질서의 유지를 위해 얼마나 중요한가 여부에 따라 분류한다.

더구나 대부분의 특수한 목적들에 관한 합의는 가능하지 않고, 또한 이들을 추구하는 사람들을 제외하고는 아무도 이들을 알지 못한다(그리고 그 의사결정이 특수한 이해관계에 미치는 최종 영향을 알고 있다면 그러한 합의는 더욱 더 가능하지 않다). 반면에 수단들에 관한 합의는 상당한 정도로 달성할 수 있다. 이들이 어떤 특수한 목적에 이용될 수 있느냐 하는 문제에 대한 해답은 알려져 있지 않기 때문이다.

대부분 서로 얼굴을 알지 못하는 거대한 사회의 구성원들 사이에는 그들 각자의 목표들의 상대적인 중요성에 관한 합의는 존재하지 않는다. 어떤 특수한 이해관계에게 다른 것들보다 우위성을 부여해야 할 것인가에 관한 합의가 있어야 하고, 따라서 이 합의가 필요할 경우에는 이해관계들의 공개적인 갈등만이 존재할 뿐이지 조화란 존재하지 않는다. 그와 같은 거대한 사회에서 합의와 평화를 가능하게 하는 것은 개개인들이 목적에 관하여 합의할 필요가 없다는 사실, 오로지 대부분의 목표들을 위해 이용할 수 있고, 또한 누구나 자신들의 목적을 추구하는 데 이용할 수 있으리라는 희망을 걸 수 있는 수단에 관한 합의만이 필요하다는 사실이다.

사실상 우리가 특수한 목적에 합의할 수 있는 소규모 그룹을 넘어서 그러한 목적에 합의할 수 없는 거대한 사회의 구성원들에게까지 평화를 확대시킬 수 있는 가능성을 갖게 된 것은, 목표가 아니라 오로지 수단과 관련해서만 합의를 필요로 하는 협력방법의 발견 때문이다. 오로지 특정한 추상적인 특징에 의해서만 설명할 수 있는 질서가 대다수의 다양한 목적들의 추구를 가능케 한다는 사실을 발견했기 때문에, 모든 사람들을 도와줄 수 있는 다목적 수단들에 대하여 전적으로 상이한 목적을 추구하는 사람들이 합의할 수 있었던 것이다. 그 수단들이 야기할 특수한 결과들을 예측할 수 없다는 사실에도 불구하고, 이러한 사실 때문에 그러한 합의가 가능했던 것이다.

우리는 특정한 규칙을 수락하여 생겨나는 실제의 결과를 예측할 수 없다는 유일한 이유 때문에, 그 규칙은 모든 사람의 기회를 똑같이 향상시키리라고 기대할 수 있다. 앞으로 일어날 사건들에 관하여 알지 못한다는 사실은 대다수의 목적을 위한 공동수단으로 봉사하는 규칙들에 관한 합의를 위와 같이 가능하게 하는데, 이러한 사실은 절차에 관한 합의를 가능하게 하기 위해 의도적으로 결과를 예측하지 못하도록 만드는 관행과 같은 다양한 사례에서 입증되고 있다. 예컨대 우리가 복권을 뽑기로 합의할 경우, 상이한 참가자들 중 누가 복권 뽑기의 결과로부터 이익을 볼 것인가에 관한 확실성 대신에 이들에게 동일한 기회를 의도적으로 정해놓는다.[6] 의사가 중병을 앓고 있는 어린애들 중 누구의 어린애를 먼저 치료해야 할 것인가에 관하여 엄마들이 결코 합의를 볼 수 없을 경우, 이런 사태가 발생하기 전에 의사가 자신의 치료능률을 높일 수 있는 특정한 순서를 정하고 이에 따라 어린 환자들을 치료한다면, 이것이 이들 모두에게 유익하다는 데 엄마들은 동의하려고 할 것이다.

이러한 규칙에 합의할 때 '……하다면, 우리 모두에게 보다 유익하다'라고 말할 경우, 이것은 그 규칙은 결국 우리 모두에게 유익하다고 우리가 확신하고 있다는 것을 의미하는 것이 아니라 그 규칙이 현재의 지식에 비추어볼 때 우리 모두에게 보다 좋은 기회를 제공하고 있다는 것을 의미한다. 따라서 개중에는 다른 규칙을 채용했을 경우보다 나쁜 결과를 볼 사람이 확실히 있을 수 있다.

그렇기 때문에 거대한 사회를 지배하고 있는 행동규칙들은 특정한 사람들에게 특정한 예측 가능한 편익을 가져다주기 위해 고안된 것이 아니라 그것들은 다목적 수단으로서 특정 종류의 상황을 다루는 데 도움을 주기 때문에, 특정 종류의 환경에 대한 적응물로서 개발되었던 것이다. 환경에 대한 이러한 적응은 특정한 예측된 결과를 달성하기 위해 고안된 절차를 결정하는 과정과는 전혀 다른 과정을 통하여 이루어진다. 또한 그러한 적응은 특정 욕구에 대한 예측에 의거한 것이 아니라 특정 종류의 다양한 개연성을 가지고 등장하고 있다는 과거의 경험에 근거한 것이다.

시행착오 과정을 거쳐 얻어진 그러한 과거의 경험결과는 특정한 사건에 대한 기억이나 예견될 수 있는 종류의 상황에 관한 명시적인 지식으로 보유되는 것이 아니라 특정한 규칙을 준수하는 것이 중요하다는 느낌으로서 보유된다. 왜 하필이면 저런 규칙이 아니라 이런 규칙이 채택되어 전달되었는가 하는 이유는 이 규칙을 자기 것으로 만들었던 그룹이 실제로 보다 효율적이었기 때문이지, 그 그룹의 구성원들이 그 규칙을 채택함으로써 갖게 될 효과를 예측했기 때문이 아니다. 남아서 보존되는 것은 과거의 경험 그 자체가 아니라 오로지 그 경험이 규칙의 선택에 미친 영향일 뿐이다.

여행하는 사람이 어떤 특정한 알려진 용도를 위해서가 아니라 여러 가지 가능한 우연성에 대비하기 위해서, 또는 발생하리라고 예상하는 종류의 사건에 대처하기 위해서 주머니칼을 휴대하는 사람과 똑같이, 어떤 인간그룹이 개발한 행동규칙들은 알려진 특정 목적을 위한 수단이 아니라 우리가 살고 있는 세계에서 얻은 경험에 따라 규칙적으로 발생하는 상황에 대한 적응이다. 주머니칼을 휴대하도록 유도하는 지식처럼, 규칙 속에 구현되어 있는 지식 역시 특수한 사실에 관한 지식이 아니라 환경의 일반적인 모습에 관한 지식이다. 바꾸어 말하면 적절한 행동규칙들은 우리가 직면하는 구체적인 사건에 관한 명시적인 지식에서 도출된 것이 아니다. 오히려 우리의 환경에 대한 적응인데, 그 적응은 우리가 개발했고 통상적으로 어떤 적절한 이유도 댈 수 없음에도 불구하고 지키는 규칙들로 구성되어 있다.

그와 같은 규칙들을 채택한 그룹이 좀 더 성공적이었기 때문에 그런 규칙들이 실시되었다고 해도, 어느 누구도 이 그룹이 왜 성공적이었는지, 그리고 그 결과 왜 그 규칙들이 일반적으로 채택되었는지를 결코 의식할 필요가 없었다. 사실상 왜 이들이 우선적으로 채택되었는가 하는 이유와, 그리고 왜 이들이 그 그룹을 각별히 부강하게 만들었는가 하는 이유는 전적으로 다를 수 있다. 그리고 우리가 특정 규칙이 주어진 행동규칙 체계 내에서 어떤 기능을 행사하고 있는가를 알아내고, 그것이 이러한 기능을 얼마나 훌륭하게 행사했는가를 판단하여 그 결과로서 이들을 개선하려고 노력할 수 있다. 그런데 그 규칙은 다른 규칙들의 전체체계와 함께 작용하여 그 사회의 행동질서를 규정하기 때문에, 항상 우리는 전체체계의 배후에서만 그러한 노력을 할 수 있을 뿐이다. 그러나 우리는 결코 이런 식으로 행동규칙 체계 전체를 합리적으로 재구성할 수는 없다. 왜냐하면 우리는 이 체계 전체가 형성되는 데 잠입된 모든 경험에 관한 지식을 가지고 있지 않기 때문이다. 그렇기 때문에 행동규칙 체계 전체는 우리가 알고 있는 목적을 위해 결코 의도적으로 구성될 수 없다. 오히려 그 전체는 우리에게 있어서 사회를 인도하는 전수된 가치체계로 머물러 있어야 한다.

이러한 의미에서 개인적 행동규칙들이 기여하는 공공복리는 우리가 이미 법규칙의 목적으로 인식했던 것, 즉 추상적인 전체질서이다. 그런데 이

질서는 알려진 특수한 결과를 달성하려는 것이 아니라 대다수의 개개인이 목적들을 추구할 수 있기 위한 보조수단으로 보유되어 있는 질서이다.

일반이익과 집단재화

사회의 자생적 질서를 유지하는 것은 사회성원들의 일반적인 복리를 위한 선결조건이고, 또한 우리가 여기에서 주로 다루고자 하는 정의로운 행동규칙과 밀접한 관계를 가지고 있지만, 개별적인 규칙과 후생의 관계를 자세히 다루기 전에 먼저 우리가 주로 관심을 갖는 일반적 복리의 요소와 구별하지 않으면 안 될 공공이익의 또 다른 요소를 간단히 생각해봐야 할 것이다. 인간들이 갖고 싶어 하지만, 지불할 준비가 되어 있는 사람들에게 공급될 수 없기 때문에 강제에 의해 수단(재정조달)을 마련할 수 있는 경우에만 공급될 수 있는 많은 재화와 용역들이 있다. 일단 강제기구가 존재하고, 특히 이 강제기구가 강제를 독점하게 되면, 이 기관에게 다양한 그룹의 모든 구성원들에게 공동으로 공급되는, 경제학자들이 흔히 말하는 '집단적 재화'를 마련하기 위한 수단들을 조달하도록 위탁하는 것은 당연하다.

그런데 그와 같은 집단적인 욕구를 충족시킬 수 있는 기구의 존재가 모든 사람들을 위한 것이라는 점은 분명하지만, 이것은 모든 집단적인 관심을 반드시 충족시키는 것이 사회 전체의 이익이라는 것을 의미하지는 않는다. 특수한 그룹들의 집단적 이익의 충족은 상호성의 원칙(응익성의 원칙)에 입각하여 이들이 짊어져야 할 부담을 초과하는 이윤을 의미한다고 모두가 인정할 경우에만 비로소 어느 한 집단적인 이익이 일반적인 이익이 된다. 어느 한 특정한 집단적인 재화에 대한 욕구는 이 재화로부터 편익을 얻는 사람들의 공통된 욕구일지라도, 그것이 법을 정하는 사회 전체의 일반적인 욕구인 경우는 드물다. 그것은 개개인들의 상호간의 편익들이 형평을 이룰 경우에만 일반적 이익이 된다. 그러나 정부가 그와 같은 특수한 집단적인 이익을, 엄밀한 의미에서 일반적인 이익은 아니지만 충족시켜 주리라고 기대되면, 이러한 방법은 특정한 이익을 위해 이용될 위험성이 생겨난다. 모든 집단적인 이익은 사회의 일반적인 이익이라고 생각하는 것은 흔히 범할 수 있는 잘못이다. 많은 경우에 있어서 특정 그룹의 집단적인 욕구를 충족시키는 것이 사회의 일반적인 이익과 결정적으로 모순될 수 있다.

공공제도들의 발전사 전체는 특수한 그룹들이 정부기구를 자신들의 집단적 이익을 위해 남용하지 못하도록 막기 위한 지속적인 투쟁의 역사이다. 이러한 투쟁은 오늘날에도 끝나지 않았다. 모든 것을 공동의 이익으로 정의하려고 하는 것이 오늘날의 경향이다. 조직화된 이익들의 연립으로 구성된 다수가 공동의 이익을 결정하고 있다.

특정 그룹들의 욕구충족을 목표로 하고 있는 정부활동 부분이 오늘날 매우 큰 비중을 차지하게 된 것은 정치가들과 관리들이 주로 그러한 특수한 서비스 공급을 다루고 있고, 또한 정치가들은 오로지 그러한 서비스의 공급을 통해서만 유권자들의 지지를 얻을 수 있게 된 상황의 결과이다. 유권자들은 실제로 일반적인 후생을 목표로 하는 정부의 서비스 활동에서는 별로 이익을 볼 수 없다고 생각하기 때문에, 또한 정부의 그러한 활동은 모든 사람들을 위한 것이라는 사실을 아는 사람들은 소수이기 때문에, 그것은 별로 인정받지 못하고 있는데, 이것은 정말로 슬픈 일이다. 선출된 정치가는 모든 사람들에게 이익을 주는 차별 없는 선행보다는 손수 특수한 선물을 주는 것이 훨씬 더 큰 관심이 있으며, 또한 이렇게 하는 것이 권력을 잡는 데 훨씬 더 효과적인 열쇠인 것이다.

그러나 특정 그룹들을 위한 집단적인 재화를 공급하는 것은 사회의 일반적 이익이 되지 못하는 경우가 빈번하다. 생산의 제한이나 그 밖의 규제는 흔히 특정 경제부문의 구성원들만을 위한 집단적 재화이다. 이러한 집단적 재화를 공급하는 것은 일반적 이익을 위한 것이 아니라는 것은 확실하다. 법이 봉사하고 있는 포괄적인 자생적 질서는 대부분의 사적인 활동들의 성공적인 수행을 위한 전제조건인 반면에, 정부가 정의로운 행동규칙의 집행을 넘어서 공급하는 서비스들은 자생적 질서가 충족시켜 주는 기본적 욕구를 보완해준다.[7] 그것들도 부와 인구밀도가 증가함에 따라 규모가 커지는 서비스들이지만, 그러나 그들은 정부가 정하지도 않고, 또한 정할 수도 없는 사적인 노력들의 보다 포괄적인 질서와 합치되어야 하는 서비스들이고, 또한 그들은 사적인 노력들을 제한하는 동일한 법규칙들의 제한을 받아 공급되어야 할 서비스들이다.

집단적인 재화를 공급하기 위해 맡겨진 물질적인 자원의 공동기금을 관리하는 정부는, 그 공동기금을 관리할 때 당연히 정의롭게 행동해야 할 의무가 있다. 정부는 개인들이 정의롭지 않게 행동하지 못하도록 막기만 하고, 자신은 정의롭게 행동할 의무에서 벗어나 있는 것은 아니다. 특정한 그룹들을 위해 서비스를 공급하는 경우, 이를 위해 필요한 재원은 과세를 통해 조달하는데, 이것은 정당하다. 우리는 편익을 얻은 사람들에게 이 편익에 대해서 지불하게 하기 때문이다.

이와 유사하게 정의라는 것도 각 그룹들이 공동기금에서 받는 것은 그들이 기여한 것과 대략 비례해야 한다는 것을 요구한다. 어느 한 다수도 정의로워야 할 의무를 지고 있다는 것은 자명하다. 그리고 만약 우리가 이러한 종류의 의사결정을 민주주의 정부나 다수의 정부에게 맡길 경우, 이렇게 맡기는 것은 우리가 그와 같은 정부가 이러한 의미에서 공공이익에 더 잘 봉사하리라고 희망하기 때문이다.

그러나 만약 우리가 일반이익을 다수가 원하는 모든 것(그것이 무엇이든)으로 이해한다면, 이것은 분명히 그러한 이상을 위반하는 것이다.

지면관계상 공공재정에 관한 대부분의 문제들은 가능한 한 이 책에서 제외시키고, 나중에(제3부) 소위 경제의 사적 부문과 공적 부문간의 관계들과 관련하여 고찰하려고 한다. 이 책에서는 오로지 정의로운 행동규칙들이 봉사하는 일반적 복리의 국면만을 더 자세히 고찰하고자 한다. 따라서 정부 조직을 위한 규칙(공법)의 목적에 관한 문제 대신에 자생적 질서의 형성을 위해 필요한 행동규칙들의 목적에 관한 문제를 다시 생각해보고자 한다.

규칙과 무지

이를 위해서 우리는 이 연구의 서두에서 강조했던 다음과 같은 근본적인 사실을 다시 한 번 연상해볼 필요가 있다. 즉 거대한 사회에서 인간활동들의 전체질서(행동질서)의 기초가 되고 있는 모든 특수한 사실들에 관하여 안다는 것은 누구에게 있어서든 불가능하다는 점이다. 그런데 불가능하다는 이 사실은 규칙의 중요성을 이해할 수 있게 함에도 불구하고, 행동규칙들에 관한 논의에서 이러한 중요한 사실에 대하여 주목하지 않았다는 것은 정신사의 진귀한 현상이 아닐 수 없다. 규칙들은 우리의 구조적인 무지에 대처하기 위한 수단이다. 모든 상이한 목적들의 상대적인 중요성에 관하여 일치된 상태에 있는 전지전능한 인간들에게는 규칙이란 필요가 없을 것이다. 도덕적 혹은 법적 질서를 연구하면서 이러한 사실을 고려하지 않으면, 그 연구는 그러한 중심문제를 놓치게 된다.

전체질서를 결정하는 특수한 사실들에 관한 우리의 무지에서 생겨나는 장애물을 극복하기 위한 수단으로서 행동규칙들의 기능은, 자유의 조건을 기술하기 위해 함께 이용되는 두 가지 표현 사이의 관계를 검토하면 가장 잘 이해할 수 있다. 우리는 이 조건을 개개인들이 각자 자신들의 목적을 위해서 자신들의 지식을 이용하도록 허용된 상태라고 말한 바 있다.[8] 수백만 명의 인간들 사이에 광범위하게 흩어져 있는 사실에 관한 지식의 이용을 가능케 하는 것은, 그들이 자신들이 가지고 있는 지식이 무엇이든 오로지 이 지식에 따라 자신들의 행동을 결정할 수 있을 때이다. 그리고 더욱 주목할 필요가 있는 점은 그들이 자신들의 지식을 이용하여 어떤 목적을 추구할 것인가를 스스로 결정하도록 내버려둘 경우에만 그렇게 할 수 있다는 점이다.

그도 그럴 것이 불확실한 세계에서 개개인들은 오로지 어떤 궁극적인 목적들을 추구해야 할 뿐만 아니라 그들은 이 목적들을 달성하는 데 도움이 되는 수단들을 마련해야 한다. 또한 그들의 궁극적인 목적들을 위한 수단이기는 하지만 특정한 시점에서는 결국 그들이 결정하는 모든 것이기도 한 직접적인 목적들을 선택할 때, 이 선택은 그들에게 알려진 기회들에 의해 결정될 것이다.

어느 한 사람의 노력의 직접적인 목적은 흔히 알려져 있지 않은 장래의 욕구를 위해 이용될 수단을 마련하는 것이다. 발전된 사회에서 대부분의 특수한 목적들을 달성하기 위해 이용되는 것은 일반화된 수단, 즉 화폐이다. 그가 자신이 알고 있는 유리한 기회들 중에서 성공적으로 선택할 수 있기 위해 필요로 하는 것은 그가 생산할 수 있는 대안적인 서비스, 또는 재화들에 대하여 획득할 수 있는 알려진 가격형태로 표현된 신호이다. 이러한 정보가 주어져 있으면, 그는 최선의 결과를 약속할 수 있는 직접적인 목적이나 역할을 선택하기 위해 자신의 환경에 관한 지식을 이용할 수 있다. 직접적인 목적은 자신에게는 자신의 궁극적인 목적을 달성하기 위한 일반화된 수단에 지나지 않는데, 그러한 직접적인 목적을 선택함으로써 그는 사실에 관한 자신의 특수한 지식을 이용하여 결국 자신의 동료들의 욕구에 봉사한다. 따라서 사회의 각처에 흩어져 있는 지식의 이용을 가능하게 하는 것은 그의 활동목적을 선택할 수 있게 하는 자유이다.

또한 흩어져 있는 지식의 그와 같은 이용이 가능한 것은 서로 다른 인간들의 기회가 다르기 때문이다. 어느 한 주어진 시점에서 서로 다른 개인들이 처해 있는 상황들이 다르고, 이 특수한 상황들 중 대부분은 당사자에게만 알려져 있기 때문에, 그만큼 역시 다양한 지식을 이용할 수 있는 기회가 생겨난다. 이것이 바로 시장의 자생적 질서가 수행하는 기능이다. 그렇기 때문에 정부는 모든 사람들을 위해 기회를 결정할 수 있다는 생각, 특히 정부가 모든 사람들에게 동일한 기회를 확립할 수 있다는 생각은 자유로운 사회의 기본원칙과 정면 배치된다.

순간순간마다 사회에서의 각 개인들의 위치는 과거의 실험적인 탐색과정의 산물이다. 이러한 과정 속에서 그들 또는 그들의 조상들은 다양한 행운을 지닌 채 자신들의(자연적 및 사회적) 환경의 구석구석으로 전진해나갔다는 것, 그리고 그 결과 매번 삶의 조건들의 변동으로 인하여 생겨나는 기회들에 대해 누군가가 반응하리라고 기대할 수 있다는 것은 광범위하게 흩어져 있는 사실에 관한 지식의 이용을 가능하게 하는 기초이고, 거대한 사회의 풍요와 적응능력은 바로 이 기초로부터 비롯된 것이다. 그리고 그것은 동시에 어느 한 세대의 결정들이 그 후손들에게 창출해준 불평등의 원인이다. 이 불평등은 계획된 것도 아니고 회피될 수 있는 것도 아니다.

부모가 주거지나 직업을 선택하는 경우 부모들은 흔히 그 결정이 자신들의 후손의 장래전망에 미치는 영향을 고려하는데, 그것은 인적 자원의 이용을 예측 가능한 장래의 변동에 적응시킬 때 중요한 요인으로 작용한다. 개인이 그러한 결정을 하는 데 자유로운 한, 의사결정을 내리는 사람들은 물론 그들의 후손들도 그 위험을 부담할 경우에만 다양한 점들을 고려하여 의사결정을 내리게 된다. 만약 그들이 이사하는 곳이면 어디에서나, 또는 그들이 무슨 직업을 선택하든지 관계없이, 정부가 그들의 후손들의 기회를 똑같도록 만들어줄 것이라고, 그리고 이 후손들이 그들의 부모가 무슨 결정을 내리든 상관없이 동일한 편익을 향유하리라고 확신한다면, 일반적 이익을 위해서라면 당연히 의사결정을 조종해야 할 중요한 요인 하나가 이러한 결정에서 고려되지 못하고 만다.

따라서 거대한 그리고 광범위하게 흩어져 있는 인구의 서로 다른 구성원들이 가지고 있는 기회들은 현재의 관점에서 본다면 우연적인 것으로 보이는 환경에서 생겨나기 때문에, 그 기회들은 필연적으로 다를 것이라는 사실은 시장질서를 의미하는 발견적 절차의 효력과 불가피하게 연계되어 있다. 정부가 발견적 절차의 기본 원칙체계 전체를 망가뜨리는 것을 보기 위해서, 우리는 단지 정부가 모든 사람들의 기회를 똑같이 만드는 데 성공할 경우에 생겨나게 될 효과를 고찰할 필요가 있다. 개개인들의 위치에 영향을 미치는 조건들은 필연적으로 정부의 행동에 좌우되는데, 정부가 기회들을 똑같이 만드는 데 성공하기 위해서는 이들을 모든 사람들과 똑같게 만드는 것만으로는 충분하지 않다. 정부는 개개인들의 노력의 성공에 영향을 미치는 외적 조건들을 모두 효과적으로 통제해야 할 것이다.

　그리고 거꾸로 누군가가 서로 다른 개인들의 기회들을 결정할 권력을 가지고 있고, 또 이 기회들을 알고 있다면, 선택의 자유는 모든 중요성을 상실할 것이다. 서로 다른 개인들의 기회를 실질적으로 똑같게 만들기 위해서는 정부가 직접 통제할 수 없는 개별적인 상황들의 차이들을 상쇄시켜야 할 것이다. 게임의 결과가 아니라 게임의 즐거움을 위해서 행하는 게임에서처럼 정부는 개개인들의 유리한 점이나 불리한 점을 상쇄시키기 위해 서로 다른 개인들에게 핸디캡을 붙여야 할 것이다.

　그렇게 하면 결과적으로 개개인들이 전체 시스템의 기본원칙에 따라 행동하는 것은 가치 없는 일이 될 것이다. 다시 말하면 다른 사람이 아니라 바로 그에게 행운에 의해 허용되었던 각별한 기회를 활용할 필요가 없을 것이다.

　그런데 우리는 참작해야 될 모든 개별적인 것에 관한 완전하고 통일된 지식을 갖고 있지 않기 때문에, 전체질서는 개개인들이 가지고 있는, 그리고 그들의 목표를 위해 이용하는 지식의 사용에 의해 좌우된다는 사실을 이해한다면 곧바로 이러한 과정에서 정부가 행할 역할은 특정한 개인들이나 그룹들을 위해 특수한 결과를 규정하는 데 있는 것이 아니라 개개인들에게 예측할 수 없는 영향을 미치는 일반적인 조건들을 창출하는 데 있다는 것이 분명해진다. 정부는 정부 자신이 알지 못하는 사람들이 자신들의 목적들을 달성하기 위해 수행하는 노력이 성공할 만한 기회를 확대시킬 수 있는데, 이를 위해서 정부는 과거의 경험에 비추어서 자생적 질서가 형성되는 데 각별히 유익하다고 판명된 것으로 보이는 추상적인 행동규칙의 준수를 강제해야 한다.

대부분의 세부적인 것들을 모르는 세계에서 안내자 역할을 하는 추상적인 규칙의 중요성

대부분의 행동계획들을 세울 때, 얼마만큼 우리가 특정 종류의 상황에서 구체적인 특수한 사실에 관한 지식이 아니라 어떤 행동이 '적절한' 행동인가에 관한 지식에 의해서 조종되는가에 관하여 일반적으로 거의 알지 못한다. 여기에서 우리가 '적절한'이라는 표현을 이용하는 것은 그런 행동이 특정한 소망스러운 결과를 위한 수단이기 때문이 아니라 우리가 행동을 결정할 때 모두가 의지하는 질서를 혼란시키지 않고서도 행동할 수 있는 범위를 설정해주기 때문이다.

진정으로 사회적인 모든 것은 거대한 사회에서는 필연적으로 일반적 추상적이고, 또한 그 자체는 우리의 의사결정을 제한하지만 완전히 결정하지는 않는데, 우리는 이 일반성과 추상성의 정도를 흔히 간과하기 쉽다. 익숙해진 것과 잘 알려져 있는 것을 구체적인 것과 만져볼 수 있는 것이라고 생각하는 것이 우리의 버릇이 되어버렸다. 그리고 우리가 우리의 동포들과 함께 공동으로 가지고 있는 것은 개별적인 것에 관한 지식이 아니라 어느 한 종류에 속하는 환경의 일반적인, 그리고 흔히 매우 추상적인 모습들에 관한 지식이라는 것을 이해하기 위해서는 노력이 필요하다.

이렇다는 사실이 우리의 눈앞에 생생하게 드러나는 경우는 예를 들면 전에는 알지 못했던 우리의 고향의 어느 한 지역을 방문할 때와 같이 매우 드물다. 우리가 거기에서 살고 있는 사람들을 전에는 결코 보지 못했지만, 그래도 그들의 말하는 태도라든가, 외관형태, 건축스타일, 경작방식, 행동방식, 그리고 도덕적 미학적 가치들은 우리에게 낯익은 것들이다. 보통 우리는 재인식하고 있는 것이 무엇인가를 정의할 수 없다.

그리고 우리는 그것을 '직관적으로' 다시 인식하기 때문에, 우리가 이런 식으로 재인식하는 것은 대상들이나 사건들의 추상적인 모습이라는 것을 빈번히 알지 못한다. 거대한 사회구성원들의 의견들이 공통적일 수 있는 것은 틀림없이 일반적이고 추상적이라고 하는 것은 어떤 의미에서는 분명하다.

오로지 얼굴과 얼굴을 맞대고 있는 소규모 사회에서만 구성원들이 각자 다른 모든 구성원을 알 수 있는데, 이런 사회에서 공통적인 것은 주로 특수한 개별적인 것들이다. 그러나 사회가 커지면 커질수록 그 구성원들이 공동으로 갖고 있는 지식은 사물이나 행동의 추상적인 모습이다. 그리고 거대한 혹은 열린사회에서는 모든 사고의 공통된 요소는 거의 전적으로 추상적이다. 구성원들의 행동에서 이들을 안내하고, 특수한 문명의 두드러진 특성이 되고 있는 것은 그 사회에서 지배적인 추상적인 규칙에 대한 유착이지 특수한 것들에 대한 유착은 아니다. 우리가 어느 한 민족의 전통이나 민족적 성격이라고 부르는 것, 심지어 어느 한 나라의 풍경에서 특징적인, 인간에 의해 만들어진 그 모습들마저도 세부적인 것들이 아니라 인간의 행동은 물론 인지까지도 지배하고[9] 있는 규칙들의 외관이다. 그와 같은 전통이 구체적인 상징에 의해 표현되어 있다고 하더라도, 예컨대 역사적인 장소들, 국기(國旗), 상징적인 성소(聖所) 혹은 군주나 지도자의 인격 등의 상징들은 이 사회에서 사람들이 무엇을 하고 있고 무엇을 하지 않는지를 정의하는 오로지 추상적인 규칙의 형태로만 표현될 수 있는 일반적인 구상을 나타내준다.

인간들을 동일한 문명의 구성원으로 만들어주는 것, 이들이 평화 속에서 함께 살고 함께 일할 수 있게 해주는 것은, 그들이 개인적인 목적을 추구할 때 그들의 노력을 구체적인 결과로 유도하는 특수한 금전적인 충동들이 동일한 추상적인 규칙들에 의해 안내받고, 또한 억제되기 때문이다. 감정이나 충동이 그들이 무엇을 원하는가를 말해준다면, 인습적인 규칙들은 어떻게 이를 달성할 수 있는가, 그들이 이를 달성하도록 어떻게 허용할 것인가를 말해준다.

행위 또는 의지의 행동은 항상 특수한, 구체적인 개별적 사건인 반면에 이를 안내하는 공동의 규칙들은 사회적이고 일반적이며 추상적이다. 개개인들이 유사한 대상을 추구한다는 의미에서 유사한 욕구를 가지고 있다고 하더라도, 그 대상들 자체는 일반적으로 서로 다른 특수한 것들이다. 개개인들을 통합시키고 이들을 사회의 안정된 공동의 패턴으로 묶어놓는 것은, 그들이 이런 서로 다른 특수한 상황들에 대하여 동일한 추상적인 규칙들에 따라 반응하기 때문이다.

의지와 의견, 목적과 가치, 명령과 규칙 및 그 밖의 용어 문제

분쟁을 막기 위해 합의를 필요로 하는 사람들의 영역이 확대될수록, 달성되어야 할 특수한 목적들에 관한 합의는 필연적으로 점점 적어진다. 그 대신 그들이 살고 싶어 하는 사회의 오로지 추상적인 국면들과 관련된 합의의 가능성은 증가한다. 이것은 사회가 확대될수록 사회의 모든 구성원들에게 알려진 특수한 사실들의 수효(혹은 모든 사람들이 함께하는 특수한 관심의 수

효)가 점차 감소한다는 사실의 결과이다. 거대한 도시지역에서 살면서, 엄청난 부수를 자랑하는 도시 신문을 구독하는 사람들은 흔히 일상적으로 경험하는 세계의 사실들이 시민들 대부분에게도 알려진 것과 동일할 것이라는 환상을 갖고 있다. 그러나 세계인구 중 대부분 혹은 규모가 큰 나라의 상이한 지역들에게도 그들에게 특수한 구체적 사건들의 선택 속에는 공통된 요소들이 매우 적다. 그들에게 알려진 특수한 사실들에 타당한 것은 그들의 활동의 특수한 목적이나 욕망에도 똑같이 타당하다.

이러한 이유 때문에 구체적이고 특수한 행동에 관하여 그들 사이의 합의 가능성이 적어진다. 그럼에도 불구하고, 그들이 동일한 문화나 전통에 속해 있을 경우 언제나 그들의 의견들(opinion, Meinung) 속에는 상당한 정도로 유사성이 존재한다. 이러한 유사성은 특수한 구체적 사건들과 관련된 것이 아니라 서로 다른 장소와 서로 다른 시기에 지배적인 사회생활의 어떤 추상적인 모습과 관련된 것이다. 그러나 우리가 가지고 있는 표현방법이 애매모호하기 때문에 그러한 사실들을 분명하게 드러내 보이는 것은 쉬운 일이 아니다.

이 분야에서 사용되고 있는 일상적인 언어를 관건이 되고 있는 개념들 중 몇 가지와 관련시켜 본다면, 그 언어는 매우 부정확하기 때문에 그 개념들을 이용함에 있어서 다른 어떤 관행들을 이용하는 것이 필요한 것 같다. 내가 이들을 이용하는 경우, 나는 이때의 의미는 중심개념과 밀접하게 관련되어 있다고 믿지만, 확실히 이들은 항상 이 의미로 사용되지 않고 있고, 또한 이들은 함축된 의미들의 불명확한 범위를 내포하고 있다. 그래서 이들 중 몇 가지 의미들을 제외시키는 것이 필요한 것 같다. 우리는 주된 용어를 둘로 짝지어 고찰하려고 하는데, 첫 번째 것은 특수한 일회적인 사건을 지적하기 위해 사용할 것이고, 두 번째 용어는 일반적인 혹은 추상적인 것을 표현한다.

구별해서 사용해야 할 이 짝들 중 첫 번째 짝은 아마도 가장 중요한 것

같이 보이는데, 그러나 구별해서 사용하지 않았기 때문에 정치이론에서 최대의 혼란을 야기했던 것이다. 그것이 의지(will, Wille)와 의견(opinion, Meinung)이다.[10] 우리는 순간의 알려져 있는 특수한 상황과 함께 특수한 행위를 결정하기에 충분한 구체적인 특수한 결과를 지향하는 것을 의지라고 부를 것이다. 이와는 반대로 서로 다른 행위형태들 또는 행위부류들 중 어떤 것들이 소망스럽고 다른 어떤 것들은 소망스럽지 못한가에 관한 관점이 있는데, 이런 관점을 우리는 의견이라고 부르고자 한다. 그런데 이런 관점, 즉 의견에 부합하느냐 부합되지 않느냐에 따라 우리는 특정인들의 행동을 시인하거나 부인한다.

따라서 오로지 행동방식하고만 관계가 있는 그러한 의견은 구체적인 목적들을 조합하는 것을 제외하고는 특수한 행위를 결정하기에는 충분하지 않을 것이다. 의지의 행위란 특수한 시점에서 어떤 일을 해야 할 것인가를 결정하지만, 의견은 그러한 기회가 생겨나면 오로지 어떤 규칙을 지켜야 할 것인가만을 말해준다.

이러한 구분은 어떤 행위를 야기하는 특수한 충동과 어떤 특정방식으로 행동하는 성향의 구분과 관련되어 있다. 특수한 결과를 지향하기 때문에 '목표'가 달성되면 의지는 중단되고, 반면에 기질[11]을 의미하는 의견은 다수의 의지의 행위들을 안내한다. 그리고 의지는 항상 하나의 목적을 지향하는 데 반하여, 의견이 어느 한 의도에 의해 결정된 것임을 알게 되면 그 의견의 순수성을 의심하는 것이 옳다.

이상과 유사한 방법으로 우리는 특수한 목적들, 즉 특정한 행위를 취할 동기를 부여하는 특수한 예상된 효과들과 가치들, 즉 어떤 성격들에 의해 정의되고, 일반적으로 소망스럽다고 간주되는 사건들의 일반적 부류를 지칭하는 것으로 이해될 수 있는 가치들을 구별할 것이다. 따라서 이 맥락에서 '소망스럽다'는 것은 어느 특수한 기회에 누군가가 실제로 어느 특수한 행위를 원하고 있다는 의미보다 더 많은 것을 의미한다. 그것은 사건의 종류에 대한 다수의 인간의 지속적인 태도를 기술하기 위해 이용된다. 이에 따라 우리는 법이나 정의로운 행동규칙은(구체적이거나 특수한) 목적들에 봉사하는 것이 아니라(추상적 일반적) 가치들, 즉 일종의 질서를 유지하는 데 기여한다고 말할 것이다.

용어들은 의지와 의견, 충동과 기질, 목적과 가치, 구체적인 것과 추상적인 것, 또는 특수한 것과 일반적인 것 등처럼 짝지어질 수 있는데, 각 짝의 내부에서의 구분(예를 들면 의지와 의견의 구분, 목적과 가치의 구분)과 전에 논의한 바가 있는데, 명령과 규칙의 구분 사이에는 밀접한 관계가 존재한다. 명령이란 어떤 특수한 결과나 예측된 특수한 결과들을 지향한다. 또한 명령은 명령을 한 사람이나 이를 받은 사람들에게 알려진 특수한 상황과 함께 특정한 행위를 결정한다. 이와 대비하여 규칙은 미지의 불특정 다수의 사례와 미지의 다수의 사람의 행동과 관련되어 있는데, 그것은 단지 그러한 행동이 소유해야 할 어떤 특성들을 말해줄 뿐이다.

마지막으로 언급하겠는데, 규칙을 지키거나 공동의 가치들을 보유하고 있으면 우리가 앞에서 보았던 것처럼 어떤 추상적인 특성들을 가질 행동들의 패턴 혹은 그 질서가 형성될 것이다. 그러나 그것은 패턴의 특수한 외관이나 어떤 특수한 사건들, 또는 결과들을 정하기에는 충분하지 않다.

이러한 용어상의 문제를 떠나기 전에, 우리가 관찰한 문제들과 연결시켜 흔히 사용하는 몇 가지 다른 표현들을 여기에서 간단히 언급하는 것이 유용할 것 같다. 자유로운 사회를 다원적이라고 부르는 표현이 광범위하게 퍼져 있다. 그것은 물론 자유로운 사회는 무수히 많은 개별적인 목적들에 의해 인도되고 있으며, 이들은 구성원들을 구속하는 특정한 순위로 배열되는 것이 아니라는 것을 표현한다.

무수히 많은 독립적인 목표들이 있다고 하는 것은 무수히 많은 독립적인 의사결정 중심체들이 있다는 것을 의미한다. 그리고 사회의 다양한 유형을 이에 따라 흔히 단일 중심적으로, 그리고 다중심적인 것으로[12] 구분하기도 한다. 이러한 구분은 우리가 전에 도입한 바 있는데, 조직(taxis)과 자생적 질서(kosmos)의 구분과 일치한다. 그러나 그 구분은 이 두 가지 종류의 질서의 여러 가지 차이점 중 오로지 하나의 특별한 국면만을 강조하고 있는 것 같다.

마지막으로 설명하겠지만, 오크쇼트 교수는 그의 강의에서 오래전에 목적이 지배하는(teleocratic), 그리고 목적지배(teleocracy)와 법이 지배하는(nomocratic), 그리고 법지배(nomocracy)라는 용어를 사용했는데, 이러한 구분은 우리의 앞 구분과 똑같다. 목적들의 동일한 계층(우선순위)이 모든 구성원들을 구속하는 목적이 지배하는 사회는 필연적으로 만들어진 질서 혹은 조직인 반면에 법이 지배하는 사회는 자생적 질서를 형성한다. 조직의 성격으로서 목적이 지배하는 성격이나 자생적 질서의 성격으로서 규칙이 지배하는 성격을 강조할 때마다 우리는 위의 용어를 사용할 것이다.

추상적인 규칙들은 미지의 특수목적들에 봉사하기 때문에 최종 가치로서 기능한다

분쟁하는 당사자들이 추구하는 특수한 목적들의 중요성에 대하여 그 당사자들 사이에 합의란 존재할 수 없지만, 당해 사건에 적용할 수 있는 규칙에 관한 합의는 있을 수 있기 때문에 정의로운 행동규칙은 분쟁의 해결을 도와준다. 어느 한 분쟁에서 당사자 한쪽이 지금 당면한 문제와 공통된 어떤 추상적인 모습을 가지고 있었던 과거의 사례에서, 예외 없이 지켜왔던 어느 한 규칙을 준거점으로서 보여줄 경우 다른 당사자가 취할 수 있는 유일한 방법은 일단 공식화시켜 현재의 사건에 똑같이 적용할 수 있으면 전자의 규칙과 마찬가지로 실효성을 가질 수 있는 것으로 인정되는 또 다른 규칙들, 전자의 규칙에서 도출된 결론과는 다른 결론을 필요로 하는 이 규칙을 반대준거로서 제시하는 방법이다. 이러한 다른 규칙을 찾아낼 수 있기만 하면 혹은 상대방이 모든 사례에서 적용될 전자의 규칙을 스스로 받아들이지 않으리라는 것을 보여줄 수만 있다면, 우리는 전자의 규칙에만 기초하여 내리는 판결은 잘못된 것임을 보여줄 수 있다.

정의에 관한 우리의 전체 구상은, 특수한 것들에 관한 상이한 견해들은 일반적인 동의를 얻을 수 있는 규칙들을 발견하여 이 규칙들에 따라 이 견해들의 충돌을 해결할 수 있다는 믿음에 근거한다. 특정한 사건에 대한 판단에서 처음에는 우리가 동의하지는 못한다고 하더라도, 적용 가능한 일반 원칙들과 관련해서는 우리가 일치하고 있다는 것을 알 수 있는 경우가 아니라면 정의라는 바로 그 아이디어는 의미를 상실할 것이다.

적용 가능한 규칙들은 어느 한 행동이 정의로우냐 정의롭지 않으냐에 관한 판단과 관련된 특성들을 규정한다. 특정 사건의 특성들을 일단 공식화시키면, 정의로운 행동을 규정하는 규칙으로서 받아들여지는 어느 한 규칙의 지배를 받을 수 없는 경우 그러한 특성들은 모두 무시되어야 한다. 이때 중요한 점은 그 규칙이 전에는 명시적으로 작성되어 있지 않았다는 점이 아니라 일단 언어로 표현되면 그것은 일반적인 관행으로서 수락된다는 점이다. 이미 정의감을 안내했던 것, 그리고 일단 언어로 표현해놓으면, 사람들이 오랫동안 느꼈던 것을 처음으로 공식화하는 것은 과학의 발견과 똑같은 발견이다. 그러한 발견은 과학의 발견처럼, 흔히 전에 정식화했던 그어떤 것보다도 그것이 지향하는 바에 오로지 더 좋은 접근만을 의미한다고 하더라도.

사람들이 그러한 일반적인 규칙들을 지킴으로써 얻을 수 있는 편익을 인식했기 때문에 혹은 이들을 자기 것으로 만든 그룹들이 이들을 통하여 보다 효율적으로 되었고, 이로써 이 그룹들이 별로 효율적이지 못한 규칙들을 준수한 다른 그룹들을 지배할 수 있었기 때문에, 그 일반적인 규칙들이 의견을 지배하게 되었는지에 관한 문제는 우리의 현재의 의도에 대해서 중요하지 않다. 보다 더 중요한 것은 대부분의 경우에 있어서 유익한 결과 때문에 채택되었던 규칙들은 상황이 알려져 있든 알려져 있지 않든 관계없이 모든 상황에 똑같이 적용될 경우에만 혹은 이들이 특수한 상황(사례)에 유익한 효과를 갖는다는 사실이 옳든 그르든 관계없이 모든 상황에 똑같이 적용될 경우에만 다수의 사례에서 유익한 효과를 가져온다는 점이다. 흄은 정의의 규칙에 관한 기본원칙을 고전적인 형태로 다음과 같이 표현하고 있다.[13]

"개별적인 정의로운 행위는 공공이익과 빈번히 상치된다. 다른 행동들이 뒤따르지 않고 그 행위만 홀로 있게 되면, 그 행위 자체는 사회에 매우 큰 해가 될 수 있다…… 또한 법규범과 일치된 모든 개별행동(개별적인 정의로운 행동)은 그 자체만을 관찰한다면 공공이익보다 개인의 이익을 더 잘 촉진시키는 것도 아니다…… 그러나 법규범에 따르는 개별적인 행동이 일반적 이익에 상치되든 혹은 사적 이익과 배치되든, 확실한 것은 전체 구조나 틀은 사회의 유지는 물론 개인의 복리에 매우 큰 기여를 할 뿐만 아니라 그것은 진정 이들을 위한 필수조건이라는 사실이다."

이 분명한 모순은 다음과 같이 해결할 수 있다. 즉 이러한 추상적인 규칙들을 집행하면 그것은 마찬가지로 추상적이고 개별적인 외관을 예측할 수 없는 질서의 유지에 기여하고, 또한 그 규칙들이 아마도 몇 가지 예측될 수 있을지 모를 특수한 결과를 고려하지 않고 모든 사례에도 집행되리라고 일반적으로 기대할 경우에만 그러한 질서가 유지된다는 것이다. 이것은 이 규칙들이 결국은 특수한(대부분 알려져 있지 않지만) 목표들에 봉사한다고 하더라도, 그들이 수단으로서가 아니라 최고의 가치로서 취급될 경우에만, 사실상 모든 사람들에게 공통된 가치로서, 그리고 개개인들의 특수한 목적과는 다른 가치로서 취급될 경우에만 위와 같은 기능을 행사한다는 것을 의미한다. 이것은 목적은 수단을 정당화시키지 않는다는 원칙이 의미하는 것이고, 또한 세상이 무너지더라도 정의가 지배해야 한다는 경구가 말해주는 것이다. 특수한 효과를 무시하고 보편적으로 적용할 경우에만 그 규칙들은 추상적인 질서의 영구적인 보존에 기여한다. 이러한 기여는 개개인들이 자신들의 현재의 목적과 아직 알려져 있지 않은 목적을 추구할 때 이들을 꾸준히 도와주는 규칙들의 영구적인 목적인 것이다.

공동의 가치들인 그러한 규칙들은 심지어 이들을 적용하는 사람들마저 흔히 그 존재를 알지 못하는 질서의 유지에 봉사한다. 그리고 우리가 어느 한 특수한 경우에 그 규칙들을 적용하여 생겨나는 예측할 수 없는 결과를 아무리 싫어한다고 하더라도, 그 규칙이 장래의 모든 사례에 적용되리라고 예측할 수 없는 경우 생겨나게 될 보다 먼 효과들을 아는 것은 고사하고 심지어 직접적인 결과마저도 전부 알 수 없다.

따라서 정의로운 행동규칙들은 특수한 이익을 보호하는 것이 아니다. 특수한 이익을 추구하는 모든 행동은 이 규칙들에 예속되어야 한다. 이것은 특수한 목적을 충족시키기 위한 공동의 수단들을 관리하는 관리자로서의 정부의 과제에는 물론 사적 인간들의 행동에도 똑같이 적용된다. 그리고 이것이 정부가 일시적이고 특수한 것을 취급할 때 그것은 영속적이고 일반적인 것을 취급하는 법 아래에 있어야 하는 이유이며, 또한 정의로운 행동규칙을 작성하는 과제를 지닌 사람들이 정부의 일시적이고 특수한 목적을 다루어서는 안 되는 이유인 것이다.

공리주의의 구성주의적 오류

행동규칙에 관한 구성주의적 해석은 일반적으로 '공리주의'라고 알려져 있다. 그러나 보다 포괄적인 의미에서 볼 때 이 표현은 사회의 구조 속에서 행동규칙들이 수행하는 기능과 관련하여 이들을 비판적으로 연구하는 모든 연구에도 적용된다. 이 넓은 의미에서 볼 때 기존의 가치라고 해서 그 전부를 의심의 여지가 없는 것으로 생각하지 않고 오히려 왜 이들이 적용되어야 하는지를 묻고자 하는 사람은 누구나 공리주의자로 간주되어야 할 것이다. 따라서 아리스토텔레스, 아퀴나스,[14] 그리고 흄도[15] 공리주의자로 보아야 할 것이다. 행동규칙에 관한 현재의 논의 역시 그렇게 불러도 좋다. 공리주의에 대해 이성적인 인간들이 매력을 느낄 수 있었던 것은, 그것이 흔히 해석되고 있듯이, 기존의 규칙들의 적절성을 매번 합리적으로 심사하려고 한다는 사실에서 비롯된 것은 의심의 여지가 없다.

그러나 18세기 후반 이후 공리주의는 도덕론과 법이론에서 좁은 의미로 사용되었다. 이 책에서는 이런 의미로 공리주의를 적용할 것이다. 이런 특수한 의미는 부분적으로는 효용 그 자체의 개념이 점차 변동하여 생겨난 결과이다. 원래 효용이란 '유용성'이라는 용어가 더욱 분명하게 표현하고 있듯이, 수단의 성격을 표현했었다. 이 성격이란 잠재적인 이용이 가능한 성격이다. 어느 한 물건이 유용하다는 것은 확실하게 등장할 상황에서 그것이 사용될 수 있다는 것을 의미한다. 그 물건의 유용성의 정도는 그것이 도움이 될 수 있다고 판명되는 상황이 등장하리라는 확률과 그것이 확실히 충족시킬 욕망의 정도에 달려 있다.

비교적 뒤늦게 수단의 성격을 표현하는 유용성이라는 용어가 수단들이 봉사하는 여러 가지 목표들의 가정된 일반적(공통된) 특성을 의미하는 용어로 사용되었다. 수단들은 어느 정도 목표들의 중요성을 반영하는 것으로 보이기 때문에, 효용(유용성)이란 점차 수단들과 연결되어 있는 목표들의 쾌락이나 충족과 같은 공통의 성격을 의미하게 되었다. 과거에는 우리의 대부분의 노력은 예측되지 않은 특수한 목적들을 위한 수단을 마련하는 데 투입되는 것으로 이해되고 있었던 것이다. 그러나 합리주의는 알려진 최종 목표들로부터 수단의 유용성을 명시적으로 도출하고 싶었기 때문에, 쾌락이나 효용이라는 용어를 사용하여 측정 가능한 공통의 특성을 이 목표들에 부여했던 것이다.

우리의 분석을 위해서 꼭 필요로 하는 구분은 알려진 특수한 목적들을 위한 어떤 것의 유용성과 어느 한 종류의 환경 속에서 혹은 가능성 있는 상황부류들 속에서 등장하리라고 예상되는 다양한 종류의 욕구들을 위한 유용성 사이의 구분이다. 오로지 첫 번째의 경우에만 어느 한 대상이나 관행의 유용성은 특수한 예측되어진 장래의 용도의 중요성에서 도출된다. 그리고 그것은 특수한 목적들의 중요성을 반영해준다. 후자의 경우에 유용성의 특성은 과거의 경험에 기초하여 도구적 특성으로서 평가되는데, 이 도구적 특성은 특수한 알려진 목적에 좌우되는 것이 아니라 발생 가능한 대다수의 상황에 대처하기 위한 수단을 의미한다.

벤담과 그의 학파의 엄격한 공리주의는[16] 행동의 적정성을 행동이 야기할 쾌락과 고통의 균형을 명시적으로 계산하여 판단하려고 한다. 이러한 공리주의의 부적합성은 오랫동안 공리주의자들에 의해 은폐되었다. 그들은 자신들의 입장을 옹호하기 위해 최근에야 비로소 분명하게 구별되었던 두 가지 상이한, 그리고 융합할 수 없는 주장에 의존하고 있다.[17] 그러나 이 두 가지 중 어느 것도 도덕적 및 법적인 규칙들의 결정을 적절히 설명하지 못하고 있다. 공리주의자들은 이 두 가지 입장들 사이를 왕래하고 있는데, 이들 중 첫 번째 입장은 규칙의 존재를 설명할 수 없고, 따라서 우리가 보통 도덕과 법이라고 부르는 현상의 존재도 설명할 수 없다. 다른 입장은 어쩔 수 없이 규칙들의 존재를 전제해야 하지만, 이들은 공리주의적으로는 설명될 수 없고, 따라서 도덕규칙 시스템 전체를 알려진 효용으로부터 도출할 수 있다는 주장을 포기하지 않으면 안 된다.

쾌락과 고통을 계산하여 최대 다수의 최대 행복을 결정하는 벤담의 구상은 어느 한 행동의 모든 특수한 개별적인 효과가 행위자에게 알려질 수 있다는 것을 전제하고 있다. 논리적인 결론에 도달하기까지의 과정을 추적해

보면, 그것은 결국 특수주의적 혹은 '행동'공리주의라는 것이 드러난다. 행동공리주의는 규칙이 전혀 없어도 상관이 없고, 개개인들의 행동을 알려진 효과의 효용에 따라 평가한다. 벤담은 모든 각 행동은(이제 이 행동은 어느 한 종류에 속하는 임의의 행동으로 이해된다) 전체에게 극대의 순쾌락을 가져오는 경향을 가지고 있어야 한다는 것과 같은 주장에 집요하게 의존하여 위와 같은 해석으로부터 자신을 보호하려 했던 것이다. 그러나 그의 추종자들 중 최소한 몇몇은 그러한 주장의 논리는 개별행동은 특수한 결과에 관한 완전한 지식에 비추어 결정되어야 한다는 것을 요구하고 있다는 것을 분명히 보았던 것이다. 따라서 우리가 알고 있기에 헨리 시즈위크는 "우리는 모든 사례마다 다양한 행동대안들의 가능한 결과로서 예측될 수 있는 모든 쾌락과 고통을 비교하여 전체에게 최대의 행복을 가져다줄 행동대안을 채택해야 한다"고 주장했던 것이다.[18] 그리고 무어는 "모든 행위자는 주어진 상황에서 자신이 할 수 있는 모든 행동들 중에서 총결과가 최대의 내재적 가치를 갖게 될 행동을 하는 것이 반드시 그의 의무가 되어야 한다"고 주장했다.[19]

일반적 혹은 오늘날 흔히 부르고 있듯이 '규칙'공리주의로 해석되는 또 다른 해석은 윌리엄 팰리가 가장 분명하게 표현하고 있다. 그의 해석에 따르면, 어느 한 행동의 종류가 도덕적으로 시인받기 위해서는 그것이 "간접적이든, 멀리 떨어져 있는 효과이든, 직접적인 효과이든, 모든 효과에 있어서 장기적으로 전체에게 편의적이어야 한다"는 것이다. "결과들을 계산할 때 이들이 어떤 식으로 혹은 어떤 거리를 두고 생겨나는가 하는 문제는 중요하지 않은 것이 분명하기 때문이다."[20]

공리주의의 공과에 관한 최근의 광범위한 논의로 인하여 오직 전자만이 행동들에 관한 시인과 부인이 그들의 예측 가능한 '효용'의 효과에 일관되게 기초를 두고 있다고 주장할 수 있지만, 그러나 동시에 그렇게 하기 위해서는, 전지전능한 인간의 존재에 관한 사실적인 가정을 도입해야 하는 것이 분명해졌다. 그러나 이러한 가정은 현실의 삶에서 충족될 수 없는 가정이고, 또한 그 가정이 옳다고 해도, 그것은 도덕과 법을 지칭하는 규칙체계의 존재를 쓸모없이 만들었을 뿐만 아니라 이를 설명할 수 없게, 그리고 그 가정과 적대적인 것으로 만들었다.

이와는 반대로 일반적 혹은 규칙공리주의의 어떠한 체계도 규칙들 전부를 행위자에게 알려진 효용에 의해 전적으로 결정되는 것으로는 취급할 수 없다. 어떠한 규칙이라고 하더라도, 그 규칙의 효과는 그것이 항상 지켜지느냐에 좌우될 뿐만 아니라 행위자가 지키는 다른 규칙들과 사회의 다른 모든 구성원들이 지키는 규칙에 의해 좌우되기 때문이다. 따라서 어느 한 규칙의 효용을 판단하기 위해서는 항상 어떤 다른 규칙들은 주어져 있다고, 일반적으로 이들이 지켜지고 있다고, 그리고 이들이 알려진 효용에 의해서도 결정되어 있는 것이 아니라고 가정해야 한다. 따라서 어떤 규칙이든 그 규칙의 효용을 결정하는 요인들은 효용에 의해 정당화될 수 없는 다른 규칙들이 언제나 있을 것이다. 따라서 규칙공리주의는 결코 일관되게 규칙시스템 전체를 적절히 정당화시킬 수 없을 것이다. 그것은 특수한 규칙들의 알려진 효용 이외의 다른 요인들을 항상 포함해야 한다.

모든 공리주의적 접근법이 내포하고 있는 난제는 규칙체계로 구성되어 있는 현상을 설명하겠다고 자처하고 있는 이론으로서, 그 접근법은 규칙을 필요하게 하는 요인, 즉 우리의 무지를 완전히 제거시키고 있는 것이다. 공리주의자들이 진지하고 지성적인 사람들이라는 것은 의심할 여지가 없는데, 그런 사람들이 도대체 어찌하여 대부분의 특수한 사실들에 관하여 필연적으로 우리가 모른다는 중요한 이 사실을 진지하게 취급하지 못했는지, 그리고 그들이 설명하고자 했던 현상, 즉 행동규칙 시스템 현상의 모든 존재는 실제로 특수한 사실에 관하여 아는 것이 불가능하다는 사실에 기인하는 것인데, 도대체 어찌하여 그런 지성적인 사람들이 우리의 개별적인 행동의 특수한 효과에 관하여 알고 있다고 가정하는 이론을 제안했는지 정말 나에게는 놀라운 일이 아닐 수 없다. 아마도 그들은 우리의 행동들이 미치는 효과를 결정하는 특수한 상황들 대부분에 관해서 불가피하게 알 수 없기 때문에 규칙이 필요하고, 바로 규칙의 중요성이 이러한 무지에 대한 적응이라고 하는 사실을 파악하지 못했던 것 같다.[21]

인간은 특수한 행동의 모든 결과들이 무엇일 것인가에 관하여 알고 있기 때문이 아니라 모르고 있기 때문에 행동규칙을 개발했던 것이다.

따라서 우리가 알고 있는 대부분의 도덕들이나 법들의 가장 두드러진 특징은, 이들이 특정행동의 알려진 효과가 무엇이든 관계없이 지켜야 할 규칙으로 구성되어 있다는 점이다. 우리는 전지전능하고 행동결과를 전부 예측할 수 있는 사람은 어떻게 행동하기를 원해야 하는가 하는 문제에 대해서는 전혀 관심이 없다. 사람들이 모든 것을 안다면 정말로 규칙은 필요가 없다. 그리고 엄격한 행동공리주의는 모든 규칙을 무시하는 결과를 초래하는 것은 물론이다.

일반적인 목적에 기여하는 모든 도구들처럼, 규칙들도 그들이 반복적으로 등장하는 문제상황을 해결하는 데 적응되었기 때문에 그들의 기능을 행사한다. 이러한 기능에 의해 그들은 사회구성원들이 보다 효과적으로 그들의 목적들을 추구할 수 있도록 도와준다. 칼이나 망치처럼 행동규칙들은 알려진 특수한 목적을 가지고 만들어져 있는 것이 아니라 이들이 매우 다양한 상황 속에서 다른 형태보다는 이런 형태로 보다 더 잘 봉사하는 것으로 판명되었기 때문에 이런 형태로 형성되었던 것이다. 그들은 예측된 특수한 욕구를 충족시키기 위해 구성되었던 것이 아니라 진화과정 속에서 선별되었던 것이다. 그들을 형성했던 지식은 특수한 장래의 효과에 관한 지식이 아니라 문제의 상황들 혹은 과제의 반복적인 등장에 관한 지식, 매우 다양한 궁극적인 목적들을 위해서 규칙적으로 달성되어야 할 중간결과에 관한 지식이다.

그런데 이러한 지식의 대부분은 이들을 우리가 열거해야만 할 경우, 일람표와 같은 식으로 작성할 수 있는 지식, 해결되어야 할 문제의 종류의 중요성에 관한 지식 혹은 문제들이 생겨날 확률에 관한 지식과 같은 지식이 아니라 어떤 특징을 가진 형태들에 속하는 상황들이 나타날 때에는 어떤 식으로 행동하는가에 관한 성향이다. 따라서 대부분의 행동규칙들은 환경의 사실들에 관한 지식으로부터 지적인 과정에 의해 도출된 것이 아니라 우리가 획득했던 이 사실들에 대한 인간의 유일한 적응을 만들어낸다. 그들은 우리가 획득했던 이 사실에 관한 '지식'인데, 이 지식은 우리는 알지 못하는 지식이고, 우리의 개념적 사고에도 등장하지 않는 지식이다. 오히려 이것은 우리의 행동에서 우리가 지키는 규칙 속에 구현되어 있다. 처음으로 이 규칙들을 실시했던 그룹들이나 이들을 모방했던 그룹들 모두가 왜 그들의 행동이 다른 그룹들의 행동보다 더 성공적이었는지 혹은 왜 그 그룹이 존속하는 데 도움을 주었는지를 알고 있었을 필요가 없다.

우리가 강조해야 할 점은 특정한 규칙들을 지키는 것에 우리가 부여하는 중요성은 단순히 특정한 목적들의 중요성을 반영하는 것이 아니라는 점이다. 그러나 다만 이 목적들은 그 규칙들을 지키느냐 지키지 않느냐에 좌우될 수 있을 뿐이라는 것이다. 어느 한 규칙의 중요성은 오히려 두 가지 서로 다른 요인들의 복합적인 결과이다. 우리는 이들을 분리하여 평가할 수는 없다. 이 두 가지 요인은 특수한 효과의 중요성과 이 효과가 발생하는 빈도수이다. 생물학적 진화에서 치명적이기는 하지만, 희귀한 효과를 피하기 위해 예방조치를 취하느냐 취하지 않느냐 하는 것은 종(種)의 존립을 위해서 별로 중요하지 않다. 중요한 것은 개체에게 미치는 피해가 경미하다고 하더라도, 이런 경미한 피해를 야기하는 사건의 종류가 빈번히 반복적으로 등장하느냐 하는 것이다. 마찬가지로 사회적 진화과정에서 생겨났던 행동규칙들도 흔히 사회질서를 경미하게 교란시키지만, 빈번히 발생하는 원인을 막기 위해서 적합한 것이지 사회를 완전히 붕괴시키는 희박한 원인들을 예방하기에는 적합하지 않다.

따라서 '효용'만이 유일하게 행동규칙들을 결정했다고 말할 수 있다면,

이때의 효용이란 행동하는 주체에게, 또는 그 어느 누군가에게 알려진 효용이 아니라 전체로서의 사회에게 가져다주는 구상화된(hypostatized) '효용'일 뿐이다. 따라서 일관된 공리주의자는 빈번히 진화의 산물을 계획의 산물로 의인화하여 해석하지 않을 수 없게 되었고, 의인화된 사회를 이 규칙들의 작성자로 간주하지 않을 수 없었다. 이것은 공리주의자에게 사회가 '일정의 거대한 단일인격'[22]처럼 보이는 것 같다고 분명히 주장하는 현대적인 어느 한 저자처럼 받아들일 수 없을 만큼 순박한 것이라고 하더라도, 그러한 의인화는 모든 구성주의적 철학에 있어서 특징적인 요소이다. 공리주의는 이러한 구성주의적 구상 중 하나의 특수한 형태일 뿐이다. 공리주의의 이러한 기본적 오류는 해스팅스 래쉬달이 '모든 도덕적 판단은 궁극적으로는 목적들의 가치에 관한 판단'[23]이라고 하는 주장에서 가장 간명하게 드러나고 있다. 이것이야말로 정확히 도덕적 판단에 속하지 않는 것들이다. 만약 특수한 목적에 관한 합의가 정말로 도덕적 판단을 위한 기초라고 한다면 우리가 알고 있는 도덕규칙들은 불필요할 것이다.[24]

모든 행동규칙들의 본질은 그들은 행동들의 종류들을 특정한 상황에서 주로 알려져 있지 않은 그 효과들의 견지에서 분류하는 것이 아니라 개개인들에 의해 예측될 수 있을 필요가 없는 가능한 효과에 따라 분류한다는 점이다. 특수한 규칙들을 중요하다고 간주했던 것은 우리가 알고서 발생시키는 우리의 행동효과 때문이 아니라 우리의 행동이 행동질서의 지속적인 유지에 미치는 효과 때문인 것이다. 그러나 행동규칙들이 질서에 봉사하는 것과 똑같이 다른 차원에서도 그들은 인간들이 다양한 목적들을 정상적으로 추구할 때, 과거의 경험이 보여주었듯이, 발생하는 여러 종류의 갈등을 피하는 것을 도와줌으로써 오로지 간접적으로만 특수한 욕구들을 충족시키는 데 도움을 주고 있다. 그들은 특정한 행동계획을 성공시키는 데 봉사하는 것이 아니라 서로 다른 많은 행동계획들을 조화시키는 데 기여한다. 그런데 모든 공리주의 이론들은 행동규칙들을 어떤 단일 목표집합을 달성하기 위한 '사회'의 행동계획의 일부로 해석함으로써 그들의 의인화적 성격을 구현하고 있는 것이다.

공리주의가 자신의 목적을 이루기 위해서는 모든 행동규칙들을 알려진 목표를 위한 수단의 의도적인 선택으로 돌리려는 일종의 환원주의를 추구해야 할 것이다. 그것은 수천 세대를 거쳐 의사소통을 위해 꾸준히 연속적으로 이루어졌던 노력들의 효과를 추적하여 언어의 특수한 모습들을 설명하려는 노력만큼이나 성공적일 것이다. 언어의 규칙은 물론 행동규칙도 알려져 있는 사실에 대한 직접적인 적응의 산물이 아니라 누적적인 과정의 산물이다. 이 과정 속에서 매순간마다 작용하는 주된 요소(동인, 動因)는 이미 확립되어 있는 규칙들에 의해 결정되는 실제의 질서의 존재이다. 언제나 새로운 규칙들은 다소 적절히 기능하고 있는 그와 같은 질서 내에서 개발되는 것이다. 그리고 모든 단계마다 어느 한 규칙의 합목적성은 오로지 그와 같이 기능하는 시스템의 부분으로서만 판단될 수 있다.

이러한 의미에서 행동규칙들은 작용하는 시스템 내에서 기능을 가지고 있는 것이지 목적을 가지고 있는 것은 아니다. 이때 기능이란 특수한 욕구에 미치는 알려진 특수한 효과로부터 도출될 수 있는 것이 아니라 오로지 전체구조의 이해로부터만 도출될 수 있다. 그러나 사실상 어느 누구도 아직까지 그와 같은 완전한 이해에 도달하지 못했거나, 또는 욕구나 알려진 수단의 효과에 관한 지식으로부터 전적으로 새로운 법적 도덕적 규칙시스템을 재구성하는 데 성공하지도 못했다.[25]

대부분의 도구들처럼, 규칙이란 행동계획을 구성하는 부분이 아니라 알려져 있지 않은 특정한 우연적인 상황에 대비하는 장비이다. 정말로 우리의 모든 활동들 대부분도 역시 이들이 봉사하는 특수한 최종 욕구에 관한 지식에 의해 인도되는 것이 아니라 도구들과 지식스톡을 축적시키고 싶은 욕망, 특정한 상황을 대비하기 위해 계략을 쓰고 싶은 욕망, 간단히 말해서 우리가 살고 있는 종류의 세계에서 유용하게 되리라고 생각되는, 넓은 의미로 해석한다면 '자본'을 축적하고 싶은 욕망에 의해 조종된다. 그런데 우리가 이지적이면 이지적일수록 정말로 이런 종류의 활동이 그만큼 더 지배하는 것 같다. 우리는 그만큼 더 많이 적응하게 되는데, 이때 적응이란 특수한 상황에 대한 적응이 아니다. 오히려 그것은 일어날지도 모를 상황의 여러 종류에 대한 우리의 적응능력 향상을 의미한다. 우리의 시계(視界)는 대부분 수단으로 구성되어 있는 것이지 특수한 궁극적인 목표들로 구성된 것은 아니다.

만약에 우리가 어떤 계산에 의해 행복의 합을 결정할 수 있다고, 그리고 어떤 시점에서든 알려져 있는 결과의 총합이 존재한다고 착각하지 않는다면, 우리는 물론 '최대 다수의 최대 행복'을 지향할지도 모른다. 우리가 모든 알려져 있지 않은 사람들을 위한 기회를 증진시키기 위해서 최선을 다한다면, 우리는 우리가 할 수 있는 최대의 것을 달성할 수 있는데, 확실히 그것은 우리가 산출한 쾌락의 효용 총합에 관한 생각을 가지고 있기 때문이 아니다.

행동규칙들에 관한 모든 실효성 있는 비판이나 이들의 개선은 그와 같은 규칙들의 주어진 체계 내에서 이루어져야 한다

기존의 모든 행동규칙 체계는 우리가 겨우 부분적으로만 알고 있는 경험들에 기초를 두고 있을 것이기 때문에, 그리고 그것은 우리가 겨우 부분적으로만 이해하고 있는 방법으로 행동질서에 기여할 것이기 때문에, 우리는 새로이 그 전체를 재구성하여 이를 개선하리라고 기대할 수 없다. 우리가 오로지 전통적인 규칙의 형태로만 전달되어 온 모든 경험들을 충분히 이용하려면, 특정한 규칙들에 대한 모든 비판과 이들을 개선시키려는 모든 노력은 현재의 목적을 위해서라면 정당화할 필요 없이 받아들여야 할 주어진 가치들의 틀 내에서 이루어져야 한다. 우리는 주어진 규칙체계 내에서 움직이면서, 특정한 규칙이 어느 한 종류의 행동질서의 형성을 야기하는 모든 다른 인정된 규칙들과 일관성이나 양립성을 가지고 있느냐에 입각하여 그것을 판단하는 이러한 종류의 비판을 '내재적 비판(immanent critic)'이라고 부를 것이다. 이것이야말로 우리가 일단 그와 같은 규칙들의 기존 시스템 전체를 이 전체가 산출할 알려진 특수한 효과로 환원시킬 수 없다는 것을 인정한다면, 도덕규칙이나 법규칙들을 비판적으로 검증할 수 있는 유일한 기초이다.

하나의 시스템을 구성하는 서로 다른 규칙들의 양립성이나 일관성은 우선 논리적인 일관성은 아니다. 이 맥락에서 의미하는 일관성이란 규칙들은 동일한 추상적인 행동질서에 봉사한다는 것, 그리고 인간들이 적응했던 종류에 속하는 상황들 속에서 이 규칙들을 지키는 그들 사이의 갈등을 방지한다는 것을 의미한다. 어떤 두 가지 혹은 그 이상의 규칙들이 양립하느냐, 양립하지 않느냐 하는 것은 부분적으로는 환경의 실제적 조건에 달려 있는 것이다. 따라서 동일한 규칙이라고 하더라도 어느 한 종류에 속하는 환경 속에서는 갈등을 방지하기에 충분할 수도 있고, 다른 종류에서는 그렇지 않을 수도 있다.

다른 한편 논리적으로 규칙들이 일관성이 없는 경우가 있는데, 이런 경우에 그들은 어느 한 주어진 상황에서 상호간 모순되는 행동들을 요구하기도 하고 금지하기도 한다. 그러나 이런 규칙들은 이들 중 어떤 것은 다른 것보다 우선하거나 혹은 하위에 놓이거나 하는 식의 관계를 갖게 되어 규칙시스템 자체가 이들 중 어떤 것이 다른 것들을 '압도하는가'를 결정한다면 서로 양립하도록 만들어질 수 있다.

현실의 도덕적인 모든 문제들은 규칙들의 갈등에 의해 창출되고 그 문제들은 서로 다른 규칙들의 상대적인 중요성이 불확실함으로써 야기되는 문제인 경우가 아주 빈번하다. 어떠한 행동규칙 시스템도 그것이 모든 도덕적인 문제에 대해 확실한 대답을 제공한다는 의미에서 완전하지 못하다. 그리고 불확실성의 가장 빈번한 원인은 어느 한 규칙시스템에 속하는 서로 다른 규칙들의 순위가 막연하게 결정되어 있다는 점이다. 기존의 규칙시스템이 분명한 해결책을 제공하지 못하여 해결될 수 없는 문제를 다루어야 할 끊임없는 필요성 때문에, 전체시스템이 진화하고 점진적으로 점차 명확해지거나, 사회를 둘러싸고 있는 환경들에 더 잘 적응하게 된다.

우리가 규칙에 관한 모든 비판은 내재적 비판이어야 한다고 말할 경우, 그것은 어느 한 규칙의 적정성을 판단할 수 있는 검증은 항상 현재의 목적을 위해서라면 전혀 문제시할 수 없는 다른 규칙이라는 것을 의미한다. 이러한 의미에서 암묵적으로 수락된 것으로 볼 수 있는 규칙들 대부분은 문제시되고 있는 규칙들도 역시 지원해야 할 목적을 결정한다. 그런데 앞에서 본 바와 같이 이러한 목적은 어떤 특수한 사건이 아니라 그 규칙들이 다소 성공적으로 발생시키려고 하는 행동질서의 유지나 회복인 것이다. 따라서 궁극적인 테스트는 규칙들의 일관성이 아니라 그들이 허용하거나 요구하는 서로 다른 사람들의 행동들의 양립성이다.

전통의 산물인 것도 비판의 대상인 동시에 비판의 기준이 될 수 있어야 한다고 말한다면 얼핏 보기에 이상스럽게 들릴지도 모른다. 그러나 우리는 모든 전통 그 자체가 신성하고 비판으로부터 면제된다고 주장하지는 않는다. 우리가 주장하는 바는 오로지 전통의 어느 한 산물에 대한 비판의 기초는 항상 우리가 문제시할 수도 없거나 문제 삼고 싶지도 않은 전통의 또 다른 산물이어야 한다는 점이다. 다른 말로 하면 어느 한 문화의 특수한 국면들은 오로지 그 문화의 맥락 내에서만 비판적으로 검증될 수 있다는 점이다. 우리는 결코 전체로서의 규칙시스템이나 모든 가치들을 전부 의도적인 구성으로 환원시킬 수 없지만, 항상 특수한 전통의 수락된 기초라는 것보다 더 좋은 존재 이유가 없는 것에 우리의 비판을 멈추어야 한다. 따라서 우리는 항상 우리가 전적으로 재구성할 수 없는 전체 중 일부를 이 전체에 비추어서만 검증할 수 있을 뿐이고, 전체의 상당부분을 검증하지 않은 채 수락해야만 한다. 이것을 다음과 같이 표현할 수도 있을 것이다. 즉 우리는 항상 주어진 전체의 부분들만을 수선할 수 있을 뿐이지, 결코 전체를 완전히 새롭게 재설계할 수는 없다.[26]

그렇게 해야 할 이유는 주로 다음과 같다. 즉 어느 한 사람의 행동을 조종하는 규칙은 규칙시스템과 합치되어야 하는데, 이 규칙시스템은 그의 행동들을 지배하는 모든 규칙들을 포함하고 있을 뿐만 아니라 사회의 다른 구성원들의 행동을 지배하는 규칙까지도 포함하고 있기 때문이다. 만약 어떤 사람이든 그가 어떤 제안된 새로운 규칙을 채택한다면 보다 좋은 전체 결과가 생겨날 것임을 보여주는 것은, 인간이 이 결과를 야기할 힘이 없는 한 별로 의미가 없다. 그러나 인간은 기존의 규칙시스템 내에서 기존의 규칙들보다 기대를 덜 실망시키는 어떤 규칙을 잘 수용할 수 있을 것이다.

이런 식으로 우리는 새로운 규칙을 도입함으로써 다른 사람들의 기대가 좌절되지 않으리라는 확률을 증가시킬 것이다. 그런데 이러한 분명히 모순된 결과, 즉 어느 한 사람에 의해 도입된 규칙들의 변동은 타인들의 기대들을 덜 실망시킬 것이고, 따라서 그 변동은 궁극적으로 관철될 수 있으리라는 것은 다음과 같은 사실과 밀접한 관계가 있다. 즉 우리를 안내하는 기대들은 다른 사람들이 취하는 행동과 관련되어 있기보다는 이 행동의 결과와 관련되어 있다는 사실, 그리고 우리가 의지하고 믿는 규칙들 대부분은 특정한 행동을 지정하는 규칙이 아니라 행동들을 제한하는 규칙들이라는, 즉 적극적인 규칙이 아니라 소극적인 규칙이라는 사실과 밀접한 관계가 있다. 어느 한 사회에서 물이나 기타 물질이 자신의 토지에서 이웃의 토지로 흘러들어가 이를 손상해도 내버려두는 것이 관습이 될 수도 있다. 관습으로 되어 있기 때문에, 그러한 부주의가 계속해서 누군가의 기대를 어긋나게 함에도 불구하고 이를 용납할 수 있는 것이다. 그때 만약 누군가가 자신의 이웃을 고려하여 그렇게 해가 되는 흐름을 막을 새로운 규칙을 도입한다면, 그는 일반관행과는 다르게 행동함으로써 사람들이 자신들의 계획의 기초가 되는 기대들이 좌절되는 빈도수를 감소시킬 것이다. 누군가에 의해 채택되는 그러한 새로운 규칙은 일반적으로 수락될 수 있을 것이다. 왜냐하면 그것은 지금까지 지배되어 왔던 관행보다 기존의 규칙체계와 더 잘 어울리기 때문이다.

이런 식으로 내재적 비판의 필요성은 어느 한 사람의 행동의 효과는 그의 동료들의 행동을 지배하는 다양한 행동규칙들에 좌우되는 상황으로부터 대부분 도출된다. '어느 한 사람의 행동결과'는 어느 한 사회를 지배하는 규칙들과는 독립적인 물리적 사실만은 아니다. 그것은 사회의 다른 구성원들이 지키고 있는 규칙들에 의해 상당한 정도로 좌우된다. 일반적으로 수락한다면 모든 사람에게 더 편익을 주는 새로운 규칙을 누군가가 발견하는 것이 가능한 곳에서 마저도, 실제로 타인들이 지키는 규칙들이 그가 제안하는 그 새로운 규칙이 보다 더 유익한 특성을 가지고 있다는 자신의 믿음을 도출해야 할 여건들(data) 중에 포함되어 있어야 한다. 이것이 의미하는 것은 최선의 결과를 산출하기 위해 사람들이 주어진 사회에서, 그리고 특정한 상황에서 지켜야 할 규칙은 일반적으로 채택된 상이한 규칙시스템을 가지고 있는 또 다른 사회에서는 최선의 규칙이 될 수 없을지도 모른다는 점이다.

이러한 상황 때문에 모든 사람들의 도덕적 판단이 기존의 규칙시스템을 개선시킬 수 있는 범위가 대폭 제한된다. 역시 이러한 사실은 인간이 서로 다른 종류의 사회에서 활동한다면, 기회가 다를 때마다 서로 다른 규칙들을 지키는 것이 그의 의무가 될 수 있다는 것을 설명해준다. 따라서 매우 깊이 논의된 바 있는 '도덕의 상대성' 문제는 모든 도덕적(그리고 법적) 규칙들은 어느 누구도 근본적으로는 변동시킬 수 없는 기존의 현실적 질서에 기여한다는 사실과 분명히 관련되어 있는 문제이다. 근본적으로 변동시킬 수 없는 이유는 이렇다. 즉 그러한 변동은 사회의 다른 구성원들이 부분적으로는 무의식적으로 혹은 단순한 버릇 때문에 지키는 규칙의 변동을 필요로 하기 때문이다. 또한 그러한 변동은 만약 또 다른 유형의 생명력이 있는 사회를 창출하려고 한다면, 어느 누구도 실효성 있게 만들 수 없는 다른 규칙들로 교체되어야 할 규칙의 변동을 필요로 한다. 따라서 어느 한 사람이 살고 있는 사회질서의 종류와 독립적인 절대적인 도덕시스템이란 있을 수가 없다. 그리고 어떤 규칙들을 따라야 할 우리의 의무는 우리가 살고 있는 질서 덕택으로 우리가 얻는 편익으로부터 도출된다.

예를 들면 이미 의식을 잃어버린 에스키모 노인을 에스키모 사람들이 겨울이주를 시작하면서 에스키모인들의 도덕에 따라, 그리고 그 노인의 허락에 따라 그가 죽도록 내버려두었는데,[27] 그를 살린다는 것은 내가 보기에는 분명히 도덕적으로 틀린 것 같다. 그런데 만약 내가 그 노인을 살리기 위해 그를 보살필 수 있고 보살필 각오가 되어 있어서 전적으로 다른 사회로 그를 내 힘으로 데려오는 것을 옳다고 여길 경우에만 이렇게 하여 그를 살린다는 것은 옳은 것처럼 보인다.

우리의 도덕적 의무들은 어떤 규칙들에 기초한 질서에서 생기는 우리의 편익에서 유래된다는 것은 사회라고 부르는 질서로 개개인들을 통합시키는 것은 공동의 규칙을 준수하는 것이라는 사실, 그리고 그와 같은 사회는 구성원들이 그러한 규칙들을 따르도록 강제하기 위한 어떤 종류의 압력이 존재해야만 유지될 수 있다는 사실을 거꾸로 표현한 것이다. 매우 현격한 차이가 있는 규칙시스템에 기초하여 형성된 많은 형태들의 부족사회 또는 폐쇄된 사회가 있다는 것은 의심의 여지가 없다. 우리가 여기에서 주장하는 모든 것은 우리는 오로지 한 가지 종류의 그런 규칙시스템들만 알고 있다는 것이다. 이 종류는 아직도 매우 불완전하고, 열린 혹은 '인도적인' 사회를 가능하게 하는 많은 개선의 여지를 가지고 있다는 것은 의심의 여지가 없다. 열린사회에서 비로소 각 개인은 한 개인으로서 간주될 뿐만 아니라 특수한 그룹의 구성원으로도 간주되는 것이고, 따라서 모든 책임 있는 인간들에게 똑같이 적용될 수 있는 보편적인 행동규칙이 존재할 수 있는 것이다. 우리가 그와 같은 보편적 질서를 하나의 목표로서 수락할 경우에만, 다시 말하면 우리가 고대 스토아학파와 기독교적 신앙 이래 서구문명의 특징이 되었던 길을 계속 따라갈 경우에만, 우리는 이 도덕체계를 다른 체계들보다 우월한 것이라고 옹호할 수 있고, 동시에 지속적인 내재적 비판을 통하여 이 도덕체계를 더욱 더 개선하기 위해 노력할 수 있다.

일반화 및 보편성 테스트

　행동규칙 시스템을 개발하기 위한 수단으로써 내적인 일관성 테스트와 밀접한 관계를 가지고 있는 것이 일반화 또는 보편화라는 제목으로 흔히 논의되고 있는 문제들이다. 실제로 어느 한 규칙의 적절성 테스트로서 이용되고 있는 규칙의 일반화 가능성이나 보편화 가능성은 그 규칙이 수락되어진 기존의 규칙시스템이나 가치체계와 일관성 또는 양립성을 가지고 있느냐의 테스트에 해당된다. 그러나 우리가 왜 그래야 되는가를 보여주기 전에 먼저 간단히 일반화라는 개념이 이 맥락에서 적절하게 이용되는 의미를 고찰하는 것이 필요하다. 흔히 그것은 모든 사람이 특정한 것을 행했을 경우 결과가 무엇일 것인가에 관한 문제와 관련된 것으로 해석되고 있다.[28] 그러나 가장 일상적인 것들을 제외한 대부분의 행위들은 모든 사람이 이들을 행할 경우에는 해가 될 것이다. 어떤 행동종류를 일반적으로 금지하거나, 이를 의무로 규정할 필요성은 규칙처럼 어느 한 행동종류가 특수한 상황에서 어떤 결과를 낳을 것인가에 관한 우리의 무지에서 생겨난다.

　가장 간단하고 전형적인 사례를 생각해보자. 즉 빈번히 우리는 어떤 행동종류는 흔히 해를 끼친다는 것을 알고 있다. 그러나 우리(혹은 입법자)나 행위자도 모두 그것이 어떤 특수상황에서 해를 끼치는가에 관하여 알지 못한다. 따라서 우리가 피하고 싶은 행동종류를 정의하려고 한다면, 우리는 그것이 해가 되는 효과를 갖게 될 대부분의 상황은 물론 그렇지 않은 많은 상황까지도 포함하도록 그 종류를 정의할 경우에만 성공할 수 있는 것이 일반적이다. 따라서 해가 되는 효과를 막을 수 있는 유일한 방법은 이 행동부류를 일반적으로, 실제로 이것이 특정한 주어진 상황에서 해가 되는 효과를 가질 것인지 아닌지와 관계없이 금지하는 것이다. 따라서 문제는 우리가 이 행동종류를 일반적으로 금지해야 할 것인가, 아니면 다수의 상황에서 이것이 야기하는 피해를 감당할 것인가이다.

이제 우리가 그와 같은 일반화가 '가능한가' 혹은 어떤 것이 일반적 규칙으로 만들어질 '수 있는가' 하고 묻고 이것이 무슨 뜻인가 하는 보다 흥미로운 문제로 돌아온다면, 여기에서 말하는 '가능성'이란 물리적인 가능성도 불가능성도 아니고, 또한 그와 같은 규칙을 일반적으로 강제하여 집행할 의무의 실천적인 가능성도 아니다. 칸트가 이 문제에 접근했던 방법이 적절한 해석을 암시해주고 있다. 그는 우리가 그와 같은 규칙이 일반적으로 적용되기를 '원할' 수 있느냐 혹은 '의도할' 수 있느냐를 묻고 있다. 여기에서 고려되는 일반화의 장애물은 분명히 도덕적인 것인데, 이것은 우리가 희생시킬 작정이 없는 어떤 다른 규칙이나 가치들과의 갈등을 의미하고 있음에 틀림없다. 다른 말로 하면, 어느 한 규칙에 적용되는 '보편화 가능성'의 테스트는 결국 수락되어진 규칙들의 전체 시스템과의 양립성 테스트이다.

이것은 앞에서 본 바와 같이 분명한 '예'나 혹은 '아니요'라는 답변을 이끌 수 있는 테스트일 수 있다. 혹은 그 테스트는 만약 그 규칙시스템이 결정적인 안내를 제공할 수 있으려면, 그 규칙들 중 어떤 것들은 변형되어야 할 것이라든가, 또는 갈등이 생겨나는 경우에는 이들 중 어떤 것이 우선해야 하고 어떤 것이 하위에 속하는지를 알 수 있도록 이들을 그 중요도에 따라(우열) 배열해야 한다는 것을 보여줄 수 있다.

규칙이 기능할 수 있기 위해서는 장기적으로 적용되어야 한다

규칙들은 특정행동들의 효과에 관한 우리의 무지에 대처하기 위한 수단이라는 사실과, 이 규칙들에 부여하는 중요성은 규칙들이 막아야 할 가능한 피해의 규모는 물론 이들을 무시할 경우 피해가 생겨날 가능성 정도에 기초를 두고 있다는 사실은, 그와 같은 규칙들은 장기간 동안 지켜질 경우에만 그들의 기능을 행사할 수 있다는 것을 보여준다. 이것은 행동규칙들은 개개인들이 지킴으로써, 그리고 개개인들이 그 규칙들을 제정했을 수도 있는, 또는 이들을 변동시킬 자격을 가졌을 수도 있는 사람들에게는 대부분 알려져 있지 않은 그들의 목적을 위해 이용함으로써 질서의 형성에 기여한다는 상황에서 도출된다. 법의 경우에서처럼 행동규칙들 중 어떤 것들이 권한 있는 자에 의해 의도적으로 제정되는 경우에, 그것들이 개개인들의 계획의 기초가 될 경우에만 기능을 행사할 것이다.

따라서 행동규칙의 집행을 통하여 자생적 질서를 유지하는 것은 항상 장기적인 결과에 초점을 맞추어야 한다. 이와 대조를 이루는 것이 조직규칙이다. 이것은 기본적으로 예측 가능한 단기적인 결과를 목표로 하는 특정한 알려진 목적에 봉사한다. 이것이 불가피하게 특수한 알려진 효과를 다루는 행정가의 관찰방법과 특수하게 예측된 결과를 무시하고 추상적인 질서의 유지에 관심을 가져야 할 재판관이나 입법자의 관찰방법의 현격한 차이점이다. 특수한 결과에 집중하는 것은 단기적 관찰방식이다. 오직 단기에서만 특수한 결과를 예측할 수 있기 때문이다. 그런데 그러한 관찰방법은 결과적으로 특수한 이해관계들 중 어느 한 이해관계, 또는 어느 한 다른 이해관계에 유리한 권위적인 결정을 함으로써, 그들 사이의 갈등을 야기한다. 이와 같이 가시적인 단기적 효과에 압도적인 관심을 갖게 되면 전체사회가 신속하게 지시주의적 조직으로 전환된다. 만약 우리가 직접적인 결과에 집중하면 장기적으로 확실히 죽어가는 것은 자유이다. 법이 지배하는 사회는 강제를 전적으로 장기적인 질서에 봉사하는 규칙을 집행하는 것에만 국한해야 한다.

다음과 같은 특징이 있는 구조를 생각해보자. 즉 의미 있는 것으로 파악될 수 없거나 설계된 것이라고 인정할 만한 것도 보여주지 않는 조망 가능한 부분들로 구성된, 그리고 우리가 왜 특수한 일들이 발생하는가를 알지 못하는 구조를 생각해보자. 이 구조야말로 의도적으로 구성된 조직보다도 우리의 목적을 성공적으로 달성하기 위한 보다 효과적인 기초라는 생각, 그리고 어느 누구도 이유를 알 수 없는(변화는 대체로 어느 누구에게도 알려져 있지 않은 사실들을 기록하고 있기 때문이다) 변화가 우리에게 유익하게 발생한다는 생각 등, 이런 생각은 17세기 이래 유럽사상을 지배해왔던 구성주의적 합리주의 사상과 너무도 대립되기 때문에, 이성의 능력뿐만 아니라 이성의 한계까지도 알고 있는, 그리고 이 이성 자체도 사회적 진화의 산물이라는 것을 인정하고 있는 진화적 또는 비판적 합리주의가 확산되면서 비로소 널리 인정받았던 것이다. 다른 한편 구성주의자들의 기준을 충족시키는 그런 종류의 투명한 질서를 희망한다면, 그런 희망은 결국 우리가 의도적으로 건설할 수 있는 그 어떤 것보다도 훨씬 더 포괄적인 질서를 파괴시킨다. 자유란 어느 정도 우리의 운명을 우리가 통제할 수 없는 힘에 맡긴다는 것을 의미한다. 그리고 이것은 인간은 문명과 이성 그 자체가 자신이 만들어놓기라도 한 것처럼 자신의 운명의 주인이 될 수 있다고 믿는 구성주의자들에게는 용납할 수 없는 것이다.

제8장
정의를 찾아서
The Quest for Justice

> 개별적인 법적 규칙은 사회구성원들이 자신들의 관계에서 서로 충돌하지
> 않도록 하기 위해 사회에 의하여 창출된 보루 또는 경계로 파악될 수 있다.
>
> 폴 비노그라도프*[1]

정의는 인간행위의 성격이다

우리는 목적과 결부되어 있는 조직규칙과 대비하여 자생적 질서의 형성
에 봉사하는 목적과 결부되지 않는 규칙들을 기술하기 위해 '정의로운 행
동규칙'이라는 용어를 사용했다. 이 후자는 '사법사회'의 기초가 되는 노모
스(nomos)다.[2] 그것은 열린사회를 가능하게 한다. 그런데 전자, 즉 조직규칙
들을 법이라고 한다면, 이들은 정부의 조직을 정하는 공법이다. 그러나 우
리는 사실상 준수한다고 해도, 모든 정의로운 행동규칙을 전부 법이라고
간주해야 한다고 주장하지는 않았다. 또한 정의로운 행동규칙 체계를 구성
하는 개별규칙 각각이 독자적으로 정의로운 행동을 규정하는 규칙이라고
주장하지도 않았다. 우리는 이제 정의와 법의 관계에 관한 까다로운 문제
를 검토해야 한다. 이 문제는 무엇이 정의로운가를 결정하는 것은 입법의
의지라고 하는 믿음에 의해 혼란스러워졌던 것이다. 또한 그 문제는 이러

한 믿음에 못지않게 입법적 결정에 의해 결정될 수 있는 모든 것은 정의의 문제여야 한다는 믿음에 의해서도 우리를 매우 혼란스럽게 만들었던 문제이다. 우리는 먼저, 흔히 무시되어 왔던 것인데, 정의라는 용어의 적용가능성의 한계를 고찰할 것이다.

엄격히 말한다면 오로지 인간행동과 관련해서만 정의롭다거나 정의롭지 않다고 말할 수 있다. 우리가 이 용어를 어떤 상태에 적용한다면, 이 용어는 우리가 어느 누군가에게 그 상태를 발생시킨 책임이 있다거나, 또는 이것이 발생하도록 내버려둔 책임이 있다고 생각할 수 있는 경우에만 의미를 갖는다. 어느 누구도 변동시킬 수 없는 단순한 사실 혹은 상태는 좋거나 나쁠 수 있어도 정의로울 수 있거나 불의할 수는 없다.[3] '정의롭다'라는 용어를 인간행위나 이를 지배하는 규칙 이외의 것에 적용하는 것은 절대적인 잘못이다. 오로지 우리가 정말로 어떤 인격적인 창조주를 비난하려 할 경우에만, 누군가가 신체적인 결함을 가지고 태어났거나 병에 걸렸거나, 또는 사랑하는 사람을 잃어버린 것을 정의롭지 못한 것으로 표현하는 것이 의미가 있다. 자연은 정의로울 수도 없고 불의로울 수도 없다. 물리적인 세계를 물활론적으로 혹은 의인화하여 물리적인 세계를 해석하려는 우리의 몸에 배어 있는 버릇 때문에, 언어를 그와 같이 잘못 이용하고 있지만, 그 때문에 우리가 우리와 관계된 모든 것에 대한 어느 한 책임자를 찾으려고 하지만, 그러나 만약 우리가 사물들을 누군가가 달리 배열할 수 있었고, 또 달리 배열했어야 한다고 믿지 않으면, 어느 한 상황을 정의롭다거나 정의롭지 않다고 기술하는 것은 의미가 없다.

그러나 인간의 통제에서 벗어난 그 어떤 것도 정의로울 수 없고 도덕적일 수 없다면, 어떤 것을 정의롭도록 만들고 싶은 욕망이 있다고 해서 이 욕망이 반드시 그것을 인간의 통제에 예속시키기 위한 타당한 근거가 될 수는 없다. 그렇게 하는 것 자체가, 적어도 타인의 행위에 영향을 미친다면, 불의할 수도 있거나 혹은 부도덕할 수도 있기 때문이다.

어떤 상황에서는 어느 한 특정한 상태를 야기하는 것이 법적으로나 도덕적으로 의무가 될 수 있다. 이런 경우에 그 상태는 흔히 정의롭다고 기술될 수 있다. 그와 같은 사례에서 '정의롭다'는 용어는 사실상 행위들을 지칭하는 것이지 결과를 지칭하는 것이 아니라는 것은, 만약 우리가 그 용어는 어느 한 사람이 결정할 수 있는 능력 내에 있는 그의 행동결과에만 적용할 수 있다는 것을 생각한다면 분명해진다. 그 용어는 그 상태를 만들어내야 한다고 생각되는 의무를 지닌 사람들이 실제로 그렇게 할 수 있다는 것을 전제할 뿐만 아니라 그들이 그렇게 할 수 있도록 도와주는 수단들 역시 정의롭거나 도덕적이라는 것을 전제한다.

인간들이 행동종류들을 정의로운 것이거나 정의롭지 못한 것이라고 규정할 때, 이와 관계되는 규칙들은 옳거나 옳지 않을 수 있다. 정의롭지 못한 어떤 행동종류를 정의롭다고 기술하는 규칙이 있다면, 그 규칙을 정의롭지 못하다고 기술하는 것은 이미 확립된 관행이다. 이것은 정당하다고 인정해도 좋을 만큼 일반적인 관행이 되기는 했지만 위험이 없는 것은 아니다. 예컨대 우리 모두가 정의롭다고 생각하는 어느 한 규칙이 어느 한 특수한 사례에 적용하여 정의롭지 못한 것으로 판명되었다고 말할 경우, 이 말이 진정으로 뜻하는 바는 그 규칙은 우리가 정의롭다고 생각하는 바를 적절하게 정의하지 못하는 틀린 규칙이라는 것, 그 규칙을 구두로 공식화시키는 것은 우리의 판단을 인도하는 규칙을 적절히 표현하지 못한다는 것이다.

분명한 것은 개개인들의 행동은 물론 다수의 개인의 합의된 행동과 조직들의 행동도 정의롭거나 불의할 수 있다는 것이다. 정부는 그와 같은 조직이다. 그러나 사회는 그렇지 않다. 그리고 사회질서는 정부의 행위에 영향을 받지만, 그것이 자생적 질서인 한 사회적 과정의 특수한 결과는 정의로울 수도 없고 불의로울 수도 없다. 이것은 정부가 개개인들에게 제기하는 요구가 정의로우냐 정의롭지 않으냐 하는 것은 정의로운 행동규칙에 비추어 판단할 문제이지 이 규칙을 개별사례에 적용하여 생겨난 특수한 결과에 의해 판단할 문제가 아니라는 것을 의미한다. 확실히 정부는 이것이 행하는 모든 일에 있어서 정의로워야 한다. 그리고 여론의 압력은 정부가 그렇게 하겠다고 의도하든 의도하지 않든 관계없이, 그로 하여금 어떤 식별할 수 있는 행동원칙들을 가능한 한계까지 확대하도록 한다. 그러나 정의의 의무를 정부가 얼마만큼 확대하는가 하는 문제는 일률적인 규칙에 따라 서로 다른 개인들의 입장에 영향을 미칠 수 있는 정부의 능력 여하에 달려 있다.

따라서 오로지 정의로운 행동규칙에 의해 결정될 수 있는 인간들의 행동질서의 그런 국면들만이 정의의 문제를 제기한다. 정의를 말하는 것은 항상 어떤 사람, 또는 어떤 사람들이 어떤 행동을 수행했어야 한다거나 하지 말았어야 한다는 것을 의미한다. 그런데 이 '당위성'은 어떤 종류의 행위가 금지되거나 요구되고 있는 일련의 상황들을 정의하는 규칙들의 승인을 전제로 한다. 지금 우리는 승인된 규칙이 '존재'하고 있다는 것은 이 맥락에서 규칙은 언어로 표현되어 있다는 것을 반드시 의미하는 것이 아님을 알고 있다. 오로지 그것은 실제로 정의롭거나 정의롭지 않다고 인정하는 기준에 따라 서로 다른 종류의 행동을 구분하는 규칙이 발견될 수 있다는 것만을 요구할 뿐이다.

정의로운 행동규칙은 타인들에게 영향을 미치는 것과 같은 개인들의 행동과 관련되어 있다. 자생적 질서에서 각 개인의 입장은 많은 다른 사람의 행동의 결과이다. 그런데 이때 어느 누구도 많은 사람의 이런 개별적 행동들이 특정한 사람에게 특정한 결과를 초래하리라는 것을 보장할 책임이나 힘을 가지고 있지 않다. 그의 입장이 어떤 다른 사람 혹은 다수의 합의된 행동에 의해 영향을 받는다고 하더라도, 그것은 오로지 이들 각자에 의해서만 좌우되는 것이 아니다. 따라서 자생적 질서에는 누군가의 입장이 어떠해야 할 것인가를 결정하는 규칙이란 있을 수 없다. 우리가 본 바와 같이 개별적인 행동규칙들은 이들로부터 생겨나는 질서의 어떤 추상적인 성격들만을 결정할 뿐이지 그 특수한 구체적인 내용을 결정하는 것이 아니다.

어느 한 상태의 형성에 기여한 모든 사람들이 정의롭게(혹은 불의하지 않게) 행동한다고 해서 이로부터 생겨나는 상태를 '정의롭다'고 말하는 경향이 있지만, 이것은 자생적 질서의 경우에서처럼 그렇게 생기는 상태가 개별적인 행동의 의도적인 목적이 아닌 경우에는 잘못이다. 인간의 의지에 의해 창출되었던 상황만이 정의롭거나 정의롭지 않다고 부를 수 있는 이상, 자생적 질서의 특수한 결과들은 정의로울 수도 없고 불의로울 수도 없다. A가 많이 가지고 있어야 하고 B는 적게 가져야 한다는 것은 누군가의 행동의 의도된 혹은 예측된 결과가 아니라면, 이것은 정의롭다고 볼 수도 없고 불의하다고 볼 수도 없다. 우리는 나중에 '사회적' 혹은 '분배적' 정의라고 불리는 것은 자생적 질서 내에서는 정말로 의미가 없고 오로지 조직 내에서만 의미가 있음을 볼 것이다.

정의와 법

우리는 사회에서 실제로 목격되는 정의로운 행동규칙들 모두를 법이라고 주장하는 것은 아니다. 또한 우리는 흔히 법이라고 부르는 것 모두가 정의로운 행동규칙으로 구성되어 있다고 주장하는 것도 아니다. 오히려 우리의 주장은 정의로운 행동규칙들로 구성되어 있는 법은 매우 특수한 지위를 가지고 있고 이 지위 때문에 법은(노모스와 같이) 특유한 명칭을 갖는 것이 바람직스러울 뿐만 아니라 법이라고 부르는 또 다른 명령과는 분명히 구별하는 것이 극히 중요하고, 따라서 이런 종류의 법을 개발하는 데 있어서 특징적인 성격을 분명히 인식한다는 점이다. 만약 자유로운 사회를 유지하고 싶으면, 정의로운 행동규칙으로 구성되어 있는 법의 부분(즉 주로 사법과 형법)만이 시민들에 대해 구속력을 가지고 있으며, 이들에 대하여 강제적으로 집행되어야 하기 때문이다(정부조직의 구성원들을 구속하는 법이 무엇이든 그것은 상관없다). 특수이익(혹은 정부의 특수한 목적)에 봉사하는 것이 아니라 정의에 봉사하는 법에 대한 신뢰를 상실한다면 급진적으로 개인의 자유가 침식당한다.

우리는 여기에서 어느 한 승인된 정의로운 행동규칙이 법이라는 이름을 얻을 자격을 갖기 위해서는 무엇이 필요한가에 관한 문제를 생각할 필요는 없다. 이미 많이 논의되었기 때문이다. 대부분의 사람들은 일상적으로 지켜지고 있기는 하지만, 결코 강제적으로 집행되지 않는 정의로운 행동규칙에 이러한 명칭을 부여하기를 꺼려한다고 하더라도, 비조직화된 사회적 압력에 의해서 혹은 위반자를 사회로부터 격리시킴으로써 대부분 효과적으로 집행되는 규칙에 그 이름을 부여하기를 거절하기는 어려운 것 같다.[4] 그와 같은 상태에서 의도적으로 창출된 조직이 이 일차적 법의 집행과 변동의 과제를 담당하는 성숙된 법시스템으로 간주할 상태로의 점진적인 전환이 있다는 것은 분명하다. 조직을 지배하는 규칙들은 물론 공법 부분이고, 이들은 정부 그 자체와 같이 일차적 규칙들을 보다 더 효과적으로 집행하기 위한 목적으로 이들 위에 놓여 있다.

그러나 공법과는 달리 사법이나 형법이 정의로운 행동규칙들을 확립하고 이를 집행하는 데 목적이 있다고 해도, 이것은 이들을 표현하는 규칙들 제각각 그 자체가 하나의 정의로운 행동규칙임을 의미하는 것이 아니라 전체로서의 시스템이[5] 그와 같은 규칙들을 결정하는 데 기여한다는 것만을 의미할 뿐이다. 모든 정의로운 행동규칙들은 특정한 상태들(또는 사실들)에 관련되어야 한다. 그리고 특정한 행동규칙들과 관련되어 있는 이 상태들(사실들)을 개별적인 규칙들에 의해 정의하는 것이, 그와 같은 하나의 상태와 관련된 규칙에 의해 이러한 정의를 반복하는 것보다 훨씬 편리한 경우가 빈번하다. 정의로운 행동규칙들이 보호하는 개별적인 영역들이 언제나 다시 고려되어야 할 것이다. 이러한 영역이 습득되고 이전되고 소멸되고 구획되어지는 방법은 오로지 정의로운 행동규칙들을 위한 준거점으로서만 기여하는 데 그 기능을 가진 규칙들로 단번에 모두 표현하는 것이 합목적적이다. 소유물을 습득하고, 이전하고, 유효한 계약이나 유언을 하거나, 또는 그 밖의 '권리'나 '권력'을 습득하고 잃어버리는 조건들을 기술하는 모든 규칙들은 법이 강제적으로 집행할 수 있는 정의로운 행동규칙들의 보호를 허용하는 조건들을 정의하는 데 기여할 뿐이다. 그들의 목적은 관련된 사실들을 인식할 수 있게 만들어주는 데, 그리고 당사자들이 의무를 짊어지려고 할 때 서로를 이해하도록 하는 데 있다. 거래를 위해 법이 규정하는 어떤 형태가 생략되었을 경우, 이것은 특정한 정의로운 행동규칙이 침해되었음을 의미하는 것이 아니라 그런 형식이 지켜졌더라면 특정한 정의로운 행동규칙들의 보호를 받았을 것인데 그렇지 않기 때문에 보호를 받지 못했다는 것을 의미한다. '소유자 자격'과 같은 사실은 이와 관련된 행동규칙을 통해서만 의미를 갖는다. 소유와 관련된 정의로운 행동규칙을 떼어내버리면 남는 것은 아무것도 없다.

정의로운 행동규칙들은
정의롭지 못한 행동을 일반적으로 금지하는 것들이다

우리가 이미 다른 책(제1부 제5장)에서 정의로운 행동규칙들이 동일한 특수한 목적을 공유하지도 않고 이 목적을 알지도 못하는 사람들의 범위들로 점진적으로 확대되어 가는 과정으로부터 어떻게 일반적으로 '추상적'이라고 부르는 규칙 형태가 개발되었는지를 보았다. 그러나 '추상적'이라는 용어는 그것이 논리학에서 이용되는 엄격한 의미로 사용되지 않을 경우에만 적절한 용어이다. 대수학적 공식으로 정의할 수 있는 독특한 패턴을 나타내고 있는 지문을 가지고 있는 사람에게만 적용하는 규칙은 이 용어가 논리학에서 이용되는 의미로 본다면 확실히 추상적 규칙이다.

그러나 경험이 가르쳐주었듯이, 모든 개인은 자신의 지문에 의해 고유하게 확인되는 이상, 그러한 규칙은 사실상 확인 가능한 개인에게만 적용되는 규칙이다. 추상적이다라는 용어가 의미하는 바는 규칙은 알려져 있지 않은 다수의 장래 사례에 적용해야 한다는 것을 말해주는 고전적인 사법적 공식을 표현한다.[6] 여기에서 법이론은 우리는 아는 사람들이 이용하기를 바라는 특수한 상황에 관한 우리의 불가피한 무지를 인정하는 것이 분명히 필요하다는 것을 발견했다.

우리가 이미 앞에서 지적했듯이 알려져 있지 않은 다수의 미래사례에 그와 같이 준거하는 것은 일반화 과정을 거쳐 왔던 그러한 규칙들의 또 다른 특성들과 밀접하게 관련되어 있다. 다시 말하면 이러한 규칙들은 특정한 행동종류들을 부과시키는 것이 아니라 오히려 금지시킨다는 의미에서 거의 모두 소극적이다.[7] 그리고 이들은 개개인들이 각자 자신들이 선택한 대로[8] 행동할 수 있는 확인 가능한 영역을 보호하기 위해 그렇게 한다. 또한 특정 규칙이 이러한 특징을 가지고 있다는 것은 일반화 혹은 보편화 테스트를 이에 적용함으로써 확인될 수 있다. 우리는 이들이 자생적 질서의 기초를 형성하는 정의로운 행동규칙의 모든 필요한 특성인 것이고, 공법을 구성하는 조직규칙에는 적용되지 않는다는 것을 보여주고자 한다.[9] 모든 정의로운 행동규칙들은 이들이 정상적인 경우, 어떠한 인간에게도 자신의 행동에 의해 그러한 의무를 발생시키지 않는 한 적극적인 의무를 부여하지 않는다는 의미에서 사실상 소극적이라는 것은 이것이 마치 새로운 발견이기라도 한 것처럼 반복적으로 지적되어 왔지만 이제까지 거의 체계적으로 연구되지 못한 특성이다.[10] 그것은 예외가 없는 것은 아니지만, 대부분의 행동규칙에 적용된다. 가족법 중 어떤 부분들은 의무들을 부과하는데, 이러한 의무들은(부모에 대한 자녀들의 의무와 같이) 의도적인 행위로부터 생겨나는 것이 아니라 통제 밖에 놓여 있는 상황에 의해 결정된 개인의 위치에서 생겨난다. 그리고 이 밖에도 몇 가지 또 다른 예외적인 경우들이 있다. 이들은 어느 한 개인이 외적인 상황에 의해 타인들과 각별히 긴밀한 관계를 갖게 됨으로써, 그 결과 정의로운 행동규칙에 따라 그는 이들에 대하여 각별한 의무를 지고 있다고 가정할 수 있는 경우이다. 영국의 보통법에는 그와 같은 사례가 유일하게 있는데, 그것은 공해에서 위험에 닥친 자들을 도와야 하는 의무이다.[11] 현대적인 입법은 이러한 방향으로 발전되어 가는 경향이 있는데, 몇몇 나라에서는 어떤 특수한 사람의 능력 내에 있는 한 생명을 구출할 적극적인 의무를 부과하고 있다.[12] 미래입법은 이러한 방향으로 발전되어 갈 것 같다.

그러나 일반적인 규칙을 통하여 그와 같은 의무를 누구에게 부과할 것인가를 상세히 열거하기가 어렵기 때문에 그런 방향의 입법은 아마도 제한적일 수밖에는 없을 것이다. 어쨌든 현재에는 적극적인 행동을 요구하는 정의로운 행동규칙은 드문 예외이고, 사고로 인하여 일시적으로 사람들이 타인들과 긴밀한 관계를 갖지 않을 수 없게끔 되어 있는 경우에 한정되어 있다. 우리가 만약 정의로운 행동규칙 모두를 그 성격에 있어서 소극적인 것으로 취급한다고 해도 우리의 목적에 비추어볼 때 큰 잘못은 아니다.

이들이 그렇게 되어야 했다는 것은 동일한 목적을 함께할 수 있고, 또한 이 목적을 알 수 있는 공동체의 테두리를 넘어서까지 규칙들이 확장되어 가는 과정의 필연적인 결과이다.[13] 미리 정한 특수한 목적을 추구하는 사람들에 국한되어 있지 않다는 의미에서 목적과 독립되어 있는 규칙들은 역시 특정한 행위를 완전히 결정하는 것이 아니라 오로지 허용된 종류의 행동범위를 제한할 뿐이고, 어떤 행위를 취할 것인가에 관해서는 행위자 자신의 목적에 비추어 스스로 결정하도록 내버려둔다. 따라서 이미 앞에서 보았던 바와 같이 규칙들은 타인들을 해칠 것 같은 행동들을 금지시키는 데 국한한다. 그리고 이것은 타인들이 침해해서는 안 될 개인들(혹은 조직화된 그룹들)

의 영역을 설정하는 규칙에 의해서만 달성될 수 있을 뿐이다.

우리는 역시 앞에서 행동규칙들은 타인들을 해치는 모든 행동들을 전부 간단히 금지할 수 없다는 것을 보았다. 어떤 특정한 사람에게서 사거나 사지 않거나, 그에게 서비스를 제공하거나 제공하지 않는 것은 우리의 자유의 본질적인 부분이다. 그러나 만약 우리가 어느 한 사람으로부터 구매하지 않기로, 또는 다른 이에게 서비스를 제공하지 않기로 결정한다면, 이러한 결정에 영향을 받는 사람들이 우리의 단골에, 또는 우리의 서비스에 의존해왔다고 한다면, 우리의 결정은 이들에게 큰 피해를 줄 수 있을 것이다. 우리가 우리의 소유물을, 우리의 정원에 있는 한 그루의 나무를 혹은 우리의 주택의 벽을 자유로이 처분함으로써, 우리는 우리의 이웃으로부터 이들이 그에게 주는 큰 정서적 가치를 박탈할 수도 있는 것이다. 정의로운 행동규칙들이 모든 이익들을 보호할 수는 없다. 심지어 누군가에게 매우 중요한 의미를 갖는 모든 이익까지도 보호할 수 있는 것이 아니다. 정의로운 행동규칙들은 오로지 '정당한 기대'라고 불리는 것만을 보호할 뿐이다. 정당한 기대란 규칙들이 구획하는, 때로는 법규칙들이 비로소 창출했을 수도 있는 기대이다.[14]

따라서 정의로운 행동규칙의 주요 기능은 모든 사람에게 그가 무엇에 의지할 수 있는가, 그가 자신의 목적을 위해 어떤 물질적 대상이나 서비스를 이용할 수 있는가, 그리고 그에게 열려 있는 행동범위는 무엇인가를 말해주는 데 있다. 행동규칙들이 모든 사람들에게 동일한 의사결정 자유를 보장해주는 데 그 기능이 있으려면, 이 행동규칙들은 만약 타인들이 자진하여 자신들의 목적을 위해 특정한 방법으로 행동하는 데 동의하지 않았다면, 이 타인들이 무엇을 할 것인가에 관하여 똑같은 확실성을 부여할 수 없을 것이다.

따라서 정의로운 행동규칙들은 특정한 사람들에게 직접 특정한 대상들을 할당하여 보호된 영역을 구획하는 것이 아니라 그들은 확인할 수 있는 사실들로부터 특수한 대상들이 누구에게 속하는가를 도출하는 것을 가능하게 함으로써 보호된 영역을 구획한다. 이것을 흄과 칸트가 분명하게 설명했지만,[15] 지금까지의 모든 문헌들은 다음과 같은 잘못된 가정을 기초로 해왔던 것이다. 즉 "법이야말로 모든 개인들 각자에게 물질적 재화의 사용과 관련하여 완전히 일의적인 일련의 자유들을 허용한다"는 것이다. 그리고 "……법이야말로 내가 소유하고 있는 것들의 이용과 관련된 행동과 관련해서 그 밖의 어느 누구보다도 나를 우선시한다"는 것이다.[16] 이러한 해석은 정의로운 행동의 추상적인 규칙의 목표를 완전히 오해하고 있다.

사실상 정의로운 행동규칙은 어떠한 조건하에서 이런 행동, 또는 저런 행동이 허용된 것의 범위 내에 있게 될 것인가를 말해주는 것이다. 그러나 그 행동규칙들은 이들의 지배하에 있는 개개인들에게 그들 자신들의 보호된 영역을 창출하도록 맡긴다. 혹은 법적인 용어로 표현한다면, 그 규칙들은 특정한 인간들에게 권리를 허용하는 것이 아니라 그러한 권리를 습득할 수 있는 조건들을 설정한다. 무엇이 각자의 보호된 영역이 될 것인가 하는 문제는 그 자신의 행동과 그가 통제할 수 없는 사실들에 의해 좌우된다. 다만 규칙들은 각자가 자신이 확인할 수 있는 사실들로부터 그와 타인들이 주장해도 되는 보호영역의 경계선을 도출할 수 있도록 도와줄 뿐이다.[17]

정의로운 행동규칙을 적용하여 생겨나는 결과는 이 규칙에 의해 결정되지 않는 실제상황에 항상 좌우되기 때문에, 우리는 어느 한 규칙을 적용하는 것에 대한 정의 여부를 이 규칙이 특수한 경우에 발생시키는 결과에 의해 측정할 수 없다. 이러한 관점에서 볼 때 존 로크의 정의의 경쟁관에 관하여 정확하게 논의되어 왔던 점, 즉 "중요한 것은 경쟁의 결과가 아니라 경쟁이 이루어지는 방법이다[18]"라는 것이 자유주의 정의 개념과 자발적 질서에서 정의가 달성할 수 있는 것에 대해서도 적절한 표현이다. 어떤 유일한 정의로운 거래를 통하여 어느 한 사람이 많은 것을 얻어낼 수 있고, 또한 다른 사람은 똑같이 정의로운 거래를 통하여 모든 것을 잃어버릴 수도 있다는 것은[19] 이런 거래의 정의를 결코 부인하지 않는다. 정의는 어느 누군가에 의해 의도적으로 야기하지 않았던 자생적 질서의 무의도적인 결과를 다루지 않는다.[20]

정의로운 행동규칙들은 따라서 갈등을 방지하고 불확실성의 원천을 제거하여 협력을 용이하게 하는 데 기여할 뿐이다. 그러나 개인들 각자가 자신의 계획과 의사결정에 따라 행동할 수 있도록 하는 데 목표가 있는 이상, 그들은 불확실성을 완전히 제거시킬 수는 없다. 그들은 타인들의 침해로부터 수단들을 보호하고, 이로써 개인들 각자가 이 수단들을 자신의 수중에 있는 것으로서 취급할 수 있게 해주는 한에서만 확실성을 창출할 뿐이다. 그러나 그들은 이 수단들의 이용에서 개인들 각자의 성공을 보장할 수는 없다. 성공 여부는 오로지 물질적인 것들에 의해서만 결정되는 것도 아니고, 또한 그가 예상한 타인들의 행동에 의해서만 좌우되는 것도 아니기 때문이다. 그들은 예를 들면 개인 각자에게 그가 어떤 예상가격으로 그가 제공해야 할 가격을 팔아야 하는지 혹은 그가 원하는 것을 살 수 있는지를 확실하게 말해주지 않는다.

정의로운 행동규칙들뿐만 아니라
이들의 정의 또는 불의에 관한 테스트도 소극적이다

규칙들이 목적과 결부된 부족사회(혹은 목적의 지배)로부터 규칙과 결부된 열린사회(혹은 법의 지배)로 확장됨에 따라, 이 규칙들은 구체적인 목적들에 대한 의존성을 급진적으로 털어버려야 하고, 이러한 검증을 통과함으로써 점차 그들은 추상적이고 소극적으로 변화되어야 한다. 마찬가지로 거대한 사회를 위한 규칙들을 정하는 입법자들도 그가 이러한 사회에 적용하고자 하는 것을 보편화 테스트에 예속시켜야 한다. 우리가 이해하고 있는 것과 같은 정의의 개념, 즉 모든 사람들을 동일한 규칙에 따라 취급해야 한다는 원칙은 오로지 점진적으로만 이러한 과정 속에서 생성되었던 것이다. 이로써 그것은 법 앞에 평등한 자유로운 인간들의 열린사회로의 급진적인 접근과정 속에서 안내자가 되었던 것이다. 행위들을 특수한 결과에 의해서 판단하는 것이 아니라 규칙에 의해 판단하는 것은 열린사회를 가능하게 했던 조치인 것이다. 이것은 거대한 사회의 구체적인 질서를 결정하는 특수한 사실들 대부분에 관한 개개인들의 무지를 극복하기 위해 인간이 우연히 발견한 수단이다.

따라서 정의란 구체적인 사례에서 문제가 되고 특수한 이해관계들, 또는 특정한 인간부류들의 이해관계들을 절충하는 것이 결코 아니다. 또한 그것은 정의롭다고 간주되는 어떤 특수한 상황을 창출하는 데 목표를 두고 있는 것도 아니다. 그것은 어떤 특수한 행동이 실제로 발생시킬 결과와 관계가 없다. 정의로운 행동규칙을 지킬 경우, 의도적으로 창출되었더라면 정의롭지 못한 것으로 간주될 무의도적인 결과가 발생하기 일쑤이다. 자생적 질서를 유지하려면, 인간의지에 의해 결정된다면 정의롭지 못할 변동이 빈번히 필요하다.

아마도 여기에서 주의를 환기시켜 지적해야 할 중요한 점은 전지전능한 인간들이 사는 사회에서 정의의 개념이 설 자리가 없다고 하는 점이다. 이러한 사회에서는 모든 행위는 알려진 결과를 발생시키기 위한 수단으로써 판단되어야 할 것이고 전지전능이란 아마도 서로 다른 효과들의 상대적인 중요성에 관한 지식까지도 포함할 것이다. 모든 추상화된 것들과 똑같이 정의 역시 우리의 무지, 즉 아무리 과학이 발전된다고 하더라도 그것이 전적으로 제거시킬 수 없는 사실에 관한 영구적인 무지에 대한 적응이다. 우리는 상이한 개인들의 특수한 목적들의 상대적 중요성에 관한 지식을 갖고 있지 않기 때문일 뿐만 아니라 이에 못지않게 특수한 사실들에 관한 지식을 갖고 있지 않기 때문에, 거대한 사회의 질서는 추상적인 그리고 목적과 독립된 규칙을 준수함으로써 생성시킬 수밖에 없는 것이다.

정의로운 행동규칙들이 진화과정 속에서 통과되어 일반적(그리고 흔히 소극적) 규칙들이 되었던 테스트 그 자체는 소극적 테스트이고, 이러한 테스트로 인하여 이 규칙들을 지켜야 할 사람들이 알 수 없는 특수한 사실과 효과에 대한 모든 준거를 제거시키기 위해서는, 이 규칙들은 점진적으로 변형되어야 할 필요가 있는 것이다. 오로지 그러한 규칙들만이 목적과 독립적인 테스트를 통과할 수 있고, 또한 이들을 지켜야 할 사람들이 알 수 있거나 쉽게 확인할 수 있는 사실들과 관련될 수 있다. 따라서 정의로운 행동규칙들은 '의지'나 '이해관계', 또는 특수한 결과를 지향하는 유사한 어떤 목적에 의해 결정되지 않고, 각 세대에 의해 전달된 규칙시스템과 양립시키려는 꾸준한 노력(울피안의 '불변적이고 영구적인 의지')[21]을 통하여 개발된다. 열린사회를 가능하게 했던 규칙들과 똑같은 종류의 새로운 규칙들을 기존의 시스템과 부합시키고 싶어 하는 입법자는 이러한 규칙들을 그와 같은 소극적인 테스트에 예속시켜야 한다. 또 이 시스템 내에서 이에 따라 행동할 경우, 그리고 기존의 행동질서의 기능을 개선시키고자 하는 과제를 담당한다면, 그는 어떤 규칙을 설정해야 할 것인가에 관련하여 선택의 폭이 그리 크지 않다.

보편화 가능성의 소극적인 테스트를 꾸준히 적용하는 것 혹은 설정된 규칙들을 보편적으로 적용하겠다는 헌신의 필요성, 규칙들끼리의 모든 갈등(혹은 아직 언어로 표현되어 있지는 않지만 일반적으로 승인될 수 있는 정의의 원칙과의 갈등)을 제거하기 위해 기존의 규칙들을 변형하고 보완하려는 노력 등에 의해, 시간이 경과함에 따라 전체시스템이 전적으로 전환될 수 있다. 그러나 소극적인 테스트는 주어진 일단의 규칙들로부터 선택하거나 이를 변형시키는 데 우리를 도와주는 반면에, 그것은 결코 그 규칙들 전체에 대한 적극적인 이유를 제공하지는 못한다. 어떤 애초의 규칙시스템으로부터 이러한 진화가 시작되었는가 하는 것은 부적절한(그리고 일반적으로 그 해답을 알 수도 없는) 문제제기이다.

그런데 그와 같은 어느 한 종류의 규칙시스템이 거대한 사회의 포괄적인 질서를 산출할 때 다른 모든 종류의 규칙시스템보다도 훨씬 더 효과적일 수 있고, 따라서 그러한 시스템을 지향하는 모든 변동으로부터 얻을 수 있는 편익의 결과로서, 매우 상이하게 출발하여 형성된 시스템들 속에는 생물학자들이 '수렴적 진화'라고 부른 것에 해당하는 과정이 있을 수 있는 것이다. "인간사회의 필요성"[22]은 서로 다른 시기와 장소에서 사적 소유와 계약에 기초를 둔 시스템과 같이 동일한 종류의 시스템을 독립적으로 발생시킨다. 거대한 사회가 생성된 곳이면 어디에서나 이를 가능하게 한 것은 데이비드 흄의 이른바 '세 가지 기본적인 자연법, 즉 소유의 안전성 원칙, 동의에 의한 소유의 이전, 약속이행의 원칙'을 포함하는 정의로운 행동규칙이다.[23] 이것은 현대의 어느 한 작가가 모든 현대적인 사법체계의 본질적인 내용을 '계약의 자유, 소유의 불가침성 그리고 피해에 대한 보상의무'[24]로 요약하고 있는 것과 동일하다.

따라서 기존의 정의로운 행동규칙들을 언어로 표현하고, 해석하며, 이들을 개발하는 과제를 위탁받은 사람들은 자신들의 억제되지 않은 의지를 실시해서는 안 되고, 항상 명확한 문제에 대한 해답을 찾아내야 한다. 일반적인 정의감을 충족시키면서 동시에 기존의 규칙시스템과 부합되는 규칙들을 정식화시키는 데 믿을 만한 사람들이라고 기대되었기 때문에 원래 그들은 선택되었을 것이다. 사회제도의 기원에 관한 순박한 구성주의적 해석은 법규칙들이 누군가의 의지의 산물임에 틀림없다는 가정을 기초로 하고 있으나, 이러한 해석은 사실상 실제의 발전과정과는 상반된 것이며 사회의 기원을 사회계약에서 찾는 것만큼이나 신화적인 것이다.

규칙들을 작성할 과제를 위임받은 사람들은 그들이 적합하다고 생각하는 규칙들이 무엇이든 이를 고안할 무제한적인 권력을 가지고 있는 것은 아니었다. 그들은 자신들이 기존의 나머지 규칙시스템을 충족시키고, 또한 기능할 수 있다고 판명되는 규칙들을 작성하는 데 필요한 재주를 가지고 있는 것으로 보였기 때문에 선택되었던 것이다. 그들의 성공으로 인하여, 그들은 신뢰를 받을 만한 자격이 없다고 해도 신뢰를 받을 수 있게 되고, 신뢰 없이도 그들의 권력을 유지할 수 있게 하는 위치를 차지하는 것이 일쑤였던 것은 사실이다. 그렇다고 해도 그들이 자신들의 권위를, 인정된 어느 한 종류의 질서가 필요로 하는 것을 실시할 수 있고 정의로운 것으로 간주될 수 있는 것을 발견할 수 있으리라는 가정된 능력으로부터 도출한다는 사실에는 어떠한 변화도 없다. 요컨대 그들의 권위란 정의를 창조할 수 있으리라는 가정된 능력이 아니라 이를 찾아낼 수 있으리라는 가정된 능력으로부터 도출된 권위이다.

따라서 법시스템을 개발하는 과제는 어떤 규칙들이 주어져 있다고 가정하지 않고서는, 또한 이들에 의해 결정된 시스템 내에서 움직이지 않고서는 수행할 수 없는 매우 어려운 지적인 과제이다. 그것은 다소간 성공적으로 수행할 수는 있으되, 일반적으로 이를 위탁받은 사람들이 자유로이 자신들의 의지에 따라 수행하도록 내버려둘 수 있는 과제는 아니다. 이 과제는 어떤 새로운 건물을 짓는 과제보다는 진리를 탐구하는 것에 더 유사하다. 언어로 표현되어 있지 않은 복잡한 규칙들을 해명하고 절충하여 이들을 명시적인 규칙시스템으로 전환시키려고 노력하다 보면 수락된 가치들 간의 갈등을 만나기가 일쑤이다.

따라서 보다 일반적인 원칙에 비추어 수락된 규칙들 중에 어떤 것들을 거부하는 것이 때때로 필요하다. 이때 주도원칙은 항상 정의, 즉 일반적으로 적용할 수 있는 규칙이 특수한(아마도 역시 일반적으로 느낀다고 하더라도) 욕구를 압도해야 한다는 점이다.

일반적으로 우리의 정의감은 출발점이 되기는 하지만, 그것이 특수한 사례에 관하여 말해주는 것은 틀림이 없거나 궁극적인 테스트는 아니다. 그것은 그를 수도 있고, 그르다고 판명될 수도 있다. 어떤 규칙이 정의롭다고 하는 우리의 주관적인 느낌을 정당화한다는 것은 우리가 이 규칙을 보편적으로 적용하는 데 헌신하겠다는 점이기는 하지만, 그렇다고 이것이 우리가 이에 헌신하지 않았더라면, 우리는 그 규칙을 적용하지 말았어야 할 사례들, 그리고 정말로 정의롭다고 생각했던 것이 실제로는 그렇지 않다는 사실을 우리가 발견하게 되는 사례들을 나중에 발견할 수 있다는 가능성을 배제하는 것이 아니다. 그런 사례들이 생겨나는 경우에는 우리는 장래를 위해 그 규칙을 변동시키지 않으면 안 될 수도 있다. 정의에 관한 직감과 우리가 역시 보유하고자 하는 규칙 사이에 존재하는 갈등이 이와 같이 나타나게 되면 우리는 어쩔 수 없이 우리의 견해를 재고해야만 한다.

우리는 정의로운 행동규칙이 모든 사람들에게 똑같으려면, 전체 질서의 유지에 필요한 승인된 규칙들이 변동되어야 하는데, 이 변동에 관해서는 나중에 훨씬 더 많이 설명하고자 한다. 그때 가서 우리는 우리에게 불의하게 보이는 효과들이 이 효과들과 관련된 모든 사람들의 정의로운 행동의 필요한 결과들이라고 하는 의미에서 그 효과들이 정의로울 수 있다는 사실을 알게 될 것이다. 우리가 살고 있는, 그리고 문명의 대부분의 장점들을 제공하고 있는 추상적인 질서에서 우리를 안내하는 것은, 결국 무엇이 좋으냐 하는 것에 관한 우리의 직관적 인지가 아니라 우리의 지성이다. 오늘날 우리의 도덕적 관점들은 인류사회의 진화과정(소규모 군단에서부터 조직화된 부족사회, 즉 혈연이나 그 밖에 뒤이어 형성된 단계의 보다 더 큰 그룹들에서 거대한 사회에 이르기까지의 단계들) 중 초기단계로부터 유래된 관점들을 아직도 포함하고 있다는 것은 의심의 여지가 없다. 나중 단계에서 등장하는 규칙들이나 견해들 중 어떤 것들은 실제로 전단계의 것들을 지속적으로 수락해야 한다는 것을 전제하고 있지만, 다른 새로운 요소들은 아직까지도 존속하고 있는 초기단계의 것들 중 어떤 것들과는 서로 갈등관계에 있을 수도 있다.

불의에 관한 테스트의 소극적 성격이 갖는 중요성

　정의에 관한 적극적인 기준을 갖고 있지 않다고 하더라도, 무엇이 정의롭지 않은가를 우리에게 알려주는 소극적인 기준을 가지고 있다는 사실은 여러 가지 관점에서 매우 중요하다. 그것이 우선적으로 의미하는 바는 불의한 것을 제거시키기 위한 노력은 완전히 새로운 법시스템을 형성하기 위한 충분한 기초가 될 수는 없다고 하더라도, 그것은 법들의 기존 몸체를 보다 정의롭게 만들 목적을 가지고 이 몸체를 개발하기 위한 적합한 지침이라고 하는 점이다. 따라서 그 대부분 사회구성원들에 의해 인정받을 수 있는 법체계의 개발을 위하여 그와 같이 노력하다 보면 무엇이 정의롭지 않은가에 관한 '객관적인' 테스트가 존재할 것이다(객관적이라는 의미는 보편적으로 타당하다는 의미가 아니라 간주체적으로 타당하다는 의미이다. 그것은 사회의 다른 규칙들의 대부분을 수락하는 다른 사회성원들에 대해서만 타당할 것이기 때문이다). 불의에 관한 그와 같은 테스트는 이것이 전적으로 새로운 법시스템을 구성할 수 있을 정도로 충분하지 않다고 하더라도, 기존의 법시스템을 어떠한 방향으로 개발해야 하는가를 우리에게 충분히 말해주고 있다.

　여기에서 언급해야 할 점은 이마뉴엘 칸트가 자신의 법철학에서 정언명령의 원칙을 기존의 법시스템의 개발에 적용해야 할 소극적인 테스트의 의미로 사용했다는 점이다. 이러한 사실은 흔히 간과되어 왔다. 왜냐하면 그는 자신의 도덕이론에서 마치 이 원칙이 도덕규칙 전체시스템을 연역적으로 도출할 수 있는 적합한 전제조건인 것처럼 사용했기 때문이다. 그의 법철학에 관한 한 칸트는 정언명령이란 정의의 필요조건일 뿐 충분조건이 아니라는 것, 그것은 오로지 정의롭지 않은 것을 점진적으로 제거시킬 수 있게 하는 소위 소극적인 테스트, 즉 보편화 가능성의 테스트라는 것을 충분히 알고 있었다. 그는 역시 이러한 테스트를 통과한 결과로서 "법규칙들

(juridical law, Rechtsgesetze)은 우리의 목적들을 전적으로 추출(해야)하며, 법규칙들은 본질적으로 소극적이고, 다만 우리의 자유의 행사를 제한하는 원칙이라는"[25] 것을 칸트 이후 대부분의 법철학자들보다도 훨씬 더 분명하게 보았던 것이다.

정의의 규칙을 행위를 금지하는 것으로서, 그리고 소극적인 테스트에 예속된 것으로서 취급하는 것과, 과학철학의 현대적인, 특히 칼 포퍼에 의해 개발한 것과[26] 밀접한 유사성이 존재한다는 사실은 중요하다. 과학철학에서는 자연법칙들을 금지들로서 취급하고 지속적인 반증노력의 실패를 이들에 대한 실패로 간주하는데, 이때 테스트는 결국 전체 시스템의 내적인 일관성 테스트이다. 이 두 가지 영역에서의 입장들은 역시 우리는 옳지 않은 것 혹은 정의롭지 않은 것을 꾸준히 제거시켜서 항상 진리 혹은 정의에 접근하려고 노력할 수밖에 없고, 우리가 최종 진리나 정의에는 도달했다고 우리가 확신할 수 없다는 점에서도 유사하다.

정말로 우리가 원하는 바를 우리는 거의 믿을 수 없고, 우리가 원하는 바가 진리라고 생각할 수 없는 것처럼, 우리가 원하는 바를 정의롭다고 생각할 수 없는 듯이 보인다. 그 어떤 것을 정의롭다고 생각하고 싶은 욕망이 얼마나 오랫동안 우리의 이성을 지배할지는 모르지만, 사고의 필연성이 존재하고 있는데 그와 같은 희망이 이 필연성을 방어하기에는 무력하다. 나는 내가 정의롭다고 여기고 싶은 어떤 대상을 잘못 추리하여 그것이 정말로 정의롭다고 확신할 수도 있다. 그러나 정말로 정의로운가 하는 문제는 의지(또는 희망)의 문제가 아니라 이성의 문제이다. 실제로 그렇지 않은 것을 내가 정의롭다고 생각하지 못하도록 막아주는 것은 타인들의 상반된 견해일 뿐만이 아니다. 그것은 특수한 문제가 나의 마음속에 불러일으키는 어떤 강력한 감정이 아니라 오히려 일관성의 필연성이다. 이 일관성이 없이는 어떠한 사고도 가능하지 않은 것이다. 그렇기 때문에 나는 특정한 행위가 정의롭다는 나의 신념을 그 규칙이 내가 역시 믿어 의심치 않는 다른 모든 규칙들과 양립할 수 있느냐에 의해 테스트할 충동을 갖는다.

정의의 객관적 기준은 적극적인 기준이어야 한다는 상반된 신념은 역사적으로 커다란 영향력을 가지고 있었다. 고전적 자유주의는 객관적인 정의에 대한 믿음에 좌우되었다. 그러나 법실증주의는 정의의 적극적인 기준이란 존재하지 않는다는 것을 보여주는 데 성공했다. 그것은 이로부터 잘못된 결론, 즉 정의의 기준이 무엇이든 객관적인 기준이란 있을 수 없다는 결론을 이끌어냈던 것이다. 실제로 법실증주의는 어떤 객관적인 정의의 기준을 찾을 수 없다는 절망의 산물이다.[27] 그렇게 하는 것이 겉으로 보기에 불가능하다는 사실에서 법실증주의는 정의에 관한 모든 문제는 오로지 의지 혹은 이해관계 혹은 감정의 문제일 뿐이라는 결론을 도출했던 것이다. 만약 이것이 사실이라면, 고전적 자유주의의 전반적인 기초는 붕괴될 것이다.[28]

그러나 실증주의의 결론은 정의의 객관적 기준은 적극적인 기준이어야 한다는 암묵적인, 그러나 잘못된 가정을 통해서만, 즉 정의로운 행동규칙 시스템 전체가 논리적으로 도출될 수 있는 전제조건을 통해서만 얻어낼 수 있는 결론이다. 그러나 만약 우리가 정의의 테스트는 우리로 하여금 새로운 정의로운 행동규칙들의 전체 시스템을 구성할 수 있게 해야 한다고 주장하지 않고, 전수된 시스템을 구성하는 규칙들 대부분이 보편적으로 인정되고 있는데, 이들 중 부분들에 불의의 소극적 테스트를 적용하는 것으로 항상 만족한다면, 우리는 정의의 적극적인 기준이 없다는 실증주의의 주장을 수락할 수도 있을 것이다. 그러나 아직 우리는 정의로운 행동규칙의 발전은 자의적인 의지의 문제가 아니라 내적 필연성의 문제라는 것, 그리고 미지의 정의의 문제들에 대한 해결책들은 발견되는 것이지 자의적으로 포고되는 것이 아니라는 것을 주장할 수 있다. 정의의 적극적인 기준이 없다고 하는 사실이 무제한적인 의지를 유일한 대안으로 인정하는 것은 아니다. 우리는 정의를 통해 특정한 방식으로 기존의 시스템을 발전시킬 의무를 가지고 있고, 또한 우리는 불의를 제거하기 위해 특정방식으로 특수한 규칙들을 변경해야 한다는 것을 보여줄 수도 있다.

법실증주의는 고전적 자유주의를 파괴했던 주요 세력들 중 하나였다. 이 후자는 특정한 결과를 달성하기 위한 편의와는 독립적인 정의 개념을 전제로 하기 때문이다. 따라서 법실증주의는 물론 윌리엄 제임스(W. James),[29] 존 듀이(J. Dewey),[30] 빌프레도 파레토(V. Pareto)[31]의 구성주의적 실용주의의 또 다른 형태들은 지난 세대 동안 자유주의라는 명칭을 사칭했던 사이비 자유주의의 기초가 되었기는 했지만, 자유주의라는 원래의 의미로 볼 때는 반자유주의인 것이다.

이데올로기로서의 법실증주의

'법실증주의'라는 용어의 의미는 정확히 무엇인가에 관하여 불명확한 점이 있기 때문에, 그리고 이 용어는 서로 다른 의미로 현재 이용되고 있기 때문에[32] '실정법'이라는 원래의 의미를 논의하는 것을 시작으로 법실증주의를 검토하는 것이 유용할 것이다. 우리는 실정법이라는 용어는 오로지 의도적으로 만들어진 법만이 진정한 법이라고 암시하고 있는데, 이러한 암시가 바로 실증주의 이론의 중핵이고, 기타 다른 모든 주장들은 이 중핵에 달려 있는 것이다. 이미 우리가 앞에서 본 바와 같이[33] 법과 관련하여 '실증적(positive)'이라는 용어의 사용을 설정한다라는 라틴어의 포지투스(positus), 또는 포지티부스(positivus)에서 유래된 것으로서 그리스어의 테사이(thesei)를 반영한 것이다. 테사이는 인간의 의지의 고의적인 창조였던 것을 기술하는 용어인데, 이 용어는 고안되었던 것이 아니라 자연스럽게 생성되었던 것, 즉 피사이(physei)와 상반된 것이다.

우리는 모든 법을 인간의지에 의해 고의적으로 창조된 것이라고 강조하고 있는 것을 법실증주의의 현대사가 시작되는 토머스 홉스에서 발견할 수 있다.[34] 그는 법을 "입법권을 가지고 있는 사람의 명령"으로 정의하고 있다.[35] 그는 제레미 벤담보다 더 조잡하게 표현하지는 않았다. 벤담은 "법시스템 전체를 …… 두 가지 부문으로 구분했다. 이 부문들 중 한 부문에 속하는 지시명령들은 실제로 만들어졌던 것들이다. 보편적으로 인정받고, 또한 그와 같은 명령을 내릴 수 있는 자격을 부여받은 손에 의해 만들어진 것이다 …… 이러한 법부문은 현실적 법이라는 이름, 실제로 존재하는 법, 입법자에 의해 만들어진 법이라는 이름으로 …… 구분된다. 영국 정부에서 그것은 이미 성문법규(statute law)라는 이름으로 특징지어진다 …… 또 다른 부문에 의해 만들어졌다고 가정되는 장치들은 …… 비현실적인, 실제로는 존재하지 않는, 가상적인, 허구적인, 순수하지 않은 재판관에 의해 만들어진 법이라는 이름으로 특징지어지는 것들이다. 영국 정부 아래에서 이러한 법부문은 보통법(common law)과 불문법(unwritten law)이라는 무표정하고 특징이 없는 부적합한 이름으로 불리고 있다."[36] 이런 벤담으로부터 존 오스틴은 "모든 법은 지적인 존재에 의해 설정된 것"이고, "입법행위 없이는 법이란 있을 수 없다"는 자신의 법 개념을 도출했던 것이다.[37] 실증주의의 이러한 중심된 주장은 오늘날 가장 고도로 발전된 형태인 한스 켈센의 이론에도 똑같이 핵심이다. 이 이론도 인간행동을 규정하는 규범들은 오로지 인간의지에서 유래될 수 있을 뿐이지 인간이성으로부터 나올 수는 없다고 주장하고 있다.[38]

이러한 주장이 모든 법규칙들의 내용은 의지의 행위에 의해 고의로 만들어졌다고 주장하는 한, 그것은 단지 구성주의적 오류의 순박한 표현일 뿐이고, 또한 그것은 실제로도 틀린 것이다. 그러나 입법자가 무엇이 법이어야 할 것인가를 '결정한다'는 주장에는 근본적인 불명확성이 있는데, 이 불명확성으로 인하여 실증주의자들이 그들의 기본적인 가정의 허구적 성격을 너무나도 분명하게 보여주는 몇몇 결론을 회피하는 데 도움이 되고 있다.[39] 입법자가 무엇이 법이 되어야 하는가를 결정한다고 하는 주장은 단순히 그 입법자가 법을 집행하는 사람들에게 법이 무엇인가를 찾아내기 위하여 그들이 어떻게 해야 할 것인가를 알려준다는 것을 의미할 뿐일 수도 있다. 성숙한 법시스템에서는 단일조직이 존재하고 있는데, 이 조직은 법을 집행할 독점권을 가지고 있다. 이 조직의 수뇌부(그리고 그것은 오늘날 입법자이다)는 그가 만든 조직의 구성원들(대행자들)에게 분명하게 그러한 지시를 내려야 한다.

그러나 반드시 이것은 입법자가 그 법의 내용을 정한다는 것을 의미한다거나, 또는 역시 그 내용이 무엇인가를 알 필요가 있다는 것을 의미하는 것은 아니다. 입법자는 보통법을 유지하도록 법원에게 지시하면서, 그는 그 법의 내용이 무엇인가에 관하여 별로 알지 못할 수도 있는 것이다. 그는 법원에게 관습법, 토착법(native law)을 집행하거나 신의 성실(good faith)과 공정을 지킬 것을 지시할 수도 있다. 이 모든 사례들은 집행되어야 할 법의 내용은 확실히 입법자에 의해 창출된 것이 아니라는 것을 보여주는 사례들이다. 이러한 사례들에서 법은 입법자의 의지를 표현한다고 주장한다면, 그것은 언어의 남용이다. 만약 단순히 입법자가 법원에게 법은 무엇인가를 찾아내기 위해서는 어떻게 할 것인가에 관해서만 말할 뿐이라면, 이것만을 가지고는 법의 내용이 어떻게 결정되는가에 관해서는 아무것도 말해주지 않는다. 그렇지만 실증주의자들은 자신들이 전자가 모든 성숙된 법시스템에 타당하다는 것을 입증하면, 그들은 입법자의 의지가 법의 내용을 결정한다는 것을 보여준 것이라고 믿는 것 같다. 이 결론으로부터 실증주의의 거의 모든 특징적인 기본내용들이 유래한다.

정의로운 행위의 법적 규칙들, 특히 사법에 관한 한 이들의 내용은 항상 입법자의 의지의 표현이라는 법실증주의의 주장은 단순히 틀린 주장이다. 틀렸다는 것은 물론 사법에 관한 역사가들, 특히 보통법의 역사가들이 반복적으로 보여주었다.[40] 그것은 공법을 구성하는 조직규칙들에게는 반드시 타당하다. 그리고 오늘날 거의 모든 법실증주의자들은 공법학자였고, 그 밖에도 예외 없이 사회주의자였다고 하는 것은 의미심장하다. 이들은 조직하는 사람들이다. 그들은 질서를 오직 조직으로만 생각할 수밖에 없는 사람들이다. 그들은 정의로운 행동규칙들이 자발적 질서의 생성을 초래한다는 것을 18세기 사상가들이 입증하려 한 모든 노력에 의해 어떠한 영향도 받지 못한 사람들이다.

이러한 이유 때문에 실증주의자들은 정의로운 행동규칙과 조직규칙의 차이를 말살시키려고 했고, 흔히 법이라고 불리는 모든 것은 동일한 성격을 가지고 있다고, 또한 특히 정의관은 법이란 무엇인가를 결정하는 일과는 전혀 관계가 없다고 주장했던 것이다. 정의에 관한 적극적인 기준이란 존재하지 않는다는 견해로부터 그들은 정의가 무엇이든(그리고 이밖에도 그들은 정의를 정의로운 행동의 문제가 아니라 분배적 정의의 문제로 생각하고 있다), 이 정의를 테스트하는 객관적인 테스트란 있을 수 없다는 잘못된 결론을 도출하고 있는 것이다. 그리고 그들은 구스타프 라트브루흐(Gustav Radbruch)가 표현하고 있는 바와 같이, 그리고 그의 표현은 시사하는 바가 매우 큰데, "어느 누구도 무엇이 정의로운가를 확인할 수 없다면, 누군가가 무엇이 법적이어야 할 것인가를 결정해야 한다"[41]는 잘못된 결론을 도출하고 있는 것이다.

그들이 주로 관심이 있었던 법 분야, 즉 정부조직법이나 공법은 정의와 전혀 관계가 없다는 것을 어렵지 않게 입증한 후에, 그들은 이것이 자생적 질서의 유지에 기여하는 법을 비롯하여 흔히 법이라고 부르는 모든 것에도 타당하다고 주장하기 시작한다. 여기에서 그들은 기능하는 자생적 질서를 유지하기 위해 필요로 하는 규칙들과 조직을 지배하는 규칙들은 전적으로 서로 다른 기능을 가지고 있다는 사실을 완전히 무시하고 있는 것이다. 그러나 사법의 존재는 그들에게 있어서 오히려 소멸되어야 할 비정상적인 것으로 보인다. 라트브루흐에게 있어서 그것은 분명히 모든 것을 포괄하는 공법 내에서는 잠시 유보된, 그리고 점차 줄어드는 사적 활동을 위한 영역이다.[42] 그리고 한스 켈센에게는 "모든 순수한 법은 처벌을 행사하도록 하는 관리들에 대한 조건적인 명령이다."[43] 실증주의자들의 영향을 받아 우리는 사실상 그와 같은 상태에 접근해가고 있다. 그들의 생각은 일종의 자기충족적 예언이 되어가고 있다.

특정한 역사적 발전의 결과로서 오늘날 '법'이라고 부르는 모든 것은 똑같은 성격을 가지고 있어야 한다는 실증주의적 주장으로 인하여, 그 이론가들은 '법'이라는 용어가 적용되는 모든 사례들을 포괄하는 단일의미를 그 용어에 부여해야 한다고, 또한 이 의미를 충족시키는 모든 것은 모든 목적을 위해 법으로서 인정되어야 한다고 주장하게 되었다. 그러나 인간들이 수세기 동안 '법질서'라고 생각했던 것을 위해서 투쟁했는데, 이 법질서는 권위에 의해 강제된 모든 질서를 의미하는 것이 아니라 개개인들이 보편적인 정의로운 행동규칙을 지킴으로써 결과적으로 형성되는 질서를 의미했던 것이다. '법'이라는 용어도 거의 그만큼 오랫동안 법의 지배의 이상, 법치국가, 권력의 분립, 그리고 법을 개인적 자유의 보호라고 생각했던 훨씬 더 오래된 법의 개념 등 이와 같은 정치적 이상들의 의미를 결정했고, 또한 그것은 헌법전에서 기본권을 제한할 수 있는 그 제한방법을 억제하는 데 기여했다.

이상과 같이 사람들이 법질서라고 간주했던 바를 위해서 수세기 동안 싸웠고, 또 법이라는 표현이 똑같이 오랜 기간 동안 정치적인 이념들의 의미를 결정했다는 사실들을 염두에 둘 때, 우리가 서구문명의 결정요인들 중 하나를 터무니없게 만들지 않으려면, 우리는 편협한 사람 혹은 윌리엄스[44]가 주장하는 것처럼 "내가 어느 한 단어를 사용할 때, 이것이 내가 이것이 바로 의미하기를 바라는 바를 의미하는 것이지 그 이상도 그 이하도 아니라고"[45] 주장할 수는 없다. 우리는 적어도 법적인 맥락을 비롯하여 어떤 맥락에서든 '법'이라는 단어는 또 다른 맥락에서 이용되는 의미와는 다른, 매우 특유한 의미를 가지고 있다는 것, 그러한 특유한 의미로 법이라고 부르는 것은 역시 '법'을 지칭하는 또 다른 명제들과는 원천, 성격, 기능 및 가능한 내용에 있어서 전적으로 다를 수 있다는 것을 인정해야 한다.

그렇지만 입법자의 의지의 산물로서 법을 정의한다면, 그것은 그 내용이 무엇이든("법은 무슨 내용이든지 담을 수 있다"[46]) 입법자의 의지의 모든 표현을 포함하는 결과를 초래할 뿐만 아니라 내용은 법이라고 지칭하는 상이한 명제들 사이의 중요한 차이를 구성하지 않는다고 하는 견해, 특히 정의는 어떠한 의미로도 무엇이 사실상 법인가를 결정해주는 요소가 될 수 없고, 오히려 법이 무엇이 정의로운가를 결정한다고 하는 견해를 정당화시켜 준다. 정의를 법에 앞서 있는 것으로,[47] 그리고 적어도 법의 어떤 부분들은 정의의 개념에 의해 제한을 받는 것으로 생각했던 과거의 전통과는 상반되게 법제정자는 정의의 창조자였다는 주장이 법실증주의의 가장 특징적인 내용이 되었다. "어떠한 법도 불의할 수 없다"고 주장했던 토머스 홉스로부터[48] "정의롭다는 것은 법적인 것, 정당한 것을 표현하기 위한 또 다른 용어"라고 주장한 한스 켈센에 이르기까지[49] 실증주의자들은 법이 무엇인가를 결정하기 위한 지침으로서의 정의의 개념을 폄하시키려고 끊임없이 노력해왔다.

'순수 법이론'에 관하여

법실증주의의 이러한 핵심적인 주장은 법원(재판소)을 설치하는 입법자가 어떻게 법원이 법을 확인해야 하는가를 보여주어야 한다는 주장뿐만 아니라 입법자는 그 법의 내용을 창조한다고, 그리고 창조하는 과정에서 그는 전적으로 자유롭다고 하는 주장을 내포하고 있다. 가장 고도로 발달된 법실증주의 형태가 한스 켈센의 '순수 법이론'이다. 이 이론의 결과는 용어들을 비범한 특수의미로 집요하게, 그러나 매우 그릇되게 이용함으로써 그럴 듯하게 보인다. 그리고 이 학파의 추종자들은 이 의미를 너무도 습관적으로 사용하고 있기 때문에 그들은 이 의미가 잘못된 것인지조차도 알아차리지 못하고 있다.

첫째로, 그리고 이것이 가장 중요한 점인데, 켈센은 '법'과 '규칙'을 보다 가깝게 연결시키기 위해서 '규칙' 대신에 '규범'이라는 표현을 쓰고 있고, 그 다음에는 언어를 위반해서까지[50] '개별적 규범'이라고 부르는 것들, 즉 모든 명령적인 언명과 모든 당위적인 언명을 규범이라는 표현 속에 포함시키기 위해서 규범이라는 표현을 사용하고 있다.

둘째로 그는 '질서'라는 용어를 실제의 어떤 상태를 표현하기 위하여 사용하는 것이 아니라 특정한 지시·명령을 규정하는 규범을 나타내기 위해 사용하고 있다.[51] 따라서 그는 스스로 몇몇, 오로지 몇몇의 행동규칙들만이 어떤 상황에서는 질서의 형성을 야기하고 이러한 이유 때문에 이 규칙들은 다른 규칙들과는 구분되어야 한다는 인식을 부인하고 있다.[52] 셋째로 어느 한 규범의 '존재'라는 표현은 '실효성'과 유사한 의미로 사용되고 있으며, '실효성'이란 최종 권위가 가지고 있는 의지의 행위나 '기본적인 규범'으로 부터 논리적으로 도출할 수 있다는 의미로 정의되고 있다.[53] 네번째이자 마지막으로 그는 '창출한다' '설정한다' 혹은 '세워놓는다'라는 표현들(독일어의 erzeugen 혹은 setzen)을 인간의 행동에 의해 구성된 모든 것을 포함하기 위하여 사용하고 있다.[54] 따라서 인간계획의 산물뿐만 아니라 언어규칙이나 도덕, 또는 에티켓과 같이 자생적으로 성장된 것들까지도 '설정, 즉 실증적 규범'으로 간주되어야 할 것이다.[55]

위의 마지막 두 가지 용법으로 인하여 이중적인 애매모호성이 생겨난다. 규범은 특정한 방식으로 생겨났다는 주장은 그 규칙의 내용은 어떤 특정한 방법으로 형성되었다거나 혹은 그 실효성이 존재하고 있는 그와 같은 규칙에게 특정한 방법으로 부여되었다거나 하는 것을 의미할 수도 있을 것이다. 그것은 역시 이 내용은 합리적인 과정에 의해 의도적으로 고안되었다고 하거나, 아니면 그것은 인간계획의 결과가 아니라 인간행동의 결과(즉 앞에서 사용되었던 의미들 중 하나라 볼 때 '자연적'이다)라고 하는 것을 의미할 수도 있는 것이다.

'순수 법이론'은 '규범적인 과학'이라는 괴상한 주장이나, 이 용어가 의미하는 바를 검토하는 것은 이 저서의 범위를 넘어서는 작업일 것이다.[56] 흔히 인정하고 있듯이 그것은 사실에 관한 경험과학이 아니라 기껏해야 논리학이나 수학이 과학이라고 할 경우에 이용되는 의미에 있어서의 과학이라고 주장할 수 있을지 모른다. 실제로 그것이 행하는 바는 겨우 법에 관한 정의(定義)의 결과들을 정교하게 작성해놓고, 그것은 이 정의로부터 어느 한 규범의 '존재'는 그것의 '실효성'과 동일하다는 결론, 그리고 이 실효성은 가상적인 '기본규범'(전체 규범시스템의 '유효한' 실제적인 요소도 결코 충분히 설명되지 못한 방식으로 작용하고 있다고 하더라도)으로부터 논리적으로 도출할 수 있느냐의 여부에 의해 결정된다는 결론을 도출하고 있는 것이다. 법 개념에 관한 이러한 정의가 가능하고 의미 있는 유일한 것이라고 전제되고 있다. 그리고 채택된 정의의 결과들을 '인지'라고 생각함으로써 그 '순수이론'은 '법'이라는 용어를 상이한 좁은 의미로 사용하여 작성된 언명들을 부인할 (혹은 의미 없다고 생각할) 수 있는 자격을 가지고 있다고 주장한다. 이것은 법의 지배(혹은 법 아래에서의 통치 혹은 법치국가)가 압도하고 있는 법시스템과 그렇지 못한 법시스템을 구분할 수 없다. 따라서 모든 법질서, 심지어 권위의 권력이 전적으로 무제한적인 법질서마저도 법의 지배의 예가 된다고 하는[57] 중요한 주장에도 적용된다.

어느 한 정의로부터 도출된 결론들이란 사실의 세계에서 목격할 수 있는 특정한 대상들에게 무엇이 타당한지에 관하여 결코 아무것도 우리에게 말해주지 않는다. 그러나 '법'이라는 용어는 오로지 어떤 특정한 의미로만 사용되어야 한다느니, 서로 다른 종류의 법을 구분한다는 것은 법'과학'을 위해서는 적절하지 않다느니 하는 주장은 어떤 특정한 목적을 위한 것이다. 즉 이 목적은 오랫동안 입법과 법원 판결의 길잡이가 되었고, 자유로운 사회의 자생적 질서가 성장하는 데 영향을 미쳤던 어떤 구상을 폄하시키기 위한 것이다. 이것은 강제는 이것이 모든 시민들에게 똑같이 적용할 수 있는 보편적인 정의로운 행동규칙을 집행하기 위해 행사될 경우에만 정당하다는 생각이다. 법실증주의가 지향하는 바는 특정한 목표들을 위해서나 어떤 특수한 이익을 위해서 행사되는 강제를 자생적 질서의 기초를 유지하기 위해 행사하는 강제만큼이나 정당한 것으로 만드는 데 있다.

  무엇이 법인가를 확인해내는 데 법실증주의는 우리에게 별로 도움을 주지 못하고 있다는 것을 우리는 이 문제가 가장 중시되고 있는 영역에서, 즉 특수한 사례에 어떤 규칙을 적용할 것인가를 확인해야 할 재판관의 처지에서 가장 잘 알 수 있다. 입법자의 어떠한 특수한 법규들도 재판관이 무엇을 해야 할지를 말해주지 못하는 경우에는(그리고 흔히 그가 정의로워야 한다는 것 이상을 말해주지 못하는 경우에는) 언제나 입법자의 위임이 재판관의 판결에 '법의 힘'을 부여한다는 사실은 재판관이 집행해야 할 법이 무엇인가를 그에게 말해주지 못한다. 재판관은 입법자가 어떤 특정한 규칙이 실효성을 가지고 있다고 지정하는 것에 의해 구속되어 있을 뿐만 아니라 어느 누구도 전체로서 고의로 계획하지 않았던 시스템의 내적인 요구조건들에 의해서도 구속되어 있다.

  그런데 그 전체를 구성하는 부분들 중 어떤 것들은 아직까지 결코 언어로 표현되어 있지 않고, 그 전체는 스스로 일관성을 유지하려는 성향이 있기는 하지만 실제로는 결코 완전히 그렇게 되지 못한다. 일반적으로 준수되고 있는, 그리고 입법자가 흔히 재판관에게 유념하라고 하는 그와 같은 규칙시스템은 입법자의 의지와, 심지어 그의 지식과도 독립적으로 존재하고 있는 것이 분명하다. 이것이야말로 입법자든 재판관 자신이든, 어느 누구로부터도 특수한 내용을 부여받지 않은 법에 재판관이 구속되어 있다고 하는 주장의 정당한 의미이다.

그런데 그 특수한 내용이란 입법자나 재판관과 독립적으로 존재하고 있고, 그 내용이 전체 규칙시스템 속에, 그리고 실제의 행동질서와의 관련성 속에 오로지 암묵적으로만 존재하고 있기 때문에 재판관은 이를 찾는 데 성공할 수도 그렇지 않을 수도 있다. 또한 재판관이 오판할 수도 있다는 것 역시 분명하다. 그런데 이 오판이 실효성을 가질 수 있고, '법의 효력'을 습득할 수 있다고 하더라도, 그것은 어쨌든 의미심장하게 법과는 상반적일 것이다. 재판판결이 분명히 '법의 효력'을 얻었지만, '법과 상반된다'고 말할 경우, 이때 사용된 법이라는 용어는 두 가지 서로 다른 의미들을 가지고 있고 이들을 구별해야 한다. 그러나 재판관에 의해 설정된set '개별적 규범'을 그가 위반한 규칙과 똑같은 종류의 것으로 취급한다면 의미들을 혼동하게 된다. 재판관에게 있어서 어느 한 규칙이 실효성이 있느냐 없느냐 하는 문제는 그에게 그 규칙의 집행을 명령할 권력을 허용한 행동으로부터 논리적으로 도출해 가지고는 답변될 수 없고, 오로지 그의 의지나 혹은 입법자의 의지와 독립적으로 실제로 존재하고 있는 규칙시스템의 의미를 참조해야만 답변될 수 있다.

켈센과 그 추종자들이 규칙이나 명령, 심지어 일상적인 용어의 의미 속에 존재하는(즉 알려져 있고 준수하는), 그리고 이미 오래전부터 입법자와 독립적으로(그리고 심지어 그에게는 알려져 있지도 않은 채) 존재해왔을 수도 있는 전체 규칙시스템에게까지도 실효성을 부여하는 과정을 기술하기 위해서 그들이 '창조하기'와 같은 용어들을 끊임없이 사용함으로써, 결국 그들은 항상 그들의 전제조건들로부터 도출될 수 없는 주장들을 하고 있는 것이다. 입법자가 실효성을 부여하는 규칙시스템은 그 내용에 있어서는 그의 계획의 산물이 아니라 그의 의지와는 독립적으로 존재한다는 사실, 그는 인정된 규칙들의 기존시스템을 전적으로 새로운 것으로 대체시킬 계획도 하지 않고, 또한 그럴 수 있는 능력을 가지고 있다고 생각하지도 않는다는 사실은 중요한 귀결을 내포하고 있다. 그것은 그가 법을 기꺼이 새롭게 만들려고 하는 많은 경우에 있어서 무슨 규칙이든 그가 좋아하는 규칙을 만들 수 없고, 그에게 주어진 시스템을 구성하는 부분의 요구조건에 의해 제한받을 것이라는 점을 의미한다. 혹은 이를 달리 표현한다면, 어떤 규칙을 집행하는 것이, 또는 어떤 것을 집행해야 하는 것이 합리적인가 하는 것을 결정하는 것은 주어진 사회에서 실제로 준수되고 있는 규칙들의 전체 복합이다.

이 두 가지 규칙집합이 부분적으로 동일할 수 있다고 하더라도, 첫 번째 규칙집합이 집행될 필요가 없는 몇 가지 규칙들을, 이들은 일반적으로 지켜지고 있기 때문에 포함할 수 있다. 반면에 두 번째 규칙집합은 자진하여 지켜지고 있지 않은 규칙들을 포함한다. 그러나 이들을 지키는 것은 동일한 이유 때문에 전자를 지키는 것만큼 중요하다. 따라서 전자를 지키는 사람들은 두 번째도 역시 지켜야 할 것을 요구할 수 있는 정당한 이유를 가지고 있다.

물론 그러한 규칙들에 실효성이 부여될 때까지는, 실증주의자들의 정의에 따른다면, 그들은 아직 '규범'이나 법은 아니고 법규범으로서 '존재하지' 않는다. 이렇게 기묘하게 법규범들이 입법자의 자의적인 의지에 의해 '창조된다'는 것을 입증하고 있다. 그러나 이러한 주장은 채택된 정의 하에서는 반증될 수 없는 동의어 반복이 되었다. 그런데 경솔한 독자들은 그 주장을 타당하지 않은 행동규칙들의 내용에 적용하고 있는 것이다. 어쨌든 이러한 동의어 반복은 실정법 규칙들은 "인간권위의 자의적인 의지로부터 도출된다"[58]거나 "인간행동을 규제하는 규범들은 인간이성으로부터 생기는 것이 아니라 오로지 인간의지로부터만 생성할 수 있다"[59]거나, 또는 "'실정'법은 시공에서 이루어지는 인간행동에 의해 창조된 법을 의미한다"[60]거나 하는 등의 주장을 뒷받침하기 위해 이용되고 있다.

이와 같은 표현들을 항상 이용하기 때문에 이들을 이용하는 사람들 스스로도 빠져 헤어나지 못하는 허위의 암시, 즉 법의 내용을 결정하는 것은 항상 무제한적인 인간의지의 행위이고, 또한 그러한 행위여야 한다는 허위의 암시가 생겨난다. 그렇지만 특정한 사례에서 어떤 규칙을 집행해야 할 것인가에 관한 기본적인 문제는 의지의 표현으로부터 논리적으로 도출하여 답변될 수 없다. 또한 의지의 행위에 의해 결정될 수 있는 문제도 아니다. 오히려 그 문제는 어떤 규칙을 특수한 사례에 적용하는 것이, 다른 인정된 규칙들과 충돌하지 않고 보편화할 수 있어야 한다는 요구조건을 충족시키는가 하는 문제에 대한 사고과정에 의해서만 답변될 수 있는 성질의 문제이다.

요컨대 실효성을 가진 모든 법은 만들어진 법이라는 원래의 주장은 '만들어진다'라는 용어를 '실효성 있게 만들어진다'로, 그리고 '실효성이 있게 만들어진다'를 '사실상 권위에 의해 강제 집행된다'로 다시 정의함으로써 입증된다. 확실히 이것은 실효성이 있는 모든 법은 '설정되어져야' 한다고 원래 주장했을 때 의미했던 바는 아니다. 또한 법을 이와 같이 정의한다고 해도 재판관에게서 법이 무엇인가를 결정해야 할 필요성을 면제시켜 주지 못한다. 그것은 재판관이 심지어 그러한 결정을 하려고 할 때 입법자가 그에게 지적해주었던, 그리고 입법자의 의지와 독립적으로(통상적인 의미에서) 현재 존재하고 있는 규칙들로 구성되어 있는 '자연법'을 참조해야 한다는 것까지도 요구할 수 있다. 따라서 무엇을 정의로운 것으로 수락해야 할 것인가를 결정하는 인정된 절차가 존재하고 있다고 해도 그 존재는 이 절차가 그 결론을 위해서 널리 유포되어 있는 유력한 정의관에 좌우될 수 있다는 것을 배제하지 않는다. 그러나 대부분의 문제들의 경우 특정한 해답이 규정됨으로써 정의의 일반원칙들을 참조해야 할 필요성이 생겨나지 않는다.

따라서 '법'이라는 용어는 항상 법실증주의자들이 부여한 의미로 이용되어야 하고 해석되어야 한다는 주장, 특히 입법부가 실제로 제정한 두 가지 종류의 규칙들이 수행하는 기능의 차이는 법학에서는 어떠한 의미도 갖고 있지 않다는 주장은 어떤 분명한 목적을 가지고 있는 것이다. 그 목적은 입법자는 법으로 만들 수 있는 대상의 내용을 상당히 제한하는 어떤 의미에 있어서의 법만을 만들 자격이 있다는 가정으로부터 유래하는 그의 권력을 억제하는 데 필요한 모든 제한들을 제거시키기 위한 것이다. 다른 말로 표현하면 그것은 존 로크가 가장 분명하게 설명하고 있는 이론, 즉 입법자의 권위는 특수한 방법으로 취해야 할 권위이다. "……이러한 권위를 행사하는 사람들은 오로지 일반적 규칙만을 만들어야 한다"는 이론[61]과 상반된 주장인 것이다.

법실증주의는 이러한 관점에서 단순히 사회주의 이데올로기(구성주의의 가장 강력하고 주목할 만한 형태인 사회주의 명칭을 구성주의의 모든 다양한 형태들을 대표로 하여 사용하고자 한다)와 입법권은 전지전능하다는 이데올로기이다. 그것은 사회질서를 완전히 통제하고 싶어 하는 욕망과 우리가 원하는 방법이면 어떠한 방법으로든 고의로 이 사회질서의 모든 국면을 결정할 수 있는 능력을 우리는 가지고 있다는 믿음으로부터 태어난 이데올로기이다.

순수 법이론의 경우에 이 이데올로기적 성격은 이 이론을 추종하는 사람들이 법의 의미와 관련하여 다른 사람들이 이끌어냈던 결론들이 적실성이 없고, 또한 이데올로기에 의해 사로잡혀 있다는 것을 설명하기 위해 순수 법이론을 이용했던 열정 속에서 가장 잘 드러나고 있다. 법은 특수한 의미를 가지고 있는데, 이 의미의 법은 항상, 그러나 반드시 일관되지는 않지만 고대 이후부터 사용되어 왔으며, 그것은 흐로티우스로부터 로크, 흄, 그리고 벤담을 거쳐 에밀 브루너에 이르기까지 일련의 근대 작가들에 의해 사적 소유와 분리될 수 없고, 동시에 개인적 자유를 위해 없어서는 안 될 조건으로 이해되어 왔다. 하지만 그러한 이해는 자생적 질서의 형성에 필요한 일반적인 정의로운 행동규칙과 관련해서는 옳지만, 그것은 조직을 관리하기 위해 필요로 하는 특수한 명령과 관련해서는 옳지 않다. 다른 한편, 입법자의 권력을 필연적으로 무제한적으로 만드는 사람들에게는 개인적 자유는 '구제불능의' 문제이고,[62] 자유는 오로지 공동체의 집단적 자유, 즉 민주주의를 의미한다.[63] 이로써 법실증주의는 역시 민주주의의 무제한적 권력의 중요한 이데올로기적인 뒷받침이 되기도 했다.

그러나 다수의 의지가 무제한적이 되려면, 물론 무엇이 법인가를 결정할 수 있는 것은 오로지 이 다수의 특수한 목적일 뿐이다. 켈센이 주장하고 있듯이 "따라서 합리적인 인식의 관점에서 볼 때 인간들의 이해관계만 있을 뿐이고, 이해관계들의 갈등만이 있을 뿐이다. 이 갈등은 다른 이해관계를 희생시켜 어느 한 이해관계를 충족시키거나, 아니면 갈등하는 이해관계들을 절충하여 해결될 수 있다. 어떤 해결책이 정의로운가를 판명한다는 것은 불가능하다."[64]

법규칙의 실효성 여부를 결정하기 위해 적용할 수 있는 정의의 객관적인 테스트란 있을 수 없다는 것을 입증하기 위해서 정의의 적극적인 테스트란 존재하지 않는다는 것을 보여주려고 한다.[65] 우리로 하여금 어느 한 규범을 불의한 것으로 제거시킬 수 있게 하는 소극적인 테스트가 있을 수 있다는 가능성은 전혀 고려되지 않고 있다.

그러나 역사적으로 볼 때, 진화적인 자생적 질서의 기초이자 보호자였던 일반적인 규칙시스템을 창조했던 것은 정의를 추구하려는 노력이었다. 그러한 질서를 발생시키기 위해서는 정의의 이상은 정의롭다고(혹은 최소한 불의하지 않다고) 간주될 수 있는 규칙들의 특수한 내용을 결정할 필요는 없다. 다만 필요한 것은 그 실효성에 있어서 의심의 여지가 없는 다른 규칙들의 시스템 내에서 보편화될 수 없기 때문에 불의한 것이라고 판명되는 규칙들을 신속히 제거시킬 수 있게 하는 소극적 테스트일 뿐이다. 따라서 최소한 상정해볼 수 있는 점은, 다양한 정의로운 행동규칙 시스템들이 이러한 테스트를 충족시킬 수 있는 것이라는 점이다. 무엇이 정의로운가 하는 것에 관한 다양한 생각들이 있다고 하는 사실은 불의에 관한 소극적인 테스트가 전부는 아니지만, 몇몇 서로 다른 규칙시스템들이 충족시킬 수 있는 객관적인 테스트가 있을 수 있는 개연성을 배제하지 않는다(진리의 이상을 추구하는 것과 같이). 정의의 이상을 추구한다고 해도, 이것은 무엇이 정의로운가(혹은 진리인가)가 알려져 있다는 것을 전제하는 것이 아니라 오로지 우리는 무엇을 불의한 것(진리가 아닌 것)으로 간주하는가를 알고 있다는 것만을 전제할 뿐이다. 규칙들 중에 불의가 부재하고 있다는 것은 이들이 적절한 규칙이 되기 위한 필요조건일 뿐 충분조건은 아니다. 적어도 어떤 물리적인 환경에 관한 지식수준이 주어져 있을 경우 이 소극적인 테스트를 꾸준히 적용한다면, 이미 지적한 바와 같이 이 적용에 의해 수렴적 진화과정이 발생하고, 따라서 유일한 그와 같은 시스템이 그 테스트를 충족시킬 것인가, 아니면 그렇지 못할 것인가 하는 것은 미해결된 문제이다.

우리가 켈센의 순수 법이론을 이데올로기라고 특징짓는다고 해서 이것은 여기에서 우리가 이를 비판하고 있다는 것을 의미하는 것은 아니다. 그 옹호자들은 그렇다고 생각해야 하지만 말이다. 모든 사회질서는 어떤 이데올로기에 기반을 두고 있는 이상, 우리가 무엇이 그러한 질서에서 적절한 법인가를 결정할 수 있는 기준에 관한 모든 언명도 역시 이데올로기임에는 틀림없다. 이것이 순수 법이론과 관련해서도 타당하다는 것을 보여주는 것이 왜 중요한가 하는 유일한 이유는, 이 이론의 창시자가 그 밖의 모든 법이론들의 이데올로기성을 밝혀낼 수 있고[66] 이데올로기가 아닌 유일한 이론을 제시했다고 자랑하고 있기 때문이다. 켈센의 제자들 중에는 이 이데올로기 비판을 그의 가장 중요한 업적들 가운데 하나라고 생각하는 제자들도 있다.[67] 그렇지만 모든 문화적 질서는 이데올로기에 의해서만 유지될 수 있는 이상, 오로지 켈센은 하나의 이데올로기를 또 다른 이데올로기로 대체시키는 데만 성공한 것이다. 이 후자는 힘에 의해 유지되는 모든 질서는 법질서라는 표시(또는 법질서의 존엄성)를 받을 만한 동일 종류의 질서를 전제하고 있다.

그런데 이 법질서라는 용어는 전에는 그것이 개인적 자유를 보호하기 때문에 높이 평가받던 특수한 종류를 기술하기 위해 사용되었던 것이다. 그의 사상체계 내에서 그의 주장은 동의어 반복적으로 진리일지라도, 그에게는 자신이 항상 그렇게 하듯이 '법'이라는 용어를 다른 의미로 사용하여 작성된 언명들은 그가 알고 있다시피[68] 참이 아니라고 주장할 권리는 없다. '법'이 무엇을 의미해야 하는가 하는 것을 우리는 단지 우리의 사회질서를 형성하는 데 그 말을 사용했던 사람들이 무엇을 표현하고자 하는가로부터만 확인할 수 있는 것이지, 이제까지 그 말이 사용되어 온 모든 용도들을 포괄하는 어떤 의미를 이 말에 부착시켜서는 확인할 수 없다. 그 말을 사용했던 사람들은 켈센이 표현하는 것처럼 법의 힘을 이용하는 '사회적 기술', 힘의 사용에 대한 어느 특정 종류의 제한을 구분하기 위해 법이라는 용어를 사용했던 것이다. 그들은 이로써 그 제한을 법이라는 명칭에 의해 다른 것들과 구분하려고 했던 것이다.

스스로 유지되는 질서의 형성을 야기하기 위하여 강제로 집행할 수 있는 일반적인 규칙을 이용하는 것과 특정한 목적을 위해서 명령에 의해 조직을 관리하는 것은 확실히 동일한 '사회적 기술'은 아니다. 그리고 만약 우연적인 역사적 발전으로 인하여 법이라는 표현이 서로 다른 이 기술들과 연계시켜 사용하게 되었다면, 똑같은 의미로 그 말을 서로 다르게 사용해야 한다고 주장하여 혼란을 가중시키는 것은 분석의 목적이 되어서는 안 될 것이다.

인간이 정의라고 불렀던, 그리고 특정한 행동을 정의로운 것으로 특별히 정하지 않고, 오히려 모든 사람들에게 일관되게 적용할 수 있는 그런 규칙들을 찾아내고, 그리고 꾸준히 전통적인 규칙시스템을 수정하여 일반화의 결과로서 생겨날 규칙들 간의 모든 갈등들을 제거시킬 것만을 요구하는 정의의 이상을 추구함으로써 사회적 코스모스의 스스로 유지되는 실제적인 질서가 무의도적으로 생성되었다고 하는 사실은, 이 규칙시스템은 오로지 이 정의의 이상과 관련시켜서만 이해될 수 있고 해석될 수 있고 개선될 수 있다는 것, 그리고 심지어 이 시스템의 특수한 내용까지도 확인될 수 있다는 것을 의미한다. 인간들이 법질서와 자의적인 통치를 구분할 경우, 그들이 염두에 두고, 따라서 그들이 자신들의 재판관들이 지켜야 한다고 요구하는 것은 바로 이러한 이상이다.

에밀 브루너와 같이[69] 실증주의에 대한 단호한 반대자들은 물론 구스타프 라트브루흐처럼[70] 결국 오랜 기간 동안 실증주의자였던 사람들마저도 인정했던 바와 같이, 실증주의의 지배로 인하여 법의 수호자들을 자의적인 통치의 새로운 돌진에 대하여 무방비하게 만들었던 것은 너무나도 사실일 뿐이다. 그들은 설득당하여 모든 국가는 법치국가라고 간주할 수 있게 하는 법 개념을 수락한 후에는 그들은 켈센이 과거를 되돌아보면서 "법학의 관점에서 볼 때 나치정부하의 법도 법이고, 후회스럽지만 우리는 그것도 법이었다는 것을 부정할 수 없다"고 주장함으로써[71] 그가 시인한 관점에 따라 행동하는 것밖에는 달리 선택할 수 없었다. 정말로 그렇다. 법을 압도적인 실증주의적 관점에 의해 그렇게 정의했기 때문에 그렇게 간주되었던 것이다.

이러한 관점에서 공산주의자들은 켈센과 같은 사회주의자들보다는 더 솔직했다는 것을 인정해야 한다. 사회주의자들은 자신들의 특유한 법에 관한 정의가 유일하고, 또 정당한 것이라고 주장함으로써, 사실에 관한 언명처럼 보이는 것을, 그들이 반박의 대상으로 생각했던 명제를 제시한 사람들에 의해 전제된 법의 정의와는 전혀 다른 법의 정의로부터 은밀히 도출했던 것이다. 초기의 공산주의 법이론가들은 공산주의는 "어떠한 법이든 법을 이긴 사회주의 승리"를 의미하며, 또한 "사회주의 공동체에서…… 모든 법은 행정관리로, 모든 확정된 규칙들은 재량과 효용의 고려로 전환되기" 때문에, 공산주의는 그와 같은 법의 점진적인 소멸을 의미한다는 것을 적어도 솔직하게 인정하고 있다.[72]

법과 도덕

우리는 여기에서 최근 깊이 논의되었던 문제로서[73] 법과 도덕의 관계에 관한 모든 문제들을 개관할 수도 없지만, 우선 이 문제와 법실증주의와의 관계에 관련하여 몇 가지 점을 생각하고자 한다. 그도 그럴 것이 하트 교수의 저서는 대부분의 관점에서 법실증주의에 관한 가장 효과적인 비판들 중 하나이고, 이 저서의 결과로서 법실증주의라는 이름이 비로소 사용되었기 때문이다. 이 이름은 '법은 어떤 도덕의 요구들을 재생시키거나 이들을 충족시킨다는 것은, 어떤 의미로 봐도 결코 필요한 진실은 아니라는 것'을 의미하기 위해 사용되었던 것이다. 하트 교수는 이런 입장을 견지하고 스스로를 이러한 이유 때문에 실증주의자로 간주하고 있다.[74] 앞 장에서 우리가 고찰했던 실증주의 주제들을 나는 거부함에도 불구하고, 위에 인용한 하트 교수의 언명 속에 들어 있는 모든 용어들을 세심히 분석한다면, 그의 언명을 부인할 어떠한 이유도 갖고 있지 않다. 확실히 많은 법규칙들은 도덕규칙과 관계가 없는 반면에, 다른 법규칙들은 이들이 인정된 도덕규칙들과 충돌한다고 해도 실효성을 가진 법이 될 수 있다고 하는 것은 의심의 여지가 없다. 그의 언명도 역시 어떤 경우에 있어서는 재판관은 법이 무엇인가를 찾아내기 위해서는 기존의 도덕규칙을 참조해야 할 가능성을 배제하지 않는다. 다음과 같은 경우가 그렇다. 즉 인정된 법규칙들이 명시적으로 '신의 성실good faith' 등과 같은 도덕적 개념들을 언급하고 있거나 혹은 그들이 과거에는 집행할 필요가 없었지만, 이미 언어로 표현된 법규칙들이 기여하는 질서를 확립하기 위해서는 이제 일반적으로 지켜야만 할 필요가 있는 어떤 다른 행동규칙들의 준수를 암묵적으로 전제하는 경우와 같은 경우이다. 모든 나라들의 법은 지배적인 도덕적 확신들에 대한 참조들로 가득 채워져 있고, 재판관들은 도덕적 신념에 관한 지식을 기초로 할 때만, 이 확신들의 내용을 채울 수 있다.

이 문제와는 전적으로 다른 사안은 어떤 문제에 있어서 광범위하게 견지되고 있는 도덕적 신념들 그 자체가 이 신념들을 집행하기 위한 정당한 근거가 되느냐 하는 문제이다. 그 대답은 자생적 질서 내에서 강제의 사용은 타인들의 침해로부터 개인들의 사적 영역을 보호하기 위해 강제가 필요한 경우에만 정당화될 수 있다는 것, 그러나 그 강제는 이것이 타인들을 보호하기 위해 필요하지 않은 경우, 즉 사적 영역에 침해하기 위해 사용되어서는 안 된다는 것이다. 법은 사회질서, 즉 개인들 간의 관계에 봉사한다. 그리고 행동들이 어느 누구에게도 영향을 끼치지 않고, 이들을 수행하는 개인 자신에게만 영향을 미친다면, 그러한 행동들은 이들이 제아무리 강력하게 습관이나 도덕에 의해 규제받는다고 해도, 법의 통제에 예속되어서는 안 된다. 개인의 보호된 영역 내에서, 그리고 그의 행동이 타인들의 행동목적과 충돌하지 않는 곳에서는 어느 곳이든, 개인의 자유가 중요하다는 것은 주로 관습과 도덕의 개발은 실험적 과정이라는 사실에 주로 기인한다. 그러나 일률적인 법규칙들의 집행은 그런 실험적 과정이 될 수 없다. 실험적 과정에서는 대안적인 규칙들이 경쟁하고 이들을 지키는 그룹의 성공에 의해 보다 효과적인 것들이 선별된다. 이러한 과정은 결국 적절한 입법을 위한 모델이 될 수도 있다. 법의 통제를 받지 않는다고 해서 이것이 개인들의 사적인 행위가 어떤 관점에서, 특히 그 행위가 번식에 영향을 미치는 한, 그들이 속해 있는 특정 그룹의 미래를 위해 그렇게 중요하지 않을 수도 있다는 것을 말해주는 것은 아니다. 그렇지만 어느 한 사람이 어느 한 공동체의 구성원이 되는 것이 그에게 그 공동체의 다른 구성원들의 번식전망에 대하여 정당하게 관심을 가질 수 있는 자격을 부여하는 것인지 혹은 번식과 같은 사안은 자유의 귀결이 될 그룹들의 서로 다른 번식력에 의해 더 잘 규제되는지는 의문의 여지가 아직 남아 있다.

또 다른 중요한 문제는 지배적인 도덕적 기준이 입법자의 권력뿐만 아니라 인정된 법 원칙들의 적용이 이루어질 수 있고, 이루어져야 하는 정도를 얼마나 제한하는가 하는 것이다. 이것은 동일한 규칙들이 모든 인류에게 적용되어야 한다는 열린사회의 기초가 되고 있는 이상과의 맥락에서 매우 중요하다. 그것은 내가 내 나름대로 희망하건대, 우리가 점차 꾸준히 접근해갈 이상이다. 왜냐하면 그것은 나에게 있어서 보편적인 평화의 질서를 위해서는 없어서는 안 될 조건처럼 보이기 때문이다.

그러나 나는 이러한 이상의 실현을 너무 조급하게 서두른다면, 신속히 달성하기보다는 오히려 지체되지나 않을까 크게 두려워한다. 어느 한 원칙을 지지하려는 일반적인 정서가 준비되기도 전에 그 원칙을 추진하려는 그러한 노력을 보다 조심스럽게 추진했더라면 달성될 수 있었을 것을 상당기간 동안 달성 불가능하게 하는 저항을 초래하기 쉽다. 나는 궁극적인 이상으로서 더 이상 국경선이 인간들의 자유로운 이동을 위한 장애물이 되지 않는 상태를 동경하면서도, 우리가 지금 관계할 수 있는 모든 기간 내에는 이를 실현하려는 모든 노력은 강력한 민족주의 감정을 재생시켜, 이미 달성된 상황으로부터의 후퇴를 야기할지도 모른다.

현대인이 원칙적으로 동일한 규칙들이 모든 인간들에게 적용되어야 한다는 이상을 얼마나 수용하든 사실상 그는 자신과 유사하다고 생각하는 사람들에게만 이 이상을 인정하고, 그리고 그는 자기의 것과 유사하다고 인정하는 사람들의 범위를 확대시키는 것을 서서히 배울 것이다. 입법은 이러한 과정을 촉진시키는 데 별로 큰 기여를 할 수 없고, 오히려 이미 쇠퇴한 감정을 다시 일깨움으로써 이 과정을 전복시키는 데 더 많은 기여를 할지도 모른다.

그러나 결론적으로 다시 한 번 강조해야 할 중요한 점은 도덕규칙과 법규칙의 차이는 자생적으로 성장한 규칙과 고의로 만들어진 규칙과의 차이는 아니라는 점이다. 대부분의 법규칙들도 역시 의도적으로 만들어졌던 것이 아니기 때문이다. 오히려 그러한 차이는 지명된 권위에 의한 공인된 집행절차에 따라 집행할 수 있는 규칙과 그렇게 해서는 안 될 규칙의 차이이다. 따라서 그것은 만약 공동체가 도덕규칙으로 간주하고 있는 모든 규칙들을 비롯하여 모든 인정된 행동규칙들을 강제로 집행한다면, 모든 의미를 상실할 수 있는 구분이다. 그러나 어떤 규칙을 집행해야 하고, 따라서 어떤 규칙을 법으로 간주해야 할 것인가 하는 문제는 특정한 규칙들은 어떤 권위에 의해 강제집행될 수 있다고 각별히 지정함으로써 결정될 뿐만 아니라 그것은 몇몇 규칙집합들 사이의 상호의존성으로부터 흔히 생겨난다.

상호의존성이 존재하는 곳에서는 강제로 집행할 수 있는 것으로 이미 지정된 규칙들이 기여하는 다음과 같은 목적을 달성할 수 있기 위해서 그 규칙집단 모두가 준수해야 한다. 이 목적은 바로 현재의 행동질서 전체를 유지하는 데 있다. 모든 인간들은 어느 한 질서의 존재에 의존하는데, 만약 그와 같은 규칙들이 이 질서에 봉사하기 때문에 이들이 강제로 집행된다면, 이것은 이러한 인간 상호 간의 행동질서의 존재에 똑같은 방법으로 관련을 맺고 있지 않은(또는 영향을 미치지 않는) 다른 인정된 규칙들을 강제로 집행하기 위한 정당한 이유를 제공하지 않는다.

다른 말로 표현한다면 다음과 같은 규칙들의 집합이 있을 수 있다. 즉 이들을 정규적으로 지키면 실제적인 행동질서가 야기되고, 또한 이들 중에는 어떤 권위에 의해 부여된 법적인 실효성을 이미 가지고 있는 것들이 있고, 반면에 어떤 규칙들은 실제로 지켜졌을 수도 있거나 이미 실효성이 인정된 규칙들 속에 오직 암묵적으로만 포함되어 있을 수도 있는데, 이러한 경우 후자, 즉 암묵적으로 내포되어 있는 것이 지켜질 경우에만 전자, 즉 이미 실효성이 인정된 규칙들은 자신의 목적을 달성할 수 있는 것이다. 따라서 어떤 규칙들에게 실효성을 부여한다는 것은 재판관들이 이들 속에 암묵적으로 포함되어 있는 규칙들을, 비록 이들이 입법자에 의해서나 법원의 집행을 통해서나 결코 전에 특별히 확인된 바가 없다고 하더라도 역시 실효성이 있는 것으로 취급할 수 있는 권한을 부여하는 것으로 간주되어야 한다.

'자연법'에 관하여

이 분야에서 혼란을 야기하는 요인들 중 하나는 법실증주의를 반대하는 모든 이론들은 그런 반대를 제외하고는 서로 어떠한 공통점도 없음에도 불구하고, 이들이 모두 똑같이 '자연법'이라는 잘못된 명칭으로 불리고 있고, 또 이들을 이 이름으로 한데 묶어놓고 있다는 점이다. 주로 실증주의자들이 이러한 잘못된 구분에 매달려 있다. 그들의 구성주의적 접근법은 오로지 법은 인간이성의 계획의 결과여야 한다거나, 또는 초인적인 지력에 의한 계획의 결과여야 한다는 것만을 허용하기 때문이다.[75] 그러나 우리가 보았던 것처럼 처음에는 '자연적'이라는 표현은 법은 합리적인 계획의 산물이 아니라 진화과정, 그리고 자연적 선별과정의 산물이라는 것을 주장하기 위해 사용되었던 것이다. 우리는 이 의도되지 않은 산물의 기능을 비로소 이해할 수 있지만, 그것의 현재의 의미는 창조자의 의도와는 전적으로 다를 수 있다.

따라서 이 책에서 주장되고 있는 입장을 실증주의자들이 자연법 이론으로 설명하리라는 것을 기대할 수 있다. 그러나 자연법 이론이 과거에 그 추종자들 중 어떤 사람들이 '자연적'이라고 불렀던 해석을 개발했다는 것은 사실이다. 그러나 현재 이용되고 있는 바와 같은 표현은 아주 잘못된 것이기 때문에 그 표현을 포기해야 할 것이다. 심지어 오늘날에도 '자연적', 그리고 '자연'이라는 표현은 서로 완전히 다른 의미로 사용되고 있다.

그러나 이것이 과학적 논의에서 이 표현들을 피해야 하는 또 하나의 이유이다. 우리가 외적인, 또는 물질적인 세계의 영구적인 질서를 기술하기 위하여 '자연' 또는 '자연적'이라는 표현을 사용할 경우, 그리고 이를 초자연적인 것 또는 인위적인 것과 대비시킨다면, 우리가 어떤 것은 어느 한 대상의 자연의 한 부분이라고 말하기 위하여 이 표현을 사용할 때 우리가 의미하는 바와 전혀 다른 것을 분명하게 의미한다.[76] 전자의 의미로 볼 때 문화적 현상은 분명히 자연적인 것이 아니고, 후자의 의미로 볼 때 특정한 문화적 현상은 분명히 문화적 구조의 자연의 부분이거나 혹은 문화적 구조로부터 분리해낼 수 없을 것이다.

정의로운 행동규칙들을, 이들이 사물들의 외적인 질서의 부분이라는 의미에서 혹은 이들이 변동할 수 없는 인간의 성격 속에 영구적으로 주입되어 있다는 의미에서 혹은 심지어 인간정신은 인간이 이 특수한 행동규칙을 채택해야 할 정도로 그렇게 단번에 형성되어져 있다는 의미에서, 자연적이라고 말할 정당한 이유가 없다고 하더라도, 그렇다고 해서 이로부터 인간을 실제로 안내해주는 행동규칙들이 인간에 의한 의도적인 선택의 산물이어야 한다거나, 인간은 자기가 결정한 모든 규칙들을 채택하여 사회를 구성할 수 있다거나 이 규칙들은 어떤 특정한 인격의 의지와는 독립적으로 그에게 주어진 것이 아니고, 이런 의미에서 '객관적으로' 존재할 수 없다는 결론이 도출되는 것이 아니다. 보편적으로 참인 것만이 객관적인 사실로 인정될 수 있고, 특수한 사회에 고유한 모든 것은 따라서 그와 같은 것으로 이해될 수 없다고 흔히 주장하고 있다.[77]

그러나 확실히 이것은 '객관적'이라는 일상적인 의미로부터 생겨나지 않는다. 사회질서를 형성하는 관점과 의견들, 그리고 이로부터 유래하는 그 사회 자체의 질서는 어느 한 사람의 결정에 좌우되지 않고, 모든 구체적인 의지의 행위에 의해서 흔히 변경될 수도 없다. 그리고 이러한 의미에서 이들은 객관적으로 존재하는 사실로서 인정되어야 한다. 따라서 인간계획에 의하여 생겨나지 않는 인간행동의 그러한 결과는 우리에게는 객관적으로 주어져 있다고 볼 수 있다.

법(과 그 밖의 모든 사회제도)에 대한 진화적 접근법은 우리가 이 책에서 이를 옹호하고 있는 것인데, 그것은 자연법의 합리주의 이론과 법실증주의와는 별로 관련이 없다. 그것은 법을 초자연적 힘의 구조물로 해석하는 것, 그리고 법을 인간정신의 의도적인 구조물로 해석하는 것 모두를 부인한다. 그것은 어떠한 의미로도 법실증주의와 대부분의 자연법 이론 사이에 서 있는 것이 아니라 이들이 서로 구분되는 차원과는 다른 차원에서 이들과 다르다.

우리는 또다시 여기에서 순수 법이론의 지지자들이 나의 입장에 대하여 제기하리라고 기대되는 방법론적 반론, 즉 그것은 법학적인 '규범과학'이 아니라 그들이 흔히 부르는 바와 같이 법사회학이라고[78] 하는 반론을 검토하는 것을 자제하고자 한다. 이러한 반론에 대해 간단히 대답하자면, 주어진 어느 한 공동체에서 무엇이 실제로 법인가 하는 문제를 확인하기 위해서는 과학자는 물론 재판관도 법의 실효성을 어떤 허구적인 '기본규범'으로부터 논리적으로 도출하지 않고, 이 법의 기능을 설명하는 이론을 필요로 한다. 왜냐하면 그가 흔히 찾아내야 할 법은 아직까지도 언어로 표현되어 있지 않은 규칙들로 구성되어 있고, 또한 이 규칙들도 의심의 여지없이 수락되고 있는 법규칙들과 똑같은 기능, 즉 실제로 존재하고 있는 자생적 질서가 지속적으로 재구성하는 데 도와주는 기능을 행사하기 때문이다.[79]

법과 주권

실증주의 법이론에서 중심된 역할을 하고 있는 주권 개념에 관해서는 제1부 제4장(92~93쪽)에서 논의했는데, 거기에서 논의했던 것에 지금 추가로 논의할 바는 거의 없다. 그러나 그러한 논의는 다음과 같은 이유 때문에 흥미롭다. 즉 실증주의는 주권 개념을 최고의 입법권은 반드시 무제한적 권력을 가져야 한다는 것으로 해석하고 있는데, 이러한 해석은 일반적인 주권이론, 또는 민주주의적 입법부의 무제한적 권력을 지지하는 중요한 것들 중 하나가 되었던 것이다. 법의 실체적 내용을 입법자의 의지와 행위에 좌우하도록 만들기 위해 법을 정의하고 있는 실증주의자에게는 이러한 주권

개념은 사실상 논리적으로 필요한 것이다. 만약 법이라는 용어를 이러한 의미로 사용한다면, 최고의 입법자의 권력을 법적으로 제한하는 것은 법의 개념에 따라 있을 수 있는 것이 아니다. 그러나 만약 입법자의 권력이 어떤 허구적인 기본규범으로부터 도출되는 것이 아니라 그 권력이 그가 부여받은 권한에 따라서 작성할 규칙과 관련하여 널리 확산되어 있는 의견상태로부터 도출된다면, 그 권력은 명시적인 의지의 행위를 표현할 수 있는 보다 높은 권위로부터 간섭을 받지 않고서도 잘 억제될 것이다.

오로지 모든 법은 입법자의 의지로부터 유래한다는 주장이 켈젠의 법이론에서 의미하고 있는 것처럼, 법의 실효성은 고의적인 의지의 행동으로부터 유래한다는 것을 의미할 뿐만 아니라 그 내용도 역시 그렇게 도출된다는 것을 의미할 경우에만 실증주의적 논거가 비로소 필연적으로 논리성을 갖게 된다. 그러나 실제로는 이렇지 못한 경우가 흔하다. 입법자가 작동하고 있는 자생적 질서를 유지하려고 노력하는 경우에는, 그가 이 목적을 달성하고 싶다면 그가 좋아한다고 해서 모든 규칙을 선택하여 이들에게 실효성을 부여할 수는 없다. 그의 권력은 무제한적이지 않다. 그것은 시민들이 그가 강제적으로 집행할 수 있는 어떤 규칙들을 옳은 규칙들이라고 인정한다는 사실에 의존하기 때문이다. 그가 이 규칙들을 수락한다는 것은 다른 규칙들을 집행할 수 있는 그의 권력을 필연적으로 제한하게 된다.

주권 개념은 '국가' 개념과 마찬가지로 국제법의 없어서는 안 될 수단일 수도 있다. 나는 우리가 그 개념을 우리의 출발점으로서 수락할 경우, 우리는 이로써 국제법에 관한 생각을 의미 없게 만드는 것이 아닐까에 관해서는 확신하지 못한다고 하더라도, 그러나 법질서의 내적인 성격의 문제를 고려하기 위해서는 두 개념은 필요하지도 않을 뿐만 아니라 오해의 소지가 있다. 최소한 존 로크 이래 입헌주의의 모든 역사는 자유주의 역사와 똑같은데, 실증주의적 주권 개념에 대항하여 싸운 투쟁의 역사이자, 이와 연합된 전지전능한 국가 개념에 대항하여 싸운 투쟁의 역사이기도 하다.

제9장
'사회적' 혹은 분배적 정의
'Social' or Distributive Justice

공로merit란 무엇인가는 자연적으로 알아내기가 어렵고, 또한 모든 개개인
들이 스스로를 기만하기 때문에 그것은 매우 불확실하다. 따라서 공로개념
으로부터 어떠한 특정한 행동규칙도 결코 도출할 수가 없다.

데이비드 흄[*1]

그러나 복지후생은 이를 받는 사람을 위해서든 이를 분배하는 사람을 위해
서든 어떠한 원칙도 없다(어느 한 사람은 이를 이 사람에게, 다른 사람은 이를 저
사람에게 줄 것이다). 그것은 특수한 사실에 좌우되어 일반적 규칙이 될 수 없
는 의지의 실질적 내용에 의해 결정되기 때문이다.

이마뉴엘 칸트[**2]

'사회적 정의'의 개념

나는 앞장에서 정의의 개념은 없어서는 안 될 모든 법의 기초이고, 또한
그것은 모든 법을 제한하는 데 없어서는 안 될 억제요소라고 주장하지 않
으면 안 되었다. 나는 이제 개인적 자유의 수호자로서 법의 개념을 파괴시
킬 위험성을 가진 그 용어의 남용에 대하여 비판해야겠다. 인간들 상호간

의 행동과 관련하여 자신들이 개발했던 정의의 개념을, 많은 사람의 행동에서 생겨나는 결합된 효과들이 심지어 결코 예측하지 못했거나 의도하지 않았던 곳에서도, 이러한 효과들에 적용했던 것은 놀라운 일이 아니다. '사회적' 정의(혹은 때때로 '경제적' 정의라고도 부르는데)를 사회의 '행위'가 갖고 있어야 할 성격, 또는 사회가 개인과 그룹을 다룰 때 이것이 갖고 있어야 할 성격으로 생각하게 되었던 것이다. 처음으로 규칙적인 질서를 알아차리게 되면, 원시적인 사고가 늘 그렇듯이, 시장의 자생적 질서의 결과를 마치 어떤 생각하는 실체가 고의적으로 이를 조종하는 것처럼 혹은 이 결과로부터 서로 다른 사람들이 얻는 특정한 편익이나 침해가 마치 고의적인 행동의 의지에 의해 결정되고, 따라서 그 편익이나 침해가 도덕규칙에 의해 조종될 수 있는 것처럼 해석했다.

따라서 '사회적' 정의에 관한 이러한 생각은 의인화의 직접적인 결과이다. 이것은 이러한 의인화를 통하여 스스로 질서가 잡혀 가는 모든 과정을 설명하려는 순박한 사고에서 비롯된 것이다. 우리가 아직까지도 이러한 원시적인 개념에서 벗어나지 못했다고 하는 것과, 아직도 우리는 고의적인 인간조직보다도 인간욕망을 더 많이 충족시켜 주는 비인격적인 과정은 인간들이 자신들의 개별적 행위를 조종하기 위해 개발했던 도덕적 가르침에 적합해야 한다는 것을 요구하고 있다는 것은 우리의 정신이 미성숙하다는 징표이다.[3]

이러한 의미의 '사회적 정의'라는 표현을 사용하기 시작한 것은 비교적 최근인데, 분명히 1백 년을 넘지 못한다. 그 표현은 전에는 정의로운 행동규칙들을 집행하기 위한 조직화된 노력을 기술하기 위해 간간이 사용되었다.[4] 오늘날에는 사회의 기존 제도의 효과를 평가하기 위해 학자들 간의 논의에서 때때로 이용되고 있다.[5] 그러나 현재 일반적으로 사용되고, 공적인 논의에서 꾸준히 적용되고 있는, 그리고 이 책에서 검토될 그 의미는 오랫동안 사용되었던 '분배적 정의'라는 표현의 의미와 본질적으로 동일하다.

사회적 정의가 이제는 이러한 의미로 일반화되었는데, 이렇게 된 것은 존 스튜어트 밀이 이 두 가지 용어를 명시적으로 동일한 것으로 취급한 때부터이다. 그는 다음과 같이 말하고 있다.

> "사회는 사회를 위해 똑같이 잘 공헌했던, 즉 절대적으로 똑같이 공헌했던 모든 사람들을 똑같이 훌륭하게 취급해야 한다. 이것이 사회적 및 분배적 정의의 추상적인 최고기준이다. 모든 제도들은 이러한 기준에 될 수 있는 대로 맞도록 만들어져야 하고, 또한 모든 정직한 시민들의 노력도 이를 위해 투입되어야 한다."[6]

그는 또 다음과 같이 말하고 있다.

> "모든 사람은 그가 받아 마땅한 것(이것이 좋은 것이든 나쁜 것이든)을 받아야 한다는 것을 정의로운 것으로 생각하고 그가 받아 마땅하지 않은 선을 받아야 하거나, 그렇지 못한 악을 받아야 한다는 것을 정의롭지 않은 것으로 생각하는 것이 일반적이다. 이것이 일반적인 정신에 의해 정의관을 구상하는 가장 분명하고 가장 강력한 형태인 것 같다. 정의관은 공로관을 포함하고 있기 때문에 무엇이 공로를 구성하는가 하는 문제가 생겨난다."[7]

이상의 두 문단들 중 첫 번째는 밀이 구별하고 있는 다섯 가지 정의의 의미들 중 하나를 설명하는 자리에 쓰여 있다는 것이 중요하다. 이것은 의도적인 인간의 결정에 의해 발생했을 수도 있지만, 꼭 발생했을 필요가 없는 실제적인 상황을 규정하고 있고, 나머지 네 가지 의미는 정의로운 행동규칙과 관련되어 있다. 그렇지만 밀은 전자의 의미의 정의는 다른 네 가지 의미가 적용되는 상황과는 전혀 다른 상황과 관련되어 있다는 것 혹은 '사회적 정의'라는 이 개념은 곧바로 완전히 개발된 사회주의를 야기한다는 것을 전혀 모르고 있었던 것 같다.

'공로'에 따라 사회가 개개인들을 '취급한다'는 것과 '사회적, 분배적 정의'를 명시적으로 서로 연결하는 언명들은 간단한 정의와 다르다는 것을, 그리고 동시에 그 개념의 공허성의 원인이 무엇인가를 극명하게 밝혀준다. '사회적 정의'를 개인에게 요구하는 것이 아니라 사회에 요구한다. 그러나 엄격한 의미로 볼 때, 정부기관과 구분되어야 할 사회는 특정한 목적을 위해 행동할 수 없고, 따라서 '사회적 정의'는 사회구성원들이 사회의 생산물 중 특정한 몫을 상이한 개인들이나 그룹들에게 할당할 수 있게 하는 방법으로 조직되어야 한다는 요구가 된 것이다. 그렇다면 정의롭다고 간주되는 분배의 특수한 모습을 달성할 목적으로 사회구성원들의 노력을 조장할 수 있는 어떤 권력에 복종할 도덕적 의무가 존재하느냐 하는 문제가 제기되는데 이 문제가 제1차적 문제이다.

그와 같은 권력의 존재를 인정한다면, 이제는 욕구충족을 위한 가능한 수단들을 어떻게 배분해야 하는가 하는 문제가 제기되는데, 이 문제에 대해서 지배적인 도덕들이 어떠한 해답도 제공하지 못하고 있지만, 바로 이 문제야말로 정의의 문제이다. 그 다음에는 '사회적 정의'에 관한 현대의 이론가들 대부분이 전제하고 있는 가정, 즉 사회적 정의는 특수한 사정을 고려할 때 원칙으로부터의 이탈을 요구하지 않는 한 모든 사람들에게 똑같은 몫을 분배해야 하지만, 특수한 사정을 고려한다면 이 원칙으로부터 이탈될 수 있다는 가정마저도 정당화되는 것처럼 보인다.[8] 그러나 앞에서 제기한 문제는 개개인들이 얻는 편익을 정의롭거나 정의롭지 않다고 기술하는 것이 의미를 가질 수 있기 위해서는 권력이 행사되어야 하는데, 인간들을 이러한 권력에 예속시키는 것이 도덕적이냐 하는 문제이다.

만약에 시장기구가 편익과 부담을 할당하는 방식이 특정한 인간들에게 의도적으로 이들을 할당하는 결과라고 한다면, 그 방식은 여러 가지 경우에 있어서 매우 정의롭지 못한 것으로 간주되어야 한다는 것은 물론 인정되어야 할 것이다. 그러나 사실은 그렇지 않다. 제도들이 생겨났을 때는 이 제도들은 모든 사람들 혹은 대부분의 사람들의 욕구를 총족시킬 수 있는 기회를 개선시켜 준다고 판명되면 계속 존재할 수 있다. 그런데 이러한 제도 내에서 특정한 사람들에게 어느 누구도 의도하지 않았고, 또 예측하지 못한 효과를 발생시키는 어떤 과정이 생겨난다. 개개인들이 차지하는 몫은 바로 이러한 과정의 결과이다. 이러한 과정으로부터 정의를 요구한다는 것은 분명히 당치도 않으며, 그와 같은 사회에서 특정한 사람들을 어떤 특정한 몫을 가질 자격이 있다고 선발하는 것은 분명히 정의롭지 못하다.

'사회적 정의'가 여론을 정복하고 있다

어쨌든 지금까지 '사회적 정의'에 호소하는 것은 정치적 논쟁에서 가장 널리 이용되었고, 가장 효과적인 논거가 되었다. 특정한 그룹들에게 유리한 정부활동을 요구할 때마다 그 요구는 '사회적 정의'라는 이름으로 제기되고 있다. 특정한 조치를 '사회적 정의' 때문에 필요한 것처럼 보이게 하면, 이 조치에 대한 반대는 급진적으로 약화된다. 사람들은 '사회적 정의' 때문에 특정한 조치가 필요한가, 아니면 이 조치가 필요하지 않은가 하는 문제에 관해서는 논쟁할 수 있다. 그러나 그들은 이것(사회적 정의)이 정치적 행위를 조종해야 할 기준이라는 것, 그리고 그 표현이 분명한 의미를 가지고 있다는 것에 대해서는 하등의 의심도 하지 않는다. 결국 오늘날에는 특정한 조치들을 지지하기 위해서 '사회적 정의'에 호소하지 않으려는 정치적 운동과 정치가는 없다.

또한 '사회적 정의'에 대한 요구는 이미 상당한 정도로 사회질서를 전환시켰고, '사회적 정의'를 요구했던 사람들도 전혀 예측하지 못했던 방향으로 사회질서를 꾸준히 변동시키고 있다는 것도 거의 부정할 수 없다. '사회적 정의'라는 슬로건은 때때로 법을 모든 사람들에게 보다 평등하게 만드는 데 도와주었던 것은 분명하다고 하더라도, 분배에 있어서 정의를 요구하는 것이 어떤 의미에서든 사회를 보다 정의롭게 만들었는지 혹은 감소시켰는지는 의심의 여지가 있음에 틀림없다.

그 표현은 물론 처음부터 사회주의의 심장에 있었던 야망을 기술했다. 고전적 사회주의는 항상 생산수단의 사회화를 요구하는 것으로써 정의되었다고 할지라도, 이 요구는 주로 부의 '정의로운' 분배를 불러오기 위해 중요한 것으로 여겼던 수단이었다. 그런데 나중에 사회주의자들이 이 재분배는 상당한 정도로 큰 저항을 받지 않고서도 과세(와 그리고 조세에 의한 정부서비스)를 통하여 달성될 수 있다는 것을 알게 되었고, 실제로 그들이 애초의 요구를 자주 포기한 이래, '사회적 정의'의 실현은 그들의 주요 약속이 되어버린 것이다. 고전적 자유주의가 달성하고자 했던 사회질서와 오늘날 전환되어 가고 있는 종류의 사회 사이의 중요한 차이는 전자는 정의로운 행동규칙에 의해 지배되고, 반면에 새로운 사회는 '사회적 정의'에 대한 요구를 충족시키기 위한 것이라는 점이다. 혹은 다른 말로 표현하면 그 차이는 전자는 개개인들에게 정의로운 행동을 요구하는 반면에, 후자는 정의의 의무를 점점 더 인간들에게 무엇을 행해야 할 것인가를 명령하는 권력을 가진 권위에게 전가시킨다는 점이다.

'사회적 정의'라는 캐치프레이즈는 이것을 서서히 사회주의자로부터 모든 다른 정치적 운동뿐만 아니라 대부분의 도덕교사들 및 도덕설교자들이 인수받았기 때문에 그런 효과를 발생시킬 수 있었다. 그것은 특히 모든 기독교 종파들의 성직자들 대부분에 의해 수용되었던 것 같다. 이 종파들은 점차 초자연적 계시에 대한 그들의 신뢰감을 잃어버리면서, 천국적인 정의의 약속을 세속적인 정의의 약속으로 대체시키는 새로운 '사회적' 종교에서 탈출구와 위안을 찾았던 것 같다. 그리고 그들은 이로써 선행을 하려는 그들의 노력을 지속시킬 수 있으리라고 희망하고 있다. 로마 가톨릭교회는 특히 '사회적 정의'의 목적을 공식적인 교리의 일부로 만들기도 했다.[9] 그러나 대부분의 기독교 교파들의 성직자들은 서로 앞다투어 보다 세속적인 목표들을 제공하고 있는데, 이들은 역시 새로운 기독교적 노력의 기초이기도 하다.

현대의 다양한 권위주의 정부 또는 독재정부들도 물론 그들의 주요 목표에 못지않게 '사회적 정의'를 선언하고 있다. 우리는 러시아의 수백만 명이 '사회적 정의'라는 슬로건의 배후에 은밀히 잠복해 있는 테러의 희생자들이라는 안드레이 사하로프 씨의 증언을 듣고 있다.

'사회적 정의'에 대한 의무는 사실상 도덕적 감정의 주요 분출구, 선한 인간을 구분하는 특징, 그리고 도덕적 의식을 가지고 있다는 공인된 징표가 되었다. 사람들은 '사회적 정의'라는 이름으로 제기하는 갈등적인 요구들 중 어떤 것이 타당한가를 말할 때는 때때로 당혹해 하면서도, 그 표현이 명확한 의미를 가지고 있다는 것, 그것이 어떤 높은 이상을 기술하고 있다는 것, 그리고 긴급히 수정을 요하는 기존의 사회질서의 심각한 결함을 지적하고 있다는 것에 대하여 의심하는 사람은 거의 없다. 최근까지 광범위한 문헌 속에서 그 표현의 명확한 개념정의를 찾아내려고 했더라면, 아마도 그러한 노력은 헛된 것이었을지라도,[10] 그 표현이 명확하고 잘 이해될 수 있는 의미를 가지고 있다는 것에 대해 일반사람들이나 학식 있는 사람들 중에도 어떠한 의심도 존재하고 있지 않는 것 같다.

그러나 어느 한 믿음이 거의 보편적으로 인정되고 있다고 해도, 이것은 그 믿음이 타당하다거나 의미 있다는 것을 입증하는 것은 아니다. 이것은 마녀나 유령에 대한 일반적인 믿음이 이 개념의 타당성을 입증해주는 것이 아닌 것과 마찬가지이다. '사회적 정의'의 경우 우리와 관련되어 있는 것은 그것이 단순히 이를 주장하는 사람들을 즐겁게 해주는 한, 우리는 정중하게 이를 조용히 내버려둬야 할 종교와 비슷한 단순한 미신일 따름이지만,

이것이 타인들을 강제할 구실이 된다면, 우리는 맞서 싸워야 할 종류의 미신이다. 그런데 사회적 정의에 대한 지배적인 믿음은 현재 자유로운 문명을 위한 또 다른 가치들 대부분에 대한 심각한 위협인 것 같다.

에드워드 깁본이 옳았든 틀렸든 간에, 도덕적이자 종교적인 믿음은 문명을 파괴할 수 있다는 것, 그리고 그러한 교리들이 지배하는 곳에서는 가장 소중하게 간직된 믿음뿐만 아니라 가장 숭배받는 지도자들, 때때로는 그 이타성에 대해서는 의심의 여지가 없다고 인정되는 성직자 같은 인물들도 스스로가 버릴 수 없는 것으로 간주하는 가치들에 대한 심각한 위험물이 될 수 있다는 것은 의심의 여지가 없다. 더 좋은 세계에 관한 우리의 꿈이 아무리 소중하다고 하더라도, 우리는 이러한 꿈을 합리적으로 면밀히 분석함으로써만 이러한 위협으로부터 우리 스스로를 보호할 수 있다.

'사회적 정의'는 과거에 인정되었던 가치들에 추가되어야 할 바로 새로운 도덕적 가치라는 것, 그리고 이것은 도덕규칙들의 기존의 틀내에서 융합될 수 있다는 것을 널리 믿고 있는 것 같다. 충분히 인정받지 못하고 있는 것은 이 슬로건에게 의미를 부여하기 위해서는 사회질서의 전체적 성격이 완전히 변화되어야 한다는 것이고, 또한 지금까지 사회질서를 지배해왔던 몇 가지 가치들은 희생되어야 한다는 것이다. 점진적으로 현재 일어나고 있는 것은 사회가 완전히 다른 형태의 사회로 전환되고 있는 것인데 이로 인하여 생겨날 결과를 의식하지 못하고 있다. '사회적 정의'와 같은 것이 달성될 수 있다는 믿음 속에서 사람들은 정부의 손아귀에 권력을 허용했던 것이다. 그런데 이제 정부는 '사회적 정의'를 이용할 줄 알게 된 이익집단들의 특수이익을, 그들의 수효는 점차 증가해가고 있는데, 증진하기 위해서 그 권력을 이용하는 것을 거절할 수 없다.

나는 궁극적으로 '사회적 정의'는 과거에는 문명의 발전을 고무시켰던 많은 가치를 포기하도록 인간들을 유혹하는 도깨비불로 인정받게 될 것이라고 믿는다. 이러한 유혹은 소규모 그룹의 전통으로부터 전수되었지만 그러나 자유로운 인간들의 거대한 사회에서는 아무런 의미도 없는 어떤 향수를 충족시키려는 노력이다. 불행하게도 이러한 막연한 욕망은 좋은 뜻을 가진 인간들의 행동을 충동하는 가장 강력한 의무가 되어버렸는데, 그러한 욕망은 좌절될 것이 뻔하다. 이것은 역시 슬픈 일이기도 하다. 오히려 달성될 수 없는 목적을 추구하려는 대부분의 노력처럼, 그러한 욕망을 추구하기 위한 노력도 역시 전혀 소망스럽지 못한 결과를 초래할 것이다. 그것은 특히 전통적인 도덕적 가치들이 번창할 수 있기 위해서는 없어서는 안 될 환경, 즉 개인적 자유를 파괴시킬 것이다.

자생적 과정의 결과에 정의 개념을 적용할 수 없다

시장질서에서 '사회적 정의'를 촉진시킬 경우 생겨날, 전적으로 서로 다른 두 가지 문제들을 분명히 구분하는 것이 필요하다.

첫 번째 문제는 시장에 기초를 두고 있는 경제질서 내에서 '사회적 정의' 개념이 도대체 어떤 의미나 내용을 가지고 있는가 하는 문제이다.

두 번째 문제는 '사회적 정의'의 이름으로 혹은 어떤 다른 구실로 성과의 평가에 기초를 둔 보수체계나 서로 다른 개인들, 또는 그룹들의 욕구에 기초를 둔 보수체계를, 이를 집행할 권력을 가지고 있는 어느 한 권위에 의해 시장질서에 강제로 부과하면서도 시장질서를 유지하는 것이 가능한가 하는 문제이다.

이 문제들 각각에 대한 대답은 분명히 부정적이다.

그렇지만 '사회적 정의'라는 개념의 타당성에 대한 믿음 때문에, 현대의 모든 사회는 두 번째 종류의 문제에 기술된 내용대로 '사회적 정의'를 실현하려고 점차 노력을 증대시키고 있고, 또한 이 개념은 독특한 자기가속적인 성향을 가지고 있다. 즉 개개인들이나 그룹들의 위치가 정부의 활동에 좌우되면 좌우될수록, 그만큼 더 그들은 정부가 분배적 정의의 분명한 계획을 목표로 해야 한다고 주장할 것이고, 정부는 소망스러운 분배의 패턴을 미리 정하여 이를 실현하려고 그만큼 더 많이 노력할 것이고, 또한 그만큼 더 많이 정부는 서로 다른 개인들 및 그룹들의 위치를 자신의 통제하에 두어야 할 것이다. 사회적 정의에 대한 신뢰가 정치적 행위를 지배하는 한, 이러한 과정은 급진적으로 전체주의 시스템으로 접근해갈 것임에 틀림없다.

우리는 우선 '사회적 정의'라는 용어의 의미에 관한 문제, 오히려 그 의미의 결함에 초점을 맞추어 설명하고, 나중에는 미리 작성된 어떠한 분배적 패턴이든 어떤 임의의 분배적 패턴을 실행하려는 노력이 사회의 구조에 미치는 효과를 분석하고자 한다.

자유로운 인간들의 사회에서(이것은 강제적인 조직과 구분되는 사회인데) 사회적 정의의 개념은, 엄격히 말한다면, 내용이 비어 있고 의미가 없다고 하는 주장은 아마도 대부분의 사람들에게 정말로 믿을 수 없는 것처럼 들릴 것이다. 우리는 서로 다른 사람들의 삶이 얼마나 부당하게 취급되고 있는가를 목격하고, 올바른 사람들이 고통 받고 옳지 못한 사람들이 번영을 누리고 있는 것을 보면 우리 모두는 항상 불안한 마음을 갖지 않는가? 우리 모두는 적정성 감각을 가지고 있어서, 어느 한 보수가 노력이나 희생에 적정하다는 것을 알면 이를 만족스럽게 바라보지 않는가?

이러한 확실성을 부정해야 할 첫 번째 인식은 우리는 역시 어떠한 대리인도 책임질 수 없는, 따라서 정의롭지 못하다고 말하기에는 분명히 온당하지 못한 운명의 차이와 관련해서도 동일한 감정을 경험한다는 사실이다. 그렇지만 우리는 어느 한 가정은 일련의 불운을 당하고, 다른 가정은 항상 번창할 경우, 또는 칭찬받을 만한 노력이 예측할 수 없는 사건에 의해 수포로 돌아간다면, 특히 똑같이 중요하게 보이는 노력들을 하는 사람들 중 어떤 사람은 눈부시게 성공하고 다른 사람들은 실패만 한다면, 그러한 불의에 대해 분노를 느낀다. 부모가 자신의 자녀를 키우고, 젊은이가 출세하려 하고, 탐험가나 과학자가 탁월한 생각을 찾으려는 이 모든 노력들은 가장 칭찬받을 만한 노력들이다. 이러한 노력이 실패하는 것을 본다는 것은 확실히 비극적인 일이다. 그런데 이러한 실패에 대해서 누가 비난받아야 하는지를 우리가 모른다고 하더라도 혹은 그러한 좌절을 예방할 수 있는 방법을 우리가 알지 못한다고 하더라도 우리는 그러한 운명에 대하여 항의할 것이다.

자유로운 인간들의 사회에서 물질적 재화의 분배의 경우 일반적으로 느끼는 불의에 대한 감정과 관련해서도 그것은 차이가 없다. 우리는 이 경우에는 이러한 감정을 덜 선뜻 받아들인다 하더라도, 시장의 정의롭지 못한 결과에 대한 우리의 불평자들은 누군가가 정의롭지 못했다고 주장하지 않는다. 누가 정의롭지 못했는가 하는 질문에 대한 해답은 없다. 사회가 자신이 창출했던 기대를 충족시키지 않으면, 우리가 사회에게 불평하고 피해보상을 요구하는데, 이로써 사회는 새로운 신(神)적인 것이 되어버린다. 피해자가 정당한 불평을 제기할 상대자로서의 개인이나 인간그룹이란 존재하지 않는다. 그리고 기능하는 질서를 확립하면서, 동시에 그와 같은 좌절을 예방할 수 있는 정의로운 행동규칙이란 존재하지도 않는다.

그러한 불평 속에 내포되어 있는 유일한 비난은 우리가 개인이 자신의 직업을 선택할 수 있고, 따라서 어느 누구도 선택의 결과가 우리의 소망과 일치되도록 배려할 권력과 의무를 가질 수 없는 시스템을 인정하고 있다는 사실이다. 그도 그럴 것이 그러한 시스템에서는 누구나 자기 자신의 목적을 위해 자신의 지식을 이용할 수 있는데,[11] 그러한 시스템에서는 '사회적 정의'라는 개념은 필연적으로 내용이 비어 있고 의미가 없다. 그러한 시스템에서는 어느 누구의 의지도 서로 다른 사람들의 상대적인 소득을 결정할 수 없거나 혹은 이 소득이 부분적으로 우연에 좌우되는 것을 어떠한 의지로도 막을 수 없기 때문이다. '사회적 정의'는 개개인들의 과제를 명령을 통해 할당하는(군대와 같은) 관리경제나 명령경제에서만 의미가 있을 뿐이다. '사회적 정의'라는 모든 특수한 개념은 그와 같은 중앙집권적인 관리시스템에서만 실현될 수 있다. 이러한 시스템은 인간들이 정의로운 행동규칙에 의해 조종되는 것이 아니라 특정한 지시에 의해 조종된다는 것을 전제로 한다. 어떠한 정의로운 행동규칙 시스템도, 따라서 개개인들의 어떠한 자유로운 행동도 분배적 정의의 원칙(이것이 무엇이든)을 충족시키는 결과를 야기할 수 없다.

물론 우리는 자유로운 사회의 과정이 서로 다른 인간들의 운명에 미치는 영향들이 알아볼 수 있는 어떤 정의의 원칙에 따라 분배되는 것이 아니라고 생각한다면 그것은 틀린 것이 아니다. 그런데 우리가 오류를 범하는 곳은 이 영향들은 위의 생각으로부터 정의롭지 못하고 이에 대해 누군가가 비난받아야 한다는 결론을 도출하는 데 있다. 서로 다른 개인들 및 그룹들의 위치는 누군가의 계획의 결과가 아닌 자유로운 사회에서(그런데 자유로운 사회는 이 사회 내에서 일반적으로 적용 가능한 원칙에 따라 변경될 수 있다) 보수의 차이는 정의롭다거나 정의롭지 않다는 식으로 의미 있게 평가될 수 없다. 특정한 보수에 영향을 미치려는 데 목표를 두고 있는, 그리고 정의롭다거나 정의롭지 않다고 말할 수 있는 여러 가지 종류의 개별적인 행동들이 있다는 것은 의심의 여지가 없다. 그러나 그 자체로 정의롭다고 부를 수 있는 분배의 패턴을 야기하는 개별행동의 원칙들이 존재하지 않고, 따라서 그 개인은 자신의 동료들의 정의로운 보수를 확립하기 위해서 그가 무엇을 해야 할 것인가를 알 수 있는 가능성도 존재하지 않는다.

게임참여자의 행동만을 놓고 정의 여부를 따질 수 있을 뿐, 그 결과를 놓고는 정의 여부를 따질 수 없는 경제적 게임의 기본원칙

우리는 앞에서 정의는 강제로 집행해야 할 줄을 배웠던 인간행동의 성격이라는 것을 보았다. 그 같은 특정 종류의 행동은 유익한 행동질서의 형성과 유지를 확립하기 위해 필요하기 때문이다. 따라서 인간행동의 의도된 결과를 두고 정의의 성격을 말할 수 있지만, 인간들에 의해 의도적으로 만들어내지 않았던 상황을 놓고 이를 말할 수 없다. 정의는 다른 사람 또는 사람들을 '취급함'에 있어서, 다시 말하면 다른 사람들의 후생에 영향을 미치는 의도적인 행위에 있어서, 특정한 일률적인 행동규칙을 지켜야 한다는 것을 요구한다. 그것은 시장의 비인격적인 과정이 특정한 사람들에게 재화와 용역을 배분하는 방법에는 적용될 수 없는 것은 분명하다. 이것은 정의로운 것도 아니고 정의롭지 않은 것도 아니다. 분배 결과는 의도된 것도 예측된 것도 아니기 때문이다. 그것은 어느 누구에게도 전부 알려져 있지 않은 무수히 많은 상황에 의해 좌우된다. 이러한 과정에서 개개인들의 행동이 정의로울 수도 있거나 정의롭지 않을 수도 있다. 그러나 정의로운 그들의 행동들은 전적으로 타인들에게 의도되지도 않았고 예측되지도 않았던 결과들을 초래하는 이상, 이 효과들은 정의로운 것도 정의롭지 않은 것도 아니다.

사실은 간단히 말해서 우리는 욕구를 충족시킬 수 있는 모든 사람들의 기회를 상당히 개선시켰던 절차를 위한 일률적인 규칙들을 보유하고, 이들을 집행하는 데 동의한다는 것이다. 그러나 이러한 대가로 개인들이나 그룹들은 뜻밖에 실패할 위험성을 각오해야 한다. 이러한 절차를 수락함과 동시에 서로 다른 개인들과 그룹들의 보수는 의도적인 통제의 영역을 벗어난다. 이 절차는 수백만의 인간들 사이에 광범위하게 흩어져 있는 정보를 모든 사람들의 편익을 위하여 효과적으로 이용할 수 있게 하는 지금까지 발견된 유일한 절차다. 그 이용이 가능한 것은 소망스러운 개인적 자유를 그 자체의 윤리적 이유 때문에 모든 사람들에게 확립하기 때문이다. 그것은 물론 결코 '계획된' 절차가 아니다. 오히려 이 절차를 개발했던 그룹들에서 어떻게 인간들의 능력을 증가시켰는가를 우리가 발견한 후에 비로소 점차 이 절차를 개선할 수 있었던 것이다.

이 절차는 애덤 스미스(그리고 분명히 그에 앞서 고대 스토아 학자들)가 이해했던 바와 같이[12] 모든 관점에서(일반적으로 단지 오락거리만으로 추구하는 것이 아니라는 점을 제외한다면) 게임, 즉 부분적으로는 재주부리기 게임 혹은 부분적으로는 운수에 맡기는 승부게임과 전적으로 유사하다. 우리는 이 게임을 카탈락시 catallaxy 게임이라고 부르고자 한다. 이것은 모든 게임처럼 서로 다른 목적과 기술 및 지식을 가지고 있는 참여자들의 행위들을 조종하는 규칙에 따라 이루어진다. 따라서 게임의 결과는 예측할 수 없고, 또한 규칙적으로 승자와 패자가 있다. 게임에서처럼 우리가 게임은 공정해야 하고, 어느 누구도 속여서는 안 된다고 주장하는 것은 옳다. 그러나 서로 다른 게임 참여자들이 차지하는 게임결과들이 정의로워야 한다고 요구하는 것은 터무니없는 일이다. 그 결과는 필연적으로 기술과 행운에 의해 결정된다. 어느 한 사람의 서비스를 그의 동료들에게 다소 가치 있게 만들어주는 상황들 혹은 그가 자신의 노력의 방향을 변동시키는 것을 소망스럽게 만드는 상황들은 인간계획의 산물도 아니고, 또한 인간들에 의해 예측될 수도 없다.

우리는 다음 장에서 시장에서의 경쟁게임에 의해 구성된 발견적 절차의 기본원리를 설명할 것이다. 여기에서 우리는 어느 한 사람이나 행위자가 소유할 수 있는 것보다 훨씬 더 많은 정보를 이용하기 위한 절차가 서로 다른 개개인들 및 그룹들에게 가져다주는 결과는 예측할 수 없음에 틀림없고, 그리고 이 결과는 그들의 노력의 방향과 강도를 결정하는 희망과 의도와는 흔히 다른 것임에 틀림없다는 사실을 강조하는 것으로 만족하고자 한다. 또한 여기에서 강조할 바는(아담 스미스는 분명히 알고 있었던 인물 가운데 하나였는데)[13] 우리가 어떤 사람들은 뜻밖의 실망을 겪어야 한다는 것을 의미하는 부정적인 환류(negative feedback)의 원리가 작동하도록 허용할 경우에만 흩어져 있는 지식을 효과적으로 이용할 수 있다는 사실이다.

우리는 역시 나중에 알게 되겠지만, 특정한 가격과 노임, 그리고 서로 다른 그룹들과 개인들의 소득이 시장질서의 기능을 위해 가지고 있는 중요성은 주로 가격이 소득을 받는 사람들에게 미치는 효과에 기인한 것이 아니라 가격이 그들의 노력의 방향을 변동시키기 위한 신호로써 이들에게 미치는 효과에 기인한 것이다. 가격의 기능은 인간들에게 이들이 행했던 것에 대해 보상하는 데 있는 것이 아니라 그들이 자신의 이익뿐만 아니라 일반적 이익을 위하여 무엇을 해야 하는가를 그들에게 말해주는 데 있다. 그리고 나서 우리는 또한 시장질서를 유지하기 위해 요구되는 행동들을 유인하는 데 필요·충분한 인센티브를 공급하기 위해서는, 사람들의 노력의 대가는 알아볼 수 있는 공로에 해당되어서는 안 되고, 오히려 그 대가는 그들이 최선의 노력을 다했음에도 불구하고, 그리고 그들이 알 수 없는 이유 때문에 그들의 노력이 그들이 마땅히 예상했던 것보다 더 성공적이거나 덜 성공적이라는 것을 보여주어야 하는 것이 필요하다는 사실을 알게 될 것이다. 자생적 질서에서 누군가가 '옳은' 것을 했느냐 안했느냐의 문제는 반드시 공로의 문제가 될 수 없고, 오히려 그 문제는 관련된 사람이 필요했던 것을 알았어야 했느냐, 알 수 있었느냐의 문제와는 독립적으로 결정되어야 한다.

이상과 같은 생각들의 중요한 내용은 인간들이 자신들의 활동에 대해서 얻으리라고 예상할 수 있는 보수가 그들의 서비스가 이 서비스를 받는 사람들에게 주는 가치와 일치될 경우에만 그들이 해야 할 일을 스스로 결정할 수 있다는 것, 그리고 그들의 서비스가 그들의 동료들에게 주는 가치는 그들의 개인적인 공로나 욕망과 어떠한 관계도 없다는 것이다. 세운 공로에 대한 보상과 자신의 이익을 위해서나 자신의 동료들의 이익을 위해서 어느 한 사람이 무엇을 해야 하는가를 지적하는 것은 서로 상이하다. 최선의 보상을 확보해주는 것은 좋은 의도나 욕구가 아니라 동기와는 관계없이 실제로 타인들에게 가장 잘 편익을 가져다주는 일을 행하는 것이다. 에베레스트 산을 올라가려고 애쓰거나 달에 착륙하려고 노력하는 사람들 중에서, 우리는 최대의 노력을 했던 사람들을 존경하지 않고 처음으로 그곳에 도착한 사람들을 존경한다.

이러한 맥락에서 우리가 결과를 놓고 정의, 또는 불의를 의미 있게 말할 수 없다는 것을 일반적으로 알지 못하는 이유는 부분적으로는 '분배'라는 용어를 잘못 이용하고 있다는 사실에 기인한다. 그 용어는 분배하는 행위자가 있다는 것, 그리고 그의 의지나 선택이 서로 다른 사람들이나 그룹들의 상대적인 위치를 결정한다는 것을 암시해준다.[14] 그와 같은 행위자는 없고, 우리는 편익들의 배분을 결정하기 위해 비인격적인 과정을 이용한다. 왜냐하면 그 과정의 작동방식을 통해서 우리는 총산출의 규모와 구성을 결정하는 상대적 가격구조와 보상구조를 창출해낼 수 있기 때문이다. 이 때 총 산출은 우연이나 재주가 개개인들에게 할당해주는 몫의 실질적인 등가가 우리가 만들 수 있을 만큼 똑같은 규모가 될 것을 보장한다.

상대적인 소득을 실제로 결정하는 재주와 행운의 상대적 중요성을 여기에서 보다 자세히 규명하는 것은 별로 도움이 되지 않는다. 이 상대적 중요성은 경제부문들끼리 지역과 시대에 따라, 특히 경쟁지향적인 사회와 덜 기업우호적인 사회 사이에는 상당히 다르다는 것은 분명하다. 내가 대체로 수용하는 점은 어떤 거래영역 또는 직업부문 내에서는 개인적 능력과 소득 사이의 상응성(일치성)은 일반적으로 인정하고 있는 것보다 더 높지만, 그러나 다른 부문들이나 다른 거래영역과 비교할 경우 특정 거래영역이나 직업부문에서 모든 구성원들의 상대적인 위치는 구성원들의 통제와 그들의 지식 밖에 놓여 있는 상황들에 의해 더 많이 영향을 받는다는 점이다. (이것이 왜 '사회적' 불의가 개인들의 불운보다도 더 심각한 기존질서의 상응하는 결함으로 간주되고 있느냐 하는 이유이기도 하다).[15] 그러나 중요한 것은 가격 메커니즘은 대체로 보수가 재주 및 노력과 비례관계를 갖도록 작용하는 것이 아니라 오히려 행운이 중요한 역할을 하는 것, 그리고 추측하는 데 있어서 왜 어떤 사람은 다른 사람보다 규칙적으로 더 잘 들어맞는지를 우리가 알지 못하는 것이 분명한 곳에서도 승자를 뽑기 위한 사람들의 과거의 성공이 장래에도 그들이 그렇게 할 수 있도록 만드는 것, 그렇기 때문에 그들이 자신들의 노력을 계속할 수 있도록 그들을 유인하는 것이 가치가 있다는 가정을 견지하는 것이 일반적 이익을 위한 것이라는 점이다.

보수가 정의롭다는 믿음이 필요하다는 주장에 대하여

사람들은 서로 다른 개인들이 받아 마땅한 것만을 받는다고 믿을 경우에만 물질적인 위치의 중요한 불평등을 용납한다고, 그들은 보수의 차등이 공로의 차이와 대략 일치한다고 믿기 때문에(그리고 믿는 한) 시장질서를 지지했다고, 그리고 그 결과 자유로운 사회의 유지는 어떤 종류의 '사회적 정의'가 실현되어 있다는 믿음을 전제한다고 그럴듯하게 주장해왔다.[16] 그러나 시장질서는 사실상 그 기원에 있어서 그와 같은 믿음에 힘입은 것도 아니고, 또한 원래 이런 식으로 정당화되었던 것도 아니다. 시장질서의 시발이 중세 시대에는 쇠퇴하고, 관리들이 부과했던 규제 때문에 어느 정도까지 파괴된 후에, 정의로운 가격이나 임금을 찾아내려는 천 년 이상 동안의 노력이 수포로 돌아가자 이러한 노력을 포기했을 때, 그리고 후기 스콜라 학파가 정의로운 가격이나 정의로운 임금이라는 표현은 내용이 비어 있는 공식이라는 것을 인식하고, 그 대신 시장에서 시장참여자들의 정의로운 행동을 통해서 결정된 가격들, 즉 사기, 독점 혹은 폭력이 없이 형성된 경쟁가격은 정의가 요구하는 모든 것이라는 점을 가르쳐주었을 때, 비로소 시장질서가 발전될 수 있었다.[17] 바로 이러한 전통으로부터 존 로크와 그의 동시대 사람들은 옳게 주장했었던 바와 같이 "경쟁의 결과가 아니라 경쟁이 이루어지는 방법"[18]을 놓고 정의롭거나 정의롭지 않다고 말할 수 있다는 고전적인 자유주의적 정의 개념을 도출했던 것이다.

시장질서에서 각별히 성공적이었던 사람들 사이에서 특히 개인적인 성공은 매우 강력한 도덕적 정당성을 가지고 있다는 믿음이 개발되었고, 가톨릭의 도덕철학이 그러한 질서의 기본원리를 완전히 작성하여 승인한 후 오랫동안 그 믿음은 앵글로색슨 세계에서 칼뱅주의의 강력한 지지를 받았던 것은 의심의 여지가 없다. 개개인들이 자신들의 복지는 일차적으로 자신들의 노력과 의사결정에 달려 있다는 것은 시장질서(혹은 잘못되어 '자본주의'라고 불리는 사적 경제사회)에서 확실히 중요하다. 어느 한 인간이 스스로 정했던 목표들을 달성하느냐의 여부는 주로 자신에게 달려 있다는 확신보다도 그를 정열적이고 효율적으로 만들기에 더 적합한 상황은 거의 없다. 그래서 흔히 교육과 지배적인 여론을 통하여 그러한 확신을 북돋우고 있다. 내가 보기에는 그런 확신에 따라 인도되는 사람들에 힘입어 도덕적 및 물질적 개선이 이루어지는데, 그런 사람들의 덕택으로 사회의 구성원들 대부분은 이익을 얻는 것 같다. 그러나 다른 한편 이러한 확신이 일반화된 진리가 되어 과장된 믿음을 야기하게 되면 이는 스스로 똑같이 능력이 있다고 여기지만 (또한 실제로 똑같이 능력을 가지고 있는) 실패한 사람들에게는 한낱 신랄한 풍자나 심하게 약 오르게 만드는 것처럼 보일 수도 있다.

특히 미국에서 사무엘 스마일스 및 호라쇼 알저, 그리고 최근의 사회학자 섬너 같은 대중작가들이 자유로운 기업세계가 받아 마땅한 것에 대해 규칙적으로 보상한다는 이유로 이 세계를 옹호했던 것은 확실히 불행한 일이다. 시장질서에 대한 이러한 변호를 일반대중이 유일한 것으로 이해하게 되었는데, 이것은 시장질서의 장래에 대한 길조가 아니었다. 그러한 변호는 사업가의 자긍심의 기초가 되었고, 이로써 그는 자신을 더 이상 인기 있게 만들지 못하는 독선적인 자만에 빠지기 일쑤다.

따라서 우리가 젊은이들에게 그들이 정말로 노력하면 성공할 것이라는 신념을 얼마나 북돋아주어야 하는지, 아니면 불가피하게 무가치한 사람들도 성공하고, 가치 있는 사람들도 실패한다는 것을 얼마나 강조해야 할 것인지, 능력이 있고 부지런한 사람들의 적절한 보상에 대해 지나치게 과신하고 있고, 따라서 나머지 사람들에게도 유익한 많은 일을 행하는 그룹들의 견해가 지배하도록 내버려두어야 할지, 아니면 그와 같은 부분적으로 옳지 않은 확신을 갖지 않으면 일반대중은 실제로는 오직 부분적으로만 실적에 기인할 뿐이고 부분적으로는 단순한 행운에도 기인하여 형성되는 보수의 차이를 인정할 것인지는 정말로 딜레마가 아닐 수 없다.

'사회를 위한 가치'란 있을 수 없다

중세 시대에 정의로운 가격과 정의로운 노임을 찾으려고 노력했지만, 그러한 노력은 소득이 없었다. 경쟁적인 시장에서 형성되는 그러한 자연가격은, 인간의 어떠한 법이나 명령에 따라 결정되지 않고 신만이 미리 알 수 있을 무수히 많은 상황에 좌우되어 결정되는데, 이러한 자연가격만이 정의로운 것으로 인정될 수 있다는 것을 알게 되자[19] 드디어 정의로운 가격과 이를 찾으려는 노력을 포기했던 것이다. 그러나 이러한 포기는 현자의 돌(비금속을 귀금속으로 바꾸는 힘이 있다고 믿었던 영묘한 돌, 중세의 연금술사들이 찾아내려고 했었음: 역자주)을 찾으려는 노력이 끝났음을 말하는 것이 아니다. 오히려 '사회적 정의'에 대한 일반적인 요구에 의한 것일 뿐만 아니라 임금논쟁에서 절충이나 중재를 위한 절차와 연계되어 정의의 기준을 찾으려는 장구한, 그리고 마찬가지로 헛된 노력이 현대에 다시 부활되었다. 거의 1세기 동안 세계의 도처에서 공공정신을 가진 남녀들이 노임률을 결정할 수 있는 원칙을 발견하려고 노력했던 것이다. 그러나 이러한 노력의 과정에서 점점 더 많은 사람이 인정하고 있듯이, 임금률을 결정할 수 있는 규칙으로서 단 한 개만이 작성되었던 것이 아니었다.[20]

이러한 사실을 고려할 때, 우톤 여사처럼 노사협상과 관련하여 노련한 중재자가 "어느 누구도 이 맥락에서 정의가 무엇인가를 모르기" 때문에 노사협상의 중재자들이 "윤리적 공백에서 정의를 행사하려는 불가능한 과제에 종사하고" 있다고 우선 실토하고 나서, 그러한 기준은 입법부에 의해 결정해야 한다는 결론을 도출하고, 모든 노임과 소득을 정치적으로 결정해야 할 것을 명시적으로 요구하고 있는 것을 보면 정말 이상한 생각이 든다.[21] 우리는 의회가 무엇이 정의로운가를 결정할 수 있다는 환상을 더 이상 가질 수 없다. 나는 우톤 여사가 모든 보수는 정치적 권력에 의해 결정되어야 한다는 것을 의미하는 흉악스러운 원칙을 정말로 변호하리라고는 생각하지 않는다.

정의와 불의라는 범주는 시장을 통해 결정되는 보수에 의미 있게 적용될 수 있다는 생각의 또 다른 원천은 서로 다른 서비스들은 특정한 확인 가능한 '사회적 가치'(사회를 위한 가치)를 가지고 있고, 실제의 보수는 빈번히 이 가치와 다르다는 생각이다. 그러나 '사회적 가치'라는 개념을 때때로 경솔하게, 심지어 경제학자들마저도 사용하고 있다고 하더라도, 엄격히 말한다면 그러한 가치는 존재하지 않는다. 그리고 이러한 표현은 '사회적 정의'라는 개념처럼 사회를 인격체로 간주하는 일종의 의인화를 내포하고 있다. 서비스들은 오로지 특정한 사람들(혹은 조직)에게만 가치를 가지고 있을 뿐이고, 특정한 서비스는 사회의 서로 다른 구성원들에게 매우 상이한 가치를 갖고 있다. 이와는 다른 식으로 이들을 생각하는 것은 사회를 자유로운 인간들의 자생적 질서로 여기는 것이 아니라 목적들의 순위를 정해놓고 성원들 모두를 이 순위에 봉사하도록 만드는 조직으로 여기는 것이다. 필연적으로 이것은 개인적 자유가 존재하지 않는 전체주의 시스템이 될 것이다.

　어느 한 인간이 그의 동료들에 대하여 갖는 가치라고 말하는 것보다는 '사회를 위한 가치'라고 말하는 것이 더 매혹적이기는 할지라도, 만약 우리가 예컨대 어느 한 사람이 수백만의 인간들에게 성냥을 공급하여 연간 20만 달러를 버는 사람이 수천 명에게 큰 지혜나 특유한 쾌락거리를 공급하여 연간 2만 달러를 버는 사람보다 더 가치 있는 사람이라고 말하는 것은 매우 잘못된 것이다. 심지어 베토벤 소나타를 연구하는 것, 레오나르도 다 빈치의 그림, 또는 셰익스피어의 희극도 '사회를 위해서는 어떠한 가치'도 없지만, 이들을 알고 감상하는 사람에게는 가치가 있는 것이다. 권투선수나 대중가수는 수백만 명에게 서비스를 제공하고, 바이올린 연주자나 발레리나는 소규모의 인간들에게 서비스를 제공한다면, 전자가 후자보다도 사회를 위해 더 가치가 있다고 주장하는 것은 별로 의미가 없다. 중요한 것은 진정한 가치들이 서로 다르다는 것이 아니라 서로 다른 인간그룹들이 서로 다른 서비스에 대해 부여하는 가치들을 통합시킬 수 없다는 것이다. 단지 이러한 표현들이 의미하는 모든 것은 어느 한 사람이 다른 사람보다 더 많은 수의 사람으로부터 더 많은 총합된 금액을 받는다는 것일 뿐이다.[22]

　서로 다른 사람들이 시장에서 버는 소득은 어떤 임의의 사람에 대하여 그들의 서비스가 갖는 상대적인 가치와는 일치되지 않는 것이 정상이다. 어느 한 사람이 서로 다른 상품들로 구성된 상품그룹 중에서 어느 한 상품을 소비할 경우, 그 남자나 그 여자가 구매한 최종단위의 상대가치가 상대가격과 일치하도록 각 상품의 수량을 구매한다고 하더라도, 그 동일한 사람이 많은 상품조합들을 결코 소비하지는 않을 것이다. 요컨대 남자만 소비하는 상품들의 상대가격과 여자만 사용하는 상품들의 상대가격은 임의의 사람에 대하여 이 상품들이 갖는 상대가치와 일치하지 않는다.

따라서 개개인들과 그룹들이 시장에서 받는 보수는 허구적인 '사회를 위한 가치'에 의해 결정되는 것이 아니라 이 서비스들이 이들을 구매하는 사람들에게 주는 가치에 의해서 결정된다(혹은 엄격히 말한다면 이들을 긴급히 필요로 하는, 가능한 공급에 의해 충족될 수 있는 수요에게 주는 가치에 의해 결정된다).

이러한 보수원칙은 정의롭지 못하다고 불평하는 또 다른 원천은 그렇게 결정된 보수는 그러한 서비스를 제공하도록 유인하기에 필요한 것보다 훨씬 더 높다고 하는 것이다. 이것은 완전히 옳다. 그러나 동일한 서비스를 제공하는 사람들은 모두 동일한 보수를 받기 위해서라면, 그리고 가격이 비용을 초과하여 서비스의 공급이 증가하려면, 또 현행 가격으로 이를 사거나 팔고 싶어 하는 사람이 그렇게 할 수 있도록 하기 위해서는 보수가 서비스를 공급하도록 유인하기에 필요한 것보다 훨씬 높아야 할 필요성이 있다.

결과적으로 볼 때, 한계판매자를 제외한 모든 판매자들은 그 서비스를 제공하기 위해 이들을 유인하기에 필요했던 것을 초과하여 이득을 얻지 않으면 안 된다. 마찬가지로 한계구매자들을 제외한 모든 구매자들도 그들이 지불하고자 하는 것보다 더 적게 지불하고서 구매한다. 따라서 시장의 보수는 사람들이 자신의 편익을 위한 노력과 희생을 다른 것으로 정당하게 상쇄하려고 노력한다는 의미의 정의로 볼 때는 결코 정의로울 수 없다.

서로 다른 그룹들이 서로 다른 서비스들의 보수에 대하여 취하는 서로 다른 태도들을 고려해볼 때, 다수의 사람은 결코 자신들의 소득보다 높은 모든 소득을 불평하는 것이 아니라 그들이 이해하지 못하거나 심지어 유해하다고 간주하는 기능을 가진 활동에 의해 벌어들이는 소득만을 불평한다. 나는 권투선수나 투우사들, 축구의 우상들 혹은 배우나 재즈 왕들의 고소득을 불평하는 사람들을 알지 못한다. 저들은 산업계의 보스나 실업계의 거물과 비교할 때, 무색할 정도로 이들을 대신하여 극도의 사치와 낭비를 과시하면서 흥청거리는 것처럼 보이기도 한다. 대부분의 사람들이 어느 한 활동의 유용성을 이해하지 못하는 경우, 그리고 빈번히 그들이 이를 유해하다고 잘못 생각하고 있기 때문에('투기꾼', 흔히 정직하지 못한 활동에 의해서만 그렇게 많은 돈을 벌 수 있다는 믿음과 결부시킨다), 또한 특히 거액의 돈을 벌어 재산을 축적하기 위해 사용하는 경우(여기에서도 또다시 투자하는 것보다는 소비하는 것이 소망스럽다는 잘못된 생각으로부터 비롯된다)에 정의롭지 못하다는 비난이 생겨난다. 그러나 현대의 거대한 사회의 복잡한 구조는 서로 다른 모든 활동의 보수가 다수의 견해에 의해 결정되거나 혹은 보수가 시스템의 기능을 위해 필요한 모든 활동의 중요성에 관하여 어느 한 사람이 가지고 있는 이해나 지식에 의해 좌우된다면 분명히 작동하지 못한다.

중요한 점은 대중은 대부분의 경우에 어느 한 사람의 활동이 그의 동료들에 대하여 갖는 가치에 관한 어떠한 생각도 가지고 있지 않다는 것, 그리고 정부권력의 이용을 결정하는 것은 필연적으로 그들의 편견이라는 점이 아니다. 오히려 그것은 어느 누구도 시장이 그에게 말해주는 경우를 제외하고는 알지 못한다는 점이다. 특정한 활동에 대한 우리의 평가는 시장에 의해 이에 부여되는 가치와 흔히 다르다고 하는 것은 진리이기에 충분하다. 우리는 이런 감정을 정의롭지 못하다는 불평으로 표현한다. 그러나 우리가 간호원과 푸줏간 주인의 상대적인 보수, 광부와 고등법원 재판관, 심해 잠수부 혹은 하수구 청소부의 상대적인 보수, 새로운 기업의 조직자와 승마기수의 상대적인 보수, 조세평가사와 생명을 구출하는 약을 발견한 사람 혹은 수학 교수의 상대적 보수가 어떠해야 할 것인가를 물어볼 경우, 이 질문에 답하기 위하여 '사회적 정의'를 끌어대는 것은 아무런 도움이 되지 못한다. 우리가 이를 이용한다면 그것은 다른 사람들이 어떠한 이유도 대지 않고 우리의 견해에 동조해야 한다는 것을 넌지시 암시하는 것에 지나지 않는다.

우리가 '사회적 정의'라는 용어에 분명한 의미를 부여할 수 없다고 하더라도 이것이 '사회적 정의'에 대한 치명적인 이의가 될 수 없다고 말할 수 있을 것이다. 왜냐하면 그 입장은 원래의 정의와 관련하여 내가 앞에서 주장한 입장과 유사하기 때문이다. 즉 우리는 무엇이 '사회적으로 정의로운가'를 알지 못하지만 우리는 무엇이 '사회적으로 정의롭지 못한가'를 아주 잘 알고 있다. 그리고 우리는 '사회적 불의'를 꾸준히 제거시킴으로써 점차 '사회적 정의'에 접근한다. 그러나 이것은 근본적인 어려움으로부터 어떤 탈출구를 제공하지는 못한다. 우리는 무엇이 '사회적으로 정의롭지 못한가'를 찾아낼 수 있는 테스트란 있을 수 없다. 그와 같은 불의를 저지를 수 있는 주체가 없기 때문이다. 그리고 시장질서에서 우리에게 정의로운 것으로 보이는 위치(이 위치는 이것이 결정되는 절차와 다르다)를 개인과 그룹에게 확립시켜 주는 행동규칙이란 없다.[23] 그것은 오류의 범주에 속하는 것이 아니라 '도덕적인 돌(moral stone)'이라는 표현처럼 터무니없는 헛소리의 범주에 속한다.

'사회적'이라는 의미

'사회적'이라는 형용사의 의미를 검토하면 '사회적' 정의라는 의미를 찾는 데 도움을 얻을 수 있으리라고 희망할지도 모른다. 그러나 그렇게 하려고 노력하자마자 곧바로 '사회적 정의'라는 개념을 둘러싸고 있는 혼란의 늪만큼이나 좋지 못한 늪 속에 빠지고 만다.[24] 원래 '사회적'이라는 용어는 물론 분명한 의미를 가지고 있었다('민족적', '부족적' 혹은 '조직적'이라는 용어의 형성과 유사하다). 즉 그것은 '사회의 구조'와 그 작동과 관련되어 있다거나 이에 특징적인 것임을 의미했다. 이러한 의미에서 정의는 분명히 사회적 현상이고 명사에 '사회적'이라는 형용사를 추가한 것은, 우리가 '사회적 언어'라고 말할 때처럼 하나의 중복어이다.[25] 과거에 이렇게 빈번히 사용했던 것은 정의에 관해 일반적으로 지배했던 견해를 특정한 인간들이나 그룹들이 가지고 있었던 견해와 구분하기 위해서였지만 말이다.

그러나 오늘날 이용되고 있는 '사회적 정의'는 '사회적 규범', 즉 사회적 진화의 과정 속에서 개인적 행위의 관행으로 개발되었던 것이라는 의미의 '사회적'이 아니라 그리고 사회적 산물 혹은 사회적 과정의 산물을 뜻하는 것이 아니라 사회에 강제적으로 부과되어질 어떤 구상을 뜻한다. '사회적'이라는 표현을 전체사회 혹은 모든 구성원들의 이해관계와 관련시킴으로써 그 표현은 점차 도덕적 시인이라는 압도적인 의미를 얻게 되었던 것이다. 1870년대에 이 용어가 일반적으로 사용되었을 때, 그것은 당시 지배계급에게 이 계급이 아직 적절히 배려되지 못했던 많은 빈곤한 사람들의 후생의 증진에 더 힘써야 한다고 호소하는 의미로 사용되었다.[26] 사회의 소외된 계층의 목소리는 정부의 각종 회의에서 별로 큰 비중을 받지 못했는데 '사회적 문제'는 이 계층의 복지에 대하여 책임을 인정하도록 상류층의 양심에 호소하기 위한 것으로서 제기되었다. '사회정책'(혹은 당시 이러한 운동을 주도했던 나라의 언어, 즉 독일어로 표현한다면 Sozialpolitik)은 일상적인 정책이었고, 모든 급진적이고 선량한 사람들의 주요 관심사였다. 그리고 '사회적'이라는 표현은 점차 '윤리적' 혹은 간단히 '선량한'이라는 용어 대신에 사용했던 것이다.

그러나 불행한 사람들을 돌보고, 이들을 사회의 구성원으로 인정하도록 대중의 양심에 호소하기 위한 것으로부터 그 개념은 서서히 변동하여, '사회'가 모든 구성원들의 특정한 물질적 지위에 대하여 책임져야 하고, 개개인들이 각자 자기에게 '마땅한(due)' 것을 받을 수 있도록 책임져야 한다는 것을 그리고 특정한 결과를 얻을 수 있도록 사회의 과정을 고의적으로 조종해야 한다는 것을 의미했다. 그것은 사회를 의인화함으로써 이를 의식적인 정신을 부여받은, 그 작동에서 도덕적 원칙에 따라 행동할 수 있는 능력을 가진 주체로 표현했다.[27] '사회적'이라는 표현은 점차 뛰어난 덕성, 즉 선량한 사람이 두각으로 나타나는 특성이며, 또한 공동체적 행위를 조종해야 할 이상으로 간주될 뛰어난 덕성을 기술하는 용어가 되었다.

그러나 이러한 진전은 '사회적'이라는 용어의 적용영역을 무한히 확대시켰으면서도, 이 용어에 어떤 새로운 의미를 부여하지는 않았다. 그 진전은 심지어 원래의 기술적(descriptive) 의미까지도 너무 많이 박탈했기 때문에, 미국의 사회학자들은 '사회의(societal)'라는 새로운 용어를 만들 필요를 느꼈다. 실제로 그 발전으로 인하여 '사회적'이라는 용어는 거의 모든 행동을 공적으로 소망스러운 것으로 기술하기 위하여 이용될 수 있고, 동시에 그 용어와 조합되어 있는 모든 표현들로부터 분명한 의미를 박탈하는 효과를 갖게 된 상황이 생겨났던 것이다. '사회적 정의'뿐만 아니라 '사회적 민주주의' '사회적 시장경제',[28] 혹은 '사회적 법치국가'라는 표현은 '사회적'이라는 형용사를 정의, 민주주의, 시장경제 혹은 법치국가라는 완전히 분명한 표현에 추가시킴으로써 원하는 것이면 어떤 의미이든 거의 모든 의미를 가질 수 있게 된 표현이다. 그 용어는 사실상 정치적 논의에서 혼란을 야기하는 주요 원천들 중 하나가 되었고, 따라서 아마도 더 이상 유용한 목적을 위해 필요한 말이라고 주장할 수 없다.

어떤 이상(理想)을 장려하기 위하여 언어에 가해진 폭력은 끝이 없는 것 같다. '사회적 정의'라는 예는 최근에는 '지구적 정의(global justice)'라는 표현을 불러왔다! 이 표현의 반대인 '지구적 불의'를 미국의 종교지도자 회의에서 "경제적, 정치적, 사회적, 성적(sexual) 및 계급적 구조와 지구적 사회 시스템의 죄악차원을 특징하는 것으로" 규정하고 있다![29] 훌륭한 명분에서 우리가 옹호하는 확신이 다른 어떤 이유에서보다도 더 너절한 생각과 심지어 지적인 불성실성까지 불러왔던 것처럼 보인다.

'사회적 정의'와 평등

'사회적 정의'의 개념에 의미를 부여하기 위한 가장 흔한 노력은 평등주의적인 고려에 호소하고 물질적 편익의 평등으로부터 이탈할 때에는 이 이탈이 눈에 뜨일 정도로 공동의 이익에 기여할 수 있어야 그것이 정당화할 수 있다고 주장한다.[30] 이것은 어떤 대행자가 보수를 분배해야 할 상황에 대한 특수한 비유에 기초하고 있는데, 그런 상황에서 정의는 일반적으로 적용할 수 있는 인식 가능한 규칙에 따라 보수가 결정되어야 한다는 것을 요구한다. 그러나 시장시스템에서 소득을 보수라고 생각하는 경향이 있다고 하더라도 그것은 보수기능을 행사하지 않는다. 그것의 존재 이유는(이 표현을 계획된 것이 아니라 사람들이 어떻게 작용하는지를 이해하지 못하면서도 인간들의 노력을 도와주기 때문에 진화한 역할이라는 말로 사용해도 좋다) 오히려 인간들 모두가 의지하고 있는 질서가 유지되려면, 이들이 무엇을 해야 하는가를 알려주는 데 있다. 시장경제에서 개개인들의 활동들이 상호간 적응하려면 다양한 종류의 노동과 기타 생산요소들에 대한 대가로서 지불되어야 한다. 이때 지불되는 가격들은 노력, 조심성, 재주, 욕구 등에 의해 영향을 받는다고 하더라도, 이 요인들 중 어느 한 요인에 의해서만 결정되는 것은 아니다. 어느 한 사람의 의지나 욕구에 의해 좌우되는 것이 아니라 그 전체로서 아무도 모르는 상황에 좌우되어 결정되는 어떤 규모와 관련하여 정의를 고려하는 것은 전혀 의미가 없다.[31]

모든 소득의 격차가 이에 상응하는 공로(desert)의 격차에 의해 정당화되어야 한다는 주장은 농민공동체나 상인 혹은 수공업자 공동체에서, 즉 성공이나 실패가 분명히 재주나 근면에 의해 결정되기도 하지만, 누구나 당할 수도 있는 순수한 우연에 의해 결정되는 사회에서는 (비록 그러한 사회에서도 개개인들은 자신들의 운명의 불의에 대해 운명이나 신에게 불평할 줄 알고 있다고 하더라도) 결코 당연하다고 생각할 수 없는 주장이다. 그러나 사람들은 자신들의 보수가 부분적으로 순수한 우연에 의해 결정되는 것에 대하여 분노한다고 하더라도, 시장질서가 피할 수 없는 예측하지 못한 상황변화에 신속하게 적응해야 하고, 무엇을 할 것인가를 스스로 결정하도록 개개인에게 맡겨야 한다면 보수는 그렇게 결정되어야 한다. 지금 널리 퍼져 있는 태도는 구성원들 대다수가 노동시간에 대하여 규정된 비율로 보수를 받는 조직의 구성원으로서 일하는 사회에서만 생겨날 수 있다. 그러한 공동체들은 그 구성원들의 서로 다른 운을 다음과 같은 탓으로, 즉 노력의 방향을 조종하기 위해 기여하는 어떤 비인격적인 메커니즘이 작용한 결과의 탓이 아니라 공로에 따라 몫을 배분해야 할 인간의 힘의 탓으로 돌리려 한다.

실질적인 평등이라는 전제는 서로 다른 개인들이나 그룹의 몫이 그와 같은 방법으로 의도적인 인간결정에 의해 할당되는 것이 필연적 상황일 경우에만 자연스러운 출발점이 될 것이다. 이것이 의심의 여지가 없는 사회에서는, 정의는 인간의 욕구를 충족시키기 위한 수단의 배분은 공로나 욕구(혹은 이들의 조합)와 같은 일률적인 원칙에 따라 이루어져야 하고, 또 채택된 원칙이 분배의 격차를 정당화시킬 수 없는 경우에는 서로 다른 개인들의 몫은 똑같아야 한다는 것을 요구한다. 실질적 평등에 대한 유력한 요구는 아마도 빈번히 기존의 불평등은 누군가의 의사결정의 결과라는 믿음에 기초를 두고 있다. 그러나 이 믿음은 순수한 시장경제에서는 전적으로 잘못된 믿음이고, 오늘날 대부분의 나라에 존재하고 있는 매우 간섭주의적인 '혼합된' 경제에서도 매우 제한적인 타당성만을 가진 믿음이다. 오늘날 경제질서의 압도적인 형태는 사실상 '사회적 정의'가 요구하는 것이라고 생각하는 것을 달성하기 위한 정부조치의 결과이다.

그러나 실질적 정의의 기준에 따른 분배를 달성하거나 달성할 수 없는 순수한 시장질서와 그리고 정부가 권력을 이용하여 그러한 기준을 실현시키는 시스템에서 하나를 선택한다면, 문제는 정부가 어떤 경우이든, 행사해야 할 권력을 정의롭게 또는 정의롭지 못하게 행사해야 하느냐가 아니라 정부가 사회의 서로 다른 구성원들의 몫을 결정하기 위해 행사된 추가적인 권력을 소유해서 이를 행사해야 하느냐이다. 다른 말로 표현하면, '사회적 정의'에 대한 요구는 정부는 모든 경우에 수행해야 할 행위에서 일률적인 규칙에 따른 어떤 행동원칙을 지켜야 한다는 것뿐만 아니라 정부가 추가적인 행동을 수행해야 한다는 것을 의미하는데, 이를 위해서는 정부는 새로운 책임을 짊어져야 한다. 이 과제는 법과 질서를 유지하기 위해 필요한 것이 아니라 시장이 충족시킬 수 없는 집단적인 욕구를 배려하기 위해 필요하다.

중요한 문제는, 평등에 대한 새로운 요구가 정부가 자유로운 사회에서 모든 사람들에게 강제로 집행해야 할 행동규칙의 평등과 갈등하느냐의 문제다. 물론 정부가 다른 목적을 위해서 취하는 활동에서 동일한 규칙에 따라 모든 시민들을 대우하는 것과 정부가 평등한(혹은 불평등한) 물질적 위치로 서로 다른 시민들을 배치하기 위해 필요한 일을 행하는 것 사이에는 큰 차이가 있다. 실제로 두 목적 사이에는 첨예한 대립이 생겨날 수도 있다. 사람들은 정부가 변동시킬 수 없는 많은 품성에서 서로 다르기 때문에, 그들에게 똑같은 물질적 위치를 확보해주기 위해서는 정부가 이들을 매우 서로 다르게 대우해야 할 것이다. 체력, 지력, 기술, 지식과 인내력은 물론이거니와, 물리적 사회적 환경에 있어서 매우 다른 인간들에게 동일한 물질적 위치를 보장해주기 위해서는 정부가 직접 변경시킬 수 없는 단점들과 부족한 점들을 보상해주어야 할 것이고, 이를 위해서 정부는 분명히 이들을 매우 서로 다르게 대우해야 할 것이다. 다른 한편 정부가 모든 사람들에게 편익들을 엄격히 평등하게 공급하면, 분명히 물질적 위치의 불평등이 초래될 것이다.

그러나 이것은 동등한 물질적 위치(혹은 물질적 후생의 특정패턴)를 시민들에게 확립해주려는 데 목표를 두고 있는 정부라면, 이런 정부는 왜 이들을 매우 불평등하게 취급해야 하는가에 대한 유일한 이유도 아니고 더구나 주요 이유도 아니다. 오히려 정부가 그렇게 해야 할 이유는 그와 같은 시스템 아래에서 정부는 사람들에게 해야 할 것이 무엇인지를 말해줄 과제를 가지고 있기 때문이다. 개개인들이 예상할 수 있는 보수가 이제는 더 이상 그들의 노력을 가장 필요로 하는 곳으로 조종하는 방법을 알려주는 지침이 아니다. 왜냐하면 이 보수는 그들의 서비스가 그들의 동료에 대하여 갖는 가치와 일치하는 것이 아니라 그것이 인간들이 상을 받을 만하다고 인정받는 도덕적 공로 또는 자격에 일치하기 때문이다. 일단 보수가 이상과 같은 지표로서 작용하지 못하면, 그것은 시장질서에서 행사하는 안내기능을 상실하고, 조종역할을 담당하는 정부당국의 명령으로 대체되어야 할 것이다.

그러나 중앙의 계획관청은 전적으로 편의성이나 효율성이라는 이유를 기초로 하여 서로 다른 개인들이나 그룹들에게 할당될 과제들을 결정해야 하고, 또 계획당국의 목적을 달성하기 위하여 그들에게 매우 서로 다른 의무와 책임을 강요해야 할 것이다. 개개인들은 그들의 보수에 관한 한 일률적인 규칙에 따라 대우받을 수는 있을지도 모른다.

그러나 분명히 그들이 강요받아 수행해야 할 서로 다른 종류의 노동과 관련해서는 확실히 그렇지 않다. 사람들을 서로 다른 과제들에 배치할 때, 중앙의 계획당국은 정의의 원칙이나 평등의 원칙을 따르지 않고 효율성과 유용성을 고려하여 할당해야 할 것이다. 개개인들은 시장질서에 못지않게 공동의 이익을 위해서 큰 불평등을 감수해야 할 것이다. 오직 이러한 불평등은 비인격적인 과정에서 개개인들의 재주들이 상호 작용하여 결정되는 것이 아니라 계획당국의 저항할 수 없는 결정에 의해 형성된다.

점차 증대하고 있는 복지정책 분야에서 명백하게 드러나고 있듯이, 개개인들을 위해서 특정한 결과를 달성하도록 지시받은 계획당국이 요청받은 결과를 달성하기 위해서는 이에 필요한 듯이 보이는 것을 개개인들이 수행하도록 강요할 수 있는 기본적으로 자의적인 권력을 그 계획당국에게 인정해주어야 한다. 대부분의 인간들을 위한 완전한 평등은 이들의 업무를 관리하는 엘리트의 명령에 대중을 똑같이 예속시켜야 한다는 것을 의미하지 않을 수 없다. 억제된 정부 아래에서 권리의 평등이 실현 가능하고 그 평등이 개인적 자유의 본질적인 조건인 반면에 물질적인 위치의 평등을 위한 주장은 전체주의적 권력을 가진 정부에 의해서만 들어줄 수 있다.[32]

자유로운 사회의 경제과정이 서로 다른 사람들과 그룹에게 미치는 효과들은 어떤 인식 가능한 정의의 원칙에 따라 분배되지 않는다는 것을 우리가 인지한다면 이는 틀린 것은 물론 아니다. 그러나 이로부터 그 효과들은 정의롭지 못하니까 누군가가 이 불의에 대하여 책임을 져야 하고 비난받아야 한다는 결론을 도출하면 이는 틀린 것이다. 자유로운 사회에서는 서로 다른 개인들과 그룹의 위치는 누군가의 계획의 결과가 아니다. 그 위치는 이러한 사회 내에서는 일반적으로 적용할 수 있는 어느 한 원칙에 따라 변동될 수도 없다. 자유로운 사회에서 보수의 격차를 정의롭다거나 정의롭지 못하다고 말하는 것은 의미가 없다. 특정한 보수에 영향을 미치려는 데 초점을 맞추고 있고 불의한 것으로 간주될 수 있는 여러 가지 종류의 개별적인 행동들이 있는 것은 의심의 여지가 없다. 그러나 정의롭다고 말할 수 있는 분배적 패턴을 부를 수 있는 개인적 행위의 원칙이란 존재하지 않는다. 따라서 개인이 자신의 동료의 정의로운 보수를 확보하기 위해 그가 무엇을 해야 할지를 알 수 있는 가능성도 없다.

우리의 전체 도덕체계는 개개인의 행동의 규칙시스템이고, 거대한 사회에서는 그와 같은 규칙들에 의해 조종되는 어떠한 행위도 혹은 그와 같은 규칙들에 의해 조종된 개개인들의 의사결정에 의해 인도되는 어떠한 행위도 개개인들을 위해서 계획된 보수를 정의롭거나 정의롭지 않다고 간주할 때의 의미로 볼 때 우리에게 정의롭게 보이는 결과를 야기하지 않는다. 그러한 사회에서는 어느 누구도 자신의 행동에 의해 영향을 받는 사람들이 그가 생각하기에 옳은 것을 그들이 얻을 수 있도록 보장할 수 있는 권능과 지식을 가지고 있지 않기 때문이다. 또한 '사회적 정의'를 구성하는 것이라고 인정받은 어떤 원칙에 따라 보수를 보장받은 사람에게도 자신이 해야 할 바를 결정하도록 내버려둘 수 없다. 어느 한 작업을 수행해야 하는 것이 얼마나 급한가를 알려주는 보수는 이러한 의미에서 정의로울 수 없다. 특정 종류의 노동(작업)에 대한 필요성은 이를 수행할 수 있는 사람의 좋은 의도나 노력에 확실히 좌우되는 것이 아니라 오히려 예측할 수 없는 사건 여하에 달려 있기 때문이다. 그리고 모든 직업에서 필요하다고 생각되는 사람들의 종류와 수효를 감소시킬 의도를 가지고 보수를 정하는 어떤 권위도 이 보수를 '정의롭게', 다시 말하면 관계된 사람들의 공로나 도덕적인 욕구 혹은 그들의 기타 다른 요구의 공로에 적합하게 만들 수 없다. 그 권위는 모든 종류의 활동에 소요될 사람들의 수를 끌어들이거나 이를 유지하기 위해서는 이에 필요한 것을 제공해야만 한다.

'기회균등'

물론 기존의 시장질서에서 서로 다른 사람들의 결과들뿐만 아니라 애초의 기회들도 흔히 매우 다르다는 것을 부정할 수 없다. 그 결과나 기회는 개개인들의 통제 밖에 놓여 있지만 많은 특정한 관점에서는 정부의 활동에 의해 변경시킬 수 있는 물리적, 사회적 환경의 상황들에 의해 영향을 받는다. 기회균등의 요구나 출발조건의 평등에 대한 요구(출발정의)는 일반적으로 자유로운 시장질서에 호감을 갖고 있는 사람들로부터 갈채와 지지를 받고 있다. 그런데 이런 요구가 필연적으로 정부의 결정에 의해 영향을 받는 것들에 속하는 시설들이나 기회들(예를 들면 관리로의 임명)과 관련될 경우에는 그 요구는 고전적 자유주의의 중심 된 것들 중 하나이다. 이것은 흔히 프랑스말로 '능력에 개방된 경력(la carrière ouverte aux talents)'으로 표현된다. 우리가 정부에게 관리하도록 맡겨야 하는지에 대해서는 진지한 의심이 든다고 할지라도, 정부가 스스로 충분히 책임질 수 없는 시민들에 속하는 소수파를 위해서 교육수단들을 평등한 기초에서 마련하는 과제를 위해서도 할 이야기가 많이 있다.

그러나 이 모든 것은 심지어 동일한 능력을 가진 사람들을 위해서도 기회의 실질적인 평등을 창출하는 것과는 거리가 매우 멀다. 그런 평등을 달성할 수 있기 위해서는 정부는 모든 사람들의 물리적 및 인간적 환경을 통제해야 할 것이고, 또한 모든 사람에게 최소한 등가의 기회를 제공하려고 노력해야 할 것이다. 이러한 노력에서 정부가 성공하면 성공할수록, 동일한 원리에 따라 아직 남아 있는 핸디캡을 제거해야 한다는 혹은 아직 상대적으로 유리한 위치에 있는 사람들에게 가외로 부담을 주어 상쇄해야 한다는 정당한 요구가 그만큼 더 강력해진다. 이러한 노력은 정부가 글자 그대로 모든 사람의 후생에 영향을 미칠 수 있는 모든 상황을 통제할 때까지 지속되어야 할 것이다. 기회균등이라는 구호가 일견 제아무리 매혹적으로 들린다 하더라도, 일단 이 이념이 다른 이유 때문에 정부에 의해 공급되어야 할 시설들을 넘어서까지 확대하면, 그것은 전적으로 꿈 같은 이념이 되고, 구체적으로 이를 실현하려는 어떠한 노력도 일종의 악몽을 초래하기 쉽다.

'사회적 정의'와 법 아래에서의 자유

인간들은 그들의 서비스가 '사회를 위해' 갖는 확인된 가치 혹은 평가된 공로에 따라 보수를 받아야 한다는 생각은, 이 보수를 분배할 과제를 수행할 뿐만 아니라 그들이 대가로 보상받기 위해서 이행해야 할 업무를 할당할 어느 한 권위를 전제로 한다. 다른 말로 표현하면 '사회적 정의'를 실현하기 위해서는, 개개인들은 일반적인 규칙들뿐만 아니라 이들에게만 제기되는 특수한 요구를 지켜야만 한다. 개개인들이 단일 목적체계에 봉사하도록 이들이 조종, 통제받는 사회질서의 유형은 조직이다. 그것은 시장의 자생적 질서, 즉 개개인들이 일반적인 정의로운 행동규칙에 의해서만 구속되기 때문에 이들이 자유로운 시스템이 아니라 모두가 권위의 특수한 지시에 예속되어 있는 시스템이다.

개인적 행위의 규칙들만 변동시키기만 하면 '사회적 정의'가 실현될 수 있으리라고 흔히 생각하고 있는 것 같다. 거대한 사회에서 개개인들의 활동들의 결합된 효과가 실질적으로 정의롭다고 말할 수 있는 편익의 분배를 혹은 특정한 인간들이나 그룹들에 대한 역시 정의롭다고 말할 수 있는 이익과 불이익의 의도된 특정한 배분을 발생시킬 수 있도록 개개인들의 행동을 지배하는 규칙들이나 원칙들이란 존재하지 않는다. 시장과정을 통해 어떤 것이든 특정한 분배적 패턴을 달성하기 위해서는 모든 생산자는 자신의 노력이 누구에게 이익이 되는지(혹은 해가 되는지) 뿐만 아니라 자신의 활동에 의해(실제로 혹은 잠재적으로) 영향을 받는 사람들이 사회의 다른 구성원들로부터 받는 서비스의 결과로서 얼마나 나아질 것인가를 알아야 할 것이다. 이미 앞에서 보았던 것처럼, 적절한 행동규칙들은 스스로 형성되는 행동질서의 형식적인 성격만을 결정할 뿐이지, 특정한 그룹이나 개인들이 그 질서로부터 유래하는 특수한 편익을 결정하지 않는다.

이런 매우 분명한 사실은 더욱 강조될 필요가 있다. 저명한 법학자들마저도 개인적 혹은 쌍무적(교환적commutative) 정의 대신에 '사회적' 혹은 분배적 정의로 대체시켜도 법 아래에서의 개인의 자유는 파괴되지 않는다고 주장하고 있기 때문이다. 따라서 탁월한 독일 법철학자 구스타프 라드브루흐는 "사회주의 공동체도 비록 교환적 정의에 의해서가 아니라 분배적 정의에 의해 지배되고는 있다고 하더라도 일종의 법치국가(즉 법의 지배가 실현되어 있는 국가)"[33]라고 명시적으로 주장하고 있다. 프랑스로부터도 다음과 같이 보고되고 있다. 즉 "재판관이 법 문제에서 판결을 내리는 것처럼, 고위 행정관리들에게는 국민소득의 분배에 관하여 판단을 내릴 지속적인 과제를 할당해야 한다고 제안했었다."[34] 그러나 이러한 믿음은 개개인들로 하여금 행동규칙을 지키게 함으로써 어떠한 특정한 분배적 패턴도 달성할 수 없고, 그와 같이 미리 정해놓은 결과를 달성하기 위해서는 시간과 장소의 구체적인 상황에 따라 서로 다른 모든 활동들을 의도적으로 조정해야 한다는 사실을 간과하고 있는 것이다. 다른 말로 표현하면 그 믿음은 개개인들은 그들 자신의 지식을 기초로 하여 자신들의 목적을 위해서, 이것이 자유의 본질인데, 행동한다는 것을 배제하고, 그 대신 그것은 개개인들이 조종 통제 권한을 가진 어떤 권위에 의해 선택된 목적의 실현을 위해서 이 권위의 지식에 입각하여 필요하다고 판단되는 방식으로 행동해야 할 것을 요구한다.

따라서 사회주의가 목표를 두고 있는 분배적 정의는 법의 지배원칙, 그리고 법의 지배원칙이 확보하고자 하는 법 아래에서의 자유와 양립할 수 없다. 분배적 정의의 규칙들은 동등한 사람들을 향한 행동을 위한 규칙이 될 수 있는 것이 아니라 아랫사람들을 향한 윗사람들의 행위를 위한 규칙이어야 한다. 그러나 사회주의자들은 "일반적인 합리적 원칙에 따라 모든 사례를 판단해야 할 형식적인 법의 기본원칙은 자본주의의 경쟁국면에 대해서만 적용된다"는 불가피한 결론을 오래전에 스스로 도출했고,[35] 공산주의자들은 사회주의를 진지하게 여겼을 동안 그들은 심지어 "공산주의는 사회주의적 법의 승리를 의미하는 것이 아니라 적대적인 이익을 가진 계급을 타파함으로써 법이 전부 사라질 것이기 때문에 모든 법을 누른 사회주의의 승리를 의미한다"고 선언하기도 했다.[36] 그렇다고 하더라도 30여 년 전 내가 처음으로 이를 사회주의 경제정책의 정치적 효과에 관한 논의의 핵심으로 만들었을 때,[37] 그것은 큰 분노와 격렬한 항의를 불러왔던 것이다. 그러나 중요한 점은 공법은 사적 시민들의 행동규칙으로 구성되어 있는 것이 아니라 공공관리들의 조직규칙으로 구성되어 있기 때문에 라드브루흐가 교환적 정의에서 분배적 정의로의 이행은 사법을 공법으로 신속히 대체시키는 것을 의미한다는 사실을 스스로 강조하고 있는 데서도 암시되고 있다.[38] 그가 강조하고 있듯이 공법은 시민들을 국가에 예속시키는 법이다.[39] 우리가 법을 일반적인 정의로운 행동규칙으로 이해하는 것이 아니라 오로지 권위에 의해 공포된 명령(혹은 입법부에 의해 그런 명령을 발할 수 있는 권위를 인정받은 자에 의해 공포된 명령)만으로 이해할 경우에만 비로소 분배적 정의를 위한 조치들이 법의 지배와 양립하는 것으로 해석될 수 있다. 그러나 이 개념은 단순한 적법성을 의미하고, 그것이 원래 기여할 의도를 가지고 있었던 개인적 자유를 보호하지 못한다.

자유로운 사회에서 정부가 혹독한 빈곤으로부터 최소 소득의 형태나, 또는 어느 누구도 그 이하로 내려가서는 안 될 최소 생활수준의 형태로 모든 사람들을 보호하지 말아야 할 이유가 없다. 극단적인 불행을 막기 위한 그와 같은 보호장치는 모든 사람들의 관심사일 것이다. 혹은 조직된 공동체 내에서 스스로를 구제할 수 없는 사람들을 도와주는 것은 모든 사람들의 분명한 도덕적 의무로 생각할 수 있다. 어떠한 이유에서든 시장에서 적절한 생존수단을 벌 수 없는 모든 사람들에게 시장 밖에서 그와 같은 일률적인 최소 소득을 보장하는 경우, 이것은 자유의 제한이나 법의 지배원칙과의 갈등을 야기하지 않는다. 우리가 여기에서 다루고 있는 문제는 공급되는 서비스에 대한 보수가 국가권위에 의해 결정되는 경우에만 생겨난다. 그리고 이로써 개인적인 노력의 방향을 안내하는 시장의 비인격적인 메커니즘이 위태로워진다.

특정한 인간에 의해서가 아니라 '시스템'에 의해서 어느 한 사람에게 가해진 불의에 대한 가장 강렬한 분노감은, 타인들은 자신들의 능력을 개발하기 위해 향유하는 기회를 그는 박탈당했다는 것에 대한 분노인 것 같다.

사회적이든 물리적이든 환경의 차이가 그에 대한 원인이 될 수 있고, 최소한 그들 중 몇몇은 불가피할 수도 있다. 이들 중 가장 중요한 것은 가족제도와 떼어놓을 수 없는 것들이다. 이 제도는 강력한 심리적 욕망을 충족시켜 줄 뿐만 아니라 일반적으로 볼 때 중요한 문화적 가치의 전달을 위한 수단으로써 기여한다. 이러한 편익을 완전히 박탈당했거나 불리한 조건에서 성장했던 사람들은 막중한 핸디캡이 있다는 것은 의심의 여지가 없다. 그리고 친척이나 이웃이 하지 못하면 공적 제도가 그와 같은 불행한 어린이들을 도와주는 것은 소망스러운 일이라는 것을 의심하는 사람은 거의 없다.

그러나 우리가 그와 같은 결손을 완전히 보충할 수 있다고 진지하게 믿는(물론 플라톤은 그랬지만) 사람도 거의 없을 것이다. 이러한 편익을 모든 사람들에게 보장해줄 수 없기 때문에, 평등을 위해서 지금 그 편익을 향유하는 사람들로부터 이를 빼앗아야 한다고 믿는 사람들은 더욱 더 소수다. 또한 물질적 평등이 실현된다고 해도, 적절한 교육에 의해 부여받는 문화적 환경에 대한 생생한 관심을 경험하고, 이 환경을 향유할 수 있는 능력의 차이들이 평준화될 수 있을 것 같지도 않다.

경제적 불평등만큼 불합리해 보이지만 인간에 의해 만들어진 것처럼 또는 변경시킬 수 있는 제도들의 결과인 것처럼 보이지 않기 때문에 경제적 불평등보다는 덜 분노하는 또 다른 많은 치료할 수 없는 불평등이 있음은 물론이다.

'사회적 정의'의 적용영역

'사회적 정의'에 대한 요구로 표현되는 도덕감정은 원시적인 조건 아래에서 개인이 속해 있던 소규모 그룹의 동료구성원들과 관련하여 그가 개발한 태도로부터 유래했다는 것은 별로 의심의 여지가 없다. 그가 손수 알고 있는 구성원을 도와주고 자신의 행동을 그의 욕구에 적용하는 것이 아마도 인정된 의무였을 것이다. 이것은 그의 인격과 그의 처지에 관하여 알고 있음으로써 가능하다. 그러나 거대한 혹은 열린사회에서는 상황이 완전히 다르다. 이런 사회에서 모든 사람들이 제공하는 재화나 서비스는 그들이 알지 못하는 사람들 대부분에게 편익을 준다.

그와 같은 사회의 보다 큰 생산력은 어느 누구도 측량할 수 없을 정도로 범위가 확대된 분업에 기인한다. 상대적으로 소규모 그룹을 넘어서고, 서로가 알지 못하는 대다수를 포함하는 교환과정의 이러한 확장은 소규모 그룹의 알려진 구성원들과의 관계에 적용되는 정의로운 행동규칙의 보호를 낯선 사람과 심지어 외래인들에게까지도 동일하게 인정함으로써 가능한 것이다. 이와 같이 모든 다른 사람들과의 관계에도 동일한 정의로운 행동규칙을 적용하는 것은 자유로운 사회의 위대한 업적들 중 하나로 간주하는 것이 옳다.

흔히 이해되지 못하고 있는 점은(가정과 친구와 같은 가장 친숙한 그룹을 넘어서) 모든 다른 사람들과의 관계로까지 동일한 규칙을 확대하기 위해서는 소규모 그룹의 다른 구성원들과의 관계에서 강제로 집행되었던 규칙들 중 최소한 몇몇을 약화시켜야 한다는 점이다. 만약 낯선 사람들이나 외래인들에 대한 법적 의무가 이웃이나 동일한 마을이나 도시의 주민들에 대한 법적 의무와 똑같이 되려면, 후자의 의무는 낯선 사람들에게도 적용될 수 있는 의무로 감소되어야 할 것이다. 의심할 여지없이 역시 인간들은 항상 소규모 그룹에도 속하여 스스로 정한 친구들 혹은 동료들에 대하여 기꺼이 자진하여 보다 큰 의무를 지고 싶어 한다. 그러나 몇몇 사람들에 대한 이러한 도덕적 의무는 법 아래에서의 자유의 시스템에서는 강제로 집행될 의무가 결코 될 수 없다. 그와 같은 시스템에서는 어느 한 사람이 누구에 대하여 특수한 도덕적 의무를 짊어질 것인가와 관련하여 그의 도덕적 의무의 대상자 선정은 그 자신에게 맡겨야 한다. 법에 의해서는 결정될 수 없기 때문이다. 열린사회를 위해 의도된, 그리고 최소한 원칙적으로 모든 다른 사람들에게도 적용될 수 있어야 할 규칙시스템은 소규모 그룹에 적용되어야 할 것보다도 적은 내용을 가지고 있어야 한다.

특히 서로 다른 구성원들의 적절한 지위나 물질적 위치가 무엇이냐에 관한 공동합의는 구성원들이 서로의 행위들의 성격과 중요성에 관하여 익숙하게 알고 있는 상대적으로 작은 규모의 그룹에서만 개발되기 쉽다. 그와 같은 소규모 공동체에서는 적절한 지위에 관한 견해는 어느 한 자아가 다른 자아에 어떤 은덕을 입고 있느냐에 대한 감정과도 연결되어 있을 것이고, 그것은 오로지 누군가가 적절한 보수를 공급해야 한다는 요구만은 아닐 것이다. '사회적 정의'를 실현해야 한다는 요구는 당연한 일로 간주되고 있고, 비록 암묵적이기는 하더라도 그러한 요구는 필요한 권력을 소유하고 있는 행위자로서 항상 정부에 제기되고 있다.

그러나 규모가 매우 작은 나라 이외의 큰 나라에서 개인이 몸에 배어 있을 정도로 친숙한 특수한 지방적 조건에서 도출될 수 있는 기준들을 국가 단위에도 적용할 수 있을 것인지 의심스럽다. 자신들의 동료시민들에게 인정해줄 특정한 소득에 대한 동일한 권리를 기꺼이 낯선 사람들에게도 허용해줄 사람들은 거의 없으리라는 것은 분명하다.

지난 몇 년 동안 가난한 나라들의 대다수 구성원이 당한 고통으로 인하여, 부유한 나라들의 유권자들이 이들에게 상당한 물질적 원조를 승인하게 되었던 것은 사실이다. 그러나 이를 승인할 때 정의의 고려가 중요한 역할을 했다고 말할 수는 없다. 서로 경쟁하는 권력집단들이 될 수 있는 대로 많은 개발도상국들을 자신들의 영향력 범위로 끌어들이려고 노력하지 않았더라면 상당한 원조가 이루어졌을 것인지 의심스럽다. 그와 같은 원조를 가능하게 했던 것은 현대적 기술인데 이러한 기술이 개발될 수 있었던 유일한 이유는 세계의 대부분 지역에서는 별로 변화가 없었지만 몇몇 나라들이 거대한 부를 형성할 수 있었기 때문이다.

　그러나 아마도 중요한 점은, 만약 우리가 우리의 민족국가의 경계를 넘어서 바라본다면, 그리고 확실히 우리가 우리의 문명이라고 간주하고 있는 것의 경계를 뛰어넘는다면, 이제 더 이상 우리는 무엇이 '사회적으로 정의로운지'를 알고 있다고 우리 스스로를 기만하지 못할 것이라는 점, 그리고 기존의 국가 내에서 노동조합처럼 '사회적 정의'를 가장 시끄럽게 소리쳐 요구하는 그런 그룹들이야말로 외국인들을 위해서 그러한 요구를 제기하는 것을 제일 먼저 거부하리라는 점일 것이다. 국제적 영역에 적용하려고 할 경우, '사회적 정의'의 인정된 기준이 전혀 존재하지 않고 혹은 그와 같은 기준의 기초가 될 수 있는 어떤 알려진 원칙도 전혀 존재하지 않는다는 것이 단번에 명백히 드러난다. 이에 반하여 국가적 규모에서는 아직도 대부분의 사람들은 얼굴과 얼굴을 맞댈 수 있는 사회의 수준에서 그들에게 익숙한 생각이 역시 국가정책이나 정부권력의 행사를 위해서도 적용되어야 한다고 생각한다. 사실상 그것은 이 차원에서 하나의 속임수가 되었다. 좋은 뜻을 가진 사람들과 함께 조직화된 이익집단의 행위자들은 이 속임수의 효과를 활용할 줄을 성공적으로 배웠던 것이다.

　이러한 관점에서 소규모 그룹과 대규모 사회에서 각기 가능한 것 사이에는 근본적인 차이가 있다. 소규모 그룹에서 개인은 자신의 행동이 그의 몇몇 동료들에게 미치는 효과를 알 수 있고, 규칙들은 그가 어떤 방법으로든 그들에게 해를 끼치지 못하도록 효과적으로 막을 수 있고, 또한 특정한 방법으로 그가 그들을 심지어 도와줄 것도 요구할 수 있다. 거대한 사회에서는 어느 한 사람의 행위가 다양한 동료들에게 미치는 많은 효과는 그에게 알려져 있지 않다. 따라서 개인의 안내자로서 기능하는 것은 특수한 사례에서 나타나는 특수한 효과가 아니라 오로지 특정한 종류의 행동을 금지하거나 또는 요구하는 규칙들뿐이다. 특히 그는 자신의 행동에 의해 편익을 얻게 되는 개별인간들이 누구누구인지를 빈번히 알지 못한다.

따라서 그는 자신이 어느 한 큰 욕망을 충족시키고 있는지 혹은 이미 존재하고 있는 풍요를 좀 더 증대시키고 있을 뿐인지를 알지 못한다. 만약 그가 누가 영향을 받는지를 알지 못한다면, 그는 정의로운 결과를 목표로 하여 행동할 수 없다.

정말로 소규모 그룹에서 거대한 혹은 열린사회로 이행하기 위해서는, 그리고 모든 다른 사람을 알고 있는 친구로 아니면 알고 있는 적으로 대우하기보다는 한 인간으로 대접하기 위해서는 우리가 다른 모든 사람들에 대하여 짊어지는 의무의 범위가 축소될 필요가 있다.

낯선 사람들과 심지어 외국인들까지도 포함하여 모든 사람들에 대한 어느 한 사람의 법적 의무가 똑같으려면(그리고 그가 자진해서 의무를 짊어지거나 부모와 자식 사이와 같이 자연적인 유대에 의해 그가 연계되어 있는 곳에서만 보다 더 클 것이다), 이웃과 친구에 대한 법적으로 강제할 수 있는 의무는 낯선 사람들에 대한 의무보다도 더 크지 않을 것이다. 다시 말하면 개인적인 사정에 대한 사적인 친숙성에 기초를 두고 있는 모든 의무들은 강제로 집행할 수 없다. 따라서 정의로운 행동규칙을 지켜야 할 의무를 보다 넓은 영역으로, 궁극적으로는 모든 인간들에게까지 확대시키기 위해서는 동일한 소규모 그룹의 구성원들에 대한 의무를 약화시키지 않으면 안 된다. 우리의 전수된 혹은 아마도 부분적으로는 타고날 때부터 이미 가지고 있는 도덕적 감정들은(추상적인 사회로서의) 열린 사이에는 적용될 수 없다. 그리고 소규모 그룹에서나 가능하고, 흔히 깊게 새겨진 본능을 충족시키는 '도덕적 사회주의'는 거대한 사회에서는 불가능하다. 알고 있는 친구의 편익을 도모하는 데 목표를 두고 있는 어떤 이타적인 행위는 소규모 그룹에서는 매우 소망스럽지만, 거대한 사회에서는 반드시 그렇지 못하다. 그것은 오히려 유해할 수도 있다(예컨대 동일한 사업 분야의 구성원들은 서로 경쟁해서는 안 된다는 요구와 같은 도덕).[40]

도덕의 진보는 타인들에 대한 특수한 의무의 감소를 야기한다는 것은 일견 모순된 것처럼 보인다. 그럼에도 불구하고 모든 인간들을 똑같이 대우해야 한다는 원칙은, 이것이 평화의 유일한 기회인데, 눈에 보이는 고통을 각별히 도와주는 것보다 더 중요하다고 믿는 사람은 누구나 도덕의 진보를 희망해야 한다. 이것은 흔히 인정되고 있듯이, 우리는 우리의 합리적인 통찰로 하여금 우리의 전수된 본능을 지배한다는 것을 의미한다. 그러나 현대인이 열린사회로 진출했을 때 착수했던 위대한 도덕적 모험은, 부족적인 그룹의 구성원들에게만 적합한 규칙을 모든 인류들에게 적용하라고 요구받았을 때는 위협받았던 것이다.

궂은일에 대해서는 보상해야 한다는 요구

독자들은 아마도 내가 '사회적 정의'에 호소하여 항상 정당화되고 있는 어떤 특정한 요구를 보다 상세히 검토하리라고 기대할 것이다. 그러나 쓰라린 경험이 나에게 가르쳐주었듯이, 이것은 한없는 작업일 뿐만 아니라 무익한 작업이다. 이미 내가 말했던 바에 따른다면, 시장질서에서 물질적인 편익의 분배의 기초가 될 수 있는 공로 혹은 욕구의 실용 가능한 기준이란 없고, 더구나 이러한 서로 다른 요구들을 절충할 수 있는 어떠한 원칙도 없다는 것이 분명해질 것이다. 따라서 나는 '사회적 정의'에 대해 호소할 때마다 흔히 인용하는 두 가지 주장을 고찰하고자 한다. 그 첫째는 시장과정에 의한 분배는 정의롭지 못하다는 것을 설명하기 위해서 실제에서도 변동은 없지만 이론적인 맥락에서 흔히 인용되고 있는 데 반하여 두 번째는 사회적 정의에 호소하는 것은 정부의 행위를 부르는 가장 빈번한 상황유형이다.

기존의 시장질서가 정의롭지 못하다는 것을 보여주기 위하여 항상 지적되는 상황은 가장 궂은일이 흔히 가장 척박한 보수를 받는 상황이다. 정의로운 사회에서라면 땅속에서 석탄을 캐는 사람들 혹은 굴뚝이나 하수구를 청소하는 사람들, 그밖에 다른 불결하거나 육체적인 작업을 수행하는 사람들이 유쾌한 일을 하는 사람들보다도 더 많은 보수를 받아야 한다는 것이다.

만약 사람들이 다른 사람들만큼 다른 작업을 수행할 수 있는 똑같은 능력을 가지고 있다고 하더라도, 그들이 특수한 보상 없이 어떤 상위자에 의해 그러한 유쾌하지 못한 의무를 할당받는다면, 그것은 정의롭지 못하다는 것은 물론 옳다. 예를 들면 군대와 같은 조직에서 똑같이 능력이 있는 두 사람에게 서로 다른 과제를, 한 사람에게는 매력적인 과제를, 다른 사람에게는 매우 불쾌한 과제를 수행하도록 시킨다면, 정의는 불쾌한 의무를 정규적으로 수행하는 사람은 어떤 식으로든 특별히 이에 대한 보상을 받아야 한다는 것을 요구하는 것은 분명하다.

그러나 사람들이 자신들의 서비스를 누구든 이에 대해 최선으로 지불하는 사람에게 판매하여 자신들의 생활비를 버는 경우에는 사정은 완전히 다르다. 여기에서는 서비스를 공급할 때, 특정한 사람이 당하는 희생은 전적으로 관계가 없고, 고려될 모든 것은 이 서비스가 이를 구매하는 사람들에 대하여 갖는 (한계)가치이다. 그 이유는 동일한 종류의 서비스를 공급할 때, 서로 다른 사람들이 행하는 희생은 흔히 매우 다르기 때문이거나 혹은 어떤 사람들은 다른 사람들보다 별로 가치 없는 서비스만을 공급할 수밖에 없는 이유를 참작하기가 가능하지 않기 때문만이 아니다. 그러나 보다 매력적인 직업에서는 능력이 부족하고, 따라서 적은 보수를 받게 될 사람들은 보다 큰 행운이 있는 동료들이 경멸하는 불쾌한 과제를 수행할 때는 다른 일을 할 때보다 많이 벌 수 있다는 것을 발견할 것이다. 구매자들에 의해 보다 높이 평가받는 서비스들을 공급할 수 있는 사람들은 더 불쾌한 직업을 피할 것이라는 바로 이런 사실이 낮게 평가받는 재주를 가진 사람들에게 그들이 달리 할 수 있는 것보다 더 많이 벌 수 있는 기회를 제공한다.

동료들에게 별로 큰 가치가 없는 것을 공급하는 사람들은 심지어 보잘 것 없는 소량이라도 벌기 위해서 높은 보수를 받을 수 있는 서비스를 공급하기를 실제로 즐기는 사람들보다도 더 많은 고통과 노력을 감수해야 한다는 사실은 보수가 공로의 평가에 기초를 두고 있는 것이 아니라 서비스가 그 사용자에 대하여 갖고 있는 가치에 기초를 두고 있는 모든 시스템의 필연적인 부수물이다. 따라서 이 부수물은 개인이 찾을 수 있는 직업이 무엇이든 그가 이를 자유로이 선택하고 어떤 권위에 의해 어느 한 직업을 할당받지 않는 모든 사회질서에서 지배해야 한다.

　따라서 광부, 거리 청소부 혹은 도살장 노동자가 보다 쾌적한 직업에 종사하는 사람들보다 더 높은 보수를 받는 것을 정의롭다고 기술하기 위해 기초로 하고 있는 유일한 가정은 높은 보수는 그러한 과제(즉 광부, 거리청소부의 과제)를 수행하기에 충분한 수효의 사람들을 유인하기 위해 필요하다거나 혹은 이들이 어떤 인간대행자에 의해 의도적으로 이 과제들에 할당된다는 가정이다. 그러나 시장질서에서는 대부분의 사람들에게 먹고살 거리를 마련할 수 있는 유일한 기회가 고기잡이(혹은 여자들에게는 고기손질)밖에 없는 어떤 어촌에서 태어나 자라났던 것은 불운이기는 하지만, 이를 두고 정의롭지 못하다고 기술하는 것은 의미가 없다.

　누가 정의롭지 않은 것으로 상정되는가? 특히 다음과 같은 사실을 고려한다면 누가 정의롭지 않단 말인가? 즉 만약에 이런 지역적인 기회가 없었더라면, 문제의 사람들은 아마도 결코 태어나지조차 못했을 것이다. 그와 같은 마을의 주민 대부분이 존재하고 있는 것은 그들의 조상들이 어린애들을 낳고 키울 수 있게 해준 기회들의 존재 덕택이기 때문이다.

현재까지 차지해온 위치를 잃어버리는 것에 대한 분노

실제에 있어서 아마도 가장 많은 영향력을 가지고 있는 '사회적 정의'에 대한 호소는 문헌에서 그렇게 많이 논의되어 왔던 것은 아니다. '사회적 정의'를 고려함으로써 시장질서의 기능에 가장 광범위한 간섭이 초래되었는데, 그러한 고려는 사람들이 자신들이 현재 차지하여 익숙해진 물질적 위치로부터 뜻밖에 전락되지 않도록 보호받아야 한다는 생각에 기초를 두고 있다. '사회적 정의'에 관하여 많은 생각이 있었지만, 이들은 '부의 정당한 기대를 좌절시키는 것은 정의롭지 못하다는 강력하고 거의 보편적인 신념'만큼 그렇게 광범위한 영향력을 행사하지는 못했다. '견해의 차이들이 생겨나면, 언제나 그것은 어떤 기대가 정당하냐 하는 문제이다.' 이렇게 주장하는 바로 그 저자가 주장하고 있듯이 '많은 계층이 어떠한 변화도 매우 크고 갑작스럽게 그들에게 불리하게 이루어지지는 않으리라고 기대하는 것은 정당하다'는 확신이 존재하고 있다.[41]

오랫동안 확립된 위치들은 이들이 계속되리라는 정의로운 기대를 창출한다는 견해는 흔히 '사회적 정의'의 실체적인 기준의 대안으로서 봉사한다. 기대들이 좌절되고, 이로 인하여 생겨난 희생이 활동의 보수와 어울리지 않는 경우에, 이것은 당사자들이 기대한 특정한 소득에 대한 권리를 가지고 있다는 것을 보여주려는 어떠한 노력이 없이 불의한 것으로 간주되고 있다. 인간들의 대규모 그룹이 그들의 소득감소가 그들이 변경시킬 수 없거나 예측할 수 없었던 상황의 결과라는 것을 최소한 발견만 했어도, 이것은 보통 정의롭지 못한 것으로 간주된다.

그러나 당할 이유가 없는 불운이 빈번히 반복적으로 등장하여 어떤 그룹이 이에 영향을 받는 것은 시장의 조종 메커니즘이 가지고 있는 떼어놓을 수 없는 부분이다. 이것은 부정적인 되먹임(negative feedback)의 인공두뇌학적인 원리가 시장질서의 유지를 위해 작동하는 방법이다. 몇몇 활동들은 축소되어야 한다는 것을 보여주는 그러한 변화를 통해서만 모든 노동력들이 어느 한 사람이나 대행자가 알 수 있는 것보다도 더 크게 다양한 사실들에 지속적으로 적응될 수 있고, 또한 거대한 사회의 번영의 기반이 되고 있는, 흩어져 있는 지식의 이용이 가능하게 된다. 서로 다른 그룹구성원들의 공로와는 전적으로 관련이 없는 서비스 가치가 변동하지 않는 상황에서, 개개인들이 알지도 못하고 알 수도 없는 사건들에 대응하도록 유인하는 시스템에 우리는 의존할 수 없다. 사람들이 자신들이 노력을 잘못 기울였고, 따라서 다른 곳에서 수익성이 있는 직업을 찾지 않으면 안 된다는 것을 그들은 쓰라린 경험을 통하여 발견해야 하는데, 이는 단순히 기존의 부만 유지하려 한다고 해도 꼭 필요한 상황변동에 대한 지속적인 적응과정이다. 마찬가지로 이것은 물건들이 예상했던 것보다 더 좋게 된 사람들에게 돌아가는 응분이 없는 소득에 대하여 제기하는 분노에도 적용된다.

　습관이 된 익숙한 소득이 감소되거나 전부 잃어버렸을 때, 사람들이 느끼는 피해의식은 주로 그들이 도덕적으로 그러한 소득을 받을 만한 자격을 가지고 있고, 따라서 그들이 전과 똑같이 부지런하고 정직하게 일하는 한, 그들은 그러한 소득을 지속적으로 받을 권리가 있다는 믿음의 결과다. 그러나 우리가 과거에 정직하게 벌었던 것을 도덕적으로 받을 만한 자격을 가지고 있다는 생각은 주로 일종의 환상이다. 진실인 것은 오로지 만약 누군가가 우리로부터 우리가 게임규칙을 지키면서 실제로 습득했던 것을 빼앗는다면 그것은 정의롭지 않으리라는 것뿐이다. 어떠한 도덕적 의미로 우리 모두는 시장의 코스모스에서 응분 없이 편익을 항상 받고 있기 때문에, 우리는 마찬가지로 응분 없는 소득감소도 인정해야 할 의무가 있다. 시장질서의 형성을 가능하게 하는 규칙들에 예속됨으로써 우리는 시장이 우리에게 주는 것에 대한 유일한 도덕적 권리만을 얻었던 것이다. 이 규칙들은 만약 특별히 계약하지 않았다면 아무도 특정 소득을 우리에게 지급할 의무에 있지 않다는 것을 의미한다. 만약 우리가 모두 사회주의자들이 제안하고 있듯이, 시장이 우리에게 제공하는 모든 '저절로 굴러들어온 소득'(불로소득)이 박탈당한다면, 우리는 문명의 편익 대부분이 박탈당하지 않으면 안 될 것이다.

흔히 그렇게 하듯이, 우리는 이 편익을 '사회'로부터 힘입어 얻은 것인 이상, '사회'는 자신의 견해에 따라 이 편익을 받을 자격이 있는 사람들에게 이를 배분할 권리를 부여받아야 한다고 답변하는 것은 전혀 의미가 없다. 다시 한 번 강조하건대 사회는 행동하는 인격체가 아니라 그 구성원들이 어떤 추상적인 규칙들을 준수함으로써 결과적으로 생겨난 행동들의 질서 잡힌 구조다. 우리 모두는 이 구조의 작동으로부터 받는 편익들은 우리에게 이들을 증여하겠다는 누군가의 의도의 덕택으로 돌릴 수 없고, 오히려 자신들의 목적을 추구할 때 일반적으로 어떤 규칙들을, 다시 말하면 어느 누구도 자신에게(또는 제3자에게) 특정한 소득을 확보해주기 위해서 타인들을 강제해서는 안 된다는 것을 포괄하는 규칙들을 지키는 사회구성원들의 덕택으로 돌릴 수 있다. 이는 우리의 마음에 들지 않는다고 해도 시장의 결과를 묵묵히 용인해야 할 의무를 강제적으로 부과한다.

사회에서 누구나 그가 현재 가지고 있는 것과 거의 동일한 소득을 벌어들일 수 있는 기회는 대부분의 개인들이 그 질서의 형성을 보장하는 규칙들을 지키고 있음으로써 생겨나는 결과다. 그리고 이 질서는 그들의 재주를 성공적으로 이용할 수 있는 훌륭한 전망을 제공한다고 하더라도, 이러한 성공은 그 개인의 관점에서 볼 때, 단지 행운으로 보이는 것에 의해서도 좌우되어야 한다. 그에게 열려 있는 기회의 규모는 그가 만들어낸 것이 아니라 다른 사람들이 동일한 게임규칙을 지킴으로써 생겨난 결과다. 어느 한 사람이 오랫동안 향유했던 위치로부터 그가 지금 새로운 환경 덕분에 유리해진 사람들 때문에 밀려나지 않도록 보호를 요청하는 것은 그들에게 그의 현재의 위치가 힘입고 있는 기회를 부인하는 것을 의미한다.

따라서 습관적으로 되어버린 위치를 보호하는 것은 필연적으로 모든 사람들에게 허용할 수 없는 특혜이다. 또한 만약 그런 특혜를 인정했더라면 그것은 지금 이를 요구하는 사람들이 보호하고자 요구하는 위치를 그들로 하여금 달성하지 못하도록 항상 막았을 것이다. 특히 일반적인 소득상승(혹은 심지어 기존 수준의 유지까지도)은 어떤 그룹들이 그들의 동료들의 욕구를 충족시키기 위해 할 수 있는 공헌을 변경시키거나 흔히 감소시키는 새로운 그리고 예측하지 못한 환경에 대하여 활동구조 전체가 적응하느냐 그렇지 않느냐에 달려 있다면, 이러한 일반적인 소득증대를 똑같이 나누어 가질 권리란 있을 수 없다. 따라서 미국 농민들이 평형가격parity을 주장하거나, 그 밖의 다른 그룹들이 상대적 혹은 절대적 위치를 유지시켜 달라고 요구하는 등 이와 같은 것은 있을 수 없다.

따라서 특정 그룹의 그와 같은 요구를 충족시켜 주는 것은 정의로운 것이 아니라 극도로 불의하다. 그 요구를 충족시켜 주기 위해서는 요구하는 사람들의 입장의 형성에 도움을 주는 기회들을 어떤 사람들에게는 부인해야 하기 때문이다.

이러한 이유 때문에 자신들의 요구를 관철시킬 수 있는 위치에 있는 몇몇 강력하게 조직된 그룹들에게만 항상 그 같은 충족이 허용되었다. 따라서 오늘날 '사회적 정의'라는 이름으로 수행되는 것 대부분은 진정한 말뜻으로 볼 때 정의롭지 못할 뿐만 아니라 매우 반사회적이다. 그것은 견고하게 보루를 만들어주어 이익을 보호하는 것에 지나지 않는다. 충분히 큰 규모의 사람들이 자신들의 습관적인 위치를 보호해달라고 요구할 때에 이것을 '사회적 문제'라고 간주한다고 하더라도 그것은 심각한 문제이다. 그것이 '사회적 정의'에 대한 요구로 둔갑되면 여론의 동정을 얻을 수 있기 때문이다.

이 책의 제3부(《자유사회의 정치질서》)에서 현존하는 형태의 민주주의 제도 아래에서는 무제한적 권력을 가진 입법부가 충분히 큰 규모의 그룹들이 요구할 경우 왜 그러한 요구에 굴복하는 것이 실제로 불가피한가를 보게 될 것이다. 어쨌든 그와 같은 조치들은 '사회적 정의'를 충족시켜 주는 것이라고 기술하는 것은 특정 그룹의 이익이 모든 사람들의 일반적 이익을 압도하도록 하기 위한 일종의 구실에 지나지 않는다는 사실에는 어떠한 변경도 없다. 어느 한 조직화된 그룹의 모든 요구를 '사회적 문제'로 간주하는 것이 오늘날 일상적이기는 하더라도, 몇몇 개인들의 장기적인 이익들은 대부분 일반적인 이익과 일치되지만, 조직화된 그룹들의 이익은 거의 불변적으로 이와 갈등관계에 있다고 말하는 것이 보다 적절하다. 그러나 흔히 '사회적'이라고 표현하는 것은 바로 이 후자이다.

결 론

이 장의 기본적인 주장, 즉 자유로운 인간들의 사회에서는, 이러한 사회는 구성원들이 자신들의 목적을 위해서 자신들의 지식을 이용해도 좋은 그런 사회인데, '사회적 정의'라는 표현은 전적으로 어떠한 의미도 혹은 어떠한 내용도 없다는 주장은 성격상 증명할 수 있는 주장은 아니다 소극적인 주장은 결코 증명될 수 없다. 사람들은 많은 특수한 사례들을 놓고 '사회적 정의'에 호소하는데, 이 호소는 우리가 의사결정을 내려야 할 때 어떠한 방식으로도 도움을 줄 수 없다는 것을 보여줄 수 있다. 그러나 자유로운 인간들의 사회에서 그 표현은 어떠한 의미도 갖고 있지 않다는 주장은 다른 사람들로 하여금 그들이 사용하고 있는 용어들의 의미에 관하여 생각해보도록 강요하는 하나의 도전으로서, 그리고 그들이 전혀 의미를 알지 못하는 구호를 이용하지 말라는 호소로서 제기될 수 있다.

그렇게 널리 이용되고 있는 구호가 어떤 확인 가능한 의미를 가지고 있어야 한다고 가정하는 한, 자유로운 인간들의 사회에서 그 구호를 집행하려는 노력은 그 사회를 작동할 수 없게 만든다는 것을 입증하려고 노력할 수밖에 없다. 그러나 이러한 노력은 다음과 같은 경우에는 불필요하다. 즉 그러한 사회는 물질적인 편익을 구성원들에게 분배하는 방법에 정의의 개념을 적용하기 위한 기본적인 조건, 다시 말하면 이 방법이 인간의 의지에 의해 결정된다거나 혹은 인간의 의지에 의해 보수를 결정하는 것이 생명력이 있는 시장질서를 형성한다는 전제조건을 가지고 있지 않다는 점을 인정할 경우에는 그러한 입증노력은 불필요하다. 우리는 존재할 수 없는 것은 실행 불가능하다는 것을 입증할 필요가 없다.

내가 분명히 수행했다고 희망하는 것은, '사회적 정의'라는 구호는 대부분의 사람들이 느끼는 것처럼 불행한 사람들에 대한 호의를 순박하게 표현한 것이 아니라 오히려 그것은 왜 요구하는지에 대한 실질적인 이유도 댈 수 없는 어떤 특수한 이익의 요구에 사람들이 동의해야 한다는 정직하지 못한 암시를 내포하고 있다는 점을 보여준 것이다. 만약 정치적 논의가 정직하게 되려 한다면 사람들은 그 표현은 지적으로 평판이 좋지 못한 것이라는 점을 인정해야 하고, 그리고 그 표현은 내용이 비어 있다는 것이 인정되면, 이 표현을 이용하는 것은 정직하지 못하기 때문에, 이것은 책임 있는 사상가들이라면 창피스럽게 생각해야 할 선동가의 징표 혹은 값싼 신문·잡지 기사거리 잡문이라는 것을 인정하는 것이 필요하다. 나는 '사회적 정의'에 탄원하는 것이 우리의 도덕적 민감성에 미쳤던 파괴적인 효과를 추적하려고 오랫동안 노력했다. 그리고 이러한 노력 중에 나는 또 탁월한 사상가들마저도 경솔하게 그 구호를 이용하고 있음을 반복적으로 발견했다.[42] 그 결과로서 내가 이 구호에 대해 신경과민이 되었는지 모르겠다. 그러나 내가 내 동포들에게 아직도 제공할 수 있는 가장 큰 서비스는 이들 중에 어떤 논객과 저술가들이 '사회적 정의'라는 용어를 또다시 사용할 경우, 이들이 그 이용에 대하여 철저히 수치스럽게 여기도록 만들 수 있으리라는 점이다.

그러한 논의의 현재수준에서 볼 때, 그 용어의 계속된 사용은 정직하지 못하고, 또한 그것은 지속적인 정치적 혼란의 원천일 뿐만 아니라 도덕적 감정에 대해서도 파괴적이라고 하는 것은 다음과 같은 사실에서 잘 드러나고 있다. 즉 탁월한 철학자들[43]을 비롯한 사상가들은 오늘날 압도적으로 분배적(혹은 보상적) 정의에서 사용되고 있는 지배적인 의미로의 정의라는 용어는 의미가 없다는 것을 지당하게도 인정한 후에, 이로부터 정의 개념 그 자체는 내용이 비어 있다는 결론을 이끌어내고 있으며, 그들은 자유로운 사회가 기능하려면 전제되어야 할 기본적인 도덕적 개념들 중 하나를 거부하고 있다는 사실에서 잘 드러나고 있다. 그러나 이 후자의 의미의 정의는 정의의 재판소가 관리하는, 그리고 원래의 의미의 정의이며, 자유로운 인간들의 공존이 가능하기 위해서 필요한, 그리고 인간의 행위를 지배해야 할 정의의 의미이다. '사회적 정의'에 대한 호소는 정말로 어떠한 도덕적 정당성도 갖고 있지 않으며, 또한 그 호소는 모든 사람들에게 똑같이 적용될 수 있는 것과 같은 규칙만이 강제로 집행되어야 한다는 자유로운 사회의 기본원칙과 갈등하는 요구에게 도덕적 시인을 부여하기 위한 한낱 유인물일 뿐이다. 이에 반하여 정의로운 행동규칙이라는 의미의 정의는 자유로운 사회의 상호작용을 위해 없어서는 안 될 그런 것이다.

여기에서 우리는 매우 복잡하기 때문에 체계적으로 검토할 수 없지만, 그러나 최소한 간단하게라도 언급하지 않으면 안 될 어느 한 문제를 건드리고 있다. 이것은 우리가 좋아하거나 그리워한다고 해서 모든 도덕들을 가질 수 있는 것이 아니라는 바로 그 점이다. 도덕이 생명력이 있으려면 그것은 어떤 요구조건들, 우리가 상세히 말할 수는 없지만, 오로지 시행과 착오과정에 의해 찾아낼 수 있는 요구조건들을 충족해야 한다. 요구되는 것은 규칙들은 물론 이들이 촉구하는 행동들의 일관성 혹은 양립성뿐만이 아니다. 도덕시스템은 역시 기능하는 질서, 즉 이 질서가 전제하고 있는 문명의 도구들을 유지시킬 수 있는 질서를 불러와야 한다.

우리는 생명력이 없는 도덕시스템들의 개념에 관하여 정통해 있지 못하다. 확실히 우리는 이들을 어느 곳에서도 실제로 관찰할 수 없다. 이들을 실험하려고 하는 사회는 신속히 소멸하기 때문이다. 그러나 이들은 널리 존경받는 성직자들에 의해 흔히 전도되고 있다. 우리가 관찰할 수 있는 쇠퇴해가는 사회는 흔히 그와 같은 도덕적 개혁가들의 가르침에 귀를 기울여 왔던, 아직도 그들의 사회의 파괴자들을 훌륭한 인물이라고 존경하는 사회이다. 그러나 더욱 더 흔한 것은 '사회적 정의'라는 복음이 훨씬 더 지저분한 감정에 초점을 맞추고 있다는 점이다. 이런 감정에 속하는 것은 자신보다 더 잘사는 사람을 싫어하는 것, 존 스튜어트 밀이 말하고 있듯이[44] '가장 반사회적이고 모든 열정 중 가장 사악한 감정이라고 말했던 간단히 말해서 시기심, 어떤 사람들은 부를 향유하는 데 반하여 다른 사람들은 기본적인 욕구도 충족시키지 못하는 것을 '추문'이라고 말하는, 또 정의와는 전혀 관계가 없는 것을 정의라는 이름으로 위장하는 부에 대한 적대감이다. 더 많이 버는 사람들은 그 재산을 향유할 것이라고 기대하기 때문이 아니라 부자의 존재 그 자체를 치욕으로 간주하기 때문에, 부자를 최소한 약탈하고 싶어 하는 모든 사람들은 자신들의 요구에 대하여 어떠한 도덕적 정당성도 주장할 수 없을 뿐만 아니라 그들은 전적으로 불합리한 열정에 빠져 있고, 그들이 사실상 해치는 사람들은 그들이 호소의 대상으로 여기는 탐욕스러운 본능을 가진 사람들이다.

창출하기 위해 위험을 무릅쓰고 자원을 투입하는 타인들의 결단이 없었으면 존재하지 않을 것에 대한 도덕적인 요구란 있을 수 없다. 거대한 사적 재산을 공격하는 사람들이 이해하지 못하고 있는 것은, 주로 부를 창출하는 것은 물리적인 노력도 아니고 단순한 저축행위 또는 투자행위가 아니라 오히려 부는 가장 생산적인 용도로 자원을 관리함으로써 창출된다고 하는 점이다. 새로운 공장 등과 같은 형태로 큰 재산을 형성했던 사람들 대부분은 그들이 남아도는 여분을 가난한 사람들에게 주었을 경우보다도 더 많은 보수를 줄 수 있는 고용기회를 창출함으로써 더 많은 사람에게 이익을 가져다주었던 것이다. 이러한 경우에 실제로는 노동자들에게 가장 많이 은혜를 주었던 사람들이 그들에게 이익을 가져다주기보다는 오히려 악을 행하고 있다는 것은 터무니없는 생각이다. 거대한 재산을 습득하기 위해 역시 또 다른, 그리고 별로 칭찬받지 못할 방법(이러한 방법은 우리가 게임규칙을 변동시켜 통제할 수 있으리라고 기대하는 방법이다)도 있다는 것은 의심의 여지가 없다고 하더라도, 가장 효과적이고 중요한 방법은 노동의 생산성을 가장 많이 향상시킬 수 있는 영역으로 투자를 관리하는 것이다. 이것이야말로 악명 높게도 비경쟁적인 관료조직에 내재돼 있는 이유 때문에 정부가 수행하지 못할 과제이다. '사회적 정의'에 대한 숭배가 순수한 도덕 감정을 파괴하는 경향을 갖는 것은 악의적이고 유해한 편견을 조장하기 때문만은 아니다. 그것은 특히 더 평등주의적 형태로, 자유로운 인간들의 모든 공동체의 기초가 되고 있는 기본적인 도덕적 원리들 중 몇 가지와 언제나 갈등적인 관계 속으로 들어오기 때문이다.

이것은 다음과 같은 것을 성찰해본다면 분명하다. 즉 우리가 우리의 동료인간들 모두를 똑같이 존중해야 한다는 요구는 우리의 도덕규범 전체는 타인들의 행위에 대한 시인과 부인에 기초를 두고 있다는 사실과 양립하지 않는다는 것, 그리고 이와 유사하게 모든 귀속능력이 있는 성인은 우선적으로 자신과 자신의 부양가족의 후생을 책임져야 한다는 전통적인 원칙은 그가 자신의 잘못에 의해서 자신의 친구나 동료에게 부담을 주어서는 안 된다는 것을 의미하는데, '사회'나 정부는 모든 사람들에게 적절한 소득을 보장할 책임이 있다는 생각과 양립하지 않는다는 것을 우리가 곰곰이 따져본다면 그것은 분명해진다.

이 모든 도덕적 원리들은 모든 도덕, 이와 함께 개인적 자유의 기초를 파괴시키는 경향이 있는 우리 시대의 사이비 과학적 유행에 의해서도 심각하게 약화되어 왔다고 하더라도, 다방면에서 타인들의 권력에 예속하게 되면 이것은 '사회적 정의'의 구상을 집행하여 생겨난 것인데, 불가피하게 모든 도덕들이 의존해야 하는 개인적인 의사결정의 자유가 파괴된다.[45] 사실상 우리가 사회주의라고 부를 '사회적 정의'라는 헛된 소망을 체계적으로 추구한다는 것은, 정치적 권력은 서로 다른 개인들과 그룹들의 물질적 위치를 결정해야 한다는 몹시 악독한 생각(이 생각은 잘못된 주장, 즉 이것은 반드시 그래야 하고 사회주의만이 이 권력을 유리한 위치에 있는 사람들로부터 가장 숫자가 많은 계층으로 이전하기를 원한다는 주장에 의해 정당화되는 생각이다)을 전반적인 기초로 하고 있다.

지난 2백 년 동안 확산되어 온 시장질서는 모든 사람들로부터 오로지 자의적인 방법으로만 행사될 수밖에 없는 그와 같은 권력을 박탈했는데, 이 것이야말로 시장질서의 거대한 공로이다. 그것은 실제로 그 어느 때보다도 자의적인 권력을 가장 크게 감소시켰다. 그런데 사회적 정의의 유혹으로 인하여 또다시 우리로부터 개인적 자유의 가장 거대한 승리를 앗아갈 위험에 처해 있다. 이제 얼마 안 있으면 '사회적 정의'를 실현하기 위한 권력을 쥔 사람들이 그러한 권력을 부여해준 대가로 '사회적 정의'의 편익을 배분함으로써, 그리고 '사회적 정의'가 무엇인가에 관한 그들의 견해가 지배하는 것을 확실하게 만들어줄 근위병의 지지를 스스로에게 보장하기 위해서 스스로를 자신들의 위치에 묻을 것이다.

이 주제를 끝내기 전에 나는 다시 한 번 '경제적', '사회적', '분배적' 혹은 '보상적' 정의와 같은 단어의 조합에서 '정의'라는 용어는 전적으로 내용이 비어 있다는 것을 인정한다고 해도, 우리는 어린애를 목욕물과 함께 버려서는 안 된다. 정의의 재판소가 관리하는 정의는 정의로운 행동의 법적 규칙의 기초로서 지극히 중요하다. 뿐만 아니라 정치적 제도의 의도적인 설계와 연계되어 있는 정의의 순수한 문제도 존재한다는 것은 의심의 여지가 없다. 이 문제는 존 롤즈 교수가 최근 그의 중요한 저서에서 다루었던 문제이다. 내가 유감으로 생각하고, 혼란스러운 것으로 간주하고 있는 사실은 다만 이 맥락에서 그가 '사회적 정의'라는 용어를 사용하고 있다는 점뿐이다.

그러나 나는 이 문제를 다루기 전에, 특정한 시스템이나 소망된 물건들의 분배를 정의로운 것이라고 선택하는 과제는 "원칙적으로 잘못된 것으로서 포기해야만 하고, 또 그것은 명확한 답변을 할 수 없다"는 것을 인정하는 저자와는 기본적으로 다툴 여지를 갖고 있지 않다는 점을 말하고 싶다. "오히려 정의의 원칙은 제도들과 조정된 활동들이, 이들에 가담하는 인간들이 이들에 대하여 불평불만을 갖지 않으려면, 충족해야 할 중요한 제한들을 정의한다. 만약 이 제한들이 충족되면, 결과적으로 생겨난 분배는 그것이 무엇이든 정의로운 것이라고(또는 적어도 불의하지 않은 것이라고) 인정될 수 있다."[46] 이것은 내가 이 장에서 주장해왔던 바와 별 차이가 없다.

보론: 정의와 개인의 권리

개인의 권리를 강조하면, 개인적 행동의 규칙에 의해 정의되는 소극적인 정의 개념에서 개인들이 특정한 대상을 갖도록 돌보는 것을 '사회'의 의무로 만드는 '적극적인' 정의 개념으로 이행된다. 젊은 세대 중에는 복지제도들이 있는 곳에서 태어난 사람들이 있는데, 이들은 복지제도의 존재로 인하여 '사회'는 특정한 대상들을 공급할 의무가 있다는 감정을, 그리고 그들은 이 대상들을 지급해줄 것을 '사회'에 요구할 권리를 가지고 있다는 감정을 갖게 되었던 것 같다. 이 감정이 아무리 강하다고 하더라도, 그리고 그러한 감정이 존재한다고 해서 특정대상들을 마련해달라는 요구가 정의와 관련이 있다거나, 그런 요구가 자유로운 사회에서 충족될 수 있다는 것을 입증하지는 않는다.

'권리'라는 명사에 들어 있는 의미로 보면 정의로운 행동의 규칙들 각각은 개인들의 해당 권리를 창출한다. 행동규칙이 개인적인 영역을 설정하는 한 개인들은 이 영역에 대한 권리를 가지고 있고, 이를 방어하기 위해서 그의 동료들의 동감과 지원을 받고자 한다. 인간들이 행동규칙들을 집행하기 위하여 정부와 같은 조직을 형성한 곳에서는 개인은 자신의 권리는 보호받고, 침해에 대해서는 배상받을 것을 권리상 정부에 요구할 것이다.

그러나 그러한 요구들은 개인이나 행동할 수 있는, 그리고 행동에 있어서 정의로운 행동규칙에 의해 구속되어 있는(정부와 같은) 조직에게 제기하는 한, 그것은 권리상의 요구 혹은 권리가 될 수 있다. 그것들(즉 요구들)은 자진하여 의무를 졌던 사람들이나 특수한 상황에 의해 연결되어 있는(예를 들면 부모와 자녀 사이의 관계처럼) 사람들 사이에서 제기되는 요구를 포함한다. 그와 같은 상황에서 정의로운 행동규칙은 어떤 사람들에게는 권리를, 다른 사람들에게는 이에 상응하는 의무를 부여한다. 그러나 규칙들 자체는 이들이 준거하는 특수한 상황이 등장하지 않으면, 특정 종류의 대상에 대한 권리를 어느 누구에게도 허용할 수 없다. 어린아이는 의식주에 대한 권리를 가지고 있다. 부모나 보호자, 각별한 국가기관은 그 권리에 해당되는 의무를 지고 있기 때문이다.

그러나 정의로운 행동규칙에 의해서는, 누가 해당되는 의무를 짊어지고 있는가를 결정하는 특수한 상황이 상술되지 않고 있기 때문에, 그와 같은 권리를 이론적으로 정할 수 없다. 특정한 상태를 보장하는 것이 누군가의 의무가 아니라면 어느 누구도 그 상태에 대한 권리를 가지고 있지 않다. 우리는 우리의 집이 불에 타지 않아야 할 권리를 가지고 있지 않고, 우리는 우리의 생산물이나 서비스가 구매자를 발견해야 할 권리를 가지고 있지 않다. 또한 어떤 특정재화나 서비스가 우리에게 공급되어야 할 권리도 없다. 정의는 우리의 동료에게 우리를 부양해야 할 의무를 부과하지 않는다. 그와 같은 부양을 요구하는 것은 우리가 그러한 목적을 위한 조직을 유지할 경우에만 존재할 수 있다. 어느 누구도 어떤 조건을 창출해야 할 의무나,

심지어 그렇게 할 수 있는 권력을 가지고 있지 않은데, 이 조건에 대한 권리를 말하는 것은 의미가 없다. 사회와 같은 자생적 질서에 대해 요구한다는 의미에서, 만약 이 요구가 누군가가 그러한 코스모스를 조직으로 전환시킬 의무를 가지고 있고, 이로써 그 결과를 통제할 힘을 가지고 있다는 것을 의미하지 않는 한 권리를 말한다는 것은 똑같이 의미가 없다.

우리 모두는 정부조직을 뒷받침해야 하기 때문에, 그러한 조직을 결정하는 원칙에 따라 흔히 정치적 권리라고 부르는 어떤 권리들을 가지고 있다. 정부의 강제조직과 조직규칙이 존재함으로써, 권리상 정부서비스에 참여할 권리가 창출된다. 그리고 심지어 정부가 행하는 것을 결정하는 데 동등하게 참여할 권리까지도 정당화될 수 있는 것이다. 그러나 그것이 정부가 모든 사람들을 위해 공급하지 않는 것, 공급할 수 없는 것을 요구하기 위한 기초가 되지는 않는다. 이러한 의미에서 우리는 사회라고 부르는 일종의 조직의 구성원은 아니다. 왜냐하면 우리의 욕망의 대부분을 충족시켜 주기 위한 수단들을 생산하는 사회는 의도적인 의지에 의해 조종되는 조직이 아니고, 또 사회가 조직이라고 한다고 해도 사회는 조직이 행하는 대상을 산출할 수 없기 때문이다.

공식적인 권리장전에 구현되어 온 유서 깊은 정치적 및 시민적 권리는 기본적으로 정부권력이 확대되는 한 이를 정의롭게 이용되어야 한다는 요구를 말한다. 우리가 나중에 볼 것이지만, 이 권리들은 모두 어떠한 강제도 미지의 불특정 다수의 사례들에 적용할 수 있는 일반적인 규칙을 집행하는 경우를 제외하고는 행사되어서는 안 된다는 보다 포괄적인 공식을 특별히 적용하는 것에 해당되고, 또 그 권리들은 효과적으로 이 공식으로 대체될 수 있다. 모든 정부가 이 권리들에 예속되고, 그 결과로서 이들이 진정으로 보편적으로 되는 것은 소망스러운 일이다. 그러나 몇몇 정부들의 권력이 제한되는 한, 이 권리들은 특수한 상태를 창출할 정부의 의무를 발생시킬 수가 없다. 우리가 요구할 수 있는 것은 정부가 행동하는 한, 그것은 정의롭게 행동해야 한다는 점이다. 그러나 우리는 이 권리들로부터 정부가 갖고 있어야 할 어떠한 적극적인 권력을 도출할 수 없다. 그들은 우리가 정부라고 부르는 강제조직이 몇몇 개인들이나 그룹들의 특수한 물질적 입장을 결정하기 위해 정의롭게 이용될 수 있느냐, 또 그렇게 이용되어야 하느냐 혹은 아니냐 하는 문제에 대해서는 전적으로 해결하지 않은 채 그대로 남겨놓고 있다.

　개인적 영역을 보호하는 규칙의 단지 보충물일 뿐이고, 정부조직의 헌법 속에 제도화된 소극적 권리들과 이 조직에 대한 지도·감독에 참여할 시민들의 적극적인 권리들 이외에도 최근에는 새로운 적극적인 '사회적 및 경제적' 인권이 추가되었는데, 이 권리에 대하여 다른 권리와 똑같은 혹은 심지어 이보다 더 높은 존엄성이 요구되고 있다.[47] 이 인권들은 특정한 편익에 대한 요구들인데 모든 인간들은 그 자체로 이 편익을 가질 자격이 있다는 것이다. 그러나 누가 이 편익을 공급할 의무를 가지고 있어야 하는지 혹은 어떠한 절차에 의해 이 편익이 공급되어야 하는지에 관해서는 어떠한 힌트도 없다.[48] 그러나 그와 같은 적극적인 권리들은 이들의 상대물로서 누군가(인간 혹은 조직)가 타인들이 갖고 있어야 할 것을 공급할 의무를 가지고 있어야 한다는 결정을 필요로 한다. 물론 그 권리들을 '사회'에 대한 요구라고 기술하는 것은 의미가 없다. '사회'는 생각하고 행동하고 평가하고 특정한 방법으로 누군가를 '취급'할 수 있는 능력이 없기 때문이다. 그러한 요구들을 충족하기 위해서는 '사회'라고 부를 수 있는 자생적 질서를 고의적으로 통제되는 조직으로 바꿔야 한다. 시장의 코스모스(우주)가 구성원들이 수행해야 할 바를 지시받아 수행해야 하는 탁시스(인위적 질서)로 교체되어야 한다. 이렇게 교체되면 구성원들은 자신들의 목적을 위해 자신들의 지식을 이용할 수 없고, 그들의 지배자들이 충족되어야 할 욕구들을 충족시키기 위해 작성한 계획을 수행해야 할 것이다. 이것으로부터 과거의 시민권과 새로운 사회적 및 경제적 권리들은 동시에 달성될 수 없고, 사실상 이들은 서로 양립할 수 없다는 점이 도출된다. 새로운 권리들은 과거의 시민권이 목표로 하는 자유주의 질서를 동시에 파괴하지 않고는 집행될 수 없다.

그러한 새로운 경향은 '네 가지 자유', 즉 과거의 '언론의 자유'와 '신앙의 자유'와 함께 '궁핍으로부터의 자유' '공포로부터의 자유'를 포함하는 '네 가지 자유'에 관한 프랭클린 루즈벨트 대통령의 선언으로부터 추진력을 받았다. 그러나 그것은 오로지 1948년 유엔총회에서 채택된 인권선언에서 분명하게 구현되었을 뿐이다. 인정되고 있듯이 이 문서는 서구의 자유주의 전통의 권리를 마르크스주의 러시아혁명으로부터 도출된 이와는 전혀 다른 개념과 융합시키려는 노력이었다.[49] 그 문서는 첫 21가지 조문들 속에 있는 고전적인 시민권 목록에다가 새로운 '사회적 및 경제적 권리들'을 표현하기 위한 7가지 또 다른 보장들을 추가시키고 있다. 추가된 이 조항들에서 '사회의 구성원으로서 모든 사람'은 어느 누구에게도 부담을 주지 않고 특정의 편익에 대한 적극적인 요구의 충족을 보장받아야 한다고 천명하고 있다. 그 문서는 역시 법원이 특정한 사례에서 이 권리들의 내용이 무엇인가를 결정할 수 있도록 하는 방법으로 그 권리들을 정의하는 데 완전히 실패하고 있다.

예를 들면 모든 사람은 "자신의 존엄성과 자신의 인격의 자유로운 개발을 위해 없어서는 안 될 경제적, 사회적, 문화적 권리를…… 실현시킬 자격을 가지고 있다"고 하는(22조) 언명의 법적 의미는 무엇일까? 누구에 대해서 "모든 사람"은 "정의롭고 호의적인 보수(23조 3항)"에 대한 요구를 가지고 있는가? 모든 사람은 "공동체의 문화적인 삶에 자유로이 참여할" 권리를 가지고 있어야 한다(27조 1항)는 요구조건의 귀결은 무엇인가? "모든 사람은" 심지어 "이 선언에 제기된 권리와 자유가 완전히 실현되는 사회 및 국제질서에 대한 요구를 가져야 한다"고까지(28조) 주장하고 있다. 이러한 주장은 분명히 이것이 가능할 뿐만 아니라 모든 사람들을 위해 이 요구들을 충족시킬 수 있는 알려진 방법이 있다는 것을 전제하고 있다.

이 모든 '권리들'이 사회를 누구나 고용되어 있는, 고의적으로 만들어진 조직으로 해석하는 분석에 기초를 두고 있다는 것은 분명하다. 그들은 개인적 책임원칙에 기초를 두고 있는 정의로운 행동규칙 시스템 내에서는 일반화될 수가 없다. 따라서 그들은 사회 전체를 단일조직으로, 다시 말하면 완전한 의미로의 전체주의로 전환시켜야 할 것을 촉구한다. 우리는 앞에서 보았듯이, 모든 사람에게 똑같이 적용되지만, 어느 누구도 상급자의 명령에 예속시키지 않는 정의로운 행동규칙들은 특정한 대상과 특정인이 무엇을 가져야 할 것인가를 결코 결정하지 않는다. 그들은 '누구나 이런, 또는 저런 것을 가지고 있어야 한다'는 형태를 취하지 않는다. 자유로운 사회에서는 개인이 무엇을 받을 것인가는 어느 누구도 예측할 수 없고 어느 누구도 결정할 수 있는 능력이 없는 특수한 상황에 상당한 정도로 항상 좌우되어야 한다. 따라서 정의로운 행동규칙들은 누구에게도(특정한 조직의 구성원들과 다르다) 특정한 대상에 대한 요구를 허용할 수 없다. 그들은 다만 그와 같은 요구를 습득할 기회만을 산출할 뿐이다.

어느 누구도 "합당한 노동시간의 한계와 정기적인 유급휴가를 비롯한 정의롭고 호의적인 보수(24조)"에 대한 권리를 보장할 수 있는 어느 한 조직의 고용된 구성원이 아니라는 것을 인권선언 작성자들은 결코 생각하지 못했던 것이 분명하다. 농부, 에스키모인, 그리고 추측컨대 설인(히말라야 산중에 산다는 괴상한 짐승)에게 "정기적인 유급휴가"를 보장하는 "보편적인 권리" 개념은 인권선언 전체가 당치도 않다는 것을 보여주고 있다. 상식을 조금만 가지고 있는 사람이라도 이 문서를 작성한 사람들에게 그들이 보편적 권리로서 규정해놓은 것은 현재와 예측 가능한 장래에도 단지 실현 불가능할 뿐이고, 이들을 권리라고 엄숙하게 선언하는 것은 '권리' 개념을 가지고 무책임한 게임을 하는 것에 지나지 않고, 그 결과 권리에 대한 존경심이 파괴될 수 있을 뿐이라는 것을 말해주었어야 할 것이다.

정말로 인권선언 전체 문서는 노동조합 간부들이나 국제노동기구의 선언문으로부터 낯익어 기대할 수 있고, 기업의 피고용자들이 국가 관리들과 거대한 회사의 관리자들과 공통적으로 가지고 있는 태도를 반영하지만, 거대한 사회의 질서가 의존하는 원칙들과는 전혀 양립할 수 없는 조직사고의 항아리 속에서 작성되었던 것이다. 만약 그 문서가 단지 어느 한(원래 그랬듯이) 국제적인 사회철학자 그룹의 산물에 지나지 않는다면, 단지 그것은 어느 정도까지 조직사고가 이 사회철학자들의 사고방법에 침투해 들어갔든가, 그리고 얼마만큼 그들이 자유로운 사회의 기본이념에 대해 전적으로 낯선 사람들이었는가를 보여주는 약간 혼란스러운 증거가 될 뿐일 것이다. 그러나 사정은 그렇지 않다. 아마도 책임 있는 정치인 단체가, 그것도 평화로운 국제질서의 창조를 진지하게 다루는 정치인 단체가 이 문서를 받아들였다는 것은 매우 큰 우려를 부를 수 있는 원인을 제공하고 있는 것이다.

플라톤과 그 추종자들의 합리주의적 구성주의가 휘몰아친 결과에 주로 그 원인이 있는 조직사고는 오랫동안 사회철학자들을 끊임없이 붙어 다니는 악이었던 것이다. 따라서 조직구성원으로서 보호된 삶을 영위하고 있는 철학자들은 거대한 사회를 통합시키는 힘에 관한 모든 이해를 상실했고, 스스로를 플라톤적인 철인 왕으로 상상했기 때문에, 전체주의 노선으로 사회를 재조직할 것을 제안하고 있다는 사실은 결코 놀라운 일이 아닐 것이다. 우리가 듣는 바와 같이, 오늘날 "영미도덕론자들 대다수가 인권선언의 사회적 경제적 권리들을 수락한다면"[50] 이것은 단지 이 사상가들이 날카로운 비판력을 유감스럽게도 갖고 있지 못하다는 것만을 보여줄 뿐이다.

그러나 유엔총회가 "모든 개개인들이여, '이 선언문을 항상 염두에 두시오.' 그리고 저 인권들에 대한 보편적인 준수를 촉진시키기 위해 노력해야 할 것이오"라고 장엄하게 선포했던 그 연극이 꾸며낸 환상은 그렇게 심각하게 비극적이지는 않다고 하더라도 그것은 한낱 희극에 지나지 않는다. 우리가 소망스럽다고 생각하는 상태라면 무엇이든 이 상태가 존재해야 한다고 간단히 선언하기만 하면 이를 창출할 수 있다는 순박한 편견을 지지하고, 또한 우리는 사회의 자생적 질서로부터 편익을 얻을 수 있으며, 동시에 이를 우리가 뜻하는 방향으로 만들 수 있다는 자기기만에 빠짐으로써, 인류가 지금까지 창출한 가장 포괄적인 권위가 자신이 요구해야 할 스스로의 존경심을 훼손당하고 있는 것을 본다는 것은 단순한 비극 그 이상이다.[51]

이러한 환상들이 무시하고 있는 근본적인 사실은 우리가 될 수 있는 대로 많은 사람이 갖기를 바라는 모든 편익들의 처분 가능성은 바로 그들이 편익들의 생산을 위해서 자신들의 최선의 지식을 이용할 수 있느냐에 달려 있다는 것이다. 편익들에 대한 집행 가능한 권리를 확립한다고 해서 편익들을 생산하리라고 기대할 수 없다. 우리가 만약 모든 사람이 보다 더 나은 삶을 갖기 원한다면, 이 목표를 달성하기 위해서는 법에 의해 이것 또는 저것을 달성해야 한다고 명령해서도 안 되거나, 또는 모든 사람들에게 우리가 생각하기에 그들이 가져야 할 것에 대한 법적 주장권을 허용해서는 안되고, 오히려 그들이 타인들에게도 이익이 될 수 있는 대로 많이 할 수 있도록 유인물을 제공해야 한다. 문제의 대상이 오직 자생적인 시스템만이 충족시킬 수 있는 희망에 지나지 않는 곳에 권리를 말하는 것은 우리가 모두를 위해서 희망하는 부의 효과적인 결정요인들이 무엇인가 하는 문제로부터 관심을 잘못 떼어놓는 것일 뿐만 아니라 엄격한 의미로 보면 자유로운 사회의 유지를 위해 매우 중요한 '권리'라는 언어의 품격을 떨어뜨리는 것이다.

제10장
시장질서 혹은 카탈락시
The Market Order or Catallaxy

> 무엇이 옳고 공정한가에 관한 인류의 판단은 쉽게 변동하고…… 이 판단의
> 변동을 야기하는 힘들 중 하나는, 어떤 특정한 사안에서 정말로 정의롭고
> 공정하다고 간주되었던 대상은 비경제적으로 되었고, 아마도 항상 비경제
> 적이었다는 사실에 대해 인류가 때때로 얻은 발견이다.
>
> 에드윈 캐넌[*1]

시장질서의 성격

우리는 제1부 〈법과 질서〉의 제2장에서 모든 자생적 질서의 일반적 성격
을 논의했다. 이제는 시장질서가 소유하고 있는 각별한 속성과 우리가 시
장질서로부터 얻는 편익의 성격을 보다 완전하게 검토하는 것이 필요하다.
이 질서는 우리의 목적에 봉사한다. 모든 질서가 그렇듯이 이 질서도 우리
의 행동을 안내하고 서로 다른 인간들의 기대들 사이에 어떤 일치성을 산
출할 뿐만 아니라 우리가 지금보다 명확하게 해야 할 어떤 의미에서 다양
한 재화들(즉 상품과 용역)에 대해서 다른 어떤 방법으로 확보할 수 있는 것보
다 더 크게 지배할 수 있는 모든 사람의 전망이나 기회를 증가시켜 준다.
그러나 나중에 알게 되겠지만, 개개인들의 행동들을 조종하는 이러한 방법
은 기대들을 지속적으로 좌절시키는 대가로서 구성원들의 지식과 기술의

효과적인 이용을 보장한다.

이 질서의 성격을 적절히 이해하기 위해서는 우리는 '경제(economy)'라고 흔히 기술함으로써 이것과 연합하여 암시되는 잘못된 의미로부터 우리 스스로를 해방시키는 것이 중요하다. 엄밀한 의미로 볼 때, 가계, 농가 혹은 기업을 경제라고 부를 수 있는데, 경제란 상대적인 중요성에 따라 경쟁적인 목표들의 순위를 정해놓고 이들에게 통일적인 계획에 따라 주어진 수단들을 배분하는 행위들의 복합으로 구성되어 있다. 시장질서는 목표들의 그와 같은 단일질서에 기여하지 않는다. 흔히 사회경제 또는 국민경제라고 부르는 것은 이러한 의미로의 단일경제가 아니라 서로 얽히고설킨 많은 경제들의 그물망이다.[2] 이 그물망의 질서는 우리가 보게 되겠지만, 원래의 의미의 경제의 질서와 함께 몇 가지 형식적인 특징을 공유하고 있지만 가장 중요한 것은 공유하고 있지 않다. 그 활동들은 단일잣대나 혹은 단일 목표 순위에 의해 지배되어 있지 않다는 점이 그것이다. 사회의 개별구성원들의 경제적 활동은 경제라는 용어의 엄밀한 의미에서 개별경제의 부분이라거나 이것의 부분이어야 하며, 흔히 한 나라 혹은 한 사회의 경제라고 기술되고 있는 것은 원래의 의미의 경제와 동일한 기준에 의해 순위가 정해지고 판단되어야 한다는 믿음은 이 분야에서 오류의 주요 원천이다. 그러나 우리가 한 나라의 경제 혹은 세계경제를 이야기할 때는 언제나, 우리는 이 시스템들이 단일 목적체계에 봉사하기 위해서는 사회주의 노선에 따라 운영되어야 하며 단일계획에 따라 관리되어야 한다는 것을 암시하는 용어를 이용하고 있는 것이다.

원래의 의미의 경제는 우리가 정의했던 기술적 의미에서의 조직, 즉 알려진 수단들의 용도를 어느 한 단일 업무에 의도적으로 계획적으로 배치하는 것이라고 정의했던 조직인 반면에, 시장이라는 코스모스는 목적들의 그와 같은 단일잣대에 의해 지배되지도 않고 지배될 수도 없다. 그것은 모든 서로 다른 구성원들의 서로 다른, 같은 표준으로 잴 수 없는 목표들에 봉사한다. 경제라는 단어의 불명확성 때문에 생겨났던 혼돈은 아주 심각하기 때문에, 우리의 현재의 목적을 위해서 엄격히 원래의 의미로 한정하여 이 용어를 사용하는 것이 필요하다. 경제라는 원래의 의미란 그것은 단일순위로 된 목표들에 봉사하는, 의도적으로 조정된 행위의 복합이라는 것을 뜻한다. 그 대신 우리는 시장질서를 구성하는 무수히 많은 상호 관련된 경제들의 시스템을 기술하기 위하여 다른 용어를 채택하고자 한다.

'카탈락틱스(catallactics)'라는 명칭이 시장질서를 다루는 과학을 위해서 오래전에 제안되었고,[3] 최근에 이 명칭이 부활되었기 때문에[4] 시장질서 자체를 위해서 해당되는 용어를 채택하는 것이 적절한 것 같다. '카탈락틱스'라는 용어는 그리스어의 동사인 카탈라타인 혹은 카탈라사인에서 유래된 것인데, '공동체로 수용하다'와 '적을 친구로 바꾼다'라는 것을 의미한다. 이러한 의미는 특징적인 것이다.[5] 이 동사로부터 형용사 카탈락틱이 유래되었는데, 이것은 '경제적'이라는 말 대신에 카탈락틱스의 과학(science of catallactics)이 다루는 종류의 현상을 기술하기 위해 이용되었다. 고대 그리스인들은 이 용어를 알지도 못했고 이에 해당하는 명사도 갖고 있지 않았다. 만약 그들이 그 명사를 형성했더라면 아마도 그것은 카탈락시아였을 것이다.

이 단어로부터 우리는 카탈락시(catallaxy)라는 영어단어를 만들 수 있는데, 우리는 시장에서 많은 개별경제의 상호간 적응을 통하여 야기되는 질서를 기술하기 위해 이 단어를 사용할 것이다. 따라서 카탈락시란 소유권법, 불법행위법, 그리고 계약법의 규칙들 내에서 행동하는 인간들을 통하여 시장에 의해 형성되는 특수한 종류의 자생적 질서이다.

자유로운 사회란 특수한 목적들의
공동순위가 없는 다원적 사회이다

흔히 거대한 사회와 시장질서를 목적들의 합의된 순위가 없다고 비판하고 있다. 그러나 이것이야말로 사실상 개인의 자유와, 이 자유의 모든 가치들을 가능하게 한 위대한 공로다. 거대한 사회는 인간들이 따로따로 추구하는 특수한 목적들에 대하여 합의하지 않고서도 평화적으로, 그리고 상호간 다른 사람들에게 편익을 주면서 공존할 수 있다는 것을 발견함으로써 생겨났다. 의무적인 구체적 목적을 추상적인 행동규칙으로 대체시킴으로써, 동일한 목적들을 추구하는 소규모 그룹을 넘어서 평화의 질서를 확대시키는 것이 가능하게 되었고, 이렇게 된 이유로서 개개인들이 각자 자신이 알 필요조차 없는, 그리고 자신의 목표와는 전혀 다른 목적을 가진 타인들의 재주와 지식으로부터 이득을 얻을 수 있게 해주기 때문이라는 사실의 발견이다.[6]

구체적인 공동의 목적 없이도 평화적인 협조를 가능하게 했던 결정적인 발돋음은 물물교환 혹은 교환의 채택이었다. 그것은 서로 다른 사람들은 동일한 대상들이라고 하더라도 이들에 대하여 서로 다른 용도를 가지고 있다는, 두 사람 중 한 사람이 다른 사람이 가지고 있는 것을 얻고 그 대신에 이 후자가 필요로 하는 다른 것을 줄 경우 그 둘은 모두 이익이 되리라는 간단한 인식이었다. 이런 과정을 야기하는 데 필요로 하는 모든 것은 무엇이 각자에 속하는가, 그러한 소유물이 어떻게 동의에 의해 이전될 수 있는가를 결정하는 규칙들을 인정하는 것이었다.[7] 당사자들이 이 거래가 기여하는 목적에 동의할 필요가 없었다. 그러한 교환행위들이 거래과정에서 각 당사자의 상이한, 독립적인 목표들에 기여한다는 것, 따라서 그 행동들이 서로 다른 목적들의 수단으로써 거래당사자들을 도와준다는 것이 교환행위의 특징이었다. 당사자들은 실제로 그들의 욕망이 서로 다르면 다를수록 교환으로부터 이익을 얻으리라고 그만큼 더 크게 기대한다. 조직 내에서는 개별적인 구성원들로 하여금 동일한 목적을 지향하도록 시키는 경우에 한해서 그들은 서로를 돕는 반면에, 카탈락시에서는 그들은 타인들을 고려하지 않아도, 심지어 이를 알지 못하면서도 그들의 욕망충족에 기여하도록 유인된다.

거대한 사회에서 실제로 우리 모두는 우리가 알지 못하는 욕망의 충족에 기여할 뿐만 아니라 때때로는 심지어 우리가 안다면 거부할 목적의 달성에도 기여한다. 이것은 어쩔 수 없다. 우리가 타인들에게 공급하는 재화와 서비스가 어떤 목적으로 이들에 의해 이용될 것인가를 모르기 때문이다. 우리가 다른 사람들의 목적들을 공유하지 않고서도 혹은 심지어 그들을 모르고서도, 그리고 오로지 우리자신의 목적을 추구하는 데 집착함에도 불구하고, 그들의 목적을 실현하는 데에 우리가 도와준다고 하는 것이 거대한 사회가 강력하게 된 원천이다. 협조가 공동의 목표들을 전제하는 한, 서로 다른 목적을 가진 사람들이란 필연적으로 동일한 수단을 놓고 서로 투쟁할지도 모를 적들이다. 오로지 교환을 도입하는 것만이 상이한 개인들이 최종목표에 동의하지 않고서도 서로 유익하게 되는 것을 가능하게 했다.

교환이 이러한 효과를 가지고 있다는 것, 의도하지 않고서도 사람들이 서로 이용한다는 것을 처음으로 분명하게 인식했을 때,[8] 이로부터 결과하는 분업과 상이한 인간들로 하여금 서로에게 서비스를 공급하도록 이끄는 것이 '이기적인' 목적이라는 사실을 너무 지나치게 강조했던 것이다. 이것은 그 사안에 관한 너무 지나치게 좁은 관점이다. 분업은 조직 내에서도 광범위하게 실시되고 있다. 자생적 질서의 장점은 사람들이 '이기적'이라는 단어의 일상적인 의미에서 이기적이라는 것에 좌우되지 않는다. 카탈락시에 관하여 중요한 점은 그것이 개개인들이 이기적이든 그렇지 않든 관계없이 사람에 따라 매우 다른 지식들과 목적들을 조화시킨다는 것이다. 카탈락시에서 인간들이 완전히 이기적이든 고도로 이타적이든, 자신들의 관심을 추구하면서도 그들이 결코 알지 못하는 많은 사람의 목적들을 촉진시켜 주기 때문에, 카탈락시는 전체질서로서 어떠한 의도적으로 계획된 조직보다도 훨씬 우월한 질서이다. 거대한 사회에서 상이한 구성원들이 자신들의 목적들이 서로 다름에도 불구하고, 또한 서로 다르기 때문에 각자 타인의 노력으로부터 이익을 얻는다.[9]

많은 사람은 거대한 사회가 어떠한 공동의 구체적인 목표들을 가지고 있지 않다는 것 혹은 우리가 이렇게 말해도 좋다면, 그러한 사회는 수단과 연결된 것이지 목표와 연결되어 있지 않다는 것을 혐오스러운 것으로 간주하고 있다. 거대한 사회의 모든 구성원들의 주요 공동목표는 특수한 목표가 없으나, 구성원들 각자의 목표들을 달성할 전망을 이들 모두를 위해 제고시켜 주는 추상적 질서의 형성을 보장하는 순수하게 수단적이라는 것은 정말로 옳다. 현재의 압도적인 도덕적 전통으로 인하여, 이 전통 중 많은 부분은 아직도 목적과 결부된 부족사회로부터 유래하고 있는데, 사람들은 흔히 이러한 상황을 치료되어야 할 도덕적 단점으로 간주하고 있는 것이다. 그러나 서로 다른 목적을 추구하는 개인들이나 그룹들을 평화로운 질서로 통합시킬 수 있도록 해준 것은 강제를 소극적인 정의로운 행동규칙을 준수하도록 하는 데에 국한시켰기 때문이다. 그리고 명령·지시된 공동의 목적을 갖고 있지 않기 때문에, 자유로운 사회가 가능하게 되었고, 또한 이 사회가 의미를 갖게 된 것이다.

특정한 가치들의 공동의 서열은 필요하다면 강제되어야 할 좋은 것이라는 생각은 인류의 역사에 깊이 뿌리박고 있다고 하더라도, 이 생각에 대한 지적인 옹호는 주로 그와 같은 공동의 서열은 인간들의 행위들을 질서로 통합하기 위해 필요하고, 또 그것은 평화의 필요조건이라는 잘못된 믿음을 기초로 하고 있다. 이러한 오류는 그러나 바로 그러한 목적을 달성하는 데 최대의 장애물이다. 거대한 사회는 알려진 공동의 목표를 추구하기 위한 통합성이라는 진정한 의미의 '연대'와는 전혀 관계가 없고, 또한 실제로 이것과 양립할 수도 없다.[10] 만약 우리 모두가 때때로 우리의 동료와 공동의 목표를 갖는다는 것은 좋은 일이라고 생각하고, 우리가 공동의 목표를 지향하는 그룹의 구성원으로서 행동할 수 있을 때 기분 좋게 느낀다면, 이것이야말로 부족사회로부터 전달된, 그리고 소규모 그룹 속에서 우리가 갑작스러운 사태와 싸우기 위해 협조적으로 행동하는 것이 중요할 때마다 확실히 우리에게 흔히 큰 도움이 되는 본능이다. 그러한 본능은 심지어 전쟁의 발생까지도 때때로 그와 같은 공동의 목적에 대한 향수를 충족시켜 주는 것이라고 생각할 경우 분명하게 자기 모습을 드러낸다. 오늘날에는 자유로운 문명에 대한 가장 큰 두 가지 위협 속에 가장 분명하게 나타나고 있는데, 그것은 민족주의와 사회주의이다.[11]

우리가 목적을 추구할 때 의존하는 지식의 대부분은, 타인들이 우리의 것과는 다른 목적을 추구하고 있기 때문에 그들이 우리와는 다른 방향으로 세계를 탐색하는데, 이러한 탐색 중에 생겨난 무의도적인 부산물이다. 우리가 소망스럽다고 생각하는 그런 목적만을 추구한다면, 우리는 그러한 지식에 결코 접근하지 못했을 것이다. 어느 한 사회의 구성원이 될 조건이 사람이 자신의 동료구성원들이 기여하는 구체적인 목적들을 승인하고, 또 의도적으로 이 목적들을 지원하는 것이라면, 아마도 그와 같은 사회의 발전에 기여하는 중요한 요소가 제거될 것이다. 구체적인 대상들에 대한 합의가 질서와 평화의 필요조건이고 불화가 사회질서의 위험요소로 간주되는 곳에서는, 시인과 비난이 특정한 행동들이 기여하는 구체적인 목표가 무엇이냐에 좌우되는 곳에서는 지적인 발전을 촉진시키는 힘이 상당히 제한될 것이다. 목적들에 대한 합의의 존재가 여러 가지 관점에서 삶의 진로를 제아무리 평탄하게 만든다고 하더라도, 불화의 가능성 혹은 최소한 특정 목표들에 대하여 합의하도록 하는 강제만이라도 없는 상태가 그리스인들이 인간정신의 발전을 위한 가장 효과적인 방법으로서 개인의 독립된 사고를

개발했던 이후부터 생성되었던 종류의 문명을 위한 기초이다.[12]

비록 거대한 사회는 개별경제는 아니라고 하더라도, 실제로 이 사회는 흔히 '경제적'이라고 부르는 관계에 의해 통합된다

시장질서는 '경제'라는 용어의 엄밀한 의미에서의 경제라고 하는 잘못된 생각은 거대한 사회는 느슨하게 경제적 관계라고 불리는 것에 의해 통합된 다는 것을 부인하는 생각과 항상 연결되어 있다. 이 두 가지 관점은 동일한 사람들에 의해 흔히 주장되고 있다. 적절하게 경제라고 부르는 의도적으로 계획된 조직들은 대부분 비경제적인 공동의 목적에 대한 합의를 기초로 하고 있는 데 반하여, 시장의 자생적 질서는 단지 수단들과 연결되어 있다는 것, 따라서 그것은 목표에 대한 합의를 불필요하게 만들고, 분화된 목표들의 조정을 가능하게 만든다는 것이 시장질서의 위대한 장점이라는 것은 확실히 옳기 때문이다. 흔히 경제적 관계라고 불리는 것들은 실제로는 모든 수단들의 이용은 서로 다른 목적들을 추구함으로써 영향을 받는다는 사실이 결정해주는 관계들이다. '경제적'이라는 용어의 이러한 넓은 의미에서 거대한 사회를 구성하는 부분들의 상호의존성이나 응집성은 순수하게 경제적이다.[13]

거대한 사회 전체를 통합시켜 주는 유일한 끈은 이러한 넓은 의미에서 순수하게 '경제적'(더 정확히 말해서 카탈락틱)이라는 주장은 커다란 감정적 저항을 불러왔다. 그러나 그러한 사실은 부정할 수 없다. 뿐만 아니라 현대국가나 현대의 세계와 같은 다차원적이고 복잡한 사회에서는 달리 될 수 없다는 사실 역시 부인할 수 없다. 대부분의 사람들은 아직도 거대한 사회를 통합시켜 주는 것이 존중할 가치가 전혀 없는 '금전관계'라고 하는 사실,

인류의 통일이라는 위대한 이상은 결국에는 물질적 욕구를 보다 잘 충족시키기 위한 노력에 의해 인도되고 있는 부분들끼리의 관계에 좌우된다고 하는 사실을 받아들이는 것을 꺼려하고 있다.

거대한 사회의 전체적인 틀 내에는 어떠한 의미로 봐도 경제적이지 않은 또 다른 관계들의 무수히 많은 망이 존재하고 있다는 것은 물론 옳다. 그러나 이렇다고 해도 모든 사람들에게 편익을 발생시키는 과정에 의해 분화된 목적들의 평화적인 조정을 가능하게 하는 것은 시장질서라는 사실에는 변동이 없다. 누구나 입에 오르내리고 있는, 그리고 인류를 하나의 세계로 만들어주는 모든 인간들의 상호의존성은 시장질서의 효과일 뿐만 아니라 어떠한 다른 수단에 의해서도 발생시킬 수 없는 것이다. 오늘날 유럽인이나 미국인의 삶을 호주나 일본, 또는 자이레에서 일어나고 있는 일들과 연결시켜 주는 것은 시장관계들의 네트워크에 의해 전달되는 반작용이다. 우리가 만약 생산조건들이 세계의 모든 지역에서 동일하다면 교통통신의 모든 기술적 가능성들이 얼마나 사소한 역할을 할 것인가를 생각해본다면, 위와 같은 것을 분명하게 알 수 있을 것이다.

과학의 발전을 비롯하여 타인들이 가지고 있는 지식으로부터 생겨나는 이익은 시장 메커니즘에 의해 제공되고 조종되는 채널을 통하여 우리에게 다가온다. 우리가 세계의 다른 지역에서 사는 사람들의 미적 또는 도덕적 노력의 결실을 함께할 수 있는 것도 어느 정도 경제적 관계로부터 힘입은 것이다. 대체로 모든 사람들이 그토록 많은 다른 사람의 행동에 좌우된다는 것은 물리적 사실이 아니라 우리가 경제적 사실이라고 부르는 것이라고 하는 점은 진실이다. 따라서 만약 경제학자들을 때때로 '친경제주의', 즉 모든 것을 경제적 각도에서 바라보려는 성향, 더 나쁘게 말한다면 '경제적 목적'이 모든 다른 목적을 지배하게 만들고 싶은 욕망이라고 비난한다면 그것은 오해이고, 이러한 오해는 잘못된 용어의 사용에서 비롯된 것이다.[14] 진실은 카탈락틱스는 거의 모든 인류를 포괄하는 전체질서를 기술하는 과학이라는 것, 따라서 경제학자는 그러한 질서를 야기하는 데 적합한 가 여부, 즉 적합성이 모든 특정한 제도들을 판단하기 위한 기준이라고 주장할 자격이 있다는 것이다.

그러나 이것을 '경제적 목적'이 다른 목적들을 지배하도록 만들기 위한 노력이라고 말하는 것은 잘못이다. 궁극적으로 볼 때 '경제적 목적'이란 존재하지 않는다. 개개인들의 경제적 노력은 물론 시장질서가 그들에게 제공하는 서비스들은 항상 비경제적인, 서로 경쟁관계에 있는 궁극적인 목적들을 위한 수단의 배분으로 구성되어 있다. 모든 경제적 활동의 과제는 경쟁관계에 있는 목표들 중 어떤 목적을 위해서 제한된 수단을 이용할 수 있는가를 결정하여 그러한 목표들을 조정하는 데 있다. 시장질서는 모든 사람들을 유익하게 하는 유일하게 알려진 과정에 의해 상이한 비경제적 목표들의 요구들을 조정한다. 그러나 시장질서는 더 중요한 것이 덜 중요한 것에 대하여 우선한다는 것을 보장하지 않는다. 그와 같은 시스템에서는 욕망들의 단일순위는 존재할 수 없기 때문이다. 시장질서가 오로지 야기할 뿐인 것은 어떠한 욕구도 다른 욕구들을 위한 수단의 이용을 희생시켜 필요 이상의 많은 수단에 의해 충족되지 않는 상태다. 시장은 서로 다른 궁극적인 목표들의 상대적인 중요성에 관한 합의 없이도, 오로지 모든 사람의 기회를 증대시켜 줄 상호성의 원칙만을 기초로 하여 위와 같은 상태의 달성을 가능하게 하는 유일한 알려진 방법이다.

자유로운 인간들의 사회의 정책목표는 알려진 결과의 극대화일 수 없고, 오로지 추상적 질서다

경제라는 말의 엄격한 의미에서 카탈락시를 경제로 잘못 해석함으로써 우리가 카탈락시에서 유래하는 편익을 순위가 정해진 주어진 목표들의 충족 정도에 의해 평가하려는 노력이 빈번히 생겨나고 있다. 그러나 만약 다양한 욕구들의 중요성을 제시된 가격에 의해 판단하면, 이러한 접근은 시장질서의 옹호자들보다도 더 빈번히 그 비판자들에 의해 수없이 지적했던 바와 같이 잘못된 순환론에 빠지고 만다. 왜냐하면 시장이 서로 다른 재화들과 서비스들의 생산을 적응시키는 그들에 대한 수요의 상대적인 강도 자체는 소득분배에 의해 결정되고, 소득분배는 다시 시장 메커니즘에 의해 결정되기 때문이다. 이로부터 많은 저술가는 만약 상대적인 수요들의 이러한 잣대가 동의어 반복이 없이는 가치들의 공통된 잣대로서 수용될 수 없다면, 우리가 시장질서의 효능을 판단하기 위해서는 목적들의 또 다른 잣대를 전제해야 한다는 결론을 이끌어내고 있다.

그러나 구체적인 목표들의 공통된 잣대가 없이는 합리적인 정책이란 있을 수 없다는 믿음은 카탈락시를 원래의 경제로서 해석한 결과이고, 이 때문에 그 믿음은 잘못된 것이다. 정책은 특정한 결과를 달성하기 위한 노력에 의해 좌우될 필요는 없다. 그것은 사회구성원들의 서로 다른, 그리고 주로 알려져 있지 않은 특정한 목표들을 달성할 수 있는 최선의 기회를 그들 모두에게 보장해주는 성격을 가진 추상적인 전체 질서를 확립하는 방향으로 추진될 수 있다. 그와 같은 사회의 정책목표는 모든 미지의 사회구성원들에게 마찬가지로 미지의 목표들을 성공적으로 추구할 수 있는 기회를 똑같이 증대시켜 주고(조세를 거두어들이는 경우를 제외하고) 강제행사를 일반적으로 적용할 경우에는, 이러한 의미에서 모든 사람들의 기회를 개선시키는 데 기여할 규칙들의 집행에 국한시키는 데 있다. 따라서 자생적으로 질서를 잡는 힘을 이용하는 정책은 특정한 결과의 알려진 극대화에 목표를 둘 수 없고, 오히려 그것은 그 질서에 의해 요청되는 모든 변화들의 전체효과가 무작위로 선택한 모든 사람들의 목적을 달성할 수 있는 기회를 증가시킬 전망을 개선하는 데 그 목적이 있다. 우리가 앞에서 보았듯이,[15] 이런 의미의 공공선은 대상들의 특수한 상태가 아니라 자유로운 사회에서 각자의 서로 다른 특수한 욕구들이 충족되는 정도를 결정하지 않은 채 내버려두어야 할 추상적 질서다. 그 목적은 매순간마다가 아니라 오로지 '대체로' 그리고 장기적으로 모든 사람의 기회를 될 수 있는 대로 많이 증대시키는 질서가 되도록 하는 데 있다.

모든 경제정책의 결과들은 자신들의 지식과 목표에 따라 행동하는 불특정 개인들이 시장의 작용을 이용함으로써 생겨나기 때문에, 그와 같은 정책의 목표는 어느 한 특정한 시점에서 나타나는 특정한 환경에 가장 잘 적응되어 있는 수단을 제공하는 것이 아니라 발생할 가능성이 있는 매우 다양한 상황들에 대하여 최선이 될 수 있는 다목적 도구를 제공하는 것이어야 한다. 우리가 그러한 특수한 상황들을 미리 알았더라면, 우리는 아마도 이들을 다루기 위해 더 잘 준비했을 테지만, 그러나 미리 이들을 알지 못하는 이상, 우리는 아주 있을 것 같지 않은 사건까지도 처리할 수 있게 해주는 덜 특화된 도구에 만족해야만 한다.

카탈락시 게임

시장시스템의 작용이 어떻게 하나의 질서를 창출하는가의 문제뿐만 아니라 그것이 어떻게 인간들이 자신들의 노력으로부터 받는 수익을 크게 증대시키는가를 이해할 수 있는 최선의 방법은 앞의 장(제9장)에서 확인했듯이, 시장시스템의 작용을 우리가 지금 카탈락시 게임이라고 불러도 좋은 하나의 게임으로 생각하는 것이다. 그것은 부를 창출하는 게임(이것은 게임이론이 영합게임zero-sum game이라고 부르는 게임은 아니다), 즉 재화의 흐름과 모든 참여자들의 욕구를 충족시키기 위한 전망을 증대시키는 게임이지만, 옥스포드 영어사전이 정의한 의미의 게임성격을 가진 것이다. 즉 "규칙에 따라 수행되고 탁월한 기술, 체력 혹은 행운에 의해 결정되는 경쟁이다." 모든 참여자 각자에 의해 생겨난 게임의 결과는 게임의 성격상 필연적으로 기술과 우연(기회)의 혼합에 의해 결정된다는 것은 우리가 지금 분명하게 하려고 하는 요점들 중 하나이다.

게임이 부를 창출하는 성격을 갖게 한 주요 원인은 각 참여자가 기울인 노력의 수익이 그가 알지 못하는 욕구의 충족에 기여할 수 있게 하는 신호로써 작용한다고 하는 점이다. 생산조건들이 생산요소들의 가격에 반영됨으로써 그는 간접적으로만 이 조건들을 배우는데, 이 조건들을 이용함으로써 그러한 욕구충족에 기여할 수 있는 것이다. 그것은 이런 식으로 부를 생산하는 게임이다. 그것은 모든 게임 참여자들에게 그들이 직접 알지 못하는 욕구들을, 게임이 없으면 그 존재를 인지하지 못할 수단들에 의해 충족시킬 수 있도록 해주는 정보를 공급해주기 때문이다. 이렇게 하여 달리 가능한 것보다 더 광범위한 욕구들의 충족을 야기한다.

제조업자는 존이 신발을 필요로 하고 있다는 것을 알고 있기 때문에 이를 생산하는 것이 아니다. 장사꾼들(혹은 이들이 납품해주는 소매상들)이 신발 제조업자가 알지 못하는 수천 명의 신발 수요자들이 신발을 사기를 원하고 있다는 것을 알고 있기 때문에, 그 제조업자는 그 장사꾼들이 여러 가지 값으로 다량의 신발을 구매하리라는 것을 알게 될 것이고, 이 때문에 그는 신발을 생산한다. 이와 유사하게, 어느 한 제조업자는 예컨대 자신의 생산물을 생산할 때, 마그네슘 대신에 알루미늄을 이용함으로써 다른 제조업자들에 의한 추가적인 생산을 위해 자원(즉 마그네슘)을 풀어놓는다. 그가 이렇게 하는 이유는 그가 알루미늄을 보다 덜 희소하게, 마그네슘을 더 희소하게 만들었던 수요공급의 모든 변동을 알고 있기 때문이 아니다. 오히려 그것은 간단한 한 가지 사실을, 즉 그에게 제시된 알루미늄 값이 마그네슘 값과 비교할 때 상대적으로 떨어졌다는 사실을 배웠기 때문이다. 실제로 가격시스템은 우리로 하여금 욕구의 갈등을, 그렇지 않았더라면 무시되었을 텐데 고려하도록 작용한다. 가격시스템이 이와 같이 작용하는 사례들 중에서 가장 중요한 사례가 비용계산이다. 이것이 공동체를 위해서 일반적으로 가장 중요한 국면이다. 이러한 국면으로부터 다른 사람들도 분명히 이익을 얻을 수 있다. 이 국면은 자유로운 경제가 극명하게 우월한 것임을, 반면에 국영기업은 그렇지 못하다는 것을 확실하게 보여준다.

따라서 시장질서에서 모든 사람들은 눈에 보이는 이익에 의해서 그에게 눈에 보이지 않는 욕망들을 충족시키도록 한다. 그런데 그들이 눈에 보이지 않는 욕망들을 충족시키도록 하기 위해 눈에 보이는 이윤은 그들에게 알려져 있지 않은 특정한 상황들의 이용을 가능하게 한다. 이때 이 상황들은 그들로 하여금 달리 생산될 수 있는 것들과 비교할 때 될 수 있는 대로 적은 비용으로 그 욕망들을 충족시킬 수 있도록 한다. 아직 소수만이 중요한 새로운 사실을 알고 있는 경우에는, 몹시 비난받고 있는 투기꾼들이 관련정보가 적절한 가격변동에 의해 신속히 확산되도록 주선한다. 이로부터 생겨나는 중요한 효과는 물론 모든 변동들이 거래와 관련된 누군가에게 알려지게 되면, 이들이 지속적으로 고려된다고 하는 것이지 새로운 사실에의 적응이 언제나 완전해진다는 점이 아니다.

각별히 유의해야 할 점인데, 현행가격들은 이러한 과정 속에서 현재의 상황에서 무엇을 해야 하는가에 대한 지표로써 기능한다. 그러나 가격들은 시장에 특정재화를 공급하기 위해 과거에 수행했던 것과는 어떠한 필연적 관계도 없다. 서로 다른 노력들의 방향을 안내하는 가격들은 생산자가 알지 못하는 사건들을 반영한다는 동일한 이유 때문에, 그의 노력에서 생겨나는 수익은 그가 예상했던 것과 빈번히 차이가 있고, 또한 가격들이 생산을 적절히 조종한다고 해도 그런 차이가 있게 마련이다. 시장이 결정하는 보수는, 말하자면 사람들이 과거에 무엇을 했느냐와는 기능적으로 관련이 없다. 관련이 있는 것은 그들이 무엇을 해야 하느냐이다. 보수는 원칙적으로 성공의 길로 사람들을 안내하는 유인물이지만, 관련 환경들이 예상하지 못하게 변화되었을 때 보수가 야기한 기대를 빈번히 좌절시키기 때문에 그것은 생명력이 있는 질서를 발생시킨다. 어떤 계획들이 잘못된 것인가를 보여주는 것이 경쟁의 주요 과제들 중 하나다. 가격들이 전달하는 제한된 정보의 완전한 이용이 항상 보상받는다는 사실, 그리고 이 때문에 가격에 최대로 주목하는 것이 가치 있는 일이라는 사실은 예측하지 못한 변동이 있는 경우 기대들이 좌절된다는 것만큼 중요하다. 행운이라는 요소는 재주만큼 시장의 작용으로부터 분리될 수 없는 요소다.

의도적으로 계획에 의해 만들어진 것이 아니라 모든 사람들의 기회를 개선시켜 주기 때문에 참여한 게임의 결과인 특정한(소득 혹은 재산) 분배를 도덕적으로 정당화시킬 필요도 없다. 그러한 게임에서는 어느 누구도 사람들을 차별적으로 '대우'하지 않는다. 서로 다른 사람들에 대해 게임의 결과가 매우 다르다고 해도 이것은 모든 사람들을 똑같이 존중하는 것과 전적으로 양립한다. 그것은 복권과도 매우 흡사하다. 모든 사람의 노력의 결과가 계획하는 권위에 의해 조종된다면, 그것은 무슨 가치가 있을까? 그의 지식이 아니라 어떤 권위의 지식이 그의 노력의 성패를 결정하는 데 이용되고 있다는 사실뿐이다.

가격 속에 반영되거나 혹은 응고된 정보총합은 전적으로 경쟁의 산물이거나, 적어도 해당 재화의 수요 또는 공급의 원천에 관한 관련된 정보를 갖고 있는 모든 사람들에 대하여 시장의 열려 있음의 결과다. 경쟁은 특정한 상황들을 이용할 기회를 가진 모든 사람들에게 유익하게 활용할 가능성을 부여할 뿐만 아니라 그와 같은 기회가 있다는 정보를 다른 사람에게도 전달함으로써 발견적 절차로서 작용한다. 부호화된 형태로 정보를 이와 같이 전달함으로써 시장게임의 경쟁적인 노력들은 널리 흩어져 있는 지식의 이용을 보장해준다.

충족되어질 욕구(욕구를 충족시키기 위해 매력적인 가격이 제시되는 데)에 관한 정보보다도 더 중요한 것은 다른 곳에도 필요한 자원을 지금보다도 더 적게 소모하여 욕구를 충족시킬 가능성에 관한 정보다. 결정적으로 중요한 것은 가격들은 어느 한 상품을 보다 효율적으로 생산할 수 있는 기술적 가능성들이 존재하고 있다는 지식을 확산시켜 준다는 사실뿐만 아니라 특히 이용 가능한 기술적 방법들 중 어떤 것이 주어진 상황에서 가장 경제적인가를 알려주는 지표, 그리고 상이한 방법들의 상대적인 장점을 변동시켜 주는 다양한 물질과 기타 요소들의 상대적인 희소성의 변동이다. 거의 모든 생산물은 다양한 생산요소들의 대단히 많은, 서로 다른 수량적 조합들에 의해 생산될 수 있다. 이 조합들 중 어떤 것이 최소의 비용을 필요로 하느냐, 즉 어떤 조합이 이에 의해 생산될 수 있는 다른 재화의 최소의 희생을 야기하느냐 하는 것은 이 생산요소들의 상대가격에 의해 알려진다.[16]

될 수 있는 대로 값싸게 생산품을 생산하려고 노력함으로써, 어떤 의미에서 생산자들은 실제로 카탈락시의 총생산량을 될 수 있는 대로 크게 한다. 그들이 시장에서 서로 다른 요소들을 구매할 수 있는 가격들은 그들 중 두 가지 요소의 어떤 수량이 다른 곳에서 동일한 한계수익을 가져오기 때문에 동일한 비용을 초래하는가를 말해준다. 이로써 그가 필요로 하는 두 가지 생산요소들의 상대적인 수량들을 조절하도록 유도되어, 결국 두 요소들의 그와 같은 수량들이 총생산량에 대한 동일한 한계기여를 가져온다(그 수량은 한계대체가 될 것이다). 그리고 그 한계기여는 동일한 화폐액의 비용을 초래한다. 만약에 일반적으로 이렇게 수행된다면, 그리고 두 생산요소들의 한계대체율이 이들의 모든 용도에 있어서 동일하게 되었다면, 시장은 교환 가능한 시계(視界)에 도달한 것이다. 이 시계는 주어진 상황하에서 생산될 수 있는, 재화들의 특정조합의 최대의 수량이 생산된 상태다.

오직 두 재화의 경우에 대하여 교환 가능성의 이러한 시계는 경제이론에서 전환곡선이라고 알려진 간단한 도표에 의해 설명되고 있다. 만약 두 재화의 수량을 두 좌표에 표시한다면 원점을 지나는 모든 직선은 주어진 수

량비율로 두 재화의 가능한 모든 총수량들의 궤적을 나타낸다(예컨대 a+2b, 2a+4b, 3a+6b). 생산요소들의 공급이 주어져 있을 때, 이 요소들을 두 용도로 경제적으로 배분할 경우 얻을 수 있는 절대적 극대가 있을 것이다. 두 재화의 서로 다른 조합들의 최대를 나타내는 점들을 연결시켜 얻은 볼록한 커브는 기존의 상황에서 두 재화들의 생산 가능성 시계를 나타내는 '전환곡선'이다. 잠재적인 극대의 범위에 관한 중요한 점은 이 범위는 단순히 기술적 사실일 뿐만 아니라 이것은 서로 다른 생산요소들이 어느 한 순간에 존재하는 희소성 혹은 풍요성에 의해 결정된다고 하는 사실과, 교환 가능성의 시계는 서로 다른 생산요소들 간의 한계대체율이 그 모든 용도에 있어서 동일하게 될 때만 도달된다. 무수히 많은 재화를 생산하는 카탈락시에서 그것은 오로지 모든 생산자들이 일률적인 시장가격에 따라 이용하는 서로 다른 요소들의 상대적 수량들을 적응시킴으로써만 달성될 수 있다. 교환 가능성의 시계(n재화를 생산하는 시스템에서 이것은 n-차원 표면에 의해 표시된다)는 파레토-최적이라고 흔히 기술되는 것의 범위를 나타내준다. 파레토 최적이란 어떤 소비자는 다른 소비자가 덜 얻지 않고도 더 많이 얻을 수 있도록 생산을 재조정하기가 불가능한(그런데 생산물이 시계 내에 있는 임의의 점에 해당될 경우에는 이것이 가능하다) 때의 생산 가능한 서로 다른 재화들의 모든 조합이다.

서로 다른 욕구들의 순위에 대하여 인정된 것이 없는 경우, 이 시계에 해당되는 재화들의 서로 다른 조합들 중에서 어떤 것이 다른 것보다 더 큰지를 결정할 방도가 없다. 그럼에도 불구하고 이 조합들 중 모두는 원래의 제한된 의미지만, 목표의 순위에 대해 인정된 것이 없는 사회에 대해서는 하나의 극대라고 말할 수 있는 유일한 의미에서는 하나의 '극대'이다. 이 극대는 알려진 기술에 의해 생산될 수 있는 특정재화들의 최대 수량에 해당된다(이러한 의미는 다른 어떤 것도 생산하지 않을 경우에 생산될 수 있는 어느 한 유일한 재화의 최대 수량은 가능성의 시계 속에 포함되어 있는 여러 최대들 중 하나라고 하는 의미이다). 실제로 생산되는 조합은 서로 다른 재화들에 대한 욕구의 상대적인 강도에 의해 결정된다. 이 강도는 소득분배에 의해 좌우된다. 이것은 서로 다른 생산요소들의 기여에 대해 지불되는 가격들이다. 이들은 오로지 우리가 교환가능성의 시계를 접근하는 것을 보장하는 데 기여할 뿐이다(혹은 그들은 이를 보장하기 위해 필요하다).

따라서 이 모든 것의 효과는 각 생산요소가 전체 생산에서 차지하는 몫은 우리가 그 시계로의 지속적인 접근을 보장할 수 있게 해주는 유일한 알려진 과정의 수단적인 필요성에 의해 결정되는 반면에, 주어진 개별몫에 해당되는 물질적인 것은 될 수 있는 한 크다고 하는 점이다. 다른 말로 하면 카탈락시 게임의 참여자의 몫은 부분적으로는 재주와, 또한 부분적으로는 행운에 의해 결정되는 반면에, 이와 같은 행운과 재주가 혼합되어 있는 게임에 의해 할당되는 그 몫의 내용은 순수한 극대이다.

개별적인 행위자들이 공동의 목표들에 봉사하는 것이 아니라 그들이 각자 자신들의 목적을 추구할 때 상호간 서로를 도울 수 있기 때문에, 서로 협력하는 시스템의 작용으로부터 더 많은 것을 요구하는 것은 물론 불합리하다. 그 밖의 어느 것도 자신들의 목적을 위해 자신들의 지식을 이용할 수 있다는 의미에서 자유로운 질서에서는 가능하지 않다. 오로지 게임을 통해서만 이 모든 지식이 이용될 수 있고, 또 이 모든 목표들이 고려될 수 있는데, 이러한 게임이 이루어지는 한 재화의 흐름 중 한 부분을 어떤 권위가 이를 받을 만하다고 생각하는 어떤 게임 참여자 그룹에게로 돌려놓는 것은 일관성이 없고 정의롭지 못하다.

다른 한편 중앙에 의해 조종되는 시스템에서 사람들에게 자신들의 자발적인 기여가 그들의 동료에 대하여 갖는 가치에 따라 보상하는 것은 불가능하다. 효과적인 시장이 없이는 개개인들은 어디에 그들의 노력을 투입할 것인지를 알 수도 없고, 또한 그들에게 이를 결정할 것을 허용하지도 않기 때문이다. 자신의 재능의 이용과 그 이용에서 생겨난 결과의 유용성에 대한 책임은 전적으로 관리하는 관청에 있다.

인간들이 얻는 보수가 부분적으로 그들이 통제할 수도 없고 예측할 수도 없는 상황에 좌우될 경우에만, 그들에게 자신들의 목적을 위해 자신들의 지식에 따라 행동할 것이 허용될 수 있다. 만약 그들에게 그들의 행동에서 그들 자신의 도덕적 신념에 따르는 것을 허용할 경우에는, 그들의 각자의 행동이 서로 다른 사람들에게 미치는 총합된 효과가 분배적 정의의 이상과 일치되어야 할 도덕적 필요성은 없다. 이러한 의미에서 자유는 흔히 공로와 전혀 관계가 없는, 따라서 정의롭지 못하다고 생각되는 보수와 불가분의 관계에 있다.

변화된 상황에 대한 적응을 판단할 때 새로운 입장과 종전의 입장을 비교하는 것은 적절하지 못하다

쌍무적 바터 교환의 경우 두 당사자의 상호간의 이익은 쉽게 알아볼 수 있지만, 현대사회의 정상적인 특징이 되고 있는 다변적이고 다각적인 교환 조건에서는 우선 사정이 완전히 다르다. 이러한 조건하에서 어느 한 인간이 하나의 인간그룹에게 서비스를 제공하지만 스스로는 다른 그룹으로부터 서비스를 받는 것이 일반적이다. 모든 결정에서 문제가 되는 것은 누구로부터 구매하고 누구에게 팔 것인가에 관한 것이기 때문에 우리는 이 경우에도 새로운 거래의 양 당사자들 모두가 이익을 보게 되는 것은 사실이라고 하더라도, 우리는 새로운 파트너들이 새로운 거래에 참여하는 사람들에게 더 유리한 조건을 제시했기 때문에, 이들이 다시 거래하지 않기로 결정했던 사람들에게 미치는 효과를 고려해야 할 것이다. 그와 같은 결정이 제3자들에게 미치는 효과는, 만약 이들이 과거에 거래대상자였던 사람들과 거래할 기회를 예상해왔지만 이제 그 기대가 좌절되고, 이로써 그들의 소득이 감소되었다는 것을 발견하면 각별히 잔인하다고 느껴질 것이다. 이러한 경우 우리는 수요나 공급이 거부당한 사람들의 손실을 새로운 기회를 이용할 수 있게 된 사람들의 이익과 상쇄된 것으로 간주하지 말아야 하는가?

우리가 앞장에서 설명했듯이, 전체 그룹들의 물질적 입장이 이들의 잘못이 없음에도(undeserved) 감소되는 것이 시장질서에 대한 주요 불만의 원천이다. 그러나 어떤 사람들의 상대적인, 흔히 심지어 절대적인 위치가 그와 같이 감소하는 것은 개별적인 거래에서 거래당사자들이 오로지 자신의 이익만을 생각하고, 그들의 결정이 타인들에게 미치는 효과를 고려하지 않는 한 필연적으로, 그리고 언제나 반복적으로 생겨나는 효과이다. 이것이 소망스러운 질서의 형성에서 고려되어야 할 그 무엇이 무시되고 있다는 것을 의미하는가?

그러나 과거에 지배되었던 조건들은 외부환경이 변화된 후에는 무엇이 적절한가와는 전적으로 관계가 없다. 과거의 입장으로부터 내려앉지 않으면 안 될 사람들의 그 입장은 지금 타인들을 유리하게 만들어주는 과정과 똑같은 과정이 작용하여 결정된 것이었다. 시장의 작용은 오로지 현재에 존재하고 있는 알려진(혹은 장래에 지배하리라고 예상된) 조건들만을 고려한다. 그것은 과거를 고려하지 않고 상대적 가치들을 이 조건들에 적응시킨다. 과거에 더 가치가 있었던 서비스를 공급하는 사람들은 그때 이에 상응하여 보수를 받았던 것이다. 새로운 입장은 이것이 동일한 상황에 대한 보다 나은 적응이라는 의미에서 과거의 상태의 개선은 아니다. 과거의 입장은 그 당시 존재했던 상황과 관련하여 나타내는 것과 똑같이 새로운 입장은 새로운 상황에 대한 그와 동일한 종류의 적응을 나타낸다.

지속적으로 자원의 사용을 대부분의 사람들에게 알려져 있지 않고, 또한 예측되지 못한 조건에 적응 하는 것을 장점으로 가지고 있는 어느 한 질서의 맥락에서 볼 때 과거는 영원히 과거인 것이다.[17] 과거의 조건은 지금 무엇이 적절한가에 관하여 우리에게 아무것도 말해주지 않는다. 과거의 가격들은 어느 정도 장래의 가격에 관한 기대를 형성하기 위한 주요 기초로서 기능한다고 하더라도 그들은 오로지 그 조건들의 상당부분이 아직 남아 있는 곳에서만 그런 기능을 하는 것이지, 광범위한 변화가 생겨난 곳에서는 그런 기능을 하지 않는다.

따라서 어떤 사람들이 자신들의 욕망을 충족시키기 위해 보다 유리한 기회를 발견하는 것은 그들이 이러한 기회를 발견하지 않았더라면 의존했을 서비스를 공급하는 사람들에게는 손해를 주는 것이다. 그러나 이러한 관점에서 특정한 사람들에게 나타나는 새로운, 그리고 보다 유리한 교환기회가 미치는 효과는 새로운 혹은 지금까지 알려져 있지 않은 물질적 자원의 발견만큼 전체로서의 사회에 유익한 것이다. 새로운 거래에 참여하는 당사자들은 이제 그들의 자원의 소모를 줄여서 자신들의 욕망을 충족시킬 수 있을 것이다. 이로써 그들이 절약하는 것은 다른 사람들에게 추가적인 서비스를 공급하기 위해 사용될 수 있다. 물론 하나의 결과로서 과거의 고객들을 잃게 된 사람들은 손실을 당할 것이고, 그들은 이 손실을 막으려고 할 것이다. 그러나 다른 모든 사람들과 똑같이 그들도 그밖의 어딘가에서 수천 가지 유사한 변화의 반작용들로부터 이들은 시장의 공급을 개선할 수 있는 자원들을 풀어놓는데, 늘 이익을 보아왔을 것이다. 단기적으로 그들에게 미치는 불리한 효과는 간접적인 유익한 총 효과를 능가할지도 모르지만, 장기적으로는 이 모든 특정효과의 총합은 비록 이 효과가 어떤 사람들에게는 항상 해가 된다고 할지라도 모든 사람들의 기회를 개선시켜 줄 것으로 기대된다. 그러나 이런 결과는 직접적이고 일반적으로 보다 가시적인 효과들이 체계적으로 무시되고, 또 정책은 장기적으로 모든 사람들이 모든 기회의 활용에 의해 이익을 얻으리라는 가능성에 의해 지배될 경우에만 생겨난다.

다른 말로 표현하면 소득의 관례적인 원천의 일부 혹은 전부를 상실한 사람들에게 생겨난 알려지고 집중된 피해는 많은 사람을 위한 분산된(그리고 정책의 관점에서 볼 때는 항상 알려져 있지 않고, 따라서 무차별적인) 편익들에 상쇄되어서는 안 된다. 우리가 나중에 알게 되겠지만, 정책의 일반적인 경향은 작은, 따라서 무시될 수 있는 무수히 많은 효과 대신에 강력하고, 따라서 눈에 띄는 소수의 효과에 정책의 초점을 맞추고, 그렇기 때문에 그들이 달성했던 위치의 손실을 당할 위협에 노출되어 있는 그룹에게 특수한 혜택을 부여하는 것이다. 그러나 우리가 현재 시장 덕택으로 얻는 편익의 대부분은 우리에게 알려져 있지 않은, 그리고 이 때문에 우리의 의도적인 의사결정의 일부만이 예측될 수밖에 없는 지속적이고 꾸준한 적응의 결과라는 것을 생각한다면, 우리가 일관되게 적용된다면 확실히 모든 사람들의 기회를 개선시켜 줄 어느 한 규칙을 준수할 경우, 최선의 결과를 달성하는 것이 분명해질 것이다.

각 사람의 몫은 부분적으로 사실을 배울 수 있는 그의 재주와 기회 그리고 부분적으로 우연에 의해 결정되기 때문에, 그 몫은 예측할 수 없다고 하더라도 이것이야말로 사람들이 예측할 수 없는 몫을 차지하게 되는 총생산을 될 수 있는 대로 크게 만들도록 행동하는 것을 모든 사람의 관심으로 만드는 유일한 조건이다. 이로부터 생겨나는 분배를 실질적으로 정의롭다고 주장할 수는 없고, 주장할 수 있다면 오로지 그 분배는 일반적으로 준수할 수 없는 원칙에 입각하여 어떤 사람들을 유리하게 하는 특정한 지시된 조치의 결과가 아니라 모든 사람들의 기회를 개선하기 위하여 알려진 어느한 과정의 결과라는 것뿐이다.

정의로운 행동규칙은 시장가치를 보호하는 것이 아니라
오직 실질적인 영역만을 보호한다

　　모든 사람의 생산물과 서비스가 시장에서 갖는 가치와 이에 따라 총생산물 중에 사람들이 각각 차지하는 몫은 역시 다른 사람들이 자신들에게 알려진 변동하는 가능성에 비추어 내리는 의사결정에도 좌우된다. 따라서 특정 가격이나 총산출물에서 차지하는 특정 몫을 어느 한 사람에게 보장하기 위해서는 그로부터 특정한 다른 사람들이 특정 가격으로 구매해야 한다. 분명히 이것은 강제는 모든 사람들에게 똑같이 적용될 수 있는 일률적인 정의로운 행동규칙의 집행에 국한되어야 한다는 원칙과 양립할 수 없다. 목적과 독립적인 정의로운 행동규칙은(자진하여 떠맡는 의무의 이행을 제외한다면) 사람들이 무엇을 해야 할 것인가가 아니라 오로지 그들이 무엇을 해서는 안 되는가만을 결정할 수 있을 뿐이다. 그러한 행동규칙들은 단지 어느 누구도 침해해서는 안 될 각자의 보호된 영역을 결정하는 원칙만을 세울 뿐이다.

　　다른 말로 하면 정의로운 행동규칙들은 우리로 하여금 단지 어떤 특정한 대상이 특정인들에게 속하는가를 결정할 수 있게 할 뿐 이 대상들이 어떤 가치가 있느냐 혹은 이것들이 속해 있는 사람들에게 어떤 편익을 허용할 것인가를 결정할 수 있게 하지 않는다. 그러한 규칙들은 개개인들의 의사결정을 위한 정보를 제공하는 기능을 가지고 있고, 이로써 불확실성을 감소시키는 데 도움을 주지만, 그들은 이러한 정보를 개인이 어떻게 이용할 수 있느냐를 결정할 수 없다. 따라서 그들은 모든 불확실성을 제거시킬 수는 없다. 그들은 각 개인에게 단지 그가 이용할 수 있다고 기대한 특정한 대상들이 무엇인가만을 말해줄 뿐, 그의 이용의 결과는 그의 노력의 산물에 대한 타인과의 교환에 좌우되는 이상 그 결과가 무엇이 될 것인가를 말해주지 않는다.

정의로운 행동규칙들은 특정한 대상들을 특정한 사람들에게 배분해준다고 말하는 식으로 위에서 말한 것을 표현하는 것은 분명히 잘못된 것이다. 정의로운 행동규칙들은 모든 사람이 특정한 대상들을 습득할 수 있거나 양도할 수 있는 조건들을 말해주는 것이지, 그러한 규칙들 혼자서는 그가 처하게 된 특수한 조건들을 분명하게 결정하지 못한다. 어느 한 시점에서 그의 영역은 어떻게 그가 성공적으로 이 조건들을 이용했느냐에 의해, 그리고 그가 우연히 만나게 되었던 특정한 기회들에 의해 좌우된다. 어떤 의미에서 보면 그와 같은 시스템이 이미 가지고 있는 사람들에게 기울어져 있다는 것은 심지어 옳기까지 하다. 그러나 이것은 이 시스템의 결함이라기보다는 공로이다. 왜냐하면 바로 이러한 특성이야말로 누구나 직접적인 결과뿐만 아니라 타인들에게 서비스를 제공할 수 있는 능력을 장차 증대시키는 방향으로도 자신의 노력을 경주하도록 하게 하기 때문이다. 장래의 돈벌이를 위한 능력을 개선할 목적으로 돈벌이 할 가능성은 우리가 통제할 수 있는 수단들로부터 될 수 있는 대로 많은 돈벌이를 하기 위하여 매순간마다 완전히 새롭게 시작할 필요가 없고 오히려 과거의 노력의 결과로서 우리가 얻은 장비를 가지고 시작할 수 있는 서로 연결되어 있는 지속적인 전체과정을 부른다.

기대들의 일치는 몇몇 기대들의 좌절에 의해 발생한다

따라서 추상적인 행동규칙은 특정한 물리적인 대상들과 서비스들을 처분할 기대만을 보호할 수 있을 뿐이다(그리고 자생적 질서의 형성을 보장하기 위해 그래야 한다). 그것은 그들의 시장가치, 즉 이들이 다른 대상들과 교환될 수 있는 조건과 관련된 기대들을 보호할 수 없다. 이것이야말로 빈번히 오해되고 있는 핵심적인 중요성이다. 이것으로부터 몇 가지 의미 있는 결론이 생겨난다. 첫째로 확실성을 증대시키는 것이 법의 의도라고 할지라도 그것은 불확실성의 특정 원천만을 제거시킬 수 있을 뿐이다. 그런데 그것이 만약 모든 불확실성을 제거시킨다면 유해하다. 그것은 타인들로 하여금 특정한 행위를 취하라고 요구하여 기대를 보호하는 것이 아니라 단지 어느 한 사람의 소유(타인들이 자진하여 약속했던 것들과 같이 타인들이 장차 서비스에 대한 요구들을 포함한다)에 대한 침해를 금지함으로써 기대를 보호할 수 있다. 따라서 법은 임의의 어떤 사람에게 그가 제공해야 할 재화와 서비스가 특정한 가치를 갖는 것을 보장해주는 것이 아니라 단지 그가 공급한 재화나 서비스에 대하여 그가 될 수 있는 대로 높은 가격을 얻을 수 있도록 허용되는 것을 보장해줄 뿐이다.

법이 왜 기대들을 전부 보호하지 않고 오로지 몇몇 기대들만을 보호하느냐 혹은 법이 왜 불확실성의 모든 원천을 제거하지 않고 오로지 몇몇만을 제거할 수 있느냐 하는 이유는 정의로운 행동규칙은 서로 다른 사람들의 의도들이 충돌하지 않는 식으로 허용된 행동영역을 한정할 뿐이지 개개인들이 무슨 행동을 수행해야 할 것인가를 적극적으로 결정할 수 없기 때문이다. 모든 개개인들이 취할 수 있는 행동들의 범위를 제한함으로써 법은 다른 사람들과 효과적으로 협력할 수 있는 가능성을 모든 사람들에게 열어놓기는 하지만, 그 가능성을 보장하지는 않는다. 모든 사람들에게 동일한 자유를 확립하기 위하여 각각의 자유를 똑같이 제한하는 행동규칙들은 단지 다른 사람들이 현재 소유하고 있는 것을 얻기 위한 합의를 가능케 할 뿐이고, 이로써 타인들과의 합의를 추구하는 방향으로 모든 사람들의 노력을 경주하도록 한다. 그러나 그 규칙들은 이러한 노력의 성공을 보장할 수 없고, 그러한 합의가 이루어질 수 있는 조건을 정할 수도 없다.

기대의 일치는 모든 당사자들이 추구하고 있는 것을 달성할 수 있도록 하는데, 그 일치는 실제로 시행과 착오를 통한 학습과정에 의해 야기되고, 이 과정은 몇몇 기대들의 지속적인 좌절을 발생시킨다. 이러한 적응과정은 모든 스스로 조직하는 시스템의 적응과정이 그렇듯이, 인공두뇌학으로부터 우리가 소위 부정적인 되먹임(negative feedback)이라고 배웠던 것에 의해 작동된다. 행동의 예상된 결과와 실제의 결과 간의 차이가 감소되도록 이 차이에 대한 반응들이 부정적인 되먹임이다. 현행가격들이 장래가격이 어떻게 될 것인가에 관한 몇몇 정보(힌트)를 제공하는 한, 다시 말하면 알려진 사실들의 어느 정도 불변적인 틀 속에서 이들 중 몇몇만이 변동하는 한, 그리고 가격기구가 몇몇 사람들에게 알려지게 된 사실들이 이들의 행동이 가격에 미치는 효과를 통하여 타인들의 의사결정에 영향을 미치도록 작용하는 지식의 전달매개체로서 기능하는 한, 부정적인 되먹임 과정에 의해 서로 다른 사람들의 기대들이 점차 일치된다.

될 수 있는 대로 높은 확실성을 도달하기 위해서는 물건들이 매매될 수 있는 조건으로서 기대들이 그토록 중요한 대상들을 불확실하게 내버려두는 것이 필요하다고 하는 것은 일견 모순된 것같이 보인다. 그러나 우리가 무엇이 필연적으로 불확실한가를 판단하고, 전에는 알려져 있지 않았던 것에 대한 지속적인 적응을 보장하기 위한 최선의 기초를 마련하는 데만 목표를 둘 수 있다는 것을 기억한다면, 그 모순은 사라진다. 오로지 우리는 끊임없이 변동하는 부분적인 지식, 주로 가격들의 변동에 의해 전달되는 그러한 지식의 최선의 이용만을 위해서 노력할 수 있을 뿐, 우리는 주어진, 그리고 불변적인 지식재고의 최선의 이용을 위해서 노력할 수는 없다. 그와 같은 상황에서 우리가 달성할 수 있는 최선의 것은 확실성이 아니라 피할 수 있는 불확실성의 제거이다. 그런데 이것은 예측할 수 없는 변화의 효과가 확산되지 않도록 그런 변화를 막음으로써 달성될 수 있는 것이 아니라 오로지 그와 같은 변동에 대한 적응을 용이하게 만들어줌으로써만 달성될 수 있다.

그와 같은 예측 가능하지 않은 변동의 부담을 이 변동을 예측할 수 없었던 사람들에게 떠넘기고, 만약 그와 같은 위험이 회피될 수 없다면 그 위험은 분담(분배)되어야 하고, 모든 사람들이 똑같이 그 손실을 부담해야 한다고 흔히 주장하고 있다. 그러나 어떤 특정한 변화가 모두에게 예측 가능하지 않았느냐 하는 것은 결코 알 수가 없다. 전체시스템은 모든 사람들이 닥쳐올 변화를 될 수 있는 대로 정확하게 예측하기 위해 특정한 상황을 찾아내기 위하여 자신들의 재주를 이용하도록 유인물을 제공하는 데 기반을 두고 있다. 그런데 만약 개인들의 결정이 손해의 위험을 스스로 짊어지지 않거나 만약 어떤 관계당국이 예측의 특정오류를 용서할 것이냐를 결정한다면,[18] 그러한 유인작용은 소멸된다.

추상적인 정의로운 행동규칙은 기회만을 결정할 뿐, 특정 결과를 결정하지 않는다

모든 사회구성원들에게 똑같이 적용되는 정의로운 행동규칙들은 그들의 행동들이 취해지는 조건들 모두와 관련되어 있는 것이 아니라 이들 중 몇몇하고만 관련되어 있다. 그 결과 그 규칙들은 모든 개인들에게 오로지 기회만을 보장할 뿐, 특정 결과의 확실성을 보장하지는 않는다. 모든 게임 참여자들에게 똑같은 기회를 제공하는 게임에서도 승자와 패자가 있다. 개인에게 그가 행동해야 할 상황의 요소들 중 몇 가지를 보장해줌으로써 그의 전망은 개선될 것이지만, 그러나 그의 성공을 좌우하는 많은 요인은 필연적으로 미결정된 대로 남는다. 따라서 입법의 목적은, 알려져 있지 않은 다수의 사례를 대비하여 규칙들을 제정할 때 오로지 알려져 있지 않은 사람들의 기회만을 증대시키는 것이다. 그런데 그들의 기회들은 주로 그들의 개인적 지식과 기술은 물론 우연에 의해 그들이 처하게 될 특정조건들에 의해 좌우된다. 입법자의 노력은 오로지 모든 사람들의 기회를 증가시키는 방향으로만 투입될 수 있는데, 이것은 그의 의사결정이 다양한 개개인들에 미치는 흩어진 효과들의 범위 또는 귀착(incidence)이 알려져 있다는 뜻이 아니라 오로지 그는 어떤 알려져 있지 않은 사람들에게 이용 가능한 기회를 증가시키는 데 목표를 둘 수 있다는 것을 의미할 뿐이다.

이로부터 추론할 수 있는 것은 각 개인은 일반적인 평등한 기회에 대한 요구권을 권리로서 가지고 있는 것이 아니라 정부의 모든 강제적 조치들을 조종하는 원칙들은 모든 사람들의 기회에 똑같이 이롭게 되어야 한다는 것을 요구할 권리를 가지고 있다는 것, 그리고 이러한 규칙들은 특정 개인들에게 미치는 효과가 소망스러운지 그렇지 않은지와 관계없이 모든 특정 사례에 적용되어야 한다는 것이다. 상이한 개인들의 위치들은 그들의 능력과 그들이 만나는 특수상황들에 좌우되도록 내버려두는 한 어느 누구도 그들 모두가 동일한 기회를 갖는다고 보장할 수 없다.

개개인들의 결과가 부분적으로 운에 의해서, 그리고 부분적으로 능력에 의해서 결정되는 그와 같은 게임에서 그 결과를 놓고 정의롭다거나 정의롭지 않다고 말하는 것은 분명히 의미가 없다. 이러한 상황은 상금을 놓고 벌어지는 경쟁상황과 아주 흡사하다. 이러한 경쟁에서 우리는 누가 최선의 것을 수행하고 있느냐를 말할 수는 있지만, 그러나 실제로 행한 최선의 성과는 보다 큰 공로를 세웠다는 증거인가 아닌가를 결정할 수 없도록 조건을 만들려고 노력한다. 우리는 우연한 사건들이 침해하는 것을 막을 수 없고, 따라서 그 결과가 경쟁자들의 능력이나 우리가 고무시키고 싶은 그들의 독특한 성질에 비례하리라고 확신할 수 없다.

우리가 어느 누구도 기만하는 것을 원하지 않는다고 하더라도, 우리는 아무도 실수하지 않도록 막을 수가 없다. 우리는 누가 최선의 것을 행하는지를 알아내기 위하여 경쟁을 이용할지라도 그 결과는 단지 누가 특정한 경우에 최선을 다했는지를 보여줄 뿐이지, 그 승리자가 일반적으로 최선을 다한다는 보여주지 않는다. 너무나도 자주 우리는 "빠른 경주자라고 1등만 하는 것이 아니며, 유력자라고 전쟁에서 승리하는 것이 아니며, 지혜롭다고 음식물을 얻는 것이 아니며, 명철하다고 재물을 얻는 것이 아니며, 기능이 있다고 은총을 입는 것이 아니니, 이는 시기와 우연이 이 모든 자에게 임함이라" 하는 것을 발견한다.[19] 자유로운 인간들의 자생적 질서에서 정의를 가능하게 하는 것은 규칙의 적용이 특정한 사람들에게 미치는 효과에 관한 우리의 무지이다.[20]

일관된 정의는 심지어 자주, 마치 우리가 실제로 알고 있는 상황을 모르는 것처럼 우리가 행동할 것을 요구하기까지 한다. 자유와 정의는 모두 제한된 지식을 가진 사람들 사이에서만 힘을 발휘할 수 있고, 전지전능한 인간들의 사회라면 의미가 없는 가치들이다. 시장질서의 구조에 대하여 우리가 가지고 있는 권력을 일관되게 행사하기 위해서는 사법적 판단이 미치는 구체적인 예측 가능한 영향을 체계적으로 무시할 필요가 있다. 재판관이 만약 법의 원칙을 준수하고 법의 추상적 규칙과 관련이 없는(그러나 행위의 도덕적 평가에 매우 관련이 있을지 모를) 모든 상황들을 무시한다면 그는 오로지 정의로울 수밖에 없기 때문에 정의의 규칙들은 모든 개별사례들에서 고려될 상황들을 제한해야 한다. 만약 모든 것을 포괄하는 것은 모든 것을 용서하는 것이라면 이것은 분명히 재판관이 시도할 일이 아니다. 그는 결코 모든 것을 알지 못하기 때문이다. 자생적 질서를 유지할 때 추상적인 규칙에 의존할 필요성은 그러한 무지와 불확실성의 한 귀결이다. 그리고 만약 우리가 행동규칙들을 일관되게 고수하고, 이들을 특정한 사례에서 우리가 소유하고 있지 않은 지식의 대체물로 간단히 취급하지 않을 경우에만 그들의 강제적 집행은 목적을 달성한다. 따라서 그들을 특정 사례들에 적용하여 생겨난 효과가 아니라 오로지 그들을 보편적으로 적용하여 생겨난 효과들만이 모든 사람들의 기회들을 개선시켜 주고, 따라서 정의로운 것으로 인정될 수 있다.[21] 특히 단기적인 효과에 집착하면, 보이지 않는 그리고 먼 효과들보다도 보이는 그리고 예측 가능한 효과들에 반드시 더 큰 비중을 두게 되는 반면에 모든 사람들에게 비슷하게 유익하게 하는 규칙들은 재판관이 우연히 알게 되었던 효과들이 그가 알 수 없는 효과들보다 더 큰 비중을 갖는 것을 허용해서는 안 된다.

어느 한 자생적 질서에서 응보 없는 좌절들을 모면할 수 없다. 이들은 아무도 정의롭지 못하게 행동하지 않았다고 하더라도 부당하게 취급받았다는 느낌과 비통을 불러온다. 영향을 받은 사람들은 항상 성실하게 그리고 정의의 문제로서 구제조치를 취해줄 것을 요구한다. 그러나 만약 강제는 일률적인 정의로운 행동규칙의 집행에 국한되어 있으려면, 정부는 그러한 요구에 응할 수 있는 권력을 가져서는 안 되는 것이 중요하다. 어떤 사람들이 불평하는 자신들의 상대적인 위치의 감소는 그들이 지금은 다른 어떤 사람들의 입장상승의 계기가 될 뿐만 아니라 과거에는 그들 자신의 입장에도 힘이 되었던 동일한 기회들에 노출되었다는 사실의 결과다. 누구나 현재 가지고 있는 만큼의 소득을 갖는 이유는 무수히 많은 다른 사람이 자신들의 합당한 기대의 좌절에 언제나 노출되기 때문이다. 그렇기 때문에 사건들이 그에게 불리하게 진행될 때 그가 이들의 불리한 변동을 수락하는 것이 공정할 뿐이다. 그것이 마찬가지로 타당한 것은 개인 각자가 아니라 거대한 그룹의 구성원들이 그 비탄의 감정을 함께하고 또한 서로 이 감정을 후원해주고, 따라서 위치의 변동이 '사회적 문제'를 구성하는 것으로 간주하게 되는 경우다.

카탈락시에서 특수한 명령('간섭')은 혼란을 야기하고, 또한 그것은 결코 정의로울 수 없다

정의로운 행동규칙은 많은 인간의 상이한 목적들을 조정하는 데 기여한다. 그리고 명령은 특정한 결과를 달성하는 데 기여한다. 이것은 정의로운 행동규칙과는 달리 개개인들의 선택범위를 제한할 뿐만 아니라(혹은 개개인들이 의도적으로 창출한 기대를 충족시킬 것을 그들에게 요구한다), 그들에게 타인들로부터는 요구하지 않는 특정한 방법으로 행동할 것을 명령한다.

원래의 의미로 볼 때 '간섭'이라는 표현은 그와 같은 특수한 명령에만 적용되는데, 이것은 정의로운 행동규칙과는 달리 자생적 질서의 형성에 기여하는 것이 아니라 특정한 결과를 달성하려고 한다. 고전경제학자들은 오직 이러한 의미로만 이 용어를 사용했다. 그들은 시장질서의 기능을 위해 필요한, 그리고 그들의 분석에서 명시적으로 전제했던 일반적 규칙의 확립이나 개선에 이 용어를 사용하지는 않았다.

심지어 일상적인 언어에서도 '간섭'이라는 용어는 어떤 과정의 부분들이 특정한 규칙들을 준수하고 있기 때문에 어떤 원리에 따라 스스로 운행하는 그 과정의 작용을 의미한다. 그러나 우리가 시계에 기름을 바르거나 그 밖의 다른 방법으로 어떤 움직이는 기계장치가 적절히 기능하는 데 필요한 조건들을 확립하려고 할 경우, 우리는 이를 '간섭'이라고 부르지는 않을 것이다. 오로지 우리가 시계바늘을 이동시키는 것과 같이 기능원리와 일치하지 않는 방법으로 특정부분의 위치를 바꿔놓았을 경우에만 우리가 간섭했다라고 말하는 것이 적절하다. 이와 같이 간섭하는 목적은 항상 그 메커니즘이 외부의 도움 없이 내재적인 원리에 따르도록 내버려두었을 경우에 발생되었을 결과와는 다른 특정 결과를 불러오는 것이다.[22] 만약 그와 같은 과정의 작용을 기초로 하고 있는 규칙들이 미리 정해져 있다면, 그 과정에 의해서 어느 때든 야기될 특정 결과는 인간들의 현재의 희망과는 무관할 것이다.

시스템의 특정행위를 변동시켜 결정되는 특정한 결과들은 항상 그 시스템의 전체질서와 양립하지 않는다. 만약에 그들이 그렇지 않다면 시스템이 이제부터 작용할 때 따라야 할 규칙들을 변동시킴으로써 그들이 달성될 수 있을 것이다. 따라서 간섭이란 용어를 우리가 적절히 사용한다면 간섭은 모든 사례들에서 똑같은 것을 하겠다고 작정하지 않고서 특수한 결과를 달성하기 위한 목적으로 취해지는 고립된 강제행위다.[23] 따라서 다른 사람들은 강제 받지 않는 모든 상황에서 어떤 사람은 자신의 목적이 아닌 다른 목적을 위해서(항상 제3자의 이익을 위하여) 강제당하는 경우에 해당되는 간섭은 항상 정의롭지 못한 행위이다.

간섭은 더구나 전체 질서를 교란시키는 것에만 그치지 않는다. 모든 부분들의 상호간 조정이 자생적 질서의 기초인데, 간섭은 바로 이 조정을 방해하는 행동이다. 간섭은 특수한 명령을 받은 사람들이 자신들에게 알려진 상황들에 자신들의 행동을 적응시키지 못하도록 하여 인간들 상호간의 조정을 방해한다. 또한 간섭은 예측할 수 없는 효과를 희생시켜 충족될 특수한 목적에 봉사하도록 그들을 강요하고, 다른 사람들은 이 강제에서 제외시킨다. 이렇게 하여 그것은 전체 질서를 교란시키고 개개인들의 조정을 방해한다. 따라서 모든 간섭행위는 일반적으로 적용할 수 있는 원칙들에 의해서 정당화시킬 수 없는 방법으로 어떤 인간들을 희생시켜 타인들의 편익을 보장한다는 의미에서 특권을 창출한다. 이러한 관점에서 자생적 질서가 형성되기 위해 필요한 것은 모든 강제는 정의로운 행동규칙의 집행에만 국한시키기 위해 필요로 하는 것과 일치하는데, 이것이 바로 똑같이 모든 사람들에게 적용될 수 있는 일률적인 규칙에 의해 강제가 요구되는 곳에서만 이것이 행사되어야 한다는 것이다.

법의 목적은 모든 사람들의 기회를 똑같이 개선시키는 것이다

정의로운 행동규칙들은 사람들의 노력이 성공할 수 있는 기회에만 영향을 미치기 때문에 이들을 변동시키고 개발하는 목적은 임의의 모든 사람들(무작위로 선택된 사람)의 기회를 될 수 있는 대로 많이 개선시키는 데 두어야 할 것이다. 언제 그리고 어디에서 어느 한 규칙이 관련하고 있는 특정한 상황맥락이 생겨날 것인가를 장기적으로 예측할 수 없기 때문에, 누가 그러한 추상적인 규칙으로부터 이익을 볼 것인가, 그리고 서로 다른 사람들이 얼마나 이익을 얻을 것인가도 역시 알려져 있지 않다. 무한적인 기간 동안(기한을 정해놓지 않고) 적용되는 그와 같은 보편적인 규칙들은 따라서 미지의 인간들의 기회를 증가시키는 것만을 목적으로 할 수밖에 없다.

이러한 맥락에서 우리는 확률이라는 말보다는 기회라는 말을 더 선호한다. 전자의 표현은 우리가 알 수 없는 수량적 규모를 암시하고 있기 때문이다. 법이 할 수 있는 모든 것은 어떤 미지의 인간들에게 확실히 생겨날 유익한 가능성들의 수효에 기여하고, 이로써 모든 사람들에게 유리한 기회들이 생겨날 확률을 증대시키는 것이다. 그러나 그러한 목적이 모든 사람들의 전망을 개선시키는 것이어야 한다고 하더라도, 정상적으로 사람들은 누구의 전망이 특정한 입법조치에 의해 개선될 것이고, 얼마만큼 개선될 것인가를 알지 못할 것이다.

우리가 주목해야 할 점은 기회라는 개념은 여기에서 두 가지 방법으로 사용되고 있다는 것이다. 첫째로 어떤 주어진 인간들의 상대적 위치는, 분명히 알려져 있다면, 단지 확률분포로 표현할 수 있는 기회들의 범위로만 기술될 수 있다. 둘째로 어떤 임의의 사회구성원이 그와 같이 기술된 위치들 중 하나를 차지할 수 있는 확률의 문제가 있다. 이로부터 임의의 어떤 사회구성원이 기회들의 특정범위를 갖게 될 기회라는 개념이 생겨나는데,

이것은 따라서 수리적 명확성을 부여하기가 어려운 복잡한 개념이다. 이것은 수량적 규모가 알려져 있을 경우에만 유용한데, 그 규모는 물론 그렇지 못하다.[24]

차별을 두지 않고 모든 사람들의 기회를 증대시키려는 노력은 모든 사람들의 기회가 똑같게 되는 결과를 가져오지 않는다. 기회들은 항상 법이 통제하지 못하는 장래의 사건들뿐만 아니라 문제의 규칙들이 도입될 당시에 어떤 개인이 차지하고 있는 애초의(초기의) 위치에 의해서도 좌우된다. 지속적인 과정 속에서는 어느 한 사람의 초기 위치는 항상 앞서간 국면의 결과이고, 따라서 그것은 장래의 발전과 똑같은 무계획된 사실이고, 또한 기회에 좌우된다. 대부분의 사람들의 노력 중 일부는 정상적인 경우 현재의 욕망의 충족보다는 장래의 기회의 개선에 투입되기 때문에 더구나 후자를 행함에 있어서 이미 성공했으면 더욱 더 그렇게 투입하는데, 임의의 사람의 초기 위치는 항상 그의 노력과 통찰의 결과이자 동시에 과거의 일련의 사건들의 결과이다. 따라서 개인은 자신의 현재의 노력의 결과를 현재의 소비를 위해서 혹은 장래의 기회들을 위해서 이용할 것인가를 자유로이 결정할 수 있기 때문에, 그가 이미 달성한 위치는 더욱 더 좋은 위치를 달성할 수 있는 자신의 기회를 개선시키거나 아니면 '가진 사람들에게 주어지는' 것처럼 보인다. 따라서 자원의 사용을 시간적으로 배분할 수 있는 가능성은 항상 어느 한 사람이 행하는 그때그때의 활동 공로와 그가 그때마다 받는 편익 사이의 차이를 증대시키는 경향도 있다.

우리는 개인이 삶을 영위하도록 하기 위해 가족제도에 의존하는 한, 누구든 그의 전망에 영향을 미치는 일련의 사건들은 반드시 그의 개인적 삶의 기간을 넘어서까지 확대된다. 따라서 카탈락시의 진행과정 속에는 서로 다른 사람들의 출발점과 이에 따른 전망도 역시 다르다는 것은 필연적이다.

그렇다고 이것이 과거의 정의롭지 못한 행위나 제도에 의해 결정되었던 위치들을 수정해야 할 이유가 권리상 존재할 수 없다는 것을 말하는 것이 아니다. 그러나 그러한 정의롭지 못함이 분명하지 않고, 또 그것이 근래의 일이 아니라면 이를 수정하는 것은 일반적으로 실행 불가능하다. 대체로 기존의 위치를 우연에 기인한 것으로 인정하고, 그리고 단지 앞으로는 특정한 개인들이나 그룹들에게 이익을 주는 데 목표를 두고 있는 모든 조치들을 삼가하는 것이 좋을 듯하다. 상대적으로 적은 기회를 가진 사람들의 기회를 증진시키는 방향으로 법을 작성하는 것이 합리적인 것처럼 보인다고 하더라도 이것을 일반적인 규칙에 의해 달성할 수 있는 것은 드물다. 과거의 법의 발전은 특정한 그룹들을 유리하게 하거나 혹은 불리하게 하는 편향을 가지고 있었던 사례들이 있다는 것은 의심의 여지가 없다. 그러한 조치들은 분명히 수정되어야 할 것이다.

그러나 대체로 광범위하게 견지된 믿음과는 달리 지난 2백 년 동안 가장 낮은 소득계층에 있는 사람들의 절대적인 위치뿐만 아니라 상대적인 위치를 개선하는 데 최대로 기여했던 사실은 바로 일반적인 부의 성장이었는데, 이 성장이 상대적으로 높은 소득계층보다도 가장 낮은 계층의 소득을 더 많이 증대시키는 경향이 있었다. 물론 이것은 맬더스의 악마가 일단 쫓겨나자 총합된 부가 성장하면 노동이 자본보다 더 희소하게 되는 상황의 결과이다. 우리가 모든 소득의 절대적 평등을 도입하지 않는 한, 할 수 있는 모든 것 중 그 어느 것도 주민의 일정비율은 항상 사다리의 바닥 쪽에 있어야 한다는 사실을 변동시킬 수 없다. 임의의 사람이 최하위 10퍼센트에 있게 될 기회는 논리적으로 10분의 1이어야 한다![25]

좋은 사회는 모든 사람의 기회를
될 수 있는 대로 크게 향상시키는 것을 보장하는 사회이다

따라서 지금까지 규명한 바에서 얻을 수 있는 결론은 만약 우리가 사회 질서에서 차지하고 있는 우리의 초기상태가(마치 우리가 특정한 가정에 태어나는 것처럼) 순전히 우연(偶然)에 의해 결정된다는 것을 알 경우에 우리가 선택하게 될 사회가 가장 소망스러운 사회질서로 간주해야 한다는 것이다.

그와 같은 우연이 장성한 모든 사람들에 대하여 갖고 있는 매력은 아마도 그들이 이미 습득했던 재주, 능력, 취향에 의해 좌우되기 때문에, 이것을 표현하기 위한 보다 좋은 방법은 최선의 사회는 만약 우리가 우리의 자녀들의 위치는 운(運)에 의하여 결정된다는 것을 알 경우에 우리가 이 자녀들을 가장 기꺼이 안치시키고 싶은 사회일 것이라고 말하는 것이다.

아마도 이런 경우에 엄격하게 평등주의적 질서를 선호할 사람은 매우 적을 것이다. 그렇지만 어떤 사람은 예를 들면 과거에 토지소유자들이 지배했던 귀족주의가 이끌었던 삶의 방법을 가장 매력적인 사회로 여기고, 그가 그 자신이나 자신의 자녀들이 그 계급의 구성원이 될 것이라고 확신한다면 그와 같은 계급이 존재하는 사회를 선택할 것이다. 반면에 만약 자신이 그 위치는 운에 의해 결정되고, 따라서 그가 농업노동자가 될 것이 더 큰 개연성이 있다는 것을 안다면, 아마도 그는 달리 결정할 것이다. 그는 소수에게 그와 같은 근사한 요직을 제공하지는 않지만, 대다수에게 보다 좋은 전망을 제공하는 산업사회를 선택하리라는 개연성이 매우 크다.[26]

제11장
추상적인 규칙의 기강과
부족사회의 감정
The Discipline of Abstract Rules and
The Emotions of The Tribal Society

자유주의(이것을 오늘날 잊어서는 안 된다)는 관용의 최고 형태이다. 자유주의
는 다수가 소수에게 허용한 권리이고, 따라서 그것은 지구상에서 이제까지
울려 퍼졌던 가장 고귀한 함성이다. 그것은 적과 공존하겠다는, 더구나 약
한 적과도 공존하겠다는 결의를 선언한다. 인류가 그토록 고귀한, 그토록
모순된, 그렇게도 개화된, 그렇게도 반자연적인 태도를 취하다니 믿을 수
가 없었다. 그러니 이런 인류가 이제는 이 태도를 버리기로 마음먹었던 것
같다. 이것은 너무 어렵고 복잡한 기강이기 때문에 지상에 뿌리내릴 수가
없다.

요세 오르테가 이 가세[*1]

달성할 수 없는 목표의 추구는
가능한 것마저도 달성하지 못하도록 막을 수 있다

'사회적 정의'가 명확한 내용이 없는 공허한 구호라는 것을 인정하는 것
만으로는 충분하지 않다. 그것은 거대한 사회를 파괴하려고 위협하고 있는
뿌리 깊은 감정을 지원하는 데 봉사하는 강력한 마법이다. 불행하게도 만

약 어떤 것을 추구한다고 해도 이를 달성하지 못하면 어떠한 피해도 생겨나지 않는다고 하는 것은 옳지 않다.[2] 그것은 환상의 배후에서 추구할 때처럼 항상 예측했더라면 피할 수 있었을 결과를 야기한다. 영원히 우리가 파악할 수 없는 것을 가능하게 만들고 싶어 하는 쓸데없는 희망을 버리지 않으면 많은 소망스러운 목적들이 희생된다.

현재 우리는 무엇이 옳은가에 관한 두 가지 서로 다른, 그리고 조화될 수 없는 개념의 지배하에 살고 있다. 열린사회의 비전을 가능하게 했던 생각들이 등장하던 시기에 뒤이어, 우리는 스스로 서서히 탈출해왔던 부족사회의 관념 속으로 다시 신속하게 되돌아가고 있다. 우리는 유럽의 독재자들이 패배하면 독재국가의 위험이 추방되리라고 희망했었다. 그러나 우리가 달성했던 모든 것은 도처에서 서서히 확산되고 있는 어느 한 저항의 경우 첫 불꽃만을 진화하는 것이었다. 부족사회의 윤리가 약화됨으로써 거대한 사회로의 접근이 가능했었는데, 바로 이 윤리의 부활이 사회주의다. 사회주의와 민족주의의 분리될 수 없는 영향을 받아 고전적 자유주의가 쇠퇴하게 되었는데, 그 결과가 바로 부족 사회의 감정의 부활이다.

많은 사람은 아직도 근대사의 가장 놀라운 교훈을 알려고 하지 않는다. 우리 시대의 가장 큰 범죄는 도덕적인 충동에 의해 조종되는 수백만 명의 인간들로부터 열광적인 지지를 받았던 정부에 의해 저질러졌다는 교훈! 히틀러나 무솔리니, 레닌이나 스탈린이 오직 그들의 국민의 가장 나쁜 본능에만 호소했다는 것은 간단한 사실이 아니다. 그들은 역시 오늘날의 민주주의도 지배하고 있는 감정들 중 몇몇에도 호소했던 것이다. 이러한 운동의 보다 성숙한 지지자들이 스스로 지지했던 정책의 효과를 목전에서 보았을 때, 그들이 무슨 환멸을 체험했든 간에, 공산주의 운동, 민족-사회주의 운동 혹은 파시스트 운동의 병사들은 서방국가들의 가장 영향력이 있는 사회철학자들 중 몇몇의 이상과 별로 차이가 없는 것에 의해 고무된 많은 남녀를 포함하고 있었던 것은 의심의 여지가 없다. 그들 중 어떤 사람들은 자신들이 가장 공로가 있는 사람들, '사회적으로 가장 가치가 있는 사람들'의 욕망이 보다 잘 고려되는 정의로운 사회를 창출하는 데 기여하고 있다고 확실히 믿고 있다. 그들은 부족사회로부터 우리가 받은 유산으로서 아직도 도처에서 터져 나오고 있는 눈에 보이는 공동의 목적에 대한 욕망에 의해 조종되고 있다.

원시부족의 조직사고가 부활하게 된 원인

우리가 최근 체험했듯이 조직사고(모든 것을 조직으로 간주하는 사고방법)가 강력하게 부활하고, 반면에 시장질서의 기능방식에 대한 이해가 쇠퇴해가고 있다. 그렇게 된 이유는 대규모 조직의 구성원으로서 활동하는 사회구성원들의 비율이 점증하고 있고, 또한 그들의 이해의 폭이 그와 같은 조직들의 내적 구조에 의해 요구되는 것에 국한되어 있기 때문이다. 농민들, 독립 수공업자들, 상인, 그리고 날품팔이꾼은 시장에 매우 친숙했었고, 또한 그들은 시장의 기능방식을 이해하지 못했다고 하더라도 시장의 지시를 사물의 자연적 진리로서 받아들일 줄 알았던 반면에, 거대한 기업과 거대한 행정 관료의 등장으로 인하여 점차 많은 사람이 대규모의 조직구성원으로서 그들의 노동의 전체 삶을 보내게 되었고, 조직에 전형적인 삶의 형태의 요구조건에 맞도록 생각하게 되었다. 산업사회 이전의 사회에서도 대다수는 모든 경제활동의 단위였던 가족적인 조직 내에서 그들의 삶의 대부분을 보냈다고 하더라도,[3] 가장들은 사회를 시장을 통해 연결된 가족단위들의 연결망으로 보았던 것이다.

오늘날 조직사고는 현대사회의 가장 강력하고 영향력을 가진 무수히 많은 인물, 즉 조직자들 자신들의 활동을 점차 지배해가고 있다.[4] 조직기술이 현대적으로 개선되었고, 이로써 거대한 조직에 의해 해결될 수 있는 특수한 과제의 범위가 전에 가능했던 범위를 훨씬 넘어서 증가됨으로써 조직이 달성할 수 있는 것에는 한계가 없다는 믿음이 생겨났던 것이다. 조직의 바로 그 성공을 좌우하는 것이 보다 더 포괄적인 사회질서이고, 이는 조직과는 전적으로 다른 종류의 질서 잡는 힘에 기인하는 정도를 더 이상 대부분의 사람들은 알지 못하고 있다.

조직사고가 점점 더 지배하게 된 또 다른 이유는 이렇다. 즉 목적지향적인 조직을 위한 새로운 규칙들을 의도적으로 창출하는 데 달성한 성공이 여러 가지 관점에서 대단히 컸기 때문에 사람들은 조직들이 작용하는 보다 포괄적인 질서는 예측된 분명한 목적을 염두에 두고 고안되었던 것이 아니라 어떤 살아 있는 사람이 알고 있는 것보다 더 많은 경험이 축적되었던 시행과 착오과정의 산물인 다른 유형의 규칙에 의존한다는 것을 더 이상 인정하지 않는다.

도덕적인 의미를 가진 노력의 부도덕한 결과

서구문명을 장기적인 관점에서 볼 때, 법의 역사는 보편적으로 적용 가능한 정의로운 행동규칙들이 점진적으로 등장한 역사라고 할지라도, 지난 1백 년 동안의 법의 발전과정은 '사회적 정의'에 의해 점차 정의를 파괴하는 과정이 되었고, 드디어 어떤 법학도들은 심지어 '정의'라는 원래의 의미까지도 잃어버리고 말았다. 우리는 앞에서 어떻게 그 과정이 주로 정의로운 행동규칙을 우리가 공법('예속시키는 법')이라고 부르는 조직규칙들로 교체시키는 형태를 취했는가를 보았다. 사실 이러한 법의 구분은 어떤 사회주의 법률가들이 말살시키려고 애썼던 구분이다.[5] 사실상 이러한 교체는 개인은 더 이상 자신의 사적 활동의 영역을 한정하는 규칙들에 의해서만 구속되는 것이 아니라 점점 더 관청의 명령에 예속하게 되었다는 것을 의미했다. 동일한 목적순위에 구성원들이 봉사하는 사회의 도덕적 우월성과 함께 점증해가는 기술적인 통제 가능성은 이러한 전체주의적 추세를 도덕적으로 위장한 것처럼 보이게 만들었다. 실제로 '사회적 정의'의 개념은 트로이의 목마(트로이전쟁에서 그리스 군대가 적을 속이기 위해 그 속에 병사를 숨겨놓은 목마)였다. 이 목마를 통하여 전체주의가 잠입해 들어왔던 것이다.

그러나 목적과 연관되어 있는 그룹들로부터 아직도 생존해 있는 가치들은, 이 그룹들의 통합은 이 가치들에 좌우되는데, 열린사회의 대다수 구성원들의 평화로운 공존을 가능하게 하는 가치들과 상이할 뿐만 아니라 흔히 이들과 양립될 수도 없다. 우리는 모든 인간들을 평등하다고 간주하는 이 거대한 사회의 새로운 이상을 추구하면서 역시 소규모의 폐쇄된 사회의 서로 다른 이상들도 보존할 수 있다는 믿음은 하나의 환상이다. 이를 시도하는 것은 거대한 사회의 파괴로 이어진다.

인간들이 평화 속에서, 그리고 공동의 구체적인 목적에 동의할 필요 없이 오로지 추상적인 행동규칙만을 지키면서 공존할 수 있는 가능성은[6] 인류가 이제까지 이루어낸 가장 위대한 발견이었다. 이러한 발견으로부터 성장했던 '자본주의' 시스템이 자유주의 이상을 충분히 만족시키지 못했던 것은 의심의 여지가 없다. 입법자와 정부가 시장의 기능방식을 진정으로 이해하지 못하는 기간 동안 또한 실제로 취한 정책에도 불구하고 자본주의 시스템이 생겨났기 때문이다.[7] 그 결과 오늘날 존재하고 있는 것으로서의 자본주의가 여러 가지 수정 가능한 결함들을 가지고 있는 것은 부정할 수 없다. 자유의 이성적인 정책에 의해 이들을 교정해야 할 것이다.

자생적으로 질서 잡는 시장의 힘에 의존하는 시스템은, 그것이 일단 부의 일정한 수준에 도달했으면 정부가 시장 밖에서 격심한 궁핍을 막기 위한 어떤 안정을 배려하는 것과 결코 비 양립적인 것이 아니다. 그러나 사회주의가 행하는 것처럼 권위에 의해서 모든 사람들의 노력이 조종되어 달성하려는 공동의 구체적인 목표시스템을 강제로 부과함으로써 누구나 받을 응분의 자격이 있다고 생각되는 것을 그에게 보장해주는 시도는 수백만의 인간들이 가지고 있는 지식의 사용과 그들의 야심적인 노력을 박탈하고, 이로써 문명의 이익도 박탈하는 역사의 퇴보단계다. 사회주의는 자유주의의 가치체계와는 다른, 동의하지 않는다고 하더라도 존중해야 할 가치체계에, 그리고 그 이념의 귀결에 대하여 지자들의 눈을 멀게 하는 지적인 오류에 기초를 두고 있다. 이를 간단히 말하지 않으면 안 된다. 왜냐하면 궁극적인 가치들의 차이를 강조하는 것은 사회주의자들이 진정한 지적 쟁점을 회피하기 위한 흔히 있는 변명에 자나지 않기 때문이다. 바탕에 깔려있는 가치판단들의 차이는 사회주의적인 설계의 바탕이 되고 있는 잘못된 추론을 감추기 위한 구실이 되었던 것이다.

거대한 사회에서 '사회적 정의'는 파괴적인 힘으로 작용한다

거대한 사회가 '사회적' 혹은 '분배적' 정의의 규칙들을 집행하면서 스스로 유지되는 것은 불가능할 뿐만 아니라 이를 보존하기 위해서는 자신들이 무엇을 받을 자격이 있는가에 관한 공동의 관점을 가지고 있는 어떠한 그룹들에게도 이 관점을 집행하도록 허용되지 않는 것이 필요하다. 그렇지 않으면 그들은 다른 그룹들이 자신들의 서비스를 보다 유리한 조건으로 제공하지 못하도록 막기 때문이다. 경제사회적 위치가 동일한 상황에 의해 영향을 받는 사람들의 공통된 이익은 그들이 무엇을 받을 자격이 있는가에 관한 강력한 공동의 견해를 형성하기가 쉽다고 하더라도, 또 그러한 공동의 이익이 자신들의 목적을 달성하기 위해 공동보조를 취할 동기를 제공한다고 하더라도 구성원들에게 특정 소득이나 특정한 사회적 위치를 보장하기 위해 취하는 그와 같은 모든 그룹행위는 거대한 사회의 통합을 막는 장애물을 산출하고, 따라서 그것은 진정한 말뜻에서 반사회적이다. 그것은 결정적인 폭력으로 될 것임에 틀림없다. 그것은 서로 다른 그룹들의 이해관계들을 화합하는 것이 아니라 갈등을 조장하기 때문이다. '사회적 정의'를 위한 투쟁에 적극적으로 가담했던 사람들이 잘 알고 있듯이, 갈등은 실제로는 조직된 이익의 권력투쟁이고, 이때 정의를 늘어놓는 주장은 단순한 핑계일 뿐이다.

우리가 확고히 갖고 있어야 할 주요 인식은 어느 한 인간그룹이 무엇을 자신의 권리요구로 간주하는가에 관하여 강력한 견해를 가지고 있다고 해서 반드시 이에 해당하는 규칙, 보편적으로 적용하면 활기 있는 질서를 야기하는 규칙이 있다는 것(발견될 수 있다는 것)을 의미하는 것이 아니라는 점이다. 어느 한 문제를 정의의 문제라고 여기면 언제나 문제를 결정할 수 있는 보편적 적용이 가능한 규칙을 발견하는 것이 틀림없이 가능하다고 믿는 것은 일종의 착각이다.[8] 누군가의 정의의 요구를 충족시키는 것이 법의 목적이라는 사실은 법은 정의로운 행동규칙이라는 것을 입증하는 것이 아니다.

구성원들이 동일한 혹은 유사한 목표를 추구하는 모든 그룹들은 그룹구성원들에 대하여 무엇이 옳은가에 관한 공동의 관점을 개발한다. 그러나 그러한 관점은 동일한 목표를 추구하는 사람들에 대해서만 옳은 것이지, 어느 한 그룹이 사회의 전체질서로 통합될 수 있는 어떠한 원칙과도 전적으로 양립될 수 없다. 자신들의 노력에 대하여 좋은 보수를 받으려는 데 목적을 두고 있는 특정한 재화의 생산자들 또는 특정 서비스를 제공하는 자들은 다른 사람들의 소득을 감소시키려고 하는 모든 동료 공급자들의 행위를 정의롭지 못한 것으로 생각할 것이다. 그러나 나머지 사람들이 유해하다고 생각하는 몇몇 그룹구성원들의 활동이야말로 그룹구성원들의 활동들을 거대한 사회의 전체패턴에 적응시키고, 이로써 모든 사람들을 유익하게 하는 것이다. 만약 어느 한 도시의 어떤 이발사가 머리를 깎는 대가로 3달러를 받는 데 반하여 다른 도시의 이발사는 동일한 노동에 대하여 2달러를 받는다면, 확실히 이것 자체는 불의가 아니다. 그러나 만약에 두 번째 도시의 이발사들이 자신들의 서비스를 첫 번째 도시에서, 예를 들면 2달러 50센트를 받고 공급하여 자신들의 입지를 개선하려 하고, 이런 식으로 첫 번째 그룹의 소득을 낮추면서 자신들의 처지를 개선시키는 것을 첫 번째 도시의 이발사들이 방해한다면, 이것은 분명히 정의롭지 못하다. 그럼에도 불구하고 오늘날 조직된 그룹들에게 현재의 확고한 위치를 방어하기 위한 결합이 허용되고 있는데, 이 결합은 바로 위와 같은 노력들을 막기 위한 것이다. "당신의 그룹구성원들의 소득을 감소시키는 어떠한 일도 하지 마시오"라는 규칙은 흔히 동료 구성원들을 위한 정의의 의무로 간주된다. 그러나 그것은 거대한 사회에서는 개개인들의 활동들이 조정되는 일반원칙과 충돌하기 때문에 정의로운 행동규칙으로 인정될 수 없다. 그러한 사회의 다른 구성원들은 특정 그룹의 구성원들이 정의롭다고 생각하는 그와 같은 규칙을 집행하는 것을 방지할 모든 관심과 도덕적 권리를 가지고 있다. 왜냐하면 거대한 사회의 통합원칙은 특정방식으로 고용된 사람들 중 어떤 사람들의 행위는 흔히 그들의 동료들의 소득 감소로 이어져야 할 것을 요구하고 있기 때문이다. 이것이 바로 경쟁의 덕성이다. 그룹정의관은 흔히 모든 효과적인 경쟁을 정의롭지 못하다고 무시해버린다. 그리고 '공정한 경쟁'에 대한 요구들 중 많은 것은 실제로는 아무것도 아니다.

구성원들이 자신들의 전망은 동일한 상황에 좌우된다는 것을 알고 있는 그룹에서 다른 구성원들에게 해가 되는 구성원들의 행위는 정의롭지 않다고 여기는 견해가 개발되는 것은 옳다. 그 결과 그러한 행위를 막고 싶은 욕망이 생겨난다. 그러나 만약 그와 같은 그룹의 어떤 구성원이 나머지 구성원들보다도 더 좋은 조건으로 그 그룹의 밖에 있는 어떤 사람들에게 공급하지 못하도록 그들이 그 구성원을 방해한다면, 그 국외자가 이를 정의롭지 못한 것이라고 생각하는 것은 옳다. 전에는 그 그룹의 구성원으로 인정받지 못했던 어떤 '진입자'의 노력이 그룹 구성원들의 노력과 경쟁관계에 있게 되면 그 그룹의 표준에 따르도록 그를 강제하는 경우에도 사정은 똑같다.

대부분의 사람들이 수락하기를 주저하지만, 그러나 대부분의 경우에 타당성을 갖고 있는 중요한 사실은 개인이 이기적인 목적을 추구하는 것은 흔히 일반적인 이익에 기여하도록 그를 이끌어가지만, 조직화된 그룹들의 집단적 행위는 거의 불변적으로 일반적 이익에 반한다는 점이다. 개인적인 관심을 추구하는 것이 일반적 이익에 기여하는데도 불구하고 이것을 반사회적이라고 비난하고, 전체질서를 파괴하는 특수이익에 아첨하고 이에 예속하는 것을 '사회적'이라고 권장하는 것은 사실상 우리가 과거 형태의 사회로부터 전달받은 감정에 이끌린 탓이다. 이런 종류의 '사회적 정의'는 개인이 속해 있는 특수한 그룹의 이익을 의미하는데, 이를 위해서 강제를 행사하는 것은, 따라서 국외자들에 대항하여 연합된 특수한 그룹들(이들은 자기그룹 구성원들의 이익을 위하여 정부에게 강제나 압력을 행사해도 좋다고 허용되었기 때문에 존재하는 이익단체들이다)을 위한 특혜를 창출하는 것을 의미한다. 그러나 그와 같은 그룹들의 구성원들이 자신들의 원하는 대상이 정의롭다는 것을 자기들끼리 얼마만큼이나 동의하든 관계없이, 그것을 국외자들에게 정의롭게 보이게 하는 원칙은 존재하지 않는다. 그러나 오늘날 구성원들의 요구를 정의롭다고 생각하는 그와 같은 그룹의 규모가 충분히 크기만 하다면, 그 그룹의 생각은 비록 이것이 일반적으로 적용될 수 있는 어떠한 원칙에도 기반을 두고 있지 않다고 하더라도 전체의 질서를 형성할 때 고려되어야 할 하나의 정의관으로 인정받는다.

가장 불운한 사람들의 보호로부터 특수이익의 보호로

그러나 우리는 '사회적 정의'를 추구하려는 노력의 초기에는 빈곤을 없애고자 하는 칭찬받을 만한 희망이 있었고, 그리고 거대한 사회는 절대적인 의미의 빈곤의 퇴치에 찬란한 성공을 거두었다는 사실을 망각해서는 안 된다.[9] 유용한 일을 할 수 없다고 해서 어느 누구도 오늘날 발전된 국가에서 의식주의 고통을 당할 필요가 없다. 스스로 충분히 생활비를 벌지 못하는 사람들에게 이 필수품들은 일반적으로 시장 밖에서 공급된다. 완전히 평등한 사회라고 하더라도 이 사회의 밖에는 물론 상대적 의미의 빈곤이 계속 존재하고 있음이 틀림없다. 불평등이 존재하는 한 누군가가 그 서열의 하층에 있어야 할 것이다. 그러나 절대적 빈곤의 철폐는 '사회적 정의'를 달성하려는 노력에 의해서는 도움이 되지 않는다. 절대적 빈곤이 아직도 화급한 문제인 많은 나라에서 실제로 '사회적 정의'에 대한 관심은 가난의 해소를 방해하는 가장 큰 장애물 중의 하나가 되었다. 서구에서 대중이 상당한 정도로 안락한 삶을 영위할 수 있을 정도로 그들의 생활수준이 상승되었는데, 이 상승은 부의 일반적인 성장의 결과였다. 그런데 이 생활수준의 상승속도가 시장 메커니즘에 간섭하는 조치들에 의해서 늦춰졌던 것이다. 총소득의 증가를 야기했던 것은 이 시장 메커니즘이었다. 또한 충분한 생활비를 벌 수 없는 사람들을 시장 밖에서 지원할 수 있게 된 것도 역시 시장 메커니즘이었다. '사회적 정의'의 방향으로 시장결과를 '수정하려는' 노력은 가난한 사람들의 운명을 완화시키는 데 기여했다기보다는 오히려 새로운 특혜, 이동성의 장애물, 그리고 노력의 좌절이라는 형태로 더 많은 불의를 산출했던 것이다.

이러한 현상은 원래 가장 불운한 사람들을 도와주자는 '사회적 정의'의 호소가 많은 다른 그룹들, 이 그룹들의 구성원들이 받아야 마땅하다고 생각했던 것만큼 받지 못했다고 생각했는데, 그런 그룹들에 의해, 특히 현재의 위치에서 위협을 받고 있다고 느끼는 그룹들에 의해 채택되었던 상황의 결과이다. 정치적 행위는 모든 그룹의 구성원들에게 어떤 의미에서 받아 마땅한 위치를 할당해야 한다는 요구로서의 '사회적 정의'는, 강제는 모든 사람들이 자신들의 계획을 세울 때 고려할 수 있는 똑같은 정의로운 행동규칙을 집행하는 경우에 한해서 행사되어야 한다는 원칙과 양립할 수 없다.

그러나 만약 그러한 요구를 모든 사람들이 동정하는 불운을 만난 그룹에게 한 번 허용하는 순간에는, 상대적 입장이 위협받고 있다고 생각하는 모든 사람들이 자신들의 위치는 정부의 활동에 의해 보호되어야 한다는 요구를 제기할 수 있는 출구가 활짝 열린다. 그러나 불행은 모든 사람들이 각자 차지하고 있는 위치를 달성하기 위해서 그들 모두가 당해야 하는 위험들을 막아야 한다는 요구를 창출할 수 없다. 어떤 그룹의 불만을 야기하는 대상을 일단 '사회적 문제'라고 명명하고, 그와 같은 '사회적 불의'에 대하여 무엇인가를 해야 하는 것이 입법부의 의무라는 것을 암시하는, 그리고 오늘날 사용되고 있는 바로 그 언어는 '사회적 정의'라는 구상을 특수한 이익이 특혜요구를 요구하기 위한 단순한 변명으로 전환시켰다.

정의의 구상은 예컨대 "나폴레옹 전쟁 이후 이미 시작되어 신속하게 진전되어 갔던 탈농현상, 18세기 중엽 이후의 수공업자의 몰락 혹은 임노동자들의 궁핍화"를 막지 못했다고 분노하면서,[10] 그 구상에 반기를 들었던 사람들은 누구나 자신들의 편익을 위해서 상호간 봉사하고 어느 누구에 의해서도 과제를 할당받지도 않고 편익을 배분받지도 않는 자유로운 인간들의 세계에서 정의로운 행동규칙을 집행하여 달성될 수 있는 것이 무엇인가를 완전히 오해했다. 오늘날 우리가 지금까지 증가해왔던 거대한 수효의 인간들을 먹여 살릴 수 있는 유일한 것은(세계의 어떤 지역에서는 대다수가 달성했던 안락한 삶의 수준을 유지해주는 것은 말할 필요도 없다) 각처에 흩어져 있는 지식의 집약적인 이용을 가능하게 하는 시장 덕택이다.

예측되지 못한 사건들의 변화로 인하여 어떤 사람들의 서비스가 타인들에 대하여 갖는 가치가 감소한다면, 그들의 입장은 이미 달성한 것보다 덜 유리해질 것인데, 그럼에도 불구하고 이러한 입장을 수락하지 않으면 안 될 필연성으로부터 그들을 제외시키는 것은 확실히 정의롭지 못할 것이다. 그들 자신의 잘못이 아니라 예측할 수 없었던 변동의 결과라고 하더라도, 그들이 불리해진 입장에 처하게 된 것이 제아무리 안타까운 일이라고 하더라도 이것은 우리가 대중의 삶의 조건들이 장차 개선되느냐의 여부를 결정하는 일반적인 부의 수준의 급진적인 증대와, 그리고 몇몇 그룹들의 위치가 빈번히 반복적으로 악화하지 않도록 하는 보호라는 두 가지를 동시에 가질 수 있다는 것을 의미하지는 않는다.

사실상 '사회적 정의'는 점차 열악해지는 지위를 가진 모든 그룹들에 의해 이용되는 슬로건이 되었을 뿐이다. 이러한 그룹들의 예를 들면 산업노동자들이라기보다는 농민, 독립 수공업자, 광부, 영세소매상, 사무직 노동자와 과거의 '중상층'의 상당부분이었다. 원래 그 슬로건은 산업노동자들을 위해서 맨 처음 등장하기는 했지만, 그들은 최근에 이루어진 사회적 정의의 진전의 수혜자들이었다. 그와 같은 그룹들의 정의에 대한 호소는 사회의 전통적인 위계를 자연적인 것으로 간주하는 사람들과, 쓰고 읽을 수 있는 단순한 능력만 가지고 있으면 접근이 가능한 중산층으로의 새로운 타입의 승격을 거부하는 사람들의 동정심을 동원하는 데 빈번히 성공한다는 것은, 그와 같은 요구는 일반적으로 적용할 수 있는 정의로운 행동규칙과 관련이 있다는 것을 입증해주지 않는다.

현존하고 있는 정치질서에서 그러한 요구는 사실상 그와 같은 그룹들이 정치적으로 계산하기에 충분할 만큼 클 경우에만, 특히 공동의 행동을 위해 구성원들을 조직하는 것이 가능할 경우에만 충족된다. 나중에 우리가 알게 되겠지만, 모든 그와 같은 이해관계가 조직될 수 있는 것이 아니라 몇몇 이해관계만이 조직될 수 있고, 따라서 이로부터 생겨나는 편익은 오직 몇몇에 의해서만 달성될 수 있을 뿐 나머지에게는 피해를 준다. 그러나 이러한 목적을 위해서 이익들이 더 많이 조직되면 조직될수록, 각 그룹들은 정부에 압력을 가하기 위해서 조직하는 것이 그만큼 더 필요하다. 왜냐하면 그렇게 하지 못하는 사람들은 따돌림을 당할 것이기 때문이다. 따라서 '사회적 정의'의 구상은 결국 정부가 특정 그룹에게 적절한 소득을 보장하는 것이고, 이것이 그와 같은 모든 '이익들'의 급진적인 조직화를 불가피하게 만들었던 것이다. 그러나 그와 같은 보장은 기대들의 보호를 수반하는데 이러한 보호는 정태적인 사회를 제외하고는 어떠한 사회에서도 모든 사람들에게 승인될 수 없을 것이다. 따라서 유일한 정의로운 원칙은 어느 누구에게도 이러한 특혜를 허용하지 않는 것이다.

어떤 시기에서는 주로 노동조합들에 향하여 이러한 주장을 제기해야만 했을 것이다. 왜냐하면 그들이 자신들의 요구를 '사회적 정의'를 위해 필요한 것이라고 주장함으로써, 그 요구들을 정당성이라는 미묘한 분위기로 감싸는 데(그리고 이들을 집행하기 위한 강제행사를 인정받는 데) 성공했던 그와 같은 그룹들 중 최초의 그룹이기 때문이다. 그러나 처음에는 그들에게 유리한 차별화를, 이것이 상대적으로 가난하고 불운한 그룹들을 위한 것으로 보이게 함으로써 정당화시키려고 했다고 하더라도, 그러한 차별화는 법 아래에서의 평등의 원칙을 파괴하는 일종의 쐐기로서 기능했다. 현재에는 단순히 수적으로 강한 사람들, 중요한 서비스를 거부하기 위하여 쉽게 조직될 수 있는 사람들이 현대 민주주의의 입법을 지배하고 있는 정치적 협상과정에서 승리하는 사람들이다. 그러나 민주주의가 다수가결 투표에 의해 소득분배를 결정하려고 할 때 생겨나는 각별한 불합리성에 대해서는 제3부 〈자유사회의 정치질서〉에서 다루고자 한다.

시장의 질서를 '수정하려는' 노력은 시장을 파괴한다

　오늘날 압도적인 견해는 우리는 주로 시장의 질서잡는 힘을 이용해야 하고, 상당한 정도로 실제로도 그렇게 해야 하지만, 그 결과가 요란하게 정의롭지 못한 곳에서는 이를 '수정해야' 한다는 것이다. 그러나 특정한 개인들이나 그룹들의 소득이 어떤 관청의 결단에 의해 정해지는 것이 아닌 한 어떠한 특정한 소득분배를 놓고 이것이 다른 것보다 더 정의롭다거나 정의롭지 못하다고 말하는 것은 의미가 없다. 우리가 그것을 실질적으로 정의롭게 만들고 싶으면, 우리는 자생적 질서 전체를 각 개인의 몫이 중앙당국에 의해 결정되는 조직으로 바꾸어놓아야 한다. 다른 말로 하면 자생적 과정 속에서 야기되는 분배를 특정한 간섭행위에 의해 '수정하는 것'은 모든 사람들에게 똑같이 적용될 수 있는 규칙과 부합된다는 의미에서 결코 정의로울 수 없다. 이러한 종류의 개별적 간섭행위는 동일한 원칙에 따라 취급해 달라는 다른 사람들의 요구를 제기할 동기가 되고, 이러한 요구들은 모든 소득들이 이런 식으로 할당되는 경우에만 충족될 수 있다.

　정의의 원칙에 따라 수정되는 자생적 질서에 의존하려는 현재의 노력들은 서로 양립할 수 없는 두 세계들 중 최선의 세계를 가지려는 노력에 해당된다. 아마도 절대적인 지배자, 완전히 여론에 독립적인 지배자는 개별적인 간섭행위에 의해 보다 불운한 사람들의 고난을 완화하는 데 국한하고, 자생적 질서가 나머지 사람들의 입장을 정하도록 내버려둘 수도 있다. 시장에서 적절히 스스로를 유지시킬 수 없는 사람들을 시장 밖으로 끄집어내어, 이 목적을 위해 준비해둔 수단을 가지고 이들을 지원하는 것은 가능하다. 어떤 불확실한 생애의 초기에 있는 사람과 그의 자녀들을 위하여 모든 사람들이 그와 같은 위급한 상황에서의 최소 생계수준에 대해 책임진다는 것에 동의하는 것은 완전히 합리적이다.

그러나 여론에 좌우되는 정부와, 특히 민주주의는 그와 같이 시장을 보완하려는 노력을 가장 가난한 사람들의 운명을 완화시키는 데 국한할 수가 없다. 민주주의가 스스로를 원칙에 의해 조종할 의도가 있든 없든 만약 민주주의가 그렇게 할 힘이 있다면 그것은 스스로가 정한 선례 속에 암묵적으로 내포되어 있는 원칙에 의해 확실히 추진된다. 민주주의는 자신이 취하는 조치들을 통하여 여론을 창출하고, 또한 일단 취했던 진로를 유지하도록 자신을 강제하는 기준을 정한다.

어느 한 질서가 의존하고 있는 원칙들이 일관되게 적용된다는 것을 보장함으로써만 그 질서를 수정하는 것이 가능하다. 그러나 우리가 전체의 어떤 부분에 대해서 실효성이 없는 원칙들을 나머지 부분에 적용해서는 그것이 가능하지 않다. 동일한 원칙들은 보편적으로 적용된다는 것이 정의의 본질이기 때문에, 정의는 정부가 모든 유사한 사례들에서 동일한 원칙을 적용하겠다고 마음먹는 상황에서만 특정 그룹을 지원해야 한다는 것을 요구한다.

추상적인 규칙에 의한 길들이기에 대항하는 폭등

형식적인 규칙들을 기반으로 하는 비인격적인 정의의 이상은 부족사회의 기초였기는 하지만 거대한 사회에서는 정부의 강제적인 권력행사에 영향을 미치도록 허용되어서는 안 되는 인적인 충성심에 대항하여 지속적으로 투쟁하는 과정 속에서 등장했다. 공동의 평화질서가 소규모 그룹에서부터 점차 커져가는 공동체로 점진적으로 확대되면서 공동의 가시적인 목적에 기초하고 있는 특수적인 정의의 요구와, 낯선 사람들과 공동체의 구성원들에게 똑같이 적용될 수 있는 보편적인 정의의 요구 사이에 지속적인 갈등이 수반되었다.[11] 이것은 수만 년 동안의 부족사회의 삶을 통하여 인간성 속에 깊이 뿌리박고 있는 감정과 어느 누구도 충분히 이해하지 못했던 의미를 가지고 있는 추상적 규칙들의 요구 사이의 지속적인 갈등을 야기했다. 인간의 감정들은 구체적인 대상에 부착되어 있고, 특히 정의감은 아직도 각 개인이 소속하고 있는 그룹의 가시적인 욕구들 - 상업부문 혹은 직업의 욕망, 부족, 마을, 도시 혹은 모든 인간이 소속되어 있는 나라의 욕구 - 과 매우 밀접하게 연결되어 있다. 거대한 사회의 전체질서를 오로지 정신적으로 재구성할 경우에만 비로소 우리는 대부분의 사람들에게 아직도 추상적인 규칙에 대한 맹목적인 복종보다는 갸륵하고 우월하게 보이는 구체적인 공동목표를 의도적으로 지향할 때는 모든 인간들이 똑같이 대우받는 보다 큰 질서가 파괴된다는 것을 이해할 수 있다.

우리가 이미 본 바와 같이 목적과 결부되어 있는 소규모 그룹에서 이러한 사회의 기능하는 질서의 통합에 기여하기 때문에 진정으로 사회적이라고 볼 수 있는 많은 것은, 거대한 사회의 관점에서 보면 반사회적이다. 사실상 '사회적 정의'에 대한 요구는 그와 같은 눈에 보이는 어떠한 공동의 목적도 가지고 있지 않은 거대한 사회의 통합에 필요한 추상적인 요구조건들에 대항하는 부족사회적 정신의 폭동을 표현한 것이다. 정의로운 행동규칙들을 모든 다른 사람들의 관계에 확대하면서, 동시에 보편적으로 적용될 수 없는 규칙들에서 의무적 성격을 박탈해야만 우리는 모든 인류를 단일사회로 통합하는 보편적인 평화의 질서에 접근할 수 있다.

부족사회에서 내적인 평화의 조건은 모든 구성원들이 눈에 보이는(가시적인) 공동의 목표들에 헌신하는 것이고, 또한 어느 한 시점마다 무엇이 이런 목적들이 되어야 하는가, 그리고 이들을 어떻게 달성해야 하는가를 결정하는 누군가의 의지에 헌신하는 것이다. 반면에 자유로운 인간의 열린사회는 개개인들이 각자 자신의 목적을 위해서 이용해도 좋은 수단들의 영역을 구획하는 추상적인 규칙들에 복종하기 위해서만, 그들이 제한받을 경우에 비로소 가능하게 된다. 모든 특정 목적들이 어떤 규모의 사회이든 그 사회에서 반드시 어떤 특정한 사람이나 혹은 그룹의 목적이 되어야 하는데, 그러한 목적이 강제를 정당화하는 것이라고 생각하는 한, 서로 다른 이해관계를 가진 그룹들끼리 항상 갈등이 생겨나게 마련이다. 실제로 특정 목적들이 정치조직의 기초인 한, 서로 다른 목적을 가진 사람들은 불가피하게 서로간의 적들이다. 그리고 그러한 사회에서 정치는 필연적으로 친구와 적의 관계에 의해 지배되는 것도 사실이다.[12] 정의로운 행동규칙은 특정한 목표가 강제를 정당화하기 위한 것으로 간주되지 않을 경우에만(전쟁, 폭동 혹은 자연적 재앙과 같은 특수한 일시적인 상황을 제외하고) 비로소 모든 사람들에게 동일하게 될 것이다.

열린사회와 폐쇄된 사회의 도덕

우리가 기술하고 있는 과정은 광범위한 시장질서에서 생산자들이 사람들의 개별적인 욕구를 모르면서도 이들에게 봉사하는 상황과 밀접한 관계가 있고, 실제로 그러한 상황의 필연적 귀결이다. 그러한 질서는 그들의 노동은 그들이 알지 못하는 사람들의 욕망을 충족시키는 효과를 가지고 있다는 사실에 기초를 두고 있는 질서인데, 이 질서는 사람들이 눈에 보이는 욕망에 봉사하는 질서와는 다른 도덕적 관점을 전제로 하고 있고, 또한 그러한 도덕적 관점을 필요로 한다. 다른 사람들의 요구조건들의 지표로써 기능하는 예상된 금전적 수익에 의한 간접적인 조종은 특수목적을 규정하는 것이 아니라 오히려 허용된 행동반경을 설정하는 일반적인 규칙들을 규정하는 새로운 도덕적 구상을 요구했다.

자신의 자산을 가난한 사람들에게 분배하는 것보다 낮은 비용으로 더 많은 생산을 가능하게 하는 연장에 투자하는 것이, 그리고 몇몇 알고 지내는 이웃의 욕구를 배려하는 것보다는 알려져 있지 않은 수천 명의 욕망을 채워주는 것이 더 훌륭하다는 것이 열린사회의 도덕적 기품의 일부가 되었다. 물론 이러한 관점들은 이들에 따라 처음으로 행동했던 사람들이 이런 식으로 행동하는 것이 자신들의 동료들에게 더 많은 편익을 제공했다는 것을 이해했기 때문이 아니라 그렇게 행동했던 그룹들과 사회들이 다른 그룹이나 다른 사회보다도 더 번영했기 때문에 개발되었던 것이다. 결과적으로 그렇게 행동하는 것이 직업상의 도덕적 의무(또는 부르심을 받아 전가된 의무)가 되었던 것이다. 이러한 순수한 형태에서 이 도덕적 기품은 스스로 선택한 목적이 인간행위들의 복잡한 연결망 속에서 행하는 역할(즉 사회적 역할)에 관심을 두지 않고, 될 수 있는 대로 효과적으로 그 목적을 추구하는 것을 일차적인 의무로 간주한다. 이것이 현재 공동으로 그러나 잘못하여 흔히 청교도적 윤리라고 말하는 관점이다. 왜냐하면 그것은 이미 중세 이탈리아의 상업도시를 지배하고 있었고, 또한 칼뱅과 거의 같은 시기에 스페인의 예수교도들에 의해 가르쳐지고 있었기 때문이다.[13]

　우리는 아직도 알고 있는 사람들의 알려진 특정한 요구를 충족시켜 주기 위해 행동할 경우에만 선행이라고 높이 평가하고 있으며, 또한 우리는 아직도 우리가 알고 있는 굶주리는 사람을 도와주는 것을 우리가 알지 못하는 수백 명의 화급한 곤궁을 구출하는 것보다 더 훌륭하다고 생각하고 있다. 그러나 실제로 우리는 이윤을 추구함으로써 일반적으로 가장 선한 행동을 하고 있는 것이다. 애덤 스미스가 중요한 차이점을 마치 이익을 추구하는 이기적 노력과 알려진 욕구를 충족시키기 위한 이타적인 노력의 차이점인 것처럼 표현했을 때, 그것은 무엇인가 오해를 불러일으켰고 또한 논지를 해쳤던 것이다. 성공적인 기업가가 자기의 이윤을 활용하고 싶어 하는 목적은 자신의 고향도시에게 병원이나 화랑을 제공하는 데 있을 수 있다. 그러나 그가 이윤을 벌어들인 후에 이를 가지고 그가 무엇을 하기를 원하는가에 관한 문제를 도외시한다고 해도, 최대의 이윤을 노림으로써 그는 알고 있는 사람들의 욕구를 충족시키는 데 집착할 때보다도 어쩔 수 없이 더 많은 사람을 유익하게 만든다. 그는 시장의 보이지 않는 손을 통하여 그가 결코 알지 못하는 아주 가난한 가계들이 현대적인 안락한 삶을 영위할 수 있도록 한다.[14]

그러나 열린사회의 기초가 되는 도덕적 견해가 오랫동안 소수의 도시지역의 소규모 그룹들에게 국한되어 있다가 그것이 서방세계의 법과 의견을 광범위하게 지배하게 된 것은 비교적 아주 최근의 일이다. 따라서 그러한 도덕적 견해는 아직도 직관적인, 부분적으로는 심지어 본능적이기까지 한 감정 혹은 과거의 부족사회로부터 전수된 감정과는 달리 인위적이고 비자연적인 것처럼 간주되고 있다. 열린사회를 가능하게 만들었던 도덕적 감정은 도시와 상업 중심부 및 교역 중심부에서 성장했고, 반면에 대다수 사람의 감정은 아직도 편협한 감정과 외인을 싫어하는 전투적, 그야말로 원시부족 그룹을 지배했던 태도에 의해 조종되었다.[15] 거대한 사회의 등장은 너무나도 최근의 사건이기 때문에 인간들은 수십만 년 동안에 일어난 진화의 결과를 털어버리고, 알고 있는 욕망에 의해 행동을 조종하도록 하는, 내면에 깊이 뿌리박고 있는 본능과 자주 갈등하는 저 추상적인 행동규칙들을 인위적이고 비인간적이라고 생각하지 않을 수 있는 시간을 갖지 못했다.

열린사회의 새로운 도덕에 대한 저항은 이 사회는 타인들의 범위를 무한정으로 확대시켜 이들과 관련해서도 사람들이 도덕규칙을 지켜야 할 뿐만 아니라 도덕률의 적용범위의 이러한 확대로 인하여 필연적으로 그것의 내용이 감소되었다는 인식에 의해서도 강화되었다. 만약 강제로 집행할 수 있는 모든 사람들에 대한 의무가 동일해야 한다면, 어떠한 사람에 대한 의무도 모든 사람에 대한 의무보다 클 수가 없다. 물론 특정한 자연적 또는 계약적인 관계가 존재하는 경우는 예외이다. 어떤 특정한 동포그룹이 곤경에 빠져 있을 경우, 이들을 도와주어야 할 일반적인 의무는 있을 수 있지만 일반적으로 인간들에게 도움을 제공할 의무는 없다. 우리를 열린사회로 이끌어왔던 도덕적 진보는 우리 부족의 구성원들은 물론 점점 더 확대되어 가는 우리의 관계의 범위 내에 있는 사람들, 궁극적으로는 모든 인간들을 똑같이 대우해야 할 의무의 확대인데, 그러한 도덕적 진보는 의도적으로 동일한 그룹의 다른 구성원들의 욕구충족을 지향해야 할, 강제적으로 집행 가능한 의무를 약화시켜야 했다. 우리가 타인들이나 이들의 삶의 상황을 더 이상 알 수 없다면, 그와 같은 의무는 심리적으로나 지적으로나 그 실천에 있어서 불가능하다.

그러나 이러한 특수한 의무가 사라지면서 인간들이 곤경에 처해 있을 경우, 이들이 지원받게 되는 과제의 수행과 지원받을 확실성이 박탈당하게 되었던 것이다. 이로써 남겨진 것은 도덕적 공허다.[16] 따라서 인간들이 스스로를 부족사회에서 열린사회로 승격시키려는 첫 번째 노력은 실패하리라는 것은 놀라운 일이 아니다. 인간은 부족사회에서 개발되었던 도덕관을 버릴 준비가 되어 있지 않기 때문이다. 혹은 오르테가 이 가세가 고전적 자유주의와 관련하여 이 장의 맨 첫머리에 인용된 문장으로 표현하고 있듯이, "인류가 그토록 고귀한, 그토록 모순된, 그렇게도 개화된, 그렇게도 반자연적인 태도를…… 버리기로 마음먹었던 것 같다. 이것은 너무 어렵고 복잡한 기강이기 때문에 지상에 뿌리내릴 수가 없다"고 하는 것은 놀라운 일이 아니다. 대다수의 인간이 조직들에 고용되어 있는 시기에, 그리고 시장모럴을 배울 수 있는 기회를 별로 갖지 못하고 있는 시기에 그들의 전수된 본능에 일치하는 보다 인간적이고 인격적인 도덕에 대한 직관적인 향수는 열린사회를 파괴하기에 안성맞춤이다.

사회주의(혹은 '사회적 정의')의 이상은 이러한 상황에서는 매우 매력적인 것으로 판명되는데, 그 이상은 실제로 새로운 모럴을 제공하는 것이 아니라 과거의 사회유형으로부터 전수된 본능들에 호소할 뿐이라는 것을 인식해야 한다. 이들은 일종의 격세유전이고, 열린사회에 부족사회의 모럴들을 강제로 집행하는 쓸데없는 노력이다. 만약 이런 격세유전이 지배한다면, 그 모럴들은 거대한 사회를 파괴하는 데 그치지 않는다. 3백 년 이상 동안 시장질서는 인류의 성장을 가능하게 했는데, 그들은 심지어 대다수의 생존까지도 매우 크게 위협한다.

시장질서에 기반을 두고 있는 사회로부터 소외된 사람들이라고 간주되는 사람들도 마찬가지로 새로운 도덕의 담지자가 아니라 열린사회를 뒷받침하고 있는 행동규칙들을 결코 배운 일이 없는 교화되지 못한 사람들이다. 그들은 열린사회에 자신들의 본능적이고 '자연적인' 부족사회로부터 유래된 구상을 집행하고 싶어 한다. 특히 신좌익의 구성원들 대부분이 알지 못하고 있는 듯이 보이는 것은 그들이 요구하는 원칙도, 즉 모든 사람들에 대한 평등대우는 오로지 개개인들의 행위가 알려져 있는 효과에 의해 조종되기보다 오히려 형식적인 규칙에 의해서만 제한되는 시스템 아래에서만 가능하다는 점이다.

따라서 이 질서의 기초가 되고 있는 원칙에 대한 합리적인 통찰에 의해서만 정당화될 수 있는 학습된 도덕규칙에 의해서 조종되는 사회가 아니라 수백만 년 동안 지속되어 온 소규모 군집생활의 뿌리 깊은 기반이 되었던, '자연적' 감정에 의해 조종되는 사회에 대한 루소적인 향수는 직접적으로 사회주의 사회에 대한 요구를 초래한다. 이러한 사회에서는 정부당국은 눈에 보이는 '사회적 정의'를 자연적 감정들을 충족시키는 방식으로 실현할 것을 보장한다. 그러나 이러한 의미에서 물론 모든 문화는 비자연적이고 계획된 것이 아니라고 하더라도 인위적인 것이다. 왜냐하면 그것은 자연적 본능보다는 오히려 학습된 규칙들에 대한 복종에 의존하기 때문이다. 이러한 갈등, 즉 사람들이 아직도 자연적 감정이라고 생각하는 것과 열린사회의 유지를 위해 필요한 규칙들의 기강 사이의 갈등은 실제로 '자유의 허약성'이라고 불려왔던 것의 주원인들 중 하나이다. 가족적인 소규모 그룹을 표준으로 하여 거대한 사회를 이 표준에 따라 형성하려는 모든 노력, 또는 개개인들을 눈에 보이는 공동의 목적을 향하여 조종함으로써 거대한 사회를 하나의 공동체로 전환시키려는 모든 노력은 전체주의 사회를 부를 뿐이다.

충성과 정의 사이의 낡은 갈등

　부족적인 도덕과 보편적 정의 사이의 끊임없는 갈등은 인류 역사의 처음부터 끝까지 충성심과 정의감의 빈번한 충돌로 표출되었다. 정의로운 행동규칙을 보편적으로 적용하는 데 최대의 장애물은 아직도 직업단체, 계급단체뿐만 아니라 종족그룹, 민족 혹은 종교그룹과 같은 특정 그룹에 대한 충성심이다. 이 일반적인 정의로운 행동규칙들이 개인에게 자신의 그룹을 위해서라면 낯선 사람들을 해칠 것을 허용하는 특수한 행동규칙들을 물리치는 데 완만하게 점진적으로 성공하여 실시되고 있다. 그러나 오로지 이러한 과정만이 열린사회의 융성을 가능케 했고, 또한 보편적인 평화의 질서에 대한 먼 희망을 제공하는 반면에, 현재의 도덕들은 아직까지 진심으로 이러한 발전을 시인하지 않고 있다. 실제로 최근에는 서구세계에 이미 광범위하게 달성했던 수준으로부터 후퇴해가는 현상이 발생했다.

　먼 과거에 전적으로 비인도적인 것처럼 보이는 요구들이 때때로 형식적인 정의라는 이름으로 제기되었을 때, 예컨대 고대 로마에서 재판관으로서 무자비하게 자신의 아들에게 사형선고를 내렸던 아버지가 칭찬받았을 때, 우리는 그와 같은 갈등 중 부자의 자연적 감정과 형식적 정의와의 갈등과 같은 가장 어려운 것을 피하고, 일반적으로 형식적인 정의의 요구조건들을 우리의 감정과 양립할 수 있는 것으로 단축시킬 것을 배웠다. 정의의 진전은 계속되어 최근에는 우리와 사회의 모든 구성원들과의 관계에 적용되는 일반적인 정의로운 행동규칙들이 특수한 그룹들의 욕구를 충족시키는 특수한 규칙들을 급진적으로 지배했다. 이러한 진전이 어느 정도 국경선에서 멈추었던 것은 사실이다. 그러나 대부분의 국가들은 그러한 발전으로 인하여 목적과 결합되어 있는 조직의 규칙들을 거대한 사회의 자생적 질서를 위한 규칙으로 급진적으로 대체하지 않으면 안 될 정도의 규모였다.

이러한 진전을 막으려는 중요한 저항은, 이 진전은 추상적인 합리적 원칙이 특수한 것과 구체적인 것에 의해 일깨워지는 감정들을 지배할 것을 혹은 그 중요성에 관하여 별로 이해되지 못한 추상적 규칙으로부터 도출된 결론들이 우리에게 친숙한 사람들의 삶과 삶의 조건에 미치는 구체적인 효과의 인지에 대한 자발적인 반응을 지배할 것을 요구하고 있다는 데 기인한다. 이것은 특정한 인적 관계와 관련되어 있는 행동규칙들은 거대한 사회의 기능에 대하여 그들의 중요성을 잃게 되었다는 것을 의미하지는 않는다. 이것은 다만 자유로운 인간들의 사회에서 그와 같은 특수한 그룹들의 구성원이 될 것이냐 말 것이냐 하는 것은 자발적으로 결정할 수 있는 이상, 그와 같은 그룹들의 규칙들을 강제로 집행할 권력도 있어서는 안 된다는 것만을 의미한다. 그러한 자유로운 사회에서 강제로 집행되지 않는 도덕규칙과 강제로 집행되는 법규칙을 분명히 구분하는 것이 매우 중요하다. 만약 소규모 그룹들이 전부 다 보다 포괄적인 사회질서로 통합되어야 한다면, 이러한 통합은 개개인들이 그룹들의 규칙에 예속한 경우에 그들의 가입을 승인하는 그룹들 사이를 그들이 자유로이 이동할 수 있는 경우에만 가능하다.

열린사회에서의 소규모 그룹

따라서 사회에서 우리가 지켜야 할 규칙들의 추상성에 대한 반란과 우리가 인간적이라고 느끼는 구체적인 것에 대한 애호는 우리가 아직까지 비인적인 포괄적인 인간질서에 대한 욕구를 갖는 데 필요한 만큼 지적으로, 그리고 도덕적으로 성숙하지 못했다는 징조일 따름이다. 열린사회로의 접근을 가능하게 했던, 또한 우리가 어떤 높은 차원의 인격적 권위에 귀속시키는 한 우리가 복종했던 그 규칙들을 충분히 이해하여 이들에 우리 스스로를 예속하기 위해서, 그리고 우리가 당하는 모든 불행을 어떤 인격체의 탓이라고 비난하지 않으려면, 자생적 질서의 기능에 대한 어느 정도의 통찰이 필요하다는 것은 분명하다. 그러나 거의 어느 누구도 이 정도의 통찰에 도달하지 못했다.

심지어 도덕철학자들까지도 흔히 부족사회로부터 유래된 감정에 빠져버려, 이 감정이 그들도 역시 옹호하고자 투쟁했던 보편적인 인도주의의 노력과 양립할 수 있는지도 검토하지 않는 것 같다. 실제로 대부분의 사람들은 제한된 수의 사람들이 많은 인적 유대에 의해 연결되어 있는 소규모 사회의 쇠퇴를, 그리고 이러한 사회와 연관되어 있는 어떤 감정들의 소멸을 유감스러운 심정으로 바라보고 있다. 그러나 모든 인간들이 우리에 대하여 똑같은 요구를 가지고 있는 거대한 사회의 달성을 위해서 우리가 지불해야 할 희생은 이 요구들은 유해한 행동의 회피에 국한시켜야 한다는 것(즉 유해한 행동을 해서는 안 된다는 요구), 그리고 그들은 적극적인 의무를 포함할 수 없다는 것이다. 개인이 자신의 사업 파트너를 자유로이 선택할 수 있다는 것은 일반적으로 서로 다른 목적들을 위해서 그는 서로 다른 파트너들과 함께 협력할 수 있다는, 그리고 이러한 연줄은 강제에 의해 이루어질 수 없다는 효과를 가지고 있다. 이것은 이 소규모 그룹들 중 어떤 그룹도 자신의 기준을 원하지 않는 사람에게 강제할 수 있는 권력이 없다는 것을 전제로 한다.

우리의 마음속에 들어 있는 야만성은 아직도 소규모 그룹에서 좋았던 것이지만, 거대한 사회는 강제해서는 안 될 뿐만 아니라 심지어 특수한 그룹에게도 강제하도록 허용할 수 없는 것을 좋은 것으로 간주하고 있다. 평화로운 열린사회는 오로지, 소규모 사회에서 가장 효과적인 연대, 즉 '사람들이 화합 속에 있으려면, 그들로 하여금 어떤 공동의 목표를 추구하도록 하라'라는 원칙에 따라 행동하는 연대를 창출하는 방법을 포기할 경우에만 가능하다. 이 방법은 모든 정치를 친구와 적의 관계의 사안으로 해석하지 않을 수 없게 하는 통합을 생성시키는 구상이다. 그것은 역시 모든 독재자들이 효과적으로 이용했던 방법이기도 하다.

자유로운 사회의 바로 그 존재는 어떤 적에 의해서 철저히 위협받고 있다는 경우를 제외한다면, 자유로운 사회는 많은 경우에 있어서 아직도 통합을 유지하기 위한 가장 강력한 힘인 것, 즉 눈에 보이는 공동의 목표를 부정해야 한다. 그것은 강제의 사용에 관한 한 아직도 소규모 그룹에서 우리에게 매우 큰 도움이 되는, 그리고 거대한 사회의 형성이 유래한 소규모 그룹 내에서 아직도 필요로 할지라도 거대한 사회에서 실시된다면 틀림없이 긴장과 갈등을 야기하는 강력한 도덕적 감정들 중 몇몇의 사용과 결별해야 한다.

소규모 그룹의 욕구를 매우 잘 충족시켜 주는 눈에 보이는 공동의 목표들, 이 목표들에 대한 격세유전적인 갈망을 오늘날 주로 표현해주는 개념이 '사회적 정의'라는 개념이다. 이 개념은 거대한 사회의 기초가 되고 있는 원칙들과 양립할 수 없고, 정말로 '사회적'이라고 부를 수 있는, 통합에 기여하는 그런 힘들과 정반대이다. 우리의 타고난 본능들은 우리가 배웠던 이성의 규칙들과 이 부분에서 갈등한다. 우리는 오로지 강제를 추상적인 규칙에 의해 필요한 것에 국한하고, 오로지 특정한 결과에 대한 욕망에 의해서만 정당화될 수 있는 것을 집행하지 않는 경우에만 그러한 갈등을 해결할 수 있다.

인간은 추상적인 질서에 의존하는 법을 배웠고, 또한 이 질서는 인간으로 하여금 수백만 인간들의 노력들을 평화적으로 조정할 수 있게 했다. 그러나 불행하게도 이러한 종류의 질서는 소규모 그룹에서는 최고의 덕성을 구성하는 사랑과 같은 감정들을 기초로 할 수 없다. 사랑은 오직 구체적인 것에 의해서만 불러일으켜지는 감정이다. 거대한 사회는 특정한 타인들을 도와주려는 목적에 의해 조종되는 개인의 노력을 통해서는 가능하지 않다. 그것은 추상적인 규칙들에 의하여 그들의 목적추구를 제한하는 경우에만 가능하다.

자발적으로 형성한 연합의 중요성

자유로운 사회의 기본적인 원칙들은 소규모 그룹으로부터 모든 강제적 권력을 박탈한다는 사실로부터 그들은 소규모 그룹 속에서 자발적인 행동에 대하여 큰 가치를 부여하지 않는다는 결론을 도출한다면, 이것은 자유로운 사회의 기본원칙들에 대한 슬픈 오해이다. 이 원칙들은 모든 강제를 정부의 기관에 국한시키고 그 사용을 일반적인 규칙의 집행에 제한시킴으로써 그들은 모든 강제를 될 수 있는 대로 많이 자발적인 노력에 맡기는 데 초점을 맞추고 있다. 모든 공공욕망은 강제적인 조직에 의해 충족되어야 하고 개개인들이 공공목적에 기꺼이 바치는 모든 수단들은 정부의 관할하에 있어야 한다는 악의적인 생각은 자유로운 사회의 기본원칙들에 전적으로 낯선 것이다.

이와는 반대로 진정한 자유주의자는 '국가 내에서는 특수한 사회들'을 될 수 있는 대로 많이 원해야 한다. 이러한 사회들은 개인과 정부 사이에 존재하는 자진하여 형성된 조직들이다. 이들은 루소와 프랑스혁명의 잘못된 개인주의가 억압하고 싶어 했던 것들이다. 그러나 진정한 자유주의자는 이러한 조직들로부터 독점적 및 강제적 권력을 박탈하고 싶어 한다. 자유주의는 비록 조직들이 자신들의 구성원들을 위한 독점적인 권리들을 요구하는 성향에 대하여 필연적으로 불신한다고 하더라도, 그것은 '모든 사람은 각자 혼자서'라는 의미의 개인주의는 아니다.

우리는 나중에(제3부 제15장) 다음과 같은 고려에서 생겨나는 문제들을 보다 상세히 설명하고자 한다. 즉 그와 같은 자발적인 조직들은 그들의 권력이 개인의 그것보다 훨씬 더 크기 때문에, 개인들을 제한할 경우에는 필요가 없는 방법으로도 조직들의 활동에 있어서는 법에 의해서 제한되어야 할 것이다. 다시 말하면 개인의 행동보다도 조직들의 행동을 더 많이 제한해야 한다. 그리고 특히 개인에게 그의 자유의 중요한 부분이 되는 차별할 권리를 그 조직들에게 인정해서는 안 될 것이다. 그러나 이 지점에서 우리가 강조하고 싶은 점은 공동의 관심을 가지고 있는 모든 사람들의 특수한 목적을 위해서 뿐만 아니라 진정한 의미의 공공목적을 위해서 무수히 많은 자발적인 연합의 존재의 필연적 한계가 아니라 그 존재의 중요성이다. 정부가 독점적인 강제권을 가지고 있어야 한다는 것은 강제를 제한하기 위해 필요하지만, 이것은 정부가 공공목적을 추구하기 위해 독점적인 권력을 가지고 있어야 한다는 것을 의미해서는 안 된다. 진정한 자유주의 사회에서 공공업무는 정부의 업무에 국한되어 있지 않다(중앙정부의 그것에 국한되는 것은 결코 아니다). 그리고 공공정신은 결코 정부에 대한 관심으로 모두 설명되지 않는다.[17]

우리 시대의 가장 큰 취약성 중 하나는, 우리는 우리 스스로 높이 평가하고 있는 목적을 위해 자발적인 조직들을 만들기 위한 인내와 신뢰가 부족하다는 점, 그리고 우리는 직접 정부에게 강제에 의해서(혹은 강제에 의해 좋은 수단들을 가지고) 대다수에게 소망스럽게 보이는 모든 것을 제공해달라고 요구한다는 점이다. 그러나 오직 자생적 성장을 위한 중요한 틀을 마련하는 일 대신에, 정부가 단일체가 되어 많은 사람의 공동노력에 의해 충족될 수 있는 모든 욕구를 보살필 책임을 지는 경우보다 더 치명적으로 시민에 의한 진정한 참여에 악영향을 미칠 수 있는 것은 없다. 오로지 수단만을 관여하는 자생적 질서의 위대한 공로는 이 질서가 과학, 예술, 스포츠 등과 같은 가치들에 봉사하는 무수히 많은 특유한 자발적인 가치공동체의 존재를 가능하게 한다는 점이다. 그리고 매우 소망스러운 발전은 현대세계에서 이 그룹들은 국경선을 넘어 확대되어 가는 경향이 있다는 것, 예를 들면 스위스의 산악인이 일본의 축구팬보다도 일본의 산악인과 더 공통적이라는 것, 그리고 심지어 그는 전자와 함께, 두 사람 각자가 소속되어 있는 정치적 조직과는 관계없이 공동의 연합에 소속할 수 있다는 것이다.

정부가 대규모 그룹들의 공동 관심들을 전부 자신의 통제 아래에 두려고 하는 오늘날의 경향은 진정한 공공정신을 파괴하는 위험이 있다. 그리고 그 결과로서 과거에 공공목적을 위해 상당한 노력을 바쳤던 사람들이 공공 삶으로부터 등을 돌리고 있는데, 그 숫자가 점차 증가해가고 있다. 유럽대륙에서는 과거에 정부가 지나치게 마음을 쓴 나머지 공공목적을 위한 자발적인 조직들의 개발을 상당한 정도로 방해했다. 그리고 그것은 공공목적을 위한 사적인 노력을 흔히 남의 일에 잘 참견하는 사람의 생색 없는 (자의적인) 참견으로 간주하는 전통을 야기했다. 그리고 현대적인 발전은 앵글로색슨 국가들에서마저도 유사한 상황을 급진적으로 발생시켰는데, 과거에 이들 나라에서 공공목적을 위한 사적인 노력은 사회적 삶의 특징적인 모습이었다.

NOTES

제7장 공공이익과 특수한 목적

1   * David Hume, Treatise, Works, ed. T. H. Green and T. H. Grose, London 1890, vol. II, p.318.

2   일반적 혹은 공공이익이라는 개념은 이에 해당되는 그리스어나 라틴어로 광범위하게 이용되었다. 고대에서 사용된 이 개념의 의미에 관해서는 A. Steinwenter, "Utilitas Publica-Utilitas Singulorum", Festschrift Paul Koschaker, Weimar 1939, vol. II을 참조. 또한 J. Gaudemet, "Utilitas Publica", Revue historique de droit français et étranger, 4e Série 29, 1951을 참조. 중세에서도 이 개념이 이용되었는데 그 용법에 관해서는 다음과 같은 문헌에서 논의하고 있다. 즉 W. Merk, "Der Gedanke des gemeinen Besten in der deutschen Staats- und Rechtsentwicklung", Festschrift für, A. Schultze, Weimar 1934.

3   이 주제에 대한 광범위한 논의가 주로 미국에서 이루어지기는 했지만, 그 논의는 생산적이지 못했다. 이 논의의 결과에 관해서는 C. J. Friedrich(ed.), Nomos V, The Public Interest, New York 1962.

4   J. Bentham, An Introduction to the Principles of Morals and Legislation, London 1823, Bd. I. p.4. "공동체의 이익이란 무엇인가? 공동체를 구성하고 있는 다수의 성원의 이익을 합한 것이다."

5   J. Harrington, The Prerogative of Popular Government(1658), in J. Toland(ed.), The Oceana and his Other Work, London 1771, p.224. "공공이익(공동권리와 정의 이외의 어떤 다른 것이 아니다)은 인간의 제국이 아니라 법의 제국이라고 불러도 좋다."

6   「구약성서」, 「잠언」 18장 18절. "제비뽑기는 불화를 잠재우고, 강자들을 갈라놓는다."

7   이러한 의미의 보완원칙principle of subsidiarity은 로마 가톨릭 사회이론에서 강조하고 있다.

8   "개인 각자가 자신의 목적을 위해 자신의 지식을 이용하도록 허용된다"라는 표현은, 모든 인간은 "자신의 이익을 자신의 방법으로 추구할 수 있도록" 자유로워야 한다는 Adam Smith의 표현과 본질적으로 대등하다. 그러나 왜 내가 일찍이 Adam Smith의 표현보다 전자의 표현을 더 선호하는지를 설명했어야 했다. Wealth of Nations, E. Cannan(ed), London 1904, 그리고 그 후 제2부 43쪽과 다른 쪽을 참조. 그 이유는 이렇다. 즉 Adam Smith의 표현은 현대인들에게 의도하지 않은 것같이 보이는, 그리고 그 주장에 대해 확실히 중요하지도 않은 이기심의 정신을 암시하는 것처럼 들리기 때문이다.

9   나의 에세이 "Rules, Perception, and Intelligibility"를 참조. 이것은 Proceedings of the British Academy, XLVIII, 1962(London 1963)에 수록되어 있다. 그리고 나의 저서 Studies in Philosophy, Politics, and Economics, London and Chicago 1962년에 재수록되어 있다.

그리고 나의 논문 "The Primacy of the Abstract" in A. Koestler and J. R. Smithies(eds), Beyond Reductionism, London 1969 참조.

10 의견 대신에 '의지'를 적극적으로 사용한 것은 데카르트 전통Cartesian tradition에서 생겼고 Rousseau가 이를 일반화시켰다. 고대 그리스 사람들은 그들의 언어가 제공했던 '의지(희망 willing)'에 해당하는 유일한 단어boulomai는 특수한 구체적인 대상을 목표로 하는 것을 지칭한다는 사실에 의해 의지라는 용어의 바탕에 깔려 있는 혼란을 피하려고 했다. 이에 관해서는 M. Pohlenz, Der Hellenische Mensch, Göttingen 1946, p.210을 보라. Aristotle(Politics, 1287a)가 '의지'가 아니라 '이성reason'이 지배해야 한다고 주장할 경우, 분명히 이것은 특수한 목적이 아니라 추상적인 규칙이 모든 강제행위들을 지배해야 한다는 것을 의미한다. 고대 로마에서 이러한 대비는 voluntas와 habitus animi의 대비와 같은데, 이 후자는 Aristotle의 héxis psychés를 반영한 것이다(각별히 흥미 있는 것은 정의에 관한 Cicero의 규명이다. 'iustitia est habitus animi, communi utilitate conservata, suam cuique tribuens dignitatem' in De inventione, 2, 53, 161. 그리고 Ulpian의 표현은 더 잘 알려져 있는데 그는 다음과 같이 표현하고 있다. 즉 'iustitia est constans et perpetua voluntas ius suum cuique tribuendi' in Dig. I. I .).

중세와 근대에서는 ratio와 voluntas를 꾸준히 대비시키고 있음을, 그리고 결국 'stat pro ratione voluntas'라는 간단한 공식을 특징으로 하는 자의성을 찾아볼 수 있다. C. H. McIlwain이 그의 저서 Constitutionalism and Modern State(개정판 Itaca, New York 1947, p.145)에서 과거의 용어로 다음과 같이 강조하고 있는데, 그것은 지극히 옳다. 즉 "우리가 신뢰하고 있는 우리의 국가와 같이 널리 알려진 국가에서마저도 법과 의지를 대비시키는 문제는 모든 정치적인 문제들 중 가장 중요한 문제로 남아 있게 될 것이다." Hegel이 그의 저서 Grundlinien der Philosophie des Rechts(Leipzig 1911, p.196)에서 Rousseau가 의지를 국가적 원칙으로 확립한 인물이라고 말한 것은 흥미롭다.

11 J. Bentham은 그의 저서(Introduction to the Principles of Morals and Legislation, London 1780, 1898년 옥스포드판 11장 1편 131쪽)에서 다음과 같이 쓰고 있는데 이를 참조하라. 즉 "기질이란 일종의 허구적인 실체이다. 그것은 인간의 정신틀 속에 영구적인 것이라고 가정되고 있는 그 무엇이 있고(이 속에서 인간은 이런저런 기회가 있을 때 이런저런 동기에 의해 영향을 받는다), 그리고 이런저런 경향을 가진 행위에 가담하는 그 무엇이 있다는 것을 표현하기 위해 논의의 편의상 가정된 것이다." Bentham의 이러한 표현에서 분명한 것은 그가 그와 같은 기질을 오로지 반복적으로 행동방식을 결정하는 의식적인 정신과정의 산물로만 보고 있다는 점이다.

12 M. Polanyi, The Logic of Liberty, London 1951.

13 D. Hume, A Treatise on Human Nature, Works, London 1890, vol. II , p.269. 이 문장을 인용한 긴 전체 문단을 조심스럽게 읽어야 할 것이다.

14 Thomas Aquinas, Summa Theologiae, Ia II ae, q. 95, art. 3. "Finis autem humanae legis est utilitas hominum." 특정한 제도들의 존재를 이들의 유용성에 의해 설명하는 모든 학자들을 공리주의자로 보는 것은 잘못이다. 왜냐하면 Aristotle, Cicero, Aquinas, Mandeville, Adam Smith 혹은 Adam Ferguson 등과 같은 문필가들이 유용성이라고 말할 경우, 이들은 효용이 제도들의 자연적 선별를 유리하게 만든다는 식으로 이를 생각했던 것이지, 결코 효용이 인간에 의한 제도들의 의도적인 선택을 정한다는 식으로 생각했던 것은 아니기 때문이다. Cicero가 앞의 주석 9에서 인용한 장소에서 정의를 "habitus animi, communi utilitate conservata"라고 말하고 있는데, 이것은 분명히 구성주의적 공리주의의 의미는 아니다. 오히려 그것은 일종의 진화적

공리주의의 의미이다. Bernard Mandeville로부터 현대적인 세계의 두 가지 전통을 도출한 것에 관해서는 나의 강연문 "Dr. Bernard Mandeville", Proceedings of the British Academy, Bd.52, p.134 이하 참조.

15 Hume은 이 규칙들은 "특정한 인간이나 혹은 대중이 특수한 재화들의 향유로부터 얻을 수 있는 효용이나 편익으로부터 도출된 것이 아니다"라고 주장하고 있다. 그는 계속해서 다음과 같이 말하고 있다. "따라서 소유는 안정적이어야 한다는 일반적인 규칙은 특수한 판단에 의해 적용되는 것이 아니라 사회 전체로 확대되어야 할, 그리고 악의나 호의에 의해서도 흔들려서는 안 될 다른 일반적 규칙에 의해 적용된다." 나는 Bentham이 C. W. Everett가 그의 저서(The Education of Jeremy Bentham, London 1931, p.41)에서 보여주고 있는 것처럼 Hume의 효용개념은 "막연한 개념이고, 이것을 간단히 어느 한 목적에 대한 공헌과 동일한 의미로 사용했고 이 개념과 연결된 내용인 행복을 의미하는 것으로는 보지 않았다"라고 명시적으로 말했는지를 알 수가 없다. 그가 그렇게 말했다면, 그는 그 단어의 의미에 대한 진정한 감각을 가지고 있었다고 말할 수 있다.

16 Bentham은 이러한 지적인 조상은 물론, 보통법의 진화적 전통에 대한 구성주의적 접근의 대립을 잘 알고 있었다. 1776년경 Voltaire에게 보낸 그의 편지를 C. W. Everett가 자신의 저서 The Education of Jeremy Bentham(Columbia 1931, p.110 이하)에 인용하고 있는데, 이 인용문을 보면 다음과 같다. "나는 Coke, Hale 및 Blackstone경보다 훨씬 더 자주 당신을 참작했습니다······ 나는 Helvetius가 그렇게 한 것처럼 오직 효용을 기초로 하여 구성했습니다. Beccaria는 lucerna pedibus였거나 혹은 당신이 원한다면 그는 manibus meis였습니다." 대륙의 합리주의자들, 특히 Beccaria와 Maupertius의 영향에 관한 많은 정보는 D. Baumgardt, Bentham and the Ethics of Today, Princeton 1952, 특히 p.85, pp.221-6과, 특히 Bentham이 1782년경에 쓴 한 수고에 나오는 다음의 문장에서 찾을 수 있다. "행복을 다수의 (개별적) 쾌락으로 분해할 수 있다는 생각을 나는 Helvetius로부터 얻었다. 이 사람 전에는 그것은 어느 한 의미를 가지고 있다고 말할 수 없다(이것은 Cicero의 Tusculan 논쟁에서 단언한 이론과 직접 대립된다. 이 책은 언어를 숙달한 사람들의 철학적 저술들 대부분처럼 비상식적인 것을 모아놓은 것에 지나지 않는다). 흥분을 네 가지 요소들로 분해하여 흥분의 가치를 측정한다는 발상을 나는 Beccaria로부터 배웠다."

17 이러한 연구들 중 가장 중요한 연구를 한 인물들의 예를 들면 다음과 같다. J. O. Urmson, J. Harrison, J. Rawls, J. J. C. Smart, H. J. McCloskey, R. B. Brandt, A. Donagan, B. J. Diggs, 그리고 T. L. S. Sprigge. 이들의 연구성과는 다음 책에 편리하게 수록되어 있다. M. D. Bayles, Contemporary Utilitarianism, Garden City, New York 1968. 이들 연구에 추가시켜야 할 문헌은 다음과 같다. J. D. Mabbott, "Interpretations of Mill's Utilitarianism", Philosophical Quarterly, vol.Ⅵ 1956, 또한 그의 "Moral Rules", Proceedings of the British Academy, vol.ⅩⅩⅩⅨ, 1953, R. M. Hare, Freedom and Reason, Oxford 1963, J. Hospers, Human Conduct, New York 1961, M. G. Singer, Generalisation in Ethics, London 1963, S. E. Toulmin, An Examination of the Place of Reason in Ethic, Cambridge 1950. 매우 중요한, 그리고 당분간 이 논의를 끝장내야 할 최근의 저서들이 있는데, 이들은 다음과 같다. David Lyons, Form and Limits of Utilitarianism, Oxford 1965, D. H. Hodgson, Consequences of Utilitarianism, Oxford 1967. 보다 포괄적인 문헌은 N. Rescher, Distributive Justice, New York 1966을 참조. 내가 집필하고 있는 이 책의 본장을 끝낸 후 중심논쟁이 벌어지고 있었는데, 이에 관해서는 J. J. C. Smart and Bernard Williams, Utilitarianism: For and Against, Cambrige 1973 참조. 내가 집필하고 있는 이 책에서 '특수주의적' 공리주의라고 부른

것과 지금 대부분 '행위공리주의'라고 부르는 것은 역시 '조잡한', '극단적인', 그리고 '직접적인' 공리주의라고도 부른다. 우리가 '일반적'이라고 부르는 공리주의, 그리고 '규칙공리주의'라고 부르는 것은 '변형된', '제한된', 그리고 '간접적' 공리주의라고 불리기도 했다.

18 Henry Sidgwick, The Methods of Ethics, London 1874, p.425.

19 G. E. Moore, Ethics, London 1912, p.232. 그러나 그의 저서 Principia Ethica, Cambridge 1903, p.162 참조.

20 W. Paley, The Principles of Moral and Political Philosophy, London, 1785/1824, p.47. 그리고 John Austin은 The Province of Jurisprudence, H. L. A. Hart(ed.), London 1832/1954, Lecture II, p.38에서 다음과 같이 쓰고 있다. "이제 어느 한 인간행위의 경향(따라서 그것의 경향으로 이해된다)은 그것의 경향 전체이다. 그것의 가능한 결과들이 중요하고 실질적인 한 이들의 총합이다. 결과들 중 어떤 것이든 그것은 일반적인 행복에 영향을 미쳐주는 한 먼 결과, 간접적 결과는 물론 직접적인 결과의 총합이다⋯⋯ 우리는 행동들이 속해 있는 행동부류class를 보아야 한다. 단일행동을 함으로써 생겨나는 가능한 특수결과들은 연구의 대상이 아니다."

21 나에게 알려진 공리주의에 관한 논의에서 무지를 진지하게 취급하는 데 가장 가까이 접근한 것이 Smart의 논문인 것 같다. J. J. C. Smart, "Utilitarianism" in Encyclopaedia of Philosophy, vol.Ⅷ, p.210.

22 John W. Chapman, "Justice and Fairness" in Nomos Ⅵ, Justice, New York 1964, p.153. "상호성으로서의 정의는 오로지 사회를 다수의 인간으로 볼 경우에만 의미가 있는 것이지 공리주의자가 가지고 있는 것처럼 일종의 거대한단일인격으로 간주한다면 의미가 없다."

23 Hastings Rashdall, The Theory of Good and Evil, London 1907, vol. I, p.184.

24 Gregory Vlastos, "Justice", Revue Internationale de la Philosophie, Ⅸ, 1957, p.338. "이 모든 것들은 가장 집요하게 벤담주의의 특징에 대해 반대하고 있는 것들이다. 벤담주의에서 우리가 '원칙에 따르는 행동'이라고 부르는 것은 거의 어떠한 자리도 차지할 수 없다. 이 이론에 따르면 우리는 행동 하나하나에 편의주의적 계산을 적용하여 살아간다는 것이다." 동일한 논문(p.338)에서 Vlastos는 Butler 주교의 저서(Dissertation Upon the Nature of Virtue The Analogy of Religion, 1736에 대한 부록. 이것은 S. M. Brown이 편집한 책 Five Sermons by Butler, New York 1950의 부록에 들어 있다)에서 흥미로운 문장을 인용하고 있다. 이 책에서 Butter는 "모든 덕은 그들의 최선의 판단에 따라 현재의 상태에서 인류의 행복을 증진시키는 데 있다"고 생각하는 학자들을 비판하고 있다.

25 Theodor Geiger, Vorstudien zu einer Soziologie des Rechts, Copenhagen 1947, 2nd ed., Darmstadt 1964, p.111. "이제 사실은 이렇다. 즉 주어진 습관적인 질서구조를 그렇게 형성했던 원인은 알려져 있지 않다. 그리고 그것은 과도기적인 것이다."

26 내가 믿기에는 이것이 Popper(Karl Popper, The Open Society and its Enemies, Princeton 1963)가 '조금씩 공작하기piecemeal engineering'라고 말한 것이다. 그러나 나는 이 표현을 채택하는 데 주저한다. '공작하기engineering'란 나에게 물리학적인 데이터에 관한 전체 지식의 기초에서 재구성하려는 기술공학적 문제를 너무나 많이 암시해주고 있기 때문이다. 그러나 실천적인 개선에 관한 본질적인 요점은 전체의 구조에 관한 완전한 이해를 갖지 않고서도 어떤 부분의 기능을 개선하기 위한 실험적 노력인 것이다.

27 E. Westermarck, The Origin and Deveolpment of Moral Ideas, vol. I, London 1906, p.386 이하. 그리고 그의 저서 Ethical Relativity, London 1932, p.184 이하에 요약되어 있다.

28 M. G. Singer, Generalization in Ethics, New York 1961.

제8장 정의를 찾아서

1   * Paul Vinogradoff, Common Sense in Law, London, New York 1914, p.70, p.46
    이하. "문제는 각 개인의 의지의 행사를 타인들의 의지의 행사와 양립할 수 있을 만큼 허용하는
    데 있다⋯⋯ '법'이란 타인들과의 충돌을 회피하기 위해 어느 한 사람의 행동자유를 제한하는
    것이다⋯⋯ 우리가 알고 있는 바와 같이 사회적 삶에서 인간들은 충돌을 피해야 할 뿐만 아니라
    모든 종류의 방법으로 협력을 조정해야 한다. 그리고 모든 형태의 협조의 공통된 특징 중 하나는
    공동목적을 달성하기 위해 개인의 의지를 제한하는 것이다." 그리고 위의 책 61쪽 이하 참조.
    "권리란 법에 의해 확립된 사회질서내에서 특수한 의지에 할당된 행동범위라고 말하는 것보다 더 잘
    권리를 정의할 수 없다." H. G. Hambury가 편집한 제3판 51쪽과 34쪽 이하, 그리고 45쪽에서 이
    문장을 찾아볼 수 있다.

2   Franz Boehm, "Privatrechtsgesellschaft und Marktwirtschaft", in Ordo Ⅹ Ⅶ 1966,
    pp.75-151, and "Der Rechtsstaat und der soziale Wohlfahrtsstaat", in Reden und
    Schriften, ed. E. S. Mestmäcker, Karlsruhe 1960, p.102 이하.

3   정의를 인간행동의 성격이라기보다는 사태의 성격으로 해석하고 있는 경우에 대해서는 Hans
    Kelsen, What is Justice?, California 1957, p.1을 보라. "정의란 일차적으로 인간들의
    상호관계를 규제하는 사회질서의 필요한 특질이 아니라 가능한 특질이다. 인간의 행동이 정의롭다고
    가정하는 사회질서의 규범에 따른다면 그가 정의로운 이상, 정의는 오로지 부차적으로만 인간의
    덕이다⋯⋯ 정의는 사회적 행복이다. 그것은 사회질서에 의해 보장된 행복이다." 이와 유사하게
    표현하고 있는 학자는 A. Brecht, Political Theory, Princeton 1959, p.146. "정의의 원리는
    일반적으로 소망스러운 어떤 상태와 관련하여 표현된다. 예를 들면 평등 혹은 '보다 더 큰' 평등이
    확립되어 있는 상태⋯⋯ 그와 같은 용어로 표현하지 않는다고 하더라도 정의의 원리는 그러한
    것들로 전환될 수 있다."

4   H. L. A. Hart, The Concept of Law, Oxford 1961, p.195. "중앙집중적으로 조직화된 처벌이
    없는 곳에는 시스템의 '법'이라는 용어의 사용을 금지하는 확립된 원칙이란 존재하지 않는다."
    Hart는 '인간들이 원하든 원치 않든 어떤 행동을 행하게 하거나 금지하는 일차적 규칙'과, 그
    행동규칙을 집행하기 위해 설치된 조직규칙과 같이 '인지, 변동 및 재판의 이차적 규칙'을 중요하게
    구분하고 있다. 이러한 구분은 매우 중요하기는 하지만, 이러한 차이의 발전을 법 이전의 세계에서
    법 이후의 세계로의 결정적인 진보로 간주하기가(91쪽) 어렵다. 혹은 법을 '의무의 일차적 규칙과
    이차적 규칙'의 통합이라고 특징짓는 것이 매우 유익하다고 생각하기도 어렵다.

5   법이 '규칙시스템'이냐 하는 것은 끝없는 논쟁이 될 수 있기는 하지만, 이것은 주로 개념상의
    문제이다. 만약 '규칙시스템'을 언어로 표현된 규칙의 집합으로 이해한다면, 이것은 확실히
    법 전체를 구성하는 것이 아니다. Ronald M. Dworkin은 그의 에세이("Is Law a System
    of Rules?"in R. S. Summers, ed. Essays in Legal Philosophy, Oxford and California
    1968)에서 '시스템'이라는 용어를 '집합collection'과 동의어로 사용하고(52쪽), 오로지 언어로
    표현된 규칙만을 규칙으로 인정하고 있는 것 같다. 그는 그와 같이 해석된 규칙시스템은 불완전하고,
    이를 완전히 하기 위해서는 그가 '원칙'이라고 부르는 것을 필요로 한다고 설득력 있게 보여주고

있다. 역시 Roscoe Pound, "Why Law Day", Harvard Law School Bulletin, vol. X , No.3, 1958, p.48 참조. "법의 중요한 부분, 영속적인 부분은 추론을 위한 출발점인 원칙들로 되어 있는 것이지 규칙으로 되어 있는 것이 아니다. 원칙들은 상대적으로 일정 불변적이거나 일정한 선에 따라 개발된다. 규칙들은 상대적으로 생명이 짧다. 그들은 발전하지 않는다. 그들은 다른 규칙들에 의해 폐지되고 경질된다." 나는 상호간 서로 적응하고 순위를 가지고 있는 규칙들의 집체를 표현하기 위해 '체계system'라는 용어를 선호한다. 그런데 물론 나는 '규칙' 속에 언어로 표현된 것들뿐만 아니라 시스템 속에 암묵적으로 들어 있거나 혹은 몇몇 규칙들을 일관되게 만들기 위해 찾아내야 할 것이지만, 아직 언어로 표현되어 있지 않은 규칙들까지도 포함시킨다. 따라서 나는 Dworkin 교수의 주장의 본체를 전적으로 인정하면서도 내가 사용한 용어에서 볼 때 법이란(언어로 표현되어 있지 않은, 그리고 언어로 표현되어 있는) 규칙들의(단순한 집합이 아니라) 하나의 시스템이라는 것을 인정하고자 한다.

6   일반적인 방법으로 이러한 생각은 늦어도 18세기 영국 문헌에서 나타나고 있는데 W. Paley가 그의 저서 Principles of Moral and Poliltical Philosophy, London 1785/1824, p.348에서 다음과 같이 표현하고 있다. "일반적인 법은 이것이 누구에게 영향을 미치는가를 예측하지 않고······ 만들어진다." 이것은 현대적인 형태로 C. K. Allen, Law in the Making, 6th. London 1958, p.367에 표현되어 있다. "법규칙은 모든 규칙과 마찬가지로 어떤 종류의 무한히 많은 사례를 위한 일반화를 확립하는 데 있다." 이것은 대륙(특히 독일)에서 가장 체계적으로 개발되었다. 대륙에서는 우리가 앞에서(제1부 6장, 주석 24) 언급한 바 있는 '실질적' 의미의 법과 '형식적' 의미의 법의 구분에 관한 논의가 이루어졌던 것이다. 그 구분은 Hermann Schulze에 의해 확립되었던 것 같다. 그는 Das Preussische Staatsrecht, Leipzig 1877, vol. II , p.209에서 다음과 같이 쓰고 있다. "일반성의 특징은 예측할 수 없는 다수의 사례가 규칙에만 예속되어야 하는 경우에 충족된다(그리고 이 책 205쪽에 이와 관련된 과거의 참고문헌들을 소개하고 있는데 이들을 참고하라)." 또한 더욱 최근의 문헌들 중에서 특히 Ernst Seligmann, Der Begriff des Gesetzes im materiellen und formellen Sinn, Berlin 1886, p.63을 참조. "사실상 법규칙이 추상적이라고 하는 것, 그리고 그것이 예측할 수 없는 무수히 많은 사례를 정리한다는 것은 법규칙의 본질이다." M. Planiol, Traité élémentaire de Droit Civil 12th ed, Paris 1937, p.69에는 이렇게 쓰여 있다. "법은 불특정 다수의 행위와 사례를 위해 영구적으로 확립되었다······ 불특정 다수의 사례를 위해 영구적인 방법으로 의무적인 결정을 위해 확립되었다." Z. Giacometti, Die Verfassungsgerichtsbarkeit des schweizerischen Bundesgerichts, Zürich 1933, p.99는 다음과 같이 쓰여 있다. "불특정 다수의 사례에서 불특정 다수의 인간들을 향한 모든 명령은 일반적으로 추상적이다." 또한 그의 Allgemeine Lehre des rechtsstaatlichen Verwaltungsrechts, Zürich 1960, p.5를 보라. "국가권력의 소유자가 불특정 다수의 인간들에게 적용되고 특정한 개별사례나 혹은 특정한 인간을 고려하지 않고······ 불특정 다수의 사실들을 규제하는 일반적 추상적인 규정들에 그와 같이 구속되는 것." W. Burckhardt, Einführung in die Rechtswissenschaft, 2nd ed., Zürich 1948, p.200에는 이렇게 쓰여 있다. "법이 개인에게 부과하는 의무는 관리의 의무와는 달리 미리 불특정 다수의 가능한 사례에 대하여 규정되어 있어야 한다." H. Kelsen, Reine Rechtslehre 2nd ed. Vienna 1960, pp.362-3. "어느 한 규범이 미리 불특정 다수의 동일한 사례에 적용되는 경우 그것은 일반적이다······ 이러한 관계에서 그것은 추상적 개념과 유사하다."

7   좁은 의미의 법이 가지고 있는 이런 모든 특성들 때문에 '실질적' 의미의 법이라고 불리는 것과 단순히 '형식적' 의미의 법이라고 불리는 것의 구별에 관한 광범위한 논의가 대륙에서 생겨났다.

그러나 이러한 특성들은 대안적인 것이거나 혹은 심지어 '실질적' 의미의 법의 비양립적인 기준으로까지 다루었는데 이것은 잘못이었다. P. Laband, Staatsrecht des deutschen Reiches, 5th. ed., Tübingen 1911-4, Ⅱ. pp.54-6, E. Seligmann, Der Begriff des Gesetzes im materiellen und formellen Sinn, Berlin 1886, A. Haenel, Studien zum deutschen Staatsrecht, vol.Ⅱ., Gesetz im formellen und materiellen Sinne, Leipzig 1888, L. Duguit, Traité de Droit Constitutionel, 2nd. ed., Paris 1921, R. Carré de Malberg, La Loi: Expression de la volonté générele, Paris 1931, Donato Donati; "I caratteri della in senso materiale", Revista di Diritto Publico, 1911, 그의 Scritti di Diritto Publico, Padua 1961에 재수록. 실질적 의미의 법의 가장 잘 알려진 정의는 아마도 Georg Jellinek, Gesetz und Verordnung, Freiburg 1887, p.240에 실려 있을 것이다. "법이 인간들의 자유로운 활동영역들을 서로 구획하는 목적을 가지고 있다면, 그것이 사회적인 한계설정을 위해 반포된다면, 그것은 법률의 명령을 포함하고, 따라서 내용상 행정명령이나 판결로서 특징을 이루고 있는 것은 실질적 법이 아니라 오로지 형식적 법이다."

8 본장의 맨처음에 언급한 P. Vinogradoff에서의 인용 외에도 특히 F. C. von Savigny, System des heutigen Römischen Rechts, vol.Ⅰ, Berlin 1840, pp.331~32를 보라. "자유로운 인간들이 서로 나란히 지낼 수 있고, 서로 부추기고 방해하지 않으면서 발전할 수 있으려면, 이것은 오로지 어떤 보이지 않는 경계를 인정함으로써만 가능하다. 그 한계 내에서 개개인들의 존재와 각 존재의 실현이 비로소 안전하고 자유로운 영역을 얻을 수 있다. 경계를 정하고, 또 자유영역을 정하는 규칙이 법이다." P. Laband, Das Staatsrecht des Deutschen Reiches, 4th ed., Tübingen 1901, p.64도 보라. 그는 여기에서 "인간들의 공동의 삶이 가능한 자연적인 행동자유의 한계와 경계를 정하는" 과제를 국가에 전가하고 있다. J. C. Carter, Law, Its Origin, Growth, and Function, New York and London, 1907, pp.133~34도 보라. "그렇게 간직되어 왔고 집행되었던 관습이 법의 시초가 되었다. 이러한 금지규칙들의 직접적이고 필요한 취지는 각 개인들이 타인들의 반대를 불러일으키지 않고도 자유로이 움직일 수 있는 개별적인 행동의 경계선을 설정하는 것이었다. 여기에서 우리는 가장 초보적이고 간단한 형태로 법의 기능이 나타나고 있음을 알 수 있다." J. Salmond, Jurisprudence, G. Williams(ed.), 10th, 1947, p.62도 보라. "정의의 규칙은 인간의 일반적 복지와 양립하는 한계 내에서 개인의 자유의 영역을 정한다. 정의의 규칙에 의해 모든 개개인에게 그렇게 정해준 자유의 영역 내에서 그들은 지혜의 규칙에 따라 자신들이 이익을 자유로이 추구할 수 있다." H. Lèvy-Ullman, La Définition du Droit, Paris 1917, p.165도 참조하라.

9 Adam Smith, The Theory of Moral Sentiments, London 1801, partⅥ, sec.ii, introd. volⅡ, p.58. "모든 국가의 지혜는 될 수 있는 대로 좋게 사회의 힘을 이용하여 국가의 권위에 예속되어 있는 사람들이 상대방의 행복을 방해하거나 해치지 못하도록 제한하려고 존재한다. 이러한 목적을 위해 국가의 지혜에 의해 확립한 규칙은 각 나라의 민법과 형법을 구성한다."

10 불의의 일차적 특징은 Herakleitos가 이미 강조했던 것 같다. J. Burnet, Early Greek Philosophy, 4th ed., London 1930, p.166 참조. 그리고 Aristotle가 그의 「니코마키안 윤리학Nicomachean Ethics」 1134a에서 다음과 같이 분명하게 표현하고 있다. "법이란 사람들 사이에 불의가 있을 때 이들을 위해 존재한다." 현대에는 그것은 예컨대 La Rochefoucauld, Maximes (1665) No.78에 다시 등장하고 있다. 그런데 이것은 Hume, Kant, 그리고 Smith와 함께 유명하게 되었다. 이들에게 정의로운 행동규칙은 주로 개인의 영역을 설정하고 이를 보호하는 기능을 한다. Smith는 그의

「도덕감정론Theory of Moral Sentiments」(1759) 제2부, 2편 1장 vol.1, p.165에서 다음과 같이 표현하고 있다. "단순한 정의는 대부분의 경우에 있어서 오로지 소극적인 덕성이다. 그것은 오로지 우리가 우리의 이웃을 해치지 못하도록 막을 뿐이다. 단순히 이웃의 인격, 자산 혹은 명예를 침해하지 않는 사람에게는 확실히 적극적인 공로란 거의 없다. 그러나 그는 특별히 정의라고 부르는 것의 모든 규칙들을 충족시키고 그의 동료들이 적정하게 그로 하여금 하도록 강제할 수 있는 모든 것, 또는 하지 않으면 그들이 처벌할 수 있는 모든 것을 행한다. 우리는 흔히 조용히 앉아 있고 아무 일도 하지 않아도 모든 정의의 규칙을 충족시킬 수 있는 것이다." Adam Ferguson, Institutes of Moral Philosophy, Edinburgh 1785, p.189도 참조하라. "기본적인 도덕법은 우선적으로 인간의 행동에 적용되는 데 금지적인 것이고, 따라서 나쁜 짓을 범하는 것을 막는다." John Millar, An Historical View of the English Government, London 1787도 보라. W. C. Lehmann은 그의 저서 John Millar of Glasgow, Cambridge 1960, p.340에서 Millar를 인용하고 있다. "정의는 내가 이웃을 해쳐서는 안 된다는 것 이상을 요구하지 않는다." 이와 유사하게 Rousseau도 말하고 있다. J. J. Rousseau, Émile(1762) Book II. "고상한 덕성은 소극적이다. 그것은 우리가 사람에게 악을 행하지 않을 것을 지시한다." 이러한 견해는 법률가들 사이에 널리 확산되어 있었던 것 같다. 따라서 F. C. von Savigny는 System des Heutigen Römischen Rechts I, Berlin 1840, p.332에서 다음과 같이 말할 수 있었다. "많은 사람이 법의 개념을 찾기 위해 대립적 입장, 즉 불법의 개념에서 출발하고 있다. 불법이란 그들에게 있어서 인간개발에 장애가 되는 타인의 자유에 의한 자유의 침해이다. 따라서 불법은 악행으로써 막아야 된다." 19세기에는 이러한 견해들을 대표하는 탁월한 인물이 있었는데 철학자인 Arthur Schopenhauer와 경제학자 Frédéric Bastiat가 그들이다. 그들은 아마도 앞에서 언급한 인물들에 의해 간접적으로 영향을 받았을지도 모른다. A. Schopenhauer, Parerga und Paralipomena, II, 9, "Zur Rechtslehre und Politik", in Sämtliche Werke, ed., A. Hübscher, Leipzig 1939, vol.IV, p.257. "법의 개념은 자유의 개념과 똑같이 소극적 개념이다. 그 내용은 단순히 소극성일 뿐이다. 불법의 개념은 적극적이고 또한 넓은 의미에서 침해와 동일한 의미이다." F. Bastiat, La Loi(1850), in Oeuvres Complètes, Paris 1854, vol.IV, p.35도 보라. 또한 J. S. Mill, Utilitarianism(1861, ed., J. Plamenatz, Oxford 1949), p.206을 참조하라. "다른 많은 도덕적 특성과 마찬가지로 정의란 그 반대에 의해 가장 잘 규정된다." 최근에는 철학자들 중에서 Max Scheler가 동일하게 강조하고 있다. 그의 저서 Der Formalismus in der Ethik und die materielle Wertethik, 3rd ed., 1927, p.212를 보라. "따라서(정확히 축소시켜 말한다면) 법질서는 결코 무엇이어야 하느냐(혹은 무엇이 옳으냐)를 말할 수 없고, 오로지 무엇이 아니어야 하는가(무엇이 옳지 않은가)만을 말할 뿐이다. 법질서 내에서 적극적으로 설정되어 있는 모든 것은 순수한 옳은 것, 옳지 못한 것으로 환원되어 있고, 항상 옳지 못한 것으로 환원되어 있다." Leonhard Nelson, Die Rechtswissenschaft ohne Recht, Leipzig 1917, p.133도 보라. 여기에서 그는 법의 개념에 관하여 설명하고 있는데 이에 따르면 법이란…… 가능한 적극적인 목적의 가치를 제한하는 소극적인 조건의 중요성을 가지고 있다는 것이다. 그리고 151쪽에서 그는 '소극적인(가치들을 제한하기만 하는) 법의 성격에 대한 인식'에 관하여 말하고 있다. 현대적인 학자들 중 Robbins는 다음과 같이 말하고 있다(L. C. Robbins, The Theory of Economic Policy, London 1952, p.193). "고전적인 자유주의는, 말하자면 분업을 제안하고 있다. 국가는 개개인들이 타인들의 길을 방해하지 않으려면 이들이 해서는 안 되는 것을 규정하고 있다. 반면에 시민들은 금지되어 있지 않은 것을 행하도록 자유로이 내버려두어야 한다. 국가에게는 공식적인 규칙을 확립할 과제가 부여되고 후자에게는 특수한 행위의 내용에 대한 책임이 부여된다." K. E. Boulding, The Organizational Revolution, New York 1953, p.83도 보라. "어려운 점은 '정의'란 소극적 개념이라는 점인 것 같다. 즉 행동을 이끄는 것은 정의가 아니라 불의 혹은 불만이라는 점이다." McGeorge Bundy, "A Lay View of Due Process", in A. E. Southerland(ed.), Government under Law, Harvard 1956, p.365도 참조하라. "그런데 내가 시사하는 바는 법적 과정을 순수한 적극적인 정의의 원천으로서가 아니라 심한 악행을 불완전하게 고치는 것으로 이해하는 것이 가장 잘 이해하는 것이라는 점이다 …… 혹은 아마도 우리는 법을 그 자체로 좋은 것으로 생각할 수 없고 오히려 법의 가치를 법이 무엇을 할 것인가로부터가 아니라 무엇을 막을 것인가로부터 도출하는 수단이라고 생각할 수 있다…… 우리가 '법원에게' 요구하는 것은 법원이 정의를 행해야 한다는 것이 아니라 법원이 심한 불의로부터의 보호를 제공해야 한다는 점이다." Bernard Mayo, Ethics and Moral Life, London 1958, p.204도 보라. "어떤 분명한 것들을 제외한다면…… 법의 기능은 무엇인가를 막는 데 있다." H. L. A. Hart, The Concept of Law, Oxford 1961, p.190에는 이렇게 쓰여 있다. "법과 도덕이 공통적으로 요구하는 것은 대부분 제공되어야 할 적극적인 서비스로 구성되어 있는 것이 아니라 흔히 금지의 형태로서 소극적인 형태로 정식화된 금지들로 구성되어 있다." Lon L. Fuller, The Morality of the Law, Yale 1964, p.42도 보라. "사회생활의 기본적인 도덕성이라고 불리는 것 속에는 타인들에 대한 의무는 일반적으로 오로지 금지만을 요구하는 것 혹은 그 의무는 말하자면 성격상 소극적이라는 것이 정상적이다." J. R. Lucas, The Principles of Politics, Oxford 1966, p.130도 참조하라. "인간의 불완전성을 감안한다면 우리는 법의 지배를 절대적인 정의가 실현될 수 있도록 하는 데 목적을 두고 있는 절차가 아니라 최악의 불의에 대한 보호장치가 되는 절차라는 의미로 표현한다. 정의라기보다는 차라리 불의가 정치철학의 중심대상이다. 왜냐하면 오류를 범할 수 있는 우리는 미리 정의로운 결정이 항상 무엇인가를 말할 수 없기 때문이다. 그리고 이기적인 사람들 속에서 사는 우리는 정의로운 결정이 이루어질 것을 반드시 보장할 수 없기 때문이다. 따라서 우리는 뚜렷함을 위해서 소극적인 접근법을 채택하고 모든 형태의 정의를 열망하기보다는 차라리 어떤 가능한 형태들의 불의를 피하기 위한 절차를 정한다." 이상과 같은 전체 문제에 관해서는 특히 E. N. Cahn, The Sense of Injustice, New York 1949를 참조하라. 그는 '정의'를 '불의감을 야기하는 것을 고치거나 막기 위한 적극적인 과정'으로 정의하고 있다. A. L. Goodhart는 Lord Atkin의 경구를 인용하여 그의 저서 English Law and The Moral Law, London 1953, p.95에 다음과 같이 썼다. "네 이웃을 사랑해야 한다는 규칙은 법 속에서는 네 이웃을 해쳐서는 안 된다는 규칙으로 변형된다."

11   A. L. Goodhart, op. cit., p.100, 그리고 J. B. Ames, "Law and Morals", Harvard Law Review, XXⅡ 1908/9, p.112.

12   독일 형법 330조 C항 참조. 이 조문은 1935년에 추가된 것으로서, "사고나 일반적으로 당할 수 있는 보통의 위험이나 위급한 상황에 처해 있는 사람을 상당한 위험이나 다른 의무를 위반하지 않고서도 도울 수 있는데도 불구하고 도와주지 않는 사람에게는" 금고나 벌금에 처하기로 되어 있다.

13   M. Gluckman, Politics, Law and Ritual in Tribal Society, London and Chicago, 1945, p.54는 '타인을 도와주어 그의 삶을 유지시켜야 할 일반적 의무'를 부족사회, 특히 혈연그룹의 특징으로 기술하고 있다. 그런데 거대한 사회에는 이러한 의무가 없다고 비난하고 있는데, 사실 이 의무는 거대한 사회와 양립할 수 없다. 오히려 보다 광범위한 평화의 질서를 달성하기 위해서는 그것의 일부를 포기해야 한다. 이러한 의무는 오로지 특수한 알려진 사람을 향해서만 존재할 뿐이다. 거대한 사회에서 그것은 선택한 사람과 관련된 도덕적 의무일 수는 있지만, 그것은 모든 사람들에게 동등한 규칙하에서는 집행될 수 없다.

14 Paul, A. Freund, "Social Justice and the Law", in Richard B. Brandt(ed.), Social Justice, Englewood Cliffs, New Jersey, 1962, p.96. "온당한 기대란 법의 산물이라기보다는 오히려 법의 기초일 뿐만 아니라 실정법의 비판을 위한 기초이다. 따라서 그것은 변화과정에서 법의 기초가 된다."

15 I. Kant, Metaphysik der Sitten, Rechtslehre, I, 2, 제9절, "시민적 헌법은 누구에게나 자신의 것만을 보호해줄 뿐이지 이것을 정하는 것이 아니다. 따라서 이러한 모든 보호는 각자 자신의 것(자신의 것으로 확립받은 각자의 것)을 이미 전제로 한다." John Ladd의 번역판 The Metaphysical Elements of Justice, Indianapolis 1965, p.65에서 그는 Kant의 위의 내용을 다음과 같이 번역하고 있다. "시민헌법은 각자의 재산이 보호되고 각자에게 보장해주는 사법적인juridical 조건만을 제공해줄 뿐이다. 그러나 그것은 그 소유가 무엇이 될 것인가를 실제로 정하지는 않는다."

16 R. L. Hale, Freedom through Law, California 1952, p.15.

17 이러한 해석에 의해서만 Ulpian(Ulpian, Dig, I, 1. 10)의 유명한 공식, 즉 "Iustitia est constans et perpetua voluntas suum cuique tribuere"가 동어반복에서 빠져나올 수 있다. 흥미로운 것은 Ulpian이 이 문구에서 정신태도를 기술하는 과거의 용어를 voluntas로 바꾸었다는 점이다. Cicero, De Inventione, II, 35, 160. "Iustitia est habitus animi, communi utilitate conservata, suum cuique tribuens dignitatem."

18 John W. Chapman, "Justice and Fairness", Nomos VI, 1963, p.153.

19 D. Hume, An Enquiry concerning the Principles of Morals, Work IV, p.274. "소유물을 규제하는 모든 자연법은 물론 모든 민법은 일반적이다. 그리고 이들은 오직 사례의 어떤 본질적인 상황들만을 고려할 뿐이지, 당사자의 성격이나 처지 및 그의 연고관계 혹은 어떤 특수한 사례에서 이 법들의 결정에서 생겨날 수 있는 어떤 특수한 결과를 고려하지 않는다. 이 법들은 아무리 이타적인 사람이라고 하더라도 그가 실수를 저질러서 어떠한 자격도 없는데, 소유물을 습득한다면 가차없이 그의 모든 자산을 박탈하여 이미 막대한 부를 축적했던 이기적인 구두쇠에게 이 재산을 준다. 공공효용은 재산은 확고한 일반적 규칙에 의해 규제되어야 한다는 것을 요구한다. 그와 같은 규칙들은 공공효용이라는 동일한 목적에 가장 잘 봉사하는 것으로서 채택된다고 하더라도 이들이 특수한 모든 곤경을 예방하거나, 또는 모든 개별적인 사례에서 유익한 결과가 생겨나도록 만든다는 것은 불가능하다. 시민사회의 유지를 위해서 전체 계획이 필요하다면, 그리고 이로써 선이 악을 압도한다면 이것으로 충분하다."

20 John Rawls "Constitutional Liberty and the Concept of Justice", Nomos VI, New York 1963, p.102. "달리 표현한다면 정의의 원칙은 특정한 인간들의 욕망이 주어져 있을 때 소망스러운 것들의 특수한 분배를 정의로운 분배로서 선택하지 않는다. 이러한 과제는 원칙적으로 잘못된 것으로서 포기되어야 한다. 그리고 이것은 어떤 경우이든 명확한 답변을 제공할 수 없다. 오히려 정의의 원칙들은 협동적 활동, 참여하는 사람들이 이 활동에 대하여 어떠한 불평도 갖지 않으려면 제도와 협동적 활동이 충족시켜야 할 제한조건들이 무엇인가를 규정한다. 이 제한조건들이 충족되면 이로부터 생겨나는 분배는 그것이 무엇이든 정의로운 것으로(최소한 부당한 것이 아닌 것으로) 받아들일 수 있다."

21 위의 주석 16을 참조.

22 D. Hume, Enquiry Work IV, p.195. "이 모든 제도들은 오로지 인간사회의 필요성에서 생겨날 뿐이다."

23 D. Hume, Treatise, Works Ⅱ, p.293.

24 Leon Duguit가 이렇게 요약하고 있는데, 이 요약을 J. Walter Jones가 그의 저서 Historical Introduction to the Theory of Law, Oxford 1940, p.114에 수록하고 있다.

25 M. J. Gregor, Law of Freedom, London 1964, p.81. 인용된 문구 앞에서는 다음과 같이 쓰고 있다. "법규칙들은…… 우리가 가진 목적이 무엇이든, 이를 달성하기 위한 수단들의 이용을 금지할 뿐이다." 그리고 42쪽에서는 정의로운 법에 대한 Kant의 소극적인 테스트의 성격을 기술하고 있다. 여기에서 그는 소극적인 테스트를 오로지 '철저한 일관성이라는 형식적 조건을 통한 자유의 제한'으로서 성격짓고 있다. 내가 나의 결론이 Kant의 법철학과 얼마나 밀접한가를 알게 된 것은 바로 이 훌륭한 책 덕택이다. 나는 학창시절부터 Kant의 법철학을 때때로 참조하기는 했지만 면밀히 검토하지는 못했다. 내가 Gregor의 책을 읽기 전에 알지 못했던 바는 Kant는 자신의 법철학에서 일관되게 정언명령을 소극적 테스트로 이용하려 한다는 점, 그리고 그는 도덕철학에서처럼 정언명령을 도덕적 규칙의 적극적인 내용이 도출될 수 있는 연역과정을 위한 전제로서 이용하려 하지 않는다는 점이다. 이것은 증거를 댈 수는 없지만, Kant가 정언명령의 원칙을 흔히 가정되고 있는 바와는 달리 도덕에서 발견하여 그 다음 비로소 법에 적용한 것이 아니었다는 인상을 강하게 불러일으키고 있다. 오히려 그는 Hume이 법의 지배를 다루고 있는 곳에서 기본개념을 발견하여 이를 도덕에 적용한 것같이 보인다. 그러나 그가 법의 지배라는 이상의 발전을, 그리고 법의 지배는 법규칙들의 소극적 성격 및 목적과 독립적인 성격을 강조한다는 점을 탁월하게 다루었는데, 이것은 그의 불후의 업적들 중 하나인 것같이 보이면서도 다른 한편 기존의 규칙시스템에 적용되어야 할 정의의 테스트가 법에서 의미하는 바를 도덕규칙 시스템을 연역적으로 도출하기 위한 전제조건으로 만들려는 노력은 실패하고야 말았다.

26 Karl R. Popper, The Logic of Scientific Discovery, London 1955, The Open Society and its Enemies, 4th ed., Princeton 1963, Conjectures and Refutations, 2nd ed., London 1965.

27 예컨대 주석 69에서 인용한 G. Radbruch의 주장을 참조하라.

28 이러한 전개과정에 관한 완전한 설명에 관해서는 John H. Hallowell, The Decline of Liberalism as an Ideology with Particular Reference to German Politico-Legal Thought, California 1943, 특히 77쪽 이하, 그리고 111쪽 이하 참조. 그가 분명하게 보여주고 있는 점은 19세기 후반 독일에서 주도적인 자유주의적 법이론가들은 모든 법을 입법자의 의도적인 창조물로서 간주하는 법실증주의를 받아들였고, 그들은 또한 입법행위의 헌법성에만 관심을 가지고 있었고, 세워진lay down 규칙들의 성격에 대해서는 전혀 관심이 없었던 점, 그리고 그들은 이로써 스스로에게서 '실질적인' 법치국가를 단순히 '형식적인' 법치국가로 대체시키려는 데 대한 저항의 가능성을 박탈했고, 동시에 자유주의를 근본적으로 양립될 수 없는 법실증주의와 연결시킴으로써 자유주의를 실추시켰다는 점이다. 이러한 사실을 Schmitt의 초기문헌에서도 인정하고 있다. 특히 그의 Die geistesgeschichtliche Lage des deutschen Parlamentarismus, 2nd ed., Munich, 1926, p.26. 입헌주의적 및 절대주의적 사상은 따라서 이들의 시험대를 법 개념에 두고 있지만, 그러나 이 법 개념은 독일에서 Laband 이래 형식적 의미로 법이라고 불렀던 법 개념, 즉 이에 따른다면 국민의 대표자의 영향 아래에서 생성된 모든 것을 법이라고 부르는 그런 법 개념은 물론 아니다. 오히려 논리적인 특징에 따라 정해진 조문에 시험대를 두고 있었다. 중요한 특징은 여전히 법이 일반적 합리적 조문이냐 혹은 처분, 구체적인 개별조치, 명령이냐 하는 문제이다.

29 William James, Pragmatism, New York 1940, p.222. "요컨대 '진리'란 우리의 사고방식에서는

오로지 편리함뿐이다. 마찬가지로 '옳은 것'은 우리의 행동방식에서 오로지 편리함뿐인 것처럼."

30 John Dewey and James Tuft, Ethics, New York 1908. John Dewey, Human Nature and Conduct, New York 1922, Liberalism and Social Action, New York 1963.

31 Vilfredo Pareto, The Mind and Society, London and New York 1935, 1210절. "어느 한 사람이 저것은 부당하다고 말한다면, 그가 의미하는 바는 그것은 그에게 익숙한 사회적 균형상태에 있는 그의 감정을 손상시키고 있다는 것이다."

32 H. L. A. Hart, op. cit., p.253.

33 Hayek, F. A., Law, Legislation and Liberty vol. Ⅰ, Rules and Order, chicago 1973, p.20.

34 Thomas Hobbes, Leviathan, ch.26, Latin ed., London 1651, p.143. "non veritas sed auctoritas facit legem."

35 Thomas Hobbes, Dialogue of the Common Laws, 1681, in Work, vol.Ⅵ, p.26.

36 Jeremy Bentham, Constitutional Code(1827), in Work, vol.Ⅸ, p.8. The Theory of Legislation, ed., C. K. Ogden, London 1931, p.8. "법이라는 용어의 초보적인 의미와 그 용어의 일상적인 의미는 …… 입법자의 명령의 의지이다."

37 John Austin, Lectures on Jurisprudence, 4th ed. London 1879, vol. Ⅰ, p.88, p.555. 또한 i. c., p.733 참조. "정치적 신민들의 권리와 의무, 그리고 사적 인간들의 권리와 의무는 공동의 창조자, 즉 주권국가의 피조물이다." 역시 그의 The Province of Jurisprudence Determined, ed., H. L. A. Hart, London 1954, p.124 참조. "엄밀히 말한다면, 모든 법은 적절히 그렇게 부른다면, 실정법이다. 그것은 개인적 혹은 집단적 창조자에 의해 세워졌거나put 설정된 것이기 때문이다. 혹은 그것은 개인적 혹은 집단적 창조자에 의한 위치지우기position나 제도화에 의해 존재한다."

38 Hans Kelsen, What is Justice?, California 1967, p.20. 우리가 다음에서 빈번히 참조할 Kelsen의 문헌들은 발간연대로 보면 다음과 같다.

    1935 : "The Pure Theory of Law", Law Quarterly Review, 51.

    1945 : General Theory of Law and State(Harvard).

    1957 : What is Justice?(California).

    1960 : Reine Rechtslehre, 2nd ed.(Vienna).

39 Kelsen은 사람들이 알지 못하는 것을 '원한다(will)'는 것은 불가능하다는 것을 스스로 반복적으로 강조하고 있다(1949, p.34, 1957, p.273). 그러나 나중에 우리가 알게 되겠지만, 그는 이것이 입법자의 '의지'를 어느 한 규칙에 타당성을 부여하는 데에 국한시킴으로써 덜 정교한 형태의 실증주의를 위해서라면 발생시킬 어려움을 회피했고, 따라서 어떤 것을 하나의 '규범'으로 만들었던 입법자는 그가 '만든' 법의 내용을 알 필요가 없다. 이러한 술책을 처음으로 썼던 사람은 Thomas Hobbes였던 것은 분명하다. Leviathan, ch.ⅩⅩⅥ. "입법자는 그의 권위에 의해 비로소 법을 만든 사람이 아니라 그의 권위에 의해 그들이 이제 계속해서 법이 되도록 하는 사람이다."

40 적어도 H. S. Maine 이래, 법사학자들의 반대의 초점은 법을 어느 한 주권자의 명령으로 보는 법 개념이다. H. Kantorowicz, The Definition of Law, Cambridge 1958, p.35. "만약 법을 주권자의 명령시스템으로 간주한다면 법학의 역사 전체, 특히 이탈리아의 법주석자들 및 독일의 로마법학자들Pandectists의 문헌들을 이해할 수 없을 것이다."

41 Gustav Radbruch, Rechtsphilosophie, 6th ed. Stuttgart 1963, p.179. "아무도 무엇이 법인가를 확인할 수 없으면, 누군가가 무엇이 법이어야 할 것인가를 결정해야 한다." A. Brecht, Political Theory, Princeton 1959, p.147. "과학은…… 어떤 상태가 정말로 정의로운가를 결정할

수 없다. 의견들은 분분하고 과학은 절대적인 의미로 이들을 결정할 수 없다."

42 Gustav Radbruch, "Vom Individualistischen Zum Sozialen Recht", Der Mensch im
    Recht, Göttingen 1957, p.39. "사회적 법질서에 대해서 사법은…… 포괄적인 공법 내에서
    오로지 잠정적으로 유보된, 그리고 점차 감소되어 갈 사적 활동을 위한 영역일 뿐이다." 그의
    Rechtsphilosophie p.224도 참조하라. "사회주의는 사법이 공법으로 거의 완전히 동화되는 것을
    의미한다."

43 Hart(H. L. A. Hart, The Concept of Law, Oxford 1961, p.35)는 Kelsen(H. Kelsen, Central
    Theory of Law and State, Harvard 1945, p.63)을 인용하고 있다. "우리는 훔쳐서는 안 된다.
    누군가가 도둑질를 한다면, 그는 처벌받을 것이다…… 일단 존재하려면, 첫번째 규범은 오직
    순수한 규범인 두번째 규범 속에 포함된다…… 법은 처벌을 규정하는 일차적 규범이다." Kelsen
    1957, p.248. 여기에서 그는 사적 재산을 특히 공적 기능으로서, 그리고 '사적' 이해관계 개념을
    '이데올로기적' 개념으로 설명하고 있다.

44 Glanville Williams, "The Controversy concerning the Word 'Law'", British Year Book of
    International Law, XXⅡ 1945. 이 논문은 수정되어 다음 저서에 수록되었다. 즉 P. Laslett(ed.),
    Philosophy, Politics, and Society, Oxford 1956, "Language and the Law", Law Quarterly
    Review LXI and LXⅡ, 1945, 1946.

45 Lewis Carroll, Through the Looking Glass, ch.Ⅵ.

46 H. Kelsen, "The Pure Theory of Law", Harvard Law Review, LI, 1935, p.517. "무슨
    내용이든 법적일 수 있다. 법적 규범의 내용으로서 작용할 수 없는 인간행위란 존재하지 않는다."
    또한 Kelsen의 General Theory of Law and State, Harvard 1945, p.113. "법적 규범은 무슨
    내용이든 가질 수 있다."

47 이것은 F. A. Hayek, Law, Legislation and Liberty, vol.Ⅰ, Rules and Order, ch.Ⅳ의 발문에
    인용한 Paulus와 Accursius에서 비롯된 것이다.

48 Thomas Hobbes, Leviathan, PtⅠ, ch.13.

49 H. Kelsen, "The Pure Theory of Law", Law Quarterly Review, vol.50, 1934, p.482.

50 E. Bodenheimer, Jurisprudence, Harvard 1962, p.169. 그는 이러한 사용을 용어상의
    모순이라고 말하고 있는데, 이것은 어느 정도 정당한 주장이다.

51 이것은 물론 오랫동안 법적 관행이었고, Max Weber가 이를 사회과학자들 사이에 유행시켰다.
    그는 '법질서와 경제질서'(Max Weber of Law in Economy and Society, ed. Max Rheinstein,
    Harvard 1954, ch.Ⅰ. sec. 5, ch.Ⅱ, sec I)의 관계에 관하여 유력하게 논의하고 있지만,
    그러나 우리의 목적을 위해서는 전혀 쓸모가 없고, 오히려 광범위한 혼란을 야기시킬 뿐이다.
    Weber에게 있어서 온통 '질서'란 실효성이 있고, 구속력이 있는 어떤 것으로, 집행되어야 할 혹은
    법의 공준에 포함되어야 할 그 어떤 것으로 규정되어 있다. 다른 말로 하면, 질서란 그에게 있어서
    오로지 조직으로서만 존재할 뿐, 자생적 질서의 존재는 결코 고려의 대상이 되지 않는다. 대부분의
    실증주의자들이나 사회주의자들처럼, 그도 역시 이러한 관점에서 의인화적으로 생각하고 있고,
    질서를 오로지 탁시스taxis로서만 알고 있을 뿐 코스모스로서의 질서를 알지 못하고 있다. 이로써
    그는 스스로 사회과학의 진정한 이론적인 문제에 대한 접근을 차단하고 있는 것이다.

52 Kelsen, 앞의 책(주석 37), 1945, p.3. "법은 인간행동의 질서이다. 그리고 '질서'란
    규칙시스템이다." 또한 그는 98쪽에서 다음과 같이 쓰고 있다. "질서, 규범시스템. 그것은 이
    질서이다. 이것은 동일한 것, 즉 이 조직에 해당된다." 그리고 그의 Reine Rechtslehre, p.32.

"질서란 규범시스템인데 이 통일성은 규범들 모두가 동일한 실효성의 이유를 가지고 있음으로써 구성된다." 또한 그의 Demokratie und Sozialismus, Vienna 1967, p.100의 주석을 보라. "법학이란 질서이론 이외에는 아무것도 아니다." 어느 한 장소에서 Kelsen은 '자연적' 질서에 관하여 매우 적절하고 옹호할 만하게 기술하고 있지만, 그러나 분명히 그는 이러한 기술에 의해 자연적 질서의 형이상학적 및 비사실적인 성격을 이미 보여주었다고 믿고 있다. "Die Idee des Naturrechts"(1928)라는 에세이(Kelsen, Aufsätze zur Ideologiekritik ed., E. Topitsch, Neuwied 1964) 75쪽에서 그는 다음과 같이 쓰고 있다.

"자연적 질서는 인간의, 따라서 불완전한 의지에 기인하지 않은, '자의적으로' 창출되지 않은 질서이다. 그것은 말하자면 '스스로', 즉 객관적으로 주어진, 즉 주관적인 인간의 의지와 독립적으로 존재하고 있는, 인간에 의해 인식된 기본사실로부터, 그리고 인간의 이성에 의해 창출되지 않은, 그러나 이 이성에 의해 재생산될 수 있는 기본원리로부터 생겨난 질서이다. 이러한 객관적인 사실, 이 기본원리는 '자연'이거나 혹은 종교적으로 의인화된 표현을 쓴다면 '신'이다."

만약 '질서'를 여기에서 사실상의 행동질서로서 해석하고, '객관적이다'라는 것을 여하한 인간의 의지와는 독립적으로 주어져 있다는 것으로, 그리고 '인간의지에 의해 산출된 것이 아니다'라는 것을 인간행동의 결과가 아니라 인간계획의 결과이다라고 해석한다면, 이것은(마지막 문장을 제외한다면) 경험적으로 의미있는 언명일 뿐만 아니라 사실상 자생적 사회질서에 적용될 수 있는 언명이 된다.

53 Kelsen, 앞의 책(주석 37), 1945, p.40. "법적 규범의 존재는 그것의 실효성이다." 또한 p.30, p.155, p.170과 Kelsen, 1957, p.267을 보라. "만약 우리가 어느 한 규범이 '존재하고' 있다고 말할 경우 이것은 어느 한 규범이 실효성이 있다는 것을 의미한다." 마찬가지로 Kelsen, 앞의 책(주석 37), 1960, p.9. "'실효성'이라는 단어 가지고 우리는 어느 한 규범의 특수한 존재를 표현한다."

54 Kelsen, 앞의 책(주석 37), 1945, pp.115-22.

55 Kelsen, 앞의 책(주석 37), 1960, p.9. "관습이라는 것은 인간행위에 의해 구성된 것이기 때문에 관습에 의해 창출된 규범도 역시 인간행위에 의해 설정된 것이다. 따라서 마찬가지로 입법행위의 주관적 의미인 규범도 설정된, 다시 말하면 실정positive 규범이다."
다음과 같은 문구에서 내가 고딕체로 쓴 단어들은 항상 실효성을 부여한다거나 또는 규칙의 내용을 정한다는 것을 의미하기 위해 사용되었다고 하는 것은 믿기가 어렵다. Kelsen, 앞의 책(주석 37), 1945, p.113. "규범이란 그것이 분명한 규칙에 따라 창출되었다는 사실, 바로 이 사실 때문에 그것은 실효성이 있는 규범이다." 그리고 또한 392쪽에서 Kelsen은 다음과 같이 쓰고 있다. 실정법의 규칙들은 "인간권위의 자의적인 의지로부터 도출된 것이다." 앞의 책(주석 37), Kelsen, 1957, p.138. "실정법은…… 인간에 의해 창조된 것이다." 25쪽. "규범이란 그것이 어떤 방식으로 존재했을 경우에만 어떤 법질서에 속한다." 251쪽. "관습법은 특수한 방법에 의해 창출된 법", 289쪽. "사회질서는, '법'으로 표현되는데, 그것은 법을 만드는 사람이 소망스럽다고 생각하는 인간행동을 발생시키려고 애쓴다." 이것은 분명히 법의 내용을 결정하는 것과 관련되어 있는 듯하다. "On the Pure Theory of Law", Israle Law Review, Ⅰ, 1966, p.2. "실정법이 되기 위해서는 법규범은…… 설정posit되어야 한다. 다시 말하면 그것은 진술되고 확증되어야 하거나 혹은 언어의 형태로 표현되는 것처럼 인간행동에 의해 '창조되어야' 한다." Aufsätze zur Ideologiekritik, ed., E. Topitsch, Neuwied 1965, p.85. "실정법 규범은 이것이 특정한 방식으로 만들어져 있고, 특정인간에 의해 제정되어 있기 때문에 실효성을 갖고 있는 것이다." 나는 다음과 같은 언명의 의미 때문에 완전히 혼란에 빠지게 되었다. 즉 Kelsen은 "Die Lehre von den drei Gewalten oder

Funktionen des Staates", Kant-Festschrift der Internationalen Vereinigung für Rechts- und Wirtschaftsphilosophie, Berlin 1924, p.240에서 다음과 같이 쓰고 있다. "소위 관습법도 제정된다. 그것은 '실증적positive'이다. 그것은 법창출, 법만들기의 산물이기는 하지만 법을 규정하는 행동Rechtssatzung의 산물은 아니다." 그런데 이때 법을 규정하는 행동이란 글자 그대로 관습법은 '배치된 것set'이긴 하지만, 법을 정하려는 행동setting의 산물이 아니라는 것을 말한다.

56 그와 같은 것을 검토하면 '법의 성격 그 자체를 발견하는 데 목적이 있는' Kelsen의 과학의 개념(1957, 226쪽)은 Popper의 이른바 '방법론적 본질주의'에 의존하고 있다. 이것은 정의definition를 이용하여 본질를 찾아내고 이를 기술하는 것을 과학의 목적으로 간주하는 이론이다(K. Popper, The Open Society and its Ememies, Princeton, 1963, vol. I p.32). 그 결과 Kelsen은 오로지 어느 한 정의definition의 귀결들이 되는 것들만을 '인지cognition'로 기술하고 있으며, 또한 '법'이라는 표현을 그가 기초로 하고 있는 의미보다도, 유일하게 정당한 것으로 생각하고 있는 의미보다도 더 좁은 또 다른 의미로 사용하여 작성된 모든 언명들을 그릇된 것(또는 의미없는 것)으로 간주하는 것을 매우 정당하다고 생각하고 있다. '순수 법이론'은 따라서 맑스주의나 프로이디안주의와 같은 사이비 과학들 중 하나이다. 이들은 모두 반증될 수 없는 것들이다. 왜냐하면 이들의 모든 언명들은 정의definition에 따라 진실이기는 하지만, 사실이 무엇인지에 관해서는 전혀 말해주지 않기 때문이다. 따라서 Kelsen은 그가 늘 그렇게 하는 것처럼 법이라는 표현을 어떤 다른 의미로 사용하여 작성된 언명들을 틀렸다고 하거나, 또는 의미없다고 말할 어떠한 이유도 갖지 못하고 있다.

57 모든 국가는 법국가(법치국가Rechtsstaat)라고 하거나 법의 지배가 필연적으로 모든 국가에 보급되어 있다고 하는 주장은 Kelsen의 저서 곳곳에서 빈번히 반복되고 있는 주장들 중 하나이다. 예컨대 그의 Hauptprobleme der Staatsrechtslehre, Tübingen 1911, p.249를 보라. Der soziologische und der juristische Staatsbegriff, Tübingen 1922, p.190, 1935, p.486, 1960, p.314 참조.

58 Kelsen, 1946(주석 37 참조), p.392.

59 Kelsen, 1957(주석 37 참조), p.20.

60 Kelsen, 1957(주석 37 참조), p.295.

61 M. J. C. Vile, Constitutionalism and the Seperation of Power, Oxford 1967, p.63. 이것은 주로 John Locke를 기초로 하고 있다. J. Locke, Second Treatise of Government, XI, 142절. "그들은 공포되어 확립된 법에 의해 지배되어야 한다. 그들은 특수한 경우마다 변동되어서는 안되고, 부자와 가난한 자, 법원의 총신들은 물론 시골사람들 모두를 위해 한 가지 지배를 가지고 있어야 한다."

62 Hans Kelsen, Vom Wesen und Wert der Demokratie, Tübingen 1920, p.10. "기본적으로 구제 불가능한 개인적 자유", 이 책의 제2판(1929) 13쪽에서는 "기본적으로 개인의 불가능한 자유"로 표현하고 있다.

63 Kelsen, 1957, p.23. 민주주의는 그 성격상 자유를 의미한다.

64 Kelsen, 1957(주석 37), p.21 이하. 동일한 언명은 그의 1945, p.13에도 있다.

65 Kelsen, 1957(주석 37), p.295. "그와 같은 (즉 실증적인) '법'의 정의를 부인하면서 소위 법이란 '진실한true' 법이 아니다라고 주장하는 사람은 이를 증명해야 한다. 이러한 증명은 객관적인 정의기준이 없는 이상 실제로 불가능하다."

66 Kelsen은 예를 들면 다음의 문헌에서 이렇게 말하고 있다. "Was ist die Reine Rechtslehre?" in

Demokratie und Rechtsstaat, Festschrift für Z. Giacometti, Zürich 1953, p.155. "전통적인 법학에서 소개되고 있는 많은 이론들은 순수 법이론을 정치적 이데올로기라고 부르고 있다……."

67 Kelsen, Aufsätze zur Ideologiekritik ed., E. Topitsch, Neuwied 1964, 편집자 서문 참조.

68 예를 들면 그의 "Die Lehre von den drei Gewalten oder Funktionen des Staates", in Kant-Festschrift zu Kant's 200 Geburtstag, ed., the Internationale Vereinigung für Rechts- und Wirtschaftsphilosophie, Berlin 1924, p.219. "이에 반하여 권력분립론의 입법 개념에서 '법'이란 오로지 일반적인 규범으로만 이해되어야 한다……." 그의 1945, p.270도 보라. "기능으로서의 '입법'에서 우리는 일반적인 법규범의 창출 이외에는 거의 달리 이해할 수 없다."

69 E. Brunner, Justice and Social Order, New York 1945, p.7. "전체주의 국가는 정치적 관행에서 단순히, 그리고 유독 법실증주의일 뿐이다."

70 G. Radbruch, Rechtsphilosophie, 4th ed., E. Wolf, Stuttgart 1950, p.355. "법과 법의 실효성에 관한 이러한 이해(우리는 이를 실증주의 이론이라고 부른다)는 법률가들과 국민들을 그토록 자의적이고 범죄적인 내용을 가진 법으로부터 방어하는 데 속수무책으로 만들었다. 그것은 권력이 있는 곳에만 법이 있다는 식으로, 결국 법과 권력을 동일하게 만들었다." 또한 위의 책 352쪽을 참조. 실증주의는 사실상 '법은 법이다'라는 확신에 의해, 독일의 법률가 지위를 자의적으로 범죄적인 내용의 법으로부터 무방비하게 만들었다. 이때 실증주의는 스스로 법의 실효성의 기초를 전혀 만들 수 없다. 그것은 법의 실효성을 법은 스스로 관철할 수 있는 권력을 가지고 있다는 사실에 의해 입증했다고 믿고 있다.

71 Hans Kelsen, Das Naturrecht in der Politischen Theorie, ed., F. M. Schmoelz, Salzburg 1963, p.148. 이 견해에 따른다면 법적으로 독립적이지 못했고 절대왕의 명령에 복종하여 일반적으로 인정된 정의의 규칙과 상반된 방법으로 결정했던 역사상 모든 재판관도 법에 따라 행동했다고 표현해야 할 것이다. 그와 같은 명령에 복종했던 나치하의 재판관들은 그들이 권위주의적인 강제로 간주했던 것들의 지배하에 있었는데 그들은 우리의 동정을 받을 만하다. 그러나 그들의 행동이 법에 의해 지배되었다고 주장한다면 오로지 혼란만이 생겨날 뿐이다. 이러한 개념은[아마도 영국 사회주의 법률가들을 거쳐(이에 관해서는 나의 저서 The Constitution of Liberty, ch.16, sec.5를 참조하라)] Laski가 수용했다. H. J. Laski, The State in Theory and Practice, London 1934, p.177. "히틀러국가는 독재권력이 법질서에 의해 지도자Führer에게 이전되었다는 의미에서 영국이나 프랑스처럼 똑같이 일종의 법치국가이다."

72 참고문헌과 그 밖의 인용에 관해서는 나의 책, The Constitution of Liberty, London and Chicago 1960, p.240과 주석을 참조. Kelsen의 논평에 대해서는 그의 The Communist Theory of Law, New York 1955 참조.

73 주로 이 문제는 영국의 Report of the Committee on Homosexual Offences and Prostitution, London Cmd 247, 1957과 관련하여 논의되었다. 이 보고서는 월펜 보고서Wolfenden Report로 알려져 있는데 Lord Devlin이 영국 아카데미 강연에서 논의하고 있다. Devlin, "The Enforcement of Morals", Proceedings of the British Academy, XLV, 1959, 특히 H. L. A. Hart, Law, Liberty, and Morality, Oxford 1963, Lon. L. Fuller, The Morality of Law, Yale 1964를 보라.

74 R. M. Dworkin, "The Model of Rules", University of Chicago Law Review, vol.35, 1967. Robert S. Summers, Essays in Legal Philosophy, Oxford 1968에 재수록되어 있음.

75 규칙들은 인간정신에 의해 고안되고, 또한 초인적인 지력에 의해 고안되었다고 하는 생각 이외에 제3의 가능성을 철학적 실증주의가 생각할 수 없었던 그 무능은 Auguste Comte의 문구에서

분명히 드러난다. 그의 Système de la Politique Positive, Paris 1854, vol. I , p.356을 보라. "La superiorité nécessaire de la moral demontré sur la moral revellée." 우리는 Kelsen에게서도 동일한 생각을 발견할 수 있다. 그의 "On the Pure Theory of Law", Israel Law Review, I , 1966, p.2 주석 참조. 자연법은 (최종 분석에서) 신의 법이다. 왜냐하면 만약 자연이 법을 창조했다고 가정하면, 그것은 어떤 의지를 가지고 있어야 하고 그 의지는 "자신(신)에 의해 창조한 자연 속에 구현된 신의 의지일 수밖에 없기 때문이다." 이것은 이러한 주장을 하고 있는 장소에서 참조하고 있는 다음과 같은 에세이에서 더욱 분명히 나타나고 있다. "Die Grundlage der Naturrechtslehre", Österreichische Zeitschrift für öffentliches Recht, X Ⅲ, 1963.

76 David Hume, Treatise, Part Ⅱ, sec. Ⅱ, Works Ⅱ, p.258. "어떤 발명이 분명하고 절대적으로 필요한 곳에서는 그것을 사고나 성찰의 개입이 없이 원래의 원칙으로부터 직접 유래하고 있는 것만큼 자연적이라고 말하는 것은 적절하다. 정의의 규칙들이 인위적일지라도, 그들은 자의적이지 않다. 그들을 자연법이라고 불러도 부적절한 표현은 아니다. 만약 우리가 자연적이라고 하는 표현을 모든 종에게 공통적인 것으로 이해한다면 혹은 심지어 우리가 그 표현을 종으로부터 분리할 수 없는 것을 의미하는 데 국한하여 사용한다고 해도 결코 부적절하지 않다." 역시 K. R. Popper, The Open Society and its Enemies 4th ed., Princeton 1963, I , p.66 이하, 특히 p.64를 보라. "거의 모든 오해들은 한 가지 근본적인 오해, 즉 '인습convention'은 '자의성'을 의미한다는 믿음에 기인한 것들이다."

77 E. Westermarck, Ethical Relativity, London 1932, p.183. "객관성은 보편성을 의미한다."

78 이 문제에 관해서는 Kelsen의 과거의 저서들, 즉 Über Grenzen juristischer und soziologischer Methode, Tübingen 1911, Der soziologische und der juristische Staatsbegriff, Tübingen 1922 참조. 법'과학'에 관한 그의 생각의 윤곽을 잡기 위해서는 이 책들을 읽어야 할 것이다.

79 Ludwig von Mises, Theory and History, Yale 1957, p.54. "정의의 궁극적인 잣대는 사회적 협동을 유지하는 데 기여하는 기여성이다." Max Rheinstein, "The Relation of Morals and Law", Journal of Public Law, I , 1952, p.298. "정의로운 법은 이성이 우리에게 평화로운 사회질서의 달성과 유지를 도모하거나 최소한 이를 방해하지 않는다는 것을 보여주는 법이다."

제9장 '사회적' 혹은 분배적 정의

1 * 첫번째 인용은 David Hume, An Enquiry Concerning the Principles of Morals, sect.Ⅲ, partⅡ, Works Ⅳ, p.187에 있다. 이 인용된 문장의 문맥은 다음과 같다. "가장 분명한 생각은 가장 포괄적인 덕성에게 가장 큰 재산을 할당하는 것이고, 또한 모든 사람에게 자신의 성향에 비례하여 선행할 수 있는 힘을 주는 것이다…… 그러나 인간이 그러한 법을 집행해야 한다면, 공로란 무엇인가는 자연적으로 알아내기가 어렵고, 또한 모든 개개인들이 스스로를 기만하기 때문에 그것은 매우 불확실하다. 따라서 공로개념으로부터 어떠한 특정한 행동규칙도 결코 도출할 수가 없다. 그리고 사회의 완전한 해체가 틀림없이 그 직접적인 결과일 것이다."

2 ** Immanuel Kant에서 번역된 것이다(Der Streit der Fakultäten 1798, sect.2, 여섯번째 문단 주석). Kant의 이 에세이는 영어로 번역되었는데 인용된 문장과는 달리 번역되어 있다. Kant's Political Writings, ed., H. Reiss(H. B. Nisbett가 번역), Cambrige 1970, p.183 주석 참조.

3 P. H. Wicksteed, The Common Sense of Political Economy, London 1910, p.184. "윤리적으로 소망스러운 결과가 윤리적으로 무차별적인 도구에 의해 필연적으로 생겨난다고

가정하는 것은 부질없는 생각이다."

4   G. del Vecchio, Justice, Edinburgh 1952, p.37. 18세기에는 '사회적 정의'라는 표현은 주어진 사회 내에서 정의로운 행동규칙의 집행을 기술하기 위해 간간이 사용되었다. Edward Gibbon, Decline and Fall of the Roman Empire, ch.41, World's classics edn, vol.Ⅳ, p.367.

5   예컨대 John Rawls, A Theory of Justice, Harvard 1971.

6   Jonh Stuart Mill, Utilitarianism, London 1861, ch.5, p.92, Plamenatz, ed., The English Utilitarians, Oxford 1949, p.225.

7   위의 책 66쪽 및 208쪽을 보라. 또한 F. W. Newman, "Lecture on Political Economy"에 관한 논평문(1851년 Westminster Review에 발표했고 Collected Works, Bd.Ⅴ., Toronto/London 1967로 재출간되었다)을 보라. "부와 빈곤이 공로와 과오 혹은 심지어 노력과 노력의 부족 사이의 관계처럼 아무리 밀접한 관계가 없다고 하더라도, 이들(즉 부와 빈곤)을 구별하는 것은 명백히 정의롭지 않다." 역시 그의 Principles of Political Economy, Book Ⅱ, ch.1, §, ed., W. J. Ashley, London 1909, p.211 이하. "이루어 놓은 일에 따라 보수를 배당한다는 것은 그 일의 많고 적음이 선택의 문제인 경우에 한하여 정의롭다. 배당하는 것이 체력과 능력의 자연적 차이에 좌우된다면, 이러한 보수원칙은 불의한 것이고, 그것은 가진 자에게만 줄 뿐이다."

8   A. M. Honoré, "Social Justice", McGill Law Journal, Ⅷ, 1962. 이 논문은 수정되어 다음 문헌에 수록되어 있다. 즉 R. S. Summers, ed., Essays in Legal Philosophy, Oxford 1968, p.62. 여기에서 그는 다음과 같이 쓰고 있다. "(사회적 정의를 구성하고 있는 두 가지 전제들 중) 첫 번째는 모든 인간들은 그들의 행위나 선택으로부터 분리시켜 오로지 인간으로서만 간주되어야 하는데 이들은 모두 일반적으로 원하고 사실상 후생에 기여하는 모든 것들, 즉 소위 편익을 똑같이 차지할 권리를 가지고 있다는 주장이다." 역시 W. G. Runciman, Relative Deprivation and Social Justice, London 1966, p.261.

9   특히 교황의 Quadragesimo Anno(1931)와 Divini Redemptoirs(1937) 참조. 또한 Johannes Messner, Zum Begiff der Sozialen Gerechtigkeit, in Die Soziale Frage und der Katholizismus, Paderborn 1931을 보라.

10 '사회적 정의'라는 용어(혹은 이탈리아어에 해당되는 것)를 현대적 의미로 처음 사용한 것은 Luigi Taparelli-d'Anzeglio, Saggi teoretico di diritto naturale, Palermo 1840이다. 보다 일반적으로 알리는 데 노력한 것은 Antonio Rosmini-Serbati, La costitutione secondo la giustizia sociale, Milan 1848이다. 보다 최근의 논쟁에 관해서는 N. W. Willoughby, Social Justice, New York 1909, Stephen Leacock, The Unsolved Riddle of Social Justice, London and New York 1920, John A. Ryan, Distributive Justice, New York 1916, L. T. Hobhouse, The Elements of Social Justice, London/New York 1922, T. N. Carver, Essays in Social Justice, Harvard 1922, W. Shields, Social Justice, The History and Meaning of the Term, Notre Dame 1941, Benevuto Donati, "Che casa è giustizia sociale?", Archivio giuridico, vol.134, 1947, C. de Pasquier, "La notion de justice sociale", Zeitschrift für Schweizerisches Recht, 1952, P. Antoine, Qu-est-ce la justice sociale?, Archives de Philosophie, 24, 1961을 보라. 이 문헌에 관한 보다 완전한 목록에 대해서는 G. del Vecchio, op. cit.,(주석 2를 볼 것) pp.37-9 참조. 약 10년 전 처음으로 이 장의 초교를 쓸 때 이 주제에 관한 문헌들이 대단히 많았음에도 불구하고 나는 아직까지도 사람들이 이 용어를 사용할 때, 이들이 무엇을 의미하는가에 관한 진지한 논의를 하는 것을 발견하기가 어려웠다. 그러나 그 직후에는 이 주제에 관한 많은 진지한 연구들이

등장했다. 특히 주석 6에서 인용한 두 문헌과 R. W. Baldwin, Social Justice, Oxford and London 1966, R. Rescher, Distributive Justice, Indianapolis 1966은 주목할 만하다. 이 주제를 가장 예리하게 다룬 것은 독일어 문헌에서 찾아볼 수 있다. 즉 스위스 경제학자 Emil Küng의 저서 Wirtschaft und Gerechtigkeit, Tübingen 1967이다. 그리고 매우 합리적인 논의는 H. B. Acton, The Morals of the Market, London 1971, 특히 71쪽을 보라. "빈곤과 불운은 악이다. 그러나 불의한 것은 아니다." 매우 중요한 문헌은 Bertrand de Jouvenel, The Ethics of Redistribution, Cambridge 1951은 물론 그의 Souvereignty, London 1957에 쓰여 있는 몇몇 문장들이다. 이 문장들 중 두 개를 여기에 인용하고자 한다. 140쪽. "지금 추천된 정의는 인간의 품성과 인간의 행동의 품성이 아니라 사회적 평면에서 사물들의 어떤 위상의 성질인데, 그 위상이 어떤 수단에 의해 생겨났는지는 상관이 없다. 정의란 정의로운 인간과 독립적으로 존재하는 그 무엇이다." 그리고 164쪽에서는 이렇게 말하고 있다. "정의로운 사회질서를 확립하기가 불가능하다는 주장보다도 더 쉽게 우리 현대인들을 모독하는 가정은 없다. 그렇지만 이 주장은 우리가 어렵게 밝히려고 했던 바로 그 정의관에서 논리적으로 나온다. 정의롭게 행동하는 것은 분배를 할 때 관련된 일련의 순위를 적용하는 것이다. 그러나 모든 관점으로 모든 자원들의 적합한 순위를 정한다는 것은 인간지혜로는 불가능하다. 인간들은 충족시킬 욕망들을, 보상해야 할 공로들을, 실현시켜야 할 가능성들을 가지고 있다. 우리가 세 가지 국면만을 고려한다고 해도, 그리고 이 국면에 우리가 적용할 수 있는 명료한 지표가 있다고(사실은 그렇지 않은데) 가정한다 해도, 우리는 아직 채택된 세 가지 지표들의 경중을 정확하게 따질 수 없다." 한때 매우 유명했고 영향력이 있었던 Schmoller의 논문(Gustav Schmoller, "Die Gerechtigkeit in der Volkswirtschaft", in Jahrbuch für Volkswirtschaft, vol. V, 1895)은 지적으로 매우 실망스런 논문이다. 이 논문은 자신만만하게 Schmoller 자신의 특징적인 혼란을 기술하고 있는데, 이러한 기술은 나중에 불쾌한 결과를 미리 보여주고 있다. 즉 큰 결정을 "당장 옳게 보이는 목적들의 순위에 따라 내리도록 각 국민의 정신에게" 맡겨야 한다면, 그것이 무엇을 의미하는지를 우리는 이제야 알고 있다!

11 앞의 장에서 다룬 주석 7을 참조.

12 Adam Smith, The Theory of Moral Sentiments, London 1801, vol. II. partVII, sect. ii, ch. I, p.198. "스토아학자들은 인간삶을 큰 재주를 부리는 게임으로 간주했던 것 같다." 그러나 게임 속에서 운(혹은 통속적으로 운이라고 이해하고 있는 것)이 섞여 있다. Adam Ferguson, Principles of Moral and Political Science, Edinburgh 1792, vol. I. p.7. "스토아학자들은 인간삶을 게임관으로 이해했다. 그 게임에서 참여자들의 즐거움과 공로는, 판돈이 적든 크든 관계없이 게임을 주의깊이 잘 행하는 데 있다." Ferguson은 이러한 주장과 관련하여 Arrian, Book II, ch.5에 있는 에픽테터스 논고를 참조하고 있다.

13 G. Hardin, Nature and Man's Fate, New York 1961, p.55. "Smith가 적절히 말하고 있듯이 자유로운 시장에서 가격은 부정적인 되먹임에 의해 규제된다." 자기의 이해관계를 추구하는 행위가 일반적인 이익에 봉사한다는 무척 냉소받고 있는 '기적'은, 요소들의 행동이 이들이 알 수 없는 효과에 의해 조종되는 질서는 그들이 그 사건들의 효과를 반영하는 신호에 반응하도록 유인될 경우에만 달성될 수 있다는 자명한 전제에 기인한다. Adam Smith가 알고 있었던 것은 나중에 '스스로 조직하는 시스템'이라는 이름으로 불리는 과학적 유행에 의해 재발견되었던 것이다.

14 L. V. Mises, Human Action, Yale 1949, p.225에 있는 주석 참조. "시장경제의 작동 속에는 분배라고 부르기에 적합한 것이라고는 아무것도 없다. 재화가 먼저 생산되고 나서 분배되는 것이 아니다. 사회주의가 이렇다." M. R. Rothbard, "Toward Reconstruction of Utility and Welfare

Economics", in M. Sennholz(ed.), On Freedom and Free Enterprise, New York 1965, p.231.

15 W. G. Runciman, op. cit., p.247. "사회적 정의에 대한 요구는 어느 한 그룹을 위한 요구이고, 개인적 범주 내에서 상대적으로 박탈당한 사람은, 만약 그가 불의한 불평등의 희생자라면, 개인적 불의의 유일한 희생자일 것이다."

16 Irving Kristol, "When Virtue Loses all Her Loveliness - Some Reflections on Capitalism and 'Free Society'", The Public Interest, no.21, 1970. 이 논문은 그의 다음 저서에 수록되어 있다. On the Democratic Idea in America, New York 1972, Daniel Bell and Irving Kristol(eds), Capitalism Today, New York, 1970.

17 J. Höffner, Wirtschaftsethik und Monopole im 15. und 16. Jahrhundert, Jena 1941, "Der Wettbewerb in der Scholastik", in Ordo, V, 1953, Max Weber, Wirtschaft und Gesellschaft, hrsg. von J. Winckelmann, Köln 1964, Bd.1. p.257 이하, H. M. Robertson, Aspects of the Rise of Economic Individualism, Cambridge 1933, B. Groethuysen, Origines de l'esprit bourgeois en France, Paris 1927. 16세기 후반 정의로운 가격에 관한 스페인 예수회의 견해에 대한 가장 중요한 설명에 관해서는 L. Molina, De Iustitia et de Iure, Bd.2, De Contractibus, Cologne 1594. H. M. Roberston(op. cit., p.164)이 다음과 같이 쓴다고 해도 그것은 결코 과장된 것이 아니다. "자본주의 정신에 대하여 호의를 가지고 있던 종교는 예수회이지 칼뱅주의가 아니라고 주장하는 것은 어렵지 않다."

18 John W. Chapman, "Justice and Fairness", Nomos IV, Justice, New York 1963, p.153. Locke의 이 견해를 J. Rawls가 그의 과거의 논문("Constitutional Liberty and the Concept of Justice", Nomos VI, Justice, New York 1963, p.117 주석)에서 쓰고 있다. "우리가 법과 정부가 시장의 경쟁을 유지하기 위해 효과적으로 행동하고, 자원을 완전히 이용하고, 재산과 부를 광범위하게 분배하고, 또한 합당한 사회적 최소 생존수준을 유지한다고 가정하고, 이로써 기회의 평등이 존재한다면, 이로부터 생겨나는 분배는 정의롭거나, 아니면 최소한 불의하지는 않다. 그것은 정의로운 시스템의 작동에서 생겨났을 것이다······ 사회적 최소수준은 합리적 보험이나 신중의 형태를 의미할 뿐이다."

19 위의 주석 15를 참조할 것.

20 M. Fogarty, The Just Wage, London 1961.

21 Barbara Wootton, The Social Foundation of Wage Policy, London 1962, p.120, p.162. 그녀의 저서 Incomes Policy, An Inquest and a Proposal, London 1974.

22 확실히 지당하게, Samuel Butler(Hudibras, II, 1)는 다음과 같이 쓰고 있다. "어떤 것이든 가치가 있다. 그러나 그것이 가져오는 액수만큼 가치가 있다."

23 공로에 따른 보수의 일반적인 문제에 관해서는 이 장의 머리글에서 인용하여 쓴 Hume과 Kant의 문구 이외에도 나의 저서 The Constitution of Liberty, London and Chicago 1960를 참조.

24 '사회적'이라는 용어의 역사에 관해서는 Karl Wasserrab, Sozialwissenschaft und Soziale Frage, Leipzig 1903, Leopold von Wiese, Der Liberalismus in Vergangenheit und Zukunft, Berlin 1917, 그리고 그의 Sozial, Geistig, Kulturell, Cologne 1936, Waldemar Zimmermann, "Das 'Soziale' im geschichtlichen Sinn- und Begriffswandel", in Studien Zur Soziologie, Festgabe für L. von Wiese, Mainz 1948, L. H. A. Geck, Über das Eindringen des Wortes 'sozial' in die deutsche Sprache, Göttingen 1963, Ruth Crummenerl, "Zur Wortgeschichte

von "Sozial" bis zur englischen Aufklärung", Bonn 1963을 참조하라. 또한 나의 논문 "what is 'social'? what does it mean?"을 보라, 이 두 논문은 나의 저서 Studies in Philosophy, Politics and Economics, London and Chicago 1967에 수록되어 있다.

25 G. del Vecchio, Justice, Edinburgh 1952, p.37.

26 이에 관한 매우 시사적인 문헌은 Leopold von Wiese, Der Liberalismus in Vergangenheit und Zukunft, Berlin 1917, p.115 이하이다.

27 사회철학자들이 이 문제를 상당히 논의하고 있는데 이 논의에서 두드러진 것은 W. A. Frankena, "The Concept of Social Justice", in Social Justice ed., R. B. Brandt, New York 1962, p.4이다. 그의 논의는 '사회'가 행동한다는 가정에 기초하고 있다. 그러나 이것은 자생적 질서에 적용한다면 의미 없는 표현이다. 이와 같이 사회를 의인화시켜 해석하는 것을 비록 제7장 주석 21에서 인용된 J. W. Chapman이 인정하는 것만큼 그렇게 순박하게 용인하지는 않는다고 하더라도, 공리주의자들이 각별히 선호하는 듯하다.

28 독일(최근에는 영국)의 몇몇 내 친구들은 이 용어를 사용하여, 내가 지지하는 종류의 사회질서를 보다 광범위한 사회구성원들에게 매력적으로 만드는 데 성공하기는 했지만, 그러나 이러한 사용을 나는 유감스럽게 생각한다.

29 '지구적 정의에 관한 아스펜 회의'가 접수한 '양심선언.' 이 회의는 콜로라도주 아스펜Aspen시에서 1974년 6월 4일에서 7일까지 개최한 '미국 종교지도자 총회'이다. 이 총회에서 '지구적 불의는 지구적 사회의 경제적, 정치적, 사회적, 인종적, 성적sexual 및 계급적 구조와 시스템의 죄악차원'이라고 인정했다. Aspen, Institute Quarterly, New York, No.7. third quarter, 1974, p.4.

30 특히 A. M. Honoré, Social Justice, 앞의 주석 6을 참조. 거대한 사회에서 A가 B보다 많이 가지고 있으면, 마치 이것이 인간계획의 결과인 것처럼, 도덕적 정당성이 필요하다는 주장은 어리석은 주장이라고 하는 것은, 우리가 이를 막기 위해 필요한 정교하고 복잡한 정부기구를 고찰할 뿐만 아니라 이 정부기구는 모든 시민들의 노력을 조종하고, 그러한 노력의 산물을 요구할 수 있는 권력을 가져야 한다는 것을 생각한다면 분명해진다.

31 이를 분명히 알고 명백하게 표현한 소수의 현대철학자 중 하나는 R. G. Collingwood이다. 그의 논문 "Economics as a Philosophical Science", in Ethics 36, 1926, p.24에서 분명히 표현했다. "정의로운 가격, 정의로운 노임, 정의로운 이자율은 용어상 모순이다. 인간이 자신의 재화나 용역에 대한 대가로서 무엇을 받아야 하는가 하는 문제는 절대적으로 의미가 없는 문제이다."

32 평등을 주장하는 모든 진지한 학생들이 인정했던 하나의 사실이 있다면, 그것은 물질적 평등과 자유는 서로 융합할 수 없다고 하는 점이다. A. de Tocqueville, Democracy in America, Book Ⅱ, ch.Ⅰ, New York edn 1946, vol.Ⅱ, p.87. 민주주의 공동체는 "자유의 평등을 요구한다. 만약 이 공동체가 이를 달성할 수 없으면, 그것은 노예로의 평등을 요구한다." William S. Sorley, The Moral Life and the Moral Worth, Cambridge 1911, p.110도 보라. "평등이란 지속적으로 자유를 침해함으로써만이 달성될 수 있다." 최근의 문헌으로서 Gerhard Leibholz, "Die Bedrohung der Freiheit durch die Macht der Gesetzgeber", in Freiheit der Persönlichkeit, Stuttgart 1958, p.80. "자유는 필연적으로 불평등을 낳고, 평등은 필연적으로 부자유를 초래한다." 이상의 주장들은 나의 주석에서 내가 쉽게 찾을 수 있는 몇 가지 예일 뿐이다. 그렇지만 스스로를 자유의 열렬한 지지자라고 주장하는 사람들은 아직도 실질적 평등을 꾸준히 요구하고 있다.

33 Gustav Radbruch, Rechtsphilosopie, Stuttgart 1956, p.87. "사회주의 공동체도 따라서

법치국가일 것이다. 물론 교환적 정의 대신에 분배적 정의에 의해 지배되는 법치국가이다.”

34 M. Duverger, The Idea of Politics, Indianapolis 1966, p.201.

35 Karl Mannheim, Man and Society in an Age of Reconstruction, London 1940, p.180.

36 P. J. Stuchka(소련 최고법원장), in Encyclopedia of State and Law, Moscow 1927, V. Gsovski, Soviet Civil Law, Ann Arbor, Michigan 1948, Ⅰ, p.70에서 인용한 것이다. 소련작가인 E. Paschukanis는 사회주의에서는 법이 소멸된다는 생각을 가장 일관되게 개발한 인물인데, 그의 저작을 Karl Korsch는 맑스의 교훈을 일관되게 개발한 유일한 것으로 묘사하고 있다. Karl Korsch, Archiv Sozialistischer Literatur, Ⅲ, Frankfurt 1966.

37 The Road to Serfdom, London and Chicago 1944, ch.Ⅳ. 법률가들이 이 책의 핵심주제를 논의했는데, 이에 관해서는 W. Friedmann, The Planned State and the Rule of Law, Melbourne 1948, 그의 저서 Law and Social Change in Contemporary Britain, London 1951, Hans Kelsen, “The Foundations of Democracy”, Ethics 66, 1955, Roscoe Pound, “The Rule of Law and the Modern Welfare State”, in Vanderbilt Law Review, 7, 1953, Harry W. Jones, “The Rule of Law and the Modern Welfare State”, in Columbia Law Review, 58, 1958, A. L. Goodhart, “The Rule of Law and Absolute Sovereignty”, in University of Pennsylvania Law Review, 106, 1958.

38 G. Radbruch, Rechtsphilosophie, Stuttgart 1956, p.126.

39 이 문제에 관한 Radbruch의 생각은 Roscoe Pound가 R. H. Grave의 저서 Status in the Common Law, London 1953의 서문(p.358)에서 간결하게 다음과 같이 요약하고 있다. “Radbruch는 교환적 정의, 즉 어느 한 사람에게 빼앗은 것을 그에게 되돌려주거나 그에게 상당한 대체물을 주는 수정적 정의와 분배적 정의, 즉 평등하지는 않지만 가치체계에 따라 존재하고 있는 재화를 분배하는 정의를 구분하는 것부터 시작하고 있다. 따라서 배상 등에 의해 이익을 보호하고 모든 개인들을 똑같이 취급하는 조정의 법과, 그리고 가치잣대에 따라 어떤 사람이나 어떤 사람들의 이익을 우선시하는, 예속의 법을 대비시킨다. 그가 말하기를, 공법은 개인을 공공이익에 예속시키는 예속의 법이다.”

40 Bertrand de Jouvenel, Sovereignty, Chicago 1957, p.136. 인간이 우선 존재하고 있는 환경으로서 소규모 사회는 그에게 무한정의 매력을 담지하고 있다. 그는 자신의 힘을 새로이 하기 위해 그곳으로 간다. 그러나…… 거대한 사회에서 똑같은 모습을 파악하려 하는 노력은 유토피아적이고 폭군을 야기시킨다. 이미 인정되고 사회적 관계가 넓어지고 다양화되면 될수록 상호간의 신뢰라고 간주되는 공동선은 소규모의 폐쇄된 사회의 모델이 고취시켜 주는 방법 속에서는 찾을 수 없다. 그러한 모델은 전적으로 잘못된 것이다.

41 Edwin Cannan, The History of Local Rates in England, 2nd edn, London 1912, p.162.

42 우리는 사회철학자들의 혼돈된 정신이 ‘사회적 정의’에 관하여 말하고 있는 것을 발견하곤 했는데, 다른 한편 역사학자 Peter Geyl(Peter Geyl, Encounters in History, London 1963, p.358) 같은 탁월한 사상가가 경솔하게 그런 표현을 쓰고 있는 것을 보면 매우 괴롭다. Keynes(J. M. Keynes, Economic Consequences of Mr. Churchill, London 1925, Collected Writings, vol.Ⅸ, p.223)도 역시 조심스럽지 못하게 “사회적 정의 때문에 어떤 경우에도 광부의 임금을 줄일 수 없다”고 쓰고 있다.

43 예컨대 Walter Kaufmann, Without Guilt and Justice, New York 1973을 보라. 그는 분배적 및 보상적 정의의 개념을 지당하게도 거부한 후에, 이 거부로 인하여 그는 정의 개념 전부를 거부하지

않으면 안 되게 되었다고 믿고 있다. 그러나 이것은 Josef Pieper의 저서(Josef Pieper, Justice, London 1957)의 영문판 발간에 즈음하여 The Times(London)마저도 1957년 3월 1일자 사설에서 다음과 같은 것을 주장한 것을 보면 놀라운 일이 아니다. 즉 "대략적으로 말한다면, 정의의 개념은 꾸준히 정치적 사고에 영향을 미치고 있는 동안, 그것은 '분배적 정의'라는 구호의 의미로 축소되어 왔고, 교환적 정의의 이념은 그것이 순수한 보수주의로부터 보존된 법과 관습에(예를 들면 커먼 로의 원칙 속에) 구현되는 경우를 제외한다면 거의 전적으로 우리의 계산에 영향을 미치지 못하고 있다고 말할 수 있다." 몇몇 현대의 사회철학자들도 오로지 분배적 정의만을 포함하는 식으로 '정의'를 정의함으로써 본말을 전도하고 있다. Brian M. Barry, "Justice and the Common Good", in Analysis, 19, 1961, p.80. "Hume이 소유권 규칙과 같은 것을 포괄하기 위해 '정의의 규칙'이라는 표현을 사용하고 있다고 하더라도 '정의'는 현재 분석적으로 '공로' 및 '욕구'와 연결되어 있다. 따라서 우리는 아주 적절히 Hume이 '정의의 규칙'이라고 부르는 것들 중 어떤 것은 정의롭지 못하다고 말할 수 있다(강조는 추가된 것이다)." 역시 Barry의 위의 논문 89쪽 참조.

44 J. S. Mill, On Liberty, ed. McCallurm, Oxford 1946, p.70.

45 과학적 오류에 의한 도덕적 가치의 파괴에 관해서는 내가 잘츠부르크대학 방문교수로서 취임하기 위한 취임연설문에서 논의했다. Die Irrtümer des Konstruktivismus und die Grundlagen legitimer Kritik gesellschaftlicher Gebilde, Munich 1970. 이것은 Walter Eucken Institute, Tübingen 1975에 재인쇄되었다.

46 John Rawls, "Constitutional Liberty and the Concept of Justice", Nomos Ⅳ, Justice, New York 1963, p.102. 본문에서 인용한 문장의 앞에서 그는 다음과 같이 쓰고 있다. "일반적인 관점에서 판단해야 할 것은 제도들의 시스템이다." 내가 알고 있는 한 Rawls 교수가 나중에 쓴, 그리고 널리 읽혀진 책(A Theory of Justice, Harvard 1971) 속에 왜 이 책이, 내가 보기에는 잘못된 것인데, 사회주의 요구를 지원하는 책이라고 흔히 해석되어 왔는가를 설명할 분명한 주요 명제는 존재하지 않는다. 예를 들면 Daniel Bell, "On Meritocracy and Equality", in Public Interest, Autumn 1972, p.72. 그는 Rawls의 이론을 "현대철학에서 사회주의 윤리를 정당화시키는 가장 포괄적인 노력"이라고 기술하고 있다.

47 이 문제에 대한 논의에 관해서는 Philosophical Review, April, 1955에 수록된 논문들, 그리고 D. D. Raphael(ed.), Political Theory and the Rights of Man, London 1967 참조.

48 1948년 12월 10일 유엔총회에서 채택한 인권선언을 참조. 이것이 UNESCO(ed.), Human Rights, Comments and Interpretations, London and New York 1945로 재출판되었다. 그리고 이 문서의 지적인 배경을 이 책에서 볼 수 있다. 이 책은 부록에 '인권의 이론적 기초에 관한 유네스코 회고록'뿐만 아니라 인권의 이론적 기초에 관한 유네스코 위원회 보고서(다른 장소에서는 '인권원칙에 관한 유네스코 위원회'라고 부르고 있다)도 포함하고 있다. 이 보고서에서 그들의 노력은 두 가지 서로 다른 '보완적인' 인권개념을 절충하는 데 초점을 맞추고 있다고 말하고 있다. 두 가지 개념 중 하나는 "타고난 개인권의 전제에서 출발하고 있는 반면 …… 다른 하나는 맑스주의 원칙에 기초를 두고 있다." 또한 그 보고서에서 그들의 노력은 이 두 가지 경향의 공통잣대를 찾아내려고 한다는 것을 설명하고 있다. "이 공통의 공식은 어떤 식으로든 다양한 서로 다른 혹은 적대적인 기존의 공식들을 절충해야 한다"는 것이다(그 위원회의 영국대표자는 H. J. Laski 교수와 E. H. Carr 교수였다).

49 유네스코가 편집한 위의 책 22쪽. 유네스코 전문가위원회 의장이었던 E. H. Carr는 "만약 인권에 관한 새로운 선언이 사회적 서비스의 공급과 어린이, 노인, 무능력자 혹은 실업자를 보호하기 위한

조치들을 포함하려면, 어떠한 사회도, 그것이 그러한 권리를 이용할 수 있는 개인들의 생산적 능력을 촉구하고 통제할 권리를 가지고 있지 않으면, 그와 같은 권리의 향유를 보장할 수 없다는 것이 분명해진다"라고 선언하고 있다.

50 G. Vlastos, "Justice", in Revue Internationale de la Philosophie, 1957, p.331.

51 유엔 인권선언 전체문서에 관해서는 Maurice Cranston, "Human Right, Real and Supposed"참조. 이 논문은 위의 주석 1에서 인용된 D. D. Raphael이 편집한 서적에 수록돼 있음. 이 논문에서 그는 "철학적으로 중시될 수 있는 인권개념은 최근 그 속에 다른 성격의 논리적 범주에 속하는 특수한 권리를 포함시키려는 노력 때문에, 선명하지 못하고 애매모호하고, 또한 취약하게 되어버렸다"고 주장하고 있다.

제10장 시장질서 혹은 카탈락시

1 * Edwin Cannan, The History of Local Rates in England, London 2nd ed., 1912, p.173. '비경제적'이라는 용어는, 이것이 시장질서가 필요로 하는 것을 지칭하는 광범위한 의미로 사용된 것이다. 그것은 약간 잘못된, 그리고 피하는 것이 좋은 의미이다.

2 Carl Menger, Problems of Economics and Sociology, Illinois 1963, p.93. "국가 그 자체는 욕구를 가진, 노동하는, 경제를 실천하고 소비하는 거대한 주체가 아니다. 따라서 '국가경제'라고 부르는 것은 진정한 말뜻으로 볼 때, 어느 한 국가의 경제가 아니다. '국가경제'란 국가 내에 있는, 재정경제도 역시 이에 속하는데, 단독의 경제들과 유사한 현상은 아니다. 그것은 거대한 단독적인 경제는 아니다. 그것이 아무리 작다고 해도 그것은 국내에 있는 단독적인 경제들에 적대적이거나 이들과 나란히 존재한다. 그것은 가장 일반적인 형태의 현상으로 단독적인 경제들의 복합이다." 또한 Menger의 위의 책 부록 I 을 참조.

3 Richard Whately, Introductory Lectures on Political Economy, London 1855, p.4.

4 특히 Mises(L. von Mises, Human Action, New York 1949)가 이를 부활시켰다.

5 H. G. Liddell and R. A. Scott, A Greek-English Dictionary, London(신판) 1940.

6 따라서 우리가 사용한 그리스의 용어로 볼 때, 원래의 경제는 탁시스taxis와 목적의 지배teleocracy이고, 반면에 카탈락시는 코스모스와 법의 지배nomocracy이다.

7 Hume과 Adam Smith가 '정의의 규칙'이라고 강조했고, 또 Smith(The Theory of Moral Sentiments, part I , sect. ii , ch. iii)가 정의를 '전체건축의 기둥'이라고 말했을 때, 그가 의미했던 것은 바로 이런 규칙들이다. Smith의 주장을 계속해서 인용한다면 "인간사회의 거대함, 인간사회의 웅장한 구조, 세워서 떠받쳐야 할 구조는, 내가 이렇게 말해도 좋다면, 이 세계에서 자연의 고유하고 사랑스러운 보살핌이었던 것 같은데, 만약 기둥을 제거한다면 그것은 순식간에 산산조각이 날 것임에 틀림없다."

8 17세기초, Fable of the Bees를 쓴 Bernard Mandeville이 가장 강력한 영향력을 가진 해설자가 되었을 때였다. 그런데 이러한 인식은 보다 광범위하게 확산되어 있었던 것 같다. 그리고 그러한 인식은 Thomas Gordon의 서간문 같은 과거의 휘그whig 문헌에서도 찾아볼 수 있다. "Cato's Letter", No.63이라는 서간문은 1721년 1월 27일에 쓴 것이다. 이것이 The English Libertarian Heritage, ed., David L. Jacobson, Indianapolis 1965, pp.138-9에는 다음과 같이 쓰여 있다. "모든 인간의 정직한 근면과 유익한 재능은 스스로를 위해 이용되면서도 공공을 위해 이용된다.

그리고 그는 스스로에 봉사하면서 공공에 봉사한다. 공익과 사익은 서로를 보장한다. 모든 사람은 전체를 확립하기 위해 부분을 기꺼이 내놓고, 위험을 무릅쓰고 이를 보호한다." 그런데 그 인식은 처음으로 고전작품에서 표현되고 있다. Mandeville의 영향을 받았을 것으로 추정되는 두 가지 고전작품의 예를 들면 C. de S. de Montesquieu, The Spirit of the Laws, Book Ⅲ, sect.7(T. Nugent에 의해 영어로 번역되었음), New York 1949, p.35가 있다. "모든 개인은 자신의 이익을 증진시키는 것만을 생각함에도 불구하고 공익을 증진시킨다." David Hume, Treatise in Works Ⅱ, p.289. "나는 타인에게 어떤 진정한 친절를 제공하지 않고서도 그에게 봉사하는 방법을 배운다." 291쪽에는 다음과 같이 쓰여 있다. "비록 공익을 목적으로 의도되지 않았다고 하더라도 이 공익에 편익을 준다." 역시 그의 에세이, Works Ⅲ, p.99에서 다음과 같이 쓰고 있다. "공익을 위해 행동하는 것을 심지어 악한 사람의 관심으로 만들지 않았다." 그러한 인식은 나중에 Josiah Tucker, Elements of Commerce, London 1756, Adam Smith, The Moral Sentiments, London 1759에도 다시 등장하고 있다. Smith의 이 저서 제4부 제1장에서 그는 인간은 "의도하지 않고서도, 알지도 못하면서도 보이지 않는 손에 인도되어 사회의 이익을 증진시킨다"고 말하고 있다. 물론 가장 유명한 표현은 Smith의 Wealth of Nations, ed., Cannan, London 1940, vol. Ⅰ, p.421에 있다. "근면을 그 생산물이 최대의 가치가 될 수 있는 방향으로 조종함으로써, 그는 오로지 자신의 소득만을 의도한다. 그는 다른 많은 경우에서처럼 이 경우에도 보이지 않는 손에 인도되어 자신의 의도의 어떠한 부분도 아니었던 어느 한 목적을 증진시킨다. 이 목적이 그의 의도의 어떤 부분도 아니라는 것은 반드시 사회에 대해 나쁜 것이 아니다. 자신의 이익을 추구함으로써, 그가 사회의 이익을 증진하겠다고 진정으로 의도하는 경우보다 더 효과적으로 그는 빈번히 이를 증진시킨다." 또한 Edmund Burke, Thoughts and Details of Scarcity (1795), in Works(World's Classics ed.), vol.Ⅳ, p.9를 보라. "모든 대상들의 친절하고 현명한 처리자disposer는 인간들로 하여금, 그들이 원하든 원하지 않든, 자신들의 이기적인 관심을 추구하면서도 어쩔 수 없이 일반적 선과 그들 자신의 개인적 성공을 연결시키지 않으면 안되게 만든다."

9 Adam Smith, Wealth of Nations, Ⅰ, p.16. "우리가 저녁식사를 기대할 수 있는 것은 푸줏간 주인, 양조장 주인 혹은 빵장수의 이타심이 아니라 그들 자신의 이익에 대한 그들의 관심 덕분이다."

10 Auguste Comte, Emile Durkheim, Léon Duguit 등 사회학의 구성주의 접근법이 가장 명료하게 드러나는 것은 사회적 '연대'를 강조하고 있는 점이다.

11 이 두 가지를 John Stuart Mill은 성격상 현대인에게 남겨진 유일한 '고상한' 감정이라고 생각하고 있다.

12 고대 그리스인들이 개발했던 비판의 중요성에 관해서는 특히 Karl R. Popper, The Open Society and Its Enemies, London and Princeton 1947 참조.

13 이미 이러한 주장을 한 인물이 있다. 즉 A. L. C. Destutt de Tracy, A Treatise on Political Economy, Georgetown 1817, p.6 이하를 보라. "사회는 순수하게, 그리고 오로지 교환의 지속적인 연쇄이다…… 상업이란 사회 전체이다." '사회'라는 용어를 흔하게 사용하기 전에는 '경제'라는 용어가 자주 사용되었는데, 우리는 지금 '사회'라고 말하고 있다. 예컨대 John Wilkins, Essay toward a Real Character and a Philosophical Language, London 1668을 보라. 이를 H. R. Robbins, A Short History of Linguistics, London 1967, pp.114-5에서 인용하고 있다. 그는 '경제적'을 '인간과 인간과의 관계에 관한interpersonal'(=간주체적)과 동일한 의미로 사용하고 있다. 그당시 '경제'라는 용어가 '창조의 경제' 등과 같은 빈번히 등장하는 문구가 보여주고 있듯이 우리가 자생적 질서라고 부르는 것을 의미하기 위하여 일반적으로 사용되었던 것 같다.

14 오늘날의 경제이론의 대부분을 차지하고 있는 '배분론적 접근', 또는 '경제주의'에 대해 서로 다른 각도에서 비판하고 있는데, 그 예는 J. M. Buchanan의 최근 에세이, "Is Economics the Science of Choice", in E. Streissler(ed.), Roads to Freedom, London 1969, 그리고 G. Myrdal, The Political Element in the Development of Economic Theory, London 1953, 또한 그의 Beyond the Welfare State, Yale 1960이다. 역시 참고할 만한 문헌으로서 Hans Peter, Freiheit der Wirtschaft, Köln 1953, Gerhard Weisser, "Die Überwindung des Ökonomismus in der Wirtschaftswissenschaft" in Grundfragen der Wirtschaftsordnung, Berlin 1954, Hans Albert, Ökonomische Theorie und Politische Ideologie, Göttingen 1954가 있다. 실제로 '경제적 목표'라고 표현된다고 하더라도 흔히 불명확한 것은 화폐나 일반적인 구매력과 같은 가장 보편적이고 미분화된 수단들이다. 이들은 삶을 영위하는 통상적인 과정에서 직접적인 목표들이다. 이 수단들을 이용하여 달성하려고 하는 목적이 아직 알려져 있지 않기 때문이다. 엄밀히 말한다면 경제적 목표란 없다고 하는 사실에 관해서, 그리고 경제학은 선택의 이론이라는 분명한 언명에 대해서는 L. C. Robbins, The Nature and Significance of Economic Science, London 1930 참조.

15 제7장 참조.

16 이것은 아무리 자주 강조해도 지나치지 않는 점이다. 기술적 지식은 오로지 어떤 기술이 이용 가능한가만을 우리에게 알려주는 것이지, 어떤 것이 가장 경제적인가 혹은 효율적인가를 알려주는 것이 아니라고, 특히 사회주의자들에 의해 흔히 오해되었기 때문이다. 광범위하게 견지되고 있는 믿음과는 달리, 순수하게 기술적인 최적과 같은 것은 없다. 이 최적은 오로지 통일된 요소 하나만, 즉 정말로 희소한 에너지만 있다는 잘못된 생각에서 도출된 개념이다. 이러한 이유 때문에 미국에서 어떤 것을 생산하는 데 가장 효율적인 기술인 것은, 예컨대 인도에서는 극단적으로 비경제적일 수 있다.

17 W. S. Jevons, The Theory of Political Economy, London 1871, p.159.

18 특정한 적응을 가능케 하는 데 아주 유용한 개개인들의 지식의 상당부분은 그들이 사건이 발생했을 때 중앙의 계획당국이 이용할 수 있도록 미리 목록을 정하여 기록해놓을 수 있는, 자유로이 이용 가능한 지식은 아니다. 그들은 마그네슘은 알루미늄보다 훨씬 쌌다거나 나일론이 삼베보다, 또는 어느 한 종류의 플라스틱이 다른 종류의 그것보다 쌌다는 사실로부터 어떤 편익을 도출할 수 있는가에 관하여 미리 아는 바가 매우 적다. 그들이 소유하고 있는 것은 주어진 상황이 요구하는 것이 무엇인가를 찾아낼 수 있는 능력, 흔히 그들이 미리 그 유용성에 관하여 전혀 알지 못하는 특정상황과의 친숙성이다.

19 「전도서」 9장 11절 참조.

20 Cicero가 정의의 어머니는 자연도 아니고 의지도 아니라 바로 연약함이라고 말했을 때, 그가 염두에 두었던 것이 바로 이 무지인지는 의심스럽다. 그의 De Republica, 3, 13 참조. 여러 장소에서 그는 '인간의 일반적인 연약함'을 말하고 있다.

21 제7장 주석 12에서 인용한 David Hume의 문장 참조.

22 W. Röpke도 그의 저서 Die Gesellschaftskrise der Gegenwart, fifth ed., Erlenbach-Zürich 1948, p.259에서 이와 유사한 구분을 도입하고 있다. 그는 시장질서와 '양립하지' 않는 간섭행위(다른 독일학자들이 표현하고 있듯이 이것은 시스템에 적합하지systemgerecht 않다)와 이와 '양립하는' 간섭행위로 구분하고 있다. 나는 시장에 '양립하는' 조치를 간섭이라고 표현하고 싶지 않다.

23 L. v. Mises, Kritik des Interventionismus, Jena 1929, p.5 이하. "시장의 수단을 가지고 작업하는 관리의 모든 행동들, 다시 말하면 시장요소를 변동시켜 수요공급에 영향을 미치는 그러한 행동은 간섭의 개념에 포함되지 않는다…… 간섭은 생산수단의 소유자와 기업을 강제하여 생산수단을 이들이 하려고 했던 바와는 다르게 관리하도록 하는, 사회적 권력에서 생겨나는 고립된 명령이다."

24 무작위로 추출된 모든 사람이 특정한 소득을 가질 수 있는 기회들은 가우스의 고지Gaussian hill, 즉 3차원적 표면으로 나타낼 수 있다. 하나의 좌표에는 이 사람이 특정 소득의 기대들의 확률분포를 가진 부류class에 속할 확률을(중간값에 따라 배열하여), 두 번째 좌표에는 그 부류의 특정 소득들의 확률분포를 나타낸다. 그것은 예컨대 어떤 다른 사람보다도 특정 소득을 벌 수 있는 보다 좋은 기회를 제공하는 위치를 부여받은 사람은 사실상 전자의 사람보다도 훨씬 덜 벌 수 있을지도 모른다는 것을 보여준다.

25 만약 우리가 특정개인들이나 그룹들의 필연적인 위치이동을 고려하지 않고 일반적인 소득수준의 증대를 초래하는 원칙에 따라 행동한다면, 모든 사람들의 기회가 가장 많이 증가한다. 평균수준의 증가를 가능하게 하기 위해서는 위치변동은 그와 같은 과정이 진행할 때 필연적으로 등장하고, 또한 등장해야 한다. 신속히 경제발전이 이루어지고 있는 기간 동안 소득분배의 변동에 관한 통계를 가지고 이것을 설명한다는 것은 쉽지 않다. 그러나 어느 정도 이런 종류의 적절한 정보를 이용할 수 있는 유일한 나라인 미국을 보면, 1940년 개인소득이 주민의 50퍼센트의 소득보다 높은 소득을 가지고 있었던 그룹에 속하는 사람이 주민의 40퍼센트의 소득보다 적었다. 그런데 1960년 그런 사람은 30~40퍼센트 그룹으로 떨어졌다고 하더라도 그는 1940년보다도 높은 절대소득을 벌었다.

26 이런 식으로 문제를 보도록 했던 나의 개인적인 경험을 설명함으로써, 내가 본문에서 논의한 일반적 주장을 밝히는 것이 독자들에게 도움이 될지 모르겠다. 확고한 위치를 차지하고 있는 사람은 일반적인 문제를 다룰 때 취해야 할 태도와는 다른 태도를 취한다는 것에 대해서도 1940년 여름에 런던에 머물렀던 나는 생생히 기억한다. 그때 나와 내 가족을 위해 가지고 있었던 모든 수단들이 적의 폭격에 의해 전부 파괴될 것이 거의 확실했었다. 우리 모두는 때때로 발생했던 것보다 훨씬 더 좋지 못한 상황을 대비하고 있었을 때, 나는 몇몇 중립국가들로부터 나의 어린 아이들을 어떤 낯선 가정에, 내가 전쟁에서 살아남지 못했더라면 아마도 내 아이들은 이 가정에 머물러 있을 것인데, 데려다놓으라는 제안을 받았다. 나는 이런 식으로 미국, 아르헨티나, 스웨덴과 같이 아주 다른 사회질서들의 상대적인 매력을, 나의 아이들이 그 나라에서 성장할 조건들은 다소 우연에 의해 결정되리라는 가정에서 고려하지 않을 수 없었다. 이것이 나로 하여금, 추상적인 생각에 의해서는 결코 도달될 수 없는데, 다음과 같은 것을 인식하게 만들었던 것이다. 즉 어린 아이들을 고려할 경우, 합리적인 선호는, 이미 고정된 위치를 점하고 있었던 나, 그리고 미국보다는 유럽국가가 보다 좋다고 믿었던(물론 이런 믿음은 잘못이다) 그런 나 자신을 위한 선택을 결정하는 것들과는 약간 다른 생각들에 의해 인도된다는 것을 나는 알게 되었다. 이와 같이 나 자신을 위한 선택은 이미 형성된 기술과 성향, 어떤 명성, 그리고 특정한 취향에 대한 애착 등을 이미 가지고 있는 40대 초반의 한 남자를 위한 상대적인 기회들의 고려에 의해 영향을 받는 데 반하여, 나의 어린 아이들을 위한 선택은 운이 이들을 그 나라들 중 어느 한 나라에서 안치해줄 특수한 환경을 고려하여 이루어지지 않으면 안되었다. 내 아이들의 인격은 앞으로 개발해야 될 정도인데 이런 아이들을 위해서 나는 미국이 좋을 것이라는 확신을 가졌다. 미국은 과거의 세계(유럽)에서 나를 유리하게 만들어주었던 확연한 사회적 구분이 존재하지 않는다는 것이 나로 하여금 아이들을 위해 미국을 결정하도록 만들었다(나는 이것이 나의 아이들은 거기에서 백인 가정에 머물 것이지 유색인 가정에 머물지는

않을 것이라는 암묵적인 가정에 기초한 결정이었음을 첨언하지 않으면 안 된다).

제11장 추상적인 규칙의 기강과 부족사회의 감정

1 * José Ortega Y Gasset, The Revolt of the Masses, London 1932, p.83.

2 이것은 놀랍게도 중앙집권적 계획과 관련하여 M. Polanyi와 같은 날카로운 사상가에 의해 주장되고 있다. 그의 The Logic of Liberty, London 1951, p.111을 보라. "중앙집권적 계획이 정말로 달성할 수 없다면 어떻게 그것이, 널리 가정하고 있는 것처럼 자유에 대한 위험이 될 수 있는가?" 계획하는 사람이 의도하는 바를 달성하는 것은 아마도 불가능한 것 같고, 더구나 그들의 의도를 실현하려는 노력은 상당한 피해를 야기시킨다.

3 Peter Laslett, The World We Have Lost, London and New York, 1965.

4 W. H. Whyte, The Organization Man, New York 1957.

5 Martin Bullinger, Offentliches Recht und Privatrecht, Stuttgart 1968.

6 현재의 맥락에서 우리는 정의로운 행동규칙은 특정한 목적과 관계되어 있지 않다는 것, 이로부터 생겨나는 질서는 Popper가 '추상적 사회'라고 부르는 것이라는 것을 강조하기 위하여 '추상적 규칙'이라는 용어를 사용할 것이다.

7 Adam Smith, Wealth of Nations, ed., Cannan, vol. Ⅱ, p.43. "모든 인간의 자신의 위치를 개선시키기 위한 자연적인 노력은, 자유와 안정이 실효성을 갖게 되면 매우 강력한 원리가 되기 때문에, 이것은 혼자서 어떠한 도움이 없이도 사회를 번영으로 이끌어갈 뿐만 아니라 수백 가지의 무례한 장애물들, 이들을 가지고 인간의 법의 우매함이 그 원리의 작용을 너무나 자주 방해하려고만 하는데, 그 장애물들을 극복할 수 있다. 물론 그와 같은 장애물의 효과는 언제나 이 원리의 자유를 제한하거나 이 원리의 안정을 감소시키는 것이다."

8 C. Perelman, Justice, New York 1967, p.20. "행동형태나 판단은 이것이 규칙이나 기준에 예속시킬 수 있을 경우에만 정의롭다고 표현될 수 있다."

9 이것이 고전적 자유주의의 목적이자 업적이라는 사실이 무시되어 왔기 때문에, 19세기 중반에서 유래한 두 가지 언명을 인용하는 것이 가치가 있다. 그 첫째가 1948년 N. W. Senior의 언명이다. "어느 누구도 그의 악이 무엇이든, 심지어 그의 범죄가 무엇이든, 굶거나 얼어죽어서는 안 된다고 선언하는 것은 프랑스나 영국과 같은 문명국가에서 안정적으로, 그리고 유익하게 수행할 수 있는 하나의 약속이다. 단순한 생존을 위한 증여는 어느 누구도 자진하여 수락하지 않을 조건에 예속될 수도 있기 때문이다." 이것은 L. C. Robbins, The Theory of Economic Policy, London 1952, p.140에서 인용한 것임. 1948년 독일의 헌법학자이자 프랑크푸르트 독일헌법의 대표자인 Moritz Mohl은 Stenographischer Bericht über die Verhandlungen der Deutschen konstituierenden Nationalversammlung zu Frankfurta. M., ed., Franz Wigard, Leipzig 1949, vol.7, p.5109에서 다음과 같이 주장하고 있다. "내가 알고 있는 바에 따르면, 독일에는 모든 나라가 누군가가 굶주림을 억제하는 아주 확실한 실정법을 가지고 있다. 내가 알고 있는 모든 독일의 입법에는 스스로 존립할 수 없는 사람을 보호하는 것이 공동체의 과제로 규정되어 있다."

10 Franz Beyerle, "Der Andere Zugang zum Naturrecht", Deutsche Naturrecht, 1939, p.20. "(로마법학)은 시간을 초월한 채 자신의 환경에 대해 전혀 인식하지 못했고, 정신적으로 이를 파악하지도 않았다. 나폴레옹 전쟁 이후 이미 시작되어 신속하게 진전되어 갔던 탈농현상도,

수공업자의 몰락도, 마지막으로 임금노동자의 궁핍화도 인식하지 못했다." 탁월한 사법학자의 이 언명이 얼마나 자주 현재의 독일 문헌에서 인용되고 있는가에 의해 판단해볼 때, 이 언명은 광범위하게 확산되어 있던 견해를 표현한 것같이 보인다.

11 Rousseau는 자신의 '일반의지'라는 의미에 있어서 특정한 그룹에게 정의로울 수 있는 것은 보다 포괄적인 사회에 대해서는 그렇지 않을 수 있다는 것을 분명히 알고 있었다. The Political Writings of J. J. Rousseau, ed., E. E. Vanghan, Cambridge 1915, vol. I , p.243. "연합의 구성원들에 대해서는 특수한 의지이다." 정의를 어떤 정당한 권위의 명령과 동일시하는 실증주의적 해석 이외에도 불가피하게 정의를 E. Forsthoff가 주장하는 것처럼 다음과 같이 생각하고 있다. 그의 Lehrbuch des Verwaltungsrechts(eighth ed., München 1961, vol. I , p.66). "정의로운 질서의 모든 문제는 법의 문제이다." '정의의 이념에 관한 이러한 방향성'은, 이러한 견해가 이상스럽게 불려왔던 것처럼, 만약 그 구절이 규칙은 정의로운 대우에 대한 누군가의 요구를 충족시켜 준다는 것을 의미하는 것뿐만 아니라 규칙은 보편적 적용가능성이라는 칸트적 테스트를 의미하는 것이 아니라면, 명령을 정의로운 행동규칙으로 전환시키기에는 충분하지 못하다.

12 이것이 Carl Schmitt의 주요 주제이다. Der Begriff des Politischen, Berlin 1932. 이에 관한 논평문은 J. Huizinga, Homo Ludens(1944), 영문판 London 1947, p.71 참조.

13 제9장 주석 15에서 언급한 문헌들을 참조할 것.

14 개개인들이 어떠한 조종도 없이 자신의 관심을 추구함으로써 유일한 질서가 생성한다는 '기적'에 대하여 아직도 많은 사회주의자로 하여금 비웃게 만든 구성주의적 편견은, 유기적인 자연 속에 있는 어느 한 질서의 존재는 이성적인 계획에 대한 증거라는 이유로 Darwin과 투쟁했던 교조주의의 반대형태인 것은 자명하다.

15 H. B. Acton, The Morals of Market, London 1971.

16 Bertrand de Jouvenel, Sovereignty, London and Chicago 1957, p.136. "따라서 우리는 어쩔 수 없이 세 가지 결론에 도달한다. 그 첫째가 소규모 사회, 인간의 원래의 환경인데 그것은 그에게 무한한 매력을 담지하고 있다. 두 번째는 그가 자신의 힘을 여기에서 새롭게 한다는 점이다. 그러나 마지막으로 세 번째 결론은 거대한 사회에 소규모 사회와 동일한 성격을 부여하려는 모든 노력은 유토피아적이고 폭정을 야기한다." 이 저자는 주석에서 다음과 같은 문장을 첨가시키고 있다. "이러한 관점에서 Rousseau(Rousseau, Third Dialog)는 제자들이 간과한 지혜를 보여주고 있다. 즉 그의 목적은 무수히 많은 민족과 거대한 도시들을 원래의 단순성으로 환원시키는 것이 아니다. 협소하고 또한 그 상황 때문에 그것은 사회의 급진적인 변화와 인류의 퇴보로부터 보호되었는데, 이러한 국가들의 발전을 가능하다면 억제시키는 것이 그의 목적이었다."

17 Richard Cornuelle, Reclaiming the American Dream, New York 1965.

자유사회의 정치질서

서병훈 역

헌법은 한 사람의 자유가 나머지 다른 모든 사람의 자유와 공존할 수 있는 방향으로 법의 기틀을 짬으로써 가능한 한 최대의 자유를 보장하는 것을 그 목적으로 한다

(칸트, 『순수이성 비판』, II, i.1)

제12장
다수의견과 현대 민주주의
Majority Opinion and Contemporary Democracy

그러나 아테네 의회의 절대다수는 시민들이 무엇을 원하든 간에 그들이 그것을 하지 못하게 막으면 엄청난 재앙이 초래될 것이라고 아우성을 쳤다…… 그래서 프리타네스는 겁에 질려 그 문제를 안건으로 삼을 것에 동의했다. 그러나 그들 중 소프로니스쿠스의 아들인 소크라테스만은 반대를 했다. 그는 그 어떤 경우에도 오직 법에 따라서만 행동할 것이라고 말했다.

크세노폰Xenophon*[1]

민주주의에 대해 커지는 실망

오늘날 정부가 아무도 원하지 않거나, 또는 예견하지 못한 일을 벌이더라도, 사람들은 대개 이것이 민주주의를 위해서는 불가피하게 감수해야 할 일이라고 간주한다. 그러나 이런 일들이 일반적으로 어떤 특정한 집단의 욕구를 반영해서 일어나는 것은 아니다. 우리는 국민의 의지를 반영하기 위해 특정한 절차를 선택하곤 한다. 그러나 실제로는 그런 절차를 통해 다수 국민의 '공동의지'에 부합되는 결과가 나오는 경우가 거의 없다.

우리는 흔히 습관적으로 서구사회에서 널리 통용되는 특정한 정치제도만이 민주적이라고 생각한다. 그리고 이런 제도 아래에서 국민대표 기관의 다수파가 법률을 만들고 정부를 움직이는 것이 민주주의가 작동할 수 있는 유일한 형태라고 믿는다. 그래서 사람들은 민주주의가 잘 움직이는 나라에서조차 아무도 원치 않는 결과를 곧잘 만들어내며, 따라서 대의제의 정착에 적합한 전통을 구비하지 못한 대부분의 나라에서는 이런 제도가 제 기능을 다하기 어렵다는 사실을 간과한다. 우리는 민주주의의 기본원리에 대해 깊은 신뢰를 갖고 있는 탓에, 흔히 그 원리를 구현하고 있다고 오랫동안 간주되어온 특정한 정치제도를 습관적으로 옹호하려 들며, 나아가 자칫 우리가 소중히 여기는 민주주의에 손상을 입힐지도 모른다는 우려 때문에 가능하면 그런 제도에 대한 비판도 자제하려 든다.

그러나 이제 최근 들어, 현 제도에 대한 겉치레 칭송이 거듭되고 경우에 따라서는 그것의 확대발전을 요구하는 주장이 제기됨에도 불구하고, 사려 깊은 사람들 사이에서는 이 제도가 빚어내는 부작용에 대한 우려의 목소리가 커지고 있다.[2] 아직까지는 이런 우려가 민주주의를 그저 '누가, 무엇을, 언제, 어떻게 쟁취하는가' 하는 문제를 결정하는 투쟁의 한 형태에 지나지 않는다면서 냉소적 평가를 내리는 요즘 정치학자들의 주장과 맥을 같이하는 것은 아니다.[3] 그럼에도 불구하고 민주주의가 아무도 원치 않는 결과들을 낳는 현상에 비추어볼 때, 그 장래에 대한 환멸과 의구심이 만연하는 현실을 부인할 수도 없다. 이 점은 이미 오래전에 슘페터가 언급한 바 있다. 그는 자유시장 메커니즘에 입각한 체제가 최선의 것임에도 불구하고 성공할 가능성이 별로 보이지 않는 데 비해, 지키지도 못할 약속을 내건 사회주의는 사람들에 의해 선호될 것이라고 예견했던 것이다.[4]

민주주의가 다음과 같은 과정에 이르는 것은 하나의 상례인 것처럼 보인다. 즉 보다 높은 상위규범에 의해 제약받으면서 개인의 자유를 수호하기 위해 노력하는 초기의 명예스러운 기간이 지나고 나면, 조만간 어떤 형식이든 불문하고 그저 다수파가 원하는 방향으로 문제를 처리하려고 하게 된다는 것이다. 이 장의 첫머리에서 인용한 글이 잘 나타내주듯이, 기원전 5세기 말경의 아테네에서 바로 이런 일이 벌어졌다. 그래서 한 세기 후에 데

모스테네스(Demosthenes)를 비롯한 많은 사람이 "우리나라의 법은 그 흔한 시행령들과 다를 바가 없다. 법은 시행령을 제정하는 근거가 되어야 하는데, 오늘날에 와서는 둘 사이에 차이가 없어졌음을 알게 될 것이다"라고 불만을 터뜨렸던 것이다.[5]

근대에 들어서도 비슷한 일이 벌어졌다. 즉 영국 의회가 무제한적인 주권행사를 자임하면서, 특정한 문제에 대해 결정을 내릴 때 의회 자신이 만든 법이 아니라 보다 일반적인 규칙에 의거해야 한다는 불문율을 명백하게 거부하는 사건이 1766년에 발생한 것이다. 이 일이 있고 나서도 처음 상당한 기간 동안은 법의 지배를 가능하게 했던 강력한 전통 때문에 의회가 스스로에게 부여한 권력을 남용하는 일은 일어나지 않았다. 그러나 대의제가 확립된 뒤 오랜 시간이 지나면서 결국 영국의 입헌군주제가 공들여 쌓아왔던 전통, 즉 최고권력에 대한 통제 메커니즘이 더 이상 필요하지 않은 것으로 받아들여졌다. 이런 일은 사실상 모든 권력에 대한 제한이 정부를 구성하는 영구불변의 법칙이라고 생각하는 입헌주의를 파기한 것이나 다름없다. 그래서 아리스토텔레스는 이미 오래전에 "다수가 개별적이 아니라 집단적으로 주권을 행사하고 …… 따라서 법이 주권의 위치에 서 있지 못한 나라에서는 …… 민주주의가 전혀 입헌주의적 성격을 띠지 못한다"고 갈파하였다.[6] 이 점에 대해서는 최근 들어서도 한 학자가 똑같은 말을 하고 있는데, 그는 역설적이지만 "너무 민주적인 헌정체제 안에서는 헌법의 존재가 더 이상 존중되지 않는다"고 묘사했다.[7] 사실 오늘날 우리는 "현대적 의미의 민주주의는 통치기구에 어떠한 제약도 가할 수 없는 정부 형태를 상정한다"[8]거나, 심지어 어떤 경우에는 현대정치에서 헌법은 이미 구시대의 유물이 되어 버렸다고 하는 주장[9]까지 듣게 된다.

무제한 권력: 현대 민주주의의 치명적 문제점

　민주적인 과정만 일단 지킨다면 정부권력에 대한 다른 일체의 제한이 불필요하다고 하는 환상 속에는 비극의 씨앗이 숨어 있다. 이런 생각은 민주적으로 선출된 국민의 대표가 '정부권력을 행사'하는 데 대해 과거에 존재했던 어떠한 제한도 가해서는 안 된다는 믿음으로 이어진다.[10] 그 결과는 무엇인가? 특정집단을 이롭게 할 어떤 정책을 실현하자면 다수파를 조직해야 하는데, 이로 인해 새로운 형태의 자의성과 편견이 생겨나며 다수결 원리가 순수하게 구현하고자 했던 정신과는 상반되는 현상이 벌어지게 되는 것이다. 뒤에서 다시 보겠지만, 대의제는 무제한 권력을 가지게 되면서 오히려 역설적으로 스스로 중요하다고 간주하는 일반적인 원리를 확산시키는 데 실패하게 되었다. 이런 제도 아래에서 다수파가 다수파로 남아 있기 위해서는 다른 집단의 특수이익을 편들어 주면서 그들의 지지를 확보해야 하기 때문이다.

　이런 이유로 인해 영국은 대의제라는 소중한 제도와 더불어 (의회를 최고기관일 뿐 아니라 일체의 제약도 받지 않는 무소불위 존재라고 생각하는) 의회주권론[11]이라는 괴물도 함께 만들어냈다. 후자가 흔히 전자의 불가피한 결과라고 생각하는 사람들이 있는데 사실은 그렇지 않다. 의회의 권한은 또 다른 상위기관의 '의지'에 의해서가 아니라 모든 권력과 국가적 통일성의 기초가 되는 국민의 동의에 의해 제약될 수 있는 것이다. 만일 국민적 동의에 의해 일반적인 정의로운 행동규칙을 제정하고 집행하는 권한만 위임받았고, 이러한 규칙들을 집행하는 데 필요한 경우(또는 극심한 사회적 혼란이나 천재지변이 일어난 경우)를 제외하고는 강제적 권력을 행사할 수 없게 규정되어 있다면, 최고권력기관이라고 해도 제한을 받을 수 있다. 사실 의회주권론이라는 것도 처음에는 단지 의회 위에 상위의 어떤 기관이 존재한다는 것을 인정할 수 없다는 정도의 의미만 지녔었다. 그러다가 점차 의회는 자신이 원하는 바는 무엇이든 할 수 있다는 의미로 변질된 것이다. 이것이 꼭 첫 번째 의미가 연장된 결과라고 할 수는 없다. 국가의 통일과 모든 국가기관 권력의 기초가 되는 국민적 동의라고 해서 권한을 제한하는 것 외에 적극적으로 어떤 행동을 하게 하는 권한을 주지는 않기 때문이다. 국가에 대한 충성과 헌신이 전제될 때 권력은 창출되며, 그렇게 해서 창출된 권력은 또한 국민적 동의에 의해서만 확대될 수 있다. 이 점을 간과한 탓에 법 주권과 의회 주권을 동일시하게 된 것이다. 원래 법(또는 통치, 주권, 최고권위)의 지배라는 개념은 지배의 원천이 아니라 그 특성에 의해 규정되는 법의 의미를 전제로 하고 있다. 반면에 오늘날의 입법부는 더 이상 법을 제정하기 때문에 입법부라고 불리지 않는다. 그러나 법은 그 형태나 내용에 관계없이 입법부에서 만들어진 탓에 법이라고 불린다.[12]

만일 기존의 제도들이 다수 국민이 원하거나 지지하는 일만 추진한다고 생각할 수 있다면, 민주주의의 기본원리를 신봉하는 사람들은 당연히 그 결과를 받아들여야 할 것이다. 그러나 실제로 그 제도들이 하는 일이 국민의 다수가 진지하게 생각해서 내린 결정을 집행하는 것과는 거리가 멀 때가 많다. 국민의 다수의지를 반영하기 위해 사람들이 고안한 제도적 장치가 오히려 국민의 의사와는 상관없는, 전혀 의도하지 않은 결과를 낳는 경우가 허다하기 때문이다. 그래서 민주적 제도가 법의 지배라는 전통의 구속을 받지 않는 곳에서는 '전체주의적 민주주의'뿐만 아니라 경우에 따라서는 '신임투표제 독재체제'[13]가 출현할 수도 있다. 이런 점을 종합해볼 때, 아무나 흉내 낼 수 있는 특정한 제도를 도입하는 것이 아니라 무형의 전통을 받아들이는 일이 중요한 것이다. 그리고 그러한 제도의 고유한 논리가 한 사회 안에서 전통적으로 확립된 정의의 관념에 의해 적절히 통제되지 않을 때, 그 제도가 변질되는 것은 불가피하다. 지금까지 말한 것을 되새겨 본다면, "민주주의에 대한 믿음은 민주주의보다 더 높은 그 무엇에 대한 믿음을 전제로 한다"[14]고 한 말은 타당하지 않을까? 그리고 다수의 지지를 획득하기 위해 유권자들의 비위를 맞추어야 하고, 그 결과 정책결정을 곧잘 왜곡하곤 하는 선출된 대표들에게 무제한 권력을 위임하는 것 외에 다른 방법으로 민주적 정부를 유지하는 길은 진정 없을까?

민주주의의 참된 이상

민주주의와 그것의 확대, 발전이 안겨다줄 혜택에 대해 수많은 오해가 생겨났고, 또 지금도 생겨나는 중이지만, 나는 민주주의에 대한 사람들의 믿음이 급격히 줄어드는 요즘의 추세에 대해 심각하게 우려하지 않을 수 없다. 특히 비판적 지성들 사이에서 민주주의에 대해 품었던 자부심이 빠른 속도로 사라지고 있다는 사실에 대해서는, 정치적으로 좋은 것에다가 무조건 민주주의라고 이름 붙이던 맹목적 신봉자들과는 거리가 먼 사람들조차도 걱정하기에 이르렀다. 정치적 이상을 표현하는 다른 모든 어휘들의 운명과 마찬가지로, '민주주의'는 원래의 의미와는 별로 상관없는 여러 뜻으로 사용되어 왔으며 요즘은 심지어 '평등'이라는 의미와 유사한 것으로 받아들여지기도 한다. 엄격하게 말하자면 그것은 정부의 정책을 결정하는 방법 또는 절차를 뜻하며, 정부가 추구하는 어떤 구체적인 목표나 가치(이를 테면 물질적 평등 같은 것), 또는 비정부적 조직체(교육이나 의료, 군대, 상업기관 등)에 적용되는 방법을 의미하지는 않는다. 민주주의를 이런 식으로 왜곡해서 사용하면 그 본래의 참된 의미를 잠식하는 결과를 낳는다.[15]

그러나 민주주의를 그저 정권의 평화적 교체를 가능하게 하는 하나의 관습[16] 정도로 냉정하게 평가하는 사람들조차도 민주주의가 비민주적 정치권력으로부터 우리를 보호해줄 수 있는 유일한 제도(비록 현존하는 상태로는 충분한 보호를 기대할 수 없다 하더라도)라는 이유 때문에 어떤 희생을 치르더라도 지켜야 할 하나의 이상이라는 점에 대해서는 이의를 달지 않는다. 민주주의 그 자체가 자유를 뜻하지 않으나 (절대다수가 집단적인 힘을 발휘하는 경우를 제외한다면) 자유를 수호해주는 가장 중요한 안전판 중의 하나임은 분명하다. 이제까지 발견된 것 중에서 정치권력의 평화적 변화를 가능하게 해주는 유일한 체제로서 민주주의는 비록 소극적이기는 하나 엄청나게 중요한 가치를 지니고 있다. 이것은 마치 전염병을 예방해주는 방역사업의 중요성을 예방이 잘 되고 있을 때는 모르다가 일단 문제가 생기고 나서야 그 가치를 절감하게 되는 것과 같다.

오직 대부분, 또는 적어도 다수의 사람이 승인한 정의의 규칙에 대한 복종을 요구하기 위해 필요한 경우에만 강제력을 사용할 수 있다고 하는 원칙은 권력의 자의적 행사를 방지하며, 따라서 자유를 확보하기 위한 필수조건이라고 할 수 있다. 이 원칙 때문에 '거대한 사회'에서 사람들이 평화적으로 공존할 수 있으며, 권력기관의 책임자를 평화적으로 교체하는 것이 가능해진다. 그러나 공동행동이 필요할 때마다 그것이 다수의 의지에 의해 규제되어야 한다거나, 또는 강제력이 적어도 다수에 의해 승인되지 않으면 정당성을 띨 수 없다고 해서, 그런 사실이 다수가 권력을 무제한적으로 행사할 수 있다는 것을 의미하지는 않는다. 그리고 사안이 생길 때마다 각각에 맞는 다수의 의사를 추출해낼 길이 있는 것도 아니다. 우리는 모르는 사이에 실제로는 다수가 원하지 않을 뿐만 아니라 심지어 반대할 수도 있는 일을 다수의 이름으로 추진하는 것이 가능한 제도적 장치를 만들어낸 것 같다. 이런 제도는 그 누구도 원하지 않는 결정들, 그리고 또 그 내부적으로 모순된 성격을 띠고 있어 조금만 이성적인 사람이라면 결코 용납하지 않을 결정들을 양산해내고 있다.

만일 모든 강제력이 다수의 의견에 기초해야 한다면, 그 강제력이 다수가 진정 인정할 수 있는 한계를 넘어 확대되어서는 안 될 것이다. 이것이 정부가 행하는 모든 특정한 결정을 다수가 일일이 승인해야 한다는 의미는 아니다. 복잡한 현대사회에서 정부기관이 수행하는 세세한 일에 대해서까지 그런 것을 기대하기란 도저히 불가능하기 때문이다. 자원의 활용이나 배분과 같은 일상적인 일은 정부의 소관사항으로 남아야만 한다. 그 참뜻은 각 개인의 경우 다수가 승인한 일반적 규칙은 반드시 준수해야 하며, 다수를 대표하는 기관은 주어진 특정한 임무를 수행할 때에 한해서 무제한 권한을 행사할 수 있다는 말이다.

강제력은 적정한 질서를 유지하는 데 필요하며, 따라서 모든 사람이 그것에 대해 필요성을 느끼는 경우에만 궁극적으로 정당화될 수 있다. 다시 말해 필요한 만큼 정당화될 수 있는 것이 강제력이다. 그 누구, 심지어 다수파라고 하더라도 사회에서 일어나는 모든 특정한 일을 처리할 권한을 가져야만 할 이유는 없다. '다수가 승인한 것만이 모든 사람을 구속해야 한다'는 믿음에서 '다수가 승인한 모든 것이 그런 강제력을 가질 수 있다'는 믿음으로 옮겨가는 것이 사소한 차이인 것처럼 보일지 모른다. 그러나 이 차이는 한 정부에서 전혀 다른 정부로 옮겨가는 의미를 내포하고 있다. 다시 말하자면, 이것은 정부가 해야 할 일이 자생적인 질서를 만들어내는 데 필요한 것에만 국한되어야 한다는 생각에서 정부의 임무는 제한된 것이 아니라는 생각으로의 전환, 또는 공인된 절차를 통해서 공동의 현안이 해결되는 체제로부터 국민 중 일부 집단이 자기들이 원하는 사안을 골라서 공동의 문제라고 규정한 뒤 이것을 공인된 절차에 의해 풀어나가는 체제로의 전환을 뜻하는 것이다. 첫 번째 것은 평화와 질서를 유지하기 위해 필요한 공동결정을 지칭하는 데 비해, 두 번째 것은 국민 중 일부 조직된 집단이 모든 권한을 장악하는 것을 허용하고, 따라서 결과적으로 다른 사람을 억압하는 손쉬운 빌미를 제공하게 된다.

그러나 다수가 어떤 특정한 일을 원한다고 해서 그 욕구가 각 개인이 그런 것을 희망할 때보다 더 정의롭다고 말할 수는 없다. 개인들의 경우 특정한 대상에 대한 욕구 때문에 가끔씩 정의의 관념을 무시하려 드는 것을 우리는 분명히 알고 있다. 그러나 개인적으로 우리는 강제를 못 이겨 포기해야 할 때도 있기는 하지만 대체로 합당하지 못한 욕구는 억제해야 한다는 가르침을 받아왔다. 각 개인이 어떤 욕구는 자제해야 하며 공인된 정의의 규칙에 복종해야 한다는 가르침에 순응해온 것이 문명의 발전에 크게 기여했다. 그러나 다수는 규칙에 복종해야 할 이유가 없기 때문에 아직은 이런 식으로 개명되지 못하고 있다. 특정한 대상에 대해 욕구를 품는 것이 정당화될 수 있다고 믿는다면 우리가 하지 못할 일이 무엇이겠는가? 만일 사람들이 무엇이든 합의하기만 하면 그것이 곧 정의가 된다고 믿도록 가르침을 받는다면, 마침내는 무엇이 정의인가 하고 묻는 일마저 없어질 것이다. 그러나 불행하게도 다수가 합의하는 것이 곧 정의라는 믿음이 오랜 세월 동안 사람들의 뇌리에 깊이 박혀왔다. 따라서 기존의 대의기구들이 자신들이 결정하는 것은 언제나 정당하다는 확신에 사로잡힌 결과, 구체적 문제에 직면해서 과연 그럴까 하고 자문(自問)하는 일마저 하지 않는다고 해서 새삼 놀랄 필요는 없을 것이다.[17]

특정한 문제에 대해 많은 사람이 의견을 같이한다는 것은 비록 완벽한 정의의 법칙과는 거리가 멀다 하더라도 그래도 좋은 일임에 틀림없다. 그러나 무슨 결정이든지 다수가 선택한 것은 정의라고 말한다면(아무리 정의, 또는 불의를 규정할 객관적 기준이 존재하지 않는다 해도) 그것은 사리에 맞지 않는 이야기이다. 어떤 문제에 대해 다수가 결정을 내리는 것과 다수가 원해서 관련된 일반원칙을 그 문제에다 적용하는 것 사이에는 개인들 관계에서도 그렇듯이 엄청난 차이가 존재한다. 따라서 다수가 자신이 결정한 것이 정의롭다고 확신한다면 그런 결정이 여타의 개별적 사안들에게도 보편적으로 적용될 수 있도록 스스로 '다짐'함으로써 자신의 정당함을 입증해야 할 필요가 매우 크다. 같은 맥락에서 강제력도 다수가 명실상부하게 책임질 수 있는 사안에만 국한해서 적용할 필요가 있다.

특정한 문제에 대해 다수가 결정하는 것이 정의가 된다는 믿음은 오늘날 널리 명백한 것으로 인식되듯이, 다수의 의견은 자의적이지 않다는 관점으로 이어진다. 민주주의에 대한 일반적인 해석(그리고 실증적 사법제도를 민주주의의 기본조건이라고 간주하는 관점)에 따라, 국민이 동의하는 규칙을 따르는 것보다 어떤 결정을 이끌어내는 근원이 정의의 기준으로 간주되고, '자의적'이라는 말의 의미가 민주적 절차에 따르지 않은 채 결정되는 것이라고 정의된다면, 이런 결론은 불가피해 보인다. 그러나 '자의적'인 것이란, 그것이 한 개인이든, 또는 다수의 의견이든 불문하고, 일반적 규칙에 의해 통제되지 않는 특수한 의지에 따라 결정되는 것을 뜻한다. 따라서 국민이 자신이 내린 결정이 정당하다는 확신을 가지기 위해서는 다수가 특정한 문제에 대해 의견을 같이한다거나, 또는 심지어 헌법을 준수한다는 것보다도, 단지 대의기구가 구체적인 사안을 처리할 때 보편적인 법칙을 따를 용의가 있음을 보여주는 것이 가장 중요하다. 그러나 유감스럽게도 오늘날 다수가 내린 특정한 결정에 대해 스스로 정당하다고 생각하느냐고 다수에게 물어보는 일도 없어졌으며, 그 구성원들도 어떤 특정한 문제에 적용된 규칙이 다른 문제에도 보편적으로 적용될 수 있으리라는 자신을 가질 수 없게 되었다. 대의기구가 내린 결정을 스스로 제약할 길이 없기 때문에 어떤 일반적 규칙도 대의기구의 결정을 구속할 수 없는 것이다.

무제한 권력을 지닌 대의기구의 문제점

모든 사람에게 적용되는 규칙에 관한 투표와 오직 일부 사람에게만 적용되는 결정에 관한 투표 사이에는 엄연한 차이가 존재한다는 것은 매우 중요한 의미를 지닌다. 일반적 정의로운 행동규칙처럼 모든 사람에게 관계되는 문제에 대한 투표는 지속적인 강력한 확신에 의해 결정된다. 그래서 이런 투표는 미지의 인물이나 그들의 이익과 책임에 관계되는 특정문제에 대한 투표와 매우 다른 성격을 지닌다. 그런 문제의 해결에 필요한 경비가 대부분 공공예산에서 지출되게 마련이고, 따라서 모든 개인들은 자신에게 유리한 방향으로 결정하려 한다는 것은 잘 알려진 사실이다. 이런 체제는 모든 사람이 익숙하게 잘 알고 있는 지역적인 문제를 처리하는 데 매우 편리하기는 하지만 '거대한 사회' 안에서는 매우 역설적인 결과를 낳는다. 아무리 국민의 대표가 탁월한 정보에 힘입어 개인들의 무지를 보충한다 하더라도 이 사회가 처리해야 할 실무적인 과제의 양을 모두 감당하기에는 역부족이기 때문이다.[18]

대의제 정부에 관한 고전적 이론은 국민의 대표에게 다음과 같은 일을 부과하고 있다.

> "의회 대표들이 바로 자신과 그 후손들에게만 적용될 법률을 만들고, 자신이 부담해야 할 몫을 꼬박꼬박 납부하며, 악행을 저지르지 않고 자신과 이웃의 동포들에게 주어진 공동문제를 잘 처리한다면, 그때는 유권자들이 좋은 법률, 불행한 사건의 방지, 그리고 검소한 기풍의 확산을 기대할 수 있을 것이다."[19]

그러나 '의회'의 대표자들이 유권자들의 지지를 확보하기 위해 그 사람들에게 이익이 되는 일에만 관심을 보인다면 유권자들 또한 다른 사람들의 문제에 대해서는 별로 관심을 보이지 않을 것이다. 그들은 자신들의 이익이 충족되기만 한다면, 제3의 사람들이 손해를 보는 대신 어떤 미지의 인물들에게 혜택이 돌아가도록 하는 것에 대해 기꺼이 동의하려 한다. 그런 일이 과연 정의에 합당한가 하고 스스로 물어보는 일도 없다. 각 집단은 자신들이 추구하는 목표를 달성하기 위해 도움이 필요한 사람들이라면 그들에게 공공예산이 불법적으로 지출되는 것에 대해서조차 개의치 않는다. 이런 일이 벌어지면 소위 민주적인 절차라는 것이 정의나 원칙과는 아무런 상관 없는, 일종의 정치적 편의주의의 제물이 되고 만다. 그 목표라는 것도 소수를 빼돌린 채 공공예산의 나눠먹기에 참여하는 것에 불과해진다. 무제한적 권한을 가진 '간섭주의적' 의회에 의해 불가피하게 이런 결과가 초래된다는 점에 대해서는 이미 초기 대의제 민주주의 이론가들이 분명히 밝혔다.[20] 현대사회에서 많은 사람의 이익과 관련된 정부보조나 특혜, 기타 혜택을 민주적 의회가 모두 자신의 판단에 따라 독점적으로 분배할 수 있다고 누가 과연 생각할 수 있을까? A가 저렴한 수입품 때문에 경쟁력이 뒤지는 것을 도와주고, B가 덜 숙련된 기술자 때문에 고전하는 것을 도와주고, C가 임금이 깎이는 것을 막아주고, D가 직장을 잃는 것을 막아주는 것은, 아무리 당사자들은 그렇다고 주장할지언정 결코 일반이익이 되지 못한다. 그러나 유권자들은 이런 사람들의 주장이 일반이익에 관련된 것이라는 확신에서가 아니라, 그들의 요구를 들어주는 것이 자신들의 이익에도 도움이 된다는 생각에서 '그와 같은' 주장에 동의를 한다. 내가 이 책에 앞서 제2부에서 분석했던 '사회정의'라는 것은 실로 이와 같은 특정한 민주적 제도의 산물에 불과하다. 국민의 대표들이 어떤 집단에게 혜택을 부여하기 위해서는 도덕적 정당성이라는 명분을 만들어낼 필요성이 있기 때문이다.

실제로 사람들은 다수가 특정집단에게 특별한 혜택을 정기적으로 베풀어주는 것이 어느 의미에서는 정의로운 일임에 틀림없다고 믿기도 한다. 이것은 다수파가 되기를 원하는 각 정파가 표의 향배에 중요한 영향력을 지닌, 이를테면 농민이나 노조원들에게 특혜를 주겠다고 약속하는 것이 마치 정의나 기타 도덕적 고려와 관계 깊은 것처럼 주장하는 것이나 다를 바 없다. 따라서 현재의 체제 아래에서는 어느 소수파 이익집단들이라도 자신의 이익을 관철시킬 수가 있다. 그들은 다수파를 설득하는 것이 아니라 지지를 철회하겠다고 위협함으로써 그 목적을 달성할 수 있다. 다수파가 되기 위해서는 그 소수를 끌어안아야만 하는 다수의 약점을 이용하는 것이다. 그러므로 의회가 수많은 이익집단들에게 특혜를 베푸는 것이 마치 정의로운 일이기나 한 것처럼 꾸며대는 것은 한 마디로 우스운 일이 아닐 수 없다. 순진한 몇몇 사람들이 이익집단의 선전공세에 현혹될 수도 있을 것이다. 그리고 의회가 정의의 이름으로 자신의 행동을 정당화할 필요가 있을지도 모른다. 그러나 엄밀히 말해 우리가 오늘날 다수의 뜻을 담고 있다고 믿는 투표제도는 다수가 옳고 그르다고 판단하는 바를 제대로 반영하지 못하고 있다.

의회는 각 이익집단의 주장을 구분해서 판단하기보다 흥정과 타협에 따라 그들에 대한 정책을 결정한다.[21] 이 과정에서 동원되는 '다수의 의지'란 허구에 찬 명분에 불과하고, 실제로는 다른 사람들의 희생을 전제로 특정집단에게 혜택을 주는 장치노릇을 하게 된다. 정책이라는 것이 이처럼 각이해당사자들이 타협을 본 산물에 지나지 않는다는 인식이 확산되면서 오늘날 일반인들에게 '정치'는 혐오의 대상으로 자리 잡게 된 것이다.

정치인은 오직 공공의 이익에만 전념해야 한다고 믿는 고상한 사람들의 눈에는 특정한 이익집단의 비위를 맞추기 위해 각종 특혜를 베푸는 의회의 현실이 타락 그 자체로 비칠 것이 분명하다. 현실은 다수파가 다수 국민이 진정으로 원하는 것보다 다수를 구성하는 집단들의 지지를 확보하기 위한 방안의 마련에 더 골몰한다는 것을 보여준다. 이런 현실은 움직일 수 없는 상식으로 광범위하게 받아들여지고 있어, 노회(老獪)한 정치인들이 이런 현실에 대해 분개하며 사람들이 좀 더 정직해지면 사태를 충분히 뒤바꿀 수 있다고 믿는 순진한 사람들을 향해 동정심까지 품을 정도이다. 이 점은 기존의 제도를 놓고 볼 때 정확하게 맞는 이야기이다. 그러나 이런 병폐가 모든 대의제 민주주의가 감내해야 할 숙명적인 특질이라서 대부분의 사람들이 아무리 선량하고 도덕적으로 뛰어나다 하더라도 그러한 타락을 막을 길이 없다고 주장한다면 그것은 틀린 이야기이다. 모든 대의제 민주정부가 전부 그러한 속성을 지닌 것은 아니며, 다만 수많은 하위집단의 지지에 의존하면서 무한 권한을 지닌 정부형태만이 그런 문제점을 안고 있기 때문이다. 따라서 오직 제한정부만이 좋은 정부가 될 수 있다. 칸트가 "복지가 오직 물질적인 것에만 집중된다면 그런 복지는 일반적인 원칙과 거리가 멀다"[22]고 말했듯이, 특정이익을 할당하는 문제와 관련해서는 일반적 도덕원칙이 존재하지도 않고, 또 존재할 수도 없기 때문이다. 타락을 불러일으키는 것은 민주주의나 대의제 정부 그 자체가 아니라 사람들이 선택한 바로 그 엄청나게 권력이 집중된 '의회'인 것이다.

이 제도는 타락한 것일 뿐만 아니라 허약하기도 하다. 이익집단이 지지를 미끼로 내거는 숱한 요구를 거절할 처지가 못 되기 때문에 다수파 정부는 '힘이 닿는 한 모두' 그들의 청탁을 들어주어야 한다. 설령 그렇게 비위를 맞추다가 나머지 사람들에게 엄청난 피해를 입힐 수 있다 하더라도, 이런 부조리가 쉽게 눈에 띄지 않거나, 직접 피해를 보는 집단의 저항력이 그리 대단하지 않다면 별로 개의치 않을 것이다. 정부가 개별 소수파의 도전을 충분히 물리칠 만큼 힘이 세기는 하나, 마치 술 취한 사람이 운전하는 자동차가 그렇듯이, 어떤 정책을 일관된 방향으로 이끌고 갈 능력은 전혀 구비하지 못하고 있다. 만일 최상급의 사법기관이 의회가 특정집단에게 유리한 정책을 펴나가지 못하도록 견제하지 않는다면, 이런저런 소수집단의 청탁공세에서 정부를 방어할 길이 없을 것이다. 마치 경제적 침체로부터 영국을 구제할 정책을 찾아낼 수 없듯이, 일단 한 번 그와 같은 특혜를 주게 되면 정부는 그들의 노예가 되고 만다. 정부가 질서와 정의를 확고하게 지켜낼 만큼 힘이 강력해지기 위해서는 정치인들이 '모든 사람들의 불만을 해소해주어야만 한다'[23]고 하는 강박관념에서 벗어나야 한다. 변화된 환경에 맞도록 적응해나가는 데 필요한 정책들이 많은 사람의 불만을 사는 것은 불가피하다. 그러나 정치인들은 이처럼 사람들이 원치 않는 일은 하지 않으려 한다.

정의에 관한 일반적인 믿음에 의해서가 아니라 단지 '정치적인 필요'에 의해 특혜가 주어짐으로써 한 가지 흥미로운 일이 벌어진다. 즉 어떤 집단이 규칙적으로 상대적인 이익을 보게 될 때, 그것이 그 집단의 투표권이 지닌 위력 때문이라는 사실은 망각되고 마치 그런 대접을 받는 것이 당연한 일인 것처럼 간주하는 왜곡된 평가가 생겨난다는 것이다. 정부가 농민이나 영세기업인, 또는 도시근로자들이 요구하는 것이 정당하기 때문에 항상 그들 편을 든다고 생각해서는 안 된다. 그저 그들이 행사하는 투표권의 위력을 무시할 수 없기 때문이라는 것이 더 정확한 해석일 것이다. 그래서 민주주의 이론이 상정하는 바와 정반대되는 역설적인 일이 벌어지는 것이다. 즉 다수파가 어떤 일이 옳다고 판단해서 그것을 처리하는 것이 아니라, 정치적인 단합을 유지하기 위해서는 소수파의 불만을 달래주는 것이 중요하다는 관점 위에서 문제를 바라보려 한다는 것이다. 비록 다수파의 구성원 대부분이 스스로 혜택 받는 만큼만 사회적 비용을 감당하려 하는 것이 사실이지만, 다수가 동의하는 것이 정의의 기준이 된다는 믿음이 아직도 힘을 얻고 있다.

어떤 일이 정의로운지 아닌지는 직접적으로 이득을 보는 사람을 제외한 제3자가 판단해야 마땅함에도 불구하고 단지 그 일이 규칙적으로 일어난다는 이유 때문에 '사회적으로 정의로운 것'으로 간주되기도 한다. 그러나 소수파의 지지를 확보하기 위해 그들의 비위를 계속 맞추다 보면 매우 자의적인 도덕기준을 만들어내게 되고, 나아가서는 그 소수파가 계속해서 특별대우를 받는다는 그 사실 하나만으로도 그럴 만한 자격이 있는 것처럼 사람들이 믿게 될 가능성이 높다. 때때로 우리는 '모든 현대 민주주의 국가에서 이런저런 일을 하는 것이 중요하다는 것을 발견하게 되었다'고 하는 식의 주장을 접하게 되는데, 이런 말은 어떤 정책이 마치 그 자체로 바람직한 것이기 때문에 선택된 것 같은 뉘앙스를 풍긴다. 그러나 실제로는 그런 정책이 특정한 제도적 장치의 내부논리 때문에 뜻하지 않게 생겨난 경우가 많다.

그 결과 현존하는 무제한적 민주정부 제도는 새로운 형태의 '민주적'이지만 허위에 지나지 않는 도덕규범들을 양산하게 된다. 이런 것들은 민주정부에 의해 규칙적으로 수행되는 일, 또는 이런 제도를 잘 이용해서 일어나는 일은 모두 정의로운 것으로 여기게 만든다. 정부에 의해 점점 더 많은 소득분배가 이루어진다는 사실이 알려지면서 아직 시장이 작동하는 범주 안에 놓여 있는 집단조차 자신들 몫이라고 생각하는 것을 확보하기 위해 정부에게 더욱 많은 것을 요구하게 된다. 정부의 지원에 힘입어 특정한 집단의 요구가 충족된다면, 그런 일이 생길 때마다 다른 집단 또한 상응하는 요구를 할 자격이 생겨나는 법이다. 의회가 특정한 집단에게 혜택을 줌으로써 다른 많은 사람 또한 비슷한 대우를 받을 수 있으리라고 기대하게 되는데, 바로 이것이 '사회정의'를 요구하는 기초가 된다.

이익집단 조직의 연합과 유사 정부조직

지금까지 우리는 현존하는 대다수 민주제도의 일반적 경향, 즉 특정집단의 지지를 확보하기 위해 그 집단에 속한 개개인들의 요구를 들어주어야 하는 상황을 살펴보았으나, 어떤 구체적인 이익과 관련해서 영향력을 증폭시키는 요인, 다시 말해 압력집단을 조직, 운용하는 문제에 대해서는 고려하지 않았다.[24] 이러한 요인은 원칙에 의해서가 아니라 단지 이익의 효과적인 확보라는 목적을 위해 정당이 조직되는 상황을 낳는다. 이렇게 되면 이런저런 이유 때문에 유사한 조직을 결성하지 못한 사람들에 비해 이러한 집단은 엄청나게 유리한 위치에 설 수 있게 된다.[25] 이렇게 조직화된 집단은 혜택의 배분을 더욱 왜곡시키면서 효율성이나 평등의 원칙을 점차 무력화시키게 된다. 그 결과 정치적 권력이 소득의 배분을 결정짓게 되는 주원인으로 등장한다. 오늘날 인플레이션을 억제하는 처방으로 활용되는 '소득정책'이라는 것도 따지고 보면 모든 물질적 혜택의 분배가 정치적 권력의 보유자들에 의해 결정되어야 한다는 괴상한 논리에 의해 처음 개발된 것에 지나지 않는다.[26]

이러한 추세에 부분적으로 힘입어 20세기 동안, 경영자 단체, 노조, 그리고 전문직 종사자 단체 등 정부의 재화배분 정책을 자신들에게 유리한 방향으로 선회시킬 목적으로 결성된, 터무니없이 비효율적인 유사(類似)정부(para-government) 조직들이 늘어났다. 이런 조직들은 이제 없어서는 안 될 존재로 인식되고 있지만, 원래는 막강한 권한을 가진 정부가 특정한 소규모 집단들의 지지를 확보해야 할 필요성이 점증하는 현실에 발맞추어 (또는 부분적으로 정부에게 불이익을 당하지 않으려는 이유 때문에) 생겨난 것이다.

이런 상황 속에서 정당이라는 것도 구성원들이 합의한 일반원칙이나 이상에 기초하여 결성되는 경우는 드물고 단지 그들의 이익을 잘 보호하기 위한 결사체 정도의 성격을 띠고 만다. 기존질서를 부정하며 새로운 유토피아를 꿈꾸는 서구의 일부 이념정당을 제외한다면, 주요 정당들 사이에서 일관된 노선이나 행동상의 차이를 찾아내기가 매우 어렵다. 이들 정당들은 명확히 의도한 바는 아니지만, 사회가 점진적으로 발전할 수 있는 조건을 구축하기보다 특정한, 예를 들자면 사회주의 형태 같은 질서를 확립하고자 하는 충동에 휘말리게 된다.[27]

의회가 전권을 행사하는 체제 속에서는 그런 일이 벌어지는 것을 피할 수 없다고 하는 사실은 공동의 목표 아래 함께 모였고 현재의 정책을 좌우하는 힘을 보유한 다수파가 어떻게 형성되었는가를 살펴보면 분명히 알 수 있다. 민주주의의 원래 이상은 다수의 사람이 옳다고 생각하는 주장을 따르는 것이었다. 그러나 기본적 가치에 대한 공동의 생각만으로 정부의 정책을 결정하기에는 충분치 않다. 정부를 지지하는 집단들을 끌어모아 규합하기 위해서는 특수한 정책들이 필요한데, 이런 정책들은 서로 다른 이해관계를 흥정을 통해 조정한 끝에야 실행에 옮길 수 있는 것이다. 이것은 특정 결과에 대한 공동의 희망사항을 결집한 것이 아니다. 정부가 배분할 수 있는 혜택들의 향배에 예민한 관심을 지닌 각 이해집단들은 상호 유리한 방향으로 거래한 끝에 어떤 한 정책의 수립에 동의하게 되는 것이다.

이렇게 흥정을 거쳐 수립된 정책을 다수의 공동의견이 반영된 결과로 일컫는 것은 한낱 수식어에 지나지 않는다. 경우에 따라서는 그 정책을 지지하거나 수긍하는 사람이 한 명도 없을지도 모른다. 그러한 타협의 산물 속에는 서로 모순되는 내용도 없지 않을 것이고, 따라서 자기생각이 있는 사람이라면 그런 것들을 좋아할 수가 없을 것이기 때문이다. 그런 타협이 이루어진 과정을 생각해본다면, 그 정책이 집행되면서 상호 이질적이고 모순적인 결과 이외의 다른 것이 나올 수 있다면 그것은 기적에 가까운 일이다. 나아가 의회 의원들 중 대다수는 그러한 정책이 구체적으로 무엇을 담고 있는지 잘 모르는 경우가 비일비재하다. 어떻게 해서 각 이해관계가 타협에 이르게 되었는지 그 정황에 대해 잘 모르고 있기 때문이다. 그 내용 중 상당부분에 대해서는 관심이 없거나 경우에 따라서는 반대의견을 가질 수도 있겠지만, 그들은 자신들이 목표하는 바를 달성하기 위한 대가로 생각하며 그런 의견을 접어두는 것이다. 따라서 일반국민의 입장에서 본다면, 서로 내용이 다른 정책들 중에서 하나를 선택하는 권한이 주어졌다고 해도 결국은 다 똑같은 악법 중에서 하나를 골라야 하는 일에 지나지 않는다. 어느 것이나 모두 국민의 희생 위에서 자기들 잇속을 차리기 위한 방편에 불과하기 때문이다.

그러한 정책이 전혀 일관된 목표 아래 입안된 것이 아니라는 점은 각 정당의 지도부가 처한 현실을 살펴보면 분명히 밝혀진다. 각 정당의 지도자는 특별히 선호하는 정책목표가 있을 수도 있고 없을 수도 있다. 그러나 그의 목표가 무엇이든 간에 권력을 획득해야 한다는 지상명제 이상의 것은 존재하지 않는다. 이것을 위해서는 자기 정당이 내건 정책방향에 대해 별로 관심이 없는 사람들도 끌어모아 다수파를 형성할 필요가 있다. 이렇게 사람들을 유인하자면 그는 각 집단들이 원하는 바를 충족시켜 주어야 한다.

따라서 정부의 정책이 각 집단들의 동의를 거쳐 확정되었다고 해서 그것이 다수의 의견에 따라 정치를 움직이는 민주주의의 이상을 구현한 것이라고는 결코 말할 수가 없다. 이것은 생각이 각기 다른 사람들끼리 의견을 모으기 위해 어느 한쪽의 이익에 치우치지 않는 선에서 타협하는 것과도 거리가 멀다. 수많은 흥정을 벌여 양쪽의 요구를 번갈아 들어준 끝에(적지 않은 경우 협상에 참여하지 않은 제3자에게 손해를 입히며) 공동의 정책목표를 결정하겠지만, 그것이 일반국민의 승인을 얻었다고는 말할 수 없다. 만일 다수파 중의 몇몇 사람이 투표를 해서 어떤 원칙에 도달할 수 있다면, 이것은 흥정 끝에 나온 정책목표와 크게 상반되는 성격을 띨 수 있을 것이다.

이처럼 조직된 이익집단들(처음에는 '자매집단sister interests'이라고 불릴 것이다)의 흥정에 의해 정부정책이 결정되는 현상에 대해 외부인사들은 보통 왜곡이니 심지어는 부패니 하면서 비난을 할 것이다. 그러나 무제한 권력을 가진 채 지지집단의 요구는 무엇이든 들어주어야 하는 체제 속에서 이런 일이 일어나는 것은 피할 수 없다. 그런 요구를 들어주지 않고는 다수파를 유지할 수 없기 때문이다. 우리가 정치인을 그런 상황 속으로 몰아넣고 나서 그들을 비난할 수는 없는 일이다. 다수파가 되기 위해 무엇이든 해야 하는 상황은 바로 우리가 만들어놓은 것이다. 무제한 권력을 가진 정부는 충분히 많은 수의 이익집단들을 만족시켜 주지 않고는 다수파를 유지할 수가 없다.

정부의 의미를 공동목표를 위해 사용될 특수한 재화들을 관리하는 조직이라고 좁게 정의한다면, 어느 정도는 위에서 말한 일들을 이해할 수도 있을 것이다. 특정 혜택을 서로 다른 집단들에게 나누어주는 것이 정부가 해야 할 일이고, 이것은 입법부가 하는 일과 뚜렷이 구분되기 때문이다. 정부가 지닌 이런 정도의 약점은 정해진 규칙에 따라 재량권 안에서 재화를 분배하는 한 별 문제가 되지 않는다(지방정부에서처럼 주민들이 투표권을 행사함으로써 자율성을 확보할 수 있을 때는 특히 그러하다).

그러나 정부와 입법부가 각기 하는 일이 분명하게 구분되지 않아, 정부가 분배할 재화를 관리하는 사람이 동시에 얼마나 많은 재화를 관리해야 하는가 하는 문제까지 결정하게 된다면 이야기는 달라진다. 무엇이 옳은가를 결정해야 할 사람을, 지지자들을 확보하기 위해 그들이 원하는 바를 들어주어야만 하는 위치에 옮겨놓는다면, 그것은 자신의 권력을 유지하기 위해 필요하다고 판단될 경우 수중의 사회적 재화를 모두 자의적으로 사용할 수 있게 하는 힘을 부여한 것이나 다를 바 없다.

일정한 정도의 사회적 재화를 분배하는 역할을 맡은 선출된 정부 관리자들이 정해진 법률에 따라 일을 처리해야 한다면, 비록 그 재화를 자신들의 지지집단을 유지하기 위해 쓴다 하더라도 개인의 자유를 침해하면서까지 남용하지는 못할 것이다. 그러나 그들 자신이 법률까지 만드는 힘을 가지게 된다면, 지지자들의 요구를 충족시켜 주기 위해 필요한 경우 정부 관할의 재화는 물론 사회와 개인들의 재화까지 사용하려 들 것이다.

정부가 이 지경에까지 이르는 것을 방지하자면 그 권력을 일정한 수준에서 제한하는 길밖에는 다른 도리가 없다. 정치인들이 모든 사람들의 불만을 해소시켜 주는 것이 자신들의 의무요, 또 특권이라고 생각하는 체제[28]는 불가피하게 모든 사적인 생활도 정치인의 통제 안으로 몰아넣게 마련이다. 만일 정부의 권한이 축소되지 않으면 그 권한은 특수 이익집단의 요구에 부응하는 방향으로 사용될 수밖에 없으며, 정부에게 압력을 행사하기 위해 이익집단의 조직적 타협을 촉진하게 될 것이다.

정치인이 그러한 압력을 이겨내기 위해서는 자신의 힘으로 변경시킬 수 없는 확고한 원칙(unalterable rules)에 순응하는 길밖에 없다. 정부의 재화를 관리하는 사람들이 그와 같은 규칙에 몸을 맡기지 않는 한, 조직된 이익집단의 공세를 막아낼 재간이 없다.

일반원칙과 특별조치에 대한 합의

우리는 지금까지 '거대한 사회'에서 정부가 결정을 내려야 할 특정대상들과 관련된 사실에 대해 모두 잘 알지 못하며, 비범한 정보를 가진 사람이 존재할 수 없다는 점을 되풀이해서 강조해왔다. 이 사회 속에서 사는 사람은 그저 사회를 구성하는 부분부분의 관계에 대해서 단편적인 지식밖에는 가질 수가 없다. 그러니 각 개인이 자기가 속한 집단을 자기 뜻대로 운용하고자 하는 과정에서 다른 사람의 의지와 충돌하는 것을 피하기가 어렵다.

따라서 아무도 전체에 대해 잘 알지는 못한다 하더라도 다른 사람의 생각과 자주 충돌을 일으키게 되기 때문에 서로 타협을 해야 한다. 민주적 '정부'(민주적 의회와는 다르다)가 원활하게 작동되기 위해서는 사람들이 각자가 숙지하고 있는 특정 사실을 훨씬 넘는 범위에 대해서까지 동의할 것이 요구된다. 모든 특정 조치들을 규제하며 다수조차도 복종하게 만드는 일반원칙에 대해 합의할 수 있을 때, 그때에야 비로소 사람들이 자신의 개인적 욕구를 억제하게 될 것이다. 세세한 특수상황에 대해 일일이 합의에 이르는 것이 사실상 불가능하기 때문에 일반원칙에 대한 합 없이는 갈등들을 해소하는 것이 어렵다고 하는 점이 오늘날 흔히 간과되고 있다.

'거대한 사회'에서 사람들이 몇몇 일반원칙을 넘어, 그 이상에 대해서까지 일반적 합의에 이르기가 어렵다. 다수 사이에서 진정한 합의를 보는 것조차 매우 드문 일이다. 그런 일은 대부분의 구성원들이 서로 잘 아는 특수한 경우에 한해서만 가능하다.[29] 더 중요한 것은, 그런 사회가 일반원칙에 입각해서 특수한 문제에 대한 결정을 내리고 새로운 규칙을 예외 없이 따르기로 작정한 경우를 제외하고는, 아무리 다수라 하더라도 그런 원칙을 함부로 위배하지 못하도록 통제할 때에만 일관되고 통일된 질서를 유지할 수 있다는 점이다.

우리는 앞에서 미리 예상할 수 없는 자신의 복잡한 일들을 질서 있게 처리하자면 한 개인의 경우라 하더라도 어느 정도는 일반원칙에 따르는 것이 필요하다는 점을 살펴보았다. 서로 다른 집단의 사람들이 또 다른 집단을 대상으로 계속적으로 결정을 내려야 할 경우에는 그런 필요성이 더욱 커진다. 일반원칙에 따르지 않고서는 특수한 쟁점에 대해 사람들이 순응할 수 있도록 연속적인 결정을 내리기가 쉽지 않은 것이다.

기존의 민주적 의사결정 체계가 바람직한 결과를 낳지 못한다는 사실에 대한 불만이 높아지면서, 정부의 모든 정책은 일관된 계획에 따라 미리 오래전에 결정되는 것이 바람직하다는 생각이 대두되고 있다. 그러나 이런 계획이 중요한 문제에 대해 해결책을 제시해주리라고 기대할 수는 없다. 여전히 구체적인 사안에 대해 연속적으로 특정한 방향으로 결정을 내려야 하는 문제가 남아 있기 때문에 역시 결심하는 과정에서 똑같은 어려움이 생길 수밖에 없는 것이다. 일반적으로 볼 때 그런 계획을 채택해서 얻는 효과라는 것은 그 계획에서 제시된 조치가 바람직한 것인지 여부를 판단하는 현실적인 기준을 대체하는 것에 지나지 않는다.

결정적으로 중요한 사실은, '거대한 사회'에서는 진정한 다수의 관점이라는 것이 단지 일반원칙에 대해서만 존재한다는 것이다. 그뿐만 아니라 다수가 일반원칙을 세우는 일에만 자기 역할을 국한하고 설령 자기 뜻과 어긋난다 하더라도 세세한 구체적 상황에 개입하는 것을 자제할 때에만 시장과정에 약간의 영향력을 행사할 수 있다는 점도 중요하다. 우리는 특정 목적을 달성하는 데 필요하다면, 우리가 알지 못하는 상황과 부분적 관계를 맺고 있는 까닭에 경우에 따라 우리 뜻과 다른 결과를 낳기도 하는 어떤 제도에 순응하지 않으면 안 된다. 따라서 이런 상황에서는 우리가 선호하는 일반원칙과 우리가 희망하는 결과 사이에서 때때로 갈등이 일어나는 것을 피할 도리가 없다.

집단적인 행동을 할 때 이러한 갈등은 더욱 선명하게 부각된다. 우리가 개인적으로 행동할 때는 일반원칙을 준수해야 한다는 가르침을 비교적 잘 따르나, 다수결로 문제를 해결하는 집단의 일원이 되고 나면 그러한 원칙을 위배하지 않고서는 원하는 바를 달성할 수 없는 상황에서도 과연 다수가 원칙을 따를 것인지 확신할 수 없기 때문이다. 개인적으로는 정의의 원칙 안에서 자기가 원하는 바를 추구해야 한다는 것을 잘 알지만, 그런 규칙 자체를 변경시킬 힘을 가진 집단의 한 구성원이 되고 나면 일반원칙으로부터 받는 구속력이 약해지는 법이다. 후자의 경우, 사람들은 다른 사람들이 누리는 혜택을 자신들도 향유하는 것이 정당하다는 것을 잘 안다. 그러나 그 혜택이 모든 사람들에게 보편적으로 돌아가는 것이 아님을 알기 때문에 차라리 아무도 그 혜택을 누리지 않기를 바란다. 개별적인 문제에 대해 구체적으로 결정을 내려야 할 상황에서 유권자들이나 대표자들이 바람직하다고 스스로 여기는 일반원칙에 위배되는 정책들을 선택하게 되는 경우가 종종 생긴다. 따라서 특정문제를 해결해야 하는 사람들을 구속하는 원칙이 존재하지 않는 한, 만일 원칙에 따라 결정하라고 한다면 당연히 금지했을 정책들을 다수가 승인하게 되는 일이 불가피하게 일어난다.

어떤 사회에서든지 특수한 쟁점에 대해서보다 일반원칙에 대해 합의하기가 더 쉽다는 주장은 일상적인 경험하고는 어긋난 것처럼 보일 것이다. 주위에서 일어나는 일들을 보면 일반원칙보다는 개별적인 쟁점에 대해 합의하는 것이 더 용이한 것처럼 보이기 때문이다. 그러나 이것은 우리가 어떻게 실행에 옮길 것인가에 대해 잘 알고 있고, 또 사람들을 쉽게 합의로 이끌고 갈 수 있는 공통된 원칙에 대해 뚜렷이 알지 못하고, 따라서 분명한 말로 나타내지 못한 까닭에 그렇게 보이는 것일 뿐이다.

이런 원칙을 말로 명확하게 표현하는 것은 경우에 따라 매우 어렵다. 그러나 우리의 행동원칙이 되는 것에 대해 우리가 분명하게 인식하지 못한다고 해서, 우리가 구체적인 도덕문제에 대해 합의할 수 있는 이유가 그런 문제에 적용될 원칙이 존재하기 때문이라는 사실을 부정할 수는 없다. 그런가 하면 단지 사람들이 합의에 이른 여러 특수한 경우들을 자세히 검토하고 그 합의된 내용들을 체계적으로 분석함으로써 우리는 때때로 이와 같은 공동의 원칙들을 표현하는 방법을 배울 것이다.

만일 어떤 사람들이 논쟁이 되는 사안의 배경에 대해 처음 알았는데 그 후 서로간에 그 문제에 대해 비슷한 결론에 이르게 되었다면, 이것은 그들이 의식하고 있든 아니든 간에 동일한 원칙을 믿고 있다는 증거가 될 것이다. 반대로 그들이 합의에 이르지 못했다면 그것은 그들이 각기 다른 원칙을 따르고 있다는 것을 뜻한다. 이 사실은 우리가 특정한 문제에 대해 정당들이 처음에는 이견을 보이다가 시간이 지난 후 합의에 이르게 될 경우 그 쟁점의 성격을 분석해보면 분명히 알 수 있다. 그런 쟁점들은 반드시 일반원칙에서 논리의 근거를 찾고 있으며, 아니면 최소한 일반원칙의 테두리 속에서만 이해될 수 있는 사실과 밀접한 관련을 맺고 있는 것이다. 반드시 모든 구체적인 경우에 다 들어맞는 것은 아니지만, 그런 경향이 강한 것은 사실이다. 우리가 합의할 수 있는 어떤 원칙을 찾아낸다면, 그것은 곧 구체적인 특수상황에 대한 합의에 이를 수 있는 단초가 될 것이다.

제13장
민주적 권력분립
The Division of Democratic Powers

> "민주주의의 보존에 큰 사명감을 느끼는 사람들의 입장에서 볼 때 이 시대
> 가 당면한 최대의 과제는 투표권을 매수하지 못하도록 막는 일일 것이다."
>
> 허트W. H. Hutt[*1]

제 기능을 상실한 의회

여기서 민주적 헌법의 원래 의미가 변질되고 민주적으로 선출된 의회가
무제한 권력을 장악하게 된 과정을 자세하게 논의할 생각은 없다. 이 점에
대해서는 바일이 최근에 펴낸 중요한 책에서 잘 설명하고 있다. 즉 그는 영
국의 대반란 때 의회가 권력을 남용하자 "지금까지 왕권만 위험하다고 생
각해왔던 사람들이 이제는 의회도 왕 못지않게 경계해야 할 대상이라는 사
실을 깨닫게 되었으며, 그 결과 개인의 자유가 침해되지 않으려면 의회의
권한 또한 제한해야 한다는 점을 분명히 인식하게 되었다"[2]고 주장한다. 그
래서 옛 휘그당은 18세기가 훨씬 지나서까지 이 점을 정강정책으로 강조해
왔다. 이런 사실에 대해 로크는 매우 유명한 언급을 남겼는데, 그는 "의회
의 권위는 '특별한 방법으로 행동'하는 데 있다"고 말했다. 이어서 그는 그
러한 권위를 행사하는 사람은 반드시 일반적 규칙만 제정해야 한다고 강조

했다. 즉 "개별적인 상황에 따라 가변적이어서는 안 되고, 공포된 법절차에 따라서만 통치해야 한다"[3]는 것이다. 같은 맥락에서 매우 영향력 있는 말을 트렌처드와 고든이 『케이토 서한집』에서 말하고 있다. 트렌처드는 이미 앞에서 부분적으로 인용한 것처럼, 1721년에 다음과 같이 말했다.

> "의회 대표들이 유권자들의 뜻을 따름으로써 결국 자기 자신들의 이익을 도모하고, 바로 자신과 그 후손들에게만 적용될 법률을 만들며, 자신이 부담해야 할 몫을 꼬박꼬박 납부하고, 악행을 저지르지 않고 자신과 이웃의 동포들에게 주어진 공동문제를 잘 처리한다면, 그때는 유권자들이 좋은 법률, 불행한 사건의 방지, 그리고 검소한 기풍의 확산을 기대할 수 있을 것이다."[4]

18세기말이 되어서도 도덕철학자들은 이런 정신이 영국 헌법의 골격이라고 간주했다. 그래서 그 중의 한 사람인 페일리는 1785년에 이렇게 강조했다.

> "의회와 사법부가 동일한 사람에 의해 운영되거나, 또는 같은 기관에 소속되고, 때때로 사적인 동기에 의해 사적인 목적을 위하여 개별적인 경우에 맞게 개별적인 법률이 만들어지며, 그래서 그런 법률과는 별도로 누가 적용대상이 될지도 고려하지 않은 채 일부 사람들에 의해 일반적 법이 제정되고, 또 그 법의 적용은 다른 사람에 의해 결정된다면 …… 만일 그 법에 의해 영향을 받을 정당이나 이해관계자들이 알려진다면 입법부의 대표들은 어쩔 수 없이 한쪽 당사자의 편을 들게 될 것이다 …… 이런 폐단을 효과적으로 방지하기 위해서는 입법부와 사법부의 기능을 분리해야 한다. 입법부는 법률을 제정할 때 구체적으로 어느 당사자가 그 법의 적용을 받을지 알 수가 없어야 한다. 결국 입법부는 특정 당사자의 사적인 이익을

고려하지 않고 다만 모든 사람에게 보편적으로 평등하게 영향을 미칠 법률만 만들어야 하는 것이다."[5]

의심할 여지없이 이런 정신은 그 당시에도 하나의 이상적인 이론이었다. 그래서 영국 의회가 자의적으로 권력을 남용하자 미국 식민지의 지도자들이 혁명의 명분을 찾게 된 것이다. 이 점에 대해서는 독립전쟁 당시의 유명한 정치철학자 중 한 사람인 윌슨이 누구보다 명확하게 지적하였다.

"블랙스톤의 의회주권론은 시대에 뒤떨어진 것이기 때문에 받아들일 수가 없다. 영국 사람들은 의회의 권한을 제한하고 감독하려 하는 헌법정신을 이해하지 못하고 있다. 미국 사람들은 이러한 정치발전을 당연한 것으로 받아들인다."[6]

나는 여기서 미국 사람들이 헌법에서 의회의 권한을 제한하려 했던 것이나 그 시도가 부분적인 성공밖에 거두지 못했다는 것을 더 이상 자세하게 언급하지 않겠다. 사실은 그래봤자 의회가 참된 입법부로 남아 있지 않고 통치기능까지 포괄하게 되는 추세를 막지 못할 것이다. 이 장에서는 그런 점을 주로 다루겠다.

대의기구가 입법보다 정부의 필요에 의해 더 영향을 받는다

대의제 의회에 대해 두 가지 서로 상반되는 임무를 부여함에 따라 현재의 민주정치 제도의 성격이 특이하게 규정되고 있다. 우리가 '입법부'라고 부르고 있지만, 이 기구는 지금까지 볼 때 실제로는 일반적인 행동규칙을 발의하거나 결의하는 일보다는 특정한 사안을 처리하고 감독하는 데 더 많은 시간을 쏟고 있다.[7] 나는 모든 사람을 구속하는 일반원칙을 제정하는 일과 정부 관할 아래 있는 재화와 기구를 관리하는 일 둘 다 다수 시민의 의견에 따라 움직여지는 것이 옳다고 생각한다. 그렇다고 해서 이 두 가지 일을 한 기관이 전담해야 한다거나, 또는 민주적으로 선출된 대의기구가 담당하는 업무가 일반원칙 그 자체와 같은 비중의 권위와 가치를 지닌다는 의미는 아니다. 그러나 원칙제정이든 아니면 특정한 조치를 승인해주는 것이든, 입법부가 내리는 모든 결정을 '법'이라고 부르다 보니 양자 사이의 차이점을 망각하게 되었다.[8] 대의기구가 대부분의 시간과 정력을 정부를 지휘, 감독하는 데 쓰는 결과, 우리는 입법부와 행정부가 하는 일이 다르다는 사실을 잊게 되었을 뿐만 아니라, 입법부가 행정부에게 어떤 특정한 조치를 취하도록 지시하는 것이 입법 활동의 정상적인 한 부분인 것처럼 생각하기에 이르렀다. 일이 이렇게 되다 보니 대의기구의 구조와 조직이 시의적절한 법률을 제정하는 데 적합한 방향으로 결정되는 것이 아니라 정부가 해야 할 일을 어떻게 하면 효과적으로 처리할 수 있을 것인가 하는 관점 위주로 결정되고 말았다.

이와 관련해서 근대적 대의제 창시자들이 거의 모두 (그들이 흔히 파당이라고 불렀던) 정당에 대해 불안한 마음을 품었다는 점을 기억하는 것과, 그들이 왜 그렇게 불안해 했었는가를 이해하는 것이 중요하다. 정치이론가들은 여전히 자기들이 생각하는 의회의 기본 역할, 즉 사적 시민들의 행동을 규율하는 원칙의 제정에만 관심을 보였지, 정부행정을 관리, 감독하는 것과 같은 또 다른 임무에 대해서는 그다지 중요성을 부여하지 않았다. 전자와 같은 일을 위해서는 다양한 계층의 의견을 골고루 대변하는 것이 바람직하지 개별적인 특수사안에 대해 집착하는 것은 옳지 않았다.

그러나 입법보다는 행정부의 일이 대의기구의 주된 임무가 되고 보니 이 일을 잘 처리하기 위해서는 의견을 같이하는 다수의 존재가 필요해졌다. 근대적 대의기구가 민주적 '입법'보다는 민주적 '행정'에 의해 그 성격이 규정되기에 이른 것이다. 정부 관할 아래 있는 인적 자원과 물적 재화를 잘 관리하고 각종 정부기관을 효과적으로 지휘, 감독하자면 일관된 행동양식을 보여주는 조직된 다수의 지지가 필요하다. 원래 정부는 어떤 특정 이해당사자의 요구를 들어주어야 할 것인가에 대해 끊임없이 결정해야 한다. 나아가 한정된 재화를 놓고 여러 집단이 다툴 때는 그 중의 하나를 선택하는 일을 되풀이해야 한다.

오랜 경험을 통해서 볼 때, 민주적 정부가 이런 과제를 원만하게 처리하자면 정부가 정당별 노선에 따라 구성되는 것이 필요하다. 만일 유권자가 투표로써 정부에게 신임을 물을 수 있다면, 대의기구 속에 정부정책에 책임을 지는 집단과 그에 반대하는 야당성격의 집단이 존재해야만 한다.

그러나 정부를 감독하는 일을 주 업무로 하여 조직된 기구가 엄격한 의미의 입법, 즉 정부의 일상적인 과제를 처리하는 기준이 되는 항구적인 법치의 골격을 수립하는 일에도 또한 적합하다고 주장하는 것은 결코 진실과 부합될 수 없다.

순수한 의미의 정부역할과 보편적인 정의의 원칙을 제정하는 일이 서로 얼마나 다른가에 대해 다시 한 번 생각해보자. 정부는 특정한 목적에 맞추어서 특정한 수단을 동원하는 구체적 업무를 전담하고 있다. 설령 정부가 하는 일이 그저 주어진 정의의 규칙을 집행하는 것에 불과하다 하더라도, 이런 일을 위해서는 재판소, 경찰, 처벌기관 등 각종 기구를 원활하게 움직여야 하고, 특정 목적에 부응하는 수단을 적절히 동원할 수 있어야 한다. 그러나 정부는 이런 일 외에도 수많은 과제를 처리해야 하며, 아울러 재량권 안의 재화를 잘 사용하기 위해서는 무슨 목표를 지향할 것인가에 대해서도 끊임없이 판단을 내려야 한다. 결국 이 모든 일은 능력과 효율의 문제로 귀결되고 만다. 어느 길을 따라 새 도로를 건설할 것인가, 신축건물은 어떤 모양으로 할 것인가, 경찰은 어떻게 조직하고 쓰레기 문제는 어떻게 해결할 것인가 등등의 문제는 일반원칙의 적용을 논하는 정의의 문제와는 다른 것이다. 그것은 다양한 집단의 사람들이 요구하는 바를 어떻게 하면 효율적으로 들어줄 수 있는가 하는 문제이고, 아울러 서로 다른 목표들의 상대적 중요성을 판단해서 결정할 수밖에 없는 성질을 띠고 있다. 이런 문제를 민주적으로 결정한다는 것은 한쪽 편을 들어 다른 쪽의 이익을 무시하는 방향으로 나간다는 의미에 지나지 않는다.

그러므로 공동목적을 위해 사용되는 공공수단을 관리하기 위해서는 정의로운 원칙에 대한 합의 이상의 것이 필요하다. 각각의 목적이 지니는 상대적 중요성에 대해서도 합의를 해야 하기 때문이다. 적어도 정부가 사용하기 위해 남겨둔 사회적 재화를 관리하자면 누군가는 무슨 목적을 위해 그런 재화를 사용할 것인가를 결정할 권한을 지녀야 한다. 자유사회와 전체주의적 사회는 바로 이런 점에서 구분된다. 즉 전자의 경우에는 명확하게 정부가 사용할 목적으로 한정된 재화만 결정의 대상이 되지만, 후자의 경우에는 시민들까지도 포함해서 모든 재화가 그 대상이 되는 것이다. 따라서 자유사회에서는 정부의 권한이 일정한 제약을 받아야 하며 아무리 다수라 하더라도 공동의 목적을 위해 지정된 재화에 대해서만 전권을 행사할 수 있을 뿐이고, 시민 개개인과 그의 사유재산은 보편성을 결여한 특정(심지어 의회가 내리는 것이라 하더라도) 명령에 의해 침해를 당해서는 안 된다.

우리가 입법부라고 부르는 대의기구가 정부가 하는 일에 압도적인 관심을 보이고 있기 때문에 그 일은 대의기구의 조직뿐만 아니라 그 구성원 전체의 생각에까지 큰 영향을 미친다. 오늘날 흔히 권력분립의 원칙이 정부가 점차 입법권까지 행사하는 까닭에 위협받고 있다고 말한다. 그러나 그 원칙이 무너지게 된 것은 이미 좀 더 오래된 일인데, 그것은 입법부가 행정부를 감독하는 역할(또는 좀 더 정확하게 이야기하자면, 입법활동이 주로 행정부 일에 관심을 기울이고 있는 기존의 국가기구에 맡겨진다)을 자임하게 되면서부터였다. 원래 권력분립의 이상이라는 것은 행정부가 발동하는 모든 강제적 조치가 행정부의 일시적이고 특정한 목적에 관심을 기울이지 않는 대의기구에 의해 승인된 보편적 원칙에 의거해야 한다는 점을 전제하고 있었다. 만일 우리가 입법부에 의해 승인된 행정부의 특정한 조치를 '법'이라고 부른다면, 이때의 '입법활동'은 권력분립이론이 상정한 원래 의미의 입법활동과는 거리가 멀다. 그것은 민주적 의회가 그 스스로의 힘으로는 변경할 수 없는 일반원칙의 관할을 벗어나 행정권을 행사했다는 의미가 될 것이다.

특정 목적을 지향하는 대의기구는 입법활동에 적합하지 않다

비록 우리가 민주정부를 원한다고 할 때 정부가 해야 할 모든 일에 대해 사람들이 자기 뜻을 전달할 수 있는 대표기구가 존재해야 한다 하더라도, 이런 문제를 우선적으로 처리하는 데 주력하는 기구는 입법활동을 전담하기에 적합하지 못하다. 이 기구에게 두 가지 역할을 동시에 기대한다는 것은 이 기구가 가장 잘 할 수 있는 한 가지 일도 못 하게 가로막는 것이나 마찬가지이다. 정부 기능을 수행하는 동안 이 기구는 사실상 일반원칙의 제한을 전혀 받지 않게 될 것이다. 그런 일을 하는 동안 필요하다면 언제든지 스스로 원칙을 만들 수 있기 때문이다. 실제로 특정한 결정을 내린 것이 기존의 원칙에 위배된다면 그 원칙은 자동적으로 무효가 되고 만다. 이처럼 한 대표기구가 행정부 기능과 법률제정권을 한꺼번에 수행한다면 이것은 권력분립의 원칙뿐만 아니라 법치주의의 이상과도 어긋난다.

특정한 문제에 대해 결정을 내릴 사람들이 원하기만 하면 무슨 법이든지 만들 수 있다면 그들은 분명히 법의 지배를 받지 않게 될 것이다. 또한 다수파든 아니든 상관없이 특정집단이 어떤 문제에 대해 내린 결정을 법이라고 부르게 된다면 이것은 법의 지배라는 이상과도 조화될 수가 없다. 법의 지배나 다수의 지배, 심지어 통치권을 행사하는 다수에 의해 만들어진 법의 지배[9]가 존재할 수 있다. 그러나 단지 다수가 구체적인 문제에 대해 결정을 내릴 때 그 다수가 임의로 변경시키지 못하는 원칙에 의해 제약을 받는 동안만 법의 지배가 효력을 발휘할 수 있는 것이다. 의회의 통제 아래 놓여진 행정부가 법의 지배에 따라 움직이기 위해서는 의회가 직접 행정부를 감독하는 일에 나서지 않고 다만 일반원칙에 따라서만 그 권한의 행사를 감시하며, 바로 그렇게 함으로써 행정부에게 명령하는 모든 일을 합법화시킬 수 있어야 한다.

그러나 현실은 그렇지 못하다. 정의로운 규칙이라는 점에서의 법률과, 특정문제에 대한 다수의 의견을 반영한다는 점에서의 법률 사이의 구분조차 사라지고 있는 실정이기 때문이다. 헌법에 규정된 절차에 따라 소위 말하는 입법부가 결정한 것이면 무엇이든 법이 된다는 관념은 유럽의 특수한 민주주의 기관들이 만들어낸 산물이다. 이런 나라에는 정당성을 지닌 다수의 대표가 무제한 권력을 행사할 필요가 있다는 그릇된 관념이 형성되어 있기 때문이다. 미국에서는 이런 문제를 해결하려고 했으나 오직 부분적인 성공을 거두었을 뿐이다.

의회가 어떤 특정한 문제에 대해 결정을 내리고 자신이 지시한 일을 행정부가 잘 처리하고 있는지 감독하는 것을 일차적 과제로 치부하고 있다면, 이런 사회에서는 의회가 일반원칙에 따라 기능할 이유도, 또 그 가능성도 별로 없다. 의회가 상황에 따라 필요하다면 자신이 제정한 원칙이라도 스스로 변경시킬 수 있는 곳에서는, 이런 원칙이 일반적으로 시장의 자율적인 필요에 따르기보다 정부조직의 필요를 우선 충족시키려 들 것이다. 의회가 어쩌다가 정의로운 원칙에 관심을 쏟게 된다고 하더라도 이것은 대개 정부 일을 처리하다 생긴 부산물이고, 따라서 정부의 필요에 따라갈 것이다. 이렇게 되다 보면 입법부는 점차적으로 정부기관의 자의적인 권한을 늘려주게 되면서, 정부가 특정한 목적을 달성하는 데 힘을 쓰지 못하도록 견제를 하기보다 오히려 그것을 도와주게 될 것이다.

그러므로 정부를 민주적으로 통제하는 것과 법에 따라 정부의 권한행사를 제한하는 것은 분명히 다른 목표이기 때문에 한 대표기구에다 입법권과 행정권을 동시에 부여함으로써 둘을 한꺼번에 달성할 수 있으리라고 기대할 수 없다. 물론 이론적으로는 가능한 이야기이나 지금까지는 어느 나라도 헌법적인 테두리 안에서 이 목표를 달성할 수 없었다. 다만 정치적 전통이 유리하게 작용하는 곳에서는 일시적으로 그것이 가능했다. 그러나 최근 들어서는 기존의 제도적 장치들이 그나마 이어져오던 법의 지배전통을 자꾸 잠식하고 있다.

대의정부제가 도입된 초기 시절에는 의회 대표들이 그래도 특수이익이 아닌 일반이익을 대변한다고 여겨졌었다.[10] 비록 정부가 의회의 다수로부터 신임을 받을 필요는 있었지만, 정부의 정책을 집행하기 위해서는 조직된 다수의 지지가 확보되어야 한다는 것을 뜻하지는 않았다. 적어도 평상시에는 정부가 하는 일이 대부분 일상적인 것들이어서 예산문제를 제외한다면 의회가 간섭할 일이 별로 없었다. 그래서 영국에서는 주로 이 문제를 통해서 정부를 통제할 수 있었다.

행정부와 관련된 기능에 따라 의회의 성격이 결정된다

비록 모든 사람들, 심지어 근대 정치현상에 익숙하지 않은 사람들까지도 현재의 의회정치 과정이 보여주는 특징을 당연한 것으로 받아들이고 있지만, 근대 의회정치의 현실과 대부분의 이성적인 사람들이 그것에 대해 상정하고 있는 이상(즉 법질서를 개선하며 다양하게 상반되는 이해관계를 원칙 속에서 조정하기 위하여 어려운 결정을 내릴 것으로 기대되는 이미지) 사이에 얼마나 큰 괴리가 존재하는가를 생각해보면 놀라지 않을 수가 없다. 현존하는 정치질서에 대해 과문한 사람들도 곧 정치라는 것이 한쪽에서는 제약을 하면서 다른 쪽에서는 동시에 그 제약을 무너뜨리기 위한 행동을 하고, 동일한 사람이 선거에서 이기기 위해 선심을 베풀면서 또 한편으로는 정부가 그런 특혜를 베풀지 못하도록 제한을 가해야 한다고 주장하는 현상의 결과물이라는 점을 깨달을 수 있을 것이다. 이 두 과제 사이에는 분명히 모순이 존재한다. 따라서 국민의 대표들이 유권자들의 환심을 사는 데 필요한 권한을 스스로 포기하도록 기대하는 것은 환상에 불과하다.

기존 대의기구의 성격이 거의 전부 행정부가 담당하는 기능에 의해 규정된다고 말해도 결코 과장이 아닐 것이다. 선거하는 방법에서부터 임기, 조직된 정당에 의한 의회의 분할, 활동체계나 규정, 그리고 무엇보다도 구성원들의 정신상태 등 모든 것이 입법활동이 아니라 정부의 하는 일과 기능에 의해 결정되기 때문이다. 최소한 하원만 하더라도, 원래 의미의 입법활동과는 전혀 거리가 먼 예산심의가 연중 최대행사가 되고 있을 정도이니 말이다.

이런 모든 것들이 의원들로 하여금 민의 전체보다는 지역구 주민의 이익을 대표하는 중개인이 되도록 만드는 것이다. 어떤 사람이 선거에서 국민의 대표로 뽑혔다면 그것은 지역구민들의 이익을 충족시켜 준 것에 대한 보상을 뜻하는 것이지 상식이나 정직성, 공평성 같은 덕목을 가지고 공무에 임하라는 신임을 표시한 것은 아니기 때문이다. 그래서 지난 3~4년 동안 지역구 주민들을 위해 구체적으로 무슨 일을 했는가 하는 기준에 따라 선거에서의 재선 여부가 결정날 상황에 있는 사람들에게 진정으로 전체 국민의 이익에 맞게 일반원칙을 제정하는 데 힘을 기울이라고 말해보았자 별 소득이 없을 수밖에 없다.

일반대표들이 이러한 두 가지 과제를 한꺼번에 지향하다 보니, 정부가 강제력을 집행(이것은 법이 존재하는 중요한 이유이다. 또 다른 것으로는 국민이 다른 사람들의 폭력이나 강제력에 시달리는 것을 막아주는 일을 들 수 있다)하는 과정에서 생기는 문제점을 개선하는 것은 고사하고 그것을 뒷받침할 만한 정도의 시간과 관심과 열망, 그리고 능력조차 갖추지 못하게 되었다는 점은 잘 알려진 사실이다. 그러니 입법활동이라도 제대로 할 처지가 못 된다. 엄격히 말하자면, 입법부가 행정부 기능에 신경을 쓰게 될 경우 그 고유의 입법활동에 지장을 받게 될 뿐 아니라 때로는 전면적인 갈등까지 불러일으키게 되는 것이다. 나는 앞에서 영국 의회에 대해 가까이에서 관찰할 수 있었던 사람이 "법률은 법조인의 몫이지, 의회는 법률에 대해 쓸 시간도 흥미도 없다"고 말한 것을 인용한 바 있다.[11] 이 대목에서 앨버트 경이 20세기 초반의 영국 의회의 실상에 대해 묘사한 것을 좀 더 자세히 살펴보는 것도 유익할 것이다.

> "대부분의 의원들은 정말 법률의 기술적인 문제에 대해 흥미가 없었다. 그 래서 그들은 법조인들에게 관계되는 규칙과 규정을 알아서 만들도록 맡겨 두는 것을 좋아했다. 그러다 보니 명색이 '입법부'라는 의회가 주로 하는 일이란 국사가 잘 돌아가는지 감시하는 역할뿐이었다. 이 목적을 위해 필 요한 법률은 민사나 형사가 아니라 대륙행정법 영역에 속하는 것이었다 …… 매년 나오는 법령집은 대부분 일반 법조인들과는 거리가 먼 행정명 령으로 가득 찼다."[12]

이것이 금세기 초 영국 의회의 참모습이지만, 오늘날 다른 민주주의 국가의 의회들도 이런 사정에 빠져 있기는 마찬가지다. 사실을 말하자면, 의원들은 통상적인 법률, 즉 정의의 원칙을 구성하는 법률에 대해 매우 무식하다. 그 대신 그들은 주로 행정법과 관련된 문제들에 관심을 보인다. 영국에서는 한때 민법이 일반시민뿐만 아니라 정부기관에까지 제약을 가한다고 생각했었는데, 이제 하나의 독자적인 영역을 차지하기에 이른 것이다. 그 결과 (언젠가는 자기 나라에서는 행정법 같은 것이 존재하지 않는다고 자랑했던) 영국에서 구속력을 갖춘 명령을 내릴 수 있는 행정기관이 수없이 생겨나게 되었다.

대의기구가 입법보다는 거의 전적으로 행정부 기능에 관심을 기울이는 것은 의원들의 재선 여부가 입법활동이 아니라 행정적 역량에 달려 있다는 사실을 잘 알기 때문이다. 유권자들은 장기적인 효과를 내는 법률보다는 당장 그 혜택을 볼 수 있는 정부 조치에 따라 투표를 한다. 의원 개개인들은 자기 당의 인기도와 자신이 당으로부터 받는 지지가 선거에서 다시 승리를 기약할 수 있는 관건이 된다는 것을 무엇보다 잘 아는 까닭에 당장 효과를 내는 정부의 조치에 모든 관심을 기울이지 않을 수 없다. 각자가 처음 당을 선택할 때는 물론 원칙을 고려했을 것이다. 그러나 일단 한 정당의 후보로 선출되고 나면 당을 바꾸는 것은 정치생명을 단축하는 것이나 다름없으므로 각 의원은 원칙문제는 당 지도부에 일임한 뒤 자신은 지역구 구민의 숙원사업과 직결된 일상적 행정업무에 매달리게 된다.

원래 입법부의 일원으로서 의원들이 해야 할 일은 사적 개인들에게 특별혜택이 부여되는 것을 가로막는 것이어야 하겠지만 현실적으로는 오히려 그런 일의 주선에 앞장서고 있다. 에드먼드 버크가 상정한 이상적인 정당의 모습이 무색할 정도로, 오늘날 대부분의 정당들은 이념이 아니라 특정한 목적에 따라 결성된다. 물론 오늘날에도 원칙이나 이상을 좇는 정당이 없는 것은 아니다. 그러나 그런 정당들도 세를 불리기 위해서는 이념 말고도 그 무엇인가를 제공해야 하므로 원칙만 지키다가는 다수를 형성할 기회를 가질 수가 없다. 만일 어떤 정당이 다수를 끌어 모으기에 족할 만큼 특혜를 베푸는 것을 정당화시켜 주는 원칙을 발견할 수 있다면 참으로 다행스러울 것이다.

이 점에서 사회주의자들은 유리하다. 그들이 집권에 성공하여 생산수단을 장악한 뒤 생산물의 분배문제에 직면하기 전까지는 공동원칙, 또는 최소한 '사회정의'(아직은 그 주장의 공허함을 이해하지 못하고 있지만)와 같은 구호 아래 하나가 될 수 있기 때문이다. 그들은 새로운 기구를 사용하는 것보다 창조하는 데 더 전념해야 하는데, 그 과정 동안에는 미래에 대한 희망에 모든 것을 걸 수 있다. 그러나 사회주의자들 역시 우리가 앞에서 본 것처럼, 처음부터 정의에 관한 일반원칙을 폐기하고 그 대신 행정명령을 만들어내는 데 집중한다. 따라서 사회주의 국가의 의회 또한 국가 계획당국자들의 거수기 역할에 국한된, 순전히 행정기구적인 성격을 벗어나지 못한다.

정부가 해야 할 일을 획정하는 작업은 자신의 재선에 도움이 되는 특혜를 나눠주는 데 골몰한 사람이 하는 일과 확연히 달라야 한다. 그런 일은 평생을 정치판에서 보냈거나 재선 여부에 모든 신경을 곤두세우는 사람보다, 일상적인 직업활동을 통해 존경과 권위를 불러일으켰고, 경험과 지혜, 그리고 공정함 덕분에 선거에서 당선되었으며, 정부를 포함하여 법체계 전반에 걸친 장기적 문제해결에 모든 시간을 쏟을 수 있는 사람에게 맡겨져야 한다. 이런 사람들은 입법부의 일원으로서 자신이 마땅히 해야 할 일을 제대로 배우는 데 충분한 시간을 투자할 수 있을 것이고, 따라서 시간이 없는 관계로 입법활동을 부실하게 하고 그 결과 정부관료들의 비웃음을 사는 기존의 의원들과는 다른 모습을 보여줄 것이다.

오늘날 의회가 마땅히 해야 할 임무를 도외시하는 가운데, 일반 사람들이 으레 입법부가 하리라 생각하는 업무들을 주로 공무원들이 추진한다는 것 이상으로 우스운 일도 없다. 그 근본이유는 의회가 행정부의 기능에 더 관심을 보이면서 입법활동을 점차 관료들의 손에 맡겨왔기 때문이다. 다른 일에 정신을 쏟다 보니 의회가 관료들의 '입법권' 행사를 적절히 통제할 수 없다는 것은 불문가지(不問可知)의 사실이다.

이에 못지않게 중요한 사실은, 많은 의원들이 윤리와 양심과 관련된 심각한 문제라고 생각하기 때문에 의회가 말 그대로 법안심사를 해야 하는 상황(참된 여론이 무엇인지 궁금하기 이를 데 없는 사안, 이를테면 사형제도, 낙태, 이혼, 안락사, 담배나 알코올을 포함한 약물 사용, 음란물 허가 등과 관련된 문제)을 맞게 될 때,

당 지도부가 의원 개개인의 판단에 그 처리를 맡겨버리려 한다는 점이다. 이것은 각 정당이 내건 원칙에 따라 선을 긋고 유권자들을 편가름 하기가 쉽지 않다는 사실을 의미한다. 원칙을 따르는 것과 특혜를 베푸는 것은 별개의 문제인 것이다.

최고의 관심사가 법이 아니라 정부 쪽으로 경도되면서 법에 대한 정부의 우위가 점차 확고해진다. 정부의 역할도 그에 비례하여 증대될 수밖에 없다. 특혜를 나눠줌으로써 권력의 자리에 오른 사람들이 스스로 그런 일을 못 하게 가로막는 원칙에 복종하리라고 기대하는 환상은 버리는 것이 좋다. 선출된 고위공무원에게 법을 맡기는 것은 고양이에게 생선을 맡기는 것이나 다를 바 없다. 그렇게 되면 정부의 자의적 권력행사를 예방할 법이 아예 남아나지 못할 것이다. 법치민주주의의 이러한 문제점 때문에, 18세기 영국의 휘그당이 "너무나 사납고 흉물스러워서, 그것을 갖고 싶어하는 것만큼이나 반대하는 것도 자연스러운"[13] 일이라며 경계했던 무제한 권력 문제에 우리는 다시 봉착하게 된다.

정당 입법활동이 민주사회의 타락을 초래

두 진영이 첨예하게 대립하는 상황에서 소집단이 판세의 결정에 영향을 미칠 위치에 서 있다고 해서 특정 입장을 지지하는 대신 특별한 대우를 요구한다면, 그런 체제는 민주주의나 '사회정의'라는 이름에 걸맞을 수가 없다. 그러나 이것은 투표로 선출된 단일 대의기구가 입법활동이나 행정부 권한을 행사할 때 함부로 변경시킬 수 없는 상위 법 규범에 의해 일정한 제약을 받지 않는 한 피할 수 없는 일이다.

이런 체제에서는 행정부 안에 부패와 타락이 횡행할 뿐 아니라, 다수에 의해 승인받을 수 없고 장기적으로는 사회의 퇴보를 가져올 법률이 만들어지게 된다. 누가 과연 영국의 근대사에서 가장 큰 오점을 남긴 1906년의 '노동쟁의법'이 다수의 의지를 반영하고 있다고 주장할 수 있단 말인가?[14] 야당인 보수당이 전적으로 반대하는 가운데 '노동당의 제1세대 의원들'이 기초한 이 법안을 과연 여당인 자유당의 다수 의원들조차 진정 마음속으로 지지했을까 하는 의문이 생길 정도이다.[15] 그러나 다수파가 되기 위해서는 노동당의 지지가 필요했던 자유당으로서는, 이 법안이 영국의 정치적 전통을 심각하게 해칠 뿐만 아니라,[16] 노동조합에게 파격적인 특권을 부여함으로써 장차 영국 경제가 곤두박질치게 되는 주원인이 되리라는 점을 헤아릴 겨를이 없었다.

의회가 현재의 상태에 머물러 있는 한, 앞으로 닥칠 중요한 과제들, 이를테면 모든 법인체의 권한을 제한하거나 자유경쟁을 억제하지 못하게 하는 법안 같은 것을 현명하게 다루리라는 희망을 가질 수가 없다. 그런 문제들이 시장질서에 대한 이해를 바탕으로 하지 않고 다만 특정집단의 호·불호에 의해 결정될 것 같아 걱정이 앞선다.

정치적 지지를 확보하기 위해 특정집단에게 특혜를 줌으로써 정부활동을 왜곡시키는 그와 같은 편견은 나아가 대중여론의 형성을 좌우하다시피 하는 대중매체의 협조도 얻기 위해 눈에 안 띄게 작동한다. 이를테면 대중은 별로 관심을 보이지 않는 현대예술이나 과학기술 발전을 지원하는 것이 바로 그 대표적인 예인데, 이를 통해 사회를 움직이는 지식인 계층의 지지를 끌어 모을 수 있는 것이다.

이제 민주주의는, 평등주의와는 또 다른 의미로, 하찮고 유해하기까지 한 특수이익의 비위를 맞추어가며 표를 사 모으는 과정으로 이해되기에 이르렀다. 그러나 이런 부작용에 대한 책임은 민주주의 그 자체가 아니라 이 시대를 풍미하는 특수한 형태의 민주주의가 져야 한다. 사실 나는 5백 명 정도의 성인을 무작위로 추출해서 양심과 명예욕에 따라 20년가량을 법체계의 개선을 위해 헌신하도록 만드는 것이 현재처럼 특정한 사람들에게 특혜를 베풀 것을 약속하는 사람에게 몇 년에 한 번씩 투표하는 것보다 참된 여론을 훨씬 더 잘 반영할 수 있지 않을까 생각한다. 그러나 뒤에서 말하겠지만, 단일한 막강한 대의기구가 무한권력을 행사하며 정치를 타락시키는 현 체제보다 더 나은 대안 형태의 민주주의가 존재할 수 있다.

주권에 대한 구성주의자들의 미신

국민의 다수(또는 그들에 의해 선출된 대표)가 합의한 것이면 무엇이든 해도 좋으며, 이런 의미에서 국민의 다수는 절대적인 권한을 지니고 있다는 생각은 인민주권(popular sovereignty) 개념과 밀접히 관련되어 있다. 이러한 오류가 모든 권력이 국민의 손 안에 있어야 하며 그들이 원하는 바가 다수결이라는 절차를 통해 표출되어야 한다는 생각 때문에 일어나는 것은 아니다. 그것보다는 그와 같은 권력의 궁극적 원천이 일체의 제한도 받아서는 안된다고 하는 생각, 다시 말하면 주권 개념이 그러한 권력의 근거가 된다고 신봉하는 것이 문제의 출발점이 된다. 그러한 무제한 권력 개념을 정당화할 논리는 존재할 수가 없다. 이미 앞에서 보았듯이, 그런 필요성을 상정하는 생각은 인간사회의 모든 제도가 최초의 설계자에 의해, 또는 어떤 인격적 존재가 심사숙고해서 취한 행위에 의해 출현했다고 잘못 구성주의적으로 해석한 결과 생겨났다. 사회질서는 어떤 공동규칙을 확립하기 위해 사람들이 사려 깊게 결정한 끝에 형성된 것이 아니기 때문이다. 사람들 사이에서 무엇이 옳고 그르다고 하는 공통된 판단이 존재할 때, 그것이 바로 사회질서의 원천이 된다. 따라서 행동규칙을 잘 만들었기 때문에 '거대한 사회'가 존재할 수 있다고 생각하면 그것은 착각이다. 사람들이 어떤 규칙을 잘 준수할 때 무슨 결과가 나올지도 모르는 상태에서 그 규칙이 사회적 구속력을 넓혀나갈 때에야 '거대한 사회'가 탄생할 수 있는 것이다.

모든 권력은 이미 형성되어 있는 여론에 의지해야 하고, 또 그런 여론이 존재할 동안만 힘을 발휘할 수 있기 때문에 인간적 요소나 심사숙고해서 내린 결정에 의해 그런 권력이 창조될 수도 없다. 주권 개념은 기존의 규칙과 제도가 통일된 의지에 의해 창조되었다고 하는 그릇된 구성주의 이론에 입각해 있다. 그러나 사회가 어떤 종류든지 원하는 대로 규칙을 부과할 수 있는 이미 존재하는 의지에 의해 형성되는 것은 결코 아니다. 그와 반대로 자유인이 모여 사는 사회는 모든 권력이 사람들을 한데 묶어주는 공동신념에 의해 제약을 받으며, 그런 합의가 존재하지 않으면 권력도 생겨날 수 없다는 점을 미리 전제하고 있다.[17]

정복에 의해 새로운 정치사회가 생겨나는 경우를 제외하고는, 사람들은 무엇이 옳은가 하는 사실에 대해 모두가 똑같은 생각을 한다는 믿음 때문에 권위에 복종한다. 권위가 있다고 해서 마음대로 해도 좋다는 것은 아니라는 뜻이다. 사회가 먼저 생긴 뒤에 규칙이 만들어진 것이 아니라, 공동규칙들이 흩어져 있는 집단들을 하나의 사회로 묶어 만든 것이기 때문이다. 공인된 권위에 대해 복종할 것을 규정한 협약이 국가의 통일성, 나아가 국가 존재의 조건이 되기 때문에 그것은 국가의 권한을 항구적으로 제한한다. 그리고 자유사회에서는 권위에 대한 복종을 규정한 협약에 따라, 강제력이 단지 일반적으로 승인된 정의의 원칙을 집행하기 위해서 필요할 때만 동원된다는 의미로 이해된다. 모든 권력의 원천으로서 제한받지 않는 의지가 존재해야만 한다고 생각하는 것은 구성적 관념의 오류로서 현실과는 동떨어진 것이며, 법실증주의의 허구적 가정 때문에 생겨난 것에 불과하다.

정부의 권력구조에 대해 생각할 때 우리가 가장 먼저 던져야 할 질문은, 누가 그런 권력을 가지고 있는가가 아니라 정부기관이 행사하는 권력이 암묵적 복종 협약에 의해 정당화될 수 있는가에 관한 것이어야 한다. 그러므로 권력에 대한 궁극적 제한은 특정문제에 대한 누군가의 의지가 아니라 전혀 다른 그 무엇, 즉 일정지역에 모여 사는 사람들이 정의에 대해 가지고 있는 공통된 생각에 입각해서 이루어지는 것이다. 법실증주의의 궁극적 단초로 받아들여지는 베이컨의 유명한 말, 즉 "절대 최고권력은 그 스스로 결론을 말하지 않으며, 마찬가지로 불완전한 권력 또한 항구불변일 수 없다"[18]라는 주장은 이런 의미에서 모든 권력이 어떤 목적 지향적인 의지에서 파생된다는 듯이 잘못 전제하고 있다고 보아야 할 것이다. 그러나 "우리는 정의로운 사람의 지배를 받을 것이나 그가 옳지 않은 짓을 하면 그를 축출하고 말 것이다"라는 식으로 결의한다고 해서, 그것이 곧 그에게 무제한 권력이나 우리가 이미 가지고 있는 권력을 부여한다는 의미는 아니다! 권력은 한 개인이 아니라 어떤 원칙에 대해 많은 사람이 지니고 있는 공통된 의견에서 비롯되는 것이며, 이들의 지지 없이는 존재하지 못한다. 아무리 뛰어난 지혜를 가진 사람도 권력을 효과적으로 통제할 수 없다. 권력은 다만 그것의 원천, 즉 많은 사람이 공통적으로 지니고 있는 의견의 힘에 의해서만 효율적으로 제한될 수 있다. 대중의 지지를 받지 못하고 효과적으로 통제하기도 어려운 권력이 자의적인 횡포를 일삼을 때 국가에 대한 충성심이나 위엄이 생겨날 수는 없다.

서구사회에서는 16세기에 절대주의가 등장하기 전까지는 절대주권론이 제기된 적이 거의 없었다. 중세 시대의 군주들에게도 그런 권력이 주어지지는 않았으며, 그들 자신도 요구할 생각을 갖지 못했다. 비록 유럽대륙의 절대군주들이 비로소 그런 생각을 구체화하기는 했지만, 근대 민주주의가 도래하기 전에는 절대주권론이 정당화될 수 없었다. 이런 면에서는 민주주의가 절대주의의 유산을 물려받았다고 할 수 있다. 그때까지는 특수한 개별적 문제가 아닌 몇 가지 근본적인 원칙문제에 대한 일반 국민의 승인 여하에 따라 정당성이 좌우된다는 생각이 여전히 힘을 발휘하였다. 그러나 권력을 견제하기 위해 고안된 명시적 동의의 필요성이 권력의 유일 원천으로 간주되면서부터 역사상 처음으로 무제한적 권력 개념이 정당성을 얻기 시작한 것이다.

그러므로 무제한적 권력 개념은 민주주의가 일정기간 이상 실천되어 온 곳에서 법실증주의의 구성주의적 접근법의 영향을 받아 생겨났다. 그렇다고 해서 그것이 민주주의가 만들어내는 어쩔 수 없는 결과라는 의미는 결코 아니다. 그것은 다만 다수의 의사를 추출하기 위해 만들어진 제도적 장치가 언제나 다수의 '의견opinion'을 결집하며, 따라서 그러한 민주적 과정이 다수의 뜻을 충실히 반영하고 있다는 점에 대해 의심할 필요가 없다고 하는 그릇된 믿음의 산물일 뿐이다. 이런 믿음을 더욱 부채질하는 것이 바로 이런 식으로 해서 국민이 '공동보조를 취하고 있다'고 하는 소박한 생각이다. 다시 말하면 '국민' 스스로가 중요한 문제에 대해 결정을 내리고 있으며, 국민 전체가 같이 행동하는 것이 개별적으로 움직이는 것보다 윤리적으로 훨씬 바람직하다고 하는 동화 같은 주장이 확산되고 있는 것이다. 결국 이런 환상은 민주적 결정과정이 언제나 공동선(민주적 결정과정이 이끌어 낸 결론이 곧 공동선이라고 정의된다)을 낳게 된다고 하는 흥미로운 이론으로 발전된다. 이 주장이 얼마나 근거 없는 것인가 하는 점은 민주적 결정에 도달하기 위해 만들어진 정당한, 그러나 이질적인 장치가 기대와는 전혀 다른 결과를 낳을 수도 있다는 사실에 의해 입증될 수 있다.

대의기구의 권력분할은 필수적

대의제 민주주의에 관한 고전적 이론은 국가의 권력을 선거에 의해 구성된 대의기구와 그 대의기구에 의해 임명된 행정부에 나누어 맡기는 것이 민주주의의 본래 이상을 잘 실현할 수 있을 것으로 가정했다. 그러나 현실은 그렇지 못했다. 민주적 의회 못지않게 민주적 행정부에 대한 요구도 컸고, 나아가 선거로 선출된 입법기관이 어쩔 수 없이 입법권 외에 행정부를 감독하는 권한까지 넘겨보게 되었기 때문이다. 다시 말해 입법부와 행정부의 권한 둘 다 요구하게 된 것이다. 그 결과 아무런 통제도 받지 않는 괴물과도 같은 절대권력이 부활했다. 나는 설령 다수에 의해 승인을 받았다고 해서 무슨 일이든지 하고 싶은 대로 다 할 수 있게 된 정치조직에 대해, 마치 우리가 오늘날의 권위주의 정치체제에 대해 그러듯이, 언젠가는 두려움을 느끼게 될 날이 오리라 믿는다. 그렇게 되면 야만스러운 사회가 되고 마는데, 그것은 우리가 야만인들에게 권력을 주었기 때문이 아니라 권력에 대한 통제를 하지 않았기 때문이다. 누가 권력을 잡더라도 그런 결과는 피할 수 없다. 보통사람들이 늘 복잡하게 생각하는 지식인들보다 더 정의감이 강한 경우를 종종 본다. 그러나 적절하게 통제하지 않으면 그들은 지식인, 심지어 규칙에 매여 있는 군주보다도 더 함부로 행동할 것이다. 내가 보통사람을 무시해서 그러는 것은 아니다. 사실 보통사람으로서는 그렇게 하지 않기가 여간 어려운 일이 아니기 때문이다.

일반적으로 행정부가 그 고유한 업무를 처리할 때 엄격하게 규칙을 지키도록 요구할 수 없기는 하나, 바로 이런 이유 때문에 행정부가 행사하는 권력은 언제나 그 범위와 정도가 한정되어야 한다. 다시 말해 분명하게 한계가 그어진 범주 안에서 과제달성에 필요한 수단을 관리해야 하는 것이다. 특히 특정한 문제에 한정되지 않는 권한을 행사할 때는 반드시 일반원칙의 통제를 받아야 한다. 그래서 규칙제정권을 가진 당사자는 일반적 규칙을 구체화하는 일에 머물러야지 특정한 조치를 결정하는 힘까지 가져서는 안 된다. 다시 말해서 모든 권력은 정의의 원칙에 의해 검증을 받아야 하며, 보편성을 띤 일에 한해서만 자유롭게 권한을 행사할 수 있어야 한다.

헌법이 존재하는 이유는 모든 자의적인 권력행사를 예방하는 것이지만, 이런 목표를 제대로 달성한 헌법은 아직 찾을 수 없다. 다른 의견을 가진 사람들이 있기는 하나, 이들은 '자의적'인 것과 '비헌법적'인 것을 같은 말로 해석할 뿐이다. 헌법을 준수함으로써 자의적 권력행사를 예방할 수 있기를 기대할 수도 있겠지만, 반드시 그런 결과가 나온다는 보장은 없다. 이런 혼란이 생긴 것은 법실증주의의 책임이다. 헌법이 소기의 목표를 잘 달성하고 있는지 평가하는 관건은 역시 자의적 권력행사의 예방에서 찾아야 한다. 그렇다고 해서 모든 헌법이 무엇이 자의적인 것인가를 판단할 수 있는 적절한 기준을 제공한다든가, 또는 헌법에 의해 허용된 것이라 해서 자의적인 것이 아니라고 말해도 무방하다는 뜻은 아니다.

만일 국가의 최고권력이 언제나 일반원칙에 비추어서 그 하는 일의 정당성을 검증받아야 한다면, 일반원칙이 항상 권력집단의 특정한 희망을 무력화시킬 수 있는(과반수가 훨씬 넘는 다수가 어떤 특정한 일을 하기를 원하더라도, 일부 소수집단이 규칙을 근거로 해서 그것을 봉쇄하는 것이 가능한 경우를 포함해서) 제도적 장치를 전제해야 한다. 다수의 입장에서는 자기들이 원하는 일이 성취되기를 바라겠지만, 만일 소수의 반대로 뜻을 달성할 수 없다면 아예 그와 같은 일이 일어나지 않도록 봉쇄하는 것이 차라리 이익이 될 것이다. 또는 다르게 표현하자면, 최대 다수집단이 기존의 규칙을 무효화하고 새 규칙을 따르겠다는 의사를 명시적으로 밝히기만 한다면, 강제적 수단을 동원해서라도 그 기존의 규칙을 폐기할 수 있어야 한다. 진정한 의미의 입법이란 특정 경우를 염두에 두지 않고 미리 공표된 원칙에 따라 보편성을 좇아 결정하는 것이다. 따라서 입법활동은 기본적으로 장기적 효과를 겨냥해야 하며 구체적 내용이 아직 알려져 있지 않은 미래를 지향해야 한다. 그 결과 입안된 법률이 불특정다수의 불특정 목적을 도와줄 수 있어야 한다. 이런 일을 위해서는 특정 이해관계에 얽매이지 않고, 미리 만들어진 원칙에 의거해서 오직 사회 전체의 궁극적, 장기적 이익을 위해 자유롭게 업무를 처리할 사람이 필요하다.

따라서 입법을 제대로 하려면 심지어 헌법을 제정하는 것보다도 더 장기적 관점에서 접근해야 한다. 법률을 만드는 것과 헌법제정의 차이점 중의 하나는 법체계를 새로운 환경에 맞게 꾸준하게 개선, 발전시키기 위해서는 (특히 사회환경의 변화가 급속하게 이루어지는 곳에서는) 오랜 시간이 걸린다는 사실이다. 입법과 관련된 공식적 결정을 내리는 것은 뜸하게 있을지 몰라도, 쉼없이 새로운 문제에 대한 응용을 검토하면서 정치인들이 유권자 관리와 화급한 현안에 쫓겨 제대로 챙기지 못하는 사안까지 충분히 검토하자면 시간이 모자랄 수밖에 없다.

입법과 헌법제정의 또 다른 차이점은 전자가 헌법에 담긴 것보다 훨씬 광범위한 내용을 다루고 있다는 점이다. 헌법은 기본적으로 정부조직 및 정부기관 사이의 권력배분 문제를 취급한다. 때로는 헌법조문 속에 정의에 관한 원칙을 명문화하는 것이 정의의 구현을 위해 바람직할 때도 있지만, 헌법은 본질적으로 이미 존재하는 정의의 관념을 실천하기 위한 것이지 그것을 구체화하기 위한 장치는 아니다. 다시 말해 헌법은 정의에 관한 원칙체계가 이미 존재한다는 것을 전제한 뒤, 그것의 규칙적인 집행을 돕기 위한 기구를 제공하는 것을 목적으로 한다고 할 수 있다.

여기서 나는 본래적 의미의 입법이라는 것이 행정권과 다른 만큼 헌법제정하고도 다르며, 따라서 양자의 차이점을 간과해서는 안 된다는 사실을 강조하는 것을 목적으로 하기 때문에, 더 이상 이 문제를 논의하지 않겠다. 이런 혼동을 막기 위해서는 세 가지 차원의 대의기구가 필요하다. 그 첫째는 반(半) 항구적인 헌법체계와 관련 있는 것으로서, 매우 가끔씩 이 체계에 변화가 필요하다고 생각되는 시기에 한해서 활동한다. 두 번째는 일반법규의 점진적인 개선을 위해 계속적으로 일한다. 마지막 세 번째는 행정부의 재화관리를 감독한다.

민주주의 또는 '민주제'?

나는 원래 정치적인 영역에서 통용되던 민주주의라는 말이 점차 다른 엉뚱한 영역으로까지 확대 사용됨으로써 초래된 의미의 변화를 일일이 추적할 생각은 없다.[19] 마찬가지로 공산주의자들이 민주주의의 기본도 갖추지 못한 '인민민주주의' 같은 용어를 만들어냄으로써 민주주의가 원래 의미하고자 했던 바가 변질된 것은 아닌가 하는 점도 따지고 싶지 않다. 이런 경향을 일부러 언급하는 이유는 그런 일 때문에 민주주의의 참된 의미가 갈수록 왜곡되고, 경우에 따라서는 정당성을 치장하거나 개인적인 이익을 공익인 것처럼 미화하는 도구로 남용된다는 사실을 밝히기 위해서이다.

민주주의의 확대를 요구하는 목소리가 높아지고 있지만, 그런 요구를 하는 여러 조직들의 생리를 살펴보면 그 타당성에 의문이 생긴다. 어떤 조직이고, 누가 그 조직의 구성원인가를 따져보면 문제가 명확해진다. 만일 어떤 조직에 서비스를 판매하는 것을 업으로 삼는 사람이 그 조직의 운영이나 목표에 자기 목소리를 반영하겠다고 나선다면 그것은 민주주의와 거리가 먼 일이라고 할 수밖에 없다. 같은 맥락에서 군대에서 작전을 짜면서 민주적으로 할 것을 기대하기는 어렵다. 집을 짓는 일이나 정부 관료사회에서도 같은 이야기가 적용될 것이다.

누가 병원이나 호텔, 또는 클럽, 교육기관, 아니면 백화점의 '구성원'인가, 누가 이런 조직에서 일하는 사람인가, 이런 조직의 고객인가, 아니면 이런 조직의 운영에 필요한 물자를 공급하는 사람들인가? 내가 이런 물음을 던지는 이유는 아직도 민주주의가 우리의 이상으로 남아 있음에도 불구하고 이제는 더 이상 긴 설명을 덧붙이지 않으면 쉽사리 이해될 수 없으며, 오늘날 흔히 우리가 민주주의의 특징으로 간주하는 몇몇 개념들이 오히려 그 본래 이상을 위협하는 것으로 변질되었음을 밝히기 위해서이다. 나는 분명히 정부가 다수 국민이 승인한 원칙에 따라 운영되어야 하며, 또 그렇게 되어야만 평화와 자유가 유지될 수 있다고 생각한다. 그러나 만일 다수가 아무런 제약을 받지 않은 채 정부를 움직이는 것이 민주주의라고 정의한다면, 나는 그런 의미의 민주주의를 선택할 수가 없다. 그렇게 운영되는 정부는 옳지 못한 결과를 낳을 것이며 결과적으로 지탱될 수도 없기 때문이다.

이 대목에서 자연스럽게 한 가지 의문이 생긴다. 고전적 민주주의의 이상을 신봉하는 사람들이 지금도 그런 이상에다 민주주의라는 이름을 붙일 수 있을까? 나는 그렇지 않다고 생각한다. 확언하건대 옛 이상을 적절히 묘사하기 위해서는 새로운 말을 만들어내야 한다. 다시 말해서 절대다수의 의지라 하더라도 그 의지가 나머지 사람들을 구속하는 힘을 가지려면 다수가 일반원칙에 스스로 충실해야 한다는 의미를 담은 말을 지어내야 한다는 것이다. 다수의 결정에 정당성을 부여하는 것은 수의 힘이 아니라 옳은 일을 한다는 믿음이기 때문이다.

그리스어로 '민주주의'는 인민을 뜻하는 demos와 권력을 뜻하는 두 단어 중 하나인 kratos라는 말(동사형은 kratein)이 합성된 것이다. kratos는 항상 demos와 같이 사용되었기 때문에 다른 의미를 내포할 수 없었다. 반면에 권력을 뜻하는 또 다른 말 archien(monarchy, oligarchy, anarchy 등의 합성어를 만든다)은 법치보다는 물리적 힘의 어감을 더 짙게 풍긴다. 고대 그리스에서 인민의 지배를 뜻하는 말로 demarchy라는 용어가 쓰이지 않은 이유는 이 말이 (적어도 아테네에서는) 지역(deme) 우두머리의 관직을 지칭하는 의미로 미리 사용되었기 때문이다. 그렇기는 해도 오늘날 우리가 '모든 사람을 위한 평등한 법(isonomy)'이라는 의미[20]를 점차적으로 흡수했던 '민주주의'의 원래 뜻을 되살리기 위해 '민주제(demarchy)'와 같은 표현을 사용하지 못할 이유는 없다. 조직된 이익집단이 새로운 특권을 장악해나가고 그 결과 민주주의의 본래 의미가 갈수록 변질되는 상황을 맞아 점점 더 많은 사람이 이런 체제에 등을 돌리게 될 것이다. 따라서 민주주의라는 말이 포괄하지 못하는 공백을 위해 새로운 용어를 개발하는 것이 필요한 시점이다. 민주주의라는 용어가 변질된 것을 공격한다고 해서 민주주의의 옛 이상을 폄하(貶下)하는 것이 아니고, 또 민주주의에 실망한 사람들이 훨씬 덜 바람직스러운 체제에 의탁하려 들게 만드는 것도 아니라면, '민주제'라는 때 묻지 않은 새로운 용어로써 민주주의의 본래 이상을 표현하는 것도 필요하리라 생각한다.

제14장
공공부문과 민간부문
The Public Sector and The Private Sector

입법과 과세를 구분하는 것이 자유를 위해 긴요하다.

피트Willam Pitt, Earl of Chatham*[1]

정부의 2대 과제

나는 이 책에서 주로 자유사회에서 정부가 강제력을 행사할 때 지켜야 할 한계에 대해 강조하고 있기 때문에, 혹시 독자들은 내가 외적의 침입을 막는 일이나 법을 집행하는 것 정도가 정부가 정당하게 할 수 있는 유일한 과제라고 생각한다고 오해할지도 모르겠다. 실제로 몇몇 학자들이 과거에 '최소국가' 같은 것을 주장하기도 했다.[2] 물론 정부 기능이 아직 제대로 발전하지 못해서 정부가 이러한 기본적 임무를 수행하기도 벅찬 상황이고, 따라서 감당할 수도 없는 일을 새로 벌이다가는 자유사회의 유지를 위해 필요한 최소한의 기능도 발휘할 수 없을 정도라면 정부의 역할을 가능하면 축소시키는 것이 바람직할 것이다. 그러나 서구사회에서는 그런 걱정을 할 필요가 없기 때문에 정부 기능을 그렇게 제한하면 모든 개인의 자유를 최대한 보장하고 '거대한 사회'의 자율적 사회질서를 가능한 한 확대하고자 하는 목표를 달성하는 데 도움이 되지 못할 것이다.

따라서 '최소국가론'[3]을 받아들이기보다, 나는 선진사회에서는 정부가 세금을 거둬들여서 여러 가지 이유 때문에 시장이 제대로 담당할 수 없는 서비스를 제공해주는 것이 불가피하다고 생각한다. 다시 말해서, 설령 사람들이 전통적인 규범질서를 잘 지키기 때문에 정부가 강제력을 행사할 필요가 없는 사회에서도, 그와 같은 서비스를 충당하는 데 필요한 재원을 확보하기 위해 정부가 주민들에게 세금을 부담시킬 정도의 강제력을 가지는 것은 절대적으로 필요하다. 이런 서비스를 그 어느 조직보다도 시장이 더 효율적으로 제공할 수 있다고 해서, 시장이 제대로 작동하지 못하는 곳에서조차 다른 방법을 강구하지 못하게 하는 것은 옳지 않다. 그리고 서비스의 혜택을 받는 사람들이 그에 상응하는 비용을 부담한다고 해도 그들이 지불하는 것보다 국가로부터 받는 서비스가 더 많기 때문에 정부만이 홀로 강제력을 행사하는 것이 마땅하다는 점은 의심의 여지가 없다.

 정부가 하는 일을 적절한 수준에서 규제해야 한다든가, 정부가 이런저런 일을 하기 위해 재원을 어느 수준까지 확보, 관리해야 좋은가 하는 문제를 자세히 다루려면 새로 책 한 권을 써야 할 형편이다. 따라서 이 장에서는 단지 공공재원의 집행자로서 정부가 정당하게 처리할 수 있는 일의 범위에 대해서만 언급하겠다. 이런 작업을 통해 나는 정부의 '강제력'과 독점적 권한을 오직 법질서 집행, 국가방위, 필요한 세금징수에 국한시켜야 한다는 주장의 부당함을 지적하고자 한다.

 정부가 강제력을 지닌 탓에 상업적으로 제공되지 못하는 서비스를 확보할 수 있기는 하나, 그렇다고 해서 그런 서비스의 제공자로서 정부가 강제력을 사용할 수 있어야 한다는 의미는 아니다. 나는 앞으로 재원을 충당하기 위해 강제력에 의존해야 할 필요성이 있다고 해서 그 서비스를 반드시 정부가 제공해야 한다는 것은 아니라는 점을 밝힐 것이다. 정부가 어떤 서비스를 제공하는 데 다른 어떤 조직보다도 효율성이 높다고 하더라도, 그러한 서비스 제공자로서의 정부가 전통적인 정부 고유의 기능을 수행할 때처럼 권위나 존경을 함께 부여받을 수 있도록 요구하는 것은 적절하지 못하다(독일에서 Hoheit와 Herrschaft를 전통적으로 구분하는 것에 주목할 필요가 있다). 다시 말해 정부의 두 가지 기능을 분명히 구별해야 하며, 법질서 유지나 국가방위 업무를 수행하는 정부가 누리는 특권을 서비스를 제공할 때도 요구해서는 안 된다. 정부만이 어떤 서비스를 감당할 재원을 가지고 있다고 해서 순전히 공리주의적 기능을 수행하는 정부기관에게 정부 고유의 특권을 부여할 이유는 조금도 없다. 다만 일반 민간조직과는 달리 강제력을 동원할 수 있으므로 주의를 조금 더 기울이는 것은 필요하나, 이런 기관을 그저 정육점이나 빵집 정도의 기능을 수행하는 조직으로 간주하면 무방한 것이다. 그러나 근대 민주국가에서는 정부가 법질서를 유지하는 것에 대해 때때로 별로 대단히 여기지 않는 반면 그러한 서비스 기능을 수행하는 것에 대해서는 필요 이상의 의미를 부여한다. 그래서 법질서와 치안유지를 담당하는 기능에게나 해당될 법한 찬사까지 보낸다.

공공재화

시장질서와 사유재산 제도가 효율적인 이유는 대부분의 경우 특정재화나 서비스의 생산자가 누가 그런 재화와 서비스를 이용하고, 또 누가 그 대가를 지불할 것인가 하는 문제를 결정할 수 있기 때문이다. 어떤 사람의 노력에 의해 생긴 재화를 이용할 사람이 그 값을 치러야 하고, 반면 대가를 치르지 않는 사람은 이용해서는 안 된다고 하는 조건(손해가 생긴 경우도 마찬가지다)은 그 재화가 사적으로 소유되어 있는 경우에는 어렵지 않게 만족될 것이다. 그래서 동산(動産)을 가진 사람은 자신의 소유물로 인한 이익이나 손해를 스스로 부담하면 된다. 그러나 이를테면 우리가 좁은 의미의 토지소유 문제로 방향을 돌리면 상황은 달라진다. 자기땅에 대해 자기가 혼자 한 일이라 하더라도 그 효과를 혼자서만 독점하기는 어렵기 때문이다. 소위 말하는 '이웃효과(neighbourhood effects)'가 생기는 것이다. 공기나 물이 오염되면서 생기는 문제도 그 예가 될 수 있다. 이때에는 한 개인이 자기 소유의 동산에서 생기는 이익과 손해에 대해 오직 혼자서만 책임지는 것과 전혀 다른 일이 벌어진다.

어떤 경우에는 시장이 질서를 형성하는 데 필요한 조건들이 오직 개인들의 행위결과에 따라서만 충족될 수 있다. 설령 이런 행위들이 본인의 의지와 관계없이 다른 당사자들에게까지 영향을 미치기도 한다 하더라도 대체로 보면 가격기능에 의해 인도된다. 경제학자들은 이를 (긍정적이든 부정적이든) 외부효과라고 부른다. 그러나 다른 경우에는 어떤 서비스를 특정인에게만 국한해서 제공하는 것이 기술적으로 불가능하거나, 아니면 비용이 너무 비싸기 때문에 모든 사람이 이용하게 할 수밖에 없다(달리 말하면 모든 사람을 대상으로 해야만 더 효과적일 수 있다). 이런 범주에는 폭력이나 전염병 예방, 또는 홍수나 눈사태 같은 자연재해 방지뿐만 아니라 도시생활을 안락하게 해주는 시설들, 대부분의 도로들(통행료가 부과되는 장거리 고속도로는 제외), 도량형 기준, 그리고 토지대장이나 지도, 시장에서 판매되는 재화의 품질을 증명하는 통계치 등이 포함될 것이다. 이런 서비스는 투입된 노력에 비해 돌아오는 것이 너무 작아서 경제성이 거의 없다. 이런 것들이 글자 그대로 공공재화인데, 이것의 원활한 수급을 위해서는 시장을 통해 개개인의 수요자에게 공급되는 방식 이외의 것이 강구되어야 한다.

얼핏 생각해보면 이런 목적을 위해 강제력이 동원될 필요가 없을 것처럼 보인다. 공동의 이익이 오직 공동행동을 위해서만 확보될 수 있다는 것이 자명해 보이므로 이성적인 사람들이 자발적으로 그런 서비스의 공급과 소비에 참여할 것으로 예상되기 때문이다. 그러나 이런 일은 소규모 집단이라면 몰라도 규모가 커지면 불가능해진다. 많은 사람이 모여 살게 되면,

아무리 각자가 문제 되는 서비스의 확보를 열망한다 하더라도 자기 하나쯤 비용을 분담하지 않는 것이 대세에 큰 지장을 주지 않으리라고 생각하게 된다. 또는 자기는 그 비용을 기꺼이 지불한다 하더라도 다른 사람들 역시 자기처럼 분담할 것인가에 대해서는 자신하지 못한다. 따라서 진짜 합리적으로 계산하자면, 다른 사람은 지불할 것을 바라면서도 정작 본인은 빠지기를 바란다.[4] 그러나 자기를 포함해서 모든 사람에게 똑같이 강제력이 적용될 것이라는 확신이 선다면, 비용을 분담하는 것이 더 합리적이라고 할 수 있다. 모든 사람 또는 적어도 대다수가 원하는 공공재화를 확보하기 위해서는 이 방법 말고는 대안을 찾을 수 없다.

이런 식으로 사람들의 행동을 강제하는 것이 어떻게 보면 타인의 권익을 침해하지 못하도록 요구하는 규칙보다 도덕적으로는 열등한 것처럼 보일 수도 있다. 특히 공공재화가 모든 사람, 아니면 최소한 대다수 사람이 희망하는 바가 아니라면 이것은 심각한 문제를 일으킨다. 그러나 자기가 원하지 않는 일에 세금을 내는 것이 못마땅하다 하더라도 자기가 원하는 일에 대해 다른 사람 역시 마음에 없으면서도 비용을 분담하게 된다면, 그 개인으로서는 강제적 지출에 동의하는 것이 분명히 이익이 된다. 그렇게 하는 것이 관심없는 일에 쓸데없이 투자하는 것처럼 여겨질지 모르나 자세히 따져보면 하나의 교환거래와 같기 때문이다. 각자가 공공이익을 위해 기여한 것에 비례해서 혜택을 보게 될 것이라는 공통원칙에 모두가 동의하는 것이나 마찬가지인 것이다. 자기가 지불한 것 이상으로 공공재화를 통해 혜택을 보게 될 것 같은 생각이 든다면 강제력에 복종하는 것이 이득이 된다. 공공재화도 종류가 많다 보니 실제로는 누가 어느 정도의 혜택을 입는지 정확히 따지기 어렵다. 이럴 때 최선의 선택은 적어도 내가 기여한 정도만큼은 혜택을 입게 될 것이라고 생각하는 것이다.

적지 않은 공공재화가 오직 특정 지역의 주민에게만 혜택을 주는 경우가 있는데, 이때는 그런 서비스의 관리뿐만 아니라 과세문제까지도 중앙정부가 아니라 지역 행정단위에 맡기는 것이 가장 효율적이다. 이 책을 통틀어서 나는 편의상 한 가지 형태의 정부에 대해서만 얘기하면서 오직 그 정부만이 강제적으로 재원을 조달할 권한을 가진다고 강조하지만, 내가 그렇다고 권력이 집중된 중앙정부를 지칭하는 것은 아니다. 공공재화를 제대로 관리, 공급하기 위해서는 그에 관계되는 대부분의 권한이 지역과 지방 행정단위로 이관되는 것이 바람직하다. 이 책에서는 집권화와 분권화, 중앙정부와 연방정부 사이에 관계되는 문제들을 다루기가 어렵다. 다만 여기서는 정부만이 강제력을 독점해야 한다고 강조할 때, 그것이 결코 중앙집권화된 정부를 염두에 두고 한 말이 아니라는 점만을 밝혀두려 한다. 오히려 사안에 따라서는 지방의 행정단위로 권한이 이양되는 것이 정부로부터 받는 혜택과 정부에게 지불해야 할 비용 사이의 균형을 적절히 맞추는 데 도움이 된다.

지금부터 공공부문에 대해 토론할 때 두 가지는 꼭 명심해야 할 것이다. 첫째, 은연중에 사람들이 생각하는 것과는 반대로, 어떤 서비스를 위한 재원이 강제적으로 조달된다고 해서 그 서비스에 대한 관리 역시 정부가 맡아야 한다는 것은 아니다. 일단 재원조달 문제가 해결되고 나면 그러한 서비스의 조직과 경영을 기업간 경쟁에 맡기고, 필요한 자금도 서비스 공급자와 수요자 사이의 관계에 따라 적절하게 분담, 조절하는 것이 때로는 더 효과적인 방법이 된다. 이를테면 밀턴 프리드만 교수가 개발한 독창적인 교육재정 확보방안이 그 예가 될 것이다. 이 방안은 다른 많은 분야에서도 응용될 수 있으리라고 보여지는데,[5] 프리드만은 학부모가 자신이 선택한 학교에서 일종의 영수증(vouchers)을 받아두었다가 나중에 학교가 제공한 교육서비스의 질을 종합적으로 평가해서 교육비를 전액 또는 부분적으로 지불하는 방안을 제시한 바 있다.

둘째, 명심해야 할 사실은, 개인적인 행위들이 부분적으로 일종의 공익, 또는 사회적 손실을 초래하도록 만드는 '외부효과'의 경우뿐만 아니라 순수한 의미의 공공재화의 경우에도, 시장을 통해 보다 효과적으로 그런 서비스를 제공할 수 있는 조건이 결여된 탓에 덜 효과적인 방법에 의존할 수밖에 없다는 점이다. 문제의 서비스가 시장의 자율적인 기제에 의해 생산이 조절될 때 가장 효과적으로 제공될 수 있다면, 그 서비스의 생산과 분배는 시장의 원리에 맡기는 대신, 재원조달은 중앙정부의 강제력에 의존해서 해결하는 것이 바람직하다. 그러나 특정 목표를 위해 인위적 조직의 힘을 빌린다 하더라도, 그보다 더 중요하고 더 큰 목표를 달성하자면 시장의 자율적 기능을 저해해서는 안 된다는 점을 잊지 말아야 한다.

공공부문의 한계설정

정부가 강제력을 독점적으로 행사할 수 있는 권한을 가졌다는 것은 때때로 정부만이 강제적 징수를 통해 어떤 서비스를 제공할 능력을 지녔다는 것을 의미한다. 그러나 그렇다고 해서 그 서비스를 제공할 다른 방법이 강구되었을 때도 여전히 정부만이 독점적 제공자의 위치에 머물러야 한다는 뜻은 아니다. 공공부문과 민간부문을 구분하는 현재의 기준이 잘못 설정된 까닭에 법집행과 관계없는 일부 서비스를 법으로 지정해서 정부가 제공하도록 해야 하는 것으로 이해되기도 한다. 이것은 옳지 않다. 어떤 경우에는 정부만이 사실상 감당할 수 있다 하더라도, 그래도 민간부문에서 강제력을 동원하지 않은 채 그런 서비스를 제공할 수 있을지 시도해보는 것을 막아서는 안 된다. 그래서 정부가 독점적으로 서비스를 제공할 때도 다른 사람들이 시도할 수 있는 가능성을 막지 않는 것이 중요하다. 이렇게 될 경우에는 특정 서비스를 구매할 용의가 있는 사람들을 대상으로 수지가 맞는 새로운 방법을 고안할 수가 있고, 그 결과 전에는 적용되지 않았던 분야에도 시장질서가 응용될 수 있는 것이다. 무선방송이 좋은 예가 될 것이다. 누구나 모든 방송국에서 내보내는 방송을 들을 수 있는 상황에서는 특정인에게만 어떤 프로그램을 판매하는 것은 불가능하다. 그러나 기술이 발전하면서 특별한 장비를 쓰면 방송을 한정된 사람만 들을 수 있게 하는 것이 가능해졌고, 따라서 시장원리도 작동할 수 있게 되었다.

그러므로 공공부문을 정부만 담당할 수 있는 기능이나 서비스로 좁게 해석해서는 안 된다. 그보다는 '정부가 제공하도록 요구되는 어떤 서비스를 감당하기 위해 정부가 재량껏 사용할 수 있는 용도로 확보된 한정된 양의 물질적 수단'으로 이해하는 것이 더 바람직하다. 이와 관련해서 정부는 통일된 원칙에 따라 강제적으로 재원을 조달하는 권한만 가져야 하고, 그 재원을 관리하는 과정에서 어떤 특권도 누려서는 안 되며, 다른 민간조직들과 마찬가지로 일반규칙을 준수하며 잠재적 경쟁을 이겨내야 한다.

정부통제하에 있는 모든 인적, 물적 자원 및 일반적 용도를 위해 정부에게 귀속된 기구와 조직들로 구성된 이러한 공공부문[6]이 존재함으로써 오늘날 법규에 의해 결정되는 규제문제가 야기된다. 그러나 이런 목적으로 제정된 '법률'은 지금까지 우리가 고찰해온 보편적 원칙으로서의 법과 그 성격이 다르다. 이런 법률은 일반적 용도를 위해 정부가 제공한 도로와 같은 공공시설과 공공서비스의 확대 및 민간인들이 그것을 사용하는 문제를 규제한다. 따라서 이런 성격의 법률은 사적 영역에로의 적용을 제한하는 정의의 원칙과는 달리 분명히 특정 결과를 겨냥한 규칙을 요구한다. 결국 정의보다는 효율성이나 편의성 같은 기준에 의해 그 내용이 1차적으로 결정된다. 이런 성격이다 보니 그것은 입법 그 자체보다는 행정부의 기능과 더 관련이 깊다. 정부가 제공하는 서비스의 이용에 관한 규칙을 제정하면서 정부가 자의적 권한행사를 피하는 등 일정한 정의의 기준을 준수해야 하기는 하지만, 그런 규칙의 내용은 효율성과 편의성에 의해 크게 결정된다.

공공시설 이용규정이 정의에 관한 일반원칙으로 종종 오해되는 예 중에서 대표적인 것이 도로규칙 또는 전체 교통법규이다. 이런 것들이 규칙으로서의 형식을 갖추고 있기는 하나, 사적 영역에 대해 적용되지 않고 정부가 제공한 시설 중에서 오직 특정 일부의 이용에만 국한된다는 점에서 보편적 성격을 띤 일반원칙과는 다르다(예를 들면 도로규칙은 일반인의 사용이 금지된 개인소유의 공원에는 적용되지 않는다).

공공시설의 이용에 대해 특별규제가 필요한 것은 부인할 수 없는 사실이지만, 오늘날 민간인들이 상업적인 목적으로 제공한 소위 공공장소에까지 규제를 확대하려는 기도에 대해서는 주의를 기울여야 한다. 개인이 소유하는 극장, 공장, 백화점, 운동장, 또는 다목적용 건물 등은 일반인이 이용하게 되어 있다고 해서 엄격한 의미의 공공장소로 불릴 수는 없다. 이런 시설이 일반에게 개방될 때 안전이나 보건위생 등에 관한 규칙이 모든 사람에게 보편적으로 적용되는 것이 필요함은 물론이다. 그러나 이때도 정부가 제공한 시설물에 대해 일반적 규칙이 적용되는 경우와 그 범주가 다르다. 무엇보다 그 규칙의 내용이 문제가 되는 단체의 목적과 아무 관계가 없으며, 다만 이용자들에게 필요한 사항들을 알려줘서 그들을 보호하고자 하는 이상의 뜻은 없다. 물론 특정 소유자는 이런 규칙에 덧붙여 자신의 시설물을 이용하고자 하는 사람들을 대상으로 독자적인 조건을 붙일 수도 있다. 정부가 제공하는 서비스에 대해 특별규제가 시행된다면 대부분은 일반법규보다는 이런 성격을 띠게 될 것이다.

독립부문

위에서 공공부문을 정부가 어떤 목적을 독점적으로 추구하는 영역이라기보다 다른 방법으로는 더 잘 충족될 수 없어서 정부가 책임지게 된 영역으로 정의하였다. 공공부문을 이렇게 이해하는 것은 여기서는 조금만 언급할 수밖에 없는 또 다른 중요한 문제와 관련해서 매우 중요한 의미를 지닌다. 비록 시장이 필요한 서비스를 제공하지 못할 때 정부가 개입해야 하겠지만, 그렇다고 해서 강제력을 사용하는 것이 유일한 또는 최선의 선택이라고 할 수는 없다. 강제력은 다수, 또는 최소한 정치적 영향력을 충분히 발휘할 수 있을 정도의 많은 사람이 보유하기를 원하는 공공재화를 확보하는 데 가장 유효한 방법이 될 수 있을 것이다. 경우에 따라서는 어떤 서비스를 많은 사람이 원하고, 또 그런 서비스가 공공재화로서의 성격을 구비했다 하더라도 그것을 원하는 사람의 수가 상대적으로 적을 수도 있다. 시장이 가진 큰 장점은 바로 이런 경우처럼 다수뿐만 아니라 소수를 위해서도 서비스를 제공할 수 있다는 점이다. 서비스의 성격에 따라, 이를테면 문화 분야 같은 데서는 다수보다는 그 다수에 가려져 있는 소수의 관점이 더 결정적인 영향력을 발휘하기가 쉽다. 모든 새로운 기호나 유행은 불가피하게 처음에는 소수의 사람들에 의해 주도될 수밖에 없다. 만일 이런 경우에까지 다수가 결정권을 가져야 한다면, 그들이 문화적 소수를 통해 나중에 배우고, 따라서 음미할 수 있게 될 숱한 새로운 영역들이 제대로 꽃을 피울 수 없을 것이다.

정부가 공공서비스를 제공하기 훨씬 이전에 공공정신이 투철한 일부 개인이나 집단들에 의해 그들이 중요하다고 생각되는 상당부분의 필요가 메워져 왔다는 점을 잊어서는 안 될 것이다. 이를테면 공공병원이나 도서관, 박물관, 극장, 공원 등이 처음부터 정부에 의해 설립된 것은 아니다. 그리고 민간 자선단체가 시작한 부문을 정부가 이제 상당부분 대신 물려받은 경우에도,[7] 아직 그 중요성을 제대로 인정받지 못하거나, 또는 정부가 전부 책임지기에는 적합하지 않은 영역이 여전히 남아 있다.

과거에는 교회가 이런 일을 주도했으나 최근 들어서는, 특히 영어권에서는 수많은 민간재단이나 기금, 자선단체, 복지기관 등이 대신 맡아 나서고 있다. 이런 일 중에는 개인이 막대한 자산을 자선사업을 위해 기증한 것에서 시작된 경우도 적지 않지만, 많은 경우는 각자 돈과 재능을 조금씩 모아 특별한 사업을 위해 기증한 이상가들의 공헌에 힘입은 것이다. 이런 자발적인 봉사를 통해 정부는 결코 인식하지 못했을 새로운 공공필요에 대해 눈을 뜨게 되고, 또 정부가 하는 것보다 훨씬 효과적인 방법들이 발견되었다는 점을 잊어서는 안 된다. 그리고 이런 사업을 통해 각 개인의 숨은 재능과 열정이 발휘되기도 한다. 과연 어느 정부기관의 머리에서 '알코올 중독자 익명 치료기구(Alcoholics Anonymous)' 같은 것을 만들 아이디어가 나올 수 있었겠는가? 내가 볼 때는 당면한 도시문제를 해결하는 데는 각 지역별로 적절한 대책을 세우는 것이 정부 차원에서 '도시 재정비계획'[8] 따위를 수립, 집행하는 것보다 더 효과가 클 것 같다. 그래서 무슨 일이 있을 때마다 정부에게 손을 벌리고, 아무 때나 당장 손쉬운 처방에 매달리려 하는 근시안적 습관을 버려야 한다. 일을 잘 되게 하기보다 망치게 하기가 더 쉬운 정부가 이런저런 일의 초기단계에 나서지 않게 막을 수 있다면 그와 같은 긍정적인 발전이 더 많이 일어날 수 있을 것이다.

이렇게 본다면 공공부문과 민간부문으로만 나누어서 접근하는 방법은 옳지 않다. 그래서 사회가 건강하게 발전하려면 상업적 영역과 정부의 공공부문 사이에 때로 정부가 하는 일보다 훨씬 더 효율을 낼 수 있는 제3의 독립부문을 유지하는 것이 매우 중요하다.[9] 이 독립부문이 정부의 공공부문과 경쟁을 벌이면 정부의 독점으로 인해 생겨나는 비효율과 권력집중을 막는 데 크게 도움이 될 것이다. "정부가 하는 일을 대신 할 수는 없다"[10]고 하는 갈브레이스의 생각은 옳지 않다. 사람들이 알고 있는 것 이상으로, 적어도 미국에서는 독립부문이 하는 일이 많다. 독립부문의 영역을 확장시켜 나가는 것이 많은 분야에서 정부가 사회생활을 독점적으로 지배하는 데서 비롯된 폐단을 예방하는 유일한 대책이 될 것이다. 독립부문에 대한 코뮤엘의 주장이 얼핏 보면 다소 환상적인 것처럼 여겨질지 몰라도, 잘만 활용된다면 그런 기대가 사실은 지나친 것이 아니다. 작은 책이기는 하나 그의 생각은 근래에 나온 정치철학 서적 중에서도 매우 주목받을 만한 내용을 담고 있다.

독립부문이 이룩할 실제적 잠재적 가능성을 논의하는 것이 이 책의 성격과 일치하는 것이기는 하나, 나는 이 책에서 정부의 권한행사를 효과적으로 제한하는 문제를 집중적으로 다루고 싶기 때문에 이에 대한 언급을 이 정도에서 멈출 수밖에 없다. 언젠가는 이 주제를 놓고 긴 글을 쓰고 싶다. 물론 그 주제는 공공정신의 발휘를 위해 언제나 정부의 도움이나 간섭이 필요한 것은 아니라는 점을 밝히는 데 집중될 것이다. 이제 처음 주제, 즉 정부가 나설 필요가 있는, 그러면서도 효과적으로 감당하기에 적합한 서비스 기능에 대한 논의로 돌아가자.

과세와 공공부문의 규모

정부가 제공하는 서비스에 대한 관심의 정도는 각 개인에 따라 크게 다르다. 이처럼 개인들의 생각이 다르다 하더라도, 각자가 내는 세금에 대충 비례해서 서비스를 받으리라고 기대할 수 있다면 정부가 주도하여 제공하는 서비스의 총규모에 대해 한 가지로 의견을 모으는 것이 가능해진다. 이것은 각자가 받는 서비스만큼 그 비용을 지불하겠다는 것보다, 정부의 공공재원을 통해 제공되는 서비스에 대해 다른 사람과 동일한 기준에 따라 비용을 분담하겠다고 합의한다는 것을 의미한다. 그러므로 어느 수준으로 과세할 것인가에 따라 공공부문의 총량 규모가 결정된다.

그러나 정부가 제공하는 서비스의 총규모에 대한 합의를 통해서만 정부가 제공하게 될 서비스에 관한 합리적 결정이 내려진다면, 이것은 예산지출 문제에 대해 투표할 사람이 사전에 자기가 부담해야 할 몫에 대해 알아야 한다는 점을 전제하는 것이다. 그러나 실제로 공공재정이 발전된 과정을 보면, 정부는 언제나 납세자가 스스로 생각하는 것보다 더 많이 부담하게 만들면서도 다른 사람이 그 초과하는 부분을 지불하리라고 믿게 하는 방법으로 합의를 유도해낸다. 공공재정 분야에서도 과세원칙과 관련한 갖가지 이론들이 발전되어 왔지만, 민주주의에서 가장 중요한 점, 즉 공공지출의 규모를 합리적으로 축소하는 방향으로 결정을 내려야 한다는 점만은 예외였다. 이것은 각 개인의 분담몫을 결정하는 원칙이 사전에 확정되고 특정비용의 지출에 동의하는 사람이면 누구든지 미리 정해진 분담률을 잘 아는 까닭에 자신의 손익을 계산할 수 있어야 한다는 것을 요구하는 것처럼 보인다.

그러나 공공재정의 주된 관심사는 처음부터 가능하면 저항을 적게 받으면서 최대한의 재원을 확보하는 데 있었다. 마땅히 최대의 고려사항이 되어야 할 것, 즉 재원조달 방법 여하에 따라 총지출 규모를 제한할 수 있어야 한다는 점은 별로 안중에 없었다. 하지만 누구든지 다수파라면 자신에게는 해당되지 않는 규칙을 소수파에게 적용해서 세금을 거둘 권리가 있다는 원칙을 내세운다든가 '다른 사람이 대신 내줄 것'이라는 믿음을 부추기는 방법으로 세금을 거둬들이게 되면 각 개인이 받아들일 수 있는 이상으로 공공지출의 규모가 커지고 만다. 공공지출의 규모가 합리적이고 책임질 수 있는 범주 안에서 결정되도록 민주적 과정을 거친다는 것은 각 개인들이 미리 정해진 비용에 대해서만 부담하게 되리라는 것을 아는 상태에서 사안마다 투표를 한다는 것을 전제하고 있다. 그러나 지출항목에 대해 동의한 사람들이 정작 자신이 그것을 부담해야 한다는 것은 모른 채 누구에게 그 비용을 떠넘길 것인가를 논의하는 곳에서는, 그리고 그 결과 다수가 할 일은 누구 호주머니에서 돈이 나올 것인가를 결정하는 것이라고 생각하는 곳에서는, 현실적으로 가능한 재원조달 방법에 지출규모가 맞춰지는 것이 아니라 비용은 고려하지 않고 책정된 지출규모에 따라갈 수 있도록 조달방법이 결정되고 만다. 이렇게 되면 결국 정치적으로 압력을 가하고 다른 사람에게 강제력을 행사하는 것이 자기가 원하는 서비스의 비용을 충당하는 손쉬운 방법이라는 생각이 만연하게 된다.

그러므로 공공지출 규모를 합리적으로 결정할 수 있으려면 다음과 같은 조건이 충족되어야 한다. 즉 각자가 자신이 얼마나 부담해야 하는가를 고려하면서 지출사안에 대해 투표하도록 해야 하고, 그 부담률은 사전에 확정되어 있어야 하며, 자기 몫을 다른 사람이 지불하도록 요구해서는 안 된다는 원칙이 지켜져야만 하는 것이다. 그러나 현실은 정반대이다. 무책임하고 비생산적인 지출을 유도하고 있기 때문이다.

공공부문이 점차적으로, 그리고 끝없이 팽창하는 추세 때문에 이미 거의 한 세기 전에 '정부지출 증대의 법칙'[11]이라는 것까지 만들어졌다. 영국 같은 나라에서는 그 규모가 커지다 보니 전체 국민 소득의 반 이상을 차지하게 될 정도이다. 이것은 기존 정부기관의 팽창주의 관행이 만들어낸 결과에 지나지 않는다. 그리고 '필요'가 먼저 결정되고 난 뒤, 자신들은 그 비용을 지불하지 않아도 될 것이라는 환상에 사로잡힌 사람들이 재원의 조달방법을 결정하는 사회에서는 이런 현상이 바뀌어지리라고 기대하기 어렵다.

경제적으로 발전이 거듭되고 인구도 늘어나는 사회에서는 정부 주도 아래 충족시켜야 할 필요도 커지겠지만, 정부, 특히 중앙정부가 이미 장악하고 있는 자원들이 경제적으로 효과 있게 이용된다고 믿을 만한 근거는 별로 없다. 이런 추세를 지지하는 사람들은 일반적으로 중요한 사실을 간과하고 있다. 즉 이런 방향으로 진행되면 될수록, 다양한 개인들의 이익을 반영하는 자율적인 사회질서로부터 다수가 결정하는 특정한 이익, 또는 관료의 이익(일반유권자들로서는 이해하기 힘들 정도로 사회조직이 복잡해지는 탓에 관료들이 점점 더 정부의 정책을 좌우하게 된다)에만 봉사하는 사회로 옮겨간다는 사실 말이다.

최근 들어 기존의 정치제도 때문에 공공부문이 제대로 작동하지 못한다는 주장이 심각하게 제기되고 있다.[12] 정부가 책임져야 하는 서비스 중에서 일부는 불충분하게 제공될 수도 있을 것이다. 그렇다고 해서 정부가 사용하는 전체 지출규모가 너무 작다고 볼 수는 없다. 정부가 너무 많은 일을 떠맡고 나선 까닭에 어느 중요한 부분에 대해서 제대로 충실하게 신경을 못 쓰고 있다고 지적할 수도 있을 것이다. 그러나 정부가 사용할 재원의 할당과정을 조사해보면 정부 지출규모가 이미 각 개인들이 수긍, 또는 인식하는 범위를 넘을 정도로 비대해져 있다는 점을 알게 될 것이다. 이런 점은 각종 여론조사를 통해 확인된 사실이다. 가장 최근에 영국에서 조사한 바에 따르면, 계급이나 나이를 불문하고 80퍼센트 이상의 사람들이 소득세의 경감을 희망한 반면 그 인상을 주장한 사람은 5퍼센트도 안 된다.[13]

사회보장

여기서 아무리 외적의 침입으로부터 국가를 방어하는 것이 국가의 주된 임무라고 하는 '최소국가론'을 아무리 지향한다고 해도 피할 수 없는 정부의 두 번째 과제에 대해 더 이상 길게 이야기할 필요는 없을 것이다. 국가의 대외관계와 더불어 국가의 안전을 지키는 문제는 일반원칙(또는 대의기구)의 엄격한 규제나 지도를 받지 않고 정부가 임의로 처리할 수 있는 분야가 얼마나 많은지를 상기시켜 주는 좋은 예가 된다. 이 대목에서 다른 나라와의 관계가 문제되다 보니 가능하면 중앙정부의 힘을 키우고자 하는 욕구 때문에 지역이나 지방의 행정관서에 맡기면 더 효율적으로 처리할 수 있는 일까지도 중앙정부로 이관시키게 된다는 사실도 기억하는 것이 좋다. 전쟁이 발발할 가능성에 대한 두려움이 언제나 중앙정부의 권한을 강화시키는 방향으로 작용하는 것이다.

　그러나 강제력을 통해서만 사회가 효과적으로 통제되는 곳에 사는 사람들이 직면한 두려움이 단지 외적의 침입(또는 내란의 발생)에만 국한되는 것은 아니다. 강제력을 구비한 조직만이 태풍이나 홍수, 지진, 전염병 등을 예방하거나 사후 수습을 원만히 추진할 수 있다는 점을 의심하는 사람은 별로 없을 것이다. 이 점 또한 왜 정부가 각종 재화에 대해 재량권을 행사하는 것이 중요한가를 일깨워주는 예가 된다.

　최근까지만 해도 그다지 중요시되지 않던 분야에서 정부의 개입이 필요해진 또 다른 경우가 있다. 즉 지역사회의 해체가 가속화되고 개방사회의 사회적 이동속도가 빨라지면서, 각 개인들이 긴급한 상황에서 도움을 기대할 수 있는 주변집단과의 관계가 갈수록 소원해지는 현상이 바로 그것이다. 이렇게 되면 당장 이런저런 이유로 시장사회에서 자신의 생존을 영위하기가 어려운 사람들, 이를테면 환자, 노인, 신체적 정신적으로 허약한 사람들, 과부나 고아 등이 문제가 될 수밖에 없다. 누구라도 피하기 어려운 역경이 있게 마련인데 대부분의 개인들은 이를 이겨내기가 힘들다. 그러나 경제가 일정한 수준 이상으로 발전한 사회에서는 이런 문제를 해결할 역량이 있다.

　모든 사람에게 최소수준 이상의 수입을 보장하거나, 혼자 힘으로 자립하기 어렵다 하더라도 삶의 질이 어느 수준 밑으로 떨어지는 것을 방지해주는 것은, 각 개인이 소규모의 1차 집단과 더 이상 긴밀한 관계를 맺지 않고 있는 상황에서 '거대한 사회'가 담당해야 할 정당하고도 필요한 일이라 할 것이다. 지금까지 그러한 1차 집단에 의존해 살아온 사람들이 어느 순간에 자기들의 뜻과는 상관 없이 새로운 사회환경 속에서 불안한 삶을 살아가야 한다면 당연히 불안을 느끼면서 격렬히 저항할 것이다.[14]

　혼자 힘으로 살아갈 수 없는 사람들에게 일정한 수준의 최소생활을 보장해주려는 시도가 '정의로운' 소득배분이라는 전혀 다른 문제로 비화되는 것은 불행한 일이다. 앞에서도 보았듯이 '정의'라는 기준이 들어가면 각자 나름대로의 자의적인 판단이 앞설 수밖에 없기 때문이다. 이렇게 되면 그런 기준은 모든 사람에게 적용될 수가 없고, 일부가 특별대우를 받으려면 다른 사람의 희생을 전제해야만 한다. 그리고 이런 목적을 위해 공공재원을 사용한다면 사람들 사이의 불평등이 예기치 못한 수준으로까지 심화되고, 그 결과 시장질서의 작동도 어렵게 될 것이다. 고용주가 계약된 급여의 일환으로 지불하거나, 아니면 자발적 또는 강제적 저축을 통해 그 비용이 지불되는 노후연금, 상해연금 등과는 달리, 그러한 특별대우에 상응하는 비용을 지불하지 않는 상황이 지속된다면 그런 대우를 받는 사람과 그렇지 못한 사람 사이의 차이가 커질 수밖에 없기 때문이다.

그러나 각 시민들이 자기 나라의 경제상황에 맞는 수준에서 최소생활을 요구할 권리를 인정해준다는 것은 국가에 의한 일종의 집단소유를 전제하는 셈이므로 개방사회의 이상과 어울리지 않고, 따라서 심각한 문제를 일으키게 될 것이다. 앞으로 상당기간 동안 이 세상의 모든 사람들에게 적정한 수준의 최소생활을 똑같이 보장한다는 것은 전적으로 불가능하다. 그리고 보다 잘사는 국가가 자기 나라 사람들이 다른 모든 사람들과 똑같이 대우받는 것을 좋아하지 않으리라는 것도 정해진 이치이다. 그러나 특정국가의 시민들에게 다른 모든 나라에서 보편적으로 적용되는 수준 이상의 최소생활을 보장해주면 국경 사이의 자유왕래를 가로막는 결과를 낳을 것이다. 물론 나라마다 전통과 관습이 다른 한(특히 인구증가율이 차이날 경우), 그런 제한은 불가피하다. 이것은 또 달리 보면 그런 제한이 존재하는 한 나라 사이의 차이는 없어지지 않을 것이다. 여기서 우리는 현존 세계질서가 그 수용을 불가피하게 만들고 있지만, 자유주의 원칙을 보편적으로 적용하는 데는 한계가 있음을 직시해야 한다. 그렇다고 이런 한계를 자유주의의 치명적 약점으로 치부할 필요는 없다. 특별한 경우에는 예외가 인정되듯이, 자유주의는 자유주의 원칙을 신봉하는 사람들에게만 일관되게 적용될 수 있지 그렇지 못한 사람들에게까지 언제나 적용될 수 있으리라고 기대할 수 없기 때문이다. 이것은 몇몇 윤리적 원칙에도 적용되는 이야기이다. 따라서 이런 일반원칙에 예외를 인정해준다고 해서 정부가 일관되게 자유주의 원칙을 추구하는 것이 가능한 영역에서조차 비슷한 예외가 적용되기를 기대하는 것은 옳지 않다.

여기서 시장질서를 파괴하지 않고 개인자유의 기초를 침해하지 않는 선에서 '사회보장'을 적절하게 실시할 수 있는 기술적 방법에 대해 길게 이야기하지는 않겠다. 이 점에 대해서는 이미 다른 곳에서 자세히 취급한 바 있다.[15]

정부에 의한 서비스 독점공급

일반공공의 이익을 위한 것이 아님에도 불구하고 정부가 오랜 세월 동안 독점적으로 공급해온 탓에 오늘날에는 의당 정부가 해야 하는 일로 치부되는 기능 중에 중요한 두 가지가 있다. 바로 화폐발행과 우편행정이다. 이것들은 국민의 편의를 도모하기 위한 것이 아니라 단지 정부의 권한을 강화시킬 목적으로 시행되었을 뿐이다. 그 결과 국민은 그렇지 않았을 경우보다 훨씬 낮은 수준의 서비스를 공급받고 있다. 화폐발행의 경우, 그것이 정치적 통제목적과 밀접하게 연관되어 있는 까닭에 개인생활에 엄청난 악영향을 끼치기 때문에 할 수만 있다면 정부가 독점하는 것을 금지시키고 싶은 마음이다.

우편행정의 독점에 대해서도 (미국에서 서신을 배달해주는 경우에 국한해서 이야기하자면) 정부가 시민들의 의사교환을 통제하고 싶다는 욕망 외에 다른 정당한 이유를 찾을 수가 없다.[16] 처음부터 이 분야에 대해 정부가 독점을 행사한 것은 아니고 민간인이 운영하던 것을 인수하면서부터 독점이 시작된 것이다. 그러나 정부가 독점을 행사하면서 서비스의 질이 향상된 것도 아니고, 그렇다고 정부의 수입이 크게 늘어난 것도 아니다. 이제 전 세계에 걸쳐 이 문제는 점점 더 부정적인 결과를 낳게 되면서 납세자는 납세자대로, 그리고 기업가는 또 그들대로 피해를 보고 있다. 공공부문의 노조원들은 정부가 아주 형편없는 고용주라는 사실을 깨닫고는 시민생활을 마비시킬 수 있을 정도의 힘을 키우게 되었다. 그러나 파업 같은 것은 차치하고서라도 우편행정의 비효율성이야말로 자원의 효과적인 사용을 저해하는 대표적인 원천이 되고 있다. 뒤에서 다시 검토하겠지만, 교통, 통신, 전기 같은 '공공서비스'가 야기하는 모든 문제점이 우편행정에서도 그대로 발견되기 때문이다.

반면에 바람직한 화폐제도가 무엇인가를 논의하는 것은 이 대목에서는 너무 주제가 크고 어렵다.[17] 이 문제를 제대로 다루기 위해서는 우선 오랜 습관 속에 굳어져 있는 편견과 통화에 관한 학설들을 무시할 필요가 있다. 화폐에 대한 정부독점이 무너지고 그 대신 여러 화폐가 한꺼번에 경쟁적으로 통용된다면, 그것만으로도 한결 같이 시민들을 속이고 우롱해온 정부 화폐로 인한 폐단을 줄일 수 있다는 점에서 진일보한 것이라고 할 수 있다. 그러나 이것이 노리는 진정한 효과는, 여차하면 다른 화폐를 사용할 수도 있으니 권한을 남용하지 말라고 경고를 보내는 것이다. 그 결과 시민들은 일상생활에서 지금까지 익숙하게 사용해온 화폐를 그대로 쓰면서도 그 화폐에 대한 믿음을 키울 수가 있다. 또한 정부로서는 경제에 타격을 주며 개인의 자유를 침해하는 중요한 수단뿐만 아니라 정부권한의 확대를 조장해온 기본적인 수단 역시 상실하게 될 것이다. 물론 정부 자신이 일으키는 위협(보통의 사기행위와 마찬가지로 일반법이 금지하는 화폐위조 행위는 제외하고)으로부터 화폐를 보호하기 위해 정부의 힘이 필요하다고 말하는 것은 우스운 이야기가 될 것이다. 국가야말로 화폐에 대한 1차적 위협이기 때문이다. 정치인들이 교묘한 방법으로 국민의 공분(公憤)을 자극하고 있기는 하지만, 자유롭게 활동할 기회만 주어진다면 다른 화폐의 수입업자 또는 생산자는 정부가 화폐를 가지고 농간을 부리지 못하도록 감시하는 역할을 훌륭히 수행할 수 있을 것이다. 정부는 화폐교환을 통제하는 것과 같은 방법을 사용함으로써 결과적으로 시장에서 시민들이 재화를 효과적으로 이용하는 것을 가로막기 때문이다.

특정지역에서 통일된 법정화폐가 사용되어야 한다는 통설이 교묘하게 유포되고 있지만, 꼭 그래야 할 이유는 없다. 믿을 만한 상인들이 해도 안 될 것은 없지만, 그래도 정부가 한때 금속통화의 무게나 순도를 보증하는 일을 맡는 것 정도는 긍정적인 평가를 받아도 괜찮을 것이다. 그러나 과거에 군주가 화폐 주조권을 독점하겠다고 나선 것은 이를 통해 이권을 챙기겠다는 의도와 함께, 변방에 흩어져 있는 백성에 대한 통치권을 확보하려는 생각이 함께 작용했기 때문이다. 그 후 권력자들은 이러한 권한을 끊임없이 남용하며 국민을 우롱해왔다. 근대 화폐제도로 발전한 것도 국민의 복리를 위해서가 아니라 오직 지배자들의 권력과 재정을 확충하기 위해서였다. 영국 정부는 1694년에 영란은행에게 매우 제한적으로나마 은행권을 독점적으로 발행할 수 있는 권한을 부여했는데, 이것도 공공의 이익을 위해서가 아니라 다만 그 은행이 그에 상당하는 금액을 지불했기 때문이었다. 이후 지금까지 시장에 맡기는 것보다 정부가 독점적으로 관리하는 것이 화폐의 안정적 유통에 유리하다는 속설이 계속 이어져 왔지만, 그 실상은 그렇지 않다. 금본위제 같은 자동적 견제장치가 작동하지 않으면 정부의 화폐독점권은 언제나 권력을 남용하고 국민에게 피해를 입히는 방향으로 이용되고 있다. 화폐의 역사가 증명해주듯이, 정부가 국민의 신뢰를 잃지 않는 시기는 화폐 주조권을 남용하지 않는 기간과 정확하게 일치한다. 따라서 정부가 공급하는 화폐보다 더 양질의 것을 선택할 수 있는 자유가 주어지지 않는 한, 믿을 수 있는 화폐를 확보하기 어렵다. 국민이 정부화폐를 배척하여 정부가 더 이상 배임행위를 하지 못하도록 압력을 가하지 못한다면, 정부는 계속하여 통화조절을 통해 완전고용을 달성할 수 있다는 환상을 심어주려 할 것이다. 사람들이 '계획된' 또는 '관리된 '경제의 마력에 미련을 못 버리는 것도 이 때문이다. 그러나 경험이 분명히 보여주듯이, 정부는 인플레이션 정책을 써서 문제를 해결하려 하지만, 그것이야말로 문제의 발단이 아닐 수 없다. 그런 방법으로 실업률을 일시적으로 낮출 수는 있을지 몰라도 머지않아 더 높은 실업률을 유발할 것이기 때문이다.

다른 종류, 특히 지방정부가 독점제공하는 서비스에 대해서도 같은 이야기를 할 수밖에 없다. 그런 서비스가 유익할 수도 있겠지만, 독점의 생리상 결국은 부정적인 측면이 부각되고 만다. 이런 독점이 일으키는 가장 심각한 폐해는 흔히 사람들이 생각하듯 터무니없이 비싼 요금이 아니라, 그 반대로 정치적 강제 때문에 재화를 비경제적으로 이용하게 된다는 점이다. 교통이나 통신, 에너지 등이 정부에 의해 독점공급됨으로써 경쟁이 차단될 뿐 아니라 평등이라는 정치적 고려에 발이 묶인 결과 도시가 무분별하게 팽창하는 이유를 제공하기도 한다. 다시 말하면 도시 외곽지역 어느 곳에 살든 간에 중심지에 사는 사람과 같은 가격으로 그러한 서비스를 제공받을 권리가 있다고 생각하게 만든다는 것이다.

반면에 최대의 소비자요 투자가로서 단순히 이윤의 증대에만 신경쓸 처지가 못되는데다 재정운용 역시 시장원리로부터 영향을 덜 받는 정부이니, 가능하면 민간투자가 위축될 때 예산을 집행해서 사회 전체의 이익이 되도록 해야 한다는 것이 상식이다. 그러나 이와 같이 오래된 처방이 실제로 실천에 옮겨진 경우는 드물며, 오히려 경제학자들이 반대하는 시점을 골라 공공투자가 이루어지는 경우가 더 많다. 정치적 행정적 고려가 그 주범이다. 정부투자가 민간경제의 조정자 역할을 제대로 하려면 빠른 시간 안에 결정이 이루어져야 하며, 적절한 기회를 놓치면 득보다는 실이 더 많아진다. 이렇게 되기 위해서는 정부의 모든 자본지출 비율이 최대 5년에서 7년 정도 기간 동안 평균 얼마 정도로 고정될 필요가 있다. 이 평균속도가 예를 들어 '스피드 3'이라고 할 때, 중앙정부가 그 속도를 20퍼센트 또는 40퍼센트 증대시키면 스피드는 각 부처별로 4 또는 5가 되고, 반대로 그만큼 줄이면 스피드는 2 또는 1이 될 것이다. 각 부처 또는 부문에서는 나중에 이 속도를 늘이거나 줄인 만큼 보충해야 한다는 것을 알기 때문에 속도변화에 따른 비용이 가장 적게 드는 곳, 특히 노동력이나 다른 재화가 일시적으로 풍부하거나 부족해진 곳에 집중함으로써 최대한 이윤을 거두려 애쓸 것이다. 이것이 얼마나 어려운 일인가, 또는 그런 일을 해낼 만한 정부가 되려면 얼마나 더 시간이 걸려야 하는가에 대해서는 굳이 이야기할 필요가 없을 것이다.

정보와 교육

이 문제에 대해서도 조금만 언급하겠다. 독자들은 내가 쓴 책에서 자세히 다룬 것을 참고하기 바란다.[18]

정보와 교육은 물론 서로 영향을 주고받는다. 공공재원에서 필요한 비용을 충당해야 한다는 주장도 비슷하다. 그러나 다른 공공재화의 경우와는 몇 가지 점에서 차이가 난다. 정보와 교육은 특정인에게 한정 판매될 수 있는데, 이런 것들을 보유하지 않은 사람들은 그것을 보유하는 것이 자기에게 이익이 된다는 사실을 잘 모른다. 그러나 그들이 정보와 교육을 보유하면 다른 사람에게는 분명히 도움이 될 것이다. 이 점은 교육에 관한 한 아주 명백하다. 개인들이 법을 준수하고 민주적 정치과정에 참여하는 데 교육이 필수적이기 때문이다. 뿐만 아니라 정보를 매개하는 가장 유효한 도구인 시장 역시 특정 정보에 대한 접근이 자유로울 때 그 기능을 더욱 잘 수행할 수 있다. 아울러 각 개인의 삶을 윤택하게 해주는 데 유익한 지식을 정부의 업무처리 과정에서 우연히 습득하거나, 아니면 통계치나 토지대장과 같이 정부가 보유한 자료를 통해서만 획득할 수 있다. 그리고 대부분의 지식은 일단 습득하고 나면 그 성질상 더 이상 희귀상품이라고 할 수 없다. 일반적으로 처음 구할 때 비용의 몇 분의 1만 들여도 이용이 가능해진다. 그렇다고 이것이 정부가 교육이나 정보의 배분을 전담해야 바람직하다는 뜻은 아니다. 이를테면 정부가 뉴스를 독점적으로 공급하는 체제를 원하는 것은 결코 아니다.

몇몇 나라에서 방송을 정부통제 아래 이관한 것은 아마도 근대사에서 목격되는 가장 끔찍한 실수 중의 하나였을 것이다.

그러나 정부가 특정 정보를 배분하는 가장 효율적인 기관이라는 주장에 대해 굉장히 의심스러울 때가 종종 있고, 또한 정부가 이런 기능을 선점함으로써 다른 조직이 더 잘할 수 있는 가능성을 봉쇄하는 결과를 낳기도 하지만, 그렇다고 정부가 이런 분야에 전혀 관여해서는 안 된다고 말할 수도 없다. 어떤 형태, 그리고 어느 정도로 정부가 개입하는 것이 옳은가가 논의의 핵심이 될 수밖에 없다.

교육문제에 대해 정부가 1차적 책임을 지는 것이 마땅하다는 주장의 논거는 대충 다음과 같다. 즉 아동들은 자신의 행동에 대해 책임질 나이가 못되며, 무엇이 그들에게 필요한가도 잘 알지 못한다. 교육의 습득에 필요한 재화도 가지고 있지 못하다. 부모들도 자녀의 교육을 위해 투자할 여력이 없거나, 아니면 경제적 이익을 위해 신경쓰는 만큼 교육에 투자할 열의를 가지고 있지 못하다. 이런 주장은 아동들과 미성년자에게만 해당되는 이야기지만, 어른들에게도 통용되는 학설에 의해 더욱 분명하게 뒷받침된다. 즉 교육은 사람들이 모르고 있는 자신의 잠재적 능력에 대해 눈을 뜨게 하는 효과를 지닌다는 것이다. 이런 경우에도 각자가 초기 성장시절에 적절히 도움을 받아야 나중에 제대로 자기발전을 도모할 수 있음은 물론이다.

정부가 적어도 보통교육에 대해서는 재정지원을 해야 한다는 것이 정부가 교육문제를 관리해야 한다거나 더구나 독점해야 한다는 의미는 아니다. 전문가 양성을 위한 교육이 아닌 보통교육에 관한 한, 앞에서 소개한 것처럼 프리드만 교수가 제안한 방법,[19] 즉 학부모가 학교를 선택한 뒤에 교육서비스의 질에 따라 교육비를 지불하게 하는 것이 현행 제도보다 훨씬 나아 보인다. 물론 일정한 수준에 이른 학교만을 대상으로 선택하고, 영수증에는 이들 학교에서 공부할 때 드는 비용을 전부 명시하게 하지만, 이 제도는 학교교육을 관리하는 당국이 학부모에게 개별적으로 따로 받는 교육에 대해서는 추가로 비용을 물리는 현 제도보다 유리한 점이 더 많다. 학생들이 성년에 이르러 받는 전문교육의 경우에는 그런 전문직종에 종사했을 때 보장되는 고소득을 담보로 융자를 제공하는 방법, 이를테면 코뉴엘이 제창한 '학생지원 기금(United Student Aid Fund, Inc.)' 같은 것이 유효한 대안이 될 것이다.[20]

그 밖의 중요한 문제들

정부가 수행하는 것이 마땅한 서비스 분야에 대해 그저 겉핥기식으로 지나간다 하더라도 몇 가지 중요한 문제들은 좀 자세히 검토해야 하는데, 여기서는 다루기가 힘들겠다. 그 중의 하나는 정부가 자격증 또는 허가증을 발급하는 일이다. 정부가 그런 방법을 통하여 특정 서비스의 품질을 보증할 수 있다면, 비록 정부 혼자서 해야 할 일은 아니라 하더라도, 내용을 잘 모르는 소비자에게 크게 도움이 되는 것은 물론이고 시장기능의 활성화에도 유익할 것이 틀림없다. 그래서 생산현장과 극장, 운동경기장 등의 공공시설에 대한 건강안전 규제뿐만 아니라 건축규제, 식료품 단속, 전문직종의 자격심사, 총포나 화약류, 독극물 등 위험한 물질 판매제한 등은 소비자로 하여금 현명한 선택을 할 수 있도록 도와주는 등, 때로는 사회생활에서 빼놓을 수 없을 만큼 중요하다.

돼지고기나 우유 등과 같이 사람들이 일상적으로 소비하는 품목이 일정한 위생기준에 부합되는가, 또는 외과의사 같은 전문직 종사자가 과연 그런 일을 해낼 정도의 자질을 갖추었는가 하는 문제는 당사자들에게 보편적으로 적용되는 일반적 규칙에 비추어보면 명확히 판정될 것이다. 어떤 재화나 서비스가 어느 정도의 품질을 갖추었고, 그런 것들의 판매를 허용하는 것이 옳은가 여부는 그저 단순한 편의의 문제에 불과할지 모른다. 법의 지배와 시장질서의 작동을 위해 중요한 사실은 일정한 기준을 넘어선 재화나 서비스에 대해서는 마땅히 필요한 인증이 주어져야 하며, 정부 당국자의 규제대상이 되어서는 안 된다는 점이다.

정부가 일을 하다 보면 강제구매, 또는 수용을 해야 할 경우가 생기는데, 이것은 매우 어려운 문제를 야기한다. 이를테면 통신시설을 설치한다든가, 또는 '명백히 그 필요성이 인정되는 분야'에서는 언제든지 정부가 그런 것을 요구할 권리가 있다고 여겨진다.[21] 정부의 수용권이 일반법규의 제한을 받고 시가에 따라 전액보상을 해주는 한, 그런 조치가 시장질서를 심각하게 위협한다든가 법의 지배원칙과 어긋난다고 생각할 필요는 없을 것이다. 그럼에도 불구하고 이런 일을 놓고 자유지상주의(libertarian) 원칙과 정부가 응당 추진해야 할 업무의 필요성 사이에 갈등이 생길 가능성이 있으며, 이에 따라 일어나는 문제들을 해결할 만한 이론적 틀을 아직 발견하지 못한 상태라는 점을 부인하기는 어려운 상태이다.

그런가 하면 각 개인이 자기의 역량을 충분히 발휘하고 그에 따라 사회 전체에 최대한 기여하자면 꼭 있어야 할 서비스를 정부가 아직 제공하지 못하는 경우도 생각해볼 수 있다. 이 중에 대표적인 것이 인구밀도가 증가하면서 사생활의 비밀을 보장해줄 필요가 높아지고 있는 것인데, 정부가 이 문제에 대해 제대로 대처하려면 한참 더 기다려야 할 것 같다.[22] 이웃이나 공중을 대표하는 기관, 특히 언론매체로부터 사생활을 보호하는 것은 완전한 자유를 향유하는 데 없어서는 안 될 중요한 조건이다.

마지막으로 이런 모든 문제를 중앙정부 차원에서 접근해야 할 것인가를 논의해야 한다. 내가 일관되게 강조하는 것은 이런 문제는 지방 또는 지역의 정부기관이 담당하는 것이 가장 좋다는 점이다. 실제로 많은 사람이 중앙정부가 하는 일은 법질서를 확립하는 것에 국한시키고, 나머지 모든 서비스는 하급 정부기관이 담당하도록 하는 주장을 펼친다. 지역 정부기관들이 상위 법 규범을 좇아 해당 지역 주민들의 이익을 위해 서로 경쟁을 벌이는 것이 가장 이상적이라는 생각이다. 외적의 침입에 대비해서 중앙정부를 강력하게 만들어야 한다는 불행한 과제 때문에 일반법규의 집행과 세세한 특정 서비스의 제공이라는 두 가지 업무를 중앙정부의 손에 함께 맡기게 되었고, 그 결과 지금까지 우리가 논의한 각종 문제점이 생겨난 것이다.

제15장
정부정책과 시장
Government Policy and The Market

완전시장경제는 강제력을 구비한 사회조직인 정부가 시장체제의 작동을 보호하고 그 기능을 방해하지 않으며 다른 사람들이 침해하지 못하도록 막아주는 역할을 맡을 것을 상정한다.

폰 미제스Ludwig von Mises*[1]

경쟁의 조건이 꼭 '완전상태'에 이르러야만 하는 것은 아니다[2]

특정 조건하에서 경쟁은 마치 모든 변수들의 성격을 파악한 어떤 한 사람이 자신의 지식을 최대한 이용해서 생산에 관한 결정을 내린 것과 흡사하게 상품과 서비스의 효율적 생산을 위한 자원의 분배가 일어나게 만든다. 특수한 조건을 갖춘 경쟁적 시장체제에서 이런 결과가 나올 수 있다는 것은 학문적으로 너무나 흥미로워서 경제이론가들은 이 현상을 일종의 패러다임으로 간주하기에 이르렀다. 경쟁이 일으키는 마법적 효과에 대한 사람들의 기대가 너무 큰 나머지 그와 같은 결과가 나오기 때문에 경쟁이 바람직하다든가, 또는 실제 그런 결과가 나와야 경쟁이 바람직한 것이라는 등식을 만들기에 이르렀다. 그러나 실제로 그런 완전경쟁이란 예외적 조건 아래에서만 일어나기 때문에 일반화시키기는 대단히 어렵다. 경쟁이 성취할 수 있는 상태에 대해 너무 비현실적인, 또는 지나치게 높은 기대수준을 가지게 되면 실제 경제현장에서 그것이 이룩하는 성과를 낮춰 평가하는 오류를 범할 수도 있다.

완전경쟁 모델은 오직 몇몇 경제현상에서만 발견되는 사실에 기초해서 만들어진 것인데, 대부분의 영역에서는 우리가 그런 사실들을 조장하기가 어렵고, 또 그것이 가능하다 하더라도 때로는 그렇게 하는 것이 그다지 바람직하지 못하다. 완전경쟁 모델은 다음과 같은 중요한 가정 위에 성립한다. 즉 다른 것과 현저하게 차이나는 어떤 상품이라도 대다수 생산자가 책정하는 가격과 같은 수준에서 대부분의 소비자에게 공급할 수 있다. 따라서 후자의 경우, 아무도 가격을 인위적으로 조정할 수 없다. 가격을 한계생산비 이상 수준으로 책정하려 한다면 다른 생산자가 더 싼값에 공급할 것이기 때문이다. 각 경쟁자의 입장에서 가격이 이미 정해져 있고 한계생산비가 가격과 같아지는 시점까지 생산을 늘리는 것이 생산자에게 이익이 되는 이와 같은 이상적인 경우가 모델로 이론화되었고, 실제 경제생활에서 경쟁이 이루는 성과를 평가하는 기준으로 이용된다.

이러한 상황이 벌어지면 한계생산비가 가격과 같아질 때까지 생산을 늘려가는 것이 바람직하겠지만, 만일 상황이 그렇지 못하다면 생산을 더 늘리기 위해서는 생산요소가 다른 경쟁자에 비해 더 효율적이어야만 할 것이다. 그렇다고 해서 사람들이 무엇을 원하며 무엇을 할 수 있는가를 알아내기 위해 경쟁을 이용해야만 하는 곳에서 그런 이상적인 상황을 이끌어내야 한다든가, 또는 불완전한 경쟁이라고 해서 정부의 개입과 같은 알려진 방법에 의해 창조되는 조건보다 덜 바람직스럽다는 것을 의미하지는 않는다.

다른 것과 현저하게 차이나는 모든 서비스나 상품이 대다수 생산자에 의해 생산되어야만 한다거나 어떤 상품이라 하더라도 같은 비용으로 만들어낼 수 있는 생산자들이 언제나 다수 존재해야 한다는 것은 가능하지도 바람직하지도 않다. 따라서 어느 한 시점에서 적정수준의 생산량이 존재할 수밖에 없을 뿐 아니라(그렇지 않으면 가격이 오르거나 내릴 것이다) 생산자에 따라 기술, 위치, 전통 등 각기 고유한 강점을 지닌다는 것은 정해진 이치이다. 적지 않은 경우에 다른 경쟁자에 비해 싼값에 팔면서도 생산비용을 충당할 수 있는 생산자는 몇몇 또는 단 하나에 지나지 않을 수도 있다. 이럴 경우에는 생산자가 한계비용까지 낮추어서 물건을 판다든가, 또는 한계비용 정도밖에 안 되는 가격으로 팔아야 할 만큼 물건을 많이 생산할 필요가 없을 것이다. 기업의 입장에서는 새로운 경쟁자가 뛰어들지 못할 수준으로 싼값에 파는 것이 최고의 이익이 될 것이다. 이런 상황이 벌어지면 생산자들은 사실상 독과점자가 되고, 오직 새로운 경쟁자를 압도할 수 있는 범위 안에서 자유롭게 가격을 올리거나 생산량을 조절하여 최대이윤을 도모할 수 있을 것이다.

이런 것들을 감안한다면 막강한 힘을 가진 독재자가 생산자로 하여금 한계비용과 가격이 같아지는 수준까지 생산하도록 강요하여 자원이용의 효율성을 높이려 할 수도 있다. 일부 이론가들이 습관적으로 사용하는 이런 기준을 놓고 본다면 실제 존재한 시장들은 대단히 불완전한 것임에 틀림없다. 그러나 현실문제를 해결하는 데는 이런 기준이 전적으로 부적합하다. 그것이 어떤 알려진 절차를 통해 달성될 수 있는 것보다 우리가 어떻게 할 수 없는 상태와의 비교 위에 만들어진 것이기 때문이다. 자기 자신이 시장의 작동에 영향을 주는 모든 요소를 알고 있다는 허구적 가정에 의거해서 분석을 진행시킬 수밖에 없는 경제학자로서는 전지전능한 독재자가 통제하는 가설적 상황을 자연스러운 것으로 받아들여야 실제 경쟁이 어떤 성과를 내는가를 평가하는 기준으로 사용할 수 있을 것이다. 그러나 이런 기준은 실제 정책을 집행하는 데 유용하지 못하다. 달성될 수 없는 상황을 평가하기보다 특정 정책이 주어진 여건을 잘 활용하는가 여부를 판단하는 데 사용되는 기준이 되어야만 하기 때문이다. 정말 중요한 것은 지금과 다른 상황이라면 우리가 얼마나 바람직한 특정 목표를 향해 근접할 수 있는가가 아니라 과거보다 얼마나 더 효율성을 높일 수 있는가 하는 문제이다.

다른 말로 하면, 경쟁이 얼마나 효과적인가를 평가하는 기준은 전지전능한 누군가에 의해 만들어진 가설적 상황이 아니라 생산과 수요가 경쟁에 의해 얼마나 균형을 맞출 수 있는가 하는 확률이 되어야만 한다는 것이다.

경쟁은 일종의 발견절차다

경제뿐만 아니라 다른 일반적인 영역에서도 경쟁은 누가 제일 잘 할 수 있는가를 알지 못하는 상황에서만 유효한 절차로 기능할 수 있다. 시장은 물론이고 시험이나 운동경기에서도 마찬가지로, 경쟁은 누가 특정 경우에 제일 잘했는가 하는 점만 알려준다. 비록 성취동기를 자극하는 데 매우 유효한 수단이기는 하나, 그렇다고 각자가 할 수 있는 만큼 최선의 성과를 거두었는가 하는 문제에 대한 답까지 꼭 들려줄 수 있는 것은 아니다. 경쟁은 2등보다 더 잘하도록 만드는 유인책이 될 수 있다. 그러나 그 2등이 너무 뒤쳐져 있으면 1등 하는 사람이 얼마나 열심히 노력해야 하는가는 그가 마음먹기에 따라 달라진다. 2등이 바짝 추격을 하고 1등도 자신이 얼마나 잘 할 수 있는가를 모르는 상태에서만 최선을 다할 것이다. 경쟁력이 점차 높아지는 가운데 각자가 할 수 있는 최선을 다해 노력할 때, 1등은 다음 사람이 자기 뒤를 바짝 쫓아오는지 곁눈질하며 열심히 내달릴 것이다.

따라서 경쟁은 과학에서 실험이 그렇듯이 무엇보다 새로운 사실을 발견해내기 위한 절차(discovery procedure)이다. 앞으로 발견하고자 하는 사실이 이미 알려져 있다는 가정에서 출발한 이론은 결코 정당화될 수가 없다.[3] 이제부터 고려하려고 하는 사실들 중에서 미리 알려지거나 '주어진' 것은 존재할 수가 없다. 우리가 오직 희망하는 것은, 우리가 아는 다른 어떤 절차보다도 잠재적으로 유용한 객관적 사실을 더 많이 고려하도록 만드는 절차를 확보하는 것뿐이다. 모든 관련되는 사실들이 어떤 한 사람에게 알려져 있다는 가정은 경쟁의 결과를 평가해서 보다 바람직한 정책을 선택하는 기준으로 이용하는 것을 불가능하게 만든다. 정말 중요한 것은 한 사람이 아니라 수많은 사람이 나눠가지고 있는 지식이나 기술, 그리고 지식을 습득할 기회를 어떻게 하면 가장 효과적으로 이용하는가의 문제이다. 경쟁은 사람들이 지식을 습득하고 교환하는 과정으로 이해해야 한다. 마치 모든 지식이 처음부터 한 사람에 의해 독점된 것처럼 생각하는 것은 경쟁을 부질없는 것으로 격하시키고 만다. 그리고 경쟁의 구체적 결과를 경쟁이 '창출해야' 할 생산물에 대한 선입관에 의해 판단한다는 것은 마치 과학실험의 결과를 결과가 어떻게 되리라고 사전에 예상한 바에 따라 평가하는 것만큼이나 우스운 일이 아닐 수 없다. 과학실험이 그렇듯이 결과의 가치는 그 결과를 낳은 조건에 의거해서 판단해야지 결과를 중심으로 따져서는 안 되는 것이다. 그러므로 경쟁이 과학실험 이상으로 측정 가능한 결과의 극대화를 낳아야 한다고 말할 수는 없다. 그저 조건이 맞을 경우 다른 그 어떤 알려진 절차보다도 지식과 기술을 더 많이 이용하게 만들 뿐이다. 지식과 기술을 효과적으로 사용하면 할수록 좋은 것이고, 따라서 각자가 필요에 따라 주고받는 교환이 증대하는 만큼 진보도 촉진되겠지만, 정확하게 어느 정도의 편익이 늘어났는지 수량적으로 계산하기는 어렵다. 그런 계량화 문제에 매달릴 필요는 없고 다만 최대한의 기회창출을 가능하게 할 최적조건을 받아들이기만 하면 된다.

경쟁의 압력 속에서 어떻게 행동해야 하는지, 그런 상황 속에서 어떤 일이 벌어질지 그 당사자조차 미리 알 수가 없으며, 하물며 다른 사람들은 더 아는 바가 적을 것이다. 그러므로 본인에게 경쟁이 '있는 것처럼', 또는 과거의 경쟁이 지금보다 더 완전상태에 가까웠던 것처럼 행동할 것을 요구하는 것은 글자 그대로 무의미한 일이다. 이와 연관해서 특히 주목할 것은, 개인의 '비용곡선'이 오직 각자의 지식(고도의 경쟁시장에서 행동할 때와 독점 또는 독과점의 위치에서 행동할 때가 확연히 다르다)과 판단을 기초로 하여 결정될 수 있음에도 불구하고 마치 그것이 객관적 사실을 나타내고 있는 것처럼 허구적으로 가정함으로써 중대한 오류가 발생한다는 점이다.

　비록 경쟁의 결과를 설명하는 것이 경제이론이 추구하는 주요 목표 중의 하나지만, 우리가 지금까지 고려해온 사실들 때문에 사람들이 실질적으로 관심을 가지는 상황 속에서 경쟁이 구체적으로 어떤 결과를 낼지 예측할 수 있는 범위가 크게 제약된다. 실제로 경쟁은 우리가 결과를 예측할 수 있다면 따로 필요가 없을 발견절차를 만들어내기 때문에 가치가 있는 것이다. 경제이론은 이론가들이 모든 개인들의 행동을 계도하는 지식을 갖추고 있다는 가정에 기초한 모델을 제시함으로써 이러한 발견절차의 작동과정을 설명할 수 있다. 우리가 그런 모델에 관심을 가지는 것은 단지 그것이 어떻게 이런 체제가 움직이는지를 설명할 수 있기 때문이다. 그러나 우리는 구체적인 내용을 모르는 현실상황에다 그 모델을 적용해야만 한다. 경제학자는 자신이 다른 모든 사람들의 의도를 읽을 수 있다고 가정하는 추상적인 모델로부터 결과의 일반적인 성격에 관한 결론을 추출해내는데, 이것은 다른 사람들이 도저히 할 수 없는 일이다. 그런 결론은 인위적으로 세운 모델을 통해 검증받을 수 있을지도 모른다. 그러나 그런 결론은 필요한 모든 지식을 갖추고 있지 못한 까닭에 검증받기가 불가능한 경우에만 흥미를 불러일으킨다.

'완전경쟁'을 현실적으로 기대하기 불가능하다면, 기업들이 '그런 상황이 존재하는 것처럼' 행동하도록 만드는 것은 불가능하다

일종의 발견절차와 같은 것이라 할 수 있는 경쟁을 촉발하는 것은 생산자의 이기심이다. 생산자가 자기의 이익을 위해 가지고 있는 지식을 이용하는 것이 허용되어야 한다. 아무도 생산자가 결정을 내리는 데 필요한 정보를 가지고 있지 못하기 때문이다. '완전경쟁' 조건이 존재하지 않는 곳에서는 제품을 더 싼값에 팔아도 적당한 이익을 남길 수 있다 하더라도 일부 생산자는 한계생산비 이상의 가격에서 파는 것이 더 이득이 된다고 생각할 것이다. 그러나 완전경쟁을 하나의 기준으로 간주하는 사람들은 그런 것을 거부한다. 그들은 그런 상황 속의 생산자는 설령 자신의 이기심이 반대방향으로 가고 싶어한다 하더라도 완전경쟁이 존재하는 것처럼 행동해야 한다고 주장한다. 그러나 우리는 이기심에 의존할 수밖에 없다. 이기심을 자극해야만 우리에게 없는 지식을 활용하도록 생산자를 유도할 수 있고, 또 생산자만이 결정할 수 있는 행동을 취하도록 할 수 있기 때문이다. 가장 경제적인 생산방법을 찾기 위해 생산자의 이기심에 의존하면서 동시에 생산자 자신의 이익을 최대한 늘릴 수 있는 방향으로 제품의 종류와 수량을 결정, 생산하는 것을 금지할 수는 없다. 누구든지 처음 제품을 생산하면 일시적으로는 이윤을 낼 수 있다는 사실 때문에 생산욕구가 가끔씩 자극받기도 한다. 비록 그 이윤이 단기간에 그친다는 것을 안다고 하더라도 사람들은 그 이윤을 좇아 생산에 나서게 되고, 이를 통해 생산성이 높아지는 경우가 많은 것이다.

만일 어느 물건이든지 미래의 생산비용(특히 추가로 생산되는 제품의 한계비용)이 상급기관에 의해 객관적으로 결정된다면, 생산자가 한계비용에 물건을 팔도록 요구하는 것이 의미 있을지도 모른다. 그러나 비록 우리가 이론상으로는 비용이 '데이터', 즉 주어진 지식인 것처럼 말하기를 좋아하지만 실제로는 물건이 생산될 수 있는 최저비용을 경쟁이 발견하도록 바라고 있는 것이다. 최저비용은 그것을 발견해낸 사람을 제외하면 그 누구에게도 알려져 있지 않다. 심지어는 그 사람조차도 때로는 자신이 다른 사람보다 더 싼 값에 생산할 수 있다는 점을 잘 모를 것이다.

따라서 보통 제3자가 자기제품의 가격 중에서 비용을 훨씬 초과하는 부분(이러한 높은 이윤이 기술 또는 경영능력의 향상 때문에 초래되었을 가능성을 암시한다)이 과연 투자의 대가로서 '적당한' 것인지 객관적으로 판단하기는 불가능하다. 이때 '적당하다'는 것은 위험을 감수하고 다시 투자할 수 있을 정도의 기대수준에 부합해야 한다는 것이다. 고도의 기술이 필요한 생산의 경우, 특정제품의 비용은 일반적으로 객관적 계산에 의해 결정되기보다 향후 전망에 대한 생산자의 판단에 대부분 좌우된다. 그러므로 개별기업체의 성공과 장기적 효율성 여부는 기업가의 생산비용 예상이 얼마나 정확한가에 달려 있다고 하겠다.

따라서 생산시설의 개선을 위해 투자를 많이 한 기업이 새로운 한계비용에 가격이 이를 때까지 생산을 즉시 늘려야 되는가 하는 문제는 장차의 발전 가능성에 대한 판단에 의해 결정된다. 보다 효율성이 높은 신규사업에 투자한 뒤 일정기간이 지나면 기존 경우에 비해 가격이 한계비용보다 더 높은 수준에서 유지되고, 그래서 수익을 높일 수 있다면 그것은 확실히 바람직하다. 새 공장을 지을 것인가 여부는 생산된 제품의 가격이 한계비용보다 일정수준 이상 높게 유지되면서 투자자본의 금리뿐만 아니라 투자위험을 감수한 부분까지 보상할 수 있을 정도가 되는가에 달려 있다. 공장을 짓기로 처음 결정한 사람에게 누가 과연 투자위험이 어느 정도 되는가, 또는 어느 정도 되는 것이 마땅하다고 이야기해줄 수 있겠는가? 신규사업이 성공을 거둔 것으로 판명되고 나서 장기간 고착된 것처럼 보이는 한계비용

수준으로 가격을 낮추어야 한다면, 누가 도대체 그런 위험을 감수하겠는가? 일시적이나마 독점이윤을 올린 기업은 그 상태를 지속하고 싶은 생각에서 생산기술을 더욱 향상시키려 할 것이다. 그렇게 얻은 이윤은 대부분 생산기술의 향상을 위해 재투자된다.

새로운 생산시설을 갖춘 생산자가 그렇지 못한 사람들보다도 소비자에게 더 큰 혜택을 줄 수 있고, 우리가 그 생산자의 생산기술에 의존해야 하는 동안에는, 그렇게 재투자하도록 요구하는 것이 우리가 할 수 있는 일의 전부라는 사실은 이치에 맞는 이야기이다. 그렇다고 해서 각자가 자신의 재능과 소유를 마음껏 사용하는 것이 허용된 자유사회에서 어떤 사람이 자기가 할 수 있는 만큼 최선을 다하지 못했다고 해서 비난할 수는 없다.

사실상 독점을 행사하는 기업체가 과연 가격이 단지 한계비용 정도밖에 안 되는 상태까지 생산을 늘려가는지 확인하는 일의 어려움은 차치하고라도, 그렇게 하도록 요구하는 것이 시장질서의 원칙과 부합되는지 여부도 분명하지 않다. 뛰어난 기술이나 생산에 유리한 특별요소를 보유한 덕분에 독점이 일어나는 한, 이 독점을 비난할 이유는 없다. 우리가 어떤 사람에게 특수한 기술이나 특별한 생산요소를 다 쓰지 않아도 된다고 허락해놓고, 그 사람이 상업적인 목적을 위해 그런 것들을 사용하자마자 가능하면 최대한도로 써야 한다고 강요하는 것은 모순된다. 남보고 그 사람의 기술이나 소유물을 어느 정도로 써야 한다고 규정할 수 없는 것은, 마치 그 사람이 퀴즈를 푸는 데 자신의 지식을 총동원해서는 안 된다든가, 아니면 우표를 수집하는 데 돈을 써서는 안 된다고 말할 수 없는 것이나 마찬가지이다. 따라서 남다른 기술상의 우위 때문에 독점이 생길 때, 그런 기술을 가진 생산자에게 할 수 있는 한 최선의 노력을 기울이라고 채근을 한 뒤 남보다 더 효율을 낸다고 처벌하는 것은 논리에 맞지 않는다. 뛰어난 입지(立地) 여건과 같은 특별한 강점을 지닌 탓에 독점이 생길 때도 같은 이야기를 적용할 수 있다. 어떤 사람이 양조용으로 쓰면 매우 큰 이익이 될 지하수를 자기의 수영장에 가득 채우려 할 때 그렇게 하라고 허락해놓고선, 나중에 그가 양조용으로 그 지하수의 용도를 전환하려 할 때 독점이윤을 얻으려 해서는 안 된다면서 금지하는 것은 불합리하기 이를 데 없다.

유리한 입장에 있는 생산자가 자기에게 가장 이익이 되는 수준에서 제품의 가격과 질을 결정할 권리를 지니는 것은 사유재산권의 당연한 권리이기 때문에 사적 소유 자체를 철폐하지 않는 한 그런 권리를 인정할 수밖에 없다. 이런 점에서는 최고의 수입을 얻을 수 있도록 작업량을 조절하는 화가와 생산효율을 최대한 높이기 위해 경영조직과 공장부지 같은 생산요소의 혁신에 골몰하는 기업가 사이에는 차이가 없다. 어떤 사람이 자기가 적당하다고 생각하는 만큼만 일하려는 것을 비난할 수 없듯이, 독점기업이 독점상태에서 이윤을 얻으려 하는 것 역시 도덕이니 정의니 하는 명분으로 공격할 이유가 없다.

그러나 시장의 논리를 이용해서 소비자에게 더 잘 봉사할 수 있는 기회를 차단하는 것은 전혀 다른 이야기가 된다. 어떤 상황에서는 가격우위를 이용해서 다른 사람이 경쟁에 뛰어드는 것을 막으려 드는 일도 벌어질 것이다. 이런 일은 막아야 한다.

그러나 때로는 경쟁 끝에 자연스럽게 독점이 형성되는 경우도 있다. 곧 살펴보게 될 예외적인 경우를 제외하고는 비록 독점이기 때문에 생산성이 더 올라가는 일은 드물지만, 특별한 조건이 맞아떨어진 까닭에 어떤 기업이 경쟁자들보다 더 효율적으로 생산할 수 있는 경우가 생긴다.[4] 이런 이유 때문에 독점을 정당화하고 그런 상태가 지속되기를 바랄 수는 없지만, 오직 소비자에게 더 잘 봉사할 수 있기 때문에 독점의 위치에 올랐고 또 다른 사람들이 그러한 기회를 가지는 것을 방해하지 않는 한, 독점을 용인하는 것뿐만 아니라 그와 같은 강점을 더 잘 활용하도록 격려하는 것 또한 바람직하다. 생산자가 다른 사람보다 더 싼값에 물건을 만들어서 더 싼값에 팔기 때문에 독점의 위치에 올랐다면, 그것은 우리 모두가 바라는 바이다. 물론 이론상으로는 우리가 자원을 더 잘 활용할 수 있을 것처럼 보이지만, 그것은 현실성 없는 이야기이다.

많은 사람이 독점에 대해 거부반응을 보이는 것은 독점이라는 말의 어감상 특권을 전제한 것처럼 잘못 인식되기 때문이다. 그러나 한 사람(또는 소수)의 생산자가 다른 사람이 쫓아올 수 없을 정도로 낮은 가격에서 물건을 팔 수 있다는 사실 그 자체만 놓고 본다면, 다른 생산자를 경쟁에 참여하지 못하게 방해하지 않는 한 특권하고는 아무런 상관이 없다. 특권이라는 용어는 원래 특별한 명령에 의해 다른 사람이 갖지 못한 권리가 주어진 경우만을 뜻하며, 상황여건이 어떤 사람의 객관적 가능성을 높여줄 때는 적용할 수 없는 것이다.

이처럼 엄격한 의미의 특권 탓에 독점적 위치가 생겨난 것이 아니라고 전제하고 나면, 다른 사람의 기회를 박탈한 바탕 위에서 독점을 확보하려는 시도는 언제라도 비판받아야 마땅하다. 우리가 지금까지 논의해온 독점은 그와 같은 차별에서 기인하는 것이 아니다. 독점이 생기는 것은 사람이나 물건이 다 똑같지 않으며, 경우에 따라서는 한 개인 또는 소수가 다른 나머지를 압도할 만한 능력을 보유하기 때문이다. 우리는 그런 개인이나 조직이 경쟁자보다도 더 많이 사회를 위해 봉사할 수 있게 만드는 방법을 알고 있다. 그러나 그렇다고 해서 그들이 항상 최선을 다해 공공의 이익에 봉사하게 만들 재주는 없다.

자유시장의 성과

그러면 경쟁을 제한하지 않으면 어떤 일이 일어나고, 또 우리는 무엇이 일어나기를 기대하는가. 사람들은 그 결과가 너무나 분명하고 간단하다고 해서 모두가 당연한 일인 것처럼 받아들이는 경향이 있다. 그래서 그런 일이 일어난다는 것은 정말 대단한 일이며 어느 누가 명령한다고 해서 될 일이 아니라는 점을 전혀 인식하지 못하고 있다. 방해를 받지 않는다면 경쟁은 다음과 같은 일을 일으킨다. 첫째, 무엇을 어떻게 생산하고 어느 가격에 파는 것이 유리한지를 알 수 있게 한다. 둘째, 모든 생산물은 최소한 다른 잠재적 생산자가 제시할 가격보다 낮은 수준에서 실질생산자에 의해 생산된다.[5] 셋째, 모든 물건이 실제 판매에 나서지 않는 사람이 제시할 가격과 최소한 같거나 더 싼 수준에서 팔릴 것이다.

이런 상황의 중요성을 제대로 이해하자면 다음과 같은 세 가지 사실이 고려되어야 한다. 첫째, 이것은 누가 중앙에서 지시한다고 될 일이 아니다. 둘째, 정부가 경쟁을 제한하지 않거나, 또는 민간인이나 조직이 경쟁을 제한하지 못하도록 정부가 감시를 할 때, 경쟁이 제일 잘 일어날 수 있다. 셋째, 규모가 큰 경제부문에서는 정부가 경쟁을 제한하거나, 아니면 다른 개인이나 조직이 경쟁을 제한하도록 허용 또는 지원하는 까닭에 실제로 이러한 상태가 발생하기 매우 어렵다.

경쟁의 초기상태에는 그 성과가 미미해 보일지 모른다. 그러나 그 어떤 경우에도 더 나은 결과를 만들어낼 방법이 있는지 알 수가 없다. 경쟁이 제한되면 그 결과는 항상 불만족스러울 수밖에 없다. 많은 분야에서 항상 정부가 경쟁을 제한해왔으나 경쟁이 허용된 곳에서는 그 성과가 좋았다는 점을 고려할 때, 가능하지도 않은 '완전경쟁' 상태에 맞추어서 움직이기보다 일반적으로 수용 가능한 수준에서 경쟁이 일어나도록 하는 데 더 신경써야 할 것이다.

정상적인 사회에서 경쟁이 제한되지 않을 때에야 비로소 지금까지 말한 그런 결과가 나올 수 있다는 것은, 소비자들에게 현재 수준 이상으로 더 잘 봉사하는 것이 얼마나 힘든 일인가라는 사실에 의해서도 증명될 것이다. 우리는 그것이 얼마나 힘든 일인지, 그리고 오직 대단한 능력을 갖춘 사람이 있을 때나 가능한 일이라는 것을 잘 안다.[6] 이런 맥락에서 상업적 활동이 왕성하게 일어나고 기존의 각종 기회들을 잘 활용하는 사회와 반대로 사람들의 기업가정신이 부족하고 활력이 없어서 조금만 생각을 달리할 수 있는 사람이라면 거금을 벌 기회가 열린사회를 서로 비교하는 것도 논지의 이해를 위해 도움이 될 것 같다.[7] 중요한 점은 고도의 상업정신 그 자체가 경쟁의 산물이며, 기회가 열려 있을 때 참여하고 싶어하는 모든 사람들을 서로 경쟁시키는 것 이상으로 그런 정신을 더 잘 계발할 수 있는 것은 없다는 사실이다.

경쟁과 합리성

경쟁은 다른 사람의 지식과 기술을 활용하게 만드는 유일한 방법일 뿐 아니라 바로 우리 자신의 지식과 기술도 습득될 수 있게 해 주는 것이다. 이 점은 경쟁이 참여 당사자의 합리적 행동이라는 기초 위에 서 있는 것이라고 믿는 사람들이 잘 이해하지 못하는 부분이다. 가끔 그렇게 생각하는 사람도 있지만, 경제이론이 합리적 행동이라는 전제 위에 서 있는 것은 아니다. 경제이론은 다만 경쟁이 사람들을 합리적으로 행동하게 만든다고 주장할 뿐이다. 다시 말하면 경제이론은 시장활동을 하는 모든 또는 대부분의 사람들이 합리적이라는 것이 아니라, 그 반대로 상대적으로 좀 더 합리적인 사람이 일반적으로 경쟁을 통하여 나머지 사람들이 자신을 따라오도록 유도한다는 가정 위에 서 있는 것이다.[8] 합리적 행동이 사람들에게 유리하게 작용하는 사회에서는 그것을 따라 하고자 하는 충동이 일어날 것이다. 그러나 그렇지 않은 사회에서는 남보다 굳이 더 합리적으로 행동할 이유가 없어진다. 따라서 일반적으로 경쟁이 일어나도록 만드는 것은 합리성이 아니며, 그 반대로 경쟁 또는 경쟁을 허용하는 전통이 합리적 행동을 유발한다.[9] 통상 이루어지는 것보다 더 잘해보겠다는 열의를 통해 나중에 토론과 비판으로 표출되는 사고능력이 발전한다. 사고의 진전이 모든 사람에게 혜택을 주게 만드는 상업집단이 먼저 발전하지 않은 사회에서는 체계적으로 합리적 사고를 할 수 있는 역량이 축적되지 못한다.

이 점은 기업가정신을 결여한 사람들 속에서는 경쟁이 일어나지 않는다고 주장하는 사람들이 특히 명심해야 한다. 처음에는 소수의 사람들이 새로운 시도를 했으니 그들이 높은 자리에 오르고 권력을 잡도록 내버려둬라. 다른 사람들이 그들을 따라 하려고 하면 허용하라. 처음에는 소수였지만 점차 많은 사람이 모일 것이다. 기업가정신은 이런 가운데서 생겨나는 것이다. 경쟁은 사람들 속에 어떤 마음을 불러일으키는 일종의 방법이다. 기업가정신이라는 것은 처음부터 따로 존재한 것은 아니고 환경의 산물이다. 같은 사고능력이라 하더라도 어떤 목표를 추구하는가에 따라 전혀 다른 모습을 보일 수 있는 것이다.

이런 발전이 일어나기 위해서는 전통을 따르는 다수가 모든 사람에게 강제적으로 전통적인 방법과 관행을 따르도록 하거나 경쟁 속에 내재되어 있는 실험정신을 억압하지 않는 것이 꼭 필요하다. 이것은 다수의 권력이 일반규칙에 의해 제한되어야 하며, 개인이 타인의 권리를 침해하지 못하도록 방지하는 차원을 넘어 특정한 행동을 하도록 지시해서는 안 된다는 것을 뜻한다. 만일 다수 또는 어느 한 개인이라도 무엇을 어떻게 해야 한다고 적극적으로 규정하는 힘을 가진다면, 좀 더 합리적인 절차가 점차적으로 덜 합리적인 절차를 발전적으로 대체해나가는 것이 불가능해진다. 인간의 지성사는 소수의 견해가 반대를 무릅쓰고 점진적으로 확산되는 과정이다. 비록 아무도 자신의 생각이 더 좋다고 해서 남에게 그 생각을 받아들이도록 강요할 권력은 가지면 안 되지만, 현실에 의해 그 생각이 더 효율적인 것이라고 입증된다면 옛것을 고집하는 사람들을 특별히 더 보호해줘서도 안 된다. 결국 경쟁이란 일을 더 열심히 하게 하는 것이든, 취미를 바꾸는 것이든, 또는 경쟁이 없다면 필요하지도 않을 일, 이를테면 그들이 하는 일의 집중도와 응용, 규칙성을 높이는 것 등이든 간에, 언제나 소수가 다수로 하여금 싫어하는 일을 하게 만드는 과정인 셈이다.

만일 기업가정신이 아직 확산되지 않은 사회에서 다수가 자신들이 싫어하는 것은 무엇이든 금지할 권력을 가졌다면 그들이 경쟁을 용인할 가능성은 극히 희박하다. 무제한적 민주주의 사회에서 새로 시장체제가 작동할 수 있을 것 같지가 않다. 오히려 그나마 싹트고 있는 시장을 봉쇄해버릴 가능성도 있다. 경쟁상태에 있는 사람들에게는 그들이 경쟁자를 가지고 있다는 사실이 언제나 안락한 삶을 방해하는 부담으로 작용한다. 그런 부담은 늘 직접적인 영향을 미치는 반면, 경쟁이 가져다주는 효과는 언제나 간접적이다. 그리고 동일 직종에서 경쟁하는 사람들에게는 경쟁의 효과가 피부에 와닿지만 소비자들은 가격하락이나 삶의 질 향상 같은 것이 누구에게 영향을 미칠지 잘 알 수가 없다.

규모, 집중, 그리고 권력

개별기업이 가격에 미치는 영향에 대해 근거 없이 강조하는 것은, 대기업에 대한 일반사람들의 편견과 중산층, 독립기업, 소규모 생산자와 영세상인, 또는 더 일반화하면 기존의 사회구조를 지키는 것이 바람직하다는 '사회적' 고려 등과 맞물리면서 경제와 기술의 발전이 초래하는 변화를 외면하게 만든다. 대기업이 행사할 수 있는 '힘'은 그 자체가 위험하다고 인식하기 때문에 정부가 그것을 제한하기 위해 특별조치를 취할 필요가 있다고 받아들이는 경우가 많다. 개별기업의 규모와 힘에 대한 이와 같은 우려는 자유주의의 이론을 빌어오고도 다른 어떤 생각보다도 더 반자유주의적인 결론을 이끌어내게 한다.

우리는 독점이 잘못되면 두 가지 중요한 측면에서 나쁜 결과를 초래할 수 있음을 잘 안다. 그러나 규모, 또는 모든 사람이 구매할 수 있는 수준에서 가격을 결정하는 능력 그 자체가 위험한 결과를 낸다고는 볼 수 없다. 더 중요한 문제는 어떤 특정한 기업이 너무 크다는 것을 입증할 기준이나 척도가 없다는 점이다. 한 거대기업이 가격을 결정하면 다른 기업들이 따라오게 된다는 점에서 그 거대기업이 시장을 '지배'하는 것이나 마찬가지라는 단순한 사실은 경쟁될 만한 상대가 등장하지 않는 한 이런 상황이 개선되지 못한다는 것을 뜻한다. 이런 일이 일어나기를 바라지만, 지배적인 영향력을 행사하는 기업이 누리는 것과 비슷한 정도의 강점을 지닌 경쟁자가 발견되지 않는 한 기대하기 어려운 것이다.

개별기업에게 가장 효율적인 규모가 무엇인가 하는 문제는 어느 정도의 품질에 어느 정도의 물건을 만들어서 어느 정도의 가격에 팔아야 하는가 하는 것만큼이나 시장과정을 통해 결정되어야 할 문제이다. 어느 정도의 규모가 바람직한가 하는 것은 기술적, 경제적 조건이 늘 변하기 때문에 일반적으로 말하기 어렵다. 과거에는 지나치게 크다고 생각했던 규모가 이러한 변화 때문에 오히려 기업에 유리하게 작용할 수도 있는 것이다. 언제나 사람의 능력이 미칠 수 없는, 이를테면 특정 재능이나 재화의 부족과 같은 변수(여기에는 어떤 사람이 남보다 일찍 한 분야에서 사업을 시작한 탓에 다른 사람이 갖지 못한 경험 과 비법을 갖출 수 있다는 것과 같은 우연한, 그러면서도 피할 수 없는 경우가 포함된다) 때문에 규모의 경제가 일어나는 것은 아니다. 우연하게 어떤 (생산단위의 사회적 비용이 특별히 낮지 않다는 점에서 인위적이라고 할 수 있는) 수준의 규모를 갖춘 기업에게 유리하게 작용하는 제도적 결정으로 인해 생겨날 수도 있기 때문이다. 세법, 기업법, 또는 정부당국에 영향력을 미칠 수 있는 힘 등이 큰 규모의 기업에게 경영능력과 상관없이 유리하게 작용하는 한, 가능하면

규모를 늘리려는 움직임을 탓할 수 없는 것이다. 기업의 규모가 크건 작건 간에 편향되게 지원하는 정부정책은 정당화될 수 없다.

단지 규모가 크다는 이유 때문에 다른 경쟁자에게 나쁜 영향을 미친다는 주장은 한 '산업'영역 속에 오직 전문화된 대기업 하나만 생산활동에 나설 경우를 상정한다면 어느 정도 수긍될 수도 있다. 그러나 한 대규모 기업이 성장을 거듭하면 각 산업이 서로 분리되어 한 산업마다 대기업 하나에 의해 지배되다시피 하는 경우를 생각하기가 어렵다. 전문가들이 아직 잘 파악하지 못한 것이지만, 개별기업의 규모가 점점 커지면 그에 따라 특정 산업영역의 경계를 넘어가면서까지 다양화가 촉진되는 예상 못한 결과가 일어난다. 그에 따라 다른 산업영역에 속하는 기업의 규모에 의해 이쪽 산업에서 기업의 규모가 발휘하는 영향력이 제한받는 것이다. 예를 들어 한 나라의 전기산업에서 이미 독점적 권한을 행사하는 대기업에 도전하기가 쉽지 않을 수 있다. 그러나 자동차나 화학산업의 발전 가능성이 엄청나게 큰 미국의 경우에는 신규사업을 벌이기 위해서는 막대한 자원의 뒷받침이 불가결한 영역에까지 침투해 들어가는 것에 대해 전혀 거리낌이 없다. 따라서 규모야말로 규모의 권력을 제한할 수 있는 가장 유력한 무기가 된다. 거대자본을 통제할 수 있는 것은 다른 거대자본이며, 이때 가해지는 통제는 직접적인 보호를 해주는 것은 아니더라도 인허가 관할 권한을 가진 정부가 감독하는 것보다 훨씬 효과적이다. 분명히 이야기해두지만, 정부감독하에 이루어진 독점은 결국 정부보호를 받는 독점으로 바뀌고 만다. 따라서 큰 규모에 대해 거부반응을 보이는 것은 대기업의 횡포에 대항할 수 있는 무기를 포기하는 것이나 마찬가지이다.

여러 사회적, 정치적 고려(단순히 경제적인 것과는 구분된다) 때문에 소수의 대기업이 존재하는 것보다 다수의 소규모 기업이 활동하는 것이 더 바람직하고 '건강'한 현상인 것처럼 보인다는 것을 부인하지는 않겠다. 우리는 이미 점점 더 많은 사람이 대기업에 집중해서 일하기 때문에 야기되는 문제점,

즉 명령체계에 의해 움직이는 조직과는 달리 여러 기업들의 활동을 조정하는 시장에서는 적합하지 않은 현상에 대해 언급한 적이 있다. 이런 생각 때문에 때때로 개별기업의 규모가 너무 커지는 것을 제한하거나, 또는 효율성이 떨어지는 소규모 기업의 도태나 큰 기업에로의 흡수를 막아주는 조치가 정당화되기도 한다.

그러나 경우에 따라서는 그런 조치가 필요하다는 것을 인정하더라도, 그런 조치가 성공을 거두기 위해서는 임의로 재량권을 행사하는 권력을 상정해야 한다. 이것은 그런 상위 권력자가 존재하지 말아야 한다는 생각에서 규모를 제한하려는 시도와 상충되는 것이다. 앞에서도 보았듯이 권력을 일정 수준에서 제한하면 다수가 바라는 특정 목표를 달성하기가 어려워질 것이다. 더 큰 해악을 예방하기 위해서라면, 아무리 그 결과가 좋아 보이고, 또 특정 목표를 위해서는 다른 방법이 없다 하더라도 자유사회는 스스로 어떤 종류의 권력을 포기하는 것을 주저하지 말아야 한다.

경제권력의 정치적 측면

개별기업의 규모가 커지면 그것을 경영하는 사람들에게 강력한 권력이 집중될 수밖에 없으며, 따라서 그런 현상은 정치적으로 위험할 뿐 아니라 도덕적으로도 문제가 많다는 주장은 경청할 만하다. 그러나 얼핏 설득력이 있어 보이기는 하지만, 이런 주장은 '권력'이라는 말의 뜻을 혼동하면서 바람직한 권력과 바람직하지 못한 권력의 개념 사이를 왔다갔다하고 있다. 즉 물질적 수단에 대한 권력과 다른 사람을 통제하는 권력을 구분하지 못하고 있는 것이다. 이 두 가지 권력 개념은 반드시 연결된 것은 아니며 서로 다른 측면이 많다. 사람에 대한 권력을 사물에 대한 관리로 대체하겠다고 약속하면서 권력을 잡은 사회주의가 어쩔 수 없이 사람에 의한, 사람에 대한 권력의 무한확대를 초래하고 만 것은 역사의 아이러니가 아닐 수 없다.

물질적 수단을 대규모로 소유하는 것이 소규모 기업보다 재화나 서비스의 생산에 유리하다면 이런 의미의 권력집중은 좋은 것으로 보아야 한다. 중앙집중화된 명령체계 아래에 재화의 대규모 축적이 때로 규모의 비율 이상으로 권력의 증대를 촉진시키기 때문에 거대기업이 생겨나기도 한다. 비록 규모가 큰 것이 모든 측면에서 유리하지는 않지만, 그리고 생산성을 증대시키는 규모의 확대에는 한계가 있지만, 기술이 발전하면서 상대적으로 더 큰 규모의 기업이 더 유리해지는 분야가 늘 생기게 마련이다. 가내수공업에서 공장으로, 제철공장으로, 슈퍼마켓으로 바뀌어가듯이, 기술발전은 점점 더 규모가 큰 쪽이 유리한 방향으로 작용한다. 규모가 커지면서 자원이 더 효율적으로 이용되기는 하지만, 자기들의 이익을 위해 자발적으로 기업에 들어온 사람에 대해 기업주가 행사하는 제한된 권력을 제외한다면, 이것이 반드시 사람에 대한 권력의 증대를 초래하는 것은 아니다. 비록 우편주문 판매업체인 시어즈(Sears Roebuck & Co.)가 세계 100대 기업으로 성장하여 비슷한 다른 기업들을 규모면에서 압도하며 수많은 사람의 행동과 생각에 심대한 영향을 끼치고 있지만, 원하는 사람들에게 서비스를 제공한다는 의미 외에 따로 무슨 권력을 행사한다고 말할 수는 없다. 마찬가지로 한 단일기업이 안 쓰이는 곳이 없을 정도로 많이 쓰이는 기계부품을 아주 효율적으로 생산한 탓에 모든 경쟁자들이 생산을 포기할 정도라고 해서 그 기업이 다른 사람들의 행동을 통제하는 권력을 얻었다고 말할 수는 없다. 그 기업이 자기 제품을 원하는 모든 사람들에게 동일한 조건으로 판매할 준비가 되어 있어, 비록 이를 통해 기업이 막대한 이익을 얻을 뿐 아니라 사람들 또한 모두가 혜택을 본다 하더라도, 이것이 곧 사람들이 그 기업의 권력에 종속된다는 것을 뜻한다고 말할 수는 없다.

현대사회에서는 한 기업이 통제하는 총자원의 규모가 아니라 바로 사람들이 크게 필요로 하는 서비스를 보유하고 있으면서 그 서비스를 제공하지 않을 수 있는 역량 때문에 다른 사람들에 대해 권력을 행사할 수 있게 된다. 따라서 다음 절에서 보겠지만, 다른 사람들을 통제하는 권력은 그저 자기 회사 제품의 가격을 결정하는 권한뿐만 아니라 소비자에 따라 서로 다른 조건을 제시하는 권한에서도 생겨나는 것이다. 그러나 이 권력은 기업의 규모, 심지어는 불가피한 독점생산물에도 직접 의존하지는 않는다.

　모든 소비자에게 서로 다른 조건으로 자유롭게 판매할 수 있는 한, 규모를 불문하고 어떤 종류든 중요한 제품을 독점하고 있는 생산자가 그런 권력을 보유하게 될 것이다. 뒤에서 살펴보겠지만, 독점자가 사람들을 임의로 차별대우하는 것은 비슷한 권력을 가진 정부에게 영향을 미치는 것 못지않게 나쁜 일이고, 따라서 꼭 제재를 받아야만 한다. 그러나 이런 권력은 비록 큰 규모와 가끔 연관이 되기는 하지만, 그렇다고 대규모로 인한 불가피한 결과도 아니고 대규모 조직에만 국한된 것도 아니다. 긴요한 서비스를 생산하면서, 서비스 제공을 빌미삼아 사회 전체를 볼모로 잡을 수 있는 소규모 기업 또는 노동조합 같은 조직에서도 같은 문제가 발생한다.

　그러나 독점으로 인한 해악을 제거하는 문제를 더 논의하기 전에 왜 흔히 큰 규모가 나쁜 듯이 여겨지는지에 관해 다른 이유를 좀 더 살펴볼 필요가 있다.

　대기업이 소규모 기업보다 훨씬 많은 사람의 복지에 영향을 끼친다고 해서 다른 방도를 생각해보아야 한다거나, 아니면 잘못을 범하지 않게 하기 위해 어떤 종류의 공공감시를 하는 것이 바람직하거나 가능하다고 말할 수는 없다. 대규모 기업에 대해 반감을 가지게 되는 중요한 이유는 작은 기업과는 달리 큰 기업이니까 할 수 있는 일에 대해 대기업들이 별로 신경을 안 쓴다고 생각하기 때문이다. 예를 들어 만일 어떤 대기업이 적자를 내는 지방의 한 공장을 폐쇄했다면, 적자를 보더라도 공장을 유지해서 실업자가 안 생기게 할 '여력'이 있을 텐데 그렇게 했다고 아우성을 칠 것이다. 그러나 같은 일이라 하더라도 그 공장이 대기업이 아니라 소규모 독립기업이었다면 다들 당연한 일로 받아들였을 것이다. 그러나 채산성이 떨어지는 기업이라면, 그것이 대기업의 계열사라서 손해를 보전할 능력을 가졌든, 아니면 그럴 형편이 못 되는 소규모 기업이든 공장문을 닫는 것이 바람직하다는 데는 다를 바가 없다.

많은 사람이 대기업은 단지 크다는 이유만으로 기업이 하는 일과 직접 상관없는 일에 대해서도 책임을 져야 하며, 소기업 같으면 신경쓰지 않아도 될 일까지 책임져야 한다고 생각한다. 그러나 대기업이 과도한 권력을 장악하는 것이 위험한 이유가 바로 여기에 있다. 주주들이 임명한 경영자의 입장에서는 최대의 이익을 내야 할 의무가 있다. 이것저것 가려가며 이익을 추구할 형편이 못된다. 그러나 일단 대기업의 경영자가 공익을 고려하고 공중의 편의라는 대의명분을 지켜야 할 자격이 있을 뿐만 아니라 그런 의무까지 지고 있다고 생각되기 시작하면, 그의 수중에는 가공할 권력이 따라붙는다. 그 권력은 너무 막강한 것이라서 더 이상 개인에게 맡겨둘 수가 없고 불가피하게 공공에 의한 통제를 받아야 한다.[10]

기업들이 여러 개인들에게 혜택을 주는 입장이 되는 한, 기업의 규모 그 자체가 정부에게 영향력을 주는 원천이 되면서 문제의 소지가 많은 권력도 함께 장악할 수 있게 된다. 이런 영향력은 대규모의 단일기업보다도 조직된 이익집단이 행사할 때 더 큰 힘을 발휘하게 되는데, 오직 정부가 특정집단을 유리하게 만드는 정책을 펴지 못하도록 방지해야만 그러한 부작용을 막을 수 있다.

마지막으로 규모가 크다는 이유만으로도 바람직하지 못한 결과를 낳는 경우에 대해 생각해보아야겠다. 예를 들면 단지 대기업이라는 이유로 정부가 그 기업체를 돌봐주어야 하는 상황이 바로 그것이다. 만일 대기업은 어떻게 하든 정부의 도움을 받을 테니 소규모 기업에 비해 투자위험이 덜하다는 기대심리가 퍼진다면, 이것은 경영효율과 관계없는, 따라서 반드시 제거해야 하는 '인위적' 특혜로 작용한다. 이런 일이 일어나지 않도록 하려면 정부가 대기업을 부당하게 보호하지 못하도록 하는 수밖에 없다. 정부에게 그런 권한이 있는 한, 대기업의 압력을 견디기 어려울 것이기 때문이다.

오늘날 독점에 대해 말하면서 곧잘 잊혀지는 것이고, 따라서 꼭 기억해야 할 일은, 해를 끼치는 것은 독점 그 자체가 아니라 그로 인해 경쟁이 차단된다는 점이다. 비록 다른 경쟁자가 뛰어들지 못할 정도로 가격을 낮게 책정하여 최대한의 이윤을 거두려 한다 하더라도, 순전히 생산성이 높은 까닭에 독점적 위치에 오른 기업은 찬사를 받을 만하다. 그 기업은 다른 경쟁자들보다 자원을 더 효율적으로 사용하기 때문이다. 또한 독점기업이 '적정한'(일을 최대한 열심히 하고 싶어하는 마음이 생기게 할 정도, 그리고 희귀한 물건을 과도하지 않은 수준의 이익을 남기고 팔 정도) 이윤을 얻는 한도 안에서 최대한 물건을 싼 값에 팔아야 마땅한 도덕적 이유도 없다. 남이 갖지 못한 독특한 기술을 자랑하는 예술가나 의사가 독점적으로 책정한 가격에 대해 아무도 시비를 걸지 못하듯이, 누구보다도 물건을 싼값에 생산할 수 있는 까닭에 '독점'가격을 형성하게 되었다면 잘못된 것이 하나도 없다고 보아야 한다.

도덕적으로 비난받아야 하는 것은 독점이 아니라 경쟁을 봉쇄하는 것(독점으로 이끌든 아니든 관계없이 경쟁을 막는 모든 것)이라는 사실은 '신자유주의자들 neo-liberals'이 특히 기억해야 할 점이다. 이들은 상당수의 기업독점은 경영능력의 탁월성에 기인한 반면 모든 노동독점은 경쟁을 강압적으로 억제한 탓에 생긴다는 사실을 망각한 채, 기업독점이나 노동독점을 가리지 않고 똑같이 반대함으로써 자신들이 불편부당하다는 사실을 보여주려 하기 때문이다. 만일 경쟁을 봉쇄한 탓에 기업독점이 일어난다면, 이런 경우에는 같은 이유로 생긴 노동독점을 엄중 경계하는 것과 똑같이 취급하는 것이 옳다. 따라서 독점이든 기업의 규모든 간에 경쟁을 제한하는 것만큼 나쁜 것은 없다.

독점이 해악을 낳는 경우

여기서 나는 어쩔 수 없이 독점이 일어나는 경우(광석처럼 희귀하거나 제한된 수량밖에 존재하지 않는 재화로 인해)에 대해서는 일부러 논의를 하지 않고 있다. 이렇게 해서 독점이 일어나는 상황을 좁은 지면에 다 이야기하기는 어렵기 때문이다. 그럼에도 불구하고 단지 이런 독점이 해악을 낳는다고 단언할 수 없다는 점은 언급할 필요가 있다. 이런 독점 상태는 문제가 되는 광물을 채굴하는 기간 동안만 지속되는 것이지 항구적인 것은 아니기 때문이다.

아주 일반적으로 말해서, 뛰어난 효율성이나 한정된 재화를 통제할 수 있는 까닭에 독점적 위치에 오르는 경우가 아니라, 원래의 독점 원인이 사라지고 난 뒤에도 계속해서 독점에 머무르려고 시도하는 것만이 해악을 낳는다. 이것이 나쁜 결과를 낳는 큰 이유는 독점기업이 모든 소비자에게 일률적으로 동일한 가격을 적용할 수 있을 뿐만 아니라 사람에 따라 다른 값을 매길 수도 있기 때문이다. 사람에 따라 다른 가격을 차별적으로 적용할 수 있다는 것은 많은 경우에 다른 사람들의 시장행동 양식에 영향을 주고, 특히 잠재적 경쟁자의 시장진입을 방해하는 데 이용될 수 있다는 것을 뜻한다.

따라서 특권에 바탕을 두지 않은 독점기업들이 정말 나쁜 결과를 낳을 수 있는 것은 바로 이와 같은 차별하는 권한 때문이라는 점은 아무리 강조해도 지나치지 않을 것 같다. 직접적인 폭력을 사용하는 것은 아니라 하더라도 잠재적 경쟁자들에게 큰 위협이 될 수 있기 때문이다. 독점자가 모든 사람들에게 남보다 유리한 조건을 제시할 수 있는 한, 비록 그 독점자가 할 수 있는 최고로 좋은 조건을 제시하지는 않는다 하더라도, 사람들이 그로 인해 득을 보는 것은 마찬가지이다.

그러나 한 독점기업이 다른 기업이 따라 할 수 없는 조건으로 대부분의 사람들에게 물건을 제공하고, 따라서 그 독점기업을 통하지 않고서는 물건을 구입할 수 없는 상황에서 그 기업이 특정인에게 물건 판매를 거부한다면 어떤 개인은 필요한 물건을 전혀 살 수가 없게 된다. 그렇게 되면 그 독점기업으로 인해 대부분의 사람들이 혜택을 입는다 하더라도, 문제가 되는 개인은 필요한 물건을 구입하기 위해서 어쩔 수 없이 독점기업이 원하는 대로 행동해야 하는 상황이 벌어진다. 독점기업은 잠재적 경쟁자가 특히 가능성을 높게 보는 지역의 주민들에게 특별히 싼값에 물건을 파는 방법으로 독점권을 행사할 수 있을 것이다.

경우에 따라서는 독점기업이 차별대우 전략을 이용하는 것이 바람직할 수도 있기 때문에 그러한 차별대우를 금지하는 것은 매우 어려운 일이다. 우리는 앞에서 이미 독점기업이 독점이기 때문에 보다 유리한 조건을 소비자에게 제공할 수 있는 상황에 대해 언급했다.

이것은 바로 소비자에 따라서 다른 가격으로 물건을 판매하는 까닭에 상대적으로 비싸게 지불하는 소비자를 통해 고정비용을 충당한 뒤, 다른 사람에게는 가변비용을 조금 넘는 수준에서 물건을 팔아도 되는 경우이다. 교통이나 에너지 분야 같은 경우에는 독점기업이 차별대우를 하지 않는다면 이윤을 남기는 선에서 서비스를 전혀 제공하지 못할 수도 있다.

그러므로 독점기업들에게 모든 소비자를 똑같이 대우하도록 강요한다고 문제가 해결되는 것은 아니다. 그래도 독점기업의 차별대우 권한은 특정개인이나 기업에게 강제력으로 작용할 수 있고, 따라서 경쟁을 바람직하지 못한 방향으로 위축시킬 수 있기 때문에 적당한 규칙으로 제약해야 한다. 그러나 그것을 단순히 손해배상의 대상으로 삼지 않고 처벌 가능한 위법사항으로 규정하는 것이 문제를 해결하는 데 얼마나 도움이 될지는 알 수 없다. 일반 당국자들이 지니고 있는 정도 이상의 지식을 구비해야 그러한 위법사항을 효과적으로 처벌할 수 있을 것이기 때문이다.

반독점 법규의 문제점

  차별대우가 정당화될 수 없는 영역에서 잠재적 경쟁자들이 동등한 대우를 받게 해주고, 자신들이 비합리적으로 차별대우를 받는다고 생각하는 사람들에게 그런 일이 일어나지 않게 해줄 필요가 있다. 잠재적 경쟁자들을 독점기업에 대한 감시자 역할을 하게 하고 차별대우를 받지 않게 해주는 것이 정부의 감시에 의존하는 것보다 더 효과적으로 그런 관행을 방지하는 데 도움이 될 것이다. 특히 법에 의해서 차별대우로 인한 피해를 보상받을 가능성이 열린다면, 이런 문제에 관한 한 대기업의 비리를 파헤치기를 주저하지 않을 전문변호사들이 단단히 한몫 볼 수 있을 것이다.

  개별기업이 아니라 소수의 기업들이 모여 시장을 독점적으로 통제하는 경우에도 사정은 비슷하다. 독점적 카르텔을 형성할 경우 그렇게 하지 못하도록 처벌할 필요가 있다는 것이 일반적인 생각이기 때문이다. 미국에서는 1890년에 제정된 셔먼법 제1조의 영향력이 아주 크다. 이 법이 공포된 이후 경영계에서는 경쟁을 제한하도록 명백하게 담합하는 것은 옳지 못하다는 여론이 광범위하게 형성되었다. 모든 카르텔의 일률적인 금지를 일관되게 시행할 수만 있다면, 이렇게 하는 것이 정부에게 단순히 '독점의 폐해'를 방지한다는 명목으로 자의적인 재량권을 부여하는 것보다 더 나으리라는 점에 대해서는 의심의 여지가 없다. 만일 정부가 그런 역할을 맡으면, 유익한 독점과 유해한 독점을 구분해서 후자를 방지하는 것보다 전자를 보호하는 데 더 힘을 기울이는 것이 일반적 현상이다. 경쟁을 제약하는 독점기업이라면 그 어떤 것이라 하더라도 정부의 보호를 받을 이유가 없다. 반면 강제가 아니라 순전히 자발적으로 조직된 기업이라면 무해뿐 아니라 유익하기까지 하다는 것은 분명하다. 처벌규정을 통해 독점을 금지하는 것은 예외를 인정해주거나, 또는 기업들의 특정합의가 공공의 이익에 부합되는지 여부를 법원이 판단해주도록 의뢰하는 재량권 없이는 실제로 집행하기 어렵다. 미국에서조차 셔먼법 및 그 법의 허다한 수정과 보완을 거치면서 "법에 의해 어떤 기업은 가격을 인하해서는 안 되며, 어떤 기업은 가격을 올리면 안되고, 또 어떤 기업은 다른 기업과 비슷한 가격을 책정해서는 안되는" 상황까지 벌어지게 되었다.[11] 따라서 내가 생각할 때는 제3의 가능성, 즉 처벌규정을 통해 금지하는 것보다는 범위가 좁고, 정부에게 재량권을 주어서 문제를 해결하는 것보다는 좀 더 포괄적인 방법이 더 효과적이면서도 법의 지배라는 정신에도 더 잘 부합한다. 이렇게 되면 경쟁을 제한하는 행위는 모두가 예외 없이 그 효력을 잃게 되고 차별대우 역시 불가능해진다.

이런 것이 거래자유의 원칙에 어긋난다고 잘못 해석하는 문제에 대해 다시 언급할 필요는 없을 것이다. 거래의 자유는 다른 모든 자유와 마찬가지로 오직 일반법규에 부합되는 계약만이 법적인 효력을 지니며, 계약내용 중 특정한 부분이 정부당국의 승인을 받았는가 여부와는 관계없다는 사실에 기초한 것이다. 수많은 계약, 이를테면 도박계약이나 부도덕한 계약, 또는 평생을 통해 봉사할 것을 서약한 계약 따위는 효력이 없으며 집행될 수 없는 것이라고 오래 전부터 여겨져 왔다. 마찬가지로 거래를 제한하는 모든 계약은 무효이며 서비스를 제공하지 않겠다고 위협함으로써 특정한 방향의 행동을 강요하는 것도 사생활에 대한 부당한 간섭이라고 간주하여 그 효력을 정지시키지 않을 이유가 없다. 뒤에서 다시 보겠지만, 개인이 아닌 '법적 인격체'(기업이나 기타 모든 공식, 비공식 조직들)에게 특별히 제한을 가해야 할 필요성이 증대되면서 이런 당면문제들을 실천적으로 해결할 수 있는 가능성이 더욱 커질 것 같다.

그리 크지 않은 목표를 겨냥하는 법률이 더 큰 효과를 낼 수 있을 듯이 보이는 까닭은, 그런 법률은 예외 없이 보편적으로 적용될 수 있는 반면에 야심만만한 법률들은 전혀 바람직하지 못한 재량권을 행사하게 됨은 말할 것도 없고 너무 예외조항이 많아서 실제적으로는 앞의 경우보다 효력이 떨어지기 때문이다.

야심만만한 법률이 성공하지 못한 경우 중에서 가장 대표적인 것이 바로 독일 연방공화국의 '경쟁제한 금지법'이었다.[12] 이 법에서는 경쟁의 제한을 초래하는 모든 계약은 무효라고 선언했다. 그러나 그런 계약을 맺으면 처벌받을 수 있다고 규정한 뒤, 이 법은 수많은 예외조항을 인정해놓았다. 그 결과 다양한 종류의 계약이 제재망을 피할 수 있었을 뿐 아니라 정부에게 예외를 인정해주는 재량권까지 부여했다. 결국 이 법은 매우 한정된 경우 외에는 적용하기 어려웠던 까닭에 그 법적 효력이 대부분 상실되고 말았다. 이 법이 그 적용범위를 처음부터 한정했더라면 그렇게 많은 예외조항을 만들 필요가 없었을 것이고, 따라서 법의 효력이 전면 상실되는 일을 피할 수 있었을 것이다.

일반적으로 적용될 기준에 대해 합의가 이루어져 있고(특수한 경우에 적합한 기준에 대해서는 따로 명시적인 규정이 되어 있어야 한다), 또 그 기준을 자발적으로 따르는 것이 유익하다면(달리 행동하는 것이 유리하다고 생각하는 사람에게는 그런 기회가 주어져야 한다), 그런 합의를 전면 폐기하려 드는 것은 바람직하지 못한 결과를 낳을 것이다. 생산품의 종류와 계약조건과 관련해서 일반적으로 준수하는 것이 대부분의 사람들에게 이익이 되는 규범을 확립하는 것은 경제에 큰 도움을 줄 것이다. 그런 경우에는 강제적 규범보다는 기존의 표준관행을 따르도록 유도하게 된다. 계약 쌍방이 볼 때 지키지 않는 것이 이익일 경우에 언제든지 무시하는 것이 명시적으로 허용되면, 합의된 표준이 오히려 거추장스러운 존재로 변질되는 것을 막을 수 있을 것이다.

이 주제에 대한 논의를 끝내기 전에 대부분 정부들이 독점에 대해 보여주는 흥미롭고도 모순적인 태도에 대해 몇 마디 덧붙이고 싶다. 최근 들어서 정부들은 일반적으로 제품의 생산과 분배에 대한 독점을 통제하기 위해 많은 노력을 기울이면서 때로 매우 엄격한 기준을 적용하고 있다.

이와 동시에 교통이나 에너지, 노동, 농업, 그리고 많은 나라의 경우에는 재정까지 포함해서 단위가 훨씬 큰 부문에 대해서는 독점을 정책적으로 조장하거나, 정책수단으로 이용하려 한다. 그리고 반(反)카르텔 및 반트러스트법도 대부분 소수의 대기업을 겨냥하지 소규모 기업들이 조직화되어 대집단을 이루면서 경쟁을 위축시키는 관행은 거의 외면하고 있다. 여기에다 덧붙여 관세나 산업특허, 그리고 기업법이나 세법의 일부 조항까지 고려해 보면, 만일 정부가 독점기업에 대해 특혜를 베푸는 것만 중단한다 하더라도 독점기업은 큰 어려움에 직면할 것이라고 생각해볼 수도 있다. 나는 어떤 개인이 타인의 시장행동에 영향을 미치는 것을 줄이는 것이 법이 지향하는 목적이고, 또 이로 인해 어느 정도 유익한 결과가 나타나리라 믿는다. 하지만 정부가 자의적으로 독점기업을 도와주는 일을 중단하는 것이 훨씬 중요하다.

집단이기심이 가장 위험하다

사람들의 반감이 크다 보니 단일 독점기업, 또는 공동보조를 취하는 몇몇 기업집단들의 이기적 행동을 규제하는 법이 만들어지고는 있지만, 시장질서를 보다 근본적으로 교란시키는 것은 개별기업이 아니라 조직화된 집단의 이기심이다. 이런 조직이 힘을 얻게 된 것은 정부가 개별기업의 이기적 행동을 제약한다면서 각종 지원을 해주었기 때문인데, 사실은 개별기업의 이기심이야말로 집단적 횡포를 제어하는 수단이 된다. 시장기능의 원활한 작동을 심각하게 방해하는 것은 대기업의 등장이 아니라 공동의 이익을 위해 교묘하게 조직된 집단들이다. 사람들이 흔히 독점기업 때문에 시장의 자율적 기능이 침해당한다고 생각하지만, 사실은 서로 다른 직종끼리 연합해서 강력한 조직체를 만든 것이 더 큰 위협이 되고 있다. 이런 조직체는 정부에 압력을 가해서 자신들에게 유리한 방향으로 시장기능을 '조정'할 수가 있다.

그런데 유감스럽게도 이런 문제는 노동조합 때문에 최초로 심각하게 부각되었다. 많은 노동자는 투쟁으로 쟁취한 노동관계 권리를 매우 소중히 여긴다. 그리고 노동자들의 처지를 이해하는 분위기가 확산되면서 그런 투쟁방법에 대한 사회적 묵인이 이루어지고 있는 것도 사실이다. 그러나 따져보면 일반적으로 수용할 수 없는 조항들임에도 불구하고 노동분야라고 해서 특별히 묵인하다가는 더 큰 부작용이 생길 수밖에 없다. 더구나 그런 방법이 경제적인 목적이 아니라 정치적인 용도로 쓰인다면 (지금도 이미 그런 경우가 일어나고 있지만) 그 결과가 자유사회를 유지하는 데 어떤 영향을 미칠 것인가에 대해 자문해볼 필요가 있다.

노조뿐만 아니라 민주주의를 위해 없어서는 안 될 정치단체들 또한 문제의 소지를 안고 있다. 즉 그들이 신성불가침의 권리로 여기는 바로 '조직활동의 자유'라는 그 말이 자유사회의 기초가 되는 법의 지배와 충돌을 일으킬 소지를 안고 있기 때문이다. 물론 이런 활동이 정부의 자의적 권력에 의해 통제되는 상황은 자유사회의 이상과 부합될 수가 없다. 그러나 '조직활동의 자유'라는 것도 '계약의 자유' 이상의 의미를 띨 수는 없다. 이를테면 조직의 활동방법을 제한하는 규칙이 각 조직의 활동을 제약해서는 안 되고, 개인들에게는 적용되지 않는 규칙이 조직의 집단적 행동을 제한해서는 안 되는 것이다. 조직기술이 완벽하게 발전하면서, 그리고 기존의 법규가 그런 기술들에 권리를 부여한 결과, 아마도 조직들은 개인들이 받는 것보다 훨씬 좁은 범위의 제한만 받아들이려 할 것이다.

힘이 약한 개인들은 때로 공동목표를 지향하는 많은 사람로 구성된 강력한 조직의 일원이라는 사실에서 안도감을 느낀다. 그러나 그렇게 조직의 구성원이 되면 득을 볼 것이라든가, 또는 일반적으로 다수가 소수의 희생

덕분에 이익을 얻게 되리라고 믿는 것은 환상에 불과하다.

　그렇게 조직화가 이루어지면 사회 전체로 볼 때 권력이 약화되는 것이 아니라 더 억압적인 것으로 바뀐다. 비록 개인보다는 집단이 더 많은 혜택을 보겠지만, 단순히 더 조직적이라든가, 또는 사회적으로 더 긴요한 물건을 생산한다든가 하는 이유 때문에 작은 집단이 큰 집단보다 여전히 더 큰 힘을 발휘할 수 있다. 그리고 어떤 개인이 한 조직에 가담함으로써 자신이 가장 중요하게 여기는 목표를 달성할 수 있을지는 몰라도 그 목표가 나머지 희망하는 바 전부를 합친 것보다는 덜 중요할 수 있다. 그러나 그 나머지 목표들이라는 것이 다른 조직들 때문에 피해를 볼 수 있지만, 그렇다고 해서 목표달성에 도움이 되는 단체에 일일이 가담할 수도 없는 실정이다.

　사람들은 그럴듯하지만 사실과는 다른 믿음, 즉 조직이 커질수록 전체의 이익에 조직의 이익이 더 잘 부응하리라는 기대 때문에 집단을 구성한다. '집단적'이라는 말은 마치 '사회적'이라는 말만큼이나 대단히 긍정적인 의미를 담고 있는 것으로 간주된다. 그러나 다양한 각 조직의 집단적 이익은 사회 전체의 이익과 일치하기 어렵다. 오히려 그 반대가 더 사실과 부합될 것이다. 정확하게 일률적으로 말하기는 어렵지만, 개인의 이기심은 대부분의 경우 사회의 자발적인 질서유지에 도움이 되는 방향으로 작용해도 폐쇄적인 집단의 이기심, 또는 폐쇄적인 집단의 구성원이 되고 싶어하는 욕구는 언제나 '거대한 사회'의 참된 공동이익과 배치되는 방향으로 움직인다.[13]

　이것이 바로 고전경제학이 문제삼은 것이고, 현대의 한계분석이 한층 정교하게 발전시킨 내용이다. 이를테면 이런 내용들이 포함될 것이다. 어떤 개인이 다른 사람들에 대해 제공하는 특정 서비스의 가치는 언제나 그가 제공하는 서비스의 마지막(또는 한계) 추가부분에 지나지 않는다. 개인이 사회에서 생산되는 재화나 서비스를 마음대로 취하더라도 나머지 사람들에게 충분한 양이 남아 있는 상황에서, 집단이 아니라 집단을 구성하는 개인 각자가 집단을 자유롭게 선택하면서 자신의 이익을 최대한 추구할 것이 요구된다. 그러나 어떤 조직이든지 그 구성원의 공동이익은 자신들이 제공하는 서비스의 가치가 마지막 추가부분이 아니라 총분량과 상응하도록 만드는 데 있다. 따라서 음식이나 전기, 교통, 또는 의료서비스 등의 생산자들은 소비자가 마지막 추가부분에 대해서만 지불하고자 하는 것보다 훨씬 높게 가격이 책정될 수 있도록 총분량 결정과 관련된 자신들의 집단적 권한을 사용하려 할 것이다. 총서비스나 생산물과 마지막 추가부분의 가치 사이에 반드시 어떤 관계가 있는 것은 아니다. 어떤 음식을 먹는 것이 생존에 필수적이라고 해서 그 음식물의 마지막 추가부분이 별로 쓸모없는 것을 추가로 생산하는 것보다 더 중요하다든가, 또는 음식을 생산하는 사람들이 덜 중요한 것을 생산하는 사람들보다 더 많은 이익을 남겨야 한다는 것을 의미하지는 않는다.

그러나 음식이나 전기, 교통, 그리고 의료서비스 생산이 가지는 특수이익은 단순히 한계가치가 아니라 그 총공급이 소비자에게 얼마나 중요한가에 따라서 결정될 것이다. 일반여론은 여전히 서비스 그 자체의 가치에 따라 중요성을 평가하려 하기 때문에 서비스 생산에 대한 보상도 그 절대적 중요성에 비추어서 결정되기를 바란다. 오직 소비자가 사려는 가격보다 훨씬 낮은 수준에서 자신들의 서비스를 판매함으로써 생계를 유지하는 한계생산자들의 노력 덕택에 우리는 충분한 양의 서비스를 확보할 수 있고, 또 발전 가능성을 기대할 수 있다. 반면에 조직화된 집단이익은 언제나 이러한 일반이익과 충돌을 일으키면서 한계생산자들이 추가로 공급하지 못하게 막으려 든다.

따라서 노동조합이나 경영자 조직이 재화와 서비스의 총공급 규모에 대해 통제를 가하면 그것은 언제나 사회 전체의 참된 일반이익과 배치된다. 반면에 개인의 이기적 욕심은 팔릴 수 있는 최대한 낮은 가격수준으로까지 한계공급을 하게 만든다.

서로 다른 재화나 서비스의 생산자 및 소비자가 한데 섞여 있는 집단들 사이의 흥정이 어느 모로 보나 정의로운 것처럼 보이는 생산 및 분배의 효율을 가져온다고 생각하는 것은 전적으로 착각이다. 설령 모든(또는 모든 '중요한') 독립적인 이해당사자들이 조직화될 수 있다 하더라도(뒤에서 보겠지만, 불가능한 일이다) 일부에서 필요한, 심지어는 바람직한 현상으로 간주하는 집단간의 힘의 균형이라는 것이 실제로는 터무니없이 비합리적이고 비효율적이며, 모든 사람을 동일한 기준에 따라 취급할 것을 요구하는 정의의 그 어떤 기준에도 적합하지 못한 구조를 만들어내고 말 것이다.

　이런 일이 벌어지는 결정적인 이유는 다음과 같다. 즉 기존 집단 간의 협상과정에서 필요한 변화를 추구하는 사람들, 다시 말해 한 집단에서 다른 곳으로 옮김으로써 자신의 위치를 강화할 수 있는 사람들의 입장이 전적으로 무시되고 있기 때문이다. 그들이 옮겨가고자 하는 집단의 입장에서 보자면 그들의 접근을 방지하는 것이 무엇보다 중요하다. 그리고 그들이 떠나고자 하는 집단으로서도 그들이 새로 합류하는 바람에 다른 집단의 다양성만 높여줄 일에 적극적으로 나서서 도와줄 이유가 없다. 따라서 여러 물건과 서비스를 만드는 기존 생산자들이 조직을 통해 생산할 물건의 가격과 수량을 결정하는 체제에서는 항구적인 변화를 도모하는 사람들이 영향력을 상실하기 쉽다. 여러 형태의 생디칼리스트나 조합주의 체제를 지지하는 사람들의 주장과는 달리, 누구의 이익이든지 같은 물건을 생산하는 다른 모든 사람들의 이익과 밀접하게 연결되어 있는 것은 아니다. 어떤 사람에게는 다른 집단으로 옮겨갈 수 있는 것이 매우 중요한데, 이런 움직임이야말로 전체체제를 유지하는 데 그 무엇보다도 중요하다. 그러나 조직화된 집단들은 자유시장 체제에서 일어날 수 있는 이런 변화를 한 목소리로 저지하고자 한다.

　특정 물건이나 서비스를 만드는 조직화된 생산자들은 일반적으로 자신들이 필요한 수요 전부를 여전히 공급할 수 있으며, 만일 그렇지 못하다면 언제라도 다른 생산자들이 경쟁에 뛰어들게 할 용의가 있다는 논리로 배타적인 정책을 옹호하려 한다. 그들은 스스로 적당하다고 판단하는 이윤을 남길 수 있는 가격 선에서 수요를 충당하려 한다는 점은 이야기하지 않고 있다. 그러나 바람직한 것은 다른 사람들이 제시할 수 있을지도 모를 더 낮은 가격선(현재 공급을 전담하는 사람들의 생산기술이 더 이상 독점적 경쟁력을 지니고 있지 않으며, 생산설비 또한 최신 수준을 따라가지 못한다는 사실을 반영하는 것이 된다)에서 수요가 충족되는 것이다. 특히 신참자 못지않게 기술혁신을 도모하는 사람들도 수지를 맞출 수 있어야 하는데, 이럴 경우 그 사람들은 투자위험을 감수해야 할 뿐 아니라, 때로는 현재의 안정된 위치를 뒤흔들어놓을 수 있고, 또한 그다지 가치가 높아 보이지 않는 외부자본을 끌어들여야 할 필요에 직면한다. 기존의 생산자에게 언제 새로운 경쟁자의 진입을 허용할 것인지 결정할 권한을 부여한다는 것은 결국 현상을 유지하는 방향으로 나아가고 말 것이다.

모든 상이한 이익들이 각기 폐쇄적인 집단으로 조직된 사회에서조차도 이것은 그저 기존구조의 고착으로 귀결될 것이고, 그 결과 변화된 환경에 제대로 적응하지 못하면서 경제의 점진적인 침체를 낳을 것이다. 따라서 오직 모든 집단이 동등하게 조직되지 못하기 때문에 그 체제가 만족스럽지 못하고 정의롭지 못하다고 말하는 것은 사실과 다르다. 미르달이나 갈브레이스 같은 학자들[14]이 기존체제의 결함은 조직화가 완결되면 치유될 수 있는 과도기적인 것에 불과하다고 생각하는 것은 사실과 다르다. 대부분의 서구 경제가 아직도 활력을 잃지 않는 이유는 이익의 조직화가 지금도 오직 부분적으로만 불완전하게 이루어지고 있기 때문이다. 만일 이 조직화가 완결된다면 경제는 조직화된 이익집단 틈에서 질식하고 말 것이고, 이런 경직된 경제구조 안에서는 기득권을 누리는 사람들끼리 합의를 이끌어낼 가능성은 없고 그저 무지막지한 독재권력 정도나 문제를 해결할 수 있을 것이다.

상이한 집단들의 소득을 정치적으로 결정할 때 생기는 결과

　사회의 모든 구성원들에게 공통으로 이익이 되는 것은 기존의 생산자 집단이 추구하는 이익을 합계한 것이 아니다. 그것보다는 특정집단이 언제나 방해하려 드는 변화하는 상황에 지속적으로 적응하는 것이 공통의 이익이 된다. 따라서 조직된 생산자들의 이익은 언제나 모든 사회구성원들의 변함없는 이익, 즉 예측할 수 없는 변화에 끊임없이 적응해나가는 것(기존의 생산 수준을 유지하기 위해서라도 이런 적응은 필요함에도 불구하고)과 갈등을 일으킬 수밖에 없다(제8장과 제9장 참조). 조직된 생산자 집단의 입장에서 볼 때는 자신들의 기득권을 침해하려 드는 신참자들의 진입을 거부하는 것이 이익이 된다. 순전히 이러한 경제위주의 결정 때문에 불의의 변화에 대응할 수 있는 능력이 차단된다. 그러나 사회가 활력을 잃지 않으려면 그러한 변화가 점진적으로 무리없이 일어나야 하며, 그런 변화를 막으려 드는 것을 방지할 만큼 압력이 강하게 일어날 수 있어야 한다. 시장의 자생적인 질서가 소중한 것은 바로 이런 변화를 가능케 하며, 또 변화가 일어날 수 있을 때 시장도 유지되기 때문이다. 그러나 이런 변화가 일어날 때마다 기존의 이익집단은 상처를 입게 마련이다. 따라서 시장질서가 제 기능을 발휘할 수 있기 위해서는 기득권 집단이 자기 마음에 들지 않는 일이라 하더라도 봉쇄하지 않고 허용해야만 한다. 원치 않는 일이라 하더라도 필요하다면 감수하는 것(직업을 바꾼다든가 수입이 줄어드는 것 등)이 모든 사람에게 이익이 된다. 그리고 필요하다면 자신에게 부과된 변화를 수용하는 것이 일반이익에 부합된다. 이런 위험부담 그 자체는 예측할 수 없는 변화와 뗄 수 없는 관계에 있다. 따라서 우리가 할 수 있는 일은 시장의 객관적 작용에 따라 어떤 사람에게 그런 변화가 일어나서 수입이 줄어드는 것을 받아들이게 하거나, 아니면 임의로, 또는 권력투쟁을 통해서 누가 그런 부담을 질 것인가를 결정하는 것(이 경우에는 시장이 결정하는 것보다 그 부담이 클 수밖에 없다) 중의 하나이다.

조직적 이익집단이 정치적으로 가격과 임금을 결정한 결과 몇몇 나라에서는 이미 각 생산요소에 대한 소득분배를 시장을 통하지 않고 결정하는 '소득정책'을 요구하기에 이르렀다. 이런 요구는 임금이나 다른 소득이 더 이상 시장이 아니라 집단의 정치적 요소에 의해 결정된다면 일련의 정교한 조정장치가 필요하다는 인식(특히 정치적 파장이 가장 큰 임금문제가 정치적 판단에 의해 결정되어야 한다면 다른 소득에 대해서도 유사한 통제가 이루어질 때에만 그것이 가능하다는 인식) 위에 기초한 것이다.

그러나 '소득정책'을 펼치면 당장에 여기저기서 소득을 올려달라는 압력이 생기면서 인플레가 발생할 수밖에 없다. 따라서 모든 종류의 화폐소득이 치솟는 것을 막기 위해서는 이러한 '소득정책'을 포기해야 한다. 그리고 인플레정책이라는 것은 결국 문제를 해결하기보다 더 악화시키고 만다. 일시적으로 문제를 피하려 하다가 그 뿌리를 더 키우고 말기 때문이다. 임금이나 가격상승을 중단시킨다고 해서 기본적인 문제가 해결되는 것은 아니다. 그리고 인위적 결정에 의해 상대가격을 필요한 만큼 조정하려 하는 모든 시도는 실패할 수밖에 없다.

이것은 비단 아무도 어느 정도의 가격이 적당한지를 알 수 없기 때문만이 아니다. 그보다 더 중요한 것은, 필요한 변화가 도대체 정의라는 것하고는 아무런 상관이 없음에도 불구하고, 그렇게 가격을 인위적으로 결정하려 하는 당국자들이 사사건건 정의를 염두에 두고서 문제를 처리하려 하기 때문이다. 결국 '소득정책'이라는 것은 각 집단의 상대소득이 변화된 환경에 적응할 수 있는 과정을 복구시킨다고 하는 본질적 문제에 대해서는 아무런 효과도 내지 못하고 만다. 이런 문제를 그저 정치적으로 해결하려 드는 바람에 상황만 더 악화시키고 만다. 지금까지 보았듯이 '사회정의'라는 개념의 내용을 정의할 수 있는 유일한 기준은 각기 상이한 집단에게 그에 부응하는 상대적 위치를 확보해주는 것이다. 그러나 이러한 상대적 위치도 여건이 변화함에 따라 바뀌어야 한다. 만일 오직 정치적 결정에 의해서만 변화가 초래되어야 한다면, 실질적 합의를 이끌어낼 기준이 없는 까닭에 전체 경제구조의 경직화만 초래하고 말 것이다.

영국은 자원배분의 변화가 요구되는 시점에서 순전히 정치적 논리에 따라 임금구조를 결정해온 결과 오늘날 '영국병'이라는 어려움에 봉착하고 말았다. 상황이 영국과 그렇게 다르지 않은 많은 나라에서도 비슷한 방법을 시도해보았지만 결과는 마찬가지였다.

아직도 분명히 인식하지 못하는 사실은 우리사회를 좀먹고 있는 것이 이기적인 욕심에 사로잡힌 기업가나 자본가, 또는 각 개인이 아니라 집단적 행동과 집단적 충성심에 의거해서 힘을 발휘하는 조직들 그 자체라는 점이다. 우리사회에서는 시장기능에 맡기기보다 인위적 고려를 우선하고 경제구조를 왜곡시키며 사회정의를 훼손하는 원천이 되는 조직적 이익에 대해 정도가 넘게 호의를 베풀어준다. 진짜 정의를 가로막는 것은 이기심에 사로잡힌 개인적 동기가 아니라 집단적 충성심이다. 무엇보다 이익집단의 조직화가 사회 전체의 이익과는 아무런 상관이 없으며, 그런 집단의 이익이 반사회적인 강제력을 발휘함으로써만 효과적으로 달성된다는 점을 인식해야 한다. 그렇게 되면 조직화된 이익이 '대항세력'의 견제[15]를 받아 바람직한 사회질서를 창출하게 되리라는 그럴듯한 주장이 얼마나 엉터리인가를 알 수 있을 것이다.

이런 주장을 하는 사람들이 내세우듯이 '규제장치'가 합리적이고 유익한 질서를 낳는 수단임을 뜻한다면, '대항세력'은 결코 그런 장치를 만들어내지 못한다. 조직화된 이익의 힘이 일으킬 수 있는 부작용이 '대항세력'에 의해 해소되거나 될 수 있다고 생각하는 사람들은 한때 널리 신봉되었던, 그러나 바로 이것 때문에 정의가 퇴색되었던 갈등해소 방법에 전적으로 기대를 건다. 조직화된 집단을 정의의 원칙 아래 포괄하는 문제는 아직도 미래의 숙제로 남아 있는데, 가장 근본적인 문제는 개인을 집단의 압력에서 어떻게 보호하는가 하는 것이다.

조직 가능한 이익과 조직 불가능한 이익

지난 반세기가 넘는 세월 동안 정부에 대해 조직화된 이익집단이 영향력을 행사하는 것은 불가피하며, 그런 과정에서 생기는 부작용은 아직 이익의 조직화가 덜 이루어졌기 때문이라는 생각이 정부정책을 주도해왔다. 그래서 모든 중요한 이해당사자들이 서로 견제할 수 있을 만큼 조직되기만 하면 그러한 문제점은 당장 해결될 것이라고 생각했다. 그러나 그런 생각은 명백히 잘못된 것이다. 첫째, 정부에게 영향력을 가하는 것이 바람직한 경우는 단지 정부가 특정 이익당사자에게 특혜를 베풀 권한을 가졌고, 또 정부가 차별대우를 할 수 있는 규칙을 제정하고 집행할 힘을 가졌을 경우에만 이런 권한행사가 가능할 때뿐이다. 둘째, 올슨이 자신의 저작[16]에서 보여주듯이, 상대적으로 작은 규모의 집단을 제외한 보통의 경우에는 공동이익이 존재한다고 해서 그런 이익을 포괄하는 조직이 자생적으로 형성되지는 않으며, 단지 정부가 그 조직화 작업을 적극적으로 도와주든지, 아니면 그것을 위해 강제력을 행사하거나 차별대우하는 것을 묵인할 때만 가능한 일이다. 그러나 이런 방법을 통해서는 결코 모든 중요한 이익들이 조직속에 포괄될 수가 없으며, 조직되지 못한 이익이 조직된 이익에 의해 언제나 희생, 착취당하는 상황을 만들 수밖에 없다.

그래서 올슨은 다음과 같이 주장했다. 첫째, 일반적으로 볼 때, 오직 상대적으로 작은 규모의 집단만이 자생적으로 조직화될 수 있다. 둘째, 오늘날 정부를 거의 지배하다시피 하는 거대한 경제적 이익들은 오직 정부의 협조 아래에서만 조직화가 가능해진다. 셋째, 원칙상 모든 이익을 조직하는 것은 불가능하며, 따라서 정부의 도움으로 조직화된 대규모 집단이 조직화되지 못하거나 될 수 없는 집단을 지속적으로 착취하게 된다. 올슨의 이러한 주장은 매우 중요한 의미를 담고 있다. 인구의 상당부분을 차지하는 넓은 의미의 소비자, 납세자, 여자, 노인 등은 제대로 조직화될 수 없기 때문이다. 이들은 한결같이 조직화된 이익들에 의해 피해를 보게 될 운명에 처해 있는 것이다.

제16장
민주주의적 이상의 좌초: 요약
The Miscarriage of The Democratic Ideal : A Recapitulation

세상이 얼마나 어리석은지 모르겠느냐, 내 아들아?

악셀 옥센셰르나Axel Oxenstjerna*[1]

민주주의적 이상의 좌초

    사려 깊고 마음이 넓은 사람들이 한때 그들을 흥분시켰던 민주주의의 이상에 대해 점차 희망을 잃는 현실을 더 이상 무시할 수 없다.

    이런 일은 민주주의의 원리가 응용되는 분야가 끝없이 확장되면서, 그리고 부분적으로는 아마도 그 결과로 인해 생겨나고 있다. 그러나 회의가 확산되는 것은 민주주의의 이상을 잘못 실천하기 때문만은 아니다. 핵심적 내용 그 자체에 대해서도 의문이 제기되고 있다. 오랫동안 품어왔던 희망이 무너져내리는 것을 보고 마음 아파하는 사람들 중 대부분은 현명하게도 침묵을 지키고 있다. 그러나 나는 이것을 참지 못하고 소리를 지르지 않을 수 없다.

    내가 보기에는 우리가 자주 실망에 빠지는 까닭은 민주주의 원리 그 자체의 잘못 때문이 아니라 우리가 그것을 잘못 실험해왔기 때문이다. 나는 사람들이 민주주의의 참된 이상에 대해 그릇된 평가를 내리는 것을 견딜

수가 없다. 그래서 사람들이 민주주의를 잘못 이해하고 있는 것을 찾아내어 현재 실천하고 있는 민주주의 과정이 바람직하지 못한 결과를 만들어내는 일을 되풀이하지 않도록 촉구하고 싶다.

물론 실망하지 않으려면 어떤 이상이든 현실적으로 음미해야만 한다. 특히 민주주의의 경우, 이 말이 단지 정치적 문제를 해결하는 특정한 방법을 의미하는 데 지나지 않는다는 사실을 잊지 말아야 한다. 원래 민주주의라는 말은 정치적 결정에 이르는 어떤 절차를 지칭하는 것이었고, 정부가 무엇을 지향해야 하는가 하는 문제에 대해서는 아무런 방향도 제시하지 않았다. 그러나 민주주의가 사람들이 이제까지 발견한 것 중에서 평화적으로 정권을 교체할 수 있는 유일한 방법이라는 점 하나만은 정말 소중한 것이라서 목숨을 걸고서라도 지킬 가치가 충분하다.

'협상' 민주주의

왜 지금 형태의 민주주의가 정부는 다수 국민의 여론에 따라 움직여야 한다는 원리를 신봉하는 사람들을 그토록 실망시키는 결과를 낳는가? 그 이유는 자명하다.

어떤 사람들은 다르게 생각할지 몰라도 다음과 같은 점은 너무 명백하여 조금만 주의 깊게 관찰하는 사람이라면 알 수가 있다. 전 역사를 통틀어서 오늘날의 정부만큼 수많은 특수이익의 요구를 들어주어야 할 필요에 직면한 경우는 없었다. 오늘날의 민주주의에 비판적인 사람들은 흔히 '대중민주주의'라는 말을 즐겨 사용한다. 그러나 만일 민주정부가 진정 다수의 뜻대로 움직인다면 욕을 먹을 이유는 하나도 없을 것이다. 문제는 정부가 다수의 합의를 따르는 것이 아니라 수많은 집단의 조직적 이익을 충족시켜 주느라고 급급하다는 데 있다. 전제정부는 적어도 이론상으로는 자제력을 발휘할 수 있지만, 무한한 힘을 가진 민주정부는 결코 그렇지 못하다. 만일 민주정부의 힘이 무제한적이라면, 다수 유권자의 뜻을 추종하도록 자신을 제한할 수가 없다. 정부는 수많은 특수이익을 만족시켜 줌으로써(각 이해 당사자들은 자신의 요구가 똑같이 충족되는 조건 아래에서만 타인에게 특혜가 주어지는 것에 동의할 것이다) 다수의 뜻을 결집하도록 강요받는다. 이런 성격의 협상민주주의는 민주주의의 원리와는 아무런 상관도 없는 것이다.

집단이익의 노리개

여기서 내가 민주정부의 권한을 제한해야 할 필요성, 더 간단히 말하면 제한민주주의에 대해서 이야기할 때, 물론 민주적으로 시행되는 정부 업무 중 일부만 제한해야 한다는 것이 아니라 모든 정부, 그 중에서도 특히 민주적 정부의 권한을 제한하는 것이 마땅하다는 사실을 주장하고자 한다. 그 이유는 민주정부가 글자 그대로 무한권력을 가졌다면 바로 그 무한권력 때문에 힘을 다 잃은 채 다수의 지지를 확보하기 위해 개별적 특수이익을 전부 충족시켜야 하기 때문이다.

어떻게 해서 이런 일이 일어날까? 지난 두 세기 동안 절대왕권이 끝나고 무한민주주의가 등장할 때까지, 합헌정부가 추구하는 최고의 목표는 모든 정부의 권력을 제한하는 데 있었다. 그래서 정부의 자의적 권력행사를 방지하는 기본원칙으로 권력분립, 법의 지배, 법에 의한 정부운영, 공법과 사법의 구분, 법절차 확립 같은 것들이 실행에 옮겨졌다. 이 모든 것들이 개인에 대해 강제력을 자의적으로 행사하는 것을 막는 근거로 사용되고 있다. 오직 일반이익을 위해서만 강제력을 사용할 수 있을 뿐이다. 그리고 일관된 규칙에 따라 모든 사람에게 똑같이 적용되는 강제력만이 일반이익을 위한 것이라고 판단할 수 있다.

그러나 정부에 대한 민주적 통제가 이루어지면 권력을 자의적으로 사용하는 것을 방지할 별도조치가 필요없다는 생각 때문에 이와 같이 위대한 자유주의 원칙이 크게 잊히고 그 중요성이 반감되고 말았다. 이들 원칙이 잊히고 있는 것보다 더 심각한 것은 사용되는 핵심단어의 뜻이 점차 변하면서 그 원칙을 표현하던 전통적 말들의 의미도 따라서 퇴색하고 있다는 점이다. 그 중 가장 대표적인 것이 바로 '법'이다. 바로 '법'이라는 말의 내용이 변화하면서 옛 자유주의의 원칙이 전부 그 중요성을 상실하고 만 것이다.

법과 명령

입헌주의를 창시한 사람들은 '법'이라는 용어를 매우 좁고 정교한 의미로 사용하였다. 정부의 권한을 바로 이러한 의미의 법에 의해 제한할 때만 개인의 자유를 보호할 수 있다고 생각했기 때문이다. 최종적으로 19세기 법철학자들은 법을 다른 사람에 대한 행동을 규제하는 규칙으로서, 미래의 불특정다수에게 적용되며, 모든 개인과 조직의 불가침권을 침범하지 못하도록(물론 그 내용을 구체적으로 명시하지는 않았다) 하는 내용을 담고 있는 것으로 정의하였다. 그런데 이 개념은 오랜 토론 끝에(이 과정에서 독일 법학자들은 마침내 '물질적 의미의 법' 개념을 정의하는 데 성공하였다) 지금 생각하면 우습기 짝이 없는 반대 때문에 어느 순간 갑자기 포기되고 말았다. 이렇게 정의하면 헌법의 규칙들이 물질적 의미의 법이 되지 못한다고 생각했기 때문이다.

헌법은 물론 개인행동이 아니라 정부조직에 관한 규칙으로서, 사법이나 형사법이 오래 지속되는 것과는 달리 공법과 마찬가지로 자주 바뀔 수 있는 것이다.

법은 정의롭지 못한 행위를 방지할 목적을 가지고 있었다. 정의란 모든 사람에게 평등하게 적용되는 원칙을 전제하기 때문에 특정 개인이나 집단에게만 관련되는 명령 또는 특권을 부여하는 상황과는 반대가 된다. 그러나 오늘날 과연 누가 2백 년 전에 매디슨이 주장했던 것처럼, "하원은 사회의 절대다수 대중뿐만 아니라 자기자신과 친구들에게도 똑같이 효력을 낼 수 있는 법만을 만들어야 한다"는 말을 되풀이할 수 있겠는가?

민주주의의 이상이 현실적으로 달성되는 듯이 보이면서 법제정권과 정부의 집행권이 동일한 대의기구에 의해 장악되는 일이 벌어졌다. 이렇게 되자 법이 뒷받침되기만 하면 정부는 당면한 특정 목적을 자유롭게 추구할 수 있게 되었다. 법에 따른 행정이라는 원칙이 불가피하게 무너질 수밖에 없는 순간이었다. 입법 그 자체뿐만 아니라 정부의 조치 또한 민주적 절차에 따라 결정되어야 한다고 주장하는 것은 당연한 요구이다. 그러나 그 두 권한을 동일한 기구(또는 기구들)에 맡기는 것은 사실상 무제한적 정부로 되돌아가는 일이나 다를 바가 없다.

이 점은 또한 다수의 뜻을 따라야 하기 때문에 민주주의가 일반이익만 추구해야 한다는 원래의 믿음도 무효화시키고 만다. 물론 문제가 되는 기구가 오직 일반적 원리에 충실한 법만 제정하거나 진정으로 일반적인 이익을 위해서만 명령을 내린다면 여전히 그런 믿음은 효력을 발휘할 수 있을 것이다. 그러나 일부 소집단, 또는 강력한 힘을 가진 개인들을 포함해서 특정 이해당사자들의 지지를 확보하기 위해 자신이 지닌 무제한의 힘을 이용해야 하는 기구에다가 이런 것을 기대한다는 것은 현실과 동떨어질 뿐 아니라 결코 가능하지 않다. 이런 기구는 일반원칙에 의거해서 결정을 내림으로써 스스로 정의롭다는 점을 입증해야 할 의무가 없기 때문에 수많은 집단의 개별적인 요구를 그 성격에 관계없이 다 들어주면서까지 선거에서의 지지를 확보하려 한다. 현대 민주주의에서는 다수가 요구하는 것보다 '정치적 필요'가 더 큰 힘을 발휘하고 있는 것이다!

법과 자의적(恣意的)정부

　이런 일이 벌어지면 단순히 정부가 더 이상 법의 지배 아래 들어가지 않는 현상만 야기되는 것이 아니다. 법의 의미 그 자체까지도 상실되기 때문이다. 존 로크의 생각과는 달리, 소위 말하는 입법부가 일반원칙이라는 의미의 법만 제정하는 데 그치는 것이 아니다. '입법부'가 결의하면 어떤 것이든 '법'이라고 불리게 된다. 따라서 변질된 '법'개념은 옛 의미를 전부 잃게 되면서 초기 입헌주의 지도자들이 이름 붙였던 '자의적 정부의 명령'이라는 뜻으로 바뀐 것이다. 정부의 일이 '입법부'의 주 업무가 되었고 입법은 보조적인 차원으로 전락하고 말았다.

　'자의적'이라는 말도 그에 못지않게 고전적 의미를 상실했다. 이 말은 원래 '무법적' 또는 공인된 규칙이 아니라 특정한 의지에 따라 결정된다는 것을 뜻했다. 심지어는 '의지'라는 불운한 단어가 정치적으로 사용되는 데 1차적인 책임을 져야 할 루소까지도 적어도 이따금씩은 어떤 의지가 정의롭기 위해서는 '그 의도가 일반적이어야 한다'는 점을 인정했다. 그러나 이제 현대의회에서는 다수에 의한 결정이 그런 속성을 지녀야 할 이유가 없다. 정부정책을 지지할 수 있는 것이라면 무엇이든 상관하지 않기 때문이다.

　일반법규를 제정하는 일에 국한되지 않는 전능한 주권적 의회라는 것은 자의적 정부와 다를 바 없다. 더 나쁜 것은 그 정부가 설령 하고 싶어도 어떤 종류든 원칙을 따를 수가 없고 오직 특정집단들에게 특혜를 베품으로써 연명할 수밖에 없다는 점이다. 차별대우를 통해서 권위를 세워야 하는 처지에 빠진 것이다. 불행하게도 의회민주주의의 상징으로 여겨져온 영국 의회까지도 의회주권(즉 전능全能 의회) 개념을 받아들인 것이다. 그러나 법주권과 무제한적 의회주권은 서로 조화될 수 없다. 그래도 오늘날 포웰이 "권리장전은 영국의 자유헌법과 양립할 수 없다"고 말하자 갤러거는 서둘러서 그의 말에 동감을 표했다.[2]

미국 사람들이 2백 년 전에 생각했던 것이 옳았음이 증명되었다. 전지전능한 의회란 개인의 자유의 죽음을 의미하는 것이다. 이제 자유헌법이란 것이 더 이상 개인의 자유를 보장해주는 것이 못 되며, 그보다는 의회의 다수파가 마음 내키는 대로 행동해도 좋은 허가증과도 같은 것이 되고 말았다. 우리는 개인의 자유 아니면 의회의 자유 중 하나를 선택해야 한다. 개인의 자유가 지켜지기 위해서는 권력자가 모든 사람들이 승인하는 반영구적인 원칙의 통제를 받아야 한다.

불평등 취급에서 자유재량권으로

무제한적 민주주의가 그 모습을 드러내는 데는 시간이 좀 걸렸다. 처음 당분간은 전통에 따라 자유입헌주의가 정부권한에 대한 통제역을 수행했다. 이런 전통이 결여된 곳에서는 무제한적 민주주의가 도입되자마자 곧 문제를 일으키고 말았다. 의회주의의 전통이 강하게 남아 있는 나라에서는 순전히 선의의 동기에 의해 자의적 권력행사를 억제하는 규범이 무너졌다. 불우한 처지에 있는 사람을 도와주는 것을 차별대우라고 비난할 수는 없었기 때문이다(더 근래 들어서는 이런 현상을 미화하기 위해 '덜 혜택을 받는 사람'이라는 말까지 지어냈다). 그러나 세속적인 성공의 기준으로 본다면 각기 처지가 다른 사람들을 좀 더 평등한 물질적 조건 아래 두기 위해서는 어쩔 수 없이 그들을 불평등하게 취급하지 않을 수가 없다.

그러나 심지어 자선적 차원에서 하는 것이라 하더라도 일단 법 앞에서의 평등대우 원칙을 깨뜨리면 그로 인해 자의적 권한행사가 범람하고 만다. 이것을 숨기기 위해 '사회정의'라는 공식이 동원된다. 그 뜻이 정확하게 무엇인지 모르지만, 바로 그 이유 때문에 특정집단에게 유리한 정책을 펴지 못하게 막아주는 장치들을 무너뜨릴 수 있는 것이다. 누군지 잘 드러나지 않는 사람을 희생시키면서 거기에서 남는 것으로 다수의 지지를 확보하려 드는 방법은 아주 손쉬운 듯이 보인다. 그러나 이런 식으로 정부나 의회가 일단 인심을 얻게 되면 나중에는 각종 요구를 거절하기가 어려워진다. 그리고 '마땅히 대접받아야 할 이유'가 아니라 '정치적 필요'에 의해서 누가 정부재원으로 혜택을 볼 것인가가 결정된다.

법을 통해 부패가 발생하는 것은 정치인들의 잘못이 아니다. 그들이 무엇인가 해볼 만한 위치에 오르자면 그것을 피할 도리가 없다. 다수의견이라는 사실을 내세워 특정 개인이나 집단의 불만을 해소시키는 체제에서는 관행이 되다시피한 일인 것이다. 역할이 오직 일반 법규를 제정하는 일에 한정된 의회나 스스로 변경시킬 수 없는 일반법규를 집행하기 위해서만 강제력을 사용하는 것이 허용된 정부는 그러한 압력을 이겨낼 수 있다. 그러나 무한권력을 지닌 대의기구는 그 압력을 이겨낼 수가 없다. 자유재량으로 강제력을 행사할 수 있는 모든 권한을 박탈당한 정부라 하더라도 공공서비스를 제공하는 과정에서 여전히 차별대우할 힘은 간직하고 있다. 이런 경우는 그리 폐해가 많지 않을 뿐 아니라 손쉽게 방지될 수도 있다. 그러나 일단 중앙정부가 차별대우를 할 수 있는 공권력을 상실하고 나면 중앙정부의 대다수 업무가 양질의 행정서비스를 더 낮은 가격에 공급하기 위해 서로 경쟁하는 지역이나 지방의 기업들에게 이양될 수 있고, 또 그렇게 되어야만 할 것이다.

정부의 무한권력을 방지하기 위한 권력분립

글자 그대로 무한권력을 가진 ('주권적') 의회가 점차 정부의 권력을 확대시키는 방향으로 나가는 것이 자명한 듯이 보인다. 그리고 이것을 막기 위해서는 이러한 최고권력을 민주적으로 선출된 두 기관으로 양분해야 한다는 것, 다시 말하면 권력분립의 원칙을 최고수준으로까지 적용해야 한다는 것 또한 분명해 보인다.

그래서 두 기관의 역할은 각각 따로 규정되어야 하는데, 최고권력을 민주적으로 선출된 두 기관으로 양분해야 한다는 것, 다시 말해서 의회가 행정부는 어떤어떤 일을 해야 한다고 믿는 사람들의 생각을 대변해야 하는 것이라면, 행정부는 의회가 설정한 법 테두리 안에서 사람들의 뜻을 반영할 수 있도록 특정한 조치들을 집행해나가야만 한다. 의회가 요즘 들어 이 두 번째 기능에 더 관심을 기울이는 것이 일반적인데, 이를 위해 의회의 조직과 관행도 많이 바뀌었다. 이 점은 특히 정부의 일을 추진하기 위해 없어서는 안 될 정당관계 조직면에서 두드러진다.

그러나 18세기의 위대한 정치사상가들이 진정한 의미의 의회에서 정당이 노선에 따라 대립하는 것에 대해 한결같이 불신을 품었던 데는 다 이유가 있었다. 현재 형태의 의회가 입법 그 자체를 하는 데도 부적합하다는 점을 부인하기 어려울 것이다. 그렇게 할 시간도 없거니와 마음의 자세도 안 되어 있기 때문이다.

제**17**장
모델헌법
A Model Constitution

> 모든 경우마다 최선의 상태가 무엇인지 아는 것이 도움이 된다. 그 기준에
> 따라 사회적으로 너무 큰 혼란을 일으키지 않는 점진적이고 온건한 방법으
> 로 헌법이나 정부 형태를 혁신해나갈 수도 있을 것이기 때문이다.
>
> 흄David Hume[*1]

대의기구의 방향착오

우리가 오늘날 그동안의 경험에 비추어볼 때, 약 2백 년 전에 미국의 헌
법제정자들이 신중한 방법을 쓰면서 사상 처음으로 달성하고자 했던 그 목
표를 성취하기 위해 무엇을 할 수 있을까? 비록 추구하는 목표는 같을지라
도 지금까지 이루어진 수많은 실험과 모방을 통해 우리가 배워야 할 것들
이 분명히 있다. 이제 우리는 헌법제정자들이 헌법을 통해 정부권력을 제
한하고자 꿈꾸었던 것이 어떻게 해서 실망스러운 결과를 낳고 말았는가에
대해 알게 되었다. 그들은 입법부를 사법부뿐만 아니라 행정부와도 분리시
킴으로써 정부와 개인들이 정의의 원칙에 따라 행동하기를 희망했었다. 그
러나 헌법제정자들은 입법부가 행정부를 감독하는 일까지 담당하게 되면
서, 정의의 원칙을 만드는 일과 특수목적을 위해 행정부의 특정행동을 지

휘, 감독하는 일이 어처구니 없이 뒤섞여버리게 되고, 법이 더 이상 강제력의 자의적인 행사를 제한하는 보편적이고 일관된 정의의 원칙이라는 의미를 지니지 못하게 되리라는 것을 예측할 수 없었다. 이런 일이 생기면서 그들이 꿈꾸었던 권력분립은 결코 이룩될 수 없었다. 그 대신 미국에서는 서로 다른 시기에 서로 다른 원칙 아래 선출되고, 그 결과 자주 갈등을 일으키는 행정부의 수반과 의회에 의해, 정부를 조직하고 감독하는 일이 때때로 정부 기능의 효율을 떨어뜨리면서까지 분점되기에 이르렀다.

나는 이미 앞에서 입법권과 정부감독권을 함께 대의기구의 손에 맡기고 싶어한다고 해서 그것이 반드시 이 두 권력이 동일한 기관에 부여되어야 한다는 점을 의미하지는 않는다는 사실을 밝혔다. 이 문제를 다른 방법으로 해결할 가능성[2]이 사실상 대의기구의 초기 발전단계를 통해 시사된 일이 있기 때문이다. 정부 기능에 대한 통제는 적어도 맨처음 단계에서는 재정수입에 대한 간섭을 통해 이루어졌다. 이미 14세기 말부터 영국에서 시작된 재정권에 대한 통제는 하원 권한의 확대로 이어졌다. 마침내 17세기 말이 되면 아직도 영국의 최고 국가기관으로서 관습법의 해석에 대한 궁극적 권한을 행사하던 상원이 재정에 관한 권한을 전부 하원에 위임하게 된다. 만일 상원이 하원에게 그런 권한을 전적으로 넘겨준 뒤 법집행 규칙을 성문법에 따라 바꿀 독점적 권한을 요구했더라면 얼마나 다행스러웠을까?

상원이 소수의 특권계층을 대변하는 한, 그런 일은 일어날 수가 없었다. 만일 계급이 아니라 기능에 따라 권력분립이 이루어졌더라면, 하원이 정부 기관과 모든 재정수단을 감독, 통제하는 전권을 가지되, 상원이 설정한 한계에 따라서만 강제력을 행사할 수 있는 상황이 연출되었을지도 모른다. 그렇게 되면 원래 정부가 해야 할 일들을 감독, 처리하면서도 하원이 마음껏 자유를 누렸을지도 모른다. 국가 소유의 재산문제에 관해 국가공무원들을 지휘하면서 하원은 마음 내키는 대로 법률을 만들 수 있었을 것이다. 그러나 하원이나 공무원들도 상원이 인정하거나 제정한 규칙을 준수하도록 하는 경우를 제외하고는 민간인들에게 강제력을 행사할 수는 없었다. 따라서 국사가 하원의 소위원회 아니면 하원의 다수파에 의해 좌우된다는 것은 매우 자연스러운 논리의 귀결이었다. 이런 정부는 특정 목적을 추구하기 위해 임의로 변경시키지 못하는 법의 지배를 받지 않고서는 시민들에게 강제력을 행사할 수 없을 것으로 간주되었다.

권력분립이 그러한 방향으로 발전되면 입법권과 행정부를 감독하는 권한이 분명하게 구분되었을 것이다. 그리고 얼마 지나지 않아 사법권의 독립필요성이 현실화되면서 사법부가 두 기관 사이의 분쟁을 조정하고, 또 그에 따라 지금까지 그저 '법'이라는 말 속에 뒤섞여 왔던 두 종류의 법, 즉 사법과 공법을 보다 분명하게 구별할 수 있었을 것이다.

그러나 이러한 방향으로 권력이 확연하게 구분되기보다 온갖 이질적인 기능과 권한이 한 기관에 의해 장악되면서 법의 개념이 점차 모호해지게 되었다. 물론 이런 모든 기능을 시원하게 구분한다는 것은 무척 어렵기 때문에 현대 법철학조차도 감당하기가 쉽지 않은 것이 사실이다. 그렇다고 전혀 가능성이 없는 것도 아니다. 우리의 지식이 더 발전해야 만족스러운 해결책이 나오겠지만, 어쨌든 법체계는 그런 과정을 거쳐 진보하는 것이다.

이상적 모델헌법의 가치

우리가 그냥 법이라고 부르는 것을 둘로 분명하게 구분하는 것은 큰 의미가 있다. 이런 구분은 좁은 뜻의 입법권과 원래 의미의 행정부 기능으로 권력분립을 확립하고, 이런 기능들이 민주적으로 수행될 뿐만 아니라 각기 독립적인 기관에 의해 담당되도록 하는 방향으로 헌법을 구상해볼 때 그 중요성이 더욱 두드러진다. 당장 사용할 목적으로 이런 구상을 밝히는 것은 아니다. 각기 고유한 헌법적 전통을 가진 나라들이 내 생각에 따라 새 헌법을 받아들이기를 희망하는 것도 아니다. 그런데도 내가 새 모델헌법의 골격을 설명하려는 것은 지금까지 논의한 원칙들이 보다 분명하게 구체화 되리라는 기대 외에도 다음과 같은 두 가지 이유 때문이다.

첫째, 세계 여러 나라 중 강력한 헌법적 전통을 가진 나라는 몇 안 된다. 그래서 비영어권 국가 중에서는 오직 북부 유럽의 작은 나라들과 스위스 정도만이 그런 다행스러운 상황에 처해 있다. 다른 대부분의 나라에서는 헌법이 하나의 전통으로 굳건하게 자리 잡지 못하고 있다. 명시적으로 표출되거나 문서화된 것은 아니지만, 헌법이 잘 작동되도록 도와주는 전통이나 믿음이 결여된 것이다. 이것은 특히 유럽국가들이 오랫동안 실천해온 법의 지배라는 이상을 흉내낼 만한 전통이 거의 전무하고, 따라서 민주주의에 대한 믿음이나 확신을 가지지 못한 상태에서 유럽식 정치제도를 받아들인 신생국의 경우 두드러진다.

민주주의를 이식시키고자 하는 시도가 실패하지 않으려면, 민주주의를 성공적으로 운영해온 나라에서 오랫동안 다수의 권력남용을 억제하는 데 기여했던 전통과 믿음이 새로운 민주정부의 각 기관 속으로 퍼져나가야 할 것이다. 지금까지 민주주의를 도입하고자 하는 시도가 대부분 실패했다는 것이 민주주의의 기본이념을 전파하기가 불가능하다는 것을 뜻하지는 않는다. 그것은 다만 민주주의를 잘 실천한 곳에서는 사람들이 암묵적으로 받아들이는 원칙들이 존재했으며, 그런 원칙에 대한 이해가 부족한 곳에서는 헌법규정 속에 명문화하는 것이 필요하다는 점을 의미할 뿐이다. 한 곳에서 잘 운영되는 민주주의라고 해서 그것이 다른 지역에서도 똑같은 운명을 걸으리라고 주장할 수는 없다. 경험을 통해서 보면 그렇지가 않다. 따라서 우리사회에서 대의기구를 작동하기 위해 묵시적으로 수용했던 관념들이 어떻게 해야 다른 나라의 헌법조문 속에 명시적으로 표출될 수 있을까 하는 문제를 생각해보아야 한다.

이와 관련해서 새로운 국제기구를 출범시키고자 하는 노력이 직면하는 문제점을 연상하면 좋겠다. 어떤 형태든 국제법을 확대하자는 움직임이 일고 있기는 하지만, 그저 단순히 서비스를 제공하는 차원을 넘어서 세계정부까지 추구할 필요가 있는지, 또는 그것이 가능한지에 대해 의아해 하는 사람이 적지 않다. 이런 논의를 통해 한 가지 분명하게 밝혀진 것이 있는데, 그것은 이러한 노력이 실패로 끝나지 않기 위해서는 앞으로 상당기간 동안 각 주권국가에게 특정한 무슨 일을 시키는 것보다 각 국가들이 나쁜 일을 하지 못하도록 방지하는 일에 새로운 국제기구의 업무가 국한되어야 한다는 점이다. 다시 말해 새 국제기구가 각 국가에게 이런저런 일을 지시하는 것에 사람들이 당연히 품을 불만을 해소하기 위해서는, 그 업무가 회원국가, 또는 그 시민들이 특정한 행동은 하지 못하도록 제한하는 일반원칙을 제정하는 범위를 넘어서는 안 된다는 것이다. 그러나 역시 이 문제를 해결하기 위해서는, 권력분립론자들이 생각했던 것처럼 입법부와 행정부의 권한을 효과적으로 나누는 묘안을 찾아야 한다.

기본원리들

이런 헌법에는 다음과 같은 조항이 꼭 들어가야 한다. 즉 명백하게 긴급하다고 판단되지 않는 평상시에는, 개인의 사적 영역을 보호하기 위해 제정된 정의의 일반원칙에 따라서만 각자가 하고 싶어하는 일이 제한받거나 특정한 어떤 일을 하도록 강제당해야 한다는 것이다. 일단 공포된 이러한 원칙들은 우리가 말하는 입법부의 심의를 거쳐야만 변경될 수 있다. 각종 규칙은 미래의 불특정다수에게만 적용되고 구체적인 특정사안에는 효력을 발휘하지 못하는 보편적인 원칙에 입각해서, 그 제정의도가 정의로운 것이라는 근거가 증명되어야만 힘을 발휘할 수 있다. 또한 헌법조문 속에는 법의 개념을 명확히 정의한 내용이 들어가야 한다. 그래서 그 법의 개념을 통해 사법부가 입법부의 특정결의가 법으로서의 조건을 구비했는가를 판단할 수 있어야 한다.

우리는 지금까지 법에 대한 그와 같은 개념 정의가 순전히 논리적 기준에만 의거할 수가 없다는 것, 수많은 미지의 미래사건에 적용될 수 있어야 하고 구체적 내용이 알려져 있지 않은 추상적 질서의 형성과 보존에는 도움이 되지만 특정 목적의 달성을 추구하거나 특정개인 또는 집단에게 직접적으로 영향을 주어서는 안 된다는 점을 주장해왔다. 또한 강조해야 하는 것은, 공인된 규칙체계를 변경시키는 것은 전적으로 입법부의 소관사항이지만, 처음 그 규칙을 제정할 때는 과거의 법안뿐만 아니라 사법부가 과거에 내린 판결까지도 포함하게 된다는 사실이다.

헌법의 기본조항에서는 물론 정부의 기능을 직접 규정하기보다 단순히 정부의 강제력 행사를 제한하는 데 초점을 맞추게 된다. 그러나 정부가 시민들에게 서비스를 제공하기 위해 동원하는 수단을 제한하기는 하지만, 그 서비스의 내용에 대해서는 직접적으로 규정하지 않는다. 이 문제는 제2의 대의기구인 정부의회의 기능을 취급할 때 다시 다루기로 하자.

이런 조항들은 전통적인 권리장전이 이룩하고자 했던 것보다 더 많은 목표를 달성할 수 있을 것이다. 그 조항만 있으면 반드시 보장해야 할 기본권 항목들을 따로 나열할 필요도 없을 것이다. 이 점은 전통적으로 인간의 기본권으로 간주되어 온 언론, 표현, 종교, 집회 및 결사의 자유, 그리고 가정이나 서신의 불가침권 같은 것들이 일반법규에 의해 제한되지 못하는 절대적 자유가 아니었다는 사실을 기억해보면 분명해진다.

표현의 자유라고 해서 물론 우리가 마음대로 남을 중상모략하거나 속이고 모욕하며 나쁜 짓을 하도록 선동, 또는 거짓경고를 발해 혼란스럽게 만들 수 있다는 것은 아니다. 이런 모든 기본권은 묵시적 또는 명시적으로

'정당한 법절차에 따르지 않고서는' 제약할 수 없다. 현대에 들어 더욱 분명해졌지만, 오직 '법'이 대의기구에 의해 정당한 절차를 밟아 통과된 모든 법안이 아니라 여기에서 정의된 것처럼 좁은 의미의 절차로만 해석될 때만 이러한 권리가 '입법부'의 침범에서 보호될 수 있다.

그리고 전통적으로 권리장전이 규정해온 기본권만이 자의적인 권력행사로부터 보호되어야 할 권리라거나, 또는 개인의 자유를 구성하는 모든 중요한 권리들이 전부 빠짐없이 예시될 수 있는 것은 아니다. 앞에서도 보았듯이 우리가 오늘날 사회적, 경제적 권리라고 부르는 개념들을 확장하기 위한 노력이 잘못된 방향으로 흘러갔지만(제9장 부록 참조), 개인의 자유를 행사할 때 나타나는 예측할 수 없는 결과 중에는 권리장전에서 규정한 권리 못지않게 보호할 필요가 있는 것이 많다. 권리장전에 명시적으로 열거된 권리들은 어떤 특정시기에 아주 심하게 위협을 받았기 때문에 보호할 필요가 컸던 것들이거나, 또는 민주정부가 작동하기 위해서는 반드시 보장되어야 하는 것들이었다. 그러나 그런 권리들을 꼭 집어서 특별 보호대상으로 규정했다는 것은 정부가 다른 부분에 대해서는 일반법규에 따르지 않은 채 자의적인 권력행사를 일삼았다는 것을 뜻하기도 한다.

이런 이유 때문에 미국 헌법을 처음 구상한 사람들이 당초에는 헌법 속에 권리장전을 포함시키지 않으려 했고, 또 그것이 첨가되었을 때, 이제는 효력도 없고 거의 다 잊혀져 버린 것이지만, 수정헌법 제9조를 통해 "헌법에서 특정 권리의 보장을 명문화하는 것이 거기에 포함되지 않은 다른 권리를 무시해도 좋다는 뜻으로 해석되어서는 안 된다"라는 경고를 담았다. 확실히 '법절차에 따르지 않고서는' 몇몇 권리들을 침해할 수 없다는 규정은 입법부가 다른 분야에 관해서는 마음대로 권한을 행사해도 무방한 것처럼 보일 소지가 많다. 나아가 최근 들어 '법'이라는 개념을 입법부가 결의하는 거의 모든 법안으로 확대하다 보니 그 보호규정조차도 무의미해지고 말았다. 그러나 헌법이 존재하는 이유는 심지어 입법부라고 하더라도 자의적으로 권한행사를 못 하게 하기 위해서이다. 한 저명한 스위스의 법학자가 설득력 있게 지적했듯이,[3] 기술발전으로 인해 다른 부문의 자유가 전통적으로 기본권으로 소중히 여겨져 왔던 자유보다 더 중요한 것으로 치부될 가능성도 있다.

기본권 개념이 제시된 것은 자의적인 강제력의 행사 때문에 개인의 자유가 침해되는 것을 막기 위해서였다. 그렇다면 개인의 자유영역을 보호하기 위해 보편적인 규칙을 집행하고 정부가 서비스를 제공하는 데 필요한 수단을 확보하기 위한 경우에만 강제력을 사용해야 한다. 이것은 다른 말로 하면, 개인의 자유는 오직 다른 사람의 자유를 침해할 경우에만 제약을 받으며, 자기자신, 또는 자기행동에 책임질 수 있는 사람이 동의한 경우에는 그 사람에게만 영향을 미치는 행위에 대해서는 전적으로 자유롭게 행동할 수 있다는 것, 따라서 정치적 행동을 할 수 있는 자유를 누려야 한다는 것을 의미한다. 장기적으로는 이러한 자유를 보호할 목적으로 존재하는 제도들이 위협받을 때, 그리고 그 제도를 지키는 것이나, 또는 전체 사회가 직면한 위험을 해소하는 것이 최고의 목적으로 인식될 때, 일시적으로 자유를 제한할 수 있다는 것은 또 다른 문제이므로 나중에 다루기로 하자.

독자적 기능을 가진 두 대의기구

행정부와는 다른 기능을 수행하는 대의기구에게 정의에 관한 일반원칙를 제정하는 권한을 부여하려는 생각은 전혀 새롭지 않다. 고대 아테네 사람들도 이미 노모세타에(nomothetae)라는 독자적 기구에게 노모스(nomos)를 고칠 권한을 부여한 바 있다.[4] nomos라는 말이 정의에 관한 일반원칙과 가장 근접한 의미를 지녔고, 노모세타에라는 용어도 17세기 영국의 비숫한 상황에서 부활되었으며,[5] 존 스튜어트 밀 또한 이 말을 사용했던 만큼,[6] 권력분립론자들이나 법의 지배를 이상으로 삼은 사람들이 때때로 마음속에 지니고 있던 순수 입법부를 지칭하기 위해 그 말을 사용하는 것이 편리하리라 생각된다. 이는 또한 우리가 정부의회라고 부르는 제2의 대의기구와 분명히 구분하는 데도 도움이 될 것이다.

이렇게 분명히 입법부 성격을 띤 대의기구는 그 대의원만 다르게 구성되어 있다면 똑같이 국민을 대표하면서 오직 행정부 일만 전담하는 기구를 효과적으로 견제하는 데 안성맞춤일 것이다. 이를 위해서는 두 대의기구의 구성원들이 같은 방법, 또는 동일한 시기에 선출되지 않는 것이 중요하다. 만일 두 기구가 비슷한 사람들을 대표하고, 특히 동일한 정당과 연관을 맺은 채 기능만 달리한다면, 입법부는 그저 행정부가 원하는 법안만 제공하면서 두 기구가 한 몸과 다름없이 행동하게 될 것이다.

두 기구가 다른 기능을 수행하려면 또한 유권자들의 희망사항을 각기 다른 각도에서 대변할 필요가 있다. 행정부의 입장에서 본다면, 특정 결과를 희망하는 시민들의 구체적 요구와 이익을 반영하는 것이 중요하다. 따라서 행정부가 일하기 위해서는 어떤 목적을 지향하며 '정부를 움직일 수 있는' 다수가 반드시 존재해야 한다. 반면에 입법부는 이해관계가 아니라 의견에 따라서, 다시 말해 무엇이 옳고 그르다고 하는 판단에 따라 행동해야 한다. 그래서 입법부는 특정 목적을 달성하기 위한 수단적 존재라기보다 특정 개인이나 집단의 요구사항과 관계없이 영원한 원칙에 의거해서 행동하는 존재가 되어야 한다. 국민은 완전히 다른 기준을 가지고 자신의 특정한 이익을 반영시켜 줄 사람, 또는 공평하게 정의를 지켜줄 사람을 선출할 것이다. 전자에게 요구되는 덕목은 후자의 그것과 판이하게 다를 수밖에 없다.

주기적으로 전체 대의기구 대표를 뽑는 것은 한편으로는 그들이 수시로 변하는 유권자들의 뜻에 부응할 수 있도록 하면서 다른 한편으로는 특정이익이나 특정 목표를 지향하는 정당의 노선과 부응할 수 있도록 하기 위해서이다. 그리고 이런 과정을 거치면서 개별대표들은 재선하는 데 필요한 정당지원을 받을 수 있다.

특정이익을 반영할 의무를 진 대의기구에게 고전적 민주주의 이론가들이 전체 국민을 대표하는 기구에게 기대했던 자질을 요구하는 것은 무리이다. 그렇다고 해서 이 말이 국민이 자신에게 특별한 이익을 보장해줄 힘이 없는 대표를 뽑아야 할 때 가장 훌륭하다고 생각되는 사람, 특히 일상생활을 통해 그 명망이 널리 알려진 사람을 선택하도록 유도되어서는 안 된다는 것을 뜻하지는 않는다.

따라서 입법부 본래의 기능을 잘 수행할 수 있게 하기 위해서는 훌륭한 자질을 가진 대표, 이를테면 나이가 비교적 지긋하고 오랫동안, 예를 들면 15년 정도 입법부의 의원으로 봉직한 탓에 새삼스레 재선하고자 하는 욕심을 부리지 않을 만한 사람을 뽑아야 한다. 그리고 그 대표들이 입법부의 일을 그만둔 뒤 공직에 다시 출마하거나 생활전선에 뛰어들지 않아도 되도록, 보통판사 같은 중립적이고 명예스러운 공직에 봉사할 기회를 보장해주어야 한다. 그렇게 해야 이들이 입법부의 일원으로 재직할 때 정당의 지원을 받을 욕심에 소속정당의 입김에 의해 영향을 받거나 자신의 개인적인 미래를 걱정할 필요 없이 완전히 자유롭게 활동할 수 있을 것이다. 일상적인 생활을 통해 그 역량이 입증된 사람들만 대표로 선출하면서, 동시에 너무 나이 많은 사람을 중심으로 입법부가 구성되지 않도록 하기 위해 사람들의 경험에 의존하는 것이 소망스러워 보인다. 이를테면 나이가 45세 정도 되는 동년배 집단에서 판단하여 최적임자들을 선출한 뒤, 이들이 15년 정도 봉직하게 하면 어떨까 하는 생각이 든다.

이렇게 되면 나이가 45세에서 60세 되는 사람들이 대표로 일하고, 매년 15분의 1 정도는 교체될 것이다. 이들은 충분한 경험을 쌓았고 그러면서도 아직 인생의 활력을 잃지 않은 세대들의 의견을 반영하리라 생각된다. 비록 45세 이하 되는 세대의 뜻을 반영할 길이 없다는 것이 문제가 될 듯이 보이지만, 전체 의원들의 나이를 평균해보면 52.5세로서 기존의 어떤 입법부보다 더 젊다는 것으로 자위해도 괜찮을 것 같다. 보통의 경우에는 나이가 들어 사망 또는 질병 때문에 공석이 되면 입법경험이 모자라는 젊은 사람들로 충원하지만, 여기에서는 여전히 동일한 연령층에서 대표가 선출될 것인데, 그래도 전체 대표들을 평균해보면 여전히 젊다고 보아야 한다.

이 대의기구가 특정 이익당사자나 집단들의 압력에 시달리지 않도록 안전장치를 추가할 수도 있다. 이를테면 정부의회나 정당조직에서 이미 봉직했던 사람은 입법의회에 출마하지 못하게 하는 것이 한 방법이다. 그리고 의원 중 상당수가 특정 정당과 깊은 관련을 맺고 있다 하더라도 그들이 정당 지도부나 집권세력의 지시를 추종하지 않도록 유도할 수도 있을 것이다.

의원들은 재판관들의 경우가 그렇듯이, 중대한 잘못을 범하거나 의무를 소홀히 했을 때 현직 또는 전직 동료들에 의해 해임될 수 있다. 그들의 임기가 끝난 뒤 정년 퇴직할 때까지(그러니까 60세부터 70세까지) 연금과 법원의 보통판사 같은 명예직을 보장한다면 임기동안 독립적 활동이 크게 보장될 것이다. 의원들에 대한 보수는 헌법에 규정하는데, 이를테면 정부 공무원의 임금수준에서 상위 20퍼센트를 유지하도록 하면 될 것이다.

이 직책은 각 연령층의 동년배들 사이에서 가장 존경받는 사람에게 수여되는 영광스러운 훈장과도 같은 것이다. 그 입법의회가 많은 사람을 필요로 하지는 않을 것이기 때문에 매년 오직 소수의 사람들만 뽑힐 것이다. 그래서 각 지역별 대의원을 통해 간접적인 방법으로 의원을 뽑는 것이 바람직해 보인다. 대의원들 중에서 의원이 선출될 수 있도록 각 지역에서 대의원으로 뽑히는 것이 영예스러운 일로 인식될 수 있게 하는 것이 좋다.

얼핏 보면 입법부가 아니면 할 수 없는 일이 그리 많지 않은 듯이 여겨질 것이다. 사실 지금까지 우리가 강조했던 일, 즉 (상법과 형사법을 포함해서) 사법체계를 개정하는 문제에만 전념한다면 그렇게 자주 만나서 논의할 필요가 없고, 따라서 능력이 출중한 사람들을 엄선해서 모아놓은 뒤에 지속적으로 맡길 일이 부족할지도 모른다. 그러나 그렇지 않다. 비록 우리가 사법과 형사법을 중요한 예로 들기는 했지만, 집행 가능한 모든 법규는 의회의 승인을 받아야 한다는 점을 잊어서는 안 된다. 이 책에서는 이런 문제에 대해 자세하게 논의할 수는 없지만, 지금까지 나는 과세에 관한 원칙뿐만 아니라 생산 또는 건설을 포함해서 안전과 건강에 관한 규제 등이 일반이익과 부합될 수 있도록 일반규칙에 따라서 집행되어야 한다는 점을 되풀이해서 강조해왔다. 그리고 이런 과제는 흔히 안전에 관한 입법이라고 불리는 것 외에도 앞장에서 설명되었던 것처럼 시장의 경쟁기능이 활성화될 수 있는 적절한 기초와 기업법을 포함해야 한다.

입법부가 이런 문제, 특히 고도의 기술적인 판단이 필요한 경우에 대해 자세히 검토할 만한 시간적 여유가 없으므로 과거에는 거의 다 정부관료나 특별위원회의 손에 맡겨졌었다. 특히 정부의 시급한 현안을 처리하는 데 온통 관심이 쏠린 '입법부'로서는 그런 문제에 대해 응당 쏟아야 할 관심을 제대로 기울이지 못했다. 그러나 그 어떤 경우에도 그와 같은 문제에 대한 1차적인 책임은 입법부가 져야지, 관료 손에 맡기면 권력이 자의적으로 행사될 위험이 상당히 높다. 권력을 장악하려는 야심에 사로잡힌 행정가들의 편의에 따르지 않고 의회가 진지하게 다루기만 한다면, 이런 문제를 규제하는 것이 (1914년 전까지 영국에서 그랬던 것처럼) 일반법규의 형태를 띠지 못할 필연적인 이유는 없다. 아마도 현재 관료들의 수중에 장악되어 있고, 또 통제도 안 되는 권력 중 대부분은 입법부가 위임한 결과 생겨났을 것이다.

나는 적당한 생업을 갖지 못한 입법부 구성원들에 대해서는 정말 관심이 없다. 그러나 지금까지의 인생살이를 통해 명성을 쌓은 남녀들이 어느 시점에 가서 일상적인 생업의 부담에서 벗어나 정부를 움직이는 원칙이나 자신들이 중요하다고 생각하는 문제들에 대해 깊이 생각할 기회를 가질 수 있다는 것은 참으로 바람직한 일이 아닐 수 없다. 공공문제에 관한 새로운 아이디어가 탄생하려면 한가한 시간이 있어 깊이 생각할 여유를 가질 수 있는 사람이 필수적으로 필요하다. 독립적 생활수단을 가진 사람들이 바로 그런 기능을 담당할 수 있는 것이다.

그러나 이런 이유 때문에 재산가들만이 국정을 담당할 수 있는 유일한 사람들이라고 하는 논리는 성립되기 어렵다. 자신의 동년배들이 최고로 신임하는 사람들이 스스로 선택한 일에 대해 상당한 시간을 투자할 수 있다면, 그것은 정부의 권력이 너무 지나치게 팽창하는 것을 막는 데 꼭 필요한 '자원봉사 영역(voluntary sector)'의 발전에 크게 기여할 수 있을 것이다. 입법부의 의원직이라는 것이 성가시다기보다 영광스럽고 존경받는 자리가 되어서, 민주적으로 선출된 이 기구가 막스 베버가 말한 대로 입법기능이나 정당과의 관계에 구애받지 않고 여러 자발적 봉사영역에서 중심적 역할을 수행하는 독립적 공인(公人)이 될 필요가 있다.

이러한 입법부(nomothetae)의 중심과제와 관련해서 사람들은 아마 이 기구가 충분히 일할 만큼 일거리가 많을까 하는 것보다는 과연 열심히 일을 할 것인가 하는 문제에 더 관심을 기울일지도 모르겠다. 혹시 그들이 독립을 즐기다 보니 게을러지지는 않을까 하는 의구심까지 생겨나기 때문이다. 사실 활발한 사회활동을 하면서 존경을 받아오다가 입법부의 대표로 선출되고 나면 15년이라는 긴 세월 동안 자리걱정을 해야 할 필요가 없어지기 때문에 나태해질 가능성도 없지 않다. 그러나 이 경우에 판사사회의 자정장치를 대입해보는 것이 유익하다. 즉 정부기관에서 완전히 독립된 전직 대표들로 심의위원회를 구성하여 현직 대표들의 근무태만을 조사한 뒤 심한 경우에는 제명조치까지 시킬 권한을 부여하는 것이다. 그래서 퇴임하는 대표들에게 이런 일을 맡기는 것도 괜찮을 것 같다.

한편 헌법은 입법의회가 일반법규를 독점적으로 제정할 권한을 가졌으면서도 전혀 기능을 발휘하지 못하게 될 상황, 즉 특정한 문제를 해결하기 위해 법규를 만들어달라고 하는 정부의회의 요구를 일정한 시간이 지나도록 충족시켜 주지 못한 결과 일시적이나마 법제정권이 정부의회에게 넘어가 버리는 경우를 대비해야 한다. 이런 규정이 있으면 바로 있다는 그 자체만으로도 그와 같은 상황을 미연에 방지할 수 있을 것이다. 즉 입법의회가 자기권한이 박탈될 것을 두려워하여 주어진 기능을 잘 수행하려 할 것이기 때문이다.

연령별 대표제에 대한 검토

이 책에서는 모델헌법의 일반원칙에 대해서만 주로 논의하고 있지만, 입법의회를 구성할 대표를 세대별로 선출하는 방법은 민주적 정치제도의 발전에 긴요하게 쓰일 흥미로운 가능성들을 많이 담고 있어 좀 더 자세히 취급해볼 필요가 있을 것 같다. 이 방법에 따를 것 같으면, 사람들은 언젠가 자기네들 연령층에서 국가를 위해 중요한 일을 하게 되리라는 것을 미리 알고 있기 때문에 일찍부터 같은 또래들끼리 지역별로 모임을 만들 가능성이 있다. 이런 모임은 장차 국사를 담당하게 될 후보자들의 교육을 위해 유익한 역할을 할 수 있을 것이기 때문에 국가가 모임장소라든가 기타 편의시설을 제공해줄 필요가 있다. 각 지역별로 오직 나이에 따라 조직이 형성되면 정당 차이에 따라 분파가 생기는 것을 막을 수 있을 것이다.

동년배 클럽은 학교를 졸업할 나이, 또는 최소한 사회생활을 시작할 나이, 이를테면 18세 정도부터 조직될 것이다. 그리고 남자들과 남자보다 두 살 이상 어린 여자들이 함께 조직을 만들면 그 효과가 더 높아질 것이 분명하다. 남녀는 나이 18세가 되면 새로 만들어진 클럽 아니면 생긴 지 2~3년 되는 클럽에 가입할 수 있는데, 대부분의 남자들이 새 조직을 선호하는 반면, 여자들은 이미 만들어진 클럽에 들어가고 싶어할 것이다. 연령층이 높은 클럽을 지원한 사람들은 영원히 그 연령층에 속하게 되며, 그 연령층의 대표를 뽑는 일에 동참하게 된다. 물론 그렇게 되면 자기 나이보다 몇 년 먼저 대표로 뽑힐 수도 있을 것이다.

이런 클럽은 모든 사회계층의 동년배들을 한데 불러모으고, 같은 학교를 다녔거나, 또는 같은 곳에서 병역의무를 치른 뒤 지금은 뿔뿔이 흩어져 있는 사람들 사이의 관계를 복원시킴으로써 사회계층 간의 장벽을 허물고 의회과정뿐만 아니라 공공기관에 대한 관심을 높여주는 교육적 효과까지 거둠으로써 민주주의의 발전을 위한 기초가 될 수 있을 것으로 보인다. 그리고 입법회의의 구성원이 아닌 사람들은 이런 클럽을 통해 그들의 생각을 정기적으로 표출할 수 있다. 소속정당이 다른 사람들이 서로 만나서 토론을 자주 벌임으로써 결국 그들이 동일한 연령층을 대변하는 목적을 공유하고 있음을 확인하게 되고, 이런 과정을 거쳐 나중에 공직에 봉사할 수 있는 자질을 키우게 될 것이다.

각 개인들은 1차적으로 자기 지역의 클럽에 소속하게 되지만, 다른 지역의 동일한 연령클럽에도 방문자 자격으로 참여할 수 있게 하는 것이 좋다. 그래서 어느 지역의 무슨 연령층은 언제 어디에서 모임을 가진다는 것이 널리 알려지게 되면 (로터리 클럽이나 다른 유사한 조직이 그러하듯이) 이를 계기로 서로 다른 지역 사람들끼리 접촉할 수 있는 계기가 될 것이다. 이런 모든 점을 종합해보면 지역별 클럽은 사람들 사이에, 특히 도시지역에서 사회적 연대감을 높여주고 계층적, 직업적 차이에 따른 이질감을 해소하는 데 크게 기여할 것으로 보인다.

이 클럽에서 회장직을 돌아가며 맡음으로써 장차 공직을 맡게 될 잠재적 후보자들이 미리 리더십을 훈련할 기회를 가지도록 하는 것도 중요하다. 지역별 대의원을 뽑는 선거에서 사람들은 서로서로 잘 아는 까닭에 적당한 후보자에게 투표하기가 어렵지 않다. 이런 양상은 최종선거에서도 마찬가지이다. 이렇게 해서 선출된 의원들은 동년배들의 대표일 뿐만 아니라 공인된 대변인, 즉 정부기관의 인권침해를 막아주는 명예 '옴부즈맨' 역할을 맡게 된다. 무엇보다도 자신들이 신뢰할 수 있는 사람들을 대표로 뽑는다는 것이 이 제도의 가장 큰 장점이다.

선거가 끝나고 나면 클럽이 공식적으로 해야 할 일이 많지 않지만 그래도 같은 또래끼리 사회적 접촉을 할 수 있는 창구 역할은 지속하게 된다. 이것은 만일의 경우 이런저런 사고로 결원이 생겨 새로 대표를 뽑아야 할 때를 대비하기 위해서도 필요하다.

정부의회

여기서 제2의 의회, 즉 정부의회에 대해서는 별로 언급하지 않아도 될 것 같다. 행정부 기능을 담당하는 데 치중하는 현재의 의회체제가 그 모델이 되기 때문이다. 주기적 재선거를 통해 정당노선에 따라서 전 의원을 새로 뽑지 말아야 할 이유가 없다.[7] 그리고 그 정부의회의 주된 업무를 다수파의 집행위원회가 맡아서 처리해야 할 이유도 없다. 이 집행위원회가 사실상 정부 일을 다 하는데, 차기정권을 담당할 준비가 되어 있는 야당의 비판과 통제에 영향을 받는다. 선거방법이나 임기 등은 지금까지 논의해왔던 것과 크게 다르지 않아 따로 언급할 필요는 없다. 이 체제 아래에서는 정부 일을 효율적으로 처리할 수 있을 만큼 강력한 다수를 확보하는 것이 유권자들의 이해관계를 정확하게 비례적으로 반영하는 것보다 더 중요하다. 따라서 의회에서 비례대표제를 도입하는 것은 더욱 말이 안 된다.

정부의회와 현존하는 의회가 크게 다른 것 중의 하나는 정부의회가 당연히 입법의회에 의해 제정된 정의의 원칙에 의거해서만 업무를 처리하며, 특히 그 원칙에 직접 기초하지 않은 명령은 시민 개개인에게 내리지 않는다는 사실이다. 그러나 일단 이러한 원칙의 테두리만 지키면 행정부는 행정부 기관의 조직이나 행정부 권한에 속하는 물적, 인적 자원에 대해 전권을 행사할 수 있다.

여기서 정부의회의 대표자들을 뽑는 선거권과 관련하여 다시 한 번 생각해보아야 할 것이, 정부 공무원과 정부에서 연금이나 지원을 받는 사람들은 전혀 투표권을 가질 수 없는가 하는 문제이다. 우선 정의에 관한 보편적 원칙을 제정하는 임무를 띤 의회대표를 선출할 경우에는 이들의 투표권을 인정하는 것이 마땅하다. 공무원이나 정부연금 수혜자들은 무엇이 정의로운가 하는 문제에 대해 여론을 형성하는 일에 관한 한, 그 누구보다도 능력이 있는 사람들이다. 따라서 그들보다 못한 사람들에게도 투표권을 주면서 이들의 투표권을 박탈한다는 것은 형평에 크게 어긋난다. 그러나 일반적인 여론이 아니라 어떤 특정이익을 충족시켜 줄 것인가 하는 문제가 관련될 때는 상황이 전혀 달라진다. 이런 경우에는 정책수단, 또는 그런 수단과는 관계없이 그저 그 결과만 누리게 되는 사람과 일반시민은 입장이 판이하게 다르다. 공무원들이나 노후연금 수혜자, 그리고 실업수당을 받는 사람들이 어떻게 하면 다른 사람들의 부담을 통해 자신들의 수입을 올릴 수 있는가 하는 문제에 대해 투표하게 된다는 것은 불합리한 일이 아닐 수 없다. 그리고 정부정책을 수립하는 사람들이 그 정책의 집행 여부도 결정한다든가, 또는 정부의회의 지시에 따라야 할 사람이 그 지시를 내리는 일에도 관여하게 된다면, 이것 또한 합리적인 일이 되지 못할 것이다.

행정부가 스스로 변경시킬 수 없는 법규의 테두리 속에서 업무를 처리해야 한다고는 하지만 그래도 그 권한은 막강하다. 행정부가 서비스를 제공하면서 차별대우를 해서는 안 되고 강제력도 함부로 사용해서는 안 되지만, 그래도 서비스의 목적, 조직, 기타 관련된 선택을 하는 과정에서 큰 힘을 발휘할 수 있다. 그리고 정부재정을 확보하는 방법면에서 한계가 그어져 있기는 하지만 그 액수 또는 사용목적에 관한 한 직접적인 제약을 받지 않는다.

헌법재판소

입법의회가 제정하는 정의에 관한 원칙의 테두리 속에서 행정부와 일반 시민을 가릴 것 없이 규제하는 것과 그 원칙에 의거해서 행정부 고유의 조직과 조치에 관계되는 규칙을 정부의회가 결정하는 것을 분명하게 구분하는 것이 매우 중요하다. 비록 우리가 양자를 분명하게 구분하기 위해 애쓰고 헌법 또한 명시적으로 무엇이 법인가 하는 점을 밝히려 하지만, 실제로는 그렇게 구분하는 것이 어려운 문제를 많이 일으키기 때문에 특별재판소의 끊임없는 노력에 의해서만 현실적으로 구분할 수 있다. 주로 문제가 되는 것은 양자 사이에서 힘겨루기가 일어나서 한쪽이 취한 행동에 대해 나머지 한쪽이 이의를 제기하는 경우이다.

이런 상황을 맞아 사법부가 최종판단을 내리자면 권위가 충분히 설 수 있도록 헌법재판소를 따로 설립하는 것이 바람직하다. 헌법재판소의 구성원은 전문적인 판사뿐만 아니라 입법의회, 그리고 정부의회의 대표까지 포함시키는 것이 좋다. 이 기구가 자리를 잡아가면서 앞서 내렸던 판례의 구속을 받게 될 텐데, 만일 예전 판결을 번복해야 할 필요가 생기면 헌법이 정한 절차에 따라 처리할 수밖에 없다.

헌법재판소에 관해 강조해야 할 또 다른 것은 이 재판소가 내리는 결정이 때때로 두 의회 모두 강제력을 행사할 권한을 가질 수 없다는 것을 의미한다는 점이다. 이는 특히 긴급상황을 제외한다면, 전통적으로 인정되거나, 아니면 입법의회에 의해 명시적으로 제정된 정의의 원칙에 따르지 않은 강제력을 행사할 수 없다는 것을 뜻한다.

이상에서 논의한 제안들은 넓은 의미의 정의를 집행하는 문제에 대해 많은 논쟁거리를 제공한다. 사법기구를 조직, 운영하는 것은 분명히 행정부의 소관사항인 것처럼 보이지만, 이런 일을 전부 행정부 손에 맡겨버리면 사법부의 완전한 독립은 불가능해진다. 적어도 재판관의 임명과 승진에 관한 일은 앞에서도 설명했듯이, 입법의회의 전직 의원들로 구성되며 동료들 중 일부를 선별하여 보통판사로 임명하는 권한을 가진 위원회에 맡기는 것이 좋을 것이다. 이들 재판관의 독립성을 보장하기 위한 방법으로는 입법의회 의원들의 경우와 마찬가지로 정부직 공무원의 상위 몇 퍼센트가 받는 급여수준에 상응하도록 보수를 정하는 것이 유효할 것 같다.

전혀 성질이 다른 논의거리가 아직 남아 있는데, 이 재판소를 조직하는 기술적인 문제, 사법적 판단과는 직접 관계가 없는 인력관리 및 그들이 쓰게 될 경비충당이 바로 그것이다. 이런 일을 처리하는 것은 아무래도 행정부의 소관사항 같아 보이지만, 앵글로색슨 국가에서 법무부가 그런 문제를 전담하는 것에 대해 오래전부터 미심쩍어 하는 사람들이 있다는 것은 충분히 이해가 된다. 어차피 입법의회도 그 일을 담당할 적격자가 아니라면, 차라리 앞에서도 언급했다시피, 전직 의원들로 구성된 위원회가 항구적으로 일을 맡아 처리하고 행정부가 배정해준 예산도 집행하게 하는 것이 어떨까 하는 생각이 든다.

이런 모든 쟁점은 우리가 아직 고려하지 않았을 뿐 아니라 여기서 본격적으로 다루기도 힘든, 또 다른 중요하고 어려운 문제와 관련되어 있다. 모법에 입각해서 절차법을 제정하는 문제가 바로 그것이다. 비록 오늘날 좀더 조직과 밀접하게 관련된 측면은 정부의회 아니면 정부의회가 구성한 특별기구가 처리하는 것이 마땅해 보이기도 하지만, 일반적으로 이 문제는 정의를 집행하기 위한 하위법과 마찬가지로 입법의회의 소관사항이 되어야 할 것이다. 그러나 이런 기술적인 문제에 대해서는 여기서 더 이상 논의할 수가 없다.

권력구조의 윤곽

입법의회의 기능과 헌법을 제정하거나 개정하기 위해 설치한 기구의 역할을 혼동해서는 안 된다. 이 두 기구가 하는 일은 전혀 다르다. 엄격하게 말하자면 헌법은 전적으로 국가조직에 관한 법률로서 정부가 강제력을 보편적 원칙에 입각해서 정당하게 집행할 수 있는 근거를 제공해준다.

헌법이 각 헌법기관의 권한에 관한 큰 원칙을 세우기는 하지만, 그 구체적인 내용은 입법부나 사법부가 채우도록 남겨두어야 한다. 그 대신 헌법은 최상위 규범으로서 법체계의 변경을 규제하고 행정부가 사회질서의 근간이 되는 규칙을 집행하거나 행정부의 권한을 이용해서 국민에게 서비스를 제공할 때 원칙에 어긋나지 않도록 감시하는 역할을 맡아야 한다.

여기서 어떻게 헌법을 제정하고, 또 개정하는 것이 적합한가 하는 문제에 대해 논의할 필요는 없을 것이다. 그러나 이런 일을 맡기 위해 설치된 기구와 헌법에 의해 설치된 기구들 사이의 관계를 규명하기 위해서는 기존의 2중 권력구조가 3중 구조로 대체되는 것이 바람직하다고 하는 이 책의 주장을 자세히 음미할 필요가 있다. 헌법이 각 국가기관에게 권한을 부여하기도 하고 제한하기도 하지만, 그렇다고 각 기관이 그런 권한을 구체적으로 어떻게 사용해야 한다고 적시(摘示)하지는 않는다. 정의에 관한 원칙을 집행하기 위한 실체법은 입법의회에 의해 제정되지만, 그 입법의회는 정의의 원칙에 대한 성격을 규정하는 헌법을 따라야 한다. 반면에 정부의회와 그 집행기구로서의 행정부는 헌법규정과 입법의회가 제정한 정의의 원칙에 의해 동시에 제약을 받는다. 정부가 법의 지배 아래 놓여 있다는 것은 이런 상황을 의미한다. 그래서 정부의회의 집행기관이라고 할 수 있는 행정부는 또한 정부의회의 결정에 의해서도 구속을 받기 때문에 결국 전체 국가권력 구조면에서 보자면 제4의 서열에 속한다고 할 수 있다. 그리고 행정관료 기구는 다섯 번째 위치를 차지하게 된다.

　이러한 권력구조를 놓고서 주권이 어디에 속하느냐고 묻는다면, 일시적으로 헌법을 제정 또는 개정하는 기구를 논외로 칠 경우, 그 답은 아무 데도 없다고 해야 옳을 것이다. 주권을 무제한적 권력으로 개념 규정한다면, 그 권한이 제한된 입헌정부가 주권을 보유하고 있다고 말할 수가 없다. 앞에서도 보았듯이, 어떠한 제한도 받지 않는 최고권력이 언제나 존재해야 한다고 생각하는 것은 입법기관에 의해 모든 법이 제정된다고 착각한 결과이다. 그러나 무법상태에서 정부가 조직될 수 있는 것은 결코 아니다. 무엇이 옳고 그르다고 하는 일반적인 여론을 실천에 옮길 수 있으리라는 기대가 가능할 때 정부가 만들어지기 때문이다.

　이러한 권력구조의 서열은 각 해당기관이 얼마나 존속할 수 있는가 하는 문제와 관련이 깊다. 원칙적으로 볼 때 헌법은 항구적으로 존재해야 하는 것이다. 그러나 사람이 만든 모든 것이 그렇듯이 헌법도 결함이 발견되면 개정될 필요가 있음은 물론이다. 실체법도 무기한 존속시킬 의도로 제정했지만, 사법부가 대처하기 어려운 상황이 생겨나면 적절히 수정해야 마땅하다. 반면에 시민들에게 서비스를 제공하기 위해 정부에게 주어진 자원을 관리해서 특정 목적을 신속하게 달성하는 일은 그 성격상 단기간으로 한정될 수밖에 없다.

비상권한

　정부의 강제력이 보편적 정의의 원칙을 집행하기 위해서만 동원되어야지 특정 목적을 위해 사용되어서는 안 된다라는 자유사회의 기본원칙은, 보통 때는 몰라도 그 사회의 기본질서 자체가 위협받을 때는 일시적으로 무시될 수밖에 없다. 정상적인 상태에서는 각 개인이 오직 자기 자신만의 목표를 추구하고, 또 그렇게 하는 것이 전체의 이익에 도움이 되지만, 비상 상황에서는 일시적이지만 전체 사회질서를 유지하는 것이 최대의 목표가 되고, 따라서 전국적 또는 지역적으로 자율보다는 조직적 통제가 필요해질 수 있다. 이를테면 외적이 침입해 오거나 반란 또는 무법상태의 폭력이 발생할 경우, 그리고 자연재해가 갑자기 닥쳤을 때, 무슨 수를 쓰더라도 긴급 조치를 해야 하는데 이럴 경우에는 보통때와는 달리 정부가 강제력을 긴급 하게 동원할 수 있어야 한다. 동물들이 위급한 상황을 맞아 모든 것을 포기 하고 도망가듯이, 사람들도 필요하다면 일시적으로 기본권을 유예할 수 있 어야 한다. 그렇게 하는 것이 궁극적으로는 기본권의 확고한 보장에도 도 움이 될 것이다.

그러나 긴급상황이 소멸되고 나서도 예외적 강제력을 계속 행사하지 못 하도록 비상조치권의 발동을 명확하게 규정하는 것이 가장 중요하면서도 동시에 어려운 문제이다. 독재자들은 언제나 '긴급상황'을 구실로 시민들 의 기본적 자유를 유린해왔다. 그리고 일단 한번 맛을 들이고 나면 비상권 한을 계속 행사하고 싶은 유혹을 떨치기가 어렵다. 실제로 한 사회를 움직 이는 실세집단의 욕구가 비상상태를 통해서만 충족될 수 있다고 한다면, 언제든지 긴급상황을 선포할 수 있을 것이다. 보기에 따라서는 비상상태를 선포하고 이를 핑계로 기본권을 침해할 수 있는 사람이 있다면, 바로 그 사 람이 주권자와 다름없다는 주장이 설득력 있게 들리기도 할 정도이다.[8] 사 실 마음대로 긴급상황을 선포해서 자신에게 비상대권을 부여할 수 있는 사 람이라면 주권자라는 명칭에 조금도 어색하지 않을 것이다.

그러나 동일한 기관이 긴급사태 선포권과 그로 인한 비상대권을 함께 행 사해야 할 이유는 전혀 없다. 비상대권의 발동이 권력의 남용으로 이어지 지 않도록 하기 위한 최선의 장치는, 긴급사태를 선포할 권한을 가진 기관 이 평상시에 행사하던 모든 권한을 유예한 뒤, 다른 기관에게 부여한 비상대권이 잘못 사용될 경우 그 효력을 정지시키는 권한만 가지게 하는 것이다. 이제까지 이 책에서 제안한 모델에 따르자면, 바로 입법의회가 이런 권한을 가지게 된다. 즉 입법의회가 보통 때 자신이 행사하던 권한의 일부를 행정부에게 위임할 뿐 아니라 비상대권까지 부여하는 것이다. 이를 위해서는 입법의회 안에 긴급사태 대책위원회를 상설기구로 설치하여 필요할 경우 언제든지 소집할 수 있도록 해야 한다. 긴급사태 대책위원회는 입법의회가 소집될 때까지 일시적으로 제한된 범위 안에서 비상대권을 부여할 권한을 가져야 한다. 물론 입법의회가 소집되면 그 의결에 따라 행정부에게 부여할 비상대권의 범위와 기한이 결정될 것이다. 긴급사태 대책위원회는 긴급사태를 선포할 권한만 가지기 때문에, 행정부는 보통 때는 생각할 수도 없던 일, 즉 특정 개인에게 필요한 모든 특정조치를 명령할 수 있는 권한을 포함하여 주어진 비상대권을 재량껏 행사할 수 있다. 반면에 입법의회는 언제든지 행정부의 비상대권을 효력정지 또는 제한할 수 있으며, 긴급상황이 끝나고 나면 행정부가 그동안 발동했던 긴급조치를 승인하거나 무효화시킬 수 있다. 그리고 긴급조치로 인해 피해를 입은 개인에게 보상해줄 권한도 가진다.

또 하나 모든 헌법이 유념해야 할 긴급상황은 국가기관의 권력관계에 대한 헌법적 해석이 필요한 경우이다. 사실 아무리 세심하게 헌법규정을 기초(起草)한다 하더라도 이런 가능성을 배제할 수는 없다. 따라서 이럴 경우 신속하게 권위 있는 결정을 내리지 않으면 헌정질서가 공백상태에 빠질 우려가 있다. 누군가가 임시결정을 내릴 수는 있으나, 궁극적으로는 입법의회, 헌법재판소, 또는 헌법개정 기관이 해결책을 제시해야 한다. 그때까지는 상징적 국가원수가 일시적으로 위기상황을 극복할 수 있는 권한을 가지는 것이 바람직하다.

재정권의 분립

　이 책에서 제안하는 헌법모델의 내용 중에서 가장 파격적인 것이 바로
재정에 관한 부분이다. 또 이렇게 요약해서 설명할 수밖에 없는 상황에서
그 효과를 가장 두드러지게 보여줄 수 있는 것도 재정에 관한 구상이다.

　공공지출의 규모와 내역을 결정하는 것이 전적으로 행정부의 소관사항
임에도 불구하고 세금을 입법의회가 설정한 일반규칙에 따라 강제적으로
징수해야 한다는 사실이 중요한 문제를 일으킨다. 그래서 나는 세금을 사
람들에게 얼마씩 부과할 것인가를 결정하는 일반원칙은 입법의회가 제정
하되, 총 징수규모와 그 지출내용은 정부의회가 결정할 수 있도록 할 것을
제안한다.

　납세자들이 특정예산의 지출 여부에 대해 투표할 때, 스스로 변경시킬
수 없는 규정에 따라 자신과 이웃 유권자들이 그 비용을 부담해야 한다는
것을 미리 알 수 있다면 세금을 내더라도 기분이 과히 나쁘지 않을 것이다.
자동차 운전자를 위해 도로를 건설한다든가, 아니면 무선통신 이용 세금,
또는 각종 지역단위 서비스 이용 세금과 같이 특정예산이 누구를 위해 사
용되는가가 분명히 밝혀지는 경우를 제외하고는(비록 일단 서비스 사용이 개방되
고 나면 그 서비스 사용료를 자발적으로 지불하지 않는 사람이라고 해서 서비스가 공급되지
않도록 할 길이 없기 때문에 강제적으로 사용료를 내도록 해야 하기는 하나), 각 지출항목
이 결정될 때마다 전국의 납세자들이 입법의회가 제정한 규칙에 따라 부담
해야 할 세금도 자동적으로 증대될 것이다. 따라서 다른 사람이 부담하리
라는 기대를 안고서 세목(稅目)증대 안건에 대해 찬성투표를 하는 일이 없어
질 것이다.

　지금까지는 세금정책이 세금과 관계된 문제에 대해 투표권을 행사할 다
수파의 저항을 최소화하는 방향으로 결정되어 왔다. 다시 말해서 투표권을

행사하는 사람이 책임감을 느끼며 결정하게 하는 것이 아니라 다른 사람이 그 비용을 부담할 수 있으리라는 기대감을 심어주는 데 주력했던 것이다. 그래서 과거에는 새로 지출할 데가 생기면 그에 상응하는 세원도 찾아야 했으므로, 징수목표액을 고려해서 세금을 거두는 방법을 결정하는 것이 타당하다고 생각했다. 따라서 항상 누가 새로운 세금을 부담해야 하는가를 결정해야 했다. 결국 공공재정의 이론과 실천은 궁극적으로 지출비용을 부담해야 할 당사자들에게 가능하면 그 사실을 숨기는 것 이상도, 그 이하도 아니었다. 오늘날 세금구조가 이렇게 복잡하게 된 이유도 따지고 보면 납세자들이 그토록 많은 세금을 내야 한다는 사실을 잘 모르도록 속이기 위해서였다.

누가 어느 정도의 세금을 내야 할 것인가를 알 수 있게 하는 일반규칙에 관한 법률안과, 어느 정도의 세금을 거둘 것인지 결정하는 것을 분명히 구분해야 한다는 주장은 현행 세금제도에 대한 혁명적인 발상의 전환을 촉구한다. 이에 대해 지금의 상황에 익숙해져 있는 사람들은 대부분 현실성 없는 이야기라고 일축하려 할 것이다. 그러나 이러한 혁신 없이는 날이 갈수록 많은 세금을 정부가 결정하는 대로 내야 하는 상황을 바꿀 길이 없다. 만일 이런 추세가 계속된다면 머지않아 사회 전체가 정부의 통제 속에 놓이고 말 것이다.

분명히 말하지만, 단일기준에 따른 과세는 절대로 전체 세부담을 늘리지 않는다. 내가 어디에선가 지적했듯이,[9] 직접세가 어느 정도 늘어나기는 한다. 그러나 그것이 그리 큰 부담이 될 정도는 아니며, 또 간접세가 줄어든 부분을 충당하기 위해서도 어쩔 수 없는 일이다. 나는 그 책에서 다수가 소수에게 세금부담을 전가하지 못하게 하는 원칙을 제시했을 뿐 아니라, 반대로 다수가 소수에게 일정한 한도 안에서 양보하게 할 수 있는 가능성도 검토한 바 있다.

제18장
권력의 제한과 정치적 영향력의 축소
The Containment of Power and The Dethronement of Politics

> 우리는 정의가 쇠퇴하는 시대에 살고 있다. 의회라는 것은 그저 생각 없이
> 정의에 반(反)하는 법률만 양산해내기에 바쁘다. 국가는 정의를 지키려는
> 생각도 없이 국민을 함부로 대하고 있다. 특히 다른 나라의 지배를 받는 사
> 람들은 완전 무법천지에서 고통을 겪어야 한다. 국권을 상실한 조국이 무
> 참하게 유린당하는 가운데, 그 국민은 주거나 생존 등 그 무엇에 관한 것이
> 든 최소한의 기본권도 누리지 못하고 있다. 정의에 관한 우리의 믿음이 송
> 두리째 사라지고 말았다.
>
> 슈바이처Albert Schweitzer*[1]

제한권력과 무한권력

권력을 효과적으로 제한하는 것은 사회의 질서를 유지하기 위해 매우 중
요하다. 정부가 필요한 까닭은 다른 사람의 강제와 폭력으로부터 나를 지
켜주는 사회질서의 유지를 위해 필수불가결하기 때문이다. 그러나 이 목적
을 위해 강제와 폭력수단을 독점하고 나면, 바로 그 순간부터 정부 또한 개
인의 자유를 위협하는 중요한 경계대상이 되고 만다. 정부가 이런 상태에
빠지는 것을 막기 위해 17세기와 18세기에 입헌정부가 출범하였다. 그러나
권력을 민주적으로 통제하면 정부에게 권력이 집중되는 것을 막을 수 있다

는 잘못된 믿음 때문에 정부의 권력을 제한하고자 하는 시도가 거의 잊히고 말았다.[2]

우리는 역사를 통해서 민주적 대의기구에게 부여된 바로 그 무제한 권력 때문에 대의기구가 특정이익을 위해 봉사해야 하는 상황에 빠지는 것, 다시 말해 다수가 권력을 유지하기 위해서는 특정 이해당사자의 요구를 들어주지 않을 수 없게 된다는 것을 알았다. 이런 사태를 막기 위해서는 권력을 쥔 다수파가 특정 개인이나 집단에게 혜택을 줄 수 있는 권한을 박탈해야 한다. 그러나 이런 일은 민주주의 국가에서는 일어날 수 없는 일로 치부되어 왔다. 또 다른 다수가 그자리를 차지할 것이기 때문이다. 따라서 민주주의에서야말로 다른 그 어떤 정치체제보다도 정부의 자의적 권한행사에 대해 더 엄격한 통제를 가해야 한다. 다수파가 그 지위를 유지하려면 유권자의 지지를 얻는 것이 절대 불가피하고, 따라서 아무리 그 수가 작다 하더라도 특정 이해당사자가 지지를 대가로 청탁하는 것을 뿌리칠 수 없기 때문이다.

이 문제를 해결하기가 어려워 보이지만, 사실은 그렇지 않다. 이상적인 정치질서에 관한 기억을 되살리기만 하면 된다. 즉 정부기능을 수행하는 모든 권력기관은 특정 목적을 위해 서비스를 제공하거나 철회해서는 안 된다고 하는 대원칙을 지키기만 하면 되는 것이다. 국가기관이 보편적인 원칙을 준수할 때 권위가 생겨난다는 자명한 진리를 실천에 옮기자는 것이다. 구성주의적 실증주의자들은 모든 권력의 원천으로서 무제한적 최고권력이 존재해야만 한다고 잘못 믿고 있지만, 사실은 최고권력이 존경받기 위해서는 일반규칙을 준수하여 그 제한을 받아들일 필요가 있다.

오늘날 우리가 민주정부라고 부르는 정치조직은 그 태생적 이유 때문에 다수의 의견을 반영하기보다는 특혜를 주어서라도 지지를 확보하기 위해 다양한 이익집단의 비위를 맞추는 데 더 골몰하고 있다. 그 이유는 간단하다. 정부가 상당한 권한을 가졌음에도 불구하고 특정 이익집단의 요구를 들어주지 않았다가는 그 집단의 지지를 받을 수가 없기 때문이다. 이런 일이 빈번해지면서 정부의 정책이 형평을 잃는다면 개인의 자유를 보전하는 문명사회의 터전이 무너질 수도 있다. 결국 구성주의적 사회질서관의 오류에다 잘못된 정의관까지 겹쳐지면서 나라 전체의 부(富)뿐만 아니라 도덕과 평화마저 심각하게 위협받게 되었다. 제대로 된 식견을 가진 사람이라면 오늘날 좌파가 개인의 자유에 대한 위협의 원천이라는 사실을 부인하지 못할 것이다. 이것은 좌파가 추구하는 특정이념 때문이 아니라 사회주의 운동이 다수 대중을 대상으로 사전에 계획된 구상을 실천하고자 하는 유일한 대규모 조직이라는 사실에서 비롯된다. 사회주의 운동은 개인의 모든 도덕적 책임감을 말살시키지 않을 수 없으며, 이미 수세기 동안 법체계가 발전해오면서 이룩하였던 개인의 자유에 대한 보호장치를 점차 제거하기에 이르렀다.

선동가들이 오랫동안 흔들어놓았던 근본진리를 되찾기 위해서는, 왜 위대한 개방사회의 기본가치가 각 개인에게 자기 자신의 지식을 기초로 하여 한정된 영역에서만 각자의 목표를 추구할 권리를 부여하는 소극적(negative) 성격을 띨 수밖에 없는가 하는 점을 잘 이해할 필요가 있다. 오직 그와 같은 소극적 규칙만이 개인들의 지식을 이용하고 그 욕구를 충족시켜 줌으로써 스스로 생성되는 사회질서의 형성을 가능하게 하기 때문이다. 자유민이 모여사는 사회에서는 최고권력이라 하더라도 평상시에는 개인에게 무엇을 구체적으로 어떻게 하라고 적극적인 명령을 내릴 수 없다고 하는, 이해하기 힘든 측면을 간과해서는 안 된다. 권력이 할 수 있는 일은 단지 법규에 따라 옳지 않은 일을 못하게 금지하는 것뿐이다. 결국 일반원칙을 철저하게 준수함으로써 최고권력의 힘이 발휘되는 곳이 바로 자유사회인 것이다.

평화, 자유, 그리고 정의: 3대 소극적 가치

자유사회의 정부가 할 수 있는 최선의 일이란 것이 왜 소극적 성격을 띨 수밖에 없는가? 그것은 사회의 질서를 형성하는 요소들이 너무 많아서 어떤 개인이나 조직이 도저히 그 움직임을 다 알 수 없다는 불변의 사실 때문이다. 따라서 바보가 아니라면 자신이 그 수많은 요소의 작용을 다 알 수 있다고 감히 생각하지 않을 것이다. 그러나 사실은 그런 바보가 무척이나 많다. 이런 무지로 인해 정부는 각자가 특정 목적에 구애받지 않는 소극적 규칙 또는 금지사항을 준수하면서 서로 추구하는 바를 조화시켜 나갈 수 있도록 그저 추상적인 질서나 구조를 확립하는 것을 돕는 데 만족할 수 있을 뿐이다. 사람들이 각자의 목적을 추구하기 위해 자신의 지식을 총동원하는 과정에서 질서가 태동하는데, 정부는 추상적이고 소극적인 규칙에 따라 각 개인이 다른 사람의 영역을 침범하지 못하도록 제한함으로써 그러한 질서의 추상적인 성격을 유지하려 할 뿐 구체적인 내용을 확정할 수는 없다. 다시 말해 각자가 자신의 목적을 달성하기 위해 스스로 지니고 있는 정보를 최대한 활용하는 과정에서 정부가 도울 수 있는 최선의 일은 대부분의 사람들로서는 받아들이기 어려운 '고작' 소극적 조치뿐이라는 것이다. 이 점에 착안하여 구성주의자들은 자유사회 본래의 이념을 훼손하려 들고 있다.

자유사회의 위대한 이념 중에서 사람들이 그 소극적 성격의 중요성을 알고 있는 유일한 것이 하나 있다. 만일 흐루쇼프(Krushchev) 같은 사람이 사회주의자 특유의 술책을 동원하면서까지 '적극적 평화'를 보장해줄 평화협상에 나섰다면, 그것은 아마 평화란 그가 마음대로 행동할 수 있다는 것을 뜻하기 때문이었을 것이다. 사람들은 엉터리 지식인들이 자유나 정의, 또는 법을 '적극적(positive)'으로 규정하면, 이것이 곧 자유사회의 기본원리를 왜곡시키는 결과를 낳는다는 사실을 잘 간파하지 못하고 있다. 고요한 것,

건강, 여가, 마음의 평화, 또는 올바른 양심 등 우리가 좋은 것이라고 여기는 많은 것이 그렇듯이, 각 개인의 노력이 좋은 열매를 맺기 위해서는 적극적 가치 그 자체보다도 사람들을 괴롭히는 요소들이 결여된 상태가 더 도움이 되는 것이다.

오늘날 '적극적', '소극적'이라는 말을 각각 '좋은 것', '나쁜 것'이라는 의미로 사용하고, 또 '소극적 가치'를 가치와 반대되는 말이자 나쁜 것으로 이해하는 언어습관 때문에 자유사회가 자랑할 수 있는 중요한 원리가 제대로 빛을 보지 못하고 있다.

다시 말해 평화, 자유, 정의와 같은 3대 소극적 가치는 자유사회의 유지를 위해 절대 불가결한 요소들임에도 불구하고 사람들이 그 소중함을 잘 모른다. 자연상태의 사람들에게서는 이런 덕목이 발견되지 않는다. 인간의 타고난 본능은 이웃들에게 그러한 가치를 베풀 줄 모른다. 이런 것들은, 후기(後記)에서도 보겠지만, 인간문명이 만들어낸 것 중에서 가장 위대한, 그러면서도 아직 완성되지 못한 창조물이다.

강제력은 보편적 원칙을 집행함으로써 자유시민이 각자 목표하는 바를 추구하도록 도울 수 있다. 보편적 원칙은 자유시민이 특정 목표를 달성하도록 유도하지는 않는다. 그 대신 정부기관을 포함한 다른 사람들이 자기 이익을 챙기느라고 예측 못한 혼란을 일으키는 것에 대비할 수 있게 해준다. 이런 혼란에서 개인들을 보호하기 위해 필요한 최고권력은 그저 '그렇게 해서는 안 된다'고 금지할 수는 있으나 '구체적으로 무엇을 하게 하는 힘'은 가지고 있지 못한 것이어야 한다.

우리는 최고권력 하면 통상 무엇이든 다 할 수 있는 막강한 힘을 가진 실체로 이해해왔기 때문에 이러한 개념에 대해서는 생소할 수밖에 없다. 그러나 권력을 이렇게 '적극적 개념'으로 정의하는 것은 타당하지 않다. 외부의 작용, 또는 자연재해로 인해 스스로 생성되는 질서가 위협을 받고 이의 회복을 위해서는 긴급조치가 필요한 상황이 아니라면 그와 같이 '적극적'

성격을 가진 최고권력이 존재할 이유가 없다. 사실 추상적인 규칙을 지키는 것을 가장 중요하게 여기는 최고권력의 출현을 열망할 만한 충분한 이유가 있다. 이 추상적인 규칙은 어떤 특정한 결과와는 관계없이 정부나 다른 사적 기관이 개인의 자유와 권리를 침해하지 못하도록 방지하는 것을 그 목적으로 한다. 최고권력은 평상시에는 공인된 원칙을 수호하는 데 주력하다가 경우에 따라서는 그것의 집행을 위해 필요한 조치를 명령할 수도 있지만, 외부의 위협이 없는 한 어떤 종류의 강제력도 행사하지 않는다. 그럼에도 불구하고 최고권위는 정부권력 중에서 최상급의 위치를 차지한다. 그래서 보통 정부권력이 지역적으로 한정된 부분에만 영향을 미치는 데 반해 이것은 온 나라 전역에 안 미치는 곳이 없다.

중앙집권화와 분권화

전쟁에 대비하기 위해서라면 고도로 중앙집권화된 정치조직이 불가피할지도 모르겠다. 그러나 유럽이나 북미 대륙과 같이 국가들 사이의 전쟁발발 가능성이 낮을 뿐 아니라 국제기구를 통해 전쟁억지를 기대할 수 있는 곳에서는 중앙정부에게 과도하게 권력을 집중시킬 이유가 없다.

이 책에서는 개인의 자유를 보호하기 위해 필요한 헌법구조의 변화를 효과적으로 논의하려 하다 보니 우리에게 익숙한 중앙집권적 국가의 경우를 주로 예로 들었다. 그러나 실제로는 연방정부 형태의 국가가 개인의 자유를 보호하는 데 더 적합하다. 여기서는 이에 관한 몇 가지 중요한 측면에 대해 생각해보자.

양원제는 흔히 연방정부제 헌법체제에서 빼놓을 수 없는 요소로 여겨지는데, 이 책에서는 또 다른 이유 때문에 그 필요성을 강조했다. 연방제에서

양원제가 수행하는 기능은 투표의 이중 계산과 같은 방법을 통해 정부의회에 의해 달성될 수 있다. 즉 정부의회에 선출된 대표를 한 번은 사람 숫자에 따라, 또 한 번은 각 지역별 숫자의 합에 따라 계산하는 것이 그 방법이다. 연방이 해야 할 일은 행정부가 맡고, 전체 연방조직에 관한 일은 단일의회가 전담하는 것이 바람직하다. 그러나 행정부의 권한이 미치는 곳이 의회보다 더 좁든 더 넓든 상관없이 언제나 의회의 제약을 받는다면, 정부의회와 입법의회가 비슷한 위치를 누리며 함께 있어야 할 필요가 전혀 없다.

어떻게 보면 입법부의 권한이 행정부보다 더 넓은 지역에 미치는 것이 바람직할 것 같다. 그러나 중앙정부의 권한이 같이 미치는 곳이라도 다른 법체계가 적용되는 몇몇 경우가 있다(이를테면 영국의 잉글랜드와 스코틀랜드에서 통용되는 사법(私法)은 각각 다르며, 미국에서도 다른 모든 주가 공통의 법을 따르나 오직 한 주에서만은 나폴레옹 법전이 통용된다). 또 일정기간 동안 영연방에서는 부분적이기는 하지만 법에 대한 최종적 해석권이 완전히 독립적으로 운영되는 여러 나라 정부에 의해 공유되기도 했다.

더 중요한 것은, 국제기구의 힘이 강해져서 개별국가가 다른 나라에게 해를 끼치려고 할 때 못하게 막을 수 있다면, 중앙정부가 국가방위를 핑계로 강력한 권력을 행사할 이유가 없어진다는 점이다. 이렇게 되면 대부분의 서비스 기능은 지역 또는 지방정부에게 넘기고, 상위입법 기관이 제정한 규칙에 따라서만 강제력을 행사할 수 있을 것이다.

국내 혹은 국제를 가릴 것 없이, 가난한 지역이 보다 부유한 지역의 도움을 받아야 마땅한 도덕적 이유는 없다. 다만 도덕적 이유에서라기보다 다수가 다수를 유지하기 위해 가난한 지역의 지지를 확보할 목적으로 지원을 하다 보니 중앙집권화가 심화되었다. 같은 맥락에서, 오늘날 자본주의 국가들은 소련과 쓸데없는 경쟁을 하느라 경제적 전망이 있는 국가의 기업에 투자하지 않고, 뻔히 허비될 줄 알면서도 저개발국가들이 사회주의를 실험하는 데 대대적인 돈을 쏟고 있는 실정이다.

다수의 지배와 다수가 승인한 법의 지배

평화, 정의 그리고 자유뿐만 아니라 민주주의도 기본적으로는 소극적 가치를 담고 있다. 즉 민주주의는 독재를 막아주는 절차적 규칙인 것이다. 그래서 민주주의는 위대한 3대 부정적 가치보다 더 중요하지는 않다 하더라도 그렇다고 덜 중요하지도 않은 것으로서, 나쁜 일이 생기지 않도록 막는 것이 주임무라고 할 수 있다. 그러나 민주주의도 정의나 자유와 마찬가지로 '적극적으로 내용을 규정'하고자 하는 시도 때문에 그 본질이 타락의 길로 접어드는 추세이다. 확언하지만, 무제한 민주주의는 끝날 날이 얼마 남지 않았다. 민주주의의 기본이념을 잃지 않으려면 다른 형태의 민주주의를 추구해야 한다. 그렇지 않으면 조만간 독재정부를 물리칠 힘까지도 전부 잃고 말 것이다.

제12장과 제13장, 그리고 제16장에서 살펴보았듯이, 오늘날의 정치체제에서는 공동현안이 다수의 공통된 생각에 따라 결정되지 않는다. 그것보다는 다수파가 현재의 다수의 위치를 유지하기 위해 청을 들어주지 않을 수 없는 수많은 소규모 이익집단 사이의 이해다툼에 이끌린 끝에 내린 결정에 의해 그런 문제들이 좌우된다. 따라서 '거대한 사회'에서 다수가 일반원칙에 대해 합의를 볼 수 있기는 하지만, 다수가 잡다한 특정이익을 충족시켜 줄 조치들을 승인하게 된다는 것은 틀린 이야기이다. 오늘날 특정이익을 만족시켜 줌으로써 다수가 될 표를 확보하는 것이 민주주의인 것처럼 여겨지고 있지만, 사실은 원래 민주주의 의미하고는 아무런 상관도 없을 뿐 아니라 오히려 모든 공권력의 사용이 다수의 의견에 의해 인도, 제한되어야 한다는 보다 도덕적인 근본이념과 상충된다. 우리가 '매표(買票)'행위를 민주주의에서 불가피한 요소라고 이해하고 있고, 또 일반법규를 제정하고 명령을 내리는 권한을 지닌 대의기구의 입장에서는 어쩔 수 없는 것으로 이

해하지만, 따지고 보면 그런 행위는 도덕적으로 용납될 수가 없으며 국외자의 입장에서는 정치에 대해 혐오감을 느끼게 되는 요인이 아닐 수 없다. 그것은 다수에 의한 지배라는 이상과는 아무런 상관도 없으며 오히려 갈등만 일으킬 뿐이다.

이런 착오가 생긴 것은 다수가 원하기만 하면 무엇이든 할 수 있다는 그릇된 생각 때문이다. 다수라는 것이 수많은 이해관계자가 흥정한 결과를 반영하는 것이라면, 그것은 진정한 의미의 다수 의견을 반영할 수가 없다. 그런 식의 '의회의 자유'는 다수 국민을 억압하는 결과를 낳고 말 것이다. 그것은 정부권력을 헌법에 의해 제한한다는 원칙과 전적으로 충돌할 뿐 아니라 자유사회의 이상과도 조화될 수가 없다. 정부가 오직 모든 사람에게 평등하게 적용되는 규칙에 의거해서 강제력을 집행할 때만, 의회민주주의가 유권자들이 제대로 이해하는 범주를 넘어서 권한을 행사해도 그것이 다수의 의견과 부합된다고 할 수 있을 것이다.

민주주의가 지금과 같은 형태로 존재하는 한, 정치인들이 천사 같은 마음을 가졌다거나, 또는 개인의 자유의 중요성을 아무리 깊이 깨닫고 있다고 하더라도 훌륭한 정부가 탄생할 수 없다. 정치가 시원치 않다고 우리가 탓할 근거도 없다. 정치인들이 각 개별 이해당사자들의 요구를 들어줌으로써 자신의 정치적 목표를 달성할 수 있도록 지금과 같은 모양의 정치제도를 만든 사람이 바로 우리들이기 때문이다. 이런 상황을 정당화하기 위해 '사회정의'라는 엉터리 윤리체계까지 만들었지만, 따지고 보면 이런 의미의 '사회정의'라는 것은 평화라든가, 또는 자유시민의 자발적 협조를 촉진시켜 주는 것과 같은 정의의 요건 그 어느 것 하나도 제대로 만족시켜 주지 못한다.

이 책에서 특히 강조하고 있는 것은 개인들의 행위를 규제하는 원칙에 대해 절대다수의 사람들이 생각을 같이할 수 있을 때에만 자유사회에서 강제력의 행사가 정당화될 수 있다는 점이다. 이러한 규칙을 잘 준수하고, 또 필요에 따라서는 강제적으로라도 집행할 때 한 사회가 평화롭게 번창할 수 있다는 것은 자명한 사실이다. 이런 사회가 특정 목표를 추구하는 '의지'와 공존할 수 없음은 물론이다.

사람들은 이러한 성격의 사회에서 최고권력이 제한되어 있다는 것, 즉 일반법규에 따라서만 정부기관이나 개인, 또는 사적 조직을 통제할 수 있지 마음대로 권력을 행사할 수 있는 것이 아니라는 점을 아직 잘 이해하지 못하고, 또 의아하게 생각하는 것 같다. 최고권력이 모든 사람에게 평등하게 적용되는 규칙의 터전 위에서 강제력을 행사해야 권위가 생긴다. 다시 말해 최고권력 스스로가 일반원칙을 존중해야 사람들도 그 권위에 복종할 마음이 생기는 것이다. 이런 원칙이 다수 국민의 생각과 부합될 수 있도록 하기 위해 최고입법부가 국민의 대표로 구성된 것이다.

도덕적 혼란과 언어의 쇠락

지난 백 년의 세월 동안 사회주의자들의 선동 때문에 정치적 이상을 표현해주던 '자유'니 '정의'니, '민주주의', '법'과 같은 말의 의미가 완전히 다른 뜻으로 사용되었고, 그 결과 이런 용어들이 더 이상 원래 함축했던 뜻을 전달하지 못하고 있다. 그래서 공자도 말했듯이, "말이 그 본래의 의미를 잃으면 사람들도 자유를 상실한다." 그러나 불행하게도 어리석은 선동가뿐만 아니라 때로는 유명한 사회사상가들까지도 제대로 쓰이고 있던 말들의 의미를 곡해하면서까지 자신들의 생각을 그 속에 집어넣으려는 욕심 때문에 언어질서에 혼란을 일으키고 있다. 존 듀이는 자유를 '구체적인 무엇인가를 할 수 있는 효과적인 힘'이라고 정의했는데,[3] 이것은 자칫하면 순진한 사람들을 현혹시키는 속임수로 비칠 수도 있다. 그리고 또 다른 사회철학자가 민주주의에 대해 토의하면서 "민주주의가 좋다고 하는 것은…… 그것이 사회정의를 구현하는 데 가장 효과적인 장치이기 때문이다"[4]라고 말한 것은 참으로 순진한 발상이라고 하지 않을 수 없다.

오늘날의 젊은 학자들은 이런 기본개념들이 원래 무슨 의미를 지니고 있었는가에 대해 잘 모르고 있다. 그래서 한 젊은 학자는 심각한 모습으로 정의라는 말을 다음과 같이 정의한다.

"정의로운 상태란…… 매우 중요한 것으로, 우리가 어떤 사람을 일컬어 정의롭다고 한다면 그 사람은 늘 정의로운 상태와 부합되는 일을 하고 있다고 보아야 한다."[5]

그리고 나서 그 학자는 곧 다음과 같은 말까지 덧붙인다.

"어떤 사람이 중요한 사회적 제도를 벗어나서 주위 사람들을 대하는 경우에는 '사적(私的) 정의'라는 영역이 있는 것처럼 보인다."[6]

젊은 학자들이 이렇게 생각하는 까닭은 아마도 '정의'라는 말을 그와 같은 맥락 속에서 사용하는 것을 배웠기 때문이겠지만, 어쨌든 말의 본래 뜻이 변질된 것만은 분명하다. 앞에서 보았듯이, 사람들이 심사숙고해서 행동하지 않는 곳에서는 지성이나 덕성, 정의, 또는 기타 사람들이 중요하게 여기는 가치들이 존재하지 못한다. 정의란 물론 행동목표가 아니라 복종해야 할 규칙에 관한 질문을 담고 있는 것이다.

이런 경우는 곳곳에서 보여지는데, 말재주가 있는 사람들이 원래 말뜻은 이해하지 못한 채 임의로 그 의미를 바꿔 사용함으로써 점차 정치적인 용어가 처음 의도했던 바와는 전혀 다르게 갈수록 오용되는 경향이 심화되고 있다. 그래서 오늘날 미국에서 흔히 나타나는 현상이지만, 반(反)자유주의자가 스스로를 자유주의자라 부르고(가짜 자유주의자라고 자칭하지 않고), 그냥 평등주의를 민주주의와 동일시하는 경우가 많다. 이것은 40년 전에 벤더가 '지식인의 배반'이라고 혹평했던 사건 중의 하나지만, 이제는 사회정책을 다루는 토론 때마다 무시할 수 없는 영향을 미치고 있으며, 정치인들도 이런 말을 쓰는 것이 어떤 파장을 몰고 올지 제대로 이해하지 못한 채 무책임하게 함부로 사용하는 형편이다.

　그러나 이런 일이 사회주의 신봉자들에 의해서만 일어나는 것은 아니다. 오늘날 사회주의의 영향력이 미치지 않는 데가 없다 보니, 자유주의로 자신들의 사회주의 성향을 위장하려 드는 가짜 자유주의자들뿐만 아니라[7] 사회주의 사상을 어느 정도 받아들이고 있으면서도 스스로는 여전히 기존의 사상체계를 대변하는 것처럼 착각하는 보수주의자들까지도 그 영향권 안에 들어 있다. 자기 입장이 뚜렷한 사람이나, 사회문제에 대해 적극적으로 참여하는 사람들도 예외는 아니다.[8] 사실 현대사회에서 사회주의 사조가 가장 잘 먹혀들어가는 부류를 꼽으라고 한다면 흄이 말하는 '어리숙한 지식인'(시인의 허구),[9] 즉 자기가 사용하는 멋들어진 말이 명확한 의미를 지니고 있다고 착각하는 사람들일 것이다. 이처럼 언어의 오용에 익숙해져 있는 까닭에 수많은 기업인이 여전히 자본주의를 욕되게 하는 기사로 가득 찬 잡지들(이를테면 『타임』지 기사 중에 "결국 처치곤란 상태에 이르게 될 자본주의적 과잉생산" 같은 말이 나온다)을 구독하고 있다.[10] 언론자유를 위해서는 이런 것 정도는 참아야 할지 모르겠지만, 조금이라도 양식 있는 독자라면 어떤 종류의 잡지가 좋은가를 금방 알아차릴 것이다.[11]

민주적 절차와 평등주의의 목표

　이렇게 말의 의미가 공허해지면서 가장 피해를 보는 것이 아마도 '민주주의'라는 말 그 자체일 것이다. 민주주의가 원래 의미했던 것처럼 공동의 행동에 이르기 위한 절차적 합의를 뜻하는 것이 아니라 그런 행동을 통해 성취하려는 구체적 내용을 지칭하는 것으로 변질되고 말았기 때문이다. 그래서 민주주의란 의회가 무슨 구체적인 일을 하도록 지시하는 것으로 엉뚱하게 사용되고 있다. 그러나 정부의 조직에 관한 문제를 제외하고 나면, 민주주의는 구체적으로 지향해야 할 어떠한 목표에 대해서도 이야기하지 않는 것이어야 한다.

민주주의가 지니는 진정한 가치는 권력이 남용되지 않도록 경계하는 것에 있다. 여차하면 정부를 다른 정부로 교체할 수 있는 힘을 주는 것이 바로 민주주의다. 다른 말로 하면 정부를 평화적인 방법으로 교체할 수 있게 해주는 유일한 방법이 바로 민주주의인 것이다. 이것이 얼마나 소중한가 하는 것은, 국민이 정부를 바꿀 힘을 가지지 못한 경우에는 곧 독재자가 전권을 휘두르게 된다는 사실을 통해서도 확인할 수 있을 것이다. 그렇다고 해서 민주주의가 절대적인 가치를 지녔다는 말은 아니다. 만일 민주주의가 무제한 권력을 행사하도록 방치된다면, 이는 제한된 권력을 지닌 다른 형태의 정부체제보다 더 못한 것이 되고 말기 때문이다.

지금처럼 민주주의가 무제한 권력을 지니게 되면 자의적인 권력행사를 막을 길이 없다. 모든 권력이 민주적인 통제 아래 놓이면 정부를 견제하는 장치가 필요없어질 것이라고 순진하게들 생각했지만, 민주주의가 아무런 제약을 받지 않고 권력을 휘두르게 되면 더 이상 개인의 자유를 지키거나 정부의 권력남용을 견제할 방파제 역할을 할 수 없게 되는 것이다. 반대로 정부기관의 권력을 더욱더 강화시켜 주는 결과를 낳고 만다.

다수파가 불만을 가진 이런저런 사람들을 달래가며 정권을 유지할 수 있는 막강한 권력을 지닌 단원제 형태의 민주의회는 사회 모든 영역에 걸쳐 힘을 발휘할 수 있다. 이들은 다수를 유지하기 위한 조치들을 정당화하는 방편으로 근거도 없고 논리도 닿지 않는 분배정의 같은 교리를 발전시키고, 또 확산시키려 한다. 이런 사회에서는 주위 사람들의 필요를 만족시켜 주기 위해서는 그것을 위해 필요한 구체적인 수단을 가지는 것보다 정치적인 압력을 행사할 수 있는 것이 더 효과적이다. 모든 일들이 정부의 강제적인 간섭을 필요로 하는 정치적인 문제로 변함에 따라 사람들이 점점 더 생산적인 것보다 정치적인 목표에다 힘을 기울이게 되었다. 더 좋지 않은 것은 정부기관뿐만 아니라 정부가 특정한 이익을 편들도록 압력을 가하기 위해 조직된 유사 정부조직들까지도 빠른 속도로 팽창하고 있다는 점이다.

아직도 사람들은 무제한 권력을 지닌 대의기구의 다수파가 그 다수파의 모든 사람들이 희망하거나 승인하는 목표만 한정해서 일을 추진할 수도 없고, 또 하지도 않는다는 사실을 잘 모르고 있다.[12] 만일 대의기구가 그와 같이 특혜를 베풀 수 있는 권한을 가졌다면, 다수라는 것도 해당 구성원들에게 도움을 줄 수 있을 때만 유지될 수 있을 뿐이다. 다른 말로 하면, 우리는 민주주의라는 허울 좋은 이름 아래 다수가 결정하는 것이 아니라, 다수파의 구성원 각자가 자신이 추구하는 목표를 달성하는 데 필요한 뇌물을 확보할 수 있도록 다른 사람의 특혜 또한 묵인해주어야 하는 체제를 만들고만 것이다. 겉으로 보아서야 다수의 의견을 골고루 반영하는 것 같아 바람직스럽게 여겨지지만, 실제로 이것은 소수의 반대자들을 희생시켜 가면서 다수의 이익만 챙기는 제도에 불과하다.

현재와 같은 민주주의의 골격을 유지한다면 다수가 정당하게 내리는 결정까지도 이러한 비판을 면하기 어려울 것이다. 우리가 민주주의를 구현하기 위해 만든 특정 장치들이 민주주의의 근본이념을 훼손시키게 되었다. 내가 전에도 이야기했듯이, 아직은 공공연하게 드러내지는 않고 있지만 점점 많은 사람이 합당한 논리를 제시하며 민주주의라는 말에 대해 경멸감을 표시하게 되는 이런 현상이 쉽게 없어질 것 같지는 않다.[13]

모든 문제의 출발점은 물론 무한 민주주의 체제에서 권력자들이 원해서건 그렇지 않건 간에 다수파의 유지에 관건이 되는 특정 이익집단의 비위를 맞추기 위해 재량권을 행사해야 한다는 사실에 있다. 이런 현상은 정부뿐만 아니라 노조와 같이 민주적으로 선출되는 조직들에서도 발견된다. 정부 같은 경우에는 그런 재량권이 본래 행사되었어야 할 방향으로 바람직하게 사용되는 상황도 없지 않지만, 결국은 나쁜 결과를 낳을 수밖에 없다는 점을 잊어서는 안 된다.

'국가'와 '사회'

민주주의가 자유시민이 모여 사는 사회를 지탱할 수 있으려면, 다수 정치세력이 사회를 '규정'할 만한 힘을 가지거나, 또는 특정이익(즉 추상적인 행동규칙을 집행함으로써 역시 추상적인 질서를 확립하고자 하는 목표를 제외한 다른 이익)을 위해 봉사할 수 없어야 한다. 정부가 할 일은 개인이나 집단이 각자의 목표를 성공적으로 추구할 수 있는 틀을 세우는 것이며, 경우에 따라 필요하다면 시장이 제공하지 못하는 서비스를 공급하기 위해 강제적으로 재원을 조달하는 것도 그 임무가 된다. 그러나 강제력은 모든 사람이 다른 사람의 동등한 권리를 침해하지 않는 한도 안에서 각자가 지식과 능력을 사용하여 자신의 목표를 달성하는 데 도움이 될 틀을 만들기 위해 필요한 경우에만 그 행사가 정당화될 수 있다. '천재지변이나 외적의 침입으로 인한 위기상황' 때문에 정부에게 긴급조치권이 주어지기는 하나, 이런 비상대권은 그런 권한을 부여한 기관에 의해 언제든지 회수될 수 있는 것이다. 이와 같은 예외상황을 제외하면 그 누구도 통상에서 벗어난 강제력을 사용해서는 안 된다(만일에 임박한 범죄행위를 예방하기 위해 비상대권이 행사되었다가 선의의 피해를 보는 사람이 생기면 그 사람에게 완전보상을 해주어야 함은 물론이다).

이런 문제에 대해 혼란이 생기는 것은 '국가'와 '사회'를 정확하게 구분하지 못한 결과이다(이것은 특히 대륙적인 전통에서 자주 일어나는데, 사회주의 사조가 확산되면서 앵글로색슨 사회에서도 같은 추세가 목격된다). 단일정부 밑에서 사람들을 한 지역 속에 조직한 것이 바로 국가이다. 국가는 사회가 발전하기 위해서는 빼놓을 수 없는 조건이기는 하나, 그렇다고 사회, 더 구체적으로 말하면 자유를 가진 사람들이 자발적으로 확대 발전시킨 수많은 조직체로서의 사회와 똑같은 것은 아니다. 자유사회에서 국가는 수많은 집단 중의 하나에 불과한 것으로, 스스로 생성되는 질서가 형성될 수 있도록 사회체계를 확립하는 데 필요하기는 하지만, 국가기관을 제외한 자유시민 개개인의 행동을 결정할 권한은 가지고 있지 못하다. 국가 속에는 자발적 집단이 많이 존재하는데, 이런 집단과 개인들 사이에서 자연발생적으로 생겨나는 관계망이 바로 사회를 구성하게 된다. 사회가 저절로 형성되는 것인데 반해 국가는 만들어지는 것이다. 따라서 필요한 서비스와 스스로 생성되는 구조를 공급할 수 있으면 사회가 영원히 순기능을 하겠지만, 그렇지 않고 강제력에 바탕을 둔 조직은 추상적 질서를 집행하기 위한 목적을 벗어나서 공권력을 사용할 경우 언제나 해악을 초래하고 만다.

어떤 특정한 정치적 단위에 사는 주민이나 시민을 사회의 한 전형으로 지목하는 것은 큰 오류를 범할 수 있다. 현대와 같은 여건 아래에서는 한 개인이 정상적으로 소속될 수 있는 사회가 단 하나도 존재하지 않으며, 이것은 사실 매우 바람직하다. 다행스럽게도 사람들은 서로 중복되고 상호연관성이 깊은 여러 조직에 동시에 관련되어 있다. 사회는 개인과 집단 사이에 이루어지는 자발적 관계망이며, 엄격히 말해서 어떤 사람만 배타적으로 소속이 된 조직은 존재하기 어렵다. 실제적인 목적을 위해 어떤 특수한 상황에서, 때때로 위계적으로 질서가 잡힌 관계망 속에서 특정부분을 지목하거나, 또는 화자(話者)가 그것을 '사회'라고 일컫는 것이 해가 될 일은 없으리라고 생각한다. 그러나 오늘날 수많은 개인과 조직은 국내 영역뿐만 아니라 그것을 넘어 국제적인 경계에 걸친 관계망에까지 소속되어 있다는 사실을 잊어서는 안 된다.

사실 우리가 이렇게 상호 중첩된 구조의 복합성에 대해 인지하고 있어야만 자발적인 질서와 그와 같은 질서정연한 구조(즉 우리가 사회라고 부르는 것)의 형성을 가능하게 하는 규칙의 작동을 충분히 이해할 수 있다(물론 그 기능을 자세히 알 능력은 우리에게 없다).

사회를 형성하는 이러한 관계망의 복합적 성격에 대해 잘 아는 사람이라면 사회를 하나의 '의지적'이고 '행동하는' 존재로 파악하려는 시도를 당연히 비판할 것이다. 원래 이런 것은 사회주의자들이 시작했다. 그들은 생산수단의 '국유화'나 '정치화'라는 말 대신에 '사회화'라는 표현을 더 선호하게 만드는 사회주의 개혁정책이 정부의 강제력을 증대시킨다는 점을 가리기 위해 사회를 하나의 인격적 존재로 파악하려 했다. 그 결과 자발적인 과정도 어떤 '의지'나 계획에 의해 추진되는 것으로 파악하고자 하는 오류를 더 자주 범하게 된 것이다.

그러나 대부분의 사회적 진화는 그 누가 계획하고 예견하는 방향으로 일어나지 않는다. 문화가 그렇게 흘러가도록 만드는 것이다. 사람이 계획하고 주도하면 그 사고능력의 범위 안에서만 진보가 일어날 뿐이다. 이렇게 되면 주동자만 자신의 경험을 반영할 수 있을 뿐 다른 사람은 국외자가 되고 만다. 발전하는 사회를 보면 정부가 새로운 아이디어를 내서 추진하는 것이 아니라 사회적인 시행착오 과정을 거치면서 보다 나은 방향으로 사회가 저절로 움직인다. 되풀이하지만, 이런 여건 아래에서만 불특정다수가 미지의 환경 속에서 어떠한 최고권력자도 결코 흉내낼 수 없는 성과를 거둘 수 있는 것이다.

규칙에 따른 게임은 정의와 거리가 멀다

규칙에 따라 게임을 하는 것이 설령 일부 사람에게 손해를 주더라도 모든 사람에게 좋은 '기회'를 제공하게 되리라는 믿음 때문에 고전적 자유주의자들은 시장에서 벌어들인 수입의 배분을 결정하려 드는 권력을 완전히 배제해야 한다고 생각했다. 어떤 이유로든지 시장을 통해서는 최저생계비를 벌지 못하는 사람들을 돕기 위해 일정한 최저수입을 보장해줌으로써 시장경제가 야기할 문제점을 보완하고 나서, 고전적 자유주의는 정부나 기타 조직화된 집단이 강제력을 사용해서 소득배분을 결정하려 하는 것이 도덕적 정당성을 띠지 못한다는 점을 분명히 밝혔다. 그래서 시장경제의 작동 과정에 스스로 관여하지 않을 뿐 아니라 다른 조직도 그렇게 하지 못하도록 감시하는 것이 정부의 중요한 도덕적 의무가 되었다.

원칙상 소득배분 과정에 강제력이 개입하지 못하는 사회에서는 한 개인이 얼마 이상의 수입을 보장받을 것을 요구할 수 없듯이, 그 사람이 전체의 이익을 위해 어느 정도 희생을 해야 한다고 강요할 수도 없다. 그리고 각자가 하는 일의 사회적 유용성은 정의를 기준으로 그 값어치를 매길 수 없고, 다만 미리 예견 또는 통제할 수 없는 상황들에 의해 결정된다. 일반사람들, 심지어는 놀랍게도 상당수의 유명 경제학자들까지도 이런 과정에서 제공되는 서비스에 매겨진 가격이라는 것이 서비스를 창출한 여러 사람들에 대한 보상이 아니라 자기 자신 및 전체의 이익을 위해 무엇을 해야 하는가를 알려주는 신호라는 사실을 제대로 이해하지 못하고 있다.

사람들은 시장이라는 게임이 다양한 지식과 기술을 최대한 효과적으로 활용하게 해준다는 것을 알기 때문에 그 과정에 참여한다. 이 시장과정을 통해 사람들이 서로 다른 결과를 얻게 되는데, 이것을 가지고 사회가 시장 과정 참여자들을 다르게 '대접'했다고 치부하는 것은 우스운 일이 아닐 수 없다.

물론 그 최초 과정은 시장이 열리기 전이라 우연한 역사적 환경에 의해 결정될 수밖에 없다. 그럼에도 불구하고 현재 상황에서 각자에게 자의적인 강제력을 행사하지 않은 채 최대한의 기회를 제공하는 것이 우리의 목적이라면, 사람들이 처한 객관적 상황의 차이에 관계없이 똑같은 규칙에 따라 동등하게 대우하는 것이 최선의 방법이 될 것이다. 다시 말해서 아무도 인위적으로 조작할 수 없는 경제질서에 의해 각자의 몫이 결정되도록 하는 것이 전체의 기회를 최대한 증진시켜 준다.

고전적 자유주의를 통해서만 정부가 공정하고 건강하게 기능을 수행할 수 있는데, 이것은 다음과 같은 기본원칙 위에 서 있다. 즉 사람들이 아무리 다르다 할지라도 정부는 그들을 평등한 존재라고 간주해야 하며, 따라서 정부가 특정 개인을 지원하거나 손해를 주게 될 때 똑같은 원칙에 따라 다른 사람들에게도 동등한 대우를 해주어야 한다는 것이다. 시장질서가 잘못된 경우에 일률적으로 최저임금제의 적용을 받는다든지, 또는 폭력으로부터 보호를 받는다고 하는 정도를 넘어서, 어느 누구도 가난하다든가 부유하다는 이유 때문에 정부로부터 남다른 대우를 받을 권리가 없다. 개인들 사이에서 설령 분명히 불평등이 존재한다 하더라도 이를 시정하기 위해 차별적으로 강제력을 행사하는 것은 자유사회의 기본원리에 어긋난다.

시장게임이 반드시 승자에게만 혜택을 주는 것은 아니다. 승자가 다른 사람 몫을 대신 쟁취했다 하더라도 그것은 언제나 자신이 사회 전체의 생산량에 추가하는 분량의 일부에 지나지 않기 때문이다. 따라서 이와 같은 게임을 통해서만 다른 어떤 방법으로도 달성할 수 없는 높은 수준의 자원 활용이 가능해진다.

유사정부기관과 정부의 이상비대화

사람들이 그 문제점을 잘 알고 있으면서도 민주주의를 하기 위해서는 불가피하게 감수해야 하는 것으로 치부하는 현대 정부의 치명적인 문제점들 중 상당수는 알고 보면 바로 현재의 무한 민주주의라는 체제에 기인한다.

이 체제 아래에서는 정부가 아무리 정당한 권한을 가지고 꼭 필요하다고 확신하며 추진하는 일이라 하더라도, 집권세력이 다수를 유지하기 위해 지지가 필수적인 이익집단의 비위를 맞추어야 할 필요가 있을 때는 그런 사업조차 포기해야 한다는 사실이 아직 잘 알려지지 않은 것 같다. 이러한 결과로 인해 단순히 정부에게 영향력을 행사하기 위해 조직된 집단들이 현 체제에서는 가장 큰 힘을 발휘한다.

이렇게 형성된 유사 정부조직들이 정부의 정책결정에 큰 영향력을 끼친다는 것은 부인 못할 사실이다. 나는 얼마나 많은 유능한 사람이 이미 반사회적 결과를 낳는 일들에 동원되어 있는가에 대해 자세히 이야기하고 싶지는 않지만, 적어도 '사회적 협력자'라는 이름으로 미화되는 집단들이 적지 않은 경우에 공공이익을 증대시키기보다는 다른 사람들의 노력을 가로막는 일을 위해 우수한 인력들을 빼돌린다는 점만은 강조하지 않을 수 없다. 정부가 얼마나 이익집단에 휘둘리는가 하는 점에 대해서는 이미 자세히 묘사한 책[14]이 있으니까 나는 몇 가지 점만 강조해보려 한다.

물론 특정한 집단의 이익을 위해 정부의 강제력을 사용하는 것은 전체이익에 나쁜 영향을 미친다. 그렇다고 해서 모든 집단이 행사하는 영향력이 똑같은 평가를 받아야 한다는 말은 아니다. 이를테면 대기업과 적법한 절차를 거쳐 특수지위가 부여된 노조를 동일선상에서 비교할 수는 없다. 그러나 '사회적 고려'에 의해 노조에게 특권을 부여하면, 동시에 조직노동자들이 비노조원들의 고용기회를 잠식한다는 점도 간과해서는 안 된다. 이점을 대체로 외면하려고 하지만, 노조의 힘이라는 것이 기본적으로 다른 노동자들이 더 좋은 여건에서 일할 수 있는 기회를 차단함으로써 생긴다는 것은 중요한 일이 아닐 수 없다.

노조는 전체 사회의 노동생산성과 실질임금 수준을 떨어뜨리는 대가로 소속 노조원들의 상대적 임금을 고작 미미한 수준 정도밖에 인상시키지 못한다. 결국 장기적으로는 경제질서를 혼란에 빠뜨리는 결과밖에 낳지 못하는 것이다. 노조에게 특혜를 주다 보면 정부는 인플레를 유발시키든가 아니면 노조를 위한 임금정책(특히 노조들 간에 임금수준을 일치시키려는 정책) 때문에 고용불안을 초래하든가 둘 중 하나를 선택해야 하는 상황에 빠진다. 이렇게 되면 머지않아 전체 시장질서가 붕괴될 수밖에 없는데, 정부가 인플레 심리를 막기 위해 가격통제를 실시하는 것이 그 출발점이 될 것이다.

유사 정부조직의 역할 증대에 대해 이야기하면서 무엇보다 주목해야 할 것이 바로 관료기구의 끝없는 팽창이다. 민주주의가 피할 수 없는 시대의 운명인 것처럼 보이기는 하지만, 정부 수준에서 보자면 그것은 불가능한 꿈에 불과하다. 국민이 직접, 또는 그 대표자들이 정부 전체의 복잡한 문제를 세세하게 취급한다는 것은 환상에 지나지 않기 때문이다. 다수의 지지를 바탕으로 정부는 어느 정도 자율성을 가진 채 중요한 문제들에 대해 결정을 내릴 수 있다. 그러나 정부 일은 이미 너무 복잡해져서 각 부서의 책임자라는 사람들도 '대체적인 지시'는 내리지만 실무적인 문제는 전적으로 관료들의 손에 의지할 수밖에 없다. 따라서 사회주의 정부가 관료기구를 정치화하려 드는 것도 일리가 있다. 관료기구가 갈수록 중요한 문제들을 비민주적인 방법으로 결정하기 때문이다. 전체주의도 바로 이런 관료기구가 뒷받침되어야 가능해지는 것이다.

무한 민주주의와 중앙집권화

이전에는 지역이나 지방정부가 행사하던 기능이 점점 중앙정부에 귀속되는 것 이상으로 무한 민주주의의 특징을 더 잘 나타내주는 것도 없다. 스위스를 제외하고 거의 모든 나라의 중앙정부들이 권력을 독점하고 있을 뿐 아니라 날이 갈수록 그 집중이 심해지고 있다. 비록 최근 들어 지역 중심의 분리주의자들의 목소리가 높아지고는 있지만, 아직도 한 나라가 기본적으로 수도를 중심으로 움직이고 중앙정부가 법집행의 최고명령자일 뿐 아니라 국가에서 제공하는 모든 서비스의 직접적 관리자가 되는 현상이 자연적이고 어쩔 수 없는 일인 것처럼 생각하는 사람들이 많다.

최근 들어서는 지역단위에서 뜻대로 목표를 달성하지 못한 중앙집권주의자들이 적용범위가 좁아서 성공하지 못했다면서, 전국적 범위로 대상지역을 넓히면 성공 가능성이 높을 것이라고 주장하는 것 또한 중앙집권화를 촉진시키는 이유가 되고 있다. 이들은 한정된 지역에서도 성공하지 못한 이유를 엉뚱한 곳에서 찾으며 중앙집중화된 계획체제를 무리하게 추구하려 든다.

그러나 오늘날 중앙정부 중심의 집권화 현상이 심화되는 보다 근본적인 이유는, 적어도 연방제를 취하지 않는 국가의 경우를 놓고 볼 때, 그렇게 되어야 입법부가 무한권력을 가지고서 행정부가 소기의 경제적 목표를 달성하는 데 필요한 자의적이고 차별적인 조치를 뒷받침해주는 '법률'을 만들 수 있기 때문이다. 지방정부가 갖지 못한 권한을 중앙정부가 가지고 있으면 각 특수 이익집단의 요구를 들어주기가 아주 쉬워진다. 따라서 국회나 연방의회가 행정부에게 자의적인 재량권을 행사할 수 있는 권한을 부여하지 못하게 차단하면 중앙집권화가 크게 위축될 수 있을 것이다.

지방정부의 정책집행권 강화[15]

'입법부'가 행정부에게 자의적 권한을 임의로 부여할 수 있는 힘이 없었다면, 행정부의 전체 조직도 말할 나위 없이 달라졌을 것이다. 만일 행정부가 스스로 변경시키지 못하는 일관된 법규의 지배 아래 놓여 있고, 따라

서 특정한 행정적 편의를 위해 그 법을 바꾸지 못하게 되었더라면, 특수이
익을 충족시키기 위해 입법권이 남용되는 경우도 일어나지 않았을 것이다.
현재 중앙정부가 집행하는 대부분의 정책들이 지역이나 지방정부에게로
이전되어도 별 문제가 생기지 않을 것이다. 물론 국회가 제정한 일반법규
를 위반하지 않는 한도 안에서 세금을 징수할 수도 있을 것이다.

나는 지방이나 지역단위의 행정기관들이 지역주민들을 상대로 상업집단
처럼 서비스 경쟁을 벌이는 상황을 상정하고 싶다. 즉 다른 지역과 비교해
서 뒤지지 않도록 주민들에게 질과 비용면에서 경쟁력 있는 서비스를 제공
하도록 하자는 것이다. 지역정부는 타지인들의 거주이전의 자유를 침해하
거나 세제상의 불이익을 강요하지 않는 한도 안에서 지역공동체의 발전을
위해 적합한 사람들을 최대한 유치하기 위해 노력해야 하는 것이다.

이렇게 작은 지역단위 행정기관에게 정책적 자립권을 부여하게 되면 그
동안 중앙집권화 추세로 인해 잊혀갔던 애향심이 되살아날 수 있을 것이
다. 현대사회가 비인간화로 치닫게 된 것은 근로자들이 무엇에 쓰이는지도
모른 채 물건을 만들어내야 하는 경제과정 때문이라기보다도 정치적 집권
화로 인해 사람들이 자신들의 직접적인 삶의 현장에 대해 아무런 영향력도
행사할 수 없게 된 탓이 더 크다. '거대한 사회'는 개인들이 익명(匿名)인 상
태에서 경제활동을 펼친다는 점에서 추상적인 사회가 아닐 수 없다. 이런
사회에서는 각 개인 특유의 사적이고 감정적인 목표를 달성하기 어렵다.
따라서 사람들이 자기 주변의 지역사회에 직접적으로 참여하는 것이 매우
중요하다. 지금은 지역사회의 일들도 거의 다 중앙정부의 관료기구에 의해
처리되고 있는데, 이런 기구들이란 대개 인간미 없는 기계나 다름없는 것
들이다. 개인적으로 안면이 있고, 또 신뢰할 수 있는 지역인사들이 지역 일
을 처리하도록 맡기는 것이 시대의 요청이다. 자기에게 익숙한 문제에 대
해 관심을 가지고 나름대로 처방을 제시하는 일이 개인들에게도 이익이 되
는 반면, 잘 알지도 못하고 관심도 없는 일에 의견을 밝혀보라는 강요를 받

으면 정치적인 혐오감만 늘어날 것이다.[16]

정부의 서비스 독점 금지

중앙정부가 주민들 중 누구에게 어떤 서비스를 제공해야 하는가를 결정할 필요도 없거니와, 또 그렇게 되면 매우 바람직하지 못한 결과를 낳는다. 물론 어느 경우에는 한정된 기간 동안 정부가 그런 기능을 수행하는 것이 필요할 수도 있지만, 모든 정부기관이 독점적으로 서비스를 제공해야 할 이유는 없다. 이미 정부당국이 서비스를 제공하고 있어 새로 민간업자가 참여하는 것보다 유리한 위치에서 사실상 독점권을 행사하는 경우라 하더라도 법적으로 독점적 지위를 부여하는 것은 공익에 아무런 도움이 되지 않는다. 따라서 정부가 이런 서비스를 제공하기 위해 세금을 거두었지만 주민이 마음에 들지 않으면 세금을 환급해달라고 요구할 수도 있어야 된다. 이런 원칙은 모든 정부독점 서비스에 예외 없이 적용된다. 즉 외적의 침입을 막고 법질서를 집행하기 위해 군대를 보유하는 것만 제외하고는, 교육이나 교통, 우편이나 전보, 전신, 전화를 포함한 모든 통신과 방송 등, 소위 말하는 '공공시설'과 다양한 형태의 '사회'보장제도, 그리고 그 무엇보다도 화폐발행과 같은 일체의 정부독점 서비스가 폐지되는 것이 마땅하다. 이들 서비스 중에는 당분간 정부가 독점 제공하는 것이 더 소망스러운 분야도 없지 않다. 그러나 정부 외에 다른 집단이 그러한 서비스를 제공할 수도 있다는 가능성만이라도 열려 있지 않으면 보다 나은 서비스를 제공받기가 어려워지는 것은 물론, 정부의 권한남용도 방지하기가 힘들어진다.

이 장에서 오늘날 정부가 책임지고 제공하는 서비스 부문에 대해 자세하게 논의하기는 어렵다. 그러나 이들 서비스 중 몇몇 경우에는 과연 정부가 독점적으로 서비스를 제공하는 것이 좋은가를 따져보는 것이 비단 효율성 측면에서뿐만 아니라 자유사회의 보존이라고 하는 보다 근본적인 문제를 위해서도 긴요하다. 이런 경우에는 설령 정부독점 체제가 양질의 서비스를 제공하는 데 유리하다 하더라도 독점을 일률적으로 금지해야 한다고 말하지 않을 수 없다. 예를 들면 정부가 방송을 독점하는 것이 언론의 자유를 송두리째 억압하는 것 못지않게 정치적 자유의 향유에 위협이 된다는 점을 잊어서는 안 된다. 우편행정 같은 것은 순전히 정부가 민간부문을 통제하기 위한 필요에서 시작한 것에 지나지 않는데, 오늘날 세계 각국에서 정부독점으로 인해 그 서비스의 질이 갈수록 떨어지고 있음을 모르는 사람이 없을 것이다.

이 책을 써나가는 과정에서 정치적, 경제적 문제를 다 고려해서 내가 가장 강조하지 않을 수 없는 것은, 정부가 화폐를 독점적으로 발행하는 권한을 폐지하지 않는 한, 시장경제가 원활하게 작동할 수가 없고 정부의 권한이 비대해지는 것을 막을 수도 없다는 점이다. 이 문제에 대해서는 내가 따로 책 한 권을 쓸 수밖에 없었는데,[17] 지금까지 내가 정부의 권력집중으로 야기되는 문제를 극복하기 위해 제안된 모든 처방들이 정부에게 화폐발행권을 독점적으로 부여하는 관행을 혁파하지 않으면 아무런 효과도 낼 수 없다는 점을 분명히 강조하지 않을 수 없다. 나는 정부가 화폐를 독점 발행하는 한, 화폐의 필요성 충족과 화폐의 안정적 가치유지라는 2대 목표가 결코 확실하게 충족될 수 없다고 생각한다. 이런 목표를 위해서는 나라 전체적으로 똑같이 통용되는 화폐 대신 민간기업에서 발행한 각기 다른 화폐 중에서 사람들이 가장 적합하다고 생각하는 것을 골라서 사용하는 것이 더 좋다.

이 점은 너무나 중요하므로 내가 생각하기에는 자유국가라고 한다면 헌법조문 속에 아예 다음과 같은 구절을 명시적으로 표기하는 것이 바람직할 것 같다. 즉 "의회가 결코 각 개인들이 어떤 종류의 화폐든지 마음대로 선택해서 소지, 판매, 구매, 대여하거나 계약을 체결, 집행, 또는 은행구좌를 개설할 수 있는 권리를 제한해서는 안 된다." 물론 이런 정신은 정부 자신을 포함해서 모든 사람에게 평등하게 적용되는 추상적인 일반원칙에 따라 정부가 법을 집행하고 공무를 처리해야 한다는 규정에도 반영되어 있지만, 나의 제안이 워낙 파격적인 것이라서 헌법 속에 명문화하지 않으면 오랜 세월 동안 당연시해온 정부의 특권에 대해 사법부가 새삼스럽게 금지조치를 내릴 것 같지가 않다.

정치적 영향력의 축소

이 책을 끝마쳐 가는 시점이라서 국제관계에 대해서도 나름대로 생각을 펼쳐 보이고 싶지만 그러다가는 한정없이 작업을 계속해야 할 것 같다. 또 그 일을 위해서는 연구를 더 해야 할 터인데 지금 나로서는 그럴 만한 처지가 못 된다. 독자들은 지금까지 내가 주장했던 것, 즉 중앙집권화된 국가체제를 분해해야 할 필요성, 모든 최고권력은 단지 부정적인 권한, 다시 말해 적극적으로 무엇을 지시하기보다 하지 못하게 금지할 수 있는 권력만 지녀야 하고 이에 대비되는 긍정적인 권력은 스스로 변경시키지 못하는 규정에 의해 통제되는 정부기관에게만 부여해야 한다고 하는 원칙을 곰곰이 음미해보면 국제사회의 질서에 대한 나의 생각이 어떨 것인지 미루어 짐작할 수 있을 것이다. 전에도 내가 지적한 바 있지만,[18] 금세기 들어 국제사회의 평화를 확보하기 위해 세계정부를 건설하려고 한 것은 그 발상부터가 잘못된 것이라고 하지 않을 수 없다. 즉 각 민족국가가 서로 해를 끼치지 못하도록 규제하는 진정한 의미의 국제법을 만들기보다 구체적인 특정 규제를 위해 다수의 전문화된 권력기구를 창설하고자 한 것은 옳은 목적이라고 할수가 없다. 최고의 공동가치가 소극적인 성격을 띠고 있다면, 최고의 공동규칙뿐만 아니라 최고권력 자체도 소극적으로 금지하는 권한에 머물렀어야 마땅했기 때문이다.

정치라는 것이 일반적으로 너무 중요해졌고, 비용도 많이 들어 정신적, 물질적 자원이 엄청나게 소요되면서 해도 많이 끼치고 있다. 다수 사람들은 점차 정치가 필요하기는 하지만 구제불능의 악과 같다고 생각하면서 갈수록 정치에 대한 존경과 동정을 잃어가고 있다. 그러나 정치가 오늘날과 같은 모양으로 변화된 것은 사람들이 스스로 원해서 선택한 결과라기보다 그들도 이런 결과를 낳으리라고 예측 못한 상태에서 도입한 제도적 장치 때문이다. 아직도 어떤 사람들은 훌륭하고 선량한 지도자에 대한 미련을 못 버리고 있지만, 정부는 결코 신뢰할 만한 인간적 존재가 아니다. 그리고 국민 대표자들이 함께 모여 무엇이 최고의 가치를 지녔는가 토론한 뒤 이끌어낸 합의의 결과물도 아니다. 정부란 다수의 의사와는 관계없이 그저 단순히 '정치적 필요'에 의해 움직이는 기계에 지나지 않는다.

원래 제대로 된 입법부의 경우 특정 이해관계에 구애되지 않고 장기적인 원칙의 구현에만 신경써야 하는 것과는 달리, 정부가 선택하는 모든 구체적인 조치들은 일상적인 정치의 대상이 된다. 따라서 그와 같은 조치들이 이성적인 사람들이 동의할 수 있는 객관적 필요성에 입각해서 결정되리라고 기대하는 것은 환상에 지나지 않는다. 목표를 달성하자면 비용이 들어야 하지만, 무엇을 희생해서 어떤 것을 얻을 것인가 하는 문제를 결정할 수 있는 객관적인 기준은 존재하지 않는다. 거래당사자에게 모두 유리한 결과가 나올 수 있는 질서를 확립하고자 하는 일반원칙과 특정 개인이나 집단에게 이익을 안겨줄 것을 목적으로 하는 강제적 조치 사이에는 커다란 차이가 존재한다.

정부가 물질적 재화를 재분배하기 위해 물리적 강제력을 사용하는 것이 정당화될 수 있는 한 (이것이 사회주의 원리의 핵심이지만) 자기 몫을 좀 더 키우고자 하는 모든 집단의 이기적 욕망을 억제할 길이 없다. 일단 정치라는 것이 남보다 더 큰 파이조각을 차지하기 위한 싸움이 되고 나면 점잖고 훌륭한 정부를 기대하기란 어려운 일이다. 시장과정에서 적정수준의 수입을 확보하지 못하는 사람들을 위해 일률적으로 최저임금제를 도입하는 것 이상으로 특정집단이 일정한 수입을 벌어들일 수 있도록 하기 위해 강제력을 사용하는 것은 비도덕적이며 엄청난 반사회적 행위이기 때문에 법률로써 금지하는 것이 마땅하다.

오늘날 어떠한 법률적 구속을 받지 않으며 스스로의 정치적 필요에 따라 움직이는 유일한 정치기관이 바로 의회의 입법자들이다. 그러나 광범위하게 보편화되어 있는 이 제도는 필연적으로 자기모순에 빠지고 말 운명에 처해 있다. 의회가 결코 존재하지도, 또 존재할 수도 없는 다수의 의견이라는 명목을 내세워 행정부에게 현안처리를 강요하기 때문이다. 따라서 민주주의를 보호하기 위해서도 입법부의 권한을 통제할 필요가 있다.

이 책에서 제안한 헌법에 따르면 모든 사회주의적 재분배 정책은 당연히 금지될 수밖에 없다. 이 점은 민주주의의 붕괴를 막고 전체주의가 득세하는 것을 방지하기 위해 강구할 수 있는 모든 조치와 동등한 수준에서 그 중요성을 강조해야 한다. 내가 보기에는 얼마 멀지 않았지만, 사회주의에 대한 환상이 깨지는 시점이 되면 다시는 그와 같은 방향으로 정책이 경도되지 않도록 모든 조치를 취해야 할 것이다.

이를 위해서는 단지 사회주의를 위해 민주주의를 파괴하고자 하는 사람, 또는 사회주의 정책의 실현에 전적으로 기대를 거는 사람을 단지 차단하는 것만으로는 부족하다. 오늘날 자본주의도 아니고 사회주의도 아닌 '중간노선', 또는 '제3의 길'을 추구한다는 사람들이 사회주의에 대해 가장 강력한 지지를 보내고 있기 때문이다. 그들이 말은 그렇게 하지만 사실은 사회주의 쪽으로 기울어지고 말 것이 분명하다.

일단 정치가 특정집단의 이익을 돌보기 위해 시장의 자율기능을 방해하면, 정치적 지지를 확보해야 하는 어느 집단의 요구라도 거절할 수 없게 되기 때문이다. 사회주의자들은 잘 상상하지 못하겠지만, 이런 과정이 누적되다 보면 마침내는 정치가 경제를 압도하게 되는 상황이 도래하고 만다.

경제에는 제3의 길이라는 것이 존재할 수 없다. 아무도 인위적으로 조작할 수 없는 시장기능, 아니면 조직된 권력집단이 중앙에서 계획에 따라 통제하는 방식 둘 중에 하나가 존재할 뿐이다. 이 두 원칙은 결코 서로 조화를 이루지 못한다. 만일 둘을 섞어버리면 이것도 저것도 아닌 결과만 나오기 때문이다. 사회주의자들이 꿈꾸는 바가 결코 달성될 수 없듯이, 정치인들이 정치적 필요에 따라 특정집단에게 혜택을 안겨주려 하면 전체의 이익을 위해 작동해야 할 시장이 인간의 자의에 따라 휘둘리면서 제 기능을 발휘하지 못하게 된다.

따라서 두 선택 중에 타협이란 있을 수 없다. 아무리 시간이 오래 걸린다 하더라도 하나만 선택해야 한다. 따라서 어떤 선택을 내리든, 처음에는 어중간해 보이지만 끝에 가서는 두 극단적인 처방 중의 하나를 분명히 닮게 될 것이다.

사회주의가 파시즘이나 공산주의 못지않게 전체주의적인 국가 형태를 조장하면서 민주질서를 파괴하는 것이 불가피한 운명이라는 점을 분명히 깨달았다면, 아무리 선한 목적을 지향하는 것처럼 보일지라도 정부가 자의적으로 강제력을 행사하는 권한을 갖지 못하도록 헌법에 명시적으로 못박는 것이 절대 필요하다.

다소 꿈 같은 이야기처럼 들릴지 모르지만, 세상은 궁극적으로 대다수 사람이 옳다고 믿는 도덕적 원칙에 의해 지배된다. 이제까지 선진 문명사회를 이끌어온 단 하나의 도덕적 원칙이 있다면, 그것은 바로 각 개인이 다른 사람의 명령에 의해서가 아니라 정의의 원칙에 입각해서 자기 스스로 내린 결정에 따라 행동한다는 의미에서의 개인의 자유원칙이다. 자유사회에서는 개인을 억압하는 집단주의적 교리가 존재할 수 없다. 각자의 영역에서 자기 목적을 위해 스스로의 능력을 자유롭게 발휘할 수 있을 때 자유사회가 존립할 수 있는 것이다. 사회주의는 개인의 자유행동에 관한 원칙을 결여한 채 자유시민이 아무리 도덕적으로 행동하더라도 달성할 수 없는 국가 형태를 꿈꾸고 있다.

아직도 자의적 권력과의 싸움이 끝나지 않았다. 사회주의 그리고 개인의 자유를 무시한 채 인위적으로 자원을 배분하기 위해 강제력을 사용하려 드는 정치적 제도와의 싸움이 남아 있기 때문이다. 나는 사회주의가 공산주의나 파시즘과 마찬가지로 전체주의적이며 본질적으로 자의적인 권력행사를 가능케 하는 성격을 지니고 있다는 점이 분명하게 드러날 날이 와서, 어떤 구실로도 그러한 전체주의적 집단이 권력을 장악하는 일이 일어나지 않도록 아예 헌법상으로 제한조치를 취할 수 있게 되기를 희망한다.

나는 이 책과 자유사회에서 화폐가 수행하는 역할에 대해 논의한 별도의 연구를 통해, 현재 위기를 맞고 있는 기존의 정치체제에 대한 실망에서 자포자기하는 심정으로 독재정부에 기대를 걸려는 불상사가 생기기 전에, 일종의 학술적 성격을 띤 긴급조치를 제안하고자 했다. 정부라는 것도 따지고 보면 학자들의 머리에서 나온 구상의 결과물이다. 나의 제안을 통해 현재처럼 특정이익을 위해 봉사하게 될 정치조직에 권력이 집중되는 것을 막을 수 있다면 자유사회의 건강한 발전을 기대할 수도 있을 것이다.

이제 정치적 권력에게 개인 상호간의 자발적 교류를 억압할 수 있는 힘을 주면 자유사회가 붕괴되고 말 것이라는 점을 분명히 알게 되었다. 이런 맥락에서 최근 한 사회주의자가 자신감에 넘친 나머지 '인간의 미래'를 인위적으로 멋지게 창조할 수 있다고 확신하는 것과 같은 환상에서 벗어나는 것이 무엇보다 중요하다.[19]

이것이 지난 40년 전에 '이성의 남용과 쇠퇴(Abuse and Decline of Reason)'를 목격하고 난 뒤부터 이 문제에 매달려온 내가 내린 마지막 결론이다.[20]

NOTES

제12장 다수의견과 현대 민주주의

1   * Xenophon, Helenica, I, vii, pp.12-16. 지금 이 책의 12장과 13장 부분의 초기 원고에 대한 독일어 번역이 "Anschauungen der Mehrheit und zeitgenössische Demokratie"라는 제목으로 이미 1965년에 Ordo XV/XVI(Düsseldorf and Munich, 1965)에 실린 바 있는데, 나도 내 책인 Freiburger Studien(Tübingen, 1969)에 그 부분을 수록하였다.

2   Cecil King이 1968년 9월 16일자 The Times(London)에서 「의회 민주주의에 대한 평판이 나빠지고 있다The Declining Reputation Of Parliamentary Democracy」라는 글에서 그와 같은 변화를 잘 보여준다. King의 주장은 다음과 같다.

"내가 보기에 가장 염려스러운 것은 전 세계에 걸쳐 민주적 제도에 대한 권위와 존경심이 줄어들고 있다는 점이다. 한 세기 전만 해도 선진국에서는 의회정부가 가장 훌륭한 정부 형태라는 데에 대해 별로 이견이 없었다. 그러나 오늘날에는 이 제도에 대한 불만이 팽배해졌다. 이제 유럽이나 미국의 의회가 예전의 위엄을 누리고 있다고 믿는 사람은 아무도 없을 것이다 …… 의회정부의 평판이 지극히 낮다 보니, 이제는 그 제도가 불만족스럽기는 하나 다른 제도는 더 나쁘지 않으냐는 논리로써 의회정부를 옹호해야 할 형편이 되었다."

이 문제에 대해서는 수많은 책이 있는데, 그 중 최근에 나온 몇 권만 소개하면 다음과 같다. Robert Moss, The Collapse of Democracy(London, 1975), K. Sontheimer, G. A. Ritter et al., Der Überdruss an der Demokratie(Cologne, 1970), C. Julien, La Suicide de la democratie(Paris, 1972), 그리고 Lord Hailsham, The Dilemma of Democracy(London, 1978).

3   Harold D. Lasswell, Politics – Who Get What, When, How(New York, 1936).

4   J. A. Schumpeter, Capitalism, Socialism and Democracy(New York, 1942; 3rd edn, 1950).

5   Demosthenes, Against Leptines, 92 Loeb Classical Library edn., trs. J. H. Vince. pp.552-53. 이 장의 첫머리에 인용한 Xenophon의 고증(考證)을 염두에 두면서 Lord Acton, History of Freedom (London, 1907), p.12를 참조하라.

"어느 잊지 못할 순간에 회의장의 아테네 시민들은 자신들이 선택한 것이 무엇이든 그것을 못하도록 가로막는 것은 절대 부당하다고 선언했다. 아무도 그 기세를 막을 수가 없었다. 그들은 그 어떤 의무에도 구애받지 않을 것이고, 자신들이 직접 만든 것이 아니면 아무 법에도 속박받지 않을 것이라고 결의했다. 이렇게 해서 아테네의 자유시민들은 점차 폭군으로 변해갔다."

6   Aristotle, Politics, IV, iv, 7, Loeb Classical Library edn., trs. H. Rackham(Cambridge, Mass. and London, 1932), pp.304-5.

7 Giovanni Sartori, Democratic Theory(New York, 1965), p.312. 이 책의 13장 7절 부분은 지금 다루고 있는 주제와 매우 관련이 깊다.

8 Richard Wollheim, "A Paradox in the Theory of Democracy", in Peter Laslett and W. G. Runciman(eds), Philosophy, Politics and Society, 2nd series(Oxford, 1962), p.72.

9 제1부 각주 4번에서 인용했던 George Burdeau 참조.

10 M. J. C. Vile이 Constitutionalism and the Separation of Powers(Oxford, 1967), p.217에서도 같은 이야기를 했듯이, 비록 Essay on Government에서 정확한 근거를 찾기는 어렵지만, 그래도 이 점에 대해서는 James Mill의 영향이 크다. 예를 들면 그의 아들인 J. S. Mill이 On Liberty (Everyman edn., p.67)에서 "국민이 하고자 하는 일이라면 막아서는 안 된다"고 말한 것은 그의 생각을 잘 반영하고 있다.

11 독립전쟁 당시 미국 사람들은 이와 같은 영국 헌법의 문제점에 대해 분명히 인식하고 있었다. 그래서 Vile(op. cit., p.158)은 이렇게 말했다.

"(헌법문제에 대해 가장 탁월한 식견을 가지고 있던 James Wilson은) Blackstone이 주장하는 의회주권론이 시대에 맞지 않는 것이라며 분명히 거부했다. 그는 영국 사람들이 의회의 권한을 제한하고 감시하려 했던 헌법의 참정신을 제대로 이해하지 못한다고 생각했다. 이 점에서 미국 정치는 한 단계 더 먼저 발전하였다."

아울러 그가 The Economist, 2 April 1977, p.38에서 쓴 "An Enviable Freedom"이라는 글에서 제시한 다음과 같은 분석도 참조하라.

"그래서 미국의 정치제도는 영국이 의회 절대주권론으로 흐르지 않았더라면 성취했을 가능성이 높은 차원으로 발전했다. 다소 현실과 동떨어진 면도 없지만, 권리를 침해당한 시민이 의회로 찾아와 권리회복을 호소할 수 있는 제도로 말이다."

그러나 나는 미국이라고 해서 과연 그 문제를 보다 효과적으로 극복했는가에 대해서는 회의적이다. 엄밀하게 따져볼 때, 영국이나 미국 두 나라의 민주정치 형태 모두가 권력분립이라는 이상의 관점에서 볼 때 턱없이 불완전하기는 마찬가지이기 때문이다. 우선 영국의 경우, 집권당이 때때로 목적에 부합한다 싶으면 입법활동에 나서기도 하나, 그래도 가장 중요한 기능은 아무래도 정부가 하는 일을 감독하는 것이라고 간주한다. 미국에서는 행정부가 의회의 다수당에게 책임을 지지 않으며, 행정부의 수반인 대통령은 임기 내내 다수파의 협조를 받지 못할 수도 있다. 그러나 이 다수파 역시 행정부의 소관사항에 대해 더 관심이 많다. 오랜 시간 동안 두 체제가 '제대로 잘 기능하고 있다'고 보았기 때문에 이런 문제점을 묵인할 수 있었으나 이제 상황은 달라졌다.

영국 의회의 막강한 권한에 대해서는 다음과 같이 묘사해도 무방할 것이다. 이를테면 내가 책을 쓰면서 의회를 모독하는 발언을 하였고, 이에 대해 의회가 심각하게 문제삼는다면, 나를 의사당 안에 구금시킬 수도 있을 만큼 그 힘이 센 것이다!

12 J. L. Talmon, The Origins of Totalitarian Democracy(London, 1952) and R. R. Palmer, The Age of Democratic Revolution(Princeton, 1952) 참조.

13 E. Heimann, "Rationalism, Christianity and Democracy", Festgabe für Alfred Weber (Heidelberg, 1949), p.175.

14 Wilhelm Hennis, Demokratisierung: Zur Problematik eines Begriffs(Cologne, 1970) 및 J. A. Schumpeter, op. cit., p.242 참조.

15 Ludwig von Mises가 Human Action(Yale University Press, 1949; 3rd rev. edn., Chicago, 1966), p.150에서 한 다음과 같은 말을 참조할 것. 민주주의는 "정부가 다수의 의지에 평화적으로

순응하는 방법을 제공한다." 아울러 K. R. Popper가 The Open Society and Its Enemies (London, 1945; 4th edn., Princeton, 1963), vol.1, p.124에서 주장한 것도 참조하라. 민주주의라는 말은 "짧게 정의하자면 …… 총선거와 같은 방법을 통해 피흘리지 않으면서 정부를 바꿀 수 있는 방법, 또는 달리 말해서 피치자에 의해 지배자가 교체될 수 있는 방법을 제공하는 사회적 제도와 같은 것이다." 그리고 앞에 나온 Schumpeter의 책과 내가 쓴 The Constitution of Liberty(London and Chicago, 1960), p.444, 각주 9번 역시 참조할 것. 나는 이 책 p.108에서 민주주의를 옹호하게 되는 세 가지 이유를 들었는데, 당시에는 de Tocqueville의 논지를 따라 다수의 사람들을 효과적으로 정치교육 시킬 수 있는 유일한 방법이라는 점을 제일 강하게 부각시켰었다. 그러나 역시 그것보다는 평화적 정권교체를 가능하게 하는 제도라는 사실이 가장 중요한 장점이라고 해야겠다.

16 민주정부의 이러한 위험에 대해서는 옛 휘그당Old Whigs이 잘 알고 있었다. 이를테면 1720년에서 1722년 사이에 런던의 신문에 실린 후 여러 차례에 걸쳐 단행본(가장 대표적인 것이 The English Libertarian Heritage, ed. David L. Jacobson, Indianapolis, 1965이다)으로 출판되었던 John Trenchard와 Thomas Gordon의 「케이토 서한집Cato's Letters」은 아주 중요한 내용을 담고 있다. 그 중 1721년 1월 13일자의 편지(위에서 소개된 단행본의 p.124)에서는 "불명예스러운 것에 대한 책임을 여러 사람이 나눠 지게 되면 아무도 그 부담을 감수하려 하지 않을 것이다"라고 주장하고 있다. 「케이토 서한집」은 또한 남과 구분되려면 남다른 의무를 져야 하듯이, 모든 사람에게 똑같이 해당되는 권리는 쉽사리 침해당할 수도 있음을 상기시킨다.

17 앞에서 인용했던 Schumpeter(p.258)는 다음과 같이 말한다.
    "시민 개개인들은 매우 한정된 범위의 일에 대해서만 제대로 현실을 파악할 수 있을 뿐이다. 좀 과장된 면도 없진 않겠지만, 각자는 자기와 직접 관련된 일들, 예를 들면 자기 자신, 가족, 사업관계, 취미, 친구나 앙숙, 마을 일, 계급, 교회, 노동조합, 또는 자신이 직접 깊숙하게 참여하는 사회단체 같은 것, 다시 말해 그 자신이 늘 경험하며 잘 알고 있어 스스로 영향을 미칠 수 있으며 책임지는 만큼 일의 성과가 달라질 수 있는 일이 아니면 그다지 관심을 쏟지 않는다."

18 「케이토 서한집」, 제60번, 1721년 1월 6일, op. cit., p.121, p.53 이하에 있는 William Paley의 인용을 참조. 「케이토 서한집」이 미국 정치사상사에 미친 영향에 대해 Clinton Rossiter는 Seedtime of the Republic(New York, 1953), p.141에서 다음과 같이 말했다.
    "누구든지 식민지 시대 미국의 신문이나 도서관 자료, 책자를 읽어보면 John Locke의 「시민정부론Civil Government」보다도 「케이토 서한집」의 인기와 영향력이 더 컸다는 사실을 쉽게 알게 될 것이다."

19 「케이토 서한집」, 제62번, 1721년 1월 20일, 단행본, p.128에 다음과 같은 말이 나온다.
    "정치에 대해 흔히 품게 되는 오해 가운데 대표적인 것이 다수의 이익이 잘 보호될 수밖에 없다고 하는 믿음인데, 그 이유로 이런 것을 꼽는다. 사회 속에서 각자의 사유재산권이 잘 향유될 수 있으려면 다른 사람의 협조가 불가피하다. 그렇지 않으면 다수는 소수를 임의대로 다루고 재산도 자기들끼리 나누어 가질 것이다. 그렇게 되면 평화롭게 살고자 하는 사람은 보호받을 길이 없어질 것이고, 끼리끼리 집단을 이루어 다수를 해치려는 음모가 시작될 것이다. 한 사람이 다른 사람들의 평등을 함부로 훼손하게 되면 힘있는 자에 의해 폭력이 난무할 것이다."

20 이 점에 대해서는 특히 R. A. Dahl, A Preface to Democratic Theory(Chicago, 1950)와 R. A. Dahl and C. E. Lindblom, Politics, Economics, and Welfare(New York, 1953) 참조.

21 이 부분에 대한 I. Kant의 생각은 제2부 9장의 첫머리에 인용된 것을 참조.

22 오스트리아에서는 각 노조조직의 전국 대표가 누구보다 막강한 영향력을 행사하는데, 어느 기간 동안은 그런 대표가 상식에 맞게 권한을 행사하는 한 그런대로 큰 문제가 안 될 수도 있다.

23 C. A. R. Crossland, The Future of Socialism(London, 1956), p.205.

24 E. E. Schattschneider, Politics, Pressure, and Tariff(New York, 1935)와 The Semi-Sovereign People(New York, 1960) 참조.

25 Mancur Olson Jr., The Logic of Collective Action(Harvard, 1965) 참조.

26 이 점에 대해 가장 분명하게 설명한 사람이 Mrs. Barbara Wootton이다. Wootton이 이 주제와 관련해서 최근에 펴낸 Incomes Policy(London, 1974) 참조.

27 영어에서는 자생적인 진화과정을 거치면서 형성되는 구조를 뜻하는 독일어인 'Bildungen'과 비슷한 말을 찾기가 어렵다. '제도institutions'라는 말을 가끔 쓰기도 하나 인위적으로 공을 들여 만들어간다는 의미가 강해 적합한 번역어가 되지 못한다.

28 위 각주 22번에서 인용했던 C. R. A. Crossland의 말을 참조.

29 이와 관련해서 사회의 추상적인 성격에 대해 논한 K. R. Popper, op. cit., p.175 부분이 매우 유익하다.

제13장 민주적 권력분립

1 * W. H. Hutt, Politically Impossible……?(London, 1971), p.43. 이와 더불어 H. Schoeck, Was heisst politisch unmöglich?(Zürich, 1959) 참조. 아울러 "아마도 미국이 경제문제를 순전히 합리적 계산에 의거해서 처리하지 못하는 가장 큰 이유는 정부가 내리는 모든 결정이 타협과정을 거쳐 확정되기 때문일 것"이라고 말한 R. A. Dahl and C. E. Lindblom, Politics, Economics and Welfare(New York, 1953)도 참조.

2 M. J. C. Vile, Constitutionalism and the Separation of Powers(Oxford, 1967), p.43. 그리고 이 책의 p.347에서는 중요한 결론을 내리고 있다. "다른 그 무엇보다도 사회정의를 향한 관심 때문에 정부의 기능과 기구에 관한 초기의 생각이 크게 바뀌었고, 그에 따라 근대적 정부 형태의 발전에 중요한 한 획이 그어졌다."

3 Ibid., p.63.

4 John Trenchard and Thomas Gordon, Cato's Letters(1720-2), reprinted in D. L. Jacobson (ed.), The English Libertarian Heritage(Indianapolis, 1965), p.121.

5 William Paley, The Principles of Moral and Political Philosophy(1785: London edn., 1824), p.348 이하. 또한 Thomas Day가 1782년 3월 20일에 한 연설 "Speech at the General Meeting of the Freeholders of the County of Cambridge"(Diana Spearman, Democracy in England, London 1957, p.12에서 인용)도 참조. "주권자라고 해서 개인의 생명과 재산, 또는 자유를 침해할 어떠한 특권도 가지고 있는 것은 아니다."

6 M. J. C. Vile, op. cit., p.158. 같은 맥락에서 James Iredell이 1786년에 쓴 글이 관심을 끈다. Gerald Stourzh, Vom Widerstandtsrecht zur Verfassungsgerichtsbarkeit: Zum Problem der Verfassungswidrigkeit im 18. Jahrhundert(Graz, 1974), p.31에 인용되어 있고, Griffith J. McRee, Life and Correspondence of James Iredell, vol.II(New York, 1857, reprinted New York, 1949)에 재수록된 이 글에서 저자는 '의회가 헌법에 복속되어야 할 당위성'을 역설하였다. Iredell은 "제한되지 않은 권력이 남용되는 것은 어떤 경우에도 반대하며, 그런 권력은 결코 신뢰받지

못할 것"이라는 점을 분명히 밝혔다. 그는 특히 "영국 의회에 절대적인 권력을 부여해야 한다는 주장, 다시 말해 영국을 위해서는 의회가 모든 면에서 절대적 권력을 가질 필요가 있다는 이론"을 세차게 비난했다. 이어서 그는 "우리 헌법에서는 금지하는 바이지만, 영국에서는 의회의 권한이 아무런 제약을 받지 않는다. 이런 실정이므로 영국인들은 우리보다 자유롭지 못하다"고 말했다. 결론적으로 그는 "헌법이 의회에 의해 제정되지만, 또한 국가의 법률이라는 점이 간과되어서는 안 된다. 헌법이 모든 법률의 근본이라는 성격 때문에 의회의 권한도 여기에서 비롯되며, 따라서 의회가 헌법을 임의로 변경시킬 수 없는 것"이라는 점을 강조했다.

이런 생각이 미국의 급진주의자들 사이에서 오랫동안 유포되어 왔고, 그래서 마침내 민주주의를 제한하려는 시도와 맞서 그들이 싸울 때 논리적 근거로 동원되었다. J. Allen Smith 교수가 비록 그의 유작(遺作)인 Growth and Decadence of Constitutional Government(New York, 1931; re-edited Seattle, 1972)에서 어느 정도 비판을 가하기는 했지만, 미국 헌법의 기본정신만은 여전히 옳다고 하지 않을 수 없다. Vernon Louis Parrington은 이 책의 서문에서 Smith 교수의 이전 책 The Spirit of American Government(New York, 1907)에 대해 언급하고 있다. "미국 헌법이 비민주적인 목적을 위해 신중하게 만들어졌음을 알려주는 그 당시의 글과 연설을 들추어내는 일 이상으로 1907년 현재까지 자유주의의 발전을 위해 공헌한 것은 없었다." Smith가 나중 책의 결론 부분에서 민주적 전횡을 막아줄 방지장치를 없애면 개인의 자유가 침해될 수 있다고 주장함으로써 미국의 사이비 자유주의자들의 반감을 샀다는 것은 그리 놀라운 일이 아니다. Smith는 왜 "미국에서 정부, 특히 국민의 영향력이 가장 작게 미치는 대법원 같은 기관이 개인의 자유를 보장해줄 장치에 대한 해석권을 가짐으로써 실제로는 개인 자유를 보장해줄 헌법적 효력이 현격하게 떨어지게 되었으며, 왜 다수가 전권을 행사하는 곳에서는 개인의 자유가 제대로 보장받기 어려운가" 하는 점을 설명했다. 그리고 그는 "오늘날 미국에서 영향력 있는 지식인들이 개인의 자유에 대해 그다지 힘껏 뒷받침을 못 해줄 뿐 아니라 대중의 반감이 너무 센 까닭에 헌법에 명시된 개인 자유마저 유명무실하게 될 현실"을 묘사했다. 이런 주장은 앞서 그가 개진했던 내용과 대단히 상반되는 것이기는 하나 아직도 읽어볼 만한 가치를 지니고 있다.

7 이 점에 대해 독일의 철학자 G. W. F. Hegel과 정치사학자 W. Hasbach가 언급하고 있는 부분은 제1부, p.176, 각주 17, 18번 참조.

8 법실증주의가 이러한 발전을 체계적으로 지원한 부분에 대해서는 제3부 8장 참조.

9 G. Sartori, Democratic Theory(New York, 1965), p.312의 구절을 참조할 것. "지금까지 이해되어 온 것처럼, 법은 권력의 자의적인 행사를 예방하는 장치의 역할을 효과적으로 담당해왔지만, 입법활동은 현재 또는 장차 아무런 의미있는 효력을 발휘하지 못할지 모른다 …… 법의 지배가 입법부의 지배로 변질되면, 적어도 이론상으로는 이제까지 인류 역사상 유례가 없을 정도로 '법의 지배라는 이름 아래' 개인에 대한 억압이 일어날 가능성이 있다."

10 그래서 Edmund Burke는 정당을 일컬어서 '서로 동의하는 원칙에 따라 국민 전체의 이익을 도모하기 위해 애쓰는 사람들이 연합한' 통일된 조직체라고 성격 규정을 할 수 있었다. Thoughts on the Causes of the Present Discontents(London, 1779) 참조.

11 제2부의 p.126 참조.

12 Courtenay Ilbert, Legislative Methods and Forms(Oxford, 1901), p.210.

13 「케이토 서한집」, 1722년 2월 9일. 위의 각주 3번에서 인용했던 Jacobson, p.256.

14 Gerald Abrahams, Trade Unions and the Law(London, 1968) 참조.

15 Robert Moss, The Collapse of Democracy(London, 1975), p.102에서는 다음과 같이 말하고

있다. "자유당 의원들은 선거 때 약속을 지키기 위해 노동당의 제1세대 의원들이 기초한 이 법안을 별 생각 없이 통과시키기는 했지만, 실제 그 내용이 무엇인지에 대해서는 아는 바가 별로 없었다."

16 제1부, p.179, 각주 4번에 나오는 P. Vinogradoff의 인용문 참조. 그리고 나의 책 The Constitution of Liberty(London and Chicago, 1960), p.506, 각주 3번에서 인용한 A. V. Dicey, Lord McDermot and J. A. Schumpeter의 단락들도 참조.

17 제1부 1장의 마지막 부분 및 2부 8장, 그리고 K. R. Popper, The Open Society and Its Enemies(London, 1945, sixth edn., 1966), vol.1, p.121 참조.

18 C. H. McIlwain, The High Court of Parliament(Yale University Press, 1910)에서 인용.

19 Wilhelm Hennis, Demokratisierung: Zur Problematik eines Begriffs(Cologne, 1970) 참조.

20 내가 한 팸플릿(The Confusion of Language in Political Thought, Occasional Paper 20 of the Institute of Economic Affairs, London, 1968)에서 demarchy라는 표현을 처음 제안한 뒤, 그 용어사용에 대해 한 독일학자가 언급한 것을 발견하였다. 다음을 참조하라. Christian Meier, "Drei Bemerkungen zur Vor- und Frühgeschichte des Begriffes Demokratie" in Discordia Concors, Festschrift für Edgar Bonjour(Basel, 1968); Die Entstehung des Begriffes 'Demokratie'(Frankfurt a.M., 1970); 그의 논문 "Demokratie", in O. Brunner, W. Conze and R. Kosselek(eds), Geschichtliche Grundbegriffe, Historisches Lexikon zur politisch-sozialen Sprache in Deutschland(Stuttgart, vol.I, 1972).

제14장 공공부문과 민간부문

1 * William Pitt가 1766년 1월 14일, 영국 하원에서 한 연설. Parliamentary History of England (London, 1813), vol.16에서 인용. 그 당시 Pitt가 생각하기로는 과세만이 의회가 민간인을 대상으로 강제력을 행사할 수 있는 유일한 것처럼 보였다. 나머지 강제성을 띤 법규들은 성문법이 아닌 관습법 형태여서 입법보다는 행정부적 기능에 더 관심을 기울이던 의회가 그다지 신경을 쓰지 않았기 때문이다.

2 Mancur Olson Jr., The Logic of Collective Action(Harvard University Press, 1965).

3 이와 관련해서 최근에 나온 중요한 저서, Robert Nozick, Anarchy, State, and Utopia(New York, 1974)에 대해 내가 언급한 이 책의 서문을 읽어보라.

4 Mancur Olson Jr, op. cit., 그리고 이 주제에 관한 R. H. Coase의 여러 가지 중요한 글을 참조하라.

5 Milton Friedman, Capitalism and Freedom(Chicago, 1962).

6 Ibid.

7 일본에서는 박물관의 상당수가 민간기업의 출연으로 운영되고 있다.

8 Martin Anderson, The Federal Bulldozer(Cambridge, Mass., 1964); Jane Jacobs, The Economy of Cities(New York, 1969); Edward C. Banfield, The Unheavenly City(Boston, 1970), 및 Unheavenly City Revisited(Boston, 1974) 참조.

9 Richard C. Cornuelle, Reclaiming the American Dream(New York, 1965), p.40에서는 다음과 같이 말했다. "충분히 활성화되기만 한다면 독립부문은 이런 일을 할 수 있을 것이다. 1) 일하고자 하는 의욕과 능력이 있는 모든 사람에게 일거리를 준다. 2) 가난 해소. 3) 농촌문제 해결. 4) 모든 사람에게 양질의 의료기회 제공. 5) 청소년 범죄 예방. 6) 도시를 새롭게 고쳐서 빈민굴을

사람이 살 만한 곳으로 바꾼다. 7) 모든 사람에게 적당한 수준의 퇴직수당 지급. 8) 각 전문가와 언론의 감시 아래 수많은 정부규제를 보다 효과적인 행동규칙으로 대체. 9) 국가적으로 연구사업에 지원 확대. 10) 인간의 복지와 존엄을 되찾는 방향으로 대외정책 수정. 11) 주식 소유를 대폭 분산시킨다. 12) 공기 및 수질오염 차단. 13) 각자가 원하는 만큼 수준과 필요에 따라 교육기회 제공. 14) 모든 사람에게 문화적 교육적 재능발휘 기회 제공. 15) 인종분리 정책 폐지. 독립부문은 이런 여러 가지 일을 할 수가 있다. 그러나 흥미롭게도 독립부문의 역량이 커지자 이런 일을 덜 맡기게 되었으며, 그 반대로 정부가 담당하는 일과 비슷한 과제는 점점 더 많이 맡기게 되었다."

이 책이 이처럼 중요한 내용을 담고 있음에도 불구하고 주목을 별로 끌지 못했다. 그래서 이 부분을 전부 소개한 것이다.

10 J. K. Galbraith, The Affluent Society(Boston, 1969).

11 Adolf Wagner, Finanzwissenschaft(1873; 3rd edn. Leibzig, 1883), Part I, p.67; H. Timm, "Das Gesetz der wachsenden Staatsaufgaben", Finanzarchiv, N.F. 21, 1961; H. Timm and R. Haller(eds), Beiträge zur Theorie der öffentlichen Ausgaben. Schriften des Vereins für Sozialpolitik, N.F. 47, 1967 참조. 정부의 강제적 행위에 관한 한, 우리가 세금을 내는 것보다 정부가 하는 일이 적은 것을 고마워해야겠지만, 정부가 제공하는 서비스를 놓고 본다면 그 반대가 더 맞는 이야기가 될 것이다. 정부가 실제로 제공하는 서비스의 종류가 무엇이든 간에 공공지출의 규모하고 비교할 수 없을 정도로 소중하기 때문이다. 국민소득을 기술적으로 계산하는 과정에서 정부가 수행하는 서비스를 잘못 계량화하면 그러한 서비스의 참된 가치를 왜곡시킬 수 있다.

12 J. K. Galbraith, op. cit., 그리고 Anthony Downs, "Why Government Budget Is too Small in a Democracy", World Politics, vol.12, 1966 참조.

13 Arthur Seldon, Taxation and Welfare, I.E.A. Research Monograph No.14(London, 1967) 참조.

14 소위 말하는 '자유방임주의' 정책이 절정에 달했던 모든 서구 선진사회에서도 가난한 사람들을 구제하기 위한 대책을 세우고 있었다. 제2부, p.190, 각주 8번 참조.

15 나의 책 The Constitution of Liberty(London and Chicago, 1960), 제19장 참조.

16 R. H. Coase, "The British Post Office and the Messenger Companies", Journal of Law and Economics, vol.IV, 1961 및 영국 우편노조의 사무총장이 1976년 5월 24일에 낸 성명과 그것을 보도한 다음날 The Times, London의 기사, "정부가 한때 대단한 의미를 지녔던 공공서비스를 음악회 휴게실에서의 농담수준으로 격하시켜 버렸다." 참조.

17 나의 책 Denationalization of Money(Institution of Economic Affairs, 2nd edn., London, 1978) 참조.

18 The Constitution of Liberty(london, 1960), 제24장.

19 각주 4번 참조.

20 각주 8번에서 인용한 Cornuelle의 책 참조.

21 F. A. Mann, "Outlines of a History of Expropriation", Law Quarterly Review, 75, 1958.

22 Alan F. Westin, Privacy and Freedom(New York, 1968). 내가 The Constitution of Liberty (p.300)에서 전국적으로 통일된 의료서비스를 실시하는 것이 개인의 사생활을 무서울 정도로 침해할 수 있다고 주장한 것과 같은 생각이 D. Gould, "To Hell with Medical Secrecy", New Statesman, March 3, 1967에서도 발견된다. "이상적으로 말하자면, 의료카드를, 이를테면 1년에 한 번씩, 보건부 장관한테 보내서 그에 기록된 모든 정보가 정부 컴퓨터에 입력되도록 하는 것이

좋겠다. 이 카드에는 …… 각 개인에 관한 모든 정보, 예를 들어 과거와 현재 직업, 여행, 친척, 흡연, 또는 음주 여부, 좋아하는 음식이나 운동, 수입, 몸무게, 키, 심지어 정기적으로 받는 심리검사 결과 등 모든 은밀한 신상정보가 담겨 있어야 한다 …… 이런 정보가 컴퓨터에 의해 자세히 분석되면 어떤 사람은 운전을 해서는 안 되고, 또 어떤 사람은 장관자리에 오를 수가 없다는 점 등이 밝혀질 것이다. 이렇게 되면 개인의 자유가 설 자리는 어디에 있단 말인가. 정부가 나의 운명을 좌우할 것이다. 의사들은 환자 못지않게 정부한테도 봉사를 해야 한다. 쓸데없는 이야기할 것 없다. 비밀은 모두가 나쁜 것뿐이라는 점을 인정하자."

제15장 정부정책과 시장

1   * Ludwig von Mises, Human Actions: A Treatise on Economics(Yale University Press, 1949), p.239.

2   이 장은 약 10년 전에 현재와 비슷한 상태로 완성한 뒤, 시카고와 키일Kiel에서의 공개강좌를 통해 발표했고, 이어서 "Der Wettbewerb als Entdeckungsverfahren" in Kieler Vorträge, No.56 (Kiel, 1969) 및 New Studies in Philosophy, Politics, Economics and the History of Ideas(London and Chicago, 1977)에 부분적으로 출판했다. 이 부분은 이 책에서 상당한 분량을 차지하는데다 최근의 현상에 대해서까지 논의하는 것도 부적절한 것 같아서 거의 수정하지 않았다. 그러나 최소한 여기서 내가 다룬 문제들에 대해 최근 들어 주목할 만한 생각을 제기한 글들을 소개 정도는 해야 할 것 같다. Murray Rothbart, Power and Market(Menlo Park, 1970); John S. MacGee, In Defence of Industrial Concentration(New York, 1971); D. T. Armentano, The Myth of Antitrust(New Rochelle, N.Y., 1972). 특히 Israel Kirzner, Competition and Entrepreneurship(Chicago, 1973) 및 Erich Hoppmann, "Missbrauch der Missbrauchsaufsicht", Mitteilungen der List Gesellschaft, May 1976 & "Preisunelastizität der Nachfrage als Quelle von Marktbeherrschung", in H. Gutzler and J. H. Kaiser (eds), Wettbewerb im Wandel(Badenbaden, 1976)을 주목할 필요가 있다.

3   Leopold von Wiese, "Die Konkurrenz, vorwiegend in soziologisch-systematischer Betrachtung", Verhandlungen des 6. Deutschen Soziologentages, 1929.

4   이 점에 대해서는 Schumpeter가 착각을 하고 있는 것 같다. 그가 Capitalism, Socialism, and Democracy(New York, 1942), p.101에서 한 말을 참조해보라. "독점기업에게는 다른 숱한 경쟁자들이 갖추지 못하거나 당장 사용할 수 없는 특별한 강점이 있다. 이런 강점으로 인해 독점기업은 새로 파생되는 이점, 이를테면 영향력의 증대를 향유할 수 있는 반면, 그렇지 못한 기업은 영향력도 감소하는 손해를 본다." 그의 말이 맞을 수도 있지만, 영향력을 증대시키는 것은 독점보다는 기업의 규모와 더 관련이 깊다.

5   두 경우 모두 우리는 이러한 생산비용의 일부로서 특정 개인이나 기업이 그 대신 생산할 물건을 고려해야만 한다. 그래서 다른 사람보다 싼값에 생산할 수 있는 사람이 비교우위가 더 큰 다른 물건을 생산하는 경우가 생길 수 있다.

6   이 자리에서 자신이 기존의 것들보다 훨씬 더 잘할 수 있다고 믿은 사람이 실제로 일을 풀어나갈 때 직면해야 했던 어려움을 예로 드는 것이 도움이 될 것 같다. 나는 오래전에 한 미국 건축업자를 우연한 기회에 알게 되어 그가 어떻게 좌절을 겪게 되었는가를 자세히 지켜볼 수 있었다. 그 사람은 한 유럽도시에서 집값과 임대비용, 건축노동자의 임금, 건자재 가격 등을 세밀히 검토한 뒤, 자신이

훨씬 싼 가격에 더 질 좋은 주택을 제공하면서도 상당한 이윤을 거둘 수 있을 것 같은 자신감이 생겼다. 그러나 결국 그는 자신의 꿈을 포기할 수밖에 없었다. 건축규제, 노조규약, 건자재 가격의 담합, 담당관료로부터 인허가를 얻는 데 드는 비용 등 잡다한 장애물이 당초 그 사람이 자신만만하게 계획했던 생산경제성을 모두 빼앗아갔기 때문이다. 나는 그를 좌절시켰던 여러 요인들 중에서 무엇이 가장 결정적이었는지 알 수 없다. 그러나 집값을 내려보겠다는 선의를 가지고 움직인 사람이 실패할 수밖에 없었던 이유 중에서 한 가지 분명한 것은 이 사회가 그런 사람이 창의력을 발휘하도록 내버려두지 않는다는 사실이다.

7   단시간에 막대한 이익을 남길 수 있는 사회는 대부분의 경우 여러 여건이 불충분하여 조금이라도 기회가 열려 있으면 순식간에 사람들이 이용하고 말 것이 분명하다. 이런 점에서 성장률을 가지고 경제상태를 평가하는 것은 불완전하기 이를 데 없다. 현재 얼마나 성과를 거두었는가를 밝혀주기보다 과거에 얼마나 부족하였는가를 드러내주는 데 지나지 않기 때문이다. 후진국에서 조금만 적당한 기반을 갖추면 금세 성장률을 높일 수 있는 것이 좋은 예이다.

8   수많은 사람 사이에 퍼져 있는 지식을 활용한다는 문제도 간단하지 않다. 이것은 특정한 문제에 대해 사람들이 이미 보유하고 있는 정보를 활용하는 것이 아니라 앞으로 특정 상황에서 유익하게 쓰일 사실들을 발견하는 능력과 관계가 있다. 이런 이유 때문에 사람들이 접근 가능한 정보라고 해서 다 이용되는 것은 아니고 실제 어디에 무엇이 있는지 아는 사람들이 결정과정에서 중요한 역할을 한다. 사람들은 실제 필요에 직면해서야 자신이 아는 정보를 찾게 된다. 그러나 다른 사람들이 필요하다고 할 경우에 자신이 보유한 정보를 전부 다 제공하는 것은 결코 가능하지 않다. 하물며 어떻게 하면 정보를 구할 수 있다는 것을 아는 정도에 그치는 경우에는 더욱 그렇다.

9   W. Mieth, "Unsicherheitsbereiche beim wirtschaftspolitischen Sachurteil als Quelle volkswirtschaftlicher Vorurteile" in W. Strzelewicz (ed.), Das Vorurteil als Bildungsbarriere (Göttingen, 1965), p.192.

10   이 부분은 Friedman이 계속해서 강조하는 내용이다. Milton Friedman, Capitalism and Freedom(Chicago, 1962) 참조.

11   W. L. Letwin, Law and Economic Policy in America(New York, 1965), p.281.

12   The Gesetz gegen Wettbewerbsbeschränkungen of 27 July 1957.

13   이런 문제들에 대해서는 Mancur Olson Jr., The Logic of Collective Action(Harvard University Press, 1933) 참조.

14   Gunnar Myrdal, An International Economy(New York, 1956); J. K. Galbraith, The Affluent Society(Boston, 1969).

15   J. K. Galbraith, op. cit.

16   Mancur Olson Jr., op. cit.

제16장 민주주의적 이상의 좌초 : 요약

1   * Axel Oxenstjerna 백작(1583-1654)이 그의 아들에게 1648년에 보낸 편지 중에서. 이 장에서 말할 내용 중 상당부분은 이미 오래전에 쓴 것이고, 또 그 중 일부는 출판도 한 것이라서 내용을 아는 독자도 있을 것이다. 그래서 긴 이야기를 되풀이하지 않고 가장 중요하다 싶은 부분만 간단하게 정리하려 한다. 1978년 3월, Encounter지에 실렸던 원고를 조금 고쳐서 싣는다.

2   영국 하원, 1977년 5월 17일. 사실 보호해야 할 권리의 목록을 작성할 필요는 없고, 단지 법에 대한

복종을 집행하기 위한 경우를 제외하고는 어떤 경우에도 강제력을 행사할 수 없게 정부의 권한을 제한하는 것 하나면 족할 것이다.

제17장 모델헌법

1   * David Hume, Essays, Part II, Essay XVI, "The Idea of Perfect Commonwealth."
2   나는 그동안 대의기구를 새로 재편하는 문제에 대해 오랫동안 관심을 기울여왔기 때문에 이 주제에 대해 많은 글을 발표했다. 내 기억으로 그 첫 번째 글은 1960년 11월 10일 발표한 "New Nations and the Problem of Power", Listener, no.64, London이었다. 또한 "Libertad bayo la Ley", in Orientacion Economica, Caracas, April 1962; "Recht, Gesetz und Wirtschaftsfreiheit", Hundert Jahre Industrie und Handelskammer zu Dortmund 1863~1963(Dortmund, 1963; reprinted in the Frankfurter Allgemeine Zeitung 1/2 May 1963, and reprinted in Hayek, Freiburger Studien(Tübingen, 1969); "The Principles of Liberal Social Order", Il Politico, December 1966, and reprinted in Studies in Philosophy, Politics and Economics(London and Chicago, 1967); "Die Anschauungen der Mehrheit und die zeitgenössische Demokratie", Ordo 15/16(Düsseldorf, 1963); "The Constitution of a Liberal State", Il Politico 31, 1967; The Confusion of Language in Political Thought(Institute of Economic Affairs, London, 1986); Economic Freedom and Representative Government(Institute of Economic Affairs, London, 1973)도 참조하라. 근래에 쓴 글들은 대부분 나의 책 New Studies in Philosophy, Politics, Economics and the History of Ideas(London and Chicago, 1977)에 재수록했다. 이 주제에 관해 가장 최근에 발표한 글은 Three Lectures on Democracy, Justice and Socialism(Sydney, 1977)인데 독일어, 스페인어, 그리고 포르투갈어로도 번역되었다.
3   Z. Giacommetti, Der Freiheitskatalog als Kodifikation der Freiheit(Zürich, 1955).
4   A. R. Harris, "Law Making at Athens at the End of the Fifth Century B.C.", Journal of Hellenic Studies, 1955 참조.
5   E. G. Philip Hunton, A Treatise on Monarchy(London, 1643), p.5.
6   John Stuart Mill, Considerations on Representative Government(London, 1861), 제5장.
7   입법활동을 하는 데는 의회가 정당별로 구분되는 것이 결코 바람직하지 않지만, 정부 일을 하는 데는 양당체제가 분명히 소망스럽다. 둘 중의 어느 경우에도 비례대표제는 채택하지 않는 것이 좋은데, 이 문제에 대해서는 마땅히 주목을 받았어야 함에도 불구하고 출판시기가 좋지 못해 그다지 관심을 끌지 못했던 F. A. Hermens, Democracy or Anarchy(Notre Dame, Ind., 1941) 참조.
8   Carl Schmitt, "Soziologie des Souverainitätsbegriffes und politische Theologie" in M. Palyi (ed.), Hauptprobleme der Soziologie, Erinnerungsgabe für Max Weber(Munich, 1923), II, p.5.
9   The Constitution of Liberty(London and Chicago, 1960), 제20장.

제18장 권력의 제한과 정치적 영향력의 축소

1   * Albert Schweitzer, Kultur und Ethik, Kulturphilosophie, vol.2(Bern, 1923), p.xix. 영어 번역본은, Civilization and Ethics(London, 1923), p.xviii.

2   K. R. Popper는 The Open Society and Its Enemies(5th edn., London, 1974), vol.I, p.124에서 다음과 같이 말했다. "우리는 정부 형태를 다음과 같이 둘로 나눌 수 있다. 그 하나는 선거와 같은 방법을 통해 유혈사태를 일으키지 않고 정부를 교체할 수 있는 경우이다. 다시 말해 사회적 제도가 피지배자에 의해 지배자가 바뀔 수 있는 방법을 제공하고, 또 사회적 전통이 권력자 마음대로 이러한 제도를 폐기하지 못하게 할 만큼 강력한 곳에서는 이러한 정부가 존립할 수 있다. 다른 하나는 혁명이 성공하지 못하면 지배자가 교체되지 않는 정부 형태인데, 이는 다시 말하면 대부분의 혁명은 실패하고 말기 때문에 정부 교체가 이루어지기 어렵다는 것을 의미한다. 나는 앞의 형태에다 간단히 일컬어서 '민주주의'라는 호칭을 붙이고, 뒤의 경우에는 '독재자' 또는 '폭군'이라는 용어를 사용하려 한다. 이렇게 하는 것이 관례에도 맞을 것이다."
    최고의 정치적 가치에 내포되어 있는 부정적인 성격에 대해서는 역시 그의 Conjectures and Refutations(2nd edn., London, 1965), p.230 참조.
3   John Dewey, "Liberty and Social Control", Social Frontier, November 1935. 보다 자세한 이야기는 내가 쓴 책, The Constitution of Liberty, 제1장, 각주 21번 참조.
4   Morris Ginsberg in W. Ebenstein (ed.), Modern Political Thought: The Great Issues(New York, 1960).
5   David Miller, Social Justice(Oxford, 1976), p.17. 그리고 M. Duverger, The Idea of Politics (Indianapolis, 1966), p.171도 참조하라. "정의의 의미를 규정하는 사람들은 …… 거의 언제나 부(富)라든가 사회적 자원의 배분에 대해 초점을 맞춘다." 이런 사상가들이 Locke나 Hume, 심지어는 Aristotle의 책을 읽어보았는지 모르겠다. 특히 Locke가 Essays Concerning Human Understanding, IV, iii, 18에서 한 다음과 같은 말을 유념하는 것이 좋겠다. "재산이 없는 곳에 정의도 존재할 수 없다고 하는 말은 유클리드 기하학만큼이나 자명한 이야기이다. 재산이라는 것이 어떤 물건에 대한 권리를 뜻하는 것이고, 불의라는 것은 그러한 권리를 침해하거나 훼손하는 행위를 지칭하는 것이기 때문이다. 따라서 나는 이런 의미와 이름으로 구성된 명제가 타당하다는 것을 마치 삼각형의 세 각을 합하면 두 직각을 합한 것과 똑같다는 것처럼 확신할 수 있다."
6   D. Miller, op. cit., p.23.
7   J. A. Schumpeter, History of Economic Analysis(New York, 1954), p.394. "자유기업 체제를 반대하는 사람들도 그런 명칭을 사용하는 것이 유리하다고 생각한다."
8   한 친구가 내게 최근에 말했듯이, 만일에 우리가 정부의 개입에 의해 '사회정의'가 달성될 수 있다고 믿는 사람을 사회주의자라고 친다면, 아마도 오늘날 서구 민주국가 국민의 약 90퍼센트가 사회주의자로 분류될 수 있을 것이다.
9   David Hume, A Treatise of Human Nature, book III, section 2, ed. L. A. Selby-Bigge (Oxford, 1958), p.495.
10 이런 잡지들은 현재의 경제체제를 비판하면서 말도 안 되는 오류를 자주 범한다. 1977년 5월 16일 한 텔레비전 방송국에서는 "나무와 풀들을 저렇게 정갈하게 다듬으려면 돈이 얼마나 엄청나게 들 것인가?" 하며 개탄했다.
11 이 부분과 관련해서 내가 쓴 The Confusion of Language in Political Thought(Occasional Paper 20 of the Institute of Economic Affairs, London, 1968)를 읽어보라.
12 무한권력을 지닌 민주정부가 지닌 약점에 대해서는 독일의 뛰어난 정치학자인 Carl Schmitt가 잘 분석하고 있다. 그러나 그는 1920년대에는 정치상황의 변화에 대해 누구보다도 훌륭한 업적을 남겼지만 그 후로는 내가 볼 때 도덕적으로나 지성적으로 그릇된 관점 위에서 맴돌고 말았다. 그의

에세이 "Legalität und Legitimität", 1932(reprinted in Verfassungsrechtliche Aufsäze, Berlin, 1958, p.342) 참조.

"다원적 정당국가는 세력이나 힘이 강해서가 아니라 취약하기 때문에 전체주의화한다. 정당국가는 삶의 모든 영역에 간섭한다. 모든 이해당사자의 요구를 충족시켜 주지 않으면 안되기 때문이다. 심지어는 지금까지 국가가 모든 지도와 정치적 영향력을 포기하면서도 중립을 지켜왔던 경제영역에까지 간섭을 하기에 이르렀다."

이런 결론은 이미 1926년에 출판된 그의 Die geistesgeschichtliche Lage des Parlamentarismus에서 언급하고 있다.

13 Ibid., p.38.

14 Mancur Olson, Jr., The Logic of Collective Action(Harvard University Press, 1965). 내가 주최한 프라이브르크 세미나에 참석한 사람들이 이 책을 독일어로 번역한 것이 출판되었는데, 그 책의 서문에서 내가 한 말도 참조하라. Die Logik des kollektiven Handelns(Tübingen, 1968).

15 Edwin Cannan, The History of Local Rates in England(2nd edn, London, 1912)에서 잘 보여지듯이, 19세기 영국의 자유주의자들이 거주이전 문제와 관련해서 심각하게 토론한 내용들을 잘 살펴볼 필요가 있다. 여기서 제기된 가장 어려운 문제 중의 하나는 아마도 주민들이 가능하면 자기 지역에 많이 거주하도록 유인해야 할 필요성과, 그와 동시에 괜찮아 보이는 주민들만 취사선택할 수 있는 자유가 어떻게 조화를 이룰 수 있는가 하는 점이다. 자유주의에서는 거주이전의 자유가 핵심원리 중의 하나이다. 그러나 그렇다고 이상한 사람이 주민들의 반대를 무릅쓰고 아무 데서나 직장을 찾고 집을 사면서 정착할 수 있는 것일까? 그 지역 사람들이 원한다면 물론 가능한 일이나, 주민들이 그렇게 해야 할 의무를 지고 있는 것은 아니다. 주민들이 그렇게 하고 싶어하지 않는다고 해서 법을 어기는 것은 아니다. 스위스나 기타 일부 지역Tyrolese 마을 같은 데서는 법을 위반하지 않아도 낯선 사람인 경우 받아들이지 않을 수 있다. 이런 관행이 자유주의 원칙에 반하며 도덕적으로도 정당화될 수 없는 것일까? 전통이 오래된 지역사회의 경우에 대해서는 뭐라고 딱 잘라 말하기가 어렵다. 그러나 장기적으로 볼 때는, 내가 The Constitution of Liberty, pp.349-53에서 말했듯이, 기업들이 자유롭게 토지를 소유하는 것과 지역주민들에게 피해가 생기지 않도록 보호장치를 한 상태에서 오랜 기간 동안 토지를 임대하는 방법 사이에서 절충안이 만들어질 수 있을 것이다.

16 제12장 각주 16번에서 인용한 J. A. Schumpeter의 글 참조.

17 Denationalization of Money: The Argument Refined(2nd extended edn, Institute of Economic Affairs, London, 1978).

18 Ibid., p.133ff.

19 Torgny F. Segerstedt, "Wandel der Gesellschaft", Bild der Wissenschaft, VI/5, May 1969.

20 나는 '이성의 자만'과 '계획사회의 재앙' 같은 내용을 가지고 1939년에 이 제목의 책을 쓸 예정이었다. 그러나 이 계획은 뜻대로 실행에 옮겨지지 못했다. 다만 그 일부 구상이 Economica(1941, 5)에 처음 발표된 뒤 The Counter-Revolution of Science(Chicago, 1952)에 재수록되었다. 그리고 이 책의 독일어 번역판에 Missbrauch und Verfall der Vernunft(Frankfurt, 1959)라고 제목을 붙일 무렵, 나는 결코 원래 계획대로 집필을 끝내지 못하리라는 것을 알게 되었다. The Road to Serfdom(London and Chicago, 1944)도 따지고 보면 처음 구상했던 내용의 후반부를 시험삼아 써본 것에 불과했다. 결국 나는 40년 동안이나 이 주제를 놓고 씨름해온 셈이다.

에필
로그

에필로그

인간가치의 세 가지 근원[1]
The Three Sources of Human Values

> 좌파 예언가와 우파 예언가 사이에 인류가 끼어 있다.
>
> 괴테J. W. Goethe[*2]

사회생물학의 실수

최근 들어 중대한 실수를 범하고 있음에도 불구하고 사람들 사이에서 널리 운위(云謂)되는 주장 때문에 여러 가지 생각을 하게 되었다. 사회생물학이라는 새로운 학문영역을 열었다고 평가를 받는 책[3]이 바로 그것인데, 이분야의 최고 전문가인 하버드대학의 윌슨 교수[4]도 찬사를 아끼지 않았다. 이 책에 따르면 인간사회에는 오직 두 종류의 가치밖에 존재하지 않는데, 인간의 본성에서 기인하는 '1차적 가치'와, 이성적 사고의 산물인 '2차적 가치'가 바로 그것이다.[5]

사회생물학은 물론 오랜 세월 동안 연구되어 온 분야이다. 런던경제대학원에 재직하는 원로교수들은 이미 40여 년 전에 이 학교에 사회생물학을 전공하는 교수가 있었다는 것을 기억할 것이다. 그 이후로 이 분야에는 기라성 같은 연구자들이 많이 출현하였는데, 헉슬리,[6] 로렌츠,[7] 틴버겐[8]을 중심으로 그들의 제자들,[9] 그리고 미국 학자들이 많은 업적을 남기고 있다.

그러나 나는 심지어 50년 친구인 비엔나의 로렌츠의 책에서조차 너무 손쉽게 동물들의 행태에 관한 학설을 곧바로 인간행동을 설명하는 데 적용하는 것을 발견하고 놀라지 않을 수 없었다. 그리고 사회생물학에 관한 많은 저술들 중에서 그 기본이론을 차근차근 설명하고 인간의 가치가 두 종류로 대별될 수 있다는 가설을 뒷받침해줄 만한 것을 발견하기 어려웠다.

생물학자들이 제기하는 주장 중에서 정말 놀라운 것은,[10] 중요한 측면에서 차이가 나기는 하지만 그래도 동물세계의 진화과정과 인간사회의 고도로 복잡한 문화구조 사이에 유사점이 많다는 것을 지나치게 확신한다는 점이다. 문화적 진화에 관한 학설들은 생물학적 진화론이 나오기 훨씬 이전부터 발달했다. 사실 찰스 다윈이 진화론 개념을 생각해낸 것은 법이나 언어에 대한 역사학적 접근을 시도하던 그의 동시대 사람들보다는 에라스무스에서 시작하여 맨더빌과 흄에서 발전한 문화적 진화 개념의 도움에 힘입은 바가 더 컸다고 할 수도 있다.[11] 다윈 이후에 그를 추종하는 '사회적 다윈주의자들'은 환경적응력이 뛰어난 개인들에게 초점을 맞추려 했으나 그 연구과정에서 시간이 많이 소요되는 까닭에 문화적 진화를 연구하는 데 별로 도움이 되지 못했다. 이들은 또한 규칙과 관습이 어떻게 선별적으로 진보하는가 하는 문제도 소홀히 취급하였다. 그러나 진화를 단순히 유전과정의 변화로만 치부한 채,[12] 오늘날 인간사회의 구석구석에 큰 영향을 미치며 해결하기 어려운 지적 문제를 야기하고 있는, 그러면서 엄청나게 빠른 속도로 변화하는 문화적 진화과정을 전혀 도외시한다는 것은 말이 안 된다.

한편 나도 이들 생물학자들 사이에서 공통적으로 발견되는 실수들이 현시대의 가장 예민한 도덕적, 정치적 문제와 직접적으로 맞닿아 있다는 사실을 깨닫지 못했다. 얼핏 보면 오직 생물학 전공자들에게만 해당되는 듯이 보이지만 사실은 전체 문명사적 관점에서 해결해야 할 중차대한 과제가 내포되어 있는 것이다. 내가 지금부터 말하려는 내용은 문화인류학과 관계가 깊다. 문화적 진화라는 개념은 주로 홉하우스와 그의 추종자들,[13] 그리

고 그 뒤를 이어 영국의 헉슬리[14] 카-손더스,[15] 워딩턴,[16] 미국의 심슨, 도브
잰스키,[17] 캠벨[18]이 연구했으며, 이 문제에 대한 윤리학적, 정치학적, 그리
고 경제학적 관심도 매우 높아지고 있다. 그러나 현재의 인간사회 질서가
기본적으로 다양한 제도들의 경쟁을 거쳐 보다 나은 것을 중심으로 발전해
나왔다는 사실은 아직 잘 알려져 있지 않다.

문화라는 것은 전적으로 자연적인 것도, 또 그렇다고 인위적인 것도 아니다

　마찬가지로 순전히 유전적 작용의 결과만도 아니며 인간의 이성이 홀로
만든 작품도 아니다. 학습된 행동규칙의 전통이 바로 문화인데, 이것은 결
코 '창조'된 것이 아니다. 문화에 따라 사람들이 행동하면서도 그 기능을
제대로 이해하지 못하는 경우가 일반적이다. 물론 문화에서 우러나오는 지
혜라는 것은 대부분 자연에서 배운 것이기는 하다. 그러나 정부가 권력을
가진 탓에 문화가 빚어내는 문제점들이 쉽게 시정되지 않는 경우도 있다.
　이와 관련하여 구성주의적 데카르트주의자들[19]은 오랜 세월 동안 '좋다'
는 것은 내재적이거나 심사숙고하여 선택된 규칙이라고 주장하면서 모든
관습이나 제도가 우연이나 변덕의 결과에 지나지 않는다고 주장해왔다. 그
래서 '그저 문화적'이라는 말을 쓰면 마음대로 바꿀 수 있는, 자의적인, 피
상적인, 그리고 별로 중요하지 않은 것 같은 어감을 풍긴다. 그러나 문화는
인간의 타고난 본능을 비합리적인 관습에 복종시켜 나오는 과정에서 발전한
다. 이 관습 때문에 많은 사람이 질서를 형성하며 살아갈 수 있는 것이다.

문화적 진화과정

　인간의 이성이 의식적으로 제도를 만들어나간 결과로서 문화가 발전하는 것이 아니라 문화와 이성이 동시에 작용을 주고받는다는 관점에 대해 점점 많은 사람이 공감하고 있다. 아마 사람이 생각함으로써 문화를 창조하게 되었다기보다 거꾸로 문화가 사람의 이성을 발전시켜 준다는 말이 더 정확할 것 같다.[20] 내가 틈만 나면 강조했듯이, 우리가 고대 그리스 시대로부터 물려받은 그릇된 이원론, 즉 '자연적'인 것과 '인위적'인 것을 구분하는 사고습관이 아직도 뿌리깊게 남아 있다.[21] 전통적인 인간의 관습들은 유전적으로 결정된다는 의미에서의 자연적인 것이나 인간의 지적 구상의 산물이라는 의미에서의 인위적인 것이 아니고, 알지 못한 상태에서, 그리고 아마도 우연한 이유에 의해 수용하기 시작한 관습이 제공하는 여러 가지 상이한 혜택을 주고받는 과정에서 발전하는 것이다.[22] 우리는 이제, 새나 특히 원숭이 같은 동물들 사이에서 학습된 습관이 모방에 의해 후세로 전달되며, 또 집단에 따라서 상이한 '문화'가 발전할 수 있다는 것뿐만 아니라[23] 그렇게 후천적으로 형성된 문화적 특징이 생리학적인 변화에도 영향을 미칠 수 있다는 것도 알게 되었다. 이 점은 언어의 경우를 보면 분명히 알 수 있다. 다시 말해 언어가 만들어지던 초기 시절에는 특정 발음을 하는 데 도움이 되는 신체적 특징이 중요한 장점이 되고, 그 결과 그러한 소리를 내는 데 적합한 방향으로 유전적 선택이 이루어졌던 것이다.[24]

　이런 주제에 관한 모든 글들은 한결같이 문화적 진화라는 것이 호모 사피엔스가 지구상에 존재한 이후 최근 1퍼센트 이내의 시간 안에 일어났다는 점을 강조하고 있다. 우리가 문화적 진화라는 말을 문명이 급속하게 발전한 상태로 이해한다면, 이런 주장은 충분히 근거가 있다. 문화적 진화는 후천적으로 습득된 성질을 후세에 전달해주는 것이기 때문에 유전적 진화와는 달리 매우 빠르게 변화를 일으킬 수 있다. 일단 한 문화적 특성이 지배적인 위치에 오르면 유전적 진화까지도 압도할 만한 힘을 가진다. 그렇다고 해서 인간의 정신이 발전하면서 문화를 이끌어나간다고 생각하면 그것은 사실과 다르다. 인간이 호모사피엔스로 등장하기 훨씬 이전, 즉 원시인간 시절에서부터 이미 문화는 발전해 나왔기 때문이다. 따라서 다시 강조하지만, 정신과 문화는 서로 영향을 주고받으며 발전하는 것이지 어느한쪽이 다른 쪽을 이끌고 가는 것은 아니다. 이 점을 인정하고 나면, 우리는 인간의 역사에서 문화적 진화가 어떻게 일어날 수 있었는가에 대해 아는 바가 너무 없다는 것을 깨닫게 된다. 그 과정을 입증해줄 만한 화석도 드물기 때문이다.

따라서 우리는 18세기 스코틀랜드 도덕철학자들이 제기한 대로 추론에 입각해서 그 역사를 구성해볼 수밖에 없다. 우리는 장차 인종으로 발전할 다양한 종족들이 어떤 행동규칙에 따라 행동했는지 거의 알지 못한다. 이문제는 아직도 원시 형태로 살고 있는 부족들을 연구해도 별 성과가 없다. 역사적 추론방법은 사건들이 정확하게 언제 어떻게 일어났는지를 밝혀주지 못하기 때문에 오늘날 그 효용에 대한 의구심이 제기되기는 하지만, 그래도 번뜩이는 통찰력을 담고 있어 그 의미가 결코 가볍지 않다. 이런 점에서 사회와 언어, 그리고 인간정신의 발전은 똑같은 어려움을 야기한다. 즉 문화적 진화 중에서도 가장 중요한 사건, 다시 말해 인간이 야만 상태를 벗어난 것이 인간 역사가 기록되기 이전의 일이라는 점이다. 인간과 다른 동물을 구분할 수 있는 결정적 단서가 바로 이 사건이다. 그래서 한 학자는 다음과 같이 말했다.

"문명과 문화의 역사라는 것은 간단히 말하면 인간이 동물과 비슷한 상태를 벗어나서 체면을 알게 되고 예술을 가꾸며 개명된 가치를 받아들여 이성을 자유롭게 사용할 수 있게 되는 과정에 지나지 않는다."[25]

이 점을 이해하기 위해서는 인간이 이성 덕분에 문화를 발전시킬 수 있었다고 하는 관점을 완전히 포기해야 한다. 인간이 지니고 있는 가장 독특한 장점은 남을 모방하고, 또 학습한 것을 다른 사람에게 전달하는 능력을 타고났다는 것이다. 인간은 상황에 따라 무엇을 해야 하고 심지어는 무엇을 해서는 안 되는가를 인지할 수 있는 뛰어난 능력을 부여받았다. 그리고 전부는 아니라 할지라도, 인간은 말을 통해 무엇을 해야 하는가를 배우게 된다.[26] 사람들에게는 '지식'보다도 상황에 따라 어떻게 행동해야 하는가를 일러주는 행동규칙이 더 중요한 역할을 한다. 다시 말해서 사람들은 그것이 왜 좋은 것인가를 이해하지 못하면서도 궁극적으로 좋은 결과를 낳게 될 일을 하도록 배우는데, 잘 이해하는 것보다 그저 습관적으로 행동하는 것이 더 유리한 결과를 낳는 경우가 많다. 다른 목표들은 기본적으로 각자에게 적합한 행동양식에 따라 결정된다. 그것은 일종의 지혜 보따리와 같은 역할을 하는데, 사람들이 상황에 따라 어떻게 행동해야 하고 무엇을 해서는 안 되는가, 특히 주변 사람들과 어떻게 협력하며 살아야 하는가를 들려준다.

따라서 전통에 녹아 있는 행동규칙들은 각 개인이 그것을 이해하든 못하든 관계없이 사람들의 생활을 지배한다.[27] 이처럼 서로 다른 대상들을 분류하는 것과 같은 습득된 규칙들이 외부 세계에 대해 예측하는 능력을 길러주는 일종의 모델을 포함할 수 있게 될 때, 그때서야 우리가 말하는 이성이 싹트기 시작한다.[28] 행동에 관한 규칙체계 속에는 인간의 사고능력이 창출할 수 있는 것보다 더 많은 '지성'이 응축되어 있다.

따라서 개개인의 두뇌나 정신이 역사의 발전, 곧 문화의 진화를 이루어내는 원동력이라고 생각하면 안 된다. 인간의 정신이라는 것은 전통적으로 습득된 무언의 규칙 속에 용해되어 있으며, 따라서 정신의 지시를 받는 구체적인 행동은 각 개인에게 주어진 문화적 양태에서 획득한 복제물에 지나지 않는다. 인간은 두뇌를 이용하여 문화현상을 습득할 수는 있지만 그것을 창조하지는 못한다. 칼 포퍼가 이름 붙였던 '제3의 세계(world 3)'[29]는 수백, 수천만 명의 뛰어난 두뇌가 개별적으로 작동하면서 존재하기는 하지만, 생물학적 차원의 두뇌진화와는 구분되는 발전과정의 결과이기 때문에 그러한 발전적 결과물을 흡수할 수 있는 문화적 전통이 존재할 때 비로소 유용한 구조로 발전될 수 있는 것이다.

이것을 달리 말하자면, 정신이라는 것은 따로 독립적으로 존재하는 구조, 또는 질서의 단지 한 부분으로서만 활동한다. 비록 그러한 질서가 오랫동안 발전하기 위해서는 수많은 개인이 각 질서의 부분들을 흡수, 조정해야 하지만 말이다. 이 점을 이해하기 위해서는 사회생물학이 송두리째 무시하는 그러한 실천의 변화과정에 대해 주의를 기울여야 한다.

이것이 내가 인간의 가치라고 이름 붙인 이 강좌의 세 번째이자 가장 중요한 부분인데, 우리가 잘 모르고 있기는 하지만 앞으로 내가 가장 역점을 두고자 하는 내용이다. 그러나 어떻게 해서 그와 같은 사회구조가 발전해왔는가 하는 문제에 대해 구체적인 질문을 던지기 전에, 이런 문제를 분석하는 데 도움이 될 방법론에 대해 간략하게 언급하는 것이 좋겠다.

자기보존적 복합구조의 발전

이제 우리는 가장 간단한 원자에서부터 인간의 정신과 사회에 이르기까지 지속적으로 존재하는 모든 구조들이 선택적 진화과정의 결과물이며, 오직 이 관점을 통해서만 설명될 수 있다는 것[30]과 복잡한 구조일수록 환경의 변화에 맞추어 내부 상태를 개선해가는 능력이 뛰어나다는 것을 알게 되었다. "어디를 보든 진화과정을 거쳐 복잡다단해지는 것을 발견하게 된다"(니콜리스·프리고진, 각주 33번 참조). 이러한 구조상의 변화는 규칙적인 행동, 또는 규칙을 따르는 능력을 보유한 원소들에 의해 초래되는데, 개별행동들은 외부의 영향에 의해 헝클어진 전체 질서를 복구하는 결과를 낳는다.

따라서 언젠가 내가 이름 붙인 진화 및 자생적 질서라는 양면개념[31]이 이러한 복합구조가 지속적으로 존재하게 되는 까닭을 설명하는 데 도움이 된다. 그 개념이 단순한 평면적 인과관계가 아니라 캠벨 교수가 '하향적 인과관계'라고 이름 붙인 복합적 상호작용에 기초하기 때문이다.[32]

이런 생각은 그와 같이 복잡한 현상을 설명하는 방식이나 설명 가능한 기대수준에 대한 우리의 관점을 근본적으로 바꿔놓고 만다. 특히 이제는 둘 또는 셋 정도의 서로 다른 변수들의 상호의존 관계를 설명하는 데 아주 유익했던 계량적 관계분석이 자기 보존적 특성을 지닌 구조를 설명하는 데도 여전히 도움이 된다고 생각해야 할 이유가 없어졌다.[33] 이러한 스스로 생성되는 질서가 보여주는 가장 중요한 특징 중의 하나는 서로 모르는 사람들끼리 행동을 조정해나가는 분업현상이 광범위하게 일어난다는 점이다. 현대문명의 이러한 기초에 대해 가장 먼저 언급한 사람이 바로 애덤 스미스인데, 그는 오늘날 우리가 사이버네틱스라고 명명하는 피드백 개념을 이용하여 설명하고자 했다.[34] 한때 유행했던 사회현상에 대한 유기체적 관점, 즉 제대로 설명되지 않는 질서를 이해하기 위해 역시 설명되지 않는 또 다른 현상에 대한 유추에 의존하고자 하는 시도는 이제 나의 또 다른 비엔나 친구와 그를 따르는 수많은 제자가 창안한 체계이론에 의해 대체되고 있다.[35] 이 이론은 다양하고 복잡한 질서의 공통된 특징들을 밝혀냈는데, 이런 내용들은 정보통신 이론 및 기호언어학에서도 많이 다루어지고 있는 것들이다.[36]

특히 거대 사회체계의 경제적 측면을 설명하기 위해서는, 확인 가능한 데이터에 의해 결정되는 가설적 균형 상태가 아니라, 각 참여자가 전체 환경에 대해 그저 미미한 부분밖에는 알지 못한 채 그 환경의 변화에 끊임없이 적응해나가는 현상을 이해할 수 있어야 한다. 오늘날 대다수의 경제학자가 여전히 관심을 기울이고 있는 잡다한 조치들이 역사적 사실로서는 의미가 없지 않을 것이다. 그러나 계량적 데이터가 스스로 복원력을 갖춘 현상을 이론적으로 설명하는 데는 한계가 있다. 그것은 마치 해부실에서 교과서의 설명과는 다른 크기와 모양을 갖춘 인간의 장기, 이를테면 간이나 위 같은 존재와 마주쳤을 때 계량적 데이터에 의존하는 것이 크게 도움되지 않는 것과 같다.[37] 체계의 기능을 설명하는 데는 그런 것이 별로 쓸모가 없다.

행동규칙의 계층화[38]

이제 내가 중점적으로 다루려는 문제로 돌아가자. 즉 연속적으로 문화적 진화가 일어나는 가운데 전통이 형성되면서, 각각 뚜렷이 구분되는 세 과정을 거치면서 발전된 규칙들 사이의 차이점 때문에 단지 세 종류뿐만이 아니라 그 이상의 규칙들이 만들어진다는 것이다. 그 결과 현대인들은 점점 더 극심한 변화를 야기하는 갈등에 시달릴 수밖에 없다. 물론 생리학적 구조에 의해 결정되는 유전학적 '본능' 같은 것은 쉽사리 바뀌지 않는다. 그 다음에는 여러 사회구조를 거치면서 형성된 전통의 부산물이 존재한다. 이 전통 속에는 본인이 의도적으로 선택하지는 않았지만 어떤 집단의 번성을 가져온 관행 때문에 확산된 규칙 같은 것들이 포함되어 있다. 그리고 세 번째로, 이 모든 것들 위에 주어진 목적을 달성하기 위해 의도적으로 채택한 약간의 규칙이 자리잡고 있다.

인간의 삶이 소규모 군집생활에서 정착생활로, 그리고 마침내 문명을 갖춘 개방사회로 옮겨갈 수 있었던 것은 공동목표를 위해 본능에 따르지 않고 추상적 규칙에 복종하는 것을 배우는 것이 가능했기 때문이었다. 인간이 아직 호모사피엔스적인 특징을 지닌 채 중립적인 사회구조를 유지하던 군집생활 시절에는 자연적 본능을 따르는 것이 별다른 문제를 낳지 않

앗다. 약 5만 세대에 걸친 기간 동안 인간의 사회생활 속에 내면화된 구조
는 지난 5백 세대, 아니 이 책을 읽는 사람 중 상당수를 대상으로 하자면 최
근 1백 세대 동안에 일어났던 변화와는 전적으로 다른 것이었다. 이런 '자
연적' 본능이 전형적인 인간의 모습이나, 또는 선량한 것보다는 '동물적'인
것에 가깝다고 보는 것이 타당할 것이다. 확실히 '자연적'이라는 말을 찬양
하는 의미로 사용하는 것은 바람직하지 못한 결과를 낳을 수 있다. 문명이
발달함에 따라 '거대한 사회'를 건설하기 위한 조건으로 자연적 본능을 억
제하는 것을 손꼽아왔기 때문이다. 사람들은 아직도 자연적인 것은 반드시
좋을 수밖에 없다고 생각한다.

그러나 그것과 '거대한 사회'에서의 좋은 것은 판이하게 다르다. 사람을
사람답게 만든 것은 본능도 아니요, 이성도 아니다. 단지 전통만이 사람에
게 이로운 것을 제공할 수 있을 뿐이다. 인간의 생물학적 특성 속에는 공통
된 인간성이라는 것이 그리 많지 않다. 그러나 대부분의 인간들은 보다 큰
사회집단을 형성하고자 하는 특성을 습득해야 한다. 그렇지 못한 집단은
큰 조직을 형성한 사람들에 의해 정복당하기가 쉬웠다. 현대인들은 옛날
원시인들이 보여주었던 감정을 그대로 공유하고 있지만, 원시인들은 지금
우리가 보여주는 특징, 특히 본능을 억제하여 문명을 이룩할 수 있었던 능
력 같은 것은 구비하지 못했다. 개방사회의 질서와 부합하지 않는 자연적
본능을 억제하기 위해서는 본능이나 감각에 따라 행동하지 않고 학습된 규
칙에 복종할 필요가 있다. 그런데도 사람들은 아직도 이 '규율'(이 말이 내포하
는 사전적 의미 중의 하나는 '행동규칙의 체계'이다)에 저항하려 한다.

개방사회의 도덕률은 인간의 감정에 호소하지 않는다. 인간의 감정을 억
제하는 것이 진화의 지름길이기 때문이다. 그 대신 인간이 사회 속에서 어
떻게 살아가야 하는가를 일러주는 지표 역할을 한다. 아직도 사람들은 외
부종족의 침입을 막아주는 책임을 진 우두머리의 지휘 아래 15명에서 40
명 가량의 사람들이 수렵·채집생활을 하던 무렵에 습관화된 전래의 규칙을

대체하기 위해 새로 학습된 규칙들이 문화적 선택과정을 거친다는 점을 잘 이해하지 못하고 있다. 그때 이후로 모든 발전은 그와 같은 자연적 규칙을 억압하거나, 아니면 대규모 집단생활을 가능하게 하는 규칙으로 대체하는 과정을 거쳐 이루어졌다. 그리고 이런 문화적 진화의 대부분은 몇몇 개인들이 전통의 굴레를 깨뜨린 채 새로운 행동양식을 시범해 보임으로써 가능해졌다. 이때 새로운 규칙을 선보인 개인들이 그것이 더 우월하다는 것을 미리 알고 있었던 것은 아니고, 다만 그것을 실천에 옮겼던 집단들이 상대적으로 다른 집단보다 더 번성했기 때문에 새 전통으로 자리잡은 것이다.[39] 이런 규칙들이 때때로 마술이나 의식의 형태를 갖춘다고 해서 놀랄 필요는 없다. 정해진 규칙을 준수할 것을 서약하기만 하면, 실제 그 내용이 무엇인가에 대해 알든 모르든 관계없이 한 집단의 일원으로 인정될 수 있었다. 각 집단은 도덕적 가치나 효용성을 따지지 않은 채 오직 각 상황에 맞는 한 가지 규칙만 제정해서 실천에 옮겨왔던 것이다.

습관적 규칙과 경제질서

　문명의 발전과 더불어 경제질서가 어떤 변천과정을 거쳐왔는지 따져보는 것은 매우 흥미롭지만 여기서는 시도해볼 수가 없다. 다만 한 가지 분명한 것은 경제질서가 각종 금지규정을 완화시켜 나오는 과정에서 문명이 발전할 수 있었다는 점이다. 다시 말해 개인에게 특정한 일을 하도록 명령하기보다 각 개인의 자유를 존중해주는 방향으로 규칙을 만들어나옴으로써 문명의 발전에 기여한 것이다. 외지인과의 물물교환, 토지를 비롯한 개인재산권에 대한 제한 철폐, 계약의무 이행조항, 동종사업에서의 경쟁체제 인정, 다양한 가격 차이 도입, 이자를 받고 돈을 빌려주는 제도, 이런 모든 것들이 처음에는 관습과 어긋나는 금기의 대상이었다. 그러나 옛 전통을 깨뜨림으로써 새 길을 개척한 사람들도 그렇게 하는 것이 사회적으로 도움이 된다고 생각해서 일을 시작한 것은 아니었다. 그저 자기 자신들의 입장에서 이익이 된다고 판단해서 새 길을 열었을 뿐인데 결과적으로는 다른 사람들에게도 혜택이 돌아간 것이다. 그래서 다음과 같은 지적에는 틀린 것이 없어 보인다.

> "원시 시대에는 주위사람들과 '나눠 가지는 것'이 자연스러운 일이었다 …… 음식뿐만 아니라 모든 종류의 자원을 나누어 가졌던 것이다. 그 결과 한 사회 안에서 구하기 어려운 희귀자원들은 사람들이 필요로 하는 정도에 비례해서 할당되었다. 이런 관행은 수렵경제 체제로 이전해나가는 과정에서 잉태된 것으로, 매우 독특한 인간적 가치를 내면화하고 있는 것이다."[40]

그 단계에서는 맞는 이야기일 것이다. 그러나 시장경제와 개방사회로 넘어가기 위해서는 이러한 관습을 버려야 한다. 다시 말해 다음 단계로의 이전을 촉진하기 위해서는 작은 집단들 사이에서 뿌리 깊게 형성되어 있던 '연대의식'을 끊어야만 한다는 것이다. 그래야만 우리가 오늘날 문명이라고 부르는 새로운 가능성을 향해 나아갈 수 있기 때문이다. 사람들이 아직 그 의미를 충분히 파악하고 있지 못하지만, 서로 아는 사람들끼리 모여 사는 사회(face-to-face society)[41]에서 칼 포퍼가 말하는 추상적 사회(abstract society),[42] 즉 안면 있는 사람들끼리 서로 필요한 것이 무엇인지 아는 상태에서 도움을 주고받는 것은 끝나고, 그 대신 추상적인 질서와 특정 개개인을 지칭하지 않은 규칙에 의거해서 낯선 사람을 상대해야 하는 상황으로 바뀌게 된 것은 엄청난 차이를 내포하고 있다. 그 결과 어떤 개인이 할 수 있는 것 훨씬 이상으로 전문화가 촉진되는 것이다.

한심스러운 일이지만 상당수 자칭 경제학자들을 포함한 절대다수 사람이 오늘날에 이르러서도 광범위하게 분산된 정보에 바탕을 둔 사회적 분업체계가 성립할 수 있었던 것이 전적으로 시장과정에서 생겨난, 사람들이 잘 알지 못하는 상황에 어떻게 대처할 것인가를 지시해주는 비인격적 신호 덕분이라는 사실을 잘 모르고 있다. 다시 말해 대부분의 사람들이 아직도 광범위한 분업체계를 포함한 경제질서를 작동할 수 있게 만드는 것이 공통적으로 인식된 목표에 대한 추구가 아니라 단지 추상적인 행동규칙이라는 점을 인정하려 들지 않는 것이다. 그래서 골수 구성주의자들은 본능적으로 좋아 보이는 것, 또는 특정 목표를 합리적으로 달성하는 데 도움이 되는 것보다도 과거로부터 이어져 내려오는 전통적 규칙이 사회를 원활하게 움직이게 만드는 데 더 결정적인 기여를 한다는 점을 굳이 간과하려 든다. 현대인들은 자신의 본능에 따르다가 바람직하지 못한 결과를 얻게 될 경우, 이성의 힘에 의해 이런저런 다양한 행동양식을 실험해보는 것이 자신의 내면적 욕구를 더 잘 충족시켜 준다는 점을 깨닫게 된다고 둘러댈 것이다. 그러나 내면적 욕구를 충족시켜 나가는 과정에서 의식적으로 사회질서를 확립하게 되었다는 것은 사실과 맞지 않는다. 본능과 합리적 판단능력을 종합한 문화적 진화가 일어나지 않았다면 인간으로 하여금 그런 것을 시도하게 만드는 이성을 구비할 수 없었을 것이기 때문이다.

인간이 뛰어난 지능을 가지고 있기 때문에 새로운 행동규칙을 만들게 된 것은 아니다. 새 행동규칙에 따르면서 인간의 지능이 발달한 것뿐이다. 언어에서 도덕과 법률에 이르기까지 사회생활에서 빼놓을 수 없을 만큼 중요한 제도들은 결코 인간이 창조하지 않았다. 수많은 합리주의자들은 아직도 이 사실을 인정하기를 거부하면서, 심지어 그런 생각은 미신이나 다름없다고까지 주장한다. 그러나 그들은 일부 제도가 인간의 본능이나 이성을 만족시켜 주지 못함에도 불구하고 왜 보존되어야만 하는가에 대해 만족할 만한 답을 제시하지 못하고 있다. 분명히 말하지만, 언어나 도덕, 법률과 화폐 같은 문명의 기본적 도구들은 저절로 만들어진 것이지 인간의 인위적 노력에 의해 창조된 것이 아니다. 그러나 법과 경제력을 장악한 세력이 인간의 제도를 완전히 타락시키고 말았다.

비록 좌파들은 현상을 옹호하려는 기도에 불과하다고 비난하지만, 인간이 결코 만들지 않은 규칙의 중요성을 밝혀내고 복잡한 사회질서가 존재할 수 있는 근간이 되는 규칙에 대한 복종의 의미를 규명하는 것은 이 시대 지성이 감당해야 할 가장 중요한 과제 중의 하나이다. 나는 이미 앞에서 물론 인간이 탐닉하려 드는 쾌락이 결코 문명의 궁극적 목표가 될 수 없으며, 다만 그것은 원시 시대에 인류가 살아남을 수 있도록 각 개인의 행동을 규정해주는 신호에 불과했다는 점, 그리고 현재의 상황에서는 더 이상 그런 역할도 필요하지 않다는 점에 대해 지적한 바 있다. 따라서 각 개인의 쾌락을 만족시켜 주는 것이 규칙의 진정한 존재이유라고 주장하는 구성주의적 공리주의는 완전히 잘못된 근거 위에서 출발한 것이다. 현대인들이 복종하는 규칙들이 인간의 삶에 커다란 기여를 한 것은 사실이나, 그렇다고 해서 그것이 각 개인의 쾌락도 증진시켜 주었다고 말할 수는 없다.

자유의 규율

인간의 역사가 자유의 역사는 아니었다. 생존을 위해 소집단 속에서 살아가야 하는 인간에게는 자유를 생각할 여유가 없었다. 자유는 소집단의 구속에서 인간을 해방시킨 문명의 소산이었으며, 이에 대해서는 집단의 우두머리도 거역할 수가 없었다. 자유의 규율이기도 했던 문명의 규율에서 자유가 점진적으로 확대해나왔다. 자유는 추상적이고 비인격적인 규칙을 통해 타인의 자의적인 폭력에서 개인을 보호해주었으며, 또한 각자가 자신의 목적을 위해 스스로의 지식을 이용할 수 있는, 그리고 아무도 침입해 들어올 수 없는 고유영역을 확보할 수 있게 해주었다. 그러나 자유를 향유하기 위해서는 우리의 자유를 억제할 수 있어야 한다. 존 로크가 말했듯이, "다른 사람의 변덕에 시달려야 한다면 어느 누구도 자유로울 수 없기"(Second Treatise, sect.57) 때문이다.

대면사회, 또는 최소한 서로 잘 아는 사람들로 구성된 사회에서 더 이상 공통된 구체적 목표에 의해서가 아니라 단지 추상적인 규칙에 대한 복종에 의해 결속이 유지되는 추상적, 개방사회로 이전해가면서 인간은 점점 개인의 이해능력 밖의 사회질서를 만들어내고, 또 그 질서를 유지하기 위해 자신의 본능을 억제해가며 규칙을 학습해야 하기에 이르렀다.[43] 아마도 사람들이 가장 이해하기 어려운 것이 있다면, 그것은 바로 자유개방 사회에서 모든 사람들이 어떤 구체적인 목표가 아니라 추상적인 질서를 지속적으로 유지할 수 있게 만드는 역시 추상적인 행동규칙에만 유일한 공통가치로 받아들인다는 사실일 것이다. 그 추상적인 질서가 각 개인이 특정 목표를 달성하는 데 직접적인 도움을 주는 것은 아니며 단지 각자가 개인적인 목표를 달성할 수 있는 가능성을 높여줄 수 있을 뿐이다.[44]

소수의 사냥꾼과 채집꾼이 모여 사는 사회를 유지하기 위해 필요한 공동체의 역할과 교환에 바탕을 둔 개방사회의 전제조건이 되는 국가의 역할은 판이하게 다를 수밖에 없다. 인류가 첫 번째 사회를 유지하기 위해 필요한 지혜를 배우는 데 수십만 년이 걸렸다. 그런데 두 번째 사회가 등장하기 위해 인간은 새로운 규칙을 습득할 수 있어야 할 뿐 아니라 시대적 상황에 더이상 적합하지 않은 본능적 욕구를 억제하는 규칙도 만들어야 했다. 이런 새 규칙들이 기존의 규칙들보다 더 유용하다는 자각 때문에 만들어진 것은 아니다. 인간이 스스로 경제체계를 창조한 것은 아니다. 그렇게 할 수 있을 만큼 인간의 두뇌가 뛰어나지 않다. 어떻게 하다 보니 그러한 체계를 이루게 되었고 나아가 제도 자체의 관성에 인간이 적응해서 살아온 것에 지나지 않는다.

　그저 자신의 본능적 욕구나 아니면 의도적으로 제정된 규칙체계 정도밖에는 이해하지 못하는 인간들의 지각능력으로서는 이런 과정을 온전히 파악한다는 것은 불가능하다. 그러나 한 가지 분명한 사실은 미리 시장의 성격에 대해 알고 있는 사람이 아니라면 지금처럼 수십억 되는 인구를 포괄할 수 있는 경제질서를 도저히 인위적으로 만들어낼 재간이 없다는 점이다.

　이러한 교환사회가 등장하고 다양한 시장가격에 따라 광범위한 분업과 협업이 일어날 수 있었던 것은 서구사회에서 특정한 도덕적인 신념이 점진적으로 확산된 덕분이었다. 자영농민들과 상공인, 그리고 자기 주인들이 하는 일을 옆에서 보고 배운 종업원 및 견습생들도 이런 규칙들을 차차 습득하게 되었다. 이들은 자본을 축적하는 한편, 소비하는 것보다 주위 동료들에게 괜찮은 사람이라고 평가받는 것을 더 소중히 여기게 되면서, 자기 가족과 사업의 장래를 염려하는 신중한 사람, 선량한 가장을 높이 여기는 도덕률을 쌓아나왔던 것이다.[45] 시장질서가 유지될 수 있었던 것은 혁신적인 방법을 창안한 사람들보다도 그들을 모방해서 그것을 실천한 수많은 사람 덕분이었다. 그 과정에서 안면 있는 주변 사람들의 알려진 이익보다 불특정다수가 추구하는 미지의 목표를 충족시키는 것이 시장의 목표로 자리 잡게 되었다. 모두가 잘 아는 공동의 목표가 아니라 각자의 영리를 추구하는 것이 정당화되면서 결과적으로는 전체의 복리도 더 한층 증대되었던 것이다.

억압된 원초적 본능의 재등장

　그러나 근래 들어 서구사회의 점점 더 많은 사람이 거대조직의 일원으로 성장하면서 개방사회의 전제조건이 되는 시장질서에 대해 이질감을 느끼게 되었다. 그들은 시장경제의 본질에 대해 잘 모른다. 시장경제를 움직이는 규칙을 실천에 옮겨본 적도 없는 사람들의 입장에서 볼 때 시장을 통해 일어나는 결과라는 것은 불합리하고 비도덕적인 것이나 다름없다. 그들은 때로 시장이 사악한 권력에 의해 움직이는 구조에 불과하다는 생각까지 한다. 그러다 보니 오랫동안 억눌려 있던 내재적 본능이 다시 고개를 들기 시작한다. 따라서 그들이 요구하는 것처럼 조직된 권력을 이용하여 분배정의를 구현하자고 하는 것은 엄격히 말하면 원초적인 감정에 기반을 둔 격세유전의 결과라고 할 수 있다. 바로 이처럼 넓게 퍼져가는 감정을 겨냥하여 예언가나 도덕철학자, 그리고 구성주의자들이 새로운 사회의 건설을 위한 설계를 펼쳐보이는 것이다.[46]

그러한 주장들이 서로 비슷한 감정상태를 자극하고 있기는 하지만 그 논리는 매우 다르고 심지어 어떤 측면에서는 거의 반대되는 형태를 취한다. 첫 번째 부류의 사람들은 아주 오래전에 존재했던, 그러면서 아직도 사람들의 감성을 자극하는 옛 질서로 돌아갈 것을 주장한다. 두 번째 사람들은 각 개인의 본능을 더 잘 충족시켜 줄 수 있는 새 규칙을 만들자고 제안한다. 종교적 예언가나 윤리철학자들은 물론 새 원칙보다 옛 것을 더 선호한다는 점에서 반동적 성격이 강하다. 사실 대부분의 나라에서 시장경제가 뿌리내리는 데 정부보다도 철학자나 종교지도자들이 먼저 반대를 했었다. 근대문명이 도덕철학자들의 격렬한 반대를 뿌리친 바탕 위에서 발전할 수 있었다는 점을 잊어서는 안 될 것이다. 한 프랑스 역사가가 정확하게 말했듯이, "정치적 무정부 상태 때문에 자본주의가 그 첫 뿌리를 내릴 수 있었고 아울러 그 존재이유가 정당화될 수 있었다."[47]

이 지적은 중세의 상황에 꼭 들어맞는 이야기이기는 하지만 그 원래 단초는 고대 그리스 시대에 이미 제공된 것이다. 즉 그리스 사람들은, 어떻게 보면 정치적 무정부 상태의 결과이기도 하지만, 개인의 자유와 사유재산

개념뿐만 아니라[48] 그 둘의 불가분성(不可分性)까지 창안했으며[49] 그 결과 자유사회를 최초로 건설할 수 있었던 것이다.

모세에서 플라톤, 성 어거스틴에 이르는 예언가들, 그리고 루소와 마르크스, 프로이트 등과 같은 철학자들이 기존의 도덕률에 대해 반기를 들었을 때, 그들 중 아무도 그 타도 대상이 된 전통과 관습들이 사실은 그들을 있게 만든 문명의 발전에 얼마나 크게 기여했던가에 대해 잘 몰랐다. 그들은 각 개인의 행동방향을 지시해주는 경쟁가격 및 이윤보상 체제가 잘 모르는 타인들에게 최대한 도움을 줄 수 있는 방법을 가르쳐줌으로써 광범위한 분업체계의 정착을 초래할 수 있었다는 사실을 전혀 이해하지 못했다. 뿐만 아니라 그들이 비난했던 도덕률이라는 것도 시장경제의 발전을 가져온 원인이었지 결과가 아니라는 점도 이해할 수 없었다.

옛 예언자들이 저지른 오류 중에서도 가장 심각한 것은 사람의 직관을 통해 형성된 윤리적 가치가 절대불변의 성격을 띤다고 믿었다는 데 있다. 이런 생각에 빠지다 보니 모든 행동규칙이 한 사회 안에서 특정한 질서를 창출하게 된다는 사실을 간과하게 되었다. 다시 말해 사회적 혼란을 방지하기 위해서는 행동규칙을 강제적으로 집행하는 것이 필요하기는 하지만 그런 규칙은 기존 사회구조에 의해 제정되는 것이 아니고, 처음에는 소수의 사람이 먼저 실천에 옮긴 뒤 나중에 다수 사람이 그것을 모방하게 되면서 하나의 사회적인 규칙으로 자리 잡게 되었다는 점을 몰랐던 것이다. 전통이란 영원히 고정된 것이 아니다. 전통은 이성이 아니라 도전을 이겨낸 집단에 의해 연속적으로 선택되는 과정의 결과물인 것이다. 그것이 변하기는 하나 인간의 의도에 의해 인위적으로 변하는 경우는 드물다. 문화적 선택은 합리적 과정을 거쳐 일어나지 않는다. 그 선택은 이성에 의해 인도되지 않으며 오히려 이성을 창조하게 된다.

도덕적 규칙이 영원불변하다고 믿는 사람들은 인간이 도덕체계를 스스로 창조할 수는 없을지 몰라도 그것을 변화시킬 수 있는 힘은 가지고 있다는 주장에 크게 위안을 받는다.[50] 우리는 정말 도덕적 규칙이 어떻게 해서 수백만 명이나 되는 사람들의 행동을 규율할 수 있는지 알 수가 없다.[51] 우리가 그저 불완전한 상태로밖에는 알지 못하는 규칙의 전통에 힘입어 사회질서가 유지되기 때문에, 모든 진화가 전통에 달려 있다고 하지 않을 수 없다. 따라서 우리는 전통에 따라 살아가야 하며, 우리가 할 수 있는 일이란 그저 그 전통이 일궈내는 결과를 땜질하는 정도에서 그칠 수밖에 없다.[52] 우리는 단지 기존 규칙과 나머지 도덕률 사이에 갈등이 생길 때만 기존 규칙을 거부할 수 있다. 기존 규칙을 혁신하는 데 성공한 사람이나 그를 따르는 추종자들도 오직 전체 규칙의 틀을 준수해야 한다는 데는 다를 바가 없다. 새 규칙이 정당성을 얻자면 사회 전체가 점진적으로 그것을 수용하는 과정을 거쳐 승인을 받아야 한다. 우리가 항상 기존 규칙의 타당성에 대해 따져보고 필요하다면 변화도 시도해보아야 하지만, 기존의 규칙들만큼 효용을 지녀야 한다는 전제 위에서 시작해야 한다.[53] 따라서 분명히 개선의 여지는 있지만 우리가 의도적으로 설계할 수는 없다. 그저 분명히 알지 못하는 상태에서 진화를 거듭해나가는 수밖에 다른 길이 없다.

그러므로 도덕률이 계속해서 바뀐다고 해서 그것이 도덕의 타락을 의미하는 것은 아니다. 그 과정에서 기존의 도덕감정이 훼손당하는 일이 생기겠지만 이 모두가 자유개방 사회로 나아가기 위한 필요조건인 것이다. 이점을 잘못 이해한 까닭에 '이타적'이라는 말과 '도덕'이라는 용어를 혼동하게 된다.[54] 특히 사회생물학자들은 사회적으로는 유익한 결과를 낳으나 당사자에게는 불유쾌하거나 해를 끼치는 행위에다 '이타적'이라는 수식어를 붙여가며 미화하려 든다.[55] 윤리는 선택의 문제가 아니다. 그것은 사람이 만드는 것도, 만들 수 있는 것도 아니다. 그저 다른 사람의 눈총을 사고 배척을 받을까 봐 조심하는 것이 윤리의 출발점이 된다. 사람들이 준수하도록 배우는 규칙들은 문화적 진화의 결과물이다. 우리는 그 규칙 내부의 갈등, 또는 규칙과 사람감정 사이의 갈등을 조정함으로써 규칙체계를 발전시킬 수 있다. 그러나 본능이나 직관을 가지고 기존 도덕률이 요구하는 특정 행동을 거부할 수는 없다. 오직 다른 요구와 균형을 맞춘 가운데 신중한 판단을 거쳐야만 어느 구체적인 규칙을 정당하게 무시할 수 있는 것이다.

현재 사회에 관한 한 '자연적 선'이란 없다고 보아야 한다. 본능에만 의존했다가는 현재와 같은 문명 상태를 결코 이룩할 수 없었을 것이기 때문이다. 문명이 발전하자면, 소집단이 모여 살 때는 받아들여졌던 감정들을 억제할 수 있어야 하고, 또 본인이 원하지 않는다 하더라도 자유를 지키기 위해 필요한 원칙이 명령한다면 그에 복종해야 하는 것이다. 추상적인 사회는 습득된 규칙 위에 서 있으며, 사람들이 똑같이 바람직하게 여기는 목표를 추구하려 들지 않는다. 특정 사람들이 원하는 바를 충족시켜 주는 것을 목표로 하면 사회 전체의 입장에서 최선이 되는 결과를 얻을 수 없고, 다만 추상적이고 얼핏 보면 목적 없이 존재하는 것처럼 여겨지는 규칙들을 준수하는 것이 궁극적으로 모두에게 이익이 되기 때문이다. 그러나 대부분의 사람들에게는 이러한 사실이 감정적으로 와닿지 않으며, 다만 주위 사람들에게 존경을 받을 수 있을 경우에는 그런 행동을 감수할 수 있을지도 모르겠다.[56]

진화, 전통 그리고 발전

지금까지 나는 진화와 발전이 같은 의미를 지녔다는 것을 말하지 않으려고 애썼다. 그러나 전통의 진화를 통해 문명이 꽃피울 수 있었다는 것이 분명해졌기 때문에 이제 우리는 자생적인 진화가 발전을 위한 충분조건은 아니라 하더라도 필요조건은 된다는 점을 말할 수 있게 되었다. 진화를 통해 우리가 미처 예상하지 못했던 일이 벌어지고, 또 그 사실을 알고 나면 별로 기분이 좋지는 않지만, 어쨌든 진화는 점점 많은 사람이 달성하기 위해 노력하는 바를 제공해준다. 사람들은 진화가 일어나면서 새로운 규율을 준수해야 한다는 점 때문에 때때로 그것을 썩 반기지 않을 때도 있다. 문명은 인간의 욕구를 억제하는 가운데 발전하였다. 그것은 수많은 후손을 양육하기 위해 지불해야 하는 비용과 마찬가지였다. 사람들은 특히 경제적 규율을 싫어하기 때문에 문명이 발전하는 과정의 경제적 측면을 지나치게 강조한다고 하여 경제학자들을 비판하곤 한다.

자유사회를 유지하기 위해 불가결한 일련의 규칙들은 사람들에게 불유쾌한 경험을 강요하는데, 이를테면 남과 경쟁을 해야 한다든가, 다른 사람이 자신보다 더 잘사는 것을 목격해야 한다든가 하는 것이 그 예가 된다. 그러나 경제학자가 모든 것을 경제적인 관점에서만 바라보는 것은 아니다. 엄격히 말하면 그 어떤 최종적인 목표도 경제적인 성격을 띠고 있지 않으며, 소위 말하는 경제적 목표라는 것도 기껏해야 궁극적으로는 비경제적인 성격을 띤 다른 목표를 달성하는 데 도움이 되는 중간목표에 지나지 않는다.[57] 시장의 규율 때문에 사람들은 어떤 목표를 추구하는 과정에서 어느 정도의 지출을 하는 것이 좋은지 따져보게 된다.

불행한 일이지만 사회적으로 유용한 것들을 정의롭게 배분할 수 있는 그 어떤 원칙도 존재하지 않는다. 그것은 오직 권력에 의해서만 가능해진다. 권력자는 어떤 사람에게 특정한 일을 하도록 명령을 내린 뒤 임무를 잘 완수하면 보상을 해주지만, 그 개인으로서는 자기가 원하는 일을 위해 자신의 능력을 발휘할 길은 없는 셈이다. 분배정의에 대한 격세유전적 개념에 부합되도록 서로 다른 서비스들에 대해 보상을 해주려고 하다가는 각자의 다양한 지식을 효율적으로 활용할 수 없게 되고, 나아가 다원사회 그 자체마저 작동하지 못하도록 만들게 되고 만다.

사람들이 적당하다고 생각하는 속도 이상으로 진화가 빨리 일어나고 있으나, 그 속도가 느려질수록 사람들이 그 과정에 대해 이해할 수 있는 가능성이 높아진다는 점을 부인하지 않겠다. 그러나 불행하게도 진화의 속도를 조절할 수는 없다(경제성장도 마찬가지다). 우리가 할 수 있는 최선의 일이란 그저 진화가 일어날 수 있는 여건을 만들면서 좋은 결과가 나오도록 기대하는 것뿐이다.[58] 정책적 수단을 통해 그것을 촉진 또는 감퇴시킬 수 있을지 모르겠지만 그 결과가 무엇일지에 대해 정확하게 예측할 길은 없다. 만일 어떤 사람이 문명이 나아갈 길에 대해 알 수 있다고 큰소리 친다면 그것은 엄청난 자만이 아닐 수 없다. 통제된 진화는 진화가 아니다. 그러나 다행스럽게도 문명은 인간의 집단적 통제능력 이상으로 발전해왔다. 만일 그렇지 않았더라면 인간이 문명을 퇴보의 수렁 속으로 밀어넣고 말았을 것이다.

내 귀에는 이미 전통을 강조하려는 나의 생각에 대해 현대의 지식인들이 '보수주의적 발상'이라며 공격을 퍼붓는 것이 생생하게 들린다. 그러나 나는 확신한다. 지적인 창조보다도 적절한 도덕전통이 과거의 진화를 가능하게 만드는 데 더 기여를 했으며, 앞으로도 그럴 것이다. 우리가 볼 수 있는 한계 안에다 진화를 매어놓으면 발전은 중단되고 만다. 여기서 내가 더이상 자세하게 묘사할 수는 없지만, 자유시장경제 체제가 작동할 때보다 좋은 미래가 대두할 것이다.

마르크스 : 옛 본능을 만족시키기 위해 새 도덕을 창조하다

반동적 사회철학자들 중에서 가장 중요한 사람은 역시 사회주의자들이다. 비록 그들이 원시 시대에나 적합했던 규칙을 되살리자고까지 말하지는 않지만, 사실 사회주의란 전적으로 원초적 본능을 부활시킨 결과 생겨난 것이다. 그래서 이들 상습범들은 옛 본능을 만족시켜 줄 새 도덕을 확립하는 데 열중하고 있다.

특히 마르크스가 개인의 행동에 관한 적절한 규칙이 '거대한 사회'를 움직이는 질서의 밑거름이 된다는 사실을 전혀 모르고 있었다는 것은 그가 자본주의적 생산방식의 '혼란'에 대해 이야기한 것만 보아도 추측이 가능하다. 물론 마르크스는 그 자신의 노동가치설에 압도된 나머지 어떻게 해서 가격이 사람들의 행동을 지시해줄 수 있는지 상상할 수도 없었다. 마르크스는 가치를 결정하는 물리적 요인을 찾는 데 헛되이 집중하다 보니 가격이란 것이 그저 노동비용에 의해 결정된다고, 다시 말해 자신의 생산물을 팔기 위해서는 무엇을 해야 하는가를 일러주는 가격이라는 신호 대신 과거에 한 일(노동)에 의해 결정된다고 믿게 된다. 그러다 보니 오늘날까지도 마르크시스트들은 자생적인 질서 또는 결정론적 원리에 의해 움직이지 않는 선택적 진화가 자율적 질서를 창출한다는 사실을 도대체 이해하지 못하고 있는 형편이다. 사회주의자들은 중앙의 지시로는 수많은 사람을 변화무쌍한 환경에 적응시켜 가며 포괄할 수 있는 사회적 분업체계를 효율적으로 움직일 수 없다는 사실을 간과했다. 뿐만 아니라 그들은 또한 이윤동기에 따라 움직이는 자유사회의 사람들을 분배정의의 원리에 따라 통제할 수 있다는 환상에 빠진 결과 사회주의 이론 전체를 결정적으로 위태롭게 만들었다.

그러나 사회정의의 원리에 대해서는 조만간 그 허상을 발견하게 되지만,[59] 구성주의 도덕률은 평등주의를 지향한다는 점에서 더욱 심각한 결과를 낳는다. 이것은 분명 마르크스가 책임질 일이 아니다. 이것이 심각한 문제가 되는 이유는 각 개인이 어떤 행동을 취하는 것이 좋은지 지시해주는 신호체계가 작동하지 못하게 할 뿐 아니라 자유시민들로 하여금 도덕률을 준수하도록 만드는 근본적인 유인(誘引), 즉 주위 사람들이 내리는 평가 자체가 설 자리를 없게 만들기 때문이다. 내가 여기서 자유사회의 근본적인 전제인 법 앞의 평등(모든 사람이 똑같은 규칙에 따라 다른 사람에 의해 판단되고 대우받아야 한다)을 잘못 이해한 나머지 그것이 사람들을 동일한 경제적 처지에 놓이도록 하기 위해 정부가 서로 다른 사람들을 각기 다르게 취급해줄 것을 요구하는 원리인 것처럼 왜곡 해석함으로써 야기되는 심각한 혼동에 대해 자세히 분석할 시간은 없다. 이런 종류의 '정의'란 오직 강제력에 의해서 노동과 소득이 분배되는 사회주의 국가에서만 통용될 수 있을 뿐이다. 평등주의적 분배원칙에 따르다 보면 각 개인이 자율적으로 자신의 행동을 결정할 수 있는 여지는 사라지고 오직 강제적 명령만이 모든 질서의 기초로 자리잡게 될 것이다.

그러나 도덕적 관점이 제도를 형성하듯이 제도 또한 도덕률의 구성에 한 몫을 한다. 권력이 특정집단의 요구를 충족시켜 주려 드는 지금과 같은 무제한 민주주의 체제에서는 정부가 일체의 도덕률을 붕괴시킬 부당한 압력에 끌려갈 수도 있다. 그래서 사회주의가 실현되면 개인들 사이의 도덕률이 퇴색될 우려가 있는 반면, 정치적 필요 때문에 영향력이 큰 집단들의 요구를 전부 들어주어야 하는 사회에서는 도덕 그 자체가 파괴될 가능성이 있다.

모든 도덕률은 기존의 도덕적 기준에 부합되게 행동하는지를 따지는 주위 사람들의 평가에 입각해서 형성된다. 도덕적 행동이 사회적 가치를 지니게 되는 이유가 바로 여기에 있다. 한 사회 안에서 통용되는 모든 행동규칙을 준수함으로써 그 사회의 구성원이 될 수 있지만, 일단 사회가 받아주고 나면 그런 규칙은 모든 사람에게 똑같이 적용되어야 한다. 이 말은 도덕률을 지키는 사람과 그렇지 않은 사람을 구분해서 취급해야만 도덕이 유지될 수 있다는 뜻이다. 왜 어떤 사람들이 그 도덕을 따르지 않는지 따져보지도 않는다. 도덕은 보다 높은 경지를 달성하기 위해 애쓸 것을 요구하며, 사람에 따라 이런 면에서 우열이 생긴다는 것을 전제하고 있다. 이 점이 내포하는 의미에 대해 깊이 생각하게 만들지도 않는다. 도덕규칙을 잘 준수하는 사람은 그렇지 못한 다른 사람보다 우월한 가치를 지닌 것으로 간주되고, 따라서 전자는 후자를 자기들 집단에 포함시키지 않으려 한다. 이런 것이 없으면 도덕은 존재할 수가 없을 것이다.

　나는 습관적으로 도덕규칙을 어기는 사람들을 그렇지 않은 사람들로부터 격리시키거나, 아니면 부모들이 자기 자식들을 행실이 나쁜 아이들과 어울리지 못하도록 하지 않으면 도덕이 발붙이지 못하게 될 것이라고 생각한다. 격리구분 같은 조치가 있어야 도덕이 제대로 자리잡을 것이다. 민주사회의 도덕은 사람들이 정직하고 예의 바르게 행동할 것을 요구한다. 도덕적 신념이 살아 있는 한 이 원칙은 변경될 수가 없는 것이다.

　양심적이고 용기 있는 사람들은 때때로 옳지 않다고 생각되는 특정 규칙을 무시하려 들지도 모른다. 그렇게 함으로써 오히려 기존 도덕률의 정신을 더 잘 구현할 수 있다고 생각하기 때문이다. 그러나 확연하게 정당화되지 않는다고 해서 기존 도덕 전체를 송두리째 무시하는 것은 용납될 수 없다. 기존 도덕의 테두리 안에서만 특정 규칙에 대한 자신의 생각을 피력할 수 있을 뿐이다.

　인간이 환경에 의해 타락될 수 있다는 것은 슬픈 일이지만, 그렇다고 이런 사실이 인간은 사악한 존재이기 때문에 그에 맞추어서 취급하는 것이 마땅하다는 주장을 뒷받침하지는 않는다. 죄를 지은 후에 진심으로 후회를 하면 용서받을 수 있지만, 계속해서 범죄를 저지를 경우에는 사회의 훌륭한 구성원이라고 칭송받을 수 없다. 범죄가 반드시 가난 때문에 저질러지는 것은 아니기 때문에 환경 탓으로 돌릴 수는 없다. 가난하지만 부자보다 훨씬 정직한 사람이 많다. 그리고 일반적으로 볼 때, 중산층이 부자들보다 도덕적으로 더 건실하다. 그러나 규칙을 위반하는 사람은 설령 그가 무엇이 바람직한지 모른다 하더라도 도덕적으로 나쁜 사람이라고 규정받아야만 한다. 다른 사람들에게 인정받기 위해 많은 노력을 기울여야 한다는 것은 썩 좋은 일이다. 의도보다는 결과에 따라 도덕적 평가가 달라진다는 것은 부득이한 일이다.

　집단 사이의 선택을 통해 문화가 형성되는 곳에 평등주의를 도입하면 더 이상의 발전을 기약할 수 없다. 물론 평등주의가 많은 사람의 지지를 받는 것은 아니고, 다만 무제한 민주주의 체제에서 가장 소망스럽지 못한 집단의 지지까지 이끌어내야 할 필요성 때문에 생겨난 것에 불과하다. 자유사회에서는 왜 사람들이 바람직하지 못한 행동을 하는지 결코 그 원인을 알 수 없는데도 그들이 보여주는 행동의 도덕성에 입각해서 각기 다르게 평가하는 것이 하나의 불가피한 원칙이지만, 평등주의는 사람들 사이의 차이를 인정하려 하지 않는다. 평등주의에서는 어떤 개인이 잘못을 저지른다 하더라도 그렇게 된 것이 본인보다는 '사회'의 책임탓이라고 주장하기 때문이다. 그래서 무제한 민주주의 체제의 선동가들은 과학적 심리학을 동원해가면서 "이것은 당신 책임이 아닙니다"라는 구호를 내건다. 그들은 이런 방법으로 사회적 경제활동의 과실에 무임승차하고자 하는 사람들의 환심을 사려고 한다. 문명사회의 기본 준칙을 파괴하는 사람들에게조차 '평등한 대우와 존경을 받을 권리'[60]를 인정해주다가는 사회가 유지될 수 없다. 뿐만 아니라 사회질서를 보존하기 위해서는 모든 도덕적 신념을 똑같은 무게로 존중한다거나 기존의 도덕률과 배치되는 행위, 이를테면 유혈복수, 유아살해, 심지어는 절도 등의 행위에 대해서까지 그 권리를 인정해줄 수는 없는 법이다. 사회적 규칙을 준수하는 개인에게만 사회의 구성원으로서 그 특권을 보장해주는 것이다. 만일 사회의 기존 법칙과 전혀 상반되는 신념을 가진 사람이 있다면 그런 신념이 통용되는 사회에서는 몰라도 우리사회에서는 받아들일 수가 없다. 인류학자들의 입장에서야 모든 문화나 도덕이 똑같이 중요할 것이지만 이 사회에 살고 있는 우리로서는 사회를 유지하기 위해서라도 그럴 수가 없다.

인간사회의 문명은 각 개인이 지닌 특성을 최대한 발휘시킬 때 진화할 수 있다. 반면에 다른 동물들은 특정 유전인자의 영향을 획일적으로 받아들인다.[61] 문화는 각 개인이 다양하게 타고난, 또는 후천적 재능을 발휘하는 데 더없이 좋은 여건을 제공해준다. 이처럼 각 개인이 지닌 소질을 잘 활용하기 위해서는 시장기능, 즉 본인뿐만 아니라 사회 전체에게도 최대한의 이익이 되는 방향으로 행동하도록 시장이 지시해주는 신호에 따르는 것이 반드시 필요하다. 인간사회의 문명은 각 개인이 자신의 다양한 재능을 자유롭게 발휘하는 가운데 급속하게 발전할 수 있었다. 이런 상황에서 평등주의를 강제적으로 도입하면 문명은 비극적 결말을 맞고 말 것이다.

프로이트 : 과학적 오류 때문에 소중한 가치를 파괴하다

이제 오랜 시간 동안 내가 염려해왔고 날이 갈수록 나를 점점 더 두렵게 만드는 문제, 즉 그 무엇과도 바꿀 수 없는 소중한 가치를 과학적 오류 때문에 점차 파괴하게 되는 현상에 대해 논의할 차례가 되었다.[62] 사회주의가 이들 오류에 대한 공격을 전부 맡고 있는 것은 아니다. 오히려 내가 앞으로 검토하게 될 그 오류들의 대부분이 사회주의의 출현에 기여하고 있다. 사회주의는 철학과 사회학, 법학, 그리고 심리학이 서로 연관된 분야에서 순전히 지적인 오류 때문에 힘을 얻고 있다. 심리학을 제외한 나머지 세 분야에서는 데카르트 과학주의와 콩트가 발전시킨 구성주의 때문에 대부분의 오류가 발생한다.[63] 논리실증주의자들은 일체의 도덕적 가치는 아무런 내용이 없고 그저 정의적(情誼的, emotive)인 것에 불과하다는 점을 밝히려 한다. 그래서 이들은 심지어 생물학적 또는 문화적 진화과정에서 선택된 감정적 반응들이 사회의 발전에 매우 중요한 의미를 지니고 있을지도 모른다는 주장에 대해서도 강력히 반발한다. 비슷한 맥락에서 지식사회학자들 또한 모든 도덕적 관점의 의미를 배격하려 든다.

나는 우리 인류가 인류학자나 역사학자와 마찬가지로 사회학자들이 이룩한 성과에 대해서도 마땅히 경의를 표해야 한다고 생각한다. 그러나 특정 자연현상이나 사회현상을 똑같이 다룬다는 점에서 볼 때, 사회학 이론이 자연과학 분야의 이론적 연구보다 더 존중되어야 할 이유는 없다. 확신하건대 지식사회학은 인간에 관한 모든 문제를 혼자 해결하고자 하는 욕망에 사로잡힌 나머지 (이러한 소망을 누구보다 강력히 피력하는 사람이 바로 행동주의자 스키너다) 지식이 축적되는 과정에 대해 완전히 그릇된 견해를 견지하고 있다. 나는 이 책의 제2부에서 모든 법규가 의식적 입법활동의 산물이어야 한다고 주장하는 법실증주의가 개념적으로나 역사적으로 잘못된 근거 위에 서 있다는 점과, 모든 정의론이 실제로는 특정이익을 옹호하기 위한 포장에 불과하다는 점을 밝혀보려 했다.[64]

그러나 문화적으로 가장 큰 폐해를 주는 사람들은 인간의 본능적 욕구를 충족시킴으로써 정신병을 치료하겠다는 정신분석 학자들이다. 앞에서 나는 비엔나 친구들(포퍼, 로렌츠, 곰브리치, 베르탈란피 등)을 칭찬했는데, 이제 카르납의 논리실증주의나 켈센의 법실증주의보다도 훨씬 더 나쁜 결과를 낳는 것이 비엔나학파 속에 있다는 점을 시인하지 않을 수 없다. 프로이트가 교육에 끼친 심대한 영향을 감안해본다면, 그야말로 문명에 대한 최악의 파괴자라고 지칭해야 마땅할 것이다. 프로이트가 만년에 쓴 책을 통해 스스로 자신의 주장 속에 담긴 큰 문제점들을 인정하기는 했지만,[65] 문화적으로 형성된 억압을 해제하며 인간의 자연적 본능을 발산시켜야 한다는 그의 기본이론은 모든 문명의 기초를 뒤흔드는 결과를 낳고 말았다. 프로이트의 이론은 30년 전쯤에 절정에 달했기 때문에 그 이후 성장한 한 세대 정도는 프로이트 학설의 영향을 크게 받고 자라났다. 이 무렵에 활동한 대표적인 사람으로서 나중에 세계보건기구 초대 사무총장을 지낸 캐나다의 심리학자를 소개해보겠다. 1946년에 그는 아주 우스꽝스러운 주장을 했다.

"이제까지 아이들을 가르칠 때 기본이 되었던 선악개념이나 옛날 사람들이 지녔던 믿음 대신 합리적이고 지적인 사고를 심어주자…… 대부분의 심리학자와 정신병리학자 및 기타 존경받는 사람들은 이러한 도덕의 굴레에서 벗어난 까닭에 자유롭게 생각하고 관찰할 수 있는 것이다."

이 사람의 생각으로는 '선악의 엉터리 굴레'와 '옳고 그른 것에 대한 왜곡된 기준'에서 인류를 해방시키고 그에 따라 미래를 개척하는 것이 바로 심리학자의 사명이었던 것이다.[66]

이렇게 뿌려진 씨앗이 이제 열매를 맺으려 한다. 문명의 교화를 거부하며 심지어는 '반문화(反文化)'까지 꿈꾸는 사람들은 야만인들이 보여주는 자연적 본능의 발산에 모든 것을 걸려고 한다. 『타임The Times』지는 최근에 열린 한 국제회의에서 고위 경찰당국자들과 전문가들이 근래의 테러범들 중 상당수가 사회학 또는 정치학이나 교육학을 공부한 경력이 있다는 것을 밝혔다고 보도했는데,[67] 나는 이것이 조금도 놀랍지가 않다. 스스로 도덕을 포기했고 앞으로도 그렇게 하겠다고 공언하는 인물이 영어 사용권의 지적 풍토를 지배하는 상황에서 지난 50년간 성장해온 세대에게 무엇을 기대할 수 있겠는가?

다행스럽게도 이 검은 물결이 세상을 뒤엎기 전에 그러한 풍조의 발생지에서부터 저항의 물결이 일어나기 시작하고 있다. 3년 전 미국 심리학회의 회장으로 취임한 노스웨스턴대학교의 캠벨 교수는 '생물학적 진화와 사회적 진화 사이의 갈등'이라는 그의 취임사에서 다음과 같이 주장했던 것이다.

"만일 내가 생각하는 것처럼, 현대심리학이 생물학적 진화에 따른 충동이 옳고 적정한 반면, 개인적 그리고 사회적 차원에서 그런 충동을 억제하는 도덕적 전통은 틀렸다는 기본전제 위에 서 있다면, 이 전제는 인구학적 유전학이나 사회체계적 진화와 같은 거시적 관점에서 볼 때 과학적으로 틀린 것이다 …… 심리학은 그 가치가 대단히 큰데도 아직 우리가 그 중요성을 충분히 이해하지 못하고 있는 사회진화론적 억제체계를 무너뜨리는 역할을 맡고 있다."[68]

또한 그는 "문화적 전통에 대한 거부감이 유난히 강한 사람들이 심리학자나 정신병리학자가 되고 있다"고 덧붙였다.[69] 이 연설이 불러 일으킨 반향에 미루어 볼 때,[70] 아직도 현대심리학이 얼마나 말도 안 되는 명제에 집착하는가를 짐작할 수 있을 것이다. 그러나 희망이 없는 것도 아니다. 이 나라에서 여러 학자들(이를테면 재스[71]와 아이센크[72] 같은 사람)이 기울이는 노력이 성과를 거둘 날이 올 것으로 믿는다.

역사의 아이러니

인간문명이 살아남기 위해서는 이러한 오류를 극복해야 한다. 후일 이 문명의 후손들은 우리가 사는 현대를 가리켜 칼 마르크스와 프로이트의 미신에 얽매인 시대였다고 회고할 것이다. 다시 말해서 미래 세대들은 20세기가 분배정의를 위한 계획경제, 억압과 전통적 도덕에서부터 인간해방, 자유를 빙자한 응석받이 교육, 강제력을 바탕으로 한 합리적 기획에 의한 시장대체 등, 글자 그대로 미신으로 가득 찬 시대였다고 평가할 것이 틀림없다.

이 미신의 시대 동안 사람들은 자신의 능력도 잊은 채 모든 것을 알 수 있다는 환상에 사로잡혔다. 바로 이런 의미에서 미신에 빠져 있었던 것이다. 이렇게 된 기본적인 이유는 과학이 달성한 성과를 과대 평가했기 때문이다. 물론 비교적 단순한 현상에 대해서는 과학이 엄청난 성과를 거둔 것이 사실이다. 그러나 보다 복잡한 분야에서는 기술이 별다른 성과를 못 낼 뿐만 아니라 엉뚱한 결과를 내기조차 한다. 이 점을 간과한 채 과학의 발전에 지나친 기대를 걸었던 것이다.

아이러니컬하게도 이런 미신은 크게 보아 미신을 타파하는 것을 무엇보다 중요한 사명으로 간주했던 이성의 시대의 유산이었다. 계몽주의자들은 과거에 인간의 이성을 지나치게 낮게 평가한 것에 불만을 느꼈다. 그런데 현대에는 반대로 인간이성의 능력을 너무 높게 평가하는 오류를 범하고 있다. 합리주의 시대와 현대실증주의가 우연이나 인간의 변덕 때문에 생긴 결과는 무의미하다고 가르쳤던 것이 인간의 이성적 사고능력에 대한 믿음을 떠받치는 기초가 되고 있다.

인간은 결코 자기 운명의 주인이 되지 못하고 있으며 앞으로도 그럴 것이다. 인간의 이성은 미지의, 그리고 예측할 수 없는 사실에서 새로운 것을 배우게 한다. 그렇게 함으로써 이성이 발전하는 것이다.

이제 에필로그를 끝내면서 이것이 끝이 아니라 진정 새로운 시작이어야 한다는 것을 실감하게 된다. 그러나 나에게는 그럴 힘이 남아 있지 않은 것 같다.

NOTES

에필로그: 가치의 세 가지 요소

1   * 원래는 이 책의 후기를 따로 쓰려고 했지만, 그것보다는 1978년 5월 17일 런던경제대학원 London School of Economics에서 주최한 홉하우스 강연Hobhouse Lecture에서 내가 발표했던 내용을 그대로 싣는 것이 다 나을 것 같아 생각을 바꾸었다. 그리고 출판이 더 늦어지는 것을 막기 위해 그때 발표했던 원고를 그대로 실었다. 이 강연내용은 또한 런던경제대학원이 1978년에 별도로 출판하기도 했다.

2   * T. W. Goethe, Dichtung und Wahrheit, book XIV, 1774.

3   G. E. Pugh, The Biological Origin of Human Values(New York, 1977 and London, 1978).

4   그가 쓴 기념비적인 책 Sociobiology: A New Synthesis(Cambridge, Mass., 1975 and London, 1976) 및 보다 쉽게 기술한 David P. Barash, Sociobiology and Behavior(New York, 1977)를 참조하라.

5   G. E. Pugh, op. cit., pp.33, p.341. 또한 다음과 같은 부분을 참조할 것. "1차적 가치가 사람이 어떤 종류의 2차적 가치를 추구할 것인가를 결정해준다."

6   Huxley의 중요한 저서, The Courtship of the Great Crested Grebe, 1914는 1968년에 런던에서 재출판되었는데, 거기에는 Desmond Morris의 서문이 실렸다.

7   King Solomon's Ring(London, 1952)이 대표적인 저서이다.

8   The Study of Instinct(Oxford, 1951) 참조.

9   I. Eibl-Eibesfeld, Ethology(2nd edn, New York, 1975)를 특히 주목하라. 그리고 이 책을 쓸 때까지 아직 읽어보지는 못했지만 Wolfgang Wickler and Uta Seibt, Das Prinzip Eiugennutz (Hamburg, 1977)도 중요한 책으로 알려져 있다. 아주 독창적임에도 불구하고 그에 합당한 평가를 받지 못했던 Robert Ardrey, The Territorial Imperative(London and New York, 1966)와 The Social Contract(London and New York, 1970)도 소개해야 할 것 같다.

10   각주 7번 참조. 그리고 Desmond Morris, The Naked Ape(London, 1967)의 서문 중 다음과 같은 구절도 참조하라. "인간의 옛날 본성은 수백만 년 동안 이어져온 것이지만 새로 생긴 습관은 기껏해야 수천 년 동안 지속된 것에 불과하다." 이렇게 보면 인간의 학습과정은 수십만 년 동안이나 이어져온 셈이 된다!

11   내가 쓴 "Dr. Bernard Mandeville", Proceedings of British Academy, LII, 1967 참조. 그리고 이것은 New Studies in Philosophy, Politics, Economics and the History of Ideas(London and Chicago, 1978)에 재수록되었다.

12   내가 Encounter, February 1971에서 C. D. Darlington, The Evolution of Man and Society (London, 1969)에 관해 언급한 것 참조. 각주 9번의 New Studies에 재수록.

13   L. T. Hobhouse, Morals in Evolution(London, 1906); M. Ginsberg, On the Diversity of

Morals(London, 1956).

14 Evolutionary Ethics(London, 1943).

15 The Population Problem: A Study in Human Evolution(Oxford, 1922).

16 The Ethical Animal(London, 1960).

17 G. G. Simpson, The Meaning of Evolution(Yale University Press, 1949), T. H. Dobzhansky, Mankind Evolving: The Evolution of the Human Species(Yale University Press, 1962) and "Ethics and Values in Biological and Cultural Evolution", Zygon, 8, 1973. 또한 Stephen C. Pepper, The Sources of Value(University of California Press, 1953), pp.640-56 참조.

18 "Variation and Selective Retention in Socio-cultural Evolution", in H. R. Barringer, et al. (eds), Social Change in Developing Areas: A Reinterpretation of Evolutionary Theory(Cambridge, Mass., 1965), "Social Attitudes and other Acquired Behavior Dispositions", in S. Koch(ed), Psychology: A Study of a Science, vol.6, Investigations of Man as Socius(New York, 1963).

19 자생적 사회질서의 발전과정에 대해 이해하는 데 데카르트주의자들의 주장이 중요한 장애요소가 된다는 나의 오랜 확신이 뜻밖에도 한 프랑스 생물학자의 연구에 의해 뒷받침되었다. 즉 데카르트식 합리주의가 프랑스에서 다윈이론이 수용되는 것을 '끈질기게 방해'해왔다는 것이다. Ernest Boesiger, "Evolutionary Theory after Lamarck", in F. J. Ayala and T. Dobzhansky(eds), Studies in the Philosophy of Biology(London, 1974), p.21 참조.

20 문화가 사람을 창조한다는 발상을 처음 피력한 사람은 L. A. White로서 The Science of Culture(New York, 1949)와 The Evolution of Culture(New York, 1959)에 그 내용이 담겨 있다. 그러나 그가 제시한 '진화의 법칙'은 적자생존설과 관계가 없는 것이다. 법칙이 존재한다면 미래를 예측할 수 있어야 하나, 생물계의 진화는 언제나 예측할 수 없는 환경에 의해 결정되는 경우가 많기 때문이다.

21 각주 9번에서 인용한 나의 강연, pp.253-4 및 그것을 재수록한 Law, Legislation and Liberty, vol.1, p.20 참조.

22 Richard Thurnwald, "Zur Kritik der Gesellschaftsbiologie", Archiv für Sozialwissenschaften, 52, 1924 및 "Die Gesaltung der Wirtschaftsentwicklung aus ihren Anfängen heraus", in Die Hauptprobleme der Soziologie, Erinnerungsgabe für Max Weber(Tübingen, 1923) 참조. 그는 제도가 아닌 개인들 간의 경우에만 적용하기는 하지만, 생물학적인 적자생존 개념 대신에 Siebung이라는 용어를 쓴다.

23 나의 책, Law, Legislation and Liberty, vol.1, p.163, 각주 7번 참조.

24 흔히 말하는 바와는 달리, 나는 Alister Hardy의 책, The Living Stream(London, 1966)이 문화가 생물학적 변화에 영향을 미칠 수 있다는 점을 최초로 지적했다는 점을 믿기 어렵다. 그러나 그것이 사실이라면 그는 대단한 기여를 한 셈이다.

25 E. H. Gombrich, In Search of a Cultural History(Oxford, 1969), p.4. 그리고 Clifford Geertz, The Interpretation of Cultures(New York, 1973), p.44에 쓴 다음과 같은 말도 참조하라. "인간이 다른 모든 동물과 가장 다른 점은 본능과 육체적 속성을 벗어나서 문화적 욕구를 발휘하고 싶어 한다는 사실이다." 이어서 p.49에서는 "인간은 본능적으로 문화를 떠나서는 살 수가 없다 …… 인간의 신경체계는 기본적으로 문화적 교류 속에서 발전한 것이다 …… 인간은 한 마디로 말하면 문화를 통해서 성장하는 불완전한 존재인 것이다"라고 주장한다.

26 B. J. Whorf, Language, Truth, and Reality: Selected Writings, ed. J. B. Carrol(Cambridge, Mass., 1956); E. Sapir, Language: An Introduction to the Study of Speech(New York, 1921) and Selected Writings in Language, Culture and Personality, ed. D. Mandelbaum(Berkeley and Los Angeles, 1949); F. B. Lenneberg, Biological Foundations of Language(New York, 1967).

27 물론 행동주의자들이 생각하는 것처럼 유전적 요소가 행동규칙에 1차적인 영향력을 미친다고 해서 모든 사회질서가 그런 행동규칙으로 환원될 수 있는 것은 아니다. 사람들의 행동에 지침이 되는 것들이 정신적인 자극을 주는 요소들이 위계적으로 모여 질서를 이룬 결과라면, 우리가 사람들의 행동에 대해 예측하기 위해서는 우선 소위 말하는 정신적인 작용현상을 설명할 수 있어야 한다.

28 사회과학을 공부하는 내 주변 사람들은 내가 쓴 책 The Sensory Order: An Inquiry into the Foundations of Theoretical Psychology(London and Chicago, 1952)에 대해 별로 흥미를 못 느끼고, 또 이해도 안 된다고 말한다. 그러나 나는 이 책에서 다루는 내용들이 사회이론과 매우 관련이 깊다고 믿는다. 내가 사용하는 진화나 자생적 질서 같은 개념이나 기타 복잡한 현상을 설명하기 위한 여러 방법들이 따지고 보면 이 책을 써가는 과정에서 대체적으로 형성되었다. 내가 학창시절에 배운 심리학 이론을 통해 사회과학 방법론에 관한 생각을 다듬어갔듯이, 학자생활 초기과정에 사회과학을 공부하면서 심리학적 관점에 대해 눈을 뜨게 된 것이 훗날의 연구생활에 크게 도움이 되었다. 스물한 살 무렵이면 으레 그렇듯이 나 또한 기존 학설을 과감하게 뒤엎기를 좋아했는데, 후일 내가 그런 생각을 책으로 옮겼을 때 전문가들은 비록 어느 정도 존중해주기는 했지만 그다지 환영하지는 않았다. 25년이 또 지난 뒤, 몇몇 심리학자들이 내 책의 가치를 인정해주었지만(W. B. Weimer and D. S. Palermo, eds., Cognition and Symbolic Processes, vol.II, New York, 1978 참조) 나는 행동주의자들이 나와 생각을 같이하리라고는 거의 기대하지 않았다. 그런 점에서 다음 글을 주목할 필요가 있다. Rosemary Agonito, "Hayek Revisited: Mind as a Process of Classfication", in Behaviorism: A Forum for Critical Discussion, III/2(University of Nevada, 1975).

29 Karl Popper and John C. Eccles, The Self and Its Brain: An Argument for Interactionism (Berlin, New York and London, 1977) 참조.

30 Carsten Bresch, Zwischenstufe Leben: Evolution ohne Ziel?(Munich, 1977) and M. Eigen and R. Winkler, Das Spiel, Naturgesetze steuern den Zufall(Munich, 1975).

31 각주 9번 참조.

32 Donald T. Campbell, "Downward Causation in Hierarchically Organized Biological Systems", in F. J. Ayala and T. Dobzhansky(각주 17번 참조). 아울러 각주 27번에서 인용한 Karl Popper and John C. Eccles의 책도 참조.

33 법 개념이 복합적 자기보존 구조를 설명하는 데 한계가 있다는 점에 대해서는 내 책 "The Theory of Complex Phenomena", in Studies in Philosophy, Politics and Economics(London and Chicago, 1967)의 후기 부분을 참조하라.

34 Garret Hardin, "The Cybernetics of Competition", in P. Shepard and D. McKinley, The Subversive Science: Essays towards an Ecology of Man(Boston, 1969) 참조.

35 Ludwig von Bertalanffy, General System Theory: Foundation, Development, Applications(New York, 1969) 및 H. von Foerster and G. W. Zopf, Jr. (eds), Principles of Self-organization (New York, 1962), G. J. Klir(ed.), Trends in General System

Theory(New York, 1972), G. Nicolis and I. Prigogine, Self-organization in Nonequilibrium Systems(New York, 1977)도 참조하라.

36 Colin Cherry, On Human Communication(New York, 1961) 및 Noam Chomsky, Syntactic Structures(The Hague, 1957) 참조.

37 Roger Williams, You Are Extraordinary(New York, 1967), p.26, p.37. 통계학, 심지어는 통계학과 깊이 연관된 인구학과 같은 중요한 분야를 연구하는 사람들도 사회에 대해서는 그다지 관심을 기울이지 않는다. 사회는 하나의 구조이지 수나 양으로 설명할 수 있는 현상이 아니다. 사회가 끊임없이 변하는 질서나 체계로 구성되어 있다는 것은 사회가 보여주는 특징 가운데서도 가장 중요한 것인데, 우리는 이런 체계나 질서를 통계학적으로 설명할 수 있을 정도의 표본을 가지고 있지 못하다. 이런 구조 속의 특정군집(群集)이나 평균치를 관찰함으로써 지속적인 계량적 관계를 발견할 수 있다고 믿는 것이 우리가 오늘날 단지 부분적으로밖에는 알지 못하는 그와 같은 복합적 현상에 대한 참다운 이해를 근본적으로 가로막는 장애물로 작용하고 있다. 우리가 알고자 하는 구조라는 것은 수량과는 관계가 없기 때문이다.

이 분야의 대가들이 이런 점을 가끔씩 지적하곤 한다. 이를테면 G. Udney Yule, British Journal of Psychology, XII, 1921/2, p.107을 참조하라. "원하는 것을 측정하지 못하는 상황 속에서 그저 측정하고 싶은 욕구에 휘둘리다 보면 엉뚱한 것을 재려 들거나 그 대상의 차이를 간과할 가능성이 있다. 또는 단순히 측정하지 못하는 것이라 해서 무시하는 경우도 존재한다."

불행하게도 연구에 필요한 기술을 쉽게 습득할 수가 있고, 또 일단 그런 기술에 익숙해지면 연구대상의 성격에 대해 잘 모르는 사람들도 그것을 바탕으로 교직(敎職)에 진출할 수가 있다. 그렇게 되면 그들의 작업이 과학연구에 오용될 우려가 없지 않다. 해당 분야의 이론이 제기하는 문제들을 정확히 이해하지 않은 상태에서 동원되는 경험적 연구라는 것은 시간과 자원의 낭비로 끝날 가능성이 높다.

각 개인들의 상대적 효용이나 만족도를 측정함으로써 '정의'의 기초를 확립해보겠다고 하는 철부지 같은 발상에 대해서는 더 이상 길게 언급할 필요를 못 느낀다. 그리고 이런 일이 얼마나 부질없는 일인가를 설명하기에는 지면 사정도 적절하지 못하다. 이제 대부분의 경제학자들이 각 개인 간의 효용비교에서 이론적인 출발점을 찾는 '후생경제학'이 과학적 근거가 없다는 사실에 대해 눈을 뜨기 시작한 것처럼 보인다. 주변의 안면 있는 두세 사람이 필요로 하는 것 중에서 무엇이 더 중요한가를 판별해낼 수 있을 것 같다고 해서, 그런 판단에 대한 객관적 단초를 발견하거나 나아가 개인적으로 잘 모르는 사람들에게까지 적용할 수 있는 이론을 찾아낼 수 있는 것은 아니기 때문이다. 그런 환상을 등에 업고 정부의 강제력을 확대 적용하려 하다가는 재앙을 부르고 말 것이다.

38 이 부분에 관해서는 유용한 정보를 많이 담고 있는 D. S. Shwayder, The Stratification of Behaviour(London, 1965) 참조.

39 비록 Wright가 처음 소개했을 때처럼 중요하게 여겨지지는 않지만 집단선택group selection 개념은 문화적 진화를 연구하는 데 여전히 도움이 되고 있다. Sewall Wright, "Tempo and Mode in Evolution: A Critical Review", Ecology, 26, 1945; V. C. Wynne-Edwards, Animal Dispersion in Relation to Social Behaviour(Edinburgh, 1966);0 E. O. Wilson, op. cit. pp.106-12, 309-16; George C. Williams, Adaptation and Natural Selection: A Critique of Some Current Evolutionary Thought(Princeton, 1966) and Williams, ed., Group Selection(Chicago/New York, 1976).

40 G. E. Pugh, op. cit., p.267. 그리고 Glynn Isaac, "The Food-sharing Behaviour of

Protohuman Hominids", Scientific American, April 1978도 참조.

41 물론 이런 상황이라고 해서 언제나 평화로운 것만은 아니다. 마치 중세 시대에 전쟁에서 승리를 거둔 지주귀족 계급의 군대가 도시 거주민들에게 원시 시대부터 내려오는 경제질서에 바탕을 둔 법률을 부과했듯이, 이 과정 속에서 도시에 사는 부유한 상업종사자들이 그들보다 훨씬 수가 많은 농촌지역 주민들에게 농촌의 정서와 맞지 않는 규칙을 강요했기 때문이다. 이것이 바로 군사적으로 강력한 힘을 갖춘 사회가 개인들에게 각종 미끼를 던져 보다 더 문명이 발전한 사회를 정복해나가는 방법 중의 하나이다.

42 K. R. Popper, The Open Society and Its Enemies(5th edn, London, 1966), vol.I, pp.174-46.

43 내가 쓴 책 Law, Legislation and Liberty, vol.2, p.182에서 인용한 Bertrand de Jouvenel, Sovereignty(Chicago, 1957, p.136)가 이 부분을 잘 묘사하고 있다.

44 최근 들어 좌파들이 전통적 자유주의에서는 정부나 다른 사람들이 한 개인에게 구체적인 혜택을 주는 적극적 역할을 기피한다고 비판하고 있지만(그래서 이들 선동가들은 '필요로부터의 해방' 따위의 구호를 내건다), 자유사회에서는 국가정책의 목표가 모든 사람에게 공통적으로 적용되는 어떤 특정과제를 지향하기보다 단지 모든 사람이 각자의 목표달성을 위해 유용하게 쓸 수 있는 수단을 제공한다는 차원에서 불특정다수에게 기회만 제공할 것을 목표로 한다는 점을 강조하지 않을 수 없다. 다시 말해 국가가 하는 일은 각 개인이 자기의 목표를 잘 달성할 수 있는 여건을 조성하는 것에 국한되는데, 이렇게 함으로써 결과적으로는 다른 방법보다도 더 각 개인의 목표를 효율적으로 달성할 수 있게 만들어주게 되는 것이다.

45 David Hume, A Treatise of Human Nature, III, ii, ed. L. A. Selby-Bigge, p.501 참조. "사람들이 명예 이상으로 소중히 여기는 것은 없으며, 또 다른 사람과의 경제관계 이상으로 명예가 걸려 있는 것은 없다." 여기에서 현재 우리가 경제질서의 진화론적 결정론에 대해 알고 있는 지식이 주로 Armen Alchian, "Uncertainty, Evolution and Economics Theory", Journal of Political Economy, 58, 1950에서 기인한다는 점을 밝히는 것이 좋겠다. 이 주장은 같은 저자의 Economic Forces at Work(Indianapolis, 1977)에서 좀 더 세련된 형태로 전개되고 있다. 이러한 주장은 그 후 많은 사람이 검토했는데, 그 중에서 아직 가치를 충분히 인정받지는 못했지만 관련된 참고문헌들을 광범위하게 소개한 Jochem Roepke, Die Strategie der Innovation(Tübingen, 1977)을 참조하라.

46 Calvin보다 훨씬 앞서서 이탈리아와 네덜란드의 상인들이 시장에 바탕을 둔 경제활동을 펼쳤고, 그후 스페인의 학자들이 시장경제가 작동할 수 있는 규칙을 만들었다. 이와 관련해서는 H. M. Robertson, Aspects of the Rise of Economic Individualism(Cambridge, 1933)을 보라. 이 책이 만약 독일에서 제대로만 알려졌더라면 Weber가 청교도 윤리와 자본주의의 상관관계에 대해 제시한 가설이 완전히 빛을 잃고 말았을 것이다. 그는 '자본가정신'이 꽃피우는 데 종교가 힘을 썼다고 한다면, 그것은 캘비니즘이 아니라 예수회Jesuits라고 보아야 한다고 주장했다.

47 Jean Baechler, The Origin of Capitalism, trans. Barry Cooper(Oxford, 1975), p.77.

48 M. I. Finley, The Ancient Economy(London, 1975), pp.28-9 및 "Between Slavery and Freedom", Comparative Studies in Society and History, 6, 1964.

49 Law, Legislation and Liberty, vol.1, 제5장 머리부분에 인용한 고대 크레타Crete 국가의 헌법조문 참조.

50 특정 규칙이 사회적으로 수용되는 까닭은 그것이 불러일으키는 구체적인 효과에 대한 기대

때문이라기보다 그것을 채택한 집단이 상대적으로 덕을 많이 보게 된다는 사실 때문이다. 따라서 원시 시대 때 마술과 신비한 의식이 사람들의 마음을 사로잡았던 것에 대해 놀랄 이유가 없다. 비록 그렇게 함으로써 어떤 결과가 나올지 아는 사람은 별로 없었지만, 어느 한 집단에 들어가기 위해서는 그 집단에서 통용되는 모든 규칙을 준수해야 했다. 사람들은 도덕적 타당성과 실제효용을 별로 비교하지 않으면서 오직 한 방법만 따랐다. 역사가 전적으로 실패한 것이 오직 하나 있다면 그것은 도덕률의 변화를 설명하지 못한다는 것이다. 이 변화는 훈계나 설교와는 별 관계 없이 일어나는데, 결과적으로 인간문명의 진화에 가장 중요한 영향을 미친 변수 중의 하나로 작용하게 된다. 현재의 도덕률들은 선택과정을 거쳐 변화하지만, 이런 진화는 허가받은 실험을 거쳐서 일어난 것이 아니라 오히려 변화를 어렵게 만드는 엄격한 금지 속에서 그 싹을 틔웠다. 부분적인 '파격'을 인정받은 사람들은 후세에 개척자로 추앙받게 되지만 그 역시 전체규칙의 테두리는 존중하는 선에서 부분적으로만 변화를 도모할 수 있었던 것이다. 그래서 정부가 사회질서를 창조했다는 것과 같은 터무니없는 주장은 결국 구성주의자들의 오류와 같은 맥락에서 비판받아야 할 것이다.

51 내가 한 강연 "Rechtsordnung und Handelnsordnung", in Zur Einheit der Rechts- und Staatswissenschaften, ed. E. Streissler(Karlsruhe, 1967) 및 이를 재수록한 Freiburger Studien(Tübingen, 1960) 참조.

52 이 생각은 Karl Popper가 말하는 '점진적 사회공학piecemeal social engineering'(The Open Society, vol.2, 각주 40번 인용) 개념과 비슷한 것이다. 나는 Popper의 표현방법은 좋아하지 않지만, 그 생각만큼은 전적으로 지지한다.

53 Ludwig von Mises, Theory and History(Yale University Press, 1957), p.54에 나오는 다음 단락을 참조하라. "무엇이 정의인가 하는 궁극적 기준은 얼마나 사회적 협력을 유지할 수 있는가 하는 것이다. 사회적 협력을 가능하게 하는 것은 정의이고, 그렇지 못한 것은 불의라고 보아야 한다. 자의적인 정의의 기준에 따라 사회를 건설하려 해서는 안 된다. 사회적 협력을 최대한 늘릴 수 있는 방향으로 사회를 구성해야 한다. 사회적 효용이 정의에 관한 유일한 기준이며, 이를 바탕으로 해서 법을 만들어야 한다."
이 관점은 내가 생각하는 것보다 더 합리적으로 공식화된 것이기는 하지만 중요한 생각을 담고 있는 것은 분명하다. 저자는 분명히 합리적 공리주의자인데, 나는 그 입장에 동의하지 않는다.

54 이런 혼동을 야기한 데 대해 근대에 와서는 Emile Durkheim이 어느 정도의 책임을 져야 할 것 같다. 그가 쓴 유명한 책 The Division of Labour in Society(trans. George Simpson, London, 1933. 특히 p.228)에서는 행동규칙이 분업을 초래하는 데 대해 전혀 언급이 없다. 그는 사회생물학자들과 마찬가지로 다른 사람들에게 혜택을 주는 일체의 행동은 그 행동하는 사람이 그것을 의도했는지, 혹은 그렇게 되리라는 것을 알았는지 관계없이 모두 '이타적'이라고 규정했다. 이 입장과 다음에 소개하는 주장을 비교하면 유익할 것 같다. T. Dobzhansky, et al., Evolution (San Francisco, 1977), p.456에서 인용한다. "동물들도 똑같이 하는 행동이라 하더라도 그것을 사람이 할 경우 윤리적, 이타적, 비윤리적 또는 이기적이라는 평가를 받게 될 것이다…… 다른 종과는 달리 인간은 한 세대에서 다음 세대로 일정한 지식이나 관습, 그리고 신념체계를 넘겨주게 되는데 이것은 유전적 전이와는 전혀 관계가 없다. 아마도 2백만 년 이상이나 되는 세월이 흐르면서 인간은 유전적 영향보다는 문화적 영향을 더 많이 받게 되었는지도 모르겠다."
이 책은 또한 G. G. Simpson, This View of Life(New York, 1964)에 나오는 한 부분도 인용하고 있는데 그 내용은 다음과 같다. "인간을 제외한 다른 동물에 대해 윤리 운운하는 것은 말이 안 된다 …… 다음과 같은 조건이 전제되지 않는 상황에서는 윤리문제를 따질 수가 없다. 1)

대안적 행동모델이 존재한다. 2) 인간은 그 대안을 윤리적 관점에서 판단할 수 있다. 3) 자기가 윤리적으로 옳다고 생각하는 것을 자유롭게 선택할 수 있어야 한다. 이 모든 것보다도 더 중요한 것은 인간이 자신의 행동이 어떤 결과를 낳을지 예측하는 능력을 지녔기 때문에 윤리가 발전할 수 있었다고 하는 사실이다.

55 E. O. Wilson, op. cit., p.117에 나오는 다음 단락을 참조하라. "사람(또는 동물)이 자신을 희생시켜 가며 다른 존재를 이롭게 만들 경우, 그러한 행위에 '이타적'이라는 말을 붙인다. 후손을 위해 희생하는 것을 전통적으로 이타적인 행동으로 치부해왔으나 유전학적 의미에서 엄격히 따져보면 틀린 이야기이다. 후손이 얼마나 번창하는가가 각 개체의 행복의 기준이 되기 때문이다. 그러나 핏줄이 다소 먼 사람을 위해 자신을 희생한다면 그것은 진정한 의미에서 이타적 행동이라고 할 수 있을 것이다. 나아가 전혀 생소한 사람을 위해 희생한다는 것은 정말 고귀하고도 놀라운 일이 아닐 수 없으며, 이런 현상을 이해하기 위해서는 이론적인 설명이 필요하다."
이에 덧붙여 심지어 '이타적 바이러스'까지 찾아내는 D. P. Barash, op. cit., p.77 및 R. Trivers, "The Evolution of Reciprocal Altruism", Q. Rev. Biol, 46, 1971 참조.

56 오늘날 일부 학자들이 주장하듯이(Daniel Bell and Irving Kristol, eds., Capitalism Today, New York, 1970), 만일 사람들이 사회적 분업을 유지하기 위해서는 일정한 규칙의 존재가 불가피하다는 점을 이성적으로 이해해야 한다면, 그 체제는 실패할 수밖에 없다. 그런 생각을 하는 사람은 언제나 소수에 지나지 않을 것인데, 전문적인 식견을 가진 지식인들은 아마 이 점을 대중에게 가르치려 하지 않을 것이 분명하다.

57 Lionel C. Robbins, An Essay on the Nature and Significance of Economic Science(London, 1932).

58 문화와 진화를 따로 떼어놓을 수 없다는 것은 슬픈 일일지도 모르지만 문화를 발전시켜 주는 힘이 진화를 일으키는 데도 똑같이 작용한다. 경제현상에 적용되는 원리는 문화 전반에도 똑같이 적용되는 것이다. 즉 문화는 정체된 상태에서 머물지 않으며, 일단 정체되었다고 하면 곧 쇠퇴의 길로 접어들고 마는 것이다.

59 H. B. Acton, The Morals of the Market(London, 1971) 참조.

60 Ronald Dworkin, Taking Rights Seriously(London, 1977), p.180.

61 Roger J. Williams, Free and Unequal: The Biological Basis of Individual Liberty(University of Texas Press, 1953), p.23, p.70; J. B. S. Haldane, The Inequality of Men(London, 1932); P. B. Medawar, The Uniqueness of the Individual(London, 1957); H. J. Eysenck, The Inequality of Men (London, 1973).

62 내가 이런 표현을 처음 사용한 것은 "The Moral Element in Free Enterprise"(1961)라는 강좌에서였고, 이것은 그후 나의 책 Studies in Philosophy, etc.(London and Chicago, 1967), p.232에 재수록되었다. 그러나 이 문제는 훨씬 이전부터 내 머릿속을 맴돌고 있었다.

63 19세기 과학주의의 역사 및 그와 연관된 것으로 내가 여기서 구성주의라고 이름 붙인 문제에 대해서는 나의 책 The Counter-Revolution of Science: Studies in the Abuse of Reason (Chicago, 1952) 참조.

64 Law, Legislation and Liberty, vol.2, 제8장 참조. 법실증주의와 반대되는 것으로 H. L. A. Hart, The Concept of Law(Oxford University Press, 1961), p.182에서 정의된 '자연법에 관한 고전적 이론'은 다음과 같이 주장한다. "인간의 행동에 관한 원리 중에는 인간의 이성에 의해 발견될 어떤 것이 존재하며, 이것은 또한 법에 의해 확증되어야 한다." 이 관점은 '자연적'인 것과 '인위적'인 것을

잘못 양분하는 대표적인 예이다. 법이란 것은 물론 자연에 관한 불변의 사실을 담고 있는 것도, 또는 순전히 인간의 지성에 의해 만들어진 것만도 아니다. 그것은 규칙체계가 인간의 가변적 행동질서와 끊임없이 상호작용을 하는 진화과정의 산물인 것이다.

65 Civilization and Its Discontents(London, 1957) 및 Richard La Pierre, The Freudian Ethic (New York, 1959) 참조. 나는 평생을 화폐문제를 공부한 학자이면서 1920년대에 비엔나에서 마르크시즘과 프로이트 심리학에 대항해 싸웠고 후일 심리학에도 잠깐 관심을 기울였다.

Sigmund Freud 같은 저명한 심리학자들조차도 사회현상에 대해 말도 안되는 소리를 할 수 있다는 것을 명백하게 보여주는 증거로서 Ernest Borneman, ed., The Psychoanalysis of Money (New York, 1976, Die Psychoanalyse des Geldes, Frankfurt, 1973의 번역임) 참조. 이 책 또한 심리분석과 사회주의, 특히 마르크시즘이 밀접한 관련을 맺고 있다는 점을 잘 보여준다.

66 G. B. Chisholm, "The Re-establishment of a Peace-time Society", Psychiatry, vol.6, 1946. 그리고 이 시대 관련 문헌들의 관점에 대해서는 Herbert Read, To Hell with Culture: Democratic Values Are New Values(London, 1941) 참조.

67 1978년 4월 13일자.

68 Donald T. Campbell, "On the Conflicts between Biological and Social Evolution", American Psychologist, 30 December, 1975, p.1120.

69 Ibid., p.1121.

70 위 학회지 1975년 5월호에서는 Campbell 교수의 연설에 대한 반응을 40쪽가량 싣고 있는데, 대부분이 비판적 입장을 취했다.

71 Thomas Szasz, The Myth of Mental Illness(New York, 1961) 외에 특히 Law, Liberty and Psychiatry(New York, 1971)를 참조하라.

72 H. J. Eysenck, Uses and Abuses of Psychology(London, 1953).

부록

〈부록 1〉

하이에크의 진화론적 자유주의와 한국 사회

민경국

인류의 가장 큰 업적이면서 동시에 인류의 가장 큰 행운 가운데 하나는 자유와 평화 속에서 번영을 누리면서 공존할 수 있는 사회제도와 그 원칙을 갖게 되었다는 것이다. 20세기에 이 자유의 원칙을 분명히 하고 이 원칙을 발전시키고 확산하기 위하여 노력한 가장 위대한 인물은 영국의 유명한 『이코노미스트(The Economist)』지(誌)가 "20세기 가장 위대한 자유의 대변인"이라고 일컬었듯이 1974년 노벨경제학상 수상자인 하이에크(Friedrich A. von Hayek; 1899~1992)다.

하이에크는 1920년대 말부터 비효율적이 아니라 불가능하다고 그래서 망하고야 만다고 비판했던 사회주의가 정말로 무너지는 것을 눈으로 직접 보면서 "거봐 내가 뭐랬어!"라는 말을 남기고 1992년 93세가 되던 해에 세상을 떠났다.

하이에크가 활동했던 20세기는 자유주의와 시장경제에 대한 불신이 대단히 컸던 시기였다. 자유시장은 빈곤, 실업, 위기 등 경제문제를 해결하기는 고사하고 오히려 문제를 야기하는 체제라는 믿음이 지배했다. 자본주의는 약자에 대한 착취와 억압의 체제라는 것이다. 따라서 이런 체제를 극복해야 한다고 주장하는 진영이 있었다. 독일에서는 히틀러의 경제통제가, 옛 소련과 동유럽권에서는 사적 소유를 철폐하고 국가의 계획에 의존하는 사회주의 계획경제가 환영을 받고 있었다. 서방진영에서는 자본주의는 개혁을 필요로 하는 체제라는 인식이 지배했다. 그래서 케인스주의와 복지국가가 인기를 끌고 있었다. 사적 소유와 사적 자율을 대폭 억제해야 할 경우만이 질서가 유지될 수 있다는 것이다.

이런 시기에 하이에크는 어떤 형태의 사회주의든 사적 소유와 경제적 자유를 제한하는 국가는 인류를 '노예의 길'로 안내할 뿐이라고, 인류가 평화롭게 번영을 누리면서 공존할 수 있는 유일한 길은 자유, 법의 지배 그리고 제한적 민주주의를 특징으로 하는 자유주의라고 선언했다.

하이에크가 고민했던 문제는 첫째로 인간이성이 계획하여 이상사회를 만들어 낼 수 있는 능력이 있는가의 문제였다. 두 번째로 인위적으로 사회질서를 계획하지 않고서도 서로 다른 인간들이 번영 속에서 자유롭고 평화롭게 공존할 수 있는 사회질서가 어떻게 가능한가의 문제였다. 첫 번째 문제는 지식이론과 관련된 인식론적 문제다. 두 번째 문제는 스스로 형성되는 질서, 즉 자생적 질서(spontaneous order)이론과 관련되어 있다.

구성주의에 대한 하이에크의 비판

사회주의 계획경제를 비롯하여 다양한 간섭주의는 정부는 이상적인 사회를 디자인하여 구성(설계)할 수 있는 지적능력을 가지고 있다는 전제에서 출발한다. 마치 엔지니어가 관련 건물이나 기계를 제작하는 데 필요한 자재, 자재의 성격·규격, 필요시기와 수량 등 모든 데이터를 알고 있기라도 한 것처럼 말이다. 사회를 설계하고 통제하는 데 필요한 모든 사실들을 인간정신이 알 수 있다는 전제는 구성주의적 합리주의의 미신이다. 그런 미신을 기반으로 하는 사조(思潮), 다시 말하면 인간이성과 그 능력에 대하여 무제한으로 신뢰하는 모든 사조는 철학자 르네 데카르트와 그의 정신적 제자들인 장 자크 루소, 토마스 홉스 등의 합리주의에서 비롯된 것이다. 그들은 인간이성은 자연의 바깥에 존재하면서 경험과 독립적인 의식과 추리력을 소유하고 있다고 믿었다. 인간이 사회의 밖에 서서 전체 사회의 관점에서 사회를 이해하고 이를 재구성할 수 있는 능력이 있다는 것이다. 언어, 글자, 법, 화폐, 도덕 등 인간들에게 유익한 모든 사회제도는 인간이성에 의식적으로 계획·고안된 것이라고 믿었다. 이런 믿음의 전통은 프랑스혁명의 기초가 되었고 사회주의의 이론적 토대가 되어 19세기 중반 이후 지구촌을 지배했다. 영국에서는 페이비언사회주의가, 20세기에 들어와 동유럽 사회주의와 옛 소련의 계획경제, 독일에서는 히틀러의 나치즘, 미국에서는 진보주의가 그리고 최근에는 케인스주의와 공동체주의로 이어져 지구촌의 자유를 억압했고 빈곤과 노예의 시대를 열었던 것이다.

그러나 전체 경제적인 계획과 규제를 작성하는 데 정부에게 필요한 사실에 관한 지식은 원하는 재화와 서비스와 관련된 개인들 각자의 생각 견해 선호 또는 그들 각자가 가진 재주와 능력, 값싼 자원의 출처, 기술적 지식 등, 그들 각자가 처한 상황에 관한 지식이다. 사실에 관한 지식은 과학적 지식과는 달리 개인들이 활동하는 구체적 시간 장소 상황과 관련되어 있고 그래서 동일한 대상이라고 해도 사람에 따라서, 그리고 장소 시간에 따라서 다를 수밖에 없다. 사실에 관한 지식은 인간들이 제각기 자신의 삶을 영위하는데 필요한 생활지식이다.

이에 반하여 과학적 지식은 구체적 시간, 장소 또는 상황과 독립적이고 그래서 보편적으로 적용할 수 있다. 흥미로운 것은 지식의 존재 형식이다. 과학적 지식은 교과서와 같은 어느 한 곳에 모아 놓을 수 있다. 사실에 관한 지식은 과학적 지식과는 달리 통합된 전체로는 어디에도 존재하지 않는다. 그런 지식은 분산되어 존재하거나 생성된다. 그런 지식은 생업에 종사하는 사람들의 머릿속에 들어 있을 뿐이다. 주목할 것은 어느 누구도 그런 분산된 지식을 전부 수집·이용하는 것이 불가능하다는 점이다.

설사 사람들이 분산된 지식을 가지고 있다고 해도 사회에 존재하는 전체의 지식이 아니라 부분적으로 그리고 선택적으로만 가지고 있을 뿐이다. 그래서 사실에 관한 지식은 영구적으로 제한되어 있다. 이것이 정부 사람들을 비롯하여 모든 인간은 구조적으로 무지한 이유이고, 또한 계획경제와 간섭주의가 성공할 수 없는 원천적 이유다. 문명화된 사회란 모든 개인들이 각자 가진 부분적, 그리고 때로는 서로 갈등하는 지식들을 자신들의 목적을 위해 사용하도록 허용하는 것이다. 이를 허용하는 사회가 자유사회이고 시장의 자생적 질서다.

자생적 질서와 진화

인간이성은 사회와 독립변수로서 사회의 밖에서 사회를 조종, 통제할 수 있는 능력이 없다. 오히려 그것은 사회적 산물, 즉 문명과 진화의 산물이다. 인간은 문명을 창조할 수 있는 정신의 소유자라는 믿음은 틀렸다. 오히려 그 반대다. 문명이 창출한 것이 이성이다. 따라서 이성은 자신을 창출한 문명을 극복할 수도 없고 문명의 테두리 내에서 행동할 수밖에 없다.

주목할 문제는 세상을 수백만 명을 넘어서 수천만 명, 아니 수억의 인구가 서로 협력하는 거대한 사회가 어떻게 가능한가의 문제가 제기된다. 하이에크는 거대한 사회(이를 자유사회라고 불러도 좋다)의 원리를 사회계약론(홉스)이나 개인의 권리(로크), 이상적인 인간형(훔볼트) 또는 합리적인 도덕적 기초(칸트)로부터 도출하지 않고, 즉 진화이론을 기초로 하여 도출하고 있다. 그래서 그의 사상을 데이비드 흄, 애덤 스미스 전통에 따라 진화론적 자유주의라고 부른다. 그가 진화사상을 통해서 개발한 것이 자생적 질서이론이다.

자생적 질서와 조직

　다른 사람의 협조 없이는 아무도 혼자 살 수가 없다. 상이한 목적을 추구하는 사람들이 서로 협력하기 위해서는 그들 사이의 행동조정이 이루어져야 한다. 예를 들면 원료공급·수요자 간에 가격을 비롯하여 품질, 납품일자 등에 대하여 서로 조정이 필요하다. 그런데 이런 조정 방법은 두 가지다. 하나는 개인들끼리 국가의 간섭이 없이 개인들이 스스로 상호 순응을 통해서 조정이 이루어지는데 반하여 다른 하나는 제삼자(정부)의 지시와 명령에 의해서 가격 품질을 정하고 이에 따라 원료를 공급하고 수요하는 등 인위적으로 행동이 조정된다. 전자를 자생적 질서(Spontaneous Order), 그리고 후자를 인위적 질서 또는 조직(Organization)이라고 부른다. 이런 구분은 하이에크가 반복적으로 강조하듯이 이론적으로나 정책적으로 매우 중요하다. 두 가지 이유 때문이다. 첫째로 어떻게 행동규칙들이 행동질서의 형성에 기여하는가를 이해하는 데 도움이 된다. 둘째로 행동규칙의 변동이 행동질서에 어떻게 영향을 미치는가를 이해할 수 있다. 이것은 "적절한" 행동규칙은 무엇인가의 문제와 관련되어 있다.

　조직은 질서 잡는 주체가 미리 계획을 세우고 이 계획에 따라 구성원들에게 사회적 위치와 수행할 역할을 배정하는 질서다. 상급자가 명령과 지시를 통하여 하급자들의 행동을 조정하고 통제한다. 조직은 구성원들이 모두 함께 참여하여 달성해야 할 공동의 목적이 있다는 점이다. 공동목적을 위해 계획하여 만든 게 조직이다. 계획경제에서 공동의 목적이란 분배정의 또는 균형성장, 고용목표 등, 다양한 집단적 목표다. 구성원들은 이런 집단적 목표를 위한 수단이다. 조직의 대표적인 예는 중앙집권적 경제질서 또는 간섭주의 경제다. 이는 특정한 정치적 목적을 내용으로 하는 차별적이고 지시와 명령을 기반으로 형성된다. 그런 질서를 만들기 위해서는 누군가가 사회의 각처에 분산되어 있는 지식을 전부 수집·가공할 수 있어야 한다. 그러나 이것이 불가능하다. 필요한 지식은 시간과 장소와 관련된 구체적인 지식인데, 이는 각처에 분신되어 생업에 종사하는 사람들의 머릿속에 들어 있기 때문이다. 그래서 실패가 필연적이다

자생적 행동질서는 조직과는 전적으로 다르다. 그것은 구성원들이 모두 참여하여 공동으로 추구할 집단적 목적이 없다. 오히려 자생적 질서에서는 무수히 많은 개개인이 스스로 목적을 정하고 자신의 지식을 이용할 수 있는 질서다. 따라서 자생적 질서는 다목적 수단이라고 부를 수 있다. 이른바 '목적의 왕국'이다. 자생적 질서의 사회적 관계에서는 지배와 복종이 존재하지 않는다. 외부의 명령이나 지시를 통하여 개개인들의 행동이 조정되고 통제되는 것이 아니라 내적인 과정을 통하여 조정되고 통제된다. 외생적 질서인 조직과 대비하여 자생적 질서는 내생적 질서다. 스스로 조직되는 질서다.

조직과 자생적 질서는 행동조정 방법에 의해서만 구분되는 것이 아니다. 각 질서의 기초가 되는 행동규칙의 성격에 따라 구분된다. 조직은 상부의 지시와 명령에 의해서 만들어진다. 지시와 명령은 조직이 추구하는 목적에서 도출된다. 그런 규칙은 그래서 목적과 결부되어 있다. 그러나 자생적 행동질서는 모든 구성원들이 참여하여 공동으로 달성할 목적 대신에 그들이 공동으로 지키는 공동의 행동규칙들을 전제로 한다. 이런 행동규칙은 특정의 목적을 내용으로 하는 규칙이 아니라는 의미에서 추상적 성격을 가지고 있다. 따라서 그런 규칙은 다목적을 위해 존재한다. 그리고 자생적 행동질서의 기반이 되는 행동규칙은 특정의 행동을 금지하는 내용만을 가지고 있다. 금지되지 않은 행동은 개인들의 재량에 맡긴다. 추상적 보편적 성격, 특정의 행동을 금지하는 성격의 행동규칙은 정의로운 행동규칙이다. 이런 행동규칙을 사람들이 지키기 때문에 자생적 질서로서 자유와 번영을 가져다주는 시장경제가 생겨난다,

규칙질서와 문화적 진화

　사회에서 혼란이 없이 자생적으로 질서가 형성되는 이유는 사람들이 특정의 행동규칙을 지키기 때문이다. 우리는 전혀 알지도 못하는 수많은 익명의 사람들의 행동에 의존하여 우리의 계획과 목표를 수행할 수 있는 것, 사람들은 낯모르는 의사에게 몸을, 은행에게는 거금을 맡길 수 있는 것은 예의범절, 직업윤리, 종교윤리상 관행·관습, 약속이행, 인격·소유존중 등 해야 할 행동, 또는 해서는 안 될 행동이 무엇인가를 알려주는 행동규칙을 지키기 때문이다.

　행동규칙들은 반드시 언어로 표현되어 있을 필요가 없다. 정의감, 법 감정 등은 언어로 표현되어 있지 않은 암묵적 행동규칙이다. 말의 뜻을 구분할 수 있지만 그 차이를 말로 표현할 수 없는 어감과 똑같다. 문법규칙을 모르면서도 서로 이해가 가능하게 말을 할 수 있다.

　자생적 행동질서의 생성을 가능하게 하는 행동규칙들도 역시 대부분 자생적으로 형성된다. 인위적으로 계획하여 만든 것이 아니다. 가격이 자생적으로 생겨나듯이 말이다. 문화란 모두 자생적이다. 그렇기 때문에 스코틀랜드의 도덕철학자들에 의존하여 하이에크는 자생적 행동질서의 기초가 되는 행동규칙을 문화적 진화의 결과로 파악한다. 문화적 진화와 자생적 질서는 '쌍둥이 아이디어', 즉 동전의 양면이기 때문이다.

　규칙의 진화와 관련된 하이에크의 인식은 첫째로 규칙들은 인간들의 지속적인 상호작용 속에서 문화와 이성이 개발되는 과정의 산물이라는 점이다. 인간들은 만인의 만인에 대한 투쟁을 특징으로 하는 규칙이 없는 무질서 속에서 살지 않았다. 토마스 홉스가 기술한 원시적 개인주의는 신화일 뿐이다. 인류사회는 원시공동체에서 오늘날 우리가 살고 있는 거대 사회로 확장되었다. 둘째로 확장과정은 행동규칙들의 진화과정의 산물이다. 단일 목적 대신에 다양한 목표를 추구할 수 있는 행동규칙, 다시 말하면 다목적을 위한 추상적, 보편적 성격의 행동규칙들이 장구한 역사적 과정에서 진화적 여과를 통해서 선택받은 것이다. 그런 성격의 행동규칙들이 선택되었다 된 것은 이들을 실시한 그룹들이 그렇지 않았던 그룹보다 성공적이었고, 그래서 이 그룹들을 흡수한 결과라는 것이 하이에크의 통찰이다. 소득, 고용, 생산성 등 그룹의 생성과 존립에 매우 중요한 행동질서를 가능하게 하는 행동규칙들이 선택된다.

자유, 법 그리고 국가의 과제

하이에크의 제일차적 관심은 자유시장, 넓게 말해서 자유사회의 등장을 위한 법적 틀이다. 다시 말하면 개인들과 기업들이 스스로 목표를 정하고 지식을 동원하여 그들 상호간에 행동들이 효율적으로 될 수 있는 조건으로서의 법이다. 시장에서 자생적으로 질서가 형성될 조건이다. 따라서 주목할 것은 그는 법과 자유를 어떻게 이해하고 있고, 그 두 가지 사회적 가치들은 서로 어떤 관계가 있는가의 문제다.

자유와 법

하이에크에게 자유는 지배적 가치다. 이는 두 가지 차원에서 의미가 있다. 첫째로 자유는 자생적 질서의 기초라는 의미다. 자유와 질서는 서로 배반적인 것이 아니라는 양립한다. 이런 인식은 토마스 홉스의 전통과 다르다. 이 전통은 자유는 무질서를 초래하기 때문에 질서를 잡기 위해서는 국가의 간섭이 필요하다는 입장이다.

둘째로 자유는 하나의 가치가 아니라 모든 가치의 기초다. "자유는 다른 가치들이 융성하게 자라나기 위한 토양이다"라는 주장을 통해서 자유를 최고의 가치로 간주하고 있다. "누구나 각자 자신의 가치를 가지고 있다는 것을 인정하지 않는 사회는 인간의 존엄성을 존중할 줄 모르며 진정한 자유를 알지 못한다." 자유를 인간의 존엄성과 연결하고 있다. 인간의 존엄성을 지키기 위한 것이 자유이다. 사람들이 간과한 것인데 하이에크는 자유를 생물학적으로 정당화하기도 한다.

하이에크는 자유의 중요성을 타고날 때부터 가지고 있다고, 또는 사회와 국가가 형성되기 전부터 존재한다고 전제하는 자연권에서 도출하지 않는다. 오히려 그는 인간은 본능적으로 자유를 싫어한다고 주장한다. 그에게 자연권이란 없다. 자유는 사회적 산물이다. 본능적 산물이 아니다. 그것은 인위적으로 고안해낸 가치도 아니다. 그 원천이 이성도 아니다. 자유는 본능과 이성의 중간에 있는 가치라고 볼 수 있다. 그것은 문화적 진화의 결과다. 사회 속에서 자유영역을 형성하는 행동규칙의 생성에서 비롯된 것이다.

하이에크는 자유를 타인(국가의 강제, 개인이나 집단)의 강제와 행동방해가 최소로 줄어든 인간조건이다. 따라서 자유는 절대적이 아니다. 강제는 강제로 막아야 하기 때문이다. 자유는 행동규칙으로부터 자유로운 영역은 아니다. 자유는 규칙과 결부된 자유다.

정의와 법

법이란 무엇인가? 법의 지배원칙이란 무엇인가? "법의 지배는 법이 어떠해야 하는가에 관한 원칙이며 법이 지녀야 하는 일반적 속성에 관한 것이다. 이것은 오늘날 법치 개념이 모든 통치행위에서 나타나는 단순한 적법성의 요구와 혼돈하기 때문에 중요한 것이다."

법은 적법성을 갖추어야 한다. 그러나 이것만으로 충분한 것이 아니다. 만일 어떤 법이 정부에게 원하는 대로 행동할 수 있는 무제한의 권력을 부여한다면 정부가 수행한 모든 것은 적법하다고 결론을 내릴 수 있는데 이는 온당치 못하다. 법의 지배의 정치적 이상에서 법은 특수한 법 개념 또는 법 원칙을 전제로 한다는 것을 직시할 필요가 있다. 법 원칙은 법이 법다우려면 그것이 구현해야 할 속성 또는 원칙을 뜻한다. 이들은 보편성, 평등성, 확실성을 갖추고 있어야 한다. 이런 원칙을 지키는 법을 집행할 때 이용되는 강제만이 정당하다는 것이다. 국가는 그 이외에는 강제행사를 해서는 안 된다.

1) 일반성(generality principle) : 이는 규칙성이 있어야 한다는 원칙에 해당된다. 일반적으로 적용할 규칙이 없으면 이슈가 생길 때마다 매번 임시방편으로 결정을 내려야 한다. 세월호법 5.18 민주화법, 특별소비세 등과 같이 필요한 때마다 법을 정할 경우, 법의 일관성이 없다. 또 법은 모든 사람들을 똑같이 취급해야 한다는 평등성을 의미한다. 법적 특혜, 금융·조세특혜 등 특혜는 금지된다. 국가에 의해 지정된 특별한 사람 또는 집단이나 산업의 법적 특혜가 없는 상황이다. 법의 평등은 아직 알려져 있지 않은 사람들의 기회도 똑같이 개선하는 것을 목적으로 한다. 후세대의 부담을 요구하는 국가의 채무는 보편성원칙에 어긋난다. 알려진 사람에게 편익이나 피해를 주는 것은 평등성을 위반한 것이다. 자의적인 정부와 반대되는 법 앞의 평등을 보호하기 위한 것이다.

2) 추상성(abstractness) : 법은 "개인, 장소, 대상들에 대한 언급을 포함하지 않는다." 다시 말하면 장소, 시간, 행동동기 등 구체적 상황과 독립

적이어야 한다. 그래서 법은 그런 것들을 간추려내야 한다는 의미에서 추상적이어야 한다. 특정한 상황에 관한 지식은 개개인들이 스스로 사용하도록 내버려 둔다. 추상적 규칙이야말로 불특정 다수의 사례와 불특정 다수의 사람들에게 적용이 가능하다. 그렇지 않으면 그것은 사람들의 행동을 효과적으로 가이드 할 수 없다. 오로지 한 사례에만 적용되는 특별법은 법이 아니다,

법을 통해 달성하고자 하는 목적이 없다. 법이 탈 목적적이다. 대신에 법을 통해서 보호할 대상이 있는데 이것이 자유 또는 개인의 재산과 인격이라는 가치다. 그런 가치를 보호·확립하는 법은 그런 가치를 침해하는 특정한 행동을 금지하는 내용으로 구성되어 있다. 금지될 행동은 자유, 재산, 인격을 침해하는 행동이다. 금지되지 않은 행동(네가티붐: negativum)은 얼마든지 허용된다.

추상성의 반대는 구체성이다. 구체적인 내용을 구성하는 것은 달성하고자하는 목적 달성할 시간과 상황 등이다. 예를 들면 분배목적, 자원배분, 고용보호 등 달성하고자 하는 구체적인 목적이 내포되어 있다. 이런 것은 법이 아니라 명령이다. 이런 행동규칙은 허락된 행동(positivum) 이외에는 해서는 안 된다는 의미에서 적극적이다. 이런 행동을 자유를 제한하기 때문에 다시 말하면 정해진 행동만을 해야 하기 때문에 혁신도 없다. 개인 자신이 가진 지식을 이용할 수도 없고 새로운 지식을 습득하고 개발하고 실험할 자유도 없고 동기도 소멸된다.

3) 확실성(certainty) : 법에 의해 금지되는 행동은 당사자들이 알 수 있고 확인할 수 있는 상황과 관련되어야 한다. 확실성의 조건을 갖추고 있을 경우에만이 개개인들은 타인들의 기대를 형성할 수 있다. 행동규칙은 그 적용에 있어서 소급적이어서는 안 된다는 원칙도 이러한 조건에 포함된다. 그런 속성은 법의 안정성을 확보하기 위한 조건이다. 잦은 변동이나 갑작스런 법 변동도 법적 불안을 조성한다. 불확실하

거나 다의적인 법적 개념은 사적 영역을 보호하기 어렵다. 안정적인 법적 틀 내에서 개인들은 마음 놓고 장기적으로 삶의 계획을 세울 수 있고, 또 그들은 자신들의 계획들을 효율적으로 상호간 조정할 수 있다. 특히 법원의 판결을 예측할 수 있을 정도로 법은 확실해야 한다. 법이 불확실할수록 소송사건이 증가한다. 그렇다고 법원판결의 기반이 되는 모든 규칙들을 말로 표현될 수 있어야 한다거나 사전에 말로 표현되어 있어야 하다는 것을 말하는 것이 아니다. 왜냐하면 정의감 또는 법 감정처럼 암묵적인 행동규칙들이 존재하기 때문이다.

흥미롭게도 법의 그런 특성은 하이에크가 선험적으로 만든 것이 아니라 거대한 열린사회의 기초가 되는 그리고 인간들이 어떤 합의가 없이도 지키는 행동규칙의 존재를 발견하여 얻은 것들이다. 그런 특성을 가진 행동규칙이야말로 정의로운 행동규칙이다. 이것이 효율적인 행동질서의 조건이다.

원칙의 정책으로서 법의 지배

자유사회 및 자유시장을 확립하고 유지하기 위한 세 가지 경제정책 원칙을 제안하고 있다. 첫째로 어느 한 분야의 모든 제도를 완전히 바꿀 수 있는 지적인 능력을 가지고 있지 못하다. 법규칙 체계의 개선은 항상 존재하고 있는 행동질서의 개선에 초점을 맞출 수밖에 없다. 우리는 완전히 새롭게 모든 것을 바꿀 수는 없다. 개혁은 현재 있는 것에서 출발해야 한다.

둘째로 도입될 행동규칙은 일반적, 추상적 성격 및 확실성을 충족하는가를 검토해야 한다. 이러한 성격은 개인의 자유의 확립을 위한 것이다. 비용-편익 분석을 기초로 하여 법을 만들어서는 안 된다. 다목적 수단으로서 시장의 자생적 질서의 유지를 위해서는 법이 목적과 결부되어서는 안 된다.

셋째로 기존의 법규칙을 판단할 때, 의심의 여지없이 지키는 기존의 다른 행동규칙들과 독립적으로 판단해서는 안 된다. 마찬가지로 기존의 행동규칙 체계에 간섭하기 위해 의도적으로 형성될 행동규칙을 판단할 때에도 기존의 행동규칙 체계와 독립적으로 판단해서는 안 된다. 왜냐하면 이 개별적인 행동규칙들은 다른 행동규칙들과의 맥락 속에서만 항상 작용하기 때문이다. 이들이 다른 기존의 행동규칙들과 적절하게 조합되어 있을 경우에만 질서를 형성하는 기능을 갖게 된다.

하이에크의 이상과 같은 경제정책 원칙은 자유주의의 독일적 표현인 "질서자유주의" 원칙이다. 그는 규칙의 변동은 어느 한 질서의 유지에 필요한 것으로서 생성되었고 이성에 의해 알아 낼 수 있는 원칙에 의해 조종되어야 한다는 것을 강조하면서 알려진 구체적인 목적에 좌우되어서는 안 된다는 점을 강조하고 있다. 그는 다음과 같은 방법에 의한 경제정책을 항상 경고하고 있다.

▷ 개개인들의 노력에서 자생적으로 생성되는 질서에 집단적인 목표를 설정하여 자생적 질서를 통제하려는 노력.

▷ 경제정책 담당자나 학자들과 같은 관찰자들이 위에서 내려다보는 것과 같은 태도를 취하고 시장경제와 같은 사회의 자생적 질서를 조직 질서처럼 취급하려는 노력.

▷ 의도적으로 형성된 행동규칙과 자생적으로 형성되는 행동규칙의 관계를 진지하게 여기지 않고, 목적과 독립적인 사법규칙의 적용영역을 제한하거나 또는 공법에 의해 이를 대체하려는 노력.

분배정의에 대한 비판

사회주의는 생산수단의 사적 소유의 철폐가 핵심이었다. 그러나 이런 사회주의가 인기가 없게 되자 분배정의를 내세웠다. 그러나 하이에크는 분배정의의 개념 그 자체도 잘못된 것일 뿐만 아니라 개인들의 보수의 분배를 정의롭게 만들려는 노력도 잘못된 것이라고 비판한다. 정의롭다거나 정의롭지 않다는 식의 평가는 행동과 관련해서만 의미가 있다. 분배정의를 말할 수 있기 위해서는 분배하는 사람이 있어야 한다. 그러나 시장경제에서는 모든 개인들의 소득이나 기업들의 소득을 계획하여 분배하는 사람이 없다. 개인들이 받는 경제적 보수는 그 어떤 계획의 산물도 아니다. 그것은 수많은 사람의 상호작용에서 생겨나는 무의도적인 결과다.

시장의 자생적 질서에서 개인의 성공과 실패는 노력과 능력 그리고 재주에 의해서도 결정될 뿐만 아니라 우연 또는 예측할 수 없는 다양한 사건들과 알 수 없는 수많은 타인의 행동에 의해 좌우된다. 중요한 것은 나의 성공과 실패를 계획하고 결정한 사람이 없다는 것이다.

이런 결과를 정의롭다거나 정의롭지 못하다는 식으로 도덕적으로 비판할 수 없다. 이런 비판이 가능하기 위해서는 시장에는 분배하는 실체를 전제해야 한다. 실체가 없음에도 이를 전제하는 것은 의인화의 오류다. 사회정의는 대단히 사악한 생각이다. 달성될 수도 없고 오히려 하향 평준화를 야기하거나 아니면 오히려 불평등을 심화시키기 때문이다. 더구나 시장경제의 분배적 결과를 바꾸려는 노력은 자유의 침해요, 법의 지배 원칙에도 위배된다. 그러나 무능력자, 결손가정 그리고 극빈자 등에서 보는 바와 같이 처참한 빈곤 문제에서 국가가 동원될 수 있다. 이런 일은 정의의 문제가 아니라 국가의 단순한 봉사일 뿐이다.

국가의 과제

국가의 기능을 하이에크는 강제기능과 봉사기능으로 구분한다. 전자는 강제와 결부되어 있는데 반하여 후자는 비강제적 기능이다. 국가의 강제는 "정의로운 행동규칙"의 실시와 집행에 국한되어 있다. 국가의 강제기능은 자유와 재산을 보호하여 "스스로 질서가 생성할 수 있는" 조건을 마련하는 기능이다. 이러한 과제의 수행은 목적합리성 또는 편의주의에 의해 좌우되어서는 안 된다.

염병 예방, 또는 홍수나 눈사태 같은 자연재해 방지뿐만 아니라 도량형 기준, 그리고 토지대장이나 지도, 특수한 통계공급, 도량형, 항만 도로와 같이 공공재의 생산과 같은 봉사기능이 있다. 이런 기능은 반드시 국가가 독점할 필요는 없다. 이러한 과제는 "효율성"을 달성할 과제이다. 이러한 의미에서 그것은 경제적이다. 그러나 이 과제도 시장의 자생적 사회질서를 어떤 특정의 방향으로 조종하려고 의도해서는 안 된다. 국가의 과제는 일차적으로 인간들 및 인간그룹들의 상호작용으로부터 결과하는 사회가 어떤 모습을 취하게 되든지 관계없이 그들 각자의 목표를 추구할 수 있는 틀을 확립하고 이를 유지하는 데 있다. 국가의 권력을 이러한 과제의 수행에 한정하기 위해서 하이에크는 헌법주의의 정치제도를 제안하고 있다.

헌법을 통한 자유사회의 실현

헌법은 두 가지 기능이 있다. 하나는 국가권력을 조직하는 기능이다. 이는 누가 지배하는가와 관련되어 있다. 이상적 권력구조는 민주주의다. 다른 하나는 국가권력을 제한하는 기능이다. 이상적인 권력제한은 자유주의이고 그 전형이 법을 제정하는 입법, 법에 따라 판결하는 사법, 그리고 법을 집행하는 행정으로 권력을 나누는 권력분립이다. 하이에크에 따르면 이것이 실패했다고 한다. 왜 실패했나? 그리고 이를 치유하는 방법은 무엇인가? 이 문제를 다루는 것이 그의 헌정론이다.

권력분립의 실패

서구사회의 거의 모든 나라가 권력분립을 도입했다. 우리나라도 예외가 아니다. 그러나 오늘날 삼권분립은 자유를 보장하지 못하고 있다. 상품·노동·금융시장 등에 대한 규제, 방만한 정부지출, 복지확대 등 경제적 자유를 억압하는 입법과 정책을 쏟아내는 것이 삼권분립을 헌법적으로 보장된 나라의 일상적 현상이다. 삼권분립 아래에서 경제적 자유가 낮은 이유는 법에 대한 인식이 잘못되었기 때문이라는 것이 하이에크의 통찰이다. 원래 삼권분립의 핵심은 법 개념이었다. 권력분립논자들에게 입법의 보편성· 추상성 원칙이었다. 이는 특정한 기업들의 권익을 보호하기 위해서 타 기업들을 규제하거나 인허가 금융 재정특혜 등은 그런 원칙을 훼손하는 입법은 법이 아니다. 그러나 의회에서 정한 것은 그 내용이 무엇이든 법이라는 인식이 지배하게 되었다. 그런 인식을 가져온 것은 국민 다수가 정한 것은 법이고 진리라는 장 자크 루소의 국민주권, '입법자가 만들면 법이 된다'는 법실증주의, '그랬으면 좋겠다'는 식의 희망사항을 법으로 제정하는 입법만능주의 때문이다. 법의 정치화, 정치의 법제화를 초래한 것이다.

교조적 민주주의가 확산됨에 따라서 흥미롭게도 동일한 의회가 두 가지 상이한 성격의 과제를 장악하는 사태도 벌어졌다. 국민의 대표가 모든 개인들과 국가기관들을 동등하게 구속하는 "정의로운 행동규칙을 제정하는 일을 넘어서 정부에게 할당할 재정적, 물적, 인적 수단과 서비스 공급에 대한 결정까지" 장악하게 되었다.

민주입법과 민주통치의 기능을 동일한 기관에게 부여함으로써 권력분립을 통해서 설치했던 "자유의 보호벽"이 허물어지게 되었다. 왜냐하면 진정한 의미의 입법보다 통치목적을 위해서 임의로 처분적 법을 만들 관심과 의욕이 급증하기 때문이다.. 예를 들면 대기업의 활동을 억제하여 중소 상공인을 보호할 목적으로 제정된 경제민주화법, 소득재분배를 위한 입법, 최소임금 인상을 위한 입법 등이 처분적 법에 해당된다. 이런 내용의 입법은 보편적 법을 제정하는 입법부가 지닌 "최고 권력의 정당성"을 상실한다.

자유사회와 이상적 헌법

하이에크에게 무서운 것은 사적 권력이 아니라 국가권력이라고 보고 있다. 민주정부라고 해도 그것이 무제한적 권력을 갖고 있으면 부패하고 정의롭지 못하고 부도덕하다. 정치와 경제의 유착, 언론과 정치의 유착 등, 모든 병리적 현상은 무제한적 민주주의에서 비롯된 것이다.

정부가 부패하고 자의적일 경우, 하이에크는 그 책임을 정치가들에게 돌리지 않는다. 이런 부정적인 면을 민주주의의 필연적인 결과로 간주하지도 않는다. 정부의 권력을 제한하는 정치가 없기 때문에 생겨나는 것이라고 본다. 그래서 그는 국가권력을 제한할 장치의 중요성을 강조하고 있다. 그는 이 장치를 국가헌법으로 간주하고, 국가권력을 제한하는 헌법이 중요하다는 의미에서 "헌법주의"라고 말하고 있다. 헌법의 본래의 취지는 권력구조를 다루는 역할보다 국가권력을 제한하고 지배자들도 피지배자들과 똑같이 법에 따르도록 하는 데 있다. 헌법이란 정부의 공권력을 효과적으로 제한하는 과정이다. 따라서 모든 "헌법국가"란 권력이 제한된 국가를 의미한다.

헌법주의란 자의적인 지배의 반대 명제이고 자의적 지배는 독재정부다. 법의 지배 원칙, 공법과 사법의 구분, 그리고 권력분립은 자유주의의 핵심 원리이다. 이런 원리를 헌법적으로 구현하여 민주주의를 제한하고, 개인의 자유와 재산을 보호하는 것이 하이에크의 이상적인 헌법 모형이다. 자유주의 핵심원리를 하이에크는 헌법에 어떻게 구현하려고 하는가? 그 핵심 요소는 기본조항, 기본권, 양원제, 사법부의 독립 그리고 헌법재판소다.

양원제 : 입법의회와 정부의회

하이에크에 의하면 새로운 "입법의회(Legislative Assembly)"를 구성하여 이 입법권을 정당이나 이익단체, 관료 또는 그 밖의 집단의 영향으로부터 완전히 독립적인 입법의회에게 부여해야 한다는 것이다. 오로지 정의로운 행동규칙을 의미하는 법만을 제정하는 역할을 한다. 그러나 이 역할은 현대의회가 법을 제정하는 것과는 전혀 다르다. 현대의회는 다수가 정한 것이면 무엇이든 법이 된다. 하이에크가 제안하는 입법의회의 입법이 커먼 로 전통과 다른 점은 입법의회가 정한 법은 법으로서 법전에 기록된다는 점이다. 그리고 입법의회의 입법은 공공선택론에서 다루고 있는 입법과정과 전적으로 다르다. 입법과정에서 정당, 이익단체, 관료 등의 정치적 영향력이 전적으로 배제되기 때문이다.

현재 우리가 가지고 있는 의회에게는 하이에크가 말하는 서비스 기능만을 맡긴다. 하이에크는 도로, 항만과 같은 공공시설의 마련 및 관리, 생활

능력이 없는 계층에 대한 최소의 생활보장, 보통교육을 위한 제정지원, 위생시설, 공공시설에 대한 건강 안전관리 등과 관련된 공법문제와 정부의 물적, 인적 자원의 이용을 통제한다. 오로지 정부의 서비스 기능을 위한 공법(처분적 법률)을 정하고 또 정부를 조직하는 공법을 정하는 일을 맡긴다. 하이에크는 이런 과제를 담당한 의회를 "정부의회(Government Assembly)"라고 말하고 있다. 정부의회는 정부의 서비스 기능을 감시, 감독하는 기능을 행사한다.

하이에크, 한국 그리고 동아시아

하이에크는 21세 때 쓴 『감각적 질서』에서부터 89세가 되던 해 1988년 마지막 저서 『치명적 기만』에 이르기까지 70년 가까이 집필했지만 아시아에 관한 글은 남기지 않았다. 그리고 그의 글쓰기 무대는 유럽이었다. 하이에크의 자유의 철학은 서양적이기 때문에 이와 상이한 문화를 가진 아시아와 한국 사회와 별로 관련성이 없다고, 그리고 한국은 고유한 자본주의 발전 모델을 개발해야 한다고 말하는 사람들이 있다. 그들은 정부 역할을 강조하는 발전 모델, 제3의 길, "공동체자유주의" 등을 개발하려고 한다. 심지어 분배를 강조하는 사회주의가 인기를 끌고 있다.

한때는 하이에크와 같은 자유주의를 신봉했다가 제3의 길로 전향한 영국의 유명한 정치철학자 존 그레이도 아시아 국가나 유럽 국가는 하이에크의 자유주의와는 다른 독자적인 모델을 개발해야 한다고 주장한다. 공동체주의의 정치철학자들도 아시아 지역은 전통과 지역 그리고 문화가 서양과는 전적으로 다르기 때문에 하이에크와 같은 서구적 모델은 적합하지 않다고 주장한다.

이런 주장이 옳은가? 하이에크는 비록 서구에서 자신의 사상을 개발했다고 해도 그의 사상은 대단히 국제적이고 보편적이다. 그의 자유철학이 주는 메시지는 특정 문화와 독립적인 보편적 성격을 가지고 있다. 왜냐하면 그의 정치이론에서 다루고 있는 자유사회의 개념은 거대한 사회, 국제적으로까지 분업과 협동이 이루어지고 있는 확장된 질서이기 때문이다. 이런 확장된 질서로서 열린사회는 국경선은 중요하지 않다. 그가 제시하고 있는 이론이나 또는 정책적 처방은 결코 특정의 문화권, 유럽이나 서구의 문화권에만 적용되는 것이 아니다. 아담 스미스, 흄 그리고 퍼거슨과 같은 고전적 자유주의자들과 똑같이 하이에크의 관심도 보편적인 이론과 정책적 처방을 제시하고자 했다.

현장 지식의 분산

하이에크의 사상이 아시아와 한국에도 적용될 수 있다는 점을 보여줄 수 있는 실마리는 첫째로 그가 중시하는 지역적 지식, 현장지식이다. 그는 질서의 원천은 엘리트의 이른바 과학지식이 아니라 보통사람들이 생업에 종사하기 위해 터득한 현장지식, 자신들의 삶의 뿌리가 되는 지역적 지식이다. 물론 우리가 서구라는 지역과 아시아라는 지역 그리고 한국이라는 지역을 보면 아시아의 현장지식, 아시아 지역의 지역에 관한 지식은 서구와 다른 것이 확실하다. 아시아 지역의 사람들이 추구하는 전통과 가치가 서구인들이 추구하는 가치와 전통이 다른 것도 사실이다. 그리고 지역적인 전통과 문화와 그리고 습속을 존중하고 이에 충성해야 한다는 것, 이것도 옳은 주장이다. 그렇다고 해서 아시아는 서구와는 다른 발전모델을 개발할 권리가 있다는 것이 정당화되는 것이 아니다.

아시아적 가치를 주장하고 아시아에는 자신의 독자적인 모델을 추구해야 한다고 주장하는 지식인이나 정치인들은 지역적인 것, 현장적인 것에 대한 이해가 대단히 부족하다. 우리가 주목하는 것은 현장지식, 지역적 지식은 한 사회 내에서도 다르고 또 다양하다는 것이다. 싱가포르 국내의 각 지역이나 각 개인들이 가진 현장은 서로 다를 뿐만 아니라 각 지역에 사는 사람들이 가진 지역적 지식과 현장지식도 역시 다양하다. 한국 사회도 마찬가지이다. 각 지역에서 사는 사람들이 가진 인적, 물적, 정서적 네트워크에 관한 지식, 각 지역에서 사는 사람들이 가진 전통적 습관, 추구하는 가치는 물론이거니와 각 지역이나 직업현장에서 생업에 종사하는 사람들의 현장지식도 서로 다르다. 충청도의 각 지역에서 사는 사람들, 그 지역의 각 처에서 생업에 종사하는 사람들, 이들이 제각기 가지고 있는 지역적 지식, 현장지식은 서로 다르다. 그들이 추구하는 목적은 물론 그들이 추구하는 가치도 다르다.

하이에크가 주장하는 것은 이런 현장지식, 지역적 지식이 발전의 원동력일 뿐만 아니라 질서의 원동력이라는 것이다. 그에게 좋은 사회는 엘리트의 전문적 지식에 의해 고안하고 계획하여 만든 질서가 아니다. 보통사람들이 생업에서 얻은 현장지식들, 그들이 삶을 영위하는 지역에서 얻은 지역에 국한된 지식을 이용하는 과정에서 자생적으로 형성되는 질서가 좋은 질서이다. 전문가의 지식은 개인들이 자기들에게 고유한 다양한 상황변동에 적응하는 데에는 전혀 도움이 되지 않고 오히려 방해가 된다. 생업을 꾸려가는 과정에서 개인들이 갈고 닦은 현장지식, 이런 지식이 시시각각으로 변동하는 상황에 대한 적응에 도움이 된다.

엘리트-사회공학의 치명적 한계

  질서의 원천은 전문가의 지식에 의한 계획이 아니라 평범한 인간들이 제각기 가지고 있는 지역적 지식 또는 현장지식이다. 이런 지식을 통해서 형성되는 질서가 자생적 질서다. 그리고 그런 지식의 사용결과가 경제적, 사회적 그리고 도덕적 번영이다. 이런 현장지식과 지역적 지식의 중요성은 현대의 모든 사회에 적용된다. 아시아에서도 그렇고 서구도 마찬가지이다.

  그런데 엘리트-사회공학자들의 눈으로 볼 때 평범한 인간들의 사회적 삶이 매우 혼란스럽고 비효율적인 것처럼 보인다. 그러나 그것은 착각이다. 그런 착각은 이유가 있다. 사회공학자들이 개개인들이 각자 가지고 있는 지역적 지식 또는 현장지식을 갖고 있지 못하기 때문이다. 다시 말하면 그것은 질서의 원천이 되고 있는 지역적 지식 또는 현장지식에 관한 무지에서 비롯된 것이다.

  그런 무지에도 불구하고 사회공학자들은 자신들이 가질 수 있는 통계 지식만을 가지고 있으면 자기들 눈으로 볼 때 매우 혼란스럽고 무질서한 것처럼 보이는 인간관계들을 질서 있게 만들 수 있다고 믿는다. 그러나 엘리트가 그려내는 개혁의 청사진은 대단히 위험하다. 이런 위험성에 대한 하이에크의 경고는 서구사회는 물론 동양사회, 그리고 그 밖의 사회에도 타당하다. 그 이유는 인간들은 모든 현장지식, 또는 모든 지역에 제각기 고유한 지식 전부를 알 수 없다는 인간이성의 구조적 무지에 기인한 것이다. 이런 구조적 무지는 동양인과 서양인을 불문하고 모든 인간에게 적용되는 보편적 명제이다.

  계획과 규제를 전문으로 하는 지식인과 정부, 엘리트도 교외, 도시, 마을이나 읍면과 같은 지역공동체들 내에 존재하는 인간들의 복잡한 상호의존성을 알지 못한다. 그들이 추구하는 목적, 그들이 제각기 가진 삶의 계획,

그리고 그들의 가치나 그들의 공동체의 그 오묘한 전통을 알 길이 없다. 그들의 생활 습성, 그들의 정신적, 물질적, 정서적 네트워크를 알 수가 없다. 알 수 없는 가장 중요한 이유는 이런 지식은 암묵적 또는 초 의식적이기 때문이다. 이런 구조적인 무지에도 불구하고 농업정책이나 산업정책, 그리고 지역개발정책, 국토개발정책 등에서 볼 수 있듯이 국가개발계획과 청사진을 통해서 질서를 만들려는 노력은 사람들의 삶을 개선해주는 것보다 더 큰 비용을 가져다준다. 이런 모든 것들은 지금까지 누렸던 인적, 정서적, 그리고 물질적 네트워크의 단절을 의미한다. 이런 단절에서 오는 심리적 정서적 비용은 그 측정이 불가할 정도로 대단히 높다.

자생적 질서와 한국경제의 발전

흔히 아시아 국가들은 자유시장의 자생적 질서를 통해서가 아니라 정부 주도 개발모델을 통하여 발전했다고 주장한다. 그러나 이런 주장은 파월(B. Powell)이 국가개발계획이 동아시아의 기적을 창출했는가에 관한 최근의 논문에서 보여주고 있는 것처럼 착각이다. 발전의 원동력은 경제활동의 자유였다. 비록 동아시아 국가들에서 국가의 산업개발 계획이 존재했다고 하더라도 그들은 세계에서 가장 자유로운 시장경제를 가진 나라에 속했다. 캐나다의 프레이저 연구소가 발표한 세계의 경제자유도에 따르면 홍콩과 싱가포르는 1970년 이래 세계에서 경제적 자유가 가장 많은 나라 가운데 줄곧 서열 2위를 차지했다. 일본과 대만의 성장이 급격히 증가하던 1970년에는 경제자유도가 높기로 일본은 세계에서 6위, 그리고 대만은 16위였다. 그리고 당시 한국은 경제자유가 많은 상위 20%에 속했다. 경제자유도와 경제발전은 서로 긍정적인 관계를 가지고 있다는 것은 실증적으로나 이론적으로 확립된 것이다. 부의 원천은 시장(市場)이지 결코 정부가 아니다. 이런 수치는 동아시아국가들이 비록 국가의 경제개발계획을 실시했다고 해도 그들은 성장이 낮은 나라와 비교할 때 훨씬 더 시장경제를 지향하는 나라였다는 것을 보여준다.

이와 같이 본다면 동아시아의 기적은 시장경제의 추진력 때문이었다. 시장경제는 각처에 분산되어 생성되는 지식의 이용을 가능하게 하기 때문이다. 발전과 질서의 원동력은 각처에 분산되어 존재하는 현장지식, 지역적 지식이라는 하이에크의 사회사상을 입증해준다. 동아시아에서도 그의 사상은 적용하기에 적합하다. 그래서 우리가 주장하는 것은 아시아는 경제적 자유와 경제발전의 관계가 예외라는 주장은 적합한 주장이 아니라는 것이다. 자유는 동아시아에게 사치품이 아니라 그것은 동아시아의 발전의 원동력이었다.

법에 대한 잘못된 인식

오늘날 삼권분립은 자유를 보장하지 못하고 있다. 그 증거로 우리나라는 캐나다의 유명한 싱크 탱크 프레이저 연구소가 최근 발표한 2018년 세계 경제자유지수가 170개국 중 27위를, 그리고 미국 코넬대와 유럽경영원 등이 공동작성한 세계혁신 지수순위에서 2017년 한국의 고용규제 효율성은 127국 중에서 107위로 평가됐다. 아프리카 말리(53위)나 세네갈(59위)보다 낮은 세계 최악의 고용규제다 상품·노동·금융시장 등에 대한 규제, 방만한 정부지출, 복지확대 등 경제적 자유를 억압하는 입법과 정책을 쏟아내는 것이 삼권분립을 헌법적으로 보장된 나라의 일상적 현상이다.

유감스럽게도 국회는 법으로 모든 일을 해결할 수 있다는 입법 만능주

의'에 빠져 있다. 다수의 합의만 있으면 내용이 무엇이든 법이 된다는 법인
식도 틀렸다. 그 결과는 법의 남발이다. 매년 수천 건의 법이 찍어 나오기
에 가히 '입법의 홍수'라는 말이 적합할 정도로 대량 생산한다. 국회가 찍
어내는 입법의 특징이 우려스럽다. 가격규제, 운임·요금규제, 특정 산업이
나 직업군, 기업군을 우대하거나 차별하는 '편들기·차별입법'이 대부분이
다. 편 가르기 입법이 성행한다. 내용도 불확실하고 논리도 없고 처벌규정
도 없는 등 법형식도 갖추지 못한 '쓰레기 입법'도 있다. 특정한 기업을 염
두에 둔 '표적입법'도 번창한다. 자기가 발의한 법인 줄도 모르고 반대표
또는 찬성표를 던질 만큼 성의 없는 입법도 있다. 내용도 검토하지 않고 남
의 나라 법을 베끼는 표절 입법도 있다.

그런 법을 마구 찍어내는 게 오늘날 막대한 비용으로 운영되고 최고의
금전적 사회적 대우를 받고 있는 대한민국 국회의 자화상이다. 요컨대, 모
두 싸구려 입법이다. 그런 법은 개인의 자유와 재산을 짓밟고, 그래서 경제
활동을 가로막고 번영을 방해한다. 오늘날 실업과 저성장의 탓도 그런 입
법의 결과라는 것을 직시할 필요가 있다. 한국 사회가 극복해야 할 중요한
것은 국회가 다수의 지지만 있으면 마음대로 법을 만들 수 있다는 원칙도
철학도 없는 국회의 입법만능주의이다. 그 근본적 이유는 법에 대한 잘못
된 인식과 제한 없는 민주주의 때문이다. 한국 사회의 이 같은 결함은 법다
운 법이 될 조건과 제한적 민주주의를 강조하는 하이에크의 사상을 통해서
극복할 수 있다.

한국헌법의 치명적 오류

하이에크의 사상에 비춰본다면 한국 사회의 문제는 또 있다. 이는 잘못
된 헌법이다. 현행 우리 헌법의 치명적인 결함은 경제에 대한 정부의 자의
적인 규제와 간섭을 효과적으로 막을 수 있는 헌법 장치가 없다는 점이다.

오히려 예를 들면 헌법 제119조 2항이 보여주는 것처럼, 정부의 간섭권한은 거의 무제한이다. 지방자치는 실종된 지 오래고 정부지출과 부채도 급증하고 있다. 규제는 우리 경제를 겹겹이 포위하고 있다.

우리 헌법은 '민주헌법'임에는 틀림이 없다. 어떤 정책도 다수의 지지가 없으면 그 실행이 헌법적으로 가능하지 않기 때문이다. 그러나 그것은 '자유헌법'은 아니다. 국가권력의 자의적인 행사로부터 개인의 자유와 재산을 효과적으로 보호할 헌법적 장치가 아주 미흡하기 때문이다.

<부록 2>

하이에크의 생애와 통합본의 지적 배경

　하이에크는 1899년 5월 8일 오스트리아 비엔나의 가톨릭 집안에서 태어나 1992년 3월 23일 독일 프라이브르크에서 세상을 떠났다. 그는 60여 년 동안 왕성한 연구와 집필활동 그리고 교수생활을 통해 자유주의 사회철학을 정립했다. 그는 학문적으로는 오스트리아학파를 확대 심화하였고, 다른 한편으로는 버나드 맨더빌, 데이비드 흄, 애덤 스미스 등 스코틀랜드 계몽주의 전통의 진화론적 자유주의를 확립 발전시킨 인물이다. 하이에크의 생애와 그리고 『법, 입법 그리고 자유』의 지적 배경을 설명하는 것이 그의 사상을 이해하는 데 도움이 될 것이다.

하이에크의 생애

　하이에크의 삶은 그 어떤 인물보다도 단조롭다. 이 말은 학문과 교육 그리고 집필에만 몰두하고 정계나 그 밖의 다른 활동이 없었다는 의미이다. 그럼에도 그의 정치적 영향은 대단히 컸다. 영미나 서구의 개혁의 정당성과 방향을 제시했다. 그뿐만 아니라 그는 냉전시대에는 좌파의 물결을 차단하는 데 결정적인 기여를 했다. 그리고 구소련과 동유럽 국가가 시장경제로 개혁하기 위한 길을 닦아놓았다. 오늘날 정치적 슬로건으로서 자유의 길은 그의 하이에크의 사상이 없이는 생각할 수 없다.

▶ 1918년 오스트리아의 군대의 포병장교로 군대를 마친 후 비엔나대학 법학부에 입학했다. 이 시기에 그는 오스트리아 학파를 창시한 칼 멩거를 비롯하여 프리드리히 비저를 만났다. 이것이 하이에크가 오스트리아 경제학파의 사상을 확대하고 심화하는 계기가 되었다.

▶ 1921년 법학 공부를 마치고 박사학위 과정에 입학하여 1923년에 법학으로 박사학위를 취득했다(당시에는 경제학을 독립된 학문분야가 아니었다). 학위논문은《저축의 모순이 있는가?》였다. 이 학위논문은 절약하는 것은 경제성장에 피해를 준다는 '절약의 모순'과 대립각을 세운 논문이었다. 당시 '절약의 모순'을 믿고 있었던 학계에 신선한 충격을 주었다. 그 논문은 대단히 큰 호응을 받고 그 학문적 공로도 인정받았다. 그의 학문적 전도가 서서히 잡혀가기 시작했던 것이다.

학위제목은 이 기간 동안 그는 유명한 루트비히 미제스를 만났다. 하이에크는 미제스와 긴밀한 학문적 접촉을 가질 수 있었고, 이 접촉을 통해서 사회주의 성향에서 자유주의자로 전향하는 결정적인 계기였기 때문이다. 1927년 하이에크는 미제스와 함께 오스트리아 경기변동연구소를 설립했다.

▶ 1931년 런던 경제대학의 초빙교수가 되었다. 1930년대 하이에크는 케인스의 거시경제학적 고용이론과 화폐이론에 관해 그와 논쟁을 벌였다. 다른 한편으로는 당시 런던대학에 재직하고 있었던 랑게 그리고 러너와는 사회주의적 경제계산의 가능성과 그리고 중앙집권적인 계획경제의 성공전망에 관해 논쟁을 벌였다. 하이에크는 당시 지식이론을 개발하여 계획경제는 실패하고야 만다는 것을 주장했다.

▶ 사회주의 사상에 비하여 열세에 있었던 자유주의 사상을 전 세계적으로 확산하고 그 열세를 극복하려는 움직임이 있었다. 그것이 하이에

크가 1947년에 설립한 몽펠르랭 소사이어티다. 그 설립 취지는 고전적 자유주의를 현대적 상황에 적합하게 개발하고 자유사회의 확립에 기여하는 데 있었다. 이 학회는 단순히 경제학자의 모임이 아니었다. 학제적이었다. 자유주의에 동조하는 경제학자뿐만 아니라 자유주의 지식인들과 정치인들의 모임이었다. 이 학회는 국제적인 사회과학 학회이다. 하이에크는 세상을 떠날 때까지 명예회장이었다. 이 학회는 오늘날에도 변함없이 세계적으로 자유주의 사상을 발전시키고 유지하는 데 중요한 기여를 하고 있다. 학술발표회도 매년 개최하고 있다.

▶ 12년 간 시카고대학에서 연구와 교육활동을 마친 후에 63세의 나이로 독일 프라이브르크대학에서 1962년부터 1968년 은퇴할 때까지 교수로 봉직했다. 1974년 스웨덴의 경제체제를 사회주의로 개혁하는 데 앞장섰던 뮈르달과 공동으로 노벨경제학상을 수상했다. 주목해야 할 것은 하이에크는 뮈르달과는 달리 결코 '보잘것없는' 노벨상 수상자가 아니라 '위대한' 수상자였다는 것이다. 그를 인용하는 빈도수가 폭발적으로 증가하는 것, 그를 추종하는 연구자들이 급증하는 것이 그 증거이다. 영미와 유럽 국가들은 물론 동유럽 국가들 그리고 남미 국가들까지도 '하이에크학회'를 조직하여 운영하고 있다. 오늘날 뮈르달을 인용하는 학자의 수는 극히 드물다. 인용한다고 해도 비판의 대상으로서 뮈르달을 인용할 뿐이다.

▶ 자유사상의 개발과 영국의 성공적인 개혁에 기여한 공로로 1985년에는 영국에서는 명예훈장을, 미국에서는 미국이 자유를 수호하는 데 기여한 공로로 1991년 자유메달을 받았다.

▶ 하이에크는 여론이나 인기에 전혀 영합하지 않았다. 그의 필치는 무서울 정도로 엄정했다. 일생동안 오로지 학문과 교육과 계몽에만 종사했다. 그는 결코 어떤 정당에도 가입하지 않았고 정치활동도 없었다. 정당이나 정치활동을 통해서는 사회를 개혁할 수 없다고 믿었기

때문이다. 그 대신 시민들에 대한 계몽이 중요하다고 여겼다. 런던의 유명한 경제문제연구소는 하이에크의 권고로 세워진 싱크 탱크다. 이 연구소는 대처 수상의 개혁프로그램을 작성하고 시민들에게 개혁의 필요성을 설파하여 개혁을 실천하는 데 중요한 역할을 했다. 이 연구소의 설립자는 공군 장교출신 앤서니 피셔였다. 1940년대 영국 사회가 좌경화되어 갈 때 이를 막기 위해 그는 정치를 할 생각을 가지고 하이에크를 찾아갔다. 하이에크는 정계에 들어가는 대신에 싱크 탱크를 만들어 시민들과 정치인들을 계몽하라고 조언을 했다. 정치가는 생존을 위해서는 불가피하게 여론에 영합해야 하는데, 영합해서는 개혁을 할 수 없다는 이유에서였다. 이 조언에 따라 피셔가 설립한 것이 오늘날 세계적으로 유명한 싱크 탱크가 된 런던 경제문제연구소다. 오늘날 영국은 물론 미국, 캐나다에서 수많은 싱크 탱크가 있다. 미국의 케이토 연구소, 캐나다의 프레이저 연구소, 헤리티지 재단 등 대부분의 싱크 탱크는 하이에크의 조언에 따라 설립한 런던 경제문제 연구소를 모방한 것이다.

▶ 1992년 3월 23일 하이에크는 93세로 세상을 떠났다. 1989년, 그가 세상을 떠나기 전에 구소련과 동유럽의 사회주의가 무너졌다. 그는 당시에 프라이브르크대학의 병상에 누워 있었다. 병상을 지키고 있었던 아들이 "아버지, 저것 봐요, 베를린 장벽이 무너지고 있어요!"라고 말했을 때 하이에크가 한 말은 극적이다. "거봐! 내가 뭐랬어!" 하이에크는 일생동안 사회주의는 비효율적이 아니라 원천적으로 불가능하다고, 그것은 결국 무너지고야 만다고 설파했다. 그런 사회주의가 하이에크가 보는 앞에서 무너지고 말았다.

▶ 하이에크는 지금 자신의 고향 비엔나에 영원히 잠들었다. 영국의 〈이코노미스트〉가 일컫듯이 그는 "20세기 자유주의의 가장 위대한 대변자"였다. 그는 죽었지만 그의 아이디어는 살아서 인류를 구원하고 있

다. 좌경화된 한국 사회가 그를 절실히 필요로 하는 때다. 그의 핵심 저서 『법, 입법 그리고 자유』의 합본 출간은 그래서 더욱 의미가 있다.

『법, 입법 그리고 자유』 지적 배경

『법, 입법 그리고 자유』는 하이에크가 은퇴한 후 1970년대 초 자신의 고향 비엔나로 돌아왔을 때 집필을 시작한 책이다. 비엔나에 돌아왔지만 그를 환영하는 사람은 아무도 없었다. 그를 부르는 사람도 없었다. 외로운 나날을 보냈다. 연구 의욕도 없었고 집필 계획을 세우기는 했지만 집필이 더디었다. 건강이 극도로 나빠지고 우울증에 빠지기도 했다. 이런 어려움 속에서도 이 시기에 발표한 것이 이 책의 제1부 '규칙과 질서'다. 그러나 하이에크에게 행운이 찾아왔다. 1974년 노벨경제학상 수상이다. 앓던 병도 씻은 듯이 나았다. 연구 의욕도 전처럼 왕성해졌다. 강연과 집필로 분주했다. 제2부 '사회적 정의의 환상'과 제3부 '자유인의 정치질서'도 집필 완료하여 발간했다 이 세권의 책은 경제학을 넘어서 법·정치철학, 윤리학, 과학철학, 역사 그리고 인식론 등 모든 학제를 동원하여 쓴 학제 융합적 저서다.

하이에크가 좁은 경제학을 넘어서 넓은 의미의 경제학을 추구한 이유가 있다. 그에 의하면 물리학자라면 오로지 물리학만 연구해도 일급 물리학자가 될 수 있다. 그러나 경제학은 다르다. 경제학만 하는 사람은 결코 훌륭한 경제학자가 될 수 없다. 그런 경제학자는 오히려 화근이 되거나 아니면 대단히 위험한 인물이 된다고 여겼다.

▶ 하이에크가 경기변동론이나 또는 화폐이론과 같은 좁은 의미의 경제학 대신에 넓은 의미의 경제학으로, 요컨대 사회철학으로 학문적 지평을 넓히는 계기는 그를 세계적 학자로 만든 1944년에 발간된 『노예

의 길』(한글판 2006)이었다. 1930년대 이후 서구 사회는 사회주의가 지배했다. 자유주의와 시장경제는 모든 악의 원천으로 여기고 이런 체제를 극복하거나 수정해야 한다는 여론이 지배하고 있었던 시기였다. 이런 시기에 사회주의는 '노예의 길'이라는 것을 엄정한 필치와 논리로 입증하려고 했다. 이 책은 성공적이었다. 특히 미국에서 베스트 셀러였다.

▶ 하이에크의 자유주의 사상의 인식론적 기반은 『감각적 질서』(한글판 2002)다. 이 책은 21세 때(1920년)에 쓴, 그러나 1952년에 발간된 것인데, 주요 토픽은 인간행위를 결정하는 인지의 문제다. 이 토픽에서 주관주의, 인간지식의 한계, 과학탐구의 방법론 등 과학철학의 중요한 주제를 도출하고 있다. 이 책은 1972년 노벨생리학상을 받은 제럴드 에델만은 흥미롭게도 하이에크가 진화를 신경에 적용하는 데 선구적 역할을 했다고 격찬하고 있다. 그에 의하면 하이에크는 두뇌의 특수한 신경세포와 외부 세계로부터 정보를 전달하는 다른 세포들 사이의 연결이 어떻게 강화되는가를 보여줌으로써 헵(D. O. Hebb)이 발견한 시냅스("Hebbian Synapse")를 독립적으로 개발했다는 것이다.

현대의 신경과학의 인식, 즉 두뇌를 스스로 조직하는 복잡계로서 파악하는 것, 무의식적 두뇌작용을 강조하는 것, 인간행동의 자연주의적 인과적 결정성을 주장하는 것, 그리고 자유의지의 과학적 근거를 부정하는 것, 이 같은 신경과학의 인식은 하이에크의 관점에서 볼 때, 매우 타당하다. 중요한 주제들을 중심으로 하이에크의 정신이론을 설명할 것이다.

▶ 1960년, 하이에크의 60회 생일날에는 그의 가장 방대한 저서 『자유헌정론』(한글판 1997년 두 권으로 나누어 발간)을 발간했다. 그는 이 책에서 자유경제와 자유사회를 위한 법철학·윤리학·인류학·경제학적 기반을 개발했다. 영국의 대처 전 수상이 영국의 개혁을 위한 지적 영감과 개

혁의 방향을 정립하는 데 기여한 것도 이 책이다. 하이에크는 『법, 입법 그리고 자유』를 읽기 전에 자유헌정론을 먼저 읽으라고 추천하고 있다.

▶ 1967년 논문집 《철학 정치학 경제학연구》에서는 그의 고유한 인지이론을 확대 심화할 뿐만 아니라 특히 자생적 질서이론의 역사적 발전 과정을 연구한 논문들로 가득 차 있다. 1962년부터 1968년까지 프라이브르크대학에 있을 때 질서이론과 민주주의와 관련하여 집필한 논문집 《프라이브르크 시기의 연구논문》도 『법, 입법 그리고 자유』의 책의 중요한 지적 배경이다.

▶ 흥미로운 것은 그의 제3부 '자유인의 정치질서'의 맨 뒤에 수록된 '후기 인간가치의 세 가지 근원'은 1977년에 발표한 논문인데 그에게 이 논문은 후기가 아니라 새로이 시작할 주제다. 『법, 입법 그리고 자유』를 집필하면서 초교를 구상했다.

▶ 그 초교가 그의 마지막 저서 『치명적 자만』이라는 제목으로 1988년에 출판되었다. 이 책은 1978년 프라이브르크 대학에 돌아와 한 학기 동안 강의한 내용을 살츠부르크 대학의 로이베(K. Leube) 교수가 편집하여 책으로 묶은 것이다. 유토피아를 꿈꾸는 사회주의는 치명적으로 기만을 하고 있다는 내용이다. 사회주의는 지적으로 허세를 부리면서 그리고 도덕적으로 위선을 부리면서 우리를 노예의 길로 안내하고 있다는 것이다.

결론적으로 하이에크의 자유주의 철학은 학제적 바탕 위에서 세워진 웅장한 건물이다. 학제적 바탕도 견고한 화강암이다. 인류가 하이에크를 갖게 된 것은 행운이 아닐 수 없다.

찾아보기
(용어)

찾아보기
(인명)

역자 약력

민경국

서울대학교 문리대를 졸업하고 독일 프라이부르크대학교 경제학 석사·박사 학위를 취득했다. 강원대학교 경제학과 부교수, 정교수를 거쳐 정년퇴직과 함께 현재 같은 대학 경제학과 명예교수이다. 한국하이에크소사이어티 회장과 한국제도경제학회 회장을 역임했다. 주요저서로는 『헌법경제론』(1993), 『시장경제의 법과질서』(1997), 『진화냐 창조냐』(1997), 『자유주의와 시장경제』(2003), 『하이에크, 자유의 길』(2007), 『경제사상사 여행』(2014), 『자유주의의 도덕관과 법사상』(2016) 등이 있다.

서병훈

연세대학교 정치외교학과 및 동 대학원 정치학과 졸업 후 미국 라이스대학에서 정치학 박사학위를 받았다. 1989년부터 지금까지 숭실대학교 정치외교학과 교수로 재직중이다. 주요 연구분야는 정치사상이다. 저서로는 『자유의 본질과 유토피아』(1995), 『다시 시작하는 혁명』(1991), 『자유의 미학』(2000), 『포퓰리즘』(2008), 『위대한 정치』(2017) 등이 있다.

박종운

서울대학교 사회학과, 동 행정대학원을 졸업하고, 연세대학교 대학원 경제학 박사과정을 수료하였다. 민주화운동, 정치활동을 거쳐, 경기도경제단체연합회 사무총장을 역임하였다. 1987년 민주화 이후 알게 된 많은 사실에 기초하여 학생운동 당시에 가졌던 마르크스주의 사회주의 노선을 폐기한 뒤, 현재는 자유주의 시장경제의 발전을 위하여 관련 연구에 매진하고 있다. 저서로는 『시장경제가 민주주의다』(2008), 공저로는 『자유주의 자본론』(2016), 『자유주의 노동론』(2017), 공역서로는 미제스의 『인간행동』(2011), 매슨 피리의 『미시정치-성공하는 정책만들기』(2012), 역서로는 미제스의 『과학이론과 역사학』(2015), 『사회주의』(2015), 『경제학의 인식론적 문제들』(2016), 『경제과학의 궁극적 기초』(2016) 등이 있다.